段注說文攷校羣書類纂

金琪然 編著

上冊

巴蜀書社

圖書在版編目（CIP）數據

段注說文攷校羣書類纂／金琪然編著． －－ 成都：
巴蜀書社，2022.12
　ISBN 978-7-5531-1848-2

　Ⅰ.①段… Ⅱ.①金… Ⅲ.①《說文》－研究
Ⅳ.①H161

　中國版本圖書館 CIP 數據核字（2022）第 249360 號

段注說文攷校羣書類纂　　　　　　　　　金琪然　編著
DUANZHU SHUOWEN KAOJIAO QUNSHU LEIZUAN

責任編輯	白亞輝
裝幀設計	書香力揚
出　　版	巴蜀書社
	成都市錦江區三色路 238 號新華之星 A 座 36 層　郵編：610023
	總編室電話：（028）86361843
網　　址	www.bsbook.com
發　　行	巴蜀書社
	發行科電話：（028）86361852
經　　銷	新華書店
印　　刷	成都興怡包裝裝潢有限公司　　（028）87507716
版　　次	2023 年 5 月第 1 版
印　　次	2024 年 1 月第 2 次印刷
成品尺寸	170mm×240mm
印　　張	118
字　　數	1600 千
書　　號	ISBN 978-7-5531-1848-2
定　　價	600.00 元（上、下冊）

本書如有印裝質量問題，請與工廠調換

序

孫玉文

我酷愛段玉裁《說文解字注》，治學深受段玉裁的影響。清代朴學開創者顧炎武《答李子德書》說："愚以爲讀九經自考文始，考文自知音始，以至諸子百家之書，亦莫不然。"戴震《與是仲明論學書》進一步提出："經之至者道也，所以明道者其詞也，所以成詞者字也。由字以通其詞，由詞以通其道，必有漸。"段氏繼承了顧炎武、戴震的研究路徑，花了30年的工夫寫成《說文解字注》，該書體大思精，不僅對《說文解字》的釋讀以及文字學做了全面研究，富有創見；而且以傳統小學爲基礎，對經史子集的幾百種古書的具體釋讀提出了相當多的意見，解決了不少疑難問題，不僅涉及校勘、字詞句的形音義，還對羣書義例、旨趣有所闡發。但段氏的獨見散見於《說文解字注》當中，不易尋獲，以致於後人不能有效地加以利用。因此當我讀到金琪然的《段注說文攷校羣書類纂》時，不禁拍案叫絕，深感琪然做了一件大好事。

琪然將《說文解字注》中段玉裁攷校《說文解字》以外古書的内容盡可能窮盡性地提取出來，按類編排，先按經史子集分類，每一類下面詳列各古籍，然後將從段玉裁《說文解字注》中所提取出來的内容按條放進去。在每一個條目裏，用兩個字提醒讀者段氏此條在哪個方面有自己的見解。有時候一個條目中段氏的見解涉及不止一個方面，琪然同志都對讀者作出多方面提醒。《段注說文攷校羣書類纂》做到綱舉目張，有條不紊，將《說文解字注》中段玉裁攷校《說文解字》以外一些古書的成就眉目清楚地展現出來，非常方便讀者把握段玉裁對相關各書的攷校成果。以前我們知道《說文解字注》在《說文解字》釋讀和文字學方面成就卓著，是卓越的漢字學著作，我讀了以後更深切體會到此書還在其他一些古書的釋讀方面有著卓越的見解。換句話說，《說文解字注》的價值不僅僅局限於語言文字學及校勘學領域。

段玉裁的傳統小學研究有著方法論的自覺，提出了形音義互求的研究方法，他當然也有自求之法。我讀了《段注說文攷校羣書類纂》，深感段玉裁治羣書小學，非常自覺地貫徹了這一方法。2015年11月17日給北京大學中文系本科新生做講座時，寫了一篇題爲《談談傳統小學中形音義互求的方法》講演稿，主體部分就是解釋段玉裁形音義互求方法的涵義的。瞭解段玉裁的互求之法，是認識段玉裁治羣書小學的一把鑰匙，因此我將這篇講演稿的主體部分抄錄下來，希望對讀者諸君通過《段注說文攷校羣書類纂》，瞭解段玉裁攷校羣書的互求之法有所幫助。

一、問題的提出

我讀王念孫的《廣雅疏證》，很早就注意到這部經典著作開頭段玉裁所作的《廣雅疏證序》中有這樣的話："小學有形、有音、有義。三者互相求，舉一可得其二……聖人之制字，有義而後有音，有音而後有形；學者之考字，因形以得其音，因音以得其義。"

段玉裁這篇《序》，作於"乾隆辛亥八月"。乾隆辛亥年，就是1791年。段氏是1735年出生的，到這時他已經50多歲了，學術上顯然已經非常成熟。他在給當時的大學問家王念孫的巨著作序的開頭，就寫了這樣總結性的話，說明段氏對自己有關"小學"形音義互求的理論創新是很自信的。《序》中所說的"小學有形、有音、有義。三者互相求，舉一可得其二"，系統而又提綱挈領地總結了古小學形音義互求的方法。仔細一分析，無疑就是指這樣六種互求的具體方法，即：因形求義；因形求聲；因聲求形；因聲求義；因義求形；因義求聲。

這六種方法，有些方法，如"因形求義""因聲求義"，在段玉裁之前就有人提到，並且作過論述，戴侗的《六書故》，以及戴震的相關文章中就談到過。我相信，段玉裁提出的這六種方法，既有我這裏提到的繼承，又有他自己的獨見和高度的提煉、綜合；他所謂"三者互相求，舉一可得其二"，絕不是整齊地拉出六種方法湊數。他上升到小學形音義互求的高度，無疑是他的創見。

段玉裁的形音義互求，所謂的"因形求義、因形求聲、因聲求形、因聲求義、因義求形、因義求聲"這些具體方法的含義到底是什麼呢？我查了不少討論傳統小學方法論的論著，發現大家都在肯定這種互求之法，都注意到"因形求義"和"因聲求義"，其他幾種很少談到，難以滿足人們的求知欲；就是論及"因形求義"和"因聲求義"這兩種互求方法，大家也是基於自己的理解，很少說到段玉裁的具體理解如何。我不由得產生疑問：大家的理解是否符合段玉裁的原意？於是下決心繼續深入閱讀段氏的一些著作，希望解心頭之疑。

所幸的是，在《說文解字注》中，段玉裁給《說文解字敘》所作的注釋清楚地提示了他所理解的"因形求義、因形求聲、因聲求形、因聲求義、因義求形、因義求聲"這六種互求之法的含義。我曾經多次讀段玉裁給《說文解字敘》所作的注釋，但是每次都將這些重要的段落忽略了。直到上個學期，我帶著要弄清楚段氏形音義互求之法真正含義的心情去閱讀時，纔注意到這些重要段落，也解了我的心頭之疑。

將段氏形音義互求的方法的具體含義揭示出來，對瞭解傳統小學方法論和傳承文明、發展語言科學，其價值是顯而易見的。在座的同學，將來有的要從事語言研究，你們可以想一想：將語言和文字從方法論的角度有機地結合起來，將漢字形音義中的一方作為已知條件，去探求另一方，高度系統性地設計科學方法，去認識文字的形音義，這在世界範圍內都是很獨特的貢獻，至今還沒有其他人有這樣的認識。這樣的學術精華，難道不值得語言研究者充分吸取嗎？有的同學將來可能會從事古文獻研究，或者其他的文史研究或教學工作，需要大量閱讀古文獻。要閱讀古文獻，必須從小學入手；小學的方法肯定是需要掌握的。因此，在當今的歷史條件下，將段玉裁的形音義互求之法揭示出來，是很有意義的事情。

二、段玉裁對形音義互求的方法的含義有較具體的提示

我在前面提出,段玉裁對"因形求義、因形求聲、因聲求形、因聲求義、因義求形、因義求聲"這六種互求之法的含義有較具體的提示。這一節我將用事實證明這一點。

段注《說文敘》"厥誼不昭,爰明以諭"時談到《說文》說解的次第爲"先釋其義""次說其音",然後具體說明了他所謂"互求"的含義。下面先抄原文,並依次予以解說:

【一】誼兼字義、字形、字音而言。昭,明也。諭,告也。許君之書主就形而爲之說解:其篆文則形也。其說解則先釋其義,若"元"下云"始也","丕"下云"大也"是也;次釋其形,若"元"下云"从一从兀","丕"下云"从一,从不"是也;次說其音,若"兀"爲聲,"不"爲聲,及凡"讀若某"是也。必先說義者,有義而後有形也。音後於形者,審形乃可知音,即形即音也,合三者以完一篆。

這裏的"形"指字形,包括意符和聲符;"聲"指讀音,包括聲符和讀若。"必先說義者,有義而後有形也"是就口語而言,先有"義",是強調義,準確的表述是先有符號的音義,然後纔有字形。"音後於形者,審形乃可知音"是就認字而言,先要看出字形,然後纔知道讀音。這個表述恐怕還需要驗證。如果"音後於形",則這個"形"泛指形體,不一定是字形;如果"形"指字形,則音不一定"後於形"。

【二】說其義而轉注叚借明矣,說其形而指事、象形、形聲、會意明矣,說其音而形聲叚借愈明矣。一字必兼三者,萬字必以三者彼此逪迣互求。

這裏"義"指本義;"形"指反映造字意圖的字形構造,所以不包括轉注和假借;"音"仍然指讀音。這段話點出了"彼此逪迣互求"。

【三】說其義而轉注叚借明者,就一字爲注,合數字則爲轉注;異字同義爲轉注,異義同字則爲叚借。故就本形以說義,而本義定;本義既定,而他義之爲借形可知也。故曰說其義而轉注叚借明也。

這是說可以根據字義求得何者爲轉注字和假借字,假借字和部分轉

注字的共同點是借形，轉注字和假借字有交叉，這裏的轉注字實際上指其中的假借字。在互求方法上應該包括因義求形和因義求聲。這種互求方法中不包括指事、象形、形聲、會意。"說其義""說義"的"義"指字義，實際上是本義，跟後面的"本義"義同；"他義"指本義以外的字義。"本形"指反映造字意圖的字形。"借形"相對的當然是"本形"，本形和借形實際上用的是同一個漢字，之所以"借形"，是指借本形的音去記錄假借字和一些轉注字。這些假借字和轉注字的字義都是本義之外的。

【四】說其形而指事、象形、形聲、會意明者，說其形則某爲指事，某爲象形，某爲獨體之象形，某爲合體，某爲合二字之會意，某爲合二字之形聲，某爲會意兼有形聲，皆可知也。

這是說可以根據字形求得何者爲指事、象形、會意、形聲字，根據其造字意圖，揭示字的本義。在方法上應該包括因形求義和因形求聲。這種互求方法中不包括轉注和假借。"說其形"的"形"指反映造字意圖的字形構造，"象形"的"形"指事物之形，"形聲"的"形"是個動詞性成分，指顯現出來，"聲"指讀音。《說文》彡部"形，象形"下段注："形容謂之形，因而形容之亦謂之形。六書，二曰像形者，謂形其形也。四曰形聲者，謂形其聲之形也。"其說甚確。

【五】說其音而形聲叚借愈明者，形聲必以此聲爲形，叚借必以此聲爲義。

這是說可以根據字音求得何者爲形聲字和假借字。在互求方法上應該包括因聲求義和因聲求形。這種互求方法中，段氏只提到了形聲和假借。"音"指讀音，就上古漢語來說，就是古音；"聲"指讀音，跟"音"的内含一致；"義"指字義，實指本義之外的字義。請注意：這裏跟前面的表述有點不一樣，它用了一個"愈"字。爲什麽？我將在後面做解釋。

很明顯，上引段玉裁的這五段話，尤其是【三】【四】【五】這三段話，具體說明了"因形求義、因形求聲、因聲求形、因聲求義、因義求形、因義求聲"這六種互求之法的含義。但是段玉裁並沒有給每一種方法下定義，還不是十分清晰，這需要我們深入理解原文，科學地揭示出來。

三、段玉裁對"六書"的理解

要瞭解段玉裁的形音義互求的方法，就必須懂得段玉裁對"六書"的理解，因爲段氏的互求之法是跟他所理解的"六書"的含義緊密聯繫在一起的。

段玉裁對"六書"的看法，直接繼承了他的老師戴震的學說，"象形、指事、會意、形聲"是"字之體"，"轉注、假借"是"字之用"。前面的"四書"，段玉裁的理解跟別人大體上一致，他對"轉注、假借"的理解值得特別提出來講一講。

他的"轉注"是指互訓，一些義同義近的字都可以用某一個字來解釋，這就是轉注。這跟一般人所理解的"轉注"含義很不一樣，段玉裁顯然是根據自己的理解來使用"轉注"的含義的。段氏理解的"假借"，是相對於本義而言的，凡本義之外的字義都屬假借義，包括今天所說的引申義和假借義。根據段玉裁的理解，"轉注"和"假借"是從不同的角度立的術語，"轉注"就一些詞之間是否具有同義關係而言的，"假借"就一個字的幾個字義是否本義之外的意義而言的。既然這樣，二者不免有交叉。有的轉注字是用本義，這就不包含假借義；有的是用本義以外的字義，這就包含假借義。所以《爾雅·釋詁上》第一條："初、哉、首、基、肇、祖、元、胎、俶、落、權輿，始也"，都表示"開始"的意義，但是像"落"就是假借字，因爲"落"的本義是"樹葉脫落"，不是"開始"的意義；"初"的本義是"開始"，所以是用它的本義。段玉裁互求之法的"轉注"，指的是使用本義之外的那些字義的"轉注"，從"假借"這一方說，段氏這裏用到的"轉注"和"假借"，它們的外延其實都是指假借，這是需要明確的。

戴震的說法直接來自戴侗《六書故》，《六書故》將轉注視爲造字之法，但認識到假借沒有另造新字，"直借彼之聲以爲此之聲而已耳"（《六書通釋》），下啓"六書"的"體、用"之說。宋代也有其他學者將"六書"分爲"體、用",戴侗《六書故》對宋人有繼承,到了明清時期,趙古則、楊慎、吳元滿、戴震等人將"轉注、假借"也視爲用字之法。

段玉裁《廣雅疏證序》:"《周官》六書,指事、象形、形聲、會意四者形也;轉注、假借二者馭形者也,音與義也。"這就決定了"轉注"和"假借"這二書在形音義互求中有其特殊性。這個在後面"因義求形"和"因義求聲"部分再具體討論。

段氏認爲,《說文》中所收的字全面反映了上古漢語的字形系統、語音系統和語義系統:"六書者,文字聲音義理之總匯也。"具體地說,"象形、指事、會意、形聲"囊括了所有漢字字形、字音系統;"轉注、假借"因爲是"字之用",並沒有產生新字,所以並沒有反映出語言中新的字形、新的讀音。但"象形、指事、會意、形聲"反映的是字的本義,並不能將語言中所有的語義系統都反映出來;如果包括了"轉注、假借",則"字義盡於此矣"。

由此我們也可以看到,段玉裁的形音義互求之法很重視先秦兩漢的語言系統,他不滿足於解決個別問題,而是要探求的是先秦兩漢整個的字形系統、字音系統、字義系統。這種認識在今天看來都是極爲高超的。底下我就用前面所引的五段話的理解來闡述這六種互求之法的含義。

四、因形求義和因形求聲

現在來看一看段玉裁所理解的"因形求義"和"因形求聲"的內涵到底是什麼。還是就前面抄下的《說文解字注》中那段話來作說明:

說其形而指事、象形、形聲、會意明者,說其形則某爲指事,某爲象形,某爲獨體之象形,某爲合體,某爲合二字之會意,某爲合二字之形聲,某爲會意兼有形聲,皆可知也。

我們已經說到,這段話總結了"因形求義"和"因形求聲"兩種互求方法。這兩種互求之法,跟指事、象形、會意、形聲四種造字之法相關聯,沒有涉及轉注、假借。

因形求義,是根據漢字偏旁中表義的意符求字的本義,本義弄明白了，引申義和假借義也就迎刃而解了。所謂"形"，是指事、象形、會意、形聲字的形旁、會意兼形聲字的形旁和聲旁。義，本義。爲什麽象形、指事、會意、形聲能形求義？這跟四書的字形構造密切相關。漢字是以最小的音義結合體爲整體單位而分別爲不同的詞素和詞構來造字的，因此漢字是一種詞素、詞構文字。漢字是記錄漢語的，漢語最小的音義結合體是詞素，詞素可以獨立成詞，有的詞素由幾個音節組成，我們可以將組成多音節詞素的各音節叫詞構。漢字這種文字系統跟拼音文字系統不同，拼音文字系統不能採用"因形求義"的互求之法。

因形求義的方法無疑是可以成立的，但是由於段玉裁所處的時代局限，他沒有深刻地認識到因形求義要從文字符號的形體跟語言符號的記錄關係入手，離開語言符號這個音義結合體，是不可能求義的。如同我們釋讀甲骨文和戰國出土文字，有很多字沒有釋讀出來，但這些字我們都可以看到它們的字形。之所以沒有釋讀出來，是因爲我們沒有認出它們記錄的是語言中的哪一個符號；也如同一個外國人，或者一個說漢語的文盲，他完全沒有見過古文字，或不認識漢字，他們就無法"因形求義"。這說明，單純的因形求義，即使是求本義，如果不確定它記錄的是哪一個漢語符號，是不可能求得字的本義的。

段氏在《說文敘》"分別部居，不相雜廁"下注："許君以爲音生於義，義箸於形。聖人之造字，有義以有音，有音以有形。學者之識字，必審形以知音，審音以知義。"也就是說，段玉裁認爲因形求義先要經過因形求聲的階段，似乎看出單純的因形求義是不可能實現求義的目的的。這是其卓越之處。這樣一來，因形求聲、因形求義和因聲求義如何區分就成了問題。事實上，離開語言符號這個音義結合體，也不可能"因形求聲"。索緒爾認識到，"語言符號是一個雙面的心理實體"，"概念"（大致相當於我們所說的詞義）和"音響形象"（大致相當於我們所說的詞音）"這兩個要素是緊密聯繫在一起的，而且彼此相互指稱"。因此，必須透過文字符號去認識語言符號，然後纔能夠因形求義、因形求聲。我們說段玉裁所說的因形求義的方法可以成立，那是因爲段氏認識到，在一字多義中，我們可以通過字形的表意作用去瞭解字的本義。

現在來分析"因形求聲"。段注"一"下注:"疑字形爲書,俾學者因形以考音與義,實始於許,功莫大焉。"這是說,學者可以"因形考音"。段氏所說的因形求聲具體指什麼?我們先看他的具體論述。《說文敘》"分別部居,不相雜廁"下注釋說,《說文》之前的那些識字課本"不得字形本始",也就是字形的來歷;也不得"字音字義之所以然",也就是爲什麼某字讀這個音,作某個義講。到了《說文》:

許君以爲音生於義,義箸於形。聖人之造字,有義以有音,有音以有形。學者之識字,必審形以知音,審音以知義。聖人造字實自像形始,故合所有之字,分別其部爲五百四十,每部各建一首,而同首者則曰凡某之屬皆从某。於是形立而音義易明。

這裏"義易明"似乎好理解,但五百四十部爲什麼"音義易明"呢?段氏接著注:

凡字必有所屬之首,五百四十字可以統攝天下古今之字……蓋舉一形以統眾形,所謂驔括有條例也。就形以說音義,所謂剖析窮根源也。

可見"因形求聲"是根據四書中的"形聲"而言的。一般地說,凡由兩個單體字組成的合體字,要麼是會意,要麼是形聲。如果排除了會意的可能,那麼這個合體字就是形聲字。因此,"因形求聲"是根據漢字偏旁中某個偏旁不表意,就假定它是純粹的聲旁。形,指表音的偏旁;聲,指聲符及其所記錄的字音。

段注《說文敘》"厥誼不昭,爰明以諭"時說到《說文》"說其音":

若"兀"爲聲,"不"爲聲,及凡"讀若某"皆是也。必先說義者,有義而後有形也;音後於形者,審形乃可知音,即形即音也。

據我的理解,"即形即音也"意思是說,就是字形即是字音。兩個"即"都是副詞,但不在一個結構層次上。形,字形,段氏的意思是作爲聲符的字形沒有形符的作用,只有一個聲符的作用,所以說"形即音"。段注的下文:

說其形而指事、象形、形聲、會意明者,說其形則某爲指事,某爲象形，某爲獨體之象形，某爲合體，某爲合二字之會意，某爲合二字之形聲，某爲會意兼有形聲，皆可知也。

這跟前面所說的"就形以說音"一致，是說將字形結構弄清楚了，"某爲合二字之形聲，某爲會意兼有形聲"，即某個偏旁起到聲符的作用就弄清楚了。這也說明段氏所說的因形求聲是就形聲字的聲符所反映的語音而言的。

每一個漢字都有其讀音。但段氏的因形求聲不是就這個意義來說的。他要結合本義和字形結構的關係，說明合體字的偏旁跟本義的字義關係，形聲字的純聲旁跟本義沒有意義上的關係，只起到一個標音的作用，也就是"形即音"，所以可採用因形求聲的方法來求得。按照這種分析，象形、指事、會意、轉注、假借就不是因形求聲的方法所能解決的。

其實，因形求聲的方法要貫徹下來，必然離不開字義。因形求義也好是透過漢字去探尋漢語具體符號，具體的語言符號都是音義結合體。不結合具體的語言符號，漢字本身只是一個視覺符號，光憑漢字，是看不出它的讀音來的。

五、因聲求形和因聲求義

段注《說文敘》"厥誼不昭，爰明以諭"時談到《說文》說解的次第爲"先釋其義""次說其音"：

說其音而形聲叚借愈明者，形聲必以此聲爲形，叚借必以此聲爲義。

可見所說的因聲求形指的是根據語音分析漢字的造字結構，他認爲從音韻的角度能看出哪些字是形聲字、哪些字是假借字。形聲字要拿一個字作做聲旁，假借字是借一個字的讀音去記錄另外一個詞，聲旁和假借用法都有標音的作用。

爲什麼不說說其音而象形、指事、會意、轉注愈明？爲什麼形聲、假借愈明？段氏解釋了理由：形聲字是取其讀音作爲偏旁，這個偏旁是個聲符；假借字是取整個字的讀音而不是本義去記錄指另一個事物的詞。

形聲和假借，哪一個是段玉裁所說的"因聲求形"？哪一個是"因聲求義"？抑或"因聲求形"和"因聲求義"都關聯形聲和假借？我們仔細分析上面所抄下來的這段話，"形聲必以此聲爲形，叚借必以此聲爲義"，"形聲必以此聲爲形"顯然對應的是段玉裁心目中的"因聲求形"，"叚借必以此聲爲義"對應的是"因聲求義"。這樣，因聲求形和因聲求義的含義就好懂了。

因聲求形，指根據語音求出合體字中某個偏旁是形聲字的聲符。所因之聲，指讀音；所求之形，指表示讀音的形體，即聲符。聲符本身是個偏旁，段玉裁認爲從音韻的角度能看出哪些字是形聲字的聲符所代表的形體。形聲字要拿一個字作聲旁，"必以此聲爲形"，因此可以因聲求形。例如"江"本義是長江，從水，容易理解，"水"跟"江"讀音相遠，因此是個形符；"工"的字義跟"江"沒有關係，因此可定爲聲符。根據上古音，"江"和"工"古音都是見母東部，讀音相近，於是確定"江"从"工"聲。再如"照"本義照射，從火，容易理解；"昭"本義是日明，跟"照"的本義有關，因此"昭"也是形符。"火"古音曉母微部，"照"章母宵部，音值相遠，因此"火"不是"照"的聲符；"昭"章母宵部，與"照"只有聲調之別，因此"昭"又是"照"的聲符，"照"是個會意兼形聲字。"舠"是形似刀的小船，從舟，從刀，都容易理解。"舟"和"舠"儘管音近，但"舠"得名於"刀"，不得名於"舟"，因此"舟"不是聲符，"舠"和"刀"古音都是端母宵部，音同，因此"刀"是形符兼聲符。

因聲求義，指在對漢字字形結構的分析求得一字多義中某些字的字義非本義的基礎上，根據古音求得某個字義是假借義，是哪一個字的假借義。所因之聲，仍然指讀音；所求之義，指假借義，包括今天所說詞的引申義和用字的假借。例如"長"本義是兩端之間距離大；還有"生長"的意思，這是假借義（也就是後人所說的引申義）。因此斷定"長"的"兩端之間距離大"和"生長"二義之間讀音相同相近。再從古音看，"兩端之間距離大"義是定母陽部，"生長"義是端母陽部，二義讀音相近。因此確證二義之間是假借關係（也就是引申關係），

"生長"義是"兩端之間距離大"一義的假借義。再如"蚤"本義是跳蚤，還有"早晨"的意思，這是假借義，假借爲"早"。因此斷定"蚤"的"跳蚤"和"早晨"二義之間讀音相同相近。再從古音看，"跳蚤"義是精母幽部，"早晨"義也是精母幽部，二義讀音相同。因此確證二義之間是假借關係，"早晨"義是"跳蚤"義的假借義。有了因聲求義之法，就能夠從本義出發，串聯引申義和假借義，從而在系統中把握字義。

段氏對"形聲"字很重視，"因形求聲、因聲求形"這兩種方法是用來解決形聲字問題的。這兩種方法的角度不同。因形求聲，是說作聲符的那個形旁無法按意符來理解，因此一般情況下可以假定爲聲符；而這個形旁跟由它和意符構成的字讀音相同相近，這本身又需要進一步求證，這個求證之法，即是因聲求形。因此這兩個互求之法是互相補充的。例如《說文》日部："昕，旦明也。（從段玉裁說）从日，斤聲。讀若希。"這裏"斤"跟"旦明"的意思無法聯繫上，因此可以假定爲聲符。但"斤"和"讀若希"的"昕"古音有一定距離，它們語音上是否相通？段注："斤聲而讀若希者，文微二韵之合。《齊風》是以與衣韵也。"這就進一步從語音上證明"昕"從"斤"得聲的可靠性。

六、因義求形、因義求聲

現在看一看段玉裁所理解的"因形求義"和"因形求聲"的內涵到底是什麽。還是就前面抄下的《說文解字注》中那段話來作說明：

說其義而轉注叚借明者，就一字爲注，合數字則爲轉注；異字同義爲轉注，異義同字則爲叚借。故就本形以說義，而本義定；本義既定，而他義之爲借形可知也。故曰說其義而轉注叚借明也。

我們已經說到，這段話總結了"因形求義"和"因形求聲"兩種互求方法。在互求方法上應該包括因義求形和因義求聲。這是說可以根據字義求得何者爲轉注字和假借字，假借字和部分轉注字的共同點是借形，這部分的轉注字其實就是假借字。

前面已經提到，段玉裁所理解的轉注和假借屬於"用字之法"，跟

"六書"中的指事、象形、會意、形聲不一樣。雖然同屬用字之法，但劃分的角度不同，因此有交叉：轉注是從"異字同義"的角度劃分出來的，所以他說"異字同義爲轉注"；假借是從跟本義的關係的角度劃分出來的，一個字本義以外的字義都是假借義，所以他說"異義同字爲假借"。既然"異字同義爲轉注"，從詞的層面看，大致相當於後人所說的單音詞中的同義詞。單音詞中的同義詞，可以是一個詞的本義跟其他詞同義，也可以是假借義（包括後人所說的引申義）跟其他詞同義。例如《爾雅·釋詁》："初、哉、首、基、肇、祖、元、胎、俶、落、權輿，始也。"這裏"初、俶"的本義就是"始也"，"哉、首、基、肇、祖、元、胎、落"的"始"義，用的是假借義（包括引申義）。可見轉注字有的用的是本義，有的用的是假借義。段玉裁在提示"因義求形、因義求聲"這兩種互求之法時，對於轉注，取的是使用假借義的轉注，所以他說"故就本形以說義，而本義定；本義既定，而他義之爲借形可知也"，這是很清楚的。因此，段氏的"因義求形、因義求聲"都是爲了解決假借字的問題的。

這跟前面所說的四種互求方法不一樣：前面所說的四種方法，"因形求義和因形求聲"是一對，前者解決跟本義有關的形符，後者解決聲符問題；"因聲求形和因聲求義"是一對，前者解決形聲字問題，後者解決假借字問題。每一對解決的"六書"的問題都不一樣。"因義求形、因義求聲"無疑也是一對，但都是解決假借問題的。這也好理解：因爲"轉注、假借"是"用字之法"，不是造字之法，有其特殊之處。

段玉裁所理解的假借義既然包括詞義引申和用字假借，那麼他理解的"假借義"，實際上是一個字本義以外的字義。詞義引申了，古人沒有給引申義另外造字，仍然用給本義造的字的字形和讀音去記錄這個引申義，在段氏看來，這是假借；語言中的一個單音詞，古人也借用給本義造的字的字形和讀音去記錄，這個單音詞的詞義跟本字記錄的詞義沒有發展關係，這是大家公認的假借。詞義引申也好，用字假借也好，都是借用字形和讀音。因此，根據字的本義求出假借用法，必然涉及形和音兩個方面。這是理解假借字的兩個前提條件。在段玉裁看來，要理解假借，必須有"因義求形"和"因義求聲"兩個方法。

　　因義求形，指根據本義求得轉注、假借是"借形"，借的是專爲本義造的字的字形。所因之義，指本義；所求之形，指借形。一個字，如果沒有求出本義，就無法斷定所要分析的字義是否借形，因此求本義是先決條件。例如"時"記錄"時機，時宜"是否借形？這得要知道"時"的本義是天時，由此可知，"時"作"時機，時宜"講只是"天時"義的引申義，因此是借形。"斯"有指示代詞的用法，相當於"這，這裏"，這個字義是否借形？得要知道"斯"的本義是"把木柴劈開"，這個本義跟"這，這裏"的意思毫無關係，由此可知"斯"作指示代詞用是借形。

　　因義求聲，指通過字義去探求假借字和有假借用法的轉注字的讀音，確定它們是否屬於音同音近，從而求得它們屬於"借聲"。義，指本義；聲，指借聲，即跟本義音同音近的讀音。有不少假借字有本字，這裏所謂本字，是指專爲"借聲"字的本義造的字。例如涉及字義引申的有"取"字，"取"的本義是捕取，因此它作"娶妻"講是借聲。娶妻的"取"有本字"娶"，《說文》女部："娶，取婦也。"段注："取彼之女爲我之婦也。經典多假取爲娶。"因此"取、娶"讀音相同相近。涉及純屬借形、借聲的，"策"的本義是馬鞭子，因此它作"書册"講是借聲，段注《說文》"策"："經傳多假策爲册。"書册的"策"有本字"册"。因此"策、册"音同音近。

　　有時候，人們並沒有專門爲"借聲"字的字義造出本字，而是習慣性地借用某一個字來記錄這個借聲字的字義。爲了便於稱說，我暫且叫它準本字。我舉大家熟知的兩個例子來說明這一點。《史記·項羽本紀》"旦日不可不蚤自來謝項王"的"蚤"，本義是跳蚤，古音是精母幽部；這裏"蚤"顯然不能作"跳蚤"講，應該是通"早"。"早"的本義早晨，引申爲在一定的時間之前，按段玉裁的體系，也可算"假借義"，因此"在一定時間之前"的"早"也是準本字，"早"也是精母幽部。"蚤自來謝項王"的"蚤"取"在一定時間之前"的字義，假借爲準本字"早"。《荀子·勸學》"強自取柱，柔自取束"的"柱"。

已知"柱"的本義是支撐房屋的立柱，上古音是定母侯部。王念孫《讀書雜志》卷八《荀子一》"強自取柱"條說，這個"柱"不能作"屋柱"講，應該通"祝"。"祝"的本義是祭祀時主贊詞的人，古音是章母覺部，讀音跟柱子的"柱"相近。"祝"還有一個字義"斷，弄斷"，古書有一定數目的用例；這本是一個假借義，因此"祝"作"斷，弄斷"講可以算一個準本字。"強自取柱"的"柱"就是取"斷，弄斷"的字義，假借爲準本字"祝"。

由此可見，段玉裁對"假借"很重視，形音義互求中的"因聲求義、因義求形、因義求聲"這三個方法是用來解決假借問題的。三個方法都以本義爲已知條件，但角度不同。"因聲求義"的已知條件是某字的本義和古音，在訓詁中，某一個字義既然不是本義，則要求出它哪一個字的假借義，是什麼假借義；"因義求形"的已知條件也是某字的本義和古音，在訓詁中要求得它用於某一義是一個"借形"，並進而求出是哪一個字的借形；"因義求聲"的已知條件是某字的本義和古音，在訓詁中要求得它用於某一義是一個"借聲"，並進而求出是哪一個字的借聲。

七、結語

上面我對段玉裁所講的形音義互求的方法作了闡述。最後我想表達幾點意見，供同學們參考：

（一）段玉裁率先對小學的互求之法作了全面而系統的總結，具有創始之功。今後要發展中國語言學，我們應該批判地繼承傳統小學的優良傳統、科學成果，不斷豐富我們對古漢語規律的認識，將古漢語形音義的研究導向深入。

（二）段玉裁的互求之法，指的是古形、古音、古義的探求規律，基本屬於共時研究的方法。這些方法都可以作爲專題進行更深入的研究。

今人關注"因形求義"和"因聲求義"這兩種方法，並作出進一步的探討，成就很大。但段玉裁理解的"因形求義"和"因聲求義"

跟今人不完全相同。他的六種互求之法是跟六書的理論緊密聯繫在一起的，實際含義是：

1. 因形求義，指根據漢字字形結構求得某些形體屬於象形、指事、會意、形聲字中的意符，進而求得字的本義。形，指表意的形體；義，指本義。

2. 因形求聲，指根據形聲字的結構把握聲符所記錄的字音，得出該形體屬於聲符。形，指表音的形體；聲，指聲符及其所記錄的讀音。

3. 因聲求形，指根據語音求出合體字中某個偏旁是形聲字的聲符。聲，指讀音；形，指表示讀音的形體。聲符本身是個偏旁，段玉裁認爲從音韻的角度能看出哪些字是形聲字的聲符所代表的形體。形聲字要拿一個字作聲旁，"必以此聲爲形"，因此可以因聲求形。

4. 因聲求義，指在對漢字字形結構的分析求得一字多義中某些字的字義非本義的基礎上，根據古音求得某個字義是假借義，是哪一個字的假借義。所因之聲，仍然指讀音；所求之義，指假借義，包括今天所說詞的引申義和用字的假借。

5. 因義求形，指根據假借義求得轉注、假借是"借形"，借的是專爲本義造的字的字形。也指在已知字義相同的情況下，將不同的字串聯起來，求得某些字屬於轉注字。義，指本義；形，指借形。

6. 因義求聲，指通過字義去探求假借字和有假借用法的轉注字的讀音，確定它們是否屬於音同音近，從而求得它們屬於"借聲"。義，指本義；聲，指借聲，即跟本義音同音近的讀音。

(三) 段玉裁還將互求之法跟"古""今"的概念聯繫起來。《廣雅疏證序》：

有古形，有今形；有古音，有今音；有古義，有今義。六者互相求，舉一可得其五。

從理論上說，小學互求的方法又可以細化爲以下三十種：

1. 因古形求今形　2. 因古形求古音
3. 因古形求今音　4. 因古形求古義
5. 因古形求今義　6. 因今形求古形

7. 因今形求古音　8. 因今形求今音

9. 因今形求古義　10. 因今形求今義

11. 因古音求古形　12. 因古音求今形

13. 因古音求今音　14. 因古音求古義

15. 因古音求今義　16. 因今音求古形

17. 因今音求今形　18. 因今音求古音

19. 因今音求古義　20. 因今音求今義

21. 因古義求古形　22. 因古義求今形

23. 因古義求古音　24. 因古義求今音

25. 因古義求今義　26. 因今義求古形

27. 因今義求今形　28. 因今義求古音

29. 因今義求今音　30. 因今義求古義

　　將漢字形音義和"古""今"的概念結合起來研究小學互求方法，這說明段玉裁已有明確的"史"的意識了。這些具體方法的內容也都可以作爲專題進一步的科學研究。按照今天的科學分類，這三十種方法中，第一種"因古形求今形"、第六種"因今形求古形"、第十三種"因古音求今音"、第十八種"因今音求古音"、第二十五種"因古義求今義"、第三十種"因今義求古義"這六種方法可以放到自求之法中。

　　（四）小學的互求之法能否解決小學中的所有問題？不能。段氏所分析的還是互求之法，這就意味著還有自求之法。形音義的自求之法顯然有：

1. 因形求形　2. 因聲求聲　3. 因義求義

　　例如唐蘭《古文字學導論》下編中所說的"偏旁的分析"之法，根據已知的古文字偏旁去認識帶有這個偏旁的字，要用到因形求形；根據韻文、諧聲、假借、聯綿字、讀若、聲訓等材料去研究古音系統，要用到因聲求聲；訓詁當中的因文定義要用到因義求義，等等。

　　如果跟"古""今"的概念聯繫起來，則還有如下六種：

1. 因古形求今形　2. 因今形求古形

3. 因古音求今音　4. 因今音求古音

5. 因古義求今義　6. 因今義求古義

例如方言攷本字，要用到因今形求古形、因今音求古音、因今義求古義；探討漢字形體、漢語詞義的演變，要用到因古形求今形、因古音求今音、因古義求今義等方法。

（五）根據以上的討論，我們不難看出：傳統小學的研究方法，無論是"自求之法"和"互求之法"直至今天還大有用武之地，需要我們繼承發揚。

我們可以將小學的方法分爲"自求之法"和"互求之法"兩大類，每一類裏又跟"古""今"的概念結合起來，研究傳統的小學方法，爲中國語言學的建設提供新的研究視角和方法論系統。以上每小類中的研究方法都值得作深入細緻的探討，這可以作爲今後的研究課題。將這些課題研究好了，必然會爲中國語言學和國際範圍內的語言研究作出新貢獻。

（六）傳統小學的這些研究方法主要集中在文字符號的聚合關係方面，組合關係的探討還比較薄弱，這也是今後需要加強的研究內容。

琪然的《段注說文攷校羣書類纂》馬上就要跟讀者見面了，很高興能將我 2015 年寫就的講演稿《談談傳統小學中形音義互求的方法》主體部分抄錄在本書前面，希望對讀者諸君瞭解段玉裁攷校羣書的方法有所幫助，並借此祝賀該書出版，希望琪然快馬加鞭，不斷取得新成就。

是爲序。

孫玉文

2022 年 9 月 19 日於京西五道口嘉園之天趣齋

前　言

若以乾隆五十七年（1792）作爲段玉裁撰《說文解字注》的開端，至嘉慶十二年（1807）完成第十五卷注，段氏以十五年的時間和精力完成《說文注》的創作[①]。若據陳焕跋文，以乾隆四十五年（1780）作爲段氏作《說文解字讀》的開端，則段氏用功於校注《說文》近三十年，真如陳焕所說："海内延頸望書之成已三十年於兹矣。"[②] 著《說文注》凝聚了段氏晚年的大半心血，其畢生所學可謂都爲一處。

如段氏在十五卷下注中所云："治《說文》而後《爾雅》及傳注明，《說文》《爾雅》及傳注明，而後謂之通小學，而後可通經之大義。"[③] 段氏《說文注》的要旨便是以《說文》爲樞軸貫通小學，以小學爲樞軸通經，而通四部，拾級而上。《說文注》並不止步於對《說文》本身的攷校，這是段氏《說文注》與其前作《汲古閣說文訂》的重要差異。段氏晚年對四部羣書的重要認識，從一字一詞的攷釋、校勘，到對羣書義例、經學要旨的論斷都納於《說文》的框架之中，形成這樣一部體大思精的著作。

然而，無論是礙於《段注》複雜的體例、較長的篇幅，還是由於學術背景的客觀差異，當代學人閱讀《段注》已非易事。專書研究中，由於《段注》並非對（《說文》外）專書的注釋之作，段氏對羣書的

[①] 此編年據陳鴻森《段玉裁〈說文注〉成書的另一個側面：段氏學術的光與影》，《中國文化》2015年第41期。
[②] （清）段玉裁：《說文解字注》，上海：上海古籍出版社，1988年，第2版，陳焕跋，第789頁。
[③] 《說文解字注》，第784頁。

攷校成果較難被從事專書研究的學者系統性地認識和吸收，而這部分內容實則非常豐富且重要。

前人亦十分重視《段注》攷釋羣書的內容。余行達先生《說文段注研究》中有"《說文段注》校釋羣書索引"一章，"冀爲撰著《說文段注後箋》之助"①，故而僅錄篆字，不錄段氏攷校羣書的具體內容。同時，每部專書下仍以《說文》的順序排列篆字，以供《說文》研究檢索之便。然欲知專書具體某一處段氏的意見，則仍難知其在《段注》中的位置。

因此，本書欲以專書各自框架纂集段氏在《說文注》中對四部羣書攷校的内容。工作程序是重新從《說文注》第一個篆字"一"開始，及至十五卷下段氏對許沖上表所作之注，逐字逐條尋找段氏對羣書的攷校，分爲橫縱兩個維度排列材料。縱向的維度是將《段注》對羣書的攷校置於羣書之下逐條排列。橫向的維度是指專題研究。本書在纂集的每一條目之下以標籤的形式標明段氏所攷爲專書的哪一方面，或校誤字，或辨音義，或破假借，或論經史……以期展現《段注》對四部羣書研究的不同維度。

以此體例纂集《段注》的內容，得專書一百有五部，囊括四部要籍②。又得標籤二十有五，涉及傳統學術體系中的音韻學、訓詁學、文字學、目錄學、校勘學、辨僞學、經學、史學八個大的方面（另設"其他"一類）。共得問題條目五千餘條。應當說，對於上古文獻中的重要問題，段氏在《說文注》中都或多或少地涉及了。另外，筆者在研究中撰寫的十二篇相關札記亦附書末，希望對《段注》研究略有貢獻。

---

① 余行達：《說文段注研究》，成都：巴蜀書社，1998年，第125–127頁。
② 本書與余行達先生《索引》的體例不同，亦非引書攷，主要以段氏論及的專書中的問題爲核心，段氏論述專書某一問題涉及的其他諸書並不拆散至各書之下。因此本書纂集得到的專書數量比《索引》的專書數量要少，但只要是《段注》攷校羣書的內容本書均收在內。

例　言

1. 本書纂集段氏在《說文注》中對四部羣書的攷校，分列於羣書各自的框架下，每條末括注其在《段注》中的位置（從出篆字，或各部末文、第十五卷大字）。《段注》有時僅是引羣書作爲書證，並非對羣書本身的攷校，如此則不收在内。段氏對《說文》本身的攷校亦不在本書範圍之内。

2. 以四部經、史、子、集的順序排列羣書，各部各書順序基本依照《四庫全書總目》。《四庫全書總目》未編入者依時代順序列於每部之末。經部中，段氏關於《經典釋文》《五經異義》的討論絶大部分結合具體經書，故散列於羣經各條之中，小部分討論專門針對《釋文》《異義》，則列於《釋文》《異義》之下。

3. 段氏對羣書之攷證，以問題從出之字爲據，依專書内部文句順序排列。涉及專書内部多處問題的，置於該書之末，冠以"全書"（或"全經""全傳"），以《段注》篆序排列。爲保證理解的連貫，各專書問題從出之各條目，作字以段氏所引所論爲主，同時參攷較爲常見常用、便於讀者查檢的今本作字。段引與今本不同之實質性異文，另出注說明，注中皆稱今本。羣書所用今本所指具見本例言第12條羣書今本目錄，脚注中不一一注明。今本不同之處爲今本所改，或段氏所引有本爲據、可查明顯然者，則不另出注。《段注》條目若爲對羣書的校勘，則以所校今本作字作爲條目。

4. 對羣書中同一問題的討論或散見於數篆，如此則列於同一條目下，以相互參照。排列順序以《段注》篆序爲主。個别情況下，根據問題展開的邏輯對順序略作調整。當某條目下不同篆文所引羣書文字有異時，以合於今本者列爲條目。

5. 一篆之下，段氏的攷校時而涉及羣書中的某一問題，時而超過一個問題。超過一個問題的一般分別繫於問題從出之位置。涉及一個問題而涉及不同專書的一般置於段氏首引之書的框架下。若非首引之書，但爲整個問題展開最多，最要緊的部分，爲了避免喧賓奪主，置於該書之下。

6. 段氏攷校羣書，有時不以某部書爲焦點，而冠以"古書""古""諸書""經典""經傳"等，或羅列多部專書、牽涉較廣，不宜置於單部書下。這種情況另置"羣書"一類，置於四部之末，依《段注》篆序排列。

7. 段氏對羣書的攷察，有的緊密聯繫對《說文》本身的攷校，脫離《說文》的語境則不知段氏所云，這種情況亦將段氏攷校《說文》的部分收入，括注《說文》文本，具體作字以《段注》爲準，與今人常用陳昌治一行一篆本不同者，以腳注注明（注中簡稱陳本），以便讀者參攷利用（所引《說文》大字與《段注》小字不一定緊鄰）。段氏校改《說文》，有的校字貫穿全篇，如改"以"爲"㠯"，涉及多處。爲使注釋簡練，這些涉及廣泛的改字列表如下，正文不一一出注：

陳本《說文》及羣書	段注
以，及從以之字	㠯，及從㠯
窮	竆
明	朙
居	凥
丘	丠
鼓	皷
乘	乘/椉
太	大

续表

陳本《說文》及羣書	段注
錯	鎈
法	灋
侯	矦
詞	䛐
韻	韵

條目中，有時爲足文義，括注筆者"編按"；段氏於注文中另有小字夾注者，括注"段云"。

8. 《段注》所用避諱字改回原字，如"玄"改回"玄"，不一一出注。

9. 每條前以標籤標明段氏攷校羣書要旨，包括：

訓詁學：

【叚借】：段氏對羣書具體文字叚借的指認。

【同源】：對羣書具體文字所記錄的語詞同源關係的攷釋。

【聯綿】：對羣書具體語詞聯綿詞性質之指認。

【句讀】：對羣書具體文句句讀的看法。

【詁訓】：涉及訓詁學而不屬於前四類的語詞詁訓及名物攷釋。

文字學：

【古今】：對羣書具體文字涉及古今字內容的論述。

【正俗】：對羣書具體文字指認俗字，指明正字的論述。

【異體】：對羣書具體文字異體關係的論述。

音韵學：

【音義】：對羣書具體文字音義配合（不包括假借）的論述。

【注音】：對羣書具體文字的單純注音。

【押韵】：對羣書具體文句押韵情況的指認。

校勘學：

【校勘】：對羣書具體文字的校勘成果。

【異文】：對羣書具體文字異文情況的列舉。

【譌字】：對羣書譌字現象、譌字規律的總結。

目錄學：

【目錄】：對目錄分目、著錄的討論。

辨偽學：

【辨偽】：對羣書的辨偽。

經學：

【經學】：對羣書具體文字作字、經說之同異的歸納及對經說、經學傳承關係的探討。包括以許慎爲核心的經說探討。

史學：

【歷史】：對羣書中涉及的史實的攷釋。

【地理】：對羣書具體文句涉及的歷史地理問題的攷釋。

【避諱】：對羣書具體内容避諱問題的論述。

其他：

【義例】：對羣書義例的發明。

【源流】：對文獻之閒因循關係、文本之閒源流關係的攷釋。

【佚文】：指出羣書佚文的内容。

【辨誤】：辨明羣書及前人羣書研究中的錯誤（與羣書具體文字的校勘不同）。

【志疑】：標明羣書中難以解決的疑難，或雖有解決方案而尚不確定、亦屬疑詞者。

10. 本書纂集《段注》攷證羣書的内容以學者最爲常用的上海古籍出版社影清經韵樓本《說文解字注》爲工作底本。許惟賢教授在其點校的《說文解字注》中，對段氏引書做了大量核校工作，於《段注》本身的標點、校勘多所發明，爲《段注》研究提供了很好的基礎，該點校本是本研究最重要的參攷文本。本書引用該點校本校語簡稱"許校"。邵永海教授對《段注》前十四卷做了電子化的工作；陳嘉儀另對《段注》第十五卷精加核對，二者均對本研究幫助很大。

11.《說文》及《段注》核心參攷書目：

《說文解字》，（東漢）許慎撰，（北宋）徐鉉校定，影清陳昌治一行一篆本，北京：中華書局，1963年。

《說文解字注》，（清）段玉裁，影清經韵樓本，上海：上海古籍出版社，1988年，第2版。

《說文解字注》，（清）段玉裁撰，許惟賢整理，南京：鳳凰出版社，2015年，第2版。

本書纂集《說文》及《段注》材料不一一出注。引用許校校語於腳注標引，不一一注明出版信息。

12. 本書所據所稱羣書"今本"目錄：

經部：

十三經及其注、疏、釋文俱見《十三經注疏》，（清）阮元，影清嘉慶刊本，北京：中華書局，2009年。

《尚書大傳疏證》，（清）皮錫瑞，北京：中華書局，2015年。

《大戴禮記解詁》，（清）王聘珍，北京：中華書局，1983年。

《春秋繁露義證》，（清）蘇興，北京：中華書局，1992年。

《五經異義疏證》，（清）陳壽祺，北京：中華書局，2014年。

《鄭志》，（三國魏）鄭小同，清武英殿聚珍版叢書本。

單論《釋文》另參《經典釋文》，（唐）陸德明，清抱經堂叢書本。

經部小學類：

《方言箋疏》，（清）錢繹，北京：中華書局，1991年。

《釋名疏證補》，（清）王先謙，北京：中華書局，2008年。

《廣雅疏證》，（清）王念孫，清嘉慶元年刻本。

《匡謬正俗》，（唐）顏師古，清同治小學彙函本。

《宋本玉篇》，（北宋）陳彭年，影清張氏澤存堂本，北京：中國書店，1983年。

《五經文字》，（唐）張參，清文淵閣四庫全書本。

《九經字樣》，（唐）唐玄度，清文淵閣四庫全書本。

《佩觿》，（北宋）郭忠恕，清康熙刻本。

《類篇》（北宋）司馬光，影姚刊三韻本，北京：中華書局，1984年。

《字鑑》，（元）李文仲，清文淵閣四庫全書本。

《廣韻校本》，周祖謨，北京：中華書局，2004年，第3版。

《集韻》，（北宋）丁度等，影清錢曾述古堂影宋鈔本，上海：上海古籍出版社，1985年。

《古今韻會舉要》，（元）熊忠，清文淵閣四庫全書本。

《轉注古音略》，（明）楊慎，清文淵閣四庫全書本。

《小爾雅集釋》，遲鐸，北京：中華書局，2008年。

《正字通》，（明）張自烈，清清畏堂刻本。

《急就篇》，（西漢）史游，四部叢刊續編影明鈔本。

《一切經音義》，（唐）釋玄應，清海山仙館叢書本。

史部：

《史記》，（西漢）司馬遷，北京：中華書局，1982年，第2版。

《漢書》，（東漢）班固，北京：中華書局，1962年。

《後漢書》，（南朝宋）范曄，北京：中華書局，1965年。

《三國志》，（西晉）陳壽，北京：中華書局，1982年，第2版。

《晉書》，（唐）房玄齡等，北京：中華書局，1974年。

《宋書》，（南朝梁）沈約，北京：中華書局，1974年。

《魏書》，（北齊）魏收，北京：中華書局，1974年。

《周書》，（唐）令狐德棻等，北京：中華書局，1971年。

《隋書》，（唐）魏徵、（唐）令狐德棻，北京：中華書局，1973年。

《漢紀》，（東漢）荀悅，北京：中華書局，2002年。

《資治通鑑》，（北宋）司馬光，北京：中華書局，1956年。

《逸周書》，四部叢刊影明嘉靖二十二年本。

《國語集解》，徐元誥，北京：中華書局，2002年。

《戰國策注》，（東漢）高誘注，（南宋）姚宏校，清士禮居叢書影宋本。

《列女傳補注》，（清）王照圓，上海：華東師範大學出版社，2012年。

《吳越春秋》，（東漢）趙曄，四部叢刊影明弘治本。

《越絕書校釋》，李步嘉，北京：中華書局，2013年。

《華陽國志》，（東晉）常璩，四部叢刊影明鈔本。
《元和郡縣志》，（唐）李吉甫，清武英殿聚珍版叢書本。
《水經注校證》，陳橋驛，北京：中華書局，2007年。
《洛陽伽藍記校釋》，周祖謨，北京：中華書局，2010年。
《南方草木狀》，（西晉）嵇含，宋百川學海本。
《通典》，（唐）杜佑，北京：中華書局，1988年。
《漢官舊儀》，（東漢）衛宏，清武英殿聚珍版叢書本。
《隸釋》，（南宋）洪适，四部叢刊三編影明萬曆刻本。
《石鼓文音訓考證》，（清）馮承輝，清光緒十九年蒼溪刻本。
《校輯世本》，（清）雷學淇，《世本八種》，北京：中華書局，2008年。
子部：
《荀子集解》，（清）王先謙，北京：中華書局，1988年。
《新書校注》，閻振益、鍾夏，北京：中華書局，2000年。
《說苑校證》，向宗魯，北京：中華書局，1987年。
《法言義疏》，汪榮寶，北京：中華書局，1987年。
《十一家注孫子校理》，楊丙安，北京：中華書局，1999年。
《司馬法》，四部叢刊影宋鈔本。
《管子校注》，黎翔鳳，北京：中華書局，2004年。
《韓非子集解》，（清）王先慎，北京：中華書局，1998年。
《齊民要術今釋》，石聲漢，北京：中華書局，2009年。
《重廣補注黃帝內經素問》，（唐）王冰，四部叢刊影明翻宋本。
《靈樞經集注》，（清）張志聰，四部叢刊影明趙府居敬堂本。
《重修政和經史證類備用本草》，（北宋）唐慎微，四部叢刊影金泰和晦明軒本。
《九章算術》，四部叢刊影清微波榭叢書本。
《太玄集注》，（北宋）司馬光，北京：中華書局，1998年。
《焦氏易林校注》，劉黎明，成都：巴蜀書社，2011年。
《墨子閒詁》，（清）孫詒讓，北京：中華書局，2001年。
《鬼谷子集校集注》，許富宏，北京：中華書局，2010年。

《呂氏春秋集釋》，許維遹，北京：中華書局，2009年。
《淮南子集釋》，何寧，北京：中華書局，1998年。
《顏氏家訓集解》，王利器，北京：中華書局，1993年。
《白虎通疏證》，（清）陳立，北京：中華書局，1994年。
《獨斷》，（東漢）蔡邕，四部叢刊三編影明弘治本。
《古今注》，（西晉）崔豹，四部叢刊三編影宋本。
《論衡校釋》，黃暉，北京：中華書局，1990年。
《風俗通義校注》，王利器，北京：中華書局，1981年。
《初學記》，（唐）徐堅，清光緒孔氏三十三萬卷堂本。
《太平御覽》，（北宋）李昉，四部叢刊三編影宋本。
《世說新語箋疏》，余嘉錫，北京：中華書局，2007年。
《山海經箋疏》，（清）郝懿行，載《郝懿行集》，安作璋主編，濟南：齊魯書社，2010年。
《穆天子傳》，四部叢刊影明天一閣本。
《搜神記》，（東晉）干寶，明津逮秘書本。
《老子校釋》，朱謙之，北京：中華書局，1984年。
《列子集釋》，楊伯峻，北京：中華書局，1979年。
《莊子集釋》，（清）郭慶藩，北京：中華書局，2012年。
《文子疏義》，王利器，北京：中華書局，2009年。

集部：

《楚辭補注》，（南宋）洪興祖，北京：中華書局，1983年。
《揚子雲集》，（西漢）揚雄，清文淵閣四庫全書本。
《杜詩詳注》，（清）仇兆鰲，北京：中華書局，1979年。
《昌黎先生文集》，（唐）韓愈，宋蜀刻本。
《文選》，（南朝梁）蕭統，清胡克家刻本。
《玉臺新詠箋注》，（清）吳兆宜注，程琰刪補，北京：中華書局，1985年。
《花間集校注》，楊景龍，北京：中華書局，2014年。

目 錄

經 部

周　易	3
尚　書	44
尚書大傳	116
詩　經	121
周　禮	425
儀　禮	582
禮　記	627
大戴禮記	706
左　傳	714
公羊傳	816
穀梁傳	834
春秋繁露	837
孝　經	839
五經異義	841
鄭　志	849
經典釋文	851
論　語	852
孟　子	874

經部小學類

爾　雅	895
方　言	1022
釋　名	1050
廣　雅	1060
匡謬正俗	1076
玉　篇	1079
五經文字	1095
九經字樣	1101
佩　觿	1103
類　篇	1105
字　鑑	1107
廣　韵	1108

集　韵 …………………… 1138
古今韵會舉要 ………… 1142
轉注古音略 …………… 1144
小爾雅 ………………… 1145
正字通 ………………… 1146
急就篇 ………………… 1147
一切經音義 …………… 1151

史　部

史　記 ………………… 1159
漢　書 ………………… 1214
後漢書 ………………… 1367
三國志 ………………… 1381
晉　書 ………………… 1383
宋　書 ………………… 1384
魏　書 ………………… 1385
周　書 ………………… 1386
隋　書 ………………… 1387
漢　紀 ………………… 1388
資治通鑑 ……………… 1389
逸周書 ………………… 1390
國　語 ………………… 1395
戰國策 ………………… 1415
列女傳 ………………… 1421

吳越春秋 ……………… 1423
越絕書 ………………… 1424
華陽國志 ……………… 1425
元和郡縣志 …………… 1427
水經注 ………………… 1428
洛陽伽藍記 …………… 1436
南方艸木狀 …………… 1437
通　典 ………………… 1438
漢舊儀 ………………… 1439
隸　釋 ………………… 1440
附：金石 ……………… 1441
世　本 ………………… 1444

子　部

荀　子 ………………… 1449
新　書 ………………… 1454
說　苑 ………………… 1456
法　言 ………………… 1457
孫子兵法 ……………… 1458
司馬法 ………………… 1459
管　子 ………………… 1460
韓非子 ………………… 1465
齊民要術 ……………… 1467
素　問 ………………… 1469

靈　樞	1472
本艸經	1473
九章算術	1479
太　玄	1480
易　林	1484
墨　子	1485
鬼谷子	1486
呂氏春秋	1487
淮南子	1496
顔氏家訓	1510
白虎通	1514
獨　斷	1518
古今注	1519
論　衡	1520
風俗通	1521
初學記	1524
太平御覽	1526
世說新語	1527
山海經	1528
穆天子傳	1539
搜神記	1540
老　子	1541
列　子	1544
莊　子	1546
文　子	1554

集　部

楚　辭	1557
楊子雲集	1570
杜　詩	1571
韓　集	1573
文　選	1574
玉臺新詠	1609
花間詞	1610
集部諸篇	1611

羣　書

| 羣　書 | 1615 |

讀段注說文叢札

| 讀段注說文叢札 | 1651 |

參考文獻	1727
後　記	1736
條目索引	1738

——段注說文攷校羣書類纂——

經部

周 易

乾

夕惕若厲

【經學】【辨誤】(《說文》:"惕,骨閒黃汁也。从骨,易聲。讀若《易》曰:'夕惕若厲。'")"讀若"二字小徐無,非也。《汗簡》《古文四聲韵》皆云:"惕出古《周易》。"正因《說文》奪"讀若"字,遂徑作"夕惕"也。"夕惕若厲"又見《夕部》及他古籍。《易》惟費氏以古字號古文《易》。鄭君傳費氏,亦云:"惕,懼也。"且《易》"惕"字屢見,倘古文皆作"惕",諸家必有爲之說者,而未見也。

(惕)

【詁訓】【辨誤】(《說文》:"《易》曰:'夕惕若厲。'")《乾》九三爻辭也。"厲"各本作"夤",今正。凡漢人引《周易》"夕惕若厲"不暇枚舉,許書"惕"字下亦作"夕惕若厲"。此引者,說从夕之意也。"夕惕"者,火滅修容之謂。凡許書,引《易》"井者法也",說"荆"从井之意。引《易》"地可觀者莫可觀於木",說"相"从目、木之意。引《易》"先庚三日",說"庸"从庚之意。引《易》"豐其屋",說"寷"从宀、豐之意。引《易》"百穀艸木麗於地",說"蔿"从艸、麗之意。引《易》"突如其來如","不孝子突出,不容於內也",說"㐬"从倒子之意。皆偁《周易》以說字形之意。學者不憭,往往誤會,於是改"厲"爲"夤",改"突"爲"㐬",而惠氏定宇作《周易述》,竟作"夕惕若夤,厲无咎","㐬如其來如"矣。

(夤)

亢龍有悔

【叚借】【經學】（《說文》："一曰《易》：'忼龍有悔。'"）忼之本義爲忼慨，而《周易·乾》上九"忼龍"則叚"忼"爲"亢"。亢之引申之義爲高，《子夏傳》曰："亢，極也。"《廣雅》曰："亢，高也。"是今《易》作"亢"爲正字，許所據孟氏《易》作"忼"，叚借字也。凡許所引經說叚借，如"無有作妌""聖讒說""曰圛"皆是。

（忼）

確乎其不可拔

【校勘】【詁訓】【正俗】《易·文言》曰："確乎其不可拔，潛龍也。"虞翻曰："確，剛皃也。"鄭曰："堅高之皃。"按：今《易》皆作"確"。攷《釋文》曰："《說文》云：'高至。'"《毄辭》："夫乾，確然示人易矣。"《釋文》曰："《說文》云：'高至。'"皆不言《說文》作"隺"，是則陸所據《易》二皆作"隺"，而今本俗誤也。許意"隺"訓"高至"，"塙"訓"堅不可拔"。《文言》字作"隺"而義從"塙"，《毄辭》乃義如其字。……今俗字作確，乃确字之變耳。

（塙）

坤

【詁訓】【辨誤】《象傳》曰："地勢坤，君子以厚德載物。"《說卦傳》曰："坤，順也。"按：伏羲取天地之德爲卦，名曰乾、坤。……（《說文》："土位在申也。"）《說卦傳》曰："坤也者，地也。萬物皆致養焉，故曰致役乎坤。"坤正在申位，自倉頡造字已然，後儒乃臆造乾南坤北爲伏羲先天之學，《說卦傳》所定之位爲文王後天之學。甚矣人之好怪也。或問伏羲畫八卦，即有乾、坤、震、巽等名與不？曰：有之。伏羲三奇謂之乾，三耦謂之坤，而未有乾字、坤字。傳至於倉頡，乃後有其字。坤、巽泰山北斗，特造之，乾、震、坎、離、艮、兑，以音義相同之字爲之。故文字之始作也，有義而後有音，有音而後有形，音必先乎形。名之曰乾、坤者，伏羲也。字之者，倉頡也。畫卦者，造字之先聲也。是以不得云☷即坤字。

（坤）

陰始凝也　至堅冰也

【校勘】【古今】《易·象傳》初六："履霜，陰始凝也。馴致其道，至堅冰也。"古本當作"陰始冰也""至堅仌也"。《釋器》："冰脂也。"孫本"冰"作"凝"。按：此可證《詩》"膚如凝脂"本作"冰脂"。以"冰"代"仌"，乃别製"凝"字。經典凡"凝"字皆"冰"之變也。

（冰）

㨉囊①

【叚借】《廣雅·釋詁》曰："昏，塞也。"《易·巛》六二："㨉囊无咎"，㨉即昏字也。

（昏）

【叚借】《易》"㨉囊"，借爲昏字也。

（㨉）

龍戰於野

【詁訓】十月於卦爲《坤》，微陽從地中起，接盛陰，即"壬"下所云"陰極陽生"，故《易》曰："龍戰於野。"戰者，接也。

（亥）

---

① 今本"㨉"作"括"。

屯

磐桓

【異文】【叚借】《易·屯卦》"磐桓","磐"亦作盤,亦作槃,義當作般。桓義當作亘。般者,辟也。亘者,回也。馬融云:"槃桓,旋也。"是二字皆叚借也。凡舟之旋曰般,旌旗之指麾曰旋,車之運曰轉,瓠柄曰斡,皆其意也。

(亘)

屯如邅如

【校勘】【聯綿】趁邅即《屯》六二"屯如邅如"。馬融云:"難行不進之皃。""邅"俗本作"邅",葉林宗抄宋版《釋文》、呂祖謙《音訓》皆作"邅"。《馬部》作"駗驙"。駗驙,馬載重難也,皆雙聲疊韵。

(邅)

【校勘】【異文】(《說文》:"《易》曰:'乘馬驙如。'")《周易·屯》六二:"屯如邅如,乘馬班如。""邅"俗作"邅",宋時《經典釋文》不誤。許所據《易》蓋上句作"駗如驙如","乘馬"二字當爲誤文。

(驙)

即鹿無虞

【叚借】《詩·大雅·旱麓》毛曰:"麓,山足也。"蓋凡山足皆得偁麓也。亦假借作"鹿"。《易》:"即鹿無虞。"虞翻曰:"山足稱鹿。鹿,林也。"

( )

泣血漣如

【異文】【志疑】【異體】【校勘】(《說文》:"《易》曰:'泣涕㦁如。'")《屯》上六爻辭。"泣涕",《易》作"泣血"。《雨無正》傳曰："無聲曰泣血。"《檀弓》注曰："泣無聲如血出。"而九家虞翻注《易》乃云："血流出目。"未知孰是。"慂如"，《易》作"漣如"。漣者，"瀾"之或字。蓋許所據爲長。
(慂)

蒙

再三瀆

【異文】【叚借】(《說文》："《易》曰：'再三黷。'")古字多叚借通用，許所據《易》作"黷"，今《易》作"瀆"。崔憬曰："瀆，古黷字也。"玉裁按：鄭注云："瀆，褻也。"瀆褻，許《女部》作"嬻媟"，若依鄭義則"黷"爲叚借字，"嬻"爲正字也。
(黷)

以往吝

【志疑】(《說文》："《易》曰：'㠯往吝。'")《蒙》初六爻辭。按：《辵部》引"以往遴"。不同者，許《易》偁孟氏，或兼偁他家。或孟《易》有或本，皆未可知也。
(吝)

需

需須也

【叚借】《易·彖傳》曰："需，須也。"須即䪼之叚借也。
(需)

雲上于天需

【詁訓】（《說文》："《易》曰：'雲上于天，需。'"①）"雲上于天"者，雨之兆也。宋衷曰："雲上于天，需時而降雨。"

（需）

訟

終朝三褫之

【叚借】《周易·訟》上九："或錫之鞶帶，終朝三褫之。"侯果曰："褫，解也。"鄭玄、荀爽、翟元皆作"三拕之"。荀、翟訓"拕"爲"奪"。《淮南書》曰："秦牛缺遇盜，拕其衣。"高注："拕，奪也。""拕"者，"褫"之假借字。十七、十六二部音冣近也。

（褫）

【叚借】《易》："終朝三褫之"，鄭本作"拕"，叚拕爲褫也。

（拕）

師

毒天下

【詁訓】【異文】（《說文》："毒，厚也。"）毒兼善惡之辭，猶祥兼吉凶、臭兼香臭也。《易》曰："聖人以此毒天下而民從之"，《列子書》曰："亭之毒之"，皆謂厚民也。毒與竺、篤同音通用。《微子篇》："天毒降災"，《史記》作"天篤"。

（毒）

---

① 陳本"于"作"於"。

小畜

輿說輻

【叚借】【校勘】（《說文》："輹，車軸縛也……《易》曰：'輿說輹。'"①）《周易·小畜》九三、《大畜》九二文也。馬云："車下縛也"，與許合。其非輹明矣。或作腹者，叚借字；或作輻者，譌字。（輹）

履②

履虎尾愬愬

【異文】【經學】【詁訓】（《說文》："虩，《易》：'履虎尾虩虩。'"③）今《易》"虩虩"作"愬愬"。《釋文》曰："愬愬，《子夏傳》云：恐懼貌。馬本作虩虩，云：恐懼也。《說文》同。"按：《震》卦辭："震來虩虩。"馬云："恐懼貌。"鄭同馬。鄭用費《易》，許用孟《易》，而字同義同也……（編按：虩）古音在五部，故《易》一作"愬"也④。（虩）

泰

拔茅茹以其彙

【異體】【叚借】《周易》："拔茅茹以其彙，征吉。"《釋文》云："彙古文作𦶜。"按：𦶜即夤字之異者，彙則假借字也。（夤）

---

① 陳本"說"作"脫"。
② 今本作"履"。
③ 陳本"履"作"履"，"尾"作"尾"。
④ 按：於此可見段氏尤擅於具體處剖析經說之異同，並不執著於師承門户。

【叚借】《周易》："拔茅茹以其彙。"鄭云："勤也",以爲"謂"之叚借也。王弼云："類也",以爲"會"之叚借也。

（彙）

包荒用馮河

【異文】（《說文》："《易》曰：'包巟用馮河。'"）今《易》作"荒",陸云："本亦作巟。"

（巟）

否

儉德辟難

【叚借】古假險爲儉,《易》："儉德辟難",或作險。

（儉）

謙

【異文】【叚借】【校勘】（編按：嗛）假借爲謙字,如《子夏周易》《漢·藝文志》謙卦作"嗛"是也。《志》云："合於《易》之嗛嗛,一嗛而四益。"轉寫下句从言,遂滋異說。

（嗛）

撝謙

【詁訓】【叚借】《易》："撝謙",馬曰："撝猶離也。"按："撝謙"者,溥散其謙,無所往而不用謙,裂義之引申也。《曲禮》："爲國君削瓜者華之",注曰："華,中裂之也。"華音如花,撝古音如呵,故知"華"即"撝"之叚借也。……《敘》曰："比類合誼,以見指撝。"《易》"撝謙"注曰："指撝皆謙。"凡"指撝"當作此字。

（撝）

豫

介于石

【異文】【詁訓】《易》："介于石"，馬本作"扴"，云："觸小石聲。"按："扴于石"，謂摩硞于石也。

（扴）

朋盍簪

【詁訓】《豫》九四："朋盍簪"，子夏《傳》云："簪，疾也。"鄭云："速也。"晁說之云："陰弘道按：張揖《古今字詁》疌作撍。《埤倉》云：'撍，疾也。'說之案：撍、簪同一字。王原叔謂即《詩》不疌字，祖感反。"玉裁按：《釋詁》："疌，速也。"本或作疌。

（疌）

【古今】《周易》："朋盍簪。"晁氏說之曰："簪，京本、蜀才本作'撍'。陰弘道案：張揖《古今字詁》疌作撍。《埤蒼》云：'撍，疾也。'撍與簪同。王元叔謂即《詩》不疌字，祖感反。"玉裁按：疌即疌，古宀广通用。葢《古今字詁》今字作疌，古字作撍也。

（疌）

【叚借】古經無簪字，惟《易·豫》九四："朋盍簪。"鄭云："速也。"實"疌"之假借字。張揖《古今字詁》疌作撍。《埤蒼》云："撍，疾也。"疌、疌、撍同字。京作撍。經文之簪，古無釋爲笄者。又《士喪禮》："復者一人，以爵弁服簪衣于裳。"注云："簪，連也。"然則此實"鐕"之假借字。《金部》曰："鐕，可以衣箸物者。"凡經典此二簪字外，無言簪者。

（先）

【異文】【音義】攷《周易》"朋盍簪"，虞翻本簪作"戠"，云："戠，聚會也。舊讀作撍，作宗。"《釋文》云："荀作撍，京作宗。"陰弘道云："張揖《字詁》疌、撍同字。"按：此戠當以音爲聲，故與簪聲、韋聲爲伍。然《尚書》"厥土赤埴"，古文作"赤戠"，是戠固在古音弟一部也。一部内"意"亦从音，音未必非聲，葢七部與一部合韵之理。（编按：戠）之弋切，一部。

（戠）

噬嗑

屨校滅趾

【詁訓】《易》曰："屨校滅趾。""何校滅耳。"屨校，若今軍流犯人新到著木鞾；何校，若今犯人帶枷也。

（校）

噬乾肺

【經學】馬融、陸績皆曰："肉有骨謂之胏。"《說文》《字林》作"胾"，訓爲"食所遺"，葢孟本孟說與？

（胾）

【叚借】【異文】《周易》："噬乾胏。"鄭曰："胏，簀也。"此言假"胏"爲"第"也。《士喪禮》^① 古文"第"爲"茨"。

（第）

賁

束帛戔戔

【詁訓】殘與殄通，故《周禮注》曰："雖其潘瀾戔餘，不可褻也。"《周易》："束帛戔戔"，《子夏傳》作"殘殘"，皆殄餘之意也。

（戔）

---

① 許校云："此《士喪禮》指《既夕禮》。"

剝

蔑貞凶

【叚借】（《說文》："懱，輕易也。"）《剝》之初六曰："蔑貞凶。"馬云："蔑，無也。"鄭云："輕慢。"鄭謂"蔑"即"懱"之叚借字也。

（懱）

復

頻復

【校勘】【注音】【經學】《易》"頻復"，本又作"嚬"，王弼、虞翻、侯累皆以"頻蹙"釋之。鄭作"卑"，陸云音同。按：諸家作"頻"，省下卑；鄭作"卑"，省上頻。古字同音叚借，則鄭作"卑"爲是，諸家作"頻"非。顰本在支韵，不在真韵也。自各書省爲"頻"，又或作"嚬"，又《莊子》及《通俗文》叚矉爲顰，而古音不可復知，乃又改《易音義》云"鄭作顰"。幸晁氏以道《古周易》、呂氏伯恭《古易音訓》所據《音義》皆作"卑"。晁云："卑，古文也。今文作顰。"攷古音者得此，真一字千金矣。

（顰）

无妄

不菑畬

【異文】【詁訓】（《說文》："《易》曰：'不菑畬。'"）《周易·无妄》六二爻辭。《周禮注》作"不菑而畬"，語較明，言爲之無漸也。畬，二歲田也。

（菑）

【經學】【詁訓】【同源】【異文】（《說文》："畬，二歲治田也。"①）
《周易音義》云："畬，馬曰：'田三歲。'《說文》云：'二歲治田。'"此許作"二"之證。玫《釋地》曰："一歲曰菑，二歲曰新田，三歲曰畬。"《小雅》《周頌》毛傳同。馬融、孫炎、郭樸皆同。鄭注《禮記·坊記》、許造《說文》、虞翻注《易·无妄》皆云："二歲曰畬。"許全書多宗毛公，而意有未安者則不從，此其一也。菑，《艸部》云："反耕田也。"反耕者，初耕反艸，一歲爲然。二歲則用力漸舒矣。畬之言舒也。三歲則爲新田。……（《說文》："《易》曰：'不菑畬田。'"）"田"，汲古以爲衍，而空一字，宋本皆有之，蓋"凶"字之誤。許所據與《坊記》所引同也。《周易·无妄》六二爻辭。
（畬）

大畜

僮牛之牿②

【異文】《周易》："僮牛之牿"，許及九家作"告"，鄭作"牿"，劉、陸作"角"，不訓牢也。
（牿）

【詁訓】【異文】（《說文》："《易》曰：'僮牛之告。'"）僮牛，僮昏之牛也。"告"，九家同，王弼作"牿"。
（告）

豶豕之牙

【校勘】《周易·大畜》六五："豶豕之牙。"虞翻曰："劇豕稱豶。"今俗本"劇"譌作"劇"。
（豶）

---

① 陳本"二"作"三"。
② 今本"僮"作"童"。

頤

拂經于丘

【校勘】（《說文》："咈，違也。"）《玉篇》引《易》："咈經于丘。"今《易》作"拂"，葢誤。

（咈）

其欲逐逐

【異文】《易》："其欲逐逐"，薛云："速也。"《子夏傳》作"攸攸"，荀作"悠悠"，劉作"跾"，云："遠也。"

（跾）

坎

入于坎窞

【經學】（《說文》："《易》曰：'入于坎窞。'一曰：旁入也。"）干寶釋《易》正用"旁入"之義。

（窞）

衹既平①

【經學】【異文】【叚借】（《說文》："禔，安也……《易》曰：'禔既平。'"②）《周易·坎》九五："衹既平"，《釋文》曰："衹，京作禔。"按：許《自序》所偁《易》孟氏。京房受《易》焦延壽，延壽嘗從孟喜問《易》。虞翻自言："臣高祖光、曾祖成、祖鳳、父歆，皆治孟氏《易》，至臣五世。"翻注此爻云："衹，安也。"然則孟《易》作"禔"訓安甚明。翻本作"衹"，謂衹即禔之假借，與《何人斯》鄭

---

① 今本"禔"作"衹"。
② 陳本"安"後有"福"。

箋正同。氏、是同在第十六部，得相假借。

（禔）

【異文】【注音】【義例】【辨誤】"衹既平"，唐石經作"祇"，《釋文》云："京作禔，《說文》同，音支。又上支反，安也。"其讀亦皆在十六部。又云："鄭云：'當爲坻，小圵也。'"此則改爲第十五部字。古人云"當爲"者，皆是改其形誤之字。云"當爲"者，以音近之字易之。云"讀如"者，以同音之字擬之。此云"當爲"，則鄭謂"衹"爲字之誤也。○《五經文字·衣部》曰："衹，止移切，適也。"《廣韵·五支》曰："衹，章移切，適也。"唐石經："衹既平"，《左傳》："衹見疏也"，《詩》："衹攪我心"，《詩》《論語》"亦衹以異"，字皆从衣，正用張參《字樣》。而張參以前，顏師古注《竇嬰傳》曰："衹，適也，音支。"其字从衣，豈師古太宗朝刊定經籍皆用此說歟？宋《類篇》則祇、衹皆云："適也"，不畫一。《韵會》則从示之祇訓"適也"。近日經典訓適者皆不从衣，與唐不合。

（衹）

係用徽纆

【詁訓】（《說文》："徽……一曰三糾繩也。"）三糾，謂三合而糾之也。《丩部》曰："糾，三合繩。"《易》"係用徽纆"，劉表曰："三股曰徽，兩股曰纆。"一說糾本三股，三糾當爲九股。

（徽）

離

百穀草木麗 釋文：說文作蘦

【辨誤】（《說文》："蘦，艸木生箸土。从艸，麗聲。《易》曰：'百穀艸木麗於地。'"①）此引《易·象傳》說從艸麗之意也。凡引經傳，

---

① 陳本"生箸土"作"相附麗土而生"。

有證字義者，有證字形者，有證字音者。如"艸木麗於地"說從艸麗，"豐其屋"說從宀豐，皆論字形耳。陸氏《易釋文》乃云《說文》作䕻、作寷，不亦謬哉？他如"蘇"字之引《夏書》，"荆"字、"相"字、"晉"字、"和"字、"葬"字、"庸"字、"去"字之引《易》，"彎"字之引《詩》，"有"字之引《春秋傳》，"穴"字之引《孝經》說，"罔"字之引《孟子》，"易"字之引祕書，"畜"字之引《淮南王》，"公"字之引《韓非》，皆說字形會意之恉，而學者多誤會。
（麗）

突如其來如

【經學】【詁訓】【叚借】【辨誤】（《說文》："去，不順忽出也⋯⋯《易》曰：'突如其來如。'不孝子突出，不容於内也。"）《離》九四曰："突如其來如，焚如死如棄如。"鄭注曰："震爲長子，爻失正，突如震之失正，不如其所如。不孝之罪，五刑莫大，故有焚如死如棄如之刑。"如淳注《王莽傳》亦曰："焚如死如棄如，謂不孝子也。"皆與許合。許葢出於孟氏矣。子之不順者，謂之突如，造文者因有去字，施諸凡不順者。（《說文》："去即《易》突字也。"①）《倉頡》之去即《易》之突字，非謂倉頡時已見爻辭，正謂《周易》之突即《倉頡》之去也。此爻辭之用叚借也。"突"之本義謂犬從穴中暫出，去之本義謂不順，故曰用叚借。按：小徐本有此六字，大徐本刪之，由其不知許意也。若近惠氏定宇校李鼎祚《周易集解》，改作"㐬如其來如"，則爲紕繆矣。⋯⋯（《說文》："㐬或从到古文子。"）大徐於此下安"即《易》突字"四字，惠氏之誤本此。
（去）

---

① 陳本無此句。

咸

咸其腓

【詁訓】【同源】【經學】【校勘】《咸》六二："咸其腓。"鄭曰："腓，膊腸也。"按：諸書或言"膊腸"，或言"腓腸"，謂脛骨後之肉也。腓之言肥，似中有腸者然，故曰"腓腸"。荀爽《易》作"肥"，云："謂五也尊盛，故稱肥。"此荀以意改字耳。

（腓）

憧憧往來

【經學】（《說文》："憧，意不定也。"）《咸·九四》曰："憧憧往來。"劉表《章句》曰："憧憧，意未定也。"說與許同。

（憧）

咸其脢

【詁訓】《咸》九五："咸其脢。"《子夏易傳》云："在脊曰脢。"馬云："脢，背也。"鄭云："脢，背脊肉也。"虞云："夾脊肉也。"按：諸家之言，不若許分析憭然。"胂"爲迫呂之肉，"脢"爲全背之肉也。《釋文》云：《說文》同鄭作背脊肉。未知其審。《內則》注："胈，脊側肉也。""胈"即"脢"字。

（脢）

咸其輔頰舌

【叚借】《易·咸》上六："咸其輔頰舌。""輔"即"酺"之假借字也。

（頰）

【叚借】【詁訓】【校勘】古多借"輔"爲"酺"，如《毛詩傳》曰："倩，好口輔也。"此正謂靨酺。《咸》上六："咸其輔頰舌。"《艮》六五："艮其輔。"其字皆當作"酺"。蓋自外言，曰酺，曰頰，曰靨酺；

自裏言，則上下持牙之骨謂之輔車，亦謂牙車，亦謂頷車，亦謂頰車，亦謂齻車，亦謂之輔，亦謂之頰。許言"輔，頰也"者，言其外也；《易》言"輔頰"，言"輔"，言其裏也。輔車非外之輔，頰車非外之頰，此名之當辨者也。諸家說《左傳》"輔車相依"，用"牙車"爲訓，而許君不同，說詳《車部》。○按：《艮卦》虞注云："輔，面頰骨上頰車也。""面頰骨"，今俗語尚如是；"上頰車"，即頰骨在上持牙者。服虔注《左傳》謂之"上頷車"。然則在下持牙者，亦得曰下頰車、下頷車矣。必云"上頰車""上頷車"者，言輔則言上是也。頰車與舌，言則必動，故《咸》《艮》爻辭取此。

（輔）

恆

振恆凶

【異文】【經學】（《說文》："《易》曰'榰恆凶'是。"①）《釋文》曰："振恆，張璠作震，今《易》皆同張。"耆聲、辰聲合韻冣近。許偶葢孟《易》也。

（榰）

大壯

羸

【叚借】【異文】（編按：羸）假借爲纍字，《易》"羸其角""羸其瓶"，或作纍，或作虆，其意一也。

（羸）

---

① 陳本無"曰""是"二字。

晉

晝日三接

【經學】【叚借】《易》："晝日三接",《內則》："接以大牢",鄭注皆讀爲"捷,勝也",是古文叚借字也。

(捷)

晉進也

【詁訓】《周易·彖傳》曰:"晉,進也。"以疊韵爲訓。凡進皆曰晉,難進亦曰晉。《周禮》"凡田,王提馬而走,諸侯晉"是也。

(晉)

罔孚裕无咎

【志疑】(《說文》:"《易》曰:'有孚裕無咎。'") 今經"有"作"罔"。虞翻、王弼同。則未知許所據孟《易》獨異與？抑字譌與？

(裕)

明夷

明夷　釋文：夷傷也

【叚借】《周易》"夷",傷也。《左傳》"察夷傷",皆假夷字爲之(編按:爲痍)。

(痍)

夷於左股

【異文】【詁訓】《周易》:"夷於左股","夷,子夏作睇,鄭、陸同,云旁视曰睇。京作眱。"① 按：眱亦睇字也。《夏小正》："來降燕乃睇"，睇者，眄也。《内則》："不敢睇視"，鄭曰："睇，傾視也。"

（睇）

用拯馬壯吉

【古今】【義例】【校勘】【音義】《易·明夷》釋文曰："丞音拯救之拯。《說文》云：'舉也。'子夏作'抍'。《字林》云：'抍，上舉。音承。'"然則《說文》作"拯"，《字林》作"抍"，在呂時爲古今字。……《方言》曰："䠠、抍，拔也。出休爲抍，出火爲䠠。"《方言》之書，字多經轉寫，改作"抍"，即以今字改古字之一。抑或子雲固如此作，許不之錄耳。"用拯馬壯吉"，《周易·明夷》六二爻辭，其字今作"拯"，陸氏德明作"丞"，云："拯救之拯。"猶《艮》"不承其隨"云"承音拯救之拯"，《左傳》"目於眢井而承之"，云"承，拯救之拯"也。葉林宗抄文淵閣宋本不誤，通志堂、抱經堂皆改大字爲拯，殊非。《集韵》抍、承、撜、拯、丞五形同字，丞、承即取諸《艮》《隨》二卦《釋文》。《類篇》"丞"作"氶"，今本《釋文》改"丞"爲"拯"，遂使《集韵》《類篇》之本原泯没矣。《羽獵賦》："丞民乎農桑"，李引《聲類》"丞亦拯字"，此"丞"之證也。《列子》："使弟子竝流而承之"，張注："承音拯。"引《方言》"出溺爲承"，此"承"之證也。《玉篇》曰："氶，《聲類》云抍字。"然則《聲類》之作丞、作氶固難考。《集韵》曰："氶者，承之或體。"《玉篇》曰："抍音蒸，又上聲。"蓋古多讀平聲，今則讀上聲。古音在六部。陸云："音拯救之拯。"《玉篇》《廣韵》皆云："蒸上聲"，不作反語者，《廣韵》云"無韵切"也。無韵切者，此韵字少，庱、殑、殊又皆難識也。

（拯）

【志疑】掕馬猶勒馬也，疑《易》"拯馬壯"，"拯"乃"掕"之叚借。

（掕）

---

① 《釋文》文。

家人

家人嗃嗃

【詁訓】【異文】（《說文》："熇，火熱也。"）《易》："家人嗃嗃。"鄭云："苦熱之意。"是"嗃"即"熇"字也。《釋文》曰："劉作'熇熇'。"

（熇）

睽

志不同行

【詁訓】"二女志不同行"，猶二目不同視也，故卦曰《睽》。《人部》僁即睽。

（睽）

其牛掣

【異文】【經學】【校勘】（《說文》：觢，一角仰也……《易》曰："其牛觢。"）《睽》六三："其牛掣。"鄭作"挈"，云："牛角皆踊曰挈"，與《爾雅》《說文》同。子夏作"契"，荀作"觭"，虞作"觢"，皆以一俯一仰爲訓，與許、鄭不同也。"觢"者，如有掣曳然。角本當邪展而乃聳直也。虞本當同荀作"觭"，李氏鼎祚正文作"觢"，遂比而同之耳。

（觢）

【經學】【校勘】荀《易》："其牛觭。"按：《子夏傳》作"契"，云："一角仰也。"虞作"觢"，云"牛角一低一仰"。是子夏、虞皆作"觭"也。

（觭）

解

草木皆甲宅①

【詁訓】（《說文》："欠，張口气悟也。"）鄭注《周易》"草木皆甲宅"曰："皆，讀如人倦解之解。""人倦解"，所謂"張口气悟也"。謂之欠，亦謂之嚏。

（欠）

損

君子以徵忿窒欲　釋文：孟作浴②

【校勘】《易》曰："君子以徵忿窒欲。"陸德明曰："欲，《孟》作谷。"晁說之曰："谷，古文欲字。"晁氏所據《釋文》不誤。今本改爲"《孟》作浴"，非也。

（欲）

【叚借】【異文】【詁訓】《周易》："君子以徵忿。""徵"者，"澂"之假借字。蜀才作"登"。鄭云："徵猶清也。"必云"猶"者，正謂澂不訓清。澂之斯清，故王弼訓止也。

（澂）

夬

壯于頄

【經學】（《說文》："頯，權也。"）《易·夬》九三："壯于頄。"王云："面權也。"翟云："面顴，頰間骨也。"鄭作"頯"，"頯，夾面也。"王與許說同。

（頯）

---

① 今本"宅"作"坼"。
② 今本"徵"作"懲"，《釋文》作"徵"。

其行次且

【異文】【叚借】《夬》九四："其行次且"，"次"鄭作"趑"。《論語》："造次必於是"，"造次"，馬云"急遽也"，鄭云"倉卒也"。然則次者，趑之假借字。錢氏大昕說。

（趑）

【詁訓】【經學】【異文】【正俗】《易》："其行次且"，《釋文》："次，本亦作趑，或作䟃。馬云：'卻行不前也。'且，本亦作趄，或作跙。馬云：'語助也。'王肅云：'趑趄，行止之礙也。'"按：馬云"卻行不前"者，於"次"本字得其義也。云"語助"者，《王風》毛傳所云"且，辭也"。馬、鄭同用費氏《易》，而馬"次"、鄭"趑"不同。"趑"者，後出俗字。"趄"又因"趑"而加走旁者也。

（趑）

姤

【校勘】《易·姤卦》釋文曰："薛云：'古文作遘。'鄭同。"按：《雜卦》傳："遘，遇也，柔遇剛也。"可以證全經皆當作"遘"矣。遘、遇疊韵。

（遘）

后以施命誥四方

【經學】【異文】（《說文》："后，繼體君也。……《易》曰：'后㠯施令告四方。'"①）《易》象下傳曰："后以施命誥四方。"虞云："后，繼體之君也。"此許說也。葢同用孟《易》。……傳曰："天下有風，遘，后以施命誥四方。"鄭作"誥"，許作"告"。

（后）

---

① 陳本無"易曰""后"三字，"以"在"令"字後。

蹢躅①

【聯綿】《易》曰："羸豕孚蹢躅"，《三年問》："鳴號焉，蹢躅焉。"蹢躅之雙聲疊韵曰踟躕、曰踜跦、曰峙踞、曰鸇簥，俗用躊躇。

（蹢）

萃

齎咨涕洟

【詁訓】【叚借】《易·萃》上六："齎咨涕洟。"鄭注："自目曰涕，自鼻曰洟。"《檀弓》："垂涕洟。"《正義》："目垂涕，鼻垂洟。"《詩·陳風》："涕泗滂沱。"《毛傳》："自目曰涕，自鼻曰泗。""泗"即"洟"之假借字也。古書弟、夷二字多相亂，於是謂自鼻出者曰涕，而自目出者別製淚字，皆許不取也。《素問》謂目之水爲淚，謂腦滲爲涕。王襃《僮約》："目淚下落，鼻涕長一尺。"《曹娥碑》："泣淚掩涕，驚動國都。"漢魏所用已如此。

（洟）

升

允升大吉

【校勘】（《說文》："《易》曰：'㽞升大吉。'"）《升》初六爻辭。鄭曰："升，上也。"荀爽云："謂一體相隨，允然俱升。"《九家易》曰："謂初失正，乃與二陽允然合志俱升。""允然"者，"升"之兒，不訓信，蓋古本作"㽞升"也。

（㽞）

---

① 今本"蹢"作"蹢"。

困

來徐徐

【異文】【詁訓】《易·困》九四:"來徐徐",子夏作"荼荼",王肅作"余余",皆舒意也。

(㴑)

劓刖

【異文】【詁訓】《易·困》九五:"劓刖,困于赤紱。"京房本作"劓劊"。按:"刖""絶""劊""斬",義正相同。今俗云"劊子手"。

(劊)

【異文】【詁訓】《困》九五:"劓刖。"京房作"劓劊"。《說文》"劊"與"刖"義同。

(刖)

臲卼

【經學】【異文】【詁訓】(《說文》:"《易》曰:'槷黜。'")《困》上六:"于臲卼。"《釋文》云:"臲,《說文》作劓。卼,《說文》作黜。云:'黜,不安也。'"……九五"劓刖",荀、王作"臲軏",鄭云:"'劓刖'當爲'倪仉'。"則兩爻辭義同矣。許作"槷黜",葢孟《易》也。《尚書》"邦之杌隉。"槷與隉、臲、劓、倪同,黜與杌、軏、卼、仉同。杌、軏、卼、仉皆兀聲,以《說文》檮杌作"檮柮"例之,則出聲、兀聲同。

(黜)

井

井洌寒泉食

【經學】【詁訓】（《說文》："洌，水清也……《易》曰：'井洌寒泉食。'"①）王云："絜也。"崔憬云："清且絜也。"皆與許合。經云"洌寒"，故崔云既寒且絜。

（洌）

革

鞏用黃牛之革

【詁訓】（《說文》："《易》曰：'鞏用黃牛之革。'"）王弼曰："鞏，固也。"按：此與卦名之"革"相反而相成。

（鞏）

其文蔚也

【異文】【經學】（《說文》："《易》曰：'君子豹變，其文斐也。'"）今《易》作"蔚"，虞曰："蔚，蓛也。"許所據葢孟《易》。

（斐）

鼎

亯飪②

【異文】（《說文》："《易》曰：'𠅘飪。'"③）《鼎》彖傳曰："以木巽火，亯飪也。"許所據作"𠅘飪"。

（𠅘）

---

① 陳本"洌"作"冽"。
② 今本"亯"作"亨"。
③ 陳本"飪"作"餁"。

其形渥

【叚借】《易》:"其形渥。"假爲荆罰字也。

(形)

黃耳金鉉

【辨誤】【經學】【異文】【音義】(《說文》:"《易》謂之鉉,《禮》謂之鼏。"①)鼏音扃,與鼏音蜜畫然二物二事。"《易》謂之鉉"者,《周易·鼎》六五"鼎黃耳金鉉"、上九"鼎玉鉉"是也。古說皆云鉉貫於耳,顏師古獨云:"鉉者鼎耳,非鼎扃也",其說甚誤。《易》言"黃耳金鉉",則耳與鉉非一物明矣。云"《禮》謂之鼏"者,《士冠禮》:"設扃鼏",鄭注:"今文扃爲鉉,古文鼏爲密",一部皆然。《攷工記·匠人》亦作"扃"。許所見《禮經》扃作鼏,即《鼎部》所云"橫關鼎耳而舉之"者也。鼏與扃皆以郊门之门爲聲,扃訓外閉之關,音義皆同。若鼏則訓鼎蓋,古音如密,今音如冪,說詳《鼎部》。許引《易》《禮》以博異名,猶《土部》"堋"下云"《禮》謂之封,《周官》謂之窆"也。凡單言《禮》者,皆謂《禮經》,今之《儀禮》也。據鄭則《禮》今文爲"鉉"矣,許何以"鉉"專系《易》也?許於《禮經》之字,古文是者則從古文,今文是者則從今文。此從古文作鼏,故曰"《禮》謂之鼏"也。如《士喪禮》今文銘皆爲名,從今文,故不錄銘字。《聘禮》《士喪禮》今文赴作訃,從古文,故《言部》不錄訃字。《士虞》《少牢》《特牲》古文酳皆作酌,許從古文,故《酉部》不錄酳字。《既夕禮》今文窆爲封,從今文,則以窆專系《周官》也。

(鉉)

---

① 陳本"鼏"作"鼏"。

震

視矍矍

【詁訓】隼欲逸走而未能，矍矍然。《震》上六："視矍矍"，馬云："中未得之皃。"人之中未得者，如隼之欲逸走也。
（矍）

艮

裂其夤

【叚借】【校勘】《易·艮》九三："艮其限，裂其夤。"馬云："夤，夾脊肉也。"虞亦云："夤，脊肉。"王弼云："當中脊之肉也。"按：《夕部》："夤，敬惕也。"《周易》假爲"胂"，故三家注云爾。若鄭本作"臏"，"臏"恐"胂"之誤。《廣雅》云："胂謂之脢。"《周易音義》云："胂，以人反。"則"胂"音同"夤"。○又按：《艮》九三字，當是上肉下寅，故鄭本作"臏"，非叚夤敬字也。
（胂）

漸

【異文】（《說文》："𣥺，進也。"）《水部》"漸"云："漸水也。"則訓進者當專作"𣥺"，許所見《周易》卦名當如是矣。
（𣥺）

歸妹

歸妹以須

【詁訓】【志疑】《周易》："歸妹以須"，鄭云："須，有才智之稱。天文有須女。"按：鄭意須與諝、胥同音通用。諝者，有才智也……（《說文》："《楚詞》曰：'女嬃之嬋媛。'賈侍中說：'楚人謂姊爲嬃。'"①）賈語葢釋《楚辭》之"女嬃"。王逸、袁山松、酈道元皆言女嬃屈原之姊。惟鄭注《周易》"屈原之妹名女須"，《詩正義》所引如此。"妹"字恐"姊"字之譌。

（嬃）

士刲羊

【經學】（《說文》："刲，刺也……《易》曰：'士刲羊。'"）馬、虞說《易》同。

（刲）

豐

日中則昃②

【異文】【古今】【叚借】《易》曰："日中則昃。"孟氏《易》作"稷"。《穀梁》春秋經："戊午日下稷。"古文叚借字。

（昃）

豐其屋　釋文：說文作寷

【辨誤】（《說文》："寷，大屋也。从宀，豐聲。《易》曰：'寷其屋。'"③）偁此說寷从宀豐會意之恉。宀，屋也。豐，大也。故寷之訓曰"大屋"。此與偁"百穀艸木麗於地"說"蘸"从艸、麗同意。《經典釋文》不得其解，乃云："麗，《說文》作蘸。""豐，《說文》作寷。"大、小徐皆於引《易》作蘸、寷之字，其繆非一日矣。

（寷）

---

① 陳本"嬃"作"頿"。
② 今本"昃"作"吳"。
③ 陳本引《易》作"寷"。

旅

旅瑣瑣

【叚借】《周易·旅》初六："旅瑣瑣。"陸績曰："瑣瑣，小也。艮爲小石，故曰'旅瑣瑣'也。"按：瑣者，貟之假借字。

（貟）

巽

【異文】【古今】【詁訓】（《說文》："此《易·巺卦》'爲長女''爲風'"者。"）今《周易·巽卦》作"巽"。許於"巽"下云"具也"，不云卦名，謂"巺"爲《易》卦名之字。葢二字皆訓"具也"，其義同，其音同。伏羲、文王作"巺"，孔子則作"巽""巺"，而小篆乃作"巽"矣。巺爲卦名，巽爲卦德。孔子《象傳》但言"健順""動止""巽陷""麗說"，皆卦德也。其言"重巽以申命""巽以行權""震，動也；巽，入也""巽爲雞""巽爲股""巽爲木、爲風、爲長女"，皆當舉卦名而不作"巺"，但云巽以德爲名者，於伏羲文王爲古今字也。是可以知字有古今之理矣。許於此特言之者，存《周易》冣初之古文也。此說本之江氏聲。愚又謂許所見《易》惟此"爲木、爲風、爲長女"之字作"巺"，猶今《易》惟《姤卦》傳之"姤"作"遘"也。

（巺）

先庚三日

【詁訓】（《說文》："庸，用也。从用庚。庚，更事也。《易》曰：'先庚三日。'"①）《巽》九五爻辭。"先庚三日"者，先事而圖更也。引以證

---

① 陳本"从用庚"作"从用从庚"。

用庚爲庸，與"麓""豐"引《易》同意。說見《艸部》"麓"下。

（庸）

喪其資斧

【異文】【叚借】《周易》："喪其資斧"，《子夏傳》及衆家並作"齊"。應劭云："齊，利也。"然則鈇爲正字，齊爲叚借字。

（鈇）

既濟

繻有衣袽

【校勘】（《說文》："袃，敝衣。"①）《易·既濟》六四："繻有衣袽。"虞翻曰："袽，敗衣也。"然則"袽"即"袃"字。《糸部》引《易·需》有"衣絮"，又見"袃"與"絮"可通用也。晁說之曰："袽又作袃。"玉裁謂：袽、袃皆袃之誤字耳。

（袃）

毄辭上②

【校勘】"《易·毄辭》"，《釋文》作此字，故云："系也，字從毄，若直作毄下系者，音口奚反，非。"此謂繫乃《說文》繫繺字，《毄辭》不當作"繫"也。

（毄）

【叚借】考諸古經，若《周禮·司門》《校人》字皆作"毄"，《周易·毄辭》，據《釋文》本作"毄"。《漢書·景帝紀》亦用"毄"。蓋古假毄爲係，後人盡改爲繫耳。

（係）

---

① 陳本"敝"作"弊"。
② 今本"毄"作"繫"，《毄辭下》同。

範圍

【叚借】《毄辭》："範圍天地之化而不過。"鄭曰："範，法也。"《考工記》："軓前十尺。"注云："書或作軛。軛，法也。"按：許無"軛"字，《車部》"範"爲範軷，則《毄辭》"範圍"，假借字也。
（范）

【叚借】車軓字本作軛，从車，巳聲。鄭說曰："軛，法也。輿下三面材，輢式之所尌，持車正也。"然則《周易》"範圍"字當作軛，或作范。而"範"其叚借字也。
（範）

故君子之道鮮矣

【異文】【正俗】《易·毄辭》："故君子之道鮮矣"，鄭本作"尟"，云："少也。"又"尟不及矣"，本亦作"鮮"。又《釋詁》："鮮，善也"，本或作"尠"。尠者，尟之俗。
（尟）

野容誨淫①

【異文】【叚借】《易》"野容誨淫"，陸德明本作"冶容"。按：野、冶皆蠱之叚借也。張衡賦言"妖蠱"，今言妖冶。
（冶）

揲之以四

【詁訓】《易》"揲之以四"，謂以四更迭數之也。
（閱）

【詁訓】【義例】《毄辭傳》曰："揲之以四，以象四時。"謂四四數之也。四四者，由一四、二四，數之至若干四，則得其餘矣。凡《傳》

---

① 今本"野"作"冶"。

云三三、兩兩、十十、五五者皆放此。

（揲）

再扐而後掛

【異文】【經學】【詁訓】【叚借】（《說文》："《易》'籑再扐而後卦。'"①）《易·繫辭傳》文也。"卦"，今《易》作"掛"，《釋文》云："京作卦，云再扐而後布卦。"葢許同京也。大衍之數五十，其用四十有九。分而爲二以象兩，掛一以象三，揲之以四以象四時，歸奇於扐以象閏，五歲再閏，故再扐而後掛。虞翻曰："奇，所掛一策。扐，所揲之餘，不一則二，不三則四。取奇以歸扐，扐并合掛左手之小指，爲一扐，則似閏月定四時成歲，故歸奇於扐以象閏者也。已一扐，復分掛如初揲之，歸奇於初扐，并掛左手次小指閒，爲再扐，則再閏也。又分扐揲之如初，而掛左手第三指閒，成一變，則布卦之一爻，謂已二扐，又加一爲三，并重合前二扐爲五歲，故五歲再閏，再扐而後掛。"據虞則字作掛者，謂再爲分二掛一。或作卦者，謂於此起卦爻，皆可通也。凡數之餘曰扐。《王制》："祭用數之仂，喪用三年之仂。"鄭皆以爲數之什一。仂、扐葢同字。《考工記》云："以其圍之阞捎其藪。"假阞爲之。鄭以爲三分之一。然則權度多少中其節謂之扐，無定數也。

（扐）

研幾

【異文】《易》："極深研幾"，蜀才作"擧"。

（擧）

孍孍②

【校勘】【叚借】【辨誤】按：此篆（編按：娓）不見於經傳，《詩》

---

① 陳本"籑"作"筮"。
② 今本"孍"作"亹"。

《易》用"亹亹"字，學者每不解其何以會意形聲。徐鉉等乃妄云當作娓，而近者惠定宇氏從之，挍李氏《易集解》及自爲《周易述》皆用"娓娓"。抑思毛、鄭釋《詩》皆云"勉勉"，康成注《易》亦言"没没"，覂之古音讀如門，勉、没皆疊韵字，然則亹爲覂之譌體，覂爲勉之叚借，古音古義於今未泯，不當以無知妄說擅改宣聖大經。
（娓）

繫辭下

夫乾確然　夫坤隤然

【校勘】（《說文》："高至也……《易》曰：'夫乾寉然。'"）今《易》作確，按：《釋文》云："確，苦角反。馬、韓云：'剛皃。'《說文》云：'高至。'"按：陸不云"《說文》作寉"，蓋《釋文》固作"寉"，然淺人改爲從石耳。許書有"确"無"確"。
（寉）

【校勘】【詁訓】【音義】（《說文》："隤，下隊也。"）《繫辭》曰："夫乾確然示人易矣，夫坤隤然示人簡矣。"許《冂部》曰："寉，高至也。"引《易》"夫乾寉然"。然則正與下隊作反對語。按：隤與積音同而義異，如《李陵傳》"隤其家聲"斷不可作"積"矣。
（隤）

象也者像此者也

【古今】《繫辭》曰："爻也者，效此者也；象也者，像此者也。"又曰："象也者，像也；爻也者，效天下之動者也。"蓋象爲古文，聖人以像釋之。雖他本像亦作象，然鄭康成、王輔嗣本非不可信也。
（像）

包犧氏

【異文】（《說文》："羲……讀若《易》'虙羲氏'。"）今《易·繫辭》

作"包犧氏"，孟氏、京氏作"伏戲"，許作"虙羲"，鄭《大卜》注、應氏《風俗通》同。

（虔）

揉木為耒

【校勘】（《說文》："煣，屈申木也。"）今《繫辭傳》《考工記》皆作"揉"，蓋非古也。《手部》無"揉"字。《漢書·食貨志》："煣木爲耒。"

（煣）

服牛乘馬

【異文】【音義】【叚借】（《說文》："《易》曰：'犕牛乘馬。'"）《繫辭》今作"服"。古音叚聲、葡聲同在第一部，故服、犕皆扶逼反。以車駕牛馬之字當作"犕"，作"服"者假借耳。《左傳》："王使伯服如鄭請滑"，《史記·鄭世家》作"伯犕"。《後漢書·皇甫嵩傳》："義真犕未乎？"《北史》魏收嘲陽休之"義真服未"，正作"服"字。此皆通用之證也。今韵犕，平祕切。

（犕）

重門擊柝①

【叚借】【異文】（《說文》："《易》曰：'重門擊橐。'"）"橐"下引《易》"重門擊橐"，橐之本義也，引經言轉注也。此引《易》"擊柝"者，橐之借字也，引經言假借也。《易》有異文，兼引之而六書明矣。

（橐）

後世聖人易之以棺椁

【歷史】《檀弓》曰："有虞氏瓦棺，夏后氏堲周，殷人棺椁，周人牆置

---

① 今本"柝"作"柝"，同字也。

翣。"瓦棺、堲周皆以土不以木。《易》曰："後世聖人，易之以棺椁。""後世聖人"謂黃帝、堯、舜，然則土棺始於黃帝，堯、舜仍之。

(匚)

象也者像也

【叚借】【辨誤】古書多假"象"爲"像"。《人部》曰："像者，似也。""似者，像也。"像从人，象聲。許書："一曰指事，二曰象形。"當作"像形"。全書凡言"象某形"者，其字皆當作"像"，而今本皆从省作"象"，則學者不能通矣。《周易·繫辭》曰："象也者，像也。"此謂古《周易》"象"字即"像"字之假借。《韓非》曰："人希見生象，而案其圖以想其生，故諸人之所以意想者皆謂之象。"似古有象無像。然像字未製以前，想像之義已起。故《周易》用"象"爲想象之義，如用"易"爲簡易、變易之義，皆於聲得義，非於字形得義也。《韓非》說同俚語，而非"本無其字，依聲托事"之恉。

(象)

往者詘也①

【詁訓】【叚借】今人用屈曲字，古人用詰詘，亦單用詘字。《易》曰："往者詘也，來者信也"，詘謂之紆。《考工記》："連行紆行。"亦或叚汙爲之，《左傳》曰："盡而不汙。"

(紆)

詘信②

【叚借】【古今】伸，古經傳皆作信。《周易》："詘信相感而利生焉"，又"尺蠖之詘，以求信也"，又"引而信之"。韋昭《漢書音義》云："信，古伸字"，謂古文假借字。許書《敘目》曰："近而申之，以究萬

---

① 今本"詘"作"屈"。
② 今本"詘"作"屈"。

原。"古本"申"作"信"。又《虫部》："尺蠖，屈申蟲也",《太平御覽》引作"曲信蟲"。

（伸）

以求信也

【古今】《易·毄辭》曰："尺蠖之詘，以求信也。"信，古伸字。

（蠖）

无祇悔

【詁訓】【叚借】【校勘】凡假借必取諸同部，如《周易》"无祇悔"，《釋文》云："祇，辭也。馬同。音之是反。"此讀祇爲語辭，適也。《五經文字》《廣韵》作"祇"者是也。又云："鄭云：'病也。'"此讀祇爲疧，與《何人斯》同也。又云："王肅作禔，時支反。陸云'安也'。九家本作衼字，音支。韓伯祁支反，云：'大也。'"音讀皆在第十六部。通志堂刻作"无祇悔"，則誤。

（祇）

天地絪縕

【異文】【正俗】【詁訓】【同源】（《說文》："《易》曰：'天地壹壹。'"①）《毄辭傳》文，今《周易》作"絪縕"，他書作"烟熅""氤氳"。蔡邕注《典引》曰："烟烟熅熅，陰陽和一相扶皃也。"張載注《魯靈光殿賦》曰："烟熅，天地之蒸氣也。"《思玄賦》舊注曰："烟熅，和皃。"許據《易》孟氏作"壹"，乃其本字，他皆俗字也。……《毄辭》曰："三人行則損一人，一人行則得其友，言致一也。"壹壹、構精皆釋致一之義。其轉語爲"抑鬱"。

（壹）

---

① 陳本"壹"作"壹"。

周流六虛

【古今】【叚借】匌與周義別。《囗部》曰："周者，密也。"周自其中之密言之，匌自其外之極復言之。凡圜周、方周、周而復始，其字當作匌，謂其極而復也。凡圜羃、方羃、羃積謂之周，謂其至密無疏罅也。《左傳》以"周""疏"對文，是其義。今字周行而匌廢。槩用周字，或又作週，殊爲乖舛，名之當正者也。有帀而不密者，有密而不帀者，故其字宜辨也。宙者，舟輿所極復，匌與宙音義皆相近。《易》曰："周流六虛。"葢自古叚"周"爲"匌"矣。

（匌）

說卦

參天兩地

【經學】（《說文》："《易》曰：'參天𠔽地。'"）葢孟氏《易》如此。

（𠔽）

日以烜之

【詁訓】《說卦傳》："日以烜之。""烜"亦作"烜"，葢即"㬊"字也。

（㬊）

燥萬物者莫熯乎火

【異文】（《說文》："《易》曰：'燥萬物者莫暵乎火。'"①）今《易》作"熯"。

（暵）

【異文】（《說文》："熯，乾皃。"）"乾"讀如干，此與《日部》"暵"同音同義，从火猶从日也。《易·說卦傳》王肅、王弼本作"燥萬物者

---

① 陳本"乎火"二字作"于離"。段云："依《韵會》所據小徐本訂。"

莫爇乎火"，《說文·日部》及徐邈本作"莫暵"。字有分見而實同者，此類是也。

（暵）

乾健也

【詁訓】【音義】（《說文》："乾，上出也。"）此乾字之本義也，自有文字以後，乃用爲卦名，而孔子釋之曰"健也"。健之義生於上出。上出爲乾，下注則爲溼，故乾與溼相對。俗別其音，古無是也。

（乾）

巽入也

【叚借】孔子說《易》曰："巽，入也。""巽"乃"愻"之假借字。愻，順也。順故善入。許云"具也"者，巽之本義也。"巽"今作"巽"。

（巽）

坎陷也

【詁訓】《易》曰："坎，陷也。"謂陽陷陰中也。凡深沒其中曰陷。

（陷）

爲均

【音義】【古今】【叚借】《易》："坤爲均。"今書亦有作"旬"者，《內則》："旬而見"，注曰："旬當爲均。嫡妾同時生子，以生先後見之也。《易·說卦》：'坤爲均'，今亦或作'旬'。"按："旬"與"均"音義皆略同，《土部》曰："均，平徧也。"又按：許書古文"鈞"作"銞"，《儀禮》今文"絢"作"約"。知古"旬""勻"二篆相假爲用。

（旬）

震為靁

【詁訓】按：《易》"震爲靁""離爲電"，《月令》："靁乃發聲，始電。"《詩·十月之交》《春秋·隱九年》言"震電"，《詩·采芑》《常武》《雲漢》言"靁霆"。震、靁一也，電、霆一也。《穀梁傳》曰："電，霆也。"古義霆、電不別，許意則統言之謂之靁，自其振物言之謂之震，自其餘聲言之謂之霆，自其光燿言之謂之電，分析較古爲愿心。靁、電者，一而二者也。

（電）

為敷①

【異文】《說卦傳》："震爲敷"，鄭、虞、姚皆同。王肅、干寶作"専"。干云："花之通名爲鋪，花兒謂之蔽。"

（専）

為旳顙②

【詁訓】【異文】【志疑】（《說文》："《易》曰：'爲旳顙。'"）旳顙，白顛也。《馬部》又有"駒"篆，云"馬白額也"，引《易》"馬駒顙"。疑"駒"後出非古。

（旳）

其於稼也為反生

【叚借】《說卦傳》："其於稼也爲反生"，叚借反爲阪也。

（阪）

為黔喙

【異文】【志疑】（《說文》："《易》曰：'爲黔喙。'"）按："黔"鄭

---

① 今本"敷"作"勇"。
② 今本"旳"作"的"。

作"黜"。"喙"，晁以道、呂東萊所據《釋文》作"彖"，蓋"喙"之轉寫異體，或古叚"彖"爲"喙"之故與？
（黔）

爲羊

【異文】虞氏注《說卦傳》"爲羊"作"爲羔"，云："女使也。妾與羔皆取位賤。"鄭本作"陽"，云："讀爲養，无家女行賃炊爨，今時有之，賤於妾也。"二說字異義同。武進臧鏞堂曰："羔者，養之誤也。"
（羔）

全經

元亨

【古今】《易》之"元亨"則皆作"亨"，皆今字也（編按：䙺之今字）。
（䙺）

彖傳

【叚借】【志疑】《周易》卦辭謂之彖，爻辭謂之象。《毄辭傳》曰："彖也者，才也。"虞翻曰："彖說三才"，"彖者，言乎象者也。"虞翻曰："八卦以象告。彖說三才，故言乎象也。"古人用"彖"字必系叚借，而今失其說。劉瓛曰："彖者，斷也。"
（彖）

【叚借】【志疑】【詁訓】《易》卦辭曰彖，謂文王緣卦以得其義。然則彖者，掾之叚借字與？漢官有掾屬，正曰掾，副曰屬。漢舊注：東西曹掾比四百石，餘掾比三百石，屬比二百石。此等皆翼輔其旁者也，故曰掾。
（掾）

易

【叚借】鄭氏贊《易》曰："《易》之爲名也，一言而函三義。简易一也，變易二也，不易三也。"按：易、象二字皆古以語言假借立名，如象即像似之像也。

（易）

重卦

【叚借】【古今】增益之曰緟，經傳統叚重爲之，非字之本。如《易》之重卦，《象傳》言"重巽"，又言"洊雷震""習坎""明兩作離""兼山艮""麗澤兌"，皆謂緟之也。今則重行而緟廢矣。

（緟）

尚　書

書序

汩作

【詁訓】【注音】按：《洪範》"汩陳其五行"，某氏曰："汩，亂也。"《書序》"汩作"，汩，治也。《屈賦》"汩鴻"，謂治洪水。治亂正一義。即《釋詁》之"淈，治也"，某氏注《爾雅》引《詩》"淈此羣醜"，其勿反。

（淈）

【詁訓】《書序》"汩作"，汩，治也。汩本訓亂，如亂之訓治，故《洪範》"汩陳其五行"，汩，亂也。上文淈訓濁，而《釋詁》云："淈，治也。"郭景純云："淈、汩同。"

（汩）

虞書

虞書　正義：三科之條五家之教

【經學】【辨誤】《尚書》鄭贊云："三科之條，五家之教。"三科者，古文家說《虞夏書》《商書》《周書》是也。五家者，今文家說《唐書》《虞書》《夏書》《商書》《周書》是也。虞、夏同科則自《堯典》至《甘誓》爲《虞夏書》。《湯誓》以下爲《商書》。《大誓》《牧誓》以下爲《周書》。五家：《堯典》爲《唐書》，《皋陶謨》爲《虞書》，

《禹貢》《甘誓》爲《夏書》，《湯誓》以下爲《商書》，《大誓》《牧誓》以下爲《周書》。《論衡》曰："唐、虞、夏、殷、周者，土地之名。重本不忘始，故以爲號，若人之有姓矣。說《尚書》謂五者，功德之名，盛隆之意。唐之爲言蕩蕩也；虞者，樂也；夏者，大也；殷者，中也；周者，至也。其褒五家大矣，然而失其初意。"王充業今文，此五家之說之證也。伏生有五家之教，故《尚書大傳》有《唐傳》《虞傳》《夏傳》《殷傳》《周傳》之目，見唐人《正義》所偁引。《大傳》既亡，近惠氏定宇蒐集之爲書，乃標《堯典》之首曰《虞夏傳唐傳》。標《禹貢》之首曰《虞夏傳夏傳》。以古文家之目羼入今文家，殊爲不可通。許君云《唐書》者，從今文家說也。曷爲從今文家說也？《堯典》紀唐事，紀舜皆紀堯也，則謂之《唐書》。《皋陶謨》紀虞事，則謂之《虞書》。《禹貢》紀禹之功，則謂之《夏書》。勝於古文家之槩偁《虞夏書》未得其實也。曷爲自言偁《書》孔氏古文而從今文說也？古文、今文家標目皆非孔子所題，皆學之者爲之說耳。說則可擇善而從，無足異也。若《左傳》以"夋徽五典"六句系之《虞書》，以"敷內言"三句系之《夏書》，《洪範》一篇系之《商書》，亦與古文家說不同。許於《洪範》則依《左傳》謂之《商書》，於《堯典》《皋陶謨》《禹貢》則依今文五家之教謂之《唐書》《虞書》《夏書》，蓋合諸說而折其衷矣。凡今本《說文》以《堯典》系《虞書》者二十五，皆淺人所妄改，許不應自相觝戾如是。

（稘）

堯典第一

稽古

【詁訓】稽玫則求其同異，故說《尚書》"稽古"爲同天。"稽，同也"，如"流，求也"之例。

（稽）

安安

【同源】【詁訓】【經學】【異文】"晏"之言安也,古晏、安通用。故今文《堯典》"晏晏",古文作"安安"。《左傳》"安孺子",《古今人表》作"晏孺子"。

(晏)

光被四表

【源流】【音義】【叚借】【經學】【異文】【辨誤】【詁訓】(《說文》:"桄,充也。")見《釋言》。陸氏《音義》曰:"桄,孫作光。"按:《堯典》:"光被四表。"某氏《傳》曰:"光,充也。"用《爾雅》爲訓也。桄讀古曠切,所以充拓之坃竨也。必外有桄,而後内可充拓之令滿。故曰:"桄,充也。"不言所以者,仍《爾雅》文也。桄之字,古多假橫爲之。《且部》曰:"從几,足有二橫。"橫即桄字。今文《尚書》曰:"橫被四表。"《孔子閒居》曰:"以橫於天下。"鄭曰:"橫,充也。"《樂記》曰:"號以立橫,橫以立武。"鄭曰:"橫,充也。"皆即《釋言》之"桄,充也"。今文《尚書》作"橫被",故《漢書·王莽傳》《王襃傳》《後漢書·馮異傳》《崔駰傳》《班固傳》《魏都賦》注所引《東京賦》皆作"橫被"。古文《尚書》作"光被",與孫叔然《爾雅》合。某氏《傳》"光,充也"不誤。鄭注釋以"光耀",蓋非。《淮南書》"橫四維",即《尚書》之"橫被四表"也。玄應曰:"桄,音光。古文橫、黌二形。《聲類》作軦。今車牀及梯桀下橫木。"皆是也。

(桄)

欽若昊天

【經學】(《說文》:"昊,秋天也……《虞書》說:'仁覆閔下則偁昊天。'"①)此古《尚書》說也,與《毛詩·王風》傳同。《五經異義》

---

① 陳本"說"作"曰","覆閔"作"閔覆","偁"作"稱"。

"天號":"今《尚書》歐陽說:《堯典》欽若昊天。春曰昊天,夏曰蒼天,秋曰旻天,冬曰上天,緫爲皇天。《爾雅》亦云。古《尚書》《毛詩》說:天有五號,各用所宜稱之。尊而君之則曰皇天,元氣廣大則稱昊天,仁覆愍下則稱旻天,自天監下則稱上天,據遠視之蒼蒼然則稱蒼天。許君曰:謹按:《堯典》羲和以昊天緫勑以四時,故昊天不獨昊春也。《左傳》:夏四月,孔丘卒。稱曰:旻天不弔,非秋也。""玄之聞也:《爾雅》者,孔子門人所作,以釋六藝之言,葢不誤也。春氣博施,故以廣大言之;夏氣高明,故以遠言之;秋氣或生或殺,故以閔下言之;冬氣閉藏而清察,故以監下言之;皇天者,至尊之號也。六藝之中諸稱天者,以情所求言之耳,非必於其時稱之。浩浩昊天,求天之博施;蒼天蒼天,求天之高明;旻天不弔,求天之生殺當其宜;上天同雲,求天之所爲當順其時也。此之求天,猶人之說事各从其主耳。若察於是,則堯命羲和欽若昊天,孔丘卒稱旻天不弔,無可怪爾。"按:許作《五經異義》,不從《爾雅》从《毛詩》,造《說文》兼載二說,而先《爾雅》於毛,與鄭說無不合。葢《異義》早成,《說文》後出,不待鄭之駁正,而已權衡悉當。觀此及"社"下、"姓"下皆與《異義》不同,與鄭說相合,可證。

(旻)

嵎夷　暘谷

【經學】【異文】【義例】(《說文》:"一曰嵎銕暘谷也。"①)"銕",宋本作"鐵",此即《堯典》之嵎夷暘谷也。《土部》引《書》"宅嵎夷",《日部》引《書》"暘谷",皆謂古文《尚書》也。此云"嵎銕暘谷",則今文《尚書》也。《堯典》釋文曰:"《尚書考靈曜》及《史記》作'禺銕'。"《尚書正義》曰:"夏侯等書宅嵎夷爲宅嵎鐵。"《夏本紀》索隱曰:"'嵎夷'今文《尚書》及《帝命驗》並作'禺鐵'。"凡緯書皆同今文《尚書》。《金部》曰:"銕,古文鐵。"

(暘)

---

① 陳本"銕"作"鐵"。

【經學】【異文】【校勘】【義例】【地理】【辨僞】(《說文》:"堣,堣夷,在冀州暘谷。"①)《山部》"嵎"下曰:"首嵎山,在遼西。一曰嵎銕暘谷也。"嵎、銕、暘三字皆與此異。嵎當作禺。蓋堣夷暘谷者,孔氏古文如是。禺銕暘谷者,今文《尚書》如是。今《堯典》作:"宅嵎夷,曰暘谷",依古文而"堣"譌"嵎",恐衛包所改耳。《玉篇》《唐韵》皆作"堣"可證。《堯典》音義曰:"《尚書考靈曜》及《史記》作'禺銕'。"《尚書正義》卷二曰:"夏矦等《書》古文'宅堣夷(段云:"堣作嵎者譌。")爲'宅嵎鐵'。"嵎鐵即禺銕之異字。凡緯書皆用今文,故知許《土部》所偁爲古文,《山部》爲今文。《尚書》如昧谷爲古文,柳穀爲今文,正同。詳見《古文尚書撰異》。堣夷暘谷,許明云在冀州。《山部》曰:"首嵎山,在遼西,一曰禺銕暘谷。"一曰猶一名,非有二物。遼西正在冀州,然則《堯典》之"堣夷"非《禹貢》青州之"嵎夷"。司馬貞注《禹貢》云:"今文《尚書》及《帝命驗》並作'禺鐵在遼西'。"此謂《堯典》也。陸氏引馬云:"嵎,海隅也。夷,萊夷也。"馬釋《堯典》始以《禹貢》釋之,而《僞孔傳》大意從之。羲和測日不必遠至海外也。《僞孔》云:"日出於谷而天下明,故稱暘谷。"似以此暘谷與日初出東方湯谷合而一之,其謬不亦甚乎?(《說文》:"立春日。日值之而出。")日正當堣夷而出,乃許所聞《尚書》古義如此。……(《說文》:"《尚書》曰:'宅堣夷。'")
(堣)

平秩

【經學】【異文】(《說文》:"《虞書》曰:'平䉈東作。'")今《尚書》作"平秩",《史記》作"便程",《周禮》鄭注引書作"辨秩",許作"平䉈"。"䉈"蓋壁中古文之字如此,孔氏安國乃讀爲"秩",而古文家從之。許存壁中之字,如鄭注《禮經》存古文之字,注《周禮》存故書之字也。
(䉈)

---

① 陳本"暘"作"陽"。

昧谷

【經學】【異文】【辨誤】《虞翻別傳》曰："翻奏鄭玄解《尚書》違失云：'古太篆丣字，讀當爲桺。古桺、丣同字。而以爲昧，甚違不知蓋闕之義。'"玉裁按：壁中古文《尚書》作"昧谷"，鄭注《尚書》依之。今文《尚書》作"桺穀"，鄭注《周禮·縫人》取之。今文、古文本有斷難合一者也。鄭本不誤，而仲翔謂其改丣爲昧。其他三事亦皆仲翔誤會。說詳《古文尚書撰異》。

（酉）

夤淺納日①

【叚借】馬、鄭古文《尚書》："夤淺納日"，馬云："淺，滅也。"馬意讀爲戩滅之戩，謂伺日入也。

（淺）

鳥獸氄毛

【異文】【志疑】（《說文》："《虞書》曰：'鳥獸褎毛。'"）今《尚書》作"氄"，《毛部》作"毪"，云"盛毛也"。此作"褎"，豈彼古文，此今文之異與？

（毲）

【校勘】【詁訓】【異文】（《說文》："《虞書》曰：'鳥獸毪氊。'"）《書釋文》："氄，徐而允反，又如充反。"俗本"允""充"字皆譌作充，而《集韵》《類篇》因有而融、如容兩切矣。……氊、毛古同用。今《書》"毪"作"氄"，馬云："溫柔兒。"

（毪）

---

① 今本"夤淺"作"寅餞"。阮校云："按：'餞納'《羣經音辨》作'淺內'○補《釋文校勘記》段玉裁云：'餞'本是'淺'字。開寶依唐石經改爲'餞'。餞安得訓爲滅也？案：《羣經音義·水部》云：'淺，送也，滅也。《書》："寅淺內日。"'"詳本書附錄"《段注》先校書後引書"例。

期三百有六旬①

【異文】【經學】（《說文》："《唐書》曰：'稘三百有六旬。'"）今《堯典》作"期"，葢壁中古文作"稘"，孔安國以今字讀之，易爲"期"也。

（稘）

疇咨若

【詁訓】【古今】【叚借】【經學】（《說文》："嚋……《虞書》曰：'帝曰嚋咨。'"）《堯典》言"疇若予"者二，皆訓誰，則言"疇咨若"者二，亦必同。"疇咨"當先咨後疇，語急故尒。壁中古文字作"嚋"，古字也。《爾雅》："疇、孰，誰也。"字作"疇"，今字也。許以疇爲假借字，嚋爲正字，故《口部》曰："嚋，誰也。"則又嚋、疇爲古今字……《尚書》作疇不作嚋者，葢孔安國以今文字讀之，易之同《爾雅》也。

（疇）

方鳩僝功②

【經學】【異文】【詁訓】（《說文》："《虞書》曰：'旁述孱功。'"③）今《堯典》之"方鳩僝功"也。《人部》"僝"下作"旁救僝功"。凡《儀禮》古文作"旁"，今文作"方"。凡《尚書》古文作"方"，今文作"旁"。然則此所偁者，今文《尚書》也。今《堯典》"述"作"鳩"，說者亦云鳩聚。

（述）

【經學】【異文】（《說文》："《虞書》曰：'旁救僝功。'"）作"方鳩"者，古文《尚書》也；作"旁述"者，歐陽、夏侯《尚書》也。《辵部》"述"下偁"旁述孱功"，此作"救"，彼作"孱"，皆駁文。

---

① 今本"期"作"朞"。
② 今本"僝"作"僝"。
③ 陳本"旁"作"㫄"。

小徐本此作"方鳩"。

(俇)

有能俾乂

【經學】【異文】（《說文》："《虞書》曰：'有能俾㜕。'"）今"㜕"作"乂"。蓋亦自孔安國以今字讀之已然矣。計"舜""㜕"字秦漢不行，小篆不用，《倉頡》等篇不取，而許獨存之者，尊古文經也，尊古文也。凡尊經、尊古文之例視此。

(㜕)

岳曰异哉

【詁訓】【叚借】（《說文》："《虞書》曰：'獄曰异哉。'"①）《釋文》曰："鄭音異。"於其音求其義，謂四嶽聞堯言，驚愕而曰異哉也。謂异爲異之假借也。

(异)

舜典第二

玄德升聞

【辨僞】聖經不言玄妙，至僞《尚書》乃有"玄德升聞"之語。

(玄)

慎徽五典

【校勘】《釋文·序錄》僞"昚徽五典"，是陸氏所據《堯典》作"昚"，自衛包改作"慎"，開寶中乃於《尚書音義》中刪之。

(慎)

---

① 陳本"獄"作"岳"。

肆類于上帝

【叚借】【經學】（《說文》："《虞書》曰：'類于上帝。'"①）《堯典》文，許所據葢壁中古文也。伏生《尚書》及孔安國以今文讀定之，古文《尚書》皆作肆。太史公《史記》作遂。然則漢人釋肆爲遂，即《爾雅》之肆，故也。壁中文作""，乃肆之假借字也。

（）

至于岱宗柴

【異文】【經學】【義例】【古今】（《說文》："《虞書》曰：'至于岱宗，柴。'"）許《自序》偁："《書》孔氏"，知古文《尚書》作"柴"，不从木作"柴"也。《王制》《郊特牲》《大傳》同。（《說文》："禷，古文柴，从隋省。"）此葢壁中《尚書》作"禷"也。既偁古文《尚書》作"柴"矣，何以云壁中作禷也？凡漢人云古文《尚書》者，猶言古本《尚書》，以別於夏矦、歐陽《尚書》，非其字皆倉頡古文也。《儀禮》有古文、今文，亦猶言古本、今本。非一皆倉頡古文，一皆隸書也。如此字壁中簡作"禷"，孔安國以今文讀之，知禷即小篆柴字，改从小篆作"柴"是。孔氏古文《尚書》出於壁中云爾，不必皆仍壁中字形也。綴禷於柴下者，猶《周禮》既从杜子春易字，乃綴之云故書作某也。隋聲古音在十七部，此聲古音在十六部，音轉冣近。禷之爲柴，猶玭蠙、娤佳皆同字。

（柴）

荊之恤

【異文】【校勘】今文《尚書》"維荊哉"，《周頌》："誐以謐我"，《釋詁》曰："謐，靜也。"按：《周頌》"謐"亦作"溢"，亦作"恤"；《堯典》"謐"亦作"恤"。《釋詁》："溢，慎也。""溢、慎、謐，靜

---

① 陳本""作""。

也。"恤與謐同部，溢葢恤之譌體。慎、靜二義相成。
（謐）

竄三苗于三危

【詁訓】【叚借】《堯典》"竄三苗于三危"，與言流、言放、言極一例，謂放之令自匿。故《孟子》作"殺三苗"，即《左傳》"殺蔡叔"之"殺"。殺爲正字，竄、殺爲同音叚借。
（竄）

殛鯀於羽山

【叚借】【校勘】【義例】（《說文》："《虞書》曰：'殛鯀于羽山。'"）《堯典》"殛鯀"則爲"極"之假借，非殊殺也。《左傳》曰："流四凶族，投諸四裔。"劉向曰："舜有四放之罰。"屈原曰："永遏在羽山，夫何三年不施？"王注："言堯長放鯀於羽山，絕在不毛之地，三年不舍其罪也。"《鄭志》荅趙商云："鯀非誅死。鯀放居東裔，至死不得反於朝。禹乃其子也，以有聖功，故堯興之。"尋此諸說，可得其實矣。《周禮》："廢以馭其罪"，注："廢猶放也，舜極鯀於羽山是也。"此條《釋文》宋本"極，紀力反"可證。《洪範》："鯀則殛死"，《釋文》："殛，本又作極。"《多方》："我乃其大罰殛之"，《釋文》："殛本又作極。"《左傳·昭七年》："昔堯殛鯀於羽山"，《釋文》："殛本又作極。"《魯頌》："致天之屆，于牧之野。"《箋》云："屆，極也"，引《書》"鯀則極死"，又云："天所以罰極紂于商郊牧野。"《正義》云："'屆，極'，'虞，度'，《釋言》文。《釋言》又云：'極，誅也。'武王致天所罰，誅紂於牧野。《定本》《集注》皆云：'殛紂於牧野。'殛是殺，非也。"此條宋本、岳本、元本皆不誤。《小雅》："後予極焉"，毛曰："極，至也"，鄭曰："極，誅也。"《正義》云："'極，至'，《釋詁》文。'極，誅'，《釋言》文。"合《魯頌》《小雅》兩《箋》、兩《正義》觀之，則《釋言》之爲"極，誅"甚明。今《爾雅》作"殛，誅也"，葢誤。以《洪範》《多方》"殛"字鄭皆作"極"例之，則知

《周禮注》引"極鯀於羽山",鄭所見《尚書》自是作"極"不作"殛"也。《說文》引"殛鯀于羽山"作"殛",疑是後人增之。若以引"尚狟狟"爲"尚桓桓",引"無有作政"爲"無有作好"例之,則引"殛鯀"爲"極鯀"正是一例。鄭注《周禮》引"遂覲東后",注《明堂位》引"應鞞縣鼓",本經作"肆"、作"田"。則或本經作"殛"而引作"極",亦注家有是例也。假殛爲極,正如《孟子》假殺爲竄。鯀因極而死於東裔。韋注《晉語》云:"殛,放而殺也",此當作"放而死也"。高注《呂覽》云:"先殛後死",此當作"先極後死"。若《呂覽》"副之以吳刀",《山海經》"殺鯀於羽郊",則言之不從,不可信矣。然則馬注《尚書》、趙注《孟子》、韋注《國語》皆云"殛,誅也"何也?曰:此皆用《釋言》"極,誅也"之文,謂正文"殛"當作"極"也。

(殛)

惟時懋哉

【異文】【志疑】(《說文》:"《虞書》曰:'時惟懋哉。'")《堯典》文。今作"惟時",未知孰是。

(懋)

暨皋陶

【異文】【叚借】(編按:臮)亦假暨爲之……(《說文》:"《虞書》曰:'臮咎繇。'")《堯典》文,今書作"暨"。

(臮)

黎民阻飢

【異文】【叚借】《大射儀》:"且左還毋周",注曰:"古文且爲阻。"《堯典》古文:"黎民俎飢",鄭注云:"俎讀曰阻。"是皆古文叚借字也。

(阻)

五品不愻①

【異文】【叚借】古馴、訓、順三字互相叚借，皆川聲也。古文《尚書》："五品不愻"，《史記·殷本紀》及兩《漢書》及《周禮·地官》注，"愻"皆作"訓"，而《五帝本紀》作"五品不馴"。
（馴）

【經學】【異文】【詁訓】（《說文》："《唐書》曰：'五品不愻。'"）許所據古文如此。愻者，順也。故《尚書大傳》作"五品不訓"，《五帝本紀》作"五品不馴"，"訓"與"馴"皆順也。
（愻）

寇賊姦宄

【志疑】凡盜起外爲姦，中出爲宄。……鄭注《尚書》云："由內爲姦，起外爲軌。"或後人轉寫誤也。
（宄）

胄子

【經學】【異文】【古今】【詁訓】（《說文》："《虞書》曰：'教育子。'"）《堯典》文。今《尚書》作"胄子"。攷鄭注《王制》作"胄"，注《周官·大司樂》作"育"，王肅注《尚書》作"胄"，蓋今文作"育"，古文作"胄"也。《釋言》曰："育，稚也。"故《史記》作"教稚子"。《邶風》毛傳亦曰："鬻子，稚子也。"稚者，當養以正，二義實相因。
（育）

寬而栗

【詁訓】【經學】【異文】（《說文》："㮚，古文栗，從西，從二卤。徐

---

① 今本"愻"作"遜"。

巡說：'木至西方戰栗也。'"①）《後漢書·杜林傳》曰："沛南徐巡始師事衛宏，後更受林學。林於西州得桼書古文《尚書》一卷，雖遭艱困，握持不離。衛、徐能傳之，於是古文遂行。"《論語》："周人以栗，曰使民戰栗。"字從西者，取西方摯斂戰栗之意。葢《堯典》《皋陶謨》"寬而栗"，壁中古文《尚書》作"㮚"，而徐巡說之如此也。"陧，凶也"亦徐說《秦誓》語。

（槶）

擊石拊石

【詁訓】《堯典》曰："擊石拊石"，拊輕擊重，故分言之。

（拊）

朕堲讒說殄行

【叚借】《唐書》叚堲爲疾也。

（坙）

分北三苗

【詁訓】【義例】（《說文》："八猶背也。"）鄭注《堯典》"分北三苗"云："北猶別也。"證以韋昭《吳語》注云："北，古之背字"，然則許、鄭之語正互相發明。分別之乃相僢背，其義相因相足。故許不云"八，背也"，而云"猶背"。鄭不云"北，別也"而云"猶別"。凡古訓故之言"猶"者視此。

（公）

---

① 陳本"栗"作"㮚"，無"也"字。《段注》每多大徐本所無之"也""矣"字，或出小徐本。

大禹謨第三

萬邦咸寧　釋文：寧安也說文安寧如此願辭也

【校勘】古文《尚書》蓋有"㝍"字。陸氏於《大禹謨》曰："㝍，安也。《說文》安㝍字如此。寧，願詞也。"① 此陸氏依許分別二字。今本經宋開寶閒改竄，不可讀。

（寧）

【校勘】僞古文"萬邦咸㝍"，《音義》曰："㝍，安也。《說文》安寧字如此。寧，願詞也。"語甚分明。自衛包改正文，李昉、陳鄂又改《釋文》，令人不可讀矣。

（㝍）

咎繇謨第四②

【古今】【經學】（《說文》："《虞書》曰：《咎繇謨》。"）謂自"曰若稽古咎繇"至"帝拜曰往欽哉"一篇也。（《說文》："暮，古文謨，从口。"）此蓋壁中《尚書》古文如此作也。上文言《咎繇謨》者，孔安國以隸寫之作"謨"也。

（謨）

禹拜昌言

【異文】【叚借】【正俗】《咎繇謨》曰："禹拜昌言。"今文《尚書》作"黨"。趙注《孟子》引《尚書》："禹拜黨言。"《逸周書·祭公解》："拜手稽首黨言。"《張平子碑》："黨言允諧。"《劉寬碑》："對策嘉黨。"皆"昌言"字之叚借也。至於"讜言"，亦見漢人文字。《字林》："讜言，美言也。"此又因"黨言"而爲之"言"傍，謂之正俗字可。

（昌）

---

① 《釋文》通志堂本、抱經堂本"㝍"俱作"寧"，無第三處"寧"。
② 今本作"《皋陶謨》"。

襄

【叚借】馬注《皋陶謨》曰："襄，因也。"《諡法》："因事有功曰襄。"此又攘之假借字。有因而盜曰攘，故凡因皆曰攘也。今人用襄爲輔佐之義，古義未嘗有此。

(襄)

益稷第五①

隨山刊木

【經學】【異文】【志疑】《禹貢》："隨山㮌木。"《夏本紀》作"行山表木"。此古說也。今《尚書·益稷》《禹貢》皆作"隨山刊木""九山刊旅"。《周禮》曰："刊陽木。"《左傳》曰："井堙木刊。"木非不言刊也。然《刀部》曰："刊，剠也。""剠，刊也。"刊者，除去之意，與㮌訓槎識不同。蓋壁中古文作"㮌"，今文《尚書》作"栞"，則未知何時改爲"刊"也。據《正義》已作"刊"，則非衛包所改。……李斯輩作"栞"，《史》《漢》所引《禹貢》作"栞"，故知今文《尚書》作"栞"也。

(㮌)

畎澮距川

【校勘】(《說文》："《虞書》曰：'濬〈《距巛。'"②) 今《尚書》作"畎澮距川"者，後人所改也。

(巛)

---

① 按：段氏引《益稷》時稱《皋陶謨》，以《益稷》入《皋陶謨》也。段氏《古文尚書撰異》云："馬、鄭、王合'帝曰'已下於《皋陶謨》，謂別有《棄稷》之篇。按：《逸》十六篇中有《棄稷》，馬、鄭所親見也。僞孔改'《棄稷》'爲'《益稷》'云：'伏生以《益稷》合於《皋陶謨》，復出之。''帝曰'已下是也。"見段玉裁《古文尚書撰異》，清經韵樓刻本，卷二，葉十。另參本書附錄"《段注》先校書後引書"例。
② 陳本"距"作"距"，"巛"作"川"。

【經學】【異文】【古今】(《說文》:"《虞書》曰:'睿畎澮距川。'")《川部》既偁《咎繇謨》"濬〈《距川"矣,此又偁而字異,何也?葢前爲古文《尚書》,此爲今文也。以濬、〈皆倉頡古文知之。
(睿)

烝民乃粒

【詁訓】《皋陶謨》:"烝民乃粒。"《周頌》:"立我烝民",《鄭箋》:"立當作粒。"《詩》《書》之粒皆《王制》所謂"粒食",始食艱食、鮮食,至此乃粒食也。
(粒)

予欲觀古人之象

【詁訓】【歷史】《尚書》:"日月星辰山龍華蟲作會,宗彝藻火粉米黼黻絺繡,以五采彰施于五色作服。"日月以下像其物者,實皆依"古人之像"爲之,"古人之像"即《倉頡》古文是也。像形、像事、像意、像聲,無非像也,故曰:"古人之像"。文字起於像形,日月星辰山龍華蟲,宗彝藻火粉米黼黻,皆像其物形,即皆古像形字。古畫圖與文字非有二事,帝舜始取倉頡依類像形之文,用諸衣裳以治天下,故知文字之用大矣。虙羲、倉頡觀於天地人物之形,而畫卦造書契。帝舜法伏羲、倉頡之像形,以爲旂章衣服之飾。大舜之智,猶修舊不敢穿鑿,況智不如舜者乎?
(言必遵修舊文而不穿鑿)

作繪①

【聯綿】【義例】【叚借】繢畫雙聲。《考工記》曰:"設色之工,畫繢鐘筐㡛。"又曰:"畫繢之事襍五采。"《咎繇謨》:"日月星辰山龍華蟲作繪",鄭注曰:"繪讀曰繢。"讀曰猶讀爲,易其字也。以爲訓畫之字

---

① 今本"繪"作"會",《釋文》云:"會,胡對反,馬、鄭作繪。"段引同馬、鄭本。

當作繢也。繪訓"五采繡",故必易繪爲繢。鄭司農注《周禮》引《論語》"繢事後素"。

(繢)

【辨誤】今人分《咎繇謨》繪、繡爲二事,古者二事不分,統謂之設色之工而已。古者繢訓畫,繪訓繡,說見"繢"下。

(繪)

藻火粉米黼黻絺繡

【經學】【異文】【叚借】(《說文》:"璪,玉飾,如水藻之文……《虞書》曰:'璪火粉米。'"①)古文《尚書·咎繇謨》文。按:《虞書》"璪"字,衣之文也,當從衣而從玉者,假借也。衣文、玉文皆如水藻,聲義皆同,故相假借,非衣上爲玉文也。凡《說文》有引經言假借者例此。《禮經》文采之訓,古文多用繅字,今文多用璪、藻字,其實三字皆假借。

(璪)

【經學】【志疑】(《說文》:"黺,袞衣山龍華蟲黺,畫粉也……衛宏說。")《皋陶謨》曰:"日、月、星辰、山龍、華蟲作繪,宗彝、藻、火、粉米、黼、黻絺繡。"鄭注云:"畫者爲繪,刺者爲繡。繡與繪各有六。衣用繪,裳用繡。"許書"繪"下云:"會五采繡也。"藻作璪,粉作黺,米作絑。鄭粉米爲一事,許黺絑爲二事。鄭說粉米爲繡,許說黺爲畫粉,絑爲繡,文如聚米。蓋許時鄭說未出,許以說黺系諸衛宏,但今缺有閒矣,且《尚書》山龍華蟲不與粉相屬,許書恐轉寫有奪誤。

(黺)

【異文】【經學】【志疑】(《說文》:"絑,繡文如聚細米也。")繡謂畫也,米絑疊韵。今《咎陶謨》作"粉米",許所見壁中古文作"黺絑"。《黹部》云:"黺,畫粉也",此云"絑,繡文如聚細米也",皆古文《尚書》說也。此不言《虞書》者,經文已見於七篇矣。畫粉爲衛宏

---

① 陳本"粉"作"黺"。

說，此葢亦衛說與？

（絑）

在治忽

【異文】【古今】《咎繇謨》："六律五聲八音在治忽。"《漢書》"在治忽"作"七始訓"①，《史記》作"來始滑"。裴駰曰："《尚書》滑字作曶，音忽。鄭曰：'曶者，臣見君所秉，書思對命者也。君亦有焉。'"據此則象笏字古作"曶"。許《竹部》無"笏"。

（曶）

撻以記之

【異文】【經學】（《說文》："《周書》曰：'遽㠯記之。'"）"周"當作"虞"，此《皋陶謨》文，壁中古文作"遽"也。

（撻）

丹朱

【異文】【經學】【古今】（《說文》："絑，純赤也。《虞書》'丹朱'如此。"）"丹朱"見《咎繇謨》，許所據壁中古文作"丹絑"，葢六經之絑僅見此處，朱行而絑廢矣。

（絑）

辛壬癸甲

【詁訓】（《說文》："盒，……一曰九江當涂也，民俗㠯辛壬癸甲之日嫁娶。"②）《咎繇謨》曰："子創若時，娶于塗山，辛壬癸甲。"鄭注云："登用之年，始娶于塗山氏。三宿而爲帝所命治水。"《水經注》引《呂氏春秋》："禹娶塗山氏女，不以私害公，自辛至甲四日，復往治水。

---

① 許校云："'七始訓'，《漢書·律曆志》作'七始詠'，段氏據《隋書·律曆志》校改，說見《古文尚書撰異》。"
② 陳本"當涂"作"當盒"，無"俗"字。

故江淮之俗以辛壬癸甲爲嫁娶日也。"許云:"當塗民俗以辛壬癸甲之日嫁娶",正與《呂覽》合。鄭注《尚書》亦同。《呂覽》《尚書》"辛壬癸甲",言娶塗山所歷之四日也。

(盉)

若丹朱傲

【校勘】(《說文》:"《虞書》曰:'若丹朱昪。'")《皋陶謨》文。朱,當作"絑"。

(昪)

弼成五服①

【經學】【異文】(《說文》:"《虞書》曰:'㫙成五服。'")《皋陶謨》文。今《尚書》作"弼"。

(㫙)

夏擊

【經學】【異文】【叚借】《咎繇謨》古文"夏擊",今文《尚書》"擊"爲"隔",同音叚借。

(擊)

搏拊

【詁訓】《皋陶謨》"搏拊",樂器名,《明堂位》作"拊搏"。

(拊)

鳥獸蹌蹌

【經學】【異文】(《說文》:"牄,鳥獸來食聲也……《虞書》曰:'鳥獸牄牄。'")牄,蓋壁中文如此。孔安國以今文字讀之,易爲"蹌

---

① 今本"㫙"作"弼"。

蹌"。鄭云："飛鳥走獸蹌蹌然而舞。"僞孔說本之。許則經從"牄"字，說爲"鳥獸來食聲"，與鄭異。鄭易字，許不易字也。鄭注《大司樂》亦引"鳥獸牄牄"。《公羊春秋》有頓子牄。

（牄）

乃賡載歌

【音義】【辨誤】【義例】（《說文》："賡，古文續，从庚貝。"）《咎繇謨》："乃賡載歌。"《釋文》加孟、皆行二反。賈氏昌朝云："《唐韵》以爲《說文》誤。"徐鉉曰："今俗作古行切。"按：《說文》非誤也。許謂會意字，故从庚貝會意。庚貝者，貝更迭相聯屬也。《唐韵》以下皆謂形聲字，从貝，庚聲，故當皆行反也。不知此字果从貝，庚聲，許必入之《貝部》或《庚部》矣。其誤起於《孔傳》以續釋賡，故遂不用許說。抑知以今字釋古文，古人自有此例。即如許云"烏，誰也"，非以今字釋古文乎？《毛詩》"西有長庚"，《傳》曰："庚，續也。"此正謂庚與賡同義，庚有續義，故古文續字取以會意也。仞會意爲形聲，其瞀亂有如此者。

（賡）

夏書

禹貢第一

禹敷土

【叚借】【異文】（編按：傅）古假爲敷字，如"禹敷土"，亦作"禹傅土"是也。

（敷）

嵞夷皮服①

【經學】【校勘】《禹貢》:"鳥夷皮服。"某氏《傳》讀爲"嶋",與馬、鄭注"如字"不同。衛包徑改經爲"嶋"字,非也。

(嵞)

達于河

【經學】【異文】【詁訓】通、達雙聲,達古音同闥。《禹貢》:"達于河",今文《尚書》作"通于河"。按:達之訓行不相遇也,通正相反。經傳中通、達同訓者,正亂亦訓治,徂亦訓存之理。

(通)

濰

【辨誤】《禹貢》濰水,《漢書》作維水,其作淮者誤。

(淮)

厥土赤埴墳

【校勘】【異體】《禹貢》:"厥土赤埴墳",《周禮·草人》:"埴壚",《攷工記》:"搏埴之工",孔傳、鄭注皆曰:"埴,黏土也。"《釋名》:"土黃而細密曰埴。埴,膱也,黏昵如脂之膱也。"按:《禹貢》"埴"字,鄭本作"戠"而讀爲熾。熾,赤皃也。見《禹貢》音義及《蜀都賦》"丹沙赩熾"李注。又《太平御覽》三十七引東晉會稽謝沈古文《尚書》注:"徐州土赤戠墳。戠音志。"又《禹貢》正義曰:"戠、埴音義同。埴爲黏土,故土黏曰戠。"蓋孔本本亦作戠,惟孔釋戠爲黏土,鄭易戠爲熾,釋爲赤皃,見經文赤戠連讀爲異耳。據《釋文》則韋昭所注《漢·地理志》亦作"戠",而今《漢書》作"埴"。《晉書》成公綏《天地賦》云:"海岱赤墽,華梁青黎",何超《音義》:"墽,

---

① 今本"嵞"作"島"。

尺志反。"此又哉之加土旁者也。哉、墢、墢，皆埴之異字。

（埴）

漸包

【校勘】《釋文》曰："漸本又作蘄。《字林》才冄反，艸之相包裹也。包或作苞，叢生也。馬云：'相苞裹也。'"按：叢生之義，字作"苞"者是。

（蘄）

淮夷蠙珠

【經學】【詁訓】【古今】【異文】（《說文》："宋宏曰：淮水中出玭珠。玭珠，珠之有聲者。"①）此宋宏說伏生《尚書》語也。宏字仲子，能薦桓譚辟牟長者。伏生《尚書》：徐州之貢"淮夷玭珠臮魚"。仲子謂淮水中出玭珠，與鄭古文《尚書》說合。"玭珠，珠之有聲者"七字，當作"玭，蚌之有聲者"六字。玭本是蚌名，以為珠名。韋昭曰："玭，蚌也。"《廣韻》曰："蠙，珠母也。"《西山經》："鰩鮞之魚，其狀如覆銚，鳥首而翼，魚尾，音如磬之聲，是生珠玉。"《江賦》所謂"文鰩磬鳴"。《郭傳》云："蚌類。"按：玭、蚌葢類是，能鳴，故曰"蚌之有聲者"。（《說文》："蠙，《夏書》玭从虫賓。"）謂古文《夏書》"玭"字如此作。……玭字葢亦古文，故伏生《尚書》作"玭"，《夏本紀》《地理志》從之。非伏生依小篆，乃其壁藏本固爾也。

（玭）

陽鳥攸居

【異文】【同源】《禹貢》："陽鳥攸居""豐水攸同""九州攸同"。《漢·地理志》"攸"皆作"迪"。"迪"之言"于"也，陽鳥于是南來得所也，與爰、粵義同。

（迪）

---

① 陳本"曰"作"云"，無"者"。

琨

【詁訓】【校勘】王肅及某氏注《禹貢》皆曰："瑤、琨皆美石。"劉逵注《吳都賦》、顏師古注《地理志》皆曰："琨，美石。"今本轉寫"石"多譌"玉"。

（琨）

沿于江海

【校勘】【經學】【叚借】《禹貢》："沿于江海，達于淮泗。"鄭本"沿"作"松"，字之誤也。馬本作"均"，依今文《尚書》也。均者，沿之假借字。如《三年問》"反巡過其故鄉"，《荀卿》"巡"作"鉛"，假"鉛"爲"巡"，其理一也。

（沿）

江漢朝宗于海

【詁訓】《禹貢》："荆州，江漢朝宗于海。"鄭以《周禮》"春見曰朝，夏見曰宗"釋之，古說則謂潮也。《論衡·書虛篇》辨子胥驅水爲濤事曰："天地之性，上古有之。《經》江漢朝宗于海，唐虞之前也。"又曰："濤之起也，隨月盛衰，小大滿損不齊同。"虞翻注《易》"習坎有孚"曰："水行往來，朝宗于海，不失其時，如月行天。"注"行險而不失其信"曰："水性有常，消息與月相應。"皆與許說合。朝宗于海者，謂彼此相迎受。洚水之時，江漢不順軌，不與海通，海淖不上。至禹治之，江漢始與海通。於楊州曰："三江既入"，謂江漢之入海也。於荆州曰："江漢朝宗于海"，謂海淖上達，直至荆州也。江漢之水下赴，海淖上迎，呼吸相通，恩禮相受。二州之文相爲表裏。古說如是。朝宗于海，謂海水來朝，見尊禮也。

（淖）

沱潛既道

【詁訓】【注音】《禹貢》某氏注云："沱，江別名。""江別名"，謂江之別出者之名也。別皆彼列切。

（沱）

惟箘簵楛

【經學】【異文】【志疑】（《說文》："《夏書》曰：'唯箘輅枯。'枯，木名也。"①）惟作唯，轉寫誤也。輅當依《竹部》引《書》作簵。楛作枯，則許所據古文《尚書》如是。《竹部》引《書》作楛，非也。……木名，未審何木。《周易·大過》之枯，鄭音姑，謂無姑山榆。《周禮·壺涿氏》杜子春讀橭爲枯，云枯榆，木名。疑當是枯榆也。而馬云："可以爲箭。"或謂枯乃楛之假借，未知其審。《考工記》注引《尚書》"箘簵枯"，《音義》曰："枯，《尚書》作楛。"《鄉射禮》注引《國語》："肅慎貢枯矢。"《音義》曰："枯，字又作楛。"然則鄭所據《尚書》《國語》皆作"枯"，與許所據合也。

（枯）

匭

【叚借】《尚書》"苞匭菁茅"，鄭曰："匭，纏結也。"鄭意謂"匭"爲"糾"之假借字，《吳都賦》注用之。

（簋）

滎波既豬

【校勘】【地理】熒者，光不定之皃，今江東人俗語如役，高注《淮南》每云"熒惑"是也。泲水出沒不常，故《尚書》"泆爲熒"作此字。《周禮》"其川熒雒"，《左傳》閔二年、宣十二年、杜預《後序》"熒

---

① 陳本無後"枯"。

澤"，《庸風》箋"滎澤"，《左傳》杜注"滎陽"，《玉篇》"滎"字下曰"亦滎陽縣"，漢《韓勑後碑》《劉寬碑陰》《鄭烈碑》皆云"滎陽"，唐盧藏用《紀信碑》亦作"滎陽"，《隨書·王劭傳》上表言符命曰："龍鬭於滎陽者，滎字三火，明火德之盛也。"然則滎澤、滎陽古無作"榮"者。《尚書·禹貢》釋文經宋開寶中妄改"滎"爲"榮"，而經典、《史記》《漢書》《水經注》皆爲淺人任意竄易，以爲水名當作"榮"，不知沠水名"滎"，自有本義，於"絶小水"之義無涉也。

（滎）

【辨誤】【校勘】閻氏百詩乃以絶河釋滎，以釋《禹貢》。不知《禹貢》滎澤自古作从三火之滎，後人乃譌爲榮。

（絶）

西頃①

【校勘】頃者，頭不正也，故从頁；傾者，人之仄也，故从人；陒者，山阜之仄也，故从𠂤，《禹貢》"西頃"，蓋可作此字。

（陒）

球琳琅玕

【詁訓】鄭本《尚書》："璆玲琅玕"，鄭注："璆，美玉。玲，美石。"《子虛賦》："瑊功玄厲"，張揖曰："瑊功，石之次玉者。"《中山經》："葛山其下多瑊石"，《郭傳》："瑊功，石似玉。"《廣雅》："瑊功，石次玉也。"按：玲、瑊同字，璆、功同字。玲璆合二字爲石名。亦有單言玲者，如《尚書》《中山經》及《穆天子傳》是。

（玲）

【詁訓】《尚書》："璆琳琅玕"，鄭注曰："琅玕，珠也。"王充《論衡》曰："璆琳琅玕，土地所生，真玉珠也。魚蚌之珠，與《禹貢》琅玕，

---

① 今本"頃"作"傾"。

皆真珠也。"《本艸經》："青琅玕",陶貞白謂即《蜀都賦》之青珠,而某氏注《尚書》、郭注《爾雅》《山海經》皆曰："琅玕,石似珠。"玉裁按:出於蚌者爲珠,則出於地中者爲似珠。似珠亦非人爲之,故鄭、王謂之真珠也。

(琅)

【異文】(《說文》:"《禹貢》:'雝州璆琳琅玕。'玗,古文玕,从王旱。"①)葢壁中《尚書》如此作。干聲、旱聲一也。

(玕)

岍

【校勘】【詁訓】凡岐頭兩平曰开,开字古書罕見。《禹貢》:"道岍及岐",許書無"岍"字,葢古衹名开山,後人加之山旁,必岐頭平起之山也。

(开)

岷山

【異文】【地理】【叚借】【辨誤】(《說文》:"崏,崏山也。"②)《禹貢》:"岷山道江。"《夏本紀》作"汶山"。《封禪書》曰:"瀆山,蜀之汶山也。"(《說文》:"在蜀湔氐西徼外。")《地理志》:蜀郡"湔氐道,《禹貢》崏山在西徼外,江水所出"。《郡國志》同。今四川直隸茂州西北有湔氐廢縣,崏山在茂州西北五百里,江水所出,即隴山之南首。連峯千里不絕,蜀西之山皆崏也。《水部》曰:"江水出蜀湔氐徼外崏山入海。"……按:此篆省作崏,隸變作汶、作文、作岻、作崏,俗作崏,作岷。漢蜀郡有汶江道,漢元鼎六年置汶山郡,亦作文山郡,汶、文皆即崏字之叚借也。《考工記》:"貉踰汶則死。"自謂魯北之水,殷敬順乃疑爲岷江,殊誤。

(崏)

---

① 陳本"璆"作"球",無"从王旱"。
② 陳本"崏山也"三字但作"山"。

逆河

【異文】逆、迎雙聲，二字通用，如《禹貢》"逆河"，今文《尚書》作"迎河"是也。

（逆）

嶓冢道漾①

【地理】【校勘】【義例】【古今】【異文】【經學】【叚借】【校勘】（《說文》："漾，漾水。出隴西獂道，東至武都爲漢。"②）《前志》獂道屬天水，《後志》屬漢陽，漢陽即天水也。獂道不屬隴西，當作"氐道"，乃與《漢志》合。《水經注·漾水篇》曰："許慎、呂忱、闞駰立言漾水出隴西獂道，東至武都爲漢水，不言氐道。然獂道在冀之西北，又隔諸川，無水南入，疑出獂道之爲謬矣。"按：《禹貢》曰："嶓冢道漾，東流爲漢，又東爲滄浪之水。"《前志》隴西郡氐道下曰："《禹貢》養水所出，至武都爲漢。"武都郡武都下曰："東漢水受氐道水，一名沔。過江夏謂之夏水。"二條相屬爲辭。隴西郡西下又曰："《禹貢》嶓冢山，西漢所出。南入廣漢白水，東南至江州入江。"鄭注《尚書》"道漾"引《地理志》："漾水出隴西氐道，至武都爲漢，至江夏謂之夏水。"注"梁州沱潛"云："潛葢西漢，出嶓冢，東南至巴郡江州入江，行二千七百六十里。"又云："漢別爲潛，其穴本小，水積成澤，流與漢合。大禹自導漢疏通即爲西漢水也。"班、鄭皆謂東漢、西漢同出嶓冢。西漢者，別於漢而曰西漢，東流者本無東偁。班《志》武都下云"東漢"者，淺人增字。鄭注云："潛葢西漢"，今《尚書正義》倒爲"漢西"，皆非也。班、鄭所云，今水道不合，故異說紛然。金氏榜《禮箋》曰："後儒言漢水源者，咸求之于嶓冢。榜以《漢志》攷之，嶓冢導瀁，惟據《禹貢》漢水言耳。《周·職方》荆州漢水，則不導源於嶓冢。故《志》於武都沮下曰：'沮水出武都沮縣東狼谷，南至沙羡

---

① 今本"冢"作"家"，"道"作"導"。
② 陳本"獂"作"相"，段云："各本作'柏'，字之誤也，今依《水經注》所引《說文》正。"

南入江。過郡五，行四千里。荆州川。'《說文》《水經》《後漢·郡國志》皆云然。葢瀁水輟流，不與漢相屬，由來久矣。《志》言：'《禹貢》瀁水出隴西氐道縣，至武都爲東漢水，一名沔，過江夏謂之夏水。入江。'此明《禹貢》漢水故道，若魏郡鄴東故大河、館陶屯氏河之類。班氏自謂：'采獲舊聞，考跡《詩》《書》，推表山川，以綴《禹貢》《周官》《春秋》，下及戰國、秦漢者如是。'非謂漢代逕流之道，東漢水仍上受氐道水也。《水經》說西漢水曰：'瀁水，出隴西氐道縣嶓冢山，東至武都沮縣爲漢水，東南至江州縣東南入于江。'瀁水既輟東流，勢必西入，徒以氐道無可考見，後世莫能定其孰爲瀁水，而與東漢水不相屬，得《水經》校之益明。後儒考《漢志》不詳于漢源，求嶓冢不得，因旁漢水之山強名之爲嶓冢，亦近誣矣。《漢志》：'《禹貢》嶓冢山，在隴西西縣，西漢水所出，南入廣漢白水，東南至江州入江。'不見于氐道，然於氐道言：'《禹貢》瀁水所出，東至武都爲漢。'正釋經：'嶓冢導瀁，東流爲漢。'明氐道亦得有嶓冢山。是山峯岫延長，西、氐道皆其盤迴之地。準之地望，氐道當在西縣東。《志》已于西縣著嶓冢山，氐道例不重出。《水經》言'瀁水出隴西氐道嶓冢山'，郭景純《山海經注》亦言嶓冢在武都氐道縣南，可與《漢志》互明。西漢水，鄭《書注》以爲《禹貢》梁州之潛，以上受漢別，故得西漢水之稱，後乃併其上流出嶓冢者名之爲西漢水矣。"玉裁謂：金氏之言，可爲異說折衷。許云出隴西氐道至武都爲漢水，許非用班《志》而與《志》同，皆釋《尚書》禹時漢源也。不言嶓冢山者，言氐道而嶓冢在其中，與《志》同也。武都者，漢武都郡之武都縣，今甘肅鞏昌府成縣西北百里有仇池城，城東南有漢武都故城……（《說文》："瀁，古文从養。"）漾者，小篆；瀁者，壁中古文如是。今《尚書》作"漾"者，漢人以篆文改古文也。《漢書》作"養"者，今文《尚書》用假借字也。《史記》作"瀁"，葢亦本作"養"而或加之"水"旁，因合乎古文。《淮南書》作"洋"，高誘曰："洋，或作養。"

（漾）

又東爲滄浪之水

【地理】（《說文》："漢，漾也。東爲滄浪水。"）《禹貢》文。《水經》曰："沔水又東過鄖縣南，又東北流，又屈東南，過武當縣東北。"注曰："縣西北四十里，水中有洲，名滄浪洲。庾仲雍《漢水記》謂之千齡洲，非也。是世俗語譌，音與字變矣。《地記》曰：'水出荊山，東南流，爲滄浪之水。'余按：《禹貢》言'又東爲滄浪之水'，不言'過'而言'爲'者，明非他水決入也。葢漢、沔水自下有滄浪通稱爾。纏絡鄢郢，地連紀鄀，咸楚都矣。漁父歌之，不違水地。"玉裁按："鄭注《尚書》'滄浪之水'言：'今謂"夏水來同"，故世變名焉。'"①本未嘗謂他水決入。若《地記》云："出荊山"，是他水決入矣。

（漢）

【地理】【志疑】《禹貢》曰："又東，爲滄浪之水，過三澨，至于大別，南入于江。"許以漾、浪、沔三篆全偶道漾，經文記禹時漢水故道也。其下流爲滄浪水入江，與今水道同。其源出隴西氐道嶓冢山至武都者，今不可攷。

（浪）

東匯澤爲彭蠡

【同源】【辨誤】【地理】（《說文》："匯，器也。"）《禹貢》曰："東匯澤爲彭蠡。"又曰："北會于匯。"舊說匯者，"回也"，此匯之別一義。依許圛、蓂、堲之例，此亦可稱《禹貢》而釋之曰"匯，回也"。今按：匯之言圍也，大澤外必有陂圍之，如器之圍物。古人說淮水曰："淮，圍也。"匯从淮，則亦圍也。《尚書》："東匯澤爲彭蠡"，謂東有圍受衆水之彭蠡，非謂漢水回而成澤也。東爲北江，謂漢水合江，又東合彭蠡爲北江也。

（匯）

---

① 整句爲《水經注·夏水篇》語。

過三澨

【地理】【經學】（《說文》："澨，埤增水邊土，人所止者……《夏書》曰：'過三澨。'"）《禹貢》文。《水經》曰："三澨地在南郡邔縣北沱。"酈注云："《地說》曰：'沔水東行過三澨，合流觸大別山陂。'故馬融、鄭玄、王肅、孔安國等咸以爲三澨水名也，惟許慎說異。"按：《水經》釋爲地，與許合。《水經》者，或謂桑欽所作。然則許正用孔氏古文《尚書》說也。

（澨）

東別為沱

【地理】【志疑】《禹貢》曰："岷山道江，東別爲沱。"按：荆州、梁州皆有沱。《地理志》蜀郡郫下曰："《禹貢》江沱在西，東入江。"汶江下曰："江沱在西南，東入江。"皆謂梁州沱也。於南郡枝江曰："江沱在西，東入江。"謂荆州沱也。道江之東別爲沱，自當謂梁州者。鄭注《尚書》不信《地理志》所說，以今水道言之。《水道提綱》曰："江至灌縣曰都江，分爲二派，其南流者，正派也，其東流經郫縣、新絲、成都、新都、金堂，南經簡州、資陽、資縣、富順，至瀘州復入江者，沱江也。"沱江會北來綿、雒諸水，而南入江曰中水。是首受江，尾入江，與《漢志》合。然此郫之沱耳，汶江之沱尚當在其上流，未審今何水。

（沱）

東流為濟

【志疑】【地理】【古今】（《說文》："沛，沇也。東入于海。"）按：沇、沛二篆之解，文體與漾、漢、浪三篆同，皆用《禹貢》文也。《禹貢》曰："道沇水東流爲濟，入于河，泆爲滎，東出於陶丘北，又東至于菏，又東北會于汶，又北，東入于海。"今沛水不特入河，以後經文所謂，不可致詳。考《郡國志》曰："河東，垣，有王屋山，兗水出。

河内，溫，濟水所出，王莽時大旱，遂枯絕。"《水經注》曰："濟水故瀆在溫，當王莽之世，川瀆枯竭。其後水流徑通，津渠勢改，尋梁脈水，不與昔同。"是在西漢已後，所謂東流爲濟入于河者，已非禹蹟之舊矣。許云"東入于海"，此謂禹時故道，獨行達海，故謂之瀆。今之大清河、小清河非無泲水在其閒，而混淆莫辨。漢水之源，今與經絕殊，泲水之流，軼出地中而爲巨川，今又與經絕殊也。……按：四瀆之"泲"字，如此作，而《尚書》《周禮》、《春秋》三傳、《爾雅》《史記》《風俗通》《釋名》皆作"濟"。《毛詩·邶風》有"泲"字，而《傳》云地名，則非水也。惟《地理志》引《禹貢》《職方》作"泲"，而泰山郡下云："甾水入泲，《禹貢》汶水入泲。"齊郡下云："如水入泲。"河南郡下云："狼湯渠首受泲。"東郡臨邑下云："有泲廟。"然以濟南、濟陰名郡，《志》及漢碑皆作"濟"，則知漢人皆用"濟"，班《志》、許書僅存古字耳。《風俗通》說四瀆曰："濟出常山房子贊皇山，東入泜。"酈氏譏其誤，亦可證"泲"字之久不行矣。

（泲）

溢爲熒①

【校勘】【叚借】《禹貢》："道沇水入于河，泆爲熒。"本作泆，《周禮疏》、師古《漢書注》所引不誤，且《史記》《水經注》皆作"泆"，惟《漢·地理志》作"軼"。軼，車相出也，正與泆義同。《左傳》："彼徒我車，懼其侵軼我。"又曰："迭我殽地。"迭即泆、軼之假借也。凡言淫泆者，皆謂太過，其引伸之義也。衛包改《禹貢》之"泆"爲"溢"，淺人以滿釋之，固可欺矣。

（泆）

【異文】《禹貢》："沇水入于河，泆爲熒。"《漢志》作"軼"。

（軼）

---

① 今本"熒"作"滎"。

鳥鼠同穴

【地理】【源流】【異文】（《說文》："渭，渭水。出隴西首陽渭首亭南谷，東南入河……杜林說《夏書》，目爲出鳥鼠山。"①）《禹貢》曰："道渭自鳥鼠同穴，入于河。"《前志》"首陽"下曰："《禹貢》鳥鼠同穴山在西南，渭水所出。東至船司空入河。過郡四，行千八百七十里，雍州寖。""過郡四"者，天水、扶風、京兆、馮翊也。《水經》曰："渭水出隴西首陽縣渭谷亭南鳥鼠山。"注曰："渭水出隴西首陽縣首陽山渭首亭南谷。山在鳥鼠山西北。縣有高城嶺，嶺上有城，號渭源城，渭水出焉。東北流逕首陽縣西與別源合，別源出鳥鼠山渭水谷，《禹貢》所謂渭出鳥鼠者也。"按：酈注葢本《說文》，較《說文》多"首陽山"三字，疑今《說文》奪去。酈依《說文》，故以首陽山南谷與鳥鼠山爲二。以今地志言之，皆在渭源縣西，相距甚近。今渭水出此，經鞏昌府及寧遠縣、伏羌縣、秦安縣、秦州、清水縣、寶雞縣、岐山縣、扶風縣、武功縣、盩厔縣、鄠縣、咸陽縣、西安府、臨潼縣、高陵縣、渭南縣、朝邑縣，至華陰縣北入於河，古所謂渭汭。《左傳·閔二年》："虢公敗犬戎於渭隊。"服虔曰："隊謂汭也。"杜預本作"渭汭"。（渭）

四隩既宅

【校勘】（《說文》："墺，四方之土可定尻者也。"②）《禹貢》："四墺既宅"，今作"隩"者，衛包改也。僞《孔傳》曰："四方之土可居。"《玉篇·土部》引《夏書》"四墺既宅"。《廣韵·三十七号》"墺"字注曰："四墺，四方土。"《文選·西都賦》"天地之隩區"，李注引此《說文》，知班賦本从土，唐以後人乃改之，如今本《尚書釋文》之作"隩"耳。《周語》："宅爲九隩"，注云："隩，内也。"其字从阜。……（《說文》："㙚，古文墺。"）葢壁中《禹貢》如是與。（墺）

---

① 陳本不重"渭"。
② 陳本無"之""定""者"。

祗台德先

【叚借】（编按：怡）古多叚"台"字，《禹貢》："祗台德先。"鄭注云："敬和。"

（怡）

五百里甸服

【歷史】【詁訓】《禹貢》："五百里甸服。"《周語》曰："先王之制，邦内甸服。"韋注云："邦内，謂天子畿内千里之地。"《商頌》曰："邦畿千里，惟民所止。"《王制》曰："千里之内曰甸。"京邑在其中央。故《夏書》曰："五百里甸服。"則古今同矣。甸，王田也。服，服其職業也。自商以前，邦畿内爲甸服。武王克殷，周公致大平，因禹所弼除甸内，更制天下爲九服。千里之内謂之王畿，王畿之外曰侯服，侯服之外曰甸服。祭謀父諫穆王稱先王之制，猶以王畿爲甸服者，甸古名，世俗所習也。故周襄王謂晉文公曰"昔我先王之有天下也，規方千里以爲甸服"是也。《周禮》亦以蠻服爲要服，足以相況也。按：周制王畿千里，不在九服，而亦未嘗不從古曰甸服也。若《小司徒》"九夫爲井，四井爲邑，四邑爲丘，四丘爲甸"，鄭云："甸之言乘也，讀如維禹敶之之敶"，別一義。《毛詩》："維禹甸之"，《傳》曰："甸，治也。"

（甸）

納總

【詁訓】《禹貢》之"總"，禾束也。

（總）

甘誓第二

天用勦絶其命

【校勘】【叚借】《夏書·甘誓》："天用剿絶其命。"天寶已前本如是。

《釋文》曰："剿，子六反，《玉篇》子小反，馬本作劋。"宋開寶已前本如是。今《玉篇》："剿，子小切，絶也。劋同上。"此顧希馮之舊也。自衛包改"剿"爲"勦"，以《刀部》訓"絶"之字，改爲《力部》訓"勞"之字，於是《五經文字·力部》曰："勦，見《禮記》，又見《夏書》。"而《刀部》反無"剿"字。開寶中改《釋文》"剿"爲"勦"，"劋"爲"巢"。《羣經音辨》《集韵》等皆云："勦，絶也。"① 重絾貤繆，莫能諟正。蓋衛包當日改"劋"爲從刀之"剿"，猶可說也，改爲從力之"勦"則不可說矣。《王莽傳》："郭欽封剿胡子。"又詔曰："將遣大司空征伐剿絶之矣。"此用《夏書》也。《外戚傳》："命樔絶而不長。"此假借字也。《說文·水部》："㴉，讀若《夏書》天用勦絶。"此必淺人以衛包本改之也。《曲禮》："毋剿說。"字從刀，不從力。

（剿）

【校勘】（《說文》："《夏書》'天用劋絶'。"②）劋當依《刀部》作"剿"，今本從"力"，尤誤。

（㴉）

恭行天之罰

【詁訓】【校勘】《尚書·甘誓》《牧誓》"龏行天之罰"，謂奉行也。漢、魏、晉、唐引此無不作"龏"，與供給義相近。衛包作"恭"，非也。《秦和鐘銘》："龏夤天命"，言奉敬天命也。

（龏）

---

① 許校云："《集韻·一屋》：'勦，截也。'他韻'勦'下亦無訓'絶'者。"
② 陳本"劋"作"勦"。

商書

太甲上第五

昧爽丕顯坐以待旦

【辨僞】《左傳》晏子述讒鼎之銘曰："昧旦丕顯。"僞《尚書》演其辭曰："昧爽丕顯，坐以待旦。"

（昧）

盤庚上第九

率籲衆慼

【詁訓】【辨誤】【校勘】（《說文》："籲，呼也。……《商書》曰：'率籲衆戚。'"）《商書》："率籲衆戚，出矢言。"某氏曰："籲，和也。率和衆憂之人，出正直之言。"按：和之訓未知何出，蓋謂"籲"同"龠"，龠以和衆聲也。夫下文"自我王來"至"底綏四方"，皆民不欲徙之言，姚氏鼐之說是也。"籲衆戚""出矢言"，正謂不欲徙之民相評，急出誓言，爲盤庚敎民命衆張本，注疏殊繆。……"戚"，今本作"慼"，俗字也，衛包所改。

（籲）

若顛木之有由櫱

【異文】（《說文》："《商書》曰：'若顛木之有甹櫱。'"）今《尚書》作"由蘖"。本又作"枿"，馬云："顛木而肆生曰枿。"

（櫱）

【異文】【異體】【詁訓】【叚借】【經學】（《說文》："《商書》曰：'若顛木之有甹枿。'"）今《書》作"由蘖"。許《木部》作"甹櫱"，枿即"櫱"，"蘖"之異體也。甹者，生也。《左傳》史趙曰：

"陳，顓頊之族也。歲在鶉火，是以卒滅，陳將如之。今在析木之津，猶將復由。"此以生滅對言，由即甹之叚借。《詩序》曰："由儀，萬物之生各得其宜也。"此以生釋由，以宜釋儀，由亦甹之叚借。下云"古文言'由枿'"，則作"甹"者伏生、歐陽、夏侯之書也。許於《書》偁孔氏而不廢伏生，於此可見矣。（《說文》："古文言'由枿'。"）古文謂孔氏壁中書也。伏作"甹"爲正字，孔作"由"爲叚借字。偁伏又偁孔者，明叚借也。不曰"古文甹作由"，云"古文言'由枿'"者，此偁經非說字也，嫌其無別也，故別之。孟康注《漢書》"黎民祖飢"曰："祖，古文言阻。"

（甹）

王播告之

【異文】（《說文》："《商書》曰：'王譒告之。'"）今《尚書》作"播"。

（譒）

今汝聒聒

【經學】【校勘】【辨誤】【異文】（《說文》："《商書》曰：'今女憝憝。'"①）馬云："拒善自用之意。"許同之。鄭云："難告之意。"其義略同。其字皆作"憝"，未嘗作"聒"也。衛包因鄭云"憝讀如聒耳之聒"，竟改經文作"聒聒"，《開成石經》從之，學者取以改孔氏《正義》、陸氏《釋文》。至宋人乃有訓聒聒爲譊譊多言者。（《說文》："聲，古文从耳。"）蓋壁中文如是。孔安國易从耳爲从心，蓋由伏生《尚書》如是。

（憝）

予亦拙謀

【異文】【經學】【叚借】（《說文》："《商書》曰：'予亦灿謀。'"）

---

① 陳本"女"作"汝"。

此與叚"敢"爲"好"，叚"狟狟"爲"桓桓"，叚"莫"爲"竹蔑"同。壁中古文叚"灺"爲"拙"也。今《尚書》作"拙"者，蓋孔安國以今字讀之也。（《說文》："讀若巧拙之拙。"）其同音也，故相叚借。

（灺）

相時憸民

【詁訓】【校勘】【義例】《般庚》："相時憸民，猶胥顧于箴言。"謂惟憎惡利口之人尚能相與稍顧清議……（《說文》："《詩》曰：'相時愳民。'"）《詩》無此語。《尚書·般庚上》曰："相時憸民。"《集韵》引《說文》作"《商書》'相時愳民'"。豈丁度等所見不誤與？《玉篇》《廣韵》《集韵》《類篇》皆不言憸、愳爲一字。《立政》兩言"憸人"，《釋文》曰："憸，本又作愳"，是則當爲一字矣。而愳从册，蓋从删省聲，如珊、姍字之比。漢石經《尚書》殘碑此字作散，散即散，疑古文《般庚》作"愳"，今文《般庚》作"散"，異字同音。愳訓疾利口與憸訓詖邪，異字異音異義，不知者乃捏而一之。《般庚》或作"憸民"，《立政》或作"愳人"，皆淺者所爲耳，無容同字而許異訓也。凡《釋文》云"本又作"之下往往出古字，序内所云兼采《說文》《字詁》以示同異者。此云"本又作愳"，正用《說文》，仍襲舊說。未宷定《般庚》有愳而《立政》無愳也。

（愳）

盤庚下第十一

心腹腎腸

【源流】【異文】【叚借】《漢校官碑》："親臤寶智"，又"師臤作朋"。《國三老袁良碑》："優臤之寵。"按：漢魏人用優賢字，皆本今文《般庚》"優賢揚歷"句。蓋今文《般庚》固以臤爲賢也。

（臤）

尚皆隱哉

【叚借】《般庚》："尚皆隱哉。"某氏注云："相隱括共爲善政。"《公羊傳》何序云："隱括使就繩墨。"《孫卿書》云："劫之以勢，隱之以陀，陀而用之，得而後功之。""隱"皆讀爲"檃"。《漢·刑法志》："隱之以勢。"臣瓚注曰"秦政急峻，隱括其民於隘狹之法"是也。

（檃）

說命上第十二

【辨僞】（《說文》："讀若《書》曰：'藥不瞑眩。'"①）此許引《孟子·滕文公篇》文也。鄭注《醫師》亦引《孟子》："藥不瞑眩，厥疾無瘳。"趙注《孟子》云："《書》逸篇也。"若今僞撰《說命》，則采《楚語》爲之，許、鄭所未見者。大徐本作"讀若《周書》"，繆甚。

（寫）

高宗肜日第十五

典祀無豐于昵　釋文：昵女乙反

【古今】【叚借】【校勘】古文叚尼爲昵。古文《尚書》："典祀無豐於尼。"《釋詁》云："即，尼也。"孫炎曰："即，猶今也。尼，近也。"郭樸引《尸子》："悅尼而來遠。"《釋文》引《尸子》："不避遠尼。"自衛包改《尚書》作"昵"，宋開寶閒又改《釋文》，而古文之讀不應《爾雅》矣。

（暱）

【校勘】《高宗肜日》曰："典祀無豐于尼。"《釋文》："尼女乙反。《尸子》云：'不避遠尼。'尼，近也。"《正義》："《釋詁》云：'即，尼

---

① 陳本作"讀若《周書》'若藥不眄眩'"。

也。'孫炎云：'即，猶今也。尼，近也。'郭璞引《尸子》：'悅尼而來遠。'"自天寶閒衛包改經"尼"爲"昵"，開寶閒陳諤又改《釋文》"尼"爲"昵"，而賈氏《羣經音辨》所載猶未誤也。

(尼)

西伯戡黎第十六

西伯戡黎

【經學】【異文】【叚借】（《說文》："《商書》'西伯戡𨛭。'"）今《商書》"西伯戡黎"，今文《尚書》作"耆"。《尚書大傳》："文王受命五年伐耆。"《周本紀》"明年敗耆國"是也。或作"阢"，或作"飢"，皆假借字也。許所據古文《尚書》作"𨛭"，《戈部》作"黎"，蓋俗改也。

(𨛭)

【異文】【詁訓】"西伯戗𨛭"，《周本紀》作"耆"。徐廣曰："一作阢。"阢，蓋即邧字。

(邧)

【異文】【志疑】【叚借】（《說文》："《商書》曰：'西伯既𢦏黎。'"）《西伯戡黎》文。今作"戡黎"，許所據作"𢦏黎"。《邑部》"𨛭"下又引"西伯戡𨛭"，其乖異或因古文、今文不同與？《爾雅》曰："堪，勝也"，郭注引《書》"西伯堪黎"。蓋訓勝，則"堪"爲正字，或叚𢦏，或叚戡，又或叚龕，皆以同音爲之也。

(𢦏)

大命不摯

【異文】【經學】（《說文》："摯，至也……《周書》曰：'大命不摯。'"）"周"當爲"商"，字之誤也。此《西伯戡黎》文。陸氏《釋文》云："摯本又作贄。"是陸氏所見尚有作"贄"者。某氏《傳》云："至也"，與許說同也……（《說文》："一曰《虞書》'雉摯。'"）

此別一義，謂埶即今贄字，引《堯典》"一死贄"以明之。鄭康成曰："贄之言至，所以自致。"是其義相近。
（埶）

厽

【異文】《玉篇》云："厽，《尚書》以爲參字。"按：此謂《西伯戡黎》"乃罪多，參在上"或作"厽"也。
（厽）

微子第十七

【異文】【志疑】（《說文》："《周書》曰：'咈其耇長。'"）《說文》引《微子篇》"咈其耇長""我興受其退"，皆系《周書》；引"予顛躋"，則曰《商書》。未知孰是誤字。《洪範》一篇，商、周說異。《微子》則必是《商書》也。
（咈）

【異文】（《說文》："《周書》曰：'我興受其退。'"）《微子》文，云《周書》者，蓋許所據不系於《商書》也。亦見《口部》"咈"下。
（退）

其無津涯

【校勘】《商書·微子》曰："若涉大水，其無津。"俗本妄增"涯"字。
（津）

予顛隮

【異文】【詁訓】【正俗】（《說文》："《商書》曰：'予顛躋。'"）今《尚書》作"隮"，注家云："顛隕，隮墜。"按：升降同謂之躋，猶治亂同謂之亂。俗作"隮"。《顧命》："由賓階隮"，《毛詩》："朝隮于西""南山朝隮"，《周禮》："九曰隮"，皆訓升。《左傳》："知隮於溝壑矣"，則訓降。
（躋）

周書

泰誓下第三

共行天罰①

【音義】【異文】【詁訓】（《說文》："供……一曰供給。"）《共部》曰："龏，給也。"是龏與供音義同。《尚書》："共行天罰"，漢人引皆作"龏行天罰"，謂奉行天罰也。

（供）

牧誓第四

與受戰于牧野

【異文】【經學】（《說文》："《周書》曰：'武王與紂戰于坶野。'"②）此《書序》文也。今《書序》"紂"作"受"，"坶"作"牧"。《詩·大明》："矢于牧野"，《正義》引鄭《書序》注云："牧野，紂南郊地名。《禮記》及《詩》作'坶野'，古字耳。"此鄭所見《詩》《禮記》作"坶"，《書序》祇作"牧"也。許所據《序》則作"坶"，蓋所傳有不同。坶作坶者，字之增改也，每亦母聲也。

（坶）

時甲子昧爽王朝至于商郊

【詁訓】《牧誓》："時甲子昧爽，王朝至于商郊牧野。"言昧爽起行，朝旦至牧野。

（昧）

---

① 今本"共"作"恭"，段以"訓奉、訓待"者作"恭"爲衛包所改，見本書《爾雅》"供峙共具也"條。

② 陳本無"曰"。

秉白旄

【詁訓】【叚借】(《說文》:"《司馬灋》曰:'夏執玄戉,殷執白戚,周ナ杖黄戉,又把白髦。'"①)《周書·坶誓》作"秉白旄",此作"把白髦"者,葢《司馬法》之文有不同也。《毛詩傳》曰:"秉,把也。"《手部》曰:"把,握也。"髦者,旄之叚借字。

(戉)

逖矣西土之人

【校勘】【義例】(《說文》:"逷,古文逖。")《牧誓》:"逷矣西土之人",郭樸注《爾雅》、顏之推《觀我生賦》、李善《文選注》引《書》皆作"逷",衛包始改爲"逖"也。《左傳》古字後人多妄改,如襄十四年"豈敢離逷"用古文,僖廿八年"糾逖王慝"則用小篆,豈非改之不盡一乎?

(逖)

髳

【詁訓】《牧誓》:"庸、蜀、羌、髳、微、盧、彭、濮。"《小雅》:"如蠻如髦。"《傳》曰:"蠻,南蠻也。髦,夷髦也。"《箋》云:"髦,西夷別名。"按:《詩》"髦"即《書》"髳"。

(髳)

偫爾戈 立爾矛②

【詁訓】《坶誓》曰:"偫爾戈,立爾矛。"此謂戈柄短,矛柄長也。

(矜)

---

① 陳本"灋"作"法","ナ"作"左","又把"作"右秉"。
② 今本"偫"作"稱"。

尚桓桓

【異文】【經學】【叚借】(《說文》:"《周書》曰:'尚狟狟。'")《牧誓》文,今作"桓桓",許用孔壁中古文也。《釋訓》曰:"桓桓,威也。"《魯頌》傳曰:"桓桓,威武皃。"然則"狟狟"者,"桓桓"之叚借字。此亦以"敄"爲"好",以"莫"爲"篹",以"聖"爲"疾",以"圛"爲"繹"之例。

(狟)

洪範第六

彝倫攸斁

【叚借】【異文】【經學】(《說文》:"殬,敗也。")經假斁爲殬。《雲漢》鄭箋云:"斁,敗也。"孔穎達引《洪範》:"彝倫攸斁。"(《說文》:"《商書》曰:'彝倫攸殬。'")今作"斁"者,蓋漢人以今字改之。許所云者,壁中文也。"彝",張次立本作"夷"。

(殬)

羞用五事①

【詁訓】今文《尚書》:"次二曰:羞用五事。"羞,進也。

(羞)

農用八政

【叚借】《洪範》:"次三曰:農用八政",鄭云:"農讀爲醲",易其字也。某氏因訓農爲厚矣。

(農)

【詁訓】《鴻範》:"次三曰:農用八政。"鄭曰:"農讀爲醲。"然則凡

---

① 今本"羞"作"進"。

厚皆得爲醲也。

（醲）

思曰睿①

【詁訓】能容而後能明，古文《尚書》："思曰睿"，今文《尚書》："思心曰容"，義實相成也。……《五經文字》曰："《易》作'叡'"，是可證《尚書》作"睿"也。

（叡）

羞其行

【詁訓】（《說文》："《書》曰：'人之有能有爲，使羞其行而國其昌。'"）《鴻範》文。羞，進也。

（書曰人之有能有爲）

無偏無陂

【叚借】【辨誤】《洪範》曰："無偏無頗，遵王之義。"……古借"陂"爲"頗"，如《洪範》古本作"無偏無陂"，顏師古《匡謬正俗》、李善《文選注》所引皆作"陂"可證。迄乎天寶，乃據其時所用本作"頗"，而詔改爲"陂"，一若古無作"陂"者，不學而作聰之過也。"陂""義"古皆在歌戈部，則又不知古音之過耳。

（頗）

無有作好

【叚借】【異文】【經學】（編按：奾）古音在三部，讀如狃，好之古音讀如朽，是以《尚書》叚奾爲好也。（《說文》："《商書》曰：'無有作奾。'"）今《尚書》奾作好，此引經說叚借也。奾本訓人姓，好惡自有眞字，而壁中古文叚奾爲好，此以見古之叚借，不必本無其字，

---

① 今本"睿"作"㕮"。

是爲同聲通用之肇端矣。

（玼）

雨曰霽①

【段借】凡止曰濟，雨止則有霽字。《洪範》曰："雨曰霽"，今古文皆如是。是《尚書》用"濟"爲"霽"也。

（霽）

曰蒙

【異文】【經學】【注音】【異體】《洪範》"曰蒙"，古文《尚書》作"曰雺"，徐邈音亡鉤反。《宋世家》作"曰霧"，霧即霿，霿者，雺之小篆。

（霿）

曰驛

【校勘】【經學】【異文】【段借】（《說文》："圛，回行也……《商書》曰：'曰圛。'"②）唐衛包改爲"曰驛"，而《尚書正義》《詩·齊風》正義皆作"曰圛"，此天寶以前未改之本也。自貞觀以前，《史記·宋世家》集解云："《尚書》作'圛'。"引鄭注：'圛，色澤而光明也。'"《周禮·大卜》注引《洪範》："曰雨，曰濟，曰圛，曰蟊，曰剋。"《齊風》鄭箋云："古文《尚書》弟爲圛。"皆古文《尚書》作"圛"之明證也。"古文《尚書》弟爲圛"者，謂夏侯、歐陽作"弟"，古文《尚書》則作"圛"也。言此者，證《詩》之"弟"字亦當爲"圛"而訓明也。知今文《尚書》作"弟"者，《宋世家》作"涕"，可證也。今本《鄭箋》作"以'弟'爲'圛'"，衍一字而不可通矣。（《說文》："圛者，升雲半有半無。"③）此釋《書》"曰圛"之義，與

---

① 今本"濟"作"霽"。
② 陳本《商》作《尚》，不重"曰"。
③ 陳本無"者"。

本訓回行不同，故箸之。……"升雲半有半無"，正某氏"氣落驛不連屬"，王肅"霍驛消滅如雲陰"所本。如許說則《商書》"圛"字正"繹"之假借。

（圛）

曰貞曰悔

【異文】【古今】【經學】【辨誤】【志疑】（《說文》："卟，《易》卦之上體也。"）今《尚書》《左傳》皆作"悔"。疑卟是壁中古文，孔安國以今文讀之，易爲悔也。或曰：據許則小篆有此字。玉裁謂不然。許書以先小篆後古文爲正例，以先古文後小篆爲變例。曷爲先古文也？於其所從系之也。如敎者古文，學者小篆，敎從敎則必先之，埶然也。然則卟本古文，非小篆，因其從卜則系之《卜部》，亦埶然也。不曰篆文作悔，亦不於《心部》"悔"下列"卟"，云"古文悔"者，本非一字也。小篆無卟，而壁中古文有卟，不可以不存之於《卜部》。凡其存《尚書》古文之例如此。鄭注《尚書》云："悔之言晦，晦猶終也。"（《說文》："《商書》曰：'曰貞曰卟。'"①）按：《左傳》三引《洪範》，《說文》五引，皆云《商書》。馬、鄭本皆不如是。蓋今文《尚書》說與？許謂《堯典》《唐書》，《咎繇謨》《虞書》，《禹貢》《夏書》，皆今文說也。而三引《微子》，兩云《周書》，一云《商書》，疑"商"系"周"誤。蓋今文家以《微子》系《周書》，以《洪範》系《商書》，豈微子歸周故周之，箕子不臣故商之與？春秋時卿大夫所習《洪範》皆《商書》，則今文家說乃古說也。

（卟）

時五者來備

【異文】【經學】【叚借】古文《尚書》曰："時五者來備"，今文《尚書》作"五是來備"。李賢於李雲、荀爽傳皆引《史記》"五是來備"

---

① 陳本無首"曰"。

可證。凡《史記》多用今文《尚書》也。荀爽對策曰："五韙咸備"，韙與是義同，六書之轉注也。李雲上書曰："五氏來備"，氏與是音同在十六部，六書之叚借也。

（韙）

庶草蕃廡

【異文】（《說文》："《商書》曰：'庶艸繇鯀。'"①）今《尚書》作"蕃廡"。《晉語》："黍不爲黍，不能蕃廡"亦同。

（鯀）

【叚借】《洪範》《晉語》"蕃廡"，皆假"廡"爲"鯀"也。

（廡）

豫恒燠若

【叚借】（編按：豫）亦借爲"舒"字，如《洪範》"豫恒燠若"，即"舒恒燠若"也。

（豫）

霿恒風若②

【異文】【詁訓】【正俗】《洪範》曰："霿，恒風若"，《尚書大傳》作"瞀"，《宋世家》作"霧"，《漢書·五行志》作"霧"，《宋書》《隨書·五行志》作"瞀"。班《志》云："區霿"，服虔云："人儩瞀。"《荀卿》云："儩猶瞀儒。"他書或云："婺瞀"，或云："瞀瞀"，或云："恂愁"，《說文·子部》云："㝅瞀"，皆謂冒亂不明。其字則霿爲正字。《雨部》云："霿，晦也。"

（瞀）

---

① 陳本"鯀"作"無"。
② 今本"霿"作"蒙"。

金縢第八

有疾弗豫

【異文】【經學】（《說文》："《周書》曰：'有疾不念。'"）今本作"弗豫"，許所據者壁中古文，今本則孔安國以今文字易之也①。
（念）

我之弗辟

【經學】【異文】（《說文》："𢑚，法也。……《周書》曰：'我之不𢑚。'"②）《金縢》云："我之弗辟。"某氏云："治也。""馬、鄭音避，謂避居東都。《說文》作'𢑚'，云：'必亦反，法也。'"③……許所據，壁中古文也。蓋孔安國以今字讀之，乃易爲"辟"字。馬、鄭所注者從孔讀。"不"，今《尚書》作"弗"。
（𢑚）

公乃爲詩以貽王

【校勘】【音義】《金縢》："公乃爲詩以詒王，名之曰《鴟鴞》。"鄭曰："詒，說也。周公恐其屬黨將死，恐其刑濫，又破其家，而不敢正言，故作《鴟鴞》之詩以詒王。"按：《尚書》字本作"詒"，鄭注說當讀輸芮切，《正義》改爲怡悅字，誤矣。周公善辭以誘王，故史臣目之曰詒，此鄭意也。《穀梁傳》曰："夫請者，非可詒託而往也，必親之者也。"注："詒託，猶假寄。"《列子》："狎侮欺詒。"郭注《方言》云："汝南人呼欺亦曰詒，音殆。"
（詒）

---

① 按：《史記》亦作"不"。作"不"者，或爲漢避昭帝諱也。"我之弗辟"條同。
② 陳本"法"作"治"。段云："各本作'治也'，今依《尚書釋文》正。"
③ 許校云："'馬鄭'以下，引自《尚書釋文》……又引文中'𢑚'字，《釋文》誤刊作'壁'，段氏據盧本訂正。"

亦未敢誚公

【古今】（《說文》："誚,古文譙,从肖。《周書》曰：'亦未敢誚公。'"）漢人作"譙",壁中作"誚",實一字也。

（譙）

大誥第九

嗣無疆大歷服①

【異文】魏三體石經以鬲爲《大誥》"嗣無疆大歷服"之歷,同在十六部也。

（鬲）

越茲蠢

【異文】（《說文》："《周書》曰：'我有戬于西。'"②）《大誥》曰："有大艱于西土,西土人亦不靜,越茲蠢。"戬爲壁中古文真本,其辭不同者,蓋許櫽栝其辭如此也。

（蠢）

無毖于恤

【異文】【音義】【異體】《比部》引《周書》"無毖于卹",今《尚書》作"恤"。"恤"與"卹"音義皆同。又疑古祇有"卹","恤"其或體。

（恤）

丕丕基

【異文】古其、基通用,如《尚書》"丕丕基",伏生作"平平其"是也。

（祺）

---

① 今本"歷"作"歴"。
② 陳本"戬"作"戩"。

康誥第十一

邦康叔①

【同源】【詁訓】【辨誤】邦之言封也。古邦封通用。《書序》云："邦康叔。""邦諸矦。"《論語》云："在邦域之中。"皆封字也。《周禮》故書："乃分地邦而辨其守地。"邦謂土畍。杜子春改邦爲域，非也。
（邦）

祗遹乃文攷②

【叚借】【古今】（編按：述）古文多叚借"遹"爲之，如《書》"祗遹乃文攷"，《詩》"遹駿有聲""遹追來孝"，《釋言》《毛傳》皆曰"遹，述也"是也。孫炎曰："遹，古述字。"蓋古文多以遹爲述，故孫云爾，謂今人用述，古人用遹也。凡言古今字者視此。
（述）

罔弗憝

【異文】（《說文》："《周書》曰：'凡民罔不憝。'"③）今作"凡民自得罪，寇攘姦宄，殺越人于貨，暋不畏死，罔弗憝"。《孟子》引作"凡民罔不譈"。
（憝）

酒誥第十二

罔敢湎于酒

【經學】（《說文》："湎，湛於酒也。从水，面聲。《周書》曰：'罔敢

---

① 今本"邦"作"封"，阮校云："古本封上有邦字，山井鼎曰：'邦、封古或通用。'案：注及疏意當作'邦康叔'，'封'字衍文。"
② 今本"祗"作"祇"，"攷"作"考"。
③ 陳本"憝"作"憝"。

湎于酒。'"①）鄭注《酒誥》曰："飲酒齊色曰湎。"《大雅》："天不湎爾以酒。"《箋》云："天不同女顏色以酒。有沈湎於酒者，是乃過也。"鄭意此字从面會意，故釋云"齊色"，謂同飲者至於同色也。許則謂形聲。

（湎）

薄違農父

【異文】《酒誥》："薄韋蕽父。"馬云：韋"違行也"。據《羣經音辨》，則古文《尚書》當如是②。

（韋）

盡執拘以歸於周③

【校勘】【句讀】【詁訓】（《說文》："《周書》曰：'盡執抲。'"）今《尚書》"抲"作"拘"，字之誤也，此如許所言"苟"之字止句也，《後漢書·郡國志》"菏水"譌爲"苟水"正同。《周書》當"盡執"爲逗，下云"抲以歸於周"，謂指撝以歸於周也。

（抲）

梓材第十三

【經學】【異文】【叚借】《尚書音義》曰："梓材音子，本亦作梓。馬云：古作梓字。治木器曰梓。"《正義》曰："此古杍字，今文作梓。"按：《正義》本經作杍，《音義》本經作梓。據二家說，蓋壁中古文作杍，而馬季長易爲"梓匠"之"梓"也。如馬說，是壁中文假借"杍"爲"梓匠"字也。

（李）

---

① 陳本"湛"作"沈"。
② （北宋）賈昌朝《羣經音辨》四部叢刊續編影宋鈔本，卷二，葉十七，"韋"下注引《尚書》作"薄韋蕽父"。
③ 今本"於"作"于"。

至于屬婦

【異文】【經學】（《說文》："《周書》曰：'至于嫡婦。'"）今作"屬婦"，許所據則壁中文也。崔子玉《清河王誄》"惠於嫡孀"，亦取諸古文。

（嫡）

塗墍茨

【詁訓】【叚借】《周書·梓材》曰："既勤垣墉，惟其塗墍茨。"按：以艸蓋屋曰茨，"塗墍茨"者，涂其茨之下也。……《摽有梅》傳："墍，取也"，《假樂》傳："墍，息也"，皆叚借字。

（墍）

惟其塗丹艧

【叚借】《丹部》引《周書》"惟其斁丹艧"，此假斁爲塗也。

（斁）

【校勘】【正俗】（《說文》："《周書》曰：'惟其斁丹艧。'"）"斁"，孔穎達《正義》本作"斁"。衛包改作"塗"，俗字也。

（艧）

召誥第十四

丕能誠于小民

【異文】【詁訓】（《說文》："《周書》曰：'不能誠于小民。'"）《洛誥》文。"不"，今各本作"丕"，宋本《說文》、宋本《集韵》皆作"不"。《詩》《書》"丕"多通"不"也。"能"，鉉有，鍇無。

（誠）

畏于民嵒

【叚借】《周書·召誥》"畏于民嵒。"某氏曰:"嵒,僭也。"蓋謂"嵒"即"僭"之假借字耳。

(嵒)

雒誥第十五①

無若火始燄燄

【異文】《雒誥》曰:"無若火始燄燄。"《廣韵》曰:"燄,火初著也。"《左傳注》引《書》作"燄燄"。《漢書·梅福傳》引《書》作"庸庸"。

(燄)

乃惟孺子攽

【異文】【經學】【叚借】【詁訓】(《說文》:"《周書》曰:'乃惟孺子攽。'")今《尚書》作"頒",蓋孔安國以今文字易之。《周禮》亦作"頒"。當是攽爲正字,頒爲假借字。鄭司農云:"頒讀爲班布之班。"據許所偁古文,則當云:"頒當爲攽",不爾者,漢時攽字不行也。馬注《尚書》:"頒猶分也。"云"猶"者,頒訓大,大則必分,非可徑訓分也,故云"猶"。

(攽)

秬鬯二卣

【古今】【詁訓】【叚借】卥之隸變爲卣。《周書·雒誥》曰:"秬鬯二卣。"《大雅·江漢》曰:"秬鬯一卣。"毛云:"卣,器也。"鄭注《周禮》"廟用修"曰:"修讀曰卣。卣,中尊。凡彝爲上尊,卣爲中尊,

---

① 今本作"《洛誥》"。

甖爲下尊。中尊謂獻象之屬。"按：如許說則木實坙者其本義，叚借爲中尊字也。

(卤)

毋逸第十七①

【異文】古失、佚、逸、泆字多通用，石經今文《尚書》"毋逸"字作"劮"，則許所不取，《廣雅》錄之。

(佚)

乃逸乃諺

【校勘】（編按：諺）此與《尚書》"乃逸乃嗲"、《論語》"由也嗲"皆訓呧嗲者各字。衛包改《尚書》之"嗲"爲"諺"，大誤。

(諺)

儵張

【聯綿】【叚借】（《說文》："《周書》曰：'無或儵張爲幻。'"）《釋訓》曰："俶張，誑也。"《毛詩》作"俶張"，他書或作"侏張"，或作"輈張"，皆本無正字，以雙聲爲形容語。此儵儵張，訓誑不訓訕，是亦假借之理也。

(儵)

君奭第十八

武王惟冒

【異文】【經學】【叚借】（《說文》："《周書》曰：'武王惟瞀。'"）今《書》作"冒"，蓋古文以瞀爲冒也。

(瞀)

---

① 今本作"《無逸》"。

多方第二十

有夏之民叨懫

【校勘】【源流】（《說文》："《周書》曰：'有夏氏之民叨嚉。'"）今本無氏字，嚉作懫。按：嚉作懫者，天寶間衛包改也。《釋文》"嚉"作"懫"，宋開寶間改也。《釋文》曰："懫，勑二反。《說文》之二反。"不云"《說文》作嚉"，知其大字本不作"懫"矣。《禮記·大學》："心有所忿懥。"注云："懥，怒皃。或作懫。"按：懥、懫不見許書，衛包以意改經，非必懫即嚉也。……《釋文》云："《說文》之二反。"此《音隱》舊音也。

（嚉）

須夏之子孫①

【叚借】【異文】【詁訓】【辨誤】古多借"假"爲"暇"。《周書·多方》："天惟須夏之子孫。"鄭云："夏之言假。"《大雅·皇矣》《周頌·武》二箋皆作"須假"，而孔本作"暇"。《孫卿子》："其爲人也多假日，其出人不遠也。"賈逵《國語注》："假，閒也。"《登樓賦》："聊假日以銷憂。"李善云："假或爲暇。"引《楚辭》："聊暇日以消時。"可見古假、暇通用。假訓大，故包閒暇之義，《匡謬正俗》似未識此意。

（暇）

爾尚不忌于凶德

【異文】（《說文》："《周書》曰：'上不棊于凶德。'"）"上"，今《書》作"爾尚"二字。"棊"，今書作"忌"。按：宋本《說文》、《篇》、《韵》皆作"上不棊于凶德"。

（棊）

---

① 今本"夏"作"暇"。

立政第二十一

常伯常任

【異文】【叚借】【經學】(《說文》:"《周書》曰:'常敀常任。'")按:漢人所用皆作"常伯",今《尚書》作"伯"。許所據絕異者,壁中古文多假借字也。以敀爲伯,如《洪範》以敂爲好,《顧命》以莫爲蔑,《牧誓》以狟爲桓,皆壁中古文假借。今《尚書》作伯、好、蔑、桓者,孔安國以今文字讀古文而易之,而漢世言古文《尚書》者因之。如杜子春、鄭司農讀《周禮》故書,往往易其字,而許叔重、鄭康成多因之,其理一也。杜子春已改之《周禮》,其故書古字猶存於鄭注。孔安國已改之《尚書》,其壁中古文之字猶存於《說文》。

(敀)

在受德敃①

【異文】【經學】(《說文》:"《周書》曰:'在受德忞。'")今《尚書》作"敃"。《釋詁》:"敃,強也。"許所據古文不同。

(忞)

灼見三有俊心

【異文】(《說文》:"《周書》曰:'焯見三有俊心。'")今《尚書》作"灼"。古義"焯""灼"不同。

(焯)

克由繹之

【詁訓】《竹部》曰:"籀,讀書也。"《毛詩傳》曰:"讀,抽也。"《方言》曰:"抽,讀也。"抽即籀,籀、讀二文爲轉注。《尚書》"克由繹

---

① 今本"敃"作"啓"。

之"，由繹即籀繹也。《史記》云"紬史記石室金匱之書"，如淳云"抽徹舊書故事而次述之"，紬亦即籀字也。……凡古卜筮抽繹封爻本義而爲辭者，因以籀名之。今《左傳》作"繇"，俗作"　"，許偁則作"卜籀"。

（諷籀書九千字乃得爲史）

勿用憸人①

【叚借】【音義】（《說文》："《周書》曰：'勿以譣人。'"）按：此偁《周書》說假借也。《立政》："勿用譣人，其惟吉士"，此譣正憸之假借。《心部》曰："憸詖也，憸利於上，佞人也。"依今音訓問則魚窆切，譣人則息廉切。

（譣）

用勱相我國家

【異文】（《說文》："《周書》曰：'用勱相我邦家。'"）今《書》"邦"作"國"。

（勱）

周官第二十二

武王既伐東夷　音義：孔子曰貈之言貊貊惡也

【校勘】《尚書音義》作"貊貊"，淺人所改耳。"貈"與"惡"疊韵，貈貈，惡皃。

（貈）

---

① 今本"用"作"以"。

顧命第二十四

洮頮水

【叚借】有假洮爲濯者，如鄭注《顧命》之"洮"爲澣衣成事是也。《周禮》故書以"濯"爲"洮"，《爾雅》以"濯"爲"珧"，《史》《漢》以"輯濯"爲"楫櫂"，皆古文假借。
（濯）

憑玉几

【校勘】【叚借】（《說文》："《周書》曰：'凭玉几。'"①）今《尚書》作"憑"，衛包所改俗字也。古叚借祇作馮，凡馮依皆用之。
（凭）

在後之侗

【異文】【經學】【校勘】（《說文》："詷，共也……《周書》曰：'在后之詷。'"②）某氏《尚書》作"在後之侗"，《釋文》曰："馬本作詷，共也。"許葢用馬說。《祭統》："鋪筵設詷几"，注："詷之言同也。祭者以其妃配之，亦不特几也。"按：此經注本如是。假令經本作"同几"，又何煩以"詷"釋之哉？鄭必云"之言"者，鄭意詷本不訓同，於其疊韵訓爲同，非若馬、許徑云"共也"。引《書》"後"作"后"者，《儀禮注》引《孝經》說云："后者，後也。"
（詷）

無敢昏逾

【校勘】（《說文》："《周書》曰：'無敢昏逾。'"③）昏从民者誤。
（逾）

---

① 陳本無"曰"字。
② 陳本"后"前有"夏"字。
③ 陳本"昏"作"昬"。

敷重篾席

【經學】【詁訓】《周書》"蔑席",《茻部》曰:"纖蒻席也",馬融同。王肅曰:"纖蒻,苹席也。"某氏《尚書傳》曰:"底席,蒻苹也。"鄭注《閒傳》曰:"苄,今之蒲苹也。"《釋名》曰:"蒲苹,以蒲作之,其體平也。"苹者,席安隱之偁。此用蒲之少者爲之,較蒲席爲細。《攷工記》注曰:"今人謂蒲本在水中者爲弱。"弱即蒻,蒻必媆,故蒲子謂之蒻,非謂取水中之本爲席也。

(蒻)

【異文】【校勘】【正俗】【叚借】【經學】【詁訓】(《說文》:"《周書》曰:'布重莫席。'")今作"敷重蔑席"。"蔑",衛包又改爲"篾",俗字也。莫者,蒻之假借字也。(《說文》:"莫席,纖蒻席也。讀與蔑同。"①)"纖",各本作"織",今正。馬融云:"蔑,纖蒻。"王肅云:"蔑席,纖蒻苹席。"則許亦當作纖,纖與蔑皆細也。莫者,蔑之假借。馬、王謂底席爲青蒲席,則謂蔑席爲纖蒻席。許說當同之。《艸部》曰:"蒻,蒲子。可以爲苹席也。"蒲子,蒲之幼稚者,細於蒲,故謂之纖蒻。鄭注四席皆謂竹席,與馬、許不同。詳《尚書撰異》。莫葢壁中古文,蔑葢孔安國以今文字讀之,易爲蔑。

(莫)

筍

【古今】竹上青皮,《顧命》《禮器》《聘義》皆謂之"筍"。筍、筠古今字。

(因)

陳寶赤刀

【經學】【異文】(《說文》:"《周書》曰:'陳寀赤刀。'")葢壁中古文

---

① 陳本無"莫席","纖"作"織"。

如此，今作"寶"。

（窊）

夾兩階戺

【音義】《顧命》："夾兩階戺"，某氏云："堂廉曰戺。"《廣雅》云："戺，切也。"此因堂邊圻堮象人下頷之廣闊，故借以爲名，而讀牀史切。

（戺）

執戣

【經學】（《說文》："戣，周制：侍臣執戣，立於東垂，兵也。"①）某氏《傳》曰："戣瞿皆戟屬"，鄭云："戣瞿蓋今三鋒矛。"王肅則曰："皆平器之名。"許不言何兵，略同子雍也。

（戣）

執銳

【音義】【校勘】徒外切者，"執銳"舊音。必許云"讀若兌"，故相沿如此音也。以稅切者，訓芒之音。《尚書音義》"以稅反"，恐是李昉、陳鄂所擅改，而非陸氏本書也。

（銳）

執冒

【經學】【異文】（《說文》："《周禮》曰：'天子執瑁四寸。'……瑁，古文从冃。"②）此蓋壁中《顧命》字。

（瑁）

---

① 陳本"制"作"禮"，"垂"作"垂"。
② 陳本"瑁古文从冃"作"瑁古文省"。

率循大弁①

【詁訓】（編按：弁）其引伸之義爲法，如《顧命》"率循大弁"是也。
（覍）

君牙第二十七

股肱心膂

【辨僞】僞《君牙》襲《國語》云："股肱心膂。"此未知古文無"膂"，秦文乃有"膂"也。
（呂）

冏命第二十八

伯冏

【異文】【志疑】（《說文》："《周書》曰：'伯臩。'"）孔壁多得十六篇古文《尚書》有《冏命》。《書序》曰："穆王命伯冏爲太僕正，作《冏命》。"《周本紀》曰："穆王閔文武之道缺，乃命伯臩申誡大僕之政，作《臩命》。"葢"臩""冏"古通用也。許此引《周書》或系《書序》，或系逸《書》十六篇文，皆未可知。
（臩）

呂荆第二十九

耄荒

【異文】【志疑】（《說文》："眊……《虞書》耄字从此。"）按：《虞書》無"耄"字，僞《大禹謨》有之，非許所知也。惟《商書·微子》

---

① 今本"弁"作"卞"。

《周書·吕荆》皆有"耄"。《吕荆》"耄荒",《周禮注》引作"秏荒",《漢·荆法志》作"眊荒"。《漢書》多以眊爲耄,豈許所據《書》作眊與?

(眊)

奪攘矯虔

【校勘】(《說文》:"《周書》曰:'敓攘矯虔。'")今《尚書》作"奪",此唐天寶衛包所改。凡《尚書》之字,有古文家改壁中相沿已久者,有衛包肊改者,皆可分別考而知之,詳見《古文尚書撰異》。唐人尚用敓字,《陸宣公集》有"敓戴"是也。

(敓)

制以荆

【叚借】【異文】古多假"折"爲"制"。《吕荆》:"制以荆。"《墨子》引作"折則荆"。《魯論》:"片言可以制獄。"古作"折獄"。《羽獵賦》:"不制中以泉臺。""制"或爲"折"。又《吕荆》:"折民惟荆。"《四八目》引作"制民"。

(制)

劓刵椓黥

【校勘】(《說文》:"𠜁,去陰之荆也……《周書》曰:'刖劓𠜁黥。'"①)"刖"當作"刵"。《尚書正義》曰:"賈、馬、鄭古文《尚書》'劓刵劅剠',大小夏侯、歐陽《尚書》作'臏宮劓割頭庶剠'。"按:賈、馬、鄭皆作"刵",許必同。《釋文》及《正義》卷二皆云"劓刵",本篇《正義》作"刵劓",唐初本固不同耳。"𠜁黥",據《正義》賈、馬、鄭作"劅剠"。劅同𠜁,剠同黥。衛包因《正義》云"劅椓人陰",乃易爲"椓"字,而不知𠜁、椓字義之不同。椓,擊

---

① 陳本"荆"作"刑"。

也，去陰不可云㭓。

（斅）

网造具備

【異文】【叚借】古文《尚書》："网造具備。"《史記》"网造"一作"网遭"。"网遭""网造"即"网曹"，古字多假借也。

（曹）

惟貨惟來

【異文】【詁訓】《呂荆》"五過之疵""惟來"，馬本作"惟求"，云："有請賕也。"按：上文"惟貨"者，今之不枉法贓也；惟求者，今之枉法贓也。

（賕）

惟貌有稽

【異文】【詁訓】【經學】（《說文》："緢，氂絲也……《周書》曰：'惟緢有稽。'"①）《甫荆》文，今本"緢"作"貌"，僞《孔傳》云："惟察其貌。"按：許所據壁中文，葢謂惟豪氂是審也。

（緢）

罰百鍰

【經學】【詁訓】（《說文》："鍰，鋝也。"）鄭注《攷工記》曰："許叔重《說文解字》云：'鋝，鍰也。'今東萊謂大半兩爲鈞，十鈞爲環，環重六兩大半兩。鍰、鋝似同矣。"《周禮·職金》正義曰："夏侯、歐陽說：墨罰疑赦，其罰百率，古以六兩爲率。古《尚書》說：百鍰，鍰者，率也，一率十一銖二十五分銖之十三也。百鍰爲三斤。鄭玄以爲古之率多作鍰。"玉裁按：古文《尚書·呂荆》作"鍰"，今文《尚書》

---

① 陳本"氂"作"旄"。

作"率",亦作"選",或作"饌"。《史記·周本紀》作"率",《尚書大傳》"一饌六兩",作"饌"。《漢書·蕭望之傳》"金選之法",作"選",皆今文《尚書》也。今文謂率六兩,說古文者謂鍰六兩大半兩,許用古文說者也。百鍰爲三斤,正與十一銖二十五分銖之十三數相合。……(《說文》:"《書》曰:'罰百鍰。'"①) 東原師曰:"鍰、鋝篆體易譌。說者合爲一,恐未然也。鍰當爲十一銖二十五分銖之十三。《玫工記》作'垸',其叚借字。鋝當爲六兩大半兩。《史記》作'率',《漢書》作'選',其假借字。二十五鍰而成十二兩,三鋝而成二十兩。《呂荊》之'鍰'當爲'鋝'。《弓人》'膠三鋝'當爲'鍰'。一弓之膠三十四銖二十五分銖之十四,不得多至二十兩也。"

(鍰)

刖

【經學】【詁訓】【辨誤】古文《尚書·呂荊》說夏荊作"剕"。《周本紀》《漢·荊法志》《周禮·司荊》注引《尚書大傳》皆作"髕"。《周禮注》云:"周改髕作刖。"而《公羊疏》引鄭《駁異義》云:"皋陶改臏爲剕,《呂荊》有剕,周改剕爲刖。"與《周禮注》不合。《足部》云:"踹,跀也。""踹"即"剕"字。許謂"踹"即"跀"矣,鄭析"踹""跀"爲二,不知其制何以分別。竊謂《周禮注》爲長,《駁異義》則未定之論,許說亦非是也。"剕"惟見於《呂荊》,他經傳無言"踹"、言"剕"者。蓋"踹"者"髕"之一名。故《周禮》說周制作"刖";《呂荊》說夏制,則今文《尚書》作"臏",古文《尚書》作"剕",實一事也。周改"髕"爲"跀",即改"踹"爲"跀"也。許釋"踹"爲"跀",非。鄭云:"皋陶改髕爲踹",亦非也。"髕"作"踹",如《禹貢》"蠙"作"玭",《商書》"紂"作"受",音轉字異,非有他也。

(髕)

---

① 陳本"罰"作"列"。

文侯之命第三十

扞我于艱

【異文】(《說文》:"《周書》曰:'敽我于艱。'")今作"扞"。
(敽)

賚爾秬鬯

【異文】(《說文》:"《周書》曰:'賚尒秬鬯。'")今"尒"作"爾"。
(賚)

粊誓第三十一①

【校勘】【經學】【異文】(《說文》:"《周書》有《粊誓》。"②)《尚書·粊誓》,即今所用衛包妄改本之《費誓》也。《周禮》《禮記·曾子問》鄭注皆云:"《粊誓》。"裴駰、司馬貞注《史記》皆云:"《尚書》作'粊'。"司馬貞當開元時,衛包本猶未行,至包乃改作"費"。至宋開寶,陳諤乃將《尚書音義》之"粊"改"費",學者莫知古本矣。貞之改"粊"爲"費"也,直謂"粊"即季氏費邑。不知漢費縣故城在今兗州府費縣西北二十里,去曲阜且三百里。《粊誓》全篇乃初出師時語,未必遠在今費縣。《史記》作"《肸誓》",徐廣曰:"一作鮮,一作獮。"葢伏生作"肸"、作"鮮"、作"獮",古文作"粊",音正相近,不當從一部北聲可知。
(粊)

---

① 今本作"《費誓》"。
② 陳本"粊"作"粜",段正。

東郊不開

【異文】【古今】【校勘】《書序》："東郊不闢"，馬本作"闢"，張揖《古今字詁》云："闢、開古今字，舊讀闢爲開，非也。"詳《匡謬正俗》。自衛包徑改"闢"爲"開"，而古文之見於《尚書》者滅矣。

（闢）

敹乃甲冑

【經學】（《說文》："敹，擇也……《周書》曰：'敹乃甲冑。'"）《粊誓》某氏注："言當善簡汝甲冑"，與許說合。鄭注"敹"謂："穿徹之。"

（敹）

敿乃干

【詁訓】（《說文》："敿，繫連也……《周書》曰：'敿乃干。'"）《粊誓》某氏注云："施汝盾紛"，王云："敿盾當有紛繫持之。"鄭云："敿猶繫也。"按：鄭云"猶"者，鄭意敿是矯拂之偁，矯之而後繫之，非一事也。敿不訓繫，故云"猶"。許云"繫連"者，謂繫而連之。《秦風》："龍盾之合"，毛云："合而載之。"《左傳》："齊子淵捷從泄聲子，射之，中盾瓦，鏶胊汏輈，匕入者三寸。"詳《傳》文，盾正蔽車前，必聯合之以爲車蔽，故云"繫連"。凡字有專釋經者，"敹""敿"是也。

（敿）

我商賚女①

【音義】《漢·律曆志》云："商之爲言章也。物成孰，可章度也。"《白虎通》說商賈云："商之爲言章也。章其遠近，度其有亡，通四方之物，

---

① 今本"女"作"爾"。

故謂之商也。"按:《柴誓》:"我商賚女",徐仙民音章,此古音也。從外知內,了了章箸曰商。

(商)

峙乃糗糧

【詁訓】【音義】《柴誓》:"峙乃糗糧","峙"即"跱",變止爲山。如岐作歧,變山爲止。非真有从山之峙、从止之跂也。跱躇之跱平聲,跱具、峻跱之跱亦作跱,上聲。

(跱)

【經學】【異文】【志疑】(《說文》:"《周書》曰:'峙乃餱粻。'")今《書》作"糗糧"。據《正義》引鄭注:"糗,擣熬穀也。"與《周禮注》"糗"同,然則古文《尚書》作"糗"矣。許或兼偁歐陽、夏矦書與?

(餱)

秦誓第三十二

若弗員來①

【叚借】(編按:員)又假借爲云字。如《秦誓》"若弗員來",《鄭風》"聊樂我員",《商頌》"景員維河"。《箋》云:"員,古文云。"

(員)

未就予忌

【異文】【音義】【志疑】(《說文》:"《周書》曰:'來就惎惎。'")今《尚書》無此文,葢即《秦誓》"未就予忌"也。惎、忌音同,義相近。其餘乖異,不敢肊說。葢必有誤奪。

(惎)

---

① 今本"員"作"云",阮校云:"古本云作員,下'雖則云然'同。山井鼎曰:'《傳》文共同今本。'盧文弨云:'疏云員即云也,則本是員字。'按:《傳》以云釋員作云來,故《正義》曰:'員即云也。'衛包依之改員爲云,下文'雖則員然'同。"

截截善諞言

【經學】【異文】【詁訓】(《說文》:"譀,善言也。")古文《秦誓》"截截善諞言","諞"字下引之。今文《秦誓》"戔戔",《戈部》"戔"字下引之,釋云:"巧言也。""戔戔",《公羊傳》作"諓諓",云"惟諓諓善靖言"。劉向《九歎》、《漢書·李尋傳》亦皆作"諓諓"。王逸注《楚辭》引《尚書》"諓諓靖言"。正皆今文《尚書》也。諸家作"諓",許作"戔"者,同一今文而有異本,如同一古文而馬作"偏"、許作"諞"不同也。"戔"下既引"戔戔"矣,而"譀"下又云"善言"者,此又用王逸所據"諓諓靖言"之本也。"善言"釋"靖言"。何休曰:"靖猶撰也。"撰同譔。譔言,善言也。《廣雅·釋訓》曰:"諓諓,善也。"賈逵《外傳注》曰:"諓諓,巧言也。"韋昭注曰:"諓諓,巧辨之言。"然則此"善言",謂善爲言辭者,不同"話"下之"善言"也。

(諓)

【經學】【異文】(《說文》:"《周書》曰:'截截善諞言。'")古文《尚書·秦誓》文。

(諞)

【經學】【異文】【詁訓】古文《尚書》"截截善諞言",伏生今文作"諓諓善竫言",見《公羊傳》。王逸注《楚辭》引作"諓諓靖言"。蓋竫、靖,戔、諓古通用。"靖言",謂小人巧言。《戈部》引《周書》"戔戔巧言",亦謂《秦誓》也。《山海經·大荒東經》曰:"東海之外,大荒之中,有小人國名靖。"

(靖)

【異文】【經學】(《說文》:"戔,賊也……《周書》曰:'戔戔。'")今《書》"截截善諞言",《言部》引之,古文《尚書》也。此稱"戔戔","截截"之異文,今文《尚書》也。《春秋公羊傳》曰:"惟諓諓善竫言,俾君子易怠。"劉向《九歎》曰:"讒人諓諓,孰可愬兮?"王逸注引《書》"諓諓靖言"。《漢書·李尋傳》曰:"昔秦穆公說諓諓之言，任伇伇之勇。"譣即伇。許作"伇"爲本字，他家作"譣"，加之言旁也。(《說文》："巧言也。"①) 按：《公羊音義》引賈逵《外傳注》曰："譣譣，巧言也。"許正用待中說釋"伇伇"，與上賊義少別。此正如"圛"訓"回行"而引《洪範》"曰圛"，釋之曰"升雲半有半無也"；"坴"訓"以土增大道"，而引《堯典》"堲讒說"，釋之曰"疾惡也"，皆是一例。或本稱"伇伇諍言，又曰伇伇巧言也"，轉寫有奪文，未可定耳。

(伇)

斷斷猗無他伎

【經學】【異文】(《說文》："叴，古文斷，从叀……《周書》曰：'叴叴猗無他技。'"②) 許所據壁中古文也。

(斷)

邦之杌陧

【音義】【經學】【詁訓】【叚借】【異文】(《說文》："陧，危也。") 《秦誓》曰："邦之杌陧"，《易》作"臲卼"，許《出部》之"槷䡾，不安也"，皆字異而音義同。……(《說文》："徐巡目爲：陧，凶也。") 《後漢書·杜林傳》曰："沛南徐巡始師事衛宏，後更受林學。林於西州得桼書古文《尚書》一卷，以傳衛宏、徐巡。於是古文遂行。""陧，凶也"，此巡之說《秦誓》也。(《說文》："賈侍中說：陧，瀀度也。") 此蓋亦賈侍中說古文《秦誓》也。侍中受古文《尚書》於塗惲，撰《歐陽大小夏侯〈尚書〉古文〈尚書〉同異》，集爲三卷。陧與臬雙聲。臬者，射墰的也，有法度之意。《尚書·立政篇》臬訓法。《左傳》："陳之藝極"，藝亦臬之叚借。賈謂陧爲臬之叚借，故云："法度也"。此條可以證六書叚借。依賈說則杌陧連文，杌當同扤，訓搖動。(《說文》："班固說：不安也。") 此說"陧，不安也"恐亦說

---

① 陳本無"也"。
② 陳本"斷"作"斷"。

《尚書》語。許本之曰："危也"。(《說文》："《周書》曰：'邦之阢陧。'")上儞三家說而後儞經者，明此書爲說字之書，特儞經爲證也。阢當是轉寫之誤，當是本作"抈"，或作"兀"，未可定也。今《尚書》作"杌陧"，《周易》作"劓刖"，作"臲卼"，鄭注字作"倪仉"，許《出部》作"槷𡰪"，其文不同如此。阢者，石戴土也，非此之用。

(陧)

全經

平章　平秩

【辨誤】惠氏棟云："《尚書》平章、平秩，平字皆當作釆，與古文平相似而誤。"按：此肊測不可从。

(釆)

如台

【詁訓】《湯誓》《高宗肜日》《西伯戡黎》皆云"如台"，《殷本紀》皆作"奈何"，《釋詁》台、予同訓我。此皆以雙聲爲用，何、予、台三字雙聲也。

(台)

共　恭

【叚借】【校勘】【詁訓】《周禮》《尚書》供給、供奉字皆借共字爲之。衛包盡改《尚書》之"共"爲"恭"，非也。《釋詁》："供、峙、共，具也。"郭云："皆謂備具。"此古以共爲供之理也。《尚書》《毛詩》《史記》恭敬字皆作"恭"，不作"共"。漢石經之存者《無逸》一篇中"徽柔懿共""惟正之共"皆作"共"，"嚴恭寅畏"作"恭"，此可以知古之字例矣。《毛詩》"溫溫恭人""敬恭明祀""溫恭朝夕"皆不作"共"。"靖共爾位"《箋》云："共，具也"，則非恭字也。"虔共爾位"《箋》云:"古之恭字或作共。"云"或"則僅見之事也。《史記》恭敬字亦無作共者。

(共)

割

【叚借】【異文】【同源】《尚書》多假借"割"爲"害",古二字音同也。《釋言》舍人本"蓋"作"害",明"害"與"割"同也。鄭注《緇衣》曰:"割之言蓋也。"明"蓋"與"割"同也……按:古字亦從"匂"聲,故宋次道、王仲至家所傳古文《尚書》曰:"刉申勸寧王之德。"

(割)

贅衣①

【詁訓】《尚書》"贅衣"即綴衣也。

(箴)

假

【叚借】(編按:格)或借"假"爲之……《尚書》"格"字今文《尚書》皆作"假"是也。

(格)

寅

【叚借】凡《尚書》"寅"字皆叚"寅"爲"夤"也。

(夤)

維 惟

【義例】【異文】【經學】【辨誤】(編按:惟)經傳多用爲發語之詞,

---

① 許校云:"今《尚書》皆作'綴衣',《立政》二見,《顧命》二見。無作'贅衣'者。"

《毛詩》皆作"維"，《論語》皆作"唯"，古文《尚書》皆作"惟"，今文《尚書》皆作"維"。古文《尚書》作"惟"者，唐石經之類可證也；今文《尚書》作"維"者，漢石經殘字可證也。俗本《匡謬正俗》乃互易之，大誤。又《魯詩》作"惟"，與《毛詩》作"維"不同，亦見漢石經殘字。

（惟）

㠯相陵㦧

【佚文】【詁訓】（《說文》："《商書》曰：'㠯相陵㦧。'"）今《商書》無此文。"陵"，讀如"在上位不陵下"之"陵"。

（㦧）

欽哉

【義例】【志疑】《尚書》："欽哉"，皆令其惟恐失之也。《釋詁》曰："欽，敬也。"攷虞夏商《書》言"欽"，《周書》則言"敬"。虞夏商《書》皆欽敬錯見，上曰"欽若昊天"，下曰"敬授民時"。又"欽哉"，不曰"敬哉"，蓋"欽"與"敬"意略同而實有別也。《周書》言"敬哉"，不言"欽哉"，惟《多方》曰"有夏之民，叨懫曰欽，劓割夏邑"，《立政》"帝欽罰之"，"欽"字兩見。某氏《傳》皆訓爲敬，未知合《書》意否？

（欽）

尚書大傳

唐傳

堯典

禋于六宗

【叚借】《尚書大傳》以禋爲禋。

（禋）

虞傳

皋陶謨

拱則抱鼓①

【詁訓】【叚借】《尚書大傳》曰："拱則抱鼓。"皇侃《論語疏》曰："拱，沓手也。"九拜皆必拱手而至地，立時敬則拱手，如《檀弓》"孔子與門人立拱"，《論語》"子路拱而立"，《玉藻》"臣侍於君垂拱"是也。行而張拱曰翔，凡拱不必皆如抱鼓也。推手曰揖，則如抱鼓；拜手，則斂於抱鼓。稽首、頓首，則以其斂於抱鼓者下之。引手曰厭，則

---

① 今本"抱"作"桴"。

又較斂於拜手。凡沓手，右手在內，左手在外，是謂尚左手，男拜如是。男之吉拜如是，喪拜反是。左手在內，右手在外，是謂尚右手，女拜如是。女之吉拜如是，喪拜反是。《喪服記》："袪尺二寸。"注曰："袪，袖口也。尺二寸，足以容中人之併兩手也。吉時拱尚左手，喪時拱尚右手。"合《內則》《奔喪》《檀弓》尚左尚右之文繹之，可以知拱時沓手之宜矣。拱，古文叚借作"共"，《鄉飲酒禮》注曰："共，拱手也。"○《尚書大傳》注曰："兩手搤之曰拱"，然則"桑穀一暮大拱"，《孟子》"拱把之桐梓"皆非沓手之拱，拱之小者也。趙岐云："合兩手。"徐鍇云："兩手大指頭相拄。"

（拱）

周傳

大誓

出涘

【經學】（《說文》："《周書》曰：'王出涘。'"）《周頌·思文》箋曰："武王渡孟津，白魚躍入于舟，出涘以燎。"《正義》引《大誓》云："惟四月太子發上祭于畢，下至于孟津之上。太子發升舟，中流，白魚入于王舟。王跪取，出涘以燎之。"按：今文《尚書》、古文《尚書》皆有《大誓》，非枚頤本之《大誓》也。許引《大誓》者三，此與《手部》《攴部》也。

（涘）

師乃慆

【經學】【詁訓】【校勘】（《說文》："《周書》曰：'師乃搯。'搯者，擂兵刃目習擊刺也。"①）《尚書·大誓》文。漢《大誓》有今文、古文

---

① 陳本"擂"作"拔"，無"也"。

之別。合於伏生二十八篇者，後得之《大誓》，今文也。馬、鄭所注者，孔壁之《大誓》，古文也。《尚書大傳》："師乃慆"，鄭云："慆，喜也。"此今文《大誓》也。許所偁作"師乃搯"，此古文《大誓》也。如古文"流爲雕"，今文作"流爲鳥"之比，詳《古文尚書撰異》……（《說文》："《詩》曰：'左旋右搯。'"①）此引《詩·鄭風·清人》文爲"抽兵刃"之證也。毛曰："右抽者，抽矢以躾。"《箋》云："御者習旋車，車右抽刃。"引之證軍中有此儀。武王丙午逮師（段云："'逮'作'還'者誤。"），尚未渡孟津，故抽兵刃習擊刺。
（搯）

洪範

朔而月見東方謂之側匿　注：側匿猶縮縮

【校勘】【聯綿】《尚書·五行傳》："朔而月見東方謂之側匿，側匿則侯王其肅。"② 注云："側匿猶縮縮，行遲皃。肅，急也。君政緩則日行徐，月行疾，臣放恣也。"按：鄭注譌奪。側匿與縮朒疊韵雙聲。
（朒）

洪範五行傳

若六沴作

【詁訓】"若六沴作"，見《洪範五行傳》文。鄭曰："沴，殄也。"服虔曰："沴，害也。"司馬彪引《五行傳》說曰："氣之相傷謂之沴。"
（沴）

---

① 陳本"搯"作"搯"。段云："'搯'，各本作'搯'，自陸氏作《詩音義》時已誤，今正。"
② 此段氏歸於《洪範五行傳》，皮錫瑞歸於《洪範》。

思心之不容

【異文】《尚書大傳》："次五事曰思心，思心之不容，是謂不聖。"劉向、董仲舒、班固皆以寬釋容，與古文《尚書》作"五曰思，思曰睿"爲異本。詳予所述《尚書撰異》。

（思）

梓材

橋　梓

【詁訓】【校勘】《尚書大傳》曰："南山之南有木名橋，高高然而上，父道也。南山之陰有木名梓，晉晉然而俯，子道也。"高與橋，晉與梓，皆疊韵。"梓"字當是"櫅"字，梓從宰省聲，不與晉同韵也。

（櫅）

多士

大夫達菱士首本①

【詁訓】《尚書大傳》曰："桷，天子斲其材而礱之，加密石焉。大夫達菱，士首本，庶人到加。"鄭云："礱，礪之也。密石，砥之也。菱，棱也。"按："棱"者，謂斲其通體成棱。"首本"者，斲其首也。韋注《晉語》亦云："先粗礱之，加以密砥。"是可證厲、砥之分觕細矣。

（礱）

諸侯疏杼

【叚借】古假"杼"爲"序"，《尚書大傳》："天子賁庸，諸侯疏杼。"鄭注云："牆謂之庸，杼亦牆也。"李善《文選注》引《雒書天準聽》

---

① 今本"菱"作"棱"。

"天球河圖在東序"。

（序）

略說

湯扁

【叚借】【同源】《尚書大傳》："禹其跳，湯扁。其跳者，踦也。"鄭注云："其，發聲也。踦，步足不能相過也。扁者，枯也。"注言湯體半小扁枯。按：扁即瘺字之叚借，瘺之言偏也。

（瘺）

詩　經

國風

周南

關雎

關關雎鳩

【異體】《周南》毛傳曰："雎鳩，王雎也。鳥摯而有別。"摯本亦作鷙，古字同。

（䲹）

【詁訓】凡立乎此而交彼曰關，《毛詩傳》曰："關關，和聲也。"又曰："閒關，設鞏皃。"皆於音得義者也。

（關）

窈窕淑女

【詁訓】《周南》毛傳曰："窈窕，幽閒也。"以"幽"釋"窈"，以"閒"釋"窕"。《方言》曰："美心爲窈，美狀爲窕。"《陳風》傳又曰："窈糾，舒之姿也。舒，遲也。"

（窈）

【詁訓】《穴部》曰："窕，深肆極也。"《釋言》曰："窕，肆也"，又曰："窕，閒也。"《毛傳》曰："窈窕，幽閒也"，此以幽釋窈，以閒釋窕。

（䆗）

參差荇菜

【異文】《周南》："參差荇菜"，《毛傳》："荇，接余也。"《釋艸》"荇"作"莕"。

（莕）

【異文】【詁訓】（《說文》："《詩》曰：'槮差荇菜'是也。"①）今《詩》作"參"。許所據作"槮"，謂如木有長有短不齊也。

（槮）

輾轉反側

【校勘】展者，未轉而將轉也。陸德明云："《字林》作'輾'。"然則《周南》作"輾轉"，非古也②。

（展）

左右芼之

【詁訓】（《說文》："《詩》曰：'左右芼之。'"）《毛鄭詩考正》曰："芼，菜之烹於肉湆者也。《禮》羹、芼、菹、醢凡四物。肉謂之羹，菜謂之芼；肉謂之醢，菜謂之菹。菹、醢生爲之，是爲醢人豆實。芼則湆烹之，與羹相從，實諸鉶。《儀禮》鉶芼，牛藿，羊苦，豕薇，牲用魚，芼之以蘋藻。《內則》雉、兔皆有芼是也。孔沖遠疑四豆之實無荇，不知《詩》明言芼非菹也。"玉裁按：芼字本義是"艸覆蔓"，故從艸毛會意。因之《爾雅》曰："搴也"，毛公曰："擇也"，皆於從毛得解。搴之而擇之，而以爲菜釀，義實相成，《詩》《禮》本無不合。

（芼）

---

① 陳本無"是也"。
② 段玉裁《毛詩故訓傳定本》清皇清經解本卷一葉二定作"展轉"。

【經學】【異文】《玉篇》引《詩》："左右眱之。"按：《毛詩》作"芼"，擇也。蓋三家《詩》有作"眱"者。《廣韵》："邪視也。"（眱）

葛覃

施于中谷

【詁訓】【校勘】漢武帝詔曰："受爵賞而欲移賣者，無所流貤。"應劭訓"貤"爲移。《上林賦》說果樹曰："貤丘陵，下平原。"郭樸曰："貤，猶延也。"按：賣爵者展轉與人，蔓莚丘陵者層疊茲長，皆重次弟之意也。《毛詩》"施于中谷""施于孫子"，皆當作貤。
（貤）

【叚借】【異文】經傳叚此（編按：施）爲敇攺字。攺之形、施之本義俱廢矣。《毛傳》曰："施，移也。"此謂施即延之叚借。《大雅》："施于條枚。"《呂氏春秋》《韓詩外傳》《新序》（段云："見《黃琬傳》注。"）皆引作延。《上林賦》："貤丘陵，下平原。"司馬彪曰："貤，延也。"按："貤丘陵"與《詩》"施中谷""施條枚"同，貤亦延之叚借。
（施）

集于灌木

【校勘】【辨誤】【音義】《爾雅》："灌木，叢木也。"《毛傳》"叢木"作"冣木"。《說文》"凡"字下曰"冣楷也"，"欑"字下曰"冣也"。《史記·周本紀》"周冣"，《文選·過秦論》"周冣"，今各書此等"冣"字皆譌作"最"，讀祖會反，音義俱非。蓋《字林》固有"冣"字，音才句反，見李善《選注》。至乎南北朝，冣、最不分，是以周續之、劉昌宗、陸德明輩皆不能知《毛傳》之本作"冣木"。顧野王《玉篇·冂部》無"冣"，而《冃部》有"最"，云："齊也，聚也。"《廣韵》本《唐韵》，而《廣韵·十遇》才句一切無"冣"字，然則《唐韵》蓋亦本無"冣"字。學者知有最字，不知有冣字久矣。《玉篇》

云："最者，齊也，聚也。子會切。"是以冣之義爲最之義。而《廣韵·十四泰》云："最，極也。祖外切。"亦是冣之義誤以爲最之義也。何以言之？古凡云殿冣者，皆當作从冖字。項岱曰："殿，負也。冣，善也。"韋昭曰："第上爲冣，極下爲殿。"孫檢曰："上功曰冣，下功曰殿。"《漢書·周勃傳》曰"冣從高帝"云云，師古云："冣，凡也。摠言其攻戰克獲之數。"又《衛青霍去病傳》曰"冣大將軍青凡七出"云云，文法正同，此皆與冣目之冣同。又《周勃傳》曰："攻槐里好畤，冣。"又曰："擊趙賁内史保於咸陽，冣。"又曰："攻上邽，東守嶢關，擊項籍，攻曲遇，冣。"《樊噲傳》曰："攻趙賁，下郿、槐里、柳中、咸陽；灌廢丘，冣。"此皆殿冣之冣。張晏曰："冣，功第一也。"如淳曰："於將帥之中功爲冣也。"此正如《葬書》所言："凡山顛可葬者名上聚之穴。"《漢蔡湛碑》："三載勳冣"，其字正作"冣"。以許君訓積求之，積則必有其高處。今人最美、最惡之云，讀祖會切，葢於形於音皆失之。古必作冣，讀才句切。

（冣）

是刈是濩

【叚借】或假"濩"爲"鑊"，如《詩》"是刈是濩"是也。

（濩）

言告言歸　　毛傳：婦人謂嫁曰歸

【義例】【校勘】古言謂則不言曰，如《毛傳》"婦人謂嫁歸"是也。

（爨）

害澣害否　　毛傳：曷何也

【叚借】【校勘】《詩》《書》多假害爲曷，故《周南》毛傳曰："害，何也。"俗本改爲"曷，何也"，非是。今人分別害去、曷入，古無去、入之分也。

（害）

歸寧父母

【異文】【校勘】【詁訓】（《說文》："晏,安也……《詩》曰：'目晏父母。'"）今《毛詩》無此,蓋《周南》"歸寧父母"之異文也。《毛傳》曰："寧,安也。"尋《詩》上文"言告言歸","歸"謂嫁也。方嫁不當遽圖歸寧,則此"歸"字作"以"字爲善,謂可用以安父母之心。《草蟲》："未見君子,憂心沖沖",《箋》云："在塗而憂,憂不當君子,無以寧父母,故心衝衝然。"《葛覃》"曷澣曷否"二句,《箋》云："言常自絜清,以事君子。"正謂能事君子,則能寧父母心,二《箋》義互相足也。

（晏）

卷耳

不盈頃筐

【詁訓】凡小不平曰匡剌,革其匡剌亦曰匡也。《詩》有"頃匡"①,謂匡之半淺半深不平者,故謂之頃,所謂匡剌也。"匡剌"見《攷工記》注。

（匡）

寘彼周行

【譌字】許有寘無實,實者寘之誤。凡"寘彼周行""寘諸河之干"皆當作"寘"。

（㞢）

陟彼崔嵬

【詁訓】【經學】（《說文》："嵬,山石崔嵬,高而不平也。"②）《周南》：

---

① 《說文》匡、筐同字,首出匡,或从竹,段蓋以"匡"爲正。
② 陳本"山石崔嵬,高而不平也"但作"高不平也"。段云："各本作'高不平也'四字,今依《南都賦》李注訂。"

"陟彼崔嵬。"《釋山》曰："石戴土謂之崔嵬。"《毛傳》曰："崔嵬，土山之戴石者。"說似互異，依許云"高不平"，則《毛傳》是矣。惟"土山戴石"，故"高而不平"也。"岨"下云："石山戴土。"亦與毛同。

（嵬）

【經學】"嵬"下曰："山石崔嵬，高而不平也。"亦即《毛傳》之"土山戴石曰崔嵬"也。

（崔）

我馬虺隤

【校勘】（《說文》："頹，禿皃。"）《周南》曰："我馬虺頹。"《釋詁》及《毛傳》曰："虺頹，病也。"禿者，病之狀也。此與《𠂤部》之"隤"迥別。今《毛詩》作"隤"，誤字也。

（頹）

我姑酌彼金罍

【異文】【經學】【叚借】【志疑】（《說文》："《詩》曰：'我𠬪酌彼金罍。'"）今《毛詩》作"姑酌"。《左傳》曰："姑，且也。"許所據者，《毛詩》古本。今作"姑"者，後人以今字易之也。如《尚書》壁中古文本作"無有作政"，本作"黎民俎飢"之類。𠬪者，姑之假借字。如政、俎者，好、阻之假借字。《玉篇》曰："𠬪，今作沽。"引《論語》："求善價而𠬪諸。"未審其所本之《論語》。

（𠬪）

【經學】《五經異義》："《韓詩》說：金罍，大器也。天子以玉，諸侯、大夫以金，士以梓。古《毛詩》說：金罍，酒器也。諸臣之所酢。人君以黃金飾，尊大一碩，金飾龜目，蓋刻爲雲罍之象。許君曰：謹案，《韓詩》說天子以玉，經無明文，謂之罍者，取象雲罍博施，故從人君下及諸臣同。"按：《異義》從古毛說，《說文》同也。故云："龜目酒尊，刻本爲雲罍象。"

（櫑）

【叚借】姑之字叚爲語詞,《卷耳》傳曰:"姑,且也。"
(姑)

維以不永傷

【叚借】(《說文》:"惕,愳也。")《周南·卷耳》傳曰:"傷,思也。"此傷即惕之叚借,思與憂義相近也。《方言》"傷",《廣雅》作"惕"。
(傷)

陟彼碴矣①

【異文】【詁訓】【經學】(《說文》:"岨,石戴土也……《詩》曰:'陟彼岨矣。'")《周南·卷耳》曰:"陟彼碴矣。"本亦作"砠"。《釋山》曰:"石戴土謂之崔嵬,土戴石爲岨。"《毛傳》云:"崔嵬,土山之戴石者。""石山戴土曰砠。"二文互異而義則一。戴者,增益也。《釋山》謂用石戴於土上,毛謂土而戴之以石。《釋山》謂用土戴於石上,毛謂石而戴之以土。以《絲衣》"戴弁"例之,則毛之立文爲善矣。石在上則高不平,故曰崔嵬;土在上則雨水沮洳,故曰岨。許於"嵬"下同毛,此"岨"下亦同毛也。《詩》《爾雅》作"砠",許作"岨",主謂山,故字從山。重土,故不從石。
(岨)

云何吁矣

【校勘】【詁訓】《毛詩·卷耳》曰:"盱,憂也。"《何人斯》《都人士》皆無《傳》,然則三詩皆作"盱",訓憂。今《卷耳》作"吁",誤也。《鄭箋》盱爲病,又憂之引伸之義。
(盱)

【叚借】【志疑】【校勘】(《說文》:"忓,愳也。")《卷耳》:"云何吁矣。"《傳》曰:"吁,愳也。"此謂吁即忓之叚借也。《于部》曰:"吁,

---

① 今本"碴"作"砠"。

驚詞也"，本義不訓憂。《何人斯》曰："云何其盱。"《都人士》曰："云何盱矣。"盱亦忓之叚借，毛無《傳》，疑《卷耳》本亦作盱也。盱，張目也。《釋詁》："盱，憂也。"盱本或作忓。

（忓）

樛木

南有樛木

【詁訓】【異體】《釋木》曰："下句曰朻。""南有樛木"《毛傳》曰："木下曲曰樛。"下曲即下句也。樛即朻也，一字而形聲不同。許則從丩聲者，容許當日《毛詩》亦作朻也。《玉篇》分引《詩》《爾雅》而云二同，甚爲明晢。

（朻）

葛藟縈之

【異文】（《說文》："《詩》曰：'葛藟鎣之。'"）今《詩》作"縈"，陸德明作"罃"。

（鎣）

螽斯

螽斯羽

【詁訓】【聯綿】《周南》傳曰："斯螽，蚣蝑也。"《豳風》傳曰："螽斯，蚣蝑也。"《釋蟲》曰："蜤螽，蚣蝑。"舍人曰："今所謂春黍也。"《方言》曰："春黍謂之蚣蝑。"《詩》斯螽即螽斯，《爾雅》蜤即斯。蚣蝑、春黍皆雙聲，蚣春、蝑黍又疊韵。陸璣《疏》曰："幽州人謂之春箕，蝗類也。"

（蚣）

詵詵兮

【叚借】【異文】【經學】【詁訓】(《說文》："《詩》曰：'螽斯羽，詵詵兮。'") 此引《周南》說假借也。毛曰："詵詵，衆多也。"按：以"衆多"釋"詵詵"，謂即"莘莘"之假借。陸氏《詩音義》云："詵詵，《說文》作莘。"陸所據《多部》有"莘"字，引《詩》"螽斯羽，莘莘兮"，蓋三家《詩》。此引《毛詩》。或作駪駪、莘莘、侁侁，皆同。

(詵)

桃夭

桃之夭夭

【異文】【經學】(《說文》："《詩》曰：'桃之枖枖。'")《木部》已偁"桃之杸杸"矣，此作"枖枖"，蓋三家《詩》也。

(枖)

灼灼其華

【叚借】凡訓灼爲明者，皆由經傳叚灼爲焯。《桃夭》傳曰："灼灼，華之盛也。"謂灼爲焯之叚借字也。《周書》："焯見三有俊心。"今本作"灼見"。

(灼)

有蕡其實

【叚借】"有蕡其實"，特假借爲墳大字耳。

(蕡)

兔罝

公侯干城

【古今】【叚借】（《說文》："戟，止也。"）戟、扞古今字，扞行而戟廢矣。《毛詩傳》曰："干，扞也。"謂干爲扞之假借，實則干爲戟之假借也。《手部》曰："扞，忮也。"

（戟）

【叚借】《毛詩·兔罝》《采芑》傳云："干，扞也"，謂干爲扞之叚借，干非不可去聲。

（戟）

施于中林

【詁訓】《詩》之"中林"，林中也。

（庭）

苤苢①

薄言捋之

【詁訓】【辨誤】寽與捋各字。捋，毛曰"取也"，許曰"取易也"；寽，許曰"五指寽也"。凡今俗用五指持物引取之曰寽。《廣韵》曰"今寽禾是"是也。《苤苢》："薄言捋之"，說者謂"取其子"。假令謂取其子，則當作"寽"。

（寽）

【詁訓】【辨誤】（《說文》："捋，取易也。"）按：捋與寽二篆義別。寽見《受部》，云："五指寽也。""五指寽"者，如用指取禾采之穀是也。捋則訓"取易"而義不同。《詩》："薄言捋之""捋采其劉"，

---

① 今本"苢"作"苜"。

《傳》曰："捋，取也"，此捋之本義也。若董逌《詩詁》曰："以指歷取也"，朱子《詩集傳》曰："捋，取其子也"，此於今之俗語求其義，而不知今之俗，許書自有本字。凡訓詁之宜審慎如此。

（捋）

漢廣

江之永矣

【叚借】《韓詩》"江之漾矣"，以爲"羕"之假借。

（漾）

【經學】【異文】【叚借】【校勘】（《說文》："《詩》曰：'江之羕矣。'"）《毛詩》作"永"，《韓詩》作"羕"，古音同也。《文選·登樓賦》："川既漾而濟深。"李注引《韓詩》："江之漾矣。"薛君曰："漾，長也。"漾乃羕之譌字①。

（羕）

不可方思

【詁訓】【校勘】《周南》："不可方思"，《邶風》："方之舟之"，《釋言》及《毛傳》皆曰："方，泭也。"今《爾雅》改"方"爲"舫"，非其義矣。併船者，並兩船爲一。《釋水》曰："大夫方舟"，謂併兩船也。泭者，編木以爲渡，與併船異事。何以毛公釋"方"，不曰"併船"而曰"泭"也？曰"併船""編木"，其用略同，故俱得名方。方舟爲大夫之禮，《詩》所言不必大夫，則釋以泭可矣。

（方）

言刈其蔞

【詁訓】【句讀】《召南》"言刈其蔞"，陸璣云："蔞，蔞蒿也。"《爾雅》：

---

① 按：安大簡《詩經》作"江之羕矣"，同於《韓詩》，同於許慎"羕"篆下所引。見黃德寬、徐在國主編《安徽大學藏戰國竹簡（一）》，上海：中西書局，2019年，第12-13頁。

"購，蔽蔞。"郭云："蔞蒿也。江東用羹魚。"《楚辭》曰："吳酸苦蔞。"按：蔞蒿，俗語耳，古衹呼蔞。《釋艸》古讀或於"購蔽"句絕。

（蔞）

言秣其駒

【校勘】【辨誤】【詁訓】《漢廣》："言秣其馬""言秣其駒"，《傳》曰："六尺以上爲馬，五尺以上爲駒。"按：此駒字《釋文》不爲音。《陳風》："乘我乘駒"，《傳》曰："大夫乘駒。"《箋》云："馬六尺以下曰駒。"此駒字《釋文》作驕，引沈重云："或作駒，後人改之。《皇皇者華》篇內同。"①《小雅》："我馬維駒。"《釋文》云："本亦作驕。"據《陳風》《小雅》則知《周南》本亦作驕也。蓋六尺以下五尺以上謂之驕，與駒義迥別。三詩義皆當作驕，而俗人多改駒者，以駒與蔞、株、濡、諏爲韵，驕則非韵。抑知驕其本字音在二部，於四部合韵，不必易字就韵而乖義乎？陸氏於三詩無定說，彼此互異，由不知古義也。毛云："大夫乘驕"，以此推之，當是天子乘龍，諸侯乘騋，卿乘馬。（《說文》："《詩》曰：'我馬維驕。'"）《皇皇者華》二章也。可以此訂《周南》譌字。

（驕）

汝墳

遵彼汝墳

【叚借】許釋"墳"爲"墓"，然則"汝墳"乃叚借字也。

（坋）

---

① 按：《釋文》卷六頁二"乘驕"條："音駒。沈云：或作駒字，是後人改之，《皇皇者華》篇內同。""是後人改之，《皇皇者華》篇內同"似是陸語，尤其是陸氏音"駒"，不僅是注音，且是在校字，陸氏的意思是以"駒"爲正。同卷葉九《皇皇者華》"維駒"條，陸氏云："音俱，本亦作驕。"亦是以"駒"爲正。因此，段氏批評"陸氏於三詩無定說，彼此互異，由不知古義也"不能成立，因爲陸氏三處都以"駒"爲正。

【叚借】"遵彼汝墳",借"墳"爲"坋"。

（墳）

惄如輖飢①

【叚借】《毛詩》叚"輖"爲"朝"。《周南》："惄如輖飢。"《傳》云："輖,朝也。"此謂叚借也。

（朝）

【叚借】（《說文》："《詩》曰：'惄如輖飢。'"②）《毛傳》曰："輖,朝也。"謂輖即朝之叚借字也。

（惄）

【經學】【異文】【詁訓】《毛詩》："惄如輖飢",《韓詩》作"愵如"。《方言》："愵,憂也。自關而西秦晉之閒或曰惄。"蓋古惄、愵通用。

（愵）

伐其條肄

【叚借】【異體】《周南》傳曰："肄,餘也。斬而復生曰肄。"按：肄者,欁之假借字也。韋昭曰："以株生曰欁。"《方言》："烈,栙餘也。陳鄭之閒曰栙,晉衞之閒曰烈,秦晉之閒曰肄,或曰烈。"栙者亦欁之異文。

（欁）

魴魚赬尾③

【校勘】【詁訓】《周南》曰："魴魚赬尾。"《釋魚》曰："魴,魾。"《傳》曰："魚勞則尾赤。"按：此《傳》當有"魴魚也"三字,以魴勞赤尾興如燬,非謂魴必赬尾也。《左傳》："如魚竀尾,衡流而方羊",亦謂其困頓。

（魴）

---

① 今本"輖"作"調",《釋文》云："調,張留反,又作輖,音同。"
② 陳本"輖"作"朝"。段云："'輖',各本作'朝',誤。今依李仁甫本訂。"
③ 今本"赬"作"頳"。

王室如燬

【異文】【音義】【辨誤】(《說文》:"《詩》曰:'王室如焜。'")今《詩》作"燬"。《毛傳》:"燬,火也。"按:《爾雅》亦作"毀"。《釋言》曰:"燬,火也。"《詩釋文》曰:"燬,音毀,齊人謂火曰燬。郭樸又音貨。《字書》作焜,《說文》同,一音火尾反。"夫曰:燬《說文》作焜,則《說文》之有"焜"無"燬"可知矣。曰:焜一音火尾反,則焜本音燬可知矣。《方言》曰:"煤,火也。楚轉語也,猶齊言焜也。""燬""焜"實一字。《方言》齊曰焜,即《爾雅》郭注之齊曰燬也。俗乃強分爲二字二音,且肛造齊人曰燬,吳人曰焜之語,又於《說文》別增"燬"篆,陸德明所據不如此①。

(焜)

麟之趾

麟之趾

【經學】【古今】【義例】許書無趾字,止即趾也。《詩》:"麟之止",《易》:"賁其止""壯于前止",《士昏禮》:"北止",注曰:"止,足也。古文止爲趾。"許同鄭從今文,故不錄趾字。如從今文名,不錄古文銘也。或疑銘、趾當爲今文,名、止當爲古文。周尚文,自有委曲煩重之字不合於倉頡者。故名、止者,古文也;銘、趾者,後出之古文也。古文《禮》、今文《禮》者,猶言古本、今本也。古本出於周,從後出之古文。今本行於漢,轉從冣初之古文。猶絭楷之體,時或有捨小篆用古籀體者也。

(止)

---

① 按:其說似可商。陸云"《說文》同",指《說文》引《詩》"王室如焜"作"焜",似不能證明陸所見《說文》無"燬"字。

麟之定

【叚借】【異文】【詁訓】頂之假借字作定。《詩·周南》："麟之定"，《釋言》《毛傳》皆曰："定，題也。"《毛傳》一本作"顛也"，亦與《爾雅》無不合。葢禽獸橫生，以領爲頂，故《秦風》"白顛"，《傳》曰"旳顙"，亦以"顙"釋"顛"。

（頂）

召南

鵲巢

維鳩方之

【叚借】（編按：方）又假借爲甫。《召南》："維鳩方之。"毛曰："方之，方有之也。""方有之"猶"甫有之"也。

（方）

采蘩

于以采蘩　毛傳：皤蒿也

【詁訓】《召南》傳曰："皤蒿也"，皤亦白也。

（蘩）

于沼于沚

【詁訓】（《說文》："沚，小渚曰沚……《詩》曰：'于沼于沚。'"）《召南》傳曰："沚，渚也。"此渾言之；《秦風》傳、《爾雅·釋水》曰："小渚曰沚。"此析言之也。

（沚）

被之僮僮

【叚借】【詁訓】【經學】（《說文》："髲，益髮也。"①）各本作"鬄也"二字，今正。《庸風》正義引《說文》云："髲，益髮也。言人髮少，聚他人髮益之。"下十字古注語。"髲"字不見於經傳，假"被"字爲之。《召南》："被之僮僮。"《傳》曰："被，首飾也。"《箋》云："禮，主婦髲鬄。"《少牢饋食禮》："主婦被錫。"注曰："被錫讀爲髲鬄。古者或髡賤者、刑者之髮，以髲婦人之紒爲飾，因名髲鬄焉，《周禮》所謂次也。"按：如鄭說，則《詩》《禮》之"被"皆即"髲"也。以"鬄"爲"髲"，即是以"鬄"爲"髲"。許云"益髮"，不謂"爲禮服"。鄭說不同者，髲本髮少裨益之名，因用爲禮服之名。《庸風》："不屑髢也。"自謂髮鬄，不假益髮爲髻，要燕居則繼笄總而已。禮服笄總之後，必分別加副編次於上爲飾，副編次皆假他髮爲之也。《周禮·追師》之"次"，《禮經》曰"髲鬄"，《詩》曰"被"。

（髲）

【校勘】【經學】【辨誤】【音義】【詁訓】【正俗】【異文】【義例】此篆（編按：指鬄）今經典不見，而《五經文字》曰："鬄，聽亦反，見《詩風》注。"所云"《詩風》注"謂《采蘩》箋也。今《箋》云："《禮記》：'主婦髲髢。'""髢"《釋文》作"鬄"。張參所見作"鬄"爲是。蓋鄭既注《禮》，乃箋《詩》，自用其《禮經注》之說也。《少牢饋食禮》曰："主婦被錫。"注云："被錫讀爲髲鬄。古者或髡賤者、刑者之髮，以髲婦人之紒爲飾。因名'髲鬄'焉。《周禮》所謂'次'也。"《周禮·追師》注引《少牢饋食禮》"主婦髲鬄"與《詩箋》皆自用其改易之字，而俗人多識鬄，少識鬄，且誤認爲一字。於是二《禮》及《詩》注皆改"鬄"爲"鬄"，爲"髢"。夫鬄、髢同字，訓髲。髲者，"益髮也"，今俗所謂頭髮也；鬄者，"髲髮也"。然則鄭云：鬄髮"以髲婦人之紒"，即"鬄髮以髲婦人之紒"也。倘經云："髲

---

① 陳本"益髮"但作"鬄"。

鬢"，直重字而已，於義安乎？推詳《召南》正義，孔沖遠所見《禮注》《詩箋》不誤，而顏師古《毛詩定本》誤也。若《毛詩音義》云："鬢本亦作髢，徒帝反，劉昌宗吐歷反，沈湯帝反"，夫徒帝爲鬢之反語，吐歷、湯帝二反則爲鬀之反語，《詩音義》之云劉昌宗吐歷反，即《少牢》音義之云劉土歷反也。蓋陸氏於鬢、鬀未辨，亦溷爲一字，致後來之誤。鬀字見他書者，《大玄·增》："次八：兼貝以役，往益來鬀。"《釋文》云："鬀，以刀出髮也。"《司馬遷傳》："鬀毛髮，嬰金鐵受辱。"師古鬀音吐計反。《文選》作"剔毛髮"。《韓非》曰："嬰兒不剔首則腹痛。"《莊子·馬蹄》："燒之剔之。"剔皆鬀之省也。至若由鬀之本義而引伸之則爲解散。《士喪禮》："特豚四鬀。"注曰："鬀，解也。今文鬀爲剔。"《禮經》此"鬀"，《周禮》《禮記》作"肆"，皆託歷反，本非"鬢"字也。而今之《禮經》作"鬢"，則亦譌字而已矣。○或問：《大雅·皇矣》"攘之剔之"何謂也？曰：《釋文》云："字或作鬢。"《詩》本作"鬀"，譌之則爲"鬢"，俗之則爲"剔"，非古有"剔"字也。又《周頌》"狄彼東南"，《釋文》云："狄，《韓詩》作鬢，除也。""鬢"亦"鬀"之譌。《鄭箋》云："狄當作剔。"用韓說也。《抑》："用逷蠻方。"《箋》云："當作剔。"蓋鄭不廢"剔"字。……漢時有"剔"字，許不錄者，《禮》古文作"鬀"，今文作"剔"，許於此字從古文，故不取今文也。凡許於《禮經》依古文則遺今文，依今文則遺古文，猶鄭依古文則存今文於注，依今文則存古文於注也。剔者，鬀之省俗。據《莊子音義》，呂忱乃錄剔於《字林》，云："剃也。"然則呂謂即俗鬀甚明。今人好用剔字，以之當《手部》他歷切之摘字，蓋非古矣。

（鬀）

草蟲

亦既覯止

【詁訓】【經學】【校勘】《召南·草蟲》曰："亦既見止，亦既覯止。"

《傳》曰："覯，遇也。"此謂覯同遘。《鄭箋》云："既覯謂已昏也。"引《易》"男女覯精，萬物化生"。鄭意以"覯"即"見"，無俟重言，毛云"遇也"，實含會合之義，故引而伸之。必俟脫纓燭出，昏禮既成，乃自信可以寧父母心。此申毛非異毛也。鄭所據《易》作"覯精"，今皆作"構"，蓋失之矣。

（覯）

我心則降

【叚借】【音義】《釋詁》曰："降，落也。"古多叚降爲夅。《夂部》曰："夅，服也"，此今人讀下江切之正字。《詩·召南》："我心則降"，《毛傳》曰："降，下也。"《春秋經》："郕降于齊師"，何注曰："降者，自伏之文。"又："齊人降鄣"，《穀梁傳》曰："降猶下也。"皆夅之叚借字也。分爲平去韵而昧其原委矣。以地言曰降，故从自；以人言曰夅，故从夊牛相承。

（降）

采蘋

于彼行潦

【詁訓】【辨誤】《召南》："于彼行潦。"《傳》曰："行潦，流潦也。"按：《傳》以"流"釋"行"。服注《左傳》乃云"道路之水"。趙注《孟子》乃云"道旁流潦"，以"道"釋"行"，似非。潦水流而聚焉，故曰"行潦"，不必在道旁也。

（潦）

維筐及筥

【校勘】《召南》傳："方曰筐，圓曰筥。""筥"當作"䈰"。

（䈰）

于以湘之

【異文】【音義】【叚借】鬺亦作鬻,亦作鬵。《韓詩》:"于以鬺之,惟錡及釜。"《封禪書》:"禹收九牧之金,鑄九鼎,皆嘗亨鬺上帝鬼神","亨鬺"《郊祀志》作"鬺亨"。亨,許兩切,謂熹而獻之上帝鬼神也。《毛詩》假"湘"爲之,毛曰:"湘,烹也。"

(鬺)

【叚借】《詩·召南》"于以湘之",(編按:湘)假借爲"鬺"字。

(湘)

維錡及釜

【詁訓】(《說文》:"江淮之閒謂釜錡。"①)《召南》:"維錡及釜",《傳》曰:"錡,釜屬,有足曰錡。"《方言》曰:"鍑,江淮陳楚之閒謂之錡。"郭云:"或曰三腳金也,音技。"按:《詩》《左傳》皆錡金並言,然則本以有足別於釜,而江淮語同之耳。

(錡)

有齊季女

【異文】【經學】【詁訓】《玉篇》引《詩》"有齋季女",引《說文》"材也"。按:《毛詩》作"齊",敬也。顧氏或取諸三家《詩》,取人材整齊之意。

(齋)

甘棠

蔽芾甘棠

【詁訓】【志疑】【聯綿】《召南》:"蔽芾甘棠",毛云:"蔽芾,小

---

① 陳本"錡"上有"曰"。

皃。"此小艸皃之引伸也。按：《爾雅·釋言》："芾，小也。"《卷阿》毛傳云："茀，小也。"芾、茀同字。《說文》有茀無芾。《甘棠》本作"茀"，或本作"市"，不可知。蔽芾疊韵，猶潷泼、渾沸。

（蔽）

勿翦勿伐

【叚借】【正俗】"前"古假借作"翦"，《召南》毛傳曰"翦，去也"是也。《禮經》"蚤揃"，假借"揃"爲之，又或爲"鬋"。今字作"剪"，俗。

（剃）

召伯所茇

【經學】【古今】【叚借】（《說文》："废，舍也……《詩》曰：'召伯所废。'"）《詩·召南·甘棠》曰："召伯所茇。"《傳》曰："茇，草舍也。"《周禮·大司馬》："中夏教茇舍。"注云："茇讀如萊沛之沛。茇舍，草止之也。軍有草止之法。"按：許書《艸部》："茇，艸根也。"此"废"訓"舍也"，與毛、鄭說異。以其字从"艸"、从"广"別之耳。同音，故義相因，"茇""废"實古今字也。《毛傳》又云："草行曰跋。""跋"即"茇"之假借字。……此（編按：《說文》作"废"）蓋用三家《詩》字作"废"，故與毛作"茇"訓"草舍"異。

（废）

行露

何以速我獄

【詁訓】（《說文》："确，磬也。"①）《召南》傳曰："獄，埆也。"謂堅剛相訟。其（編按：指"确"）引伸之義也。

（确）

---

① 陳本"磬"後有"石"字。

【詁訓】《召南》傳曰："獄，埆也。""埆"同"确"，堅剛相持之意。

(獄)

羔羊

羔羊之皮　羔羊之革　羔羊之縫

【詁訓】《詩》曰："羔羊之皮，素絲五紽。"皮言其表也。"羔羊之革，素絲五緎。"革言其裹也。"羔羊之縫，素絲五總。"合言其表裏也。其裏之所用未詳。

(羴)

委蛇委蛇

【聯綿】十六、十七部合音冣近，故（編按：委）讀於詭切也，《詩》之"委蛇"，即委隨，皆疊韵也。

(委)

【古今】【校勘】蹤古字祇作從，《羔羊》傳曰："委蛇委蛇，行可從迹也"，《君子偕老》傳曰："委委，行可委曲從迹也。"俗變爲"蹤"，再變爲"踪"，固不若用許書"䢻"字矣。

(䢻)

素絲五緎

【異文】(《說文》："䋪，羔裘之縫也。")《召南》："羔羊之革，素絲五緎。"《傳》曰："革猶皮也。緎，縫也。"許所據《詩》作"䋪"。

(䋪)

素絲五總

【音義】椶與《召南》之總音義略同。毛曰："總，數也。"數讀數罟之數。

(椶)

【志疑】按：《羔羊》："素絲五總"，《傳》曰："總，數也"，豈即縱與？

（縱）

摽有梅

摽有梅

【詁訓】【叚借】【校勘】【正俗】【經學】【異文】毛曰："摽，落也。"按：摽，擊也。《毛詩》摽字正叉之假借。《孟子》："野有餓莩"，趙曰："餓死者曰莩。《詩》云：'莩有梅。'莩，零落也。"丁公箸云："'莩有梅'，《韓詩》也。"《食貨志》："野有餓芰。"鄭氏芰音"藨有梅"之藨。《孟子》作"莩"者，芰之字誤。《漢志》作"芰"者，又叉之俗字。《韓詩》作"叉"是正字，《毛詩》作"摽"是假借字。鄭德作"藨"，亦假借也。《鄭風》："風其漂女"，毛曰："漂猶吹也。"毛意漂亦叉之假借。

（叉）

【叚借】《召南》毛傳："盛極則隋落者梅也"，又叚隋爲隓。

（隓）

小星

維參與昴

【古今】【同源】【音義】【辨誤】《召南》傳曰："昴，留也。"古謂之昴，漢人謂之留。故《天官書》言昴，《律書》直言留，毛以漢人語釋古語也。《元命包》云："昴六星。昴之言留，物成就繫留。"此昴亦評留之義也。……丣古音讀如某，丣古文酉字，字別而音同在三部。雖同在三部，而不同紐。是以丣聲之劉、留、聊、柳、珋、騮、鰡、茆、窌爲一紐，卯聲之昴爲一紐。古今音讀皆有分別。丣聲之不讀莫飽切，猶卯聲之不讀力九切也。惠氏棟因《毛傳》之語，謂昴必當从丣，其說似是而非。王氏鳴盛《尚書後案》襲之，非也。

（昂）

【詁訓】《召南》傳曰："參，伐也。"漢人參伐統評伐，故毛以伐釋參。

（參）

抱衾與裯

【叚借】【詁訓】《召南》："抱衾與裯"，《傳》："禪被也。"《箋》云："裯，牀帳也。"按：鄭謂裯爲幬之叚借也，不言禪者，統辭也。

（幬）

江有汜

江有汜

【異文】【經學】【叚借】（《說文》："㳽，㳽水也……《詩》曰：'江有㳽。'"①）此蓋三家《詩》。下文引"江有汜"，則《毛詩》也。云"汜水別復入水也"而證以"江有汜"，此言轉注也。云㳽水名，而證以"江有㳽"，此言假借也。引《書》作"敃""莫席"皆此例。

（㳽）

【詁訓】《召南》傳曰："決復入水也。"謂既決而復入之水也。自其水出而不復入者，《釋水》"自河出爲灉"已下是也。決而復入者，汜是也。《釋名》曰："汜，已也。如出有所爲，畢已而復入也。"按：古以無已釋已，如祀之解曰"祭無已"是也，故汜之字從已。

（汜）

不我以

【義例】【校勘】【詁訓】【經學】（《說文》："㚁，《詩》曰：'不㚁不來。'"）《毛詩》無此語。《釋訓》曰："不㚁，不來也。"《爾雅》多

---

① 陳本不重"㳽"。

釋《詩》《書》，蓋《江有汜》之詩"不我以"，古作"不我秡"。秡者，來之也。不我秡者，不來我也。許蓋兼偁《詩》《爾雅》。當云："《詩》曰：'不我秡。'不秡，不來也。"轉寫譌奪，不可讀耳。秡與以不同者，蓋許兼偁三家《詩》也。

（秡）

其嘯也歌

【異文】（《說文》："《詩》曰：'其歗也謌。'"）今《召南》"其嘯也歌"。《小雅·白華》："歗歌傷懷"，本亦作"嘯"。

（歗）

野有死麕

林有樸樕

【詁訓】【校勘】【正俗】【異文】《召南》："林有樸樕"，毛曰："樸樕，小木也。"《釋木》云："樕樸，心。"樕樸即《詩》之樸樕。俗書立心多同小，又艸書心似小，《毛傳》《說文》當本作"心木"，譌為"小木"耳。《詩正義》云："某氏曰樸樕，斛樕也。有心能溼，江河閒以作柱。"孫炎曰："樸樕一名心。"……斛俗作槲，槲樕，櫟之類。樸，《爾雅音義》作"樸"。《廣韻》曰："杺，木名。其心黃。"杺即《爾雅》心字。

（樕）

舒而脫脫兮

【叚借】【詁訓】《召南》："舒而脫脫兮。"《傳》曰："脫脫，舒皃。"按：脫蓋即娧之叚借，此謂舒徐之好也。

（娧）

何彼襛矣

何彼襛矣

【經學】【異文】【正俗】【同源】【校勘】（《說文》："襛，衣厚皃……《詩》曰：'何彼襛矣。'"）《召南》曰："何彼襛矣。"《唐棣之華》傳曰："襛猶戎戎也。"按：《韓詩》作"茙茙"，即"戎戎"之俗字耳。戎取同聲得其義。……《詩》俗本作"穠"，誤。

（襛）

騶虞

彼茁者葭

【校勘】（《說文》："茁，艸初生地皃……《詩》曰：'彼茁者葭。'"①）毛曰："茁，出也。"按："也"當爲"皃"之譌。

（茁）

壹發五豝

【異文】（《說文》："《詩》曰：'一發五豝。'"）今《詩》"一"作"壹"。

（豝）

于嗟乎騶虞

【經學】（《說文》："虞，騶虞也。白虎黑文，尾長於身。仁獸也。食自死之肉。"②）《毛傳》曰："騶虞，義獸也。白虎黑文，不食生物，有至信之德則應之。"許云"仁獸"，不同者，毛用古《左氏》修母致子之說，許不從也。哀十四年《左傳》服虔注云："視明禮修而麟至，思

---

① 陳本"生"後有"出"。
② 陳本無後"也"。

睿信立白虎擾，言從義成則神龜在沼，聽聰知止而名山出龍，貌恭禮仁則鳳皇來儀。"此以昭九年《左傳》云"水官不修則龍不至"故也。毛云："麟，信而應禮。"又云："騶虞，義而應信。"又云："鳳皇，靈鳥仁瑞也。"正用古說。許不從古說，故麟、騶虞皆謂之仁獸，鳳謂之神鳥。騶虞之仁何也？以其不食生物，食自死之肉也。……（《說文》："《詩》曰：'于嗟乎騶虞。'"）《五經異義》："今《詩》韓、魯說：'騶虞，天子掌鳥獸官。'古《詩》毛說：'騶虞，義獸。白虎異文，食自死之肉，不食生物。人君有至信之德則應之。'《周南》終《麟止》，《召南》終《騶虞》，俱稱'嗟'歎之，皆獸名。謹按：古《山海經》《鄒書》云騶虞獸，說與《毛詩》同。"按：許說《詩》從毛，作《說文》則於從毛之中，不從其"義獸應信"之說也。《鄒書》葢謂《鄒子書》。

（虞）

邶風

邶庸衛誑[①]

邶庸衛

【地理】《詩誑》曰："邶庸衛者，商紂畿內方十里之地。武王伐紂，以其京師封紂子武庚爲殷後，三分其地置三監，使管叔、蔡叔、霍叔尹而教之。自紂城而北謂之邶，南謂之庸，東謂之衛。後三監導武庚叛，成王殺武庚，伐三監，更於此三國建諸矦。封康叔於衛，使爲之長，後世子孫稍并彼二國，混而名之，從其國本而異之，爲邶庸衛之詩焉。"故邶城在今河南衛輝府府東北。《通典》曰："故庸城在新鄉縣縣西南三十二里。"

（邶）

[①] 今本"誑"作"譜"，"庸"作"鄘"，下同。

柏舟

汎彼柏舟　亦汎其流

【詁訓】【校勘】《邶風》曰："汎彼柏舟，亦汎其流。"上汎謂汎汎，浮皃也；下汎當作泛，浮也。汎、泛古同音，而字有區別如此。《左傳·僖十三年》："汎舟之役。"亦當作泛。

（泛）

耿耿不寐

【同源】耳箸於頰曰耿，耿之言黏也，黏於頰也。《邶風》："耿耿不寐"，《傳》曰："耿耿猶儆儆也。"憂之聯綴於心，取義於此。

（耿）

如有隱憂

【叚借】【詁訓】（《說文》："慇，痛也。"）《柏舟》："耿耿不寐，如有隱憂。"《傳》曰："隱，痛也。"此謂"隱"即"慇"之叚借，"痛憂"猶重憂也。《桑柔》："憂心慇慇。"《釋訓》："慇慇，憂也。"謂憂之切者也。凡經傳隱訓痛者，皆《柏舟》詩之例。

（慇）

微我無酒

【叚借】《邶風》："微我無酒"，又假微爲非。

（微）

以敖以游①

【詁訓】【叚借】《邶風》曰："以敖以游。"敖、游同義也。經傳假借

---

① 今本"游"作"遊"。

爲倨傲字。

(敖)

【叚借】游本旗游字，假借爲出游字。《詩·邶風》曰："以敖以游。"

(敖)

不可選也

【詁訓】《邶風》："不可選也"，毛曰："物有其容，不可數也。"《小雅》："選徒嚻嚻"，毛云："維數車徒者爲有聲也。"數與擇義通，選與算音同。《周禮注》曰："算車徒謂數擇之也。"

(選)

【叚借】古假"選"爲"算"，如《邶風》"不可選也"，《車攻·序》"因田獵而選車徒"，"選"皆訓數是也。又假"撰"爲"算"，如《大司馬》："羣吏撰車徒"，鄭曰："'撰'讀曰'算'，謂數擇之也"是也。

(算)

寤辟有摽

【異文】【叚借】（《說文》："《詩》曰：'晤辟有摽。'"）今《詩》作"寤"。此篇云："耿耿不寐"，云："我心匪石"，云："如匪澣衣"，則當作"寤"，訓覺。"晤"，其叚借之字也。

(晤)

燕燕

頡之頏之

【校勘】【詁訓】《邶風》曰："燕燕于飛，頡之頏之。"《毛傳》曰："飛而上曰頡，飛而下曰頏。"解者不得其說。玉裁謂：當作"飛而下曰頡，飛而上曰頏"，轉寫互譌久矣。頡與頁同音，頁古文䭫，飛而下如䭫首然，故曰"頡之"，古本當作"頁之"。頏即亢字，亢之引申爲高也，故曰"頏之"，古本當作"亢之"。於音尋義，斷無"飛而下曰頏"者。若楊雄《甘泉賦》："柴虒參差，魚頡而鳥胻。"李善曰："頡胻，猶頡頏也。"師古曰："頡胻，上下也。"皆以《毛詩》"頡頏"爲訓。魚潛淵，鳥戾天，亦可證頡下頏上矣。俗本《漢書》"胻"譌從目作"眑"，《集韵》入諸《唐韵》，謂即燕燕之頏字，俗字之不可問有如此者。楊雄《解嘲》："鄒衍以頡亢而取世資"，《漢書》作"亢"，《文選》作"頏"，正亢、頏同字之證。《頁部》曰："頡者，直項也。"亢者，人頸。然則"頡亢"正謂直項。《淮南·修務訓》："王公大人有嚴志頡頏之行者，無不憚悇癢心而悅其色矣"，此正用直項之訓。《解嘲》之"頡亢"，亦正謂鄒衍强項傲物而世猶師資之也，亢用字之本義。《東方朔畫贊》云："苟出不可以直道也，故頡頏以傲世"，亦取直項之義。

（亢）

仲氏任只

【經學】《邶風》傳："任，大也"，即《釋詁》之"壬，大也"。

（任）

其心塞淵

【校勘】【詁訓】【異文】【正俗】《邶風》："其心塞淵。"《毛傳》："塞，瘞也。"崔《集注》本作"實也"。今以許書繩之，作"實"爲是矣。《詩》"秉心塞淵""王猷允塞"皆同。《鄭箋》云："塞，充實也。"今文《尚書》："文塞晏晏。"鄭注《考靈耀》云："道德純備謂之塞。"道德純備，充實之意也。《皋繇謨》："剛而塞"，《夏本紀》作"剛而實"。按：《玨部》曰："寋，窒也。"《穴部》曰："窒，寋也。""寔，寋也。""寋"廢而俗多用"塞"。塞，隔也，非其義也。至若《燕燕》《定之方中》《堯典》《皋繇謨》諸"塞"字又皆當作"寋"。即曰叚借，亦當叚寋，而不當叚塞也。

（寋）

以勖寡人①

【音義】【經學】【異文】《邶風》："以勖寡人"，《傳》曰："勖，勉也。"《方言》："釗、薄，勉也。秦晉曰釗，或曰薄，南楚之外曰薄努。自關而東，周鄭之閒曰勔釗，齊魯曰勖。"按：勖古讀如茂，與懋音義皆同。故《般庚》"懋建大命""予其懋簡相爾"，今文《尚書》懋皆作勖，見《隸釋》石經殘碑。《心部》曰："懋，勉也。"

（勖）

日月

下土是冒

【叚借】《邶風》："下土是冒"，《傳》曰："冒，覆也。"此假"冒"爲"冃"也。

（冒）

報我不述

【叚借】述或叚借術爲之，如《詩》"報我不述"本作"術"是也。

（述）

終風

終風且暴②

【異文】【經學】（《說文》："瀑，疾雨也……《詩》曰：'終風且瀑。'"③）《毛詩》："終風且暴"，《傳》曰："暴，疾也"，即指風言。許所據葢三家《詩》。

（瀑）

---

① 今本"勖"作"勗"。
② 今本"暴"作"暴"。
③ 陳本"瀑"作"瀑"。

願言則嚔

【異文】【叚借】【校勘】【辨誤】【經學】(《說文》:"嚔,悟解气也。")《詩》:"願言則疐",《毛傳》云:"疐,跲也。"《釋文》"疐"作"疌","跲"作"劫",自是古字通叚。觀《狼跋》傳"疐,跲也",而其"疐"本又作"疌"可證。崔靈恩《集注》乃改"劫"爲"欼",訓以今俗人體倦則伸,志倦則欼,音丘據反。是蓋以附合許之嚔解,而不知許自解嚔,非解毛之疐也。改疐爲嚔,自鄭君始。許在鄭前,安得從鄭易毛?各本有"《詩》曰'願言則嚔'"六字,休寧汪氏龍以爲後人妄增者,是也,今刪。學者可以知毛、許於《詩》本無欼說。唐石經作"嚔"者,乃從鄭,非從毛。

(嚔)

【經學】【詁訓】《詩》:"願言則疐",《傳》曰:"疐,劫也。"孫毓同。崔靈恩《集注》云:"毛訓疐爲欼,今俗人云欠欠欼欼是也,不作劫字。人體倦則伸,志倦則欼。"玉裁謂:許說多宗毛,許釋"嚔"爲"悟解气",蓋用毛說也。欼音邱據切。欠欼,古有此語,今俗曰呵欠。

(欠)

曀曀其陰

【異文】【詁訓】(《說文》:"壒,天仌塵起也。《詩》曰:'壒壒其陰。'"①)今《詩》"壒"作"曀",《毛傳》曰:"如常陰曀曀然。"許所據作"壒",其訓曰"天陰塵"。蓋《雨部》所云:"天气下,地不應,曰霿。"霿,晦也。

(壒)

擊鼓

擊鼓其鏜

【異文】【叚借】(《說文》:"鏜,鼓聲也……《詩》曰:'擊鼓其

---

① 陳本"仌"作"陰","塵"作"塵",無"起"。

鏧。'") 今《詩》作"鏜"。《金部》曰："鏜，鼓鐘聲也。" 鼓鐘謂擊鐘也。字从金，故曰鐘聲。於鼓言鏜爲假借。按：今《金部》"鏜"下作"鐘鼓之聲"，蓋誤倒。

（鏧）

【志疑】【叚借】（《說文》："鏜，鐘鼓之聲也⋯⋯《詩》曰：'擊鼓其鏜。'"①）《鼓部》曰："鏧，鼓聲也。" 引《詩》"擊鼓其鏧"，爲其字之从鼓也。此引《詩》"擊鼓其鏜"，蓋有韓、毛之異與？《邶風》傳曰："鏜，擊鼓聲也。" 許以其从金，故先之以鐘曰"鐘鼓之聲"。相如賦作"閶鞈"，《司馬法》曰："鼓聲不過閶"，皆叚借字。

（鏜）

死生契闊

【叚借】（編按：契）又叚爲挈字，如"死生契闊"，《傳》曰："契闊，勤苦也。" 又"契契寤嘆"，《傳》曰："契契，憂苦也。" 皆取提挈勤苦之意也。

（契）

【音義】（《說文》："㓞，難也。"）《大東》傳曰："契契，憂苦也"，《擊鼓》傳曰："契闊，勤苦也。" 按：契與㓞音近，《廣韻》㓞音契。

（㓞）

于嗟洵兮

【經學】【異文】【叚借】《韓詩》："于嗟夐兮"，云："遠也。"《毛詩》作"洵"，異部假借字。

（夐）

凱風

凱風自南

【正俗】《詩》又作"凱"，俗字也。《邶風》傳曰："凱風謂之南風，

---

① 陳本無"也"。

樂夏之長養。""凱"亦訓樂，即"愷"字也。
（愷）

睍睆黃鳥

【經學】【異文】【志疑】【詁訓】《邶風》："睍睆黃鳥"，毛曰："睍睆，好皃。"《韓詩》有"簡簡黃鳥"，疑毛作"睍睍"，韓作"簡簡"。睆，《說文》無，《詩》《禮記》有。《詩》古本又多作"皖"，《杕杜》傳云："實皃。"《大東》傳云："明星皃。"《檀弓》注云："刮節目。"又許注《淮南》曰："睆謂目內白翳也。"大徐謂睆爲或睅字。
（睍）

雄雉

展矣君子

【叚借】《毛傳》曰："展，誠也。"《方言》曰："展，信也。"此因展與真音近假借。
（展）

匏有苦葉

匏有苦葉

【詁訓】《邶風》傳曰："匏謂之瓠。"謂異名同實也。
（匏）

深則厲

【叚借】【異文】【經學】【校勘】【志疑】【辨誤】（《說文》："砅，履石渡水也……《詩》曰：'深則砅。'"）此稱《邶風》言假借也。《毛詩》曰："深則厲。"《釋水》曰："以衣涉水爲厲。"又曰："繇帶以上爲厲。"此並存二說也。《毛傳》依之。《定本》改云："以衣涉水爲厲，謂由帶以上也"，合爲一說，繆矣。履石渡水，乃水之至淺，尚無待於揭衣者，其與"深則厲"絕然二事明矣。厲、砅二字同音，故《詩》容有作"砅"者，許稱以明假借。如《尚書》以"作敄"爲"作好"，以"莫席"爲"蔑席"之比。《經典釋文》引《韓詩》"至心曰厲"，《玉篇》作"水深至心曰砅"，至心即由帶以上之說也。蓋《韓詩》作"深則砅"，許稱之與？戴先生乃以橋梁說砅。如其說，許當徑云石梁，不當云"履石渡水"矣。《詩》言"深則厲，淺則揭"，喻因時之宜。倘深待石梁，則有不能渡者矣。《禹貢》"厲砥"，玄應引作"砅砥"；僞《說命》"用汝作厲"，宋庠《國語補音》引《詩》作"砅"。《汗簡》云："砅，古文礪。"此可見古假砅爲厲，非一處矣。（砅）

有鷕雉鳴

【詁訓】【校勘】（《說文》："鷕，雌雉鳴也……《詩》曰：'有鷕雉鳴。'"）《邶風》："有鷕雉鳴"，又云："雉鳴求其牡。"毛曰："鷕，雌雉聲也。"此望文爲義。……《釋文》引《說文》"以水反"，《字林》"于水反"，皆古音也。其云"以小反"者，字之譌，亦聲之譌也。（鷕）

濟盈不濡軌

【詁訓】【校勘】軌之名謂輿之下隓方空處，《老子》所謂"當其無，有車之用"也。高誘注《呂氏春秋》曰："网輪之間曰軌。"毛公《匏有苦葉》傳曰："由輈以下曰軌。"合此二語，知軌所在矣。上距輿，下距地，网旁距輪，此之謂軌。毛云："由輈以下"，則輿下之輈，軌也；輈下之軸，軌也。虛空之處未至於地皆軌也。"濡軌"者，水濡輪間空虛之處，而至於軸，而至於輈，則必入輿矣。故濟盈斷無有濟濡軌之水者，禮義之大防也。毛何以不言网輪之間，而言"由輈以下"乎？曰：网輪之間，自廣陿言之。凡言度涂以軌者，必以之。由輈以下，自高庫言之。《詩》言"濡軌"，《晏子》言"其深滅軌"，以之。《中庸》

"車同軌"，兼廣陿高庳言之。徹廣六尺，軹崇三尺三寸，天下同之，同於天子所制之度也。《穀梁傳》"車軌塵"，即《曲禮》之"驅塵不出軌"，謂其塵之高廣一如軌之高廣而不過也。《車人》："徹廣六尺"，自其裏言之。《匠人》注"徹廣八尺"，自其表言之；曰"由輈以下曰軌"，曰"兩輪之閒曰軌"，自其裏言之；《少儀》"祭左右軌"，《史記》"車不得方軌"，自其表言之。自軌徹之說不明，訓之以地上之迹，迹非不名軌徹也，而迹豈軌徹也？《邶詩》不能通，乃以"軓"字易"軌"字。而《毛傳》"由輈以下"復改作"由輈以上"，郢書燕說，沈錮千年矣。許云："車徹"，固已了然，如後人之憒憒，則許當云："軌，車轍也"，"轍，車迹也"已矣。故大史公言"好學深思"，不若卜子言"近思"。

（軌）

旭日始旦

【詁訓】【音義】【校勘】《邶風》："旭日始旦"，《傳》曰："旭者，日始出，謂大昕之時。"旭與曉雙聲。……《音義》云："許玉反，徐又許九反。"是徐讀如"朽"，"朽"即"好"之古音。"朽"之入聲爲許玉反。三讀皆於九聲得之，不知何時"許九"誤爲"許元"，《集韵》《類篇》皆云"許元切，徐邈讀"。今之《音義》又改"元"爲"袁"，使學者求其說而斷不能得矣。

（旭）

迨冰未泮

【叚借】《詩》："迨冰未泮"，《傳》云："泮，散也。"此假"泮"爲"判"也。

（泮）

谷風

采葑采菲

【句讀】【聯綿】【志疑】【音義】《邶風》："采葑采菲"，《毛傳》曰："葑，須也。"《釋艸》曰："須（段云：逗。），葑蓯。"《說文》曰："葑，須從也。"三家互異而皆不誤。葑須爲雙聲，葑從爲疊韵，單評之爲葑，絫評之爲葑從；單評之爲須，絫評之爲須從：語言之不同也。或許所據《爾雅》與今本異矣。《坊記》注云："葑，蔓菁也。陳宋之閒謂之葑。"《方言》云："蘴蕘，蕪菁也。陳楚之郊謂之蘴。"郭注："蘴，舊音蜂。今江東音嵩，字作菘也。"玉裁按：蘴、菘皆即葑字，音讀稍異耳。須從正切菘字。陸佃、嚴粲、羅願皆言在南爲菘，在北爲蕪菁、蔓菁。若菰葑讀去聲，別是一物。

（葑）

湜湜其沚

【異文】【經學】【校勘】【詁訓】（《說文》："湜，水清見底也。"①）《邶風》曰："涇以渭濁，湜湜其止。"毛云："涇渭相入而清濁異。"按：毛本作"止"，鄭乃作"沚"。毛意涇以入渭而形己濁，且以己形渭之湜湜然清澂，喻君子以新昏而不潔己，且以己而益見新昏之可安。止者，水之澂定也。鄭易"止"爲"沚"，云："小渚曰沚。湜湜，持正皃。喻君子得新昏，故謂己惡。己之持正守初，如沚然不動搖。"是其訓"湜"字，比傅"是"字之解爲之，非水清見底之謂矣。……（《說文》："《詩》曰：'湜湜其止。'"）古今各本及《玉篇》《集韵》《類篇》皆作"止"，《毛詩》舊文也。《傳》於《蒹葭》云："小渚曰沚"，於此無文，可以證矣。《鄭箋》當有"止讀爲沚"之文，淺人刪之，而竝改經文。

（湜）

---

① 陳本"見底"作"底見"。

毋發我笱

【詁訓】【古今】《邶風》毛傳曰："笱所以捕魚也。"《周禮·敵人》："掌以時籔爲梁。"大鄭云："梁，水偃。偃水而爲關空，以笱承其空。"偃、堰，空、孔皆古今字。魚梁皆石絕水。笱，曲竹爲之，以承孔，使魚入其中不得去者。若以薄爲梁，以笱承之，則謂之寡婦之笱。

（笱）

方之舟之

【詁訓】《邶風》："方之舟之。"《傳》曰："舟，船也。"古人言舟，漢人言船，毛以今語釋古，故云舟即今之船也。不傳於《柏舟》而傳於此者，以見方之爲泭而非船也。

（舟）

不我能慉

【校勘】【叚借】【異文】（《說文》："慉，起也。"）《邶風·谷風》傳曰："慉，興也。"起與興義同，今本《傳》作"養"者，非也。《小雅·蓼莪》箋云："畜，起也。"此謂"拊我畜我"之畜，乃慉之叚借……（《說文》："《詩》曰：'能不我慉。'"）許所據如此，與"能不我知""能不我甲"句法同也。能讀爲而。

（慉）

賈用不售

【校勘】物價之"讎"，後人妄易其字作"售"，讀承臭切，竟以改易《毛詩》"賈用不讎"，此惡俗不可從也。

（讎）

旄丘

狐裘蒙戎

【異文】《韓詩》："何彼茂矣"，《左氏傳》："狐裘尨茸"，即《詩》之"狐裘蒙戎"。

（茸）

流離之子

【詁訓】【校勘】【辨誤】《邶風》："瑣兮尾兮，畱離之子。"毛云："畱離，鳥也。少好長醜。"《釋鳥》曰："鳥少美長醜爲鶹鷅。"鶹與畱，鷅與離皆同也。《詩》字本作"畱"，《爾雅注》及《音義》可證。《詩音義》則淺人改易之。按：此《詩》以少好長醜比衞臣始有小善，終無成功。《陸疏》乃謂："流離，梟也。其子長大，還食其母。"絶非《爾雅》、毛、鄭、許諸君意也。

（鷅）

簡兮

執轡如組

【詁訓】《詩》曰："執轡如組"，《傳》曰："組，織組也。執轡如組，御衆有文章，言能制衆。動於近，成於遠也。"按：《詩》意非謂如組之柔，謂如織組之經緯成文，御衆縷而不亂，自始至終秩然，能御衆者如之也。織成之後所用韍佩之系，其大者也。

（組）

赫如渥赭

【詁訓】【校勘】【經學】【異文】【音義】《邶風》"赫如渥赭"即《秦風》之"顔如渥丹"，故《箋》訓赭爲丹。古《秦風》，毛亦作"渥赭",是以《韓詩》作"泏",泏與赭音義皆同也。
(赭)

泉水

毖彼泉水

【異文】【叚借】【經學】【辨誤】(《說文》:"《詩》云:'泌彼泉水。'") 今《詩》作"毖",泌之假借也。《釋文》云:"《韓詩》作祕,《說文》作瑟。"陸氏此語盍誤,鉉本作"泌",乃古本也。
(瑟)

【叚借】(《說文》:"泌,俠流也。")《邶風》:"毖彼泉水。"毛曰:"泉水始出,毖然流也。""毖"即"泌"之假借字。
(泌)

聊與之謀

【叚借】《詩·泉水》傳云:"聊,願也。"箋云:"聊,且略之辭也。"《方言》曰:"俚,聊也。"《戰國策》:"民無所聊。"此等義相近,皆叚聊爲憀也。憀者,憀賴也。
(聊)

北門

終窶且貧①

【詁訓】【經學】(《說文》:"窶,無禮凥也。")《邶風》:"終窶且貧。"《傳》曰:"窶者,無禮也。貧者,困於財。"《箋》云:"君於己祿薄,終不足以爲禮,又近困於財。"按:無禮因於祿薄,故《釋言》云:"窶,貧也。"然《倉頡篇》云:"無財曰貧,無財備禮曰窶。"則

---

① 今本"窶"作"寠"。

貧、窶有別。《小雅》云："佌佌彼有屋，蔌蔌方有穀。"《箋》云："小人富而窶陋將貴也。"然則有富而窶陋者矣。許從毛。

（窶）

室人交徧摧我

【校勘】【經學】（《說文》："催，相擣也……《詩》曰：'室人交徧催我。'"）猶相迫也。《邶風‧北門》曰："室人交徧摧我。"《傳》曰："摧，沮也。"《音義》曰："摧或作催。"據許則"催"是也。不從《傳》者，《傳》取沮壞之義，與摧訓擠、訓折義同，蓋當時字作催，而毛釋爲摧之假借，許則釋其本義也。

（催）

【詁訓】《詩》："室人交徧摧我"，《傳》曰："摧，沮也。"此折之義也。

（摧）

北風

其虛其邪

【詁訓】（編按：虛）引伸爲空虛，《邶風》："其虛其邪。"毛曰："虛，虛也。"是其義也。謂此"虛"字，乃虛中之虛也。

（盅）

【詁訓】【義例】《邶風》："其虛其邪。"毛曰："虛，虛也。"謂此虛字乃謂空虛，非丘虛也。一字有數義數音，則訓詁有此例。如許書"巳、巳也。"謂此辰巳之字，其義爲巳甚也。

（虛）

靜女

靜女其姝

【叚借】【異文】（《說文》："《詩》曰：'靜女其袾。'"）所引《詩》則假"袾"爲"姝"也。……今《詩》"袾"作"姝"。《女部》引《詩》作"㛛"。

（袾）

【異文】【志疑】（《說文》："《詩》曰：'靜女其㛛。'"）今《毛詩》作"姝"，《傳》云："姝，美色也。"豈許所見《毛詩》異與？抑取諸三家與？

（㛛）

愛而不見

【校勘】【詁訓】（《說文》："《詩》曰：'僾而不見。'"）今《詩》作"愛"，非古也。"僾而"猶"隱然"，《離騷》之"薆然"也。

（僾）

搔首踟躕

【聯綿】（《說文》："跱，躇也。"）《足部》曰："躇者，跱躇不前也。"跱躇爲雙聲字。此以躇釋跱者，雙聲互訓也。《心部》曰"懤箸"，《足部》曰"躑躅"，《毛詩》曰"踟躕"，《廣雅》曰"蹢躅""跱跦"，皆雙聲疊韵而同義。

（跱）

彤管有煒

【詁訓】《詩·靜女》："彤管有煒。"《傳》曰："煒，赤皃。"此毛就"彤"訓之，盛明之一耑也。《王莽傳》："青煒登平，赤煒頌平，白煒象平,玄煒和平。"服虔曰:"煒,音暉。"如淳曰:"青煒,青氣之光輝也。"

(煒)

新臺

新臺有泚

【經學】【異文】【詁訓】(《說文》:"《詩》曰:'新臺有玭。'")今本作"泚"。《韓詩》作"漼",云:"鮮兒",即今璀璨字也。

(玭)

【叚借】今《詩》"新臺有泚",毛曰:"泚,鮮明貌。"此假"泚"爲"玭"也。

(泚)

河水瀰瀰

【異文】【校勘】《邶風》曰:"河水瀰瀰。"毛云:"瀰瀰,盛兒。"《玉篇》曰:"洋亦瀰字。"按:盧氏文弨曰:《漢·地理志》:《邶》詩云"河水洋洋",字从芈姓爲聲,謂《新臺》也。俗譌爲"洋洋"。師古謂《邶》無此句。

(瀰)

燕婉之求

【經學】【異文】【詁訓】《毛詩》"燕婉之求",《傳》曰:"燕,安。婉,順也。"《韓詩》作"嬿婉"。"嬿婉,好兒。"見《西京賦》注。

(嬿)

【異文】【志疑】(《說文》:"《詩》曰:'曣婉之求。'")今《詩》作"燕婉",毛曰:"燕,安也。婉,順也。"許所據作"曣"。豈毛謂曣爲晏之假借,後人轉寫改爲燕與?抑三家《詩》有作曣者與?

(曣)

新臺有洒

【叚借】古有假洒爲峻陒之峻者，如《詩》"新臺有洒"，《爾雅》"望厓洒而高，岸。夷上洒下，漘"，毛詩："洒，高峻也。"
（洒）

【叚借】【詁訓】【辨誤】陒古叚借洒字爲之。《邶風》曰："新臺有洒"，《傳》曰："洒，高峻也。"峻即陒之同音通用。《傳》意謂經之洒即陒之叚借也。西聲、夋聲古音同在十三部。《釋丘》曰："望厓洒而高，岸；夷上洒下，漘。""洒而高"，謂體斗直而頂高出也；"夷上洒下"，謂頂平不高出而體亦斗直也。李巡注甚明了，而郭樸說誤。
（陒）

河水浼浼

【叚借】"河水浼浼"，見《邶風》。浼之本義訓污，《邶風》之"浼浼"，即"䁝䁝"之假借。免聲古讀如門，與䁝音近。《毛傳》曰："浼浼，平地也。"即䁝䁝之義也。
（䁝）

【詁訓】【異文】【校勘】【叚借】（《說文》："污也……《詩》曰：'河水浼浼。'"）《毛傳》曰："浼浼，平地也。"按：浼浼與亹亹同，如"亹亹文王"，即勉勉文王也。《文選·吳都賦》："清流亹亹。"李注引《韓詩》："亹亹，水流進皃。"此必《毛詩》"浼浼"之異文。今李注奪一"亹"字，非。許引此《詩》者，言假借之義也。
（浼）

籧篨不殄

【經學】【異文】【叚借】《邶風》："籧篨不殄"，《傳》曰："殄，絕也。"此盡義之引伸也。《箋》云："殄當作腆。腆，善也。"按：古文假殄爲腆。《儀禮注》云"腆，古文作殄"是也。
（殄）

得此戚施

【異文】（《說文》："《詩》曰：'得此醜鼃。'"）今《詩》作"戚施"，《毛傳》曰："戚施，不能仰者。"《釋言》曰："戚施，面柔也。"
（鼃）

二子乘舟

願言思子

【詁訓】【同源】《邶風》："願言思子，中心養養。"《傳》曰："願，每也。"此"每"如《春秋外傳》"懷私爲每懷"、賈誼賦"品庶每生"之"每"。按：《毛詩》"願"字首見於《終風》"願言則嚔"而無《傳》，則毛意謂與今人語同耳。《釋詁》曰："願，思也。"《方言》曰："願，欲思也。"《邶風》鄭箋曰："願，念也。"皆與今語合。《丂部》曰："寧，願䛐也。"《用部》曰："甯，所願也。"《心部》曰："懋，肎也。"凡言願者，蓋寧、甯、懋三字語聲之轉，自《詩》所用已如是，而《二子乘舟》語意尤深，故《傳》別言之，實非異也。
（願）

鄘風

【古今】【校勘】今字"庸"行而"鄘"廢。於《詩·風》之邶、庸作"鄘"，皆非也。
（鄘）

柏舟

髧彼兩髦

【經學】【詁訓】【叚借】【異文】（《說文》："髳，髮至眉也。……

《詩》曰：'紞彼兩髢。'"）《庸風》："髢彼兩髦。"《傳》曰："髦，兩髦之皃。髦者，髮至眉。子事父母之飾。"許所本也。《內則》"拂髦"，注云："髦用髮爲之，象幼時鬌，其制未聞。"《既夕禮》曰："既殯，主人脫髦"，注云："兒生三月，翦髮爲鬌。男角女羈，否則男左女右。長大猶爲之飾，存之，謂之髦，所以順父母幼小之心。至此屍柩不見，喪無飾，可以去之。髦之形象未聞。"《玉藻》"親沒不髦"，注云："去爲子之飾。"按：鄭既言鬌之用而云"其制未聞"者，謂其狀不可詳也。毛云："髮至眉"，蓋以髮兩縂下垂至眉，像嬰兒夾囟之角髮下垂，父母在不失其嬰兒之素也。依《禮經》曰"脫"，依《內則》注曰"拂"。髦振去塵箸之。是假他髮爲之。許引《毛詩》作"髢"，今則《詩》《禮》皆作"髦"，或由音近假借。髢與髦義古畫然不同。……今《詩》"紞"作"髧"，《釋文》云："本又作忱。"按：紞，冕冠塞耳者，髢蓋似之也。

（髢）

只

【詁訓】矣、只皆語止之詞，《庸風》"母也天只，不諒人只"是也。

（只）

實維我特

【詁訓】一與一爲耦，故"實維我特""求爾新特"，毛云："特，匹也。"

（特）

牆有茨

不可讀也

【詁訓】【義例】讀與籀疊韵而互訓。《庸風》傳曰："讀，抽也。"《方言》曰："抽，讀也。"蓋籀、抽古通用。《史記》："紬史記石室金匱之書"，字亦作紬。抽繹其義蘊至於無窮，是之謂讀。故卜筮之辭曰籀，謂抽繹《易》義而爲之也。《尉律》："學僮十七已上始試諷籀書九千字，乃得爲吏。"諷謂背其文，籀謂能繹其義。大史公作《史記》曰："余讀高祖侯功臣"，曰："大史公讀列封至便侯"，曰："大史公讀秦楚之際"，曰："余讀諜記"，曰："大史公讀春秋曆諡諜"，曰："大史公讀秦記"，皆謂紬繹其事以作表也。漢濡注經①，斷其章句爲讀，如《周禮注》："鄭司農讀火絶之"，《儀禮注》"舊讀昆弟在下""舊讀合大夫之妾，爲君之庶子，女子子嫁者未嫁者"是也。擬其音曰讀，凡言讀如、讀若皆是也。易其字以釋其義曰讀，凡言讀爲、讀曰，當爲皆是也。人所誦習曰讀，如《禮記注》云"周田觀文王之德，博士讀爲厥亂勸寧王之德"是也。諷誦亦爲讀，如《禮》言"讀賵""讀書"，《左傳》"公讀其書"皆是也。諷誦亦可云讀，而讀之義不止於諷誦。諷誦止得其文辭，讀乃得其義蘊。自以誦書改籀書而讀書者尟矣。《孟子》云："誦其詩，讀其書。"則互文見義也。

（讀）

【叚借】《毛傳》曰："讀，抽也。"《方言》曰："抽，讀也。""抽"皆"籀"之假借。籀者，抽也。讀者，續也。抽引其緒相續而不窮也。亦假"紬"字爲之，《大史公自序》："紬史記石室金匱之書。"如淳云："抽徹舊故事而次述之也。"

（籀）

君子偕老

委委佗佗

【詁訓】《君子偕老》"委委佗佗"，即《羔羊》之"委蛇委蛇"也。《傳》云："委委者，行可委曲從迹也。佗佗者，德平易也。"《羔羊》傳云："委蛇者，行可從迹也。"語詳略不同。

（佗）

---

① "濡"當爲"儒"誤。

玼兮玼兮　瑳兮瑳兮

【校勘】玼之或體作瑳，楚景瑳以爲名。《詩·君子偕老》二章、三章皆曰："玼兮玼兮"，是以二章毛、鄭有注，三章無注。或兩章皆作瑳，《内司服》注引"瑳兮瑳兮，其之翟也"，又引"瑳兮瑳兮，其之展也"可證。自淺人分別"玼"屬二章，"瑳"屬三章，畫爲二字二義，又於《說文》增"瑳"爲訓釋，今删。

（玼）

其之翟也

【校勘】【詁訓】【經學】【志疑】《庸風》："玼兮玼兮，其之翟也。"《毛傳》曰："翟，揄狄，闕狄，羽飾衣也。"《釋文》："揄，字又作褕。狄，字又作翟。"依《說文》則《毛傳》本作"褕"、作"翟"也。《羽部》曰："翟，山雉。"其衣曰褕翟、闕翟，故知爲羽飾衣也，毛、許云："羽飾衣"，未詳其制。《内司服》："褘衣、揄狄、闕狄。"《玉藻》之記同。鄭仲師云："揄狄、闕狄，畫羽飾"，則釋爲畫。後鄭謂褘揄即《爾雅》之翬雉、搖雉字，狄即翟字。翬衣、搖翟皆刻繒爲之形而采畫之，箸於衣以爲飾，因以爲名。闕翟刻而不畫。後鄭與毛異，亦與大鄭異。蓋毛、許謂褘、褕、闕爲衣服之名，褕、闕系以翟，故釋爲羽飾。褕者正字，揄者叚借字也。後鄭則謂揄者叚借字，搖者正字也。許無搖雉之說，鄭不取褕字。然搖與翟，十四雉中二雉之名，經何不言搖衣而偁搖又言翟也？其說似尚當審定矣。

（褕）

鬒髮如雲

【校勘】【志疑】（《說文》："㐱，稠髮也。……《詩》曰：'㐱髮如雲。'"）今《詩》作"鬒"，蓋以或字改古字。《傳》曰："鬒，黑髮也。"疑"黑"字亦非毛公之舊，許多襲毛，不應有異。《左傳》："昔有仍氏生女，黰黑而甚美。"黰正謂稠髮，髮多且黑而兒甚美也。服、杜皆云"美髮爲鬒"，不言"黑髮"。

（鬒）

玉之瑱也

【校勘】（《說文》："《詩》曰：'玉之瑱兮。'"）今《詩》"兮"作"也"。《女部》又引"邦之媛兮"，可知此篇"也"字古皆作"兮"。孫毓《詩评》亦引"玉之瑱兮"。

（瑱）

象之揥也

【詁訓】【異文】《鄘風》："象之揥也。"毛曰："揥所以摘髮。""摘"本又作"擿"。"鬠"所以會髮，與"揥"所以摘髮訓釋正同。"鬠"與"揥"一物而少異。《釋名》曰："揥，摘也。所以摘髮也。導，所以導擽鬢髮，使入巾幘之裏也。或曰擽鬢以事名之也。"然則"揥"一名"擿"，《鄘風》所云也。

（鬠）

【校勘】【音義】《詩》："象之揥也"，《傳》曰："揥，所以摘髮也。"《釋文》云："揥，勑帝反。摘，他狄反，本又作擿，非也。擿音直戟反。"按：以許說繩之，則作擿爲是，擿正音他狄反也。以象骨搔首，因以爲飾，名之曰揥。故云"所以摘髮"，即後人玉導、玉搔頭之類也。《廣韵·十二霽》曰："揥者，揥枝，整髮釵。"許書無揥。

（擿）

其之展也

【經學】【叚借】（《說文》："袸，丹縠衣也。"）《庸風》："瑳兮瑳兮，其之展也。"《毛詩傳》："禮有展衣者，以丹縠爲衣。"馬融從之，許說同。先後鄭注《周禮》及劉氏《釋名》皆云："展衣白。"後鄭云："展衣以禮見王及賓客之服，字當爲襢。襢之言亶。亶，誠也。"按：《詩》《周禮》作"展"，叚借字也。《玉藻》《襍記》作"襢"，後鄭從之。

許作"裳"。漢《禮》家文字不同如此。

(裳)

蒙彼縐絺

【詁訓】【古今】《詩》："玼兮玼兮，其之展也。蒙彼縐絺，是紲袢也。"《傳》曰："禮有展衣者，以丹縠爲衣。蒙，覆也。絺之靡者爲縐。"靡謂如糜碎然，細之至也。《箋》云"縐絺，絺之蹙蹙者"是也。此謂裏衣縐絺，外服丹縠衣，縠與縐絺正一類也。今之縐紗，古之縠也。《周禮》謂之"沙"，注謂之"沙縠"，疏云："輕者爲沙，縐者爲縠。"按：古祇作"沙"，無"紗"字。

(縠)

【校勘】【古今】《考工記》曰："不微至無以爲戚速。"《詩鄭箋》云："縐絺，絺之戚戚者。"今俗改作"蹙"。衣戚，《衣部》所謂襞，《韋部》所謂韏。《子虛賦》："襞積褰縐，紆徐委曲，鬱橈谿谷。"張揖注曰："襞積，簡齰也。褰，縮也。縐，戚也。其縐中文理，弗鬱迴曲，有似於谿谷也。"按：簡古字，襉、襇皆今字。縐訓戚，與《鄭箋》合。俗本譌"裁"，而小顏、小司馬皆不得其解。甚矣古書之難讀也。

(縐)

【詁訓】【經學】《傳》曰："蒙，覆也。絺之靡者爲縐。"按：靡謂紋細皃，如水紋之靡靡也。《米部》曰："糜，碎也。"凡言靡麗者皆取糜義，謂其極細。此毛說與鄭說之不同也。……《鄭箋》云："縐絺，絺之蹙蹙者。"此鄭說之異毛也。戚戚者，如今皺紗然。

(縐)

是紲袢也

【校勘】(《說文》："《詩》曰：'是褻袢也。'")今《詩》"褻"作"紲"。按：《毛傳》云："是當暑袢延之服。""當暑"二字釋"褻"也。

(褻)

【聯綿】【詁訓】【押韵】【音義】（《說文》："《詩》曰：'是紲袢也。'"）"紲"當同"褻"篆下作"襲"。《毛傳》曰言："是當暑袢延之服也。"袢延疊韵，如《方言》之"襎裷"。漢時有此語，揩摩之意。外展衣，中用絺綌爲衣，可以揩摩汗澤，故曰褻袢。褻袢專謂絺綌也。……（《說文》："讀若普。"）《毛詩》以展、袢、顔、媛爲韵，則知袢當依《釋文》符袁反。延讀如字。普音於雙聲得之，許讀如此。（袢）

揚且之顔也

【詁訓】《鄘風》："揚且之晳也。""子之清揚，揚且之顔也。"《傳》曰："揚，眉上廣也。""清，視清明也。""揚且之顔"者，"廣揚而顔角豐滿也"。毛云"顔角"，葢指全額而言。中謂之顔，旁謂之角，由兩眉閒以直上皆得謂之顔，醫經"領曰顔曰庭"是也。《國語》"角犀豐盈"，亦角謂旁，犀謂中。犀牛一角在鼻，一角在頂，故相法有骨自印堂至頂者曰伏犀貫頂。若《方言》云："䫙、頜、顔、顙也。湘江之閒謂之䫙，中夏謂之頜，東齊謂之顙，汝穎淮泗之閒謂之顔。"此則依方語通謂頜爲顔，非毛、許意也。《小雅》"顔之厚矣"，凡羞愧喜憂必形於顔，謂之顔色，故"色"下曰"顔气也"。（顔）

邦之媛也

【詁訓】【異文】《鄘風》："邦之媛也"，《傳》曰："美女爲媛。媛者，引也，謂人所欲引爲己助者也。"鄭箋《詩》云："邦人所依倚以爲援助也。"援、媛以疊韵爲訓。……（《說文》："《詩》曰：'邦之媛兮。'"）"兮"，今《詩》作"也"，許作"兮"，又偁"玉之瑱兮"，可證許所據"也"字皆作"兮"①。

（媛）

定之方中

椅桐梓漆

【詁訓】白桐華而不實，材中樂器。青桐則不中用。《毛詩》："椅桐梓漆，爰伐琴瑟。"其白桐與？又云："其桐其椅，其實離離。"則青桐亦評桐，渾言之也。

（榮）

靈雨既零

【校勘】【叚借】【詁訓】（《說文》："霝，雨零也……《詩》曰：'霝雨其濛。'"②）"霝"與"零"義殊，許引《東山》"霝雨"，今作"零雨"，譌字也。《定之方中》："靈雨既零"，《傳》曰："零，落也。"零亦當作霝。霝亦叚靈爲之，《鄭風》："零露漙兮"，《正義》木作"靈"③，《箋》云："靈，落也。"靈落即霝落。雨曰霝零。艸木曰零落。

（霝）

命彼倌人

【經學】（《說文》："倌，小臣也……《詩》曰：'命彼倌人。'"）《鄘風·定之方中》曰："命彼倌人。"《傳》曰："倌人，主駕者。"按：許說異毛，"小臣"蓋謂《周禮》"小臣上士四人"，大僕之佐也，一云《左傳》所謂"巾車脂轄"也。

（倌）

---

① 安大簡《詩經》此句"也"作"可"，整理者讀爲"兮"，見《安徽大學藏戰國竹簡（一）》，第131頁。敦煌殘卷異文作"兮"，見程燕《詩經異文輯考》，合肥：安徽大學出版社，2010年，第85頁。

② 陳本"霝"作"零"。

③ "木"疑"本"之誤。

星言夙駕

【經學】（《說文》："曐，星無雲也。"）《詩》："星言夙駕。"韓云："星，晴也。"即許"星而無雲"之說。

（曐）

【古今】【詁訓】【校勘】【叚借】《衞風》："靈雨既零，命彼倌人，星言夙駕。"《韓詩》曰："星者，精也。"按：精者，今晴字。《史記》"天精而見景星"，《漢書》作"天曐"。孟康曰："曐者，精明也。《漢書》亦作精。"韋昭曰："精者，清朗也。"郭樸注《三倉》云："曐者，雨止無雲也。"古姓、曐、精皆今之晴，而《詩》作"星"。《韓非子》曰："荆伐陳，吳救之，軍閒三十里，雨十日，夜星。"夜星即夜姓也。雨夜止、星見謂之姓，姓、星疊韵。引伸爲晝晴之偁，故其字又作曐。〇按："《漢書》亦作精"，故孟康曰："精，曐明也。"今本係後人所改。《史》《漢》之"天精"即"晶"之叚借。

（姓）

【詁訓】撥雲霧而見青天亦曰精。《韓詩》於《定之方中》云："星，精也。"

（精）

蝃蝀

蝃蝀在東

【詁訓】今《詩》作"蝃"，《爾雅》作"螮"。

（螮）

崇朝其雨

【詁訓】《鄘風》："崇朝其雨。"《傳》云："崇，終也。從旦至食時爲終朝。"此謂至食時乃終其朝。

（朝）

干旄

孑孑干旄

【叚借】《毛詩》"干旄""干旌"假爲"竿"字。

（干）

【叚借】干，經典用爲竿，如"孑孑干旄"是也。

（并）

良馬四之　良馬五之　良馬六之

【經學】【詁訓】（《說文》："驂，駕三馬也。"）驂、三疊韵爲訓。《詩·干旄》："良馬四之""良馬五之""良馬六之"。《傳》曰：四之，"御四馬也"；五之，"驂馬五轡也"；六之，"四馬六轡也"。然則毛公有駕三之說矣。王肅云："古者一轅之車駕三馬，則五轡。其大夫皆一轅車。夏后氏駕兩謂之麗，殷益以一騑謂之驂，周人又益以一騑謂之駟。本從一驂而來，亦謂之驂。經言驂則三馬之名。"《五經異義》："天子駕數，《易》孟、京，《春秋公羊》說天子駕六；《詩》毛說天子至大夫同四，士駕二。《詩》云：'四騵彭彭'，武王所乘；'龍旂承祀，六轡耳耳'，魯僖所乘；'四牡騑騑，周道倭遲'，大夫所乘。謹按：《禮·王度記》曰：'天子駕六，諸侯與卿同駕四，大夫駕三，士駕二，庶人駕一。'說與《易》《春秋》同。"《駁》曰："玄之聞也，《周禮·校人》：'掌王馬之政，凡頒良馬而養乘之，乘馬一師四圉。'四馬爲乘，此一圉者，養一馬而一師監之也。《尚書·顧命》：'諸侯入應門，皆布乘黃朱。'言獻四黃馬朱鬣也。既實周天子駕六，《校人》則何不以馬與圉以六爲數？《顧命》諸侯何以不獻六馬？《易經》'時乘六龍'者，謂陰陽六爻上下耳，豈故爲禮制？《王度記》云：'天子駕六'者，自是漢法，與古異。'大夫駕三'者，於經無以言之。"依鄭駁則古無駕三之制。孔晁云："馬以引重，左右當均。一轅車以兩馬爲服，旁以一馬驂之，則偏而不調，非人情也。《株林》曰：'乘我乘驕'，《傳》曰：'大夫乘驕'，則毛以大夫亦駕四也。且殷之制亦駕四，故王基云：'《商頌》："約軧錯衡，八鸞鏘鏘。"是則殷駕四，不駕三也。'"按：《詩箋》曰："驂，兩騑也。"《檀弓》注曰："騑馬曰驂。"蓋古者駕四，兩服馬夾輈在中，左右各一騑馬；左右皆可以三數之，故謂之驂。以其整齊如翼言之，則謂之騑。驂本非謂駕三也。顧《王度記》曰："大夫駕三"，《故訓傳》亦言："驂馬五轡"，則是古有其說，故許釋驂爲駕三。然許不偶《王度記》"天子駕六"以下云云，於騑下亦云"驂也"，是《說文》晚成，不堅執《異義》之說，其說經非不與鄭合矣。

（驂）

載馳

載馳載驅

【叚借】（編按：載）又叚爲語詞，《詩》："載馳載驅"，《毛傳》："載，辭也""春日載陽"，《箋》云："載之言則也。"

（載）

言采其蝱

【叚借】《詩》："言采其蝱"，《毛傳》曰："蝱，貝母。"《釋艸》《說文》作"莔"。莔，正字。蝱，假借字也。根下子如聚小貝。

（莔）

控於大邦①

【詁訓】《詩》："控於大邦"，《傳》曰："控，引也"，此即《左傳》所謂"控告"也。又"抑磬控忌"，《傳》曰："騁馬曰磬，止馬曰控。"按："騁馬曰磬"者，如《大明》傳之"俔，磬也"，極辭也；"止馬曰控"者，是亦引之使近之意也。

（控）

---

① 今本"於"作"于"。

衛風

淇奧

綠竹猗猗

【異文】【經學】《詩·衛風》"綠竹猗猗",《音義》曰:"'竹',《韓詩》作'薄',萹茿也。石經亦作薄。"按:石經者,蓋漢一字石經,《魯詩》也。《西京賦》李注引《韓詩》"綠藆如簀",《玉篇》曰:"藆同薄。"

(薄)

【經學】【異文】【叚借】【詁訓】《釋艸》云:"竹,萹蓄。"按:"竹"者,釋《毛詩·衛風》之"竹"也。韓、魯《詩》皆作"薄",《毛詩》獨叚借作"竹",《爾雅》與《毛詩》合。 、蓄疊韵通用。《本艸經》亦作"萹蓄"。

(萹)

【異文】(《說文》:"《詩》曰:'菉竹猗猗。'")今《毛詩》作"綠",《大學》引作"菉"。《小雅》:"終朝采綠",王逸引作"菉"。

(菉)

有斐君子①

【校勘】【辨誤】《衛風》"有斐君子",《釋文》云:"《韓詩》作'邲',美皃。"蓋即此字(編按:邲),而今本《釋文》及《廣韵》皆誤從"邑",作"邲"。《廣韵·六至》云:"邲,好皃。"《五質》云:"邲,地名,在鄭。又美皃。"其誤甚矣。

(邲)

---

① 今本"斐"作"匪",《釋文》云:"'匪'本又作'斐',同芳尾反,下同。"

如切如磋

【古今】《衛風》："如切如瑳，如琢如摩。"《釋器》曰："骨謂之切，象謂之瑳，玉謂之琢，石謂之摩。"切亦作𥳑，瑳亦作磋，摩亦作磨。差者正字，瑳、磋皆加偏旁字也。

（）

如琢如磨

【校勘】《詩》："如琢如磨。"《釋器》《毛傳》皆曰："玉謂之琢，石謂之磨。"《詩釋文》："磨本又作摩。"《詩》《爾雅》皆言治石，非謂以石治物，然則作"摩"是矣。釋玄應引《爾雅》作"石謂之摩"，乃善本。

（）

【校勘】摩、㪒之功，精於礱、研。"揅"下曰："兩手相切摩也"，《學記》曰："相觀而善之謂摩。"凡《毛詩》《爾雅》"如琢如摩"，《周禮》"刮摩"，字多从手。俗从石作"磨"，不可通。

（摩）

瑟兮僩兮

【經學】【異文】【詁訓】（《說文》："僩，武皃……《詩》曰：'瑟兮僩兮。'"）《衛風·淇奧》傳："瑟，矜莊皃。僩，寬大也。"許言"僩，武皃。"與毛異者，以《爾雅》及《大學》皆曰："瑟兮僩兮者，恂栗也。"恂或作峻，讀如嚴峻之峻，言其容皃嚴栗，與寬大不相應，故易之。僩，《左傳》《方言》《廣雅》皆作"撊"。《左傳》："撊然授兵登陴。"服注："撊然，猛皃也。"杜注："撊然，勁忿皃。"《方言》："撊，猛也。晉魏之閒曰撊。"《廣雅》亦曰："撊，猛也。"而《荀卿子》："塞者俄且通也，陋者俄且僩也，愚者俄且知也。"則以陋陜與寬大反對，與毛合。蓋大毛公固受《詩》於孫卿子者。

（僩）

【叚借】《淇奥》傳曰："瑟，矜莊貌"，《旱麓》箋曰："瑟，絜鮮貌"，皆因聲叚借也。

(瑟)

赫兮咺兮

【異文】【經學】(《說文》："《詩》曰：'赫兮愃兮。'")《毛詩》作"咺"。《傳》云："威儀容止宣著也。"《韓詩》作"宣"，"顯也"。許作"愃"而義亦異。

(愃)

終不可諼兮

【叚借】【異文】【經學】《衛風》："終不可諼兮"，《傳》曰："諼，忘也。"此諼葢藼之假借。藼，本令人忘憂之艸，引伸之，凡忘皆曰藼。《伯兮》詩作"諼艸"，《淇奥》詩作"不可諼"，皆假借也。許偁"安得藼艸"，葢三家《詩》也。

(諼)

會弁如星

【校勘】【經學】(《說文》：《詩》曰："䯰弁如星。")今作"會弁"。《毛傳》曰："弁，皮弁，所以會髪。"按：此《傳》極可疑，葢淺人改竄也。"皮弁"者，諸矦所以視朔及與諸矦相朝聘，非爲會髪之用也，云"所以會髪"，殊不辭矣。《說文》多沿《毛傳》，其云"可會髪者"，必本《毛傳》。此文葢《毛詩》本作"䯰弁"，《傳》本云："䯰所以會髪。弁，皮弁。"正同《周禮》故書"皮弁䯰五采"，謂先束髪而後戴弁，其光燿如星也。自鄭箋《毛詩》乃易"䯰"爲"會"，釋爲弁之縫中，與注《周禮》從今書不從故書正同。後人據《箋》改《傳》，致有此不通耳。毛、許、先鄭說《詩》《禮》皆與後鄭不同，其義則後鄭爲長。

(䯰)

綠竹如簀

【叚借】【經學】《衛風》："綠竹如簀。"毛曰："簀，積也。"此言假借也。《韓詩傳》亦同。

（簀）

【叚借】《淇奧》詩叚簀爲積。

（積）

考槃

獨寐寤言　鄭箋：寤覺

【詁訓】【經學】釋玄應引《倉頡篇》："覺而有言曰寤。"《左傳》季寤字子言是其證。按：《周南》毛傳曰："寤，覺也。"《衛風》鄭箋同，言其大略而已。鄭釋《周禮》"寤夢"云："覺時道之而夢"，亦與《倉頡篇》同也。

（寤）

碩人之薖

【叚借】《衛風》"碩人之薖"假借此字。毛云"寬大皃"，鄭云"饑意"。按：毛、鄭意謂薖爲款之假借。《爾雅》："款足者謂之鬲"，《漢志》作"空足曰鬲"。《楊王孫傳》："窾木爲匵"，服虔曰："窾，空也。"《淮南書》"窾者主浮"，注："窾，空也。讀如科條之科。"然則薖、款古同音。許君亦曰："窠，空也。"毛、鄭說皆取空中之意。

（薖）

【叚借】（編按：窠）或借"薖"爲之，如《衛風》"碩人之薖"，毛云"寬大皃"，鄭云"飢意"，皆是。

（窠）

碩人

碩人其頎

【注音】【押韵】（編按：頎）古音在十三部，如"旂"本讀同"芹"，然則《碩人》何以韵"衣"也？曰：《碩人》"頎"讀入微韵，"衣"讀如"殷"，皆可。

（頎）

【詁訓】（《說文》："嫣，長皃。"）《詩毛傳》："頎頎，長皃。"頎與嫣聲相近也。

（嫣）

衣錦褧衣

【異文】【詁訓】《詩》兩言"褧衣"，許於此（編按：指"䌹"篆下。）偁"䌹衣"，於《衣部》偁"褧衣"，而云："褧，䌹也，示反古。"然則褧衣者，以䌹所績爲之，葢《士昏禮》所謂景也。今之䌹麻《本草》作苘麻，其皮不及枲麻之堅韌，今俗爲纑繩索多用之。……（《說文》："《詩》曰：'衣錦䌹衣。'"）《衛·碩人》《鄭·丰》文。今皆作"褧"。

（䌹）

【經學】【叚借】【詁訓】（《說文》："褧，䌹衣也。"）績䌹爲衣，是爲褧也。許意如是。若鄭箋《衛風》云："褧，襌也。"不言襌用何物。《鄭風》箋云："褧，襌也。葢以襌縠爲之。"與許說異，縠者，細絹也，以絲而非以枲矣。鄭說本《玉藻》。《玉藻》《中庸》作"絅"，《禮經》作"頴"，皆叚借字也。（《說文》："《詩》曰：'衣錦褧衣。'示反古。"）《毛傳》曰："衣錦，錦文衣也。夫人德盛而尊嫁，則錦衣加褧襜。"《中庸》曰："衣錦尚絅，惡其文之箸也。"鄭以《中庸》箋

《詩》，許云"示反古"，意亦略同。古者麻絲之作，蓋先麻而後絲，故"衣錦尚褧"，歸真反樸之意。

（褧）

譚公維私

【歷史】【地理】《衛風》曰："譚公維私。"《小雅》曰："東國困於役而傷於讒，譚大夫作《大東》以告病。"《左傳·莊十年》曰："齊師滅譚，譚無禮也。譚子奔莒，同盟故也。"今濟南府府東南七十里有故譚城，在二《志》濟南郡之東平陵縣。東平陵故城在今濟南府府東七十五里。

（鄩）

領如蝤蠐

【經學】【詁訓】（《說文》："領，項也。"）按："項"當作"頸"。《碩人》《桑扈》傳曰："領，頸也。"此許所本也。《釋名》《國語注》同。領字以全頸言之，不當釋以頭後。若《廣雅》："領、頸，項也。"合宜分別者渾言之，其全書之例類皆然矣。衣之曲袷謂之領，亦不謂衣後也。

（領）

【經學】《詩·衛風》："領如蝤蠐"，《傳》曰："蝤蠐，蝎蟲也。"《爾雅》同。

（蝤）

齒如瓠棲①

【詁訓】《衛風》："齒如瓠棲。"《釋草》及《毛傳》曰："瓠棲，瓠瓣

---

① 今本"棲"作"犀"。

也。"瓜中之實曰瓣，實中之可食者當曰人，如桃杏之人。

（瓣）

螓首蛾眉

【詁訓】《傳》曰："螓首，顙廣而方。"《箋》云："螓，謂蜻蜻也。"按：《方言》："蟬小者謂之麥蚻，有文者謂之蜻蜻。"孫炎注《爾雅》引《方言》："有文者謂之螓。"然則"螓""蜻"一字也。

（顙）

巧笑倩兮

【詁訓】《毛傳》說"倩"曰："好口輔"，以《詩》言"巧笑"，故知爲口輔好也。

（倩）

美目盼兮①

【經學】（《說文》："盼，白黑分也。《詩》曰：'美目盼兮。'"②）毛曰："盼，白黑分也。"《韓詩》云："黑色也。"馬融曰："動目皃。"按：許从毛。

（盼）

朱幩鑣鑣

【校勘】（《說文》："《詩》曰：'朱幩儦儦。'"③）"儦儦"，各本及《詩經》皆作"鑣鑣"，今依《玉篇·人部》訂，希馮所據《詩》不誤，孔沖遠《正義》已誤矣。○按：《廣雅》亦曰："鑣鑣，盛也。"則

---

① 今本"盼"作"盻"。
② 陳本無"白黑分也"。
③ 陳本"儦儦"作"鑣鑣"。

不必改。

（幀）

河水洋洋

【注音】《毛詩·衛風》傳曰："洋洋，盛大也。"《魯頌》傳曰："洋洋，衆多也。"讀與章切。

（洋）

北流活活①

【校勘】【注音】《衛風》："北流活活。"《毛傳》曰："活活，流也。"按：《傳》當作"流貌"，其音户括切。

（活）

施罛濊濊

【詁訓】【經學】（《說文》："濊，礙流也。……《詩》云：'施罛濊濊。'"②）有礙之流也。《衛風》："施罛濊濊。"毛曰："罛，魚罟。濊濊，施之水中。"按：施罟而水仍流，故曰礙流。礙流者，言礙而不礙也。《韓詩》云"流貌"，與毛、許一也。"濊"又訓多水貌，《司馬相如傳》："湛恩汪濊。"

（濊）

鱣鮪發發

【經學】【詁訓】（《說文》："鮪，鮥也。"）《毛詩·衛風》傳曰："鮪，鮥也。"許本之。陸璣《疏》曰："鮪魚形似鱣而青黑，頭小而

---

① 今本"活"作"活"。
② 陳本此條"濊"字俱作"濊"。

尖，似鐵兜鍪，口亦在頷下，其甲可以摩薑，大者不過七八尺。益州人謂之鱣鱏。大者爲王鮪，小者爲鮛鮪，一名鮥。肉色白，味不如鱣也。"郭氏《山海經傳》曰："鮪即鱏也。似鱣而長鼻，體無鱗甲。"按：即今之鱘魚也。

（鮪）

【經學】【詁訓】（《說文》："鱣，鯉也。"）《衛風》毛傳曰："鱣，鯉也。"許本之。以鮪鮥例之，此當同。鄭曰："大鯉也。"蓋鯉與鱣同類而別異，猶鮥與鮪同類而別異。

（鱣）

庶姜孽孽

【經學】【異文】【叚借】【詁訓】轙轙，車載高皃。《衛風》："庶姜孽孽"，毛云："孽孽，盛飾。"《韓詩》作"轙轙"，長皃。《呂覽》："宋王作爲櫱臺"，高誘曰："櫱當作轙。《詩》曰：'庶姜轙轙'，高長皃。"然則韓爲本字，毛爲叚借字。《爾雅》："蕠蕠，孽孽，戴也。"亦載高之意也。《西京賦》："飛檐轙轙。"

（轙）

氓

氓之蚩蚩

【叚借】（編按：蚩）叚借爲"氓之蚩蚩"，《毛傳》曰："蚩蚩，敦厚之皃。"《玉篇》曰："癡也"，此謂《毛詩》；又曰："笑也"，此謂叚蚩爲欸也。

（蚩）

【避諱】【校勘】唐人諱民，故"氓之蚩蚩"、《周禮》"以下劑致氓"，石經皆改爲"甿"。古祇作萌，故許引《周禮》"以興勴利萌"，蓋古本如是。鄭云："變民言萌，異外内也。萌猶懵懵無知貌。"

（甿）

抱布貿絲

【詁訓】《衛風》："抱布貿絲"，《傳》曰："布，幣也"，《箋》云："幣者，所以貿買物也"。此幣爲凡貨之偁，布帛金錢皆是也。

（布）

無與士耽

【叚借】《衛風》："無與士耽"，《傳》曰："耽，樂也。"《小雅》："和樂且湛"，《傳》曰："湛，樂之久也。"耽、湛皆叚借字，媅其真字也，叚借行而真字廢矣。

（媅）

士之耽兮

【叚借】（《說文》："耽，耳大乑也……《詩》曰：'士之耛兮。'"①）此引《詩》說假借也。《毛傳》曰："耽，樂也。""耽"本不訓樂，而可叚爲"媅"字。《女部》曰："媅者，樂也。"

（耽）

其黃而隕

【詁訓】《毛傳》曰："隕，隋也。"隋即陊字。

（隕）

漸車帷裳

【詁訓】《詩毛傳》曰："帷裳，婦人之車。""帷裳"即裳幃也。

（襜）

---

① 陳本"乑"作"垂"。

隰則有泮

【叚借】【異文】古有假"破"爲"坡"者，如《衛風》傳云："泮，坡也。"亦作陂，亦作破。
（破）

【叚借】"隰則有泮"，《傳》云："泮，坡也。"此假"泮"爲"畔"也。
（泮）

【叚借】【經學】《毛詩》："隰則有泮"，《傳》曰："泮，坡也"，此釋叚借之法，謂泮即坡之雙聲叚借也。鄭不從其說，而易之曰："讀爲畔。"
（坡）

信誓旦旦

【叚借】《詩》曰："信誓旦旦。"《傳》曰："信誓悬悬然"，謂"旦"即"悬"之叚借字，《箋》云"言其懇惻款誠"是也。
（悬）

竹竿

淇水滺滺①

【正俗】行水順其性，則安流攸攸而入於海，《衛風》傳"滺滺，流兒"是也。作"滺"者，俗變也。
（攸）

檜楫松舟　毛傳：所以櫂舟

【叚借】【經學】【校勘】【詁訓】【正俗】（《說文》："楫，所吕櫂舟

---

① 許校云："今作'滺'。此據《釋文》，段氏于《詩經小學》有說。"《詩經小學》清嘉慶二年臧氏拜經堂刻本，卷一，葉十七，"淇水滺滺"條，段云："《說文》：'攸，行水也。从支，从人，水省。秦刻石嶧山，文作汶。'按：古當作'淇水攸攸'，後人誤改爲'滺'，又誤改爲'滺'，皆未識《說文》攸字本義也。"按：另，今本"兒"作"貌"。

也。"①）各本作"舟櫂也"，許無"櫂"字。《手部》曰："擢，引也。"楫，所以引舟而行，故亦謂之擢，而《漢書·劉屈氂傳》《外戚傳》《百官表》皆用"輯濯"爲楫擢，假借也。毛《衛風》傳曰："楫，所以擢舟也。"此許所本。今據以正。今《毛詩》"擢"譌"櫂"，淺人所改也。《鄧通傳》："以濯船爲黃頭郎"，《司馬相如傳》："濯鷁牛首"，皆擢舟之義也。《詩》《爾雅》音義引《說文》"舟棹也"，則其誤久矣。棹又櫂之俗。……《方言》曰："楫謂之橈，或謂之櫂。""櫂"亦"擢"之譌也。擢、櫂正俗字。

（楫）

【詁訓】《毛傳》曰："楫所以擢舟也。""擢舟"，謂引舟也。

（擢）

芄蘭

芄蘭之支

【異文】（《說文》："《詩》曰：'芄蘭之枝。'"）《說苑》亦作"枝"，今《詩》作"支"。

（芄）

童子佩韘

【經學】【詁訓】（《說文》："韘，射決也。"）《衛風》："童子佩韘。"毛曰："韘，決也。能射御則帶韘。"《小雅·車攻》傳曰："決，所以鉤弦也。"鄭注《周禮》曰："抉，挾矢時所以持弦飾也。"注《鄉射禮》《大射儀》云："決猶闓也。以象骨爲之，箸右大巨指以鉤弦闓體。"按：即今人之扳指也。經典多言"決"，少言"韘"。"韘"惟見《詩》，毛公釋爲"決"，而《箋》云："韘之言沓，所以彄沓手指。"此以《禮經》之"極"釋"韘"也。《大射》云："朱極三。"注云：

---

① 陳本"所目擢舟"作"舟櫂也"。

"極猶放也，所以韜指利放弦也，以朱韋爲之。食指、將指、無名指各一，小指短不用。"鄭意以"韘""極""沓"三字雙聲，且極用韋爲之，故字从"韋"。決則用象骨爲之，故不从毛而易其義。許說从毛也。以字从"韋"論之，鄭爲長矣。《內則》言"佩決"，《詩》言"佩韘"，葢言一可以包二。

（韘）

垂帶悸兮

【志疑】【叚借】《衛風》："垂帶悸兮。"《傳》曰："垂其紳帶，悸悸然有節度也。"此未知以悸爲何字之叚借。凡若此類思而未得者，可姑置之，但心知其必是叚借斯可矣。

（悸）

能不我甲

【叚借】（《說文》："狎，犬可習也。"）古叚"甲"爲之。《衛風》傳曰："甲，狎也"，此言叚借也。

（狎）

【叚借】《衛風》毛傳曰："甲，狎也。"言甲爲狎之叚借字也。

（甲）

河廣

一葦杭之

【詁訓】《衛風》："一葦杭之。"毛曰："杭，渡也。"杭即航字，《詩》謂一葦可以爲之舟也。

（航）

曾不容刀

【叚借】《衞風》假借爲"舠"字。

（刀）

伯兮

焉得諼草

【異文】（《說文》："《詩》曰：'安得藼艸？'"）今《詩》作"焉得諼草"。

（藼）

木瓜

報之以瓊琚

【經學】【校勘】【詁訓】（《說文》："琚，佩玉石也。"①）各本作"瓊琚"也，今正。《詩·鄭風》正義、釋文皆引《說文》："琚，佩玉名。"《衞風》釋文又引："琚，佩玉名。"按：雜佩謂之佩玉，見《周禮》《大戴禮》《玉藻》《詩·鄭風》《秦風》《衞風》《尚書大傳》。贅以"名"字，語不可通。琚乃佩玉之一物，不得云佩玉名也。毛公、大戴皆云："琚、瑀以納閒。"許君以瑀字廁於石次玉之類，然則"名"字爲"石"之字誤無疑。佩玉石者，謂佩玉納閒之石也。《木瓜》毛傳云："琚，佩玉石也。"許君用之。今《毛傳》"石"譌爲"名"，莫能是正……《詩》："佩玉瓊琚"，謂佩玉之閒有美琚也。"瓊瑰玉佩"，謂美瑰在玉佩之閒也。

（琚）

---

① 陳本"佩玉石也"作"瓊琚"。

報之以瓊瑤

【校勘】【詁訓】【辨誤】《衛風》："報之以瓊瑤"，《傳》曰："瑤，美石。"《正義》不誤。王肅、某氏注《尚書》、劉逵注《吳都賦》皆曰："瑤、琨皆美石也。"《大雅》曰："維玉及瑤"，云"及"則瑤賤於玉。《周禮》享先王，大宰贊王玉爵，內宰贊后瑤爵。《禮記》："尸飲五，君洗玉爵獻卿。尸飲七，以瑤爵獻大夫。"是玉與瑤等差明證。《九歌》注云："瑤，石之次玉者。"凡謂瑤為玉者，非是。

（瑤）

報之以瓊玖

【校勘】《詩·木瓜》傳曰："玖，玉名。"《丘中有麻》傳曰："玖，石次玉者。"按：不應同物異訓。蓋《木瓜》傳本作"玉石"，《漢書·西域傳》："于闐國多玉石"，注曰："玉石，石之似玉者也。"楊雄《蜀都賦》亦言"玉石"，轉寫"石"譌"名"耳。

（玖）

王風

黍離

中心如噎

【聯綿】【詁訓】【校勘】【叚借】《王風》："中心如噎"，毛曰："謂噎憂不能息也。"噎憂雙聲。憂即終日號而不嗄之嗄，氣逆也。今本《毛傳》譌脫，惟《玉篇》不誤。《鄭風》傳："憂不能息"，憂亦讀為嗄。《欠部》曰："歍噎也。"歍噎即噎憂。劉氏台拱說。

（噎）

【詁訓】【叚借】《王風》："中心如噎。"《傳》曰："噎謂噎憂不能息也。"（段云："《玉篇》如此。"）"噎憂"即"歍噎"之假借字。"不能息"，謂气息不利也。《鄭風》傳曰："不能息，憂不能息也。""憂"亦即"嚘"字。《老子》："終日號而不嗄。"《玉篇》作"不嚘"，云："嚘，气屰也。"《大玄》："柔兒于號，三歲不嚘。"皆謂气窒寒不利。《廣韻》："暗歍，欼也。"

（歍）

君子于役

雞棲于塒

【校勘】《詩》"可以棲遲"，《漢嚴發碑》作"衡門西遲"。然則"雞棲于塒""雞棲于桀"，古本必作"雞西"。《論語》"爲是棲棲"，古本亦必作"西西"。

（西）

不日不月

【詁訓】《王風》曰："不日不月。"謂不知其旋反之何日何月，即上章之不知其期也。《大雅》："不日成之。"《箋》云："不設期日。"今俗謂不遠而不定何日亦曰不日。

（否）

君子陽陽

君子陶陶

【叚借】《王風》："君子陶陶。"《傳》曰："陶陶，和樂皃也。"陶陶即偤偤之假借也。凡言"遙遙""歊歊"皆疊字，則知可作"偤偤"矣。

（偤）

【志疑】《詩》"君子陶陶"，《傳》曰："陶陶，和樂皃。"疑正字當作歊。

（歊）

中谷有蓷

暵其乾矣

【叚借】【詁訓】《王風》:"中谷有蓷,暵其乾矣。"毛曰:"暵,菸皃。陸艸生於谷中,傷於水。"玉裁按:暵即蔫字之假借。故既云"暵其乾",又云"暵其溼"。"乾""溼"文互相足。

(菸)

【校勘】【詁訓】(《說文》:"《詩》曰:'鸂其乾矣。'")今《毛詩》作"暵",蓋非也。一章曰"鸂其乾矣",二章曰"鸂其脩矣",脩且乾也。三章曰"鸂其溼矣",知鸂兼濡與乾言之。《毛傳》曰:"菸皃。"菸者,一物而濡之乾之,則菸邑無色也。

(鸂)

兔爰

雉離于罿

【異文】(《說文》:"《詩》曰:'雉離于罬。'")今《毛傳》作"罿"。

(罬)

葛藟

在河之涘　在河之漘

【詁訓】《王風》傳曰:"涘者,厓也。""漘者,水隒也。"蓋平者曰厓,高起者曰隒。《釋山》云:"重甗,隒。"

(隒)

大車

毳衣如菼

【詁訓】【經學】（《說文》："菼，萑之初生。一曰薍，一曰騅。"①）《釋言》云："菼，騅也。菼，薍也。"《王風》傳云："菼，騅也。蘆之初生者也。"箋云："菼，薍也。"按：毛釋爲騅，恐其與萑無別也，故又申之曰："蘆之初生者也"。菼別於蘆，析言之也。統言之則菼亦偁蘆。鄭恐萑葦無別也，故又申之曰："薍也。"菼與騅皆言其青色，薍言其形細莖積密。許云"萑之初生"，亦以正毛也。

（菼）

毳衣如璊

【校勘】【音義】【詁訓】【經學】（《說文》："《詩》曰：'毳衣如𪋁。'"）今《詩》"𪋁"作"璊"，毛曰："璊，赬也。"按：許云毳繡謂之𪋁，然則《詩》作"如璊"爲長，作"如𪋁"則不可通矣。《玉部》曰："璊，玉經色也。"禾之赤苗謂之虋，璊玉色如之。是則𪋁與璊皆於虋得音義。許偁《詩》證毳衣色赤。非證𪋁篆體也。淺人改從玉爲從毛，失其恉矣。抑西胡毳布，中國即自古有之，斷非法服。《毛傳》曰："大車，大夫之車也。天子大夫四命，其出封五命，如子男之服，乘其大車檻檻然，服毳冕以決訟。"是則《詩》所云"毳衣"者，《周禮》之毳冕，非西胡毳布也。許專治《毛詩》，豈容昧此？疑此六字乃淺人妄增，非許書固有。然鄭司農之注《周禮》曰："毳，罽衣也。"至後鄭乃云："毳畫虎蜼，謂宗彝也。"是則自康成以前，皆謂毳爲罽衣，毛公但云"毳冕"而不言何物。許說正同大鄭耳。

（𪋁）

---

① 陳本"萑"作"蓷"，"騅"作"雛"。

有如皦日

【叚借】《王風》："有如皦日。"《傳》曰："皦，白也。"按：此叚皦爲曉也。

（皦）

丘中有麻

丘中有麻

【詁訓】《丘中有麻》傳曰："丘中，墝埆之處也。""墝埆"，謂多石瘠薄。

（确）

將其來施施

【詁訓】暆暆，迆邐徐行之意。暆暆猶施施。《詩毛傳》曰："施施，難進之意。"

（暆）

鄭風

緇衣

還予授子之粲兮

【叚借】【音義】【辨誤】《鄭風》："還予授子之粲兮。"《釋言》《毛傳》皆曰："粲，餐也。"謂粲爲餐之假借字也。餐訓吞，引伸之爲人食之，又引伸之爲人所食，故曰授餐。飧與餐，其義異，其音異，其形則飧或作飱，餐或作湌。《鄭風》《釋言》音義誤認餐爲飧字耳[①]，而

① 《緇衣》釋文云："粲，七旦反，飧也。"《釋言》釋文云："餐，音孫。"

《集韵》《類篇》竟謂飱、餐一字。

（餐）

【叚借】《鄭風》傳曰："粲，餐也。"此謂粲爲餐之叚借也。

（粲）

將仲子

無踰我園

【詁訓】（《說文》："園，所吕樹果也。"）《鄭風》傳曰："園所以樹木也。"按：毛言木，許言果者，《毛詩》檀、穀、桃、棘皆系諸園，木可以包果。故《周禮》云："園圃毓草木。"許意凡云苑囿已必有艸木，故以樹果系諸園。

（園）

無折我樹檀

【古今】【詁訓】《鄭風》傳曰："檀，彊刃之木。"刃，今靭字。樸樕似檀。齊人諺曰："上山斫檀，樸樕先殫。"

（檀）

大叔于田

火烈具舉

【叚借】古假借"烈"爲"列"，如《鄭風》"火烈具舉"，毛曰"烈，列也"是也。《羽獵賦》："舉烽烈火。""烈"亦與"列"同。

（列）

【叚借】《詩》有假具爲俱者，如《大叔于田》"火烈具舉"是也。

（俱）

【叚借】【古今】《鄭風》："火烈具舉"，《傳》曰："烈，列也。"此謂"烈"即"列"之叚借字。"列"者，古"迾"字也。
（烈）

清人

駟介旁旁

【異文】【校勘】（《說文》："騯，馬盛也。……《詩》曰：'四牡騯騯。'"）《小雅·北山》："四牡彭彭。"《傳》曰："彭彭然不得息。"《大雅·烝民》："四牡彭彭。"《箋》云："彭彭，行皃。"《大明》："四騵彭彭。"《箋》云："馬彊。"疑皆非許所偁。《鄭風·清人》："駟介旁旁。"蓋許偁此，而"駟介"轉寫譌"四牡"耳。許所據"旁"作"騯"。《毛傳》本有"騯騯，盛皃"之語，後逸之。二章曰："麃麃，武皃。"三章曰："陶陶，驅馳皃。"則知首章當有"騯騯，盛皃"矣。
（騯）

【志疑】《詩》曰："駟介"，《左傳》曰："不介馬而馳"，疑"介"即古文"騯"。
（騯）

駟介麃麃

【叚借】《詩·鄭風》："駟介麃麃。"《傳》云："武皃。"蓋儦儦之叚借字也。
（麃）

二矛重喬

【詁訓】《韓詩·鄭風》："二矛重鷮"，謂以鷮羽飾矛。
（鷮）

【詁訓】《鄭風》傳云："重英，矛有英飾也。"《魯頌》傳云："朱英，矛飾也。"按：矛飾葢縣毛羽。據《鄭箋》則《毛傳》云"重喬，累荷也"者，所以縣毛羽也。

（矛）

遵大路

無我魗兮

【經學】（《說文》："斁，棄也。"）《鄭風》毛傳曰："斁，棄也。"許本毛也。鄭乃讀爲醜。

（斁）

【叚借】《鄭風》："無我魗兮。"鄭云："魗亦惡也。"是"魗"即"醜"字也。凡云"醜類也"者，皆謂"醜"即"儔"之假借字。儔者，今俗之儕類字也。

（醜）

女曰雞鳴

雜佩以贈之

【詁訓】【辨誤】《鄭風》傳曰："雜佩者，珩、璜、琚、瑀、衝牙之類"，又曰："佩有琚、瑀，所以納間。納間者，納於上珩下璜衝牙之中也。"《韓詩傳》："蠙珠以納其間。"《保傅篇》曰："玭珠以納其間，琚瑀以雜之。"玭即蠙。毛不言蠙珠，韓不言琚瑀，《保傅篇》兼言之。葢蠙珠居中，琚、瑀皆美石，又貫於蠙珠之上下，故曰雜佩。雜，集也，集衆美也。盧辨曰："玭珠之赤者曰琚，白者曰瑀"，誤矣。

（瑀）

【詁訓】（《說文》："珩，佩上玉也。"）《詩毛傳》曰："雜佩者，珩、璜、琚、瑀、衝牙之類。"《韓傳》曰："佩玉上有葱衡，下有雙璜、衝牙，蠙珠以納其閒。"按：衡即珩字。《晉語》"白玉之珩六雙"，注："珩，佩上飾。"《楚語》"楚之白珩"，注："珩，佩上之橫者。"《玉藻》曰："一命、再命幽衡，三命葱衡。"注："衡，佩上之衡也。"其制：珩上橫為組三繫於珩。繫於中組者曰衝牙，繫於左右組者曰璜，皆以玉。璜似半璧而小，亦謂之牙。繫於中者觸牙而成聲，故曰衝牙。蠙珠、琚、瑀貫於珩之下，璜、衝牙之上，故毛、韓、大戴皆曰："以納其閒。"云"佩上玉"者，謂此乃玉佩最上之玉也。統言曰佩玉，析言則珩居首，以玉為之。依《玉藻》所言，則當天子白玉珩，公矦山玄玉珩，大夫水蒼玉珩，所謂三命葱珩。士瓀玟，則以石。《月令》春倉玉，夏赤玉，中央黃玉，秋白玉，冬玄玉。注："凡所服玉，謂冠飾及所佩之珩璜。"則又隨時異色矣。

（珩）

【詁訓】《詩》言"褧佩"，謂集玉與石為佩也。

（雜）

有女同車

顏如舜華

【詁訓】【異文】【叚借】《鄭風》："顏如舜華"，毛曰："舜，木槿也。"《月令》："季夏木菫榮。"《釋艸》云："椵，木菫。""櫬，木菫。"鄭君曰："木菫，王蒸也。"《莊子》："朝菌不知晦朔"，潘尼云："朝菌，木槿也。"……陸機《疏》入木類，而《爾雅》《說文》皆入艸類者，樊光曰："其樹如李，其華朝生莫落，與艸同氣。故入艸中。"……（《說文》："《詩》曰：'顏如蕣華。'"）今《詩》作"舜"，為叚借。

（蕣）

山有扶蘇

山有扶蘇

【叚借】【校勘】扶疏謂大木枝柯四布。疏，通作胥，亦作蘇。《鄭風》："山有扶蘇。"毛曰："扶蘇，扶胥木也。"《釋文》所引不誤。《正義》作"小木"，誤也。毛意山則有大木，隰則纔有荷華，是爲高下大小各得其宜。後人以《鄭箋》捝合而改之。

（枎）

山有橋松①

【辨誤】【正俗】喬不專謂木，淺人以說木則作橋，如《鄭風》"山有橋松"是也；以說山則作嶠，《釋山》"銳而高嶠"是也。皆俗字耳。

（喬）

蘀兮

風其漂女

【義例】【詁訓】凡漢人作注云"猶"者，皆義隔而通之。如《公》《穀》皆云"孫猶孫也"，謂此子孫字同孫遁之孫。《鄭風》傳"漂猶吹也"，謂漂本訓浮，因吹而浮，故同首章之吹。凡鄭君、高誘等每言"猶"者，皆同此。

（灕）

【詁訓】【義例】《鄭風》："風其漂女。"毛曰："漂猶吹也。"按：上章言吹，因吹而浮，故曰"猶吹"。凡言"猶"之例視此。

（漂）

---

① 今本"橋"作"喬"。

狡童

使我不能餐兮

【詁訓】《鄭風》曰："使我不能餐兮。"《魏風》曰："彼君子兮，不素餐兮。"是則餐猶食也。

（餐）

褰裳

【校勘】《詩》"騫裳"，字本用此，見《詩》《左傳》釋文，謂摳衣不使盈滿也，俗借褰綺字為之，習者不知其非矣。

（騫）

【校勘】（《說文》："攐，摳衣也。"）《詩》言"褰裳"，當作此篆。"褰"訓綺，非其義也。亦有作"騫"者，謂虧其下體之衣，較作"褰"為長。

（攐）

豈無他士

【校勘】【叚借】（編按：事）古假借為士字。《鄭風》曰："子不我思，豈無他事。"毛曰："事，士也。"今本依傳改經，又依經改傳，而此傳不可通矣。

（事）

丰

俟我乎堂兮

【詁訓】《鄭風》箋："棖，門梱上木近邊者。"按：門兩旁木亦法之一端也。鄭說梱爲門限，故曰"門梱上木"。

（梱）

東門之墠①

東門之墠

【叚借】【詁訓】《鄭風》"東門之墠"，"墠"即"墠"字。《傳》曰："除地町町者"，町町，平意。《左傳》："楚公子圍逆女於鄭，鄭人請墠聽命。楚人曰：'若野賜之，是委君貺於草莽也。'"可見墠必在野也。鄭子產"草舍不爲壇"，壇即墠字，可見墠必除草也。《周書》："爲三壇同墠"，此壇高墠下之證也。《祭法》："王立七廟二祧，一壇一墠。"注曰："封土曰壇，除地曰墠。"此壇墠之別也。築土曰封，除地曰禪。凡言封禪，亦是壇墠而已。經典多用壇爲墠，古音略同也。

（墠）

茹藘在阪

【詁訓】【聯綿】《鄭風》："茹藘在阪"，《釋艸》《毛傳》皆云："茹藘，茅蒐也。"陸璣云："茹藘，茅蒐，蒨艸也。一名地血。齊人謂之茜，徐州人謂之牛蔓。今圃人或作畦種蒔。故《貨殖傳》云：'卮茜千石，亦比千乘之家。'"按：《本艸經》有"茜根"，蜀本《圖經》、蘇頌《圖經》言其狀甚悉。徐廣注《史記》云："茜，一名紅藍，其花染繒赤黃。"此即今之紅花，張騫得諸西域者，非茜也。陳藏器云："茜與蘘荷皆《周禮》攻蠱嘉艸之冣。"……茅蒐、茹藘皆疊韵也。

（蒐）

---

① 今本"墠"作"墠"，下同。

風雨

風雨淒淒

【異文】【經學】(《說文》:"渹,水流渹渹也……一曰:渹,水寒也。《詩》曰:'風雨渹渹。'"①)今《鄭風》祇有"風雨淒淒"。《邶風》傳曰:"淒,寒風也。"許引《詩》證寒義,所據與今本異,或是兼采三家。

(渹)

風雨瀟瀟

【校勘】【詁訓】(《說文》:"瀟,深清也。")自景純注《中山經》云瀟水今所在未詳,始別瀟湘爲二水。俗又改瀟爲瀟,其謬日甚矣。《詩·鄭風》:"風雨瀟瀟。"毛云:"暴疾也。"《羽獵賦》:"風廉雲師,吸嚊瀟率",《二京賦》:"飛罕瀟箭",《思玄賦》:"迅猋瀟其媵我",義皆與《毛傳》同。水之清者多駃,《方言》云:"清,急也。"是則《說文》《毛傳》二義相因。

(瀟)

子衿

挑兮達兮

【異文】【詁訓】(《說文》:"𡲥,滑也。《詩》云:'𡲥兮達兮。'"②)今《鄭風》"挑兮達兮",《辵部》引亦作"挑"。毛云:"挑達,往來

---

① 陳本"渹水"作"渹渹"。
② 陳本"達"作"達"。

相見皃。"按：往來相見即滑泰之意，逹同泰，《水部》："泰，滑也。"
（夌）

在城闕兮

【校勘】【叚借】《毛詩》"城闕"當作"䦡"，"闕"其假借字，非象闕之闕也。詩曰："在城闕兮。"《左傳》曰："乘城而見䦡。"《箋》申之曰："登高而見於城闕"，明非城墉不完，如《公羊疏》所疑也。
（䦡）

出其東門

縞衣綦巾

【經學】【詁訓】（《說文》："綥，帛蒼艾色也"①）《毛傳》曰："綦巾，蒼艾色"，許所本也。《鄭箋》則云："綦，綦文也。"綦文者，文錯畫也，象交文，今作紋是也。不純綦而紋路蒼畫爲十字相交，是爲綦文。《曹風》："其弁伊騏"，《傳》曰："騏，騏文也。"《秦風》傳曰："騏，綦文也。"《魯頌》傳："蒼騏曰騏。"《顧命》"騏弁"，鄭注曰："青黑曰騏。"《玉藻》"綦組綬"，注曰："綦文襍色也。"皆謂蒼文也。……（《說文》："《詩》曰：'縞衣綥巾'，未嫁女所服。"②）《傳》曰："縞衣，白色男服也。綦巾，蒼艾色女服也。"《箋》云："縞衣綦巾，所爲作者之妻服也。"鄭與毛異，許用毛說，而以"未嫁"二字申毛意。
（綥）

---

① 陳本"綥"作"綼"，下同。
② 陳本無"曰"。

出其闉闍

【詁訓】《毛詩傳》曰："闉,曲城也。闍,城臺也。"城門上有臺謂之闍,《周官·匠人》《詩·靜女》所謂"城隅"也。

(歕)

【經學】【詁訓】(《說文》:"闉,闉闍,城曲重門也……《詩》曰:'出其闉闍。'"①)《鄭風》曰:"出其闉闍",《傳》曰:"闉,曲城也。闍,城臺也。"《正義》曰:"《釋宮》云:'闍謂之臺。'闍是城上之臺,謂當門臺也。闍既是城之門臺,則知闉是門外之城,即今之門外曲城是也。故云:'闉,曲城。闍,城臺。'"按:毛分言之,許併言之者,許意說字从門之恉也。有重門,故必有曲城,其上爲門臺,即所謂城隅也。故闉、闍字皆从門。而《詩》曰"出其闉闍",謂出此重門也。城曲、曲城意同。

(闉)

匪我思且

【叚借】按:《鄭風》:"匪我思且",《箋》云:"猶非我思存也",此謂且即徂之叚借。《釋詁》又云"徂,存也"是也。

(迡)

溱洧

溱與洧　方渙渙兮

【地理】【押韵】【異文】【校勘】【叚借】(《說文》:"溱,溱水,出鄭國。"②)《鄭語》曰:"前華後河,右洛左濟,主芣騩而食溱洧。"《水

---

① 陳本"城"前無"闉闍","曲"作"内"。
② 陳本不重"溱"。

經》曰："溱水，出鄭縣西北平地。"酈云："出鄶城西北雞絡塢下，東南流，左合滶水。又南，左會承雲山水。又東南，逕鄶城西，謂之柳泉水。又南，注於洧，世亦謂之爲鄶水也。"今溱水在河南開封府密縣，東北流經新鄭縣西北，南流合洧水爲雙洎河，而洧盛溱涸矣。……曾聲則在六部，而經傳皆作溱，秦聲。《鄭風》："褰裳涉溱"，與"豈無他人"爲韵，學者疑之。玉裁謂：《說文》《水經》皆云溍水在鄭，溱水出桂陽，蓋二字古分別如是，後來因《鄭風》異部合韵，遂形聲俱變之耳。（《說文》："《詩》曰：'溍與洧，方汍汍兮。'"①）汍音丸藥之丸，各本作"渙渙"，今正。此《鄭風》文也。今《毛詩》作"渙渙"，春水盛也。《釋文》曰："《韓詩》作洹洹，音丸。《說文》作汎，音父弓反。"按：作汎，父弓反，音義俱非，蓋"汍汍"之誤。汍汍與洹洹同。《漢志》又作"灌灌"，亦當讀汍汍，皆水盛沄旋之貌。引此《詩》者爲溍字之證，知今經傳皆非古本。《廣韵》曰："《詩》作'溱洧'，誤。"

（溍）

瀏其清矣

【詁訓】（《說文》："瀏，流清貌。"②）《鄭風》曰："溍與洧，瀏其清矣。"毛曰："瀏，深貌。"謂深而清也。

（瀏）

【經學】【異文】【校勘】（《說文》："漻，清深也。"）謂清而深也。《南都賦》曰："漻淚減泪。"按：李善引《韓詩內傳》："漻，清貌也。"蓋《鄭風》毛作"瀏"，韓作"漻"，許謂二字義別。今《文選注》"內"字譌"外"。

（漻）

---

① 陳本"汍汍"作"渙渙"。
② 陳本"貌"作"兒"。

齊風

還

子之還兮

【叚借】【志疑】（《說文》："趯，疾也。"）《齊風》："子之還兮"，毛曰："還，便捷之皃。"按：毛以還爲趯之假借也。或毛、許所據《詩》本作"趯"。
（趯）

【經學】【異文】《齊風》："子之還兮"，《韓詩》作"嫙"，"嫙，好皃。"
（嫙）

遭我乎峱之間兮

【異文】《齊風·還》曰："遭我乎峱之間兮。"《傳》曰："峱，峱山也。"《地理志》引作"巙"，師古云："亦作巎，音皆乃高反。"……（《說文》："《詩》曰：'遭我于峱之間兮。'"①）今《詩》"于"作"乎"，《漢書》作"虖"。
（峱）

並驅從兩肩兮

【詁訓】《齊風》："並驅從兩肩兮。"《傳》曰："從，逐也。"逐亦隨也。
（從）

【叚借】【異文】（《說文》："豜，三歲豕，肩相及者也……《詩》曰：'並驅從兩豜兮。'"②）《齊風·還》曰："並驅從兩肩兮。"《傳》云："獸三歲曰肩。"《邠·七月》："獻豜于公。"《傳》曰："三歲曰豜。"豜、

---

① 陳本"間"作"間"。
② 陳本無"也"字。

肩一物，"豜"本字，"肩"假借也。《大司馬》先鄭注云："四歲爲肩。"……今《詩》"豜"作"肩"，《周禮注》引《邠風》亦作"肩"。
（豜）

揖我謂我儇兮

【詁訓】（《說文》："儇，慧也。"）《齊風》："揖我謂我儇兮。"《傳》曰："儇，利也。"此言慧者多便利也。
（儇）

著

尚之以瓊華

【詁訓】單言玗者，美石也。《齊風》："尚之以瓊華"，《傳》曰："華，美石。"華葢即玗，二字同于聲也。
（玗）

東方未明

東方未晞

【校勘】【音義】《齊風》："東方未晞，顛倒裳衣。"《傳》曰："晞，明之始升。"按：《蒹葭》《湛露》傳皆云："晞，乾也。"此云"明之始升"則當作"昕"無疑。"昕"與"晞"各形各義，而"昕"讀同"希"，因誤爲"晞"耳。……"斤聲"而"讀若希"者，文、微二韵之合。《齊風》是以與"衣"韵也。……鄭注《樂記》"訢讀爲熹"是其理也。
（昕）

折柳樊圃

【叚借】《毛詩》："折柳樊圃"，借爲棥字。

（樊）

【叚借】【詁訓】《齊風》："折柳樊圃"，毛曰："樊，藩也。"棥者，棥之假借。藩，今人謂之籬笆。籬，《說文》作"杝"。《通俗文》曰："柴垣曰欙，木垣曰栅"，字作"欋"。六朝人謂之援，謝靈運云"激流植援"是也。

（棥）

南山

衡從其畝①

【異文】《韓詩》："橫由其畝"，《傳》曰："東西曰橫，南北曰由。"《毛詩》"由"作"從"。

（䌛）

【辨誤】【異文】【詁訓】古謂橫直爲衡從，《毛詩》云"衡從其畝"是也。字本不作縱，後人妄以代之，分別其音有慈容、足容之不同。《韓詩》作"橫由其畝"，其說曰："東西耕曰橫，南北耕曰由。"由即從也，何必讀如縱乎？

（經）

甫田

無田甫田

【詁訓】（《說文》："畋，平田也。"）《齊風》："無田甫田"，上"田"即畋字。

（畋）

---

① 今本"衡"作"衡"。

勞心怛怛

【詁訓】《甫田》:"勞心怛怛。"《傳》曰:"怛怛,猶忉忉也。"按:上章《傳》曰:"忉忉,憂勞也。"此因其義相同,故曰"猶"。
(怛)

婉兮孌兮

【詁訓】【異體】(《說文》:"嬽,順也。")《邶風》傳曰:"孌,好皃。"《齊風》傳曰:"婉孌,少好皃。"義與許互相足。……(《說文》:"《詩》曰:'婉兮嬽兮。'")《齊風·甫田》《曹風·候人》。(《說文》:"孌,籀文嬽。")……今《毛詩》作"孌",正用籀文。
(嬽)

盧令

盧令令

【異文】【詁訓】【經學】(《說文》:"《詩》曰:'盧獜獜。'")《毛詩》作"令令",纓環聲。許葢取三家《詩》也。
(獜)

其人美且鬈

【詁訓】【經學】【義例】【叚借】(《說文》:"鬈,髮好也。……《詩》曰:'其人美且鬈。'")《齊風·盧令》曰:"其人美且鬈。"《傳》曰:"鬈,好皃。"《傳》不言"髮"者,《傳》用其引伸之義,許用其本義也。本義謂髮好,引伸爲凡好之偁。凡說字必用其本義,凡說經必因文求義,則於字或取本義,或取引伸、假借,有不可得而必者矣。故許於《毛傳》有直用其文者,凡毛、許說同是也。有相近而不同者,如毛曰"鬈,好皃",許曰"髮好皃";毛曰"飛而下曰頡",許曰"直項也"是也。此引伸之說也。有全違者,如毛曰"匪,文章皃",

許曰"器似竹匧";毛曰"干,澗也",許曰"犯也"是也。此假借之說也。經傳有假借,字書無假借。

(鬈)

敝笱

其魚魴鰥

【詁訓】【辨誤】《毛傳》曰:"大魚也。"謂鰥與魴皆大魚之名也。《鄭箋》乃讀"鰥"爲《爾雅》鯤魚子之"鯤",殆非是。

(鰥)

魏風

葛屨

摻摻女手

【詁訓】【校勘】【注音】(《說文》:"攕,好手皃……《詩》曰:'攕攕女手。'"①)《魏風·葛屨》曰:"摻摻女手,可以縫裳。"《傳》曰:"摻摻猶纖纖也。"漢人言手之好曰纖纖,如古詩云:"纖纖擢素手。"《傳》以今喻古,故曰"猶"。其字本作"攕",俗改爲"摻"非是。《遵大路》傳曰:"摻,擥也。"是"摻"字自有本義。孔氏《正義》引《說文》:"摻,參(此音反)聲,訓爲斂。操,喿(七遙反)聲,訓爲奉也。"是唐初《說文》確有"摻"字之證。自淺人"摻""操"不分而奪"摻"篆,亦猶"鬩""鬧"不分而奪"鬩"篆,"衻""袗"不分而奪"衻"篆也。知"摻"之有本義,則知用爲"攕"字之非矣。

(攕)

---

① 陳本引《詩》緊鄰"皃"字。

【經學】【異文】【詁訓】《魏風》："摻摻女手"，《韓詩》作"纖纖女手"，《毛傳》曰："摻摻猶纖纖也。"《尚書》："厥篚玄纖縞"，鄭注："纖，細也。"《漢·文紀》遺詔"纖七日釋服"，服虔注："纖，細布。"凡細謂之纖，其字或作孅，《漢·食貨志》如此。

（纖）

要之襋之

【詁訓】《魏風》："要之襋之。"《毛傳》曰："要，要也。襋，領也。"按：裳之上曰要，衣之上曰領，皆以人體名之也。《士喪禮》云："襚者左執領，右執要。"

（襋）

好人提提

【校勘】【叚借】【注音】《詩》："好人提提"，《傳》云："提提，安諦也。"《釋訓》："媞媞，安也。"孫炎曰："行步之安也。"《檀弓》："吉事欲其折折爾"，注云："安舒貌。"按："折"者，"提"之譌。"提"者，"媞"之叚借字也。……按：《詩》《爾雅》皆大兮反，《廣韵》同而注云："《說文》又時尒切"，然則《說文》舊音在紙韵也。

（媞）

宛然左辟

【校勘】（《說文》："《詩》曰：'宛如左僻。'"）今《詩》作"辟"者，俗人不解，易字而音避。

（僻）

汾沮洳

彼汾沮洳

【詁訓】【音義】《魏風》："彼汾沮洳。"《傳》曰："汾，汾水也。沮洳，其漸洳者。"洳、濡同字。沮，子預反，猶溼也。
（濡）

言采其藚　釋文：說文音似足反

【校勘】《詩釋文》引《說文》"其彧反"，今本多改爲"似足"矣。
（藚）

園有桃

我歌且謠

【經學】【詁訓】《毛詩傳》曰："曲合樂曰歌，徒歌曰謠。"《韓詩》曰："有章曲曰歌，無章曲曰謠。"按："曲合樂"者，合於樂器也。《行葦》傳曰："歌者，比於琴瑟也"，即"曲合樂曰歌"也。
（曲）

陟岵

尚慎旃哉[①]

【叚借】（編按：旃）叚借爲語助，如"尚慎旃哉。"《傳》曰："旃，之也。"
（旃）

---

① 今本"尚"作"上"。

伐檀

河水清且漣猗

【叚借】有假"猗"爲"兮"者,如《詩》"河水清且漣猗"是也。
(兮)

【異文】【詁訓】《魏風》:"河水清且漣猗。"《釋水》引作"瀾",云:"大波爲瀾。"《毛傳》云:"風行水成文曰漣。"按:《傳》下文云:"淪,小風水成文。"則瀾爲大可知,與《爾雅》無二義也。
(瀾)

【詁訓】【經學】【異文】【辨誤】《毛詩》"漣猗""直猗""淪猗","猗"與"兮"同。漢石經《魯詩》殘碑作"兮"可證。後人妄加水作"漪",《吳都賦》乃有"刷盪漪瀾""濯明月於漣漪"之句,其繆甚矣!
(淪)

不稼不穡

【同源】【詁訓】稼之言嫁也。《毛傳》曰:"種之曰稼。"《周禮·司稼》注曰:"種穀曰稼,如嫁女以有所生。"此說與穡義別。《呂覽·君守篇》曰:"后稷作稼。"
(稼)

不狩不獵

【詁訓】《毛詩》:"不狩不獵",《箋》云:"冬獵曰狩,宵田曰獵。"此因經文重言而分別之也。
(獵)

碩鼠

碩鼠碩鼠

【詁訓】（《說文》："鼫，五技鼠也。"）《詩·魏風》："碩鼠碩鼠，無食我黍。"《鄭箋》云："碩，大也。"不言"五技"，是《詩》"碩鼠"非鼫鼠。

（鼫）

三歲貫女

【叚借】【經學】【異文】（編按：貫）亦借爲宦字，事也。如《毛詩》"三歲貫女"，《魯詩》作"宦"是也。

（貫）

【叚借】【經學】【異文】古事、士、仕，貫、宦通用，故《魏風》"三歲貫女"，《魯詩》作"宦女"。

（宦）

唐風

蟋蟀

蟋蟀在堂

【叚借】【正俗】《唐風》："蟋蟀在堂"，《傳》曰："蟋蟀，蛬也。"按：許書無蛬字，今人叚蛩爲之。……按：蟋、蟀皆俗字。

（蠈）

山有樞

弗曳弗摟①

【經學】【詁訓】（《說文》："摟，曳聚也。"）此當作"曳也，聚也"。各本奪上"也"字。《山有樞》曰："弗曳弗摟"，《傳》曰："摟亦曳也。"此"曳"訓所本也。曳者，臾曳也。《釋詁》曰："摟，聚也。"此"聚"訓所本也。趙注《孟子》曰："摟，牽也。"此"曳"義之引申也。

（摟）

隰有杻

【正俗】《唐風》："隰有杻"，《釋木》《毛傳》皆曰："杻，檍也。"許無杻字，豈其字正作紐，俗作杻與？

（檍）

椒聊

椒聊之實　蕃衍盈升

【詁訓】莍萸葢古語，猶《詩》之"椒聊"也。單呼曰莍，絫呼曰莍萸，莍聊。《唐風》："椒聊之實"，毛曰："椒聊，椒也。"《釋木》曰："椒樧醜莍""樧大椒"。《神農本艸經》有蜀椒，又有秦椒。

（莍）

【叚借】【詁訓】梂與莍古通用。《椒聊》箋云："一梂之實，蕃衍滿升，非其常也。"此假梂爲莍也。今俗語謂絫多叢聚曰一梂，椒子每梂數十百顆。詩人言其盛，則曰每梂將盈升。不識《正義》何以不解也。

（梂）

---

① 今本"摟"作"婁"。

【詁訓】又《詩傳》："椒聊，椒也"，不言聊爲語詞，蓋單評曰椒，絫評曰椒聊。《楚詞》亦云："懷椒聊之菆菆。"《爾雅》曰："朻者聊。"朻即莍，椒樧實成莍彙。

（聊）

遠條且

【校勘】【詁訓】《唐風·椒聊》一章曰："椒聊且，遠脩且。"《傳》曰："脩，長也。"二章："椒聊且，遠條且。"《傳》曰：條"言馨之遠聞也。"今本前後章皆作"條"，則毛不應別爲《傳》矣，而足利古本尚可證。經言"脩"者，枝條之長；"條"者，芬香條鬯之謂。《傳》"馨"字今譌"聲"。

（馨）

綢繆

綢繆束薪

【詁訓】《唐風》："綢繆束薪"，《傳》曰："綢繆猶纏緜也。"《鴟鴞》鄭箋同。皆謂束縛重疊。

（繆）

子兮子兮

【校勘】【辨誤】《戰國策·秦策五》："平原令見諸公，必爲言之曰：'嗟嗞乎，司空馬。'"《詩·綢繆》："子兮子兮，如此良人何？"《毛傳》："子兮者，嗟茲也。"茲當作嗞。古言嗟嗞，今人作嗟咨，非也。《廣韵》："嗞嗟，憂聲也。"

（嗞）

見此粲者

【叚借】【古今】（《說文》："三女爲奼。"）《唐風·綢繆》曰："今夕何夕，見此粲者"，《毛傳》："三女爲粲，大夫一妻二妾。"……按：經傳作"粲"，叚借字（編按：謂假爲"奴"）。陸德明曰："《字林》作奴"，漢晉字之變遷也。

（奴）

杕杜

獨行睘睘①

【押韻】袁聲當在十四部，《毛詩》與青、姓韵，是合音也。

（睘）

【叚借】《詩》之"睘睘"乃"煢煢"之雙聲叚借也。

（䎬）

羔裘

羔裘豹袪

【詁訓】【校勘】《鄭風·遵大路》《唐風·羔裘》傳皆曰："袪，袂也。"按：袪有與袂析言之者。《深衣》注曰："袪，袂口也。"《喪服記》注曰："袪，袖口也。"《檀弓》注曰："袪，袖緣口也。"《深衣》《喪服》且袂與袪並言，蓋袂上下徑二尺二寸，至袪則上下徑尺二寸，其義當分別也。若《詩》之兩言袪，則無庸分別。定本《唐風》傳曰："袪，袂末也。"此非是。《傳》下文言"本末"，本謂羔裘，末謂豹袖，非謂袂本、袪末也。

（袪）

---

① 今本"睘"作"睘"。

鴇羽

集于苞栩

【經學】【詁訓】（《說文》："栩，柔也。"）見《唐風》毛傳。陸機曰："栩，今柞櫟也。徐州人謂櫟爲杼，或謂之爲栩。"按：《毛傳》《說文》皆栩、柔、樣爲一木。"櫟"下但云"木也"，不云即栩也。然則陸機專據徐州語言合之耳。

（栩）

肅肅鴇行

【詁訓】《唐風》："肅肅鴇行"，毛曰："行，翮也。"亦於雙聲求之。上文云"鴇羽""鴇翼"，故不得以行列釋之也。

（翮）

有杕之杜

噬肯適我

【叚借】《詩》"噬肯適我"，毛曰："噬，逮也"，此謂噬爲逮之假借也。《釋言》作"遾"，《方言》亦作"噬"。

（簭）

葛生

蘞蔓于野

【詁訓】《唐風》："蘞蔓于野"，陸璣云："似栝樓，葉盛而細，其子正黑，如燕薁，不可食。"《陸疏廣要》曰："《本艸》蘞有赤白黑三種，疑此是黑蘞也。"

（蘞）

蕺蔓于域①

【詁訓】【同源】《詩》："蕺蔓于域"，《毛傳》："域，塋也。"按：塋之言營也。營者，帀居也。經營其地而葬之，故其字从營。

（塋）

采苓

人之為言

【異文】【詁訓】《唐風》："人之爲言"，《定本》作"偽言"。《箋》云："爲，人爲善言以稱薦之，欲使見進用也。"《小雅》："民之訛言"，《箋》云："訛，偽也。人以偽言相陷入。"按：爲、偽、譌古同通用。《尚書》"南譌"，《周禮注》《漢書》皆作"南偽"。

（譌）

秦風

秦誐②

伯翳

【歷史】【地理】（《說文》："秦，伯益之後所封國。"）鄭《詩譜》曰："秦者，隴西谷名，於《禹貢》近雍州鳥鼠之山。堯時有伯翳者，實臯陶之子，佐禹治水。水土既平，舜命作虞官，掌上下草木鳥獸，賜姓曰嬴。歷夏、商興衰，亦世有人焉。周孝王使其末孫非子養馬於汧渭之間。孝王封非子爲附庸，邑之於秦谷。至曾孫秦仲，宣王又命作大夫。始有車馬禮樂侍御之好，國人美之，秦之變風始作。"按：伯益、伯翳實一人，臯陶之子也。今甘肅秦州清水縣有故秦城，《漢·地理

---

① 今本"蕺"作"蕺"。
② 今本"誐"作"譜"。

志》之"隴西秦亭秦谷"也。
（秦）

駟驖

駟驖孔阜

【異文】【詁訓】（《說文》："《詩》曰：'四驖孔阜。'"）今《詩》"四"作"駟"。按：《詩》"四牡""四騏"皆作"四"，惟"駟介""倈駟"乃作"駟"。駟，一乘也，故言馬四則但謂之四；言施乎四馬者，乃謂之駟。
（驖）

小戎

五楘梁輈

【詁訓】《秦風》："五楘梁輈"，毛曰："小戎，兵車也。五，五束也。楘，歷錄也。梁輈，輈上句衡也。一輈五束，束曰歷錄。"句衡謂轅也。
（鞣）

【詁訓】《秦風》："五楘梁輈"，《傳》曰："五，五束也。楘，歷錄也。梁輈，輈上句衡也。一輈五束，束有歷錄。"《考工記》："輈欲頎典"，大鄭云："頎讀爲懇，典讀爲珍。駟車之轅，率尺所一縛，懇珍似謂此也。"按：此所謂"曲轅鞣縛"也。
（楘）

【校勘】《毛詩》車"歷錄"亦當作"歷彔"。
（彔）

陰靷沃續①

【辨誤】靷在輿下而見於軝前，乃設環以續靷而係諸衡，故《詩》云：

---

① 今本"沃"作"鋈"。

"陰靷沃續。"孔沖遠云："靷繫於陰版之上，令驂馬引之。"此非是。驂在服外而後於服，與靷不正相當。且軓非能任力，不當係於軓也。許云："所以引軸"，說不可易。

（靷）

文茵暢轂

【詁訓】《秦風》"文茵"，文，虎皮也，以虎皮爲茵也。

（茵）

【古今】【詁訓】（《說文》："暢，不生也。"）今之暢盇即此字之隸變。《詩》："文茵暢轂"，《傳》曰："暢轂，長轂也。"《月令》："命之曰暢月"，注曰："暢，充也。"葢皆義之相反而相生者也。

（暢）

鋈以觼軜

【校勘】【叚借】鋈字今三見於《毛詩·小戎》。《毛傳》曰："沃，白金也。"而《車部》"軜"下："《詩》曰：'渂以觼軜。'"引《詩》正作渂，不知鋈。知古本《毛詩》祇作渂。渂即鐐之叚借字，古芺聲、尞聲同部也。《金部》本有鐐無鋈，淺人乃依今《毛詩》補之。

（鋈）

【同源】【詁訓】【異文】《秦風》毛傳曰："軜，驂內轡也。"是則軜之言內，謂內轡也。其所入軾前之環曰觼。《角部》曰："觼，環之有舌者"是也。《詩》言"觼軜"者，言施觼於軜也。《大戴禮》："六官以爲轡，司會均入以爲軜"，此引申叚借之義也。……（《說文》："《詩》曰：'渂目觼軜。'"）今《小戎》"渂"作"鋈"。

（軜）

厹矛鋈錞

【異文】【詁訓】（《說文》："《詩》曰：'厹矛渂鐓。'"①）"渂"，今

---

① 陳本"厹"作"叴"，"鐓"作"錞"。

《詩》作"錽"。《車部》引《詩》"沃以觼軜",字亦作"沃",許書無"錽"字之證也。以白金固鐏,謂涂銀於銅也。

(鐵)

蒙伐有苑

【詁訓】【經學】【異體】【叚借】(《說文》:"瞂,盾也。")《秦風》:"蒙伐有苑",毛曰:"伐,中干也。"《周禮·司兵》:"掌五盾",鄭曰:"五盾,干櫓之屬。其名未盡聞也。"按:《木部》及韋昭曰:"大楯曰櫓",則中干次之。盾之大小略見於《釋名》。毛云"中干",析言之;《方言》及許統言之。《方言》曰:"盾,自關而東謂之瞂,或謂之干。關西謂之盾。"作瞂者,或體也。作伐者,假借字。《蘇秦傳》作呟。

(瞂)

【詁訓】《秦風》毛傳曰:"伐,中干也。"伐即瞂,干即戟。

(櫓)

竹閉緄縢

【異文】【詁訓】《秦風》:"竹閉緄縢",毛曰:"閉,紲。緄,繩。縢,約也。"《小雅·角弓》傳曰:"不善紲檠巧用,則翩然而反。"《既夕記》說明器之弓"有柲",注云:"柲,弓檠也。弛則縛之於弓裏,備損傷也。以竹為之。"引《詩》"竹柲緄縢"。《考工記·弓人》注云:"紲,弓弣。弓有弣者,為發弦時備頓傷。"引《詩》"竹弣緄縢。"合此言之,《禮》謂之柲,《詩》謂之閉,《周禮注》謂之弣,《禮》古文作枈,四字一也,皆所謂檠也。紲者繫檠於弓之偁,緄則繫之之繩。謂之檠者,正之也。

(檠)

【詁訓】《詩》曰:"交韔二弓,竹閉緄縢。"《傳》云:"交韔,交二弓於韔中也。閉,紲;緄,繩;縢,約也。"《小雅》:"騂騂角弓,翩其反矣。"《傳》曰:"騂騂,調利皃。不善紲檠巧用則翩然而反也。"《士喪禮》注曰:"柲,弓檠。馳則縛之於弓裏,備損傷。以竹為之,《詩》

所謂'竹柲緄縢'。"《木部》曰："榜，所以輔弓弩檠榜也。"然則曰檠、曰榜、曰柲、曰閟者，竹木爲之；曰緄、曰縢者，縛之於弛弓以定其體也。弓必有輔而後正，人亦然，故輔謂之弼。

（弼）

厭厭良人

【經學】【異體】【叚借】【源流】【異文】《小戎》傳曰："厭厭，安靜也。"《湛露》傳曰："厭厭，安也。"《釋文》及《魏都賦》注引《韓詩》："愔愔，和悅之皃。"按：愔見《左傳》祈招之詩，葢"愔"即"懕"之或體，"厭"乃"懕"之叚借。《載芟》："有厭其傑，厭厭其苗。"亦懕之叚借。《廣韵》："穩穩，苗美也。"用《載芟》傳也。……（《說文》："《詩》曰：'懕懕夜飲。'"①）《湛露》文。按：此則許所據，从心。

（懕）

蒹葭

宛在水中坻

【詁訓】【經學】（《說文》："坻，小渚也……《詩》曰：'宛在水中坻。'"②）《爾雅》曰："小州曰渚，小渚曰沚，小沚曰坻。"《毛詩·周南》《秦》傳曰："水中可居者曰州。渚，小州也。坻，小渚也。小渚曰沚。"今按：《毛傳》不應坻、沚同訓，若云："坻，小沚也，小渚曰沚"，則於《爾雅》合。許《水部》"渚"下引《爾雅》"小州曰渚"，"沚"下云："小渚也"，皆與《爾雅》《毛傳》同。則此"小渚"亦當作"小沚"明矣。坻者，水中可居之冣小者也。

（坻）

---

① 陳本"歙"作"飲"。
② 陳本引《詩》與"也"緊鄰。

終南

有條有梅

【經學】【詁訓】【辨誤】【叚借】《釋木》曰："梅，柟也。"《毛詩·秦風》《陳風》傳皆曰："梅，柟也。"與《爾雅》同。但《爾雅》《毛傳》皆謂梗柟之柟。毛公於《召南》"摽有梅"，《曹風》"其子在梅"，《小雅·四月》"侯栗侯梅"無《傳》，而《秦》《陳》乃訓爲柟。此以見《召南》等之梅與《秦》《陳》之梅判然二物。《召南》之梅，今之酸果也；《秦》《陳》之梅，今之楠樹也。楠樹見於《爾雅》者也，酸果之梅不見於《爾雅》者也。樊光釋《爾雅》曰："荊州曰梅，楊州曰柟，益州曰赤梗。"孫炎釋《爾雅》曰："荊州曰梅，楊州曰柟。"陸機《疏草木》曰："梅樹，皮葉似豫樟。"皆謂楠樹也。柟亦名梅。後世取梅爲酸果之名，而梅之本義廢矣。郭釋《爾雅》乃云："似杏，實酢。"《篇》《韵》襲之，轉謂酸果有柟名，此誤之甚者也。……許意"某"爲酸果正字。……以許書律羣經，則凡酸果之字作"梅"，皆假借也。凡某人之字作"某"，亦皆假借也。假借行而本義廢，固不可勝數矣。
（梅）

佩玉將將

【校勘】《小雅》："有瑲蔥珩"，《毛傳》："瑲、珩，聲也。"《秦風》"佩玉將將"、《玉藻》"然後玉鏘鳴"，皆當作此字。
（瑲）

黃鳥

交交黃鳥

【詁訓】《小雅》："交交桑扈"，《箋》云："交交猶佼佼，飛往來皃"，而《黃鳥》《小宛》傳皆曰："交交，小皃"，則與本義不同，蓋方語有謂小"交交"者。

（交）

惴惴其慄

【校勘】【詁訓】（《說文》："《詩》曰：'惴惴其慄。'"）慄當作栗，轉寫之誤也。古戰栗、堅栗皆作栗，戰栗及《禮經》栗階皆取栗駭之意。

（惴）

西天之防①

【叚借】《秦風》："西天之防。"毛曰："防，比也。"謂"防"即"方"之假借也。

（方）

晨風

鴥彼晨風

【詁訓】（《說文》："鷐，鸇風也。"）《秦風》作"晨風"。《釋鳥》《毛傳》皆云："晨風，鸇也。"郭云："鷂屬。"《孟子》趙注謂之"土鸇"。

（鷐）

【叚借】（《說文》："鷐，鸇風也。"）《毛詩》作"晨"，古文假借。

（鷐）

憂心欽欽

【詁訓】凡气不足而後欠，欽者，倦而張口之皃也。引伸之，乃欿然如不足謂之欽。《詩·晨風》："憂心欽欽。"《傳》曰："思望之，心中欽

---

① 今本"西天"作"百夫"。

欽然。"《小雅》："鼓鐘欽欽。"《傳》曰："欽欽，言使人樂進也。"皆言沖虛之意。

（欽）

無衣

與子同澤　毛傳：澤潤澤也

【校勘】毛云："潤澤也。"《箋》云："襗，褻衣。"此蓋毛作"潤襗"，故《箋》冢"襗"而釋之。潤襗，衣名也。

（襗）

脩我矛戟

【押韻】【注音】（編按：戟）古音《秦風》與"澤""作"爲韵，古音在五部，讀如腳。

（戟）

渭陽

何以贈之

【詁訓】《秦風·渭陽》《大雅·韓奕》皆云："何以贈之?"《毛傳》《鄭箋》皆云："贈，送也。"《崧高》云："以贈申伯。"《傳》云："贈，增也。"增與送義異而同，猶賸之訓增亦訓送也。《既夕禮》云："知死者贈，知生者賻。"何休云："知死者賵賻，知生者贈襚。"按：以玩好送死者亦贈之一端也。今人以物贈人曰送，送亦古語也。

（贈）

陳風

陳誩①

陳　宛丘之側

【地理】【經學】【叚借】《毛傳誩》曰："陳者，大皞虙戲氏之墟。帝舜之胄，有虞閼父者，爲周武王陶正。武王賴其利器用，與其神明之後，封其子嬀滿於陳，都於宛丘之側，是曰陳胡公。"按：今河南陳州府治是其地。……《毛傳》曰："四方高，中央下曰宛丘"，即《釋丘》之"宛中曰宛丘"也。陳本大皞之虛正字，俗叚爲敶列之敶，陳行而敶廢矣。

（陳）

宛丘

坎其擊鼓

【叚借】《毛詩傳》曰："坎坎，擊鼓聲。"按：此謂坎坎爲竷竷之叚借字也。

（坎）

東門之枌

市也婆娑

【校勘】【志疑】（《說文》："娑，舞也。……《詩》曰：'市也槃娑。'"）《陳風‧東門之枌》曰："婆娑其下，市也婆娑。"《爾雅》及《毛傳》皆曰："婆娑，舞也。"《詩音義》曰："婆，步波反。《說

---

①　今本"誩"作"譜"。

文》作'毉'。"《爾雅音義》但云"娑，素何反"，不爲"婆"字作音。葢陸所據《爾雅》固作"娑娑"。《魯頌》傳曰："犧尊有沙飾也"，《鄭志》："張逸曰：犧讀爲沙。沙，鳳皇也。不解鳳皇何以爲沙？答曰：刻畫鳳皇之象於尊，其形娑娑然。"按：今經傳"娑娑"字皆改作"婆婆"。《詩》《爾雅》即以"毉娑"連文，恐尚非古也。然古書中用"婆婆"字者不少，存愚說以俟攷訂可耳。
（娑）

越以鬷邁

【叚借】《陳風》："越以鬷邁"，《商頌》："鬷假無言"，毛曰："鬷，數也"，又曰："鬷，緫也。"數讀如數罟之數。數罟，《豳風》作"緵罟"，《魚麗》作"緫罟"，然則二《傳》皆謂鬷者緫之假借字也。
（鬷）

衡門

衡門之下

【叚借】古多以衡爲橫。《陳風》傳曰："衡門，橫木爲門也。"《考工記》："衡四寸。"注曰："衡，古文橫。"假借字也。
（橫）

可以樂饑①

【校勘】《詩·陳風》："泌之洋洋，可以樂饑。"《傳》云："可以樂道忘饑。"《箋》云："可飲以瘵饑。"是鄭讀樂爲瘵也。經文本作"樂"，唐石經依鄭改爲"瘵"，誤矣。
（瘵）

---

① 許校云："今經、傳、箋三'饑'字，皆作'飢'。"

東門之池

可以漚麻

【詁訓】《陳風》曰："東門之池，可以漚麻。"《傳》曰："漚，柔也。"《箋》云："於池中柔麻，使可緝績作衣服。"按：未漚者曰絡，猶生絲之未湅也。

（絡）

防有鵲巢

誰侜予美

【詁訓】【經學】（《說文》："侜，有廱蔽也……《詩》曰：'誰侜予美？'"）《陳風·防有鵲巢》曰："誰侜予美"，《爾雅》及《傳》曰："侜張，誑也。"誑亦壅蔽之意耳。許不用《毛傳》者，許以"侜張"乃《尚書》"譸張"之假借字，非侜之本義，故易之。

（侜）

邛有旨鷊

【異文】【叚借】（《說文》："虉，綬艸也……《詩》曰：'邛有旨虉'是。"①）《陳風》："邛有旨鷊"，《傳》曰："鷊，綬艸也。"《釋艸》曰："虉，綬。"按：《毛詩》作"鷊"，叚借字也，今《爾雅》作"虉"，與《說文》作"虉"不同者，鬲、鬲同在十六部也。陸璣曰："鷊，五色，作綬文，故曰綬艸。"

（虉）

---

① 陳本無"艸"，"邛"作"卭"。

月出

舒窈糾兮　音義：說文音已小反

【音義】【源流】（編按：糾）居黝切，三部。《詩音義》引《說文》己小反，音之轉也。出《音隱》。

（糾）

澤陂

有蒲與荷

【同源】【異文】【詁訓】（《說文》："茄，扶渠莖。"①）謂華與葉之莖皆名茄也。茄之言柯也，古與荷通用。《陳風》："有蒲與荷"，《鄭箋》："夫渠之莖曰荷。"樊光注《爾雅》引《詩》"有蒲與茄"。屈原曰："製芰荷以爲衣，集芙蓉以爲裳。"楊雄則曰："衿芰茄之綠衣，被芙蓉之朱裳。"漢樂府："鷺何食？食茄下。"亦謂葉下。

（茄）

有蒲與蕑

【詁訓】《陳風》："有蒲與蕑"，《箋》云："蕑當作蓮。蓮，夫渠實也。"鄭意欲合三章爲一物耳。《本艸經》謂之"藕實"，"一名水芝丹"。

（蓮）

碩大且卷

【詁訓】《陳風》："碩大且卷"，《傳》曰："卷，好兒。"此與《齊風》傳"鬈，好兒"同，謂即一字也。《檀弓》："女手卷然。"亦謂好兒。

（卷）

---

① 陳本"渠"作"蕖"。

碩大且儼

【異文】【經學】（《說文》："《詩》曰：'碩大且嫿。'"）今《詩》作"儼"，《傳》曰："矜莊皃。"一作"曮"。《太平御覽》引《韓詩》作"嫿"，"嫿，重頤也。"《廣雅·釋詁》曰："嫿，美也。"葢三家《詩》有作"嫿"者。

（嫿）

檜風

檜譜①

檜　外方之北滎波之南

【辨誤】【校勘】【歷史】【地理】【異文】【叚借】鄭《詩譜》曰："檜者，古高辛氏火正祝融之墟。檜國在《禹貢》豫州外方之北，滎播之南，居溱洧之間。祝融氏名黎，其後八姓，惟妘姓檜者處其地焉，後爲鄭桓公之子武公所滅。"按：鄶在外方之東，非外方之北也。"滎播"依小顏《地理志》注引作"播"。《鄭語》云："祝融其後八姓，妘姓鄔、鄶、路、偪陽"也。鄶以祝融之後仍封祝融之墟。《左傳》："黎爲祝融。"《大戴禮》《世本》皆云祝融之弟吳回，吳回生陸終，陸終弟四子萊言是爲妘鄶人，即鄶之祖也。萊亦作求，妘亦作云，鄶亦作會。今河南許州密縣，古鄶地。……檜者，假借字也。《左傳》《國語》作"鄶"。《詩釋文》曰："檜本又作鄶。"

（鄶）

---

① 今本"譜"作"譜"。

素冠

棘人欒欒兮

【經學】【異文】【叚借】【志疑】(《說文》:《詩》曰:"棘人欒欒。"①)《毛詩傳》曰:"欒欒,瘦瘠皃。"蓋或三家《詩》有作"臠",從正字。毛作"欒",從假借字。抑許所據毛作"臠",皆不能肊定也。
(臠)

【叚借】古多叚棘爲亟字,如"棘人欒欒兮""我是用棘""匪棘其欲"皆是。棘、亟同音,皆謂急也。
(棘)

【叚借】《詩》多叚棘爲亟,如"棘人欒欒"《傳》曰:"棘,急也。""我是用棘""非棘其欲"皆同。《禮記》作"匪革其猶",革亦亟之叚借字也。《釋言》曰:"悈,急也",亦作"恆",皆亟字之異者耳。
(亟)

隰有萇楚

猗儺其枝

【詁訓】今《曹風》"猗儺"②,毛曰:"猗儺,柔順也。"猗儺即旖施。
(檹)

【聯綿】【正俗】【詁訓】旖施,疊韵字,在十七部。許於旗曰旖施,於木曰檹施,於禾曰倚移,皆讀如阿那。《檜風》:"猗儺其枝。"《傳》云:"猗儺,柔順也。"《楚辭·九辨》《九歎》則皆作"旖旎"。《上林賦》:"旖旎從風。"張揖曰:"旖旎猶阿那也。"《文選》作"猗狔",《漢書》作"椅柅",《攷工記》注則作"倚移",與許書《禾部》合。

---

① 陳本引《詩》,末有"兮"字。
② 許校云:"見《鄘風·隰有萇楚》,《曹風》誤。"按:當如"儺"篆下許校,出《檜風》。

知以音爲用，製字日多。《廣韵》《集韵》曰"妸娜"、曰"旇方多"、曰"衰褻"、曰"檯橤"，皆其俗體耳。本謂旌旗柔順之皃，引伸爲凡柔順之偁。倚移與旖施同。許以从㫃从禾別之。

（旖）

【詁訓】《曹風》之"猗儺"，則《說文》之"旖施"也。

（儺）

匪風

匪車嘌兮

【詁訓】《檜風》："匪車嘌兮"，毛曰："嘌嘌，無節度也。"按："無節度"者，即上章所云"疾驅"，非有道之車也。

（嘌）

溉之釜鬵

【校勘】（《說文》："摡，滌也……《詩》曰：'摡之釜鬵。'"）《詩》："摡之釜鬵"，《傳》曰："摡，滌也。"今本作"溉"者，非。凡《周禮》《禮經》"摡"字本皆从手，《釋文》不誤，而俗本多譌。

（摡）

曹風

蜉蝣

衣裳楚楚

【經學】【異文】【叚借】（《說文》："黼，會五采鮮皃……《詩》曰：'衣裳黼黼。'"①）《曹風·蜉蝣》曰："衣裳楚楚"，《傳》曰："楚

---

① 陳本"皃"作"色"。

楚，鮮明皃。"許所本也。黼其正字，楚其叚借字也。蓋三家《詩》有作"黼黼"者，如毛"革"、韓"靭"之比。

（黼）

蜉蝣掘閱

【叚借】【詁訓】古叚"閱"爲"穴"。《詩》："蜉蝣堀閱"，《傳》曰："堀閱，容閱也。"閱即穴。宋玉賦："空穴來風"，《莊子》作"空閱來風"，司馬彪云："門戶孔空，風善從之。"《道德經》："塞其兌，閉其門"，"兌"即"閱"之省。《詩》："我躬不閱"，《傳》云："閱，容也"，言我躬不能見容，如無空穴以自處也。

（閱）

【譌字】【校勘】【聯綿】【詁訓】古書中堀字多譌掘，如《秦國策》："窮巷堀門"，《齊策》："堀穴窮巷"，今皆譌"掘"。《鄒陽書》："伏死堀穴"，尚不誤也。《曹風》："蜉蝣堀穴"，此蓋自來古本如是。毛云："堀閱，容閱也。"《箋》云："堀地解閱，謂其始生時也。"唐以後本盡改爲"掘"字，遂謂許所據爲異本矣。陸機云："蜉蝣陰雨時，從地中出。"郭樸云："生糞土中。"然則未嘗掘地也。堀閱、容閱，皆聯緜字也。《箋》則云堀於地中解閱而出矣。《風賦》："堀堁揚塵"，謂突起之堁。……（《說文》："《詩》曰：'蜉蝣堀閱。'"①）堀閱，容閱也。容閱，如《孟子》之"容悅"。

（堀）

候人

何戈與祋

【詁訓】《詩》："何戈與祋""何蓑何笠"，《傳》皆云："揭也。"揭

---

① 陳本"堀"作"堀"。

者，舉也。戈、殳，手舉之；蓑、笠，身舉之；皆擔義之引伸也。

（何）

不濡其咮

【異文】【叚借】《曹風》："不濡其咮"，毛曰："咮，喙也。"《玉篇》引"不濡其噣"。咮、噣二同，朱聲、蜀聲同部也。亦假借作注，《爾雅》"咮星"，《史記》《考工記》注作"注"是也。亦作啄，《詩·韓奕》傳："厄，烏噣也。"厄同軛，"烏噣"，《釋名》《小爾雅》作"烏啄"。

（噣）

薈兮蔚兮

【詁訓】（《說文》："《詩》曰：'薈兮蔚兮。'"）毛曰："薈蔚，雲興皃。"謂南山朝隮，如艸木蒙茸也。

（薈）

【異文】【經學】【志疑】（《說文》："《詩》曰：'䰿兮蔚兮。'"）今《詩》作"薈"，《毛傳》曰："薈蔚，雲興皃。"按：《艸部》既偁"薈兮蔚兮"矣，此或爲三家《詩》，或本作"讀若《詩》曰'薈兮蔚兮'"，今有舛奪，皆未可定也。

（䰿）

下泉

愾我寤嘆

【校勘】《曹風·下泉》："愾我寤嘆。""嘆"或作"歎"者，誤。《箋》云："愾，嘆息之意。"

（愾）

豳風

七月

一之日觱發

【叚借】【異文】【經學】【志疑】(《說文》："潷，潷冹，風寒也。《詩》曰：'一之日潷冹。'"①)《豳風·七月》："一之日觱發"，《傳》曰："觱發，風寒也。"按：觱發皆叚借字，潷冹乃本字。猶《水部》"畢沸"，今《詩》作"觱沸"。或許所據《毛詩》不同今本，或許采三家《詩》，皆未可定也。

(潷)

二之日栗烈

【異文】(《說文》："凓，凓冽，寒皃。《詩》曰：'二之日凓冽。'"②)今《詩》作"栗烈"，考《詩》"冽彼下泉"《疏》引《七月》"二之日凓冽"，是孔本與許同。而陸《釋文》作"栗烈"，與許異，且云《說文》作"颮颲"，其實《風部》未嘗引《詩》也。《五經文字·仌部》有"凓"，知其所據《詩》作"凓"。

(凓)

【異文】【校勘】《詩》："二之日栗烈"，《說文·仌部》作"凓冽"，今本"冽"譌"瀨"。陸氏《音義》不偁"仌部"，而曰"《說文》作'颮颲'"，蓋由疊韵音同而誤也。

(颲)

田畯至喜

【詁訓】《釋言》曰："畯，農夫也。"孫云："農夫，田官也。"《詩·

---

① 陳本無"潷冹"，"《詩》曰：'一之日潷冹'"，乃段補。
② 陳本"皃"作"也"；無"凓冽"，"《詩》曰：'二之日凓冽'"，乃段補。

七月》："田畯至喜",《傳》曰："畯,田大夫也。"《周禮·籥章》:"以樂田畯",注:"鄭司農云:'田畯,古之先教田者。'"按:田畯,教田之官。亦謂之田。《月令》:"命田舍東郊",鄭曰:"田謂田畯,主農之官也。"亦謂之農,《郊特牲》:"大蜡饗農",鄭曰:"農,田畯也。"田畯教田之時,則親而尊之,《詩》三言"田畯至喜"是也。死而爲神則祭之,《周禮》之"樂田畯""大蜡饗農"是也。

(畯)

有鳴倉庚

【詁訓】【辨誤】《豳風》毛傳曰:"倉庚,離黃也。"《月令》注云:"倉庚,驪黃也。"《釋鳥》曰:"倉庚,鵹黃也";又曰:"鵹黃,楚雀。"又曰:"倉庚,商庚。"然則離黃一物四名。按:《說文》離、雖不類廁,則不謂一物。又按:《毛傳》:"黃鳥,搏黍也。"不云即倉庚。倉庚下亦不云即黃鳥。然則黃鳥非倉庚。焦氏循云:"《鄭箋》稱黃鳥宜食粟,又云緜蠻小鳥兒,顯非倉庚。"玉裁謂:蓋今之黃雀也。《方言》云:"驪黃或謂之黃鳥",此方俗語言之偶同耳。陸機乃誤以倉庚釋黃鳥。

(離)

殆及公子同歸

【叚借】《豳風》"殆及公子同歸",《傳》曰:"殆,始也。"此謂殆爲始之假借也。

(殆)

【叚借】有叚殆爲始者,《七月》毛傳云"殆,始也"是也。

(始)

八月萑葦①

【詁訓】【經學】（《說文》："薍，𦫳也……八月薍爲萑，葭爲葦。"②）八月，秀之時也。言"葭爲葦"者，類言之也。《豳》詩："八月萑葦"，《傳》云："薍爲萑，葭爲葦。"謂至是月而薍秀爲萑，葭秀爲葦矣。許正用毛語。

（薍）

七月鳴鵙③

【校勘】（《說文》："✕，古文五如此。"）《毛詩》："七月鳴鵙"，王肅云："當爲五月"，正爲古文五與七相近似。

（五）

八月載績

【同源】《豳風》："八月載績"，《傳》曰："載績，絲事畢而麻事起矣。"績之言積也。積短爲長，積少爲多，故《釋詁》曰："績，繼也，事也，業也，功也，成也。"《左傳》曰："遠績禹功"，《大雅》曰："維禹之績"，《傳》曰："績，功也。"

（績）

四月秀葽

【同源】【辨誤】【詁訓】毛曰："葽者，葽艸也。"《箋》云："《夏小正》四月王萯、秀葽其是乎？物成自秀葽始。"玉裁按：《小正》四月"秀幽"，幽、葽一部之轉，必是一物，似鄭不當援王萯也。劉向說："此味苦，苦葽也"，苦葽當是漢人有此語，漢時目驗，今則不識。其味苦則應夏令也。小徐按："《字書》云：狗尾艸。"夫狗尾即莠。莠四

---

① 今本"萑"作"雈"。
② 陳本無"萑葭爲"，末尾有"也"。
③ 今本"鵙"作"䴗"。

月未秀，非莠明矣。

（蓁）

五月鳴蜩

【詁訓】【校勘】《豳風》傳曰："蜩，螗也。"《大雅》："如蜩如螗"，《傳》曰："蜩，蟬也。螗，蝘也。"《小雅》："鳴蜩嘒嘒"，《傳》曰："蜩，蟬也。"不同者，或渾言，或析言，蟬之類不同也。《夏小正》傳曰："唐蜩者匽"，《爾雅》曰："蜩，蜋蜩，螗蜩。"許書無螗字，螗葢蟬之大者也，當依《小正》作"唐"。

（蜩）

八月其穫　九月築場圃　十月納禾稼

【詁訓】《邠風》："八月其穫"，謂禾可穫也。"九月築場圃，十月納禾稼"，謂治於場而納之囷倉也。此說與"穡"義略同。

（稼）

一之日于貉　取彼狐狸　為公子裘

【叚借】【押韵】凡狐貉連文者，皆當作此貈字。今字乃皆假貉為貈，造貊為貉矣……《邠》詩貈、貍、裘為韵，一部、三部合音也。

（貈）

六月食鬱及薁

【詁訓】【志疑】【義例】《豳風》："六月食鬱及薁"，《傳》曰：鬱，棣屬。薁，蘡薁也。"《正義》曰："劉楨《毛詩義問》云：鬱樹高五六尺，其實大如李。《本艸》鬱一名棣，則與棣相類。蘡薁亦是鬱類。《晉宮閣銘》：車下李，三百一十四株。車下李即鬱也。薁李一株，薁李即薁也。二者相類而同時熟。"玉裁按：《說文》李、棣皆在《木部》，薁在《艸部》。毛公但云："鬱，棣屬"，未嘗云："薁，鬱屬。"《廣雅·釋艸》："燕薁，蘡舌也。"《釋木》云："山李，雀李（段云：

"二字今正，未知是否。")，鬱也。"然則蒮之非木實明矣。《晉宮閣銘》所謂車下李、蒮李，皆非毛、許之嬰蒮也。《齊民要術》引《詩義疏》曰："櫻蒮，實大如龍眼，黑色，今車鞅藤實是。"按：賈氏凡引《詩艸木蟲魚疏》皆謂之《詩義疏》。陸璣本有釋蒮云云，今本脫之耳。魏王《花木志》引《詩疏》亦同。

（蒮）

【異文】【經學】（《說文》："《詩》曰：'食鬱及薁。'"）宋掌禹錫、蘇頌皆云："《韓詩》：'六月食鬱及薁。'"許於《詩》主毛而不廢三家也。

（薁）

八月剥棗

【叚借】《豳風》："八月剥棗"，假剥爲攴。毛曰："擊也。"《音義》曰："普卜反。"

（攴）

八月斷壺

【叚借】《七月》傳曰："壺，瓠也。"此謂叚借也。

（瓠）

【叚借】《豳風》傳曰："壺，瓠也。"此謂"壺"即"瓠"之假借字也。

（匏）

采茶薪樗

【詁訓】《豳風》《小雅》毛傳皆曰："樗，惡木也。"惟其惡木，故豳人祇以爲薪，《小雅》以儷惡菜，今之臭椿樹是也。所在有之，有一種葉香者可食。

（樗）

三之日納于凌陰

【詁訓】【辨誤】《豳》詩:"三之日納于凌陰。"《傳》曰:"凌陰,冰室也。"此以冰釋凌,以室釋陰,非謂滕爲仌室也。鄭注《周禮》"凌人"徑云:"凌,冰室也。"似失之。

(滕)

黍稷重穋

【叚借】【古今】(《說文》:"穜,先種後孰也。")《邠風》傳曰:"後孰曰重。"《周禮·內宰》注:"鄭司農云:'先種後孰謂之稺。'"按:《毛詩》作"重",叚借字也。《周禮》作"穜",轉寫以今字易之也。

(穜)

朋酒斯饗

【校勘】【經學】【叚借】【詁訓】【辨誤】【義例】《豳風》:"朋酒斯饗,曰殺羔羊。"《傳》曰:"饗,鄉人飲酒也。其牲,鄉人以狗,大夫加以羔羊。"此《傳》各本譌奪,依《正義》攷定如是①。許君所本也,饗字之本義也。孔沖遠曰:"鄉人飲酒而謂之饗者,鄉飲酒,禮尊事重,故以饗言之。"此不知亯燕之亯正作亯。亯,獻也。《左傳》作亯爲正字,《周禮》《禮記》作饗爲同音假借字。猶之《左傳》作宴爲正字。宴,安也。《禮經》《周禮》作燕爲同音假借字也。沖遠證之以用樂或上取,其說迂曲矣。至若《毛詩》云:"我將我亯",下文云:"既右饗之。"云:"以亯以祀",下文云:"神保是饗。"云:"亯以騂犧",下文云:"是饗是宜。"《毛詩》之例,凡獻於上曰亯,凡食其獻曰饗。《左傳》用字正同。凡《左氏》亯燕字皆作亯,惟"用人其誰饗之",字作饗。

(饗)

---

① 《詩經·七月》:"朋酒斯饗,曰殺羔羊。"《傳》云:"饗者,鄉人以狗,大夫加以羔羊。"《正義》云:"言饗禮者,鄉人飲酒,以狗爲牲,大夫與焉,則加以羔羊。"正乃釋《傳》者。段據以攷定《毛傳》。

萬壽無疆

【詁訓】【正俗】《七月》："萬壽無疆"，《傳》曰："疆，竟也。"《田部》曰："界，竟也。"然則畺、界義同，竟、境正俗字。《信南山》："我疆我理"，《傳》曰："疆，畫經界也。理，分地理也。"《緜》曰："乃疆乃理"，《江漢》曰："于疆于理"，其義皆同。經界出於人爲，地理必因地阞，二者必相因而至，不知地阞則水不行。

（畺）

鴟鴞

迨天之未陰雨

【異文】【正俗】（《說文》："《詩》曰：'棣天之未陰雨。'"）今《詩》作"迨"，俗字也。

（棣）

予手拮据

【經學】（《說文》："拮，口手共有所作也……《詩》曰：'予手拮据。'"①）《豳風》："予手拮据"，《傳》曰："拮据，撠挶也。手病口病，故能免於大鳥之難。"《韓詩》曰："口足爲事曰拮据。"韓之足即毛之手也，許蓋合毛、韓爲此訓。

（拮）

唯予音之嘵嘵②

【源流】【異文】（《說文》："《詩》曰：'予維音之嘵嘵。'"③）《玉篇》《廣韵》作"予維音之嘵嘵"，本《說文》也。今本《說文》作

---

① 陳本"口手"作"手口"。
② 今本作"予維音嘵嘵"。
③ 陳本"予維"作"唯予"。

"唯予音之曉曉"。

（曉）

東山

勿士行枚

【叚借】《豳風》傳曰："枚，微也。"《魯頌》傳曰："枚枚，礱密也。"皆謂枚爲微之假借也。

（枚）

蜎蜎者蠋

【校勘】（《說文》："《詩》曰：'蜎蜎者蜀。'"）今左旁又加虫，非也。

（蜀）

烝在桑野

【叚借】【詁訓】《大雅》："倉兄填兮"，《傳》曰："填，久也。"《常棣》："烝也無戎"，《傳》曰："烝，填也。"《東山》："烝在桑野"，《傳》曰："烝，寘也。"而《爾雅·釋詁》則曰："塵，久也。"是填、寘、塵三字音同。故鄭箋《東山》云："古者聲填、寘、塵同也。"塵爲叚借字。蓋古經有作塵者。今新陳字作陳，非古也，而古音之存者也。詩詞內作鎭亦是此字。

（填）

果臝之實[①]

【經學】【詁訓】《豳風》："果臝之寶，亦施于宇。"《釋艸》曰："果臝之實，栝樓也。"《毛傳》同。李巡曰："栝樓，子名也。"《本艸經》：

[①] 許校云：《豳風》"臝"作"臝"。

"栝樓一名地樓。"玉裁按：苦、果，婁、蠃皆雙聲。藤生蔓於木，故今《爾雅》《本艸》字從木；艸屬也，故《說文》字從艸。
（苦）

伊威在室

【詁訓】《豳風》："伊威在室"，《毛傳》曰："伊威，委黍也"，《釋蟲》同。按：《釋蟲》以蟠、鼠婦與伊威、委黍畫爲二條，不言一物。蚗威即今之地鼈蟲，與鼠婦異物。《本艸經》曰："鼠婦一名蚜蝛"，以其略相似耳。《本艸經》以鼠婦與蠦蟲爲二條，分下品中品，實則蠦即鼠婦，蓋一物而略有異同，今難細別耳。
（蚜）

町畽鹿場①

【詁訓】【校勘】（《說文》："畽，禽獸所踐處也。"）本不專謂鹿，《詩》則言鹿而已。（《說文》："《詩》曰：'町畽鹿場。'"）《毛傳》曰："町畽，鹿迹也"，謂鹿迹所在也。《楚辭·九思》："鹿蹊兮躑躅"，躑與畽蓋一字。畽亦作畷，《郡國志》廣陵郡東陽，劉昭云："縣多麋"，引《博物志》"十百爲羣，掘食艸根，其處成泥，名曰麋畷。民人隨此畷種稻，不耕而穫，其收百倍。"今《後漢書》譌爲"畯"，《埤雅》引此又譌"畷"，然因《埤雅》可以校正也。
（畽）

熠燿宵行

【校勘】（《說文》："《詩》曰：'熠熠宵行。'"）宋本、葉抄本作"熠熠"。王伯厚《詩考》"異字異義"條舉《說文》"熠熠宵行"，而《文選·張華〈勵志〉詩》"涼風振落，熠熠宵流"，注引《毛傳》"熠

---

① 今本"畽"作"畽"。

熠，粦也"。疑皆"熠燿"之誤，當依《詩音義》爲正。

（熠）

【詁訓】【經學】【校勘】《詩·東山》："熠燿宵行。"《傳》曰："熠燿，燐也。""燐，熒火也。""熒火"謂其火熒熒閃賜，猶言鬼火也。《詩正義》引陳思王《螢火論》曰："熠燿宵行，《章句》以爲鬼火，或謂之燐。""《章句》"者，謂《薛君章句》。是則毛、韓古無異說。《毛詩》字本作"熒"，或乃以《釋蟲》之"熒火，即炤"當之，且或改"熒"爲"螢"，改"粦"爲"燐"，大非《詩》義。古者鬼火與即炤皆謂之熒火，絕無螢字也。粦者，鬼火，故從炎舛。……按：《詩》言"宵行"，謂其能相背而行。

（粦）

鸛鳴于垤

【異文】（《說文》："《詩》曰：'雚鳴于垤。'"）今《詩》作"鸛"，《釋文》曰："本又作雚。"

（雚）

【同源】《詩毛傳》曰："垤，螘冢也。"按：垤之言突也。

（垤）

破斧

既破我斧

【詁訓】《豳風》毛傳曰："方銎曰斨，隋銎曰斧"，隋謂狹長。

（銎）

【音義】《毛詩傳》曰："隋銎曰斧，方銎曰斨。"隋讀如妥，謂不正方而長也。

（斨）

又缺我錡　又缺我銶

【經學】【詁訓】【異文】（《說文》："銶，樂實。一曰鑿首。"）《豳風》毛傳曰："鑿屬曰錡"，"木屬曰銶"；《釋文》曰："錡，《韓詩》云木屬"，"銶，《韓詩》云鑿屬也。"按：許用《韓詩》說也。鑿所以穿木也，鑿首謂鑿柄，鑿柄必以木爲之，今木工尚然矣，故字從木。《金部》無銶，許所據《詩》然也。

（銶）

【志疑】《豳風》："既破我斧，又缺我錡。"《傳》曰："鑿屬曰錡。"此蓋所謂鉏鋤者與？

（錡）

伐柯

籩豆有踐

【詁訓】（《說文》："俴，迹也。"）《豳風》："籩豆有踐"，《箋》云："踐，行列皃。"按：踐同俴，故云"行列皃"。

（俴）

九罭

鴻飛遵渚

【詁訓】【叚借】黃鵠一名鴻。《豳風》："鴻飛遵渚"，毛曰："鴻不宜循渚""鴻飛遵陸"，毛曰："陸非鴻所宜止。"按：《鄭箋》祇云："鴻，大鳥"，不言何鳥，學者多云"雁之大者"。夫鴻雁遵渚、遵陸，亦其常耳，何以毛云"不宜"，以喻周公未得禮？正謂一舉千里之大鳥，常集高山茂林之上，不當循小州之渚、高平之陸也。經傳鴻字有謂大雁者，如《曲禮》"前有車騎，則載飛鴻"，《易》"鴻漸于磐"是也。有謂黃鵠者，此《詩》是也。單呼鵠，絫呼黃鵠、鴻鵠。黃言其色。鴻之言琟也，言其大也，故又單呼鴻雁之大者曰鴻，字當作琟，而假借也。

（鴻）

狼跋

載疐其尾

【叚借】【異文】《釋言》《毛傳》皆曰："疐，跲也。"疐者，躓之叚借字……（《說文》："《詩》曰：'載躓其尾。'"）《豳風》："載疐其尾"，許所據作"躓"。

（躓）

【異文】【經學】【志疑】（《說文》："《詩》曰：'載疐其尾。'"）按：《足部》引"載躓其尾"，必三家《詩》之異也。或同一《毛詩》而異字，如同一《周禮》故書、《儀禮》古文，而或有異文。

（疐）

小雅

鹿鳴之什

鹿鳴

食野之苹

【詁訓】【叚借】（《說文》："苹，蓱也。無根浮水而生者。"）。《小雅》："呦呦鹿鳴，食野之苹"，《傳》曰："苹，蓱也。"《釋草》"苹"字网出，一曰"蓱"，一曰"藾蕭"。《鄭箋》以"水中之艸，非鹿所食",易之曰"苹,藾蕭也"。於《月令》曰:"蓱,萍也。"於《周禮·萍氏》引《爾雅》"萍,蓱"。似分別萍爲水艸,苹爲藾蕭。鄭所據《爾雅》自作"萍,蓱",而《毛詩》《夏小正》以苹爲萍,皆屬叚借。許君則苹、蓱、萍三字同物,不謂苹爲叚借。○李善注《高唐賦》引《說文》:"苹苹,艸皃,音平。"

(苹)

承筐是將

【詁訓】【古今】《小雅》:"承筐是將",《傳》曰:"筐,篚屬,所以行幣帛也。"按:此筐與飯器之筐,異名同實,故毛訓之曰"篚屬"也。《小雅》言"匡",《禹貢》《禮記》言"匪"。應劭《漢書注》曰:《漢書》作棐。應劭曰:"棐,竹器也。方曰箱,隋曰棐。""隋者,方而長也,他果反。"古盛幣帛必以匪,匪、筐古今字。

(匡)

視民不恌

【校勘】【正俗】【音義】【古今】(《說文》:"佻,愉也……《詩》曰:'視民不佻。'")《小雅·鹿鳴》曰:"視民不恌。"許所據作"佻",是。《毛傳》曰:"恌,愉也。"按:《釋言》:"佻,偷也。"偷者,愉之俗字。今人曰偷薄、曰偷盜皆从人作偷,他侯切,而愉字訓爲愉悅,羊朱切。此今義、今音、今形,非古義、古音、古形也。古無从人之偷。愉訓薄,音他侯切。愉愉者,和氣之薄發於色也。盜者,澆薄之至也。偷盜字古只作愉也。凡古字之末流鉥析,類如是矣。《周禮》曰:"以俗教安,則民不愉。"注曰:"愉謂朝不謀夕。"服注《左傳》"視民不佻"云:"示民不愉薄。"《唐風》:"他人是愉。"《傳》曰:"愉,樂也。"《箋》云:"愉讀曰偷,猶取也。"此同字而各舉一義釋之。愉讀曰偷,如注《周禮》"主以利得民"云:"讀如上思利民之利耳。"

(佻)

君子是則是傚

【異體】【正俗】【異文】【叚借】《毛詩》："君子是則是傚"，又"民胥傚矣"，皆效法字之或體。《左傳》引《詩》"民胥效矣"是也。彼行之而此效之，故俗云報效，云效力，云效驗。《廣韻》云："俗字作効。"今俗分別效力作効，效法、效驗作效，尤爲鄙俚。效法之字亦作爻，《毄辭》"爻法之謂坤"是；亦作殽，《禮運》"殽以降命"是；亦作"詨"，《儀禮注》引《詩》"君子是則是詨"是。皆假借也。

(效)

食野之芩

【詁訓】【辨誤】【志疑】【校勘】【音義】(《說文》："菳，黃菳也"，"芩，艸也……《詩》曰：'食野之芩。'")《小雅》："呦呦鹿鳴，食野之芩。"《傳》曰："芩，艸也。"陸璣云："芩艸，莖如釵股，葉如竹，蔓生澤中下地鹹處，爲艸真實，牛馬皆喜食之。"按：如陸說，則非黃芩藥也。許君黃菳字從金聲，《詩》野芩字從今聲，截然分別，他書亂之，非也。《毛詩音義》引《說文》云："蒿也"，以別於毛公之"艸也"，甚爲可據。但訓蒿則與弟二章不別，且《說文》當以芩與蒿篆類廁。恐是一本作"蒿屬"，《釋文》"也"字或"屬"字之誤。又按：《集韻》《類篇》皆曰苳、蕨、芩三字同魚音切，"菜名，似蒜，生水中"。攷《字林》《齊民要術》皆云："苳似蒜，生水中"，此則別是一物。

(芩)

四牡

四牡騑騑

【音義】《小雅》毛傳曰："騑騑，行不止之皃。"與斐音義皆同。

(斐)

周道倭遲

【詁訓】【經學】【異文】《傳》曰："倭遲，歷遠之皃。"按："倭遲"合二字成語，《韓詩》作"威夷"，故與順訓不同，而亦無不合也。

（倭）

嘽嘽駱馬

【經學】【異文】【音義】（《說文》："痑，馬病也……《詩》曰：'痑痑駱馬。'"）《小雅·四牡》曰："嘽嘽駱馬。"《口部》既偁之，訓"喘息皃"，與《毛傳》合矣。此復偁作"痑痑"，訓"馬病"，其爲三家《詩》無疑也。單聲之字古多轉入弟十七部，此其異字異音之故。《漢書·大人賦》："衍曼流爛，痑以陸離。"《史記》"痑"作"壇"。

（痑）

【異文】（《說文》："㩜，提持也……讀若'行遲㩜㩜'。"）"㩜㩜"未見所出，葢即《詩》之"嘽嘽駱馬"，《傳》曰："嘽嘽，喘息之皃，馬勞則喘息。"

（㩜）

不遑啓處

【詁訓】【正俗】《小雅》："不遑啓處"，《傳》曰："啓，跪。處，居也。"古謂跪爲啓，謂坐爲凥、爲處。凥，俗作居。

（凥）

翩翩者鵻

【詁訓】【同源】【校勘】《小雅》："翩翩者鵻"，《釋鳥》："鵻其，鳺鴀。"《毛傳》曰："鵻，夫不也。"《南有嘉魚》傳曰："鵻，壹宿之鳥。"《左傳》："祝鳩氏，司徒也。"杜曰："祝鳩，鶻鳩也。鶻鳩孝，故爲司徒，主教民。"樊光注《爾雅》亦云："孝，故爲司徒。"郭云："今鵓鳩也。"按：鵓鳩今俗呼勃姑，鵓、勃，語之轉。鵓即《爾雅》之夫不也。……《詩釋文》："雛音隹，本又作隹。"按：《釋鳥》直作"隹"……（《說文》："隼，雛或从隹一。"）从一者，謂壹宿之鳥也。《箋》云："壹宿者，壹意於其所宿之木也。"《毛詩》《爾雅》音義云："雛本作隹。"蓋是本作"隼"，轉寫譌之耳。

（雛）

載驟駸駸

【詁訓】《小雅·四牡》傳曰："駸駸，驟兒。"驟者，馬捷步也。

（駸）

【詁訓】【音義】《小雅》曰："載驟駸駸。"按：今字驟爲暴疾之詞，古則爲屢然之詞。凡《左傳》《國語》言驟者，皆與屢同義，如"宣子驟諫"，"公子商人驟施於國"是也。《左傳》言驟；《詩》《書》言屢；《論語》言屢，亦言亟，其意一也。亟之本義敏疾也，讀去吏切爲數數然，數數然即是敏疾，驟之用同此矣。數之本義，計也，讀所角切爲數數然，乃又引伸爲凡迫促之意。好學者必心知其意，於此可見也。

（驟）

將母來諗

【詁訓】【叚借】《小雅》："是用作歌，將母來諗。"《箋》云："諗，告也。以養父母之志來告於君。"《左傳》："昔辛伯諗周桓公。"此皆於深諫義近。毛曰："諗，念也。"此則謂諗爲念之同音假借。

（諗）

皇皇者華

駪駪征夫

【詁訓】【異文】（《說文》："駪，馬衆多兒。"）《皇皇者華》云："駪駪征夫"，《傳》曰："駪駪，衆多之兒。"按：毛不曰馬者，以《詩》言人也，其引伸之義也。許言馬者，字之本義也，以其字从馬。《焱部》引《詩》"莘莘征夫"。

（駪）

【異文】【音義】（《說文》："燊……讀若《詩》曰'莘莘征夫'。"）今《毛詩·皇皇者華》："駪駪征夫",《馬部》"駪"下不引《詩》,而此引作"莘莘"。《招䰟》引作"侁侁",亦作"莘莘",音相近也。

（燊）

常棣

常棣之華

【詁訓】《小雅》傳曰："常棣,棣也。"《秦風》傳曰："棣,唐棣也。"常與唐同字可證矣。

（棣）

鄂不韡韡

【詁訓】《小雅》："鄂不韡韡。"《傳》云："鄂猶萼萼然,言外發也。"《箋》云："承華者曰鄂。不當作柎。柎,鄂足也。鄂足得華之光明則韡韡然盛。古聲不柎同。"《箋》意鄂承華者也,柎又在鄂之下,以華與鄂喻兄弟相依。郭璞云："江東呼草木子房為柎。"草木子房如石榴房、蓮房之類,與花下鄂一理也。

（柎）

【正俗】【校勘】【詁訓】（《說文》："《詩》曰:'咢不韡韡。'"①）咢各本作"萼",俗字也,今正。今《詩》作"鄂",亦非也。毛云："咢猶咢咢然,言外發也。"鄭云："承華者曰咢。"皆取咢布之意。

（韡）

脊令在原

【正俗】【同源】《毛傳》曰："脊令,雝渠也。飛則鳴,行則搖,不能

---

① 陳本"咢"作"萼"。

自舍爾。"《釋鳥》作"鵙鴿",俗字也。精列者,脊令之轉語。

(雁)

況也永歎

【詁訓】《詩·小雅》:"兄也永歎",毛曰:"兄,茲也。"戴先生《毛鄭詩考正》曰:"茲今通用滋。《說文》'茲'字說云:'艸木多益。''滋'字說云:'益也。'韋注《國語》云:'兄,益也。'《詩》之辭意言不能如兄弟相救,空滋之長歎而已。"按:《大雅》:"職兄斯引",《傳》亦云:"兄,茲也。"

(茲)

【異體】【詁訓】《詩·常棣》傳曰:"況,滋也。"《桑柔》傳曰:"兄,滋也。"《召旻》傳曰:"兄,茲也。"兄況不同,以兄爲正。滋茲不同,許皆訓益。

(㕣)

【詁訓】【校勘】【辨誤】【異文】【叚借】(《說文》:"兄,長也。")《小雅》:"兄也永歎",《傳》曰:"兄,茲也。"《大雅》:"倉兄填兮",《傳》曰:"兄,滋也。""職兄斯引""職兄斯弘",《傳》曰:"兄,茲也。"又《小雅》:"僕夫兄瘁",《箋》云:"兄,茲也。"又《大雅》:"亂兄斯削",《箋》云:"而亂茲甚。"茲與滋義同。茲者,草木多益也。滋者,益也。凡此等,《毛詩》本皆作"兄",俗人乃改作从水之"況",又譌作"况"。陸氏《音義》不能諟正畫一,正僞錯出。且於《常棣》云:"作兄者非",由未知茲益乃兄之本義故耳。兄之本義訓益,許所謂"長也"。許不云"茲"者,許意言"長"則可晐長幼之義也。《矢部》"㕣"下曰:"兄㕣也。"謂加益之㕣,此滋長之義也。《無逸》:"無皇曰",今文《尚書》作"毋兄曰",王肅本"皇"作"况"。注曰:"况,滋。"韋昭注《國語》云:"况,益也。"皆兄訓益之證。引伸之,則《爾雅》曰:"男子先生爲兄,後生爲弟。"先生之年自多於後生者,故以兄名之,猶弟本義爲韋束之次弟,以之名男子後生者也。莫重於君父,故有正字;兄弟之字,則依聲託事。古兄長與兄益無二音也。淺人謂兄之本義爲男子先生，則主從倒置，豈弟之本義爲男子後生乎？世之言小學者，知此而後可與言《說文》，可與言經義。顧希馮《玉篇》不知此，則直云"男子先生爲兄""男子後生爲弟"而已，以兄弟二部次於《男部》《女部》閒，觀其列部之次第，可以知其不識字義。

（兄）

外禦其務

【叚借】《小雅·常棣》假"務"爲"侮"。

（侮）

飲酒之飫

【叚借】【經學】【異文】【校勘】（《說文》："飫，燕食也……《詩》曰：'飲酒之飫。'"①）此引《常棣》六章說叚借也。"飫"，《韓詩》作"醧"，說曰："跣而上坐謂之宴。能者飲，不能者已，謂之醧。"《毛詩》叚"飫"爲"醧"，故《傳》曰："飫，燕私也。（段云："今本奪'燕'字。"）脫屨升堂謂之飫。（段云："今本句首衍'不'字。"）"毛、韓義一也。故曰許引此《詩》說醧之叚借也。此猶引"作玫"爲"作好"，引"莫席"爲"筵席"也，說詳《酉部》。

（飫）

【詁訓】【校勘】【經學】【異文】【叚借】【義例】【辨誤】（《說文》："醧，宴厶歙也。"②）《小雅·楚茨》："諸父兄弟，備言燕私。"《傳》曰："宴而盡其私恩也。"《尚書大傳》曰："既侍其宗，然後得燕私。燕私者何也？祭已而與族人飲。飲而不醉，是不親。醉而不出，是不敬。"《湛露》傳曰："夜飲，燕私也。宗子有事，則族人皆侍。不醉而出，是不親也。醉而不出，是潔宗也。"《特牲饋食禮》注曰："《尚書

---

① 陳本"歙"作"飲"。
② 陳本"宴厶"作"私宴"。

傳》曰：宗室有事，族人皆侍終日。大宗已侍於賓，暮然後燕私。燕私者何也？祭已而與族人飲也。"皆燕私之證。今《湛露》傳亦譌爲"私燕"矣。宴私之飲謂之醧，見《韓詩》。《魏都賦》："愔愔醧燕"，張載注云："《韓詩》曰：賓爾籩豆，飲酒之醧。能者飲，不能者已，謂之醧。"《東都賦》："登降飫宴之禮既畢。"李善引薛君《韓詩章句》曰："曰飲酒之禮，跣而上坐者謂之宴。"（段云："今本'跣'上衍'不'字。"）徐堅《初學記》引《韓詩》說冣詳，曰："夫飲之禮，不脫履而即序者謂之禮。（段云："此句'禮'當作'飫'。"）跣而上坐者謂之宴。能飲者飲，不能飲者已，謂之醧。齊顏色，均衆寡，謂之沈。閉門不出客謂之湎。（段云："'客'字依《詩釋文》訂。"）君子可以宴，可以醧，不可以沈，不可以湎。"許云："醧，宴私之飲也"，正謂跣而升堂，能飲則飲，不能則已，本《韓詩》爲說也。而《毛詩·常棣》"醧"作"飫"。《釋言》曰："飫，私也。"《毛傳》曰："飫，私也。不脫履升堂謂之飫。"毛之飫字，於韓爲醧。毛以不脫履升堂釋飫，韓分別飫、醧之名，數典獨詳。以《國語》攷之，《周語》彪傒曰："夫禮之立成者爲飫，昭明大節而已，少曲與焉，是以爲之日惕，其欲教民戒也。"原公曰："禘郊之事，則有全烝。王公立飫，則有房烝。親戚燕饗，則有殽烝。夫王公諸侯之有飫也，將以講事成章，建大德，昭大物也。故立成禮烝而已。飫以顯物，燕以合好。歲飫不倦，時宴不淫。"是則飫之禮大於宴醧。故飫主於敬，宴醧主於和。飫必立成，宴醧必坐。飫在晝，宴在夜。飫必履而升堂，宴醧必跣。飫以建大德，昭大物，公之至者，不得云私。宴醧主飲酒以親親，故曰宴私。且《周語》分別其禮曰："王公立飫，則有房烝。親戚饗宴，則有殽烝。"是則王公立飫，同異姓皆在焉，不專親戚。宴醧則惟同姓而已。故《常棣》《湛露》《楚茨》之燕私，皆同姓也。然則《常棣》當作"醧"，不當作"飫"，了然可見矣。故許於"醧"曰："宴私飲也"，用《韓詩》說也，而非與毛說異也。何以言之？蓋《常棣》"醧"爲正字，"飫"爲音近叚借字。以韻言之，區聲與豆、具、孺同部，而芺聲不同部。毛、韓各有所受，往往毛多古字，韓爲今字。此一條韓爲正字，毛爲叚借字。如

《斯干》"如鳥斯革"，革訓翼；韓作"䩸"，訓翅。亦韓正字，毛叚借也。毛云："飫，私也"者，用《爾雅·釋言》文。葢作《爾雅》時，《常棣》詩已作"飫"矣，故《爾雅》云："飫，私也"，而毛仍之。毛公知《詩》"飫"非《國語》"飫"也，故足之曰："脫屨升堂謂之飫"，即韓之"脫屨升坐謂之宴"也。宴醹是一事，言宴而醹在其中。言"脫屨升堂"而"能者飲，不能者已"在其中矣。以《詩》《爾雅》之"飫"別《國語》之"飫"，以"脫屨升堂"說《爾雅》之"私"，毛義也。下文又曰："九族會曰和孺屬也。王與親戚燕則尚毛。"是爲燕醹，而非《國語》之"飫"可知矣。今《毛傳》作"不脫屨升堂謂之飫"者，由不善讀毛者摭取《國語》及《韓詩》說妄增"不"字，自漢已然。鄭君不能辯，乃強爲之說曰："聽朝爲公，於堂爲私"，非古燕私之義也；又云："圖非常，議大疑爲私"，非《國語》說也。且"兄弟既具"《箋》云："九族，從上至高祖，下至元孫之親也。屬者以昭穆相次序。""妻子好合"《箋》云："王與族人燕，則宗婦內宗之屬亦從后於房中。"是鄭明知《詩》言燕私，不得參之以立成之飫。摠由此《詩》字作"飫"而義實"醹"，讀者不據《韓詩》，不攷燕、飫之別，莫得其解。許君《食部》"飫"下云："燕食也"，亦依附毛義而失之。《角弓》傳曰："饇，飽也"，饇即飫，此飫之本義也。

（醹）

樂爾妻帑

【叚借】《小雅·常棣》傳曰："帑，子也。"此叚帑爲奴。

（帑）

【校勘】（編按：奴）引申之，凡水不流曰奴，木之類近根者奴。《毛傳》曰："帑，子也。"《左傳》"鳥帑"，鳥尾也；"駑馬"，下乘也。其字皆當作"奴"，皆引伸之義也。

（奴）

伐木

鳥鳴嚶嚶

【詁訓】【校勘】【辨誤】《小雅》:"鳥鳴嚶嚶",毛曰:"嚶嚶,驚懼也。"《釋訓》曰:"丁丁、嚶嚶,相切直也。"鄭曰:"嚶嚶,兩鳥聲也。"按:《詩》:"鳥鳴嚶嚶,出自幽谷",本不言何鳥,昔人因嚶嚶似離黃之聲,出谷遷喬,亦似離黃出蟄土而登樹,故就嚶改鸎,爲倉庚之名。唐試士以"鸎出谷"命題,本《毛詩》也。古者倉庚名離黃,名雜黃,名楚雀,名黃栗畱、黃鸝畱,不名黃鸎,亦無鸎字也。惟高誘注《呂覽》曰:"含桃,鸎桃,鸎鳥所含",陸璣《詩疏》云:"黃鸝畱,幽州人謂之黃鸎",鸎字始見。要因其聲製字耳。果名依高誘作"鸎桃"爲是,鄭注《月令》作"櫻桃"者,乃俗人所改。《詩》:"交交桑扈,有鶯其羽",毛公云:"鶯然有文章也。"鶯絕非鸎。唐人耕韵"鶯"注:"鳥羽文也","鸎"注:"黃鸎也",一韵中可並用。舊本唐詩黃鸎字皆如此,元明以後淺人乃謂古無鸎字,盡改爲鶯,而鶯失其本義,而昔人因嚶製鸎之理晦矣。《玉篇》:"鶯,鳥有文""鸎,黃鳥也",分別亦是。而謂倉庚爲黃鳥,失《詩》之訓。《毛詩》黃鳥非倉庚也。至《集韵》《類篇》乃皆合鶯、鸎爲一字,斯謂不識字。

(嚶)

伐木許許

【異文】【經學】【詁訓】(《說文》:"所,伐木聲也……《詩》曰:'伐木所所。'")首章"伐木丁丁",《傳》曰:"丁丁,伐木聲。"次章"伐木許許",《傳》曰:"許許,柹皃。"此"許許"作"所所"者,聲相似。不用"柹皃"之說,用"伐木聲"之說者,蓋許以毛爲君,亦參用三家也。今按:"丁丁"者,斧斤聲;"所所"則鋸聲也。

(所)

釃酒有藇

【詁訓】【校勘】《毛詩·伐木》傳曰："以筐曰釃，以籔即曰湑。"籔即今之溲箕也，今誤從"艸"作"藪"。筐者，盛飯之器，較細；籔者，淲淅之器，較麤。皆可以漉酒者。

（籔）

【經學】（《說文》："湑，茜酒也……《詩》曰：'有酒湑我'，又曰：'零露湑兮。'"）《小雅·伐木》云："釃酒有藇"，《傳》曰："以筐曰釃，以籔曰湑。"又云："有酒湑我"，《傳》曰："湑，茜之也。"按：毛、許"釃""茜"皆有別。《酉部》云：茜者"禮，祭束茅加於祼圭而灌鬯酒，是爲茜。"與鄭大夫《甸師》注合。是則《毛傳》湑訓以籔茜之籔，謂艸如祭之用茅也，故亦曰茜。

（湑）

坎坎鼓我

【異文】【經學】【志疑】（《說文》："《詩》曰：'竷竷鼓我。'"①）今《小雅·伐木》作"坎坎"，毛無《傳》。而《陳風》曰："坎坎，擊鼓聲也。"《魏風》傳曰："坎坎，伐木聲也。"《魯詩·伐檀》作"欿欿"。疑"竷竷鼓我"容取三家，與毛異。

（竷）

蹲蹲舞我

【異文】（《說文》："《詩》曰：'墫墫舞我。'"②）《爾雅》："坎坎、墫墫，喜也。"今《詩》作"蹲"。

（墫）

---

① 陳本"鼓"作"舞"，段云："鼓，各本作舞，今依《韻會》訂。《士部》引'墫墫舞我'，則此當同《詩》作'鼓'矣。"
② 陳本"墫"作"墫"。

天保

俾爾戩穀

【詁訓】【義例】（《說文》："戩，滅也。"）滅者，盡也。盡之義兼美惡，故滅之義亦兼美惡。凡盡皆得云滅，亦皆得云戩也。《天保》曰："俾爾戩穀"，朱子曰："戩，盡也。穀，善也。"此注甚合古義。《爾雅》："履、戩、祓，福也。"此謂《樛木》之"福履"，《天保》之"戩穀"，《卷阿》之"祓祿"，皆得訓福。履本不訓福，與福連文，則可訓福矣。戩、祓本不訓福，與穀、祿連文，則亦可訓福矣。皆於兩字摘一字以釋兩字之義。毛公仍之，曰："戩，福也"，而"履，祿也"，"芾，小也"，則不相襲矣。古人之文，貴善讀之，所謂不以文害辭，不以辭害志。許於戩不襲《爾雅》《毛傳》，斯善讀《爾雅》《毛傳》者也。今之能善讀者葢尠矣。

（戩）

吉蠲為饎

【經學】【異文】【叚借】【音義】益聲在十六部，故蠲之古音如圭。《韓詩》："吉圭爲饎"，《毛詩》作"吉蠲"，蠲乃圭之叚借字也。唐詩"水搖文蠲動"，亦尚讀如桂，音轉乃讀古懸切。

（蠲）

如月之恆

【異文】【詁訓】《傳》曰："恆，弦也。"按：《詩》之"恆"本亦作"緪"，謂張弦也。月上弦而就盈，於是有恆久之義，故古文从月。

（恆）

不騫不崩[①]

【詁訓】《小雅》兩言"不騫不崩",《魯頌》作"不虧不崩"。毛曰:"騫,虧也。"

(虧)

采薇

不遑啟居

【校勘】【經學】《詩》所謂"啟處",《四牡》傳曰:"啟,跪也。處,居也。"《四牡》"不遑啟處",《采薇》《出車》作"不遑啟居","居"皆當作"凥"。許"凥"下云:"處也",正本《毛傳》。

(居)

彼爾維何

【異文】(《說文》:"《詩》曰:'彼薾惟何?'")今作"爾"。"惟",今作"維"。

(薾)

象弭魚服

【詁訓】【經學】(《說文》:"弭,弓無緣可㠯解轡紛者。"[②])《釋器》曰:"弓有緣者謂之弓,無緣者謂之弭。"孫云:"緣謂繁束而漆之,弭謂不以繁束,骨飾兩頭者也。"《小雅》:"象弭魚服",《傳》曰:"象弭,弓反末也,所以解紛者",《箋》云:"弓反末彆者,以象骨爲之,以助御者解轡紛,宜骨也。"按:紛猶亂,今《詩》作"紛",亦通。

---

① 今本"崩"作"崩"。
② 陳本"轡"作"彎"。

"紛"者,今之結字。許合《爾雅》《毛詩》爲說也。

(弫)

【詁訓】(《說文》:"弲,弓戾也。"①) 弓戾者,謂弓徥戾不調。鄭箋《詩》"象弭"云:"弓反末彄者,以象骨爲之",意與小異。

(弲)

出車

黍稷方華

【詁訓】榮而實謂之實,桃、李是也;不榮而實謂之秀,禾、黍是也;榮而不實謂之英,牡丹、勺藥是也。凡禾、黍之實皆有華,華瓣收即爲稃而成實,不比華落而成實者。故謂之榮可,如"黍稷方華"是也;謂之不榮亦可,"實發實秀"是也。

(秀)

杕杜

檀車幝幝

【詁訓】【校勘】(《說文》:"幝,車敝皃。"②) 古本當是"巾敝皃",故從巾。《詩》以爲車敝字,則其引伸之義也。《釋文》引《說文》:"巾敝也。從巾單。"今本《釋文》乃巾譌車,殊失陸意。

(幝)

【經學】【異文】【詁訓】《毛詩》:"檀車幝幝",毛曰:"幝幝,敝皃。"《釋文》云:"《韓詩》作'綩綩'。"蓋物敝則緩,其義相通。

(綩)

---

① 陳本無,段云:"此依《詩·采薇》釋文、正義所引《說文》補。"
② 陳本"敝"作"弊"。

【經學】【異文】《韓詩》："檀車綫綫"，《毛詩》作"嘽嘽"。
（繹）

魚麗

魚麗于罶

【詁訓】《釋訓》曰："凡曲者爲罶。"《釋器》曰："嫠婦之筍謂之罶。"《小雅·魚麗》《苕華》傳合之曰："罶，曲梁也，寡婦之筍也。"許說本之。按：《邶風》傳云："梁，魚梁。"《衛風》傳曰："石絕水曰梁。"《曹風》傳云："梁，水中之梁。"《邶風》傳云："筍，所以捕魚也。"《句部》云："筍，曲竹捕魚也。"蓋曲梁別於凡梁，寡婦之筍別於凡筍。曲梁者，僅以薄爲之；寡婦之筍，筍之敝者也。《魚麗》，美物盛多能備禮也。故言此曲梁寡婦之筍，而魚之多如是。《苕之華》，大夫閔時也。師旅並起，因之以飢饉。言"三星在罶"，則無魚可知也。梁與筍相爲用，故《詩》云："敝筍在梁"，言逝梁必言發筍。若《魯語》曰："古者大寒降，土蟄發，水虞於是乎講罛罶，取名魚"，則非止曲梁寡婦之筍矣。
（罶）

鱨鯊

【詁訓】《魚麗》傳曰："鱨，揚也"，陸疏曰："今黃頰魚也。似燕頭魚身，形厚而長大，頰骨正黃，魚之大而有力解飛者，徐州人謂之揚。"按：《山海經》之"鰄"，郭云："黃頰魚也。"
（鱨）

【詁訓】【校勘】（《說文》："魦，魦魚也。出樂浪潘國。"[①]）《詩·小雅》有鯊，則爲中夏之魚，非遠方外國之魚明甚。蓋《詩》自作沙字，

---

① 陳本"魦魚也"作"魚名"。

吹沙小魚也。

（魦）

南有嘉魚之什

南有嘉魚

烝然汕汕

【經學】（《說文》："汕，魚游水皃……《詩》曰：'烝然汕汕。'"①）《小雅》："南有嘉魚，烝然汕汕。"《傳》曰："汕，樔也。"《詩》不从毛，葢三家之說。

（汕）

南山有臺

樂只君子

【叚借】（編按：只）亦借爲是字。《小雅》："樂只君子"，《箋》云："只之言是也。"《王風》："其樂只且"，《箋》云："其且樂此而已。"按：以"此"釋"只"，與《小雅》箋同。

（只）

南山有枸

【詁訓】《小雅》："南山有枸。"毛曰："枸，枳枸也。""枳枸"即《禮記》之"椇"。

（枸）

---

① 陳本"烝"作"蒸"。

遐不黃耇

【詁訓】【叚借】【校勘】【辨誤】《釋詁》曰："耇、老，壽也。"《小雅》毛傳曰："耇，壽也。"孫炎曰："耇，面凍黎色如浮垢，老人壽徵也。"《儀禮注》曰："耇，凍梨也。"《方言》曰："東齊曰眉，燕代之北郊曰梨，秦晉之郊、陳兗之會曰耇鮐。"按：《方言》又曰："麋、黎，老也。""麋、黎"即卷一之"眉、梨"。"凍黎"謂凍而黑色，或假"梨"爲之。《尚書》"黎老"作"犁老"，亦假借也。孫炎注本作"面凍梨"，見《南山有臺》《大誓》二《正義》，本無"如"字。《釋名》及《方言注》乃云"如凍梨"，非也。
（耇）

蓼蕭

為龍為光

【叚借】《毛詩·蓼蕭》傳曰："龍，寵也。"謂龍即寵之叚借也。
（龍）

鞗革沖沖①

【詁訓】【校勘】《爾雅》："轡首謂之革"，革即勒之省。馬絡頭者，轡所係也，故曰"轡首"。《毛詩》"鞗革"皆當依古金石作"攸勒""鋚勒"。《毛傳》曰："攸，轡首飾也。革，轡首也。"自來上句奪"首飾"二字而莫得其解。
（勒）

【詁訓】【音義】《小雅》曰："攸革沖沖"，毛云："沖沖，垂飾貌。"此涌搖之義。《豳風》傳曰："沖沖，鑿冰之意。"義亦相近。《召南》傳曰："忡忡，猶衝衝也。""忡"與"沖"，聲義皆略同也。
（沖）

---

① 今本"沖"作"忡"。

【校勘】【叚借】【詁訓】《小雅》："鋚革沖沖"，《毛傳》曰："鋚，轡也。革，轡首也。"按："鋚，轡也"當作"鋚，轡首飾也"，轉寫奪去二字耳。下文云："沖沖，垂飾皃"，正承"轡首飾"而言。許釋"鋚"爲"轡首銅"，鋚即鋚字。《詩》本作"攸"，轉寫誤作"鋚"。攸、革皆古文叚借字也。古金石文字作"攸勒"，或作"鋚勒"。"轡首銅"者，以銅飾轡首也。《革部》"勒"下云："馬頭絡銜也"，即《毛傳》所謂"轡首"也。《周頌·載見》箋云："鶬謂金飾"，正與"轡首銅"之訓合。《大雅·韓奕》鞹以爲鞃，淺以爲幭，鋚以飾勒，金以飾軛，四事文意一例。"鋚勒"謂以銅飾轡之近馬頭處，垂之沖沖然也。

（鋚）

湛露

匪陽不晞

【叚借】《小雅》："湛湛露斯，匪陽不晞。"《傳》曰："陽，日也。晞，乾也。""陽，日也"者，謂"陽"即"暘"之叚借也。

（晞）

彤弓

彤弓弨兮

【源流】【詁訓】（《說文》："弨，弓反也……《詩》曰：'彤弓弨兮。'"）《小雅》："彤弓弨兮"，《傳》曰："弨，弛皃。"按：《詩正義》引《說文》有"謂弛之而弓反"六字，蓋出庾儼默說。弛者，弓解也。弓反者，《詩》所云"翩其反也"。弓反爲弨之本義，弛之則亦反矣。

（弨）

菁菁者莪

錫我百朋

【歷史】【經學】《小雅》："既見君子，錫我百朋。"《箋》云："古者貨貝，五貝爲朋。"《周易》亦言"十朋之龜"，故許以貝與龜類言之。《食貨志》王莽貝貨五品，大貝、壯貝、幺貝、小貝皆二枚爲一朋，不成貝不得爲朋。龜貨四品，元龜當大貝十朋，公龜當壯貝十朋，矦龜當幺貝十朋，子龜當小貝十朋。此自莽法。鄭箋《詩》云："古者五貝爲朋。"注《易》以《爾雅》之十龜，未嘗用歆、莽說也。

（貝）

載沈載浮

【叚借】（編按：沈）古多假借爲湛没之湛，如《小雅》"載沈載浮"是。

（沈）

六月

以匡王國

【詁訓】匡之引申叚借爲匡正，《小雅》："王于出征，以匡王國。"《傳》曰："匡，正也。"蓋正其不正爲匡。

（匡）

四牡脩廣

【叚借】《毛詩·六月》《韓奕》傳曰："脩，長也。"周秦之文，攸訓爲長，其後乃叚脩爲攸，而訓爲長矣。

（希）

以奏膚公

【叚借】《詩》"以奏膚公",《傳》曰:"膚,大也。公,功也。"此謂叚公爲功也。

(功)

織文鳥章

【叚借】【正俗】古朝覲、軍禮皆有徽識,而徽各書作徽,容是叚借;識各書作幟,則是俗字。唐初釋玄應曰:"幟與識本無二音。"若《毛詩》作"織",則亦叚借字也。

(徽)

【叚借】經與緯相成曰織,古叚爲識字,如《詩》之"織文",徽識也。

(織)

帛斾央央①

【詁訓】【叚借】《小雅》:"帛斾央央",毛曰:"帛斾,繼旐者也。"按:帛葢用絳。……又假茷爲斾,如《左傳》"綪茷"即"蒨斾",《詩》"帛茷央央"即"帛斾"是也。

(斾)

元戎十乘

【校勘】《毛詩》"元戎",《傳》曰:"元,大也。夏后氏曰鉤車,先正也。殷曰寅車,先疾也。周曰元戎,先良也。"《箋》云:"鉤者,鉤股

———

① 今本"帛斾"作"白斾",阮校云:"唐石經、小字本、相臺本同。案:此《釋文》又作本也。《釋文》本作'白茷',《正義》本作'帛茷',《周禮·司常》疏及《出其東門》正義引作'白',與《釋文》本同也。《公羊·宣十二年》疏載孫炎《爾雅注》引作'帛',則《正義》本之所同也。《詩經小學》云:'作帛爲善。'"

曲直有正也。"俗本譌甚，今依《釋名》及《音義》改正。
（車）

既佶且閑

【詁訓】《小雅·六月》傳曰："佶，正也。"《箋》云："佶，壯健之皃。"按：鄭以言"壯健"乃可兒馬，但毛言"正"自可含壯健也。
（佶）

采芑

約軝錯衡

【詁訓】【叚借】（《說文》："軝，長轂之軝也，目朱約之⋯⋯《詩》曰：'約軝錯衡。'"）《小雅·斯干》傳曰："軝，長轂之軝也。朱而約之。""長轂"者，《小戎》所謂"暢轂"也。《傳》曰："暢轂，長轂也。"大車轂長尺五寸，兵車、田車、乘車轂長三尺二寸。五分三尺二寸之長，一爲賢，得六寸四分。三爲軹，得尺九寸二分。虛其一者，畱以置輻也。參分三尺二寸之長，二在外，一在内，以置其輻。二在外而三爲軹者在是。一在內而一爲賢者在是。《考工記》此軹字，即《毛詩》之軝字。軹者，同音叚借字也。取此尺九寸二分者，以革約之而朱其革，《詩》所謂"約軝"也。《考工記》詳之曰："容轂必直，陳篆必正，施膠必厚，施筋必數，幬必負幹。既摩，革色青白，謂之轂之善。"說者曰："容者，治轂爲之形容也。篆，轂約也。幬，負幹者。革轂相應，無贏不足也。既摩，革色青白者，謂丸桼之乾，而以石摩平之，革色青白，善之徵也。"玉裁按：容如製甲必先爲容之容。先爲容轂之笵，盛轂於中，以治之飾之。陳篆者，刻畫其文，而以革縷若絲嵌約之，而後施膠施筋，而後幬之以渾革，而丸桼之，而摩之。革色青白，而後朱畫之。容轂以下，渾轂所同也。幬而朱之，軝所獨也。本是幬而朱之，毛云"朱而約之"，許云"以朱約之"者，既朱則似先朱其革，其意一也。《詩》曰："約軝錯衡"，皆謂文也。錯衡，文衡也。文衡者，《巾部》曰："帤，車衡上衣也。"葢爲衣而畫之。〇軧即軝，說本歙程氏瑤田《通藝錄》。其說冣確，於古音冣合，而古無有言之者。孰謂今人不勝古人也？

（軝）

八鸞鎗鎗①

【叚借】【正俗】（《說文》："鎗鏓，鐘聲也。"②）《詩·采芑》："八鸞鎗鎗"，毛曰："聲也。"《韓奕》作"將將"，《烈祖》作"鶬鶬"，皆叚借字。或作"鏘鏘"，乃俗字。《漢書·禮樂志》"鏗鎗"，《藝文志》作"鏗鏘"，《廣雅》作"鈁鎗"。

（鎗）

振旅闐闐

【異文】【叚借】（《說文》："《詩》曰：'振旅嗔嗔。'"）今《毛詩》"振旅闐闐"，許所據作"嗔嗔"。《玉藻》："盛氣顛實。"注云："顛讀爲闐。盛身中之氣使之闐滿。"《孟子》："填然鼓之。"是則聲同得相假借也。

（嗔）

【異文】《詩》曰："振旅闐闐"，《孟子》作"填"。

（闐）

---

① 今本"鎗"作"瑲"。
② 陳本無"鎗鏓"。

車攻

四牡奕奕

【異文】【注音】（《說文》："《詩》曰：'四牡鸅鸅。'"①）依《集韵》《類篇》、王伯厚《詩攷》所引《說文》補。今《詩》無此句。《小雅·車攻》《大雅·韓奕》皆云"四牡奕奕"，古音奕之平聲讀弋魚切，葢即其異文也。

（鸅）

助我舉柴

【叚借】《毛詩·車攻》假"柴"爲"積"字。

（柴）

【異文】【詁訓】【源流】（《說文》："掌，積也。"）《小雅·車攻》曰："助我舉柴"，《傳》曰："柴，積也"，《箋》云："雖不中，必助中者舉積禽也。""柴"，許所據作"掌"，此聲、責聲古同在十六部，以疊韵爲訓。……《詩釋文》引《說文》士賣反，出《音隱》。（《說文》："《詩》曰：'助我舉掌。'"）《西京賦》作"舉胔"，薛注："胔，死禽獸將腐之名。"

（掌）

徒御不驚

【校勘】"驚"與"警"義别。《小雅》："徒御不警"，《傳》曰："不警，警也"，俗多譌驚。

（驚）

---

① 陳本無此句。

吉日

麀鹿麌麌

【叚借】《大雅》:"麀鹿噳噳",毛曰:"噳噳然衆也。"《小雅》:"麀鹿麌麌",毛曰:"麌麌,衆多也。"按:毛意"麌麌"即"噳噳"之假借也。《說文》無"麌"。

(噳)

其祁孔有

【注音】【校勘】《吉日》:"其祁孔有",《箋》云:"祁當作麎。麎,麋牝也。"《大司馬》注,鄭司農曰:"五歲爲慎。"後鄭云:"慎讀爲麎,麋牝曰麎。"按:麎在漢時必讀與祁音同,故後鄭得定《詩》之"祁"爲"麎"。《字林》麎讀上尸反,徐音同,沈市尸反,皆本古說也。《爾雅音義》引《字林》上尸反,宋本不誤,俗改爲上刃反。葢古書之難讀如此。

(麎)

儦儦俟俟

【異文】【經學】【志疑】【校勘】(《說文》:"俟,大也。……《詩》曰:'伾伾俟俟。'")今《毛詩》作"儦儦俟俟",《傳》曰:"趨則儦儦,行則俟俟。"按:《西京賦》李善注、《馬融傳》太子賢注皆引《韓詩》"駓駓騃騃"。善引薛君《韓詩章句》曰:"趨曰駓,行曰騃。"疑今《毛傳》非舊,或用韓改毛也。《駉》傳曰:"伾伾,有力也。"許從之。當是《吉日》傳有"俟俟,大也"之文,而許從之。

(俟)

【異文】【經學】【叚借】【音義】《吉日》:"儦儦俟俟",《人部》作"伾伾俟俟",《韓詩》作"駓駓騃騃"。李賢注《馬融傳》引《韓詩》:

"駓駓駥駥，或羣或友。"李善注《西京賦》引《韓詩章句》曰："趨曰駓，行曰駥。"按：《毛傳》亦曰："趨則伾伾，行則俟俟。"毛用叚借字，韓乃正字也。駥駥與俟俟音義同。俟，大也。皆鉏里切。《方言》曰："癡，騃也。"乃讀五駭切，俗語借用之字耳。

（駥）

鴻鴈之什

鴻鴈

鴻鴈于飛

【校勘】（《說文》："隹，鳥肥大隹隹然也。"①）《詩傳》云："大曰鴻，小曰鴈。"當作此"隹"字，謂鴈之肥大者也。

（隹）

爰及矜人②

【叚借】令聲古音在真部，故古叚矜爲憐。《毛詩·鴻鴈》傳曰："矜，憐也"，言叚借也。《釋言》曰："矜，苦也"，其義一也。

（矜）

百堵皆作

【經學】（《說文》："五版爲堵。"③）《詩毛傳》曰："一丈爲板，五板爲堵。"此《五經異義》所謂古《周禮》、古《春秋》說也。《異義》："今《戴禮》及《韓詩》說：八尺爲板，五板爲堵，五堵爲雉。板廣二尺，積高五板爲一丈。五堵爲雉，雉長二十丈。何休注《公羊》取

---

① 陳本無"然"。
② 今本"矜"作"矜"。
③ 陳本"堵"前有"一"。

《韓詩》說。古《周禮》及古《春秋左氏傳》說：一丈爲板，板廣二尺，五板爲堵。一堵之牆長丈，高丈。三堵爲雉。一雉之牆長三丈，高一丈。以度長者用其長，以度高者用其高也。諸說不同。"鄭辨之云："《左氏傳》鄭莊公弟段居京城。祭仲曰：'都城過百雉，國之害也。先王之制，大都不過三國之一，中五之一，小九之一。今京不度，非制也。'古之雉制，《書》《傳》各不得其詳。今以《左氏》說鄭伯之城，方五里，積千五百步也。大都三國之一，則五百步也。五百步爲百雉，則知雉五步。五步於度長三丈，則雉長三丈也。雉之度於是定可知矣。"玉裁按：鄭《駁異義》取古《周禮》《春秋》說，一丈爲板，計之適合，未嘗自立說六尺爲板也。迨箋《詩》則主用古說，參以《公羊傳》五板而堵，五堵而雉，而定爲板長六尺。鄭意《公羊》五板而堵者，高一丈也。五堵而雉者，廣三丈。何注《公羊》取《韓詩》說，八尺爲板，五板而堵爲四十尺，五堵而雉爲二百尺。說各乖異。似古《周禮》《春秋》《毛詩》說爲善。高一丈，廣三丈爲雉，不必板定六尺也。許君《異義》未詳其於古今孰從，此云"五板爲堵"，古今說所同也。葢言板廣二尺，五板積高一丈爲堵而已。其長幾尺爲板，幾堵爲雉，皆於古今說未敢定。

（堵）

庭燎

夜未央　夜未艾

【詁訓】《詩箋》云："夜未渠央。"《古樂府》："調弦未詎央。"《顏氏家訓》作"未遽央。"皆即"未渠央"也。"渠央"者，中之謂也。《詩》言"未央"，謂未中也。《毛傳》："央，且也。"① 且者，薦也。凡物薦之則有二，至於艾而爲三矣。下文"夜未艾"，艾者，久也。

---

① 許校云："今本《庭燎》毛傳作'央，且也'。釋文作'且，七也反'。段氏據釋文。"

《箋》云："芟末曰艾，以言夜先雞鳴時。"合初昏與艾言之，是央爲中也。
（央）

庭燎有煇

【押韻】（編按：煇）古音在十三部，《庭燎》與"晨""旂"韵是也。
（煇）

沔水

沔彼流水

【叚借】《小雅》："沔彼流水"，《毛傳》："沔，水流滿也。"按：許云："瀰，水滿也。"《詩》之"沔"爲"瀰"之假借。
（沔）

民之訛言

【異文】【正俗】（《說文》："《詩》曰：'民之譌言。'"）今《小雅》作"訛"。《說文》無"訛"有"吪"，"吪，動也。""訛"者，俗字。
（譌）

鶴鳴

鶴鳴于九皋

【詁訓】《小雅·鶴鳴》傳曰："皋，澤也。"澤與皋析言則二，統言則一。如《左傳》"鳩藪澤""牧隰皋"並舉，析言也。《鶴鳴》傳則皋即澤。澤藪之地，極望數百，沆瀁皛溔，皆白气也，故曰皋。
（皋）

可以為錯

【校勘】【古今】【詁訓】（《說文》："厝，厝石也……《詩》曰：'佗山之石，可目爲厝。'"①）《小雅·鶴鳴》曰："他山之石，可以爲錯。"《傳》曰："錯，錯石也（段云："今本少一'錯'字。"），可以琢玉。舉賢用滯，則可以治國。"下章曰："他山之石，可以攻玉。"《傳》曰："攻，錯也。""錯"古作"厝"。厝石，謂石之可以攻玉者。《爾雅》："玉曰琢之。"玉至堅，厝石如今之金剛鑽之類，非厲石也。

（厝）

白駒

縶之維之

【詁訓】《小雅》："縶之維之。"《傳》曰："縶，絆；維，繫也。"《周頌》曰："言授之縶，以縶其馬。"《箋》云："縶，絆也。"按：縶謂繩，用此繩亦謂之縶，此凡字之大例，《有客》其冣明者也。

（絆）

黃鳥

無啄我粟

【詁訓】《小雅·黃鳥》："無啄我粟"，兼禾、黍言之。二章言粱，三章言黍，其目也。粟言連秠，粱、黍言米，又其別也。

（粱）

---

① 陳本"厝石"作"厲石"，"佗"作"他"。

斯干

秩秩斯干

【叚借】《小雅》："秩秩斯干"，毛云："干，澗也。"此謂《詩》假借干爲澗也。

（澗）

約之閣閣

【注音】《小雅》："約之閣閣"，毛曰："約，束也。閣閣猶歷歷也。"按：閣讀如絡。

（鞈）

如矢斯棘

【經學】【異文】【詁訓】【叚借】《毛詩》"如矢斯棘"，《韓詩》"棘"作"朸"。毛曰："棘，棱廉也。"韓曰："朸，隅也。"學者皆不解。及觀《抑》詩"維德之隅"，毛曰："隅，廉也。"《箋》申之云："如宮室之制，內有繩直，則外有廉隅。"然後知《斯干》詩謂如矢之正直，而外有廉隅也。韓朸爲正字，毛棘爲假借字，如矢之直，則得其理而廉隅整飭矣。毛、韓辭異而意一也。

（朸）

如鳥斯革

【經學】【異文】【叚借】【詁訓】《小雅》："如鳥斯革"，毛云："革，翼也。"《韓詩》作"翶"，云："翅也。"毛用古文假借字，韓用正字，而訓正同。《廣雅》："翶，翄，翼也。"《魏都賦》："雲雀踶甍而矯首，壯翼摛鏤於青霄。"注："踶則舉羽翶用勢，若將飛而尚住。"此"如鳥斯翶"之謂。

（翶）

如翬斯飛

【異文】【志疑】【詁訓】(《說文》:"翬,大飛也……一曰:伊雒而南,雉五采皆備曰翬。《詩》曰:'有翬斯飛。'"①) 今《詩》"有"作"如"。唐玄度、徐鍇《說文》皆作"有"。按:《毛詩》作"有",則與"如鳥斯革"合爲一事,翬訓"大飛",或許所據《毛詩》如此,與鄭不同,未可知也。鄭云:"此章四如",又云:"翬者,鳥之奇異者",則作"如"顯然,"翬"訓後一義。

(翬)

噌噌其正

【叚借】《小雅》:"噌噌其正",《箋》云:"噌噌猶快快也",謂同音假借。盧氏文弨云:"《淮南·精神訓》'噌然得臥',《宋書·樂志》吳鼓吹曲'我皇多噌事',皆與快同。"

(噌)

下莞上簟

【音義】【同源】【詁訓】《小雅》:"下莞上簟",《箋》云:"莞,小蒲之席也。"《司几筵》:"蒲筵加莞席",《正義》:"以莞加蒲,麤者在下,美者在上也。"《列子》:"老韭之爲莞",殷敬順曰:"莞音官,似蒲而圓,今之爲席者是也。"楊承慶《字統》音關。玉裁謂:莞之言管也。凡莖中空者曰管。莞葢即今席子艸,細莖,圓而中空。鄭謂之小蒲,實非蒲也。《廣雅》謂之葱蒲。

(莞)

---

① 陳本"有"作"如"。

維虺維蛇

【叚借】【詁訓】《詩》:"維虺維蛇,女子之祥。"《吳語》:"爲虺弗摧,爲蛇將若何?"虺皆虫之叚借,皆謂或臥或垂尾耳。臥者較易制,曳尾而行者難制,故曰"爲虺弗摧,爲蛇將若何"也。

(它)

載衣之裼

【叚借】【經學】【異文】【詁訓】《小雅·斯干》曰:"載衣之裼",《傳》曰:"裼,褓也。"此謂"裼"即"禘"之假借字。易聲、啻聲古音同在十六部,故借但裼字爲禘字。《釋文》曰:"《韓詩》作'禘'。"禘,《集韵》云:"或禘字。"《韓詩》用正字,《毛詩》用假借字也。褓者,小兒衣也。①

(禘)

【叚借】(編按:"裼")《詩·斯干》假借爲"禘"字。

(裼)

【正俗】【詁訓】【叚借】《斯干》:"載衣之裼",《傳》曰:"裼,褓也。"褓,褓之俗字。古多云小兒被也,李奇曰:"小兒大藉",師古曰:"即今小兒繃。"古多叚借保、葆字。

(褓)

載弄之瓦

【詁訓】《詩·斯干》:"乃生女子,載弄之瓦。"《傳》曰:"瓦,紡塼也。"《箋》云:"紡塼,習其壹所有事也。"案:塼同塼。紡塼,《正義》不言何物。《廣韵·廿二霰》云:"礶,紡錘。"《集韵·霰韵》云:"礶,一曰紡甎。"然則婦人撚綫錘頭,古用塼爲之。婦人所重者紡績,

---

① 按:《說文》:"禘,褓也……《詩》曰:'載衣之禘。'"許經字從今文,蓋亦或以《韓詩》作"禘"者本字,《毛詩》作"裼"者爲假借。

故《箋》云："習其壹意於所有事也。"

（臡）

【詁訓】【辨誤】【歷史】凡土器未燒之素皆謂之坯，已燒皆謂之瓦。《毛詩·斯干》傳曰："瓦，紡專也"，此瓦中之一也。《古史攷》曰："夏時昆吾氏作瓦。"按：有虞氏上陶，瓦之不起於夏時可知也。許書《缶部》曰："古者昆吾作匋"，"壺"系之"昆吾圜器"。韋昭云："昆吾，祝融之孫，陸終第二子。名黎，爲己姓。封於昆吾衞是也。"然則昆吾作匋，謂始封之昆吾，非夏桀之昆吾也。《廣韵》引《周書》"神農作瓦器"，當得其實。說詳《缶部》。

（瓦）

無羊

其角濈濈

【異文】【叚借】《廣雅》云："渭渭，雨也。"《毛詩》："其角渭渭。"宋本《釋文》如是，假借爲角皃。

（渭）

【詁訓】《小雅》："爾羊來思，其角濈濈。"《傳》曰："聚其角而息，濈濈然也。"按：毛意言角之多，蓋言聚而和也，如輯之訓聚兼訓和。

（濈）

或寢或訛

【校勘】《小雅》："或寢或吪"，今本作"訛"，非也。訛即譌字。

（吪）

節南山之什

節南山

節彼南山

【詁訓】【叚借】節，高峻皃。《山部》曰"卪，高山之卪也。"《詩》之"節"，蓋"卪"之叚借字。

（其弘如何節彼南山）

憂心如惔

【校勘】【經學】（《說文》："炎，小爇也。"①）"爇"或作"熱"，誤。《節南山》釋文、正義引作"爇"，亦誤。《節南山》曰："憂心如惔。"古本《毛詩》作"如炎"，故《毛傳》曰："炎，燔也。"《瓠葉》傳曰："加火曰燔。"許曰："燔，爇也。"爇，加火也。是毛訓作爇，許則別之云"小爇"耳。

（炎）

【校勘】（《說文》："惔，憂也。从心，炎聲。《詩》曰：'憂心如炎。'"②）《節南山》："憂心如惔"，許所據作"憂心如炎"，引之以朙會意也。此豐、蘸引《易》之例，今更正。炎者，火光上也。憂心如之，故其字作惔。《雲漢》："如惔如焚"，亦"如炎"之誤。《毛傳》曰："惔，燎之也。"

（惔）

何用不監

【詁訓】《釋詁》："監、瞻、臨、涖、頻、相，視也。"按：《釋文》

---

① 陳本"炎"作"灻"，"爇"作"熱"。
② 陳本"憂"作"夏"，引《詩》"炎"作"惔"。

曰："監字又作瞼。"然則《小雅》"何用不監"亦可作"瞼"。瞼亦當爲臨視也。

（瞼）

天方薦瘥

【異文】【經學】（《說文》："《詩》曰：'天方薦瘥。'"）《毛詩》作"瘥"，《傳》云："薦，重。瘥，病。"許此所引，蓋或三家《詩》也。

（瘥）

維周之氐

【叚借】柢或借蒂字爲之，又借氏字爲之。《節南山》傳曰"氐，本也"是。

（柢）

四牡項領

【詁訓】《小雅》："四牡項領"，《傳》曰："項，大也。"此謂"項"與"頵"同。

（項）

戚戚靡所逞

【校勘】【古今】戚之引伸之義爲促迫，而古書用戚者俗多改爲慽。試思親，亦取切近爲言，非有異義也。《大雅》："戚戚兄弟"，《傳》曰："戚戚，內相親也。"《小雅》："戚戚靡所逞"，《箋》云："戚戚，縮小之貌。"其義本相通。而淺人於《節南山》必易其形與音矣。戚訓促迫，故又引申訓憂，《小明》"自詒伊戚"，《傳》曰："戚，憂也。"度古祇有戚，後乃別製慽字。

（戚）

正月

癙憂以痒

【詁訓】（編按：鼠）引伸之爲病也，見《釋詁》。《毛詩·正月》作"癙"，《雨無正》作"鼠"，實一字也。

（鼠）

視天夢夢

【音義】《周禮·眂祲》："六曰瞢"，注云："日月瞢瞢無光也。"按：《小雅》："視天夢夢"，夢與瞢音義同也。

（瞢）

不敢不蹐

【異文】【經學】（《說文》："《詩》曰：'謂地蓋厚，不敢不趚。'"）《小雅》"趚"作"蹐"，毛曰："蹐，累足也。"《足部》引"不敢不蹐"。此不同者，蓋三家文異也。朿聲、脊聲同部。

（趚）

【詁訓】【異文】《毛傳》："蹐，絫足也。"按：絫、蹐疊韵。絫足者，小步之至也……（《說文》："《詩》曰：'不敢不蹐。'"）《走部》引作"趚"。

（蹐）

有倫有脊

【詁訓】《小雅》："有倫有脊"，《傳》曰："倫，道；脊，理也。"《論語》："言中倫"，包注："倫，道也，理也。"按：粗言之曰道，精言之曰理。凡注家訓倫爲理者，皆與訓道者無二。

（倫）

胡為虺蜴

【異文】（《說文》："《詩》曰：'胡爲虺蜥。'"）《小雅·節南山》文①。今《詩》"蜥"作"蜴"，"蜴"即"蜥"字也。
（虺）

【異文】【音義】蜥亦作蜴，《詩》"胡爲虺蜥"，今作"虺蜴"，其音同也。
（蜥）

【校勘】【注音】《小雅·節南山》傳曰："蜴，螈也。""蜴"當作"易"，"螈"當作"蚖"。蠑蚖或單評蚖，《史記》"龍漦化爲玄蚖以入王後宮"是也。《方言》曰："其在澤中者謂之易蜴（段云："音析。"），南楚謂之蛇醫，或謂之蠑螈，東齊海岱謂之螔螏。"
（蚖）

又窘陰雨

【詁訓】《小雅》："又窘陰雨"，《毛傳》："窘，困也。"按：《箋》云："窘，仍也。"仍者，仍其舊而不能變，亦是困意。
（窘）

載輸爾載

【音義】所載之物曰載，如《詩》"載輸爾載"，下"載"音才再反是也。
（載）

佌佌彼有屋

【異文】（《說文》："《詩》曰：'仳仳彼有屋。'"）《小雅·正月》曰："佌佌彼有屋。"《傳》曰："佌佌，小也。"許所據作仳，或作姕。
（仳）

---

① 許校云："'節南山'當作'正月'。"按：段或指《節南山》之什，統言之也，下同。

十月之交

亦孔之醜

【詁訓】通爲吉，窒爲凶，故凡言孔者皆所以嘉美之。《毛傳》曰："孔，甚也"，是其義。甚者，尤安樂也。或曰：《詩》言"亦孔之醜"，豈嘉美之乎？曰：此即今甚字通於美惡之意也。

（孔）

百川沸騰

【叚借】【異文】《小雅》："百川沸騰"，毛曰："沸，出。騰，乘也。""騰"者，"滕"之假借。《玉篇》引"百川沸滕"。

（滕）

仲允膳夫

【異文】【詁訓】《詩》："仲允膳夫。"《古今人表》作："膳夫中術。"術與遂古同音通用。允古音如戈盾之盾，是以漢之大子中盾後世稱大子中允。允、盾、術、遂四字音近。

（籩）

【異文】《詩》"仲允"，《漢表》作"中術"。

（允）

楀維師氏

【異文】《小雅》："楀維師氏"，《箋》云："楀，氏也。"《集韵》《類篇》皆云："楀，木名。""捬，姓。"引《詩》"捬維師氏"。唐石經初刻從手，後改從木。按：《篇》《韵》皆無捬字。《釋文》《五經文字》《急就篇》顏注皆從木。

（楀）

豔妻煽方處

【校勘】【經學】【異文】(《說文》:"偏,熾盛也……《詩》曰:'豔妻偏方處。'") 《小雅·十月之交》曰:"豔妻煽方處。"《傳》曰:"豔妻,褒姒。美色曰豔。煽,熾也。"按:《詩》本作"偏",後人以訓"熾"之故肊造"煽"字耳。古通作"扇"。《魯詩》:"閻妻扇方處。"《方言》:"扇,助也。"《廣雅》:"扇,疾也。"

(偏)

噂沓背憎

【異文】【經學】【詁訓】(《說文》:"《詩》曰:'僔沓背憎。'") 《小雅·十月之交》曰:"噂沓背憎。"《傳》曰:"噂猶噂噂,沓猶沓沓。"《箋》云:"噂噂沓沓,相對談語。"許於《口部》既引之云"聚語"矣,此復引《詩》,字從人,云"聚也",謂聚人非聚語。葢三家《詩》駮文兼引之耳。《廣雅》:"僔僔,衆也。"叢艸亦曰蓴蓴。

(僔)

悠悠我里

【詁訓】【叚借】(《說文》:"悠,憂也。"①) 《釋訓》曰:"悠悠、洋洋,思也。"《小雅》:"悠悠我里",《傳》曰:"悠悠,憂也。"按:此《傳》乃悠之本義。《渭陽》:"悠悠我思",無《傳》,葢同《釋訓》。若《黍離》"悠悠蒼天",《傳》曰:"悠悠,遠意。"此謂悠同攸,攸同脩,古多叚攸爲脩,長也,遠也。

(悠)

---

① 陳本"憂"作"憂"。

雨無正

莫知我勩

【經學】【詁訓】【辨誤】（《說文》："勩，勞也……《詩》曰：'莫知我勩。'"①）《毛詩傳》同。按：凡物久用而勞敝曰勩。明楊慎《荅中官問》謂："牙牌摩損，當用鉻字。"今按：非也，當用勩字。今人謂物消磨曰勩是也。蘇州謂衣久箸勩箸。

（勩）

莫肎朝夕②

【詁訓】夜與夕渾言不別，析言則殊。《小雅》："莫肎夙夜""莫肎朝夕"，朝夕猶夙夜也。《春秋經》："夏四月辛卯夜"，即辛卯夕也。

（夜）

小旻

謀猶回遹

【古今】【經學】【異文】【叚借】《小雅》："謀猶回遹"，毛曰："回，邪；遹，辟也。"按：辟、僻古今字。《大雅》兩言"回遹"，《箋》皆云："回邪。"《韓詩》"遹"作"穴"，或作"沉"，或作"鴥"，皆叚借字也。

（遹）

【叚借】《毛詩傳》曰："回，邪也"，言回爲褱之假借也。又曰："回，違也"，亦謂假借也。"褱，衺也"，見《交部》。

（回）

---

① 陳本引《詩》與釋義緊鄰。
② 今本"肎"作"肯"。

【叚借】【正俗】【詁訓】（《說文》："褱，袤也。"）《衣部》"袤"下曰："褱也。"二篆爲轉注。經典叚"回"字爲之。《小旻》："謀猶回遹"，《傳》曰："回，邪也。"《大明》："厥德不回"，《傳》曰："回，違也。"回皆褱之叚借字。《小旻》言其轉注，《大明》言其叚借，故《傳》語不同。《大明》傳"違"即"褱"字，褱久不行，俗乃作違，經典多作回。《口部》曰："回，轉也"，乃回之本義。必有許書而後知回袤之本字作褱，桓大之本字作查，儍喝之本字作夬。倘不能觀其會通，則許書徒存而已矣。

（褱）

潝潝訿訿

【詁訓】《毛傳》云："潝潝然患其上，訿訿然不思稱其上。"不思稱其上者，謂不思報稱其上之恩也。《大雅》傳云："訿訿，窳不供事也。"二《傳》辭異義同。

（訾）

伊于胡底①

【校勘】"底"訓"止"，與《厂部》"厎"訓"柔石"，引伸之訓致也、至也，迥別，俗書多亂之。《小雅》："伊于胡底"，《箋》云："厎，至也。"俗本多作"胡底"。

（底）

不潰于成

【叚借】《小雅》《大雅》毛傳皆曰："潰，遂也。"此皆謂假"潰"爲"遂"。

（潰）

---

① 今本"底"作"厎"。阮校云："唐石經、相臺本同，小字本厎作底，閩本、明監本、毛本同。"

不敢馮河

【經學】【叚借】《小雅》傳曰："徒涉曰馮河，徒搏曰暴虎。"《爾雅·釋訓》、《論語》孔注同。淜，正字；馮，假借字。

（淜）

小宛

翰飛戾天

【詁訓】《小宛》傳云："翰，高也。"謂羽長飛高。

（翰）

飲酒溫克

【辨誤】【叚借】《詩·小宛》箋、《禮記·禮器》注、《漢書·匡張孔馬傳》贊皆曰："醖藉"，師古云："謂如醖釀及薦藉，道其寬博重厚也。"今人多作"蘊藉"，失之遠矣。《毛詩》叚借"溫"字。

（醖）

螟蛉有子　蜾蠃負之

【異文】【詁訓】（《說文》："《詩》曰：'螟蠕有子，蠣蠃負之。'"）《小雅·小宛》曰："螟蛉有子，蜾蠃負之。"《毛傳》曰："螟蛉，桑蟲也。蜾蠃，蒲盧也。負，持也。"《箋》云："蒲盧取桑蟲之子，負持而去，熙嫗養之，以成其子。喻有萬民不能治，則能治者將得之。"《中庸》注曰："蒲盧，果蠃，土蜂也。蒲盧取桑蟲之子，去而變化，以成為己子。"《列子》曰："純雌其名大腰，純雄其名稺蜂。"《淮南》曰："貞蟲之動以毒螫"，高注："貞蟲，細要蜂，蜾蠃之屬。無牝牡之合曰貞。"《楊子》曰："取螟蠕祝曰：類我類我。"戴先生曰："古語謂隨變而成者曰蒲盧。"蒲盧又見《大戴禮》《山海經》。《小正》曰："雉入于淮爲蜃。蜃者，蒲盧也。"

（蠣）

題彼脊令

【叚借】《小雅》："題彼脊令"，毛云："題，視也。"按：題者，睼之假借。

（睼）

【叚借】【經學】【音義】（《說文》："題，顯也。"）《小雅》："題彼脊令"，《傳》曰："題，視也。"題者，睼之假借字。毛云"視"，許云"題"者，此蓋轉寫奪字，當云"題視"，如"覿"下"求視"，亦奪"視"字。察及飛鳥，是爲明題之視。《鄭箋》云："題之爲言睇也。"則謂題同睇，非許意。睇者，小邪視也。與題音義皆不同。

（題）

宜岸宜獄

【經學】【異文】【叚借】（《說文》："《詩》曰：'宜犴宜獄。'"）《毛詩》作"岸"。《釋文》曰："《韓詩》作'犴'。云：'鄉亭之繫曰犴，朝廷曰獄。'"李善《文選注》亦引《韓詩》。按：《毛詩傳》曰："岸，訟也。"此謂"岸"爲"犴"之假借也。獄从二犬，故犴與獄同意。《皇矣》箋亦曰："岸，訟也。"本《小宛》傳。

（犴）

小弁

弁彼鸒斯

【叚借】《小雅》："弁彼鸒斯"，《傳》曰："弁，樂也。"此"昪"之叚借也。《釋詁》《詩序》皆云："般，樂也。""般"亦"昪"之叚借也。古三字同音盤，故相叚借如此。"昪"其正字而尠用之者。

（昪）

【叚借】（編按：弁）又假借爲昪樂字，如《詩·小弁》傳曰："弁，樂也"，即《衞風》傳之"盤，樂也"。弁樂之反爲弁急，如《左傳》郑莊公"卞急"是也。

（兌）

怒焉如擣

【經學】【異體】【校勘】《小雅》曰："我心憂傷，怒焉如擣。"《傳》曰："擣，心疾也。"《釋文》："擣本或作痑，《韓詩》作疛，義同。"按：疛其正字，痑其或體，擣其譌字也。

（疛）

萑葦淠淠

【異文】【校勘】【詁訓】《詩》"白旆央央"本又作"茷"。《泮水》之"其旂茷茷"即《出車》之"旟旐旆旆"、《采菽》之"其旂淠淠"也。然則《小弁》"萑葦淠淠"，亦當云"萑葦茷茷"。本言艸葉之多，而引伸之狀旌旗也。

（茷）

【叚借】《小雅》："萑葦淠淠"，毛曰："淠淠，衆皃。"淠淠者，宋宋之假借也。《小雅》："胡不旆旆"，毛曰："旆旆，旒垂皃。"旆旆者，亦宋宋之假借字，非繼旐之旆也。《魯頌》作"伐伐"。

（宋）

維足伎伎

【異文】《小雅》："鹿斯之奔，維足伎伎。"《玉篇》作"趚趚"。

（趚）

【音義】《小弁》："鹿斯之奔，維足伎伎。"《傳》云："伎伎，舒皃。"按：此"伎伎"蓋與"徥徥"音義皆同。

（伎）

【校勘】（《說文》："蚑，徐行也。"①）凡蟲行曰蚑，《周書》曰："蚑行喘息。"《小弁》曰："鹿斯之奔，維足伎伎。"伎本亦作跂，《毛傳》曰："舒皃"，《箋》云："伎伎然舒者，踤其羣也。"按：其字當作蚑蚑，《毛傳》《鄭箋》正與"徐行"說合也。《漢書》："跂跂脈脈善緣壁"，其字亦當作"蚑蚑"。

（蚑）

譬彼壞木

【校勘】（《說文》："《詩》曰：'譬彼瘣木。'"）今《小雅·小弁》作"壞木"，《傳》曰："壞，瘣也，謂傷病也。"《箋》云："猶内傷病之木内有疾，故無枝也。"按：疑今《毛傳》壞、瘣二字互譌，許及樊光所引皆作"瘣木"爲是。

（瘣）

尚或墐之

【異文】【叚借】今《小雅·小弁》作"墐"，《傳》曰："墐，路冢也。"按："墐"者假借字，"殣"者正字也。義在人所覆，故其字次於殔。《左傳》："道殣相望"，杜云："餓死爲殣。"……（《說文》："《詩》曰：'行有死人，尚或殣之。'"）許所據作"殣"。

（殣）

---

① 陳本無"徐"。

析薪杝矣①

【志疑】《釋言》曰："斯、誃，離也。"郭云："誃見《詩》。"今《毛詩》未見"誃"字，疑"析薪杝矣"容有作"誃"者。

（誃）

【叚借】《小雅》："析薪杝矣"，《傳》曰："析薪者必隨其理。"謂隨木理之迆衺而析之也。假杝爲迆也。凡笆籬多衺織之，故其義相通。

（杝）

巧言

僭始既涵

【叚借】《小雅·巧言》傳曰："僭，數也"，則謂僭即譖之假借也。《詩》亦假譖爲僭，如《大雅·桑柔》《瞻卬》箋是也。

（僭）

【詁訓】（《說文》："《詩》曰：'僭始既涵。'"）《傳》曰："僭，數。涵，容也。"按：涵訓容者，就受澤多之義而引伸之。

（涵）

秩秩大猷

【叚借】古叚戜爲秩，如"秩秩大猷"，《大部》作"戜戜大猷"。《儀禮注》云："秩或爲戜。"② 皆是也。

（秩）

---

① 今本"杝"作"扡"，阮校云："析薪扡矣，小字本、相臺本同，閩本、明監本、毛本亦同。唐石經扡作杝。案：惠棟云：《玉篇》在《木部》是也。《五經文字·木部》云杝又音楣，見《詩·小雅》。即謂此字也。《釋文》杝與唐石經同，或誤扡，今正。詳後攷證。十行本《正義》中字不誤。"按：《本部》當作《木部》。

② 許校云："注中'秩'字原作'扶'，此段氏用錢大昕說易爲'秩'。"

聖人莫之

【叚借】《詩·巧言》假莫爲謨。

（謨）

予忖度之

【正俗】【詁訓】《詩》："他人有心。予寸度之。"俗作"忖"。其實作"寸"、作"刌"，皆得如切物之度其長短也。

（刌）

荏染柔木

【校勘】【叚借】《小雅》《大雅》皆言"荏染柔木"，毛曰："荏染，柔意也。"《論語》："色厲而内荏。"孔曰："荏，柔也。"按：此"荏"皆當作"枲"。桂荏謂蘇也。經典多假荏而枲廢矣。

（枲）

【叚借】【詁訓】《詩》："荏染柔木"，《傳》曰："荏染，柔意也。""染"即"冄"之假借。凡言"冄"、言"姌"，皆謂弱。

（冄）

【詁訓】《上林賦》："嫵媚姌嫋"，郭樸曰："姌嫋，細弱也。"小顏云："謂骨體。"按：《毛詩》曰："荏染，柔意也。""荏染"即姌也。

（姌）

無拳無勇

【叚借】【異體】【校勘】【音義】（《說文》："捲，气埶也。"①）此與拳音同而義異，《小雅·巧言》："無拳無勇"，《毛傳》曰："拳，力也。"《齊語》："桓公問曰：'於子之鄉，有拳勇股肱之力秀出於衆

---

① 陳本"埶"作"勢"。

者？'"韋云："大勇爲拳。"此皆叚拳爲捲，蓋與古本字異。《齊風》箋云："攐，勇壯也。"攐者，捲之異體。……按：《五經文字·本部》① "權"字下曰："从手作攉者，古拳握字。"从手之攉，字書、韵書皆不錄，惟《盧令》鄭箋云："鬈讀當爲攉。攉，勇壯也。"又《吳都賦》："覽將帥之攉勇"，李注云："《毛詩》'無拳無勇'，攉與拳同。"此兩處字，今雖譌作權，从木，然可知其必《五經文字》所謂从手之字也。是可以知字書、韵書遺扇之古字甚多，莫之能補。古書之譌繆亦甚多，莫之諟正也。……（《說文》："一曰：捲，收也。"）《論語》："卷而懷之"，叚卷字爲之。《廣韵》"書弮"字亦當作"捲"，此義音居轉切。

（捲）

何人斯

祇攪我心

【校勘】（《說文》："《詩》曰：'祇攪我心。'"②）祇，各本譌作祇，誤。《我行其野》傳曰："祇，適也。"唐人凡此訓必从衣氏。

（攪）

俾我祇也

【叚借】《何人斯》叚借"祇"爲"疧"，故《毛傳》曰："祇，病也。"言假借也。

（疧）

為鬼為蜮

【校勘】（《說文》："蜮，短弧也。"③）毛公、班固、張揖、陸璣、杜

---

① 許校云："'本部'當作'木部'。"
② 陳本"祇"作"祇"。
③ 陳本"弧"作"狐"。

預、范甯皆曰："短弧。"今惟《五行志》《左傳釋文》作"弧"不誤矣。《小雅》："爲鬼爲蜮"，《傳》曰："蜮，短弧也。"《左傳釋文》曰："短弧，又作狐。"按：此因其以氣射害人，故謂之"短弧"。作"狐"，非也。其氣爲矢，則其體爲弧。

（蜮）

巷伯

萋兮斐兮

【異文】【詁訓】（《說文》："《詩》曰：'緀兮斐兮，成是貝錦。'"）今《詩》"緀"作"萋"，《毛傳》曰："萋斐，文章相錯也。貝錦，錦文也。"《箋》云："錦文者，如餘泉餘蚔之貝文也。"按：《爾雅》："餘貾黃白文，餘泉白黃文。"

（緀）

哆兮侈兮　毛傳：縮屋

【叚借】【詁訓】搯古叚縮爲之，《毛詩傳》曰："鄰之釐婦，夜暴風雨室壞，趨而至，顏叔子納之，而使執燭，放乎旦而蒸盡，縮屋而繼之。"《釋文》云："縮又作搯，同。"按：《武梁祠堂碑》云"搯笮"是也。《戰國策》："淖齒管齊之權，縮閔王之筋，縣之廟梁，宿昔而死。"亦即搯字。搯屋，即《左傳》所謂"抽屋"也。

（搯）

哆兮侈兮　毛傳：嫗不逮門

【詁訓】《樂記》："煦嫗覆育萬物。"鄭曰："以氣曰煦，以體曰嫗。"《詩毛傳》：柳下惠"嫗不逮門之女"，亦以體曰嫗之意。不逮門者，不及入門，《荀卿》所謂"與後門者同衣"即此也。凡人及鳥生子曰乳，皆必以體嫗之。《方言》："伏雞曰抱"，郭云："江東呼蓲，央富反。"

按：薀即嫗也，母之呼嫗由此，《高帝本紀》曰："有一老嫗夜哭。"
（嫗）

緝緝翩翩

【異文】（《說文》："《詩》曰：'㬎㬎幡幡。'"）《巷伯》三章："緝緝翩翩"，四章："捷捷幡幡。"許引當云"㬎㬎翩翩"，而云"㬎㬎幡幡"者，誤合二章爲一耳。"㬎㬎"，今《詩》作"緝緝"，毛云："緝緝，口舌聲。"
（㬎）

驕人好好

【叚借】《釋訓》曰："旭旭，蹻蹻，憍也。"郭云："皆小人得志憍謇之皃。"此其引伸叚借之義也。今《詩》"旭旭"作"好好"，同音叚借字也。
（旭）

谷風之什

谷風

維風及頹

【經學】《小雅》："維風及頹"，《毛傳》曰："頹，風之焚輪者也。"與《釋天》同。
（穨）

蓼莪

匪莪伊蔚

【詁訓】《小雅》："匪莪伊蔚"，《釋艸》《毛傳》皆云："牡菣。"按：

牡蔉猶牡蒿也。郭云："無子者。"陸璣云："牡蒿，七月華，八月角，一名馬薪蒿。"與郭異。《名醫別錄》有"牡蒿"一條，唐人注曰："齊頭蒿也。"

（蔚）

瓶之罄矣

【異文】【經學】（《說文》："《詩》曰：'瓶之窒矣。'"）今《詩》作"罄"，《傳》曰："罄，空也。"與《爾雅·釋詁》合。空與盡義相因。

（窒）

大東

周道如砥

【異文】《毛詩·大東》"周道如砥。"《孟子》作"底"。

（底）

睠言顧之

【詁訓】《大東》："睠言顧之"，毛曰："睠，反顧也。"睠同眷。《小明》云："睠睠懷顧"，《皇矣》云："乃眷西顧"，凡顧眷並言者，顧者還視也，眷者顧之深也。顧止於側而已，眷則至於反。故毛云"反顧"；許渾言之，故云"顧也"。引伸之，訓爲眷屬，《史記》作"婘"。

（眷）

杼柚其空

【詁訓】【校勘】《小雅》云："杼軸其空。"滕即軸也。謂之軸者，如車軸也。俗作柚。

（滕）

【校勘】【詁訓】軸所以持輪，引伸爲凡機樞之偁。若織機之持經者亦謂之軸是也。《小雅》："杼軸其空"，今本作"柚"，乃俗誤耳。若《方言》"土作謂之抒，木作謂之軸"，亦是引申之義。"抒"作"杼"，"軸"作"柚"，皆非也。《方言》"抒""軸"與《大東》無涉。
(軸)

佻佻公子

【異文】【經學】【校勘】《詩》："佻佻公子"，《魏都賦》注云："佻或作嬥。"《廣韻》曰："嬥嬥，往來皃。《韓詩》云：'嬥歌，巴人歌也。'"按："《韓詩》云"三字當在"嬥嬥"之上，其下六字乃張載注《左》語也。
(嬥)

哀我憚人

【叚借】(編按：憚)《詩》亦叚爲"癉"字，《大東》"哀我憚人"是也。
(憚)

跂彼織女

【校勘】(《說文》："歧，頃也……《詩》曰：'歧彼織女。'")《小雅·大東》："跂彼織女"，《傳》曰："跂，隅皃。"按：隅者，陬隅不正，而角織女三星成三角，言不正也。許所據作"歧"，今本乃改爲俗企字，音同而義不同矣。
(歧)

終日七襄

【詁訓】《大東》傳云："襄，反也。"謂除此而復乎彼也。
(襄)

維北有斗

【叚借】【校勘】凡升斗字作斗，枓勺字作枓，本不相謀，而古音同當口切，故枓多以斗爲之。《小雅》："維北有斗，不可以挹酒漿。""維北有斗，西柄之揭。"《大雅》："酌以大斗。"皆以"斗"爲"枓"也。《考工記》注曰："勺，尊斗也。尊斗者，謂挹取於尊之勺。"《士冠禮》注亦曰："勺，尊斗也，所以斛酒也。"此等本皆假斗爲枓，而俗本譌爲"尊升"，遂不可通。《少宰》注曰："凡設水用罍，沃盥用枓。"此則用本字。《趙世家》："使廚人操銅枓。"《張儀傳》說此事作"金斗"。《喪大記》："沃水用枓。"《周禮·鬯人》作"斗"。

（枓）

四月

百卉具腓

【校勘】《釋詁》曰："痱，病也。"郭注："見《詩》。"按：《小雅》："百卉具腓。"李善注《文選·戲馬臺詩》云："《韓詩》云：'百卉具腓。'薛君曰：'腓，變也。'毛萇曰：'痱，病也。'"今本作腓。據李則《毛詩》本作"痱"，與《釋詁》合。

（痱）

廢爲殘賊

【叚借】《小雅》："廢爲殘賊。"《毛傳》一本"廢，大也"。《釋詁》云："廢，大也。"此謂廢即奰之叚借字也。

（奰）

匪鶉匪鳶

【詁訓】【音義】《毛詩》網言隼，俱無《傳》。《四月》："匪鶉匪鳶"，《傳》曰："鶉，雕也。"蓋隼人所習知，故不詳其名物。隼與鶉當是同物而異字異音。隼當在十五部，鷨當在十三部也。祝鳩與鷨異物而同字同音，豈因鳩鷹互化而謂爲一物與？依鄭則鷹化布穀，非雕祝鳩也。
（雛）

【異文】【詁訓】【校勘】（《說文》："鷨，雕也……《詩》曰：'匪鷨匪鳶。'"）今《小雅·四月》"匪鶉"，"鶉"字或作"鷻"，毛曰："鷻，雕也。"《隹部》"隼"下曰："一曰鶉字。"鶉者，鷨之省。鷨、鶉字與《隹部》雜字別。經典鶉首、鶉火、鶉尾，字當爲鷨。《魏風》"縣鶉"、《內則》"鶉羹"，字當爲鷯。當隨文釋之。《漢書音義》《廣雅》皆雕、鷨爲一鳥，許二之，且鶻不列於鷙鳥。
（鷨）

【古今】【校勘】【音義】（《說文》："鳶，鷙鳥也。"）此今之鴟字也。弋，《說文》作𢎁。鴟，《廣雅》作鵄。古音𢎁聲、𢍉聲皆在五部，五各切。作鴟者，隸變耳。自"鷨"至"鸕"九篆皆鷙鳥，獨於"鳶""鴟"言之者，"鳶""鴟"無他名則直謂鷙鳥而已矣。《詩》："匪鷨匪鳶。"《正義》"鳶"作"鴟"，引孟康曰："鴟，大雕也。"又引《說文》："鳶，鷙鳥也。"是孔沖遠固知"鳶"即"鴟"字。陸德明本乃作"鳶"，云"以專反"，今《毛詩》本因之。又以與專反改《說文》"鳶"字之音，誤之甚矣。"鳶"，《夏小正》作"弋"，與職切。俗作鳶，與專切。此猶鸒切以水，譌爲以沼耳。弋者，雖也，非鴟也。
（鳶）

【詁訓】【古今】【音義】【正俗】【校勘】（《說文》："鴟，雖也。"①）《隹部》曰："雖，雖也。""雖，雖也。"又名鴟，今之鷂鷹也。《廣雅》曰："鴟，鴟。"《夏小正》謂之弋："十有二月鳴弋"，弋即雖也。弋之字變爲鳶，讀與專切。鳶行而弋廢矣。鳶讀與專切者，與鴟疊韵而又雙聲。《毛詩正義》引《倉頡解詁》"鳶即鴟也"，然則《倉頡》有"鳶"字，从鳥弋聲。許無者，謂鴟爲正字，鳶爲俗字也。《毛詩·四月》"匪鶉"，《說文》作"匪鳶"；陸《釋文》作"匪鳶"，不獨改其字，

---

① 陳本"雖"作"鴟"。

且非其物矣。《大雅》："鳶飛戾天,魚躍于淵。"語與《四月》相類,"鳶"亦當爲"鶨"。《箋》云:"鳶,鴟之類。"云類則別於鴟,經文字本爲"鶨"明矣。《正義》又引《說文》云:"鳶,鷙鳥也。"此亦引《說文》"鶨,鷙鳥"而從俗寫爲"鳶"耳。蓋唐初已認"鶨"爲"鳶",二字不分,故《正義》不能質言。

（鶨）

北山

我從事獨賢

【詁訓】賢本多財之偁,引伸之凡多皆曰賢。人偁賢能,因習其引伸之義而廢其本義矣。《小雅》："大夫不均,我從事獨賢。"《傳》曰:"賢,勞也。"謂事多而勞也。故《孟子》說之曰:"我獨賢勞。"戴先生曰:"《投壺》:某賢於某若干純。賢,多也。"

（賢）

或出入風議

【詁訓】《詩》言"出入風議",《孟子》言"處士橫議",而天下亂矣。

（議）

小明

畏此罪罟

【詁訓】《文字音義》云:"始皇以辠字似皇,乃改爲罪。"按:經典多出秦後,故皆作罪。罪之本義少見於竹帛。《小雅》："畏此罪罟。"《大雅》："天降罪罟。"亦辠罟也。

（罪）

自詒伊戚

【叚借】（《說文》："慼，憂也。"①）《小明》曰："政事愈戚"，《傳》曰："戚，迫也。"又曰："自詒伊戚"，《傳》曰："戚，憂也。"按：下《傳》謂戚即慼之叚借字也。戚者，戉也。

（慼）

鼓鍾

憂心且妯

【音義】【異文】《檜》傳云："悼，動也。"《鼓鍾》傳云："妯，動也。"《菀柳》傳云："蹈，動也。"三字音義略同……（《說文》："《詩》曰：'憂心且怞。'"）今《毛詩》作"妯"，毛云："動也"，鄭云："悼也。"

（怞）

【詁訓】【異文】《小雅》："憂心且妯"，《釋詁》《毛傳》皆曰："妯，動也"，《箋》云："妯之言悼也。"《方言》："妯，擾也。人不靜曰妯。"按：《心部》引《詩》"憂心且怞"。

（妯）

楚茨

我庾維億

【叚借】《詩·楚茨》傳："萬萬曰億。"《豐年》傳："數萬至萬曰億。"《鄭箋》云："十萬曰億。"注《王制》云："億，今十萬。"韋昭注《鄭語》《楚語》曰："賈、唐說皆以萬萬爲億，今數也；後鄭十萬爲

---

① 陳本"憂"作"憂"。

億，古數也。"其詳在《說文解字讀》。經傳皆作億無作意者，叚借字也。

(意)

祝祭于祊

【異文】（《說文》："《詩》曰：'祝祭于䃾。'"）今作"于祊"。

(䃾)

獻醻交錯

【詁訓】《小雅》："獻醻交錯"，毛曰："東西爲交，邪行爲錯。"《儀禮》："交錯以辯"，旅酬、行禮，一这一遒也。

(遒)

【叚借】《楚茨》傳："東西曰交，邪行曰遒。"这遒字之叚借也。

(交)

我孔熯矣

【叚借】（《說文》："熯，乾皃……《詩》曰：'我孔熯矣。'"）此偁《詩》說叚借也。《楚茨》毛傳曰："熯，敬也。"熯本不訓敬而《傳》云爾者，謂"熯"即"戁"之叚借字也。《心部》曰："戁，敬也。"《長髮》傳曰："戁，恐也。"是其義也。

(熯)

苾芬孝祀

【經學】【異文】（《說文》："苾，馨香也。"）見《小雅》。《韓詩》作"馥"。許君《香部》無"馥"字，從毛不從韓也。

(苾)

【經學】【異文】《毛詩》"苾"字，《韓詩》作"馥"。許於《艸部》已錄"苾"，故不收"馥"，不從韓也。

（"馨"後"文二"下）

既齊既稷

【叚借】古叚"稷"爲"即"。《小雅》:"既齊既即。"毛云:"稷,疾"是也。

(稷)

既匡既勑

【叚借】《小雅》毛傳曰:"勑,固也。"此謂勑即飭之假借。"飭,致堅也。"後人用勅爲勑,《力部》:"勅,勞也。"洛代切。

(勑)

信南山

曾孫田之

【同源】【詁訓】曾之言重也,古者裔孫通曰曾孫,是以《詩》謂成王爲曾孫。《左傳》曰:"曾孫蔽瞶敢昭告皇祖文王。"

(曾曾小子)

益之以霢霂

【同源】《信南山》曰:"益之以霢霂",《釋天》《毛傳》皆曰:"霢霂,小雨也。"《釋名》曰:"言裁霢歷霑漬,如人沐頭,惟及其上枝而根不濡也。"按:霢霂者,溟濛之轉語。《水部》"溟"下曰:"小雨溟溟也。""濛"下曰:"濛濛,微雨也。"

(霢)

既優既渥

【叚借】【異文】《瞻卬》傳曰:"優,渥也。"優即瀀之假借矣……(《說文》:"《詩》曰:'既瀀既渥。'")今《詩》作"優"。

(瀀)

【同源】《小雅》:"既優既渥",《考工記》:"欲其柔滑而腥脂之。"注:"腥讀如沾渥之渥。"按:渥之言厚也,濡之深厚也,《邶風》傳曰:"渥,厚漬也。"

(渥)

既霑既足

【古今】【詁訓】【校勘】【叚借】沾、添,古今字。俗製"添"爲沾益字,而"沾"之本義廢矣。添從忝聲,忝從天聲,古音當在真先部也。《楚辭·大招》:"不沾薄只。"王曰:"沾,多汁也。薄,無味也。其味不濃不薄,適甘美也。"《漢曹全碑》"惠沾渥",《白石神君碑》"澍雨沾洽",《魏受禪表》"玄澤雲行,罔不沾渥",皆即今之添字。竊疑《小雅》"既霑既足",古本當作"沾"。"既優既渥",言厚也;"既沾既足",言多也。……《檀弓》假爲"覘"字;《史記·陳丞相世家》《滑稽列傳》假爲"霑"字。

(沾)

【叚借】(《說文》:"浞,小濡皃也。"①)《小雅》曰:"既霑既足",蓋足即浞之假借也。

(浞)

黍稷彧彧

【叚借】《詩》:"黍稷彧彧","彧"者,"戫"之變,叚"戫"爲"馘"也。

(戫)

---

① 陳本無"小"、"皃"。

甫田之什

倬彼甫田

倬彼甫田

【經學】【異文】《毛詩》："倬彼甫田"，《韓詩》作"菿彼圃田"。《釋故》曰："菿，大也。"卓聲、到聲古同在弟二部。

（菿）

或耘或耔

【異文】【古今】【叚借】【詁訓】【正俗】《小雅》："或耘或耔"，毛曰："耘，除艸也。耔，雝本也。"《食貨志》："后稷始畎田，以二耜爲耦，廣尺深尺曰畎。長終畝，一畝三畎，一夫三百畎，而播種於畎中。苗生三葉以上，稍耨隴艸，因壝其土以附苗根。故其《詩》曰：'或芸或芋，黍稷儗儗。'芸，除艸也；芋，附根也。言苗稍壯，每耨輒附根。比盛暑，隴盡而根深，能風與旱，故儗儗而盛也。"① 按：班所據《詩》作芋，古文叚借字；說《詩》作耔②，小篆字。《詩》言"耘耔"，《左傳》言"穮蔉"。③ 蔉者，畎也。隤，壅艸壅於畎中也。耔、蔉皆俗字。

（耔）

---

① 許校云："此據《左傳·昭元年》正義引《食貨志》，今《漢書》文字稍異，如'壝'，《漢書》作'隤'，故下文段注爲'隤'作解也。"
② 許校云："'說《詩》'當是'《說文》'之誤。"按：非也，"說《詩》"指班語"耔，附根也。"
③ 許校云："見《左傳·昭元年》'是穮是蔉'，不作'蔉'，故段注下文謂蓘是俗字。"

大田

以我覃耜

【叚借】【經學】《釋詁》曰："剡，利也。"《毛詩》假借"覃"爲之。《大田》曰："以我覃耜。"毛曰："覃，利也。"《釋詁》文也。

（剡）

既方既皁

【叚借】《甫田》箋曰："方，房也。謂孚甲始生而未合時也。"古借"孚"爲"稃"。

（稃）

不稂不莠

【詁訓】【校勘】《小雅》曰："不稂不莠"，《爾雅》《毛傳》皆曰："稂，童粱也。"童粱即童蓈。陸璣《疏》云："禾莠爲穗而不成，嶷然，謂之童粱。"今本"莠"作"秀"，誤。……（《說文》："稂，蓈或从禾。"）今《詩》《爾雅》皆作此字。非禾而從禾，非孔子"惡莠"意。

（蓈）

去其螟螣 及其蟊賊

【叚借】（編按：螣）《毛詩》叚借爲"䘃"字。

（螣）

【經學】【詁訓】【叚借】（《說文》："䘃，蟲食苗葉者。"[1]）見《爾雅》《毛傳》。（《說文》："吏气貣則生䘃。"[2]）鄭箋《大田》云："明君以正己而去之。"正己可去，則不正可招。李巡、孫炎皆謂由政所致

---

[1] 陳本"䘃"作"螣"，下同。
[2] 陳本"气"作"乞"，"貣"作"貸"。

也。……（《說文》："《詩》曰：'去其螟蟘。'"）今《詩》作"螣"，叚借字也。

（蟘）

【詁訓】【叚借】《小雅》："去其螟螣，及其蟊賊。"《釋蟲》："食苗根，蟊。"《毛傳》："食根曰蟊。"螟、蟘已見《虫部》，蟘是介屬，螟、蟊是蠃屬。……（編按：蠱）與《蛊部》蠱蟊字从蚰矛聲不同也，今人則盡叚"蟊"為之矣。

（蟊）

有渰萋萋

【詁訓】【校勘】（《說文》："淒，雨雲起也。"①）《詩》曰："淒其以風。"《毛傳》："淒，寒風兒。"又曰："風雨淒淒"，蓋淒有陰寒之意。《小雅》："有渰淒淒。"兒急雨欲來之狀，未嘗不兼風言之，許以字從水，但謂之雨雲。……（《說文》："《詩》曰：'有渰淒淒。'"）今《詩》作"萋萋"，非也。《呂覽》《漢書》《玉篇》《廣韵》皆作"淒淒"。

（淒）

【異文】【詁訓】（《說文》："渰，雨雲兒。"②）《毛傳》曰："渰，雲興兒。"《顏氏家訓》《定本》《集注》作"陰雲"，恐許所據徑作"雨雲"。"渰"，《漢書》作"黤"。按："有渰淒淒"謂黑雲如鬢，淒風怒生，此山雨欲來風滿樓之象也。既而白雲彌漫，風定雨甚，則"興雲祁祁，雨我公田"也。《詩》之體物瀏亮如是。

（渰）

彼有遺秉

【叚借】《小雅》："彼有遺秉"，毛云："秉，把也。"《聘禮記》"四秉曰筥"，注："此秉謂刈禾盈手之秉也。"《左傳》："或取一秉秆焉。"

---

① 陳本"雨雲"作"雲雨"。
② 陳本"雨雲"作"雲雨"。

按：經傳假秉爲柄字。

（秉）

瞻彼洛矣

韎韐有奭①

【句讀】【經學】【詁訓】【叚借】【校勘】【音義】【源流】《小雅》毛傳曰："韎者，茅蒐染革也。一入曰韎。（段云：句）韐，（段云：逗）所以代韠也。"《士冠禮》注云："韎韐，縕韍也。"此鄭以縕釋韎，以韍釋韐。《玉藻》："一命縕韍。"注云："縕，赤黃之閒色，所謂韎也。"按：赤黃之閒色曰纁，《糸部》"纁，帛赤黃色"是也。《爾雅》："一染謂之縓。"縕者，纁之假借字。"一入曰韎"，即"一入曰縓"也。三君注《國語》云："一染曰韎。"《詩箋》云："韎，茅蒐染也。茅蒐，韎聲也。韐，祭服之韠，合韋爲之。"又《駁異義》云："齊魯之閒言韎聲如茅蒐，字當作韎。陳留人謂之蒨。"韋注《國語》云："茅蒐，今絳草也，急疾呼茅蒐成韎。"此皆《詩箋》所謂"茅蒐，韎聲"也。《士冠禮》"韎韐"注云："士染以茅蒐，因以名焉。今齊人名蒨爲韎。（段云：句）韐之制似韠。"已上諸文，今本譌舛特甚，悉爲正之。（《說文》："从韋，末聲。"）按：許云末聲，鄭《駁異義》云："韎，齊魯之閒言韎聲如茅蒐，字當作韎。"今《詩箋》版本二體不別，葢鄭所據亦作末聲，鄭謂當从未聲也。鄭必知當从未聲者，未聲與文魂爲類，末聲與元寒爲類。文魂與尤侯相似也，元寒與魚模相似也。茅蒐爲韎聲則當从未矣。《唐韵》莫佩切，劉、李《周禮》音妹者，鄭未聲之說也。《廣韵》音末，諸經音莫介反者，許末聲之說也。

（韎）

【句讀】【詁訓】【校勘】《瞻彼洛矣》傳曰："韎韐者，茅蒐染韋，一入曰韎（段云：句）。韐所以代韠也。"箋云："韎者，茅蒐染也。茅

---

① 今本"韎"作"韎"。

308

蒐，韎聲也。韐，祭服之韠，合韋爲之。"《士冠禮》注曰："韎韐，緼韍也。合韋爲之，士染以茅蒐，因以名焉。今齊人名蒨爲韎（段云：句）。韐之制似韠。"按：凡言韎韐者，韐謂其物，韎謂其色，故《士喪禮》設韐帶，不連韎緇言。自六朝人不知韎韐二字可分析，《詩傳》《鄭箋》《禮注》《鄭志》皆譌亂不可讀矣。

（韐）

鞞琫有珌^①

【詁訓】【同源】【正俗】【古今】【校勘】《小雅》："鞞琫有珌"，《傳》："鞞，容刀鞞也。琫，上飾。珌，下飾。"《大雅》："鞞琫容刀"，《傳》："下曰鞞，上曰琫。"戴先生疑《瞻彼洛矣》之"珌，下飾"當爲"鞞，下飾。珌，文飾皃"。"有珌"與首章"有奭"句法同。《說文》訓"鞞"爲"刀室"，誤也。玉裁按：鞞之言裨也，刀室所以裨護刀者，漢人曰削，俗作鞘。琫之言奉也，奉俗作捧。刀本曰環，人所捧握也，其飾曰琫。珌之言畢也，刀室之末，其飾曰珌，古文作㻡。《傳》云："鞞，容刀鞞也"，謂刀削；其云"琫，上飾；珌，下飾"者，上下自全刀言之。琫在鞞上，鞞在琫下，珌在鞞末。《公劉》詩不言珌，故云"下曰鞞"，舉鞞以該珌。"鞞琫有珌"，言鞞琫而又加珌也。《王莽傳》："瑒琫瑒珌"，孟康曰："佩刀之飾，上曰琫，下曰珌。"若劉熙《釋名》曰："室口之飾曰琫。琫，捧也。捧束口也。下末之飾曰琕。琕，卑也。下末之言也。"琕即鞞之譌。劉意自一鞘言之，故雖襲毛"上曰琫，下曰鞞"之云，而大非毛意。至杜預本之注《左傳》云："鞞，佩刀削上飾。鞛，下飾。"又互譌"上""下"字矣。凡訓詁必考其源流得失者，舉眂此。……（編按：琫）《左傳》作"鞛"，音奉合音，如棓字亦音聲之比。

（琫）

---

① 今本"鞞"作"鞸"。

【異文】(《說文》:"《禮記》曰:'佩刀,士珕琫而珧珌。'"①)《詩正義》作"珧琫而珧珌"②。

(珕)

【經學】【詁訓】【異文】(《說文》:"《禮記》曰:'佩刀,天子玉琫而珧珌。'"③)見《毛傳》。按:"天子玉琫珧珌",備物也。"諸侯璗琫璆珌",讓於天子也。璆,美玉也。天子玉上,諸侯玉下,故曰讓於天子也。"大夫鐐琫鏐珌",銀上金下也。"士珕琫珧珌",珧有玉珧之偁,貴於珕。自諸侯至士,皆下美於上,惟天子上美於下。《毛詩集注》《定本》《釋文》皆作"諸侯璆珌",惟《正義》作"諸侯鏐珌"。又《集注》《定本》《釋文》皆作"大夫鏐珌",惟《正義》作"大夫鐐珌"。又《說文》作"士珧珌",《正義》作"士珕珌"與《說文》異。

(珧)

【經學】【異文】【辨誤】(《說文》:"璗,金之美者,與玉同色……《禮記》曰:'佩刀,諸侯璗琫而璆珌。'"④)《詩毛傳》同。《詩正義》作"璗琫而鏐珌"也。《王莽傳》:"瑒琫瑒珌",瑒即璗字,孟康云:"玉名",非。

(璗)

桑扈

有鶯其羽

【校勘】【詁訓】《毛詩》曰:"交交桑扈,有鶯其羽""有鶯其領",《傳》曰:"鶯鶯然有文章皃。""皃"舊作"也",非。鶯鶯猶熒熒也,皃其光彩不定,故從熒省,會意兼形聲。

(鶯)

---

① 陳本無"記曰"。
② 許校云:"'正義'當作'毛傳。'"
③ 陳本無"記","曰"作"云"。
④ 陳本無"記曰"。

之屏之翰

【叚借】《桑扈》《文王有聲》《崧高》《板》傳皆云："翰，榦也。"此謂《詩》以翰爲楨榦字也，同音假借。

（翰）

受福不那

【異文】【志疑】（《說文》："鸃……讀若《詩》'受福不儺。'"）《小雅·桑扈》："受福不那。"《傳》曰："那，多也。"此作"不儺"，疑字之誤，或是《三家詩》。

（鸃）

【經學】【叚借】（《說文》："𩜙，富𩜙𩜙皃。"①）《毛詩·桑扈》《邶》二傳皆曰："那，多也。"《釋詁》同。《國語》："富都那豎。"韋注："那，美也。"那，不知其本字，以許書折衷之，則𩜙爲本字，那爲叚借字耳。

（𩜙）

鴛鴦

摧之秣之　秣之摧之

【詁訓】《小雅》："秣之摧之"，以摧爲莝。莝之者，以莝飤馬也。

（莝）

【詁訓】《小雅》："乘馬在廄，摧之秣之。"《傳》曰："摧，挫也。秣，粟也。"按：挫謂以莝飤之，粟謂以粟飤之也。秣同䬴。

（䬴）

---

① 段云："當作'𩜙𩜙，富皃。'"

頍弁

蔦與女蘿

【詁訓】《小雅》傳曰："蔦，寄生也。"陸璣曰："蔦，一名寄生，葉似當盧，子如覆盆子。"《本艸經》："桑上寄生。一名寓木，一名宛童。"按："寓木""宛童"見《釋木》。

（蔦）

憂心怲怲

【音義】《毛傳》曰："怲怲，憂盛滿也。"怲怲與彭彭音義同，故云"憂盛滿"。

（怲）

先集維霰

【校勘】【詁訓】《毛詩傳》曰："霰，暴雪也"，"暴"當是"黍"之字誤。俗謂米雪或謂粒雪皆是也。曾子曰："陽之專氣爲霰。"《詩箋》云："將大雨雪，始必微溫，雪自上下遇溫氣而團，謂之霰。久之寒勝，則大雪矣。"

（霰）

車舝

高山仰止

【校勘】【異文】【音義】（《說文》："卬，望也……《詩》曰：'高山卬止。'"）卬與仰義別，仰訓舉，卬訓望。今則仰行而卬廢，且多改卬爲仰矣。《小雅·車舝》曰："高山卬止"，《箋》云："卬，慕。"《過秦論》："常以十倍之地，百萬之衆，卬關而攻秦。"俗本作"叩"、作"仰"，皆字誤、聲誤耳。《晉語》："如川然有原，以御浦而後大。"

孔晁本作"卬浦",牛亮反,言川仰浦而大,人仰教而成。《廣雅》:"仰,恃也。"仰亦卬之誤。

(卬)

以慰我心

【校勘】(《說文》:"䚼,尉也。") 玫《毛詩·凱風》傳:"慰,安也。"《車舝》傳曰:"慰,怨也。"二《傳》不同。《車舝》傳一本作"尉,安也",陸氏德明從怨,謂作安乃馬融義。今按:此《毛詩》及《傳》正當作"尉,䚼也",爲許所本。後人以易識之字易之耳。䚼者,以善言案其心,如火申繒然。䚼、尉雙聲。

(䚼)

【經學】【異文】【詁訓】《小雅》:"以慰我心。"毛曰:"慰,怨也。"《韓詩》作"以㥯我心","㥯,恚也。"①

(慰)

【校勘】《大雅·緜》傳曰:"㥯,恚也。"《正義》云:"《說文》:'㥯,怨也。''恚,怒也。'有怨者必怒之,故以㥯爲恚。"……《車舝》:"以慰我心",《韓詩》作'以㥯我心',㥯,恚也。"與毛《緜》傳合。毛《閟闕》傳曰:"慰,怨也。"葢《毛詩》亦作"㥯",後人譌爲"慰"耳。

(㥯)

青蠅

營營青蠅　止于樊

【異文】【經學】(《說文》:"《詩》曰:'營營青蠅。'")《毛詩》作"營營",《傳》曰:"營營,往來皃。"許所偁葢三家《詩》也。

(營)

---

① 《正義》語。

【異文】（《說文》："《詩》曰：'營營青蠅，止于棶。'"）"營營"，《言部》引作"譻譻"。"棶"，今《詩》作"樊"。毛曰："樊，藩也。"三章曰："榛，所以爲藩也。"①

（棶）

賓之初筵

肴核維旅②

【校勘】許不以核爲果實中者，許意果實中之字當用䔲也。《小雅》："肴核維旅。"班固、蔡邕作"肴䔲"。左思作"肴槅"。"槅"即"䔲"也。今本《毛詩》作"核"，非古也。

（核）

【校勘】【叚借】《詩·小雅》："肴䔲維旅"，《典引》及注不誤。《賦》作"槅"，叚借字也。今本作"核"，傳譌也。《周禮》經作"䔲"，注作"核"，葢漢人已用"核"爲"䔲"矣。

（䔲）

發彼有旳③

【叚借】《詩》："發彼有旳。"叚勺爲旳字。

（旳）

【叚借】《詩·小雅》以勺爲旳。

（埻）

賓載手仇

【叚借】《詩箋》《禮注》皆用"斝"，皆謂挹酒於尊中也。如鄭說，則《賓筵》之"仇"乃此字之叚借。……（編按：斝）古音葢在三部，故

---

① 亦是《傳》語。
② 今本"肴"作"殽"。
③ 今本"勺"作"旳"，《經典釋文》作"勺"。引同《釋文》。

鄭得以易仇字。

(魗)

婁舞僛僛①

【詁訓】（《說文》："僛，長生僛去。"）《小雅》："婁舞僛僛"，《傳》曰："婁，數也。數舞僛僛然。"按：僛僛，舞袖飛揚之意，正引伸假借之義也。

(僛)

威儀忯忯

【異文】【音義】（《說文》："《詩》曰：'威儀忯忯。'"）《小雅·賓之初筵》曰："威儀忯忯"，《傳》曰："忯忯，媟嫚也。"許所據作"忯忯"。……（編按：忯）毗必切，十二部。《詩音義》曰："《說文》作忯，平一反。"

(忯)

屢舞僛僛

【校勘】（《說文》："《詩》曰：'屢舞僛僛。'"）"屢"當作"婁"。②

(僛)

側弁之俄

【詁訓】【異文】（《說文》："《詩》曰：'仄弁之俄。'"）鄭云："俄，傾皃。"古"頃""傾"通用，皆謂仄也。今《詩》"仄弁"作"側弁"。

(俄)

---

① 今本"婁"作"屢"。
② 按：《女部》"婁"篆下段云："古有婁無屢"，故有改字之舉。

【古今】【叚借】（《說文》："或說：我，頃頓也。"）《賓筵》："側弁之俄"，《箋》云："俄，傾貌。"《人部》曰："俄，頃也。"然則古文以我爲俄也，古文叚借如此。
（我）

屢舞傞傞

【校勘】（《說文》："《詩》曰：'屢舞傞傞。'"）"屢"，當作"婁"。
（傞）

【校勘】【異文】（《說文》："《詩》曰：'婁舞娑娑。'"①）"婁"舊作"屢"，今正。"娑娑"，《詩》作"傞傞"，《傳》曰："傞傞，不止也。"古此聲、差聲冣近，《庸風》"玼兮玼兮"或作"瑳兮瑳兮"。
（娑）

俾出童羖

【詁訓】羖羊無無角者，故《詩》以"童羖"爲難。羘羊多無角，故殊之。
（羖）

【詁訓】【經學】《小雅》："俾出童羖"，鄭云："羖羊之性，牝牡有角。"則鄭謂羖羊兼有牝牡，與許說殊。疑鄭說即郭所云"今人便以羘羖名白黑羊"也。黑羊則名羖，牝牡皆角，故童羖爲難。白羊則名羘，牝者多無角，故許別言羘羊生角者。
（羯）

【詁訓】"羖"，夏羊牡之偁。羖羊無無角者，故《小雅》云："俾出童羖。"羘羊多無角，故其角者別之曰"羷"也。《大雅》云："彼童而角。"《傳》云："童羊之無角者也。而角自用也。"《箋》云："童羊謂皇后也。"按："童羊"正謂"羘羊"。
（羷）

---

① 陳本"婁"作"屢"。

魚藻之什

魚藻

豈樂飲酒

【叚借】"奏豈",經傳多作"愷"。"愷樂",《毛詩》亦作"豈"。是二字互相假借也。

(愷)

采菽

觱沸檻泉

【叚借】(《說文》:"《詩》曰:'觱沸濫泉。'")此詩《小雅》《大雅》皆有之。今作"檻泉"者,字之假借也。毛曰:"觱沸,泉出貌。檻泉,泉正出也。"

(濫)

鸞聲嘒嘒

【叚借】【音義】【詁訓】【校勘】(《說文》:"《詩》曰:'鑾聲鉞鉞。'")徐鉉等曰:"今俗作鐬,以鉞作斧戉之戉,非是。呼會切。"……玉裁按:《詩·采菽》:"鸞聲嘒嘒",《傳》曰:"中節也。"《泮水》:"鸞聲噦噦",《傳》曰:"言其聲也。"《釋文》不言有作"鐬"者。鼎臣何以云:"今作鐬"與?攷《玉篇》《廣韵》皆有"鐬"字,注:"呼會切,鈴聲也。"而《泮水》"噦噦",呼會反。"鑾聲"即鈴聲。然則古本《毛詩》非無作"鐬鐬"者,故《篇》《韵》猶存其說。鐬爲正字,《采菽》"嘒嘒",呼惠反,殆叚借字。許訓"噦"爲"气啎",見於《內則》。《詩》不得以狀鑾聲,或叚借可也。以戉聲之字狀鸞聲,尤殊不類。鐬从歲聲,歲从戉聲,戉聲、歲聲則與鑾聲相似。《詩》言:

"和鑾雝雝",宮聲也,車緩行舒徐聲也。"八鑾鎗鎗""鑾聲鉞鉞",鳴玉鑾之秋秋,商聲也。車將止,舌與鈴相摩聲也。疑古《毛詩·泮水》本作"鉞鉞",後乃變爲"鐬"字。許所據作鉞,戌聲,辛律切,變爲鐬,呼會切。當鼎臣兄弟時,《說文》鉞篆譌鐬,而鼎臣兄弟乃仍以呼會切之,蓋昧其遷移原委矣。鉞字之存於今者爲鋸聲,爲鐳鉞。

(鉞)

邪幅在下

【志疑】(《說文》:"幑,裹幅也。")即《詩》之"邪幅"也。《傳》曰:"邪幅,偪也。所以自偪束也。"《箋》云:"邪幅,如今行縢也。偪束其脛,自足至卻。"按:《內則》謂之偪,許云謂之幑,未見所出,蓋猶蔽卻謂之幃與?

(幑)

平平左右

【異文】(編按:便)古與平、辨通用。……《毛詩》"平平左右",《左傳》作"便蕃左右"。

(便)

紼纚維之

【詁訓】《采𦬊》毛傳曰:"紼,繂也。"言用紼爲索也。
(紼)
【詁訓】《采𦬊》毛傳曰:"紼,繂也。"謂麻繩也。
(繂)

天子葵之

【叚借】《小雅》:"天子葵之",《傳》曰:"葵,揆也。"謂叚"葵"爲"揆"也。

(揆)

角弓

騂騂角弓

【經學】【詁訓】【異文】【辨誤】（《說文》："觲，用角低仰便也……讀若《詩》曰：'觲觲角弓。'"）《小雅》："騂騂角弓"，毛曰："騂騂，調利也。"按：毛意謂角弓張弛便易，許意謂獸之舉角高下馴擾，毛說正許說之引伸也……今《詩》作"騂騂"。按：許所引《詩》作"觲"，則不得言"讀若"，鉉本所以刪"讀若"也①。《詩音義》云："騂騂，《說文》作弲，火全反。"此陸氏之誤。當云"《說文》作觲"也。"弲"，自訓"角弓"，不訓"弓調利"。

（觲）

【詁訓】【異文】【辨誤】《詩》曰："觲觲角弓。"相角居角之法詳於《弓人》。按：今《詩》"騂騂角弓"，《釋文》曰："騂，《說文》作弲，音火全反。"此陸氏之偶誤。蓋《角部》稱"觲觲角弓"，陸當云："《說文》作觲"而誤云"作弲"也。弲自謂角弓，不謂弓調利。

（弲）

如塗塗附

【詁訓】【經學】【異體】《詩·角弓》曰："如塗塗附"，《傳》曰："塗，泥也。附，箸也。"按：上"塗"謂泥，下"塗附"連讀謂箸。《鄭箋》則謂以塗塗木桴。涂附謂之垷，《廣雅》："挸，拭也"，即垷字之異也。

（垷）

雨雪瀌瀌

【詁訓】【異文】《小雅·角弓》曰："雨雪瀌瀌，見晛曰消。"《廣雅》：

---

① 陳本無"讀若"。陸氏未必爲誤。

"瀌瀌，雪也。"《劉向傳》作"麃"。

（瀌）

見晛曰消

【經學】【異文】【詁訓】《毛詩》："見晛曰消。"毛云："晛，日氣也。"《韓詩》："曣晛聿消。"韓云："曣晛，日出也。"二解義相足，日出必有溫氣也。《廣雅·釋詁》云："曣曣，煗也。""曣曣"即韓詩之"曣晛"，"煗"即毛日氣之說。《荀卿·非相篇》引《詩》作"宴然"，"宴然"即"曣曣"也。宴、晏、曣古通用。《玉篇》曰："曣同晛。"

（晛）

菀栁

有菀者栁

【叚借】《詩》"菀彼北林""有菀者栁"，假借爲鬱字也。

（菀）

上帝甚蹈

【叚借】《小雅》："上帝甚蹈。"《傳》曰："蹈，動也"，謂蹈即悼之叚借也，故鄭申之云："蹈讀曰悼。"

（悼）

無自瘵焉

【經學】【叚借】《釋詁》曰："瘵，病也。"《小雅·菀栁》毛傳同。箋云："瘵，接也"，則謂《詩》叚瘵爲際也。

（瘵）

【叚借】《詩·菀栁》鄭箋："瘵，接也。"此謂叚瘵爲際。
（際）

都人士

綢直如髮

【叚借】《小雅》："綢直如髮"，叚"綢"爲"稠"也。
（稠）

【叚借】《小雅》曰："彼君子女，綢直如髮"，《傳》曰："密直如髮也"，是則"綢"乃"髳"之假借字。
（髳）

【叚借】今人綢繆字不分用。然《詩·都人士》單用綢字，曰："綢直如髮"，《毛傳》以"密直"釋之，則綢即稠之叚借也。
（綢）

謂之尹吉

【歷史】《國語》晉胥臣臼季曰："黃帝之子，得姓者十四人，爲十二姓。"姞其一也，《詩·都人士》作"吉"。南燕、密須，姞姓國也。
（姞）

黍苗

我任我輦　我車我牛

【詁訓】《小雅》："我任我輦，我車我牛。"《傳》云："任者，輦者，車者，牛者。"四云"者"者，皆謂人也。
（任）

隰桑

桑葉有幽①

【叚借】【經學】【校勘】《小雅》："桑葉有幽"，毛曰："幽，黑色也。"此謂幽爲黝之假借。《玉藻》："幽衡"，鄭云："幽讀爲黝"，毛不易字，鄭則易之。《周禮·牧人》："陰祀用幽牲"，《守祧》："幽堊之"，鄭司農皆"幽讀爲黝"，引《爾雅》"地謂之黝"。今本幽、黝字互譌。

（幽）

白華

白華菅兮

【詁訓】《詩》："白華菅兮"，《釋艸》曰："白華，野菅。"《毛傳》足之曰："已漚爲菅。"按：《詩》謂白華既漚爲菅，又以白茅收束之。菅別於茅，野菅又別於菅也。

（菅）

念子懆懆

【音義】【辨誤】【經學】(《說文》："懆，愁不安也……《詩》曰：'念子懆懆。'")懆訓愁，慘訓毒，音義皆殊，而寫者多亂之。《白華》作"懆"，見於許書。《月出》《正月》《抑》皆作"懆"，入韵。且《毛傳》曰："懆懆，憂不樂也。""懆懆，猶戚戚也。"正爲許說所本。而陸氏三者皆云"七感反"，其憒亂有如此者。

（懆）

---

① 今本"桑"作"其"。

視我邁邁

【異文】【叚借】【經學】(《說文》:"悑,惽怒也……《詩》曰:'視我悑悑。'①)《小雅·白華》:"念子懆懆,視我邁邁。"《毛傳》曰:"邁邁,不悅也。"《釋文》云:"《韓詩》及《說文》皆作'悑悑'。《韓詩》云:'意不悅好也。'許云:'很怒也。'"今《說文》作恨,似宜依很。邁者,悑之叚借。非有韓、許則《毛詩》不可通矣。許宗毛而不廢三家《詩》。

(悑)

有鶖在梁

【詁訓】【志疑】《小雅》毛傳:"鶖,禿鶖也。"張尚對孫皓曰:"鳥之大者有禿鶖。"《古今注》曰:"扶老,禿秋也。大者頭高八尺。"李時珍說其形甚詳,云"頭項皆無毛",此其儞禿之故乎?

(鷞)

瓠葉

燔之炙之

【校勘】【詁訓】【經學】(《說文》:"炙,炙肉也。"②)"炙肉"各本作"炮肉",今依《楚茨》傳正。《小雅·楚茨》傳曰:"炙,炙肉也。"《瓠葉》傳曰:"炕火曰炙。"《正義》云:"炕,舉也。謂以物貫之而舉於火上以炙之。"按:"炕"者俗字,古當作"抗"。《手部》曰:"抗,扞也",《方言》曰:"抗,縣也"是也。《瓠葉》言"炮"、言"燔"、言"炙",《傳》云:"毛曰炮,加火曰燔,抗火曰炙。"燔、

---

① 陳本"惽"作"恨"。
② 陳本"炙肉"作"炮肉"。

炙不必毛也，抗火不同加火之逼近也，此毛意也。《箋》云："凡治兔之首，宜鮮者毛炮之，柔者炙之，乾者燔之"，此申毛意也。然則《鳧鷖》《楚茨》《行葦》燔、炙並言，皆必異義。《生民》傳曰："傅火曰燔，貫之加於火曰烈。""貫之加於火"即抗火也。《生民》之"烈"，即炙也。《禮運》注曰："炮，裹燒之也。""燔，加於火上也。""炙，貫之火上也。"三者正與《瓠葉》傳相合。然則炙與炮之別異又可知矣。許宗毛義，故"炙"下云"炙肉也"，用《楚茨》傳爲文，即《瓠葉》傳之"抗火曰炙"也。不用《瓠葉》而用《楚茨》者，其字從肉，故取炙肉之文也。《火部》曰："熹，炙也""炮，毛炙肉也""衮，炮炙也""䕨，置魚筒中炙也"皆是。其引申之義爲逼近熏炙，如《桑柔》傳曰"赫，炙也"是。

（炙）

酌言酢之

【詁訓】（《說文》："醋，客酌主人也。"）《瓠葉》傳曰："酢，報也。"《彤弓》箋曰："主人獻賓，賓酢主人。主人又飲而酌賓，謂之醻。"……按：諸經多以酢爲醋，惟《禮經》尚仍其舊。後人醋、酢互易，如種、稑互易。

（醋）

漸漸之石

維其勞矣

【叚借】《小雅》："山川悠遠，維其勞矣。"《箋》云："其道里長遠，邦域又勞勞廣闊。"勞者，遼之叚借也。

（遼）

苕之華

牂羊墳首

【叚借】《苕之華》："牂羊墳首。"《傳》曰:"墳,大也。"此假"墳"爲"頒"也。

(頒)

大雅

文王之什

文王

亹亹文王

【正俗】【叚借】(《說文》:"忞,自勉彊也。"①)各本少"自勉"二字,《韻會》有之,與《篇》《韵》合。《大雅》:"亹亹文王",《毛傳》曰:"亹亹,勉也。"亹即斖之俗,斖从分聲,"斖斖"即"忞忞"之叚借也。

(忞)

其麗不億

【叚借】(《說文》:"酈,數也。")《大雅》:"其麗不億",毛曰:"麗,數也。"《方言》作"酈",亦云"數也"。葢酈是正字,麗是假借字。

(酈)

---

① 陳本無"自勉"。

宣昭義問

【叚借】《文王》傳曰："義，善也。"此與《釋詁》及《我將》傳"儀，善也"正同，謂此義爲儀之假借字也。

（儀）

上天之載

【叚借】（編按：載）又叚借爲"事"，《詩》："上天之載"，《毛傳》曰"載，事也"是也。

（載）

大明

天難忱斯

【異文】【詁訓】（《說文》："《詩》曰：'天難諶斯。'"）今《詩》作"忱"。毛曰："忱，信也。"按：諶、忱義同音近，古通用。今《詩》："其命匪諶"，《心部》作"天命匪忱"。

（諶）

【異文】【詁訓】《詩·大䚈》曰："天難忱斯。"毛曰："忱，信也。"《言部》"諶"下曰："誠諦也"，引《詩》"天難諶斯"。古忱與諶義近通用……（《說文》："《詩》曰：'天命匪忱。'"）《大雅·蕩》曰："天生烝民，其命匪諶。"毛曰："諶，誠也。"許作"忱"，是亦可徵二字互用也。

（忱）

天位殷適

【正俗】【詁訓】（編按：嫡）俗以此爲嫡庶字，而許書不尒。葢嫡庶字古祇作適。適者，之也，所之必有一定也。《詩》："天位殷適"，《傳》曰："紂居天位，而殷之正適也。"凡今經傳作嫡者，蓋皆不古。

（嫡）

摯仲氏任

【詁訓】《毛傳》於《大明》曰："仲，中女也。"於《燕燕》曰："仲，字也。"皆言婦人也。二《傳》其實一也，古中、仲二字互通。

（仲）

曰嬪于京

【詁訓】（《說文》："嬪，服也。"）《堯典》曰："釐降二女于媯汭，嬪于虞。"《大雅》曰："摯仲女任，自彼殷商。來嫁于周，曰嬪于京。"《傳》曰："嬪，婦也。"按：婦者，服也。故釋嬪亦曰服也。《老子》賓與臣同義，故《詩》曰："率土之賓，莫非王臣。"嬪與婦同義，亦其理也。

（嬪）

大任有身

【詁訓】《詩》："大任有身，生此文王。"《傳》曰："身，重也。"蓋妊而後重，重而後動，動而後生。

（娠）

在洽之陽

【校勘】（《說文》："《詩》曰：'在邰之陽。'"）今《詩》"邰"作"洽"，《水經注》引亦作"邰"。按：《魏世家》："文侯時西攻秦，築雒陰合陽。"字作合，蓋合者水名。《毛詩》本作"在合之陽"，故許引以說會意。秦漢間乃製邰字耳。今《詩》作洽者，後人意加水旁。許引《詩》作郶者，後人所改。

（郶）

倪天之妺

【古今】【經學】【異文】【叚借】【詁訓】【音義】【辨誤】（《說文》："倪，諭也，一曰閒見……《詩》曰：'倪天之妺。'"①）《大雅·大明》曰："倪天之妺"，《傳》曰："倪，磬也。"此以今語釋古語。倪者古語，磬者今語，二字雙聲，是以《毛詩》作"倪"，《韓詩》作"磬"，如十七篇之有古今文。孔穎達云："如今俗語譬喻云磬作然。"許不依《傳》云"磬"而云"諭"者，磬非正字，以六書言之，乃倪之假借耳，不得以假借字釋正字也。磬、罄古通用。《爾雅》："罄，盡也。"猶言：竟是天之妺也。……《釋言》曰："閒，倪也。"正許所本。上訓用毛、韓說，此訓用《爾雅》說，《爾雅》亦釋《詩》也。閒音諫，若言不可多見而閒見之。《爾雅》無見字，許益見字者，以其篆从見也，容《爾雅》原文今有倒奪矣。郭景純以"《左傳》謂之諜"釋之，恐非。

（倪）

其會如林

【異文】【經學】（《說文》："《詩》曰：'其旝如林。'"）今《毛詩》作"會"，《鄭箋》以"盛合其兵衆"釋之。然則毛作"會"，三家《詩》作"旝"，許偁毛而不廢三家也。馬融《廣成頌》曰："旃旝摻其如林。"季長所偁同許，而旝爲旃之類，則說亦同許也。

（旝）

---

① 陳本"諭"前有"譬"字，段刪。

涼彼武王

【叚借】【經學】【異文】《大雅》："涼彼武王"，《傳》曰："涼，佐也。"此假"涼"爲"亮"也，《韓詩》正作"亮"。

（亮）

會朝清明

【詁訓】【異文】《大雅》："會朝清明"，《毛傳》曰："會，甲也。"會讀如檜，物之蓋也。會朝猶言第一朝，此於雙聲取義。《貨殖傳》"蓋一州"，《漢書》作"甲一州"。

（甲）

緜

緜緜瓜瓞

【詁訓】【校勘】【經學】《釋草》曰："瓞，瓝。其紹瓞。"按：瓞瓝者，一種艸結小瓜名瓞，即瓝瓜也。云其紹瓞者，瓝瓜之近本繼先歲之實謂之瓞也。上云"瓞，瓝"渾言之，此析言之也。《大雅》："緜緜瓜瓞。"《傳》云："瓜瓞，瓜紹也。瓞，瓝也。"今本《傳》奪"瓜瓞"二字，乃不可讀矣。云"瓜瓞、瓜紹也"者，言瓜之近本繼先歲之實必小，如瓝瓜之近本繼先歲之實亦小，故亦謂之瓞也。瓜紹不云瓞，以瓝紹之名名之，故曰"瓜瓞"。又引《爾雅》"瓞，瓝"說其本義也。《毛傳》襲《爾雅》而文義不同。《詩》言"瓜瓞"者，興其先小後大。陸氏佃曰："今驗，近本之瓜常小，末則復大。"戴先生謂：於《詩》意、物理皆得之。

（瓞）

自土漆沮①

【地理】【辨誤】（《說文》："漆，漆水。出右扶風杜陵岐山，東入渭。"②）周公劉居豳，今陝西邠州是其地，漢之漆、栒邑二縣也。太王遷郊，今鳳翔府岐山、扶風二縣是其地，漢之杜陽南、美陽北也。《大雅》曰："民之初生，自土漆沮。"《傳》曰："漆，漆水；沮，沮水也。"又曰："周原，漆、沮之間也。"《周頌·潛》傳又曰："漆、沮，岐州之二水也。"據毛說則漆、沮二水，實在岐周之地。《小雅·吉日》傳但云："漆沮之水，麀鹿所生"，其解必同《大雅》《周頌》。許云漆水出杜陽，正岐周地也。此漆、沮在涇西，《禹貢》"道渭又東過漆沮"，則在涇東，與岐周無涉。玉裁謂：《水經》曰："漆水出扶風杜陽縣俞山，東北入於渭。"正與《說文》合。惟"岐"作"俞"耳。酈氏引《開山圖》曰："岐山在杜陽北，長安西，有渠謂之漆渠。"酈又云："漆水出杜陽縣之漆溪，謂之漆渠。漆渠合岐水，與橫水合。東注雍水，又合杜水。南注於渭。"郭樸《山海經注》云："今漆水出岐山。"皆與《水經》合。而《前志》右扶風漆縣下云："漆水在縣西。"以地望準之，蓋此漆水出豳地，漢漆縣以水爲名，西南流至周郊地南、漢杜陽美陽境而入渭。實出今之邠州，西南流至麟遊、扶風閒入渭也。《大雅》云："率西水滸。"《箋》云："循漆、沮水側。"《傳》又云："周原，漆沮之閒也。"是此水源委自豳至郊，漢人皆審知形勢，今則茫昧難詳矣。闞駰《十三州志》云："漆水出漆縣西北，至岐山東北入渭。"正與《毛詩》傳、箋合。許及《水經》云"出杜陽岐山"者，容舉其近源言之。《邑部》云："郊在右扶風美陽中水鄉。"此以岐山系杜陽者，岐山在杜陽之南，美陽之北。周原在岐山之陽。故《詩譜》曰："周原者，岐山陽，地屬杜陽。"《郡國志》注所引如是……（《說

---

① 今本"漆沮"作"沮漆"。
② 陳本不重"漆"。

文》:"一曰,漆,城池也。"①)小徐本如是,與《水經注》所引合。大徐本作"一曰入洛",蓋淺人讀酈注《沮水篇》者改之。洛水,雍州之浸,下文"出歸德北夷畍中"者,即涇東之漆、沮水也。涇西之漆不得入洛,中隔涇水矣。一曰者,別一義。城隍有水曰池,城池謂之漆,蓋古有是名。酈兼引此句,猶其兼引"一曰:湔,半澣"之謬。(漆)

【地理】休寧汪氏龍曰:《山海經》瑜次之山,漆水出焉。《地理志》右扶風漆縣,漆水在縣西。《水經》漆水出右扶風杜陽俞山,東北入於渭。《十三州地理志》漆水出漆縣西北,至岐山,東入渭。戴先生言:漆水北流注於涇,此涇西之漆水,注涇以入渭者也。此與《緜》詩之漆無涉。《十三州地理志》有水出杜陽縣岐山北漆溪,謂之漆渠,西南流,注岐水。《水經注》杜水出杜陽山,東南流,合漆水,水出杜陽之漆溪,謂之漆渠,南流合岐水,至美陽縣注於雍水。《隋書·地理志》扶風普潤縣有漆水。此涇西之漆,合杜、岐、雍以入渭者也。是即《緜》詩之漆。《詩》首章謂太王始居杜、漆、沮之地,非謂公劉。此漆非《說文》"出右扶風杜陽岐山,東入渭"之漆也。

(十一篇上一末"補漆注")

陶復陶穴

【經學】【詁訓】【異文】【校勘】(《說文》:"覆,地室也。")《大雅》正義引作"覆於地也"四字。按:《詩·大雅》"陶復陶穴",《箋》云:"復者,復於土上。鑿地曰穴,皆如陶然。"庾蔚之云:"複謂地上累土爲之,穴則穿地也。"鄭、庾之云與許云"覆於地"合。"覆於地"者,謂旁穿之,則地覆於上。穴則正穿之,上爲中霤。《毛傳》云:"陶其土而復之,陶其壤而穴之。"土謂堅者,堅則不患蚍壓,故旁穿

---

① 陳本無。

之，使上有覆。葢陶其土，旁穿之也。壤謂柔者，柔則恐岫，故正鑿之。陶其壤謂正鑿之，直穴之中爲中霤也。鄭注《月令》云："中霤猶中室也。古者複穴，是以名室爲霤云。"連"複"言之者，文勢使然也。毛之"陶其土""陶其壤"，葢讀陶爲掏。鄭則云"皆如窯然"，特此爲異耳。漢時陵墓築封土謂之復土，義與此復土小異，要亦上覆之言耳。……（《說文》："《詩》曰：'陶寖陶穴。'"）按：毛作"復"，三家《詩》有作"寖"者，如《斯干》毛"革"，韓"韌"之比。《釋名》說"中霤"云："古者寢穴"，乃是"寖穴"之誤，語與《月令》注同。

(寖)

【叚借】《緜》詩鄭箋云：復、穴"皆如陶然"。是謂經之"陶"即"窯"字之叚借也。

(窯)

【詁訓】【音義】《大雅》："陶復陶穴"，《毛傳》："陶其土而復之，陶其壤而穴之。"《九章筭術》："今有穿地，積一萬尺，問爲堅壤各幾何？荅曰：爲堅七千五百尺，爲壤一萬二千五百尺。穿地四，爲壤五，爲堅三，爲墟四。"劉徽注："壤謂息土，堅謂築土。"《周禮》："辨十有二壤之名物，而知其種，以教稼穡樹蓺。"注："壤亦土也。以萬物自生言，則言土。土猶吐也。以人所耕而樹蓺言，則言壤。壤，和緩之皃。"某氏注《尚書》曰："無塊曰壤。"《周禮・草人》："墳壤用麋，勃壤用狐。"鄭云："墳壤潤解，勃壤粉解。"《釋名》曰："壤，瀼也，肥濡意也。"按：言物性之自然，壤異乎堅土。言人功，則凡土皆得而壤之。壤與柔弱雙聲。《穀梁》"日有食之"《傳》曰："吐者外壤，食者內壤。闕然不見其壤，有食之者也。"糜信云："齊魯之閒謂鑿地出土、鼠作穴出土皆曰壤。"按：蟲鼠所出字亦作塲，作塲，音失羊反，見《方言》，亦取柔意。今俗語謂弱曰壤。《漢書》："壤子王梁、代"，壤謂肥瞍也。

(壤)

來朝走馬

【校勘】【詁訓】【音義】《大雅》："來朝趣馬"，《箋》云："言其辟惡早且疾也。"《玉篇》所引如是，獨爲不誤。早釋來朝，疾釋趣馬也。又："濟濟辟王，左右趣之"，《箋》云："左右之諸臣皆促疾於事。"《周禮》"趣馬"，大鄭曰："趣馬，趣養馬者也。"按：趣養馬，謂督促養馬。古音七口反，音轉乃有清須、七句二反。後人言歸趣、旨趣者，乃引伸之義，輒讀爲七句，以別於七苟，非古義古音也。

（趣）

率西水滸

【校勘】【詁訓】凡衛訓將衛也，達訓先導也，皆不用本字而用率，又或用帥。如《緜》傳云"率，循也"，《北山》傳云"率，循也"，其字皆當作"達"是也。又詳"帥"下。《左傳》"藻率"，服虔曰："《禮》有率巾"，即許書之"帥"也。

（率）

周原膴膴

【經學】【異文】【詁訓】《韓詩》曰："周原腜腜。"又曰："民雖靡腜。"《毛詩》皆作"膴"。腜腜，美也。《廣雅》曰："腜腜，肥也。"此引伸之義也。

（腜）

爰契我龜

【叚借】【異文】【正俗】（編按：栔）古經多作"契"，假借字也。《大雅》："爰契我龜"，毛曰："契，開也。"《周禮》亦作"契"。《左傳》："盡借邑人之車，契其軸。"《爾雅音義》所引如是。今《左傳》《荀子》作"鍥"，《漢書注》引《緜》詩作"挈"，《大戴禮》："楔而舍之，朽木不折"，皆假借字也。《晉·虞溥傳》作"剢"，俗字也。

（栔）

【叚借】經傳或叚契爲栔，如"爰契我龜"，《傳》曰"契，開也"是也。

（契）

【叚借】（編按：挈）古叚借爲契、栔字，如"爰挈我龜"，《傳》云："挈，開也。"又如"紨"字下云："樂浪挈令。"

（挈）

捄之陾陾

【校勘】【詁訓】【叚借】【正俗】【異文】（《說文》："抍，引堅也。"①）"堅"，各本作"取"，今正。《詩釋文》作"堅"，今本譌爲"取土"二字，非也。堅義同聚，引堅者，引使聚也。《玉篇》正作"引聚也"。《大雅》："捄之陾陾"，《傳》曰："捄，虆也。陾陾，眾也。"《箋》云："捄，抍也。度，投也。築牆者抍聚壤土，盛之以虆，而投諸版中。"此引聚之正義。《箋》與《傳》互相足。《賓筵》之"仇"鄭讀爲"斛"，此"捄"鄭釋爲"抍"，皆於其音之相近得其義也。《常棣》："原隰裒矣"，《傳》云："裒，聚也"，此重聚不重引，故不言引但言"聚也"。裒者，抍之俗。《易》："君子以裒多益寡"，鄭、荀、董、蜀才作"抍"，云"取也"，此重引，故但言"取也"。

（抍）

【經學】【校勘】（《說文》："捄，盛土於梩中也。"）《大雅》："捄之陾陾。"《傳》曰："捄，虆也。陾陾，眾也。"《箋》云："築牆者抍聚壤土，盛之以虆，而投諸版中。"《孟子》"虆梩"並言，趙曰："虆梩，籠臿之屬，可以取土者也。"許說專爲釋《大雅》而言。……（《說文》："《詩》曰：'捄之陾陾。'"②）陾音而，亦作隦，各本作"陾"，

---

① 陳本"堅"作"取"。
② 陳本"陾"作"陾"。

誤，今依《玉篇》。

（捄）

【經學】【詁訓】【辨誤】（《說文》："陾，築牆聲也……《詩》曰：'捄之陾陾。'"①）《毛傳》曰："捄，虆也。陾陾，眾也。度，居也。言百姓之勸勉也。登登，用力也。"《箋》云："捄，抒也。度猶投也。築牆者抒聚壤土，盛之以虆，而投諸版中。"按：《箋》與《傳》不異。《箋》之"投"即《傳》之"居"。《詩》之"捄"謂抒土，度謂投版中，然後乃築之登登然。則《毛傳》謂"陾陾，眾也"爲長。許謂"築牆聲"，似非是。

（陾）

皋門有伉

【校勘】【詁訓】《大雅》："迺立皋門，皋門有伉。"《傳》曰："王之郭門曰皋門。伉，高皃。"按：《詩》"伉"當是"阬"之譌。《甘泉賦》："閌閬閬其寥郭兮"，"閌"亦即"阬"字，許書無"閌"。

（閌）

混夷駾矣　維其喙矣

【叚借】【異文】（編按：喙）叚借爲困極之義，《廣韵》引"昆夷瘝矣"，今《詩》作"喙矣"。郭注《方言》引《外傳》"余病瘝矣"，今《外傳》作"余病喙"，郭云："江東呼極爲瘝，亦作瘝。"

（喙）

【異文】【經學】【詁訓】（《說文》："《詩》曰：'犬夷呬矣。'"）《大雅》："混夷駾矣，維其喙矣。"合二句爲一句，與《日部》引"東方昌矣"相似。"混"作"犬"，"喙"作"呬"，蓋亦用三家《詩》。《馬部》引"昆夷駾矣"，則《毛詩》也。毛云："喙，困也。"《方言》："佁、喙、呬，息也。"按：人之安寧與困極皆驗諸息，故《假

---

① 陳本"曰"作"云"。

樂》《綿》之"呱"，不嫌異義同偁。喙與呱，不嫌異字同義。

（呱）

予曰有奔奏

【叚借】《大雅》假"本奏"爲"奔走"。

（走）

【叚借】《大雅》以"本奏"爲"奔走"，假借也。

（本）

【叚借】【異文】其字（編按：指奔）古或叚賁，或叚本，《毛詩》"予曰有本走"，陸德明本如是。

（奔）

棫樸

芃芃棫樸

【詁訓】【校勘】《周禮注》曰："僕，侍御於尊者之名。"……《大雅》："景命有僕"，《毛傳》："僕，附也"，是其引伸之義也。《大雅》："芃芃棫樸"，毛曰："樸，枹木也。"《考工記》"樸屬"，此皆取附箸之義，字當作"僕"。《方言》作"樸"。

（僕）

【古今】【校勘】【詁訓】檏、樸古今字。《大雅》毛傳曰："樸，枹木也。"《方言》曰："樸，盡也。南楚凡物盡生者曰樸生。"郭云："今種物皆生曰樸地生也。"又曰："樸，聚也。楚謂之樸。"郭云："樸屬，叢相箸皃。"按：《詩》《爾雅》之樸，皆當同《方言》作檏。檏從僕，附也。《考工記》"樸屬"猶附箸，《文選》"塵閒撲地"，字皆當作檏。

（檏）

【叚借】今《詩》"《棫樸》"、《周禮》"樸屬"，借用此字（編按：即"樸"字）。

（樸）

薪之槱之

【經學】【詁訓】【異文】（《說文》："槱，積木燎之也……《詩》曰：'薪之槱之。'"）《大雅》："芃芃棫樸，薪之槱之。"《傳》曰："槱，積也。山木茂盛，萬民得而薪之。賢人衆多，國家得用蕃興。"按：如毛說則槱謂積薪而已。至《鄭箋》乃以"煙祀槱燎"爲說。許不但云"積木"而兼云"燎之"者，爲其字之從火也。不云"尞之"而云"燎之"者，燎，放火也。尞，柴祭天也。毛曰："萬民薪之而已。"故但云"燎"。（《說文》："《周禮》：'以槱燎祠司中、司命。'"）燎，依許《火部》當作尞。祠今《周禮》作祀。許從毛說，又引《周禮》者，廣槱證也。鄭注《周禮》曰："槱，積也。"

（槱）

左右趣之

【叚借】《大雅》："左右趣之"，毛曰："趣，趨也。"此謂假借趣爲趨也。

（趣）

倬彼雲漢

【經學】【異文】【叚借】（《說文》："倬，箸大也……《詩》曰：'倬彼雲漢。'"）《小雅》："倬彼甫田"，《傳》曰："倬，明皃。"《大雅·棫樸》："倬彼雲漢"，《傳》曰："倬，大也。"許兼取之曰"箸大"。《韓詩》："菿彼甫田"，音義同也，假"菿"爲"倬"也。

（倬）

追琢其章

【校勘】《大雅》："追琢其章"，《傳》曰："追，彫也。金曰彫，玉曰琢。"《毛傳》字當作"彫"。凡彫琢之成文曰彫，故字从彡。今則彫、雕行而彫廢矣。

（彫）

旱麓

榛楛濟濟

【詁訓】《大雅》："榛楛濟濟。"陸機曰："楛，其形似荊而赤，葉似蓍，上黨人蔑以爲笴箱，又屈以爲釵。"按：《禹貢》："惟箘簬楛。"楛不與上文杻檿楷相爲伍，而與箘簬爲伍，楛之用蓋與箘簬同也。

（楛）

瑟彼玉瓚

【異文】（《說文》："《詩》曰：'璱彼玉瓚。'"①）《詩·大雅》作"瑟"，《箋》云："瑟，絜鮮貌。"孔子曰："璠與，近而視之瑟若也。"《韻會》引作"璱"，彼則引《詩》爲發明从瑟意。

（璱）

施於條枚②

【異文】【注音】厂、延、虒、曳古音在十六部，故《大雅》"施於條枚"，《呂氏春秋》《韓詩外傳》《新序》皆作"延于條枚"，延音讀如移也。

（延）

---

① 陳本"璱"作"瑟"。
② 今本"於"作"于"。

思齊

神罔時恫

【異文】【叚借】（《說文》："《詩》曰：'神罔時侗。'"）今本作"恫"，《傳》曰："恫，痛也。"按：痛者恫之本義。許所據本作侗，偁之以見《毛詩》假侗爲恫也。
（侗）

皇矣

作之屏之

【詁訓】【古今】【叚借】《詩》："作之屏之，其菑其翳"，《論語》曰："屏四惡"，屏皆謂除也。依許則"屏，蔽也"，"姘，除也"義各有當。經傳皆用屏，屏行而姘廢矣。《莊子》："至貴國爵并焉"，注："并，棄除也"，是又叚并爲。
（姘）

其灌其栵

【詁訓】《大雅》："作之屏之，其菑其翳。脩之平之，其灌其栵。"《爾雅》："立死，椔。蔽者，翳。木相磨，槸。"除灌木叢木已見於上，則槸即栵也。以文法論，栵必非木名。毛云："栵，栭也。"栭謂之而小木相迫切，與《爾雅》義無不合也。栭爲小木，如鯞爲魚子。
（槸）

【詁訓】【經學】（《說文》："栵，栭也……《詩》曰：'其灌其栵。'"）《大雅》："其灌其栵"，毛曰："栵，栭也。"栭與灌爲類，非木名，謂小木叢生者，如魚子名鯤鯞也。許云："栵，栭也"者，字之本義。曲枅加於柱，枅加於曲枅，栭又加於枅，以次而小，故名之栭。毛取小木之義，故亦曰："栵，栭也。"……許說爲本義，《毛傳》爲引伸假借之義。
（栵）

其樫其椐

【詁訓】【志疑】《大雅》："其樫其椐。"《釋木》《毛傳》皆云："椐,樻也。"陸機云："節中腫,似扶老。即今靈壽是也。今人以爲馬鞭及杖。"郭云："腫節,可以爲杖。"按:杖以木者曰靈壽,亦曰扶老。《漢書·孔光傳》："賜靈壽杖。"孟康曰："扶老杖也。"服虔曰："靈壽,木名。"郭注《山海經》亦云："靈壽,木名,似竹,有枝節。"常璩云："朐忍縣有靈壽木。"劉逵云："靈壽木出涪陵。"楊雄作《靈節銘》。皆是也。以竹者名扶老杖。《中山經》："其上多扶竹。"郭云："卭竹也。高節,實中,中杖。名之扶老竹。"《漢書》之"卭竹杖",王逸少以卭竹杖分贈老友,皆是也。靈壽木與卭竹皆以節勝。陸氏云："椐即靈壽。"然椐與靈壽俱見《山海經》,郭不云一物。若陶潛云："策扶老以流憩",則又未識其爲椐與靈壽也。

(椐)

串夷載路

【詁訓】【叚借】《大雅》："串夷載路",《箋》云："路,瘠也。"天意去殷之惡,就周之德,文王則侵伐混夷以瘠之。此讀"路"爲"露"也,瘠者露骨。

(膌)

【古今】【經學】《毛詩》"串夷",《傳》云："串,習也。"串即毌之隸變,《傳》謂"即慣字",《箋》謂"即昆字",皆於音求之。

(貫)

貊其德音①

【經學】【異文】"貊其德音",《左傳》《韓詩》"貊"皆作"莫",韓云："莫,定也。"

(嘆)

---

① 今本"貊"作"貃"。

與爾臨衝

【詁訓】《大雅》："與爾臨衝"，《傳》曰："臨，臨車也。衝，衝車也。"《釋文》曰："《說文》作'轒'，'陷陣車也'。"定八年《左傳》："主人焚衝"，《釋文》亦云爾。前、後《漢書》"衝輣"，衝皆即轒字。李善曰："衝，字略作轒。"

（轒）

以伐崇墉

【古今】【詁訓】【經學】（《說文》："墉，城垣也。"）《皇矣》："以伐崇墉"，《傳》曰："墉，城也。"《崧高》："以作爾庸"，《傳》曰："庸，城也。"庸、墉，古今字也。城者，言其中之盛受；墉者，言其外之牆垣具也。毛統言之，許析言之也。《周易》曰："乘其墉"，又曰："公用射隼於高墉之上。"

（墉）

臨衝茀茀

【經學】【異文】"林"與"隆"合韵，故《毛詩》"臨衝"，《韓詩》作"隆衝"。

（隆）

崇墉仡仡

【詁訓】【異文】《詩》"崇墉仡仡"，毛曰："高大也"，引伸之義也。《土部》引作"圪圪"。

（仡）

【校勘】（《說文》："《詩》曰：'崇墉圪圪。'"）《大雅·皇矣》曰："崇墉言言"，《傳》曰："言言，高大也"；又曰："崇墉仡仡"，《傳》曰："仡仡猶言言也。"依《說文》本作"圪圪"。

（圪）

靈臺

經始靈臺

【詁訓】《大雅》:"經始靈臺。"《釋宮》《毛傳》曰:"四方而高曰臺。"《傳》意高而不四方者則謂之觀,謂之闕也。

(臺)

王在靈囿

【詁訓】《大雅·靈臺》傳曰:"囿所以域養禽獸也。"域養者,域而養之。

(囿)

白鳥翯翯

【詁訓】【音義】【經學】《大雅》:"白鳥翯翯",《毛傳》曰:"翯翯,肥澤也。"《釋文》引《字林》亦云:"鳥白肥澤曰翯。"毛則言"肥澤"而白在其中也。《白部》曰:"皜,鳥之白也。"何晏賦:"皜皜白鳥。"翯與皜音義皆同。《賈誼書》作"皜皜",《孟子》作"鶴鶴",《趙注》與《毛傳》合。

(翯)

虡業維樅

【異文】【經學】【志疑】(《說文》:"《詩》曰:'巨業維樅。'") 今《詩》作"虡"。《上林賦》"虡"作"鉅",許作"巨"。蓋三家《詩》巨與鉅同也。《墨子·貴義》曰:"鉅者白也,黔者黑也。"鉅業者,蓋謂以白畫之與?

(業)

於論鼓鍾

【經學】【詁訓】《大雅》："於論鼓鍾"，《毛傳》曰："論，思也"，鄭曰："論之言倫也。"毛、鄭意一也。從侖，謂得其倫理也。
（侖）

【經學】【叚借】《靈臺》："於論鼓鍾"，毛曰："論，思也。"此正許所本。《詩》"於論"正侖之假借。
（論）

【叚借】《大雅》毛傳曰："論，思也。"按：論者，侖之假借。
（侖）

鼉鼓逢逢

【異文】《詩》之言鼓聲者，惟"鼉鼓逢逢"。毛曰："逢逢，和也。""逢逢"，《埤蒼》《廣雅》作"韸韸"。高注《淮南》《呂覽》、郭注《山海經》引《詩》皆作"韸韸"。
（彭）

【經學】（《說文》："鼉，水蟲，侣蜥易，長丈所。"①）《大雅·靈臺》傳曰："鼉，魚屬。"《馬部》"騽"下曰："青驪白鱗，文如鼉魚。"許依毛謂之鼉魚也。
（鼉）

矇瞍奏公

【經學】【詁訓】（《說文》："矇，童蒙也。"②）毛公、劉熙、韋昭皆云："有眸子而無見曰矇。"鄭司農云："有目朕而無見謂之矇。"其意略同，毛說爲長，許主毛說也。《禮記》："昭然若發矇"，謂如發其覆。
（矇）

---

① 陳本"丈所"作"大"。
② 陳本"蒙"作"矇"。

【經學】【詁訓】《毛傳》曰："無眸子曰睇"，鄭司農、韋昭皆云："有目無眸子謂之睇。"許云目無牟子謂之盲，說與毛、鄭異。無牟子者，白黑不分是也，今俗謂青盲。

（盲）

下武

昭茲來許

【叚借】【異文】許或假爲所，或假爲御。《下武》傳："許進也"，即"御進也"。東平王蒼正作"昭茲來御"。

（許）

文王有聲

遹求遹寧

【異文】【經學】（《說文》："《詩》曰：'欥求厥寧。'"）今《大雅》"欥"作"遹"。班固《幽通賦》："欥中龢爲庶幾兮。"《文選》作"聿"。《詩》："聿喪厥國""見晛曰消""見晛曰流"，《韓詩》皆作"聿"。

（欥）

築城伊淢

【叚借】《毛詩》"築城伊淢"，假借"淢"爲"洫"也。

（淢）

【經學】【異文】【古今】【音義】【詁訓】【源流】《韓詩》："築城伊洫"，《毛詩》作"淢"。《傳》曰："淢，成溝也。"《箋》云："方十里曰成，淢其溝也。"按：門閾之字，古文作閾，是"或"與"血"異部而音通也。溝、洫對文則異，散文則通，故毛曰"成溝"。……（編按：洫）況逼切。按：古音在十二部，入聲。今入職韵者，以《毛詩》作"淢"之故。

（洫）

【古今】【經學】【異文】《大雅》毛詩"築城伊淢"，"淢"即"洫"之古文，《韓詩》正作"洫"。

（閾）

生民之什

生民

履帝武敏歆①

【叚借】【古今】《生民》詩："履帝武敏"，《釋訓》："敏，拇也。"謂敏爲拇之假借。拇，足大指也，古作母。

（敏）

【經學】【詁訓】（《說文》："歆，神食气也。"）《大雅》曰："履帝武敏歆"，《傳》曰："歆，饗也。"許用毛義而不云"饗也"者，嫌《食部》以"鄉飲酒"釋饗，故易其文"神食气"，故其字从欠也。引伸爲憙悅之意。《皇矣》："無然歆羨"，《傳》釋爲"貪羨"。《楚語》曰："楚必歆之"，賈逵曰："歆，貪也。"韋曰："歆猶貪也。"《周語》："民歆而德之。"韋曰："歆，猶欣，欣喜服也。"按：鄭箋《生民》首章云："心體歆歆然"，亦是以"欣"釋"歆"。

（歆）

---

① 今本"履"作"履"。

載震載夙

【詁訓】（《說文》："夙，早敬也。"）《大雅》："載震載夙。"毛云："夙，早也。"《箋》云："夙之言肅也。"惟夙有敬意，故鄭云爾。

（夙）

先生如達

【辨誤】【校勘】【經學】【音義】【詁訓】【叚借】薛綜荅韋昭云："羊子初生名達，小名羔，未成羊曰羜，大曰羊，長幼之異名。"《初學記》引"羍，七月生羔也"，《藝文類聚》引"七月生羊也"，與陸德明、孔穎達所據不同，似未可信。按：《生民》："誕彌厥月，先生如達。"毛曰："達，生也。姜嫄之子先生者也。"此不可通，當是經文作"羍"，《傳》云"羍，達也。先生，姜嫄之子先生者也。"達，他達切，即滑達字。凡生子始生較難，后稷爲姜嫄始生子，乃如達出之易，故曰"先生如羍"。先釋"羍"後釋"先生"者，欲文義顯箸，文法與《白華》傳先釋"煁"，後釋"桑薪"正同。《鄭箋》如字，訓爲"羊子"，云："如羊子之生"，媒矣。尊祖之詩似不應若是。且曾類之生，無不易者，何獨取乎羊？尋《箋》不云達讀爲羍，則知《毛詩》本作"羍"，毛以"達"訓"羍"，謂羍爲達之假借也。凡《故訓傳》之通例如此。用毛說改經，改《傳》，改《箋》，使文義皆不可通，則淺人之過而已。

（羍）

【叚借】【詁訓】（《說文》："沓，語多沓沓也。"）假借爲"達"字。毛《生民》傳曰："達，達生也。先生，姜嫄之子先生者也。""達生"即"沓生"，謂始生而如再生三生之易也。《車攻》傳曰："烏，達屨也。""達屨"即"沓屨"，所謂"複下曰舄"也。《板》箋曰："女無憲憲然、無沓沓然爲之制法度，達其意以成其惡。"以"達"釋"沓"，是其理也。

（沓）

不拆不副

【異文】【異體】（《說文》："《詩》曰：'不㧺不疈。'"）今《詩》作"副"，許作"疈"者，所據用籀文也。

（㧺）

克岐克嶷

【校勘】【詁訓】（《說文》："《詩》曰：'克岐克㘈。'"）《大雅》："克岐克嶷"，毛曰："岐，知意也。嶷，識也。"按：此由俗人不識"㘈"字，蒙上"岐"字改從山旁耳。高注《淮南》曰："䡇䡮之䡮，讀如'克岐克㘈'之'㘈'。"《太玄》作"憸"。《釋文》："憸，牛力切，又音擬。"擬然有所識別也。

（㘈）

禾役穟穟

【叚借】【異文】《生民》詩："禾役穟穟"，役者，穎之假借。《禾部》兩引《詩》皆作"禾穎"。

（役）

【異文】【叚借】【詁訓】（《說文》："《詩》曰：'禾穎穟穟。'"）今《詩》作"禾役"。毛曰："役，列也。"玉裁按：役者，穎之叚借字，古支耕合韵之理也。列者，𥟖之叚借，禾穰也。此穎通穰言之，下章之穎（編按：指"實穎實栗"）則專謂垂者。

（穎）

【經學】【異文】【叚借】（《說文》："穟，禾采之皃。"）《大雅·生民》曰："禾役穟穟。"《釋訓》曰："穟穟，苗也。"《毛傳》曰："穟穟，苗好美也。"按：《公羊傳注》："生曰苗，秀曰禾，苗禾一也。"《釋訓》《毛傳》與許說一也。許以經言禾穎，則穟穟指采，言成就之皃。……（《說文》："《詩》曰：'禾穎穟穟。'"）按：古音支清二部互轉，役在支部，即穎之入聲，葢即穎之叚借字。許此句葢用三家《詩》，如"如鳥斯翶"爲正字，《毛詩》作"革"爲叚借字也。

（穟）

【叚借】《詩·生民》："禾役穟穟"，《毛傳》："役，列也。"列葢梨之叚借。禾穰亦得謂之梨也。

（梨）

麻麥幪幪

【詁訓】《大雅》："麻麥幪幪"，《傳》曰："幪幪然茂盛也。"按：此亦引伸之義，謂徧覆於地也。

（幪）

瓜瓞唪唪

【異文】【叚借】《說文》兩引《詩》"瓜瓞菶菶"，今《生民》作"唪唪"，假借。

（菶）

【異文】（《說文》："《詩》曰'瓜瓞菶菶。'"）今《生民》作"瓜瓞唪唪"，而玉、口二部兩引皆作"菶菶"。

（唪）

實方實苞

【詁訓】《生民》："實方實苞"，毛曰："方，極畮也。"極畮，大之意也。

（方）

即有邰家室

【歷史】【異文】《大雅》："有邰家室。"《毛傳》曰："邰，姜嫄之國也。堯見天因邰而生后稷，故國后稷於邰，使事天以顯神，順天命。"是則邰本后稷外家之國名，炎帝之後姜姓所封也。國后稷於邰時，蓋國姜姓於他處矣。至武王克殷，興滅國，繼絕世，乃封神農之後於焦。……（《說文》："《詩》曰：'有邰家室。'"）今《生民》詩有"即"字。考高誘注《呂覽·辨士》引："實穎實栗，有邰家室"，亦無"即"。○宋本《說文》無"即"，與《九經字樣》所引合。一本有者非也。

（邰）

誕降嘉種　維秬維秠　維穈維芑

【詁訓】【校勘】（《說文》："虋，赤苗。嘉穀也。"）《大雅》曰："誕降嘉穀"，"維虋維芑。"《爾雅》《毛傳》皆曰："虋，赤苗。芑，白苗。"按：《倉頡篇》曰："苗者，禾之未秀者也。"禾者，今之小米。赤苗、白苗謂禾莖有赤白之分，非謂粟。云"嘉穀"者，據《生民》詩言之。今《詩》作"嘉種"。許君引"誕降嘉穀，維秬維秠。""虋""芑"下皆曰："嘉穀。"……今《詩》作"穈"，非。

（虋）

【詁訓】苗之故訓禾也。禾者，今之小米。《詩》："誕降嘉穀，維秬維秠，維虋維芑。"《爾雅》《毛傳》《說文》皆曰："虋，赤苗。芑，白苗。"《魏風》："無食我苗"，毛曰："苗，嘉穀也。"此本《生民》詩。首章言黍，二章言麥，三章則言禾。《春秋經》莊七年："秋大水，無麥苗"；廿八年："冬，大無麥禾。"麥苗即麥禾。秋言苗，冬言禾。何休曰："苗者，禾也。生曰苗，秀曰禾。"《倉頡篇》曰："苗者，禾之未秀者也。"孔子曰："惡莠恐其亂苗。"魏文侯曰："幽莠似禾。"明禾與苗同物。苗本禾未秀之名，因以爲凡艸木初生之名，《詩》言"稷之苗""稷之穗""稷之實"是也。

（苗）

【詁訓】【校勘】《大雅》曰："誕降嘉穀，惟秬惟秠，惟穈惟芑。"秬、秠謂黍，穈、芑謂禾。許於"秠"下曰："秬、秠者，天賜后稷之嘉穀也。""穈"下曰："赤苗嘉穀也。""芑"下曰："白苗嘉穀也。"毛《魏風》傳釋"苗"爲嘉穀。苗者，禾也。《生民》傳釋"黃"爲嘉穀。黃者，黃梁，謂禾也。古者民食莫重於禾黍，故謂之嘉穀。穀者，百穀之總名。嘉者，美也。"嘉穀"字見《詩·生民》，許書及《典引》注可據。改爲"嘉種"者，非。嘉穀之實曰粟，粟之皮曰穅，中曰米。

（稟）

【詁訓】《生民》詩曰："天降嘉穀，維穈維芑。"穈、芑，《爾雅》謂之赤苗、白苗。許《艸部》皆謂之嘉穀，皆謂禾也。《公羊》何注曰："未秀爲苗，已秀爲禾。"《魏風》："無食我黍，無食我麥，無食我苗。"毛曰："苗，嘉穀也。"嘉穀謂禾也。《生民》傳曰："黃，嘉穀也。"嘉穀亦謂禾。民食莫重於禾，故謂之嘉穀。嘉穀之連稿者曰禾，實曰稟。稟之人曰米，米曰梁，今俗云小米是也。

（禾）

【經學】【詁訓】【校勘】《詩·生民》："惟秬惟秠。"《釋艸》曰："秬，黑黍。秠，一稃二米。"《毛傳》正同。蓋黑黍一稃二米曰秬，言秬而一稃二米已見。經文以"惟秠"足句，見黑黍之稃有異，不比下文"惟穈惟芑"，畫然二物。故《釋訓》者以"黑黍"系"秬"，以"一稃二米"系"秠"，分屬之。《鄭志》張逸問云："《鬯人職》注：'秬如黑黍，一秠二米。'按：《爾雅》：'秠，一稃二米。'未知二者同異。"答曰："秠即其皮，稃亦皮也。《爾雅》重言以曉人，更無異偁也。"據此知秠即稃，凡稃皆曰秠，非必二米一稃也。……今《鬯人》注"如黑黍，一稃二米"。《詩正義》引作"一秠二米"。蓋《正義》

所引是。鄭作"一秭"，《爾雅》作"一秺"，鄭意秭即秺，故荅問云爾。

（秭）

或舂或揄

【叚借】【詁訓】【異文】【志疑】【經學】【義例】《生民》詩曰："或舂或揄，或簸或蹂。"毛云："揄，抒臼也。"然則揄者，舀之叚借字也。抒，挹也。既舂之，乃於臼中挹出之。今人凡酌彼注此皆曰舀，其引伸之語也。……（《說文》："《詩》曰：'或簸或舀。'"）此偁"或舂或揄"也。簸字系一時筆誤耳。舀、揄不同，則或許所據《毛詩》作"舀"，或許取諸三家《詩》，如毛作革，韓作靮之比，皆不可定。……《周禮》："舂人奄二人，女舂抌二人，奚五人。"鄭曰："抌，抒臼也。"引《詩》"或舂或抌。"《禮·有司徹篇》："執挑匕柄以挹湆注於疏匕。"鄭云："挑讀如'或舂或抌'之抌。"按：鄭君注《禮》，多用《韓詩》。然則《韓詩》作"抌"，即"舀"也。

（舀）

【叚借】《大雅》："或舂或揄"，叚揄爲舀也。

（揄）

釋之叟叟①

【叚借】《大雅》曰："釋之叟叟"，《傳》曰："釋，淅米也。叟叟，聲也。"按：漬米，淅米也。漬者初湛諸水，淅則淘汰之。《大雅》作"釋"，釋之叚借字也。

（釋）

【詁訓】《毛詩傳》曰："釋，淅米也。"《爾雅》："溞溞，淅也。"《孟子注》曰："淅，漬米也。"凡釋米、淅米、漬米、汏米、灡米、淘米、

---

① 今本"叟叟"作"溲溲"。

洮米、溞米，異稱而同事。

（淅）

烝之浮浮

【異文】（《說文》："《詩》曰：'烝之烰烰。'"）今《詩》作"浮浮"。

（烰）

取蕭祭脂

【辨誤】【詁訓】【叚借】（《說文》："蕭，艾蒿也。"）《大雅》："取蕭祭脂"，《郊特牲》："焫蕭合馨香"，故毛公曰："蕭，所以共祭祀"，鄭君曰："蕭，薌蒿也。"陸璣曰："今人所謂萩蒿也。或云牛尾蒿。許慎以爲艾蒿，非也。"按：陸語非是，此物蒿類而似艾，一名艾蒿，許非謂艾爲蕭也。齊高帝云："蕭即艾也"，乃爲誤耳。○又按：《曹風》傳曰："蕭，蒿也。"此統言之。諸家云"薌蒿""艾蒿"者，析言之。……（編按：蕭）音修，亦與肅同音通用。《甸師》："共肅茅"，杜子春讀肅爲蕭。蕭牆、蕭斧皆訓肅。

（蕭）

于豆于登

【校勘】《釋器》曰："木豆謂之桓，竹豆謂之籩，瓦豆謂之登。"《毛傳》亦曰："木曰豆"，"所以薦菹醢也。""瓦曰登"，"所以薦大羹也。"《毛詩》"豆"當作"桓"。《旅人》："豆中縣。"豆本瓦器，故木爲之則異其字。《韓勑碑》："爵鹿柤桓。"僞古文《武成》有"桓"。

（桓）

【叚借】【校勘】《生民》曰："于豆于登。"《釋器》《毛傳》皆曰："瓦豆謂之登。"毛云："登薦大羹。"《公食大夫禮》："大羹湆不和實于鐙。""登""鐙"皆假借字。劉氏台拱曰：《詩》《爾雅》皆作"登"。《釋文》、唐石經、《篇》《韵》皆無"登"字。《玉篇》有"𦫵"字。俗製"登"字改經，非也。

（𦫵）

行葦

嘉殽脾臄

【經學】【詁訓】【校勘】（《說文》："𦥤，口上阿也。"）《毛傳》："臄，函也。"《马部》："函，舌也。"與毛合。晉灼注《羽獵賦》曰："口之上下名爲臄。"按：《通俗文》云："口上曰臄，口下曰函。"服析言之，毛、許、晉皆渾言之，許舉上以包下耳。今《說文》各本"函"下譌作"舌也"，古者舌無函名。《特牲》《少牢禮》所俎用心舌，與"加殽脾臄"異用。陸《釋文》云："《說文》曰：'函，舌也'"，又云："口次肉也"，似陸時《說文》已誤矣。單行《釋文》"口次"譌"口裏"，則義全非。讀書之難如是。

（𦥤）

【詁訓】【經學】【辨誤】【叚借】（《說文》："函，舌也。"）《大雅》毛傳曰："臄者，函也。"《通俗文》云："口上曰臄，口下曰函。"毛、服之"函"皆即《說文》之"顄"字。顄，頤也，故服云"口下"，毛則渾言之，口上、口下不分耳。陸氏《音義》引許"函，舌也"之云以釋毛，去之遠矣。許函與顄各字各義。毛、服用"函"爲"顄"。

（函）

【經學】【校勘】（編按：《說文》）"函，舌也。"正與《毛傳》"臄，函也"適合，非毛之函即顄也。顄自臣言，函自口次肉言。陸氏引《說文》"函，舌也，口次肉也"，而"舌"譌"舌"，乃妄增"又云"字。服虔云："口上曰臄，口下曰函"者，析言之，毛、許渾言之。

（七篇上末）

或歌或咢

【詁訓】【校勘】《釋樂》曰："徒歌曰謠。"《魏風》毛傳曰："曲合樂曰歌，徒歌曰謠。"又《大雅》傳曰："歌者，比於琴瑟也。徒歌曰謠，徒擊鼓曰咢。"今本或妄刪之。

（咢）

敦弓既堅

【歷史】《行葦》箋言："先王將養老，先與群臣行射禮。"先王即謂公劉。此諸矦大射而養老之證也。

（矦）

【詁訓】【同源】【叚借】《大雅》："敦弓既堅"，《傳》曰："敦弓，畫弓也。天子畫弓。"按：《荀卿子》："天子彫弓，諸侯彤弓，大夫黑弓，禮也。"《公羊傳》何注曰："禮，天子雕弓，諸侯彤弓，大夫嬰弓，士盧弓。"盧弓即旅弓、黑弓也。嬰弓，陸德明云見《司馬法》。按：嬰即《江賦》之瓔字，葢朱黑相閒而嬰繞也。彤弓，《毛傳》曰："朱弓也，以講德習射。"彤弓者，葢五采畫之。凡經傳言彫，有謂刻鏤者，如"玉謂之彫，金謂之鏤"，《禮記》"玉豆彫篹"，《論語》"朽木不可彫"是也；有謂繪畫者，如此"彫弓"是也。《彡部》曰："彫，琢文也。"古繪畫與刻畫無二字。"諸侯彤弓"，則天子當五采。石鼓詩有"秀弓"，秀即繡，五采備謂之繡。或曰：天子弓但刻畫爲文也。《兩京賦》："彫弓斯彀"，薛云："彫弓，謂有刻畫也。"弴與彫語之轉。"敦弓"者，弴之叚借字。《詩》《禮》又叚"追"爲之。敦、弴可讀如自。不得竟讀彫也。《孟子》作"弤"，亦雙聲字。

（弴）

四鍭既鈞

【叚借】《詩》《周禮》鍭矢，《士喪禮》作"猴矢"。葢此矢金鏃，俟物而中，如羽本之入肉，故假借通用也。

（猴）

【詁訓】【辨誤】《大雅》傳曰："鍭矢參亭"，參亭者，《考工記》所謂一在前，二在後也。《釋器》曰："金鏃翦羽謂之鍭。"……攷《儀禮》記作"猴矢"。《羽部》"猴，羽本也。一曰：羽初生皃。""翦，羽生也。一曰：矢羽。"然則猴矢以翦羽得名，不以金族爲義。……按：《爾雅》"翦羽""不翦羽"，依許說一有羽，一無羽也。孫炎訓翦爲斷，非。

（鍭）

酒醴維醹

【詁訓】《大雅》："酒醴維醹"，《傳》曰："醹，厚也。"此以疊韵爲訓。

（醹）

酌以大斗

【詁訓】《毛傳》："大斗長三尺"，謂勺柄長三尺也。

（鏗）

既醉

令終有俶

【志疑】（《說文》："俶，善也……《詩》曰：'令終有俶。'"）許引此爲"善"訓之證，而今本《毛傳》作"俶，始也"。《鄭箋》易之云："俶猶厚也。"豈許所據作"善"不作"始"與？

（俶）

鳬鷖

鳬鷖在涇

【詁訓】【志疑】《大雅·鳬鷖》傳曰："鳬，水鳥也。鷖，鳬屬也。"按：此謂鳬屬，非謂舒鳬屬也。《周禮》："王后之五路，安車彫面鷖總。""故書鷖或爲緊，鄭司農云：'緊讀爲鳬鷖之鷖。鷖總者，青黑色，以繒爲之。'"按：於此知此鳥青黑色也。陸、孔皆引《倉頡解詁》曰："鷖，鷗也。一名水鴞。"許云："鷗，水鴞"，而不云鷖鷗也，則許不謂一物也。"鳬屬者"，似鳬而別，其《釋鳥》之"鸊，沈鳬"乎？

（鷖）

鳬鷖在沙

【經學】《大雅》傳云："沙，水旁也。"許云："水散石"，與毛不異。

（沙）

鳬鷖在潀

【經學】（《說文》："潀，小水入大水曰潀……《詩》曰：'鳬鷖在潀。'"）《大雅》傳曰："潀，水會也。"按：許說申毛。若《鄭箋》云"潀，水外之高者也，有廱埋之象"則謂潀與崇同，恐非《詩》意。

（潀）

福祿來崇

【叚借】《大雅》："福祿來崇。"《傳》曰："崇，重也。"《禮經》"崇酒。"注："崇，充也。"《邶風》："崇朝其雨。"《傳》曰："崇，終也。"皆音近假借。

（崇）

公尸來止熏熏

【校勘】（《說文》："《詩》曰：'公尸來燕醺醺。'"）今《詩》作："來止熏熏。"上四章皆云"來燕"，則作"燕"宜也。"醺醺"恐淺人所改。

（醺）

假樂

假樂君子

【叚借】【經學】經有借"假"爲"嘉"者，如《大雅》《周頌》毛傳皆曰"假，嘉也"是也。

（嘉）

民之攸墍

【叚借】【經學】【異文】《大雅》："民之攸墍"，毛曰："墍，息也。"墍不訓息，此正謂墍即呬之假借。《爾雅》："呬，息也。"某氏引《詩》："民之攸呬。"蓋三家《詩》作"呬"，《毛詩》作"墍"。

（呬）

公劉

篤公劉

【詁訓】《公劉》毛傳曰："篤，厚也。"謂篤即竺、管字也。

（管）

干戈戚揚

【詁訓】【經學】（《說文》："戚，戉也。"）《大雅》曰："干戈戚揚"，《傳》云："戚，斧也。揚，鉞也。"依《毛傳》，戚小於戉，揚乃得戉名。《左傳》："戚鉞秬鬯，文公受之。"戚、鉞亦分二物，許則渾言之耳。

（戚）

陟則在巘

【詁訓】【校勘】【叚借】山之似甗者曰甗，《詩》："陟則在甗"，《傳》曰："甗，小山別於大山也。"《釋名》曰："甗，甑也，甑一孔者。甗形孤出處似之也。"按：此謂似甑體而已。《鬲部》曰："鼎大上小下若甑曰鬵。"然則甑形大上小下，山名甗者亦爾。俗作"巘"，非。《爾雅》："小山別大山曰鮮。"《詩·皇矣》同。字作"鮮"者，甗之叚借。《文選·吳都賦》作"巘"，李注"古買反"，此因《爾雅》"鮮"或作"嶰"，又譌作"巘"也。

（甗）

于時廬旅

【詁訓】凡言羇旅，義取乎廬。廬，寄也。故《大雅》"廬旅"猶處處、言言、語語也。

（旅）

于時言言　于時語語

【詁訓】【校勘】《大雅》毛傳曰："直言曰言，論難曰語。""論"，《正義》作"荅"。鄭注《大司樂》曰："發端曰言，荅難曰語。"注《襍記》曰："言，言己事。爲人說爲語。"按：三注大略相同。下文"語，論也"

"論，議也""議，語也"，則《詩傳》當從《定本》《集注》矣。
（言）

既登乃依

【叚借】（編按：戾）《詩》《禮》多叚依爲之。

（戾）

乃造其曹

【叚借】《大雅》："乃造其曹。""曹"葢"槽"之假借。謂造於飤豕之處也。

（槽）

取厲取鍛

【校勘】【經學】《大雅》："取厲取碫"，毛曰："碫，段石也。"鄭曰："段石，所以爲段質也。"古本當如是。《石部》："碫，段石也。從石段。"《春秋傳》鄭公孫段字子石，古本當如是。段石與厲石各物。《說文》訓詁多宗《毛傳》。

（段）

【校勘】【句讀】【詁訓】【古今】【辨誤】【義例】【經學】（《說文》："碫，碫石也。……《春秋傳》鄭公孫段字子石。"①）《大雅》"取厲取碫"，今本作"取鍛"，當依《釋文》"本又作碫"。《毛傳》曰："碫，（段云：逗）碫石也。"（段云："今本奪一字。"）《箋》云："碫石（段云："此釋《傳》。"），所以爲鍛質也。"《箋》意此石可爲椎段之椹質。是則碫石者，石名。椎段字今多用"鍛"，古祇作"段"。《考工》"段氏爲鎛器"，《禮經》"段脩"，字皆作"段"是也。"段"與"厲"絕然二事，碫石、厲石必是二物。《尚書·柴誓》。"段乃戈矛，

---

① 陳本"碫，碫石"作"碫，厲石"，"《春秋傳》"後有"曰"字，"公孫段"作"公孫碫"。

厲乃鋒刃。"段之，欲其質之堅也；厲之，欲其刃之利也。《詩》"取厲取鍛"，亦明明分別言之。……○或問：《廣雅》何以云"碫，礪也"？曰：此自《廣雅》之誤。《廣雅》之例，每合異類之相近者爲一，此則異類而迥別者也。……○又按：椎段，古祇用段，不用鍛。鍛者，小冶也。凡用鍛爲椎段者非古。《詩》之"碫石"，《鄭箋》謂可"爲段質"，許意不如是，許謂此石可段物，故引鄭公孫段字子石。古今物不同，今之無碫石，猶之無砭、砮矣。

（碫）

芮鞫之即

【異文】【經學】【詁訓】【義例】《大雅》之"汭"，亦作"芮"，毛云："水厓也。"鄭云："汭之言內也。"《尚書》嬀汭、渭汭，某氏釋爲水北；雒汭，某氏釋爲雒入河處。《左傳》漢汭、渭汭、雒汭、滑汭，杜氏或云"水內也"，或云"水之隈曲曰汭"，大意與《大雅》鄭箋相近。鄭箋"之言"云者，謂汭即內也。凡云某之言某，皆在轉注、假借閒。

（汭）

泂酌

泂酌彼行潦

【叚借】《大雅》："泂酌彼行潦"，毛曰："泂，遠也。"謂泂爲迥之叚借也。（迥）

【叚借】《大雅》："泂酌彼行潦"，毛曰："泂，遠也。"此謂泂即迥之假借也。《江賦》"趠漲截泂"同。

（泂）

可以餴饎①

【詁訓】《大雅》："泂酌行潦，挹彼注茲，可以餴饎。"②《箋》云："酌取行潦，投大器之中，又挹之注之於此小器，而可以沃酒食之餴者，以有忠信之德、齊絜之誠以薦之故也。"此謂以水浇熱飯，古語云餐飯。

（餴）

【詁訓】（《說文》："《詩》曰：'可目饙饎。'"）謂行潦之水可用於酒食之饎。

（饎）

卷阿

有卷者阿

【詁訓】《大雅》："有卷者阿"，《傳》曰："卷，曲也。"然則此阿謂曲阜也。引申之，凡曲處皆得偁阿。是以《縣蠻》傳曰："丘阿，丘之曲阿。"室之當棟處曰阿，《考工記》"四阿"若今四注屋。《左傳》："榱有四阿。"《毛傳》："偏高曰阿丘。"許書言"谷，口上阿也。"皆是也。曲則易爲美，故《隰桑》傳曰："阿然，美皃。"凡以阿言私曲，言昵近者，皆引申叚借也。

（阿）

似先公酋矣

【異文】【叚借】【詁訓】（《說文》："遒，迫也。"）《大雅》："似先公酋矣"，《正義》"酋"作"遒"。按：酋者，遒之叚借字。《釋詁》《毛傳》皆曰："酋，終也。"終與迫義相成，遒與摯義略同也。

（遒）

---

① 今本"餴"作"饙"。
② 許校云："段氏首句脫'彼'字。"

【叚借】【異文】【詁訓】《大雅》:"似先公酋矣。"《釋詁》《毛詩傳》皆曰:"酋,終也。"酋即遒字,《正義》作"遒"。遒訓迫,亦訓終,如亂亦訓治也。

(酋)

翩翩其羽

【詁訓】《毛傳》云:"翩翩,衆多也。"此謂鳳飛羣鳥從以萬數。毛比傅下文"多吉士""多吉人"爲說。

(翩)

民勞

曾不畏明①

【詁訓】【同源】【音義】《曰部》曰:"曾,曾也。"《詩》:"曾不畏明""胡曾莫懲",毛鄭皆曰:"曾,曾也。"按:曾之言乃也。《詩》"曾是不意""曾是在位""曾是在服""曾是莫聽",《論語》"曾是以爲孝乎""曾謂泰山不如林放乎",《孟子》"爾何曾比予於管仲",皆訓爲乃,則合語氣。趙注《孟子》曰"何曾猶何乃也"是也。是以曾訓爲曾,"曾不畏明"者,乃不畏明也。皇侃《論語疏》曰:"曾猶嘗也",嘗是以爲孝乎,絕非語氣。蓋曾字古訓乃,子登切,後世用爲曾經之義,讀才登切,此今義今音,非古義古音也。至如曾祖、曾孫,取益層絫之意,則曾、層皆可讀矣。

(曾)

---

① 今本"曾"作"憯"。

以謹惽恔

【校勘】【聯綿】（《說文》："恔，亂也……《詩》曰：'旦謹恨恔。'"① ）《大雅·民勞》毛傳曰："惽恔，大亂也。""惽"當作"恨"。……《民勞》釋文曰："惽，《說文》作恨。"舊本如是，今本作"《說文》作'昏'"，誤也。"恨恔"爲連綿字。

（恔）

板

上帝板板

【古今】【叚借】凡施於宫室器用者皆曰版，今字作板，古叚爲反字。《大雅》："上帝板板"，《傳》云："板板，反也"，謂版即反之叚借也。

（版）

靡聖管管

【異文】【辨誤】《廣韵·廿四緩》引《詩傳》"悹悹，無所依"，今《大雅·板》傳作"管管"。又《篇》《韵》皆云："悹悹，憂無告也。"今《詩·板》《釋訓》皆作"灌灌"。按："憂無告之訓"正字作"懽"，見下文（編按：指"懽"篆下），不當作悹。

（悹）

無然泄泄

【異文】《言部》又云："詍，多言也"，引《詩》"無然詍詍"。……（《說文》："《詩》曰：'無然呭呭。'"）《大雅》今作"泄泄"。

（呭）

---

① 陳本"恨"作"惽"。

【異文】【經學】（《說文》："《詩》曰：'無然呭呭。'"）《口部》偁《詩》作"呭呭"，此作"詍詍"，蓋四家之別也。
（詍）

【叚借】《毛詩·大雅》傳曰："泄泄猶沓沓也。"此謂假"泄"爲"詍"也。
（泄）

辭之輯矣

【異文】【經學】（《說文》："叞，詞之集也。"①）此下當有"《詩》曰：'辭之叞矣'"六字。蓋《詩》作"叞"，許以"集"解之。今《毛詩》作"輯"，《傳》作："輯，和也。"許所偁蓋三家《詩》。
（叞）

民之洽矣

【叚借】【異文】《大雅》："民之洽矣"，《傳》曰："洽，合也。"此謂《毛詩》假洽爲合也。《釋詁》曰："郃，合也。"郃即洽。《毛詩》"在洽之陽"，稱引者多作"在郃之陽"是也。
（洽）

及爾同寮

【詁訓】《大雅》："及爾同寮。"《左傳》曰："同官爲寮。"《毛傳》曰："寮，官也。"《箋》云："與汝同官，俱爲卿士。"蓋同官者同居一域，如俗云同學一處爲同窗也。
（寮）

---

① 陳本"叞"作"集"，"也"作"矣"。

聽我囂囂

【正俗】【辨誤】【詁訓】【叚借】（《說文》："警，不省人言也。"①）《詩·板》："我即爾謀，聽我囂囂。"《傳》曰："囂囂猶警警也。"《箋》云："女聽我言，警警然不肎受。"《玉篇》"聲"字下引《廣雅》："不入人語也"，聲即警之俗。《廣韵·六豪》曰："警，不省人也"，奪"言"字；《五肴》曰："警，不肖也"，則依誤本《說文》而又少二字。《東方朔傳》："聲警警"，亦正謂其不省人言耳。此條得諸鈕非石。又按：《釋訓》曰："囂囂，傲也"，囂囂即警警之叚借。
（警）

民之方殿屎

【異文】（《說文》："《詩》曰：'民之方唸㕧。'"②）今作"殿屎"。
（唸）

天之牖民

【叚借】【詁訓】牖所以通明，故叚爲誘。《召南》"吉士誘之"、《大雅》"天之牖民"，《傳》皆訓曰："道也。"道即導。
（牖）

【詁訓】【叚借】《召南》曰："有女懷春，吉士誘之"，《傳》曰："誘，道也。"按："道"即"導"字。《大雅》："天之牖民"，《傳》曰："牖，道也。"是則《傳》謂"牖""誘"同字。《大雅》"牖民"，《韓詩外傳》《樂記》作"誘民"。古二字多通用。《釋詁》曰："誘，進也。"《儀禮》"誘射"，鄭曰："誘猶教也。"《樂記》："知誘於外"，鄭曰："誘猶道也，引也。"葢善惡皆得謂之誘。論二字之本義，牖訓窗明，誘訓相訹，固有不同，故羑必从厶。"誂"下曰："相評誘也。"許

---

① 陳本"不省人言"作"不肖人"。
② 陳本"㕧"作"吚"。

意誘不必以正，似《板》傳爲正字，《野有死麕》傳爲假借字，惡無禮之《詩》必非誂誘之誘也。

（羑）

价人維藩

【詁訓】【校勘】《大雅·板》曰："价人維藩。"《釋詁》及《傳》曰："价，善也。"《箋》云："价，甲也。被甲之人，謂卿士掌軍事者。"葢鄭易"价"爲"介"也。《詩正義》引《爾雅》作"价"，今《爾雅》作"介，善也"，葢非善本。

（价）

及爾游衍

【叚借】假借爲"衍"字，如《大雅》："及爾游羨"，《傳》曰："羨，溢也。"《周禮》："以其餘爲羨"，鄭司農云："羨，饒也。"皆是。

（羨）

蕩之什

蕩

曾是掊克

【志疑】【校勘】【音義】【詁訓】《大雅》曰："曾是掊克"，《傳》曰："掊克，自伐而好勝人也。"以自伐釋掊，以好勝人釋克，未得其解。《定本》"掊"作"倍"，《正義》謂己兼倍於人而自矜伐，似《定本》爲是矣。然《孟子》書亦作"掊克"，趙注但云"不良也"。知《詩》本不作"掊"。毛意謂掊爲倍之叚借字。掊有聚意，與抱音義近；有深取意，則不同抱也。《毛詩釋文》云："掊克，聚斂也"，此謂同抱也。《方言》曰："掊，深也"，郭注云："掊尅，深能。"以深釋掊，以能釋赾。此亦必古說，但皆非毛義。《方言》掊訓深，與許說合。

（掊）

矣作矣祝

【詁訓】《左傳》："雖其善祝，豈能勝億兆人之詛？"此祝、詛分言也。《大雅》："矣作矣祝"，《傳》云："作祝詛也。"此祝讀呪，祝、詛不分也。

（詶）

內奰于中國

【詁訓】（《說文》："奰，壯大也……《詩》曰：'不醉而怒謂之奰。'"）《大雅·蕩》曰："內奰于中國。"《毛傳》曰："不醉而怒謂之奰。"於壯義、迫義皆近。

（奰）

顛沛之揭

【叚借】【詁訓】跋，經傳多叚借沛字為之。《大雅》《論語》"顛沛"皆即"蹎跋"也。《毛傳》："顛，仆也。沛，拔也。"拔同跋。《豳風》"狼跋"亦或作"拔"。馬融《論語注》曰："顛沛，僵仆也。"按：《豳風》"狼跋其胡"謂纆也，纆則仆矣。

（跋）

【叚借】《大雅》："人亦有言，顛沛之揭。枝葉未有害，本實先撥。"此以木為喻。故毛曰："顛，仆。沛，跋。揭，見根皃。"是《毛詩》之"顛"，"槙"之假借也。《般庚》："若顛木之有由蘗。"義亦同"槙"。《考工記》"稹理"亦或假"槙"。

（槙）

【叚借】【校勘】（編按：沛）今字爲顛沛，跋之假借也。《大雅·蕩》傳曰："沛，拔也"是也。"拔"當作"跋"。

（沛）

抑

惟德之隅①

【詁訓】《考工記》"宮隅""城隅"，謂角浮思也。《大雅》："惟德之隅"，《傳》曰："隅，廉也。"今人謂邊爲廉，角爲隅，古不別。其字亦作嵎，作湡。

（隅）

無競維人

【叚借】《廣雅》："倞，強也。"按：《大雅》："無競維人"，《傳》曰："無競，競也"，《箋》云："競，彊也。""秉心無競"，《傳》曰："競，彊也。"《周頌》："無競維人"，《傳》曰："競，彊也。""執競武王"，《傳》曰："執競，競也"，《箋》云："競，彊也。"按：《傳》《箋》皆謂"競"爲"倞"之假借字也。

（倞）

有覺德行

【詁訓】（《說文》："覺，悟也。"②）引伸之，《抑》傳曰："覺，直也。"此因覺與斠、榷疊韵雙聲而言。

（覺）

---

① 今本"惟"作"維"。
② 陳本"悟"作"寤"。

白圭之玷

【古今】（《說文》："《詩》曰：'白圭之刮。'"）《大雅·抑》詩："白圭之玷"，毛曰："玷，缺也"，《箋》云："玉之缺尚可磨鑢而平。"按："刮""玷"古今字。

（刮）

【詁訓】刀缺謂之刮，瓦器缺謂之玷。《詩》云："白圭之刮。"引伸通用也。

（玷）

莫捫朕舌

【詁訓】（《說文》："捫，撫持也……《詩》曰：'莫捫朕舌。'"）《大雅》："莫捫朕舌"，《傳》曰："捫，持也"，渾言不分析也。若王猛"捫蝨"之類，又專謂摩挲。

（捫）

荏染柔木

【詁訓】《詩》"荏染柔木"，則謂生木。

（柔）

告之話言

【異文】【經學】（《說文》："詁，訓故言也……《詩》曰：'詁訓。'"）此句或謂即《大雅》"古訓是式"，或謂即毛公《詁訓傳》，皆非是。按：《釋文》於《抑》"告之話言"下云："戶快反，《說文》作'詁'。"則此四字當爲"《詩》曰：'告之詁言'"六字無疑。《毛傳》曰："話言，古之善言也。"以古釋話，正同許以故釋詁。陸氏所見《說文》未誤也。

（詁）

誨爾諄諄

【異文】【詁訓】《大雅》："誨爾諄諄。"《左傳》："年未盈五十，而諄諄如八九十者。"《孟子》："諄諄然命之乎？"《大雅》"諄諄"，鄭注《中庸》引作"忳忳"，云："忳忳，懇誠皃也。"按：其中懇誠，其外乃告曉之孰，義相足也。

（諄）

桑柔

捋采其劉

【詁訓】【正俗】【叚借】《大雅》曰："捋采其劉。"《周南・芣苢》傳曰："采，取也。"又曰："捋，取也。"是采、捋同訓也。《詩》又多言"采采"。《卷耳》傳曰："采采，事采之也。"此謂上采訓事，下采訓取。而《芣苢》傳曰："采采，非一辭也。"《曹風》："采采衣服"，《傳》曰："采采，衆多也。"《秦風》："蒹葭采采"，《傳》曰："采采猶萋萋也。"此三《傳》義略同，皆謂可采者衆也。凡文采之義本此。俗字手采作採，五采作彩，皆非古也。《釋詁》曰："采，事也。"此言假借。采、事同在一部也。

（采）

國步斯頻

【異文】【經學】【辨誤】【叚借】（《說文》："矉，恨張目也……《詩》曰：'國步斯矉。'"）《毛詩》作"頻"，云："頻，急也。"鄭云："頻猶比也。哀哉國家之政，行此禍害比比然。"頻字絕非假借。此作矉者，蓋三家《詩》，許偁毛而不廢三家也。又按：《通俗文》："蹙頞曰矉"，矉者，顰之假借。

（矉）

靡所止疑

【句讀】【校勘】【詁訓】【押韵】【辨誤】《大雅》："靡所止疑。"《傳》云："疑，定也。"《箋》云："止，息。"《禮》十七篇多云"疑立"，鄭於《士昏禮》云："疑，止。（段云："句絶，作'正'者誤。"）立，自定之皃。"於《鄉飲酒禮》云："疑讀如（段云："作'爲'者誤。"）仡然從於趙孟之仡。疑，止（段云：句）。立，自定之皃。"於《鄉射禮》云："疑，止也。有矜莊之色。"《釋言》："疑、休，戾也。"郭云："戾，止也。疑者亦止。"按：已上"疑"字即《説文》之"𥎰"字，非《説文》訓"惑"之"疑"也。疑、𥎰字相似，學者識疑不識𥎰，於是經典無𥎰，於許書"定也"之上增之"未"字矣。𥎰从矢聲，其字在古音十五部，故《桑柔》以與資、維、階爲韵。鄭注《禮》"讀如仡"。……《桑柔》與資、維、階韵，則讀如尼。《釋文》音魚陟切，非也。十五部。

（𥎰）

亦孔之僾

【叚借】《大雅》"亦孔之僾"，《釋言》及《傳》云："僾，唈也。"此謂僾爲㱃①之假借字。㱃，飲食屰气，不得息也。

（僾）

【經學】【叚借】《大雅·桑柔》曰："如彼遡風，亦孔之僾。"《傳》曰："僾，唈也。"《釋言》同。《箋》云："使人唈然如鄉疾風，不能息也。"今觀許書，則知"㱃"乃正字，"僾"乃假借字。凡云"不得息"者，如"歆"字、"欧"字、"嚘"字、"喥"字、"唈"字，皆雙聲像意，然則"㱃"必讀"於未切"也。僾之訓"仿佛見也"，毛、鄭何從知其訓"唈然不能息"？則以有"㱃"字在也。僾从爱聲，爱从㤅聲，㤅从㱃聲，可得其同音假借之理矣。凡古文字之可考者如此。或

---

① 即"㱃"字。

問：《釋言》《毛詩傳》"啞"字當作何字？曰：此即𠅃字也。"於啞"，古多作"邑"，如《史記·商君傳》《漢書·杜鄴師丹傳》可證。古音七、八部與十五部闔通相假之理也。毛謂"優，𠅃也"，此即"壺，瓠也"之例。謂"壺"即"瓠"之假借也。

（旡）

具贅卒荒

【叚借】【詁訓】《大雅》傳曰："贅，屬也。"謂贅爲綴之假借也。《孟子》："屬其耆老。"《大傳》作"贅其耆老"。《公羊傳》云："君若贅旒。"《史》《漢》云："贅壻。"此爲聯屬之偶。又《莊子》云："附贅縣疣。"《老子》云："餘食贅行。"此爲餘賸之偶。皆綴字之假借。

（贅）

以念穹蒼

【詁訓】《豳風》："穹窒熏鼠。"《毛傳》曰："穹，窮；窒，塞也。"穹、窮雙聲。《大雅》："以念穹蒼。"《釋天》《毛傳》皆曰："穹蒼，蒼天也。"按：穹蒼者，謂蒼天難窮極也。

（穹）

考慎其相

【詁訓】《旱麓》《桑柔》毛傳云："相，質也。"質謂物之質與物相接者也，此亦引伸之義。

（相）

甡甡其鹿

【異文】【詁訓】【校勘】《五經文字·儿部》曰："兟，色巾反，見《詩》。"按：此謂《大雅》"甡甡其鹿"也。今《大雅》作"甡"，《傳》曰："甡甡，衆多也。"但《玉篇》云："𡥧，多也。亦作詵、駪、駣、兟、甡字。"同是衆多之義，可作兟。據《五經文字》，則張參所據《大雅》作"兟"，蓋並先爲衆進之意。今石刻《五經文字》此字已泐。而馬刻本乃誤爲㝬，蓋因宋榻模糊而譌耳。

（兟）

進遏維谷①

【叚借】《詩》："進遏維谷"，叚"谷"爲"鞠"，《毛傳》曰："谷，窮也"，即《邶風》傳之"鞠，窮也。"

（谷）

既之陰女

【叚借】《詩·桑柔》以陰爲蔭。

（蔭）

雲漢

蘊隆蟲蟲

【經學】【異文】【詁訓】《釋名》曰："疼，旱氣疼疼然煩也。"按：《詩》："旱既太甚，蘊隆蟲蟲。"《韓詩》作"鬱隆烔烔"，劉成國作"疼疼"，皆旱熱人不安之皃也。

（疢）

【叚借】【異文】【經學】《詩》："溫隆蟲蟲"，《毛傳》曰："蟲蟲而熱也。"按："蟲蟲"蓋融融之叚借。《韓詩》作"烔"，許所不取。

（蟲）

周餘黎民

【詁訓】【辨誤】（《說文》："秦謂民爲黔首，謂黑色。周謂之黎

---

① 今本"遏"作"退"。

民。"①)《大雅·雲漢》《禮記·大學》"黎民"皆訓衆民，《釋詁》曰："黎，衆也。"《詩·桑柔》傳曰："黎，齊也。"宋人或以黑色訓黎民，殊誤。許言此者證秦以前無"黔首"之偁耳，非謂黎、黔同義。

（黔）

滌滌山川

【校勘】【志疑】（《說文》："《詩》曰：'菽菽山川。'"）今《詩》作"滌滌"。毛云："滌滌，旱氣也。山無木，川無水。"按：《玉篇》《廣韻》皆作"菽"，今疑當作"藗"，艸木如盪滌無有也。叔聲、淑聲字多不轉爲徒歷切。《詩》"踧踧周道"，"踧"字亦疑誤。

（菽）

云如何里

【叚借】《毛詩》亦借"里"爲悝。悝，病也。

（里）

有嘒其星

【異文】【經學】【校勘】【詁訓】（《說文》："《詩》曰：'有譤其聲。'"）《毛詩·雲漢》："有嘒其星"，毛曰："嘒，衆星皃。"此"有譤其聲"，蓋三家《詩》也。如《史》所云"赤氣亙天，砰隱有聲"是也。或曰："聲"當是"星"之誤。"有譤其星"，如《天官書》"天鼓有音""天狗有聲"之類也。

（譤）

昭假無贏

【叚借】（編按：格）或借"假"爲之，如《雲漢》傳曰："假，至也。"

（格）

---

① 陳本"黑色"後有"也"字。

崧高

崧高維嶽

【異文】【異體】【詁訓】【地理】【辨誤】《大雅》："崧高維嶽。"《釋山》《毛傳》皆曰："山大而高曰崧。"《孔子閒居》引《詩》"崧"作"嵩"。《釋名》作："山大而高曰嵩。""崧""嵩"二形皆即"崇"之異體。韋注《國語》云："古通用崇字。"《太平御覽》及徐鉉皆引其語。《詩序》曰："崇丘，萬物得極其高大也。"此崇之故訓也。《河東賦》："瞰帝唐之嵩高，眽隆周之大寧。""嵩高"即"崇高"也。漢碑曰："如山如岳，嵩如不傾。"謂崇而不傾也。中嶽，《禹貢》謂之"外方"，秦名大室，漢武帝始謂之崇高山，因以山下戶三百爲之奉邑，名曰崇高縣。《武帝紀》《郊祀志》《地理志》《封禪書》可證。"崇"字《地里志》作"崈"①，體之小異耳。《史》《漢》或"崇""嵩"錯出，要無礙爲一字。惟《後漢書·靈帝紀》熹平五年"復崇高山爲嵩高山"，語大可疑。證以《東觀紀》"堂谿典請雨，因上言改之，名爲嵩高山"。是則非復崇高爲嵩高，乃改崇高爲嵩高。蓋其時六書之學不明，謂嵩與崇別而改之，沿至今日，尚仍其誤。李賢注云："《前書》武帝祠中嶽，改嵩高爲崇高。"《前書》未嘗有此文。武帝改大室爲崇高，武帝以前但曰大室，不曰嵩高也。崇高本非中嶽之專偁，故淺人以崇爲氾辭，嵩爲中嶽，强生分別。許造《說文》不取"嵩""崧"字，蓋其時固憭然也。……○或問：《釋山》"嵩高爲中嶽"，非古名嵩高之證與？曰：嵩即崇字。《封禪書》曰：秦有大室祠"大室，嵩高也。"此謂秦之大室即漢之崇高也。《釋山》之"嵩高"蓋漢人語，非本經。故許"嶽"字下言"大室"，不言"崇高"。

(崇)

---

① "里"當作"理"。

駿極于天

【叚借】（《說文》："陖，高也。"）《大雅》："崧高維嶽，駿極于天。"《傳》曰："駿，大也。"《中庸》《孔子閒居》注皆曰："峻，高大也。"然則《大雅》之"駿"，用叚借字。

（陖）

以峙其粻

【叚借】【校勘】《崧高》"以峙其粻"，《柴誓》"峙乃糗糧"，某氏《傳》云："儲峙"，則假借跱踞不前字爲之。俗乃改从止爲从山，作峙，訓云"山立"以附合之矣。

（偫）

烝民

愛莫助之

【叚借】【異文】《大雅》："愛莫助之。"毛曰："愛，隱也。"假借字也。《邶風》："愛而不見。"郭注《方言》作"薆而"。

（薆）

征夫捷捷

【詁訓】《大雅》"征夫捷捷"，言樂事也。

（倢）

韓奕

鉤膺鏤鍚

【詁訓】《韓奕》傳曰："鏤鍚，有金鏤其鍚也"，箋云："眉上曰鍚，刻金飾之，今當盧也。"按：人眉目閒廣揚曰揚，故馬眉上飾曰鍚。盧即顯字。

（錫）

鞹鞃淺幭　鞗革金厄

【詁訓】【經學】（《說文》："鞃，車軾中把也。"①）《大雅》傳曰："鞹，革也。鞃，軾中也。"此謂以去毛之皮鞔軾中人所凭處。《篇》《韵》皆云："軾中靶。"靶，轡革，不當以名軾，蓋許本作"把"，而俗譌從革。"軾中把"者，人把持之處也。較毛多一字。

（鞃）

【詁訓】《大雅》"淺幭"，《傳》曰："淺，虎皮淺毛也。幭，覆式也。"按：幭之本義不專爲覆軾，而覆軾其一端也。司馬彪、徐廣曰："乘輿車文虎伏軾，龍首衡軛。""文虎伏軾"即經之"淺幭"，"龍首衡軛"即經之"金厄"也，說詳《詩經小學》。

（幭）

【詁訓】《毛傳》曰："軛，烏噣也。""烏噣"即《釋名》之"烏啄"。轅有衡，衡，橫也，橫馬頸上，其扼馬頸者曰烏啄，下向叉馬頸，似烏開口向下啄物時也。

（駕）

【叚借】（編按：軛）《毛詩·韓奕》作"厄"，《士喪禮》今文作"厄"，叚借字也。《車人》爲大車作"鬲"，亦叚借字。《西京賦》作"槅"，《木部》曰："槅，大車枙也。""枙"當作"軛"。

（軛）

【詁訓】【異體】《韓奕》毛傳曰："厄，烏噣也。"《小爾雅》曰："衡，扼也。扼下者，謂之烏啄。"《釋名》曰："槅，扼也。所以扼牛頭也。馬曰烏啄，下向叉馬頸，似烏開口向下啄物時也。"噣、啄同字，軛與鞅同體。《左傳》："射兩鞅而還"，服注："車軛兩邊叉馬頸者。"

（鞅）

---

① 陳本無"中把"。

出宿于屠

【地理】【古今】《大雅·韓奕》："出宿于屠。"毛曰："屠,地名。"宋潏水李氏謂地在同州鄜谷是也。按:屠、鄜古今字。顧氏祖禹《讀史方輿紀要》作"荼谷渡",云在今陝西同州府郃陽縣東河西故城南。

(鄜)

其蔌維何　維筍及蒲

【異文】【經學】【詁訓】(《說文》:"虌,鼎實,惟葦及蒲。")此有奪,當云:"鼎實也。《詩》云:'其虌維何,維筍及蒲。'"或曰:"筍"作"葦"者,三家《詩》也。《爾雅》:"其萌虇",今蘆筍可食者也。按:《詩》:"其殽維何,炰鼈鮮魚",此謂鼎中肉也;"其蔌維何,維筍及蒲",此謂鼎中菜也。菜謂之芼。《釋器》曰:"肉謂之羹,菜謂之蔌。"毛曰:"蔌,菜殽也。"菜殽對肉而言。凡《禮經》之藿、苦、薇,《昏義》之蘋、藻,《二南》之苄,皆是。《周易》:"覆公餗",鄭曰:"餗,菜也。"凡肉謂之醢,菜謂之菹,皆主謂生物實於豆者。肉謂之羹,菜謂之芼,皆主謂孰物實於鼎者。說詳戴先生《毛鄭詩考正》。

(虌)

汾王之甥

【叚借】《大雅》"汾王之甥",毛曰:"汾,大也。"此謂汾即墳之假借也。

(汾)

為韓姞相攸

【詁訓】《大雅》曰:"爲韓姞相攸",《釋言》:"攸,所也。"水之安行爲攸,故凡可安爲攸。

(攸)

獻其貔皮

【詁訓】（《說文》："貔，豹屬。"）《大雅·韓奕》傳曰："貔，猛獸也。"《尚書》某氏傳曰："貔，執夷，虎屬也。"《釋獸》曰："貔，白狐。"舍人曰："名白狐也。"按：《方言》曰："貔，陳楚江淮之間謂之猍，北燕朝鮮之間謂之貊，關西謂之狸。"郭云："貔未聞語所出。"玉裁謂：《方言》所說狸也，非貔也。《爾雅》所說白狐葢亦狸類，非貔也。而皆得貔名者，俗評之相混也。《說文》《毛傳》《尚書傳》則皆貔之本義也。

（貔）

江漢

江漢浮浮

【詁訓】《詩》言"江漢浮浮""雨雪浮浮"，皆盛皃。

（芣）

釐爾圭瓚

【叚借】《大雅》傳云："釐，賜也。"釐者，賚之假借也。

（賚）

常武

既敬既戒

【同源】《小雅》："徒御不警"，毛曰："不警，警也。"《大雅》以"敬"爲之，《常武》："既敬既戒"，《箋》云："敬之言警也。"亦作"儆"。

（警）

徐方繹騷

【叚借】（《說文》："慅，動也。"）《月出》："勞心慅兮。"《常武》："徐方繹騷。"《傳》曰："騷，動也。"此謂騷即慅之叚借字也。二字義相近，騷行而慅廢矣。

（慅）

闞如虓虎

【詁訓】《大雅》："闞如虓虎。"毛曰："虓虎，虎之自怒虓然。"按："自怒"猶"盛怒"也。

（虓）

【詁訓】《大雅》："闞如虓虎"，謂其怒視。

（闞）

鋪敦淮濆

【經學】【叚借】【詁訓】（《說文》："濆，水厓也。"）《詩·大雅》："鋪敦淮濆。"《傳》曰："濆，厓也。"《周南》："遵彼汝墳。"《傳》曰："墳，大防也。"畫然分別。《周禮·大司徒職》："丘陵墳衍原隰。"注曰："水涯曰墳。"而《常武》箋亦釋"濆"爲大防，是鄭謂古經假借通用也，許則謹守《毛傳》。……（《說文》："《詩》曰：'敦彼淮濆。'"）"敦彼"當是"鋪敦"之誤，《箋》釋爲陳屯。

（濆）

【叚借】《大雅》："鋪敦淮濆"，《箋》云："陳屯其兵於淮水之上"，此謂叚鋪爲敷也，今人用鋪字本此。《江漢》："淮夷來鋪"，《傳》曰："鋪，病也"，則謂叚鋪爲痡也。

（鋪）

緜緜翼翼

【經學】【異文】《毛詩》曰"緜緜"，《韓詩》曰"民民"，其實一也。（䨲）

瞻卬

時維婦寺

【叚借】經典假寺爲侍。《詩·瞻卬》傳曰："寺，近也。"《周禮注》曰："寺之言侍也。"凡《禮》《詩》《左傳》言"寺人"皆同。（寺）

鞫人忮忒

【校勘】【經學】（《說文》："伎，與也……《詩》曰：'鞫人伎忒。'"）今《詩》"伎"作"忮"，《傳》曰："忮，害也。"許所據作"伎"。葢《毛詩》假"伎"爲"忮"，故《傳》與《雄雉》同，毛說其假借，許說其本義也。今《詩》則學者所竄易也。（伎）

舍爾介狄

【校勘】【叚借】《集韵》云："《說文》引《詩》'舍爾介逖'。"王伯厚《詩攷》因之。攷《大雅》作"介狄"，毛訓"遠也"，葢謂狄同逖，言叚借也。"用遏蠻方"，云："遏，遠也"，則言轉注也。《集韵》所據不足信。（逖）

召旻

蟊賊內訌

【叚借】【詁訓】（《說文》："訌，讀也……《詩》曰：'蟊賊內訌。'"）《大雅·召旻》傳曰："訌，潰也。"《抑》傳曰："虹，潰也。"虹者，訌之假借字。《釋言》："虹，潰也"，亦作訌，郭云："謂潰敗。"按：許作"讀"者，許以讀與潰同也。《詩》："彼童而角，實虹小子""天降罪罟，蟊賊內訌"，皆謂禍由中出，與中止之義合。

（訌）

昏椓靡共

【叚借】《大雅》："昏椓靡共"，鄭云："昏、椓皆奄人也。昏，其官名也。椓，毀陰者也。"此假椓爲斀也。

（斀）

潰潰回遹

【叚借】《大雅·召旻》："潰潰回遹"，《傳》曰："潰潰，亂也。"按："潰潰"者，"憒憒"之叚借也。後人皆用"憒憒"。

（憒）

皋皋訿訿

【經學】【詁訓】【源流】《大雅》毛傳曰："訿訿，窳不供事也。"……許於《此部》"呰"下亦云"窳也"，蓋即用《毛傳》。《毛詩》"訿"即"呰"也。……釋玄應屢引揚承慶《字統》說：懶者不能自起，如瓜瓠在地不能自立，故字從瓜。又嬾人恒在室中，故從穴。夫穴訓土室，不必從宀而後爲室也。而《召旻》正義曰："艸木皆自豎立，惟瓜瓠之屬臥而不起，似若嬾人常臥室，故字從宀，宀音眠。"此亦用《字統》說，而與玄應所據有異。

（䆃）

彼疏斯粺

【源流】《大雅》："彼疏斯粺。"《傳》云："彼宜食疏，今反食精粺。"《箋》云："米之率：糲十，粺九，鑿八，侍御七。"按：漢《九章筭術》云："糲米三十，粺米二十七，鑿米二十四，御米二十一。"即鄭說所本。

（粺）

【詁訓】（《說文》："粗，疏也。"）《大雅》："彼疏斯粺。"《箋》云："疏，麤也，謂糲米也。"麤即粗，正與許書互相證。疏者，通也。引伸之猶大也，故粗米曰疏。糲米與粺米挍，則糲爲粗。稷與黍、稻、粱挍，則稷爲粗。《九穀攷》云："凡經言'疏食'者，稷食也。《論語》：'疏食菜羹'，即《玉藻》之'稷食菜羹'。《左傳》：'粱則無矣，麤則有之。'麤對粱而言，稷之謂也。《儀禮·昏禮》婦饋舅姑，有黍無稷，特著其文，葢婦道成以孝養，不進疏食也。"

（粗）

不云自頻

【古今】瀕，今字作濱，《召旻》傳曰："瀕，厓也。"《采蘋》《北山》傳皆曰："濱，厓也。"今字用"頻"訓數，攷《桑柔》傳曰"頻，急也"，《廣雅》曰"頻頻，比也"，此從附近之義引申之，本無二字二音，而今字妄爲分別，積習生常矣。

（瀕）

周頌

清廟之什

清廟

對越在天

【叚借】【異文】《周頌》："對越在天"，《箋》云："越，於也。"此假借越爲粵也。《尚書》有"越"無"粵"，《大誥》《文侯之命》"越"字，魏三體石經作"粵"。《說文》引"粵三日丁亥"，今《召誥》作"越三日丁巳"。

（越）

【叚借】《詩》《書》多假"越"爲"粵"，《箋》云："越，於也。"又假"曰"爲"粵"。

（粵）

維天之命

假以溢我

【異文】【經學】【叚借】【校勘】（《說文》："《詩》曰：'誐以謐我。'"①）"謐"，鉉本作"溢"，此用《毛詩》改竄也。《廣韵》引《說文》作"謐"。按：《毛詩》："假以溢我"，《傳》曰："假，嘉。溢，慎。"與誐、謐字異義同。許所偁葢三家《詩》，誐、謐皆本義，假、溢皆假借也。然謐、溢並見《釋詁》，可知周時已有此二本之殊

---

① 陳本"謐"作"溢"。

矣。若《左氏》作"何以恤我","何"者,誐之聲誤。"恤"與謐同部。《堯典》:"惟荆之謐哉",古文亦作"恤"。
(誐)

【異文】【詁訓】【校勘】【叚借】《周頌》:"假以溢我",《傳》曰:"溢,慎也。"許作"誐以謐我",謐,靜語也,一曰無聲也。《左傳》作"何以恤我"。《尚書》:"惟荆之恤",伏生《尚書》作"惟荆之謐",《史記》作"惟荆之靜"。《爾雅》:"溢、慎、謐,靜也。"溢者,恤之字誤。《莊子》書云:"以言其老洫也。近死之心,莫使復陽也。""老洫"者,枯靜之意。《莊子》"洫"本亦作"溢"。《周頌》之"恤"、《莊子》之"洫"皆"䘏"之假借。䘏與謐古音同部。
(䘏)

天作

大王荒之

【叚借】《周頌》:"天作高山,大王荒之。"《傳》曰:"荒,大也。"凡此等皆叚荒爲忨也。荒,蕪也,荒行而忨廢矣。
(忨)

昊天有成命

於緝熙

【叚借】【詁訓】【辨誤】【句讀】【義例】《周頌·昊天有成命》傳曰:"緝,明也。熙,廣也。""熙"乃"㷀"之叚借字也。熙从火,其義訓燥,不訓廣也。《毛傳》於《文王》曰:"緝熙,光明也。"與《昊天有成命》傳不同。而《敬之》傳曰:"光,廣也。"然則光即廣,二《傳》義本同,不得如《鄭箋》云廣爲光字之誤。周内史說《周易》曰:"光(段云:逗),遠而自他有耀者也。"然則光即廣可知。《大戴禮》："積厚者流光。"即流廣也。《釋詁》："緝、熙，光也。"即《周語》叔向所云"緝，明；熙，廣"也。毛公兼取之爲《傳》，學者宜觀其會通。凡詁訓有析之至細者，有通之甚寬者，非好學深思、心知其意，不能盡其理也。熙訓廣，而熙乃巸之叚借，然則古經熙字可作巸者多矣。〇《文王》毛傳曰："緝熙，光明也。"此係《釋詁》而必兼言明者，欲與叔向之語不相違也。《昊天有成命》傳直用叔向語者，以叔向固釋此詩也。《敬之》"緝熙于光明"，《傳》曰"光，廣也"者，以緝熙既訓光明，則"光明於光明"文理難通，故此"光"必訓廣也。然則《文王》《敬之》"熙"訓"光"，《昊天有成命》"熙"訓"廣"，未嘗不析之甚細矣。

（巸）

時邁

莫不震疊①

【經學】（《說文》："疊，楊雄說㠯爲古理官決罪，三日得其宜乃行之。"）《詩》"莫不震疊"，《韓詩薛君傳》曰："震，動也。疊，應也。天下無不動而應其政教。"李固曰："此言動之於内而應之於外者也。"按：疊爲應，即"得其宜乃行之"之說也。《毛詩傳》曰："疊，懼也。"今毛義行而韓義廢矣。抑楊子所說者本義也，故許述之。《毛詩》之云，謂疊即慴之叚借字也，故許不偁。

（疊）

載戢干戈

【詁訓】【音義】【經學】（《說文》："戢，臧兵也……《詩》曰：'載

---

① 今本"疊"作"疊"。許書此篆云："亡新以爲疊从三日太盛，改爲三田。"亡新即新莽。段注："亡新不知三日爲綦日，譏其陋也。今皆從之，亦可已矣。《多部》曰：'重夕爲多。'重日爲疊。此今人用疊之義也。"段蓋以"疊"爲正。

戢干戈。'"①）《周頌·時邁》曰："載戢干戈，載櫜弓矢。"《傳》曰："戢，聚也。櫜，韜也。"聚與藏義相成，聚而藏之也。戢與輯音同。輯者，車輿也，可聚諸物。故毛訓戢爲聚。《周南》傳亦云："揖揖，會聚也。"《周語》："夫兵戢而時動，動則威，覿則玩，玩則無震。"戢與覿正相對。故許易毛曰"藏"，以其字从戈，故曰"藏兵"。

（戢）

執競

鐘鼓喤喤

【異文】【詁訓】（《說文》："《詩》曰：'鐘鼓鍠鍠。'"）今《詩》作"喤喤"。《毛傳》曰："和也。"按：皇，大也。故聲之大，字多从皇。《詩》曰："其泣喤喤""喤喤厥聲"。《玉部》曰："瑝，玉聲也。"《執競》以鼓統於鐘，總言"鍠鍠"。

（鍠）

磬筦將將

【異文】（《說文》："《詩》曰：'管磬蹡蹡。'"②）今《詩》作"磬筦將將。"毛曰："將將，集也。"

（蹡）

降福穰穰

【叚借】謂之穰者，莖在皮中如瓜瓤在瓜皮中也。《周頌》傳曰："穰穰，衆也。"此叚借也。

（穰）

---

① 陳本"藏"作"藏"。
② 陳本"蹡"作"蹌"。

思文

貽我來牟

【經學】【詁訓】【校勘】【異文】《周頌》："詒我來麰。"《箋》云："武王渡孟津，白魚躍入王舟，出涘以燎。後五日，火流爲烏，五至，以穀俱來。此謂遺我來牟。《書》說以穀俱來，云穀紀后稷之德。"按：《鄭箋》見《尚書·大誓》《尚書旋機鈐》《合符后》。《詩》云"來牟"，《書》云"穀"，其實一也。下文（編按：謂《說文》下文"麰"篆）云："來麰，麥也。"此云"瑞麥來麰"，然則"來麰"者，以二字爲名。《毛詩傳》曰："牟，麥也。"當是本作"來牟，麥也"，爲許"麰"下所本，後人删"來"字耳。古無謂"來，小麥"，"麰，大麥"者，至《廣雅》乃云"䅘，小麥""䅈，大麥"，非許說也。《劉向傳》作"釐麰"。《文選·典引》注引《韓詩内傳》"貽我嘉䅈"，薛君曰："䅈，大麥也。"與趙岐《孟子注》同。然《韓傳》未嘗云"來，小麥"。（《說文》："二麥一夆，象其芒束之形。"①）惟《思文》正義作"一麥二夆"，今定爲"二麥一夆"，"夆"即"鏠"字之省。……凡物之標末皆可偁夆。夆者，束也。"二麥一夆"爲瑞麥，如二米一稃爲瑞黍，葢同夆則亦同稃矣。《廣韵·十六咍》引《埤蒼》曰："秾麰之麥，一麥二稃，周受此瑞麥。"此一、二兩字亦是互譌。……（《說文》："《詩》曰：'詒我來麰。'"）今《毛詩》"詒"作"貽"，俗字也。"麰"作"牟"，古文假借字也。

（來）

---

① 陳本"二麥一夆"作"一來二縫"，段云："二麥一夆，各本作一來二縫，不可通。"

臣工之什

臣工

庤乃錢鎛

【詁訓】【校勘】鎛訓迫，故田器曰鎛。《周頌》之"鎛"，毛曰："鎒也。"鄭注《攷工記》曰："田器。"正謂鎒迫地披艸而有此偁。《釋名》以爲鎛亦鉏類，"鎛，迫也"。今本《釋名》用"鑮"，非。

（鎛）

奄觀銍艾

【叚借】【詁訓】《周頌》曰："奄觀銍艾"，艾者，乂之叚借字。銍者，所以乂也。《禾部》曰："穫，乂穀也。"是則芟艸穫穀總謂之乂。鄭箋《詩》云："芟末曰艾。"《刀部》有"刌"，《金部》有"鎌"有"鍥"，所以芟艸也。銍則穫禾短鎌也。

（乂）

【詁訓】【校勘】《周頌》："奄觀銍艾"，《傳》曰："銍，穫也。"按：艾同乂，穫也。銍，所以穫也，淺人刪"所以"二字。《禹貢》："二百里納銍"，某氏曰："銍艾謂禾穗"，亦謂所穫之穗爲銍。

（銍）

振鷺

于彼西雝

【叚借】凡四面有水皆曰邕，《周頌》曰："于彼西雝"，《傳》曰："雝，澤也。"《大雅》曰："於樂辟廱""鎬京辟廱"，《傳》曰："水旋丘如璧曰辟廱。"《水經注》釋漁陽郡雝奴曰："四方有水爲雝，不流爲奴。"皆"邕"字之叚借也。

(邕)

豐年

亦有高廩

【叚借】(《說文》:"奕,大也。")《詩·周頌》箋云:"亦,大也。"叚"亦"爲"奕"。

(奕)

萬億及秭

【異文】【經學】【志疑】【詁訓】【同源】(《說文》:"一曰數意至萬曰秭。"①)《周頌》兩言"萬億及秭",毛曰:"數萬至萬曰億,數億至萬曰秭。"《定本》《集注》《釋文》皆作"數億至萬"。《釋文》所記別本及《正義》及前此甄鸞《五經筭術》皆作"數億至億"。許書多襲《毛傳》,此云:"數意至萬曰秭",似當出於毛。然《心部》云:"十萬曰意",不從毛之"萬萬曰億",而從古數,則說秭亦不必同毛。葢毛作"數億至億曰秭",許別有所受作"數億至萬"與?秭不見他經,惟見《周頌》。鄭《內則》注:"萬億曰兆。"依許則秭即他經之兆與?《五經筭術》曰:"黃帝爲法,數有十等:億、兆、京、垓、秭、壤、溝、澗、正、載是也。及其用也,乃有上、中、下三等。下數,十十變之;中數,萬萬變之;上數,數窮則變。以中數言之,《毛傳》應云'數垓至億曰秭',而言'數億至億曰秭',有所未詳。"玉裁按:十等之說起於漢末,取《周頌》云秭,《國語》云經姟者演之。三等之說取鄭云今數、古數者演之。許、鄭所不言,未可盡信。數億至萬亦不爲不多矣,不必從毛之"數億至億"也。秭之言積也,《韓詩》云"陳穀曰秭",亦取積

---

① 陳本"意"作"億",段注:"依《心部》正。"

義。如笫、簀之爲一物，其例也。○《釋詁》云："歷、秭、箏，數也。"郭云："今以十億爲秭。"

（秭）

有瞽

設業設虡

【詁訓】【經學】【校勘】（《說文》："業，大版也。所吕飾縣鐘鼓。捷業如鋸齒，目白畫之。"①）《周頌》傳曰："業，大版也。所以設栒爲縣也。捷業如鋸齒。或曰畫之。植者爲虡，横者爲栒。"《大雅》箋云："虡也，栒也，所以縣鐘鼓也。設大版於上，刻畫以爲飾。"按：栒以縣鐘鼓，業以覆栒爲飾，其形刻之捷業然如鋸齒。又以白畫之，分明可觀，故此大版名曰業。業之爲言籚也。許說本毛。《毛傳》："或曰畫之"，"或曰"二字乃"以白"二字之譌，未有正其誤者。凡程功積事言業者，如版上之刻，往往可計數也。

（業）

潛

潛有多魚

【異文】【經學】【正俗】《毛詩》："潛有多魚"，《韓詩》"潛"作"涔"。《釋器》曰："椮謂之涔。"《毛傳》曰："潛，糝也。"《爾雅》《毛傳》"糝"本从米。舍人、李巡皆云："以米投水中養魚曰涔。"从米是也。自《小爾雅》改作"椮"（段云："改米爲木。"），云："橬（段云："改水爲木。"），椮也，積柴水中而魚舍焉。"郭景純因之云："今之作椮者，聚積柴木於水，魚得寒入其裏藏隱，因以薄圍捕取之。"

---

① 陳本"鐘"作"鍾"。

槮非古字，至若罧字，雖見《淮南鴻烈》，然與槮皆俗字也。

（罧）

【異文】【經學】【詁訓】《毛詩》："潛有多魚"，《韓詩》作"涔"。《爾雅》曰："槮謂之涔"，《毛傳》曰："潛，槮也。"說者云槮即罧字。《韓詩》曰："涔，魚池也。"此皆涔之別義。

（涔）

鯦鱨鰥鯉

【詁訓】【辨誤】《周頌》箋云："鯦，白鯦也。"《爾雅》："鮂，黑鰦"，郭云："即白鰷魚，江東呼爲鮂。"《莊子》："鯈魚出游從容。"按：白鯈即今白鰷條。《山海經·北山篇》：彭水鯈魚"其狀如雞而赤毛，三尾，六足，四首，其音如鵲。"此異物非常有者也。晉水䰲魚，"其狀如鯈"。鯈者，白鯈魚也。《玉篇》合二物爲一，疏矣。

（鯈）

載見

龍旂陽陽　和鈴央央

【詁訓】【辨誤】【校勘】《周頌》曰："龍旂陽陽，和鈴央央。"《傳》云："鈴在旂上。"李巡云："以鈴著旂端。"郭樸云："縣鈴於竿頭。"按：李說近是，惟羽旄注竿首，鈴非注竿首之物也。《左傳》："錫鸞和鈴，昭其聲也。"杜云："鈴在旂。"李云："以鈴著旂端。"《公羊疏》《左傳疏》同。《周頌疏》"旂"作"旒"，誤。云旂者，旂亦旗正幅之通偁。

（旂）

鞗革有鶬

【異文】【叚借】（《說文》："《詩》曰：'攸革有瑲。'"①）"有瑲"，今《詩》作"有鶬"，亦作"鎗"。按：鸞鈴轡飾之聲而字作"瑲"，玉聲而字作"鏘"，皆得謂之假借。

（瑲）

有客

有客宿宿

【經學】《毛傳》："一宿曰宿，再宿曰信。"即《左傳》之"凡師一宿曰舍，再宿曰信，過信曰次"也。

（宿）

武

耆定爾功

【叚借】氐之引伸之義爲致也，至也，平也，有假借"耆"字爲之者，如《周頌》："耆定爾功"，《傳》曰"耆，致也"是也。

（氐）

閔予小子之什

閔予小子

嬛嬛在疚

【校勘】【叚借】（《說文》："《詩》曰：'煢煢在㝵。'"）今《詩》作

---

① 陳本"攸"作"鞗"。

"嬛嬛在疚"，毛曰："疚，病也。"按：《毛詩》葢本作"㚈"。毛釋以病者，謂㚈爲疚之叚借也。《左傳》亦曰："煢煢余在疚。"

（㚈）

【異文】【詁訓】（《說文》："《春秋傳》曰：'嬛嬛在疚。'"）哀十六年《左傳》公誄孔子文。按：《宀部》引《詩》"煢煢在㚈"，此引《傳》"嬛嬛在疚"，正與今《詩》《春秋》"煢""嬛"字互易。《魏風》又作"睘睘"，《傳》曰："無所依也。"葢依韵當用熒聲之煢，而或用嬛、睘者，合音通用。如瓊本在十四部，今入十一部也。

（嬛）

繼序思不忘

【叚借】《周頌》："繼序思不忘。"《傳》曰："序，緒也。"此謂"序"爲"緒"之假借字。

（序）

敬之

佛時仔肩

【詁訓】《周頌》曰："佛時仔肩""克也"①，《箋》云："仔肩，任也。"按：克，勝也。勝與任義似異而同。許云："仔，克也。"《釋詁》云："肩，克也。"許云："克，肩也。"然則"仔肩"絫言之耳。

（仔）

【叚借】《周頌》："佛時仔肩"，《傳》曰："佛，大也。"此謂佛即弗之叚借也。

（弗）

---

① "克也"乃《傳》文。

小毖

莫予荓蜂

【異文】【正俗】【詁訓】《周頌》："莫予荓蜂"，蜂本又作夆，毛曰："荓夆，掣曳也。"《釋訓》作"甹夆，掣曳也"。䢐䢖蓋甹夆之正字。掣曳者，使之也。《大雅》傳曰："荓，使也。"

（䢐）

載芟

徂隰徂畛

【詁訓】【古今】《周頌》曰："徂隰徂畛"，《毛傳》曰："畛，場也。"按：場者，疆場也，《信南山》"疆場有瓜"是也，古祇作易。《左傳》曰："封畛土略"，謂疆界。

（畛）

實函斯活①

【叚借】"圅"借為"含"，如"席間圅丈""圅人為甲"是也。《周頌》："實圅斯活"，《傳》曰："圅，含也"，謂叚借也。

（圅）

有厭其傑

【經學】【音義】（《說文》："穊，禾舉出苗也。"）《周頌》曰："驛驛其達，有厭其傑。"毛云："達，射也。有厭其傑，言傑苗厭然特美也。"毛、鄭釋《詩》皆謂苗。許云"禾舉出苗"則謂采。《手部》"揭"者"高舉

---

① 今本"圅"作"函"。

也", 音義略同。

(穦)

綿綿其麃

【叚借】（編按：穮）《周頌》叚麃爲之。

(穮)

【經學】【異文】【詁訓】《毛詩》"綿綿"，《韓詩》作"民民"。按：綿綿、民民皆謂密也，即雰雰不見之意。

(雰)

有椒其馨

【叚借】【異文】【詁訓】或叚借椒爲櫯，《周頌》曰："有飶其香，有椒其馨"，《傳》曰："飶，芬香也。椒，猶飶也。"按："椒，沈作俶，尺叔反。"沈說善矣。若作櫯尤合，飶與櫯皆謂香气突出觸鼻，非謂椒聊也。

(櫯)

良耜

畟畟良耜

【詁訓】《釋訓》曰："畟畟，耜也。"《周頌》毛傳曰："畟畟，猶測測也。"《箋》云："農人測測，以利善之耜熾菑是南畝也。"按：畟畟古語，測測今語，毛以今語釋古語，故曰"猶"。《周禮·雉氏》注曰："耜之者，以耜測凍土剗之。"然則畟、測皆進意。

(畟)

以薅荼蓼

【異文】（《說文》："《詩》曰：'既茠荼蓼。'"）今《詩》作"以薅"。

(薅)

積之栗栗

【異文】【經學】（《說文》：穊，積禾也……"《詩》曰：'穊之秩秩。'"）今作"積之栗栗"。毛云："栗栗，衆多也。"無"穊，積也"之文，葢許偁三家《詩》也。

（穊）

有捄其角

【異文】【叚借】【校勘】（《說文》："《詩》曰：'有觓其角。'"①）《周頌》："有捄其角。"《傳》云："祉稷之牛角尺。"《箋》云："捄，角皃。""捄"者，"觓"之假借字也。《小雅·桑扈》："兕觥其觩"，俗作"觩"。

（觓）

絲衣

繹賓尸也

【校勘】《毛詩·絲衣》"繹賓尸也"，《有司徹》"賓尸"，《經典釋文》古本皆作"賓"，又無必刃反之音，而唐宋石本、版本"賓""儐"錯出。要之古無作"儐尸"者，此學者所當知也。

（儐）

絲衣其紑

【校勘】【詁訓】（《說文》："紑，白鮮衣皃……《詩》曰：'素衣其紑。'"）《周頌》作"絲衣"，絲衣乃篇名，"素"恐譌字。此謂士爵弁玄衣纁裳，非白衣也。（編按：紑）本義謂白鮮，引申之爲凡新衣之偁。

（紑）

---

① 陳本引《詩》作"兕觥其觩"，《小雅·桑扈》文。

載弁俅俅

【經學】【校勘】【譌字】（《說文》："俅，冠飾皃……《詩》曰：'戴弁俅俅。'"①）《周頌·絲衣》曰："載弁俅俅。"《釋訓》曰："俅俅，服也。"《傳》曰："俅俅，恭順（段云："《玉篇》作慎。"）皃。"按：許以上文紑屬衣言之，則俅俅亦當屬冠言之，故此用《爾雅》易《傳》義，而"紑"下不易《傳》也。……《毛詩》"戴"作"載"，《鄭箋》云："載猶戴也。"按：載、戴古書多互譌者。

（俅）

酌

我龍受之

【叚借】《勺》傳曰："龍，和也"，《長發》同，謂龍爲邕和之叚借字也。

（龍）

桓

婁豐年

【古今】【詁訓】【叚借】凡一實一虛，層見疊出曰婁。人曰離婁，窗牖曰麗廔，是其意也。故婁之義又爲數也，此正如窗牖、麗廔之多孔也。而轉其音爲力住切，俗乃加尸旁爲屢字，古有婁無屢也。《毛詩》"婁豐年"，《傳》曰："婁，亟也。"亟者，數也。《角弓》"式居婁驕"，《箋》云："婁，斂也"，此則謂爲摟之叚借也。

（婁）

---

① 陳本引《詩》"戴弁"作"弁服"。

般

隋山喬嶽

【詁訓】（《說文》："隋，山之隋隋者。"）《周頌》曰："隋山喬嶽。"《毛傳》曰："墮山，山之隋隋小者也。""隋隋"，狹長之皃。凡圜而長者謂之隋圜，方而長者謂之隋方。字或作"橢"。《毛傳》："方銎曰斨，隋銎曰斧。"鄭注《月令》曰："隋曰竇，方曰窖。"注《禮器》曰："椑禁如今方案隋長。""隋長"皆用"隋"字。《爾雅》："鱋貝小而橢。"《平準書》《食貨志》三曰"復小橢之"，皆用"橢"字。此說山則用"隋"字，疑當同《毛傳》作"隋隋小者"，今奪"小"字耳。"隋隋"疑當作"隋隋"。"隋"即"墮"字。《詩釋文》曰："隋字又作墮。"

（隋）

魯頌

駉

駉駉牡馬

【辨誤】【異文】（《說文》："《詩》曰：'驍驍牡馬。'"①）陸氏德明所見《說文》如此。《詩釋文》曰："駉，《說文》作驍。"按：堯聲、冋聲之類相去甚遠，無由相涉。《大雅·崧高》："四牡蹻蹻。"《傳》云："蹻蹻，壯皃。"《魯頌·泮水》傳云："蹻蹻，言彊盛也。"蓋古本《說文》堯聲下有"《詩》曰：'四牡驍驍'"六字，乃《崧高》之異

---

① 按：陳本所無。段氏在無《說文》傳世版本依據的情況下增加這一句，其所據是陸德明的《釋文》。而實際上，段氏認爲陸氏所見是誤本，定古本作"四牡驍驍"，而其校勘卻止步在"驍驍牡馬"，這是爲什麼呢？段氏運用類似"以孔還孔，以賈還賈"的方法，恢復的是陸氏所見本，即使段氏以爲誤，但證據並不十分充足，故而點到爲止。這充分體現了段氏校勘實踐克制的一面。

文。或轉寫譌作"驍驍牡馬",而陸氏乃有"駉,《說文》作驍"之語矣。

(驍)

【校勘】【辨誤】【詁訓】(《說文》:"駓,馬肥盛也……《詩》曰:'駓駓牡馬。'"①)各本作"四牡駓駓",陸氏德明所見作"駓駓牡馬"。按:即《魯頌》之"駉駉牡馬"也。"駉駉牡馬",古本作"牧馬",《傳》言"牧之坰野",自當是"牧"字。《周禮》:"凡馬特居四之一。"又不當云良馬有驚無騭也。《詩釋文》曰:"駉,古熒反。《說文》作'驍',又作'駓',同。""作驍又"三字當刪,云:"《說文》作駓,同。"《玉篇》亦曰:"駓,古熒切,駉同。"則知《說文》作"駓駓牧馬",而讀古熒反,十部、十一部之音轉也。以今攷之,實則《毛詩》作"駓駓",許偁"駓駓",而後人譌亂作"駉駉",陸所見《說文》不誤,今本《說文》則誤甚耳。《毛傳》曰:"駓駓,良馬腹榦肥張也。"許言"肥盛",即"腹幹肥張"。

(駓)

有驔有魚

【校勘】《魯頌》傳曰:"豪骭曰驔。"《正義》本作"豪骭白","白"衍。

(驔)

以車袪袪

【校勘】《毛傳》云:"袪袪,彊健皃。"亦於从去得義。古無从示之"祛",至《集韵》而後有之。唐石經"以車袪袪",从衣不誤。

(袪)

---

① 陳本"肥盛"作"盛肥"。段云:"各本作'盛肥',今依《廣韵》訂。"陳本"駓駓牡馬"作"四牡駓駓"。

泮水

薄采其茆

【異文】(《說文》:"《詩》曰:'言采其茆。'") 今《詩》"言"作"薄"。
(茆)

烝烝皇皇

【詁訓】【辨誤】《釋詁》曰:"睢睢、皇皇,美也。"按:"睢"見《爾雅》而不見他經。《泮水》箋云:"皇皇當作睢睢,睢睢猶往往也。"此易"皇"爲"睢",復訓"睢"爲"往",以作"睢"而後可訓"往"也。《少儀》:"祭祀之儀,齊齊皇皇。"注云:"皇皇讀爲歸往之往。"皇氏云:"謂心所繫往。"此處鄭不讀爲"睢"。徐先民"於況反",非是。
(睢)

不吳不揚

【叚借】《魯頌》假瘍爲揚。
(瘍)

【詁訓】【異文】【叚借】《周頌·絲衣》《魯頌·泮水》皆曰"不吳",《傳》《箋》皆云:"吳,譁也。"《言部》曰:"譁者,讙也。"……孔沖遠《詩正義》作"不娛",《史記·孝武本紀》作"不虞",皆叚借字。
(吳)

束矢其搜

【詁訓】《魯頌·泮水》曰:"束矢其搜",《傳》曰:"五十矢爲束。搜,衆意也。"此古義也,與《考工記》注之"藪"略同。鄭司農云:"藪讀爲蜂藪之藪。"後鄭云:"蜂藪者,衆輻之所趨也。"
(搜)

憬彼淮夷

【異文】【叚借】【經學】（《說文》："《詩》云：'獷彼淮夷'"）《泮水》："憬彼淮夷"，"憬"下既引之，而此作"獷"，假借字也。《詩釋文》則云："憬，《說文》作懬，音獷。"今《心部》"懬"下佚此文。《文選注》引《韓詩》則作"獷"。

（矍）

【詁訓】【校勘】【經學】【異文】《魯頌·泮水》曰："憬彼淮夷。"《釋文》云："'憬'，《說文》作'懬'。"按：許：闊也，一曰廣大也。此懬之本義。毛云："遠行也"，即其引伸之義也。由其廣大，故必遠行。然則《毛詩》自作"懬"，今作"憬"者，或以三家《詩》改之也。……（《說文》："《詩》曰：'懬彼淮夷。'"①）各本無此六字，今依《詩釋文》補。蓋許所據《毛詩》如此。"憬"下所偁蓋三家《詩》。

（懬）

【校勘】【經學】【異文】（《說文》："憬，覺悟也……《詩》曰：'憬彼淮夷。'"）《毛詩》作"懬"，故訓遠行皃，"憬"蓋出三家《詩》，淺人取以改毛。許書蓋本無此篆，或益之於此。

（憬）

閟宮

閟宮有侐

【叚借】《魯頌》："閟宮有侐"，《箋》曰："閟，神也。"此謂假借閟爲祕也。

（祕）

---

① 陳本無。

【校勘】（《說文》："侐，靜也。"）《魯頌》曰："閟宮有侐"，《傳》曰："侐，清淨也。""淨"乃"靜"之字誤。
（侐）

【叚借】《閟宮》箋曰："閟，神也。"此謂閟即祕之叚借也。《示部》曰："祕，神也。"
（閟）

稙穉菽麥

【校勘】【古今】（《說文》："《詩》曰：'稙稚未麥。'"）按："稚"當作"穉"。郭景純注《方言》曰："穉，古稚字。"是則晉人皆作"稚"，故穉、稚爲古今字。寫《說文》者用今字，因襲之耳。
（稙）

【經學】（《說文》："穉，幼禾也。"）《魯頌》毛傳曰："後種曰穉。"許不言後種者，後種固小於先種，即先種者當其未長亦穉也，先種而中有遲長者亦穉也。故惟《魯頌》稙、穉對言，毛釋之。《小雅》："無害我田穉""彼有不穫穉"，毛不釋者亦謂槩言幼禾。
（穉）

實始翦商

【異文】【叚借】【詁訓】【辨誤】【經學】（《說文》："戩，滅也……《詩》曰：'實始戩商。'"）今《詩》作"翦"。按：此引《詩》說叚借也。《毛傳》曰："翦，齊也。"許《刀部》曰："劋，齊斷也。"劋之字多叚翦爲之，翦即劋。戩者，劋之叚借。毛云"劋，齊也"者，謂周至於大王，規模氣象始大，可與商國並立，故曰齊。《緜》詩古公以下七章是也。非翦伐之謂。若不通《毛傳》、許書之例，竟謂大王滅商，豈不事辭俱窒礙乎？毛意謂戩即劋，許說其本義以明轉注，復引《詩》字以明叚借。兩公之例，皆尋繹全書而可得。不則以文害辭，謂大王有翦商之志矣。夫《詩》明言"翦商"而見大王之德盛，後儒言有翦商之志，而大王之心遂不可問。嗚呼！是非不知訓詁之禍也哉？
（戩）

夏而楅衡

【經學】【詁訓】（《說文》："牛觸橫大木。"①）《魯頌》傳曰："楅衡，設牛角以楅之也。"《箋》云："楅衡其牛角，爲其觸觝人也。"許說與毛、鄭不同。毛、鄭謂設於角，許不云設於角也。《木部》云："楅以木有所畐束也。"亦不言角。……鄭注《周禮》云："楅設於角，衡設於鼻，如椵狀。""楅""衡"爲二。許於"衡"不言"楅"，於"楅"不言"衡"，葢亦二之。

（衡）

犧尊將將

【音義】《魯頌》毛傳曰："犧尊有沙羽飾也。"《明堂位》注曰："犧尊以沙羽爲畫飾。"鄭注荅張逸曰："刻畫鳳皇之象於尊，其形娑娑然，故曰沙。"按：沙、娑、羲古音三字同在十七部。

（犧）

毛炰胾羹

【詁訓】【叚借】《魯頌》："毛炰胾羹"，《傳》曰："羹，大羹、鉶羹也。"按：大羹，煮肉汁不和，貴其質也。鉶羹，肉汁之有菜和者也。大羹盛之於登，鉶羹盛之於鉶。鉶羹菜和謂之芼。其詳在《禮經》。鉶，經典亦作鈃，此猶荆罰字本从井。作刑，非正字也。《內饔職》鉶作荆，亦叚借字。

（鉶）

籩豆大房

【詁訓】《魯頌》傳曰："大房，半體之俎也。"按："半體之俎"者，《少牢禮》"上利升羊載右胖，下利升豕右胖載於俎"是也。……《半

---

① 陳本下有"其角"二字，段刪之。

部》曰："胖，半體肉也。"

（胖）

貝冑朱綅

【詁訓】【辨誤】《傳》曰："貝冑，貝飾也。朱綅，以朱綅綴之。"按：毛意謂以朱綫綴貝於冑耳。《正義》謂綴甲，非也。

（綅）

黃髮台背

【叚借】《詩》"黃髮台背"，毛曰："台背，大老也。"《箋》云："台之言鮐也。大老則背有鮐文。"是謂台爲鮐之叚借字。今《爾雅》作"鮐背"。

（鮐）

魯侯是若

【叚借】《毛傳》曰："若，順也。"於雙聲叚借也。

（若）

黃髮兒齒

【古今】《魯頌》："黃髮兒齒"，《釋詁》曰："黃髮齯齒，壽也。"《釋名》曰："九十或曰齯齒，大齒落盡，更生細者，如小兒齒也。"按：《毛詩》作"兒"，古文；他書作"齯"，今文也。

（齯）

商頌

那

庸鼓有斁

【經學】【叚借】（《說文》："大鐘謂之鏞。"）《爾雅》文，《大雅》《商頌》毛傳皆同。惟《商頌》字作"庸"，古文叚借。《考工記》曰："大鐘十分其鼓閒，以其一爲之厚。"

（鏞）

玄鳥

降而生商

【詁訓】《商頌》："天命玄鳥，降而生商"，《傳》曰："春分玄鳥降，湯之先祖有娀氏女簡狄，配高辛氏帝，帝率與之祈於郊禖而生契。故本其爲天所命，以玄鳥至而生焉。"按："有娀"，諸家說爲國名，《長發》鄭箋云："有娀氏之國，亦始廣大。"許氏"偰母號"者，以其國名爲之號，故《長發》傳曰："有娀，契母也"，是亦以爲號也。

（娀）

正域彼四方　奄有九有

【詁訓】【音義】【經學】【異文】【辨誤】漢人多以有釋或。毛公之傳《詩·商頌》也，曰："域，有也。"傳《大雅》也，曰："囿，所以域養禽獸也。"域即或。《攷工記·梓人》注："或，有也。"《小雅·天保》箋、鄭《論語注》皆云："或之言有也。"高誘注《淮南》屢言"或，有也。"《毛詩》"九有"，《韓詩》作"九域"，緯書作"九囿"。蓋有古音如以，或古音同域，相爲平入。……《廣韻》分域切雨逼，或切胡國，非也。

（或）

大糦是承

【詁訓】【古今】《商頌》:"大糦是承。"《傳》曰:"糦,黍稷也。"《周禮‧饎人》大鄭注云:"饎人,主炊官也。"《特牲饋食禮》注曰:"炊黍稷曰饎。"皆依文爲訓,由黍稷而炊之。爲酒爲食,其事相貫,饎本酒食之偁,因之名炊曰饎,因之名黍稷曰饎,引伸之義也。《方言》:"糦,孰食也。氣孰曰糦。"據《毛詩箋》則古文以"喜"爲"饎"①。
(饎)

景員維河

【叚借】【異文】【校勘】亦叚員爲云,如"景員維河",《箋》云:"員,古文作云","昏姻孔云",本又作"員","聊樂我員",本亦作"云",《尚書》"云來"衛包以前作"員來"。小篆妘字籀文作䘏。是云、員古通用,皆叚借風雲字耳。自小篆別爲雲而二形迥判矣。
(雲)

長發

幅隕既長

【叚借】【經學】《商頌》:"幅隕既長。"毛曰:"隕,均也。"按:《玄鳥》傳亦曰:"員,均也。"是則毛謂員、隕皆圓之假借字,渾圜則無不均之處也。《箋》申之曰:"隕當作圓,圓謂周也。"此申毛,非易毛。
(圓)

玄王桓撥

【叚借】【古今】(《說文》:"偰,高辛氏之子,爲堯司徒,殷之先

---

① 《箋》云:"亦言得諸侯之歡心。"

也。"①)《毛詩傳》曰:"玄王,契也。"經傳多作"契",古亦假"离"爲之。《米部》曰:"离,古文偰。"言古文假借字也。

(偰)

【叚借】【校勘】【義例】(《說文》:"査,奢査也。")當是本作"査,奢也"。"査"字爲逗,轉寫倒之。今經傳都無査字,有桓字。《商頌·長發》傳曰:"桓,大也。撥,治也。"箋云:"廣大其政治。"此可以證桓即査之叚借字。《檀弓》"桓楹"注亦云"大楹"。《周禮》"桓圭"同解。《周書·謚法》:"辟土服遠曰桓。辟土兼國曰桓。"皆是大義。《釋訓》曰:"桓桓,威也。"《泮水》傳曰:"桓桓,威武皃。"《詩序》曰:"桓,講武類禡也。"蓋此等桓字亦査之叚借字,大之義可以兼武也。桓之本義爲亭郵表,自經傳皆借爲査字,乃致桓行査廢矣。非許書尚存,孰能識其本始？非《長發》傳尚存,何以觀其會通？淺人乃易《長發》傳云:"桓,武。撥,治。"是謂桓必無訓大之理,而不知周公之六書有叚借也。又按:《淇奧》傳曰:"咺,威儀容止宣著也。"亦謂咺即査之叚借。"宣著"者,光大之意也。許書《口部》"咺"有本義。漢人作傳注不外轉注、叚借二者,必得其本字而後可說其叚借。欲得其本字,非許書莫由也。

(査)

不競不絿

【經學】【辨誤】【同源】《毛詩傳》曰:"絿,急也。"《左傳》杜注從之。後儒好異,乃以緩釋絿,字義於字音不洽矣。絿之言糾也。

(絿)

布政優優②

【異文】(《說文》:"《詩》曰:'布政憂憂。'")今《詩》作"優優"。

(憂)

---

① 陳本無"爲"、"也"。
② 今本"布"作"敷"。

【叚借】《商頌》："布政憂憂"，《小雅》："既溰既渥"，今本皆假"優"爲之。
(優)

【異文】【叚借】許於《夊部》曰："憂，和行也。从夊，惪聲。"非和行則不得从夊矣。又引《詩》"布政憂憂"，於此知許所據《詩》惟此作"憂"，其他訓"愁"者皆作"惪"。自叚憂代惪，則不得不叚優代憂，而《商頌》乃作"布政優優"。優者，饒也。一曰倡也。
(惪)

百祿是遒

【異文】(《說文》："《詩》曰：'百祿是揫。'") 今《詩》作"遒"，《傳》曰："遒，聚也。"
(揫)

【叚借】《商頌》："百祿是遒"，《傳》曰："遒，聚也。"按：《傳》謂此"遒"爲"揫"之叚借字。
(揫)

為下國駿厖

【異文】(編按：厖) 又引伸之爲厚也，《商頌》"爲下國駿厖"《毛傳》是也。……《荀卿》引《商頌》"厖"作"蒙"。
(厖)

不戁不竦

【叚借】《商頌》傳曰："竦，懼也。"此謂叚竦爲愯也。愯者，懼也。
(竦)

【詁訓】【叚借】(《說文》："戁，敬也。")《商頌》："不戁不竦"，《傳》曰："戁，恐。竦，懼也。"敬則必恐懼，故《傳》說其引申之義。若《小雅》"我恐熯矣"，《傳》曰："熯，敬也。"此謂《詩》叚"熯"爲"戁"。
(戁)

武王載旆

【校勘】【叚借】(《說文》:"《詩》曰:'武王載坺。'") 今《詩》作"旆",《傳》曰:"旆,旗也。"按:《毛詩》當本作"坺",《傳》曰:"坺,旗也",訓坺爲旗者,謂坺即旆之同音叚借也。此如《小宛》訓題爲視,謂題即眡之叚借;《斯干》訓革爲翼,謂革爲翱之叚借。若此之類不可枚數。淺學者少見多怪,乃改坺爲旆,以合旗訓,蓋亦久矣。許之引此《詩》則偁經說叚借之例。如引"無有作妓"說妓即好,引"朕垐讒說"說聖即疾。

(坺)

實維阿衡

【同源】【經學】【歷史】《毛傳》曰:"阿衡,伊尹也。"《箋》云:"阿,倚;衡,平也。伊尹,湯所依倚而取平,故以爲官名。"伊與阿,尹與衡皆雙聲,然則一語之轉也。許云"伊尹,殷聖人阿衡也"本毛說,不言伊尹爲姓名也。諸家或云伊氏,尹字,或云名摯,皆所傳聞異辭耳。《禮記》所稱古文《尚書》兩言"尹躬",則尹實其名。

(伊)

殷武

罙入其阻

【詁訓】【經學】【音義】【義例】【辨誤】【校勘】(《說文》:"突,深也。") 突、深古今字,篆作突、深,隸變作罙、深。……《毛詩》:"罙入其阻",《傳》曰:"罙,深也。"此罙字見六經者,毛公以今字釋古字,而許襲之,此罙之音義原流也。《鄭箋》易"罙"爲"冞",訓爲"冒也",蓋以字形相似易之。罙在侵韵,冞在脂韵,鄭注經有易字之例。他經云"某讀爲某",箋《詩》不尒。讀經者誤謂毛、鄭同字,作音義者當各字各音分別載之,云:"毛作罙,式針反,深也。鄭作冞,面規反，冒也。《說文》罙作突，罞作罠。"乃爲明析。而陸《釋文》則曰："罙，面規反。毛深也，鄭冒也。《說文》作'罠'，从网米，云：'冒也。'"此條之獘有七：以"罙"切"面規"，絕非毛音，一也。以《鄭箋》作"罙"，非鄭所易字，二也。以《說文》之"罙"作"罞"，而不知《說文》"罙"作"突"，"罞"別一字，或體作"㝥"，與"突"無交涉，三也。"突"字不見他經，惟見《商頌》，而陸亡其音，遂亡其義，四也。許用《商頌》毛傳造《說文》，而失許之原本，致許書"突"下義晦，"罞"下遂有妄人添"《詩》曰：'罞入其阻'"六字，《鄭箋》所改之字。許時代在前，安能用其說？五也。突隸作罙，猶滐隸作深，而各字書、韵書因陸"罙"切面規，"突"下不敢載"罙"。張參《五經文字》曰："罞、罙音彌。上《說文》，下《釋文》，相承隸省。見《詩》。"《集韵》《類篇》皆曰：罙、罞、㝥三形同字。此皆陸爲作甬，六也。唐石經作"罙"，尚不誤，自宋及今日，《毛詩》刻本竟作"采"，不"罙"不"罞"，爲從古所無之字，陸實召之，七也。

（突）

【經學】罞亦网名，其用主自上冒下，故鄭氏箋《詩·殷武》，改毛之"突入其阻"爲"罞入"，云"冒也"，就字本義引伸之。此《鄭箋》之易舊，非經本有作"罞"者也。

（罞）

自彼氐羌

【詁訓】《商頌》："自彼氐羌"，《箋》云："氐羌，夷狄國在西方者也。"《王制》曰："西方曰戎。"是則戎與羌一也。

（羌）

松栢丸丸

【詁訓】【音義】（《說文》："丸，圜也。"[①]）《商頌》："松栢丸丸。"

[①] 陳本無"也"字。

《傳》曰："丸丸，易直也。"按：謂其滑易而調直也，丸義之引伸也。《大雅》："松柏斯兌。"《傳》亦云："兌，易直也。"兌與丸古葢音同而義同矣。

（丸）

松桷有梴

【校勘】【古今】【正俗】【經學】《毛詩》本從"手"作"挺"，不從"木"也。《商頌》音義曰："有挺，丑連反。又力鱣反。長皃。柔挺，物同耳。字音𪗇。俗作挻。"又《道德經》音義曰："挻，始然反。河上云：和也。《聲類》云：柔也。《字林》云：長也。丑連反。一曰柔挻。《方言》云：取也。"玉裁謂：挻埴字俗作"挻"，古作"挺"，柔也。陸氏於《商頌》云："挺，長皃。"又云："柔挺，物同。"謂"柔挺"與"長皃"無二字也。於《老子》"挻埴"云："和也，柔也。"而又引《字林》云"長也。"謂長與柔挺無二字也。陸氏《毛詩》本從"手"作"挺"，明甚。今本音義作木旁延，非也。《白氏六帖》於松柏類引《詩》"松桷有挺"，勑延切，字正作"挺"之俗字。是亦可以證《商頌》之本作"挺"也。《五經文字·木部》有"梴"，云見《詩·頌》，葢所據已爲誤本矣。故曰梴篆，淺人以誤本《毛詩》羼入者也。《手部》云："挺，長也。"此正用《商頌》傳也。

（梴）

【經學】【源流】【校勘】【音義】（《說文》："挺，長也。"）《商頌》："松桷有挺"，《傳》曰："挺，長皃"，此許所本也。《字林》云："挺，長也，丑連反"，此又本許也。自寫《詩》者譌从木作梴，又以梴竄入《說文·木部》，而終古長誤矣。此義丑連反。若《老子》"挻埴以爲器"，其訓和也，柔也，其音始然反，音𪗇，其俗字作挻。見於《詩》《老子》音義甚明，而今本譌舛。又《方言》："挻，取也。凡取物而逆謂之篡，楚部或謂之挻。"此義音羊𪗇反。

（挺）

全經

詩言福祿多不別

【詁訓】【經學】《詩》言福、祿多不別。《商頌》五篇，网言福，三言祿，大恉不殊。《釋詁》《毛詩傳》皆曰："祿，福也。"此古義也。鄭《既醉》箋始爲分別之詞。

（祿）

葛藟

【詁訓】【異文】【校勘】【經學】《詩》七言"葛藟"。陸璣云："藟，一名巨荒，似燕薁。亦延蔓生，葉如艾，白色，其子赤，可食，酢而不美。幽州謂之椎藟。"《開寶本艸》及《圖經》皆謂即"千歲虆"也。按：凡藤者謂之藟，系之艸則有藟字，系之木則有虆字，其實一也。戴先生《詩補注》說葛藟猶言葛藤。《爾雅》山虆、虎虆，《山海經》卑（段云："一作畢。"）山多虆（段云："古本從木。"）皆是也。然鄭君《周南》箋云："葛也""藟也"，分爲二物，與許合。葛與藟皆藤生，故《詩》多類舉之。《左氏》亦云："葛藟猶能庇其木根。"藤古祇作縢，謂可用緘縢也。《山海經傳》曰："虆一名縢。"

（藟）

茀

【叚借】（《說文》："茀，道多艸，不可行。"）《毛詩》借作蔽厀字。

（茀）

將

【詁訓】【音義】《毛詩》將字故訓特多，大也，送也，行也，養也，齊也，側也，願也，請也。此等或見《爾雅》，或不見，皆各依文爲義，亦皆就疊韵雙聲得之。如願、請是一義，將讀七羊反，故釋爲請也。將讀即羊反，故《皇矣》傳釋爲側，《釋言》及《楚茨》傳釋爲齊。齊，徐仙民《周禮》音蔣細反，皆雙聲也。《釋言》："將，齊也"，郭云："謂分齊也。"引《詩》"或肆或將"。此甚明畫，"或肆"蒙"或剝"言，剝之乃陳於互也。"或將"蒙"或烹"言，烹之必劑量其水火及五味之宜，故云"齊其肉"也。如是乃以祝祭于祊。《詩》《爾雅》疏皆不了，故箸之。

（將）

瞿瞿

【叚借】【詁訓】（《說文》："䀠，ナ又視也。"①）凡《詩·齊風》《唐風》《禮記·檀弓》《曾子問》《雜記》《玉藻》，或言瞿，或言瞿瞿，葢皆䀠之假借。瞿行而䀠廢矣。"瞿"下曰："雍隼之視也。"若《毛傳》於《齊》曰："瞿瞿，無守之皃"，於《唐》曰："瞿瞿然顧禮義也"，各依文立義，而爲驚遽之狀則一。

（䀠）

兕觥

【詁訓】【經學】（《說文》："觵，兕牛角可㠯飲者也。"②）《詩》四言"兕觵"而《傳》不同。《卷耳》曰："兕觵，角爵也。"《七月》曰："觵，所以誓衆也。"《桑扈》曰："兕觵，罰爵也。"③《絲衣》箋曰："繹之旅士用兕觵，變於祭也。"《周禮》"閭胥"注曰："觵撻者，失禮之罰也。"《小胥》曰："觵，罰爵也。"《卷耳》無罰義，故祇云"角爵"。《七月》因鄉飲酒而正齒位，故云"誓"；誓者示以失禮則受罰也。葢觵之用於罰多，而非專用以罰。故《卷耳》《絲衣》竝用"兕觥"。此許不言"罰爵"，而言"可以飲"之意也。《異義》："《韓詩》說觥亦五升，所以罰不敬。觥，廓也，箸明之貌。君子有過廓然箸明。

---

① 陳本"ナ又"作"左右"。
② 陳本"歙"作"飲"。
③ 許校云："《桑扈》注語，當爲'箋曰'，不是《毛傳》。"

《毛詩》說：觥大七升。許慎謹案：觥罰有過，一飲而盡，七升爲過多。"許意當同《韓詩》說，大五升也。五升亦恐非一飲能盡，故於《說文》不言升數。……據許是以兕角爲之。《詩正義》引《禮圖》："先師云：刻木爲之。"非許意。
（觵）

髮發　髮沸

【叚借】《夂部》"濈泼"，今《詩》作"髮發"。《水部》"潷沸"，今《詩》作"髮沸"。皆假借字也。
（鬄）

曷　害

【叚借】《詩》有言"曷"者，如"曷不肅雝"，《箋》云："曷，何也。"有言"害"者，如"害澣害不"，《傳》云："害，何也。""害"者，"曷"之假借字。《詩》《書》多以"害"爲"曷"。
（曷）

彭彭　旁旁

【詁訓】【叚借】《毛詩》"出車彭彭"，又"四牡彭彭"，又"駟驖彭彭"，又"以車彭彭"。凡言"彭彭"皆謂馬，即《鄭風》"駟介旁旁"之異文。"彭""旁"皆假借，其正字則《馬部》之"駹"也。言馬而假鼓聲之字者，其壯盛相似也。《齊風》："行人彭彭。"《傳》曰："多兒。"亦盛意。
（彭）

淵淵　咽咽

【叚借】【校勘】（《說文》："薵薵，鼓聲也。"）各本無"薵薵"二字，今依《韵會》。《詩·小雅》《商頌》作"淵淵"，《魯頌》作"咽咽"，皆假借字也。《魯頌》音義曰："本又作鼕"，譌字也。《小雅》傳曰：

"淵淵,鼓聲也。"《魯頌》傳曰:"咽咽,鼓節也。"

(鼛)

柞 棫 柞棫

【詁訓】《詩》有單言"柞"者,如"維柞之枝""析其柞薪"是也。有"柞棫"連言者,如《皇矣》《旱麓》《緜》是也。陸機引《三蒼》:"棫即柞也",與許不合。假令許謂"棫"即"柞",則二篆當聯屬之,且《詩》不當或單言"棫",或單言"柞",或"柞棫"竝言也。鄭《詩箋》云:"柞,櫟也。"孫炎《爾雅注》:"櫟實,橡也。"《齊民要術》援《爾雅注》合"柞""栩""櫟"爲一。亦皆非許意。

(柞)

甡甡

【叚借】《大雅》毛傳曰:"甡甡,衆多也。"其字或作詵詵,或作駪駪,或作侁侁,或作莘莘,皆假借也。《周南》傳曰:"詵詵,衆多也。"《小雅》傳曰:"駪駪,衆多之皃。"

(甡)

旄

【詁訓】旄是旄旗之名。漢之羽葆幢,以氂牛尾爲之,如斗,在乘輿左騑馬頭上。用此知古以氂牛尾注竿首,如斗童童然。故《詩》言"干旄",言"建旄",言"設旄",有旄則亦有羽,羽或全或析。言旄不言羽者,舉一以晐二。其字从㫃从毛,亦舉一以晐二也。以氂牛尾注旗竿,故謂此旗爲旄。因而謂氂牛尾曰旄,謂氂牛曰旄牛,名之相因者也。《禹貢》网言"羽旄",《周禮》"旄人""旄舞",皆謂氂牛尾曰旄也。

(旄)

假

【叚借】《毛詩‧雲漢》傳、《泮水》傳："假，至也。"《烝民》《玄鳥》《長發》箋同。此皆謂假爲徦之假借字也。其《楚茨》傳："格，來也。"《抑》傳："格，至也。"亦謂格爲徦之假借字也。又《那》傳、《烈祖》傳："假，大也。"此與《賓筵》《卷阿》傳之"嘏，大也"同謂假爲嘏之假借字也。又《假樂》傳、《維天之命》傳："假，嘉也。"此謂假爲嘉之假借字也。
（假）

似

【叚借】《詩‧斯干》《裳裳者華》《卷阿》《江漢》傳皆曰："似，嗣也。"此謂似爲嗣之假借字也。《斯干》"似續妣祖"，《箋》云："似讀爲巳午之巳。巳續妣祖者，謂巳成其宮廟也。"此謂似爲巳之假借字也。
（佀）

棘

【詁訓】《魏風》："園有棘，其實之食。"《唐風》："肅肅鴇翼，集于苞棘。"《小雅》："有捄棘匕。"《毛傳》曰："棘，棗也。"此謂統言不別也。《邶風》："吹彼棘心""吹彼棘薪"，《左傳》："除翦其荊棘"，此則主謂未成者。
（棘）

鞫

【叚借】【詁訓】【校勘】《毛傳》於《谷風》《南山》《小弁》皆曰："鞫，窮也。"鞫皆𥷚之叚借也。《幸部》曰："𥷚，窮治罪人也。"其字俗作鞫，然則《詩‧谷風》《南山》《小弁》"鞫"字皆"𥷚"之叚借也。《毛傳》於《公劉》曰："鞫，究也。"於《節南山》曰："鞫，盈也。"究與盈皆與窘義近。若《蓼莪》傳曰"鞫，養也"，則就窘義而變之，所謂相反而相成也。若《菜苢》傳云"鞫，告也"，則謂鞫即告之叚借。自淺人不得其義例，多所改竄。唐石經鞫、鞠錯出，至近日而盡改爲鞠矣。鞠者，《革部》蹋鞠之字，其義相去遠。《詩》借"鞫"爲"窮"，義相近也。鞫行而窮廢矣。

（窮）

炮 炰 缹

【詁訓】【經學】【異體】【音義】【古今】（《說文》："炮，毛炙肉也。"）炙肉者，貫之加於火。毛炙肉，謂肉不去毛炙之也。《瓠葉》傳曰："毛曰炮，加火曰燔。"《閟宮》傳曰："毛炰，豚也。"《周禮·封人》："毛炰之豚。"鄭注："毛炮豚者，爛去其毛而炮之。"《內則》注曰："炮者，以塗燒之爲名也。"《禮運》注曰："炮，裹燒之也。"按："裹燒之"即《內則》之"塗燒"。鄭意《詩》《禮》言"毛炮"者，毛謂燎毛，炮謂裹燒。毛公則謂連毛燒之曰炮，爲許所本。《六月》《韓奕》皆曰"炰鱉"，《箋》云："炰，以火孰之也。"鱉無毛而亦曰炰，則毛與炮二事，鄭說爲長矣。炰與缹皆炮之或體也。《韓奕》之"炰"徐仙民音甫九反，《大射篇》注炮鱉，或作缹，或作炸，是知炰、缹爲古今字。《通俗文》曰："燥煑曰缹。"燥煑謂不過濡也。裹燒曰炮，燥煑亦曰炮。漢人燥煑多用缹字。缶聲、包聲古音同在三部。

（炮）

【詁訓】【校勘】【異體】【古今】【音義】【源流】【辨誤】《詩》言"炮"者四，《瓠葉》《閟宮》是也；言"炰"者二，《六月》《韓奕》是也。多以爲偏旁小異，而不知本有二字。《瓠葉》："有兔斯首，炮之燔之。"《傳》曰："毛曰炮。"《說文》曰："炮，毛炙肉也。"鄭注《禮記》曰："裹燒曰炮。"《禮運》："以炮以燔，以烹以炙。"《內則》："炮者取豚若將，刲之刳之，實棗於其腹中，編萑以苴之，塗之以堇塗，炮之。塗皆乾，擘之。"蓋炮必連毛。故《閟宮》曰："毛炮"，《傳》曰："毛炮豚也。"今《詩·閟宮》作"炰"，乃誤字也。炰乃蒸袁之名，其异體作炰。服虔《通俗文》曰："燥煮曰炰。"《六月》《韓奕》皆言"炰鼈"，鼈無毛，非可炮者，於蒸袁宜。鄭注《禮經·大射儀》言"炰鼈膾鯉"，宋嚴州本不誤，宋本單行《儀禮疏》不誤。《內則》言"濡鼈"，濡同胹。胹，爛也。鼈斷不可言炮。《毛詩》作"炰"，與炮異體，蓋古本相傳如此，乃炰之古字也。炰之語如今言煨，俗語如烏。炮字火在旁，故炰火在下以別之。《說文》有炮無炰，蓋本兼有二字，如裒、袍，蛋、蛾，棗、棘，束、呆、杏之例，而刪其一。炰或變爲烋，又變爲烞。包聲、缶聲，古音同在尤幽部。《集韵·四十四有》炰、烋二形同俯九切，葢於《韓奕》正義得之。《廣韵》《集韵》〈五爻〉炮、炰二形同蒲交切，誤也。《經典釋文》炰字不作音，亦誤。《說文》"裒"下云："炮炙也，以微火溫肉。"此"炮"必"炰"之誤。"炰炙"者，以炰法爲炙，非炮也。"炮"下云"毛炙"者，連毛燒之以爲炙，非燒肉之炙也。"炙"下云"炮肉"者，炮肉非炮毛也。自《說文》失去"炰"篆，誤認炮、炰一字，而其義晦久矣。肉加於火上曰燔，貫肉加於火曰炙，《生民》作烈，袁之鑊曰烹。凡炮、燔、炙、燎、燎不用鑊，炰、袁、烹、悉用鑊。○陳煥曰[①]：《大射儀》"羞庶羞"，注："有炰鼈膾鯉，雉兔鶉鴽。"《釋文》："炮，薄交反，或作烞、炰，同音缶。"此陸本作"炮"，而附烞、炰字也。賈《正義》曰："知有炰鼈膾鯉者，按：《六月》詩云：'吉甫燕喜，既多受祉。'又云：'飲御諸友，炰鼈膾鯉。'故知有此也。"此賈本作"烞"，而釋以《六月》之"炰"也。《賈疏》單行宋本今現存黃氏丕烈所。今注疏則"烞"訛"炮"，"炰"亦譌"炮"矣。《六月》字作"炰"，《正義》不言炰同炰，而《韓奕》"炰鼈鮮魚"，《正義》曰："按：字書，炰，毛燒肉也（炮，非炮也，此句誤）。炰，悉也。服虔《通俗文》曰：'燥煮曰炰。'然則炰與炰別（此句誤）。而此及《六

[①] 疑乃陳煥校《說文注》時所論。陳煥《說文注》跋云："既乃簡練成注，海內延頸望書之成已三十年於兹矣。會徐直卿學士偕其友胡竹嚴明經積城力任刊ील，江子蘭師因率煥同司校讎。"此處發圈即陳氏校讎時以己意附者。且此處"補炮注"在全卷之末，單葉另行，顯係"炮"所在之葉乃全卷業已刻成，補刻於卷末，發圈前或是段氏所補，發圈後是陳氏校語。《段注》全書篆內偶有發圈，發圈之後意見與前多有不同，或者有所補充，多是刊刻前後段氏及校者增補者。

月》云'炰鼈'者,音皆作缶(舊作炮,誤),然則炰與缹,以火孰之,謂烝煑之也。"據此《疏》,則炰別於炮而音缶,與缹同字。賈云:"音皆作缶"者,必據漢魏六朝相傳舊音而言。陸氏於二《詩》不云炰音缶,於《禮》別炰、缹爲二字,疏矣。孔《正義》引字書"炮,毛燒肉也。缹,灸也",所謂"字書",即《說文》。蓋《說文》本有缹字,而今佚之。

(第十篇上末"補炮注")

慎

【詁訓】【叚借】慎字今訓謹,古則訓誠。《小雅》"慎爾優游""予慎無罪",《傳》皆云:"誠也。"又"慎爾言也"、《大雅》"考慎其相",《箋》皆云:"誠也。"慎訓誠者,其字从真。人必誠而後敬,不誠未有能敬者也。敬者慎之弟二義,誠者慎之弟一義,學者沿其流而不溯其原矣。故若《詩》傳、箋所說諸慎字,謂即真之假借字可也。

(真)

頌

【古今】【叚借】【經學】古作"頌皃",今作"容皃",古今字之異也。容者,盛也,與頌義別。六詩:一曰頌。《周禮注》云:"頌之言誦也,容也,誦今之德廣以美之。"《詩譜》曰:"頌之言容,天子之德,光被四表,格于上下,無不覆燾,無不持載,此之謂容。於是和樂興焉,頌聲乃作。"此皆以容受釋頌,似頌爲容之假借字矣。而《毛詩序》曰:"頌者,美盛德之形容,以其成功告於神明者也。"此與鄭義無異而相成。鄭謂德能包容故作頌,《序》謂頌以形容其德,但以"形容"釋"頌"而不作"形頌",則知假容爲頌,其來已久。以頌字專系之六詩,而頌之本義廢矣。《漢書》曰:"徐生善爲頌",曰:"頌禮甚嚴",其本義也;曰"有罪當盜械者皆頌繫",此假"頌"爲寬容字也。

(頌)

駒

【詁訓】【校勘】《小雅》："老馬反爲駒"，言已老矣而孩童慢之也。按：《詩》駒四見，而《漢廣》《株林》《皇皇者華》於義皆當作"驕"，乃與《毛傳》《說文》合，不當作"駒"。依韵讀之則又當作"駒"乃入韵，不當作"驕"。深思其故，葢《角弓》用字之本義，《南有喬木》《株林》《皇皇者華》則皆讀者求其韵不得，改"驕"爲"駒"也。駒未可駕車，故三詩斷非用駒本義。

（駒）

騏

【詁訓】【異文】【叚借】【校勘】《秦風》傳曰："騏，綦文也。"《魯頌》傳曰："蒼騏曰騏。""蒼騏"即"蒼綦"，謂蒼文如綦也。《曹風》"其弁尹騏"《傳》曰："騏，騏文也。"《正義》作"綦文"。《顧命》"騏弁"，鄭注曰："青黑曰騏。"本作"綦弁"，古多叚騏爲綦。

（騏）

駟

【詁訓】【校勘】駟者，馬一乘之名。鄭《清人》箋云："駟，四馬也。"按：《詩》言"四牡"，言"四騏"，言"四驖"，言"四騵"，言"四駱"，言"四黃"，皆作"四"，下一字皆馬名也。言"駟介"，言"倧駟"，皆作"駟"，謂有所以加乎駟者也。今《詩》作"駟驖"，"駟騵"，而《干旄》疏引《異義》、《公羊·隱元年》疏、《說文》"驖"字下皆不誤。

（駟）

騋牝　麀鹿

【詁訓】（《說文》："麀，牝鹿也。"）按：引伸爲凡牝之偁。《大雅·靈臺》傳曰："麀，牝也。"《左傳》："思其麀牡。"《曲禮》："父子聚麃。"皆謂即牝字也。《詩》一言"騋牝",三言"麀鹿",皆取生息蕃多之意。

(麀)

猗

【叚借】《衛風》傳曰:"猗猗,美盛兒。"《檜風》傳曰:"猗儺,柔順也。"《節南山》傳曰:"猗,長也。"皆以音叚借也。有叚爲"兮"字者,《魏風》"清且漣猗""清且直猗""清且淪猗"是也。有叚爲"加"字者,《小雅》"猗于畞丘"是也。有叚爲"倚"字者,《小雅》"有實其猗"是也。

(猗)

赫 奭

【詁訓】【叚借】【異文】《邶風》:"赫如渥赭",《傳》曰:"赫,赤兒",此赫之本義也。若《生民》傳曰:"赫,顯也",《出車》傳:"赫赫,盛兒",《常武》傳网云:"赫赫然,盛也",《節南山》傳:"赫赫,顯盛也",《淇奧》傳:"赫,有明德赫赫然",以及《雲漢》傳:"赫赫,旱氣也",《桑柔》傳:"赫,炙也",皆引申之義也。又按:《皕部》曰:"奭,盛也。"是《詩》中凡訓"盛"者,皆叚奭爲赫,而《采芑》《瞻彼洛矣》二傳曰:"奭,赤兒"即《簡兮》傳之"赫,赤兒",正謂奭即赫之叚借也。《爾雅·釋訓》:"奭奭",本作"赫赫",二字古音同矣。或作"赨",如《白虎通》引"韎韐有赨"。李注《文選》亦引《毛傳》"赨,赤兒"。

(赫)

夷

【叚借】《出車》《節南山》《桑柔》《召旻》傳皆曰:"夷,平也。"此與"君子如夷""有夷之行""降福孔夷"傳"夷,易也"同意。夷即易之叚借也。易亦訓平,故叚夷爲易也。《節南山》一詩中平易分釋者，各依其義所近也。《風雨》傳曰"夷，悅也"者，平之意也。《皇矣》傳曰"夷，常也"者，謂夷即彝之叚借也。凡注家云"夷，傷也"者，謂夷即痍之假借也。《周禮注》"夷之言尸也"者，謂夷即尸之叚借也。尸，陳也。其他訓釋皆可以類求之。

(夷)

息

【詁訓】人之氣急曰喘，舒曰息，引伸爲休息之偁，又引伸爲生長之偁，引伸之義行而鼻息之義廢矣。《詩》曰："使我不能息兮。"《傳》曰："憂不能息也。"《黍離》傳曰："噎，憂不能息也。"此息之本義也。其他《詩》"息"字皆引伸之義也。

(息)

洵

【叚借】（《說文》："恂，信心也。"）《毛詩》叚"洵"字爲之，如"洵美且都""洵訏且樂"，《鄭箋》皆云："洵，信也。"《釋詁》曰："詢，信也"，注引《方言》"宋衛曰詢"，皆叚詢爲恂也。至若《論語》"恂恂如也"，王肅注："温恭皃。"《漢書》"李將軍恂恂如鄙人"，《史記》作"悛悛如鄙人"。此皆逡巡字之叚借，而非正字也。

(恂)

塈

【辨誤】【叚借】塈者，古文墍。唐人乃用爲"伊余來塈""民之攸塈"之"塈"，其舛繆有如此者。《詩》之"塈"乃"呬"之叚借，息也。

(塈)

黽勉

【經學】【異文】【校勘】（《說文》："㑄，勉也。"）《毛詩》"黽勉"亦作"僶俛"，《韓詩》作"密勿"，《爾雅》作"蠠没"。"蠠"本或作"䁒","䁒"即"蜜",然則《韓詩》正作"蜜勿",轉寫誤作"密"耳。《爾雅釋文》云:"勔本作僶,又作䑁。"是則《說文》之"𠐺"爲正字,而作勔、作䁒、作䘃、作蜜、作密、作䑁、作僶皆其別字也。今則不知有𠐺字,而𠐺字廢矣。

(𠐺)

【經學】【異文】【詁訓】《毛詩》"䑁勉",《韓詩》作"密勿",《爾雅》作"䁒没"。《大雅》毛傳曰:"亹亹,勉也。"《周易》鄭注:"亹亹猶没没也。"

(勉)

洒埽

【叚借】【經學】(《說文》:"洒,滌也……古文㠯爲灑埽字。"①)各本奪"㠯"字,今依全書通例補。凡言某字古文以爲某字者,皆謂古文假借字也。洒、灑本殊義而雙聲,故相假借。凡假借多疊韻或雙聲也。《毛詩》"洒埽"四見,《傳》云:"洒,灑也。"鄭注《周禮·隸僕》、韋注《國語》皆同,皆釋假借之例。若先鄭云"洒當爲灑",則以其義別而正之,以漢時所用字正古文也。

(洒)

耽 湛

【叚借】《毛詩》叚"耽"及"湛"以爲"妉"。《氓》傳曰:"耽,樂也。"《鹿鳴》傳曰:"湛,樂之久也。"

(妉)

---

① 陳本無"㠯"。

周 禮

天官冢宰第一

奚三百人

【叚借】【校勘】（編按：媗）《周禮》作"奚"，叚借字也。酒人"女酒三十人，奚三百人"，鄭注："古者從坐男女，沒入縣官爲奴。其少才智者（段云："'者'字今增。"）以爲奚。今之侍史官婢，或曰奚宧女。"守祧"女祧每廟二人，奚四人"，鄭曰："奚，女奴也。"
（媗）

職內

【詁訓】【音義】【叚借】今人謂所入之処爲內，乃以其引伸之義爲本義也。互易之，故分別讀奴荅切，又多假納爲之矣。《周禮注》云："職內，主入也。""內府，主良貨賄藏在內者。"然則職內之內是本義，內府之內是引伸之義。
（內）

內豎

【詁訓】【同源】《周禮》"內豎"，鄭云："豎，未冠者之官名。"蓋未冠者才能自立，故名之豎，因以爲官名。豎之言孺也。
（豎）

大宰

邦國

【經學】【詁訓】《周禮注》曰："大曰邦，小曰國"，析言之也。許云："邦，國也"，"國，邦也"，統言之也。《周禮注》又云："邦之所居亦曰國"，此謂統言則封竟之內曰國、曰邑，析言則國、野對偁，《周禮》"體國經野"是也。古者城郭所在，曰國、曰邑，而不曰邦。
（邦）

以擾萬民

【詁訓】訓馴之字，依許作"擾"，而古書多作"擾"。葢擾得訓馴，猶亂得訓治，徂得訓存，苦得訓快，皆窮則變，變則通之理也。《周禮注》曰："擾猶馴也"，言猶者，字本不訓馴。
（擾）

官聯以會官治

【古今】【義例】周人用聯字，漢人用連字，古今字也。《周禮》："官聯以會官治"，鄭注："聯讀爲連，古書連作聯。"此以今字釋古字之例。
（聯）

賦貢

【詁訓】《周禮》："八則治都鄙"，"六曰賦貢以馭其用"，注云："貢，功也。九職之功所稅也。"按：《大宰》"以九貢致邦國之用。"凡其所貢，皆民所有事也。故《職方氏》曰："制其貢，各以其所有。"
（貢）

家削之賦

【校勘】（《說文》："鄐，國甸，大夫稍稍所食邑。"）《太宰》"家削之賦"當作"家鄐",《釋文》曰"家削本又作鄐"是也。

(鄐)

匪頒之式

【叚借】(《說文》："頒，分也。"①) 先鄭注《周禮》曰："頒讀爲班布之班，謂分賜也。"按：頒之本訓大頭也。此云"頒，分也"，謂叚借。

(寡)

【叚借】《周禮》："匪頒之式。"鄭司農云："匪，分也。頒，讀爲班布之班，謂班賜也。"此假"頒"爲"班"也。

(頒)

儒以道得民

【詁訓】《周禮》："儒以道得民。"注曰："儒有六藝以教民者。"《大司徒》："以本俗六安萬民。四曰聯師儒。"注云："師儒，鄉里教以道藝者。"按：六藝者，禮、樂、射、御、書、數也，《周禮》謂六德、六行、六藝曰"德行道藝"。自真儒不見，而以儒相詬病矣。

(儒)

小宰

聽稱責以傅別

【異文】【詁訓】《小宰》"傅別"，故書作"傅辨"。《朝士》"判書"，故書"判"爲"辨"。大鄭"辨"讀爲"別"。古辨、判、別三字義同也。

(辨)

【詁訓】《小宰》："官府之八成。"大鄭曰："稱責謂貸予，傅別謂券

---

① 陳本"分"後有"賦"字。

書，聽訟責者以券書決之。傅，傅箸約束於文書。別，別爲兩，兩家各得一也。書契，符書也。質劑謂市中平價，今月平是也。"後鄭曰："傅別，謂爲大手書於一札，中字別之。書契，謂出子受入之凡要。凡簿書之冣目，獄訟之要辭，皆曰契。《春秋傳》曰：'王叔氏不能舉其契。'質劑，謂兩書一札，同而別之。長曰質，短曰劑。質、劑皆今之券書也。"按：云"今之券書"者，謂漢時名券書。其實券字自古有之也。《大部》曰："契，大約也。"引《易·繫辭》"書契"。

（券）

【詁訓】《周禮·小宰》："聽稱責以傅別。"稱責，即今之舉債。古無"債"字，俗作"債"，則聲形皆異矣。

（責）

書契　鄭注：凡薄書之冣目①

【詁訓】《周禮·太宰》注曰："凡簿書之冣目。"《劉歆與楊雄書》索《方言》曰："欲得其冣目。"又曰："頗願與其冣目，得使入錄。"按：凡言"冣目"者，猶今言摠目也。

（冣）

宮正

幾其出入

【叚借】【校勘】漢人訶多假茍爲之，如《周禮·宮正》《比長》注，茍皆呼何反。宋槧《周禮》及《釋文》可證。淺人改爲苟。

（茍）

奇衺之民

【叚借】《周禮》："奇衺之民。"注曰："奇衺，譎觚非常。"《周禮》之

---

① 今本"冣"作"最"。

"奇"正"觭"之假借字。
(觭)

膳夫

膳用六牲

【詁訓】【同源】《周禮》："膳用六牲"，始養之曰六畜，將用之曰六牲：馬、牛、羊、豕、犬、雞也。膳之言善也。
(美)

以樂侑食

【詁訓】【叚借】《周禮·宮正》："以樂侑食"，鄭曰："侑猶勸也。"按：勸即助。《左傳》："王享醴，命晉侯宥。"杜云："既饗，又命晉侯助以束帛。"以助釋宥。古經多叚宥爲侑，《毛詩》則叚右爲之，《傳》曰："右，勸也。"
(侑)

庖人

夏行腒鱐

【詁訓】《周禮》《內則》注皆曰："腒，乾雉。"《士相見之禮》："摯，冬用雉，夏用腒。"注曰："備腐臭也。"按：鄭主謂"乾雉"，依《士相見禮》而言也。《士相見禮》腒謂雉，《周禮》《內則》不必專謂雉。許槩言鳥腊爲長。
(腒)

膳膏臊

【經學】《庖人》《內則》曰："夏行腒鱐，膳膏臊。"杜子春云："膏臊，犬膏。"大鄭云："膏臊，豕膏。"後鄭從杜說，許同大鄭。
(臊)

【經學】【校勘】（《說文》："《周禮》曰：'膳膏臊。'"①）蓋"臊"從肉，見《肉部》，云："豕膏臭也"，與先鄭說同。然則許所據《周禮》不作"膳膏鱢"。鱢與鮏同義。

（鱢）

秋行犢麛膳膏腥

【經學】《庖人》《內則》："秋行犢麛膳膏腥。"杜子春云："膏腥，豕膏也。"後鄭云："膏腥，雞膏也。"許云"犬膏"，蓋本賈侍中。

（胜）

內饔

牛夜鳴則庮

【經學】（《說文》："庮，久屋朽木……《周禮》曰：'牛夜鳴則庮。'臭如朽木。"②）《周禮·內饔》："牛夜鳴則庮。"先鄭云："庮，朽木臭也。"《內則》鄭注云："庮，惡臭也。"引《春秋傳》"一薰一蕕。"許說同先鄭。

（庮）

豕盲眂而交睫腥

【經學】《內饔》曰："豕盲眂而交睫腥。""盲眂"，《內則》作"望視"。鄭云："腥當為星，聲之誤也。肉有如米者似星。"注《內則》同。按：鄭意"腥"為腥臊字，豕不可食者當作"星"，與經傳及今俗用字皆合。許則謂腥臊字正作"胜"，"腥"專謂豕不可食者，與鄭絕異。《爾雅》："米者謂之檗。"郭云："飯中有腥。"其用字與許同也。

（腥）

---

① 陳本"臊"作"鱢"。
② 陳本後"庮"作"庮"。

甸師

王藉

【經學】【辨誤】【詁訓】（《說文》："帝藉千畞也。古者使民如借，故謂之藉。"① ）鄭注《周禮》《詩序》云："藉之言借也。借民力治之，故謂之藉田。"韋注《周語》云："藉，借也，借民力以爲之。"按：鄭、韋與許同。應劭云："帝王典藉之常"，臣瓚曰："蹈，藉也，"皆非也。親耕不能終事，故借民力而謂之藉田。言藉者，歉然於當親事而未能親事也。臣瓚、師古之言尤爲剌繆。

（耤）

齍盛②

【古今】【義例】【詁訓】【譌字】【辨誤】《周禮·甸師》"齍盛"注云："粢者，稷也。穀者稷爲長。"按：經作齍，注作粢，此經用古字，注用今字之例。《周禮》"齍盛"字鄭易爲粢者三：《甸師》《肆師》《大祝》也。《小宗伯》"六齍"，注云："齍讀爲粢。六粢謂六穀，黍、稷、稻、粱、麥、苽。"云"齍讀爲粢"，此易齍爲粢之證也。粢本謂稷，何以六穀統名粢？則以稷爲穀之長，故得檃之。《甸師》注是其恉也。米本謂禾，凡穀皆得名米，粢盛之粢猶是矣。《甫田》作"齊"，亦作"齍"。毛曰："器實曰齍。"而《左傳》《禮記》皆作"粢盛"，是可證齍、粢之同字。穀名曰粢，用以祭祀則曰齍。別之者，貴之也。今經典粢皆譌粢，而齍字且不見於經典矣。《廣韵》曰"齍，祭飯也。"《玉篇》曰："黍稷在器曰齍。"知舊本經典故作"齍盛"。（《說文》：

---

① 陳本"畞"作"畝"，"藉"作"耤"。
② 今本"齍"作"齋"。

"粢,齋或从次作。"①)鄭注《周禮》曰:"齍、粢字同。"其字以旨、次爲聲,从貝變易。此亦以旨、次爲聲,从禾變易。而今日經典粢盛皆从米作,則又粉餈之或字而誤叚之。

(齍)

歔人

【校勘】【詁訓】捕魚字古多作魚,如《周禮》"歔人"本作"魚"。此與取鼈者曰"鼈人",取獸者曰"獸人"同也。《左傳》:"公將如棠觀魚者。""魚者",謂捕魚者也。《呂氏春秋》《淮南鴻烈》高注每云:"漁讀如《論語》之語。""讀如相語之語。"尋其文義,皆由本文作"魚",故爲讀若以別諸水蟲。《周禮音義》:"歔本作魚,又音御。"御音即高氏之語音也。然則古文本作魚,作鱻。灙其籀文乎?至小篆則媘爲漁矣。《周禮》當從古作"魚人"。作"敍"者,次之。作"歔"者,非也。

(灙)

春獻王鮪

【詁訓】(《說文》:"《周禮》:'春獻王鮪。'")注曰:"王鮪,鮪之大者。"引《月令》"季春薦鮪于寢廟",《西京賦》曰:"王鮪岫居。"薛綜、陸璣、李奇、酈道元皆言鮪自南方江中來,至河南鞏穴又入河,度龍門。葢古事如此。不然,鮪出江中,何以西周能薦鮪也?

(鮪)

---

① 陳本無"作"字。

腊人

【經學】【詁訓】【校勘】【異體】(《說文》:"昔,乾肉也。")《周禮·腊人》:"掌乾肉,凡田獸之脯腊膴胖之事。"鄭云:"大物解肆乾之謂之乾肉,若今涼州烏翅矣。腊,小物全乾者。"鄭意大曰乾肉,小曰腊。然官名腊人,則大物亦偁腊也,故許渾言之。……鄭注"腊人"云:"腊之言夕也。"此可證《周禮》故作昔字,後人改之。昔者古文,籒文增肉作䏿,於義爲短。

(昔)

膴胖

【經學】(《說文》:"胖,半體也。"①)《周官經·腊人》注曰:"鄭大夫云:'胖讀爲判。'杜子春讀胖爲版,又云:'膴、胖,皆謂夾脊肉。'又云:'《禮》家以胖爲半體。'玄謂:胖宜如脯而腥。胖之言片也,析肉意也。"按:許用《禮》家說。

(胖)

【詁訓】【經學】《腊人》:"掌乾肉,凡田獸之脯腊膴胖之事。"脯腊皆謂乾肉,故許釋膴爲無骨腊,葢賈侍中《周禮解詁》說與？鄭司農云:"膴,膺肉。"杜子春云:"膴、胖皆謂夾脊肉。"後鄭云:"《公食大夫禮》曰:'庶羞皆有大。'《有司》曰:'主人亦一魚加膴祭于其上。'《內則》曰:'麋鹿田豕麇皆有軒。'足相參正也。大者䐑之大臠,膴者魚之反覆。膴又詁曰大。二者同矣。則是膴亦脼肉大臠,胖宜爲脯而腥,胖之言片也,析肉意也。"按:依後鄭說,膴胖皆非腊也。趙商問:"腊人掌凡乾肉而有膴胖何?"鄭答:"雖鮮亦屬腊人。"此可證膴胖之非腊。許說葢偏執耳。下文(編按:指《說文》)云"《周禮》

---

① 陳本"體"後有"肉"。

有膴判", 易胖爲判, 度許亦必釋爲腊屬, 而今亡其說矣。

(膴)

食醫

食齊視春時　鄭注：飯宜溫

【詁訓】《周禮》《禮記》皆言"食齊視春時", 鄭皆曰："飯宜溫。"按：溫者, 不寒不熱之謂也。

(饎)

苽

【詁訓】【注音】《食醫》《內則》皆有苽食, 鄭云："苽, 彫胡也。"《廣雅》曰："菰, 蔣也。其米謂之彫胡。"然則猶扶渠實名蓮, 亦因以爲華葉名也, 彫胡, 枚乘《七發》謂之"安胡", 其葉曰苽, 曰蔣, 俗曰茭, 其中臺如小兒臂, 可食, 曰苽手, 其根曰葑（段云："封去聲。"）。

(苽)

疾醫

冬時有嗽上氣疾①

【異文】【詁訓】《周禮·疾醫》："冬時有嗽上氣疾。"注曰："嗽, 欬也, 上氣逆喘也。"按："嗽"本亦作"欶"。欶者, 含吸也。含吸之欲其下而气乃逆上是曰欬。

(欶)

---

① 今本"嗽"作"漱"。

瘍醫

折瘍

【校勘】《周禮》：" 折瘍 "，劉昌宗本作 " 斨 "，此漢人之舊也。
（斨）

酒正

醴齊　鄭注：恬酒

【詁訓】《周禮注》" 恬酒 "，" 恬 " 即 " 甛 " 字。
（甛）

【詁訓】【志疑】（《說文》：" 醴，酒一宿孰也。"）《周禮·酒正》注曰：" 醴猶體也。成而汁滓相將，如今恬酒矣。" 按：" 汁滓相將 "，蓋如今江東人家之白酒。滓即糟也。滓多，故酌醴者用柶。醴甘，故曰：" 如今恬酒 "，恬即甛也。許云 " 一宿孰 "，則此酒易成與？《禮經》以醴敬賓曰醴賓，注多改爲禮賓。
（醴）

【經學】（《說文》：" 醪，汁滓酒也。"）許意此爲 " 汁滓相將 " 之酒，醴爲 " 一宿孰 " 之酒，與鄭異。
（醪）

盎齊　鄭注：盎猶翁也

【叚借】《周禮·酒人》注假 " 翁 " 爲 " 滃 "。
（翁）

【叚借】（編按：盎）假借爲酒名。《周禮》" 盎齊 " 注曰：" 盎猶翁也，成而翁翁然，葱白色，如今酇白矣。" 按：翁者，滃之假借。滃滃猶泱泱也，酒之成似之。
（盎）

【叚借】有假"翁"爲"瀴"者，《周禮》"醴齊"注："盎猶翁也，成而翁翁然，葱白色。"①

（瀴）

【叚借】【經學】【詁訓】（《說文》："醠，濁酒也。"）醠，《周禮》作"盎"，古文叚借也。鄭曰："盎猶翁也，成而翁翁，葱白色，如今酇白矣。"《釋文》云："酇白，今之白醝酒也。宜作醝。"按：鄭曰："五齊泛醴尤濁。縮酌者，盎以下差清。"此非與許不合也，但云"差清"，則固濁也。盎清於醴而濁於緹、沈，即緹、沈亦非全清也。《淮南・說林訓》："清醠之美"，高注："醠，清酒。"亦與鄭意同。

（醠）

緹齊

【詁訓】【正俗】《酒正》五齊"四曰緹齊"，注曰："緹者，成而紅赤，若今下酒矣。"按：紅赤者，赤而白。緹齊不純赤，故謂之紅赤。緹齊俗作"醍"，見《禮運》。

（緹）

醫

【詁訓】（《說文》："《周禮》有醫酒。"）《酒人》辨四飲之物，"二曰醫"，醫非酒也，而謂之酒者，醫亦酒類也。……醫本酒名也，《內則》作臆。

（醫）

酏

【經學】【詁訓】（《說文》："酏，黍酒也。"）《周禮》四飲："四曰酏"，注曰："今之粥也。酏飲，粥稀者之清也。"《禮記・內則》："黍酏"，注曰："酏，粥也。"或以酏爲醴，注曰："釀粥爲醴也。"按：飲

---

① 許校云："'醴'是'盎'之誤。"

非酒也，故五齊三酒掌於酒人，六飲掌於漿人。而許"酏"下曰："黍酒"，"醫"下曰："醫酒"，蓋許意與鄭說不同。故賈侍中"酏爲粥清"，爲別一說。賈與鄭合也。……（《說文》："賈侍中說：酏爲鬻清。"）鬻，鍵也，俗作粥耳。鄭云"酏飲，粥稀者之清也"本此。凡鬻稀者，謂之酏，用爲六飲之一。厚者謂之餰，取稻米舉糔溲之，小切狼臅膏以與稻米爲餰，用爲醢人羞豆之實。《周禮》謂餰爲酏，鄭既援《內則》以正之矣。

（酏）

酒人

掌爲五齊三酒

【詁訓】《周禮·酒人》："掌爲五齊三酒"，爲猶作也。

（釀）

漿人

涼

【經學】（《說文》："涼，薄也。"）"鄭司農云：'涼，以水和酒也。'玄謂：涼，今寒粥，若糗飯襍水也。"許云"薄也"，蓋"薄"下奪一"酒"字。以水和酒，故爲薄酒，此用大鄭說也。

（涼）

【詁訓】（《說文》："䣼，襍味也。"①）《周禮·漿人》六飲，鄭司農云："涼，以水和酒也。"玄謂："涼，今寒粥，若糗飯襍水也。"《內則》有"濫"無"涼"。鄭曰："以諸和水也。以《周禮》六飲校之，則濫，涼也。紀莒之間名諸爲濫。"按：許作"䣼"，即《周官》《內則》之"涼"字也。"襍味"者，即以諸和水說也。乾者爲桃諸、梅

---

① 陳本"襍"作"雜"。

諸，水漬爲桃濫，於《釋名》可得其義也。《內則》正義曰："諸者，衆襍之辭。"又按：《廣雅》云："䣼，牆也。"疑襍味下本有牆字，故廁於此。若六飲之涼，則已見《水部》。

（䣼）

凌人

春始治鑑

【詁訓】（《說文》："䍃，小口罌也。"）《凌人》注云："鑑如甄，大口，以盛冰。"謂如䍃而大口也①。

（䍃）

【詁訓】【經學】（《說文》："鑑，大盆也。"）《凌人》："春始治鑑"，注云："鑑如甄，大口，以盛冰。置食物於中，以禦温氣。春而始治之。"按：鄭云"如甄"，《醢人》作甑，云："塗置甑中"，則鑑如今之甕。許云"大盆"，則與鄭說不符，疑許說爲是。且字从金，必以金爲之也。

（鑑）

籩人

籩其實麷

【詁訓】《周禮》籩實有"麷"，大鄭云："熬麥曰麷。"② 後鄭云："今河閒以北賣䵃麥賣之名曰蓬。"後鄭謂"蓬"即"麷"之遺語也。䵃，《釋文》直龍反，是䵃桯之䵃。程氏瑤田曰："熬䵃葢通偁。熬，乾煎也。"《荀卿子》："午其軍，取其將，若撥麷。"葢麥乾煎則質輕，撥去之甚易，故以爲易之況。今南方蒸稬米爲飯，曝乾熯之，呼爲米蓬，與鄭云蓬者合。籩食皆乾物，餌餈亦必以粉坒之。然則䵃麥非麥粥也。今

---

① 按：段意鄭非謂"甄"亦爲大口，體會鄭意甚深。
② 許校云："大鄭注：'麥曰麷。'賈疏：'麷，亦是熬煮之麥。'"

人通呼乾煎爲爝。《說文》：" 爝，熬也。"

（爝）

鮑

【校勘】【詁訓】【音義】《周禮‧籩人》注曰："鮑者於楅室中糗乾之，出於江淮也。"此當作"煏室中煏乾之"，《漢書‧貨殖傳》注引作"於煏室乾之"可證。"煏"即"煏"字，小顏不解"糗"字，故刪之耳。糗者，熬米麥也。引申爲凡熬之偁，語亦可通。煏室，漢時有此制。賈公彥云："楅土爲室。"非也。陸德明云："皮逼反。"與《周禮》《毛詩》楅音福、音逼不同，與師古煏音蒲北反合。然則陸本當亦作"煏"，今《釋文》乃轉寫作"楅"，非是。煏，《方言》作"煲"，"凡以火而乾五穀之類。自山而東、齊楚以往謂之熬，關西隴冀以往謂之煲，秦晉之閒或謂之煪。"省作"煏"，又或作"焙"，而異其音。《玉篇》作"煏"，無"煲"。

（煏）

【辨誤】【詁訓】【注音】【校勘】《周禮‧籩人》有"鮑"，注云："鮑者，於煏室中煏乾之，出於江淮。"師古注《漢書》曰："鮑，今之鯸魚也。"鄭以爲於煏室乾之，非也。秦始皇載鮑亂臭，則是鯸魚耳。而煏室乾者，本不臭也。鯸，於業反。按：《玉篇》作"裛魚"，皆當作"浥"耳。浥，溼也。《釋名》曰："鮑，腐也。埋藏淹使腐臭也。"

（鮑）

乾𦾔

【詁訓】鄭注《周禮》云："乾𦾔，乾梅也。有桃諸、梅諸，是其乾者。"按：鄭意《周禮》上文桃是濡者，此著乾以別之。

（𦾔）

榛實

【叚借】【經學】【詁訓】《周禮·籩人》《記·曲禮》《内則》《左傳》《毛詩》字皆作"榛",假借字也。"榛"行而"亲"廢矣。鄭云:"如栗而小。"與許合。《齊民要術》引《詩義疏》云:"榛栗有二種。"

(亲)

糗餌粉餈

【詁訓】【經學】(《說文》:"餈,粉餅也。")《周禮》:"糗餌粉餈",《食部》曰:"餈,稻餅也。"此曰"餈,粉餅也",葢謂餈者,不粉之稻米爲餅。餌者,稻米粉之爲餅。交互相足。經云"糗餌"者,謂以熬米麥傅於餌。"粉餈"者,謂以他穀粉傅於餈。此許意與先、後鄭說異。小徐云:"許說冣精。"又《内則》注:"餌,筋腱也。"又《莊子》:"以五十犗爲餌。"餌,釣啗魚者。

(餌)

【詁訓】【經學】(《說文》:"糗,熬米麥也。")《周禮》:"羞籩之實,糗餌粉餈","鄭司農云:'糗,熬大豆與米也。粉,豆屑也。'玄謂:糗者,擣粉熬大豆爲餌餈之黏著以坋之耳。"按:先鄭云:"熬大豆及米",後鄭但云:"熬大豆",注《内則》又云:"擣熬穀。"不同者,黍、粱、朮、麥皆可爲糗,故或言大豆以包米,或言穀以包米、豆,而許云"熬米麥",又非不可包大豆也。熬者,乾煎也,鬻也。鬻米豆舂爲粉,以坋餌餈之上,故曰"糗餌粉餈"。鄭云"擣粉之",許但云"熬",不云擣粉者,鄭釋經,故釋"粉"字之義,許解字則糗但爲"熬米麥",必待臬之而後成粉也。《柴誓》:"峙乃糗糧。"某氏云:"糗糒之糧。"《孟子》曰:"舜之飯糗茹草。"趙云:"糗,飯乾糒也。"《左傳》爲"稻醴""粱糗"。《廣韵》曰:"糗,乾飯屑也。"此皆謂熬穀未粉者也。

(糗)

醢人

昌本

【詁訓】《周禮》朝事之豆實有昌本，注："昌本，昌蒲根。切之四寸爲菹。"《左氏》謂之"昌歜"。《本艸經》："菖蒲一名昌陽。"按：或單呼曰昌，或曰堯韭，或曰荃，或曰蓀。

（茚）

菁菹

【校勘】【詁訓】《周禮》："菁菹"，先鄭曰："菁菹，韭華菹也。"今各本脫"華"字，則何以別於上文之"韭菹"乎？《廣雅》曰："韭，其華謂之菁。"若《南都賦》曰："秋韭冬菁"，則是二物。史游所云"老菁冬日藏"也。

（菁）

茆菹

【經學】【校勘】【詁訓】【音義】《周禮·醢人》"茆菹"，鄭大夫讀爲茅，或曰："茆，水艸。"杜子春讀爲茆。後鄭曰："茆，鳧葵也。"今《周禮》轉寫多譌誤，爲正之如此。漢時有茆、茆二字。經文作茆，兩鄭皆易字爲茆也。鳧葵名茆，亦名蓴，今之蒓菜也。……（編按：茆）力久切，三部。俗作茆，音卯，非也。

（茆）

芹菹

【異文】（《說文》："《周禮》有'䖆菹'。"）見《醢人》。"䖆"蓋《周禮》故書字。

（䖆）

蒩蒲醓醢

【經學】【詁訓】（《說文》：" 蒩，蒩蒲，蒻之類也。"①）此釋《周禮》也。"加豆之實，蒩蒲醓醢。"先鄭曰："蒩蒲，蒲蒻入水蒩，故曰蒩蒲。"鄭曰："蒩蒲，蒲始生水中子。"是則蒩蒲即蒲蒻在水中者。許君以蒲子別於蒲，以蒻之類別於蒻，謂蒲有三種。似二鄭說爲長。

（蒩）

【經學】【詁訓】【異文】【叚借】（《說文》："䤐，血醢也……《禮》有䤐醢，曰牛乾脯梁麴鹽酒也。"）《醢人》注曰："作醢及臡者，必先膊乾其肉，乃後莝之，襍以梁麴及鹽，漬以美酒，塗置甀中，百日則成矣。"其作法許、鄭正同。鄭槩云"膊乾其肉"，許云"牛乾脯"者，鄭總釋諸醢臡，許單釋醓醢，舉一以見例也。經牛醢不言牛，他醢臡不言䤐，立文錯見也。"以牛乾脯梁麴鹽酒"，則非血醢矣。其謂之䤐醢，何也？《禮經》醓即䤐之變。醓醢用牛乾脯梁麴鹽酒，閉之甀中，令其汁汪郎然，是曰肉汁滓，是曰肬醢，宜矣。而許時《禮經》作"䤐醢"，則假借血醢之字也。

（䤐）

【詁訓】《周禮·醢人》："掌醢醢。"麋臡、鹿臡、麇臡、蠃醢、蠯醢、蚳醢、魚醢、兔醢、鴈醢，凡醢皆肉也。鄭曰："作醢及臡者，必先膊乾其肉，乃復莝之，襍以濮梁麴及鹽，漬以美酒，塗置甀中，百日則成矣。"此牆從肉从西之恉也。許訓䤐云："血醢"，訓凡醢曰："肉牆"，就字形別之耳。

（醢）

豚拍

【叚借】應劭《漢書注》曰："大宛天馬汗血，汗從前肩髆中出，如血。"《周禮·醢人》"豚拍"注云："或曰：豚拍，肩也。"然則假

---

① 陳本不重 "蒩"。

"拍"爲"髆"字。

（髆）

【經學】【異文】《周禮》豚脅謂之"豚拍"。《儀禮》牲體脅謂之"兩胉"。注曰："今文胉爲迫。"許此部前後皆無"胉"字，是則鄭從古文"胉"，許從今文"迫"也。

（脅）

【經學】【異文】【詁訓】【叚借】《儀禮》"兩胉"，今文作"迫"。《周禮》"豚拍"，杜子春以拍爲膊，謂脅也。按：脅之正字當從《禮》今文作"迫"。

（膊）

箈菹

【經學】【校勘】【詁訓】《醢人》"箈菹"，鄭司農曰："箈，水中魚衣。"玄謂："箈，箭萌。"玉裁按：先、後鄭異字，先鄭作"菭"從艸，許說正同。後鄭作"箈"從竹，郭注《爾雅》引"箈菹鴈醢"，從後鄭也。後鄭注當有"菭當爲箈"四字而佚。今本《周禮》作"箈"，混誤不成字，所當正者也。《吳都賦》注曰："海苔，生海水中，正青，狀如亂髮，乾之赤，鹽藏有汁，名曰濡苔。"

（菭）

【經學】【校勘】《周禮》"箈菹"本作"菭菹"。故大鄭云："菭，水中魚衣也"，與《艸部》"菭，水青衣也"合。後鄭讀"菭"爲"箈"，用《釋草》"箭萌"之訓，故郭注《爾雅》引《周禮》"箈菹鴈醢"也。今本《周禮》作"箈"，非"菭"非"箈"，乃是譌字。注中亦奪"菭當爲箈"四字。

（箈）

七菹

【詁訓】【異文】《周禮》七菹：韭、菁、茆、葵、芹、箈、筍也。鄭曰："凡醯醬所和，細切爲齏，全物若膟爲菹。《少儀》'麋鹿爲菹'，則菹之稱菜肉通。"玉裁謂：韲、菹皆本菜稱，用爲肉稱也。……《玉篇·血部》"䪢"字下引《周禮·醢人》"七䪢"。菹或從血者，鄭君"菜肉通稱"之說是也。

（菹）

幂人

【異文】（《說文》："《周禮》有幎人。"）天官所屬，掌供巾幎。今《周禮》作"幂"。

（幎）

幄帟

【經學】【叚借】【志疑】《周禮》尚有"幄帟"字。鄭云："四合象宮室曰幄，王所居之帳也。帟，王在幕若幄中坐上承塵。皆以繒爲之。"許無"幄"字者，《木部》有"楃"，本《巾車》。"帟"則葢叚"亦"爲之，亦之言重也，其皆《周禮》故書與？

（幕）

宮人

井匽

【同源】匽之言隱也。《周禮·宮人》："爲之井匽"，鄭司農云："匽，路廁也。"後鄭云："匽豬，謂霤下之池畜水而流之者。"按：二說皆謂隱蔽之地也。

（匽）

外府

布之入出

【詁訓】《外府》注曰："布，泉也。其藏曰泉，其行曰布。"泉者，今之錢也。

（布）

掌舍

梐枑

【校勘】《周禮》"梐枑"注："故書枑作拒"，從手。俗本從木作"柜"，非。

（柜）

【經學】【異文】（《說文》："《周禮》曰：'設梐枑再重。'"）《周禮·掌舍》："掌王之會同之舍，設梐枑再重。"注曰："故書枑爲拒。杜子春讀爲梐枑。梐枑謂行馬。玄謂：行馬再重者，以周衛有外内列。"按：許亦從杜子春作梐枑也。

（梐）

外府

共其財用之幣齎

【經學】（《說文》："齎，持遺也。"）《周禮·掌皮》"歲終則會其財齎。"注："予人以物曰齎。今時詔書或曰齎計吏。鄭司農云：'齎或爲資。'"《外府》："共其財用之幣齎。"注："齎，行道之財用也。《聘禮》曰：'問幾月之齎。'鄭司農云：'齎或爲資。'今《禮》家定齎作資。玄謂：齎資同耳，其字以齊次爲聲，從貝變易，古字亦多或。"玉裁按：此鄭君不用許書說，謂齎資一字，聲義皆同也。許則釋資爲貨，釋齎爲持而予之，其義分別，不爲一字。近人則訓齎爲持矣。

（齎）

司裘

諸侯則共熊侯豹侯設其鵠　鄭注：以爲臯

【詁訓】【異文】【經學】（《說文》："諸侯射熊虎。"①）《司裘》曰："王大射，則共虎侯、熊侯、豹侯，設其鵠。諸侯則共熊侯、豹侯；卿大夫則共麋侯，皆設其鵠。"鄭曰："以虎熊豹麋之皮飾其側，又方制之以爲臯，謂之鵠。箸於侯中，所謂皮侯。王之大射：虎侯，王所自射也；熊侯，諸侯所射；豹侯，卿大夫以下所射。諸侯之大射：熊侯，諸侯所自射；豹侯，羣臣所射。卿大夫之大射：麋侯，君臣共射焉。"按：《梓人》云"張皮侯而棲鵠"者，謂此也。"諸侯射熊虎"，與今本不同者，鄭曰："故書則共熊侯、虎侯。杜子春云：'虎當爲豹。'"是則鄭從杜改，許從故書也。

（侯）

【叚借】《周禮·司裘》注假借（編按：臯）爲墇的字。

（臯）

【叚借】《周禮·司裘》注曰："以虎狼豹麋之皮飾侯側，又方制之以爲臯，謂之鵠，箸於侯中。"臯即墇之叚借字也。

（墇）

内宰

淳制

【詁訓】古者五度，分、寸、尺、丈、引，謂之制。《周禮》："出其淳

---

① 陳本作"虎"前有"豕"字，段注："'諸侯射熊虎'，各本作'射熊豕虎'，賸'豕'字，今正。"

制"，天子巡守禮，制，幣丈八尺，純三咫。純謂幅廣。

（度）

閽人

【注音】【異文】【詁訓】《周禮·閽人》："王宮每門四人，囿游亦如之。"注云："閽人，司昏晨以啟閉者。刑人、墨者使守門。"按：古閽與勳音同。《易》："厲閽心"，馬作熏。荀以熏爲勳，而易爲動。漢光祿勳卿一人，胡廣曰："勳猶閽也，主殿宮門戶之職。"

（閽）

典婦功

苦良

【叚借】《周禮》"苦良"，苦讀爲盬，謂物之不佳者也。

（盬）

典枲

麻草

【異體】【詁訓】《周禮·典枲》："掌布絲縷紵之麻草之物。"注云："草，葛藟之屬。"《掌葛》："徵草貢之材於澤農。"注云："草貢出澤，藟紵之屬，可緝績者。"藟即蘽字之異者。藟紵出於澤，與葛出於山不同，又作潁。《禮記》："如三年之喪，則既潁，其練祥皆行。"鄭云："潁，草名。無葛之鄉，去麻則用潁。"

（蘽）

内司服

褘衣

【經學】(《說文》:"褘,蔽厀也……《周禮》曰:'王后之服褘衣',謂畫袍。")《周禮·内司服》:"王后之六服:褘衣、揄狄、闕狄、鞠衣、展衣、緑衣。"許揄作褕,展作襢,見上文。以褘衣系之"褘"下弟二義者,許必有所受矣。袍當作衣。大鄭曰:"褘衣,畫衣。"引《祭統》"君卷冕,夫人副褘",此古説也。至後鄭注乃後褘讀爲翬。

(褘)

縫人

翣柳[1]

【詁訓】【異文】【叚借】《周禮》:"喪縫棺飾焉,衣翣柳之材。"《檀弓》:"周人牆置翣",又:"飾棺牆置翣",鄭曰:"翣以布衣木如攝與。"《喪大記》注:"漢禮,翣以木爲筐,廣三尺,高二尺四寸。方,兩角高。衣以白布。畫者畫雲氣,其餘各如其象。柄長五尺。車行,使人持之而從。既窆,樹於壙中。"按:翣柳皆棺飾也。鄭云以布衣木,又引漢禮況之。經無用羽明文,以其物下垂,故从羽也。……《禮器》曰:"天子八翣,諸侯六翣,大夫四翣。"《喪大記》:"君黼翣二,黻翣二,畫翣二",此諸侯六翣也。"大夫黻翣二,畫翣二",此大夫四翣也。《周禮注》:"天子又有龍翣二。"……《周禮》故書"翣"作"接",鄭司農云:"接讀爲歰。"引《檀弓》"周人牆置歰",《春秋傳》"四歰不蹕",接與歰皆假借字也。

(翣)

【經學】【異文】《周禮》故書:"衣接橺之材。"鄭司農讀爲歰柳。後

---

[1] 今本"栁"作"柳"。

鄭云："桺之言聚也。"引《書》"分命和仲，度西曰桺穀"，按："度西曰桺穀"者，今文《尚書》也。"宅西曰昧谷"者，後鄭所讀之古文《尚書》也。詳見《尚書撰異》。

（桺）

染人

春暴練

【校勘】【詁訓】【叚借】《周禮·染人》："凡染，春暴練。"注云："暴練，練其素而暴之。"按：此"練"當作"湅"，"湅其素"。素者，質也。即《㡧氏》之湅絲、湅帛也。已湅之帛曰練，《糸部》"練"下云"湅繒也"是也。㡧氏如法湅之，暴之，而後絲帛之質精，而後染人可加染。湅之以去其瑕，如簡米之去康秕，其用一也。故許以簡釋湅。《戰國策》："蘇秦得大公陰符之謀，伏而誦之，簡練以為揣磨。""簡練"者，簡湅之假借也。高誘曰："簡，汰也。練，濯治也。"正與許云"簡，淅也；淅，汏米也；湅，簡也"相符合。

（湅）

夏纁玄

【詁訓】《周禮·染人》"夏纁玄"，注云："故書纁作䵼。""䵼"即"甗"也。

（甗）

追師

為副編次

【志疑】《周禮·追師》："為副編次"，注云："次者，次第髮長短為之。"疑"次"即"髲"。

（髲）

屨人

舃

【詁訓】【同源】《周禮注》曰："複下曰舃，禪下曰屨。"《小雅》毛傳曰："舃，達屨也。"達之言重沓也，即複下之謂也。《釋名》曰："舃，腊也。複其下使乾腊也。"
（舃）

夏采

建綏

【詁訓】冠緌，系於纓而垂者也，《禮》家定爲蕤字。《夏采》"建綏"，《王制》"大綏小綏"，《明堂位》"夏后氏之綏"，《襍記》"以其綏復"，鄭君皆改爲"緌"字，謂旄牛尾之垂於杠者也，讀如冠蕤、蕤賓之蕤。《白虎通》說"蕤賓"曰："蕤者，下也。賓者，敬也。"
（蕤）

地官司徒第二

泉府

【詁訓】【叚借】《檀弓》注曰："古者謂錢爲泉、布。"則知秦漢曰錢，周曰泉也。《周禮》"泉府"注云："鄭司農云：'故書泉或作錢。'"蓋周人或用假借字，秦乃以爲正字。
（貝）

丱人

【詁訓】【義例】【音義】【叚借】【辨誤】【古今】《周禮》"丱人掌金玉錫石之地，而爲之厲禁以守之。"注云："丱之言礦也。金玉未成器曰礦。""未成器"謂未成金玉。……按：《周禮》鄭注云："丱之言礦也。"《賈疏》云："經所云丱，是總角之丱字。此官取金玉，於丱字無所用，故轉從石邊廣之字。"語甚明析。"丱之言礦"，"丱"非"礦"字也。凡云"之言"者，皆就其雙聲疊韵以得其轉注假借之用。丱本《說文》卵字，古音如關，亦如鯤。引伸爲"總角丱兮"之"丱"，又假借爲金玉樸之礦，皆於其雙聲求之。讀《周禮》者徑謂丱即礦字，則非矣。又或云與角丱之字有別，亦誤。至於《說文》"卵"字本作"丱"，不作"卵"。《五經文字》曰："丱，古患反。見《詩·風》。《說文》以爲古卵字。"《九經字㨾》曰："丱、卵，上《說文》，下隸變。"是《說文》"卵"字作"丱"，唐時不誤，確然可證。《五經文字》又云："丱，《字林》不見。"可證丱變爲卵，始於《字林》。今時《說文》作"卵"不作"丱"，則五季以後據《字林》改《說文》者所爲也。《說文》即無"丱"，乃有淺人於《石部》妄增之。丱果是古文礦，則鄭何必云"之言"，賈何必云"此官取金玉，於丱字無所用"哉？……○《五經文字》云："《說文》以爲古卵字。"謂《說文》作"丱"乃古"卵"也。《九經字㨾》語甚明。

（礦）

【詁訓】【義例】【音義】【辨誤】《周禮》有"丱人"，鄭曰："丱之言礦也。金玉未成器曰丱。"此謂金玉錫石之樸韞於地中而精神見於外，如卵之在腹中也。凡漢注云"之言"者，皆謂其轉注叚借之用。以礦釋丱，未嘗曰："丱古文礦"，亦未嘗曰"丱讀爲礦"也，自其雙聲以得其義而已。丱固讀如管、讀如關也。自劉昌宗、徐仙民讀侯猛、虢猛反，謂即礦字，遂失注意。而後有妄人敢於《說文》"礦"篆後益之曰："丱，古文礦。"《周禮》有"丱人"，則不得不敢於"卵"篆後徑删"丱，古文卵"。是猶改蘭臺柒書以合其私，其誣經誣許，率天下而眛於六書，不當膚析言破律，亂名改作之誅哉！

（卵）

囿人

【詁訓】《周禮·地官·囿人》注："囿，今之苑。"是古謂之囿，漢謂之苑也。《西都賦》"上囿禁苑"，《西京賦》作"上林禁苑"。
（苑）

【詁訓】（《說文》："囿，苑有垣也。"）《周禮注》曰："囿，今之苑。"按：古今異名。許析言之，鄭渾言之也。
（囿）

饎人　鄭注：故書饎作䊮

【校勘】《周禮注》曰："故書饎作䊮。"蓋轉寫多"灬"。
（饎）

大司徒

墳衍

【叚借】《周禮》"墳衍"，借墳為濆也。
（墳）

邍隰①

【經學】【詁訓】【古今】（《說文》："高平曰邍。"②）此依《韵會》。各本作"高平之野"，非也。《大司徒》："山林、川澤、丘陵、墳衍、邍隰。"鄭云："下平曰衍，高平曰原，下溼曰隰。"《釋地》："廣平曰原，高平曰陸。"此及鄭注皆以"高平"釋"原"者，謂大野廣平偁原，高而廣平亦偁原，下文所謂"可食者曰原"也。凡陸、阜、陵、阿皆高地，其可種穀給食之處皆曰原，是之謂"高平曰原"也。《序

---

① 今本作"原隰"。阮校云："唐石經、諸本同。《釋文》：'原，本亦作邍。'案：《周禮》'原隰'字多作'邍'，此當本作古字，因注作'原'而改。"
② 陳本作"高平之野"。

官》"邍師"注云："邍，地之廣平者。"與《大司徒》注不同者，單言原則爲廣平，墳衍、原隰並言則衍爲廣平，原爲高平也。邍字後人以水泉本之"原"代之。惟見《周禮》。

（邍）

溝封

【詁訓】《大司徒》"溝封"，鄭曰："溝，穿地爲阻固也。"《水部》："溝，水瀆。廣四尺，深四尺。"此單舉《匠人》文耳。凡穿地爲水瀆皆稱溝，稱叡。《毛詩》："實墉實壑"，謂城池也。鄭伯有爲窟室飲酒，人謂之壑谷。

（叡）

其植物宜早物

【叚借】《周禮·大司徒》"早物"，叚早爲草。

（早）

其動物宜鱗物

【異文】【叚借】【源流】《周禮》："其動物宜鱗物"，劉本作"鰲"，音鱗。按：劉本叚鰲爲鱗耳，非川澤祇生此魚也。《集韵》曰："鱗通作鰲"，本劉。

（鰲）

其民黑而津

【叚借】按：經傳多假借津爲盡潤字，《周禮》"其民黑而津"是。

（津）

其植物宜覈物

【古今】【異文】【經學】【詁訓】《襾部》曰："覈，實也。"肉中骨曰覈。蔡邕注《典引》曰："肴覈，食也。肉曰肴，骨曰覈。"《周禮》：

"丘陵,其植物宜覈物。"注云:"覈物,梅李之屬。"《小雅》:"殽核維旅。"《箋》云:"豆實菹醢也。籩實有桃梅之屬。"按:"覈""核"古今字,故《周禮》經文作"覈",注文作"核",古本皆如是。《詩》"殽核",蔡邕所據《魯詩》作"肴覈"。梅李謂之覈者,亦肉中有骨也。

(骨)

【詁訓】《周禮》:"其植物宜覈物。"覈猶骨也。

(核)

其民專而長

【叚借】《周禮》假專爲團。《大司徒》注曰:"專,圜也。"

(團)

其植物宜莢物

【詁訓】《周禮》曰:墳衍"植物宜莢物"。按:"莢物"兼艸木言。

(莢)

不易之地家百畮一易之地家二百畮再易之地家三百畮

【歷史】【音義】《周禮·大司徒》:"不易之地家百畮,一易之地家二百畮,再易之地家三百畮。"大鄭云:"不易之地,歲種之,地美,故家百畮。一易之地,休一歲乃復種,地薄,故家二百畮。再易之地,休二歲乃復種,故家三百畮。"《遂人》:"辨其野之土,上地、中地、下地,以頒田里。上地夫一廛田百畮,萊五十畮。中地夫一廛田百畮,萊百畮。下地夫一廛田百畮,萊二百畮。"注:"萊謂休不耕者。"《公羊》何注曰:"司空謹別田之高下美惡,分爲三品。上田一歲一墾,中田二歲一墾,下田三歲一墾。肥饒不得獨樂,墝埆不得獨苦,故三年一換主易居,財均力平。"《漢書·食貨志》曰:"民受田,上田夫百畮,中田夫二百畮,下田夫三百畮。歲耕種者,爲不易上田。休一歲者,爲一易中田。休二歲者,爲再易下田。三歲更耕,自爰其處。"《地理志》

曰："秦孝公用商君，制轅田。"張晏云："周制三年一易，以同美惡。商鞅始割列田地，開立仟伯，令民各有常制。"孟康云："三年爰土易居，古制也。末世浸廢，商鞅相秦，復立爰田。上田不易，中田一易，下田再易。爰自在其田，不復易居也。"按：何云："換主易居"，班云："更耕自爰其處"，孟云："爰土易居"，許云："趉田易居"。爰、轅、趉、換四字音義同也。古者每歲易其所耕，則田廬皆易。云三年者，三年而上中下田徧焉。三年後一年仍耕上田，故曰："自爰其處"。孟康說古制易居爲爰田，商鞅自在其田不復易居爲轅田，名同實異，孟說是也。依孟則商鞅田分上中下，而少多之。得上田者百畝，得中田者二百畝，得下田者三百者畝，不令得田者彼此相易。其得中田二百畝者，每年耕百畝，二年而徧。得下田三百畝者，亦每年耕百畝，三年而徧。故曰："上田不易，中田一易，下田再易。"爰自在其田，不復易居。《周禮》之制，得三等田者彼此相易。今年耕上田百畝，明年耕中田二百畝之百畝，又明年耕下田三百畝之百畝，又明年而仍耕上田百畝。如是乃得有休一歲、休二歲之法，故曰："三歲更耕，自爰其處"，與商鞅法雖異而同也。鞅之害民，在開仟佰。

（趉）

鄉師

輂輦①

【古今】【異文】【叚借】連即古文輦也，《周禮》："鄉師輂輦"，故書輦作連，大鄭讀爲輦。《巾車》"連車"，本亦作輦車。《管子·海王》："服連軺輂。"《立政》："刑餘戮民，不敢服絻，不敢畜連。"……《耳部》曰："聯，連也。"《大宰》注曰："古書連作聯。"然則聯、連爲古今字，連、輦爲古今字。假連爲聯，乃專用輦爲連。大鄭當云："連

---

① 今本"輂"作"輦"。

今之輦字",而云:"讀爲輦"者,以今字易古字,令學者易曉也。

(連)

【經學】【詁訓】【異文】【異體】【辨誤】(《說文》:"輂,大車駕馬者也。"①)《小司徒》:"正治輂輦",注曰:"輂,駕馬,所以載任器。"與許說同。……古大車多駕牛,其駕馬者則謂之輂。按:《左氏傳》:"陳畚梮",梮者,土輂。《漢·五行志》作"輂",是梮乃輂之或字也。《史·河渠書》:"山行即橋",一作"樏",《夏本紀》正作"樏"。《漢·溝洫志》作"山行則梮"。韋昭曰:"梮,木器。如今轝牀,人舉以行也。"然則《周禮》輂之制,四方如車之輿,故曰輂,或作轝。或駕馬,或人舉,皆宜。用之徙土,則謂之土轝,即《公羊》之"筍",《史記》之"篊輿"也。用之昇人,則謂之橋,橋即《漢書》"輿轎而越嶺"之轎字也。《左氏正義》謂梮字从手,其說非是。《禮經》"輁軸",輁即輂字之異者。注云"輁狀如長牀"是也。夏禹四載乘輂,葢亦馬引之,不然何以云"桀始乘人車"?玫古者所當辯也。

(輂)

【詁訓】【古今】《小司徒》:"輂輦",注曰:"輦,人輓行,所以載任器也。"《司馬法》云:"夏后氏謂輦曰余車,殷曰胡奴車,周曰輜輦。夏后氏二十人而輦,殷十八人而輦,周十五人而輦。""故書輦作連。鄭司農云:'連讀爲輦。'"按:《夫部》:"扶,竝行也。"輦字从此。輦設絡於車前,用索輓之,故从車扶會意。扶在前,車在後,故"連"字下曰:"負車"。連、輦古今字。《周禮》《管子》皆作"連"。此車名輦,輓此車之人名輦者,《爾雅》曰:"徒御不警。徒,輦者也。"《毛傳》同。又《詩》:"我任我輦",《毛傳》曰:"任者輦者。"《釋名》曰:"輦,人所輦也。"

(輦)

---

① 陳本無"者"。

閭胥

觵撻罰之事

【詁訓】（《說文》："撻，鄉飲酒罰不敬撻其背。"）《周禮·閭胥》："凡事掌其比，觵撻罰之事。"故書或言"觵撻之罰事"。鄭云："觵撻者，失禮之罰。觵用酒，其爵以兕角爲之。撻，扑也。"按：鄭但云失禮，許必系之鄉飲酒者，禮莫大於此，惟此可登時行觵撻也。
（撻）

封人

綸

【音義】【辨誤】（編按：紖）《周禮·封人》作"綸"，鄭司農云："綸，箸牛鼻繩，所以牽牛者。今時謂之雉，與古者名同。"後鄭云："綸字當以豸爲聲。"按：綸讀如豸，池爾切，漢人呼雉即綸也。綸變作紖，而讀丈忍切，仍綸雉之雙聲。今人讀紖余忍切則非也。《少儀》曰："牛則執紖。"
（紖）

鼓人

金鐃

【詁訓】（《說文》："鉦，鐃也。佀鈴，柄中。上下通。"）《鼓人》："以金鐃止鼓"，注曰："鐃如鈴，無舌有柄，執而鳴之，以止擊鼓。"按：鐃即鉦。鄭說鐃形與許說鉦形合。《詩·新田》傳曰："鉦以靜之"，與《周禮》"止鼓"相合。
（鉦）

金鐸

【詁訓】《鼓人》："以金鐸通鼓"，注："鐸，大鈴也"，謂鈴之大者。說者謂：軍法所用，金鈴金舌，謂之金鐸；施令時所用，金鈴木舌，則謂之木鐸。按：《大司馬職》曰"振鐸"，又曰"摝鐸"。鄭謂摝掩上振之。鐸之制同鈴。

（鐸）

鼓䵇　鄭注：昏鼓四通為大䵇①

【志疑】【詁訓】（《說文》："昏鼓四通爲大鼓。"②）四者陰數。唐李靖云："鼓三百三十三槌爲一通。"未知古法然不。……"大䵇"謂大行夜也。

（䵇）

舞師

皇舞

【異文】【經學】【校勘】（《說文》："翌，樂舞。吕羽㩃自翳其首，吕祀星辰也。"）《周禮·舞師》云："教皇舞，帥而舞旱暵之事。"注："鄭司農云：'翌舞，蒙羽舞。書或爲皇，或爲義。'"《樂師》云："有皇舞"，注："故書皇作翌。鄭司農云：'翌舞者，以羽冒覆頭上，衣飾翡翠之羽。翌讀爲皇，書亦或爲皇。'"按：大鄭從故書作翌，後鄭則從今書作皇，云："襍五采羽如鳳皇色，持以舞。"許同大鄭，惟不云"衣飾翡翠羽"，又不同經文"舞旱暵之事"，而云："祀星辰"耳。蓋本賈侍中《周官解故》。○《禮注》文今攷定。

（翌）

---

① 今本"䵇"作"鼖"。
② 陳本"昏"作"昬"。

牧人

牷牲

【經學】（《說文》："牷，牛純色。《禮》：'祭祀牷牲。'"①）《牧人》注："鄭司農曰：'牷，純也。'"按：凡時事之牲用牷物，凡外祭毀事用尨，以尨與牷對舉，則牷爲純色可知也。大鄭注釋牷爲純也，爲許所本。後鄭則訓犧爲純毛，牷爲體完具，與許異。
（牷）

陰祀用黝牲

【叚借】【校勘】黝古多叚幽爲之。《小雅》："隰桑有阿，其葉有幽。"《傳》曰："幽，黑色也。"《周禮・牧人》："陰祀用幽牲。"先鄭云："幽讀爲黝，黑也。"《守祧》："其祧則守祧幽堊之。"先鄭亦云："幽讀爲黝；黝，黑也。"今本皆轉寫幽黝誤譌矣。②《玉藻》："一命縕韍幽衡，再命赤韍幽衡。"鄭云："幽讀爲黝，黑謂之黝。"
（黝）

充人

牢

【詁訓】《充人》注曰："牢，閑也。必有閑者，防禽獸觸齧。"牲繫於牢，故牲謂之牢，如《柴誓》呼牛馬爲牿，《禮》呼牲爲牽也。
（牢）

---

① 陳本無 "《禮》：'祭祀牷牲。'"。
② 指上所引《周禮》及注中先鄭語。

載師

近郊之地

【異文】【叚借】《周禮》（編按：郊）故書作蒿，假借字。

（郊）

稍地　鄭注：稍或作削

【校勘】（《說文》："䎽，國甸，大夫稍稍所食邑。"）《載師》注曰："故書稍或作削。"按：削當是䎽之誤。許所據正故書或本也。

（䎽）

漆林

【古今】【校勘】【經學】木汁名桼，因名其木曰桼。今字作漆而桼廢矣。漆，水名也，非木汁也。《詩》《書》梓桼、桼絲皆作漆，俗以今字易之也。《周禮·載師》："桼林之征二十而五。"大鄭曰："故書桼林爲漆林。"杜子春云："當爲桼林。"是則漢人分別二字之嚴。今注疏譌舛，爲正之如此。《周禮·巾車》注髤桼字皆作桼，不作漆。漢人多假桼爲七字。《史記》："六律五聲八音來始"，"來始"正"桼始"之誤。《尚書大傳》《漢·律曆志》皆作"七始"，《史》《漢》同用今文《尚書》也。

（桼）

遺人

饎餼

【叚借】《周禮·遺人》："以恤民之饎餼。"注云："故書饎餼作摯餼。"按：此古文叚借字也。

（摯）

師氏

中失

【詁訓】《周禮》"中失"即得失。

（中）

保氏

國子　六書

【詁訓】【義例】【辨誤】《周禮·保氏》教國子六藝，"五曰六書"。國子者，公卿大夫之子弟。師氏教之，保氏養之，而世子亦齒焉。六書者，文字聲音義理之總匯也。有指事、象形、形聲、會意，而字形盡於此矣；字各有音，而聲音盡於此矣；有轉注、叚借，而字義盡於此矣。異字同義曰轉注，異義同字曰叚借。有轉注而百字可一義也，有叚借而一字可數義也。字形字音之書，若大史籀著《大篆》十五篇，殆其一耑乎？字義之書，若《爾雅》，其冣著者也。趙宋以後言六書者匈裣陿隘，不知轉注、叚借所以包括詁訓之全，謂六書爲倉頡造字六法，說轉注多不可通。戴先生曰：指事、象形、形聲、會意四者，字之體也；轉注、叚借二者，字之用也。聖人復起，不易斯言矣。

（保氏教國子先曰六書）

【義例】【辨誤】劉歆、班固首象形，次象事。指事即象事。鄭衆作"處事"，非也。

（一曰指事）

【義例】【辨誤】（《說文》："三曰形聲"）劉歆、班固謂之象聲，形聲即象聲也。其字半主義、半主聲，半主義者，取其義而形之；半主聲者，取其聲而形之。不言義者，不待言也。得其聲之近似，故曰象聲，曰形聲。鄭衆作"諧聲"。諧，詥也，非其義。

（三曰形聲）

【義例】【辨誤】劉歆、班固、鄭眾皆作假借。六書之次第，鄭眾：一象形，二會意，三轉注，四處事，五假借，六諧聲，所言非其敘。劉歆、班固：一象形，二象事，三象意，四象聲，五轉注，六假借，與許大同小異。要以劉、班、許所說爲得其傳。蓋有指事、象形，而後有會意、形聲。有是四者爲體，而後有轉注、假借二者爲用。戴先生曰"六者之次第出於自然"是也。學者不知轉注，則亦不知假借爲何用矣。

（六曰假僣）

司市

商賈

【詁訓】《司市》注："通物曰商，居賣物曰賈。""居賣物"，謂居積物亦兼賣之也。

（賈）

夕市

【詁訓】《司市》曰："夕市，夕時而市。販夫販婦爲主。"注云："販夫販婦朝資夕賣。"按：資猶取也。

（販）

廛人

斂而入于膳府　鄭注：貨物諸藏於市中

【正俗】今字專用"貯"矣。《周禮注》作"渚"，俗字也。

（貯）

泉府

凡民之貸者

【音義】【辨誤】【譌字】【校勘】代、弋同聲，古無去入之別。求人、施人，古無貣、貸之分。由貣字或作貸，因分其義，又分其聲。如求人曰乞，給人之求亦曰乞，今分去訖、去既二音。又如假、借二字，皆爲求者、予者之通名，唐人亦有求讀上入，予讀兩去之說，古皆未必有是。貣别爲貸，又以改竄許書，尤爲異耳。經史内貣貸錯出，恐皆俗增人旁。蟦字，《經典釋文》《五經文字》皆作"蟦"，俗作"蠟"，亦其證也。《周禮·泉府》："凡民之貸者。"注云："貸者謂從官借本賈也。"《廣韻·廿五德》云："貣謂從官借本賈也。"其所據《周禮》正作"貣"。而《周禮注》中借者、予者同用一字，《釋文》别其音，亦可知本無二字矣。

（貣）

掌節

門關　貨賄　道路

【經學】（《說文》："守邦國者用玉卩，守都鄙者用角卩。使山邦者用虎卩，土邦者用人卩，澤邦者用龍卩，門關者用符卩，貨賄用璽卩，道路用旌卩。"① ）鄭云："門關，司門、司關也；貨賄者，主通貨賄之官，謂司市也；道路者，主治五涂之官，謂鄉遂大夫也。凡民遠出至於邦國，邦國之民若來入，由門者，司門爲之節；由關者，司關爲之節；其商，則司市爲之節；其以徵令及家徙，則鄉遂大夫爲之節。符節者，如今宮中諸官詔符也；璽節者，今之印章也；旌節，今使者所擁節是也。"已上八句皆《周禮·掌節職》文。此三句（編按：指"門關者"以下三句）

---

① 陳本無"邦"。

許意葢與鄭注不同。云"門關者"者，蒙上文"使"字而言，謂使於門關者也。

（冃）

遂人

以興耡利甿

【校勘】【詁訓】（《說文》：殷人七十而耡。耡，耤稅也……《周禮》曰："㠯興耡利萌。"①）今"萌"作"甿"，俗改也。注曰："變民言萌，異外内也。萌猶懵懵無知貌也。"鄭本作萌，淺人一改爲氓，再改爲甿。注又云："鄭大夫讀耡爲藉。杜子春讀耡爲助，謂起民人令相佐助。"按：鄭意耡者，合耦相助，以歲時合耦于耡，謂於里宰治处合耦，因謂里宰治处爲耡也。許意以《周禮》證"七十而耡"，謂其義同。

（耡）

【校勘】【譌字】古謂民曰萌，漢人所用不可枚數。今《周禮》"以興耡利甿"，許《耒部》引"以興耡利萌"。愚謂：鄭本亦作萌，故注云："變民言萌，異外内也。萌猶懵懵無知皃也。"鄭本亦斷非甿字。大氐漢人萌字，淺人多改爲氓，如《周禮音義》此節摘"致氓"是也。繼又改氓爲甿，則今之《周禮》是也。說詳《漢讀攷》。

（民）

治野

【詁訓】【正俗】（《說文》："田……囗十，千百之制也。"②）此說象形之恉，謂囗與十合之，所以象阡陌之一縱一橫也。各本作"阡陌"，《𨸏部》無此二字，今正。《周禮·遂人》曰："凡治野：夫閒有遂，遂上有徑；十夫有溝，溝上有畛；百夫有洫，洫上有涂；千夫有澮，澮上

---

① 陳本"殷"作"商"。
② 陳本"千百"作"阡陌"。

有道；萬夫有川，川上有路，以達于畿。"百夫之涂謂之爲百，千夫之道謂之爲千，言千百以包徑畛路也。南畮則甽縱遂橫，溝縱洫橫，澮縱川橫，遂徑、畛、涂、道、路縱橫同之；東畮則甽橫遂縱，溝橫洫縱，澮橫川縱，徑、畛、涂、道、路之橫縱同之。故十與口皆象其縱橫也。阡陌則俗字也。（田）

【詁訓】鄭注《周禮》云："徑容牛馬，畛容大車，涂容乘車一軌，道容二軌，路容三軌。"軌者，徹也。《攷工記》曰："徹廣六尺，涂容一軌。"是陌容六尺也。道容二軌，是阡容丈二尺也。
（畷）

遂師

抱磨①

【叚借】【異文】《周禮·遂師》"抱磨"，後鄭云："磨者，適歷執綍者名也。"是叚"磨"爲"歷"。《史記·樂毅傳》："故鼎反乎磨室"，《戰國策》作"歷室"。
（磨）

蜃車

【詁訓】【辨誤】鄭注《周禮》"蜃車"云："《禮記》或作輲，或作槫。"注《士喪禮》曰："載柩車，《周禮》謂之蜃車，《襍記》謂之圑，或作輲，或作槫。聲讀皆相同耳，未聞其正。"注《襍記》"大夫載以輲車"云："輲讀爲輇，或作槫。"注《喪大記》"士葬用國車"云："輇字或作圑，是以又誤爲國。輇車，柩車也。"又《士喪禮》注云："其車之擧狀如牀，中央有轅前後出，設前後輅。擧上有四周，下則前後有軸，以輇爲輪。"按：鄭於《禮經》《襍記》兩引許叔重《說文解字》曰："有輻曰輪，無輻曰輇"，而以輲、蜃、圑、槫皆即輇字，

---

① 今本"磨"作"磨"。

但許不言喪車無輻也。戴先生曰："軬者，輪之名；輴者，車之名。不宜溷而一之。注《喪大記》改輴爲軬，亦誤。"詳見《釋車》。

（輪）

草人

騂剛用牛

【異文】【經學】（《說文》："埩，赤剛土也。"）《草人》："凡糞種，騂剛用牛。"故書騂爲挈，杜子春挈讀爲騂，謂地色赤而土剛強也。按：《馬部》無"騂"字，子春易字作解，必塙然易爲"埩"字，而許用其說入《說文》也。然則相承作騂，又譌作騂者，乃大繆耳。

（埩）

勃壤用狐

【詁訓】《周禮·草人》："勃壤用狐。"鄭云："勃壤，粉解者。"《廣雅》："坲，塵也。"今俗謂粉之細者曰勃，皆即坲字。

（坲）

埴壚用豕

【詁訓】《周禮·草人》："埴壚用豕"，鄭云："埴壚，黏疏者。"以黏釋埴，以疏釋壚。

（壚）

彊㯺

【詁訓】堅土，《周禮》所謂"彊㯺"，鄭云"彊堅"者是也。按：㯺一作壏，《管子》："壚土之次曰五壏。五壏之狀，芬焉若糠以肥。"說與鄭異。

（垍）

稻人

稻人掌稼下地

【詁訓】稻宜水，故《周禮》"稻人掌稼下地"。
（稻）

以列舍水

【經學】【詁訓】（《說文》："塍，稻田中畦埒也。"①）《周禮·稻人》："以遂均水，以列舍水。"鄭曰："遂，田首受水小溝也。列，田之畦埒也。開遂舍水於列中。"按：列讀如遮迾之迾，非人所行之畛陌也。許、鄭說正同。今四川謂之田繩子，江浙謂之田緪，緪亦繩也。《西都賦》："溝塍刻鏤。"
（塍）

種之芒種

【詁訓】【經學】《周禮·稻人》："澤草所生，種之芒種。"鄭司農云："芒種，稻麥也。"按：凡穀之芒，稻麥爲大，芒粟次於此。"麥"下曰"芒穀"，然則許意同先鄭也。
（穬）

土訓

幽并地宜麻

【校勘】《周禮·土訓》注云："荊揚地宜稻，幽并地宜麻。"依李氏、聶氏皆忙皮反，則麻本作䕻。《九穀攷》云："鄭據《職方氏》爲說也。幽州宜三種，并州宜五種，內皆有黍。"
（䕻）

---

① 陳本無"田""埒"。

山虞

掄材

【詁訓】《周禮》："凡邦工入山林而掄材不禁"，鄭注："掄猶擇也。"按：鄭意"掄"之本訓不爲"擇"，故曰"猶"。

（掄）

掌染草

染草

【詁訓】【音義】《周禮注》云："染艸，茅蒐、橐盧、豕首、紫茢之屬。"按：紫茢即紫茢也。紫茢即茈艸也。《廣雅》云："茈莫，茈草也。"古列、戾同音，茈、紫同音。《本艸經》云："紫草一名紫丹，一名紫芙。"陶隱居云："即是今染紫者。"《說文》云："茢艸可以染畱黄。"謂之紫茢者，以染紫之茢別於染驪黄之茢也。《西山經》曰："勞山多茈艸。"司馬彪注《上林賦》曰："茈薑，紫色之薑。"郭注《南山經》曰："茈蠃，紫色蠃。"故知古紫、茈通用。

（茈）

【志疑】《廣韻·十一模》曰："黄枦木可染。"《十姥》曰："枦，木名，可染繒。"按：《周禮注》曰："染艸，茅蒐、橐盧、豕首、紫茢之屬。"橐盧豈即黄枦與？抑字音相近，而艸木異類也？

（枦）

廩人

接盛

【叚借】《周禮·廩人》："大祭祀則共其接盛。"接即臿之叚借。

（臿）

【叚借】《周禮·廩人》"接盛"，讀爲一扱再祭之扱。
（接）

舍人

共簠簋

【經學】【詁訓】【校勘】【義例】【辨誤】（《說文》："簠，黍稷方器也。"）《周禮·舍人》注曰："方曰簠，圓曰簋，盛黍稷稻粱也。"《掌客》注曰："簠，稻粱器也。簋，黍稷器也。"《秦風》傳曰："四簋，黍稷稻粱也。"按：毛意言簋可以該簠，鄭注則據《公食大夫禮》分別所盛也。許云簠方簋圓，鄭則云簋圓簠方，不同者，師傳各異也。《周易》："二簋可用享。"鄭注云："《離》爲日，日體圓。《巽》爲木，木器圓。簋象。"《聘禮》"竹簋方"注云："竹簋方者，器名。以竹爲之，狀如簋而方。"《賈疏》云："凡簋皆用木而圓，此則用竹而方，故云如簋而方。"宋刻單行疏內"簋"字凡四見，今本依《釋文》改經注疏皆作"簠"字，非也。已上可證鄭確謂簋爲圓器。《周禮疏》云："《孝經》'陳其簠簋'注云：'內圓外方受斗二升者，直據簠而言。若簋則內方外圓。'"《孝經》鄭注，說者謂鄭小同之注也。賈所引文亦不完，則無用溹求矣。而《秦風》釋文有"內圓外方曰簠，內方外圓曰簋"之文，蓋本《孝經注》。《聘禮》釋文則又方圓字皆互易之，自相乖刺。聶崇義曰："舊圖云內方外圜曰簠，外方內圜曰簋。"與《秦風》音義合。《廣韵》曰："內圓外方曰簠。"歐陽氏《集古錄》曰："簋外方內圓。"與《聘禮》音義合。玫圓器之內爲之方，方器之內爲之圓，似以木、以瓦、以竹皆難爲之，他器少如是者。恐《孝經注》不可信，許鄭皆所不言也。鄭注《禮》曰："飾蓋象龜。""蓋"者，意擬之詞。注《禮器》云："大夫刻爲龜形"，可證也。聶氏、陳氏《禮圖》皆於蓋頂作一小龜，誤解一"蓋"字耳。見《考工記圖》。
（簠）

【經學】（《說文》："簋，黍稷圜器也。"）云圜器，與鄭云方器互異。
（簋）

掌米粟之出入辨其物　鄭注：六米

【詁訓】禾者，民食之大同；黍者，食之所貴，故皆曰嘉穀。其去秠存人曰米，因以爲凡穀人之名。是故禾、黍曰米，稻、稷、麥、苽亦曰米，《舍人》注所謂"六米"也。六米即《膳夫》《食醫》之食用六穀也。《賓客》之車米、筥米，《喪紀》之飯米，不外黍、粱、稻、稷四者。

（米）

倉人

掌粟入之藏

【詁訓】鄭注《冢宰職》"九穀"不言粟，注《倉人》"掌粟入之藏"云："九穀盡藏焉，以粟爲主。"粟正謂禾、黍也。

（米）

槀人①

豢祭祀之犬　鄭注：牷餘

【古今】【叚借】許意殘訓賊，歾訓餘，今則殘專行而歾廢矣。《周禮·槀人》注假牷爲歾。

（殘）

春官宗伯第三

司几筵

【詁訓】《周禮》"司几筵"注曰："筵亦席也。鋪陳曰筵，藉之曰席，然其言之筵席通矣。"按：司几筵掌五几五席之名物，筵席不別也。五

---

① 今本"槀"作"槁"。

席不用竹，惟後鄭說次席是桃枝席。又說《顧命》蔑席、厎席、豐席、笥席皆爲竹席。

（筵）

冢人

【詁訓】【經學】【叚借】（《說文》："冢，高墳也。"）《土部》曰："墳者，墓也。"墓之高者曰冢，《周禮》"冢人，掌公墓之地"是也。按：《釋山》云："山頂曰冢。"鄭注"塚人"云："冢封土爲丘壟，象冢而爲之。"此從《爾雅》說也。許以"冢"爲"高墳"之正偁，則不用《爾雅》說。引伸之凡高大曰冢，《釋山》及《十月之交》傳："山頂曰冢"，乃借"冢"偁耳。《釋詁》曰："冢，大也。"太子曰冢子，太宰曰冢宰。

（冢）

瞽矇

【異文】【詁訓】大鄭《周禮注》云："無目朕謂之瞽，有目朕而無見謂之矇。"朕或作眹。無眹有眹即無朕有朕也。

（眹）

鎛師

【辨誤】【詁訓】【叚借】（《說文》："鎛，大鐘，淳于之屬，所㠯應鐘磬也。"[①]）鄭注《周禮》《禮經》皆云："鎛似鐘而大。"《國語》韋注云："鎛，小鐘也"，葢誤。鄭云"似鐘"，則非鐘也，故許既云"大鐘"，而又云"淳于之屬"。淳于，《國語》《周禮注》作"錞于"，《周禮》作"錞"，乃矛戟之鐏也。《鼓人》："以金錞和鼓"，注曰："錞，錞于也。圜如碓頭，大上小下，樂作鳴之，與鼓相和。"疏謂出於漢之大予樂官。韋注《吳語》曰："唐尚書云：'錞于，鐲'，非也。錞于與鐲各異物。"今按：古鐘制隋圜，錞于如碓頭正圜。許云"淳于之屬"，

[①] 陳本"淳"作"滀"。

葢鏄正圜，大於編鐘，爲後代鐘式正圜之始。云"所以應鐘磬"者，《大射儀》："笙磬西面，其南笙鐘，其南鑮。""頌磬東面，其南頌鐘，其南鑮。"鐘磬編縣，鑮特縣。於此知鑮"所以應鐘磬"，淳于以和鼓，事正相類。（《說文》："堵曰二，金樂則鼓鑮應之。"①）當作："堵無鑮，全樂則鼓鑮應之。"《周禮》曰："凡縣鐘磬，半爲堵，全爲肆。"注曰："鐘磬編縣之，二八十六枚而在一虡，謂之堵。鐘一堵，磬一堵，謂之肆。天子宮縣，諸侯軒縣，卿大夫判縣，士特縣。諸侯之卿大夫半天子之卿大夫，西縣鐘，東縣磬。士亦半天子之士，縣磬而已。"今按：《大射儀》樂人所陳諸侯之軒縣，全樂有鑮者也。若諸侯之卿大夫，則二堵而分東西，諸侯之士且僅有一堵，皆不成肆，皆無鑮。《左傳》晉侯賜魏絳以二肆之半，鐘一堵，磬一堵及一鑮也。此君之特賜，故有鑮。……《周禮》《國語》字作"鎛"，乃是叚鎛鱗字。

（鑮）

鞮鞻氏

【校勘】【經學】（《說文》："趕，趕婁，四夷之舞各自有曲。"）趕婁，今《周禮》作"鞮鞻氏"，注云："鞻讀爲屨。鞮屨，四夷舞者屝也。今時倡蹋鼓沓行者自有屝。"按：今《說文·革部》："鞮，革履也"，無"鞻"字。《釋文》引《說文》："鞮，履也。"《字林》："鞮，革履也。""鞻者，靯履。"是則《字林》乃有"鞻"字，許、鄭《周禮》所無。鄭注當本作"婁讀爲屨"，《革部》之"鞮"是常用之屨，《走部》之"趕婁"乃四夷舞者之屨。"曲"當作"屨"，聲之誤也。"四夷之舞各自有屨"，正與鄭注說同。許意當亦"婁讀爲屨"。

（趕）

【詁訓】鄭注《周禮》曰："鞮屨，四夷舞者屝也。"《史記·貨殖傳》："躡利屣"，徐廣曰："舞屣也。躡一作跕。跕，吐協反。"《地理志》："跕躧"，臣瓚曰："躡跟爲跕。"按：舞不納履，故凡不著跟曳之而行曰躧履，如《雋不疑傳》《長門賦》皆是也。《西京賦》說舞曰："振

---

① 陳本"鏄"作"鎛"。

朱屨於盤樽",薛曰:"朱屨,赤絲履也。"
(屨)

巾車

【詁訓】【校勘】《周禮》"巾車"之官,鄭注:"巾猶衣也。"然《吳都賦》:"吳王乃巾玉路。"陶淵明文曰:"或巾柴車,或櫂孤舟。"皆謂拂拭用之,不同鄭說也。陶句見《文選·江淹〈雜體詩〉》注。今本作"或命巾車",不可通矣。《玉篇》曰:"本以拭物,後人著之於頭。"
(巾)

大宗伯

以槱燎祀司中司命

【經學】【異文】(《說文》:"槱,積木燎之也。"①)《大雅》:"芃芃棫樸,薪之槱之。"《傳》曰:"槱,積也。山木茂盛,萬民得而薪之。賢人衆多,國家得用蕃興。"按:如毛說則槱謂積薪而已,至《鄭箋》乃以"煙祀槱燎"爲說。許不但云"積木"而兼云"燎之"者,爲其字之從火也。不云"尞之"而云"燎之"者,燎,放火也。尞,柴祭天也。毛曰"萬民薪之"而已,故但云燎。……(《說文》:"《周禮》:'以槱燎祠司中、司命。'")"燎"依許《火部》當作"尞"。"祠",今《周禮》作"祀"。許從毛說,又引《周禮》者,廣槱證也。鄭注《周禮》曰:"槱,積也。"
(槱)

【校勘】【譌字】(《說文》:"尞,柴祭天也。"②)《示部》"祡"下曰:"燒柴尞祭天也。"是祡、尞二篆爲轉注也。燒柴而祭謂之祡,亦謂之

---

① 陳本"木"作"火"。
② 陳本"紫"作"柴"。

尞，亦謂之槱。《木部》曰："槱，積祭天神。"《周禮》"燋燎"字當作"槱尞"。凡柴尞作柴燎者皆誤字。

（尞）

五祀

【異文】【古今】（《說文》："禩，祀或从異。"）《周禮·大宗伯》、《小祝》注皆云："故書祀作禩。"按：禩字見於故書，是古文也。篆隸有祀無禩，是以漢儒杜子春、鄭司農不識，但云"當爲祀""讀爲祀"，而不敢直言"古文祀"，葢其慎也。至許乃定爲一字。至魏時乃入三體石經。古文巳聲、異聲同在一部，故異形而同字也。

（祀）

疈辜祭

【異文】【異體】（《說文》："《周禮》曰：'副辜祭。'"）鄭注《周禮》作"疈"，云："疈，疈牲胷也。疈而磔之，謂磔禳及蜡祭。"許所據作"副"，葢"副"者古文、小篆所同也。鄭所據用籒文。

（副）

【異文】【音義】《大宗伯》"疈辜祭"。"疈"在一部，故書疈爲罷。大鄭釋爲"披磔牲以祭"。罷、披、破同十七部，劈在十六部，此其音義相通之證也。

（劈）

祼

【同源】【義例】【辨誤】《大宗伯》《玉人》字作"果"，或作"祼"。注兩言"祼之言灌"。凡云"之言"者，皆通其音義以爲詁訓，非如"讀爲"之易其字，"讀如"之定其音。如"載師"，"載之言事"；"族師"，"師之言帥"；"禮衣"，"禮之言亶"；"翣柳"，"柳之言聚"；"副編次"，"副之言覆"；"禋祀"，"禋之言煙"；"廾人"，"廾之言礦"皆是。未嘗曰裡即讀煙，副即讀覆也。以是言之，祼之音本讀如果，卄之音本爲卯，讀如鯤，與灌、礦爲雙聲。後人竟讀灌，讀礦，全失鄭意。古音有不見於周人有韵之文而可意知者，此類是也。

（祼）

以禴夏享先王

【詁訓】《周禮》："以禴夏享先王。"《公羊傳》曰："夏曰礿"，注："始熟可礿，故曰礿。"《釋天》曰："春祭曰祠，夏祭曰礿，秋祭曰嘗，冬祭曰蒸。"孫炎曰："祠之言食。礿，新菜可汋。嘗，嘗新穀。蒸，進品物也。"汋與礿疊韵，汋即《說文》"鸞"字。《王制》："春曰礿，夏曰禘"，與《周禮》異。

（礿）

春見曰朝　秋見曰覲

【經學】【同源】（《說文》："覲，諸侯秋朝曰覲，勤勞王事也。"①）《大宗伯》："以賓禮親邦國。春見曰朝……秋見曰覲。"鄭曰："覲之言勤也，欲其勤王之事。"按：鄭與許合。疊韵爲訓。《異義》："朝名，《公羊》說：'諸矦四時見天子及相聘皆曰朝，以朝時行禮，卒而相逢於路曰遇。'古《周禮》說：'春曰朝，夏曰宗，秋曰覲，冬曰遇。'謹案：《禮》有《覲經》。《詩》曰：'韓矦入覲。'《書》曰：'江漢朝宗于海。'"知其朝、覲、宗、遇之禮，從《周禮》說。鄭駁曰："此皆有似不爲古昔覲禮，諸矦前朝皆受舍於朝。朝，通名也。秋之言覲，據時所用。"按：此條許、鄭本無異，不得云"駁"也。鄭《目錄》云："朝宗禮備，覲遇禮省，是以享獻不見焉。"是鄭謂《周禮》四者名殊禮異也。

（覲）

---

① 陳本無"勤""也"字。段云："'勤''也'二字舊奪，今補。"

矦執信圭　伯執躬圭

【詁訓】"矦執信圭"，伸圭，人形直；"伯執躬圭"，躬圭，人形曲。

（躳）

六贄①

【詁訓】《周禮》"六贄"字，許書作"埶"。

（埶）

小宗伯

兆五帝於四郊

【詁訓】【叚借】【經學】【異文】（《說文》："垗，畔也。爲四畔畍祭其中。"②）《周禮·小宗伯》："兆五帝於四郊"，鄭曰："兆爲壇之塋域。"然則四面爲垠埒也。引申爲《孝經》之"宅兆"，《樂記》之"綴兆"。垗，古叚肇爲之。《尚書大傳》："兆十有二州"，鄭云："兆，域也，爲塋域以祭十二州之分星也。"而古文《堯典》作"肇"。《大雅》："以歸肇祀"，鄭云："肇，郊之神位也。"是讀爲"兆"也。《商頌》："肇域彼四海"，《箋》云："肇當作兆。"……（《說文》："《周禮》曰：'垗五帝於四郊。'"）今《周禮》作"兆"。許作"垗"者，蓋故書今書之不同也。

（垗）

禱祠

【詁訓】鄭注《周禮》曰："求福曰禱，得求曰祠。"此祠與春祭之祠異。

（祀）

---

① 今本"贄"作"埶"。
② 陳本"畔畍"作"時界"。

以秬鬯渳

【詁訓】《周禮》:"王崩大肆,以秬鬯渳。"杜子春讀渳爲泯,以秬鬯浴屍也。按:浴屍則釁屍口鼻,與飲歃義相近。

(渳)

甫竁

【詁訓】《周禮·小宗伯》《冢人》皆曰"甫竁",注曰:"甫,始也。鄭大夫讀竁皆爲穿,杜子春讀竁如毳,皆謂葬穿壙也。今南陽名穿地爲竁,聲如腐脆之脆。"按:此注讀竁爲穿者,易其字也。讀竁如毳者,擬其音也。下文鄭仲子春之說,以南陽語證子春說之不誤。

(竁)

肆師

表齍盛告絜

【異文】【詁訓】《肆師》:"表齍盛告絜。"注云:"故書表爲剽。剽表皆謂徽識也。"按:表、剽皆同標。

(標)

【異文】【叚借】《周禮·肆師》:"表齍盛告絜。"鄭注:"故書表爲剽,剽、表皆謂徽識也。"按:剽、表皆叚借字,幖其本字也。

(幖)

禮儀

【古今】【辨誤】《周禮·肆師》注:"故書儀爲義。鄭司農云:'義讀爲儀。古者書儀但爲義,今時所謂義爲誼。'"按:此則誼、義古今字。周時作誼,漢時作義,皆今之仁義字也。其威儀字,則周時作義,漢時作儀。凡讀經傳者,不可不知古今字。古今無定時,周爲古則漢爲今,漢爲古則晉宋爲今,隨時異用者謂之古今字。非如今人所言古文、籀文爲古字，小篆、隸書爲今字也。云"誼者人所宜"，則許謂誼爲仁義字。今俗分別爲恩誼字，乃野說也。《中庸》云："仁者，人也。義者，宜也。"是古訓也。

（誼）

【古今】古者威儀字作義，今仁義字用之。儀者，"度也"，今威儀字用之。誼者，"人所宜也"，今情誼字用之。鄭司農注《周禮·肆師》："古者書儀但爲義，今時所謂義爲誼。"是謂義爲古文威儀字，誼爲古文仁義字。故許各仍古訓，而訓儀爲度。凡儀象、儀匹，引申於此，非威儀字也。古經轉寫既久，肴襍難辨，據鄭、許之言，可以知其意。

（義）

【叚借】先鄭《周禮注》曰："今人用義，古書用誼。"誼者本字，義者叚借字。

（會意者）

鬱人

和鬱鬯　鄭注：十葉爲貫　百二十貫爲築

【校勘】【經學】【辨誤】【詁訓】（《說文》："鬱，芳艸也。十葉爲貫，百廿貫，築目煑之爲鬱。"）十當作千，"百"字下曰："十百爲一貫"是也。《周禮注》作"十"，亦誤。……《鬱人》注："鄭司農云：'鬱，草名。十葉爲貫，百二十貫，築以煑之鐎中，停於祭前。'"按：許說同此。今本注"百二十貫"之下衍"爲"字，賈公彥誤連"築"爲句矣。築鬱二字見《肆師職》。注云："築鬱草煑之。"《鬱人》注云："築鬱金煑之，以和鬯酒。"又云："鬱者，鬱金香草，宜以和鬯。"是則鄭意謂築之煑之以和秬黍所釀之鬯酒，乃用於祼也。凡以鬱和鬯謂之鬱鬯，如《鬱人》云"和鬱鬯以實彝"是。不和鬱者，但謂之秬鬯，如《鬯人》"掌共秬鬯而飾之"是也。許意與鄭略同。

（鬱）

鬯人

瓢齎　鄭注：瓢謂瓢蠡也①

【詁訓】【叚借】蠡之言離，《方言》曰："劙，解也。"一瓠離爲二，故曰蠡。鄭注《鬯人》云："瓢謂瓢蠡也。"《漢書》："以蠡測海"，張晏曰："蠡，瓠瓢也。"字皆借"蠡"。《九歎》："瓟蠡蠹於筐簏。"《急就篇》："蠡升參升半卮觛。"《方言》："蠡或謂之瓢，或謂之簞，或謂之櫼。"則字皆从瓜。

（蠡）

雞人

夜嘑旦以嘂百官

【校勘】《雞人》："夜嘑旦以嘂百官"，此嘑字之僅存者也。若《銜枚氏》"嘂呼歎嗚"，《大雅》"式號式呼"，以及諸書云叫呼者，其字皆當作嘑，不當用外息之字。嘑或作謼，崔靈恩《毛詩》："式號式謼。"

（嘑）

司尊彝

獻尊

【異文】【經學】【詁訓】（《說文》："《周禮》六彝：犧彝、象彝、箸彝、壺彝、大彝、山彝。目待祭祀賓客之禮。"②）見《周禮·司尊彝職》，"犧"作"獻"。鄭司農云："獻讀爲犧。犧尊，飾以翡翠。象尊，以象鳳皇，或曰以象骨飾尊。箸尊，箸略尊也，或曰箸尊箸地無足。壺者，以壺爲尊，《春秋傳》曰：'尊以魯壺。'大尊，大古之瓦尊。山

---

① 許校云："'瓢蠡'原作'瓠蠡'。"
② 陳本"彝"作"尊"，"箸"作"著"。

尊，山罍也。"按：《毛詩·閟》之"犧尊"即獻尊也，故許同大鄭作"犧"。"以待祭祀"，《司尊彝》詳之矣。《大行人》賓客之祼亦必用彝，饗禮、食禮亦必用尊，故約之曰："以待祭祀賓客之禮"。

（彝）

昨

【叚借】《周禮·司尊彝》叚"昨"爲酬酢字。

（昨）

涚酌　鄭注：涚酌者梲拭勺而酌也①

【異文】《周禮·司尊彝》注云："涚酌者，挩飾勺而酌也。"《釋文》作"飾"，今本作"拭"，實無二義。

（飾）

司几筵

漆几

【異文】【詁訓】（《說文》："《周禮》五几：玉几、彤几、彤几、鬃几、繁几。"②）《周禮·司几筵職》文。"鬃几"，今《周禮》作"漆几"，蓋許所據不同。鬃者，桼也。

（几）

典瑞

琢　先鄭注：圻鄂

【經學】【詁訓】（《說文》："琢，圭璧上起兆琢也。"）《周禮》先鄭注云："琢，有圻鄂琢起也"，後鄭云："琢，文飾也。"許云："起兆

---

① 今本"拭"作"梲"。
② 陳本"彤"作"雕"，"鬃"作"素"。

瑑"，與先鄭說合。兆者，垗也，營域之象，先鄭所謂"垠堮"也。大圭不瑑者，以素爲貴也。

（瑑）

【異文】【叚借】【古今】【異體】【經學】【詁訓】【源流】《周禮·典瑞》《輈人》《禮記·郊特牲》《少儀》《哀公問》五注皆云"圻鄂"，圻或作沂。張平子《西京賦》作"垠鍔"，注引許氏《淮南子注》曰："垠鍔，端匡也。"《甘泉賦》李注曰："鄂，垠鄂也。"按：垠亦作圻。或作沂者，叚借字。《淮南書》亦作"䍩"，《玉篇》曰："古文也。"咢作鄂、作鍔者，皆叚借字。或作壐、作塄者，異體也。咢者，譁訟也。叚借之，《毛詩》"鄂不韡韡"，鄂葢本作咢，《毛傳》曰："咢猶咢咢然，言外發也"，《箋》云："承華者曰咢，不當作柎。柎，咢足也。"毛意本謂花瓣外出者，《鄭牋》則以《詩》上句爲華，不謂蒂，故謂咢爲下系於蒂而上承華瓣者。毛云"咢咢"，猶今人云礧礧。毛、鄭皆謂其四出之狀。《長笛賦》注、《字林》始有从卪之鄂，垠咢字之別體也。俗卩阝混殽，故作鄂不作咢。物之邊畔有齊平者，有高起者，有捷業如鋸齒者，故統評之曰垠咢。有單言垠，單言咢者，如《甘泉賦》既云"亡鄂"，又曰"無垠"是也。故許以"地垠咢"釋"垠"。《廣韵》曰："圻，圻堮，又岸也"，正本《說文》。

（垠）

四圭有邸

【叚借】經典假借邸爲柢，如《典瑞》"四圭有邸"是也。

（邸）

璧羨

【叚借】【音義】（編按：羨）亦假借爲"延"字。《典瑞》"璧羨"，注云："長也。"《玉人》注云："徑也。"皆由延訓長，假此爲延也。墓中道曰羨道，音延，亦取浚長之義。若江夏郡沙羨縣，音夷，則係方語。

（羨）

琬圭

【詁訓】【辨誤】先鄭云："琬，圭無鋒芒，故以治德結好。"後鄭云："琬猶圓也，王使之瑞節也。"戴先生曰："凡圭剡上寸半，直剡之，倨句中矩。琬圭穹隆而起，宛然上見。"玉裁謂：圜剡之，故曰"圭首宛宛者"，與凪上有凪爲宛凪同義。《爾雅》又云："宛中，宛凪"，此與《毛傳》"四方高，中央下曰宛凪"、《釋名》"凪宛宛如偃器"正同，謂窊其中宛宛然也。二義相反，俱得云宛。《爾雅》兼采異說，郭說"宛中"失之。

（琬）

司服

享先王則袞冕

【詁訓】【叚借】【經學】【志疑】【古今】《周禮·司服》曰："王之吉服，享先王則袞冕。"鄭仲師云："袞，卷龍衣也。"《豳風》："袞衣繡裳。"《傳》曰："袞衣，卷龍衣也。"卷龍謂龍拳曲。《禮記》袞衣字皆作卷。鄭於《王制》釋之曰："卷，俗讀也，其通則曰袞。"蓋袞與卷古音同，故《記》假卷爲袞也。鄭云："周制以日月星辰畫於旌旗而冕服九章：初一曰龍，次二曰山，次三曰華蟲，次四曰火，次五曰宗彝，皆畫於衣；次六曰藻，次七曰粉米，次八曰黼，次九曰黻，皆繡於裳。則袞之衣五章，裳四章，凡九也。"許於《糸部》引《書》"山龍華蟲作繪"云："會五采繡也。"此又云繡龍於裳，其釋"黺"則曰"畫粉也"，皆與鄭正相反。蓋鄭說未出以前，許所據之說多不可攷矣。……（《說文》："从衣，公聲。"①）公見《口部》及《水部》，古文沇州字也，袞以爲聲。故《禮記》作"卷"，《荀卿》作"裷"，《王純碑》以袞爲兗州字。

（袞）

---

① 陳本"公"作"公"，段云："各本作公聲，篆體作袞。公與袞雖雙聲，非同部，今正。"

希冕　鄭注：希讀為絺或作黹字之誤也

【校勘】《臯陶謨》曰："絺繡"，鄭本作"希"，注曰："希讀爲黹。黹，紩也。"《周禮·司服》"希冕"，鄭注引《書》"希繡"，又云："希讀爲黹。或作絺，字之誤也。"今本《周禮注疏》傳寫倒亂。

（黹）

廞衣服

【異文】【經學】【叚借】（《說文》："廞，陳輿服於庭也。"）《周禮》故書"廞"爲"淫"，鄭司農云："淫讀爲廞。廞，陳也。"許說同先鄭。《釋詁》曰："廞，興也。"後鄭注《周禮》云："廞，興也。"興作之說同《爾雅》。按：易"淫"爲"廞"，古音同在七部也。釋"廞"爲"興"，古六部、七部合音也。

（廞）

守祧

既祭則藏其隋

【異文】【經學】【校勘】《守祧》："既祭則藏其隋。"注："隋，尸所祭肺脊黍稷之屬。"其儀節詳於《禮》十七篇。其字古文《士虞禮》作隋，與《周禮》同。《特牲》《少牢》篇今文作綏，古文作挼，或作妥。鄭注云："《周禮》作隋，隋與挼讀同。"又云："挼讀爲隋。"注《曾子問》亦云："綏，《周禮》作隋。"是鄭以隋爲正字，與許同也……今《儀禮注》"隋"皆作"墮"，誤。

（隋）

【叚借】《周禮·守祧》《禮經·士虞》《特牲》《少牢》隋祭或作隋、作墮，或作挼，或作綏。隋當是正字，挼、綏當是叚借。鄭云："下祭曰墮，墮之言猶墮下也。"按：隋聲、妥聲同在古十七部。

（挼）

世婦

掌女宮之宿戒

【詁訓】先期亦曰宿，《周禮·世婦》"掌女宮之宿戒"，《祭統》"宮宰宿夫人"，《禮經》"宿尸"，皆謂先期戒飭。鄭云："宿讀爲肅。"
（宿）

冢人

以爵等爲丘封之度與其樹數　賈疏：樹以藥草

【校勘】《周禮·冢人》："以爵等爲丘封之度與其樹數。"《賈疏》引《春秋》緯："天子墳高三仞，樹以松。諸侯半之，樹以柏。大夫八尺，樹以藥草。士四尺，樹以槐。庶人無墳，樹以楊柳。""藥草"二字，"欒"之誤也。《白虎通》引""《春秋含文嘉》"語全同，正作"大夫以欒"。……《含文嘉》是《禮》緯。《白虎通》云"《春秋含文嘉》"，葢引《春秋》《禮》二緯。而"《春秋》"下有奪字。唐《封氏聞見記》引《禮經》及《說文》皆譌舛。
（欒）

大司樂

諷誦

【詁訓】《大司樂》："以樂語教國子，興道諷誦言語。"注："倍文曰諷，以聲節之曰誦。"倍同背，謂不開讀也。誦則非直背文，又爲吟詠，以聲節之。《周禮》經、注析言之，諷、誦是二。許統言之，諷、誦是一也。
（諷）

【詁訓】《大司樂》注曰："倍文曰諷。"不面其文而讀之也。
（倍）

大磬

【叚借】（編按：韶）或作"招"，《周禮》作"磬"，皆假借。
（韶）

【叚借】（《說文》："磬，籒文韜，从殸召。"）《周禮》以爲"韶"字。
（韜）

大濩

【叚借】（編按：濩）或假爲"護"，如湯樂名"大濩"是也。
（濩）

三宥

【叚借】《周禮·大司樂》假"宥"爲"侑"。
（宥）

令奏愷樂

【詁訓】《周禮·大司樂》曰："王師大獻，則令奏愷樂。"注曰："大獻，獻捷於祖。愷樂，獻功之樂。鄭司農說以《春秋》晉文公敗楚於城濮，《傳》曰：'振旅愷以入於晉。'"按：經傳"豈"皆作"愷"。
（豈）

大傀異烖

【異文】【異體】（《說文》："《周禮》曰：'大傀異災。'"①）《周禮》作"烖"，篆文也。許作"災"，籒文也。
（傀）

---

① 陳本無"災"。

樂師

帗舞　羽舞

【校勘】【經學】（《說文》："翠，樂舞。執全羽㠯祀社稷也。"）《樂師》有"帗舞"，有"羽舞"，注："故書帗作翠，皇作䍿。鄭司農云：'翠舞者，全羽；羽舞者，析羽。社稷以翠。'玄謂：帗析五采繒，今靈星舞子持之是也。"按：今本脫"帗作翠"三字，又將大鄭注"翠"改爲"帗"，非也。《舞師》注亦有脫。大鄭及許皆從故書作翠，以字从羽，故知爲全羽；後鄭從今書作帗，以字从巾，故知析五采繒也。
（翠）

【經學】（《說文》："帗，一幅巾也。"）此與鄭注《周禮》"帗舞"義絕殊，葢許君《周禮》作"翠舞"，與鄭司農說同，見《羽部》。
（帗）

有羽舞有皇舞

【詁訓】【異文】《周禮·樂師》："有羽舞，有皇舞。"鄭司農云："羽舞者，析羽。皇舞者，以羽覆冒頭上，衣飾翡翠之羽。"《鼓師》云："教皇舞，帥而舞旱暵之事。"按：皇舞亦羽舞也，故字或作䍿，而零或作䨖。
（䨖）

教愷歌遂倡之

【叚借】【辨誤】（編按：倡）經傳皆用爲"唱"字。《周禮·樂師》："凡軍大獻，教愷歌遂倡之。""故書倡爲昌。鄭司農云：'樂師主倡也，昌當爲倡。'"按：當云："昌當爲唱。"
（倡）

詔來瞽皋舞①

【異文】【音義】（《說文》："《周禮》曰：'詔來鼓皋舞。'"②）今《周禮》作"來瞽"。先鄭云："鼓或作瞽，皋當爲告。"後鄭云："皋之言號。"《大祝職》云："來瞽令皋舞。"後鄭曰："皋讀爲卒嗥呼之嗥。來嗥者皆謂呼之入。"《漢書》："高祖告歸之田。"服虔曰："告音如嗥。"《東觀漢記·田邑傳》作"號歸"。蓋古"告""皋""嗥""號"四字音義皆同。

（皋）

帥射夫以弓矢舞

【異文】【古今】【經學】《周禮》："燕射，帥射夫以弓矢舞。""故書帥爲率，鄭司農云：'率當爲帥。'"大鄭以漢人帥領字通用帥，與周時用率不同故也。此所謂古今字。《毛詩》"率時農夫"，《韓詩》作"帥時"。許引《周禮》"率都建旂"，鄭《周禮》作"帥都"。《聘禮》注曰："古文帥皆爲率。"皆是也。

（達）

大師

興

【詁訓】【音義】《周禮》六詩："曰比，曰興。"興者，託事於物。按：古無平去之別也。

（興）

---

① 今本"皋"作"皐"。
② 陳本"皋"作"皐"。

小師

管

【經學】賈逵、大鄭、許君、應劭《風俗通》、蔡邕《月令章句》、張揖《廣雅》皆云"如篪，六孔"，惟後鄭《周禮注》《詩箋》云："如篴而小，併兩而吹之。今大予樂官有焉。"

（管）

瞽矇

世帝繫①

【叚借】系之義引申爲世系，《周禮·瞽矇》："世帝繫"，《小史》："奠繫世"，皆謂《帝繫》《世本》之屬，其字借繫爲之，當作系。《大傳》："繫之以姓而弗別"，亦系之叚借。

（系）

典同

高聲　鄭司農注：鍾形下當陴

【叚借】【校勘】鄭司農注《周禮·典同》曰："鍾形下當陴。"按：其文義當是"庳"之假借。庳，卑也。《列女傳》："古者婦人身子，寢不側，坐不邊，立不蹕。"按：其文義，當是"跛"之假借。今兩書皆譌作"蹕"。

（髀）

陂聲散

【音義】【校勘】《周禮·典同》注："陂讀爲人短罷之罷。"《司弓矢》

---

① 今本"帝"作"奠"，《周禮注》云："故書奠或爲帝"，段引同故書。

"庫矢"注："鄭司農讀爲人罷短之罷。"或作"矲"，《方言》曰："昳，矲，短也。桂林之中謂短矲。"郭注："言矲雉也。"按：矲，皮買反；雉，苦買反。今本《方言》"雉"譌作"䫂"，《典同》釋文"雉"譌作"矮"。依《集韵》《類篇》、宋余仁仲《周禮》所載《釋文》、明葉林宗所寫《釋文》正之。"雉"，从矢，佳聲，非"雉"字也。

（㪸）

微聲韽

【經學】（《說文》："韽，下徹聲。"）《周禮·典同》曰："微聲韽。"此蓋賈侍中《周官解故》說。杜子春、鄭康成說各異。

（韽）

薄聲甄

【叚借】（編按：甄）《考工記》叚借爲震掉字①。

（甄）

笙師

籥②

【經學】（《說文》："籥，三孔龠也。"）《毛詩傳》曰："龠，六孔。"許"龠"下從之。……鄭注《笙師》《少儀》《明堂位》皆云："籥如笛，三孔。"鄭專謂籥耳。

（籥）

---

① 許校云："《周禮》用'甄'僅一例，見《春官·典同》：'薄聲甄'，注謂'猶掉也。'當是段氏所指。"按：段氏《周禮漢讀考》清嘉慶刻本，卷三，葉三十四"薄聲甄"條段云："《春秋緯》有'甄燿度'，甄讀爲震，震動之意。"

② 今本作"龡"。

竽

【詁訓】《周禮·笙師》："掌教歙竽。"大鄭曰："竽三十六簧。"按：據《廣雅》，"竽三十六管"，然則管皆有簧也。

（竽）

笙

【詁訓】大鄭《周禮注》曰："笙十三簧。"按：《廣雅》云："笙十三管"，亦每管有簧也。

（笙）

篪

【志疑】鄭司農注《周禮》云："篪七空"，《廣雅》云："八孔"，賈公彥引《禮圖》云："九孔"，其言多轉寫錯亂，疑不能明也。

（籈）

篴①

【古今】【校勘】【經學】《周禮·笙師》字作"篴"，大鄭云："杜子春讀篴如蕩滌之滌，今人所吹五空竹笛。"按：篴、笛古今字，大鄭注上作篴，下作笛，後人妄改一之。大鄭云五孔，馬融賦亦云："《易》京君明識音律，故本四孔加以一。君明所加孔後出，是謂商聲五音畢。"然則漢時長笛五孔甚明。云七孔者，《禮》家說古笛也。許與大鄭異。

（笛）

---

① 今本作"遂"。

籥章

豳籥　注：邠①

【詁訓】古地名作邠，山名作豳，而地名因於山名，同音通用，如郊、岐之比。是以《周禮·籥師》②經文作豳，注作邠。漢人於地名用邠不用豳。

（邠）

典庸器

設筍虡　鄭注：從者爲鐻③

【異體】【詁訓】【辨誤】【義例】《周禮·典庸器》注："橫者爲筍，從者爲鐻。"《釋文》曰："鐻，舊本作此字，今或作虡。"按：經典"鐻"字祇此一處，此字蓋秦小篆，李斯所作也。《秦始皇本紀》："收天下兵，聚之咸陽，銷以爲鐘鐻。"本篇引賈生論云："銷鋒鑄鐻。"《三輔黃圖》曰："始皇收天下兵，銷以爲鐘鐻，高三丈。"字皆正作"鐻"。蓋梓人爲虡本以木，始皇乃易以金，李斯小篆乃改爲从金、虡聲之字。司馬賦云："千石之鐘，萬石之鉅。"正謂秦物。《史記》作"鉅"，即"鐻"字之異者也。"鐘鐻"與"金人"爲二事，《本紀》、賈論、《西都》《西京》二賦、《三輔黃圖》皆竝舉，《漢·賈山傳》《陳項傳》各舉其一。學者或認爲一事，非也。《典庸器》經文作"虡"，注文作"鐻"，此鄭氏注經之通例。如《禮經》經文作"庿"，注文作"廟"，《周禮》經文作"眂"，注文作"視"，皆是也。

（虡）

---

① 今本"邠"作"豳"。阮校云："《釋文》音經'豳籥'云：'注邠同。'段玉裁取此爲經用古字注用今字之一證。今本皆改爲豳矣。"
② 許校云："《籥師》當作《籥章》。"
③ 今本"虡"作"虡"。

垂氏①

【叚借】《周禮》假垩爲筆,"垂氏掌共燋契"是也。
(筆)

凡卜以明火爇燋遂歔其燋契以授卜師遂役之

【校勘】【詁訓】(《說文》:"焌,然火也……《周禮》曰:'遂籥其焌。'")《周禮·垩氏》曰:"凡卜,以明火爇燋,遂歔其焌契,以授卜師。"注云:"焌讀如戈鐏之鐏,謂之契柱燋火而吹之也。"《士喪禮》:"楚焞置於燋,在龜東。""楚焞即契所用灼龜也。燋謂炬,其存火。"(段云:"三字當依《士喪禮》注作'所以然火者也'。")(《說文》:"焌火在肯,焞焯龜。"②)此許引《周禮》而釋其焌之義,似有舛誤。依鄭注則契即楚焞,楚焞柱於炬然之,用以灼龜。焌者,謂吹而然之也。
(焌)

占夢

噩夢

【叚借】【異文】(《說文》:"《周禮》……二曰㖾㖾。")㖾者,譁訟也,借爲驚遌之遌。《周禮》作"噩夢",杜子春云"當爲驚愕之愕,謂驚愕爲夢"也。
(㖾)

---

① 今本"垂"作"菙",下同。阮校云:"葉鈔《釋文》作'垩氏',云:'本又作菙。'"
② 陳本"肯"作"前","焞"作"焯"。

眡祲

十煇之法①

【古今】【叚借】【詁訓】《周禮》"暈"作"煇"，古文叚借字。《眡祲》："掌十煇之法，以觀妖祥，辨吉凶。一曰祲，二曰象，三曰鑴，四曰監，五曰闇，六曰瞢，七曰彌，八曰敘，九曰隮，十曰想。"鄭司農云："煇謂日光炁也。"按：日光氣謂日光捲結之氣。《釋名》曰："暈，捲也，氣在外捲結之也。日月皆然。"孟康曰："暈，日旁氣也。"
（暈）

三曰鑴②

【校勘】【叚借】《周禮·眡祲》十煇："三曰鑴"，鄭云："鑴，讀如童子佩鑴之鑴，謂日旁氣刺日者。"按：此注當云："讀爲童子佩觿之觿"，轉寫誤也。《周禮》假"鑴"爲"觿"。
（觿）

【校勘】【叚借】《周禮·眡祲》十煇："三曰鑴"，鄭注："鑴讀爲童子佩觿之觿，謂日旁氣刺日也。"按：今本《周禮注》觿譌金旁，非是。觿者，佩角，銳耑可以解結，故鄭讀鑴爲觿。今本作"讀如"，亦非也。
（鑴）

五曰闇

【叚借】《眡祲》"掌十煇之灋"："五曰闇"，鄭司農云："闇，日月食也。"暗者正字，闇者叚借字也。
（暗）

---

① 今本"法"作"灋"。
② 今本"鑴"作"鐫"。

大祝

二曰造

【異文】（《說文》："祰，告祭也。"）《周禮》六祈："二曰造"，杜子春云："造祭於祖也。"當許時，《禮》家"造"字容有作"祰"者。（祰）

擩祭

【校勘】【音義】【辨誤】（《說文》："擩，染也……《周禮》曰：'六曰擩祭。'"①）各本篆作"擩"，解作"需聲"，引《周禮》作"擩祭"，今正。古音夒聲在十四部，需聲在四部，其音畫然分別，後人乃或淆亂其偏旁，本從夒者譌而從需，而音由是亂矣。《周禮·大祝》九祭："六曰擩祭。"《士虞禮》《特牲饋食禮》《少牢饋食禮》《有司徹》四篇經文凡用擩字二十。唐石經《周禮》《士虞》皆作"擩"，《特牲》《少牢》《有司》皆作"擩"，參差乖異。此非經字不一，乃《周禮》《士虞》經淺人妄改也。郭璞而沿反，李善而緣反，劉昌宗而玄反，陸德明而泉反，皆夒聲之正音也。杜子春讀如虞芮之芮，郭璞而悅反，劉昌宗而誰反，顏師古如閱反，陸德明而劣反，皆夒聲之音轉也。古音十四、十五部冣相近之理也。今則《周禮》《禮經》《漢書·子虛賦》注皆誤從需。《玉篇》擩而主切，《廣韻·麌韻》作擩，切而主，《薛韻》作擩，切如劣，不知其本爲一字。而《五經文字》云："擩，如悅反，字書無此字，見《禮經》。擩，汝主反，見《周禮》。"是則唐開成石經正用張參之說，故《周禮》與《儀禮》異字，不知何以就《禮經》中《士虞》與他篇又異字也。張氏云："《周禮》作擩，汝主反。"今按：《周禮釋文》曰："而泉反，一音而劣反，劉又而誰反"，絕無汝主一反，不可以證陸氏《周禮》之本作"擩"乎？《士虞禮》釋文曰："如悅反，劉而玄反，又而誰反"，與《特牲》《少牢》《有司》音義皆同，

---

① 陳本"擩"作"擩"。

亦不言而主反，又不可以見《士虞》之本作捘乎？其云"字書無捘字"，則其所據《說文》已爲俗改之本，有擩無捘，而不知《說文》古本之有捘無擩也。《禮經注》曰："捘，染也。"李奇《子虛賦》注曰："染，捘也。"

（捘）

九拜

【詁訓】【古今】《周禮·太祝》九拜："一曰䭫首，二曰頓首，三曰空首。"……鄭曰："稽首，拜頭至地也；頓首，拜頭叩地也；空手，拜頭至手，所謂拜手也。吉拜，拜而後稽顙，謂齊衰不杖以下者；凶拜，稽顙而後拜，謂三年服者。"玉裁按：九拜以前三者爲體，後六者爲用，如六書以指事、象形、形聲、會意四者爲體，轉注、假借二者爲用也。凡經言"拜手"，言"拜"，皆《周禮》之"空首"。《手部》"拜"字下曰："首至手。"何注《公羊傳》曰："頭至手曰拜手。"皆與《周禮》"空首"注合。凡經言"稽首"，小篆作"䭫"，古文作"𩑋"，經傳無異偁。何注《公羊》云："頭至地曰稽首。"與《周禮注》合。凡經傳言"頓首"，言"稽顙"或單言"顙"，皆九拜之頓首。何注《公羊》曰："顙猶今叩頭。"《檀弓》"稽顙"注曰："觸地無容。"皆與《周禮》"頓首"注合。頭至手者，拱手而頭至於手，頭與手俱齊心不至地，故曰空首。若稽首、頓首則拱手皆下至地，頭亦皆至地，而稽首尚稽遲，頓首尚急遽。頓首主於以顙叩觸，故謂之稽顙，或謂之顙。《周禮》之九拜不盡知，而稽首者，吉禮也；頓首者，凶禮也；空首者，吉凶所同之禮也。經傳立文，凡單言"拜"及下屬"稽首""稽顙"，言"拜"，言"拜手"者，皆空首也；言"拜手稽首"者，空首而稽首也；言"拜"而後"稽顙"者，空首而頓首也；言"稽顙"而後"拜"者，頓首而空首也；言"稽顙"而不拜者，頓首而不空首也。經於吉、賓、嘉曰"稽首"，未有言"頓首"者也；於喪曰"稽顙"，亦未有言"頓首"者也。然則稽顙之即頓首無疑矣。有非喪而言頓首者，非常事也，類乎凶事也，如申包胥之"九頓首而坐"，以國破君亡；穆嬴"頓首於宣子"，以太子不立；"與季平子稽顙於叔孫昭子"，以君亡；"昭公子家駒再拜頟於齊侯"，以失國，正同也。若"陳無宇稽頟於欒施"，以排患釋難，禮之過也，無宇之詐也。沿至秦漢，以頓首爲請罪之辭。《中山策》司馬喜之頓首，別於陰姬公之稽首。漢人文字存者，蔡邕《戍邊上章》云："朔方髡鉗徒臣邕稽首再拜上書皇帝陛下"，末云："臣頓首死罪稽首再拜以聞。"蔡質所記立宋皇后儀，首云："尚書令臣鬬等稽首言"，末云："臣囂等誠惶誠恐頓首死罪稽首再拜以聞。"許沖《進〈說文解字〉》首云："召陵萬歲里公乘臣沖稽首再拜上書皇帝陛下"，末云："臣沖誠惶誠恐頓首頓首死辠死辠稽首再拜以聞皇帝陛下。"皆"頓首"與"稽首"分別，"稽首"爲對敭之辭。
(頓)

【詁訓】【異文】【句讀】頓首、稽首爲《周禮》九拜之二大端。在漢末時，上書言事者必分別其辭，則二者形狀之不同，所用行禮之分別，許時人人知之。故《小雅》《大雅》"稽首"，毛皆無《傳》，許亦但曰：此篆謂稽首，此篆謂頓首而已。《周禮》"稽首"，本又作"稽"；許沖上書，前作"稽首"，後作"稽首"，恐今之經典轉寫譌亂者多矣。鄭曰："稽首（段云：句）。拜頭至地也。頓首。拜頭叩地也。"葢稽首者，拱手至地，頭亦至於地，而頟不必觸地，與頓首之頟叩地異矣。稽首者，稽遲其首也。頓首亦曰頓頟。頓頟者，稽遲其頟也。此吉凶之大辨也。今人作名刺必曰："頓首拜"，是以凶禮施於賓禮、嘉禮。且頓首而拜，非即喪禮之稽頟而後拜乎？亦議禮者所當知矣。詳見《覞部》《手部》。古者吉、賓、嘉皆稽首，無言頓首者；喪則稽頟，無言稽首者。以是知稽頟即頓首也。諸侯於天子稽首；大夫、士於諸侯稽首；大夫、士於鄰國之君稽首；家臣於大夫不稽首，以避君也；君之於臣拜手；君於臣稽首者，重其臣也，《洛誥》云成王"拜手稽首"是也。
(稽)

【詁訓】【校勘】【歷史】（《說文》："擡，搆舉首下手也。"①）凡不跪不爲拜，跪而舉其首惟下其手，是曰肅拜，漢人曰擡。《周禮》九拜："九曰肅拜"，先鄭注云："肅拜，但俯下手，今時擡是也。"鄭注《少

---

① 陳本無"搆"，"首"作"手"。

儀》曰："肅拜，拜不低頭也。"云"但俯下手"，云"不低頭"，正與"舉首下手"合。今本《說文》既譌，而《少儀》注又刪"不"字，作"拜低頭"，乃終古昧其禮矣。程氏瑤田曰："言舉首者，以別於稽首、頓首、空首，三拜皆必下其首也。"按：此婦人之拜也。婦人以肅拜當男子之空首，《少儀》云"婦人吉事，雖有君賜，肅拜"是也。以手拜當男子之稽首，《少儀》之"手拜"、《士昏禮》之"拜扱地"是也。以稽顙當男子之頓首，《喪服小記》之"爲夫與長子稽顙"是也。肅拜與成十六年之肅不同。肅不連拜，介者不拜，長揖而已。不拜者，不跪也。肅拜則跪而舉首下手也。○南宋張淏《雲谷襍記》引程氏《攷古編》云："《國史·王貽孫傳》大祖嘗問趙普拜禮何以男子跪而婦人不跪。普訪禮官，無有知者。貽孫曰：'唐天后朝，婦人始拜而不跪。'普問所出，曰：'大和中，有幽州從事張建章著《渤海國記》，備言其事。'予按（段云："予，程氏自偁。"）：後周天元大象二年，詔內外命婦皆執笏，其拜宗廟及天臺，皆俯伏如男子。據此詔特令於廟朝跪，其他拜不跪矣。豈武后時并廟朝不跪，建章記之未詳耶？周昌諫帝廢太子，呂后見昌爲跪謝。《戰國策》蘇秦嫂'蛇行匍匐，四拜自跪而謝。'《隋志》皇帝册后，后先拜後起，皇帝後拜先起。則唐以前婦拜皆跪伏也。"玉裁按：婦人拜亦無不跪者，肅拜跪而舉首，不俯伏，雖拜君賜亦然。天元時令拜宗廟天臺，俯伏如男子，可以證常拜之跪而不必俯伏也。至於天后而始不跪。孫甫《唐書》曰："武后欲尊婦人，始易今拜。"

（擅）

【詁訓】《周禮》之"空首"，他經謂之"拜手"。鄭注曰："空首，拜頭至手，所謂拜手也。"何注《公羊傳》曰："頭至手曰拜手。"某氏注《尚書·大甲》《召誥》曰："拜手，首至手也。"何以謂之頭至手？《足部》曰："跪者，所以拜也。"既跪而拱手，而頭俯至於手，與心平，是之謂頭至手，《荀卿子》曰"平衡曰拜"是也。頭不至於地，是以《周禮》謂之空首。空首者，對稽首、頓首之頭箸地言也。詳言曰拜手，省言曰拜。拜本專爲空首之偁，引申之則稽首、頓首、肅拜皆曰拜。稽首者何也？拜頭至地也。既跪而拱手下至於地，而頭亦下至於地，《荀卿》所謂"下衡曰䭫首"。《白虎通》、鄭注《周禮》、何注《公羊》、某氏注《尚書·召誥》、趙注《孟子》皆曰"拜頭至地曰䭫首"是也。頓首者，拜頭叩地也。既跪而拱手，下至於地，而頭不徒下至地，且叩觸其額，是之謂頓首，《荀卿》所謂"至地曰䭫顙"也。《周禮》之"頓首"即他經之"䭫顙"，故《周禮注》云："頓首，頭叩地。"《士喪禮》《檀弓》"䭫顙"注云："頭觸地"，叩、觸一也。凡言拜手䭫首，言拜䭫首者，先空首而後䭫首也。言拜而後䭫顙者，先空首而後頓首也。言䭫顙而後拜者，先頓首而後空首也。言䭫顙而不拜者，徒頓首而不空首也。空首、䭫首、頓首三拜爲經，振動、吉拜、凶拜、奇拜、褒拜、肅拜爲緯。振動者，戰栗變動之拜，有不必爲此三拜而爲此三拜者也。吉拜者，拜之常也，當拜而拜，當䭫首而䭫首是也。凡䭫首，未有用於凶者也。凶拜者何也？拜而後䭫顙，䭫顙而後拜皆是也。凡頓首，未有不用於凶者也。奇拜者，一拜也，一䭫首、一頓首亦是也。簡少之䛐也。褒拜者，拜不止於再也。䭫首、頓首不止於再者，亦是也。多大之䛐也。肅拜者，婦人之拜，不低頭者也。總計之曰"九拜"。凡云拜手者，頭至手，故其字从手，作撍。……（《說文》："拜，楊雄說：撍从㒳手下。"①）凡空首，首至手而平衡，手未嘗下於心也。䭫首、頓首則下矣。楊葢兼三拜而製此字也。見於《周禮》者作"撍"，他經皆同子雲作。

(撍)

【詁訓】【歷史】《周禮》九撍：一曰稽首，吉拜也，頭至地也；二曰頓首，凶拜，即稽顙也，頭叩地也；三曰空首，吉凶皆有之，即拜手也，頭至手也。稽首、頓首，吉凶不相兼，是以周制惟喪稽顙，惟大變用頓首。如《左傳》穆嬴、申包胥之頓首，即稽顙也。《獨斷》曰："漢承秦法，羣臣上書皆言昧死言。王莽盜位，慕古法，去昧死，曰稽首。光

---

① 陳本"楊雄說"後"撍"作"拜"，"㒳"作"兩"。

武因而不改。"意非不善也，而仍兼言頓首死罪，爲請罪之辭，遂使一簡一行之間吉凶二拜並出，殊爲非禮。說詳《釋拜》。

（臣沖誠惶誠恐）

隋釁

【詁訓】【音義】【異文】【叚借】《周禮·大祝》注云："隋釁，謂薦血也。凡血祭曰釁。"《孟子·梁惠王》趙注曰："新鑄鐘，殺牲以血塗其釁郤，因以祭之曰釁。"《漢書·高帝紀》："釁鼓"，應劭曰："釁，祭也，殺牲以血塗鼓釁呼爲釁。"呼同罅。按：凡言釁廟、釁鐘、釁鼓、釁寶鎮寶器、釁龜策、釁宗廟名器，皆同，以血塗之因薦而祭之也。凡坼罅謂之釁，《方言》作"璺"，音問。以血血其坼罅亦曰釁，《樂記》作"衅"。……分聲故釁或爲薰，如《齊語》："三釁三浴"，或爲"三薰"。《呂覽》："湯得伊尹，釁以犧豭"，《風俗通》作"熏以萑葦"。《漢書》："豫讓釁面吞炭"，顏云："釁，熏也。"皆是也。釁又讀爲徽，如《周禮·女巫》《鬯人》注先鄭說是也。分聲讀徽，此即煇㫍入微韵之比。

（釁）

小祝

彌灾兵①

【叚借】（編按：彌）《周禮·小祝》假爲"敉"，《史記·禮書》假爲"靡"。

（彌）

---

① 今本"災"作"栽"。

【詁訓】爾、兒聲同，故《周禮》"彌災兵"，《漢書》"彌亂"，即弭字也。"弭節"亦作"靡節"。《郊特牲》"有由辟焉"，"辟"亦"弭"字。

（弭）

甸祝

禂牲禂馬

【經學】【詁訓】【校勘】（《說文》："禂，禱牲馬祭也。"）《甸祝》："禂牲，禂馬。"杜子春云："禂，禱也。爲馬禱無疾，爲田禱多獲禽牲。《詩》云：'既伯既禱。'《爾雅》曰：'既伯既禱。伯，馬祭也。'"玉裁按：此許說所本。杜引《詩》者，以伯證禱馬。《毛傳》云："伯，馬祖也，重物慎微，將用馬力，必先爲之禱其祖"，此《周禮》之"禂馬"也。又云："禱，禱獲也"，此釋"既禱"，《周禮》之"禂牲"也。杜本毛說，鄭君易杜說云："禂讀如伏誅之誅，今俟大字也。爲牲祭求肥充，爲馬祭求肥健。"鄭以上文既有表貉釋爲"禱氣勢之十百而多獲"，不當禂牲又云"禱多獲禽牲"，故必易爲"俟大"而後安。今本《爾雅》《周禮注》"馬祭"之上皆脫"伯"字。

（禂）

詛祝

禬禜之祝號

【經學】（《說文》："禬，會福祭也……《周禮》曰：'禬之祝號。'"）《周禮注》曰："除災害曰禬。禬，刮去也。"與許異。

（禬）

司巫

匵主

【經學】【詁訓】(《說文》:"匵,宗廟盛宝器也。"①)《周禮·司巫》"祭祀共匵主",杜子春云:"匵,器名。主,木主也。"許云"宗廟盛宝器",亦用杜說。……(《說文》:"《周禮》曰:'祭祀共匵主。'")"匵主"謂主之匵。鄭曰:"大祝取主陳之器則退也。"

(匵)

蒩館

【詁訓】《司巫》:"祭祀共鉏館","杜子春云:'鉏讀爲蒩。蒩,藉也。'玄謂:蒩之言藉也。祭食有當藉者,館所以承蒩。《士虞禮》苴刌茅長五寸,實于筐。"按:鄭謂《儀禮》之"苴"即《周禮》之"蒩"也。

(蒩)

大史

居門終月

【詁訓】《周禮·大史》:"閏月詔王居門終月。"注:"謂路寢門也。鄭司農云:'《月令》十二月分在青陽、明堂、總章、玄堂左右之位,惟閏月無所居,居於門。故於文,王在門謂之閏。'"《玉藻》:"天子玄端而朝日於東門之外,聽朔於南門之外,閏月則闔門左扉,立於其中。"玉裁按:古路寢、明堂、大廟,異名而實一也。

(閏)

---

① 陳本"宝"作"主"。

小史

俎簋

【異文】【校勘】【叚借】《公食大夫禮》注曰:"古文簋皆作軌。"《易》"損二簋",蜀才作"軌"。《周禮·小史》故書簋或爲九,大鄭云:"九讀爲軌,書亦或爲軌,簋古文也。"今本《周禮》脫誤,爲正之如此。軌、九皆古文假借字也,匭古文本字也。

(簋)

外史

書名

【詁訓】【義例】《周禮·外史》《禮經·聘禮》《論語·子路篇》皆言"名";《左傳》"反正爲乏","止戈爲武","皿蟲爲蠱",皆言文;六經未有言字者。秦刻石"同書文字",此言字之始也。鄭注二《禮》《論語》皆云:"古曰名,今曰字。"按:名者,自其有音言之;文者,自其有形言之;字者,自其滋生言之。《大行人》:"屬瞽史,諭書名",《外史》:"達書名於四方",此韵書之始也;《中庸》曰:"書同文",此字書之始也。周之韵書不傳,而《毛詩》及他經韵語固在;周之字書不傳,而許君《說文》可補其闕。○按:析言之,獨體曰文,合體曰字;統言之,則文字可互稱。《左傳》"止戈""皿蟲"皆曰文,是合體爲文也。許君某部言文若干,謂篆文;言凡若干字,謂說解語。是則古篆通謂之文,己語則謙言字也。

(字者言孳乳而寖多也)

巾車

繁纓 鄭注：繁讀為鞶帶之鞶謂今馬大帶也①

【正俗】【經學】（《說文》："緐，馬髦飾也。"）馬髦，謂馬鬣也。飾亦妝飾之飾。葢集絲條下垂爲飾曰緐，引申爲緐多。又俗改其字作繁。俗形行而本形廢，引申之義行而本義廢矣。至若鄭注《周禮》《禮記》之"繁纓"："繁讀爲鞶帶之鞶，謂今馬大帶也"，此易字之例，其說與許說絕殊。

（緐）

十有二游 鄭注：正幅為縿②

【志疑】【詁訓】【志疑】《周禮》：王建大常，十有二游；上公建旂，九游；侯伯七游；子男五游；孤卿建旜；大夫士建物。其游各視其命之數。《禮緯含文嘉》云："天子之旗九仞，十二旒曳地；諸侯七仞，九旒齊軫；卿大夫五仞，七旒齊較；士三仞，五旒齊首。"皆不言其命數，未可信。旗之正幅爲縿，游則屬焉。《節服氏》："六人維王之大常。"注："王旌十二旒，兩兩以縷綴連，旁三人持之。"然則旗之制，游屬於兩旁。十二游者，一旁六游。九游，則兩旁一四一五，已下可知也。曳地、齊軫皆謂游，其正幅之長，《爾雅》曰："旌長尋。"餘未聞。

（游）

【佚文】【詁訓】《周禮·巾車》注云："正幅爲縿，游則屬焉。"《正義》曰："正幅爲縿，《爾雅》文。"又《覲禮》正義："《爾雅》說旌旗正幅爲縿。"唐後《爾雅》奪"正幅爲縿"四字，《邢疏》不能攷補。縿是旌旗之體，游則屬焉。故孫炎注曰："爲旒於縿"，郭璞曰："縿，衆旒所箸。"戴

---

① 今本經注"繁"作"樊"，"爲"作"如"。
② 今本"游"作"斿"。

先生曰："游，箸縿垂者也。交龍鳥隼之屬皆畫於縿。"《爾雅》曰："緟帛縿"，鄭本之曰："九旗之帛皆用絳，上有弧以張縿之幅。"見《覲禮》《明堂位》《考工記》。下以人維之，《周禮·節服氏》"六人維王之太常"，《爾雅》"維以縷"是也。所以太常必維之者，正恐其游長曳地。《毛詩》："素絲紕之"，大夫旌旗之游亦維持之也。游屬於縿而統於縿。

（縿）

皆有容蓋

【詁訓】《巾車》："皆有容蓋。"大鄭曰："容謂幨車，山東謂之裳幃，或曰潼容。"幨即襜字也。

（襜）

【詁訓】《周禮注》"潼容"，即《毛詩傳》之"童容"也。

（潼）

有楃

【校勘】【詁訓】《周禮·巾車》翟車"有楃"，字從木。《釋文》及各本從手，非也。《釋文》云："握，劉音屋，賈、馬皆作楃。"攷《幕人》注曰："四合象宮室曰楃。"許書無幄有楃。楃蓋出《巾車職》，今本《周禮》轉寫誤耳。鄭云："有楃則此無蓋。"謂上四車皆有容有蓋。翟車以楃當容，不云有蓋也。《釋名》云："楃，屋也。以帛衣版施之，形如屋也。"故許曰木帳。

（楃）

有翟羽蓋

【異文】【異體】【叚借】《周禮·巾車》"翟"字，故書爲"馲"，亦或爲"觋"。按："馲""觋"皆即"鼲"字也。隸體多假"葛"爲"鼶"。

（鼶）

駹車藿蔽然禣

【詁訓】【校勘】【異文】【叚借】《既夕禮》《玉藻》《少儀》鄭注，《公羊傳·昭廿五年》何注皆曰："幦，覆笭也。"按：車覆笭與車笭是二事。車笭者，《周禮》之"蔽"，《毛詩》《爾雅》之"第"，《說文》之"篚"。鄭曰："車旁禦風塵者也。"覆笭者，《禮經》《周禮》《禮記》《公羊傳》之"幦"，《大雅》《曲禮》之"幭"，今《周禮》之"禣"，蓋乎軾上者也，以禦旁之名名之也。車笭多以竹，故字從竹。覆笭不用竹，用皮。《巾車》曰："王喪之車，犬禣、鹿淺禣、然禣、犴禣"，各用其皮也。《大雅》之"淺幭"，虎皮也，與《玉藻》之"羔幦""鹿幦"皆諸侯大夫士之吉禮也。《曲禮》之"素幭"即《士喪禮》之"白狗幦"，大夫士之凶禮也。然則車覆笭古無用黍布者。許以黍布釋幦，幦之本義也，經典用爲車覆笭之字也。……（《說文》："《周禮》曰：'駹車犬幦。'"①）《巾車職》文。按：《巾車》云："木車犬禣，素車犬禣，駹車然禣。"蓋許一時筆誤，如"或簸或舀"之比。禣、幦不同，蓋故書、今書之異。車覆笭之字當是"幭"爲正字，上文云"蓋幭"是也，幦爲叚借字。《大雅》毛傳曰："幭，覆軾。"然則幦者主謂軾覆。《輿服志》曰："文虎伏軾"，經之淺幦也。《士喪禮記》曰："古文幦爲幂"，又可證《禮》古文不作幦。

（幦）

【叚借】《周禮》"駹車"，借爲尨褫字也。

（駹）

孤乘夏篆

【經學】【同源】【異文】【異體】【詁訓】（《說文》："軝，車約軝也。"）

---

① 陳本"犬"作"大"。

《巾車職》云："孤乘夏篆，卿乘夏縵。""大鄭曰：'夏，赤也。篆讀爲圭瑑之瑑。夏瑑，轂有約也。'玄謂：夏瑑，五采畫轂約也。夏縵亦五采畫，無瑑耳。"玉裁謂：鄭說夏瑑即《詩》之約軝，毛公所謂長轂之軝，朱而約之也。但許君"篆"作"軜"，以約軜系之輿，下文以約軝系之轂，與二鄭迥異。依許意葢謂轛、輢、軨等皆有物纏束之，謂之約軜。以赤畫之，謂之夏軜。卿雖赤畫而無約，謂之夏縵。軜之言巡也，巡繞之冒，此許之《周禮》說也。……（《說文》："《周禮》曰：'孤桀夏軜。'"）故書作"綠"，或爲"篆"，此字形之異也。許所據"篆"作"軜"，此聲相近而異也。（《說文》："一曰：下棺車曰軜。"）《禮經》有"輴車"，《玉篇》《廣韵》皆謂軜、輴同字也。《士喪禮》："遷於祖用軸。"注曰："軸，輁軸也。狀如轉轔，刻兩頭爲軹軜，狀如長牀。穿桯，前後著金，而關軸焉。天子諸侯以上有四周謂之輴。天子畫之以龍。"按：惟天子諸侯殯葬朝廟皆用輴。許云"下棺車"，謂天子諸侯窆用軜也。

（軜）

輕車之萃

【詁訓】【辨誤】《周禮》："輕車之萃"，鄭曰："輕車，所用馳敵致師之車也。"漢之發材官輕車，亦謂兵車。輕本車名，故字从車。引申爲凡輕重之輕。作音者乃以經之輕車讀遣政反，古無是分別矣。

（輕）

司常

析羽爲旌

【經學】【詁訓】（《說文》："旌，游車載旌，析羽注旌首也。"①）《司

---

① 陳本無"也"。

常職》曰："析羽爲旌。"《爾雅·釋天》曰："注旄首曰旌。"李巡注《爾雅》曰："以氂牛尾著旌首。"郭云："載旄於竿頭，如今之幢亦有旒。"鄭注《周禮》云："全羽、析羽皆五采，繫之於旞旌之上，所謂注旄於干首也。"《周禮》舉羽以晐旄，《爾雅》舉旄以晐羽，許、鄭則兼舉之，合《周禮》《爾雅》以立文。鄭云："《明堂位》曰：'夏后氏之綏'，綏以旄牛尾爲之，綴於橦上，所謂注旄於干首者。"葢夏后氏但用旄牛尾，周人加用析羽。夏時徒綏不旒，周人則注羽旄而仍有縿旒。先有旄首而後有析羽注之，故許云："析羽注旄首。"孫炎云："析五采羽注旌上也。"孫、郭皆云："其下亦有旒縿。"《庸風》："孑孑干旌。"《傳》云："孑孑，干旌之皃。注旄於干首，大夫之旟也。"此可證大常、旂、旃、旝、旗、旟、旐七者，皆得注羽旄於首矣。《左傳》言"晉人假羽旌於鄭"，言"范宣子假羽旌於齊"，則在春秋時諸侯少有此者。

（旌）

師都建旗

【校勘】【異文】【經學】（《說文》："《周禮》曰：'率都建旗。'"）今《周禮》"率"作"師"，"師"者"帥"之誤。《樂師》注曰："故書帥爲率。"然則許作"率都"者故書，鄭作"帥都"者今書也。《聘禮》注曰："古文帥皆作率。"《毛詩》："率時農夫"，《韓詩》作"帥"，見《文選注》。《大司馬職》："仲秋教治兵，軍吏載旗。"

（旗）

道車載旞斿車載旌

【經學】【異文】【詁訓】（《說文》："旞，導車所載。"[①]）《司常職》曰："道車載旞，斿車載旌。"注云："道車，象路也，王以朝夕燕出

[①] 陳本"所"後有"以"字。段云："今依《御覽》訂。"

入。"按:道、導字異,許、鄭所據不同。金氏榜曰:"九旗,王建大常,諸侯建旂,孤卿建旜,大夫士建物,師都建旗,州里建旟,縣鄙建旐。此七旗葢無羽,賓祭之所用也。其曰旞,曰旌,則以有羽爲異。道車謂象路,斿車謂革路、木路,變路言車,關孤卿、大夫士也。旞、旌皆張縿幅屬旒焉。畫於縿如日月,以下旜與物不畫。夏采,以乘車建禮復於四郊。禮當爲旞。《說文》旞亦作䍤,因譌而爲禮。復者,求之平生常所有事之處,故以道車朝夕燕出入者建旞以復。《襍記》:諸侯死於道,以其綏復。又曰:大夫士死於道,以其綏復。綏皆旞之譌。言其旞者,明異物。天子以大常,諸侯以旂,孤卿以旜,大夫士以物。鄭君謂:去其旒,異之於生。失之矣。《大司馬》:仲秋教治兵,王載大常,諸侯載旂,軍吏載旗,師都載旜,鄉遂載物,郊野載旐,百官載旟。此指師、田所用者凡七旗,即謂斿車載旌者。司馬辨於治兵,司常贊於大閱,胥此也。司馬所頒旗物與司常互異,禮尚相變。載旞者設旗,宜從司常之序。載旌者設旗,宜從司馬之序。司常王建大常以下文,與下經皆畫其象爲緣起,而與上贊司馬頒旗物文不相屬。"

(旞)

夏官司馬第四

司勳

【異文】【古今】《周禮》故書勳作勛,鄭司農云:"勛讀爲勳。勳,功也。"按:此先鄭以今字釋古文也。故書勛字,學者不識,故先鄭云此即小篆之勳。

(勳)

司爟

【詁訓】【同源】《周禮注》曰："今燕俗名湯熱爲觀"，觀即涫。今江蘇俗語灡水曰滾水，滾水即涫，語之轉也。
（涫）

繕人

【詁訓】（《說文》："繕，補也。"）《周禮》"繕人"注曰："繕之言勁也，善也。"《叔于田》序，注云："繕之言善也。"《曲禮》："招搖在上，急繕其怒。"注曰："急猶堅也。繕讀曰勁。"按：許言補，其本義也，而中含善、勁二義。故鄭云"之言"，不必如《曲禮》注之改讀也。
（繕）

大司馬

馮弱犯寡則眚之

【叚借】（編按：眚）又假爲減省之省，《周禮》："馮弱犯寡則眚之。"注："眚猶人省瘦也，四面削其地。"按：省瘦亦作瘖瘦，俗云瘦省。
（眚）

九畿

【異文】【詁訓】古斤聲與幾聲合韵冣近，故《周禮》故書畿爲近。《田部》曰："以遠近言之則言畿也。"鄭曰："畿猶限也。"是王畿可作王圻，王圻亦可作王垠也。
（垠）

【異文】【叚借】【詁訓】"九畿"注曰："故書畿爲近。鄭司農云：'近當言畿。'"按：故書作近，猶他書叚圻作畿耳。許言"以逮近言之則曰畿"者，謂畿冣近天子，故稱畿，畿與近合音冣切。古惟王畿偁畿，甸服外無偁畿者。至周而侯、甸、男、采、衞、蠻、夷、鎮、藩皆曰畿，直以其遞相傳近轉移叚借名之，非古也。故許以近釋畿。畿之言垠也，故亦作圻。《邶風》："薄送我畿"，《傳》曰："畿，門內也。"謂門限也。《小雅》："如畿如式"，《傳》曰："畿，期也。"《禮記》："丹漆雕畿"，注曰："畿，圻堮也。"古幾、畿通用。

（畿）

賁鼓

【異體】《大司馬職》作"賁鼓"，即"鼖"之省也。

（鼖）

徇陳

【古今】《大司馬》："斬牲，以左右徇陳曰：不用命者斬之。"《小子》："凡師田，斬牲，以左右徇陳。"陸德明引《古今字詁》曰："徇，巡也。"按：如《項羽傳》"徇廣陵""徇下縣"，李奇曰："徇，略也"，如淳曰："徇音撫循之循"，此古用循、巡字，漢用徇字之證。此《古今字詁》之義也。

（徇）

中軍以鼙　鄭注：司馬法曰鼓聲不過閶鼙聲不過闑

【詁訓】《周禮注》曰："《司馬法》云：'鼓聲不過閶，鼙聲不過闑，鐸聲不過琅。'《音義》曰："閶，吐剛反。"然則"閶"即"鼛"也。

（鼛）

【詁訓】《司馬法》曰："鼙聲不過闑。"《音義》曰："闑，吐臘反，劉湯荅反。"（段云："臘今誤从犬。"）闑即鼛字也。

（鼛）

【叚借】《大司馬》注："鼓聲不過閶"，此叚閶爲鼛，鼛即鼓部之鼛也；"鼙聲不過闑"，闑即《鼓部》之鼛也。

（閶）

鳴鐃且卻

【詁訓】鉦、鐃一物，而鐃較小。渾言不別，析言則有辨也。《周禮》言鐃不言鉦，《詩》言鉦不言鐃，不得以大小別之。《大司馬》："仲冬大閱，乃鼓退，鳴鐃且卻。"《左傳》陳子曰："吾聞鼓不聞金"，亦謂聞鼓進，聞鐃退也。

（鐃）

環人

搏諜賊

【音義】【古今】【叚借】（《說文》："搏，索持也。"①）《周禮·環人》："搏諜賊"，《釋文》云："搏音博，又房布反。劉音付。"《射人》注："貍，善搏者也。行則止而擬度焉，其發必獲。"《釋文》云："搏音博，劉音付。"《士師》注："胥讀為宿偦之偦，偦謂司搏盜賊也。"《釋文》云："搏音博，劉音付。"《小雅·車攻》箋："獸，田獵搏獸也。"《釋文》云："搏音博，舊音付。"按：《小司徒》注之"伺捕盜賊"即《士師》注之"司搏盜賊"也。一用今字，一用古字。古捕盜字作"搏"而房布反，又音付。猶後人所謂把樑、摸捺也。本部搏、捕二篆皆收，捕訓"取也"，《又部》"取"下云："捕也"，是與"索持"義迥別。今則捕行而搏廢，但訓為搏擊。又按：搏擊與索取無二義，凡搏擊者未有不乘其虛怯，扼其要害者，猶執盜賊必得其巢穴也。本無二義二音。至若《考工記》之"搏埴"，《虞書》之"拊搏"，此則"拍"字之叚借。……補各切，此今音也。陸氏說"又房布切，劉音付"，皆古音也。五部。

（搏）

---

① 陳本"索"作"索"。

司右

五兵　鄭注：司馬法曰弓矢圍

【古今】【校勘】《司馬法》曰："弓矢圉，殳矛守，戈戟助。凡五兵，長以衛短，短以救長。"按："圉"，古"禦"字，今《周禮注》作"圍"，誤。
（役）

節服氏

蒙　鄭注：魌頭

【詁訓】【異體】（《說文》："頿，醜也。"）《周禮·方相氏》注云："冒熊皮者以驚毆疫癘之鬼，如今魌頭也。"《淮南書》："視毛嬙西施猶頿醜也。"高注云："頿，頿頭也。《方相氏》黃金四目，衣赭，稀世之頿貌。頿醜，言極醜也。"《風俗通》曰："俗說亡人魂氣游揚，故作魌頭以存之，言頭魌魌然盛大也。或謂魌頭爲觸壙，殊方語。"按：魌、頿字同。頭大，故从頁也，亦作倛。
（頿）

弁師

玄冕朱裏延紐

【詁訓】《周禮·弁師》："王之五冕皆玄冕朱裏延紐。"謂延上玄下朱，以表裏冕版也。古者以三十升布爲之，故《尚書》《論語》謂之"麻冕"。用三十升布，上玄下朱爲延，天子至大夫所同也。……《周禮》曰："玄冕朱裏"，謂玄表朱裏。注云："冕延之覆在上，是以名焉。""延之覆"猶云延之表也。"是以名焉"者，釋經文"玄冕"之"冕"字也。以其冣居上，故專得冕名也。《覲禮》注云："今文冕皆作絻。"
（冕）

朱紘

【詁訓】【經學】【叚借】（《說文》："紘，冠卷維也。"①）"維"字今依《玉篇》補。"卷"，《經典釋文》起權反。《玉藻》："縞冠玄武"，注曰："武，冠卷也。古者冠與卷殊。"《襍記》注曰："秦人曰委，齊東曰武。"《喪大記》注曰："武，吉冠之卷也。"冠卷不得偁紘，故知冠卷下有維字必爲古本矣。《周禮·弁師》注："朱紘，以朱組爲紘也。紘一條屬兩端於武"；又曰："紐小鼻在武上，笄所貫也。"《士冠禮》注曰："有笄者屈組爲紘，垂爲飾；無笄者纓而結其條。"按：有笄者謂冕弁，無笄者謂冠。許《冖部》"冠"下曰："弁冕之總名也。"則此云"冠卷維"者，謂冕弁之紘以一組自頤下而上，屬兩端於武者也。蓋笄貫於武，紘實屬於笄首耳。許以笄統於卷，故曰："冠卷維"，許、鄭說略同。戴先生說："冠無笄有武，冕弁有笄無武，紘屬於笄"，說更明了。〇引申之凡中寬者曰紘，如《月令》"其器圜以閎"，閎讀爲紘。《淮南書》有"八紘"。

（紘）

斿

【叚借】《弁師》："掌王之五冕。""五采繅十有二就，皆五采玉十有二。諸侯之繅斿九就，珉玉三采，繅斿皆就。"注："繅，雜文之名。合五采絲爲之繩，垂於延之前後。就，成也。繩之每一帀而貫五采玉，十二斿則十二玉也。繅不言皆，有不皆者。袞衣之冕十二斿，則用玉二百八十八。鷩衣之冕繅九斿，用玉二百一十六。毳衣之冕七斿，用玉百六十八。希衣之冕五斿，用玉百二十。玄衣之冕三斿，用玉七十二。侯當爲公，字之誤也。三采，朱白蒼也。繅斿皆就，皆三采也。每繅九成，則九玉也。公之冕用玉百六十二。"按：《弁師》作"斿"，《玉藻》從俗字作

---

① 陳本無"維"。

"旇",皆"瑬"之假借字。

(瑬)

珉玉三采①

【異文】【詁訓】【辨誤】《周禮》故書:"璑玉三采",注曰:"璑,惡玉名。"江沅曰:"惡玉者,亞次之玉也。古惡、亞字通。《廣雅》玉類有璑。"玉裁按:天子純玉,公四玉一石,侯三玉二石。故書作"璑",新書作"珉",皆謂石之次玉者。諸公之冕,璑玉三采,謂以璑雜玉備三采,下於天子純玉備五采也。許云三采玉謂之璑,誤矣。

(璑)

會五采玉琪②

【經學】(《說文》:"璂,弁飾也。往往冒玉也。"③)《弁師》曰:"王之皮弁會五采玉琪",鄭司農云:"故書會作䯤。䯤讀如馬會之會,謂以五采束髮也。琪讀如綦車轂之綦。"按:許謂以玉飾弁曰琪,與司農說同。後鄭則易琪爲綦。綦,結也。皮弁之縫中每貫結五采玉以爲飾,謂之綦。葢後鄭謂經琪字乃玉名,故易爲綦字。《曹風》:"其弁伊騏",《箋》亦云:"騏當作綦",自用其《周禮》說也。許同先鄭說。

(璂)

【異文】【詁訓】《周禮·弁師》:"會五采玉琪",注曰:"故書會作䯤。先鄭云:讀如馬會之會,謂以五采束髮也。《士喪禮》:鬠用組,乃笄。鬠讀與䯤同,書之異耳。說曰:以組束髮,乃箸笄,謂之鬠。沛國人謂反紒爲䯤。"按:先鄭說云爾者,葢由會髮之器謂之䯤,因之束髮謂之䯤,與《儀禮》之鬠同。今《士喪禮》字作"鬠",注云:"古文鬠皆

---

① 今本"珉"作"璂"。
② 今本"琪"作"璂"。
③ 陳本無前"也"。

爲括。"

(髐)

司弓矢

椹質　犴侯

【異文】【經學】(《說文》："《周禮》六弓：'王弓、弧弓目躲甲革甚質；夾弓、庾弓目躲干侯鳥獸；唐弓、大弓目授學躲者。"①)《夏官·司弓矢》文也，說詳鄭注。"甚質"，今作"椹質"。按：故書作"戁"，大鄭云："戁當爲椹。"許書無"椹"字，葢許從鄭，鄭本作"甚"也。"干"，今作"犴"。

(弓)

弩

【詁訓】(《說文》："《周禮》四弩：'夾弩、瘦弩、唐弩、大弩。'")《司弓矢》文。弩統於弓，故官但言弓。

(弩)

繕人

抉拾

【詁訓】【志疑】(《說文》："韘，射決也。所目拘弦。目象骨。韋系。箸右巨指。"②)《繕人》注云："《士喪禮》：'抉用正王棘若檡棘'，則天子用象骨與？"按：用棘葢施諸死者，疑生者用象若骨。故《鄉射》《大射禮》注皆云："用象骨。"許意正如是。用韋爲系，箸右巨指，故

---

① 陳本"躲"作"射"。
② 陳本"箸"作"著"。

字从韋。但今世扳指不用系。《士喪禮》注云："決以韋爲之藉。"又云："以紐環大擘本。"恐生者皆不必然也。

（韘）

大馭

犯軷

【詁訓】【叚借】【校勘】《周禮·大馭》："犯軷"，注曰："行山曰軷。犯之者，封土爲山象，以菩芻棘柏爲神主。既祭之，以車轢之而去，喻無險難也。《春秋傳》曰：'跋涉山川。'故書軷作罰。杜子春云：'罰當爲軷。軷讀爲別異之別，謂祖道轢軷磔犬也。'《詩》云：'載謀載惟，取蕭祭脂，取羝以軷。'《詩》家說曰：'將出祖道，犯軷之祭也。'《聘禮》曰：'乃舍軷飲酒於其側。'《禮》家說亦謂道祭。"玉裁按：……山行之神主曰軷，因之山行曰軷。《鄘風》毛傳曰："草行曰跋，水行曰涉。"即此山行曰軷也。凡言跋涉者，皆字之同音叚借。鄭所引《春秋傳》本作"軷涉山川"，今人輒改之。

（軷）

右祭兩軹　祭軌

【詁訓】【校勘】《大馭》"右祭兩軹。""軹，故書作軒，杜子春云：'軒謂网轊也。'或讀軒爲簪笄之笄。"按：鐵貫軸如笄貫弁然。軸耑名軒者，以鐵名之也。子春易軹，非也。

（䡍）

【詁訓】【校勘】【志疑】如鄭說，轂末小穿曰軹，而䡍出於此穿外。然古說軹、䡍多不分，如《大馭》"右祭网軹"，"故書軹爲軒，杜子春云：'軒當作軹，軹謂网轊也'"，是非合轂末、軸末爲一乎？今按：《少儀》曰："祭左右軌"，《大馭》曰："祭网軹"，於事實同。《少儀》

曰"祭笵"，《大馭》曰"祭軷"。笵、軷於聲同，本無不合。祭兩軹，所以祭輪也。祭軷，所以祭輿也。言輪輿而全車在是矣。轂末曰軹，乃大鄭刱說。子春未嘗謂轂末曰軹。此注當是本作："故書軹爲軝。杜子春云：'軝當作軹，謂兩轊也。'或讀軹爲簪笄。"葢兩軎左右出轂外，如笄之出髮然。有鐵轄以鍵之，又似笄之毌髮也。故其字从开，取上平岐頭之意。若轂末之穿，不可冒此名。況當杜時軹訓兩轊，而不訓轂末小穿。兩轊非所當祭，故易爲軹。漢時故有軹字也。漢時亦有訓軹爲軎者，如劉熙曰："軹，指也。如指而見於轂頭也。"非訓軹爲軎乎？杜以軹改軝，聖人正名之義也。然則作《說文》者當云"軹，軎也，从車，开聲，讀若笄"，"軎，車軸耑也，从車，象形"乃合。而乃舍軹存軎，軹不爲轊之直者衡者，而訓爲車轂小穿。軷不作軓，祇作軷。皆使古形古訓散佚無徵。豈所謂涉獵廣博，或有抵牾者與？抑從今書則不錄故書，如《儀禮》之從今文則不錄古文與？

（軎）

校人

良馬

【詁訓】《周禮》"良馬"與"駑馬"爲對文。良馬兼上文種馬、戎馬、齊馬、道馬、田馬言也。《周易》曰："良馬逐逐。"《左傳》云："以其良馬二。"亦精駿之偁。

（驕）

圉師

夏庌馬

【經學】（《說文》："庌，廡也……《周禮》曰：'夏庌馬。'"）注曰："故書庌爲訝。鄭司農云：'當爲訝。'玄謂：訝，廡也。廡所以庇馬涼也。"按：許亦用仲師說。

（庌）

職方氏

九州之藪

【詁訓】【異文】【地理】【經學】【志疑】（《說文》："藪，大澤也。"）《地官·澤虞》曰："每大澤大藪，中澤中藪，小澤小藪。"注："澤，水所鍾也。水希曰藪。"此析言則澤、藪殊也。《職方氏》云：其澤藪曰某。《毛詩傳》曰："藪，澤。"此統言則不別也。《職方氏》注曰："大澤曰藪"，與《說文》合。蓋藪實兼水鍾、水希而言。《爾雅》十藪毄《釋地》，不毄《釋水》，正謂地多水少，艸木所聚。……（《說文》："九州之藪：楊州具區。"）鄭曰："具區在吳南"，謂漢吳縣南，屬會稽郡，《禹貢》謂之震澤，今謂之太湖。（《說文》："荊州雲夢。"）"夢"，今《周禮》作"瞢"。鄭曰："雲瞢在華容。"漢華容縣屬南郡。（《說文》："豫州甫田。"）"甫"，今本作"圃"，汲古未改本、宋本、李燾《五音韻譜》本皆作"甫"。《毛詩》："束有甫草"，毛云："甫，大也。"《箋》云："甫草者，甫田之草也，鄭有甫田。"（段云："俗本作'圃田'，《釋文》及吳應龍本不誤。"）蓋鄭所據《爾雅》、許所據《周禮》皆作"甫田"。甫、圃古通用，故《毛詩》"甫艸"，《韓詩》作"圃艸"。《詩箋》《說文》作"甫田"，今他書皆作"圃田"。《職方》注曰："圃田在中牟。"漢中牟屬河南郡。（《說文》："青州孟諸。"）"孟"，今《周禮》作"望"。鄭曰："望諸，明都也。在睢陽。"漢睢陽縣屬梁國。（《說文》："兗州大野。"）① 鄭曰："大野在鉅野。"漢鉅野屬

---

① 陳本"兗"作"沇"。

山陽郡。(《說文》："雝州弦圃。")今《周禮》作"弦蒲"，注曰："弦或爲汧，蒲或爲浦。"按：許所據葢即鄭之或本，"圃""浦"未知孰是。今本《說文》作"蒲"，汲古未改本、宋本、李燾本皆作"圃"。《職方》注曰："弦蒲在汧。"漢汧縣屬右扶風。(《說文》："幽州奚養。")《周禮》作"貕養"，杜子春讀貕爲奚。按：《說文·大部》："奚，大腹也。"《豕部》："貕，豚生三月腹奚奚皃也。"杜葢說此藪名取大腹意，不取豕意，故易貕爲奚，而班、許從之。鄭曰："貕養在長廣。"漢長廣縣屬琅邪郡。(《說文》："冀州楊紆。")鄭曰："楊紆所在未聞。"《爾雅》曰："秦有楊陓。"《呂氏春秋》作"陽華"，注曰："陽華在鳳翔，或曰在華陰西。"《淮南》作"陽紆"，注曰："在馮翊池陽，一名具圃。"(《說文》："并州昭餘祁是也。")鄭曰："昭餘祁在鄔。"漢鄔縣屬太原郡。徐鍇本"餘"作"余"，《淮南》作"燕之昭余"，無"祁"字。凡《職方氏》之川寖，《說文》散舉之，藪則彙舉之。

(藪)

澤藪曰具區　其浸五湖

【詁訓】【源流】《職方氏》曰：楊州"其澤藪曰具區"，"其浸五湖"，鄭曰："具區五湖，在吳南。"按：經"具區""五湖"分析言之，五湖之非具區，明矣。鄭云皆"在吳南"，則其相聯屬可知也。……鄭曰："浸可以爲陂灌溉者。"按："可以爲陂"，謂可以爲池也。許云"川澤所仰以溉灌者"，謂《職方》其澤藪、其川、其浸三者析言之。川流或竭，澤水本希，藉浸水亭蓄者多，可以灌注之，故必兼言浸也。……《風俗通》曰："湖者，言流瀆四面所猥也，川澤所仰以溉灌也。"用許語。

(湖)

竹箭

【異文】【叚借】《周禮》"故書箭爲晉",杜云:"晉當爲箭。"按:《吳越春秋》:"晉竹十廋。"晉竹即箭竹,假借字也。

(箭)

【異文】【叚借】(《說文》:"《書》曰:'竹箭如楛。'")六字未詳,疑當作"《周禮》曰:'竹楛'讀如晉"八字。《職方氏》:"其利金錫竹箭。"注云:"故書箭爲晉。"葢許所見故書作楛,楛本木名,故書借爲竹名也。《大射儀》:"幎用錫若絺綴諸箭。"注云:"古文箭作晉。"《吳越春秋》:"晉竹十廋。"晉竹即箭竹。皆與《周禮》故書同。

(楛)

其浸潁湛

【校勘】【地理】(《說文》:"一曰:湛水,豫州浸。"①)《職方氏》:荆州"其浸潁湛",豫州"其浸波溠"。許系溠於荆,系湛於豫,葢以正經文之互譌也。鄭注云:"湛,未聞。"許系諸豫,葢必實有所指矣。《水經·汝水篇》注曰:"汝水,又東南逕繁丘城南而東南出。湛水,出犨縣北魚齒山西北,東南流,歷魚齒山爲湛浦。《春秋傳·襄十六年》楚晉'戰於湛阪',葢即湛水以名阪也。又東南逕蒲城北,又東入汝。《周禮》鄭注曰:'未聞',葢偶有不照。"按:許意亦正謂斯水也。杜元凱云:"昆陽縣北有湛水,東入汝。"今河南南陽府葉縣北二十里有昆陽城。

(湛)

---

① 陳本"州"作"章"。段云:"'州',各本作'章',今依《地理志》注、《集韵》所引訂正。"

雒　洛

【辨誤】自魏黃初以前，伊雒字皆作此，與雍州渭洛字迥判。曹丕云："漢忌水，改洛爲雒。"欺世之言也。詳《水部》。

（雒）

【詁訓】【地理】【校勘】【辨誤】（《說文》："洛，洛水，出左馮翊歸德北夷畍中，東南入渭。"①）雍州洛水、豫州雒水，其字分別，自古不紊。《周禮·職方》：豫州"其川滎雒"，雍州"其浸渭洛"（段云："《正義》本不誤。"）。《逸周書·職方解》《地理志》引《職方》正同。"雒"不見於《詩》。《瞻彼洛矣》傳曰："洛，宗周浸水也。"此《職方氏》文也。"洛"不見於《左傳》，《傳》凡"雒"字皆作"雒"，如僖七年"伊雒之戎"，宣三年"楚子伐陸渾之戎，遂至於雒"是也。《淮南·墜形訓》曰："洛出獵山"，據高注謂雍州水也；"雒出熊耳"，據高注謂豫州水也。《漢·地理志》弘農上雒下云："《禹貢》雒水，出冢領山，東北至鞏入河。豫州川。"盧氏下云："伊水，出熊耳山，東北入雒。"黽池下云："穀水，出穀陽谷，東北至穀城入雒。"新安下云："《禹貢》澗水，在東南入雒。"河南穀成下云："《禹貢》廛水，出朁亭北，東南入雒。"此謂豫州水也。左馮翊襃德下云："洛水東南入渭。"北地歸德下云："洛水，出北蠻夷中，入河。"直路下云："沮水出東，西入洛。"此謂雍州水也。已上皆經數千年尚未誤者。而許書《水部》下不舉豫州水，尤爲二字分別之證。後人書豫水作洛，其誤起於魏。裴松之引《魏略》曰："黃初元年，詔以漢火行也，火忌水，故洛去水而加隹。魏於行次爲土。土，水之牡也。水得土而乃流，土得水而柔，故除隹加水，變雒爲洛。"此丕改雒爲洛，而又妄言漢變洛爲雒，以揜己紛更之咎，且自詭於復古，自魏至今皆受其欺。《周禮》《春秋》在漢以前，誰改之乎？《尚書》有豫水，無雍水，而蔡邕石經殘碑《多士》作"雒"，鄭注《周禮》引《召

---

① 陳本"洛"不重，"畍"作"界"。

誥》作"雒"。是今文、古文《尚書》皆不作"洛",鄭、蔡斷不擅改經文也。自魏人書"雒"爲"洛",而人輒改魏以前書籍,故或致數行之内,雒、洛錯出。即如《地理志》引《禹貢》既改爲"洛"矣,則上雒下曰:"《禹貢》雒水。"不且前無所承乎?若《郊祀志》汧、洛從水,後文宣帝"以四時祀江海雒水",成王"郊於雒邑",字皆從隹,又當時二字確然分別之證也。

(洛)

其浸波溠

【校勘】【經學】【地理】(《說文》:"溠,溠水,在漢南……荆州浸也。《春秋傳》曰:'脩涂梁溠。'"①)《職方氏》曰:"豫州,其浸波、溠。"注云:"《春秋傳》曰:'楚子除道梁溠,營軍臨隨。'則溠宜屬荆州,在此非也。"按:《傳》文見莊四年。《職方》荆州浸潁、湛,豫州浸波、溠。許書於湛曰豫浸,於溠曰荆浸,蓋正經文之誤,與鄭說溠正同也。杜預曰:"溠水在義陽厥縣西,東南入郞水。"《釋例》曰:"厥縣西有潄水,源出縣北,從縣西、東南至隨縣,入郞水。"《水經注》曰:"溠水,出隨縣西北黃山,南逕㶇西縣西,又東南,㶇水入焉,又東南逕隨縣故城西,又南流注於溳。溳入夏水。"《方輿紀要》曰:"今溠水出德安府隨州西北二百里之栲栳山,東南流,至州北百十里,有魯城河流合焉。至安貢鎮入溳。"《水道提綱》曰:"漢水至漢川縣溳口塘北,有溠、溳諸水,北自隨州南流,會德安府雲夢應城數縣水來注之,源流長五百餘里。"玉裁謂:《職方》謂爲一州之浸,正指溳、溠合流長五百餘里而言也。

(溠)

---

① 陳本不重句首"溠"。

其山鎮曰沂山　其浸沂沭

【地理】【異文】《周禮》：青州"其浸沂、沭"。注云："沭出東莞。"《前志》琅邪郡東莞"術水南至下邳入泗。過郡三，行七百一十里。青州浸"。東莞，今山東沂州府沂水縣治西北東莞故城是也。《水經》曰："沭水，出琅邪東莞縣西北大弁山，東南過其縣東，又東南過莒縣東，又南過陽都縣東，入於沂。"酈曰："舊瀆入泗，非入沂也。"今沭水出沂水縣北、臨朐縣南之沂山，東南流徑莒州東，又西南流徑蘭山縣東，又南徑郯城縣東，又西南流入江南沭陽縣畍，分爲二派。下流入海，迥非舊道矣。……《前志》作"術"，云"青州浸"，其所據《職方》當如是作。（沭）

【地理】（《說文》："沂，沂水，出東海費東，西入泗。"①）東海郡費，見《前志》，春秋魯季氏邑，今山東沂州府費縣縣西北二十里費故城是也。《職方氏》曰："青州，其山鎮曰沂山。其浸沂、沭。"鄭曰："沂山，沂水所出也，在蓋。"《前志》泰山郡蓋下曰："沂水出。"《水經》曰："沂水，出泰山蓋縣艾山。"許云"出東海費東"，說乖異者，蓋沂山，即東泰山。是山盤回數縣，今沂水出沂水縣之雕厓山，即沂山西峯也。又西北接大弁山，即沭水所出也。《前志》曰："沂水南至下邳入泗。"《水經》曰："沂水，出泰山蓋縣艾山，南過琅邪臨沂縣東。又南過開陽縣東。又東過襄賁縣東，屈從縣南，西流。又屈南過郯縣西。又南過良成縣西。又南過下邳縣西南，入於泗。"許云"西入泗"，疑當作"南入"，然酈善長所據已作西矣。今沂水出雕厓山，東南流逕沂水縣西。又南流逕蘭山縣東。又南流逕郯城縣西。又南流入江南邳州畍。……（《說文》："一曰：沂水出泰山蓋。"②）此即班、鄭、《水經》之說也。許分爲二說，則不謂雕厓山即沂山矣。如渭下之謂渭首

---

① 陳本不重"沂"。
② 陳本"蓋"作"蓋"。

亭與鳥鼠山爲二說。

（沂）

其川涇汭

【地理】《周禮·職方》之汭，即《漢志》右扶風汧縣之芮，水名也。

（汭）

獜養①

【詁訓】【異文】古奠、獜通用。《周禮·職方氏》"獜養"，杜子春讀"獜"爲"奠"，許《艸部》作"奠養"。

（奠）

其浸汾潞

【地理】【辨誤】（《說文》："潞，冀州浸也。"）《周禮·職方氏》曰：冀州"其浸汾、潞"。鄭云："潞出歸德。"此謂潞即洛耳。按：班、許皆云洛出歸德北夷畍中，漢歸德在今甘肅慶陽府境，洛水在今陝西同州府境入河，非冀州地也。且雍州既曰其浸洛矣，安得又爲冀浸？鄭注於雍州云"洛出懷德"，冀州云"潞出歸德"，葢由株守《地理志》，而未思《志》歸德下言其源，懷德下言其委，一水兩言，不當改洛爲潞，以屬冀州。自雍入冀，古無此水以當之。許但云冀州浸，不言何出何入，不欲強爲之說。葢此浸自周初迄漢，湮没不彰，古今變遷，大類如斯。如大河故瀆，沛水枯絶，汚水不出嶓冢，皆無可疑者。班、許皆不言潞之源流，此可以正鄭注矣。闞駰曰：潞縣"有潞水，爲冀州浸"。即漳水也。善長亦謂無他大川爲浸。惟漳水耳。此非許意也。《周禮》川漳、浸潞並言，則非一物。

（潞）

---

① 今本"獜"作"獜"。

秋官司寇第五

蜡氏　鄭注：狙司

【古今】《周禮》"蜡氏"注曰："蜡讀如狙司之狙。""狙司"即"覷伺"也。《史》《漢》"狙擊秦皇帝"，應劭云："狙，伏伺也。"《方言》："自關而西曰索，或曰狙。"《三倉》："狙，伺也。"《通俗文》："伏伺曰狙。"是則覷、狙古今字。

（覷）

【叚借】【音義】（編按：狙）本七餘切，自叚借爲覷字而後讀去聲。《周禮·蜡氏》注"狙司"即"覷伺"也。《倉頡篇》曰："狙，伺候也。"《史》《漢》："狙擊秦皇帝"，伏虔、應劭、徐廣皆曰："狙，伺也。"《方言》："自關而西曰索，或曰狙。"郭注云："狙，伺也。"此皆千恕切。

（狙）

【詁訓】【正俗】【古今】【異體】【辨誤】【校勘】【叚借】"蜡氏"，秋官職也，鄭曰："蜡，骨肉臭腐，蠅蟲所蜡也。蜡讀如狙司之狙。"按：狙司，即覷伺也。蠅蟲所蜡，即蠅乳肉中之說。乳者，生子也。蠅生子爲蛆。蛆者，俗字；胆者，正字；蜡者，古字。已成爲蛆，乳生之曰胆、曰蜡。《齊民要術》："作淹魚法，勿令蠅胆"，其意同也。《釋蟲》："蟗醜罅。"蟗，千據反，即蜡字之異者也。《廣韻》音誤而字不誤，今《爾雅》各本誤。郭云："罅者，剖母背而生。"今大蠅有如是者。蠶蛹變而爲蛾亦是裂殼而出。蜡字，《禮記·郊特牲》借爲八蜡字。尋八蜡本當作昔。昔，老也，息老物也，故《字林》作"禓"。李仁甫《說文》作"蜡"，"年終祭名"，斯爲巨謬。《本艸》以蜡爲水母之名。

（蜡）

司烜氏

【經學】（《說文》："爟……烜，或从亘。"①）《周禮·秋官》"司烜氏"注云："讀如衞侯燬之燬。故書烜爲垣。鄭司農云：'當爲烜。'"按：依許則"烜"即"爟"字，亘聲、䕺聲同在十四部也。許本與先鄭說同。

（爟）

薙氏

【異文】《周禮》夷氏掌殺艸，一作"雉氏"。

（癹）

【音義】【異文】【經學】【正俗】【詁訓】雉古音同夷，《周禮》雉氏掌殺艸，故書作"夷氏"。大鄭從夷，後鄭從雉而讀如鬀。今本《周禮》作"薙"者，俗製也。《左傳》："五雉爲五工正，夷民者也。"楊雄賦"辛雉"即"辛夷"。《漢·地理志》南陽雉縣，舊音弋爾反；江夏下雉縣，如淳音羊氏反。皆古音也。

（雉）

赤犮氏

【詁訓】《周禮》有"赤犮氏"，注云："亦犮猶拂拔也"，"拂拔"，葢漢時有此語。

（拂）

蟈氏

【校勘】【經學】《周禮》"蟈氏"，鄭司農云："蟈讀爲蜮。蜮，蝦蟆也。《月令》曰：'螻蟈鳴'，故曰'掌去䵿䵷'。䵿䵷，蝦蟆屬。"《周禮》經注本如此，今本經作"蟈氏"，注曰："蟈當爲蜮"，此譌謬倒易

---

① 陳本"亘"作"亶"。

不可通之本。後鄭依司農易字，故注曰："蟈，今御所食蛙也。字从虫，國聲。蜮乃短弧與？"所以申明先鄭易字之恉也。許不從先鄭說者也，故謂蟈即蜮字之異者。蜮氏去蟈，即去短狐也。蓋《周禮》故書作"蜮"，亦或作"蟈"，先鄭從或本，許則謂蟈與蜮無二義也。

（蜮）

壺涿氏

【詁訓】【音義】【叚借】（《說文》："涿，流下滴也。"）《周禮》"壺涿氏"，注："壺，瓦鼓也。涿，擊之也。"按：擊瓦鼓之聲如滴然，故曰壺涿。今俗謂一滴曰一涿，音如篤，即此字也。又作沰，音當洛反。《廣雅》："沰，磓也。"崔寔書："上火不落，下火滴沰。"《周禮·掌舍》注云："柜受居溜水涑橐者也。"橐即沰之假借。

（涿）

大司寇

罷民

【詁訓】《周禮》有"罷民"，鄭曰："民不愍作勞，有似於罷。"《齊語》有"罷士""罷女"，韋曰："罷，病也。無作曰病。"按：罷民、罷士謂偷惰之人。

（罷）

屬趯　釋文：趯本亦作躍

【古今】（《說文》："趯，止行也。"）今《禮經》皆作"躍"，惟《大司寇》釋文作"趯"，云："本亦作躍"。是可見古經多後人改竄，亦有僅存古字也。《五經文字》曰："趯，止行也。"《梁孝王傳》："出稱警，入言趯。"

（趯）

士師

一曰誓

【詁訓】《周禮》五戒："一曰誓，用之於軍旅。"按：凡自表不食言之辭皆曰誓，亦約束之意也。

（誓）

七曰為邦朋

【異文】【叚借】《周禮·士師》掌士之八成，"七曰爲邦朋"，注曰："朋黨相阿，使政不平者。故書朋作倗。鄭司農讀爲朋友之朋。"按：《管子》亦曰："練之以散羣倗署。"皆即"倗"字也。《鳥部》"朋"下曰："鳳飛，羣鳥從以萬數，故以爲朋黨字。"蓋朋黨字正作"倗"，而"朋"其假借字。然許云"讀若陪"（編按：指倗），則似有別矣。

（倗）

刉珥

【異文】【叚借】【詁訓】【經學】《周禮·士師職》"凡刉珥"，《小子職》作"珥祈"，祈或爲刉。《肆師職》作"祈珥"，祈或作幾。按：鄭讀珥皆爲衈，云：作"刉衈"爲正字。"刉衈者，釁禮之事。用牲、毛者曰刉，羽者曰衈。"《小子》："衈於社稷，刉於五祀。"謂始成其宮兆時也。《禮記》："雍人舉羊升屋，中屋南面，刲羊，血流于前。門、夾室皆用雞，其衈皆于屋下。割雞。門，當門。夾室，中室。"是刉衈之事也。許云"劃傷"者正謂此禮不主於殺之，但得其血涂祭而已。《血部》無"衈"字，蓋許依經作"珥"。《禮記》注曰："衈謂將刲割牲以釁，先搣耳旁毛薦之。"

（刉）

司刑

刖

【叚借】【詁訓】【辨誤】經傳多以刖爲跀，《周禮·司刑》注云："周改臏作刖。"按：唐虞夏荆用髕，去其郄頭骨也。周用跀，斷足也。凡於周言臏者，舉本名也。《莊子》："魯有兀者叔山無趾，踵見仲尼。"崔譔云："無趾，故踵行。"然則跀荆即漢之斬趾。無足指，故以足跟行也。無足指不能行，故別爲刖足者之履以助其行，《左氏》云"踊貴履賤"是也。髕則足廢不能行，跀則用踊尚可行，故跀輕於髕也。跀一名跱，跱一作剕。鄭《駁異義》云："皋陶改臏爲剕，《呂荆》有剕，周改剕爲刖。"此恐誤，與《司刑》注不合。

（跀）

職金

金版　鄭注：餅金

【校勘】《周禮·職金》："旅於上帝，則共其金版。饗諸侯亦如之。"注曰："餅金謂之版，此版所施未聞。"按：今《爾雅》"鉼金謂之鈑"，鈑系版之譌，則鉼當是餅之譌也。凡物匾之曰餅。

（釘）

用金石　鄭注：捊①

【詁訓】（編按：朾）《三蒼》作"敞"，《周禮·職金》注作"捊"，他書作"敞"，作"敷"，實一字也。

（朾）

---

① 今本"捊"作"椁"。《釋文》"椁"作"捊"，段氏《周禮漢讀考》卷五葉十二以爲"捊"之訛。

司厲

奴

【經學】（《說文》："奴婢，皆古辠人。《周禮》曰：'其奴，男子入于辠隸，女子入于舂槀。'"①）"鄭司農云：謂坐爲盜賊而爲奴者，輸於罪隸、舂人、槀人之官也。由是觀之，令之爲奴婢，古之罪人也。故書曰：'予則奴戮汝。'《論語》曰：'箕子爲之奴。'《春秋傳》曰：'斐豹，隸也，著於丹書。'玄謂：奴從坐而没入縣官者，男女同名。"按：許用仲師說，入罪隸者奴，入舂槀者可呼婢。

（奴）

掌囚

桎梏而桎

【經學】（《說文》："桎，足械也。"）《周禮·掌囚》注："鄭司農云：'梏者，兩手共一木也。桎梏者，兩手各一木也。'玄謂：在手曰梏，在足曰桎。中罪不梏，手足各一木耳。"按：後鄭從許說也。韋昭云："兩手共一木曰梏，兩手各一木曰桎。"

（桎）

掌戮

殺王之親者辜之

【詁訓】【古今】（《說文》："辜，辠也。"）《周禮》："殺王之親者辜之"，注："辜之言枯也，謂磔之。"《桀部》曰："磔，辜也。"按：殆同辜，磔也。《玉篇》曰："殆，古文辜字。"

（殆）

---

① 陳本"古"下有"之"，"人"後有"也"，"槀"作"稾"。

【經學】【詁訓】【異體】（《說文》："磔，辜也。"）《掌戮》："殺王之親辜之。"注："辜之言枯也，謂磔之。"鄭與許合也。《大宗伯》："以疈辜祭四方百物。"大鄭從故書作"罷辜"，云："罷辜，披磔牲以祭。"《爾雅》："祭風曰磔。"郭云："今俗當大道中磔狗云以止風。"按：凡言磔者，開也，張也。剖其胷腹而張之，令其乾枯不收。字或作"矺"，見《史記》。

（磔）

刖者使守囿

【叚借】《周禮》："刖者使守囿。"此是假"刖"爲"跀"。

（刖）

司𣜩①

厲禁　鄭注：厲遮列也

【古今】經皆作列，作厲，不作迾。《周禮·司𣜩》注："厲，遮迾也。"《釋文》："迾本作列。"蓋古比例字祇作列。

（例）

雍氏

雍氏　鄭注：伯禽以出師征徐戎

【異文】【地理】【歷史】（《說文》："郯，邾下邑地……魯東有郯城。"）《周禮·雍氏》注："伯禽以王師征徐戎。"劉本"徐"作"郯"，音徐。……今《尚書》作徐夷、徐戎。許、鄭所據作郯。鄹在魯東，則郯在魯東可知矣。《書序》曰："徐夷竝興，東郊不開。"昭元年《傳》：

---

① 今本"𣜩"作"隸"。

"周有徐奄。"徐葢郊戎也。鄒習於夷,故《左傳》曰:"邾又夷也。"

(郊)

萍氏

【校勘】【志疑】《篇》《韵》皆云:"萍、萍同字。"疑許書本有萍無萍。《小正》《毛詩》《爾雅》皆作"苹";《爾雅》《毛傳》皆曰"萍也","萍"即"萍"之別字。《周禮》"萍氏",疑本作"苹氏"。

(萍)

司寤氏

禁宵行者夜遊者

【詁訓】(《說文》:"宵,夜也。")《周禮·司寤》:"禁宵行夜游者。"鄭云:"宵,定昏也。"按:此因經文以宵別於夜爲言,若渾言則宵即夜也。

(宵)

司烜氏

以鑒取明水於月

【詁訓】【叚借】(《說文》:"鑑……一曰鑑諸,可㠯取朙水於月。")"鑑諸"當作"鑑,方諸也",轉寫奪字耳。《周禮·司烜氏》:"以夫遂取明火於日,以鑒取明水於月。"注:"夫遂,陽遂也。鑒,鏡屬。取水者,世謂之方諸。"《淮南書》:"方諸見月則津而爲水",高注:"方諸謂陰燧大蛤也。孰摩令熱,月盛時以向月下,則水生。以銅盤受之,下水數滴。"高說與許、鄭異。《考工記》以"鑒燧之齊"併言,則鑑之爲鏡可知也。鄭云"鏡屬",又注《考工記》云:"鑒亦鏡也。"《詩》云:"我心匪鑒",《毛傳》曰："鑒所以察形。"蓋鏡主於照形，鑑主於取明水，本系二物，而鏡亦可名鑒，是以經典多用鑑字，少用鏡者。鑑亦叚監爲之，是以《毛詩》"宜鑒於殷"，《大學》作"儀監"。鄭箋《詩》云："以殷王賢愚爲鏡"，注《大學》云："監視殷時之事"，各依文爲說而已。《尚書》"監"字多有同"鑒"者。

（鑑）

墳燭庭燎

【詁訓】【辨誤】《小雅》毛傳曰："庭燎，大燭也。"《燕禮》："宵則庶子執燭於阼階上，司宮執燭於西階上，甸人執大燭於庭，閽人爲大燭於門外。"《周禮·司烜氏》："凡邦之大事，共墳燭，庭燎。"鄭云："墳，大也。"《郊特牲》曰："庭燎之百，由齊桓公始也。"鄭云："庭燎之差，公蓋五十，侯伯子男皆三十。文出《大戴禮》。"按：未爇曰燋，執之曰燭，在地曰燎，廣設之則曰大燭，曰庭燎。大燭與庭燎非有二也。《周禮》絫言"墳燭庭燎"，故鄭注以門外、門內別之。《周禮》故書作"蕡燭"，先鄭云："蕡燭，麻燭也。"賈公彥曰："古者未有麻燭，故鄭從墳訓大。古庭燎依慕容所爲，以葦爲中心，以布纏之，飴蜜灌之，若今蠟燭。"玉裁謂：古燭蓋以薪蒸爲之，麻蒸亦其一端。麻蒸其易然者。必云古無麻燭，蓋非。許以熄次燭炨之閒，蓋得之矣。

（燭）

【詁訓】古者燭多用葦。鄭注《周禮》曰："燋，炬也。"許曰："苣，束葦燒之也。"亦用麻。故先鄭注《周禮》曰："蕡燭，麻燭也。"先鄭意"蕡"即"黂"字。

（熄）

條狼氏

【叚借】《周禮》"條狼氏"，《樂記》"條蕩其聲"，皆假條爲滌。《周禮》"凡酒脩酌"，假脩爲滫也。

（滫）

冥氏①

弧張　鄭注：所以扃絹禽獸

【叚借】《周禮·冥氏》注曰："弧張罝罦之屬，所以扃絹禽獸。"《翨氏》注曰："置其所食之物於絹中，鳥來下則掎其腳。"亦皆假"絹"爲"羂"。

（羂）

以靈鼓毆之

【古今】（《說文》："毆，古文驅从攴。"）《周禮》："以靈鼓毆之"，"以炮土之鼓毆之"。《孟子》："爲淵毆魚""爲叢毆爵""爲湯武毆民"，皆用古文，其實皆可作"驅"，與《殳部》之"毆"義別。

（驅）

翨氏

【詁訓】【經學】（《說文》："翨，鳥之彊羽猛者。"）按：當作"猛鳥也，彊羽"，轉寫誤耳。《周禮·翨氏》："掌攻猛鳥，以時獻其羽翮。"此釋《周禮》，故云猛鳥也。猛鳥羽必彊，故其字从羽。此與"赤羽""尾長"皆从羽文法正同。大鄭翨讀爲翅翼之翅，以是聲、支聲皆在十六部，翨當即是翅之奇字。後鄭以經云"獻羽翮"，則訓翨爲鳥翮，是聲、鬲聲亦同十六部也。翮，羽莖，舉翮以該羽。許與二鄭說異。

（翨）

---

① 今本"冥"作"寅"。

以其物爲媒　鄭注：絹中

【叚借】罥字不行，多叚絹爲之，《周禮·翨氏》注"置其所食之物於絹中，鳥來下則掎其腳"是也。

（罥）

柞氏

【叚借】《周禮》有"柞氏"。《周頌》曰："載芟載柞。"毛云："除木曰柞。"柞皆即槎字，異部假借，魚歌合韵之理也。

（槎）

硩蔟氏

【古今】【校勘】【源流】（《說文》："硩，上擿山巖空青、珊瑚陊之……《周禮》有硩蔟氏。"①）《周禮·硩蔟氏》："掌覆妖鳥之巢。"鄭司農云："硩讀爲擿。蔟讀爲爵蔟之蔟，謂巢也。"先鄭擿音剔，謂如今人以竿毁鳥巢也。後鄭申其說曰："玄謂硩古字，从石，析聲。"硩古字者，謂硩、擿爲古今字也。……按：《周禮音義》云："硩音摘，它歷反，徐丈列反，沈勅徹反，李又思亦反。"知《周禮》寫本故不同。徐邈、沈重本作"硩"，从折聲；李軌本作"硩"，从析聲。以先鄭"讀爲擿"，許云"上擿山巖"準之，擿與析古音同在十六部，蓋作"硩"者是，作"硩"者非。今本《周禮》《說文》作"硩"，皆誤本。許以擿訓硩，以疊韵爲訓也。《集韵》先的切，依李音；大徐丑列切，依沈音。

（硩）

---

① 陳本作："硩，上摘巖空青、珊瑚墮之……《周禮》有硩蔟氏。"

赤犮氏①

【異文】【經學】【志疑】（《說文》："《周禮》有赤魃氏，除牆屋之物也。"）《周禮·秋官》之屬"赤犮氏，掌除牆屋，以蜃炭攻之，以灰灑毒之。"鄭云："赤犮猶言挭拔也，主除蟲豸自埋者。"按：許作"赤魃"，葢其所據本不與鄭同。其云："除牆屋之物"，物讀精物、鬼物之物，故毆之之官曰"赤魃氏"。說義亦與鄭異。葢賈侍中說與？

（魃）

貍蟲

【詁訓】【異文】【注音】《周禮·赤犮氏》："凡隙屋除其貍蟲。"鄭曰："貍蟲，䘌、肌求之屬。"按：䘌見《本艸經》，一名地鼈，今俗所謂地鼈蟲也，似鼠婦。"肌求"本或作"䖦"，多足之蟲，今俗所謂蓑衣蟲也。《通俗文》曰："務求謂之蚑䖦。"《廣雅》曰："蚑蛷，蠷䖦也。"玄應曰："關西呼蛩蛷爲蚑蛷"，蚑蛷即鄭所謂肌蛷也。陶隱居、陳藏器作"蠼螋"，音劬蘇。

（蟲）

蟈氏

去鼃黽

【詁訓】【經學】【義例】【音義】《周禮·蟈氏》："掌去鼃黽。""鄭司農云：'蟈，蝦蟇也。《月令》曰：螻蟈鳴。鼃黽，蝦蟇屬。書或爲：掌去蝦蟇。'玄謂：蟈，今御所食蛙也。齊魯之閒謂鼃爲蟈。黽，耿黽

---

① 今本"犮"作"犮"，下同。

也。蟈與耿黽尤怒鳴爲聒人耳，故去之。"按：蛙即鼃字。依大鄭說則鼃黽二字爲一物，依後鄭說則鼃即蟈，爲一物，黽乃耿黽，爲一物。依許，"黽"下曰："鼃黽也"，似同大鄭說，然有當辯者。許果合二字爲一物，則"黽"篆下當云："鼃黽，蝦蟆也"，"鼃"下云："鼃黽也"，乃合全書之例。而"蝦""蟆"篆居《虫部》，此則單舉"鼃"篆，釋曰："蝦蟆"，"黽"篆下則曰："鼃黽也"。是許意鼃黽爲一物，鼃爲一物。凡兩字爲名，一字與他物同者，不可與他物牽混，知鼃黽非鼃也。許之鼃黽即鄭之耿黽。鼃古音圭，與耿雙聲，故得爲一字。絫評曰鼃黽、耿黽，單評曰黽。《爾雅》："鼁䴰，蟾蠩，在水者黽。"是則詹諸之類，而以在水中爲別也。許、鄭之單言鼃，即《本艸》所謂鼃，一名長股。陶云："俗名土鴨，南人名蛤子善鳴者。"寇宗奭曰："其色青，腹細，後腳長，善躍。大其聲曰蛙，小其聲曰蛤。"此鼃與鼃黽之別。皆在水中而善鳴，故《周禮》設官去之。

（黽）

車軹　前疾

【校勘】【詁訓】（《說文》："《周禮》曰：'立當前軓。'"）《周禮·大行人》："上公立當車軹，侯伯立當前侯，諸子立當車衡前侯。"自唐石經已下皆譌作"前疾"，而《詩·小雅》疏、《論語》疏皆作"前侯"，不誤。此偁"前軓"，從來謂"前侯"之異文。今按：非也。蓋《周禮》"車軹"本作"前軓"。"前軓"者，前乎軓也。自車軓以至車衡，八尺幾半，而前侯介其中。"前侯"者，前乎下垂挂地者也。其相去尺寸之差也。若作"車軹"，謂害頭，則自軹至前侯凡七尺五寸有餘，而自前胡距衡四尺有餘而已，恐非也。軹、軓、軌三字互譌甚多，戴先生集中曾作文辨之。今又知許引《周禮》"軓"字爲是。"軹"乃字形之誤。若"侯"誤爲"軓"，聲形皆無當也。○又按：《周禮注》：

"車軌，軓也"，尨不可通。依《輈人》《大馭》注正之，則必經文作"軓"，注云："車軓，軏也"，以今字注古字也。舊述《漢讀攷》說未了，今於此正之。

(軓)

小行人

槀禬①

【詁訓】【義例】【古今】【校勘】【經學】【正俗】凡潤其枯槀曰槀，如慰其勞苦曰勞，以膏潤物曰膏。《尚書》"槀飫"，《周禮》"槀人"，《小行人》"若國師役則令槀禬之"，義皆如是。鄭司農以漢字通之，於《槀人》曰："槀讀爲犒師之犒。主穴食者，故謂之犒。"於《小行人》曰："槀當爲犒，謂犒師也。"蓋漢時盛行犒字，故大鄭以今字易古字，此漢人釋經之法也。《左傳》《國語》皆有犒字。《左傳》服注曰："以師枯槀，故饋之飲食。"韋注《國語》曰："犒，勞也。"計《左》《國》皆本作"槀"，今本作"犒"者，亦漢人所改。如《牛人》"軍事共其犒牛"，此必後鄭從大鄭所易也。《小行人》經文從大鄭易爲"犒"，而注之曰："故書犒作槀。"今本則譌舛難讀矣。何注《公羊》曰："牛酒曰犒。"高注《淮南》曰："酒肉曰餉，牛羊曰犒。"《漢庲彰長碑》又作"勞醩"。許不錄"犒""醩"字者，許以"槀"爲正字，不取俗字也。

(槀)

---

① 今本"槀"作"犒"。

司儀

賓亦如之

【詁訓】【經學】【辨誤】【校勘】《周禮·司儀》注曰："出接賓曰擯。"《聘禮》："卿爲上擯，大夫爲承擯，士爲紹擯。"注曰："擯謂主國之君所使出接賓者也。"《士冠禮》："擯者請期。"注曰："擯者，有司佐禮者，在主人曰擯。"按：擯，經典多作擯，《史記》作賓，《廉藺列傳》"設九賓於廷"是也。〇《聘禮》："賓用束錦儐勞者"，又"儐之如初"，又"儐之兩馬束錦"，又"無儐"，凡言"儐"者九。鄭曰："上於下曰禮，敵者曰儐。""上於下曰禮"，謂如主國之禮賓是也；"敵者曰儐"，謂如"儐勞者""儐歸饔餼者"等是也。鄭據《禮經》字作"儐"，是以《周禮·司儀》"賓亦如之""賓使者如初之儀"皆云："賓當爲儐"，易賓爲儐，取賓禮相待之義，非擯相之義也。然則合二《禮》訂之，擯相字當从手，賓禮字當从人。許儐、擯合而一，云："導也"，與二《禮》及鄭說不合。劉昌宗說《聘禮》儐與擯同，雖本許，而令學者惑矣。今《禮經》石本、版本於此九"儐"字内錯出"擯"字，非是。

（儐）

行夫

傳遽

【詁訓】《周禮》"傳遽"，注曰："傳遽若今時乘傳騎驛而使者也。"蓋乘傳謂車，騎驛謂馬。《玉藻》注云："傳遽，以車馬給使者也。"車謂傳，馬謂遽。渾言則傳、遽無二，析言則傳、遽分車、馬。亦可證單騎從古而有，非經典所無。許"傳"下云："遽也"，"遽"下云："傳也",此渾言也。"驛"下云:"置騎也","馹"下云:"傳也",此析言也。

(驛)

掌客

飧 饔

【詁訓】《掌客》:"上公飧五牢,饔餼九牢。矦伯飧四牢,饔餼七牢。子男飧三牢,饔餼五牢。"此飧、饔與常食不同,且多生腥,不皆孰物。

(饔)

車三秅 鄭注:秅讀爲秅秭麻荅之秅

【詁訓】《周禮·掌客》注有"秅秭麻荅"之文。秅、秭連文,則非《詩》之"秭"也,謂五稯也。

(秭)

【詁訓】《周禮·掌客》曰:"上公車禾眂死牢。牢十車,車三秅。"注云:"禾,藁實并刈者也。"《聘禮》:"四秉曰筥,十筥曰稯,十稯曰秅。"每車三秅,則三十稯也。《聘禮》注云:"一車之禾三秅,爲千二百秉,三百筥,三十稯也。"

(秅)

掌訝

卿訝

【校勘】【叚借】(《說文》:"《周禮》曰:'諸矦有卿訝也。'"①)惟《周禮》作"訝",他經皆作"御",如:《詩》:"百兩御之",毛曰:"御,迎也";"以御田祖",《箋》云:"御,迎也。"《書》:"予御續乃

---

① 陳本"也"作"發"。

命于天""弗御克奔，以役西土""御衡不迷"，某氏皆訓迎，故衛包遂皆改爲"迓"。《士昏禮》："媵御"，《曲禮》："大夫士必自御之"，《穀梁傳》："跛者御跛者，眇者御眇者"，《列子》："遇駭鹿，御而擊之"，皆訓迎，則皆訝之同音假借。

（訝）

冬官考工記第六

【義例】《考工記》多齊語。

（汶）

以飭五材　飭力以長地材

【詁訓】【譌字】（《說文》："飭，致臤也。"①）《攷工記》曰："審曲面勢，以飭五材。"謂五材皆必堅緻也。又曰："飭力以長地材"，謂整頓其人力也。凡人、物皆得云飭。飭人而筋骸束矣，飭物而器用精良矣。其字形與飾相似，故古書多有互譌者。飾在外，飭在内，其義不同。竊謂許書"工"下云："巧飾也"，當作"巧也，飭也"，飭即《記》所謂"飭五材，辨民器，謂之百工"，不徒修飾其外而已。凡經傳子史之譌皆可意正之。飭與敕義略相近。敕，誠也。

（飭）

石有時以泐

【叚借】（《說文》："《周禮》曰：'石有時而泐。'"）石隨其理而解散，石之理如水之理，故借用泐字。

（泐）

澤此天時

【叚借】《考工記》以澤爲釋，《史記》以醳爲釋。皆同聲假借也。古音

---

① 陳本"臤"作"堅"。

在五部，音轉則《廣韵》在《二十二昔》，施隻切是也。徐鉉所引《唐韵》賞職切。

（釋）

弓廬

【叚借】《考工記》："攻木之工，輪輿弓廬匠車梓。"注："廬，矛戟矜秘也。"按：廬者，籚之假借字也。《釋文》曰："廬，本或作籚。"

（籚）

鮑

【叚借】（《說文》："《周禮》曰：'柔皮之工鮑氏'，鮑即鞄也。"①）《考工記》："攻皮之工五，函、鮑、韗、韋、裘。"先鄭云："鮑讀如鮑魚之鮑，書或爲鞄。《蒼頡篇》有鞄橐。"又"鮑人之事"，後鄭云："鮑，故書或作鞄。"許云"鮑即鞄"者，謂《周禮》之鮑即《蒼頡篇》之鞄。鞄正字，鮑假借。《太部》云："《易》曰：'突如其來如。'不孝子突出，不容於內也。太即《易》突字也。"謂太正字，突假借，文意正相似。

（鞄）

幌

【校勘】《攷工記》先鄭注曰："讀爲芒芒禹迹之芒。""讀爲"當是"讀如"之誤。

（幌）

玉柶

【古今】《考工記》"柶"字，"櫛"之古文也。

（櫛）

---

① 陳本"鮑"、"鞄"互倒。

搏埴之工陶瓬[①]

【校勘】【詁訓】【同源】【經學】(《說文》:"瓬,周家搏埴之工也。")"搏"作"搏"者誤,今正。《考工記》曰:"搏埴之工陶瓬",鄭曰:"搏之言拍也。埴,黏土也。"按:《手部》:"搏,索持也";"拍,拊也。"是搏之本義不訓拍,故鄭以"之言"通之。(《說文》:"从瓦,方聲,讀若甂破之甂。")"甂"不成字,轉寫譌舛。《考工記》注大鄭讀爲"甫始"之甫,後鄭讀如"放於此乎"之放。許云方聲,則讀同後鄭。"放於此乎",今《公羊》"放"作"昉"。

(瓬)

萬之以眠其匡

【異文】【志疑】《攷工記》故書:"禹之以眠其匡",先鄭讀爲"萬"。鄭云:"萬蔞",未詳何物。

(萬)

輪人

牙

【詁訓】輮,車网,《考工記》之"牙"也。

(楖)

【詁訓】《考工記‧輪人》注曰:"牙讀如訝,謂輪輮也。世閒或謂之网,《書》或作輮。"按:《車人》牙作輮。《車部》曰:"輮,車网也。"車輪之肉,今北人謂之瓦,即古語之牙也。謂之牙者,如艸木萌芽句曲然。褖佩之璜曰牙,亦猶是也。

(枒)

---

① 今本"瓬"作"瓬"。

【詁訓】【正俗】車輞者，輪邊圍繞如網然。《攷工記》謂之"牙"，"牙也者，以爲固抱也"。又謂之"輮"，"行澤者反輮，行山者仄輮。"大鄭曰："牙，世閒或謂之罔。"《釋名》曰："輞，罔也。罔羅周輪之外也。關西曰輮，言曲揉也。"按：牙亦作枒，《木部》"枒"下曰："一曰車网會也。"所以名牙者，合衆曲而爲之。如裸佩之牙，亦曲體也。亦謂之渠，俗作轅。《尚書大傳》"大貝如車渠"是也。車网木必擇材。《攷工記》注曰："今世牙以橿。"《爾雅注》曰："杻，檍，材中車輞"，又："赤棟，中爲車輞。"

（輮）

輻欲其揱爾

【源流】【異文】【叚借】《考工記·輪人》曰："望其輻，欲其揱爾而纖也。"注云："揱，纖殺小皃也。鄭司農讀爲'紛容揱參'之揱。玄謂如桑螵蛸之蛸。"按："紛容揱參"出《上林賦》。……（《說文》："《周禮》曰：'輻欲其揱尒。'"①）今記作"爾"，許所見作"尒"。尒者，本字，詈之必然也；爾者，叚借字也。爾行而尒廢矣。

（揱）

欲其眼

【叚借】《考工記》："望其轂，欲其眼也。"注："眼出大皃也。"陸云："魚懇反。"按：此鄭謂眼爲睍之假借也。

（睍）

【異文】【校勘】【經學】（《說文》："輥，轂齊等皃也……《周禮》曰："望其轂，欲其輥。"②）鄭本作"眼"，注曰："眼出大皃也。"今按：鄭本當是作"睍"，睍者，目出皃也，轂之圜似之，與許說略同。

（輥）

---

① 陳本無"尒"。
② 陳本無"也"。

眠其綆

【詁訓】【音義】【校勘】《考工記》注："鄭司農云：'綆讀爲關東言餅之餅，謂輪箄也。'玄謂：輪雖箄爪牙必正也。"箄，劉昌宗"薄歷反"，李軌"方四反"。箄謂偏僻，漢人語也，與"算"字絕異。江氏慎修改爲甑箅字，亦千慮之一失也。果是从畀，則不得反以"薄歷"矣。

（箄）

矩其陰陽

【詁訓】《考工記》："斬轂之道，必矩其陰陽。"注："矩謂刻識之也。"凡識共廣長曰矩，故凡有所刻識皆謂之矩。

（巨）

積理而堅

【古今】鄭云："積，致也。"致，今之緻字。

（積）

轂雖敝不蒿

【詁訓】【經學】（《說文》："蒿，艸皃……《周禮》曰：'轂獘不蒿。'"）鄭衆云："蒿，當爲秏。"康成云："蒿，蒿暴。陰柔後必橈減，幬革暴起。"按：此荀卿及漢人所謂"槀暴"也。橈減爲槀木之槀，與革之暴相因而致，木歉則革盈。《旅人》注云："暴者，墳起也。"先鄭謂蒿當是秏字之誤，後鄭謂蒿爲槀之假借，其義則通。不言蒿讀爲槀者，從先鄭作秏亦得也。

（蒿）

以其圍之阞捎其藪

【校勘】【詁訓】【經學】【義例】《考工記》："以轂圍之阞捎其藪。"注曰："梢，除也。肕，三分之一也。鄭司農云：'梢讀如桑螵蛸之蛸，藪讀如蜂藪之藪，謂轂空壺中也。'玄謂：此藪徑三寸九分寸之五，壺中當輻菑者也。藪者猶言趨也。蜂藪者，衆輻之所趨也。"舊本經注多誤字，今挍正之如是。按：《記》文葢本作"梢其槷"，大鄭乃易爲"藪"，故云"讀爲"①。後人直用大鄭說改《記》文耳。程氏瑤田《通藝錄》曰："肕與《王制》祭用數之仂同，十分之一也。藪謂鑿深，梢之以待置輻也。《記》曰：六分其輪崇，以其一爲之牙圍。參分其牙圍而漆其二，椁其漆內而中詘之，以爲轂長。是則轂長當三尺二寸五分四釐一豪六絲六不盡。由是以轂長爲圍，以圍之十一爲鑿深，十一當三寸二分五釐四豪一絲六忽六不盡。用其成數得三寸，輻廣亦三寸也。《車人》大車輻廣三寸，柏車羊車，不見輻廣，亦三寸可知。故下文云：凡輻量其鑿深以爲輻廣。先鄭言蜂藪，後鄭言衆輻所趨，則藪之名義當起於輻鑿也。"按：先後鄭說，直以轂空壺中與衆輻之孔相接，故云"壺中當輻菑者也"，合二者爲一以釋經，而未知輻孔不通壺中，壺中以受軸，槷以受輻，劃然二事。鄭不若程氏之精確也。許字作"槷"，從槀。槀，鳥羣鳴也，亦與衆趨之義合，其云"車轂中空也"，亦未該。……大鄭云"讀爲藪"者，易槷爲藪也，注經之法也。許云讀如藪者，擬其音也，字書之體也。

（槷）

【詁訓】（《說文》："釭，車轂中鐵也。"）《木部》曰："槷，車轂中空也。"今《攷工記》作"藪"，大鄭云："藪讀爲蜂藪之藪，謂轂空壺中也。"按："壺中"謂三十輻菑所趨，非以鐵鍱裹之，懼其易傷也。其裹之之鐵鍱曰釭，因之壺中亦曰釭。《釋名》曰："釭，空也，其中空也。"《方言》曰："自關而西謂之釭。"引申之，凡空中可受者皆曰釭。《漢書》曰"昭陽宮壁帶爲黃金釭，函藍田璧"是也。俗謂膏燈爲釭，亦取凹處盛膏之意。如《方言》釭亦曰鍋也。釭有鐵，則軸又易傷，

---

① 許校云："前引注中鄭司農語，兩'讀如'本皆作'讀爲'，段氏改'爲'作'如'，說見《周禮漢讀考》。阮元《校勘記》記之。"按：《漢讀考》卷六葉九改首"讀爲"爲"讀如"，不改後"讀爲"。依段氏《說文注》及《漢讀考》論先鄭"讀爲藪"、許氏"讀若藪"所見義例之別，亦可知段不易後"讀爲"爲"讀如"之理。

故又有鐗。

（鐗）

去一以為賢　去三以為軹

【辨誤】【經學】【詁訓】【同源】【志疑】《輪人職》曰："五分其轂之長。去一以爲賢，去三以爲軹。"鄭司農云："賢，大穿也。軹，小穿也。"後鄭又改《記》文作"去二爲賢"，程氏辨其非是，詳見《通藝錄》。許同先鄭。……《輪人》爲輿，"參分較圍，去一以爲軹圍。"注曰："軹，輢之植者衡者也。與轂末同名。"轂末即謂車輪小穿也。按：輢軝謂之軹，軹之言积也，枝也。积秖，多小意而止也，以狀軹圍之小，可說其意。而轂末小穿取此名，其意不可說。

（軹）

摩革

【詁訓】【叚借】《輪人》注，鄭云："丸漆之"，葢以桼合燒骨之灰，搏而丸之，以鬃擦物。丸與捖疊韵爲訓。丸而鬃之，既乾如沙磣不光潤，乃摩之，鄭所云"丸漆之乾，乃以石摩平之"也。既摩乃復桼之，許於"麴"下所云"桼捖已，復桼之"也。如此數四，乃後敷丹臒。今時桼工亦略同此。捖或叚浣爲之，如《角人》注"骨入桼浣者受之以量"也。或叚睆爲之，如《檀弓》"華而睆"，孫炎云："睆，桼也"，叔然乃指其冣後光潤者而言。

（捖）

無縶而固

【叚借】《考工記》曰："牙得則無縶而固。"注曰："鄭司農云：'縶，椴也。蜀人言椴曰縶。'玄謂：縶讀如涅，從木，槸省聲。"按："縶""椴"皆假借字，"椴"即"楔"之假借也。

（楔）

凡揉牙外不廉而内不挫旁不腫謂之用火之善

【叚借】【詁訓】《輪人》曰："凡揉牙,外不廉而内不挫、旁不腫,謂之用火之善。"注曰："廉,絶也。挫,折也。腫,瘣也。"按:廉者,爇之叚借。絶謂火絶。《記》文之"外"謂火,"内"謂正當火處,"旁"謂不當火處。爇之不善,則當火處橈減而不當火處暴起。畏此二病,或絶火而更爇。假令火未嘗少絶而無此二病,是真善用火也。

(爇)

【詁訓】【校勘】《考工記》："揉牙内不挫",注云:"挫,折也。"《詩》："乘馬在廄,摧之秣之",《傳》曰:"摧,挫也",《箋》云:"挫,今莝字也。"《傳》《箋》今本譌舛,今正之如是。

(挫)

桯圍

【詁訓】《考工記》:葢杠謂之"桯",桯即楹。如"欒盈",《史記》作"欒逞",其比也。

(楹)

桯長倍之四尺者二十分寸之一謂之枚

【句讀】【異文】【音義】【詁訓】《考工記》:"桯長倍之,四尺者二,十分寸之一謂之枚。"本於"二"字爲句絶。故書"十"與上"二"合爲"廿",此可證周時凡言二十可作廿也。古文廿仍讀二十兩字,秦碑小篆則"維廿六年""維廿九年""卅有七年"皆讀一字,以合四言。廿之讀如入,卅之讀如毄,皆自反也。至唐石經二十皆作"廿",三十皆作"卅",則仍讀爲"二十""三十"矣。

(廿)

輿人

為車

【詁訓】【異體】【正俗】【異文】《攷工記·輿人》："爲車"，注曰："車，輿也。"按：不言"爲輿"而言"爲車"者，輿爲人所居，可獨得車名也。軾、較、軫、軹、軹，皆輿事也。

（輿）

軫

【詁訓】【辨誤】《輿人》注曰："軫，輿後橫者也。"《方言》曰："軫謂之枕。"《秦風》："小戎俴收"，《傳》曰："收，軫也。"近戴先生曰："輿下之材，合而成方，通名軫。故曰：'軫之方也，以象地也。'鄭注專以輿後橫木爲軫，以輢式之所尌三面材爲軹，又以軹爲任正者。如其說，宜記於《輿人》。今《輈人》爲之，殆非也。輿人爲式、較、軹、軹、軫、輢、軹；輈人爲輈、衡、軸、伏兔。《記》不言輈、軹、衡、伏兔之度。輈、軹，輿揜版耳。衡圍準乎軸。伏兔取節於輈。當兔，省文互見。"桐城姚氏鼐曰："《記》曰：'軫之方以象地'，蓋軫方六尺六寸。《記》曰：'參分車廣，以其一爲隧'，蓋以二尺二寸爲輿後。其前廣如軫，而深四尺四寸，以設立木焉，是爲收。毛公曰：'收，軫也'，謂輿深四尺四寸收於軫矣，非謂軫名收也。"玉裁按：似姚氏之說爲完。合輿下三面之材，與後橫木而正方，故謂之軫，亦謂之收。軫從㐱，密緻之言也。《中庸》："振河海而不洩。"注曰："振猶收也。"以振與軫同音而得其義，故曰"猶"。鄭未嘗不謂合四面爲軫矣。六分車廣，以一爲軫圍，輢軾所尌之圍亦在其中矣。渾言之，四面曰軫；析言之，輢、軾所尌曰軹，軹後曰軫；又析言之，軾前曰軹。許言"車後橫木"，可知車後非無植者衡者以接於輢。或其制庳於軾耳，不獨有合於三面材者也。

（軫）

較

【詁訓】【異體】【正俗】【古今】【異文】《攷工記·車人》："以其廣之半，爲之式崇。以其隧之半，爲之較崇。較高五尺五寸，高於軾者二尺二寸也。"戴先生曰："左右兩較，故《衛風》曰：'猗重較兮。'《毛傳》：'重較，卿士之車。'因《詩》辭傅會耳，非禮制也。"玉裁按：較之制，葢漢與周異。周時較高於軾，高處正方有隅，故謂之較。較之言角也。至漢乃圜之如半月然，故許云："車上曲鉤。""曲鉤"言句中鉤也。圜之則亦謂之車耳。其飾則崔豹云："文官青耳，武官赤耳。"《西京賦》云："戴翠帽，倚金較。"《荀卿》及《史記·禮書》云："彌龍以養威。""彌"，許書作"麞"，解云："乘輿金耳也。"皆謂較爲龍形，而飾以金。司馬氏《輿服志》："乘輿金薄繆龍，爲輿倚較"，是其義也。下文"公列侯安車倚鹿"，然則較辨尊卑，自周已然。故劉熙曰："較在箱上，爲幸較也。重較，其較重，卿所乘也。"毛公謂重較卿士之車，必有所受之矣。惟較可幸推尊卑，故其引申爲計較之較，亦作校，俗作挍。凡言校讎可用較字。史籍計較字亦用覺。……今字作"較"。《周禮》故書"校"作"摧"。

（較）

棧車欲弇

【詁訓】《攷工記》："棧車欲弇"，注曰："爲其無革鞔不堅，易坼壞也。""飾車欲侈"，注曰："飾車，革鞔輿也。大夫以上革鞔輿。"《巾車職》："士乘棧車"，注曰："棧車，不革鞔而漆之。"王之玉路、金路、象路皆以革鞔，而有玉、金、象之飾，因有玉、金、象之名。革路鞔之以革而漆之，無他飾，故偁革路。木路不鞔，以革漆之而已，故偁木路。凡革鞔謂之轅，故《急就篇》曰："革轅髤漆油黑蒼。""髤漆油黑蒼"又在革轅之外。《巾車》言"孤卿夏，大夫墨"是也。

（轅）

飾車欲侈

【叚借】【異文】古叚移爲侈，如《攷工記》"飾車欲侈"，故書侈爲移；《少牢饋食禮》"移袂"皆是。

（移）

輈人

軓前十尺①

【經學】【詁訓】【異文】【古今】【叚借】【校勘】杜子春注《大馭職》、鄭司農注《輈人》、後鄭注《少儀》皆曰："軓謂車軾前也。"《秦風》："陰靷鋈續"，《傳》曰："陰，揜軓也。"戴先生云："車旁曰輢，式前曰軓，皆揜輿版也。軓以揜式前，故漢人亦呼曰揜軓。《詩》謂之陰。"《攷工記·輈人》："軓前十尺"，書或作"軌"。《大馭》："祭軌"，杜子春云："軌當爲軓。"《禮記·少儀》："祭范"，鄭曰："《大馭》作祭軓，軓與范聲同。"按：其字葢古文作軓，今字作軓，叚借作范，范又譌范，此歧出之由也。鄭於《少儀》注謂："軾前"，於《輈人》注云："軌是軌法也。謂輿下三面材，輢軾之所尌，持車正也。"其說亦互異。《攷工》注取範圍之意，謂軾前及兩輢所尌皆爲軌。析言之則曰"軾前"。

（軓）

必鰂其牛後②

【叚借】【異文】《考工記》："必鰂其牛後"，注云："鰂讀爲緧，關東謂紂爲緧。"按：亦作"緧"。商王紂，古文《尚書》作"受"。

（緧）

---

① 今本"軓"作"軌"。
② 今本"鰂"作"緧"，注云："故書緧作鰂"，段引同故書。

左不楗

【異文】【古今】《輈人》:"終日馳騁,左不楗。"書楗或作券,鄭云:"券,今倦字也。"據此則漢時已倦行券廢矣。

(券)

馬不契需

【叚借】【校勘】古假㚒爲偄,《考工記》:"馬不契㚒",鄭云:"㚒讀爲畏偄之偄。"自唐初"㚒"已譌"需"。

(偄)

蓋弓

【詁訓】【古今】輪人爲蓋,"蓋弓二十有八,以象恆星也。"鄭注曰:"弓者,蓋橑也。"蓋弓曰轑,亦曰橑。橑者,椽也,形略相似也。重棼亦偁重轑,《張敞傳》"殿屋重轑"是也。《釋名》曰:"轑,蓋叉也。""叉"者,今爪字,非叉字。《玉部》"瑤"下曰:"車蓋玉瑤",以玉爲爪也。詳彼注。

(轑)

以象鶉火

【詁訓】《輈人》:"鳥旟七斿,以象鶉火。"鳥隼爲旟,則鶉火之鶉即鷩。《左傳》童謠"鷩之賁賁",下舉"鶉火"證之,則《詩》之言"奔奔"者,當亦是鷩。惟"有縣鶉兮",毛特訓爲"小鳥",乃爲鷸鶉也。按:《內則》有"鶉羹",《詩》貆、特、鶉,皆謂食物。

(雜)

熊旗六斿以象伐也

【異文】【詁訓】(《說文》:"熊旗五游,目象伐星。"①)"五",鄭本

---

① 陳本"伐"作"罰"。

《攷工記》作"六"。"熊旗六游，以象伐也。"《司常職》曰："熊虎爲旗。"注曰："畫熊虎者，鄉遂出軍賦，象其守猛莫敢犯也。伐屬白虎宿，與參連體而六星。"按：《記》不言虎者，舉熊以包虎。
（旗）

龜蛇四斿以象營室

【詁訓】（《說文》："龜蛇四游，目象營室。"）司常掌九旗之物名，龜蛇爲旐。鄭云："畫龜蛇者，象其扞難避害也。"《爾雅》曰："緇廣充幅長尋曰旐。"是則九旗之帛皆用絳，惟旐用緇。《攷工記》注曰："營室，玄武宿，與東辟連體而四星。"故旐四游。營室一名水，《左傳》云"水昏正而栽"是；一名定，《詩》"定之方中"是也。
（旐）

段氏爲鎛器

【音義】【校勘】【詁訓】【古今】《考工記》："段氏爲鎛器"，徐丁亂反，劉徒亂反，徐音是也。鎛欲其段之堅，故官曰段氏。《函人職》曰："凡甲鍛不摯則不堅。""鍛"亦當作"段"。《金部》曰："鍛，小冶也。"小冶，小鑄之竈也。後人以鍛爲段字，以段爲分段字，讀徒亂切。分段字自應作斷。蓋古今字之不同如此。
（段）

【詁訓】《考工記》："段氏爲鎛器"，段即鍛也。《詩》之"碬石"則鍛質也。
（鍛）

冶氏

戈廣二寸內倍之胡三之援四之　倨句外博重三鋝

【經學】【詁訓】【校勘】【辨誤】（《說文》："戈，平頭戟也。"）《攷工記》冶氏爲戈，"廣二寸，內倍之，胡三之，援四之"，"倨句外博，重三鋝。"鄭曰："戈，今句子戟也。或謂之雞鳴，或謂之擁頸。內謂胡以內接柲者也。長四寸，胡六寸，援八寸。戈，句兵也，主於胡也。俗謂之曼胡以此。"鄭司農云："援，直刃也。胡其子。"按：依先鄭，戈有直刃，則非平頭也。宋黃氏伯思始疑鄭注，近程氏瑤田攷戈刃如劍，橫出而稍倨，所謂援八寸也。援之下近柲爲胡，連上爲刃，所謂胡六寸也。其橫冊於柲而外出者凡四寸，所謂內倍之也。戈戟之金非冒於柲之首，皆爲之內，橫冊外出，且於胡之近柲處爲三孔，纏縛於柲以固之。古戈、戟時有存者，覼之可知也。說詳《通藝錄》。按：許說戈爲平頭戟，从弋以一象之，然則戈刃之橫出無疑也。橫出故謂之援。援，引也。凡言援者皆謂橫引之，直上者不曰援也。且戈、戟皆句兵，矛刺兵，殳毆兵。殳婣於毆者也，矛婣於刺者也，戟者兼刺與句者也，戈者兼句與毆者也。用其橫刃則爲句兵，用橫刃之喙以啄人則爲毆兵，毆與句相因爲用，故《左氏》多言"戈擊"。若晉中行獻子夢厲公以戈擊之；齊王何以戈擊子之，解其左肩；鄭子南逐子晳，擊之以戈；衛齊氏用戈擊公孟，公魯以背蔽之，斷肱，以中公孟之肩；魯昭公將以戈擊僚柤；楚盜以戈擊昭王，王孫由余以背受之，中肩；越靈姑浮以戈擊闔廬，傷將指；齊簡公執戈將擊陳成子；衛石乞盂黶敵子路，以戈擊之，斷纓。皆言擊不言刺。惟盧蒲癸以寢戈自後刺子之言刺，葢癸與王何同用戈，癸逼近子之，故言刺。王何去子之稍遠，故言擊。且二人一在後一在前，相爲掎角也。若長狄僑如，魯富父終甥舂其喉以戈，殺之。由長狄長三丈，既獲之，不能殺之，故自下企上以舂其喉也。自下舂其喉，計長狄長不過二丈，容既獲之後，身橫於地而殺之。舂亦擊也。《方言》曰："戈，楚謂之釨。凡戟而無刃，秦晉之閒謂之釨，或謂之鏔。吳揚之閒謂之戈。東齊秦晉之閒謂其大者曰鏝胡，其曲者謂之鉤釨鏝胡。"《方言》釨鉤鏝字皆轉寫譌俗，古秖作句子曼。云"無刃"者，謂無直刃也。云"句子"者，謂其爲句兵，取義於無右臂之子也。云"曼胡"者，取義於曲處如顄領之肥大也。詳繹鄭注，本無不同。所引先鄭，乃不可從。(《說文》："从弋，一衡之，象形。"①) 弋之首一横之而已矣。先鄭云："援爲直刃，胡其子"，非也。

(戈)

戟廣寸有半寸内三之胡四之援五之倨句中矩與刺重三鋝

【詁訓】【校勘】《攷工記·冶氏》："戟廣寸有半寸，内三之，胡四之，援五之，倨句中矩，與刺重三鋝。"鄭曰："戟，今三鋒戟也。内長四寸半，胡長六寸，援長七寸半。三鋒者，胡直中矩，言正方也。鄭司農云：'刺謂援也。'玄謂：刺者，箸柲直前如鐏者也，戟胡橫貫之。胡中矩，則援之外句磬折與?"《通藝録》曰："内三之，謂戟柄橫出柲外者四寸有半也。胡四之，謂上連刃直而下垂者長六寸也。援五之，謂袤上之刃長七寸半也。刺者，謂橫出之内有鋒也。倨句中矩者，謂刺橫胡直正方之形也。不言援之倨句，言刺之倨句者，戟爲句兵，中矩者主於句也。"據《二儀寶録》，雙枝爲戟，獨枝爲戈以爲證，說與鄭注大乖異，然恐程說近是。《方言》"匽戟"，《廣雅》作"偃戟"。偃者，仰也。據袤上之刃名之也。《周禮》"棘門"，《明堂位》"越棘大弓"，《左傳》"子都拔棘以逐之"，棘皆訓戟。棘者，刺也。戟有刺，故名之曰棘。袤者爲援，則横者爲棘、爲刺也。張揖注《子虚賦》曰："雄戟，胡中有鉅者。"鉅同距。蓋於直垂之胡之中爲横出者，是曰鉅。鉅亦有鋒，故《方言》"三刃枝"，郭注云："今戟胡（段云："胡字今增。"）中有小子刺者所謂雄戟也。"然則合援與刺與鉅是爲三刃枝，鄭所謂"三鋒戟"者又不如是。古制茫昧難知，但曰"援"者斷非直刃。凡《左傳》言"公戟其手"，《詩毛傳》言"拮据，戟捐也"，許書言"捐，戟持也"，"据，戟捐也"，《史》言"須髯如戟"，皆取袤出，不取直上，是則信而有徵耳。《方言》曰："戟無刃，吳楊之間謂之戈。"然則戟者，戈之有刃者也。戟亦非直刃。謂之有刃者何? 其刃幾於直也。《少儀》曰："戈有刃者櫝。"戈之分别有刃無刃古矣。《左傳》："狂狡輅鄭人。鄭人入於井，倒戟而出之，獲狂狡。"此用援刺鄭人不中，鄭人攀柲刺而上也。"或以戟鉤"欒樂斷肘

---

① 陳本"衡"作"横"。

而死，則援與刺皆兼鉤刺之用矣。靈輒"倒戟以禦公徒"而免趙盾，此主於用援也。許云"有枝兵"者，援、刺皆得云枝。

（戟）

鳧氏

兩欒謂之銑

【詁訓】《考工記·鳧氏》曰："兩欒謂之銑"，鄭注："銑，鐘口兩角。"按：古鐘羨而不圓，故有兩角。

（銑）

旋蟲謂之幹

【校勘】（編按：幹）或作幹字，程氏瑤田云："《考工記》'旋蟲謂之幹'蓋榦之譌也。"

（榦）

侈則柞

【詁訓】《考工記》："侈則柞"，注："柞讀爲咋咋然之咋，聲大外也。"按：咋咋、諎諎同，皆大聲。

（諎）

函人

欲其惌也

【詁訓】鄭司農注《考工記》曰："惌讀如宛彼北林之宛。"《菀柳》傳曰："菀，茂林也。"《桑柔》傳曰："菀，茂兒。"按：宛、菀皆即鬱字。

（鬱）

【校勘】【經學】"函人爲甲，眡其鑽空，欲其惌也。"鄭司農云："惌，小孔皃。惌讀爲'宛彼北林'之宛。"按："爲"當作"如"，先鄭不云宛、惌同字，許乃一之。

（宛）

鮑人

察其線

【校勘】【古今】（《說文》："線，古文綫。"）《周禮·縫人》作"線"，《鮑人》同，注曰："故書線作綜，當爲糸旁泉，讀爲絤。"按：線作綜，字之誤也。絤則鄭時行此字。《漢·功臣表》："不絕如綫"，晉灼曰："綫，今線縷字。"蓋晉時通行線字，故云尒。許時古線今綫，晉時則爲古綫今線，蓋文字古今轉移無定如此。

（綫）

以博爲帴

【叚借】不深曰淺，不廣亦曰淺，故《考工記》曰："以博爲帴。"帴者，淺之假借。

（淺）

韗人

【經學】《考工記》注："先鄭云：'韗，書或爲鞠。皋陶鼓木也。'後鄭云："鞠者以皋陶名官也。鞠則陶字從革。"按：先後鄭韗鞠兩存，許從韗不從鞠也。

（韗）

畫繢

繡

【詁訓】【叚借】【校勘】《考工記》:"畫繢之事襍五采。五采備謂之繡。"鄭氏古文《尚書》曰:"予欲觀古人之象,日月星辰山龍華蟲作繢,宗彝藻火粉米黼黻希繡。"此古天子冕服十二章。希讀爲黹,或作絺,字之誤也。按:今人以鍼縷所紩者謂之繡,與畫爲二事。如《考工記》則繡亦系之畫繢,同爲設色之工也。

(繡)

鍾氏

五入爲緅

【詁訓】(《說文》:"黑而有赤色者爲玄。")鄭注……《周禮》曰:"玄色者,在緅緇之閒,其六入者與?"按:"纁染以黑則爲緅。緅,漢時今文《禮》作爵,言如爵頭色也。"許書作"纔",纔既微黑,又染則更黑,而赤尚隱隱可見也,故曰"黑而有赤色"。至七入則赤不見矣。緇與玄通偁,故《禮》家謂緇布衣爲玄端。

(玄)

【詁訓】(《說文》:"纔,帛雀頭色也。"①) 今經典"緅"字許無,"纔"即"緅"字也。《考工記》:"三入爲纁,五入爲緅,七入爲緇。"注:"染纁者三入而成,又再染以黑則爲緅。緅,今《禮》俗文作'爵',言如爵頭色也。又復再染以黑,乃成緇矣。"《士冠禮》:"爵弁服",注:"爵弁者,冕之次。其色赤而微黑,如爵頭然。或謂之緅。"依鄭則爵、緅、纔三字一也,三字雙聲。《巾車》:"雀飾",注曰:"雀,黑從赤少之色。"玉裁按:今目驗雀頭色赤而微黑。(《說文》:"一曰:微黑色,如

---

① 陳本無"也"。

紺。纔，淺也。"①） 前一說謂黑多，後一說謂微黑，不同。鄭注《考工·巾車》謂黑多，注《士冠禮》謂微黑，亦不同也。其實雀頭微黑而已，纔、淺亦於雙聲求之，猶竊之訓淺也。江沅曰："今用爲才字。"乃淺義引伸。

（纔）

㡛氏

涗水

【校勘】【經學】【異文】【辨誤】（《說文》："涗，財盈水也……《周禮》曰：'以涗漚其絲。'"）《考工記》曰："以涗水漚其絲。"注云："故書涗作湄。鄭司農云：'湄水，溫水也。'玄謂：涗水以灰所沸水也。"玉裁按："湄"當作"渜"，《集韵》云"渜或作湄"是也。大鄭從"渜"，故釋之曰"溫水"。鄭從"涗"，故依《禮記》"涗齊貴新"之"涗"，釋爲"以灰所沸水"，其說殊矣。許則字從"涗"，而釋從大鄭。依許說則《內則》《祭統》"涗"字不可解。

（涗）

而沃之

【詁訓】《㡛氏》"而沃之"，即上文之"渥淳其帛"也。

（漳）

玉人

上公用龍侯用瓚伯用將

【異文】【經學】【校勘】【詁訓】（《說文》："《禮》：'天子用全，純玉也。上公用駹，四玉一石。侯用瓚。伯用埒，玉石半相埒也。'"）《攷工記·玉人》曰："天子用全，上公用龍，侯用瓚，伯用將。"注：

---

① 陳本"敊"作"微"。

"鄭司農云：'全，純色也。龍當爲尨，尨謂雜色。'玄謂：'全，純玉也。瓚，讀如餐屡之屡。龍、瓚、將，皆雜名也。卑者下尊以輕重爲差，玉多則重，石多則輕。公侯四玉一石，伯子男三玉二石。'"按：許君"龍"作"駹"，從先鄭易字也。埒，許、鄭同，皆不作將。倘是將字，鄭不得釋爲雜。鄭已後傳寫失之。鄭云："公侯四玉一石"，則《記》文不當公侯分別異名。許說爲長。戴先生曰："此蓋泛記用玉爲飾之等。"玉裁謂：此與祼圭之瓚異義。許不言祼圭之瓚者，蓋其字古祇作贊，黃金爲勺，不用玉也。《詩》謂之"玉瓚""圭瓚"者，以贊助祼圭也。

（瓚）

【古今】【校勘】【詁訓】（《說文》："饡，㠯羹澆飯也。"）《考工記》注曰："瓚讀餐屡之屡。"屡即饡字也。《玉篇》曰："屡者，饡之古文。"然則本作屡，轉寫作屡耳。《內則》注曰："狼臅膏，臆中膏也。以煎稻米，則似今膏饡矣。"《釋名》曰："肺腤，腤饡也。以米糝之，如膏饡也。"以羹澆飯者，饡之本義。膏饡者，漢人所爲。

（饡）

天子圭中必　鄭注：鹿車

【詁訓】【源流】（《說文》："軝，車束也。"）《考工記》"天子圭中必"，注："必讀如鹿車繹之繹，謂以組約其中央，爲執之以備失隊。"《方言》曰："車下鐵，陳宋淮楚之閒謂之畢。大者謂之綦。"郭注云："鹿車也。"按：鄭、郭云"鹿車"者，非小車財容一鹿之謂。《方言》曰："維車，趙魏之閒謂之轣轆車，東齊海岱之閒謂之道軌。"《廣雅》："維車謂之厤鹿，道軌謂之鹿車。"本《方言》。蓋厤鹿即《毛詩傳》之歷錄，鹿車即《周禮注》之鹿車。鹿車與歷鹿義同，皆於其圍繞命名也。《糸部》："繹，止也。"古畢、必通用，故必、軝、繹同，約圭與約車相類也。

（軝）

【詁訓】《考工記·玉人》曰："天子圭中必"，注曰："必讀如鹿車縪之縪，謂以組約其中央，爲執之以備失隊。"按：鹿車即維車，"東齊海岱之間謂之道軌"。《廣雅》曰："道軌謂之鹿車。"鹿車下鉄，"陳宋淮楚之間謂之畢"，所謂鹿車縪也，與用"組約圭中央"，皆所以止者。又詳《革部》"靴"下。

（縪）

大圭

【詁訓】【古今】注曰："王所搢大圭也，或謂之珽。終葵，椎也。爲椎於其杼上，明無所屈也。杼，殺也。"按：《玉藻》謂之"珽"，注云："此亦笏也。珽之言挺然無所屈也。"《典瑞》曰："王晉大圭以朝日"，《魯語》曰："天子大采朝日"，《管子》曰："天子執玉笏以朝日"皆謂此。司馬相如賦有"晁采"，晁，古朝字。朝采即朝日之大采也，長三尺，博三寸，蓋自其中已上殺之。其殺六分而去一，至其首則仍博三寸而方之。鄭云："方如椎頭"是也。珽，玉逸引《相玉書》作"珵"。

（珽）

終葵

【義例】（《說文》："椎……齊謂之終葵。"）《考工記》："大圭長三尺，杼上終葵首。"注曰："終葵，椎也。爲椎於其杼上，明無所屈也。"按：《考工記》"終古""終葵""椑"皆用齊言，蓋齊人作。

（椎）

祼圭

【詁訓】【注音】《玉人》曰："祼圭尺有二寸，有瓚，以祀廟。"祼圭謂之瑒圭，瑒讀如暢。《魯語》謂之"鬯圭"，用以灌鬯者也。

（瑒）

琰圭①

【經學】【詁訓】（《說文》："琰，璧上起美色也。"）《周禮注》云："凡圭剡上寸半，琰圭剡半以上，又半爲瑑飾。"許云"起美色"，葢與鄭意同……若高注《淮南》、顏注《司馬相如傳》皆云："琬琰，美玉名。"此當合二字爲一名，別是一物。《尚書》"玉五重"，琬琰亦是一物，非《周禮》之二圭也。

（琰）

駔琮

【經學】【辨誤】（《說文》："珇，琮玉之瑑。"）《玉人》："駔琮五寸，宗后以爲權。駔琮七寸，天子以爲權。"注："駔讀爲組，以組繫之，因名焉。"許作"珇"，葢杜子春讀故書之駔爲珇，鄭所不從，不載其說者也。《記》又云："瑑琮八寸"，則駔琮非謂瑑明矣。似讀駔爲珇，訓"琮玉之瑑"，失之。《方言》曰："珇，好也，美也。"許意謂兆瑑之美曰珇。

（珇）

矢人

羽殺則趮

【古今】《考工記》："羽豐則遲，羽殺則趮。"鄭云："趮，旁掉也。"按：今字作躁。

（趮）

橈之以眡其鴻殺之稱

【詁訓】《周禮·矢人》："橈之以眡其鴻殺之稱"，注曰："橈搦其榦"，

---

① 今本"琰"作"玲"。

謂按下之令曲，則強弱見矣。《玄應書》曰："搦猶捉也"，此今義，非古義也，古義搦同橈。

（搦）

陶人

甗

【詁訓】《陶人》："爲甗，實二鬴，厚半寸，脣寸。"鄭司農云："甗，無底甑。""無底"即所謂一穿。蓋甑七穿而小，甗一穿而大。一穿而大，則無底矣。

（甗）

甑

【詁訓】《考工記·陶人》：爲"甑，實二鬴，厚半寸，脣寸，七穿"。按：甑所以炊烝米爲飯者，其底七穿，故必以箅蔽甑底，而加米於上，而簸之，而饎之。

（甑）

鬲

【詁訓】【校勘】《釋器》曰："鼎，款足者謂之鬲。"……大鄭云："轂受三豆"，後鄭云："轂受斗二升。"按：《瓬人職》云："豆實三而成轂。"大鄭本之。今俗本譌爲"轂受三斗"，誤甚。……《考工記圖》曰："款足。"按："款足"，郭云："曲腳"，《漢·郊祀志》則云"鼎空足曰鬲"，釋款爲空。

（鬲）

瓬人

髺墾①

【校勘】《考工記》:"髺狠薜暴不入市。"注云:"狠,頓傷也。"此引伸假借字。今本作"墾",非。

(狠)

薜暴

【叚借】《考工記》假"薜"爲"劈",注云:"薜,破裂也。"又或假"擘"爲之,張衡賦云"分肌擘理"是也。

(劈)

梓人

外骨內骨

【詁訓】《考工記》注:"外骨,龜屬;內骨,鼈屬。"按:鼈骨較龜稍內耳,實介屬也。故《周易》鼈、蟹、蠃、蚌、龜爲一屬。

(鼈)

卻行

【經學】【詁訓】【同源】【辨誤】(《說文》:"蝒,側行者。")《考工記》:"卻行,仄行。"鄭曰:"卻行,蝒衍屬。仄行,蟹屬。"與許異。今觀丘蚓實卻行,非側行。鄭說長也。丘蚓俗曰曲蟮,漢巴郡有朐忍縣,以此蟲得名。丘、朐、曲一語之轉也。或謂朐忍爲朐䏰,讀如蠢潤二音,遠失之矣。

(蝒)

---

① 今本"墾"作"墾"。

仄行

【詁訓】《攷工記·梓人》"仄行"即旁行也。鄭亦云："蟹屬。"

（蟹）

紆行

【詁訓】《考工記·梓人》注曰："連行，魚屬。紆行，蛇屬。"按：紆者，詘也，縈也，蛇行必縈曲。

（鮥）

以注鳴者

【叚借】【經學】【詁訓】（《說文》："䖘，曰注鳴者。"①）注者，咮字之叚借。許用《考工記》文也。《梓人職》云："以注鳴者"，鄭云："精列屬"，與許不同也。上文"雖"下云"似蜥易"，下文"蜥"下云"蜥易"，則"䖘"為蜥易屬可知矣。今《爾雅》以為虫蝮字。

（䖘）

以胃鳴者②

【異文】【經學】（《說文》："蠲，馬蠲，大蚓也，曰胃鳴者。"③）《攷工記·梓人》文，鄭本作"胷鳴"，云："榮原屬。"賈、馬作"胃"，賈云："靈蠲也。"按：許得古學於賈侍中，故亦作"胃"，用賈說矣。

（蠲）

其聲大而宏

【詁訓】《攷工記》："其聲大而宏。"大而宏者，其聲外大而中宏也。

（宏）

---

① 陳本重"䖘"，無"者"。
② 今本"胃"作"匈"。
③ 陳本無"馬蠲"。

數目顅脰

【異文】【音義】【經學】《考工記》"顅"字,故書或作"牼",劉音牼苦顏反,皆雙聲合韵也。《左傳》:"邾子牼卒",《穀梁》作"瞷"。

(牼)

【異文】【詁訓】【經學】(《說文》:"顅,頭鬢少髮也……《周禮》曰:'數目顅脰。'")《考工記》:"數目顅脰",故書"顅"或作"牼",鄭司農曰:"牼,讀爲鬜頭無髮之鬜。"司農意謂鳥頭毛短也。鄭注《明堂位》曰:"齊人謂無髮爲禿楬。"《釋名》曰:"禿,無髮沐禿也。鬜頭生瘡曰瘯,鬜亦然也。"楬與鬜皆即鬜字。許說《周禮》與先鄭同,後鄭易之曰:"顅,長脰也。"非許義。證以《莊子》"其脰肩肩",則後鄭是也。肩即顅。

(顅)

【異文】【音義】【詁訓】《考工記》"顅脰"注曰:"顅,故書或作牼。鄭司農云:'牼,讀爲鬜頭無髮之鬜。'"按:大鄭改"牼"爲"鬜",而今書作"顅",《頁部》云:"顅,頭鬢少髮也。"是鬜、顅音義皆同,顅即鬜也。《明堂位》注曰:"齊人謂無髮爲禿楬。"《釋名》曰:"禿無髮沐禿也。鬜頭生瘡曰瘯,鬜亦然也。"鬜與楬皆即鬜也。

(鬜)

搏身而鴻

【叚借】《考工》:"搏身而鴻。"注云:"鴻,傭也。"此謂鴻即傭之假借字也。

(傭)

作其鱗之而

【詁訓】【音義】【校勘】《考工記》:"作其鱗之而。"注曰:"之而,頰頷也。"按:頰謂鱗屬之面旁,頷謂鱗屬之頤頷,圓潤光滑,故謂之禿,古語如是。魚游泳,必動其頰與頷,所謂"作其之而"也。……按:

《周禮釋文》云："許慎口忽反，秃也。劉古本反。"《正義》曰："舊讀領字沽罪反，劉炫以爲當音壺。"玉裁謂：板本"壺"字蓋誤，當作"壺"。

(頌)

【詁訓】《周禮》："作其鱗之而。""之"謂上出，"而"謂下垂。

(屵)

【詁訓】（《說文》："《周禮》曰：'作其鱗之而。'"）鄭云："之而，頰頜也。"戴先生云："鱗屬頰側上出者曰之，下垂者曰而。"此以人體之偁施於物也。

(而)

勺一升

【詁訓】【校勘】《考工記》："勺一升"，注曰："勺，尊斗也。"斗同枓，謂挹以注於尊之枓也。《士冠禮》注亦云："尊斗，所以斟酒也。"今皆譌"尊升"，不可通矣。《詩》："酌以大斗"，毛云："長三尺"，謂其柄。

(勺)

觚三升

【經學】【校勘】【辨誤】（《說文》："觶受四升。"）鄭《駁異義》云："今《禮》角旁單。"然則是今文《禮》作"觶"也。……《異義》云："今《韓詩》：'一升曰爵。爵，盡也，足也。二升曰觚。觚，寡也。飲當寡少。三升曰觶。觶，適也。飲當自適也。四升曰角。角，觸也。不能自適，觸罪過也。五升曰散。散，訕也。飲不能自節，人所謗訕也。總名曰爵，其實曰觴。觴者，餉也。觥，廓也，箸明之兒。君子有過，廓然箸明。非所以餉，不得名觴。'古《周禮》說：'爵一升，觚三升。獻以爵而酬以觚。一獻而三酬，則一豆矣。食一豆肉，飲一豆酒，中人之食。'許慎謹案：《周禮》云：'一獻而三酬當一豆。'若觚二升，不滿一豆矣。"鄭駁之曰："《周禮》獻以爵而酬以觚。觚，寡也。觶字角旁箸友

（段注："誤字。"）汝潁之閒，師讀所作。今《禮》角旁單，古書或作角旁氏，則與觚字相近。學者多聞觚，寡聞觲，寫此書亂之而作觚耳。又南郡太守馬季長說：'一獻而三酬則一豆。'豆當爲斗，與一爵三觲相應。"按：《駁異義》從《韓詩》說，"觲受三升"，謂《考工記》"觚三升"，"觚"爲"觲"誤。其注《考工記》同。其注《禮·特牲篇》云："舊說爵一升，觚二升，觲三升，角四升，散五升。"謂《韓詩》說也。《士冠禮》注亦云："爵三升曰觲。"而許云"觲受四升"，葢從《周禮》不改字。觚受三升，則觲當受四升也。〇按：馬季長說與一爵三觲相應，此觲字乃觚之誤。改觚爲觲始於鄭，馬不尒也。馬注《論語》云："爵一升，觚三升。"（《說文》："觓，觲或从辰。"）《考工記》疏引鄭《駁異義》云："觲字角旁友。汝潁之閒，師讀所作。"今本皆如是。友字無理，葢辰之誤。《韵會》徑改"友"作"支"，云："古作觙"，於形聲合矣。而《玉篇》《廣韵》《集韵》《類篇》、釋行均書皆有觓、觚，無觙，則不可信也。（《說文》："觚，《禮經》觲。"）此謂古文《禮》也。鄭《駁異義》云："今《禮》角旁單，古書或作角旁氏。"然則古文《禮》作"觚"。"或"之云者，改竄之後不畫一也。《燕禮》："媵觚于公。"鄭云："酬之禮皆用觲。言觚者，字之誤也。古者觲字或作角旁氏，由此誤耳。"按：上文"主人北面盥坐取觚洗。"注："古文觚，皆爲觲。"此亦謂古文作"觚"而誤。

（觲）

【經學】（《說文》："一曰：觴受三升者謂之觚。"）觚受三升，古《周禮》說也。言"一曰"者，許作《五經異義》時從古《周禮》說，至作《說文》則疑焉，故言"一曰"，以見古說未必盡是，則《韓詩》說觚二升未必非也。不先言受二升者，亦疑之也。上文"觲實四升"，文次於"從角單聲"、引《禮》之下，其意葢與此同。或云：亦當有"一曰"二字。

（觚）

緅寸

【詁訓】《梓人》："爲侯，上綱與下綱出舌尋，緅寸焉。"注云："綱，所以繫侯於植者也。緅，籠綱者。"按：綱繩麤大，故以小繩毌大繩爲紐連於侯，其用與网一也。

（緅）

春以功

【叚借】（編按：蠢）亦叚春爲之，《考工記》："張皮侯而棲鵠，則春以功。"注云："春讀爲蠢，作也，出也。""蠢"與《心部》"惷"訓"亂"義異。

（蠢）

抗而射女

【詁訓】【異文】【經學】（《說文》："其祝曰：毋若不寧侯，不朝于王所，故伉而射汝也。"）《梓人》曰："祭侯之禮以酒脯醢。其辭曰：惟若寧侯，毋或若女不寧侯，不屬于王所，故抗而射汝。強飲強食，貽曾孫諸侯百福。"《大戴禮》略同。抗，舉也。許作"伉"，《大戴》作"亢"。

（侯）

盧人

句兵欲無彈

【志疑】【校勘】【經學】（《說文》："僤，疾也……《周禮》曰：'句兵欲無僤。'"）今本作"欲無彈"。注曰："故書彈或作但，鄭司農云：'但讀爲彈丸之彈，謂掉也。'"按：經文"彈"字疑本作"僤"，"彈"乃先鄭所易字。許訓"僤"爲"疾"者，古說也。

（僤）

椑刺兵搏　鄭注：柯斧

【詁訓】《廬人》注曰："齊人謂柯斧柄爲椑。"按：柯斧者，大斧也。

（柯）

毃兵同強

【詁訓】【叚借】（《說文》："毃，相擊中也。"）《考工記》："毃兵同強"，兼戈戟殳言之。"和弓毃摩"，注："毃，拂也。"《手部》曰："拂，過擊也。"惟《記》文用此字本義。若《司門》："祭祀之牛牲毃焉"，《校人》："三皁爲毃，毃一馭夫。六毃爲廄，廄一僕夫"，皆假借爲系字，今之繫也。

（毃）

置而搖之

【叚借】（編按：置）古借爲"植"字，如《攷工記》"置而搖之"即植而搖之，《論語》"植其杖"即置其杖也。

（置）

灸諸牆以眂其橈之均

【詁訓】【異文】【經學】（《說文》："久，從後灸之也……《周禮》曰：'久諸牆，以觀其橈。'"①）《士喪禮》：鬲冪"用疏布久之。"鄭曰："久讀爲灸，謂以蓋塞鬲口也。"《既夕》：苞、筲、甕、甒，"皆木桁久之。"鄭曰："久讀爲灸，謂以蓋案塞其口。"此經二"久"字，本不必改讀，蓋久本義訓從後距之，引伸之則凡距塞皆曰久。鄭以久多訓長久，故易爲灸以釋其義。《考工記》："灸諸牆以眂其橈之均"，鄭曰："灸猶柱也，以柱兩牆之閒。"許所偁作"久"，與《禮經》用字正同。許蓋因經義以推造字之意，因造字之意以推經義，無不合也。

（久）

---

① 陳本無"也"字。

車人

為耒

【經學】《考工記·車人》："為耒，庛長尺有一寸，中直者三尺有三寸，上句者二尺有二寸。自其庛緣其外，以至於首，以弦其內，六尺有六寸。"注云："庛讀為棘刺之刺。刺耒下前曲接耜，緣外六尺有六寸，內弦六尺，應一步之尺數。"按：經多云"耒耜"，據鄭說耒以木，耜以金，沓於耒刺。京房云："耜，耒下釘也。耒，耜上句木也。"許《木部》耜作枱，耒耑也；耕，犁也。許說與京同，與鄭異。鄭本《匠人》，謂犁為耜，統言之也。許分別金謂之犁，木謂枱，析言之也。

（耒）

柔地欲句庛

【詁訓】《考工記·車人》："為耒，堅地欲直庛，柔地欲句庛。"《地官·草人》："墳壤用麋"，鄭曰："墳壤，潤解也。"曰"柔地"，曰"潤解"，皆穌田之謂，對剛土而言。

（畩）

牝服

【經學】【詁訓】【校勘】《考工記》大車"牝服二柯，又參分柯之二。"注云："大車，平地載任之車。牝服，長八尺，謂較也。鄭司農云：'牝服謂車箱。服讀為負。'"《小雅》傳曰："服，牝服也。箱，大車之箱也。"按：許與大鄭同，箱即謂大車之輿也。毛二之，大鄭一之，要無異義。後鄭云較者，以左右有兩較，故名之曰箱，其實一也。假借為匧笥之稱，又假借為東西室之稱。《禮經》"箱"字俗改為"廂"字，非也。

（箱）

[周禮]

匠人

埶

【叚借】《考工記·匠人》作"埶",《皀部》曰:"賈侍中說陛法度也。"皆"梟"之假借字也。

(梟)

門堂三之二 室三之一

【詁訓】【古今】【辨誤】【音義】【異文】【義例】(《說文》:"塾,門堂孰也。"①)《攷工記》:"門堂三之二,室三之一。"鄭曰:"門堂,門側之堂也。"《釋宮》曰:"門側之堂謂之塾。"孫炎、郭樸皆曰:"夾門堂也。"堂無塾,門堂乃有塾,刪去"門"字,於制不可通矣。塾,經典皆作塾,以孰加土,猶以孰加火耳。謂之孰者,《白虎通》云:"所以必有塾何?欲以飾門,因取其名。明臣下當見於君,必孰思其事。"是知其字古作孰而已,後乃加之土也。謂之垛者何也?朵者,木下垂,門堂伸出於門之前後,略取其意。後代有朵殿,今俗謂門網邊伸出小牆曰垛頭,其遺語也。塾之制,於正堂之脩廣得三之二,其室於正堂之脩廣得三之一。北向堂者為塾,得堂脩廣三之一。南向者亦為塾,亦得堂脩廣三之一。故曰:"門堂三之二"也。"室三之一"者,北向、南向兩塾之中共一室,室得堂脩廣亦三之一,與門之脩廣等。《顧命》曰:"先路在左塾之前,次路在右塾之前。"此謂北面之塾也。《士虞禮》:"匕俎在西塾之西。"《絲衣》:"自堂徂基",《毛傳》云:"基,門塾之基。"此皆謂南面之塾也。《士冠禮》:"筮與席所卦者具饌於西塾",此南面之塾也;"擯者玄端負東塾",此北面之塾也。《尚書大傳》曰:"上老平明坐於右塾,庶老坐於左塾。餘子畢出然後歸,夕亦如之。"蓋謂北面之塾也。《食貨志》:"春將出民,里胥平旦坐於右塾,

---

① 陳本無"門","孰"作"塾"。

鄉長坐於左塾。"蓋謂南面之塾也。凡埶之可攷者如此。埶字依《白虎通》及崔豹《古今注》則正作埶、俗作塾皆可。近儒或曰當作壄，壄之音義皆與埶迥隔。若《後漢書·劉縯傳》："晝伯升像於壄，旦起射之。"《東觀記》《廣漢書》並作"壄"，此乃所傳之異，不得云壄即塾字也。晝伯升於門牆之山頭而射之，故曰晝於壄。山頭者，俗語牆之冣高處也。據李賢引《字林》曰："塾，門側堂也。"是知漢後多用塾字，此《說文》《字林》之分古今也。

（坫）

重屋

【詁訓】《考工記》之"重屋"，謂複屋也。

（樓）

耜廣五寸

【經學】【詁訓】（《說文》："枱，耒耑也。"）枱，今經典之耜。"耒"下曰："耕曲木也"，此云"耑也"。與京房"耜，耒下釪也"，"耒，耜上句上也"相合。曲木，《考工記》所謂上句者二尺有二寸也。耒耑，所謂庛長尺有一寸也。許意上曰耒，下曰枱，皆謂木材。錯於庛之金是曰耕、曰犁。鄭注《周禮》則云耒爲木，枱爲金，故云："古者耜一金，兩人倂發之。"又云："庛讀爲刺。刺，耒下前曲接耜。"又注《月令》於孟春云："耒，耜之上曲也"；於季冬云："耜，耒之金也。"說與許異。鄭本《匠人》"耜廣五寸"而云。許則謂《記》文枱、犁不分，渾言之。《記》云"耜廣五寸"者謂犁也，故於"耦"下易之云："耕廣五寸。"

（枱）

畎 澮

【校勘】【古今】【詁訓】（《說文》："《周禮》：'匠人爲溝洫，枱廣五寸，二枱爲耦。一耦之伐，廣尺深尺，謂之く。倍く謂之遂，倍遂曰溝，倍溝曰洫，倍洫曰巜。"①）說詳鄭注及程氏瑤田《通藝錄》。今《周禮》"く"作"甽"，"巜"作"澮"，與許所據不同者，後人所改也。……按：鄭注《攷工記》曰："甽，畎也。"謂甽、畎古今字。甽即今之畎字也。……（《說文》："六畎爲一畮。"）《漢·食貨志》曰："趙過能爲代田，一畮三甽，古法也。后稷始甽田，以二耜爲耦，廣尺深尺曰甽，長終畮。一畮三畎，一夫三百畎，而播種於甽中。"按："長終畮"者，長百步也。六尺爲步，步百爲畮。"播種於甽中"者，甽中猶甽閒，播種於兩甽之閒也。深者爲甽，高者爲田，皆廣尺。三百甽積廣六百尺，長百步，亦長六百尺。故一夫百畮，其體正方。許云六畎爲一畮者，謂其地容六畎耳，與一畮三畎之制非有二也。畎與田來歲互易，即代田之制也。六尺爲步，步百爲畮，見《田部》②。

（く）

【詁訓】【校勘】（《說文》："方百里爲巜，廣二尋，深二仞。"）《考工記·匠人》文。尋、仞依許《寸部》《人部》說皆八尺。今《周禮》作"澮"，許所據作"巜"，後人以水名易之也。

（巜）

【詁訓】鄭云："畎土曰伐"，伐即垈。

（垈）

堂涂十有二分　鄭注：分其督旁之脩

【異文】【叚借】《匠人》："堂涂十有二分。"注曰："分其裂旁之修，以一分爲峻也。"今本作"督"，《五經文字》引作"裂"，古多假督爲裂。

（裂）

---

① 陳本"枱"作"梠"。
② 見《段注》"田"篆下。本書附"《段注》論《周禮》溝洫縱橫之制"梳理了段氏的看法。

弓人

紾而昔

【詁訓】【音義】紾轉葢古語，鄭司農《考工記》注之"挋縛"即"紾轉"二字也。凡了戾曰紾轉，亦單評曰紾，亦曰軫䡅（段云："牛力反。"）。《考工記》："老牛之角紾而昔"，鄭司農云："紾讀爲挋轉之挋。"《孟子》兩云"紾兄之臂"，趙注皆云："戾也。"《淮南·原道訓》"挋抱"，高注："了戾也。""挋抱"，《廣雅》作"軫䡅"，云："轉戾也。"《方言》曰："軫，戾也。"郭注："相了戾也。江東音善。"

（紾）

蟄於剒

【譌字】（編按：齫）《考工記》作"剒"，乃譌體。

（齫）

恆當弓之畏

【經學】【詁訓】《考工記》曰："夫角之中，恆當弓之畏，畏也者必橈。"杜子春讀畏爲威，威謂弓淵。鄭讀畏如"秦師入隈"之隈。按：《大射儀》"弓淵"字作"隈"，鄭讀從之也。弓之中曰畏，角之中曰䐈，皆其曲處。而弓人必以䐈傅於畏，故《記》曰"恆當"。

（䐈）

凡昵之類不能方

【異文】【音義】【詁訓】《考工記》故書昵或作樴，注云："樴讀爲脂膏膱敗之膱。"按：膱即䐈字。《字林》云："膱，膏敗也，亦作臌。"《廣雅》云："臌，臭也。"《玉篇》《廣韻》皆云："臌，油敗也。"其字常職切，亦音職。今俗語謂膏油久不可用，正讀職之平聲也。脂膏以久而敗，財用以多藏而厚亡，故多積者謂之殖貨，引伸假借之義也。

（殖）

【異文】【經學】【校勘】《弓人》說"膠"曰："凡昵之類不能方。"注："故書昵或作樴。杜子春云：'樴讀爲不義不昵之昵，或爲勢。勢，黏也。'玄謂：樴，脂膏䐈敗之䐈，䐈亦黏也。"按：此經杜作"昵"，又作"勢"，後鄭作"䐈"，其意則同也。許從杜作"昵"。《日部》曰："暱，日近也，或作昵。"是則"昵"亦訓黏也。一說此昵也，及《周禮注》"不義不昵"之"昵"，三昵字皆當作䵑。

（膠）

絲欲沈

【詁訓】《考工記》曰："絲欲沈"，注云："如在水中時色。"今人謂之漂亮。

（纅）

故剽

【叚借】（《說文》："慓，疾也。"）《弓人》曰："於挺臂中有柎焉，故剽。"注云："剽，疾也。"此謂剽即慓之叚借也。

（慓）

【詁訓】《考工記》注曰"湖漂絮"，《莊子》曰"洴澼絖"，皆謂於水面漂擊之。

（潎）

維角䜋之

【異體】【正俗】《考工記》："維角䜋之"，大鄭曰："䜋讀如掌距之掌。"掌距，即䜋距，字之變體。車䜋，《急就篇》《釋名》作"車棠"，《說文‧金部》作"車樘"，《木部》曰："樘，衺柱也。"今俗字"䜋"作"撐"。

（䜋）

漆三斞

【詁訓】鄭注："斞輕重未聞"，許亦但云："量也。"一弓之膠甚少，與《論語》《攷工記》之庾絕異。

（斞）

往體多

【詁訓】曳曳者，曳之本義。《周禮》曳弓："往體多，來體寡。"往多，殆即牽引之意與？凡云須曳者，殆方語如是，不關本義。

（曳）

王弓之屬

【詁訓】《弓人》曰："往體寡，來體多，謂之王弓之屬，利射革與質。"注云："射深者用直，此又直焉，於射堅宜也。王弓合九而成規，弧弓亦然。"按："王弓之屬"者，言王弓以包弧弓也。弧者，直而稍紆之謂，弧弓亦天子之弓。王弓亦直而稍紆，則王弓、弧弓得互稱也。

（弧）

全經

頒

【叚借】《周禮》以頒爲班，古頒、班同部。

（班）

屬別

【義例】凡言屬則別在其中，故鄭注《周禮》每云屬別。

（莪）

貍

【叚借】【正俗】（编按：薶）《周禮》假借"貍"字爲之。今俗作"埋"。

（薶）

敺

【正俗】【校勘】【音義】【辨誤】（編按：殴）此字即今經典之"敺"字。《廣韵》曰"俗作敺"是也。唐石經《周禮》："射鳥氏以弓矢殴烏鳶"，"方相氏索室殴疫……入壙，以戈擊四隅，殴方良"，"冥氏以靈鼓殴之"，"庶氏凡殴蠱則令之比之"，"壺涿氏以炮土之鼓殴之"，今版本皆作"敺"，唐刻獨不誤。張參《五經文字·殳部》："殴，一口反。"《攴部》無"敺"。《殳部》"殴"字正爲經典而出，特未嘗箸之曰："又起俱反，俗作敺"耳。殴訓捶毄物，故以弓矢，以戈，以靈鼓，以炮土之鼓，皆捶擊意也。區聲古音在四部，讀一口反，音轉入五部。《釋文》讀起俱、丘于反。淺人乃分析一口爲殴打之字，起具、丘于爲驅逐之字，誤矣。又云敺是《馬部》驅之古文。夫敺在《馬部》爲古文，驅在《殳部》爲俗殴字，無庸牽合。驅訓馬馳，殴訓捶毄。試思"爲淵敺魚""爲叢敺爵"之類，可改爲驅魚、驅爵乎？鄭注《周禮》曰："凡言馭者，所以敺之納之於善。"豈可改爲"驅之納之於善"乎？即古閒有假借通用，唐石經固不可易也。

（殴）

綟

【校勘】《考工記》"綟"字，不識何以從囟。今據《殳部》古文"役"、《殺部》籀文"殺"，殳皆作殳求之，知殳譌爲囟，頓釋此疑。學者觸類而長之可也。

（殺）

攷

【叚借】《周禮》多作攷，他經攷擊、攷課皆作考，假借也。

（攷）

劑　齊

【詁訓】【古今】《周禮》或言"質劑"，或言"約劑"，鄭訓"劑"爲"券書"。大鄭曰："質劑謂市中平價，今時月平是也。"鄭云長券曰質，短券曰劑，是劑所以齊物也。《周禮》又多用"齊"字，《亨人》注："齊多少之量。"此與"劑"義不同。今人"藥劑"字乃《周禮》之"齊"字也。

（劑）

簭

【叚借】《周禮》卜筮字皆作"簭"，此則假借也。

（簭）

齍盛　齍　盛

【詁訓】【古今】【經學】《周禮》一書，或兼言齍盛，或單言齍，單言盛，皆言祭祀之事，他事絕不言齍盛。故許皆云"以祀者"。兼言齍盛，若《甸師》《春人》《肆師》《小祝》是也。單言齍，若《大宗伯》《小宗伯》《大祝》是也。單言盛，若《饎人》《廩人》是也。《小宗伯》"逆齍"注云："受饎人之盛以入。"然則齍、盛可互偁也。《甸師》注云："粢，稷也。穀者稷爲長，是以名云。"《肆師》注云："粢，六穀也。"《大祝》注云："粢號謂黍稷皆有名號也。"《春人》注云："齍盛謂黍稷稻粱之屬，可盛以爲簠簋實。"經文齍字，注三易爲粢。而《小宗伯》"六齍"注云："齍讀爲粢。六粢謂六穀，黍稷稻粱麥苽。"此則易齍爲粢之恉，謂齍、粢古今字也。考《毛詩·甫田》作齊，亦作齍，用古文。《禮記》作粢盛，用今文。是則齍、粢爲古今字憭然。《左傳》作粢盛，則用今字之始。《左傳》曰："絜粢豐盛。"毛曰："器實曰齍,在器曰盛。"鄭注《周禮》:"齍或專訓稷,或訓黍稷稻粱。盛則皆訓在器。"是則齍之與盛別者,齍謂穀也,盛謂在器也。許則云器曰齍,實之則曰盛,似與毛、鄭異。葢許主說字,其字从皿,故謂其器可盛黍稷曰齍。要之,齍可盛黍稷,而因謂其所盛黍稷曰齍。凡文字故訓引伸每多如是。說經與說字不相妨也。

(齍)

儥

【詁訓】《周禮》多言"賣儥",謂賣買也。

(覺)

【詁訓】賣字不見經傳,《周禮》多言儥。儥訓買,亦訓賣。《胥師》"飾行儥慝"、《賈師》"貴儥者",葢即《說文》之賣字。而《說文·人部》:"儥,見也",則今之覿字也。

(賣)

四竇

【叚借】凡孔皆謂之"竇",古亦借"瀆"爲之,如《周禮注》"四竇"即"四瀆",《左傳·襄三十年》"墓門之瀆",徐音豆是也。

(竇)

倨句

【詁訓】凡言侈斂之度謂之倨句。《考工記》曰:"倨句一矩有半",又曰:"倨句磬折",即謂一矩有半也。又曰:"倨句外博",謂侈於一矩而不及一矩有半也。又曰:"句於矩",謂斂於一矩也。《管子·弟子職》曰:"倨句如矩",謂正方也。

(倨)

比

【叚借】《周禮》或叚"比"爲"庀"。

（比）

栽

【叚借】【譌字】今惟《周禮》作"栽"，經傳多借"菑"爲之。"菑"或譌爲"薔"。

（栽）

職

【詁訓】【異文】纖微必識是曰職。《周禮》"太宰之職""大司徒之職"皆謂其所司。凡言司者，謂其善伺也。凡言職者，謂其善聽也。《釋詁》曰："職，主也"，《毛傳》同，見《詩·悉蟀》《十月之交》。《周禮》"職方"亦作"識方"。

（職）

掌

【詁訓】《詩》："或王事鞅掌"，《傳》曰："鞅掌，失容也"，《箋》云："鞅猶何也，掌謂捧之也。"玉裁按：凡《周禮》官名掌某者皆捧持之義。

（掌）

㜮

【古今】（《說文》："媄，色好也。"）按：凡美惡字可作此，《周禮》作"㜮"，葢其古文。

（媄）

儀　禮

士冠禮第一

質明行事

【異文】【經學】(《說文》："《禮》曰：'晢朙行事。'"①)《士冠禮》："宰告曰：'質明行事。'"鄭云："質，正也。"許所據作"晢明"，以《戴記·禮器》《昏義》网言"質明"推之，《戴記》多從今文，則知"質明"今文，"晢明"古文也。鄭不疊古文者，畧也。

（晢）

纁裳

【詁訓】《士喪禮》曰："爵弁服，纁裳，純衣，緇帶，韎韐。"纁，淺絳也，三入爲纁。韎則茅蒐一入而已，不與裳同色也。凡韠同裳色。

（韐）

【詁訓】【叚借】鄭注《禮經》曰："凡染絳，一入謂之縓，再入謂之䞓，三入謂之纁。朱則四入與。"是朱爲深纁之說也。凡經傳言朱皆當作絑，朱其叚借字也。朱者，赤心木也。

（絑）

---

①　陳本"晢朙"作"晣明"。

纚廣終幅長六尺

【詁訓】【辨誤】（《說文》："纚，冠織也。"）《內則》注曰："縰，韜髮者也。"《士冠禮》曰："纚廣終幅長六尺"，注曰："纚，今之幘。終，充也。纚一幅長六尺，足以韜髮而結之矣。"《禮經》："贊者奠纚而後設纚，賓正纚乃加冠。"是以纚韜髮而後冠也。此纚葢織成，緇帛廣二尺二寸，長祇六尺，不待翦裁，故曰冠織。漢制，齊三服冠獻冠幘縰，正是織成者。注云："如方目紗。"按：引申之，网有名纚者。薛綜曰："纚網如箕形，狹後廣前。"《西京賦》曰："纚鰋鮋"，《吳都賦》曰："纚鰽鮅。"○《釋名》："纚以韜髮者也。以纚爲之，因以爲之名。"按：劉語似誤。本爲韜髮之偁，繼乃以爲帛偁，如劉語乃倒其先後矣。

（纚）

櫛實于簞

【經學】《禮記・曲禮》注曰："圓曰簞，方曰笥。"《禮經・士冠禮》注曰："隋方曰篋。"許曰："簞，笥也。"又《匚部》曰："匧，笥也。"許渾言之，鄭別言之也。

（笥）

角柶

【詁訓】《士冠禮》有"角柶"，即觝也。

（觝）

【經學】【詁訓】（《說文》："柶，《禮》有柶。"）鄭云："如匕。"許云："匕也。"小異。葢常用器曰匕，禮器曰柶。"匕"下曰："一名柶。"

（柶）

匴

【經學】【異文】【志疑】（《說文》："匴，渌米籔也。"）《士冠禮》："爵弁、皮弁、緇布冠各一匴。"注："匴，竹器名，今之冠箱也。古文匴爲篹。"按：渌米之籔斷非可盛冠，此必異物同名，或別有正字，俟考。

（匴）

采衣紒

【經學】【異文】（《說文》："趰……讀若髻結之結。"）鄭注經《少牢饋食》《追師》《弁師》《襍記》用"紒"字，從《禮》今文也。許造《說文》，《彡部》四用"結"字，此一用"結"字，從《禮》古文也。《士冠禮》"采衣紒"，注云："古文紒爲結。"許不從今文，故《系部》無紒。

（趰）

【經學】【異文】《士冠禮》："采衣紒"，注云："古文紒爲結。"按：許書皆作"結"，鄭注經皆作"紒"，鄭依今文《禮》，許依古文《禮》，故《系部》有"結"無"紒"也。

（鬠）

盥

【經學】【異文】【叚借】《儀禮》古文假"浣"爲"盥"，《公羊傳》亦有此字（編按：指"浣"）。

（澣）

建柶　鄭注：扱柶

【叚借】《曲禮》："以箕自郷而扱之"，此扱之本義也，《儀禮注》云："扱柶"，此插之叚借字也。

（扱）

啐酒

【叚借】（編按：啐）《儀禮》今文以爲呼酒字。
（啐）

某

【經學】【異文】（《說文》："𠰹，古文謀。"）《士冠禮》古文某爲𠰹，蓋古文《禮》某作𠰹也。
（謀）

眉壽

【經學】【異文】【叚借】（編按：眉）《士冠禮》古文作"麋"，《少牢饋食禮》古文作"微"，皆假借字也。
（眉）

某甫

【詁訓】【叚借】《春秋》："公及邾儀父盟于蔑"，《穀梁傳》曰："儀，字也。父猶傅也，男子之美稱也。"《士冠禮》："字辭曰：伯某甫，仲叔季惟其所當。"注："伯仲叔季，長幼之稱。甫是丈夫之美稱。"按：甫者，男子美稱。"某甫"者，若言尼甫、嘉甫、孔甫，謂之且字。且者，薦也。五十以伯仲乃謂之字。以下一字爲伯仲叔季之薦，故曰且字也。甫則非字，凡男子皆得稱之。……《士冠禮》甫作父，他經某甫之甫亦通用父，同音假借也。
（甫）

周弁殷冔夏收

【詁訓】《士冠禮》記曰："周弁，殷冔，夏收。"鄭曰："弁名出於槃。槃，大也，言所以自光大也。冔名出於幠。幠，覆，言所以自覆飾也。收，言所以收斂髮也。"《郊特牲》亦曰："周弁，殷冔，夏收。"弁者，爵弁，非冕也。而《王制》"有虞氏皇而祭，夏后氏收而祭，殷人冔而祭，周人冕而祭。"不言弁，言冕，鄭曰："皇，冕屬"，則收、冔皆冕屬可知。《大雅》："厥作祼將，常服黼冔。"《傳》曰："冔，殷冠也。夏后氏曰收，周曰冕。"亦不以周弁配夏收、殷冔，而言周冕。故知《士冠禮》《郊特牲》之"周弁"非不可云"周冕"。蓋周之爵弁，即夏、殷之收、冔。收、冔，即夏殷之冕。《周禮·司服》《弁師》二職皆不言爵弁，其諸爵弁包於冕與？鄭曰："爵弁制如冕，黑色，但無繅耳。"玉裁謂：周冕，殷冔，夏收，皆冕也。爵弁，即夏殷之冕。則韋弁、皮弁亦冕屬也。故許以"冕屬"釋之。

（兜）

士昏禮第二

纁裳緇袘

【異體】【經學】【詁訓】《士昏禮》："主人爵弁，纁裳緇袘。"注曰："纁裳者，衣緇衣。不言衣與帶而言袘者，空其文。明其與衣皆用緇。袘謂緣，緣之言施，以緇緣裳，象陽氣下施。"按：袘即袉之隸變。鄭云"裳緣"，許云"裾"者，許謂衣裒曰袉。經言緇袘，則緇衣可知也，緇衣未有無裒者也。

（袉）

有裧

【詁訓】《士昏禮》"婦車有裧"，《襍記》"其輤有裧"，"裧"亦即"襜"字。

（襜）

女從者畢袗玄

【詁訓】【校勘】【叚借】《士昏禮》："女從者畢袗玄。"袗玄言衣色。《月令》："孟冬乘玄路。"鄭云："今《月令》作袗，似當爲袀，聲之誤也。"按：今《士昏禮》《月令》"袗"皆譌作"袗"，知其字形相近易誤矣。又鄭釋《士昏》、杜釋《左傳》皆釋袧爲同，此謂袧即均之假借字耳。

（袧）

黼　鄭注：偃領

【詁訓】《士昏禮》注："卿大夫之妻刺黼以爲領，如今偃領矣。""偃"即"褗"字。褗領，古有此語。

（褗）

酳

【經學】【異文】【校勘】【義例】（《說文》："酳，少少歙也。"）《士昏禮》注："酳，漱也。酳之言演也，安也。漱所以潔口，且演安其所食。"《特牲》《少牢》注意略同。《曲禮》注："以酒曰酳。"按：《禮》《禮記》皆作"酳"，許書作"酳"，《玉篇》云"酳、酳同字"是也。攷《士虞禮》注、《少牢禮》注皆云："古文酳作酳"，《特牲》注云："今文酳皆爲酳"，三"酳"字必皆"酳"之字誤。其一云"今文"者，則"古文"之誤。許於此字用古文《禮》，故從"酳"；《禮記》多用今文《禮》，故《記》作"酳"。酳从胤省聲。

（酳）

筥

【詁訓】《方言》："籅，南楚謂之筲，趙魏之郊謂之筥籅。"《禮經》鄭注云："筥，形蓋如今之㯶、筥蘆。"按：筥蘆即筥籅也。

（筥）

【詁訓】《士昏禮》注曰："筥，竹器而衣者，如今之㯶、筥蘆矣。"㯶、筥蘆二物相似，筥蘆即𠙹盧也。《方言》："籅，趙魏之郊謂之去籅。"注："盛飯㯶也。"錢氏大昕曰："去籅即𠙹盧也。"

（盧）

三分庭①

【詁訓】【校勘】《𠃊部》曰："廷，中朝也。"朝不屋，故不从广。宮者，室也。室之中曰庭。《詩》曰"殖殖其庭"，曰"子有廷內"，曰"洒掃庭內"。《檀弓》："孔子哭子路於中庭"，注曰："寢中庭也。"凡經有謂堂下爲庭者，如："三分庭，一在南"，正當作"廷"，爲義相近。

（庭）

夙夜毋違命

【叚借】【經學】【異文】（編按：毋）古通用"無"，《詩》《書》皆用"無"。《士昏禮》："夙夜毋違命"，注曰："古文毋爲無。"是古文《禮》作"無"，今文《禮》作"毋"也。漢人多用毋，故《小戴禮記》、今文《尚書》皆用毋，《史記》則竟用毋爲有無字。〇又按：《詩》"毋教猱升本"，字作"毋"，《鄭箋》："毋，禁辭。"

（毋）

視諸衿鞶

【古今】《士昏禮》："視諸衿鞶"，注曰："視乃正字，今文作示，俗誤行之。"《曲禮》："童子常視毋誑"，注曰："視，今之示字。"《小雅》："視民不恌"，《箋》云："視，古示字也。"按：此三注一也。古作視，漢人作示，是爲古今字。

（視）

辱請　注：以白造緇曰辱

【詁訓】（《說文》："黷，握持垢也。"）垢非可握持之物，而入於握持，是辱也。古凡言辱者皆即黷，故鄭注《昏禮》曰："以白造緇曰辱。"字

---

① 今本"三"作"参"。

書"辱"亦作"䘏"。
(䘏)

士相見禮第三

鄉者

【詁訓】【異文】《士相見禮》曰："鄉者吾子辱使某見，請還贄於將命者。"注云："鄉，曩也。"按：《禮注》"鄉"字或作"鄉"。今人語曰"向年""向時"，"向"者即"鄉"字也。又曰"一晌"、曰"半晌"，皆是"鄉"字之俗。
(鄉)

膳葷

【經學】【異文】【詁訓】《士相見禮》："夜侍坐，問夜，膳葷，請退可也。"注："葷，辛物，葱薤之屬，食之以止臥。古文葷作薰。"《玉藻》："膳於君，有葷桃茢。"注："葷，薑及辛菜也。葷或作焄。"按：《儀禮注》謂葱薤之屬爲辛物，即《禮記注》所謂辛菜也。《禮記注》先以薑者，薑辛而不葷，金辛之臭腥，葱薤之屬皆辛而葷，實與薑同類也。葷古作薰，或作焄者，殆得名薰，猶治曰亂。《祭義》注："焄謂香臭也。"
(葷)

宅者　艸茅

【詁訓】【經學】【異文】《士相見禮》曰："凡自偁於君，上大夫則曰下臣。宅者，在邦則曰市井之臣，在野則曰艸茅之臣。""宅者"，謂致仕者去官而居宅。"茅"，古文作"苗"，《孟子》作"莽"。
(艸莽臣沖)

鄉飲酒禮第四

旅 鄭注：且字

【詁訓】【經學】【辨誤】（《說文》："且，所㠯薦也。"①）凡經注言"且字"者十有一。《鄉飲酒禮》注："同姓則以伯仲別之，又同，則以且字別之。"言同姓之中有伯仲同者，則呼某甫也。《少牢饋食禮》注："伯某之某，且字也。"《士喪禮》："父某甫"，注云："某甫，且字也。若言山甫、孔甫。"《士虞禮》："適爾皇祖某甫"，注云："某甫，且字也。若言尼甫。"又《曲禮》："有天王某甫"，注云："某甫，且字也。"《檀弓》："烏呼哀哉，尼甫"，注云："因且字以爲之謚。"《襍記》："陽童某甫"，注云："某甫，且字也。"《坊記》："魯《春秋》猶去夫人之姓曰吳，其死曰孟子卒"，注云："孟子之子，葢其且字。"又《公羊傳·宣十五年》："王札子殺召伯、毛伯"，注云："札者，冠且字也。"桓四年："天王使宰渠伯糾來聘"，注云："宰渠伯糾，天子下大夫，繫官氏且字。"定四年："劉卷卒"，注云："劉卷氏采，不名且字。"古言表德之字，謂之且字，往往可證者如是。葢古二十而冠，祇云某甫。五十而後以伯仲某甫者，所以藉伯仲也。故鄭注《禮》之某甫如是，何注《春秋》之札、卷、糾皆爲且字，與鄭無不合。作《正義》者多不能憭，致轉寫多譌。而其不譌者，固可攷而知也。經注之且字，非許書則不憭矣。若《周頌》傳曰："篓且，敬慎皃。且，此也。"則毛公傳於故訓者也。

（且）

---

① 陳本無"所㠯"。

鄉射禮第五

乏參侯道

【志疑】《禮經》："乏參侯道，居侯黨之一，西五步。"鄭曰："容謂之乏，所以爲獲者御矢也。"《周禮》鄭司農注云："容者，乏也，待獲者所蔽。"按："乏"與"丏"篆文相似，義取蔽矢，豈《禮經》本作"丏"與？

（丏）

挾弓矢而后下射射　鄭注：孝經說然后曰后者後也

【叚借】經傳多假"后"爲"後"。《大射》注引《孝經》說曰："后者，後也。"[1] 此謂"后"即"後"之假借。

（后）

五臘

【校勘】《鄉射禮》記："薦脯五臄。"注云："臄，猶梃也。"爲記者異耳。《鄉飲酒禮》記："薦脯五梃。"注云："梃，猶臄也。"今本《儀禮》"臄"譌"臘"，"梃"譌"挺"及"脡"。今依張淳、葉林宗所據《釋文》正。

（臄）

臘長尺二寸

【經學】【異文】【詁訓】【校勘】《鄉射禮》古文"臄"爲"戠"，戠聲、弋聲同也。脯脡字本作"梃"，從木。從手、從肉皆誤也。"梃"，一枚也。"臄"猶"梃"也。"臄"作"戠"則同聲而不同義。凡《禮》古文"髀"作"脾"、"肝"作"肝"、"骼"作"胳"等，皆同聲而不同義。

（戠）

---

[1]　許校云："《大射》是《鄉射》之誤，見'挾弓矢而后下射射'句下。"

三笙一和而成聲

【經學】【詁訓】（《說文》："大者謂之巢，小者謂之和。"）見《釋樂》。……《鄉射》記曰："三笙一和而成聲。"三笙謂大者，一和謂小者也。

（笙）

士布矦

【詁訓】【經學】（《說文》："春饗所射矦也……士射鹿豕。"①）《鄉射禮》記曰："凡矦，天子熊矦，白質。諸矦麋矦，赤質。大夫布矦，畫以虎豹。士布矦，畫以鹿豕。"鄭云："此所謂獸矦也。"《梓人》"張獸矦，則王以息燕"是也。息者，休農，息老物也。燕謂勞使臣，若與羣臣飲酒而射。是則士射鹿豕在王息燕時，不在大射。而許牽合言之，容鄭以前說《禮》不同也。鄭云："士不大射。士無臣，祭無所擇。"故《司裘》於大射不言士。鹿豕爲田害，故大蜡迎虎。

（矦）

堂則物當楣

【詁訓】【志疑】鄭注《鄉射禮》記曰："五架之屋，正中曰棟，次曰楣，前曰庪。"注《鄉飲酒禮》曰："楣，前梁也。"許之眉棟即《禮經》之"楣"也，許《厂部》之"庌"即《禮經》之"庪"也。許以屋檼聯曰楣，則棟前曰眉棟，謂棟之近前若眉者也，豈許所據《禮經》"楣"作"眉"與？張載注《靈光殿賦》亦云"眉梁"。

（桴）

---

① 陳本"射"作"歟"。

閒中

【志疑】驢、騾、駃騠、騊駼、驒騱，大史公皆謂爲匈奴奇畜，本中國所不用，故字皆不見經傳，蓋秦人造之耳。若《鄉射禮》"閒中"，注云："閒，獸名，如驢一角。或曰如驢岐蹄。"引《周書》："北堂以閒。"閒斷非驢也，而或以爲一物，何哉？

（驢）

燕禮第六

冪用綌若錫

【叚借】【經學】【詁訓】（《說文》："錫，細布也。"）《燕禮》："冪用綌若錫。"鄭注："今文錫爲緆。緆，易也。治其布使滑易也。"按：今文其本字，古文其叚借字也。《子虛賦》"被阿錫"，即《列子》之"衣阿緆"。許意從《禮》今文，故錄"緆"字。《喪服》："錫衰，傳曰：錫者何也？麻之有錫者也。錫者十五升抽其半，無事其縷，有事其布曰錫。"按：據是則緆之與總但一事其縷，一事其布，爲少異耳。其爲十五升之半則同也。何"總"下偁傳以釋之，而"緆"下不稱傳也？曰：總在五服之内，故聖人特製其字；錫衰不在五服內，故聖人用錫之名，不別製字。錫衰之錫與細布之緆，其實不同也。蓋古者布十五升爲取細。十五升布成，治之使滑易，是曰緆。錫衰則半十五升而治之，亦名曰緆，實非緆也。是以傳之釋經也，先之曰："錫者何也？麻之有錫者也。"有讀爲又，言麻既爲布矣，而又加灰易之，此言緆之本義也。繼之曰："錫者十五升抽其半，無事其縷，有事其布曰錫"，此釋錫衰之錫也。兩言錫者，意各有在。許作字書釋緆本義，故祗曰細麻，而不必詳十五升去半之緆，蓋用傳前說以包後說矣。……先鄭曰："錫，麻之滑易者。"劉熙曰："錫，易也。治其麻使滑易也。"古說謂治麻曰錫。

（緆）

大射第七

豐　鄭注：曲聲

【校勘】《大射儀》注曰："豐，其爲字从豆曲聲。近似豆，大而卑矣。"似鄭時有甾字，但鄭注轉寫至今亦多譌誤。曲聲之聲或是賸字。

（豐）

簜在建鼓之間

【詁訓】《大射儀》："簜在建鼓之間。"注："簜，竹也，笙簫之屬。"按：簜者竹名，以竹成器亦曰簜。笙簫皆用小竹而云簜者，大之也。

（簜）

【校勘】【詁訓】《大射儀》："簜在建鼓之間。"按：當作"箌"。"簜"乃竹名，非其義也。笙簫之屬而謂之"箌"者，大之也。

（箌）

小射正奉決拾以笴

【詁訓】《大射儀》曰："小射正奉決拾以笴。"注："笴，萑葦器。"按：此蓋笴之小者也，大者以竹爲之。

（笴）

公入驁

【詁訓】《大射禮》："公入驁。"注曰："驁夏，亦樂章也，以鍾鼓奏之。"按：驁夏，蓋取翱翔之意。凡奇士傆豪俊者可作驁俊，如《尚書》"䯀"可爲酋豪字也。

（駥）

聘禮第八

使者載旜

【詁訓】《聘禮》曰："使者載旜。"注云："載之者，所以表識其事也。""及竟，張旜誓。"注云："張旜，明事在此國也。"此與仲秋治兵載旜，皆展表士衆之義。

（旜）

拭圭

【校勘】"拭圭"雖見《聘禮》，然必系俗改。古者拂拭字只用"飾"。……《司尊彝》："涗酌"，大鄭云："挩拭勺而酌也。""拭"，《釋文》作"飾"。

（㱇）

【校勘】【義例】《聘禮》"拭圭"字今作"拭"，葢古經必作"飾"。鄭云："拭，清也。"此必經文作"飾"而以"清"訓之。倘經本作"拭"又何用此注乎？《釋詁》云："拭，清也。"《爾雅》少古字，故往往與經典不合；古本當不作"拭"耳。

（飾）

上當碑

【詁訓】【叚借】《聘禮》鄭注曰："宮必有碑，所以識日景，引陰陽也。凡碑引物者，宗廟則麗牲焉。其材，宮廟以石，窆用木。"《檀弓》："公室視豐碑，三家視桓楹。"注曰："豐碑，斲大木爲之，形如石碑。於椁前後四角豎之，穿中於閒爲鹿盧，下棺以繂繞。天子六繂四碑，前後各重鹿盧也；諸侯四繂二碑；大夫二繂二碑；士二繂無碑。"按：此《檀弓》注即《聘禮》注所謂"窆用木"也。非石而亦曰碑，假借之偁也。秦人但曰刻石，不曰碑。後此凡刻石皆曰碑矣。《始皇本紀》："上鄒嶧山立石""上泰山立石",下皆云刻所立石,其書法之詳也。

(碑)

俶獻

【叚借】(《說文》:"俶……一曰,始也。")《聘禮》"俶獻"注:"古文俶作淑。"是此義亦得假淑爲之。

(俶)

束紡

【音義】【辨誤】【詁訓】《聘禮》"束紡",注曰:"紡,紡絲爲之,今之縛也。"《周禮》"素沙"注曰:"素沙者,今之白縛也。"《釋文》皆引"《說文》居掾反","《聲類》以爲今正絹字"。按:據許則縛與絹各物,音近而義殊。二《禮》之鄭注,自謂縛不謂絹也。縛以其質堅名之,字從專;絹以色如麥稍名之,字從肙。李登作《聲類》時已失其傳矣。若《羽人》"十搏爲縛",《左傳》"縛一如瑱",又皆卷縛之義,非字之本義。

(縛)

【辨誤】【詁訓】【叚借】《聲類》溷縛、絹爲一字,由不考其義之殊也。稍者,麥莖也。繒色如麥莖青色也。《射雉賦》曰:"麥漸漸以擢芒",又曰:"闚䦱蠶葉",四月時也。繒色似之曰絹。漢人叚爲羂字。

(絹)

赴者未至

【經學】【異文】【義例】(《說文》:"赴,趨也。")《聘禮》:"赴者未至",《士喪禮》:"赴曰君之臣某死",注皆云:"今文赴作訃。"按:古文訃告字祇作赴者,取急疾之意。今文從言,急疾意轉隱矣。故《言部》不收"訃"字者,從古文不從今文也。凡許於《禮經》從今文則不收古文字，如《口部》有"名"，《金部》無"銘"是也；從古文則不收今文字，如"赴"是也。《禩記》作"訃"不作"赴"者，《禮記》多用今文《禮》也。《左傳》作"赴"者，左丘明述《春秋傳》以古文，故與古文《禮》同也。

（赴）

辭曰非禮也敢

【叚借】【義例】【句讀】《聘禮》："辭，曰：非禮也敢。"注曰："辭，不受也。"按：經傳凡辟讓皆作辭說字，固屬叚借，而學者乃罕知有辟讓本字，或又用辟爲辭說，而愈惑矣。《禮經》一書，多言"辭曰"，謂其文辭如是也。《聘禮》之"辭，曰：非禮也敢"，則於辭爲逗，謂辟則其辭如是也，故鄭特注之以別於他處之言"辭曰"者。哀六年《左傳》："五辭而後許"，《釋文》曰："辭本又作辟。"……《世說新語》蔡邕題《曹娥碑》："黃絹幼婦，外孫齏臼。"解之曰："齏臼所以受辛，辝字也。"按：此正當作辭，可證漢人辟、辭不別耳。

（辟）

對

【詁訓】《聘禮》注曰："對，荅問也。"按：對、荅古通用。

（對）

衆介北面踖焉

【叚借】《聘禮》："衆介北面踖焉"，鄭云："容皃舒揚。"《曲禮》："天子穆穆，諸侯皇皇，大夫濟濟，士蹌蹌。"鄭曰："皆行容止之皃也。"按：許"蹌"爲"行皃"，"蹌"訓"動也"，然則《禮》言行容者皆蹌爲正字，蹌爲叚借字。《廣雅》："蹌蹌，走也。"

（蹌）

舒鴈

【校勘】【詁訓】鴈从鳥爲䳘，雁从隹爲鴻雁。《禮》"舒鴈"當作"舒雁"，謂雁之舒者，以別於真雁也。舒雁謂之鴈，猶舒鳧謂之鶩也。經典鴻雁字多作鴈。《毛傳》曰："大曰鴻，小曰鴈。"按：鴻，大也，非鳥名。

（雁）

饔既之數①

【經學】【異文】【詁訓】《聘禮》記曰："日如其饔既之數。"注云："古文既爲餼。"《中庸篇》曰："既稟稱事。"注云："既讀爲餼。"《大戴·朝事篇》："私覿致饔既。"戴先生曰："既即餼字。"按：三"既"皆"槩"之省。

（氣）

二百四十斗　四秉曰筥

【詁訓】【校勘】【辨誤】【志疑】（《說文》："《周禮》曰：'二百四十斤爲秉。'"）此七字妄人所增，當刪。《聘禮》記曰："十斗曰斛，十六斗曰籔，十籔曰秉，二百四十斗。"云"二百四十斗"者，經致饔米三十車，每車秉有五籔計之，得二十四斛，爲二百四十斗也。此說米之數，與禾無涉。鄭君所謂米禾之秉筥，字同數異。妄人乃益之曰"爲秉"，與下文言禾之"四秉曰筥"相屬，而轉寫又"斗"譌"斤"，曾謂許君而有此乎？《國語》："稷禾、秉芻、缶禾。"韋注當本云："稷禾，四十秉也。秉，把也。缶，庾也。庾米，十六斗也。"《聘禮》曰："十六斗曰庾，四秉曰筥，十筥曰稷。"今本亦不知何人妄改，致不可

---

① 許校云："今《聘禮》中此句及其他五次用例，皆作'饔餼'，無'饔既'之例。"按：段蓋從注"古文既爲餼"所示鄭本。

讀，要之許、韋不可誣也。若《廣雅》之謬誤，又無論矣①。（《說文》："四秉曰筥。"）鄭注《禮》云："筥，穧名也。若今萊陽之閒刈稻聚把有名爲筥者。《詩》云：'彼有遺秉。'又云：'此有不斂穧。'"按：鄭意筥即穧，刈禾盈手曰秉。盈手者四聚於一處爲一穧，穧十而總束之則爲稯，故曰稯猶束也。《周禮注》云："筥讀如棟梠之梠，謂一穧也。"疑今《禮注》奪去一字。

（秅）

十筥曰稯

【經學】【異文】《聘禮》今文作"稯"，古文作"緵"。許從今文，故《糸部》無"緵"。

（稯）

公食大夫禮第九

栗階

【詁訓】《公食大夫禮》注曰："不拾級而下曰乏"，鄭意不拾級而上曰栗階，亦曰歷階，不拾級下曰乏階也。

（乏）

醓醢

【叚借】《醢人》："韭菹，醓醢"，注云："醓，肉汁也。"《公食大夫禮》注曰："醓醢，醢有醓。"《釋名》曰："醢多汁者曰醓。醓，瀋也。宋、魯人皆謂汁爲瀋。"按：合此三條，可見《禮經》"醓醢"正字當作"肷"，謂多肉汁之醢也。

（肷）

---

① 《廣雅》云："秉四曰筥，筥十曰稯，稯十曰秅。"

麋臡

【經學】【異文】【校勘】《公食大夫禮》注曰："今文臡皆作麋。"麋系臑之誤。《儀禮》《爾雅》音義曰："臡，《字林》作臑。"《五經文字》曰："臡見《禮經》《周禮》。《說文》《字林》皆作臑。"據此則《說文》本無"臡"字甚明，後人益之也。許於《禮經》或從今文，或從古文。此從今文"臑"，鄭則從古文"臡"也。

（臑）

胳以東臐膮牛炙

【經學】【異文】《公食大夫禮》注曰："胳臐膮，今時脽也。牛曰胳，羊曰臐，豕曰膮。皆香美之名也。古文胳作香，臐作熏。"按：許無"胳""臐"二字，從古文不從今文也。《內則》同今文作"胳臐"。

（膮）

牛鮨

【詁訓】【經學】【異文】【叚借】《公食大夫禮》"牛鮨"注曰："《內則》鮨為膾。"然則膾用鮨，謂此經之醢牛鮨即《內則》之醢牛膾也。聶而切之為膾，更細切之則成醬為鮨矣。鮨者，膾之最細者也。牛得名鮨，猶魚得名鱠也。鄭曰："今文鮨作鰭。"按：鰭是叚借字，《說文》有耆無鰭。

（鮨）

鈃芼牛藿羊苦豕薇

【經學】【異文】（《說文》："芐，地黃也……《禮記》'鈃毛牛藿羊芐豕薇'是。"①）今《儀禮》"毛"作"芼"，與許所據不同。今《儀

---

① 陳本"藿"作"藿"。

禮》曰："羊苦"，注："苦，苦荼也。今文苦爲芐。"然則許從今文，鄭從古文也。《士虞禮》《特牲饋食禮》二記："鉶芼用苦若薇"，注皆云："今文苦爲芐。"《特牲》又正之曰："芐乃地黃，非也。"

（芐）

覲禮第十

余一人嘉之[①]

【叚借】【經學】【異文】有借"賀"爲"嘉"者，《覲禮》古文"余一人嘉之"，今文"嘉"作"賀"是也。

（嘉）

【叚借】【經學】【異文】古假賀爲嘉。《覲禮》："余一人嘉之。"今文嘉作賀是也。

（賀）

卓上

【詁訓】《覲禮》："匹馬卓上，九馬隨之。"注："卓讀如卓王孫之卓。卓猶的也，以素的一馬爲上。""素的一馬"，謂白馬也。鄭意白馬出衆，故謂之卓。

（卓）

喪服第十一

衰裳

【詁訓】【叚借】《禮》"衰裳"連言，即衣裳也。以衰統負板、辟領等爲言也。……《禮·喪服記》曰："衰長六寸，博四寸。"注云："廣袤

[①] 今本"余"作"予"。

當心也。前有衰，後有負板，左右有辟領。孝子哀戚無所不在。"按：縗，經典多段借衰爲之。

（縗）

苴絰

【詁訓】《喪服》經"苴絰"，注曰："麻在首在要皆曰絰。絰之言實也，明孝子有忠實之心，故爲制此服焉。首絰象緇布冠之缺項，要絰象大帶，又有絞帶象革帶。"按：經傳首、要皆言絰，而首章傳"苴絰大搹，去五分一以爲帶，齊衰之絰，斬衰之帶也"云云，然則在首爲絰，在要爲帶，經特舉絰以統帶耳。

（絰）

絞帶

【詁訓】《禮·喪服》："絞帶者，繩帶也。"兩繩相交而緊謂之絞。

（絞）

菅屨者

【詁訓】【志疑】【音義】（《說文》："者，別事䛐也。"）《喪服》經："斬衰裳，苴絰杖，絞帶，冠繩纓，菅屨者。"注曰："'者'者，明爲下出也。"此別事之例。凡俗語云者箇，者般，者回皆取別事之意，不知何時以迻這之這代之。這，魚戰切。

（者）

苴絰大搹

【詁訓】【經學】【叚借】【古今】《喪服》："苴絰大搹"，注曰："搹，扼也。中人之扼圍九寸。"此言中人滿手把之，其圍九寸，則其徑約計三寸也。《喪服》傳："朝一溢米，夕一溢米"，王肅、劉逵皆云："滿手曰溢"，與鄭異。按：此謂溢爲搹之叚借字也，然搹、溢字見一章數行內，不應異用，則知鄭說爲長。……許云抸者搹之或字，而鄭注《禮》云"搹，抸也"者，漢時少用搹，多用抸，故以今字釋古字，非於許有異也。

（搹）

升

【古今】【叚借】【校勘】【正俗】古經傳登多作升，古文叚借也。《禮經注》曰："布八十縷爲升，升字當爲登。"今之《禮》皆爲升，俗誤已行久矣。按：今俗所用又作陞。經有言升不言登者，如《周易》是也；有言登不言升者，《左傳》是也。

（升）

菅菲

【叚借】《喪服》傳："菅履者，菅菲也。"杜注《左傳》曰："扉，草履也。"菲者，扉之假借字。

（扉）

一溢米

【詁訓】《禮經》"一溢米"注："二十兩曰溢。"按：謂二十兩溢者，謂滿於一斤，十六兩之外也。後人因製鎰字。

（溢）

柱楣

【詁訓】《喪服》"柱楣"注："屋下累墼爲之"，此必未燒者也，枕凷則未墼者也。

（墼）

布總箭笄髽

【詁訓】《喪服》經曰："女子子在室，爲父布總箭笄髽衰三年。"按："布總箭笄髽"者，以布束髮，篠竹爲笄，其髻則露髻，不用纚韜髮也。

（髽）

繩菲

【詁訓】《禮·喪服》傳曰："繩屨者，繩菲也。"注云："繩菲，今時不借也。"《急就篇》作"不借"，《釋名》作"搏腊"，同耳。《周禮·弁師》注曰："瑱讀如薄借綦之綦。"不借綦，若今云艸鞵襻也。《士喪禮》"組綦"，注云："綦，屨係也，所以拘止屨也。讀如馬絆綦之綦。"《內則》"屨著綦"，注亦云："綦，屨繫也。"

（綼）

齊者何緝也

【叚借】【詁訓】《喪服》傳曰："斬者何？不緝也。齊者何？緝也。"齊即齋，緝即緁，叚借字也。緁者，緶其邊也。

（緁）

夫妻胖合也

【校勘】【詁訓】【叚借】《周禮·媒氏》："掌萬民之判。"《喪服》傳曰："夫妻胖合也。"① 胖當作片，片即《媒氏》判字。鄭注《周禮》云："判，半也。得耦爲合，主合其半成夫婦也。"按：夫婦各半而合，故取象於合巹。《漢書》"一半冰"，亦叚半爲片字。

（片）

---

① 按：依《段注》下文及《儀禮》文，"胖"當作"胖"。

喪成人者其文縟

【詁訓】《喪服》傳曰："喪成人者其文縟，喪未成人者其文不縟。"注曰："縟猶數也。"按：數如數罟之數。

（縟）

不摎垂①

【詁訓】《喪服》傳曰："喪之經不摎垂蓋不成也。"不摎垂，謂不絞也。

（縊）

嫂亦可謂之母乎

【詁訓】鄭注《喪服》曰："嫂者，尊嚴之。嫂猶叟也。叟，老人之偁也。"按：古者重男女之別，故於兄之妻尊嚴之，於弟之妻卑遠之，而皆不爲服。男子不爲兄弟之妻服，猶女子不爲夫之兄弟服也。女子於夫之姊妹則相服小功者，相與居室之親也。

（嫂）

尊之所厭

【詁訓】凡《喪服》言"尊之所厭"皆筆義。

（厭）

總衰

【詁訓】《禮經》曰："總衰裳牡麻経，既葬除之者。傳曰：總衰者何？以小功之縷也。"注云："治其縷如小功，而成布四升半。細其縷者，以恩輕也。升數少者，以服至尊也。凡布細而疏謂之總。今南陽有鄧總。"按：小功十升若十一升成布，而此用小功之縷四升半成布，是爲縷細而布疏。其名曰總者，布本有一種細而疏者曰總，但不若總衰之大疏。而

---

① 今本"摎"作"樛"。

緦衰之名緦，實用其意。故鄭舉凡布以名之。劉氏《釋名》說緦衰亦曰細而疏如緦也。許云"細疏布"，亦謂凡布，不主緦衰，與錫本爲細布名，而錫衰之錫取以爲名正同。故皆不引《禮》傳。

(緦)

緦麻三月者

【校勘】【詁訓】經云："緦麻三月者"，注云："緦麻，緦布衰裳而麻絰帶也。"今本注內刪下緦字，則不可通矣。傳曰："緦者十五升抽其半，有事其縷，無事其布曰緦。"凡布幅廣二尺二寸。《禮經》"布八十縷爲升"即許之"布八十縷爲稯"也。斬衰三升，三升有半，齊衰四升，繐衰小功之縷四升有半，大功八升若九升，小功十升若十一升，緦布朝服之縷七升有半。升數各不同，而皆合二尺二寸之度以成布。十五升去半者，十五升朝服之升數也，去其半則爲七升有半。朝服用十五升，其布密，緦用其半，其布疏。謂之緦者，鄭曰治其縷細如絲也，傳所謂有事其縷也。繐衰用小功之縷，而升數不及半；緦用朝服之縷，而升數祇取半。皆聖人因宜適變之精意。

(緦)

衽

【詁訓】《喪服》記曰："衽二尺有五寸。"鄭曰："衽所以掩裳際也。上正一尺，燕尾一尺五寸，凡用布三尺五寸。"玉裁按：朝祭服同。《玉藻》注所謂"或殺而下"，"屬衣則垂而放之"者也。《玉藻》："衽當旁。"鄭曰："謂裳幅所交裂也。"江氏永曰："以布四幅正裁爲八幅，上下皆廣一尺一寸，各邊削幅一寸，得七尺二寸，既足要中之數矣。下齊倍於要，又以布二幅斜裁爲四幅，狹頭二寸在上，寬頭二尺在下，各邊削幅一寸，亦得七尺二寸，共得一丈四尺四寸。此四幅連屬於裳之兩旁，所謂衽當旁也。"玉裁按：此注所謂"或殺而上"，"屬裳則縫之以合前後"者也。此二者皆謂之衽。凡言衽者，皆謂裳之兩旁。鄭曰："凡衽者，或殺而下，或殺而上，是以小要取名焉。"小要者，《喪大記》云"君盝用漆三衽三束"是也。

（衽）

士喪禮第十二

皋某復

【詁訓】（《說文》："《禮》：祝曰'皋'。"①）《士喪禮》："復者一人，升自前東榮中屋北面，招以衣曰皋某復三。"注曰："皋，長聲也。"《禮運》亦云："皋某復。"按：聲長必緩，故《左傳》"魯人之皋"注云："緩也。"《召旻》"皋皋"，《釋訓》曰："刺素食也。"毛曰："頑不知道也。"皆緩之意也。（《說文》："登謌曰奏。"）謌，或歌字也。登歌，堂上歌也。《禮經》或言歌，或言樂，或言奏，實皆奏也。

（皋）

為垼於西牆下

【詁訓】【經學】【異文】《士喪禮》："為垼於西牆下，東鄉。"注云："垼，塊竈。"《既夕》記云："垼用塊"，注云"塊，墣也。"蓋《士喪》之竈，土臼為之，以煮沐浴者之潘水，不似人家廚竈，必令適為之，且僅通孔可煮而已。故謂之垼，不謂之竈也。垼，《禮經》作"垼"，古文《禮》作"役"。

（垼）

挋用巾

【詁訓】（《說文》："挋，給也。"）給者，相足也。《士喪禮》曰："乃沐櫛，挋用巾。"又曰："浴用巾，挋用浴衣。"注曰："挋，晞也，清也。"按：晞者，乾之也。浴用巾，既以巾拭之矣，而復以浴衣挋之，謂抑按之使乾。此乾彼溼，可互相足，故曰"給也"。《爾雅》曰：

---

① 陳本"皋"作"皐"。

"抗、拭、刷，清也。"渾言之也。析言之，則抗與拭不同。故許書"厩，飾也""撞，飾也"爲一義，"抗，給也"又爲一義也。

（抗）

蚤揃如他日

【古今】【叚借】【義例】叉、爪古今字。古作叉，今用爪。《禮經》假借作蚤。《士喪禮》："蚤揃如他日。"《士虞禮》："浴沐櫛搔揃"，搔或爲蚤。《曲禮》："大夫士去國不蚤鬋。"蚤皆即叉字也。鄭注皆云："蚤讀爲爪。"讀爲者，易其字也。不易爲叉而易爲爪，於此可見漢人固以爪爲手足甲之字矣。《釋名》曰："爪，紹也。筋極爲爪，紹續指端也。"亦不作叉。

（叉）

設決麗于掔

【詁訓】【正俗】《士喪禮》："設決麗于掔。"注云："掔，手後節中也。"云"後節中"者，肘以上爲前節，則肘以下爲後節。後節之中以上爲臂，則以下爲掔也。俗作捥。《左傳》："涉佗捘衞侯之手及捥"，非古字也。

（掔）

繫用靲

【詁訓】《士喪禮》："繫用靲"，注："靲，竹䇷也。"陸云："其閻反。"按：鄭以爲紟字。紟者係也。鬲與重，但當以竹䇷係之，因謂䇷爲紟。

（靲）

主人髺髮

【異文】【詁訓】【異體】【經學】【志疑】《士喪禮》"主人髺髮"，《戴記》作"括髮"，謂小斂訖，去纚爲露髻也。婦人之髽亦是去纚而髻，與男子之髺髮相等。則髺爲凶禮矣。然許於"髽"曰："喪髻"，於"髺"

不云"喪髻"者,髻髮猶云束髮。《內則》《喪服》之"總",《深衣》之"束髮",《士喪禮》之"鬠",同爲一事。鬠即髻字之異者,髻非喪服之專偁也。故《士喪禮》之"用組",以組束髮也;《深衣》之"用錦",以錦束髮也;《喪服小記》之始死"括髮以麻",以麻束髮也;《喪服》之"布總",以布束髮也;其他"縞總""素總",以縞、素束髮也。是皆得謂之髻,非凶禮之專辭也。《士喪禮》注曰:"鬠,古文作括","鬠,古文作括";《禮經》"鬠髮",《戴禮》皆作"括髮",則用古文與?《周禮注》引"鬠用組"作"擏"。

(髻)

婦人髽于室

【詁訓】【經學】(《說文》:"髽,束髮少小也。"①)"尐小"二字各本作"少"。《廣韵·十六屑》《十七薛》引作"少小"二字,"少"乃"尐"之誤。今正。……《通俗文》曰:"露髻曰髽。""露髻"者,《士喪禮》"婦人髽于室"注云:"既去纚,而以髮爲大紒,如今婦人露紒其象也。"注《喪服》亦云:"髽,露紒也。"然則"露髻",漢人語。謂不用韜髮之纚,露髮爲髻也。今乃婦人無不露髻者矣。《二京賦》解訓"髽"亦云"露頭髻"。按:鄭云"大髻",許云"尐小"者,其辭異,其爲粗率之意一也。

(髽)

魚鱄鮒九

【詁訓】【校勘】《士喪禮》:"魚鱄鮒九",鱄、鮒皆常用之魚也,故《春秋》有名鱄字子魚者。《呂覽》曰:"魚之美者,洞庭之鱄。"今本作"鱄",非也。《廣韵》:"鱄出洞庭湖",《山海經》曰:"鱄魚,其狀如鮒而彘尾。"《江賦》亦有"蟤",蟤與鱄蓋非一物。

(鱄)

---

① 陳本"尐小"二字但作一"少"字。

載魚左首進鬐

【經學】【異文】【詁訓】【古今】（《說文》："蘸，龍耆脊上蘸蘸也。"①）《士喪禮》："載魚左首進鬐。"注曰："鬐，脊也。古文鬐爲耆。"按：此鄭從今文，而疊古文於注也。許《髟部》無"鬐"，此出"耆"者，許於此字從《禮》古文，不從《禮》今文也。耆者，老也。老則脊隆，故凡脊曰耆。或作鬐，因馬鬣爲此字也。龍魚之脊上出者如馬鬣然。《上林賦》曰："搢鰭掉尾。"郭云："鰭，背上鬣也。""鰭"亦"耆"之今字。渾言之耆即脊，析言耆在脊上。

（蘸）

既夕禮第十三②

二燭　鄭注：燭用蒸

【詁訓】鄭注《士喪禮》曰："燭用蒸。""蒸"即謂麻稈。《弟子職》曰："蒸間容蒸。"

（熜）

燕器杖笠翣

【叚借】《士喪禮》下注曰："翣，扇也。"此言經文假"翣"爲"箑"也。

（箑）

【詁訓】【辨誤】《士喪禮》下篇："燕器杖笠翣。"注曰："笠，竹簜蓋也。"云蓋則簽也。又按：《疏》云："簜，竹青皮。"恐非是。"簜"疑同"箬"，竹箬也，今人謂之箬帽。

（簽）

---

① 陳本無"也"。
② 《段注》引《既夕禮》文或稱《士喪禮》。

脾析

【校勘】【音義】【經學】【詁訓】（《說文》："膍，牛百葉也。"）《周禮·醢人》《既夕禮》皆云"脾析"。《周禮注》："鄭司農云：'脾析，牛百葉也。'"《既夕》注云："脾讀爲雞脾肶之脾。脾析，百葉也。"按："肶"從此聲。《釋文》："尺之反。"《内則》"鴇奥"注："奥，脾肶也。"字亦作"胵"。《釋文》："昌私反。"今《儀禮注》《禮記釋文》"肶"皆作"胵"，誤甚。"肶"與"斯"，"斯"與"析"音近，故釋"脾析"爲"脾肶"。雞鴇皆有脾肶，謂胃也，即許所謂"鳥膍胵"也。鄭與許字異而音義同。謂之百葉者，胃薄如葉，碎切之，故云百葉。未切爲膍胵，既切則謂之脾析，謂之百葉也。此胃也，而經注何以謂之脾？蓋如今人俗語脾胃連言，故以脾之名加於胃也。經文"脾析"，說《禮》家容有讀爲"膍"者，故許從之，不欲與土藏同名也。《莊子》："臘者之有膍胲。"司馬云"膍，牛百葉也"是也。《大雅》："加肴脾臄。""脾"蓋亦謂百葉。

（膍）

及窆

【經學】【異文】【同源】《土部》曰："堋，葬下土也。《春秋傳》'朝而堋'，《禮》謂之'封'，《周官》謂之'窆'。"按：《禮》謂十七篇也。《士喪禮》下篇曰："及窆，主人哭踊無筭。"注："窆，下棺也。今文窆爲封。"然則許十七篇從今文，鄭從古文而疊今文也。凡《戴記》皆作"封"，《戴記》從今文也。《周官》謂之"窆"者，《周禮·鄉師》云："及窆，執斧以涖匠師。"先鄭云："窆謂葬下棺。《春秋傳》所謂'偏'，《禮記》所謂'封'也。"按：堋、窆、封三字分蒸、侵、東三韵，而一聲之轉。

（窆）

【經學】【異文】【目錄】【同源】【辨誤】【叚借】（《說文》："堋，喪葬下土也……《春秋傳》曰：'朝而堋'，《禮》謂之封。"）《禮》謂

《禮經》，所謂《儀禮》十七篇也。《既夕禮》："乃窆，主人哭踊無算。"注云："窆，下棺也。今文之窆爲封。"按：許於《禮經》有從今文者，有從古文者。此云："《禮》謂之封"，則從今文也。《小戴記》一書於《禮經》多從今文，故此字皆作封，無作窆者。《檀弓》："縣棺而封"，鄭云："封當爲窆。"鄭以封於義不親切，故欲依《禮》古文及《周官》易其字也。（《說文》："《周官》謂之窆。"）《周官》者，《漢志》所謂《周官經》，漢人謂之《周禮》也。《遂人》："及窆陳役"，鄭司農云："窆謂下棺時。《禮記》謂之封，《春秋》謂之堋，皆葬下棺也。聲相似。"《鄉師》注略同。蒸侵東三韵相爲通轉，故三字音相近，大鄭云"聲相似"是也，語言之小異耳。此皆謂下棺，或以不封不樹亦改讀爲窆，則誤矣。窆見《穴部》。（《說文》："《虞書》曰：'堋淫于家'，亦如是。"①）上偁《春秋傳》《禮》《周官》，說轉注也。堋、封、窆異字同義也。惟封略近叚借。此偁《皋陶謨》說叚借也，謂叚堋爲朋。其義本不同，而形亦如是作也。"堋淫于家"即"朋淫于家"，故孔安國以今文字讀之，定爲"朋"字。"朋淫"即"羣居終日，言不及義""恆舞于宮，酣歌于室""徇于貨色"也。不知此恉，乃或以楚王戊私姦服舍釋之。夫下棺之地，非持服之舍也。其說《書》之乖刺何如哉！故不知有偁經說叚借之例，不可與讀《說文》。

（堋）

寢東首於牖下②

【校勘】《士喪禮》："寢東首於墉下。"《喪大記》作"北墉下"。今本墉皆譌牖，非也。

（牖）

---

① 陳本無"亦如是"。
② 今本"於牖"作"于北墉"。阮校云：牖，陳、閩同，毛本、《通解》'牖'作'墉'"。

— 612 —

校在南

【詁訓】【叚借】（《說文》："骹，脛也。"）脛，卻下也。凡物之脛皆曰骹。《釋嘼》："馬四骹皆白，驓。"薛注《西京》曰："青骹，鷹青脛者。"《方言》曰："矛骹細如鶴脛者，謂之鶴膝。"《考工記》說"輻材"曰："參分其股圍，去一以爲骹圍。"大鄭云："《方言》股以喻其豐，故言骹以喻其細。"《禮》多假"校"爲之。《士喪禮》記："綴足用燕几，校在南。"注："校，脛也。"《祭統》："夫人薦豆執校。"注："校，豆中央直者也。"此皆假"校"爲"骹"也。

（骹）

隸人涅廁

【叚借】《士喪禮》："隸人涅廁"，注："涅，塞也。"䎃㪍其本字，涅其假借字也。異部雙聲相假借，故㪍亦音乃結反。

（㪍）

馬不齊髦

【古今】【經學】【異文】【叚借】古亦假"髦"爲"毛"字。《既夕禮》注曰："今文髦爲毛。"是今文《禮》叚"毛"爲"髦"也。

（髦）

實綏澤焉

【叚借】【詁訓】《既夕禮》"實綏澤焉"，注："綏，廉薑。澤，澤蘭也。皆取其香且禦溼。"按：綏者，荾之叚借字。一名山辣，今藥中三柰也。《吳都賦》謂之"薑彙"。

（荾）

軒輖

【異體】【同源】【詁訓】【叚借】【辨誤】《小雅》："戎車既安，如輊如軒。"毛曰:"輕,摯也。"《考工記》:"大車之轅摯",鄭曰:"摯,輖也。"《士喪禮》:"軒輖中",鄭曰:"輖,摯也。"摯、鷙、輊同字,輖雙聲。許書有輖、摯而已。摯者,依聲託事字也。軒言車輕,輖言車重,引申爲凡物之輕重,故《禮經》以之言矢。《周南》叚輖爲鞀字,故《毛傳》曰:"輖,鞀也",而說《詩》者或以本義釋之。

(輖)

士虞禮第十四

取諸左胠上

【經學】【異文】【詁訓】【叚借】【校勘】【辨誤】《士虞禮》:"膚祭三,取諸左胠上。"注:"胠,脛肉也。古文曰左股上。此字從肉,非從殳矛之殳聲。"鄭意謂股者髀也,《禮經》多言"髀不升",則取左股爲膚祭,非也。尋古文用字之例,假"股"爲"胠",正與假"脾"爲"髀",假"肫膞"爲"腨",假"胳"爲"骼",假"頭"爲"脰",皆以異物同音相假借。"股"與"胠"當是同音,葢從肉,役省聲,如投、疫、殺皆從役省聲之比,役與益同部。此股非股肱字,注當云:"此字從肉,從役省聲,非從殳矛之殳聲。"今本脫誤不完。據《賈疏》云:"鄭以殳與股不是形聲之類,其理未審。"賈實錯解,而可證有"非"字。今本又奪"非"字,則更不可通矣。

(胠)

嘉薦普淖①

【詁訓】《儀禮》:"嘉薦普淖。"注曰:"普淖,黍稷也。普,大。淖,和也。德能大和乃有黍稷也。"劉瓛述張禹之義曰:"仲者,中也。尼者,和也。言孔子有中和之德,故曰仲尼。"葢漢人尼與泥通用,故漢碑仲尼字或作泥。

(淖)

---

① 今本"普"作"普"。

明齊溲酒

【詁訓】《士虞禮》："明齊溲酒"，注："明齊，新水也。言以新水溲釀此酒也。"此溲即沃汱之義。

（浚）

中月而禫

【經學】【異文】《士虞禮》記曰："中月而禫"，注："中猶閒也。禫，祭名也，與大祥閒一月，自喪至此凡二十七月。禫之言澹，澹然平安意也。"……玉裁按：《說文》一書，三言"讀若'三年導服'之'導'"，考《士虞禮》注曰："古文禫或爲導"，《喪大記》注曰："禫或皆作道"，許君葢從古文，不錄今文禫字。且禫字重示，當居部末，如頹、瑱、聶、齹、姦皆居部末是也。"祢"字下出"禫"字，疑是後人增益。鄭君從禫，許君從導，各有所受之也。

（禫）

【經學】【異文】【音義】（《說文》："丙，古文丙。讀若'三年導服'之'導'。"）《士虞禮》注曰："古文禫或爲導。"《檀弓》《喪大記》注皆曰："禫或作道。"是今文《禮》作"禫"，古文《禮》作"導"。鄭從今文，故見古文於注；許從古文，故此及木、穴部皆云"三年導服"，而《示部》無"禫"。今有者，後人增也。……不云"讀若導"而云"'三年導服'之'導'"者，"三年導服"之"導"古語葢讀如澹，故今文變爲"禫"字，是其音不與凡導同也。

（丙）

特牲饋食禮第十五

爨

【詁訓】《特牲》《少牢禮》注皆曰："爨，竈也。"此因爨必於竈，故謂竈爲爨。《禮器》"燔柴於爨"同。《楚茨》傳曰："爨，饔爨、廩爨也。"此謂竈。又曰："踖踖，爨竈有容也"，此謂炊。

（爨）

宵衣

【叚借】【詁訓】已涷之繒曰練，未涷之絲曰綃。以生絲之繒爲衣，則曰綃衣。古經多作"宵"，作"繡"。《特牲禮》："主婦纚笄宵衣"，注曰："宵衣，染之以黑，其繒本名曰綃。《詩》有'素衣朱綃'，《記》有'玄綃衣'。凡婦人助祭者同服也。"《少牢禮》注曰："大夫妻尊亦衣綃衣而侈其袂。"《玉藻》曰："君子狐青裘豹褎，玄綃衣以裼之。"注曰："綃，綺屬也。"《郊特牲》："繡黼丹朱中衣"，注曰："繡讀爲綃。綃，繒名也。"引《詩》"素衣朱綃"。合此數條知宵、繡皆叚借字。以此生絲織繒曰綃，仍從絲得名也。故或云"繒名"，或云"綺屬"，綺即文繒也。

（綃）

詩懷之

【叚借】《特牲禮》："詩懷之"，注："詩猶承也，謂奉納之懷中。"《內則》："詩負之"，注："詩之言承也。"按：《正義》引《含神霧》云："詩，持也。"假詩爲持，假持爲承，一部與六部合音冣近也。《上林賦》"葴持"，持音懲。

（詩）

几在南厞

【詁訓】【經學】【異文】《特牲饋食禮》："佐食徹尸薦俎，敦于西北隅，几在南厞。"《有司徹》："有司官徹饋饌于室中西北隅，設右几厞。"鄭云："厞，隱也。"《喪大記》："甸人取所徹廟之西北厞，薪用爨之。"按：室西北隅曰屋漏。厞者，又西北隅隱蔽之處也。屈原賦："隱思君兮陫側。""陫"葢同"厞"。《禮注》曰："古文厞作茀。"

（厞）

少牢饋食禮第十六

廩人摡甑甗匕與敦

【詁訓】【異文】【古今】【辨誤】【校勘】漢人曰匕黍稷，匕牲體。凡用匕、曰匕也，匕即今之飯匙也，《少牢饋食禮》注所謂"飯橾"也。《少牢饋食禮》："廩人摡甑獻匕與敦。"注曰："匕所以匕黍稷者也。"此亦當即飯匙。按：《禮經》匕有二，匕飯、匕黍稷之匕蓋小，經不多見；其所以別出牲體之匕，十七篇中屢見。喪用桑爲之，祭用棘爲之，又有名疏、名挑之別。蓋大於飯匙，其形製略如飯匙，故亦名匕，鄭所云"有淺斗，狀如飯橾"者也。以之別出牲體，謂之"匕載"，猶取黍稷謂之"匕黍稷"也。匕牲之匕，《易》《詩》亦皆作"匕"。《大東》傳、《震卦》王注皆云："匕所以載鼎實"是也。《禮記·襍記》乃作"枇"，本亦作"朼"，鄭注《特牲》引之而曰："朼畢同材曰朼載。"蓋古經作"匕"，漢人或作"朼"。非器名作匕，匕載作朼，以此分別也。若《士喪》《士虞》《特牲》《有司》篇匕載字皆作"朼"，乃是淺人竄改所爲。鄭注《易》亦云："匕牲體薦鬯"，未嘗作"朼牲體"也。注中容有木旁之朼，經中必無。劉昌宗分別，非是。

（匕）

鑊

【詁訓】《少牢饋食禮》有"羊鑊"，有"豕鑊"。鑊，所以煑也。

（鑊）

上佐食舉尸牢榦[①]

【詁訓】【經學】【異文】【叚借】《禮經》正脅謂之榦，《少牢》古文"榦"爲"肝"，此與古文"髀"爲"脾"皆但取同音假借而已。

（肝）

[①] 今本"榦"作"幹"。

有司第十七

有司徹

【校勘】【正俗】劈與徹義別。徹者，通也；劈謂除去。若《禮》之"有司徹""客徹重席"，《詩》之"徹我牆屋"，其字皆當作"劈"，不訓通也。或作撤，乃劈之俗也。

（劈）

乃赬尸俎

【經學】【異文】【叚借】【同源】【校勘】古文《禮》假"尋"爲"赬"。《有司徹》"乃赬尸俎"，注："赬，溫也。古文赬皆作尋，《記》或作尋。《春秋傳》：'若可尋也，亦可寒也。'"案：《左傳》服注："尋之言重也，溫也。"《論語》何注："溫，尋也。"互相發明。俗本《禮注》作"燖"，誤。

（尋）

【經學】【異文】【叚借】【同源】【詁訓】【校勘】《禮·有司徹》："乃赬尸俎。"鄭注："赬，溫也。古文赬皆作尋，《記》或作尋。《春秋傳》：'若可尋也，亦可寒也。'"按："赬"者正字，"尋"者同音叚借字。云"《記》或作尋"者，《郊特牲》"血腥爛祭"注云"爛或爲尋"是也。"爛"亦叚借字也。所引《春秋傳》，哀公十二年《左傳》文。賈注云："尋，溫也。"服注云："尋之言重也，溫也。寒，歇也。"《郊特牲》之注云："爛或爲尋"，見《有司徹》疏，今本《禮記》作"爛或爲膠"，誤也；《有司徹》注中"尋"字，唐人譌作"燖"，亦非也。《論語注》："溫，尋也。"又《中庸》"溫故而知新"注曰："溫讀如尋溫之溫。"尋本皆無火旁。

（赬）

薦肴

【叚借】【辨誤】(《說文》：肴，駮也。)按：《禮經》《戴記》以此字爲"薦肴"字，葢假"肴"爲"烝"也。"烝"，進也。而《廣韵》乃分別"肴"爲熟，"肴"爲癡皃。《集韵》亦分別異體。皆非是。

(肴)

乃摭于魚腊俎

【經學】【異文】【校勘】【詁訓】《有司徹》："乃摭于魚腊俎。俎釋三个，其餘皆取之。""古文摭爲撦。"①《儀禮》宋本、嘉靖本、單行疏本、《釋文》宋本皆如是。俗本作"今文摭爲揲"者，非也。凡言撮者皆謂少取，《禮經》依古文爲是。《西京賦》："撦飛鼯"，亦謂撮取。薛解云："捎取之也。"

(撦)

全經

辯

【叚借】(編按：徧)《禮》《禮記》多假"辯"字爲之。

(徧)

肫骼

【經學】【詁訓】(《說文》："骼，禽獸之骨曰骼。")按："骨"當作"髀"。許據《禮》十七篇，故云"禽獸之髀曰骼"也。禽者，走獸總名。《儀禮》多言"肫骼"，"肫"亦作"膞"，皆《說文》之"腨"字也。"骼"亦作"胳"，於人曰髖也。髖者，髀上也。牲前足體三：曰肩，曰臑，曰臂。臑於人爲厷，肩下臂上也。後足體三：曰骼，曰

---

① 鄭注語。

髀，曰腨。《禮》髀賤不升，故經多言肩、臂、臑、膊、骼。臑在臂上，骼在肫上，而先言臂、肫者，蓋四胑以下爲貴也。"骼"是本字，至《埤蒼》乃作"骼"，《廣雅》《字林》變作"䯊"，又或作"骱"。魚虞歌麻通轉之故也。云曰骼、曰骴者，所以別人禽之異名。《肉部》曰："臂，羊豕曰臑"，是其例也。許據十七篇爲言，故不敢謂骼爲人骨也。《月令》："孟春掩骼薶骴。"鄭云："骨枯曰骼，肉腐曰骴。"蔡云："露骨曰骼，有肉曰骴。"高注《呂覽》云："白骨曰骼，有肉曰骴。"注《淮南》同。皆不言骼、骴爲禽獸之骨也，則亦未嘗不可通用矣。

（骼）

【叚借】《儀禮》牲體"肫骼"，假借"肫"爲"腨"字也。"腨"者，腓腸也。又《中庸》："肫肫其仁。"鄭讀爲"誨爾忳忳"之忳，"忳忳"，懇誠皃也。是亦假借也。《士昏禮》："腊一肫。""肫"者，"純"之假借。"純"，全也。

（肫）

【經學】【異文】【叚借】《禮經》牲體之"骼"，今文作"胳"，古文作"骼"。鄭出古文於注，是注從今文也。許訓"胳"爲"亦下"，訓"骼"爲"禽獸之骨"，是從古文《禮》，不同鄭也①。……按：《儀禮》"肫骼"之"骼"或作"胳"，假借也。

（胳）

【詁訓】【叚借】腨者，脛之一耑。舉"腨"不該"脛"也，然析言之如是，統言之則以"腨"該全脛，如《禮經》之言"肫骼"是也。《禮經》多作"肫"，或作"膞"，皆假借字。

（腨）

【詁訓】【叚借】《儀禮》說牲體前有肩、臂、臑，後有肫、髀、骼。髀不升於俎，故多言肫、骼。"肫"亦作"膞"。經"肫""膞"錯出，皆假借字也。經本應作"腨"。腨，腓腸也。以腓腸該全脛，假"肫"

---

① 許校云："《儀禮·鄉飲酒禮》'介俎脊脅肫胳肺'下鄭注：'今文胳作骼。'《有司徹》'羊骼一'下鄭注：'古文骼爲胳。'與段氏所述相反。"

"膊"字爲之。

(膊)

帨手

【經學】【詁訓】【校勘】【叚借】【異文】（《說文》："《禮》布'刷巾'。"①）《禮》謂《禮經》十七篇也。《鄉飲酒禮》《鄉射禮》《燕禮》《大射儀》《公食大夫禮》《有司徹》皆言"帨手"，注："帨，拭也"，"帨手者，於帨。帨，佩巾。"據賈氏《鄉飲》《公食》二疏，知經注皆作"帨"，絕無"挩"字也②。帨之爲巾見於《士昏禮》及《內則》。《內則》："盥卒授巾"，注云："巾以帨手。"鄭即用《禮經》"帨手"字也。此云"刷巾"，"刷"當作"叔"。蓋漢時《禮經》"挩手"有作"刷手"者。假"刷"爲"叔"，說《禮》家所定字不同也。"刷巾"又見服氏《左傳注》。《左傳》："藻率鞞鞛"，服云："藻爲畫藻，率爲刷巾。《禮》有刷巾。"服語正與許同。《巾部》云："帥，佩巾也。"帨，帥或字。是帨與帥同字。《樂師》故書帥爲率，《聘禮》古文帥皆作率，《韓詩》："帥時農夫"，《毛詩》作"率"，是率與帥同音假借。《左氏傳》之"率"即《說文》之"帥"。而許、服所見《禮經》皆作"刷手"，鄭《禮經》今文作"帨手"，古文作"說手"，是則帥、帨、率、說、刷、叔六字以同音通用，而陸德明本作"挩手"者爲誤字。

(刷)

【詁訓】【校勘】【異文】【經學】【叚借】《鄉飲酒禮》《鄉射禮》《燕禮》《大射儀》《公食大夫禮》《有司徹》皆言"帨手"，注："帨，拭也"，"帨手者，於帨。帨，佩巾。"據賈氏《鄉飲》《公食》二疏，知經注皆作"帨"，別無"挩"字。《內則》："盥卒授巾"，注云："巾以帨手。"即用《禮經》"帨手"字也。叔者，拭也，刷亦同叔。《左傳》：

---

① 段云："'有'鉉譌'布'，黃氏公紹所據鍇本不誤，而宋張次立依鉉改爲布。今《繫傳》本乃張次立所更定，往往改之同鉉，而佳處時存《韻會》也。"

② 許校云："上引《儀禮》諸篇文，今注疏本皆作'挩手'。"按：段氏言下之意亦謂今本作"挩"，然"據賈氏《鄉飲》《公食》二疏，知經注皆作帨，絕無挩字也"，故引經注皆乙作巾部之字。段書體例，對所引羣書先校後引，直引校後作字，詳本書附錄"《段注》先校書後引書"例。

"藻率鞞鞛",服虔曰:"藻爲畫藻,率爲刷巾,《禮》有刷巾。"許於《刀部》"刷"下亦云:"《禮》有刷巾。"是則"刷巾"即《左傳》之"率"。率與帥古多通用,如《周禮·樂師》故書帥爲率,《聘禮》古文帥皆作率,《韓詩》:"帥時農夫",《毛詩》作"率",皆是。佩巾本字作"帥",叚借作"率"也。鄭曰:"今文帨,古文作說。"是則帥、率、帨、說、㕞、刷六字古同音通用。後世分文析字,"帨"訓巾,"帥"訓率導,訓將師,而"帥"之本義廢矣。率導、將帥字在許書作"達"、作"衛",而不作"帥"與"率"。六書惟同音叚借之用冣廣。

(帥)

奠祭

【詁訓】《士喪禮》《既夕禮》祭皆謂之"奠",葬乃以"虞"易"奠"。又《文王世子》篇:"釋奠于其先師。"注云:"釋奠,薦饌酌奠而已,無迎尸以下之事。"《召南》:"于以奠之。"毛云:"奠,置也。"《箋》云:"謂教成之祭也。"《昏義》注云:"此告事耳,非正祭也。"

(奠)

豐矦

【經學】【詁訓】【辨誤】(《說文》:"一曰,鄉飲酒有豐侯者。")"鄉"當作"禮",與"觚"下、"觶"下之誤同。"《禮》飲酒有豐矦",謂《鄉射》《燕》《大射》《公食大夫》之"豐"也。鄭言其形云:"似豆卑而大。"說者以爲若井鹿盧。言其用於《鄉射》,云:"所以承爵也。"於《大射》,云:"以承尊也。"《公食大夫》之"豐"亦當是承爵,《燕禮》之"豐"亦當是承尊。皆各就其篇之文釋之。《禮》但云"豐",許云"豐矦"者,蓋漢時說《禮》家之語。《漢·律曆志》:"王命作策豐荊。"《竹書紀年》:"成王十九年黜豐矦。"阮諶曰:"豐,國名也。坐酒亡國。"崔駰《酒箴》曰:"豐矦沈湎,荷罌負缶。自戮於世,圖形戒後。"李尤《豐矦銘》曰:"豐矦荒謬,醉亂迷迭。乃象其形,爲禮戒式。後世傳之,固無正說。"三君皆後漢人。諶,撰

《三禮圖》者。漢人傅會《禮經》有"豐俟"之說，李尤以爲無正說。鄭不之用，許則襲《禮》家說也。
（豐）

洗

【詁訓】《禮經》之所謂"洗"，《內則》之所謂"槃"也。《內則》注曰："槃，承盥水者。"《禮經注》曰："洗，承盥。洗者，棄水器也。"
（盥）

饌

【詁訓】《禮經》凡言饌，注曰："陳也。"陳與置義同。
（籑）

薦脯五挺

【校勘】《禮經》脯梃字本作梃，亦作挺。俗作脡，誤也。詳《肉部》。
（梃）

扃鼏

【經學】【異文】【叚借】【詁訓】【辨誤】《禮經》十七篇多言"扃鼏"，注多言"今文扃爲鉉，古文鼏爲密。"按：扃者，叚借字；鼏者，正字；鉉者，音近義同字也。以木橫毌鼎耳是曰鼏，兩手舉其木之耑是曰扛鼎，鼏橫於鼎蓋之上。故《禮經》必先言抽扃，乃後取鼏，猶扃爲戶外閉之關。故或以扃代之也。……（《說文》："《周禮》：'廟門容大鼏七箇。'"）《攷工記·匠人》文。今本作"大扃七箇"。許所據作"鼏"，用此知《禮經》古文本亦作"鼏"。古文以"鼏密"連文，今文以"鉉密"連文。鄭上字從古文，下字從今文，遂鼏鼏連文。轉寫恐其易混，則上字易爲"扃"耳。……（《說文》："即《易》'玉鉉大吉'也。"）《鼎》上九爻辭。《金部》"鉉"下曰："所以舉鼎也。"《易》謂之"鉉"，《禮》謂之"鼏"，據此則許所據《禮》古文作"鼏"。鄭則據

《禮》今文作"鉉",同《易》也。鼏、鉉異字同義。或讀鉉,古冥反,則非矣。

(鼏)

【詁訓】【經學】【異文】【叚借】【音義】"鼏",見《禮經》,所以覆鼎,用茅爲之。今本作"鼏",正字也;《禮》古文作"密",叚借字也。"从鼎、冖"者,冖,覆也。"冖亦聲"者,據"冥"字之解知之。古者覆巾謂之幎,鼎蓋謂之鼏,而《禮經》時亦通用。《虫部》"鼏"从鼏聲,亦作"蜜"。《虎部》"䚈"讀若鼏,是知"鼏"古音同"冥",亦同"密",在十一、十二部之閒。今音則莫狄切。

(鼏)

安

【異體】(編按:宓)《禮經》及他書作㝸,亦作突。

(宓)

喪服之衰

【叚借】凡《喪服》曰"衰"者,謂其有等衰也,皆"縗"之叚借。

(縗)

覿

【志疑】經傳今皆作"覿","覿"行而"覿"廢矣。許書無"覿"字,獨存古形古義於此也(編按:指"覿")。以他字例之,蓋《禮經》古文作"覿",今文作"覿",許從古文,不從今文歟?

(覿)

移

【叚借】三《禮》皆假"移"爲"侈"。

（侈）

手

【經學】【異文】【叚借】《儀禮》古文假借"手"爲"首"。

（首）

庿

【古今】（《說文》："庿，古文。"）見《禮經》十七篇。凡十七篇皆作"庿"，注皆作"廟"。

（廟）

禮經推手曰揖引手曰厭

【詁訓】【經學】【異文】【校勘】【注音】《禮經》推手曰揖，引手曰厭。厭即《尚書大傳》《家語》之"葉拱"。《家語注》云："兩手薄其心。"古文《禮》揖、厭分別，今文《禮》厭皆爲揖，鄭不之從。而《禮經》有"厭"譌作"擪"者。《周禮·大祝》疏竟作"引手曰擪"，斷不可從。擪爲跪而舉頭下手，與厭爲立而引手箸胷不相涉也。《檀弓》："死而不弔者，厭。"注："行止危險之下。"已上皆笮之義。其音於輒切。

（厭）

【詁訓】【經學】【異文】【校勘】（《說文》："揖，攘也。"）鄭《禮注》云："推手曰揖。"凡拱其手使前曰揖，凡推手小下之爲土揖，推手小舉之爲天揖，推手平之爲時揖也。成十六年："敢肅使者"，則若今人之長揖。……（《說文》："一曰手箸匈曰揖。"①）上言揖以爲讓，謂手遠於胸，此手箸於胸曰揖者。箸，直略切。《禮經》有揖有厭。

---

① 陳本"匈"作"胷"。

厭，一涉切。推手曰揖，引手曰厭。推者，推之遠胸；引者，引之箸胸。如《鄉飲酒》"主人揖先入"，此用推手也。"賓厭眾賓"，此用引手也，謙若不敢前也。今文厭皆作揖，則今文《禮》有揖無厭。許君於《禮》或從古文，或從今文。此手箸胸曰揖，葢於此從今文，不從古文，是以統謂之揖尒。推手引手，隨宜而用，今人謙讓亦兼有此二者。《周禮疏》《儀禮疏》"厭"或作"擪"，譌字不可從。

（揖）

與　豫

【經學】【異文】【叚借】（編按：豫）亦借爲"與"字，如《儀禮》古文與作豫是也。

（豫）

儷皮

【正俗】【經學】【異文】（《說文》："《禮》儷皮納聘，葢鹿皮也。"① ）《聘禮》曰："上介奉幣儷皮。"《士冠禮》："主人酬賓，束帛儷皮。""儷"即麗之俗。鄭注："儷皮，两鹿皮也。"鄭意麗爲兩，許意麗爲鹿，其意實相通。《士冠》注曰："古文麗爲離。"

（麗）

總

【詁訓】《禮經》之"總"，束髮也。

（總）

基

【經學】【異文】【叚借】《禮經》古文借"基"爲期年字。

（基）

---

① 陳本"葢"作"蓋"。

禮　記

曲禮上第一

撙節

【詁訓】【音義】《曲禮》："恭敬撙節退讓以明禮。"注："撙猶趨也。"按："趨"同"趣"，疾也，當音促，非趨走之趨。

（劊）

鸚鵡

【源流】【音義】【辨誤】《曲禮》釋文："嬰本或作鸚。母本或作䳇，同音武，諸葛恪茂后反。"按：裴松之引《江表傳》曰："恪呼殿前鳥爲白頭翁，張昭欲使恪復求白頭母，恪亦以鳥名鸚母未有鸚父相難。"此陸氏所謂"茂后反"也。據此知彼時作母、作䳇，不作鵡。至唐武后時，狄仁傑對云："鵡者，陛下之姓，起二子則兩翼振矣。"其字其音皆與三國時不同，此古今語言文字變移之證也。《釋文》當云："母本或作䳇，古茂后反；今作鵡，音武"乃合。李善注《文選》云："鵡，一作䳇，莫口反"，較明析。大徐用《唐韵》文甫切，亦鵡音，非䳇音也。古音母在一部。

（䳇）

猩猩能言

【詁訓】【異文】《曲禮》曰："狌狌能言，不離禽獸。"諸家說狌狌如狗，聲如小兒嚘，其字亦作"猩猩"。

（夒）

【異文】《記》曰："猩猩能言"，"猩猩"亦作"狌狌"。

（猩）

咡

【詁訓】《曲禮》注云："口旁曰咡。"《廣雅》云："咡謂之吻。"《考工記》："銳喙決吻"，鄭曰："吻，口腃也。"《釋名》曰："吻，免也，扶也，卷也。"

（吻）

入户奉扃

【詁訓】【經學】【異文】【叚借】《曲禮》："入户奉扃。"注曰："奉扃，敬也。"《孔疏》曰："奉扃之說多家，今謂禮有鼎扃，所以關鼎。今關户之木與關鼎相似。凡常奉扃之時，必兩手向心而奉之。今入户雖不奉扃木，其手若奉扃然，以其手對户若奉扃，言恭敬也。"玉裁謂：下文言："户開亦開，户闔亦闔"，知户闔而入，用兩手推户爲奉扃。若户開而入，則兩手不徧可矣。户扃，蓋以木橫著於户爲之機，令外可閉者。鼎關字正作鼏，《禮》古文叚扃爲之。

（扃）

摳衣趨隅

【詁訓】《曲禮》曰："摳衣趨隅。"摳，提也。衣，裳也。《論語注》云："攝齊者，摳衣也。"

（摳）

帷薄之外不趨

【詁訓】《曲禮》注曰："行而張足曰趨。"按：張足過於布武。

（趨）

奉席如橋衡

【音義】《曲禮》：" 奉席如橋衡。"（編按：橋）讀若居廟反，取高舉之義也。

（橋）

毋勦說

【校勘】《刀剖》① 剿字亦作勦。《禮記》："毋勦說"，與此从力字絕不同，俗多侑之。

（勦）

【叚借】【正俗】《曲禮》曰："毋勦說"，剿即鈔字之叚借也。今謂竊取人文字曰鈔，俗作抄。

（鈔）

立毋跛

【詁訓】《曲禮》："立毋跛"，鄭云："跛，偏任也。"此謂形體偏任一邊如疷者然。凡經傳多作跛。

（疷）

諸母不漱裳

【叚借】《曲禮》："諸母不漱裳"，假漱爲涑也。

（漱）

左朐右末

【詁訓】【正俗】《曲禮》曰："左朐右末。"鄭云："屈中曰朐。"屈中猶言屈處，末即申者也。《士虞禮》曰："設俎于薦東，朐在南。"鄭云："朐脯及乾肉之屈也。"曰"左朐"，曰"朐在南"，則朐在脯端明

---

① 許校云："'刀剖'，剖是部字之誤。"

矣。《鄉飲酒》記曰："薦脯五挺，橫祭于其上。"注引《曲禮》"左朐右末"。《鄉射》記："薦脯五膱"，"膱長尺二寸"。注："膱猶挺也。"然則每一脯爲一膱，謂之一挺。每膱必有屈處，故亦可謂之一朐。挺作脡，膱作䐥，皆俗字。

（朐）

三飯

【辨誤】【正俗】【譌字】《禮記音義》云："依字書食旁作下，扶万反，謂所食也。食旁作反，符晚反，謂食之也。二字不同。今則混之，故隨俗而音此字。"陸語殊誤。古祇有"飯"字，後乃分別作"飰"，俗又作"飱"，此正如"汳水"俗作"汴"也。唐以前書多作"飰"字，後來多譌爲"餅"字。

（飯）

毋吒食

【詁訓】《曲禮》曰："毋吒食"，謂當食而吒怒他事，嫌於怒食。故注云"嫌薄之"。《淮陰矦傳》曰："項王喑噁叱咤，千人皆廢。"

（吒）

毋揚飯

【詁訓】《曲禮》曰："毋揚飯"，注云："嫌欲疾也。"按：飯傷熱則或揚之矣。

（饟）

毋嚃羹

【詁訓】《曲禮》曰："毋嚃羹"，《廣韵》："嚃，歃也。"然則嚃即噄也。羹之無菜者不用梜，直歃之而已。禮禁噄羹者何也？噄者流歃。

（噄）

士疐之

【叚借】【異文】《曲禮》：削瓜，"士疐之"。《釋木》："棗李曰疐之。"疐者，蔕之假借字。《聲類》曰："蔕，果鼻也。"瓜當、果鼻正同類。《老子》："深根固柢"，柢亦作蔕。《西京賦》："蔕倒茄於藻井。"皆假借爲柢字。

（蔕）

笑不至矧

【叚借】《曲禮》："笑不至矧"，鄭云："齒本曰矧，大笑則見。"矧正齗之近部叚借字也。

（齗）

【叚借】《曲禮》："笑不至矧。"注云："齒本曰矧，大笑則見此。"……"齒本曰矧"，謂矧即齗之叚借也。

（攽）

鐏　鐓

【詁訓】【注音】《曲禮》曰："進戈者前其鐏，後其刃。進矛戟者前其鐓。"注云："後刃，敬也。三兵鐏鐓雖在下，猶爲首也。銳底曰鐏，取其鐏地。平底曰鐓，取其鐓地。"按：鐏地，可入地。鐓地，箸地而已。知古鐓讀如敦也。鄭析言之，許渾言不析者，蓋銳鈍皆可爲，非必戈銳而矛戟鈍也。《曲禮》或互文耳。

（鐏）

適墓不登壟

【詁訓】《周禮注》曰："冢，封土爲丘壟也。"《曲禮》："適墓不登壟。"注曰："爲其不敬。壟，冢也。墓，塋域。"是則壟非謂墓畔也。郭注

《方言》曰:"有畛埒似耕壠以名之",此恐方語而非經義也。壟畝之偁,取高起之義引申之耳。

(壟)

前有車騎

【辨誤】【歷史】《曲禮》曰:"前有車騎。"《正義》曰:"古人不騎馬,故經典無言騎者。今言騎,當是周末時禮。"按:《左傳》:"左師展將以昭公乘馬而歸。"此必謂騎也。然則古人非無騎矣。趙㫋以其良馬二濟其兄與叔父,非單騎乎?

(騎)

禮不諱嫌名　鄭注:丘與區

【注音】(編按:丘)古音在一部,讀如欺,漢時讀入今之尤韵。故《禮記》"嫌名"注曰"宇與禹、丘與區"之類,漢時"區"亦去鳩切也。

(北)

定猶豫①

【聯綿】【辨誤】《曲禮》曰:"使民決嫌疑,定猶豫。"《正義》云:"《說文》:'猶,玃屬。''豫,象屬。'此二獸皆進退多疑,人多疑惑者似之,故謂之猶豫。"按:古有以聲不以義者,如猶豫雙聲,亦作"猶與",亦作"尤豫",皆遲疑之皃。《老子》:"豫兮,如冬涉川;猶兮,若畏四鄰。"《離騷》:"心猶豫而狐疑。"以"猶豫"二字皃其狐疑耳。李善注《洛神賦》乃以"猶獸多豫,狐獸多疑"對說。王逸注《離騷》絕不如此。《禮記正義》則又以猶與豫二獸對說,皆郢書燕說也。

(猶)

---

① 今本"豫"作"與"。

左右攘辟

【古今】上《曲禮》注曰："攘，古讓字。"許云："讓者，相責讓也。""攘者，推也。"从古也。《漢書·禮樂志》："盛揖攘之容。"《藝文志》："堯之克攘。"《司馬遷傳》："小子何敢攘？"皆用古字。

（攘）

驟至于大門

【叚借】馳驟字《曲禮》叚驟爲之。

（驟）

立視五巂

【叚借】《曲禮》："立視五巂"，借爲規字。

（巂）

曲禮下第二

不蚤鬋

【異文】【叚借】【辨誤】《曲禮》："不蚤鬋。"《士虞禮》"蚤翦"，"翦"或爲"鬋"。"鬋"皆"翦"之假借字也。《喪大記》"爪手翦須"可證。《曲禮》注"翦鬚"，《釋文》作"翦鬢"，非是。

（鬋）

苞屨

【叚借】【校勘】《曲禮》"苞屨不入公門"，注："苞，藨也，齊衰藨蔽之菲也。"《子虛賦》："葴析苞荔"，張揖曰："苞，藨也。"玉裁按：當是藨是正字，苞是叚借。故《喪服》作"藨蔽之菲"，《曲禮》作"苞屨"。《南都賦》說艸有藨，即《子虛》之苞也。《斯干》《生民》傳曰："苞，本也"，此苞字之本義。凡《詩》云"苞櫟""苞棣"，《書》云"艸木蘄苞"者皆此字。叚借爲包裹，凡《詩》言"白茅苞之"，《書》言"厥苞橘柚"，《禮》言"苞苴"，《易》言"苞蒙""苞荒""苞承""苞羞""苞桑""苞瓜"，《春秋傳》言"苞茅不入"，皆用此字。近時經典凡訓包裹者皆徑改爲包字，郭忠恕之說誤之也。……按：《曲禮》音義曰："苞，白表反"，爲欲讀同麃耳。

（苞）

厭冠

【詁訓】喪冠謂之"厭冠"，謂冠出武下也。

（厭）

郤地

【叚借】古隙、郤字相叚借。《曲禮》"郤地"即隙地也。

（㽟）

腯肥

【校勘】【詁訓】【異文】《曲禮》："豕曰剛鬣，豚曰腯肥。"注云："腯亦肥也。《春秋傳》作腯。腯，充皃也。"按：《曲禮》經注當如是。今本經文作"腯"則不可通矣。"腯"亦"腯"字也。《釋文》"腯，本亦作豚"，乃"本亦作腞"之誤。郭注《方言》曰："腯腯，肥充也。音突，亦作腞。"是其證。

（腯）

翰音

【詁訓】《曲禮》："凡祭宗廟之禮，雞曰翰音。"注："翰猶長也。"《正義》曰："雞肥則其鳴聲長也。"《易》："翰音登于天"，虞曰："翰，高也。"按：《小雅》："翰飛戾天"，毛曰："翰，高也。"高飛曰翰，因之聲高亦曰翰，故鄭云："翰猶長也。"

（鶾）

羹獻

【同源】【詁訓】《曲禮》曰："凡祭宗廟之禮，犬曰羹獻。"按："羹"之言良也，"獻"本祭祀奉犬牲之偁，引伸之爲凡薦進之偁。

（獻）

薌

【詁訓】《曲禮》曰："黍曰薌合，梁曰薌其。"薌即香字。

（皀）

大夫曰卒

【叚借】《曲禮》："天子死曰崩，諸侯曰薨，大夫曰卒，士曰不祿，庶人曰死。"《白虎通》曰："大夫曰卒，精燿終也。卒之爲言終於國也。"字皆作"卒"，於《說文》爲假借。

（猝）

在牀曰尸

【叚借】《曲禮》曰："在牀曰屍。"今經傳字多作"尸"，同音假借也。亦尚有作"屍"者。

（屍）

在棺曰柩

【詁訓】《曲禮》曰："在牀曰屍，在棺曰柩。"是棺、柩義別，虛者爲棺，實者爲柩，析言之也。柩或可以評棺，棺不可以評柩。是以許於"柩"曰"棺也"，於"棺"下不云"柩也"，以立文不得用"考""老"之例也。

（匶）

四足曰漬

【異文】【經學】【音義】【詁訓】【叚借】【異體】【志疑】《曲禮》曰："四足曰漬。"注："漬謂相瀸污而死也。"《小雅》："助我舉柴。"《手部》引作"掌"。毛、許皆云："掌，積也。"《鄭箋》："雖不中，必助中者舉積禽。"二經漬、掌字音義皆同骴，故許知骴不謂人骨也。《周禮》："蜡氏掌除骴。"故書骴作脊。先鄭云："脊讀爲殰，謂死人骨也。《月令》：'掩骼埋骴。'骨之尚有肉者也。及禽獸之骨皆是。"此先鄭兼人與禽獸言之。而《公羊傳》："大災者何？大瘠也。大瘠者何？痢也。"《漢·食貨志》："國亡捐瘠。"孟康曰："肉腐爲瘠，捐骨不薶者。"《公羊》《漢志》瘠即骴字。合之鄭注《月令》"肉腐曰骴"，蔡氏、高氏云"有肉曰骴"，又皆指人言之。說雖不同，皆關王政仁民愛物之意。其字正作骴，假借作漬，作掌，作瘠，作脊，皆同音假借也。漬又作殰……骴見《周禮》《禮記》釋文，或字也。《玉篇》骴作骴。豈《周禮》《說文》古本皆如是與？《呂氏春秋》作"髀"，亦或字也。

（骴）

死曰考曰妣

【詁訓】《曲禮》曰："生曰父，曰母，曰妻；死曰考，曰妣，曰嬪。"析言之也。《釋親》曰："父曰考，母曰妣。"渾言之也。

（妣）

壽考曰卒　短折曰不祿

【詁訓】《曲禮》又曰："壽考曰卒，短折曰不祿。"此概言之，非謂大夫、士也。

（薨）

檀弓上第三

頎乎其至

【叚借】古假"頎"爲"懇",如《檀弓》"頎乎其至"是也。

(頎)

夏后氏堲周

【經學】(《說文》:"堲,目土增大道上……塈,古文堲。") 見於經者,曰:"夏后氏堲周",注云:"火熟曰堲",引《弟子職》"右手折堲"。是鄭與許異也。

(堲)

負手曳杖

【音義】【異文】【校勘】【詁訓】"抴"與"曳"音義皆同,《檀弓》:"負手曳杖",《釋文》"曳"作"抴",俗刻誤从木,非也。《九歌》:"桂櫂兮蘭抴",王逸曰:"櫂,楫也。抴,船旁板也。"按:《毛詩傳》云:"楫,所以櫂舟也",故因謂楫爲櫂。櫂者,引也。船旁板曳於水中,故因謂之抴,俗字作櫂,作枻,皆非是也。

(抴)

不陵節

【詁訓】《檀弓》:"喪事雖遽,不陵節。"鄭曰:"陵,躐也。"躐與越義同。

(夌)

瓦不成味

【音義】【古今】【詁訓】【校勘】《檀弓》:"瓦不成味",鄭曰:"味當作沬。沬,靧也。"此沫亦荒內切,洒面也。恐人不了,故又以古今字釋之，云沬即今《內則》之靧字。謂瓦器之光澤如洒面然，今俗所謂釉也。《釋文》作"沫"，亡葛反，與此（編按：《說文》此篆訓釋）"沬"作"沫"同誤。

（叟）

【詁訓】《檀弓》："瓦不成味。"鄭云："味當作沬。沬，靧也。"按：此沬謂瓦器之釉如洗面之光澤也。

（沬）

檀弓下第四

桃茢

【詁訓】《檀弓》："君臨臣喪，以巫祝桃茢執戈。"注："茢，萑苕，可埽不祥。"《玉藻》："膳於君有葷桃茢。"注："茢，菼帚也。"按：許云萑，鄭云萑、菼者，此統言不別也。芀帚，花退用穎爲之。芀一名茢，故帚一名茢。

（茢）

我喪也斯沾

【叚借】《檀弓》："我喪也斯沾"，假沾爲覘。

（覘）

杜蕢洗而揚觶

【古今】【經學】【異文】【詁訓】（《說文》："俌……古文吕爲訓字。"）訓與俌音部既相距甚遠，字形又不相似，如疋、足，中、艸，丂、亏之比。今按："訓"當作"揚"，由揚譌詠，由詠復譌訓，始則聲誤，終則字誤耳。《檀弓》："杜蕢洗而揚觶。"注云："舉爵於君也。《禮》'揚'作'媵'。揚，舉也。媵，送也。揚近得之。"據此知《禮經》作"媵"，《記》作"揚"。媵爲古文揚字。《燕禮》："媵觚於賓"，注云："讀或爲揚。"蓋《禮》家舊讀媵爲揚，許亦用《禮》家舊讀說也。若今文《禮》

塍作騰，騰正與揚義協。

（俜）

入保

【古今】《檀弓》注曰："保，縣邑小城。"保、堡古今字。

（湳）

爲榆沈

【叚借】（編按：沈）或借爲瀋字，《檀弓》"爲榆沈"是也。

（沈）

【叚借】《禮記·檀弓》"爲榆沈"，假沈爲瀋。

（瀋）

于則于

【詁訓】《檀弓》："易則易，于則于。"《論語》："有是哉，子之于也。""于"皆廣大之義。

（亐）

繆絰

【叚借】【校勘】《檀弓》作"繆絰"，繆即摎之叚借，故注云："繆讀爲不摎垂之摎也。"《喪服》及《檀弓》注"摎垂"字，今本譌爲樛木之樛，遂不可通矣，惟《玉篇》不誤。

（摎）

王制第五

諸侯之於天子也

【經學】（《說文》："覜，諸矦三年大相聘曰覜。"）《王制》曰："諸侯之於天子也，比年一小聘，三年一大聘，五年一朝。"鄭曰："此大聘與朝，晉文霸時所制也。"《異義》云："《公羊》說：'諸侯比年一小聘，三年一大聘，五年一朝天子。'《左氏》說：'十二年之閒，八聘，四朝，再會，一盟。'許慎謹案：《公羊》說夏制，《左氏》說周禮。《傳》曰：'三代不同物'，明古今異說。"鄭駁之云："三年聘，五年朝，文、襄之霸制。《周禮·大行人》各以服數來朝，其諸侯歲聘閒朝之屬，說無所出。晉文公，強威諸矦耳，非所謂三代異物也。"按：《大宗伯》："時聘曰問，殷覜曰視。"鄭注："殷覜，謂一服朝之歲，以朝者少，謂矦乃使卿以大禮衆聘焉。一服朝在元年、七年、十一年。"鄭說殷覜不用三年大聘之說，許則以《周禮》之覜即三年大聘，故《大行人》曰："王之所以撫邦國諸侯者，歲徧存，三歲徧覜，五歲徧省。"省與覜同，閒歲而舉。所謂三年大聘，下於上、上於下皆得曰覜，故曰"相"，許說與《周禮》不相違也。

（覜）

頖宮

【經學】《魯頌》曰："思樂泮水"，又曰："既作泮宮。"毛曰："泮水，泮宮之水也。天子辟廱，諸矦泮宮。"《王制》曰："天子曰辟廱，諸矦曰頖宮。"鄭云："辟，明也。廱，和也。所以明和天下。頖之言班也，所以班政教也。"許書無"頖"字，葢《禮》家製"頖"字，許不取也。《小戴》三云"頖宮"。

（泮）

禂於所征之地

【經學】【志疑】（《說文》："師行所止，恐有慢其神，下而祀之曰禡……《周禮》：'禡於所征之地。'"①）《釋天》曰："是禷是禡，師祭也。"《王制》注云："爲兵禱。"《周禮·肆師》《甸祝》皆作"貉"，杜、鄭讀貉爲十百之百，云："爲師祭造軍法者，禱氣勢之十百增倍。"許說不同

---

① 陳本"禮"後有"曰"。

者，許時古今說具在。《五經異義》今已亡，又賈氏《周禮解詁》亦亡，不詳其所本也。

（禡）

祭用數之仂

【詁訓】十人爲仂，千人爲俊。《王制》："祭用數之仂"，注："仂，什一也。"按：一當十爲仂，故十取一亦爲仂。蓋"仂"本作"仂"也。

（仂）

韭以卵

【詁訓】《王制》："春薦韭，韭以卵。"卵謂少雞，古者少雞亦曰卵。

（雛）

造士

【詁訓】《王制》："升於司徒者不征於鄉，升於學者不征於司徒，曰造士。"注："造，成也。能習禮則爲成士。"按：依鄭則與就同義。

（造）

王親視學

【詁訓】《王制》曰："王親視學。"注云："謂習射、習鄉以化之。"習射即大射，習鄉即養老。此天子大射而養老之證也。

（矦）

西方曰棘

【詁訓】【校勘】《王制》："屏之遠方，西方曰僰，東方曰寄。"鄭注："僰當爲棘，棘之言逼，使之逼寄於夷戎。"按：《記》文"僰"字，鄭不以爲西南夷，故易爲"棘"。經傳之棘多訓亟也，故曰"棘之言逼"，使與"寄"字一例。《釋文》云："棘又作僰。"於此知《記》本作

"棘",鄭易爲"棘"也。唐初本已誤。

(棘)

贏股肱

【古今】【正俗】【詁訓】【辨誤】《王制》:"適四方,贏股肱。"注云:"謂攐衣出其臂脛。"蕭該云:"攐當作搟。攐是穿著之名,非出臂之義。"陸德明曰:"攐,舊音患,今宜音宣,依字作搟。《字林》云:搟,搟臂也。先全反。"玉裁按:援、搟古今字。搟,俗又作揎。鄭作攐,猶許作援,二聲古同耳。字書、韵書有从寽聲之字。今以《詛楚文》石刻攷之,其云:"亦應尋皇天上帝及大沈久湫之纔靈德賜戶劑楚師",釋爲爰,釋爲援皆可。董逌云:"古受字",非也。

(纕)

王三又然後制刑

【叚借】《王制》假"又"爲"宥"。

(宥)

瘖聾跛躃

【詁訓】【叚借】《王制》:"瘖聾跛躃。"按:跛,《說文》作癋,蹇也。蹇行越越,是能行而躧邪不正者也。躃,《說文》作躄,有足而不能行者,如有牟子而無見曰矇也。《荀卿書》《賈誼傳》皆假"辟"字爲之。服虔曰:"辟,病躃不能行也。"

(躄)

方一里者為田九百畮①

【詁訓】《王制》曰:"方一里者爲田九百畮",謂方里而井。

(畮)

---

① 今本"畮"作"畝"。

古者以周尺八尺為步

【經學】【辨誤】《王制》曰："古者以周尺八尺爲步，今以周尺六尺四寸爲步。"鄭注曰："周尺之數未之詳聞。案：禮制，周猶以十寸爲尺。蓋六國時多變亂法度，或言周尺八寸，以步夒爲八，八八六十四寸。"鄭意八寸爲尺，周末始有之，與許說異。然許亦曰："諸侯力政，分爲七國。田疇異畮，車涂異軌，律令異法。"則其說亦未嘗不合也。《左傳》："天威不違顏咫尺。"咫、尺並言，不云二尺也。《國語》《列子》皆言："其長尺有咫"，亦不言其長二尺也。是可證周未嘗八寸爲尺矣。

(咫)

月令第六

其器疏以達

【異文】【校勘】《玉篇》引《月令》："其器㧰以達"，今《月令》作"疏"。諸書"扶疏"字，《太玄》作"扶㧰"。《太玄》又有"㧰首"，轉寫譌作"㝢"。

(㧰)

宿離不貸

【譌字】【音義】【押韻】【校勘】【詁訓】【辨誤】"貣"與"貳"形易相誤。《月令》"宿離不貣"《釋文》："貣，他得切，徐音二"；"無有差貣"《釋文》："貣，音二，又他得反"；《緇衣》"其儀不忒"《釋文》："忒，他得反。又作貳，音二。"《漢費鳳碑》"貣"與"則""德"韵，婁氏釋作"貳"。皆"貣"之誤爲"貳"者也。"貳"與"貣""忒"音既脂、之迥別，義則"貳"訓副也。"副貳"之解，何得同於"差忒"乎？《左氏傳》："其卜貳圉。"杜注："貳，代也。"按：《外傳》作"以代圉"，謂用世次當立之圉。《左傳》作"貳圉"，謂副貳之圉。《坊記》注引之。此則當各依文爲釋。杜注《左》云："貳，代也。"似爲牽合。

(差)

【古今】【叚借】古文儽爲離。《月令》："宿離不貸。"鄭云："離讀爲儽偶之儽。"

（儽）

鈞衡石

【叚借】古多叚石爲秅，《月令》"鈞衡石"是也。

（秅）

角斗甬

【詁訓】【義例】【歷史】《月令》："角斗甬。"注曰："甬，今斛也。"甬即桶。"今斛"者，今時之斛。凡鄭言今者，皆謂漢時。秦漢時有此六斗斛，與古十斗斛異。《史記》：商君"平斗桶"。呂不韋《仲春紀》："角斗桶。"故知起於秦也。

（桶）

【叚借】【音義】《月令》："角斗甬，正權槩。"鄭注："角、正，皆謂平之也。"角者，斛之叚借字。今俗謂之校，音如教，因有書校讎字作此者。音義雖近，亦大好奇矣。

（斛）

祀不用犧牲用圭璧更皮幣

【異文】【校勘】【經學】（《說文》："仲春之月，祠不用犧牲，用圭璧及皮幣。"）此引《月令》……《禮記》"祠"作"祀"，《呂覽》同，《淮南》作"祭"。"及"，《禮記》《呂覽》《淮南》皆作"更"。鄭曰："更，猶易也。"高誘曰："更，代也。以圭璧、皮幣代犧牲也。"《說文》"祠""及"二字疑皆字之誤。或曰漢時《月令》，鄭君謂之"今《月令》"，或與《記》不同。《說文》"霤雨""舫人"皆今《月令》也。〇江沅曰："言用不用，代義已瞭。或'更'字即'及'字義，許據本作'及'也。鄭訓易，高訓代，實'圭璧''皮幣'中間，似未妥。"

（祠）

餧

【古今】（編按：萎）今字作"餧"，見《月令》。

（萎）

戴勝降于桑

【叚借】【詁訓】勝者，縢之假借字。戴勝之鳥首有橫文似縢，故鄭云："織紝之鳥。"

（縢）

具曲植籧筐

【詁訓】（《說文》："苗，蠶薄也。"）《豳風》毛傳曰："豫畜萑葦，可以爲曲也。"《月令》：季春"具曲植筥筐"。注曰："曲，薄也。"《方言》："薄，宋魏陳楚江淮之閒謂之苗，或謂之麹。自關而西謂之薄，南楚謂之蓬薄。"案"曲"與"苗"同。

（苗）

【校勘】《月令》："具曲植籧筐。"或譌作"籧"。

（篆）

絫牛騰馬

【叚借】亦有叚"騰"爲"乘"者，如《月令》"絫牛騰馬"，讀乘匹之乘。

（騰）

磔禳①

【經學】（《說文》："磔禳，祀除厲殃也。"）《月令》：三月"命國難，九門磔禳，以畢春氣"。注："此月之中，日行歷昴。昴有大陵積尸氣，

---

① 今本"禳"作"攘"。

佚則厲鬼隨而出行。命方相氏毆疫，又磔牲以禳於四方之神，所以畢止其災。"又十二月"命有司大難旁磔"，注："此月之中，日歷虛危，虛危有墳墓四司之氣，爲厲鬼，將隨強陰出害人也。旁磔於四方之門，磔禳也。"按：許與《月令》注合。《周禮注》曰："卻變異曰禳。禳，攘也。"與許異。

（禳）

淫雨蚤降

【異文】（《說文》："霠，小雨也……《朙堂月令》曰：'霠雨。'"）《月令》無此文。惟季春"行秋令，淫雨蚤降"注云："今《月令》曰衆雨。"漢人衆讀平聲，即許所據之霠雨也。

（霠）

贊桀俊　正義：蔡氏辯名記曰十人曰選倍選曰俊萬人曰傑

【校勘】【經學】【異文】《月令》疏"蔡氏"下奪"引"字，《辨名記》即《白虎通》之《別名記》，古文《記》二百十四篇之一也。《禮運》及《左傳·宣十五年》疏皆引《辨名記》云："倍人曰茂，十人曰選，倍選曰俊，千人曰英，倍英曰賢，萬人曰桀，倍桀曰聖。"語較完。而《白虎通》引《別名記》："五人曰茂，十人曰選，百人曰俊，千人曰英，倍英曰賢，萬人曰傑，萬傑曰聖。"又不同乖異。

（俊）

天子飲酎

【詁訓】【歷史】鄭注《月令》曰："酎之言醇也，謂重釀之酒也。"醇者其義，釀者其事實。金壇于氏明季時以此法爲酒。

（酎）

螳蜋生

【詁訓】《月令》：仲夏之月"螳蜋生"，注云："螳蜋，螵蛸母也。"《鄭志》："王瓚問曰：《爾雅》莫貉、螳蜋同類物也。今沛魯以南謂之蟷蠰，三河之域謂之螳蜋，燕趙之際謂之食厖，齊濟以東謂之馬敫，然名其子則同云螵蛸。是以注云'螵蛸母也'。"按：堂蜋卵附於木，堅韌不可動，至小暑而子羣生焉。

（蛸）

養壯佼

【叚借】【詁訓】古多借佼爲姣，如《月令》"養壯佼"，《陳風·澤陂》箋"佼大"，皆姣字也。《小雅·白華》箋云："姣大之人。"《陳風》佼人字又作"姣"。《方言》云："自關而東河泲之間凡好謂之姣。"

（姣）

蟬始鳴

【音義】【辨誤】凡始事有急緩之殊，不得云有二義。今人乃爲之二音，緩者讀去聲，《月令》紀節物用"始"字十餘，而"蟬始鳴"獨市志反，其亦庸人自擾也矣。

（始）

可以遠眺望

【叚借】（《說文》："眺，目不正也。"）《釋詁》《說文》皆云："覜，視也。"然則覜望字不得作"眺"。《月令》："可以遠眺望"，系假借。小徐注引《射雉賦》："目不步體，衺眺旁剔。"徐爰曰："視瞻不正，常驚惕也。"此眺字本義。

（眺）

命漁師伐蛟

【異文】【經學】【叚借】（《說文》："《明堂月令》曰：'舫人'。"）《月令》六月"命漁師伐蛟。"鄭注："今《月令》'漁師'爲'榜人'。"按："榜人"即"舫人"。舫正字，榜假借字。許所據即鄭所謂"今《月令》"也。《子虛賦》"榜人歌"，張揖注曰："榜，船也。《月令》'命榜人'，榜人，船長也。"張所據亦作"榜人"。

（舫）

土潤溽暑

【聯綿】【詁訓】【異文】《月令》：季夏"土潤溽暑"。鄭曰："潤溽謂塗溼也。"潤溽，雙聲字。《記》言土塗溼而暑上烝也。塗讀如雨雪載塗之塗。……《大雅·雲漢》傳曰："蘊蘊而暑，隆隆而雷，蟲蟲而熱。"此暑、熱之別，暑言下溼，熱言上燥也。謂之溽者，濃也，厚也。《儒行》注曰："恣滋味爲溽。"《月令》"溽"本或作"辱"①。

（溽）

燒薙

【異文】【音義】【經學】【校勘】【正俗】（《說文》："《明堂月令》曰：'季夏燒薙。'"）案《周禮》："薙氏掌殺草"，"薙"或作"夷"。古薙音同夷，故鄭云："字從類"，類謂聲類也。大鄭從夷，後鄭從薙，而讀爲鬄。作"薙"者乃俗字，猶《稻人》芟夷字俗作"芟荑"也。《月令》"燒薙"，蓋亦本作"燒薙"。許君《說文》本無"薙"字，淺人所羼入也。

（薙）

---

① 據《釋文》。

食稷　鄭注：稷五穀之長

【詁訓】【經學】（《說文》："稷，齋也。五穀之長。"①）謂首種也。《月令》注："稷，五穀之長。"按：稷長五穀，故田正之官曰稷。《五經異義》："今《孝經》說：稷者，五穀之長。穀衆多不可徧敬，故立稷而祭之。古《左氏》說：列山氏之子曰柱，死祀以爲稷。稷是田正。周棄亦爲稷，自商以來祀之。許君曰：謹按：禮緣生及死，故社稷人事之。既祭稷穀，不得但以稷米祭，稷反自食。同《左氏》義。"鄭君駁之曰："宗伯以血祭祭社稷、五祀、五嶽，社稷之神若是句龍柱棄，不得先五嶽而食。《大司徒》五地：一曰山林，二曰川澤，三曰丘陵，四曰墳衍，五曰原隰。《大司樂》五變而致介物及土示。土示者，五土之總神，即謂社也。六樂於五地無原隰而有土祇，則土祇與原隰同用樂也。是以變原隰言土示。《詩·信南山》云：畇畇原隰。下云：黍稷彧彧。原隰生百穀，稷爲之長。然則稷者原隰之神。若達此義，不得以稷米祭稷爲難。社者，五土總神，稷者，原隰之神，皆能生萬物者，以古之有大功者配之。句龍以有平水土之功，配社祀之；稷有播種之功，配稷祀之。"按：許造《說文》但引今《孝經》說，則其說社稷當與鄭意同。玉裁謂：《異義》早成，《說文》晚出爲定說。此亦一嵩也。
（稷）

其器圜以閎

【異文】【詁訓】【叚借】《月令》："其器圜以閎。"鄭云："閎謂中寬，象土含物。""圜以閎"，《呂氏春秋》作"圜以揜"。葢宏者，深廣其中，揜其外。故《禮記》《呂覽》可互相足。揜者，斂也。閎亦宏之叚借字。
（宏）

---

① 陳本"齋"作"齍"。

羣鳥養羞　鄭注：閩蚋也

【叚借】（編按：閩）《月令》注叚爲蠠字。

（閩）

以習五戎

【詁訓】《月令》："乃教於田獵，以習五戎。"注："五戎謂五兵：弓矢、殳、矛、戈、戟也。"按：《周禮》："司兵掌五兵"，鄭司農云："戈、殳、戟、酋矛、夷矛。"後鄭云："此車之五兵也。步卒之五兵，則無夷矛而有弓矢。"

（戎）

民多鼽嚏

【詁訓】《月令》："民多鼽嚏"，謂鼻塞而妨嚏。

（嚏）

雉入大水爲蜃

【詁訓】【經學】羅氏願曰："《月令》九月雀入大水爲蛤，十月雉入大水爲蜃。比雀所化爲大，故稱大蛤也。"按：鄭注《禮記》曰："大蛤曰蜃。"韋注《國語》曰："小曰蛤，大曰蜃。"高注《呂覽》曰："蜃，蛤也。"高渾言之，鄭、韋析言之。蜃與蚌雖屬而別。郭注《爾雅》云："蚌即蜃。"蜃之用詳於《周禮》《左傳》。《玉部》曰："珧，蜃甲也，所以飾物"；"玲，蜃屬"；"天子佩刀，玉琫珧珌"；"士珧琫珧珌。"……按：自《夏小正》九月"雀入于海爲蛤"，十月"玄雉入于淮爲蜃"，故《國語》趙簡子所說正同。而《呂氏》《月令》皆言"入大水"。鄭於季秋則曰："大水，海也。"於孟冬則曰："大水，淮也。"皆本《小正》爲說。

（蜃）

食黍　鄭注：黍秀舒散

【詁訓】"采"與"秀"古互訓，如《月令》注"黍秀舒散"，即謂黍采也。

（采）

脩鍵閉慎管籥

【叚借】【詁訓】【校勘】《月令》："脩鍵閉，慎管籥。"注曰："鍵牡，閉牝也。管籥，搏鍵器也。"《周禮·司門》："掌授管鍵以啓閉國門。"先鄭云："管謂籥也，鍵謂牡。"按：楗閉即今木鎖也。諸經多借鍵爲楗。而《周禮·司門》作"管蹇"，先鄭云："蹇讀爲鍵。"今本乃互易蹇、鍵字。

（楗）

【詁訓】【叚借】《月令》曰："脩鍵閉，慎管籥。"注曰："鍵，牡；閉，牝也。管籥，搏鍵器也。"然則關下牡謂之鍵，亦謂之籥。籥即闟之叚借字。析言之，則鍵與闟有二；渾言之，則一物也。《金縢》："啓籥見書"，亦謂關閉兆書者。古無鎖鑰字，蓋古祇木爲，不用金鐵。故《說文》"鍵"下祇云鉉，不云門牡。

（闟）

必工致爲上

【詁訓】【校勘】（編按：致）又爲精致之致，《月令》"必工致爲上"是也。精致，漢人祇作致。《系部》緻字，徐鉉所增。凡鄭注俗本乃有緻。

（致）

曷旦①

【同源】【詁訓】《月令》作"曷旦"，《坊記》作"盍旦"，鄭云："夜

---

① 今本"曷"作"鶡"。

鳴求旦之鳥。"《方言》作"鴇鴠""鶡鴠",《廣志》作"侃旦",皆一語之轉。……"曷旦""可旦",鳥語如此,故云"求旦之鳥"。

(鴠)

麴櫱必時

【詁訓】《月令》:"乃命大酋,秫稻必齊,麴櫱必时。"注云:"古者穫稻而漬米麴,至春而爲酒。"按:漬米、漬麴是二事。漬米即大酋之櫱也,此櫱不必有芽。以凡穀漬之則有芽,故名漬米曰櫱。

(櫱)

荔挺出

【詁訓】【句讀】【辨誤】《月令》:十一月"荔挺出",鄭云:"荔挺,馬薤也。"鄭以荔挺爲艸名。蔡邕《章句》云:"荔佀挺。"高注《呂覽》云:"荔艸挺出。"則以"挺"下屬。歙程氏瑶田曰:"荔,今北方束其根以刮鍋,李時珍以馬帚之荓當之,誤也。"

(荔)

氛霧冥冥

【校勘】《月令》:"雰霧冥冥",《釋名》:"氛,粉也。潤氣箸艸木,因凍則凝,色白若粉也",皆當作此。雰與祥氣之氛各物,似不當混而一之。

(氛)

薪燎

【詁訓】《月令》:"乃命四監,收秩薪柴,以供郊廟及百祀之薪燎。"注云:"大者可析謂之薪,小者合束謂之柴。薪施炊爨,柴以給燎。"按:寮,祡祭天也。燔柴曰祡。

(柴)

數將幾終

【經學】【異文】(《說文》:"《明堂月令》:'數將僟終。'")《月令》:季冬之月,"日窮于次,月窮于紀,星回于天,數將幾終,歲且更始。"鄭、高皆訓"幾"爲"近"。許所據作"僟"。
(僟)

曾子問第七

豈不可

【詁訓】《曾子問》:"周公曰:豈不可。"注:"言是豈於禮不可。"按:此謂於禮近於不可也。《漢書·丙吉傳》:"豈宜襃顯。"猶言蓋庶幾宜襃顯也。周漢文字用"豈"同此者甚多,舉二事足以明矣。
(豈)

文王世子第八

夢帝與我九聆①

【叚借】《文王世子》曰:"夢帝與我九聆",此叚聆爲鈴,夢天以九个鈴與己也。
(聆)

管象舞大武

【詁訓】《詩·序》曰:"《維清》,奏《象》舞也。《武》,奏《大武》也。"《禮記·文王世子》《明堂位》《祭統》皆云:"管《象》,舞《大武》。"《象》與《大武》皆謂《周頌·武》篇。鄭注《祭統》云:"吹管而舞《武》《象》之樂也。"
(夔)

---

① 今本"聆"作"齡",段依《釋文》。

鄭注：騽於邑

【詁訓】《文王世子》注、《孔廟禮器碑》有"騽"字，意皆與"豈"相近。"騽"即"豈"之變也。

（豈）

告於甸人①

【正俗】【校勘】【同源】【詁訓】【叚借】《文王世子》注曰："讀書論法曰鞫。"《正義》云："讀書，讀囚人之所犯罪狀之書。用法，謂以法律平斷其罪。"《周禮·小司寇》："讀書用法。"先鄭云："如今讀鞫已乃論之。"《漢書·功臣侯表》："坐鞫獄不實。"如淳云："鞫者，以其辭決罪也。"《張湯傳》："訊鞫論報。"張晏云："鞫，一吏為讀狀，論其報行也。"《刑法志》："遣廷史與郡鞫獄。"如淳云："以囚辭決獄為鞫，謂疑獄也。"按：鞫者，俗鞫字，譌作鞫。古言鞫，今言供，語之轉也。今法具犯人口供於前，具勘語擬罪於後，即周之讀書用法、漢之以辭決罪也。鞫與窮一語之轉，故以"窮治罪人"釋鞫。引申為凡窮之偁，《谷風》《南山》《小弁》傳曰："窮也。"《公劉》傳曰："究也。"《節南山》傳曰："盈也。"究、盈亦窮之意。《蓼莪》傳曰："養也。"養與窮相反而成，如亂可訓治，徂可訓存，苦可訓快。若《采芑》傳曰："鞫，告也"，此則謂鞫即告之叚借字。《文王世子》："告於甸人"，亦是叚告為鞫也。

（鞫）

有司讞於公

【校勘】【詁訓】《文王世子》："獄成，有司讞於公。其死罪，則曰某之罪在大辟。其刑罪，則曰某之罪在小辟。"鄭曰："成，平也。讞，言白也。"按：今本注作"讞之言白也"，"之"字衍。以徐邈云"言也"，

---
① 今本"於"作"于"。

《正義》云"言白也"正之，當是本作"言也，白也"，《正義》省一"也"字耳。言與讞雙聲疊韵。《王制》："百官各以其成質於三官。大司徒、大司馬、大司空以百官之成質於天子。"此云以成讞於公，猶以成質於天子也。故其字從水獻，其議如水之平而獻於上也。所質既下爲受質，所讞不當而上更議之亦爲讞。蓋本下獻上之詞，又轉爲上平下之詞矣。《漢書》云"諸獄疑於人心不厭者，輒讞之"是。

（瀗）

禮運第九

殽於地

【叚借】（編按：殽）經典借爲肴字，《禮記》借爲"效"字。

（殽）

燔黍捭豚

【異文】【詁訓】【叚借】【志疑】《禮記》："燔黍捭豚"，《釋文》云："捭，十麥反。注作擘，又作擗，皆同。"按：卑聲、辟聲皆在十六部，故《記》作"捭"，注作"擗"，今注亦作"捭"矣。"擘豚"，謂手裂豚肉也。又《周禮·瓬人》注曰："薜讀如藥黃糪之糪，破裂也。"按：薜乃擘之叚借。《西京賦》云："剖析豪氂，擘肌分理。"李善引《周禮注》作"擘"，豈其所據與今不同歟？《內則》曰："塗皆乾，擘之。"《喪大記》："絞一幅不辟。"《內則》："麛爲辟雞。"皆假辟爲擘也。若《孟子》"以仲子爲巨擘"，"巨擘"，謂手大指也。凡大指主開，餘四指主合，故謂之"巨擘"。

（擘）

【叚借】《禮記》："燔黍捭豚"，叚捭爲擘字。

（捭）

是謂合莫

【校勘】（《說文》："无……通於元者，虛无道也。"①）《禮運》曰："是謂合莫"，注引《孝經》說曰："上通元莫。"《正義》云："'上通元莫'者，《孝經緯》文。言人之精靈所感，上通元氣寂寞。引之者，證莫爲虛無也。正本元字作无，謂虛無寂寞，義或然也。"按：此注疏今本譌誤不可讀，而北宋本可據正。疏"正本"字當是"定本"之誤，謂鄭引"上通元莫"，顏師古《定本》作"无莫"也。依許云"通於元者，虛无道也"，則《孝經緯》必作"元莫"矣。蓋其義謂上通元始，故其字形亦用元篆上毌於一。

（纂）

魚鮪不淰

【義例】【詁訓】（《說文》："淰，濁也。"）《禮運》曰："龍以爲畜，故魚鮪不淰。"注："淰之言閃也。"凡云"之言"者，皆假其音以得其義。蓋濁其本義，閃其引伸假借之義也。

（淰）

郊椒

【叚借】《禮運》假"椒"爲"藪"字。

（椒）

禮器第十

衆不匡懼

【叚借】（《說文》："恇，怯也。"）《樂記》②："衆不匡懼。"此叚匡爲恇也。

（恇）

---

① 陳本無"虛无道也"。
② 許校云："《樂記》當作《禮器》。"

詡萬物

【詁訓】【義例】《禮器》："德發揚，詡萬物。"注："詡猶普也。"按：詡之本義爲大言，故訓爲普則曰"猶"。凡古注言"猶"者視此。
（詡）

撍而播

【詁訓】【同源】【源流】（《說文》："撍，斬取也。"①）《禮器》："有撍而播也。"《長楊賦》："麾城撍邑。"《蒼頡篇》曰："撍，拍取也。"鄭曰："撍之言芟也。"按：芟，刈艸也。撍本訓芟夷。《禮器》注謂於此少與，得分以與彼，是爲芟殺有所與。撍殺上貴之分以布徧於賤者，謂之"撍而播"。故《廣雅》本之爲說曰："撍者，次也。"是鄭注《禮》之義，而非撍之本義也。
（撍）

酺

【詁訓】【注音】（《說文》："酺，王惪布，大歡酒也。"②）《禮器》注引《王居明堂禮》曰："仲秋乃命國酺"，蓋酺、餔略同也。《漢·文帝紀》："餔五日"，文穎曰："音步。漢律：三人以上無故飲酒，罰金四兩。今詔横賜，得令會聚飲食五日也。"伏虔音蒲。
（酺）

惡池

【音義】【異文】【經學】（《說文》："亞，醜也。"）亞與惡音義皆同，故《詛楚文》"亞駞"，《禮記》作"惡池"。《史記》盧綰孫他之封"惡谷"，《漢書》作"亞谷"。宋時玉印曰"周惡夫印"，劉原甫以爲即條矦亞父。……（《說文》："賈侍中說：目爲次弟也。"）別一義。

---

① 陳本"斬取"作"暫"。
② 陳本"惪"作"德"。

《易·上繫》:"言天下之至賾而不可惡也。"荀爽"惡"作"亞",云:"次也。"《尚書大傳》:"王升舟入水,鼓鐘惡,觀臺惡,將舟惡。"鄭注:"惡讀爲亞。亞,次也。"皆與賈說合。

(亞)

稾鞂之設

【詁訓】《禮器》:"稾鞂之設",鄭注:"穗去實曰鞂。"鞂與秸同物。

(穎)

【詁訓】【經學】(《說文》:"秸,禾稾去其皮,祭天以爲席也。"①)《禮器》曰:"莞簟之安而稾鞂之設。"鄭注:"穗去實曰鞂。"引《禹貢》:"三百里納鞂服。"《禹貢》釋文:"秸本或作稭。"然則秸、稭、鞂三形同。又或作藍,亦同。謂禾莖既刈之,上去其穗,外去其皮,存其淨莖,是曰秸。鄭云"穗去實"猶云"穎去穗"也。穎謂莖之近穗者。鄭注《禹貢》云:"銍謂刈穗斷去槀也,秸又去其穎也。"是謂下截爲槀,近穗爲穎。故三百里納秸者,不惟去槀,又去穎而納穗。其注《禮器》云"穗去實"者,正謂去穗用近穗之穎,與許云"稾去皮"者少異。許云"稾"者,兼穎而言。言稾得兼穎,言穎不兼稾也。

(秸)

勿勿乎其欲其饗之

【叚借】假借勿爲毋字,亦有借爲没字者。《禮記》:"勿勿乎其欲其饗之。""勿勿"即没没,猶勉勉也。

(勿)

郊特牲第十一

鄉人禓

【義例】【校勘】《郊特牲》:"鄉人禓,孔子朝服立於阼。"即《論語》

---

① 陳本無"也"。

"鄉人難，朝服而立於阼階"也。注："禓或爲獻，或爲儺。"凡云"或爲"者，必此彼音讀有相通之理。易聲與獻、儺音理遠隔，《記》當本是禓字，從示易聲，則與獻、儺差近。徐仙民音禓爲儺，當由本是禓字，相傳讀儺也。

（禓）

社事單出里

【叚借】（编按：殫）古多假單字爲之。《郊特牲》云："社事單出里"，《祭義》："歲既單矣"，《大雅》："其軍三單"，《箋》云："單者，無羨卒也"，皆是也。

（殫）

嗇

【詁訓】《郊特牲》"先嗇""司嗇""報嗇"，嗇皆謂農。

（嗇）

郵表畷

【同源】【詁訓】《郊特牲》："饗農及郵表畷"，注云："郵表畷，謂田畯所以督約百姓於井間之處"，引《詩》"爲下國畷郵。"按：畷之言綴也，衆涂所綴也。於此爲田畯督約百姓之處，若街彈室者然，曰"郵表畷"。

（畷）

雕幾

【叚借】《禮記》"雕幾"，借爲圻堮之圻。

（幾）

滌蕩其聲

【叚借】《郊特牲》曰："滌蕩其聲。"注："滌蕩猶搖動也。"蕩者，盪之假借。

（盪）

鬱合鬯

【經學】【詁訓】（《說文》："㠱釀鬱艸，芬芳攸服，㠱降神也。"① ）《郊特牲》云："周人尚臭，灌用鬯臭。鬱合鬯。臭陰達於淵泉。"云"鬱合鬯"，與下文"蕭合黍稷"皆謂二物相合也。《周禮·鬱人職》："凡祭祀賓客之祼事，和鬱鬯以實彝而陳之。"注云："築鬱金煑之以和鬯酒。"按：此正所謂"鬱合鬯"也。鄭注序官"鬱人"云："鬱，鬱金香草，宜以和鬯。"注《鬯人》云："鬯，釀秬爲酒，芬香條暢於上下也。"是鬯與鬱之分較然矣。秬釀爲鬯，芳艸築煑爲鬱，二者攪和之爲鬱鬯。許說略同，故於"鬯"言"秬釀"，於"鬱"言"芳艸"。其"鬯"下兼言"鬱艸"者，於分中見其合，謂用秬釀及築煑之鬱艸合和之降神。鬯主於"秬釀"也，故說字形曰："中象米，匕所以扱之。"又按：《江漢》傳云："秬，黑黍也。鬯，香草也。築煑合而鬱之曰鬯。"此鬱、鬯不爲二物。又謂鬯爲香艸，皆與後來許、鄭異。攷《王度記》云："天子以鬯，諸矦以薰，大夫以蘭芝，士以蕭，庶人以艾。"《禮緯》云："鬯艸生郊。"《中矦》云："鬯艸生庭。"徐氏《中論》云："煑鬯燒薰以揚其芬。"皆謂鬯爲艸名，與毛說合者也。竊謂鬱者蘊積，鬯者條暢，凡物必蘊積而後條暢。秬釀非不可言鬱，香艸未嘗不言鬯也。則秬艸二物，固可各兼二名矣。

（鬯）

祊之為言倞也

【詁訓】《郊特牲》："祊之爲言倞也。"注："倞，猶索也。"倞不訓索，而與《水部》之"滰"音同。滰者，浚乾漬米也，索求神似之。

（倞）

---

① 陳本"㠱"作"秬"。

嘏長也大也

【詁訓】【經學】【叚借】(《說文》："嘏，大遠也。")《釋詁》、《小雅》《大雅》傳、《少牢禮》注皆曰："嘏，大也。"《少牢》："祝嘏于主人"，謂予主人以大福。許獨兼遠言之者，大則必遠，故《郊特牲》曰："嘏，長也，大也。"此許所本也。經傳嘏字多謂祭祀致福，其本訓則謂大遠。《爾雅》《毛傳》："假，大也。"假蓋即嘏之叚借。

(嘏)

尸陳也

【詁訓】【辨誤】(《說文》："尸，陳也。")《郊特牲》曰："尸，陳也。"注曰："此尸神象，當從主訓之，言陳非也。"玉裁謂：祭祀之尸本象神而陳之，而祭者因主之，二義實相因而生也，故許但言"陳"。

(尸)

脺膋

【詁訓】【經學】《郊特牲》曰："取脺膋燔燎升首，報陽也。"鄭云："脺膋，腸閒脂也。朝事時，取牲脺膋燔於爐炭。至薦孰之時，又取脺膋與蕭合燒之。"按：此注謂脺膋、腸閒脂，二字一物。《祭義》注云："脺膋，血與腸閒脂也。"則以血釋脺，以腸閒脂釋膋，略同許說。《小雅》："執其鸞刀，以啟其毛，取其血膋。"正與《祭義》"毛牛尚耳，鸞刀以刲，取脺膋，乃退"語相合。毛云："毛以告純也。膋，脂膏也。血以告殺，膋以升臭，合之黍稷，實之於蕭，合馨香也。"蓋說《禮》家以脺當《詩》之血，故許云"血祭"。鄭注《祭義》同。考之《郊特牲》，血祭與燔脺膋各事，脺膋自是一物。《郊特牲》注爲長也。

(膋)

内則第十二

櫛縰笄總拂髦

【詁訓】"子事父母，櫛，縰，笄，總，拂髦。"此固髮爲髻之笄也。縰者，所以韜髮，韜之而後髻之，髻之而後簪之，既簪之髻曰紒。按：紒葢即今文《禮》之紛。

（紒）

左佩紛帨

【叚借】《內則》曰："左佩紛帨。"鄭云："紛帨，拭物之佩巾。今齊人有言紛者。"《釋文》曰："紛或作帉。"按："紛"者，叚借字也。"帉""帉"同。

（帉）

敬抑搔之

【詁訓】【正俗】《內則》："疾痛苛養，敬抑搔之"，注曰："抑，按。搔，摩也。"摩馬曰騷，其聲同也。又《疒部》"疥，搔瘍也"，瘍之需手搔者，謂之搔瘍。俗作瘙瘍。《釋文》《正義》已如此。

（搔）

執牀與坐

【詁訓】《內則》云："少者執牀與坐，御者舉几。"謂晨興時也。即以所衽爲所坐也。

（牀）

衣裳綻裂

【異文】【詁訓】《內則》曰："衣裳綻裂。""綻"或作"袒"。鄭曰：

"綻，猶解也。""綻"尚未解而近於解，故曰"猶"。

（祖）

面垢燂潘請靧足垢燂湯請洗

【詁訓】【注音】《內則》曰："其閒面垢，燂潘請靧。"鄭云："潘，米瀾也。"按：瀾者，灡之省，力旦反。

（潘）

【詁訓】【音義】【古今】《內則》曰："面垢，燂潘請靧。足垢，燂湯請洗。"此洒面曰靧，洒足曰洗之證也。洗讀如跣足之跣。自後人以洗代洒滌字，讀先禮切，沿至近日。以洒代灑，轉同《詩》《禮》之用矣。

（洗）

父母有婢子

【詁訓】【同源】《內則》："父母有婢子"，鄭曰："所通賤人之子。"是婢爲賤人也。而《曲禮》"自世婦以下，自偁曰婢子"。《左傳》秦穆姬言："晉君朝以入，則婢子夕以死。"是貴者以婢子自謙。婢亦稱婢子，與《內則》"婢子"不同也。鄭注《曲禮》曰："婢之言卑也。"

（婢）

佩帨茝蘭

【詁訓】【異體】【志疑】（《說文》："䕲，楚謂之蘺，晉謂之䕲，齊謂之茝。"）茝，《本艸經》謂之"白芷"。茝、芷同字，臣聲、止聲同在一部也。《內則》曰："佩帨茝蘭"，掌禹錫曰："范子計然云：'白芷出齊郡。'"王逸《九思》曰："芳䕲兮挫枯。"《埤蒼》曰："齊茝一曰䕲。"按：屈原賦有"茝"有"芷"又有"葯"，王注曰："葯，白芷也。"《廣雅》曰："白芷，其葉謂之葯。"《說文》無"葯"字，嚻聲、約聲同在二部，疑䕲、葯同字耳。但又曰"楚謂之蘺"，下即系以"蘺"篆，云：

"江蘺，蘪蕪"，以茞、江蘺、蘪蕪爲一物，殊不可曉。《離騷》曰："扈江蘺於辟芷兮"，非一物明矣。

（蘮）

稻穛

【詁訓】《内則》："稻穛"，注云："孰穫曰稻，生穫曰穛。"《正義》曰："穛是斂縮之名，明以生穫，故其物縮斂也。"按：穛即糕字，亦作穱。古爵與焦同音通用也。《大招》《七發》皆云"穱麥"，王逸云："擇麥中先孰者也。"《大招》以爲飯，《七發》以飤馬。《吳都賦》云："穱秀苽穗。"《廣韵》云："穱者，稻處種麥。"皆與早取之義合。凡早取穀皆得名穱，不獨麥也。

（糕）

羹

【詁訓】《内則》注曰："凡羹齊宜五味之和，米屑之糝。"《晏子》曰："和如羹焉，水火醯醢鹽梅，以亨魚肉，宰夫和之，齊之以味，濟其不及，以泄其過。"凡魚肉必用菜，菜謂之芼。《儀禮》："鉶芼牛藿羊苦豕薇。"芼及醯醢鹽梅，是之謂五味之和也。實於鉶謂之鉶羹，肉汁不和五味謂之大羹。

（鬻）

濡魚卵醬

【校勘】《肉部》曰："胹，爛也。"然則胹與胹同也。《内則》作"濡"，蓋字之誤。注曰："凡濡謂烹之以汁和也。"

（胹）

【異文】【詁訓】《內則》："濡魚卵醬"，卵，鄭讀鯤，或作攔。鯤醬者，魚卵醬也。《內則》讀卵如字，未嘗不協。凡未出者爲卵，已出者爲子。
（鱻）

【詁訓】《內則》："濡魚卵醬"，鄭曰："卵讀爲鯤。鯤，魚子也。或作攔。"韋注《國語》亦云："鯤，魚子也。"《內則》之"魚子"言其未生者，《魯語》之"魚子"，言其已生者，其意一也。又引申之，爲《詩》"總角丱兮"之"丱"，《毛傳》曰："丱，幼稚也。"此謂出腹未久，故仍得此偁，如魚之未生已生皆得曰鯤也。
（卵）

芝栭

【詁訓】【異文】【校勘】《內則》記燕食所加庶羞有"芝栭"，《正義》曰："盧植云：'芝，木芝也。'王肅云：'無華而實者名栭。'"按："芝栭"猶《攷工記》之"之而"，鄭君謂芝栭爲一物，栭即檽字也。今人謂光滑者木耳，皴者蕈，許意謂蕈爲木耳。……按：檽從大、而聲，《內則》作"栭"，又作"檽"。賀氏云："栭，軟棗"，其所據本作"檽"也。《釋文》云："又作檽"，檽字誤。
（檽）

【校勘】《內則》："芝栭"，賀氏云："芝，木椹。栭，軟棗。"《釋文》云："栭，本又作檽。"檽者，檽之誤。
（椊）

柤棃①

【詁訓】【辨誤】《內則》："柤棃"，注曰："柤，棃之不臧者。"《爾雅》郭注、《山海經》郭傳皆云："樝似棃而酢濇。"按：即今棃之肉粗味酸者也。張揖注《子虛賦》云："樝似棃而甘。"乃以同類而互易其名耳。陶

---

① 今本"柤"作"楂"。

隱居譏鄭公不識櫨，恐誤。

（櫨）

三牲用藙

【經學】【詁訓】《內則》"三牲用藙"，注："藙，煎茱萸也。漢律：會稽獻焉。《爾雅》謂之樧。"《本艸經》："吳茱萸，味辛溫，一名藙。"……《本艸經》《廣雅》入木類。鄭君曰茱萸即樧也，而《爾雅》椒、樧在《釋木》，許君則茱萸與樧爲二物，《木部》曰揚州有茱萸樹，正以見茱萸之本爲艸類也。

（茱）

【經學】【詁訓】（《說文》："藙，煎茱萸。"）《內則》："三牲用藙"，鄭云："藙，煎茱萸也。漢律：會稽獻焉。《爾雅》謂之樧。"玉裁謂：許君云："樧，似茱萸，出淮南。"則與鄭說異。皇侃《義疏》曰："煎茱萸，今蜀郡作之。九月九日取茱萸，折其枝，連其實，廣長四五寸，一升實可和十升膏，名之藙也。"《本艸圖經》曰："食茱萸，蜀人呼其子爲艾子。"按：艾即藙字。

（藙）

【經學】【詁訓】《內則》注曰："藙，煎茱萸也。漢律：會稽獻焉。《爾雅》謂之樧。"按：鄭云藙即樧，許於《艸部》有茱萸，有藙，此云似，與鄭說小異。《本艸經·木部》云："吳茱萸，一名藙。"是則一物異名，亦不待煎成始爲藙也。

（樧）

鼈去醜

【詁訓】《內則》曰："鼈去醜"，鄭云："醜謂鼈竅也"，謂即《爾雅》"白州驢"之"州"字也。

（醜）

鳥皫色

【詁訓】《内則》:"鳥皫色",亦謂發白色。

(皫)

鵠鴞判①

【詁訓】《内則》:"鵠鴞判",謂脅側薄肉也。鵠或爲鴇,鴇胖在不利人之列。

(鴇)

刲之刳之

【詁訓】【異文】《内則》云:"刲之刳之。"按:刲謂刺殺之,刳謂空其腹。《毄辭》:"刳木爲舟",亦謂虛木之中。"刳木"一作"挎木"。《鄉飲酒禮》:"相者二人,皆左何瑟,後首挎越内弦。"賈公彥曰:"瑟底有孔越,以指深入而持之也。"《手部》無"挎"。

(刳)

塗之以謹塗

【詁訓】《内則》曰:"塗之以謹塗",注曰:"謹當爲墐,聲之誤也。墐塗,塗有穰草也。"按:合和黍穰而塗之謂之墐塗,取乾則易擘也。

(墐)

【校勘】【經學】(《說文》:"堇,黏土也。")《内則》:"塗之以謹塗",鄭曰:"謹當爲墐,聲之誤也。墐塗,塗有穰草也。"按:鄭注"墐"當爲"堇",轉寫者誤加土耳。《玉篇》引《禮》"堇塗",是希馮時不誤也。鄭謂土帶穰曰堇,許說不尒。蓋土性黏者,與墐異字同義也。

(堇)

---

① 今本"判"作"胖"。

去其餌

【詁訓】《內則》注曰："餌，筋腱也。"王逸注《招䰟》曰："腱，筋頭也。""餌"，《篇》《韵》作"胻"。

（筋）

酏

【校勘】《內則》曰："取稻米舉糔溲之，小切狼臅膏，以與稻米爲酏。"注："此《周禮》酏食也。此酏當從餰。"《周禮·醢人》"酏食"注曰："酏，餰也"，引《內則》"取稻米"云云，正作"餰"字。按：《襍問志》曰："《內則》餰次糝，《周禮》酏次糝。酏在六飲中，不合在豆。且《內則》有餰無酏，《周禮》有酏無餰，明酏、餰是一也，故破酏從餰也。"據此則《內則》本作"餰"字。注中"此酏當從餰"，謂《周禮》此酏字當從《內則》作餰字。言"此酏"者，以別於六飲之酏也。今本《內則》作"酏"，淺人所改。

（鬻）

翦髮爲鬌

【詁訓】《內則》曰："三月之末，擇日翦髮爲鬌，男角女羈。""鬌"本髮落之名，因以爲存髮不翦者之名，故鄭注云："鬌，所遺髮也。"《方言》《廣雅》有"髳"字，《江賦》注所引字書有"氉"字，皆謂落毛，與"鬌"義相近。

（鬌）

孩而名之①

【詁訓】《內則》云："孩而名之"，爲作小兒笑而名之也。

（咳）

---

① 今本"孩"作"咳"。

男鞶革

【經學】【詁訓】《內則》曰："男鞶革，女鞶絲。"注云："鞶，小囊盛帨巾者。男用韋，女用繒。有飾緣之，則是鞶裂，與《詩》云'垂帶如厲'、紀子帛名裂繻字雖今異，意實同。"按：《小雅》："垂帶而厲"，《箋》云："而亦如也。而厲，如鞶厲也。鞶必垂厲以爲飾，厲字當作裂。"說與《禮記注》同。而《毛傳》云："厲，帶之垂者。"《左傳》："鞶厲"，服云："鞶，大帶也。"賈逵、杜預說同。虞翻注《易》亦云："鞶帶，大帶。"皆與鄭異。葢鄭以大帶用素，天子、諸侯、大夫同，士用練，皆不用革也。大帶所以申束衣，革帶以佩玉佩及事佩之等。故《喪服》以要絰象大帶，又有絞帶象革帶也。《內則》云："男鞶革，女鞶絲"，則鞶非大帶明矣。《周禮·巾車》疏引《易注》云："鞶帶，佩鞶之帶。"此葢鄭注，與《詩》《禮》注同。而《內則》"施縏袠"注云："縏，小囊也。縏袠言施，爲箴管線纊有之"，則縏亦與鞶同類。（《說文》："鞶……从革。"）此鄭知非大帶也。

（鞶）

織紝

【詁訓】《內則》曰："執麻枲，治絲繭，織紝組紃。"紝合麻枲、絲繭言之。《左傳》："魯賂楚以執斲、執鍼、織紝，皆百人"，杜曰："織紝，織繒布者。"

（紝）

玉藻第十三

進機

【叚借】（《說文》："譏，小食也。"）《玉藻》："進機"，《少儀》注曰："已沐飲曰譏"，皆當作此譏。

（譏）

【叚借】（《說文》："既，小食也。"）此與《口部》嘰音義皆同，《玉藻》《少儀》作機，假借字也。

（既）

【叚借】《玉藻》《少儀》二篇"機"字乃既、嘰之假借，小食也。

（嘰）

緇布冠繢緌

【詁訓】《玉藻》曰："玄冠朱組纓，天子之冠也；緇布冠繢緌，諸侯之冠也；玄冠丹組纓，諸侯之齊冠也；玄冠綦組纓，士之齊冠也。"緌與纓同材，故諸侯言緌不言纓。纓以組之細者為之，大為組綬，小為組纓，其中之用多矣，典絲供所受之組是也。

（組）

纊為繭縕為袍

【詁訓】（《說文》："袍，襺也。"）《玉藻》曰："纊為繭，縕為袍。"注曰："衣者有著（段云："同褚。"）之異名也。"《記》文袍、襺有別，析言之。渾言不別也。

（袍）

【叚借】【詁訓】【經學】《玉藻》作"繭"者，字之叚借也。（《說文》："目絮曰襺，目縕曰袍。"）既渾言而又析言之也。《玉藻》言"纊"，許言"絮"者，《糸部》曰："纊，絮也。"鄭注《玉藻》縕謂新綿及舊絮，故纊專為新綿。許縕謂紼，故纊為絮，不分新舊。《糸部》曰："縕，紼也。""紼，亂枲也。"亂枲即亂麻，《蒯通傳》注及《廣韻》云"亂麻"是也。孔安國《論語》"縕袍"注亦曰："枲著。"孔、許與鄭異，似孔、許為長。

（襺）

【經學】（《說文》："纊，絮也。"）《玉藻》："纊為繭"，注曰："纊，今之新緜也。"按：鄭釋纊爲新緜者，以別於縕之爲新緜及舊絮也。許則謂纊爲絲絮，不分新故，謂縕爲麻紼，與鄭絶異。

（纊）

【經學】（《說文》："縕，紼也。"）《玉藻》："纊爲繭，縕爲袍。"注曰："纊，新緜也。縕，今之纊及故絮也。""纊及故絮"者，謂以新緜合故絮裝衣。鄭說與許異。《衣部》曰："以絮曰襺，以縕曰袍。"許絲絮不分新舊，槩謂之纊，以亂麻謂之縕。孔安國釋《論語》曰："縕，枲著也"，許所本也。《蒯通傳》："束縕乞火"，師古曰："縕，亂麻。"

（縕）

帛爲褶

【經學】【異文】【叚借】《記》曰："帛爲褶。"《士喪禮》古文作"襲"，叚借字也。《喪大記》《玉藻》用《禮》今文作"褶"，注曰："褶，袷也。有表裏而無著。"許依古文《禮》，故不收"褶"字。

（襲）

青豻　鄭注：豻胡犬也

【辨誤】（《說文》："豻，胡地野狗。"）《禮記·玉藻》《周禮·巾車》注皆云："豻，胡犬也。"《正義》皆云："胡當作狐，與犬合所生。"按：犬有名狼、名狐者，見《廣雅》。但此注"胡犬"，證以《說文》、高誘《淮南注》、熊安生《禮記正義》云："胡地野狗"，則其字不當作"狐"來矣。

（豻）

裘之裼也見美也　服之襲也充美也①

【詁訓】【經學】《玉藻》："裘之裼也，見美也。""服之襲也，充美

---

① 許校云："'裘之裼也'裼經文作'飾'。段氏據孔疏校。"《正義》出"裘之裼也見美也"，字作"裼"。

也。"鄭曰:"裼者,免上衣,見裼衣。凡當盛禮者以充美爲敬,非盛禮者以見美爲敬,禮尚相變也。"按:覆裘之衣曰裼,行禮袒其上衣見裼衣謂之裼,不露裼衣謂之襲。鄭注《玉藻》曰:"袒而有衣曰裼",以別於無衣曰袒也。經傳凡單言裼者,謂免上衣也;凡單言袒者,謂免衣肉袒也。肉袒或謂之袒裼,《釋言》《毛傳》皆曰:"袒裼,肉袒也"是也。許君肉袒字作"膻",在《肉部》,而袒作但,與裼互訓。裼爲無上衣之但,贏裎爲無衣之但,齗裎亦肉膻也,字與鄭異而義同。裼襲之制詳見《聘禮》注疏。

(裼)

魚須文竹

【校勘】【詁訓】《玉藻》:"笏,大夫以魚須文竹。"鄭云:"文猶飾也。大夫、士飾竹以爲笏。"按:"須"乃"頒"之誤,故《釋文》音班,崔靈恩作"魚班",知唐初故作"頒"。"須"無音班之理。魚頒者,謂魚頰骨。《考工記》注曰"之而,頰頒也"是也。

(頒)

公侯前後方

【詁訓】【同源】【辨誤】《玉藻》① 曰:"韠,天子直","四角直無圜殺也";"公侯前後方","殺四角使之方,變於天子也,所殺者去上下各五寸";"大夫前方後挫角","圜其上角,變於君也,韠以下爲前,以上爲後";"士前後正","士賤,與君同不嫌也。正,直方之閒語也,天子之士則直,諸侯之士則方。"……所謂"殺四角使之方"者,合上下成八角之形。方之言柫也。《正義》云:"既殺而補之使方",非是。

(帢)

---

① 本處引文同一分句中,前引爲經文,後引爲鄭注。

韠

【詁訓】《玉藻》曰："韠，下廣二尺，上廣一尺，長三尺，其頸五寸。"《襍記》云："會去上五寸。"會謂頸下縫也。會已上長五寸，即所謂其頸長五寸也。又云："紕以爵韋六寸，不至下五寸。"謂頸五寸之下，下五寸之上，中長二尺，兩邊皆紕以爵韋，左右各廣三寸也。又云："下五寸純以素。"謂下五寸緣以生帛也。鄭云："其頸五寸。"其緣當亦用爵韋。

（韠）

縕韍幽衡

【詁訓】【經學】【叚借】《玉藻》曰："一命縕韍幽衡，再命赤韍幽衡，三命赤韍葱衡。"鄭云："尊祭服，故變韠言韍。"又云："元端服稱韠，玄冕爵弁服之韠稱韍。"然則韠、韍同物，殊其名耳。許於此（編按："韠"）言："一命縕韠，再命赤韠"，於"巿"下言"天子朱巿，諸矦赤巿，大夫赤巿葱衡。"許意卑者偁韠，尊者偁韍，說與鄭少異。縕者，赤黃之間色，所謂韎也，縓之假借字也。

（韠）

夫人揄狄

【詁訓】【經學】《釋鳥》："江淮而南，青質，五彩皆備成章，曰鷂。""夫人揄狄"，鄭云："謂衣畫搖者。""揄"，《衣部》作"褕"，云："翟羽飾衣也。"義同《毛傳》。

（雉）

紳韠結三齊

【校勘】【詁訓】《玉藻》："紳韠結三齊"，注云："結，約餘也，結或為紟。"（段云："宋本如此。"）韋注《國語》曰："帶甲者紟鎧也。"

"紟",今本譌"衿"。……按:襟,交衽也,俗作衿,今人衿、紟不別。又《喪禮》"紟,單被也"①,乃紟之別一義,亦因可以固結之義引申之。

(紟)

純組綬

【經學】(《說文》:"緇,帛黑色也。")《玉藻》:"大夫佩水蒼玉而純組綬",注:"純當爲緇。古文緇字或作糸旁才。"又《周禮·媒氏》:"純帛",注:"純實緇字也。古緇以才爲聲。"《祭統》:"王后蠶於北郊,以供純服",注:"純以見繒色。"《論語》:"今也純",鄭讀爲緇。鄭意今之紂字,俗譌爲純耳。然則許書當爲"紂"篆,解云:"古文緇,从糸,才聲",而缺者,豈從今書不從故書之例與?

(緇)

錦緣

【經學】【志疑】【注音】(《說文》:"《禮》有'繐緣'。")凡許云《禮》者,謂《禮經》也,今之所謂《儀禮》也。十七篇無"繐緣",俟攷。緣,以絹切。《玉藻》曰:"童子之節也,緇布衣,錦緣,錦紳并紐,錦束髮,皆朱錦也。"朱錦爲緣,豈即繐緣與?

(繐)

齊遬

【叚借】《玉藻》:"見所尊者齊遬",假遬爲肅也。

(遬)

---

① 鄭注語。

喪容纍纍

【校勘】《寡婦賦》："容貌儡以頓顇"，注引《禮記》"喪容儡儡"。今《禮記》作"纍纍"，非也。

（儡）

盛氣顛實

【叚借】《玉藻》："盛氣顛實"，叚"顛"爲"闐"也。

（闐）

臣孼①

【校勘】【辨誤】《玉藻》："公子曰臣孼"，鄭注："孼當作枿，聲之誤也。"玉裁按：此《記》文本作"枿"，注曰："枿當作孼"。後人因注改經，又因經改注。師古《匡謬正俗》未之知也。凡木萌旁出皆曰櫱，人之支子曰孼，其義略同，故古或通用，固不必指爲聲誤。何注《公羊》曰："庶孼，衆賤子。猶樹之有櫱生。"得其義矣。

（孼）

明堂位第十四

四塞世告至

【詁訓】【叚借】《明堂位》："四塞世告至"，注云："四塞謂夷服、鎮服、蕃服，在四方爲蔽塞者。"按：鄭注所謂天子守在四夷也。《戰國策》："齊有長城巨防，足以爲塞。"《呂氏春秋》天下有"九塞"。所謂守在四竟也。《邶風》《庸風》傳曰："塞，瘞也""塞，充實也"，皆謂塞爲窒之叚借字也。

（塞）

---

① 今本"孼"作"孽"。

皋門

【叚借】（編按："皋"）或叚爲高，如《明堂位》"皋門"注云："皋之言高也。"

（皋）

叔之離磬　鄭注：世本作曰無句作磬

【異文】【詁訓】【注音】《明堂位》注引《世本·作》曰："無句作磬。"《風俗通》《山海經注》《廣雅》皆作"毋句"。古無、毋通。句，其俱反。

（磬）

夏后氏之四璉殷之六瑚

【經學】【校勘】【詁訓】【志疑】《明堂位》曰："有虞氏之兩敦，夏后氏之四璉，殷之六瑚，周之八簋。"而苞注《論語》曰："瑚璉者，黍稷器也。夏曰瑚，商曰璉，周曰簠簋。"杜注《左》云："夏曰瑚，周曰簋。"孔沖遠云："包、鄭等注《論語》，賈、服等注《左傳》，皆云夏曰瑚，杜亦同之，或別有所據，或相從而誤。"按：此非相從而誤，漢人所據《戴記》不同也。璉當依許從木。據《明堂位》音義本作"四連"。《周禮》《管子》以"連"爲"輦"。《韓勅禮器碑》："胡輦器用"，即胡連也。《司馬法》："夏后氏謂輦曰余車，殷曰胡奴車，周曰輜輦。"疑胡輦皆取車爲名。

（槤）

大傳第十六

省於其君

【詁訓】《大傳》曰："大夫有大事，省於其君。"謂君察之而得其大善也。

（省）

少儀十七

埽席前曰拚

【叚借】【詁訓】《少儀》曰："氾埽曰埽，埽席前曰拚。"拚即坌之叚借字。坌與埽對文則二，散文則一。

（拚）

【異文】【音義】【叚借】【詁訓】"坌"字《曲禮》作"糞"，《少儀》作"拚"，又皆作"攑"。糞即《華部》之蕅字，與坌音同義略同，拚其叚借字也。《少儀》曰："氾埽曰埽，埽席前曰拚。"此析言之也。許以"埽除"釋"坌"，以"坌"釋"埽"，渾言之也。《弟子職》："既拚盥漱"，謂埽席前也。"氾拚正席"，謂廣坌內外，不止席前也。《小雅·伐木》箋亦以"灑攑"釋"洒埽"。

（坌）

師役曰罷

【音義】【同源】【義例】罷之音亦讀如疲，而與疲義殊。《少儀》："師役曰罷。"鄭曰："罷之言疲勞也。"凡曰"之言"者，皆轉其義之詞。

（罷）

毋報往

【古今】（《說文》："毚，疾也。"）《玉篇》《廣韵》皆曰："急疾也，今作趁。"《少儀》曰："毋拔來，毋報往。"注云："報讀爲赴疾之赴。拔、赴皆疾也。"按："赴""趁"皆即"毚"字。今字"毚""趁"皆廢矣。

（毚）

車則脱綏①

【詁訓】轡在車前，而綏則系於車中，御者執以授登車者。……《少儀》曰："車則脱綏，執以將命。"綏本系於車中，故可脱。郭璞注《子虛賦》曰："綏，所執以登車。"《論語》曰："升車必正立執綏"，周生烈曰："正立執綏，所以爲安。"按：引申爲凡安之偁。

（綏）

加夫襓與劍焉②

【詁訓】《少儀》曰："劍則啟櫝蓋襲之，加夫襓與劍焉。"注曰："夫襓，劍衣也。夫或爲煩，皆發聲。"按：許書無"襓"字，"襓"與"韜"音相近，"襓"即"韜"也。

（韜）

【詁訓】《少儀》："劍則啟櫝蓋襲之，加夫襓與劍焉。"鄭曰："夫襓，劍衣也。夫或爲煩，皆發聲。"按：鄭既謂夫襓是劍衣，又云夫是發聲，蓋不能定其說也。而《廣雅》曰："袾襓、袾，劍衣也。"夫加衣旁，即許此字，亦是韜藏意。《韋部》曰："韜，劍衣也。"

（袾）

削授拊

【詁訓】【音義】弓把曰弣。《考工記》《少儀》弣作拊。刀把曰削，《少儀》亦作拊，"刀卻刃授穎，削授拊。"注："穎，鐶也。拊謂把也。"按：穎近拊，拊近刃，故削外削内異其授。拊與削音相近。

（削）

---

① 今本"脱"作"說"，《釋文》："稅，本又作脱，又作說"，段引同又本。
② 今本"襓"作"橈"，《釋文》同。《禮記》宋余仁仲萬卷堂家塾刻本，卷十，葉十六，經文大字正作"襓"，作"橈"者蓋因木旁、衣旁形近而訛。段引同萬卷堂本。

小飯而哯之數噍

【句讀】《少儀》："侍食於君子，小飯而哯之，數噍。"按："數噍"句絕，所謂哯之也。

（哯）

君子不食圂腴

【辨誤】【詁訓】《少儀》："君子不食圂腴。"注云："《周禮》圂作豢，謂犬豕之屬，食米穀者也。腴有似於人穢。"按：云"《周禮》圂作豢"者，《槀人》"掌豢祭祀之犬"是也。豢從豕䒑聲，圂從口豕會意，據許說本非一字，豢以人之菱養而言，圂以牢中溷濁而言。《少儀》"圂腴"不煩改字，謂豕廁爲圂，因謂豢犬爲圂耳。

（圂）

【叚借】《少儀》假"圂"爲"豢"。

（豢）

尊壺者面其鼻

【異文】【經學】（《說文》："偭，鄉也……《禮·少儀》曰：'尊壺者偭其鼻。'"①）《少儀》："尊壺者面其鼻。"注云："鼻在面中，言鄉人也。"按：許所據作"偭"，說與鄭同。

（偭）

聶而切之爲膾　鄭注：報切

【異文】《少儀》曰："牛與羊魚之腥，聶而切之爲膾。"注："聶之言䐑也。先藿葉切之，復報切之，則爲膾。"《醢人》注引《少儀》"聶"皆作"䐑"。

（䐑）

---

① 陳本無"禮"。

【詁訓】"先蒦葉切之，復報切之"也，報者，俗語云急報。凡細切者必疾速下刀。《少儀》注云："報讀爲赴疾之赴。拔、赴皆疾也。"

（膾）

執燭抱燋

【詁訓】《少儀》："執燭抱燋。"凡執之曰燭，未爇曰燋，燋即燭也。《士喪禮》注曰："燎，大燋。"大燋即大燭也。大燭樹於地，燭則執於手。人所持之火，以燋然之。燋者，苣爲之。卜之用燋，其一耑也。《士喪禮》："楚焞置於燋，在龜東。"注云："楚，荊也。荊焞，所以鑽灼龜者。燋，炬也，所以然火者也。"《周禮·菙氏》："凡卜，以明火爇燋，遂炊其燋契，以授卜師。"杜子春云："明火，以陽燧取火於日也。"按：以苣然契，契即楚焞。以楚焞灼龜而作其兆，是卜之次弟也。

（燋）

學記第十八

學學半

【詁訓】【辨僞】《學記》曰："學然後知不足，知不足然後能自反也。"按："知不足"，所謂覺悟也。《記》又曰："教然後知困，知困然後能自強也。故曰：教學相長也。《兌命》曰：'學學半。'其此之謂乎？"按《兌命》上"學"字謂教，言教人乃益己之學半。教人謂之學者，學所以自覺，下之效也；教人所以覺人，上之施也。故古統謂之學也。枚頤僞《尚書·說命》上字作"斅"，下字作"學"，乃已下同《玉篇》之分別矣。……作斅從教，主於覺人。秦以來去攵作學，主於自覺。《學記》之文，學、教分列，已與《兌命》統名爲學者殊矣。

（斅）

宵雅

【叚借】有假"宵"爲"小"者,《學記》之"宵雅"是也。

(宵)

不陵節而施之謂遜①

【古今】【校勘】訓順之字作"愻",古書用字如此。凡愻順字从心,凡遜遁字从辵。今人遜專行而愻廢矣。《學記》:"不陵節而施之謂遜。"《劉向書》作"愻",此未經改竄之字也。

(愻)

扞格

【校勘】《學記》曰:"發然後禁,則扞格而不勝。"注曰:"格讀如凍垎之垎。扞格,堅不可入之皃。"《正義》云:"言格是堅彊。譬如地之凍則堅彊難入。故云:'如凍垎之垎。'但今人謂地堅爲垎也。"《正義》本注是"凍垎",陸德明本是"凍洛",陸非孔是。

(垎)

樂記第十九

怗懘

【校勘】(《說文》:"懘,高也,一曰極也,一曰困劣也。")《樂記》:"則無怗懘之音。"注云:"怗懘,弊敗不和之皃。""懘"即"懘"之譌。

(懘)

八風

【詁訓】【經學】(《說文》:"風,八風也。東方曰朙庶風,東南曰清朙

---

① 今本"遜"作"孫"。

風，南方曰景風，西南曰涼風，西方曰閶闔風，西北曰不周風，北方曰廣莫風，東北曰融風。"①）《樂記》："八風從律而不姦。"鄭曰："八風從律，應節至也。"《左氏傳》："夫舞，所以節八音而行八風。"服注："八卦之風也。乾音石，其風不周；坎音革，其風廣莫；艮音匏，其風融；震音竹，其風明庶；巽音木，其風清明；離音絲，其風景；坤音土，其風涼；兌音金，其風閶闔。"《易通卦驗》曰："立春，調風至；春分，明庶風至；立夏，清明風至；夏至，景風至；立秋，涼風至；秋分，閶闔風至；立冬，不周風至；冬至，廣莫風至。"《白虎通》"調風"作"條風"，"條者，生也；明庶者，迎衆也；清明者，芒也；景者，大也，言陽氣長養也；涼，寒也，陰氣行也；閶闔者，咸收藏也；不周者，不交也，言陰陽未合化矣；廣莫者，大莫也，開陽氣也。"按：調風、條風、融風，一也。八卦、八節、八方，一也。《通卦驗》始於調風，許終於融風者，許依《易》八卦之次終於艮也。艮者，萬物之所以成終而成始也。風之用大矣，故凡無形而致者皆曰風。《詩序》曰："風，風也，教也。風以動之，教以化之。"劉熙曰："風，氾也，放也。"

（風）

禮樂偩天地之情

【正俗】《樂記》："禮樂偩天地之情。"《史記》："栗姬偩貴。"（編按：負）皆作"偩"，俗字也。

（負）

煦嫗

【異體】《樂記》"煦嫗"，《淮南書》作"昫嫗"，《廣韻》直以爲一字。

（昫）

---

① 陳本"閶"作"閭"。

區萌達

【叚借】《月令》:"句者畢出,萌者盡達。"注:"句,屈生者。芒而直曰萌。"《樂記》作"區萌"。

(萌)

【叚借】(編按:區)古或叚丘字爲之,如區蓋亦作丘蓋,區宇亦作丘宇是也。或叚爲句曲字,如《樂記》"區萌達"即《月令》之"句者畢出,萌者盡達"也。

(區)

角觡生

【詁訓】鄭注《樂記》"角觡生"曰:"無䚡曰觡。"謂角中堅實無肉者,麋鹿是也。許亦解觡爲骨角,亦謂中無肉者也。《本艸經》:"牛角䚡下閉血,瘀血,瘀痛,女人帶下血。"此則謂角之中、角之本當中有肉之處,外有文理可觀。故陳藏器曰:"久在糞土爛白者佳。"

(䚡)

【詁訓】《樂記》:"角觡生。"注云:"無䚡曰觡。"無䚡者,其中無肉,其外無理。郭氏《山海經傳》云:"麋鹿角曰觡"是也。牛羊角有肉有理。《玉篇》云:"無枝曰角,有枝曰觡。"此取"枝挌"之意,惟麋鹿角有枝,則其說非異也。《封禪文》:"犧雙觡共柢之獸。"謂二角同本也。言觡者白麟,鹿之大者也。

(觡)

蟄蟲昭蘇

【古今】【異文】蘇,桂荏也。蘇行而穌廢矣。《樂記》:"蟄蟲昭蘇。"注云:"更息曰蘇。"據《玉篇》云:"穌,息也,死而更生也。"然則希馮所據《樂記》作"穌"。

(穌)

殰

【古今】《樂記》:"胎生者不殰",注曰:"內敗曰殰。"《管子》:"羽卵者不段,毛胎者不膭。"房曰:"膭謂胎敗潰也。"《集韵》曰:"古作膭。"

(殰)

卵生者不殈

【詁訓】【叚借】《樂記》曰:"卵生者不殈",鄭曰:"殈,裂也。今齊人語有云殈者。"按:殈即㘿也。《呂氏春秋》:"雞卵多㘿。"《管子·五行篇》:"羽卵者不段",叚段爲之。

(㘿)

獶雜子女

【異體】《詩·小雅》作"猱",毛曰:"猱,猨屬。"《樂記》作"獶",猱之變。鄭曰:"獶,彌侯也。"①

(夒)

椌楬

【詁訓】【叚借】《樂記》:"椌楬",注謂:"柷敔也",椌謂柷,楬謂敔。柷形如桼桶,敔狀如伏虎,不得併二爲一。《木部》"椌"云:"柷樂也","楬"下不云"敔樂"者,敔取義於遏,楬爲遏之假借耳。敔者所以止樂,故以敔名。

(敔)

【詁訓】《樂記》注曰:"椌楬,謂柷敔也。"此釋椌爲柷,釋楬爲敔也。謂之椌者,其中空也。

(椌)

---

① 許校云:"'彌侯'本作'獼猴'。"

石聲磬磬

【古今】《樂記》曰："石聲磬磬以立辨。"《史記·樂書》作"石聲硁硁以立別"。蓋"硁"本古文"磬"字，後以爲堅确之意，是所謂古今字。《論語》："子擊磬於衛。"下文既而曰："鄙哉硁硁乎。"亦不以爲一字。要之《論語》非不可作"鄙哉磬磬"也。《釋名》曰："磬者，磬也。其聲磬磬然堅緻也。"
（磬）

封黃帝之後於薊

【古今】【叚借】【志疑】【地理】（《說文》："郟，周封黃帝之後於郟也。"）《樂記》曰："武王克殷及商，未及下車而封黃帝之後於薊。"按：郟、薊古今字也，薊行而郟廢矣。《漢·地理志》《郡國志》皆作"薊"，則其字假借久矣。陸德明曰："薊，今涿郡薊縣是也，即燕國之都也。孔安國、司馬遷及鄭皆云：'燕召公與周同姓。'案：黃帝姓姬，君奭蓋其後也。或黃帝之後封薊者滅絕，而更封燕召公乎？疑不能明也。而皇甫謐以召公爲文王之庶子，記傳更無所出。又《左傳》富辰言文王之昭亦無燕。"玉裁按：《地理志》曰："廣陽國薊，燕召公所封。"然則班意謂封黃帝之後即召公也。而《周本紀》以封堯後於薊，封召公奭於燕竝言。張守節疑薊爲燕所并，未知其審。……（《說文》："上谷有郟縣。"）《地理志》廣陽國下曰："高帝燕國，昭帝元鳳元年爲廣陽郡，宣帝本始元年更爲國。"《郡國志》廣陽郡注曰："世祖省廣陽郡，并上谷。永平八年復。"按：許云上谷有薊縣，依光武省并而言也。今京師順天府附郭大興縣治即古燕都。許說漢制作郟，則知漢時故作郟矣。但不解今之《漢志》何以作薊也。○又按：此五字，當如下文邰下、郰下之例，作"今上谷薊縣是也"七字。漢時字已作薊，如邰已作斄，郰已作穄，古今字不同，故著之以言其合。假令漢時字本作郟，則其立文當云"上谷縣也，周時黃帝之後所封。"如鄒下云"魯縣，古邾國，帝顓頊之後所封"之例矣。然則郟者，許所見古字也。薊者，漢時字也。

（郟）

易慢之心

【叚借】《禮記》:"易慢之心入之矣。"注:"易,輕易也。"《國語》:"貴貨而易土。"注:"易,輕也。"《國策注》《呂覽注》《漢書注》皆同,凡皆"傷"之假借字也。

(傷)

雜記上第二十

緦冠繰纓

【叚借】或假繰爲澡,如《禮記》"緦冠繰纓"是。《荀卿》又作"慅纓"。

(澡)

【叚借】(編按:繰)《禮記》用爲澡治字,他書用爲繰絲字。

(繰)

雜記下第二十一

見似目瞿聞名心瞿

【校勘】(《說文》:"䀠,舉目驚䀠然也。")《襍記下》曰:"免喪之外,行於道路,見似目瞿,聞名心瞿。"二"瞿"當作"䀠"。《詩·齊風》:"狂夫瞿瞿",《傳》曰:"無守之皃。"《唐風》:"良士瞿瞿",《傳》曰:"瞿瞿然顧禮義也。"亦當作"䀠䀠"。

(䀠)

嬰兒

【同源】《襍記》曰:"中路嬰兒失其母焉。"注:"嬰猶鶯彌也。"按:鶯彌即嬰婗,語同而字異耳。

(嬰)

納幣一束束五兩兩五尋

【詁訓】【經學】（《說文》："匹，四丈也。"）按："四丈"之上當有"布帛"二字。《襍記》曰："納幣一束，束五兩，兩五尋。"鄭曰："納幣謂昏禮納徵也。十箇爲束，貴成數，兩兩合其卷，是謂五兩。八尺曰尋。五兩，兩五尋（段云："謂每兩五尋。"），則每卷二丈也。合之則四十尺。今謂之匹，猶匹偶之云與。"《周禮》："凡嫁子娶妻，入幣紂帛無過五兩。"鄭曰："五兩，十端也。每端二丈。"按：二丈爲一端，二端爲兩。每兩爲一匹，長四丈。五兩則五匹，爲一束也。凡古言束帛者，皆此制。凡言匹敵、匹耦者，皆於二端成兩取意。凡言匹夫、匹婦者，於一兩成匹取意。兩而成匹，判合之理也，雖其半亦得云匹也。馬稱匹者，亦以一牝一牡，離之而云匹，猶人言匹夫也。〇按：字之本義有難定者，如《襍記》注："今謂之匹，猶匹偶之云與"，是以匹偶爲本義，而帛二兩爲引申之義也，與許說迥異。四丈爲匹之云，三代時經傳不見。其字從八，八者，別也。夫婦有別，故謂之匹。從匸，亦取別嫌明微意與。鄭意或當如是。

（匹）

喪大記第二十二

主人啼

【經學】【正俗】【叚借】《喪大記》："始卒，主人啼，兄弟哭，婦人哭踊。"注："悲哀有淺淺也，若嬰兒中路失母，能勿啼乎？"按：鄭用《襍記》語也。嚗俗作啼，《士喪禮》作諦，古多假諦爲嚗。

（嚗）

徒跣

【詁訓】古者坐必脫屨，燕坐必襪韤，皆謂之跣。如趙盾待君燕，跣以下，此襪韤之跣也。如晉悼公跣而出，此不暇屨之跣也。《喪大記》："主人徒跣"，亦謂襪韤。

（跣）

綠 鐕

【校勘】【經學】（《說文》："衸，棺中縑裏也。"①）《喪大記》曰："君裏棺用朱綠，用雜金鐕；大夫裏棺用玄綠，用牛骨鐕；士不綠。"《正義》云："君用朱繒貼四面，綠繒貼四角；大夫四面玄，四角綠；士不綠，悉用玄。"按：如其說則當云"士玄"，不當云"不綠"也。且顏師古《定本》"綠"皆作"琢"，謂鐕琢繒則著於棺，則"士不琢"，尤爲不辭。蓋"綠"與"琢"皆字之誤，古本三"綠"皆正作"衸"。以縑裏棺曰衸，縑幷絲繒也。君朱衸，以三色金鐕椓著之；大夫玄衸，以牛骨鐕椓著之；士賤，不衸，則不用鐕。《士喪禮》纖悉畢載而不言裏棺，可證也。鄭曰："鐕所以椓著裏。"《金部》曰："鐕所以綴著物者"，與鄭合。鐕與衸皆據《喪大記》而言。

（衸）

【詁訓】《喪大記》："君裏棺用朱綠，用襍金鐕；大夫裏棺用玄綠，用牛骨鐕。"注："鐕所以琢箸裏。"按：今謂釘者皆是，非獨棺釘也。

（鐕）

君殯欑至於上

【詁訓】《喪大記》："君殯欑至於上。"注云："欑猶菆也。"按：注謂與《檀弓》"菆塗"同也。欑、菆、叢皆聚意。

（欑）

---

① 陳本無"也"。

祭法第二十三

壇墠

【詁訓】《祭法》注："封土曰壇，除地曰墠。"《楚語》："屏攝之位，壇場之所。"韋注："屏攝，爲祭祀之位也。除地曰場。"《漢·孝文帝紀》："其廣增諸祀壇場珪幣。"師古曰："築土爲壇，除地爲場。"按：墠即場也。爲場而後壇之，壇之前又必除地爲場，以爲祭神道，故壇場必連言之。……若《祭法》壇與墠則異地，場有不壇者，壇則無不場也。

（壇）

司命

【詁訓】《祭法》注曰："司命，小神，居人之閒，司察小過，作譴告者，主督察三命。今時民家或春秋祀司命。"《風俗通義》曰："《周禮》司命，文昌也。今民閒祀司命，刻木長尺二寸爲人像。行者擔篋中，居者別作小屋。齊地大尊重之，汝南餘郡亦多有，皆祠以腒，率以春秋之月。"按：腒同豬，許所謂豚也。應說司命爲文昌，鄭說人閒小神，未知許意何居也。許君"竈"字下說《周禮》以竈祀祝融，用賈逵句芒祀於戶，祝融祀於竈，蓐收祀於門，玄冥祀於井，后土祀於中霤之說。鄭則云老婦之祭，報先炊之義，斷非祝融。然則許不必同鄭也。

（祀）

祭義第二十四

屬屬乎

【詁訓】《祭義》："洞洞乎，屬屬乎，如弗勝。"《廣雅》："洞洞、屬屬，敬也。"屬蓋嬻之省。

（嬻）

焄蒿

【段借】(《說文》:“歊歊,气上出皃。”[①])《祭義》假“蒿”字爲之,鄭曰:“蒿謂氣烝出貌也。”

(歊)

見以蕭光　見閒以俠甒

【詁訓】(《說文》:‘覞,竝視也。’)《祭義》:“見以蕭光,見閒以俠甒。”注云:“‘見’及‘見閒’,皆當爲‘覸’字之誤也。”“覸”不見於許書,葢即“覞”字,謂蕭光與燔燎並見,俠甒與肝肺首心並見也[②]。見者,視也。

(覞)

溥之而横乎四海

【異文】【校勘】《祭義》:“溥之而横乎四海”,《釋文》:“溥本或作専,同芳于反。”今刻云:“或作敷”,繆也。《集韵》《韵會》可證。

(専)

祭統第二十五

福者備也

【詁訓】【辨誤】《祭統》曰:“賢者之祭也,必受其福,非世所謂福也。福者,備也。備者,百順之名也。無所不順者之謂備。”按:福、備古音皆在第一部,疊韵也。

(福)

---

① 陳本無“上”。

② 《祭義》云:“燔燎羶薌,見以蕭光”“薦黍稷羞肝肺首心,見閒以俠甒,加以鬱鬯”,故段云並見。

豆 鐙

【詁訓】【辨誤】《祭統》曰："夫人薦豆執校，執醴授之執鐙。"注曰："校，豆中央直者也。鐙，豆下跗也。執醴者以豆授夫人，執其下跗，夫人受之，執其中央直者。"按：跗，《說文》作柎，闌足也。鐙有柎，則"無足曰鐙"之說未可信。豆之遺制，爲今俗用燈盞。徐氏兄弟遂以膏鐙解《說文》，誤矣。《生民》傳曰："木曰豆，瓦曰登。豆薦菹醢，登薦大羹。"《箋》云："祀天用瓦豆，陶器質也。"然則瓦登用於祭天。廟中之鐙，笵金爲之，故其字从金。

（鐙）

執校

【叚借】《祭統》曰："夫人薦豆執校。""校"者，"骹"之假借字，注云"豆中央直者"是也。

（豆）

執柄

【詁訓】《祭統》："尸酢夫人執柄，夫人受尸執足。"柄者，尾也。

（霞）

銘者自名也

【經學】【異文】【詁訓】（《說文》："名，自命也。"）《祭統》曰："夫鼎有銘，銘者自名也。"此許所本也。《周禮·小祝》故書作銘，今書或作名。《士喪禮》古文作銘，今文皆爲名。按：死者之銘，以緇長半幅，赬末長終幅，廣三寸，書名于末，曰某氏某之柩。此正所謂自名。其作器刻銘，亦謂稱揚其先祖之德，著己名於下，皆祇云名已足，不必加金旁。故許君於《金部》不錄銘字，從《周官》今書、《禮》今文也。許意凡經傳銘字皆當作名矣。鄭君注經乃釋銘爲刻。劉熙乃云："銘，名也。記名其功也。"呂忱乃云："銘，題勒也。"不用許說。

(名)

經解第二十六

差若豪氂

【叚借】凡今人用豪氂，當作此字（編按：指"氂"字）。《經解》曰："差若豪氂，謬以千里"，乃是假借字。

(氂)

仲尼燕居第二十八

領惡而全好

【詁訓】《仲尼燕居》注："領，猶治也。"《淮南書》高注："領，理也。"皆引伸之義，謂得其首領也。

(領)

坊記第三十

【目錄】【正俗】《禮記》鄭《目錄》云："名曰《坊記》者，以其記六藝之義，所以坊人之失者也"，防之俗作坊。

(防)

繆矦

【校勘】《坊記》陽矦、繆矦即《淮南·氾論訓》之陽矦、蓼矦。繆者，字誤耳。

(鄝)

中庸第三十一

陷阱

【異文】【校勘】【義例】《中庸》音義曰："阱本作宑，同。"引《說文》："宑或阱字也。"今本《釋文》於"或"下妄沾"爲"字。按：古本《說文》多云某或某字，見於《經典釋文》者往往如是。《周禮注》所謂古字多"或"也。今本《說文》盡改之云"某或作某"，非古也，若讀《釋文》竄改者，則益可欹矣。

（阱）

素隱

【詁訓】《中庸》"素隱"注曰："素讀爲攻城攻其所傃之傃。傃猶鄉也。"按：遡者，從其朔。傃者，從其素。故字从朔、从素。

（泝）

栽者培之

【經學】【志疑】（《說文》："栽，築牆長版也。"）《中庸》："故栽者培之。"鄭云："栽，猶殖也。今時人名艸木之殖曰栽，築牆立版亦曰栽。"鄭同許說。"長版"者，《五經異義》曰："《戴禮》及《韓詩》說：'八尺爲版，五版爲堵，五堵爲雉。版廣二尺，積高五版爲一丈，五堵爲雉，雉長四丈。'古《周禮》及《左氏》說：'一丈爲版，版廣二尺。五版爲堵，一堵之牆長丈、高丈。三堵爲雉，一雉之牆長三丈、高一丈。以度爲長者用其長，以度爲高者用其高也。'《毛詩》說亦云：'一丈爲版，五版爲堵。'《公羊》說：'五版而堵，五堵而雉，百雉而城。'鄭君曰：'《左氏傳》說鄭莊公弟段居京城。祭仲曰：都城過百雉，國之害也。先王之制，大都，不過三國之一；中，五之一；小，九之一。今京不度，非制也。古之雉制，書傳各不得其詳。案：天子之城九里，公城七里，侯伯之城五里，子男之城三里。今以《左氏》說鄭伯之城方五里，積千五百步也。大都三國之一，則五百步也。五百步爲百雉,則知雉五步,五步於度長三丈,則雉長三丈也。雉之度量於是定可知矣。'"按:何注《公羊》曰:"八尺曰版,堵凡四十尺。"此用今《戴》《韓》說也。鄭箋《詩》曰:"《春秋傳》云:五版爲堵,五堵爲雉。雉長三丈,則版六尺。"自用其說也。若《異義》今無全書,未識許氏何從,而於此但云"長版",不箸丈尺,是作《說文》時於今說八尺、古說一丈皆疑之而不敢定矣。

(栽)

憲憲令德

【叚借】《中庸》引《詩》"憲憲令德",以"憲憲"爲"顯顯"。又《大雅》:"天之方難,無然憲憲。"《傳》曰:"憲憲猶欣欣也。"皆叚借也。

(憲)

纘

【叚借】《中庸》:"武王纘大王、王季、文王之緒",注曰:"纘,繼也。"或叚"纂"爲之。

(纘)

示諸掌

【叚借】《中庸》《小雅》以示爲寘。

(示)

仁者人也

【詁訓】【經學】《中庸》曰:"仁者,人也。"注:"'人也'讀如相人偶之人,以人意相存問之言。"《大射儀》:"揖以耦。"注:"言'以'者,耦之事成於此,意相人耦也。"《聘禮》:"每曲揖。"注:"以相人耦爲敬也。"《公食大夫禮》:"賓入三揖。"注:"相人耦。"《詩·匡風》箋云:"人偶能烹魚者","人偶能輔周道治民者",《正義》曰:"人偶者,謂以人意尊偶之也。《論語注》:'人偶,同位人偶之辭。'《禮注》云:'人偶，相與爲禮儀。'皆同也。"按：人耦猶言爾我，親密之詞。獨則無耦，耦則相親，故其字從人、二。《孟子》曰："仁也者，人也。"謂能行仁恩者人也。又曰："仁，人心也。"謂仁乃是人之所以爲心也，與《中庸》語意皆不同。

（仁）

既廩稱事

【校勘】《中庸》："既稟稱事。"鄭注《周禮·宮正》《內宰》《廩人》《掌固》皆云："稍食，祿稟也。"又《司稼》注云："賙，稟其艱阨。"晉惠帝云："官電可給稟。"凡若此類，今本多譌爲"廩"。即有未譌者，亦皆讀爲力甚切矣。今之廩膳生員，於古當作稟膳。

（稟）

無不覆幬

【叚借】（《說文》："燾，溥覆照也。"）《中庸》曰："辟如天地之無不持載，無不覆幬。"注云："幬或作燾。"按：《左傳》亦云："如天之無不幬。"杜注："幬，覆也。"蓋"幬"是叚借字。幬訓禪帳，帳主覆也。燾從火，故訓爲"溥覆照"。《周禮·司几筵》注："敦讀曰燾。燾，覆也。"

（燾）

衣錦尚絅

【叚借】《中庸》："《詩》曰：'衣錦尚絅。'"此叚借爲褧字也。

（絅）

表記第三十二

俛焉日有孶孶

【叚借】【異文】《表記》："俛焉日有孶孶"，《釋文》音勉。《毛詩》"黽勉"，李善引皆作"僶俛"。"俛"與"勉"同音，故古假爲"勉"字。古無讀"俛"如"府"者也，"頫"音同"俛"。

（頫）

衣服以移之

【詁訓】【同源】《表記》："衣服以移之。"注："移讀如禾汜移之移，移猶廣大也。""禾汜移"葢謂禾蕃多。《郊特牲》："其蜡乃通以移民也。"鄭曰："移之言羨也。"

（移）

緇衣第三十三

葉公之顧命

【校勘】《禮記》："葉公之顧命"，以《周書·祭公解》正之，"葉"乃"祭"之誤。

（鄒）

小人溺於水

【古今】【異文】（編按：休）此沈溺之本字也。今人多用溺水水名字爲之，古今異字耳。《玉篇》引孔子曰："君子休於口，小人休於水。"顧希馮所見《禮記》尚作"休"。

（休）

問喪第三十五

雞斯

【叚借】《問喪》"雞斯"即"筓纚"之叚借也。

（纚）

小行人第三十七

存覜省聘問

【詁訓】（《說文》："頫，視也。"）覜訓視，故从見。《小行人》曰："存、覜、省、聘、問，臣之禮也。"按：五者皆得訓視。

（覜）

三年問第三十八

啁噍之頃

【叚借】《三年問》："啁噍之頃"，此假噍為啾也。

（啾）

深衣第三十九

袼之高下

【正俗】《肉部》曰："胳，亦下也"；"胠，亦下也"。今《禮記·深衣》："袼之高下"，注云："袼，衣袂當腋之縫。"袼、腋乃皆俗字。

（亦）

衣純以青純袂緣

【詁訓】《深衣》曰："具父母、大父母，衣純以繢。具父母，衣純以青。如孤子，衣純以素。純袂緣，純邊，廣各寸半。"《詩》："青青子衿"，毛曰："青衿，青領也。"正謂緣以青也。

（褎）

【詁訓】《深衣》曰："純袂緣，純邊，廣各寸半。"袂緣猶袂口也。廣各寸半者，表裏共三寸也。《既夕禮》注曰："飾裳在幅曰綼，在下曰緆。"

（緣）

投壺第四十

般旋曰辟①

【注音】【校勘】【詁訓】【古今】《投壺》曰："賓再拜受，主人般旋曰辟。主人阼階上拜送，賓般旋曰辟。""般，步干反。還，音旋。辟，徐扶亦反。"②《論語》包氏注："足躩如，盤辟皃也。""盤"當作"般"。般辟，漢人語，謂退縮旋轉之皃也。《大射儀》："賓辟"，注曰："辟，逡遁不敢當盛。"《釋言》曰："般，還也。"還者，今之環字，旋也。荀爽注《易》曰："盤桓者，動而退也。"

（般）

請行觴

【詁訓】《投壺》："命酌曰：請行觴。"觴者，實酒於爵也。《韓詩》說爵、觚、觶、角、散五者"總名曰爵，其實曰觴。觴者，餉也。觥者，罰爵。非所以餉，不得名觴"。然《投壺》之"請行觴"固罰爵也。凡

---

① 許校云："《投壺》兩句'般旋'，旋皆本作'還'，下引之反切，皆見《釋文》，故爲'還'注音。"

② 後引乃《釋文》語。

《禮經》曰實者皆得曰"觶"。獨於"觶"言者,"觶"之用多,舉"觶"以該他也。下文云:"觶受三升者曰觚。"

(觶)

【詁訓】盛酒於觶中以飲人曰行觶。《投壺》云:"命酌曰請行觶",觶實曰觶。《詩》曰:"我姑酌彼金罍",取行觶之意;曰:"泂酌彼行潦",取盛酒之意。

(酌)

○ 音義:榻榻

【詁訓】《投壺》音義曰:"○,鄭呼爲鼙也。其聲下,其音榻榻然。榻音吐臘反。""榻"亦即"鼙"也。

(鼙)

囗 音義:鐺鐺

【詁訓】《投壺》音義曰:"囗,鄭呼爲鼙,其聲高,其音鐺鐺然。鐺音吐郎反。"是則"鐺"亦"鼙"也。

(鼙)

儒行第四十一

環堵之室

【詁訓】《儒行》曰:"儒有一畝之宮,環堵之室。"注云:"宮謂牆垣也。堵,面一堵也。""面一堵"者,謂面各一堵也。依鄭說堵與垣別。大氐散文則通,對文則別也。

(堵)

篳門圭竇①

【詁訓】《儒行》："篳門圭竇。"鄭云："門旁窬也，穿牆爲之如圭矣。"《左傳》："篳門圭竇。"杜曰："竇，小户也。穿壁爲户，狀如圭形。"郭樸《三蒼解詁》云："窬，門旁小竇也。"是則於門旁穿壁，以木衺直居之，令如圭形，謂之"圭窬"。若《論語》本作"穿踰"，釋爲穿壁踰牆，似無煩與此牽混。

（窬）

後世以爲楷

【同源】《儒行》曰："今世行之，後世以爲楷。"楷，法式也。楷之言稽。我稽古，而後世又於此焉稽也。

（楷）

大學第四十二

在明明德

【詁訓】凡明之至則曰明明，明明猶昭昭也。《大雅·大明》《常武》傳皆云："明明，察也。"《詩》言"明明"者五，《堯典》言"朙朙"者一。《禮記·大學篇》曰："大學之道，在明明德。"鄭云："明明德，謂顯明其至德也。"《有駜》："在公明明。"《鄭箋》云："在於公之所但明明德也。"引《禮記》"大學之道，在明明德"。夫由微而著，由著而極，光被四表，是謂明明德於天下。自孔穎達不得其讀而經義隱矣。

（朙）

---

① 許校云："'竇'是'窬'之誤。"存疑。

誠其意

【詁訓】《大學》:"誠其意"即實其識也。

(識)

【詁訓】【正俗】意之訓爲測度,爲記。訓測者,如《論語》"毋意毋必","不逆詐,不億不信","億則屢中",其字俗作億。訓記者,如今人云記憶是也,其字俗作憶。《大學》曰:"欲正其心者,先誠其意。""誠"謂實其心之所識也。

(意)

此之謂自謙

【校勘】"如惡惡臭,如好好色,此之謂自謙。"鄭云:"謙讀爲慊,慊之言厭也。"按:"厭"當爲"猒",猒者,足也。

(意)

【義例】【詁訓】(《說文》:"慊,疑也。")《大學》:"此之謂自謙。"注曰:"謙讀爲慊,慊之言猒也。"凡云"之言"者,皆就字之本音本義而轉之,猒足非慊之本義也。至若鄭本《周易》"爲其慊於陽,故偁龍焉",鄭注云:"慊讀爲羣公溓之溓。古書篆作立心與水相近,讀者失之,故作慊。溓,雜也。陰謂此上六也,陽謂今消息用事乾也。上六爲蛇,得乾氣雜似龍。"此鄭注則易"慊"爲"溓",皆不用字之本義也。

(慊)

心廣體胖

【叚借】《大學》注:"胖猶大也。"胖不訓大,云猶者,正謂胖即伴之假借也。

(伴)

恂栗

【叚借】《大學》:"瑟兮僴兮者,恂栗也。"注曰:"恂字或作峻,讀爲嚴峻之峻,言其容貌嚴栗也。"按:《大學》之"恂",即《說文》之"愕",有驚懼之意。故恂栗爲容皃嚴栗。《心部》曰:"恂,信心也",是其本義。《大學》則假"恂"爲"愕"也。《莊子》:"衆狙見之,恂然棄而走。"亦是驚意。

(恂)

湯之盤　日日新

【詁訓】《內則》:"每日進盥,五日請浴,三日具沐。其間面垢諿靧,足垢請洗。"是則古人每旦必洒手,而洒面則不必旦旦爲之也。《大學》有湯之盤即《特牲》《內則》之盥槃,故其銘曰:"日日新。"凡洒手曰澡、曰盥,洒面曰靧,濯髮曰沐,洒身曰浴,洒足曰洗。

(盥)

【詁訓】《大學》:"湯之盤銘曰:'苟日新,日日新,又日新。'"正謂刻戒於盥手之承槃,故云"日日新"也。古者晨必洒手,日日皆然,至於沐浴靧面,則不必日日皆然,據《內則》所云知之。

(槃)

絜矩之道

【異文】【古今】《大學》:"絜矩之道",注云:"矩或作巨。"此古文之遺也。

(巨)

為天下僇

【叚借】(編按:僇)《大學》借爲"戮"字,《荀卿書》同。

(僇)

彥聖

【異文】【叚借】《大學》"彥"或作"盤",古文假借字。
(彥)

昏義第四十四

合卺①

【叚借】(編按:卺)《禮記》借爲合䐿字。䐿見《豆部》。
(卺)

鄉飲酒義第四十五

僎

【經學】【異文】《鄉飲酒禮》:"遵者降席。"注曰:"今文遵爲僎,或爲全。"《禮記》從今文《禮》作僎。
(僎)

秋之爲言愁也

【叚借】(《說文》:"愁,慼也。"②)或借爲揫字,《鄉飲酒義》曰"秋之爲言揫也"是。
(愁)

月者三日則成魄

【詁訓】【辨誤】《鄉飲酒義》曰:"月者三日則成魄。"《正義》云:"前月大則月二日生魄,前月小則三日始生魄。"馬注《康誥》云:"魄,胐也。

---

① 今本"卺"作"巹"。
② 陳本"慼"作"憂"。

謂月三日始生兆朏，名曰魄。"《白虎通》曰："月三日成魄，八日成光。"按：已上皆謂月初生明爲霸。而《律歷志》曰："死霸，朔也。生霸，望也。"孟康曰："月二日以往明生魄死，故言死魄。魄，月質也。"三統說是，則前說非矣。

（霸）

射義第四十六

賁軍之將

【叚借】《射義》假"賁"爲"僨"。

（僨）

葢廑有存者

【詁訓】《射義》："葢廑有存者"，言存者甚少，"廑"即"僅"字。《广部》"廑"下曰："少劣之居也"，與"僅"義略同。

（僅）

聘義第四十八

君子貴玉而賤䃉

【異文】【異體】【譌字】凡民聲字在十二部，凡昏聲字在十三部，昏不以民爲聲也。《聘義》注曰："䃉或作玟。"凡文聲、昏聲同部，瑉、䃉字皆玟之或體，不與珉同字，其譌亂久矣。

（珉）

【異文】【異體】《聘義》"君子貴玉而賤䃉"，注："䃉，石似玉，或作玟。"《玉藻》："士佩瓀玟"，玟又作砇。按：《史記》：《子虛賦》"琳瑉琨珸"。砇、瑉、瑉皆玟之或體①，與珉各部。

（玟）

---

① 許校云："下'瑉'字是'䃉'之誤。"

廉而不劌

【異文】【詁訓】《聘義》："廉而不劌，義也。"注云："劌，傷也。"按：《玉部》作"廉而不忮"。毛公曰："忮，害也。"是其義同也。

（劌）

喪服四制第四十九

訾

【校勘】凡言訾毁當用訾。《喪服四制》："訾者，莫不知禮之所生也。"鄭云："口毁曰訾。"玄應引如此。今《禮記》作"訾"。

（訾）

全經

粢盛

【經學】《禮記》多用"粢盛"，故許從之，與鄭同也。

（䆃）

鈇鉞

【詁訓】【辨誤】【校勘】【源流】《禮記》屢言"鈇鉞"，《秋官·掌戮》注曰："斬以鈇鉞，若今要斬。殺以刀刃，若今棄市。"古多訓鈇爲椹質。《文選·册魏公九錫文》引《倉頡篇》："鈇，椹質也。鉞，斧也。"《公羊傳》曰："不忍加之鈇鑕"，鑕即質。何休云："斬胥之荆。"范雎曰："匃當椹質，要待斧鉞。"《漢·王訢傳》暴勝之將斬訢，訢已伏質而仰言，因壯而貰之。然則斬人皆胸伏椹質。說《倉頡》者謂椹質爲鈇，以古詩斬劉之質謂之槀砧，隱語夫字言之。說《倉頡》者是也。……若《五經文字》云："鈇音斧，又與斧同"，則甚繆誤。《後漢·獻帝紀》："加鈇鉞虎賁"，注引《倉頡篇》："鈇，斧也。"此奪去"椹質也鉞"四字，爲俗誤所本。

（鈇）

大戴禮記

主言第三十九

不窕

【詁訓】【校勘】窕與窘爲反對之辭。《釋言》曰："窕，肆也。"《大戴禮·王言》："七者布諸天下而不窕，内諸尋常之室而不塞。"《淮南·俶真訓》："處小隘而不塞，横扃正地之閒而不窕。"《要略訓》："置之尋常而不塞，布之天下而不窕。"《氾論訓》："舒之天下而不窕，内之尋常而不塞。"《齊俗訓》："大則塞而不入，小則窕而不周。"《兵略訓》："入小而不偪，處大而不窕。"《墨子·尚賢中》："此道也，大用之天下則不窕，小用之則不困。"《尚同下》："大用之治天下不窕，小用之治一國一家而不橫。"《荀卿子》曰："充盈大宇而不窕，入郤穴而不偪。"《管子·宙合》曰："夫成軸之多也，其處大也不窕，其入小也不塞。"《司馬法》曰："凡戰之道，位欲嚴，政欲栗，力欲窕，氣欲閑。"又曰："擊其勞倦，避其閑窕。"凡此皆可證窕之訓寬肆。凡言"在小不塞，在大不窕"者，謂置之小處而小處不見充塞無餘地，置之大處而大處不見空曠多餘地。高誘曰："不窕，在大能大也。"今本《管子》《墨子》"窕"誤作"究"，非是。《毛詩傳》曰："窈窕，幽閒也。""幽"訓"窈"，"閒"訓"窕"。《方言》"美狀爲窕"，言外之寬綽也；"美心爲窈"，言中之幽靜也。《左傳》泠州鳩論樂曰："小者不窕，大者不摦，則和於物。"此可以諸子釋之。小者不窕，謂雖小而處大不使多空廓之處也。大者不摦，謂雖大而處小不使偪塞莫能容也。《莊周書》云："瓠落無所容。"以注

"梳"字甚合。
（寏）

夏小正第四十七

遰鴻鴈①

【詁訓】《夏小正》："九月遰鴻鴈"，遰，往也。
（遰）

雉震呴

【校勘】【詁訓】【叚借】【經學】《夏小正》：正月"雷震雉雊。雊也者，鳴鼓其翼也。正月必雷，雷不必聞，唯雉必聞之。何以謂之雷震？則雉雊相識以雷"。《小正》古本依《太平御覽》《藝文類聚》訂當如是。《初學記》所引乃徐堅妄改也。言雷於鴈雉魚之間，故知雷雉一事也。釋雊為"鳴鼓其翼"者，讀雊為敂。敂，擊也，動也。雞鳴必鼓其翼，知雉鳴亦必鼓其翼也。許云"句其頸"，與《大戴》異。鼓其翼、句其頸，皆狀其鳴也。《洪範五行傳》曰："正月雷微動而雉雊，雷通氣也。"《易通卦驗》："雉雊雞乳在立春節。"立春在十二月。《月令》：季冬"雉雊"。皆謂雷鳴地中時也。
（雊）

囿有見韭

【詁訓】《夏小正》正月"囿有韭"②與四月"囿有見杏"皆謂自生者也。
（韱）

---

① 今本"鴈"作"雁"。
② 許校云："'有'下脫'見'字。"

緹縞

【詁訓】【句讀】【聯綿】【異體】【校勘】（《說文》："莎，鎬侯也。"）《夏小正》：正月"緹縞。縞也者，莎隨也。緹也者，其實也。先言緹而後言縞者何也？緹先見者也。"《釋艸》："薃侯，莎，其實媞。"按：縞、薃、鎬同字，許讀《爾雅》"鎬侯"爲句。鎬侯雙聲，莎隨疊韵，皆絫呼也。單呼則曰縞，曰莎。其根即今香附子。……（編按：莎）籀文作茻。《漢書·地理志》"芯題"，省水從心，心與少同也。俗誤作"芯"。

（莎）

相粥之時也

【異文】【古今】【詁訓】《夏小正》：正月"雞桴粥。粥也者，相粥之時也。"案："相粥之時也"，一本作"相粥粥呼也"。粥、鬻古今字。雞聲鬻鬻，故人效其聲評之。《風俗通》曰："呼雞朱朱，俗說雞本朱公化而爲之，今呼雞曰朱朱也。謹按：《說文解字》'鬻'從二口，二口爲讙，州其聲也。讀若祝。祝者，誘致禽畜和順之意。鬻與朱音相似耳。"今按：應仲遠似當引《小正》爲原本。

（鬻）

剝

【詁訓】【叚借】《夏小正》二月"剝鱓，以爲鼓也"；八月，"剝瓜，畜瓜之時也"，"剝棗，剝也者，取也。栗零，零也者，降也。零而後取之，故不言剝也。"按：剝鱓者，謂殘其皮；剝瓜棗者，謂殘其實，其用一也。《皮部》曰："剝取獸革。"與"剝鱓"合。孔子《易傳》曰："致飾，然後通則盡矣，故受之以《剝》。剝者，剝也。物不可以終盡，剝窮上反下，故受之以《復》也。"按：此是剝訓盡，裂則將盡矣。《豳風》假"剝"爲"攴"："八月剝棗。"毛曰："剝，擊也。"《音義》云："普卜反。"故知剝同攴也。《小正》傳云"取"，《毛傳》云"擊"，此後人訓詁必密於前人也。

（剝）

䍩䍩然

【聯綿】【志疑】䍩䍩疊韻字，猶委積也。《夏小正》：三月"䍩羊"，傳曰："羊有相還之時，其類䍩䍩然。"其䍩䍩之謂與？

（䍩）

王萯

【詁訓】《夏小正》：四月"王萯秀"。《月令》：四月"王瓜生"，注云："今《月令》云：'王萯秀。'"《豳風》："四月秀葽"，《箋》疑葽即王萯。《管子·地員》有萯，有大萯、細萯。

（萯）

鴂　百鷯

【詁訓】【叚借】《夏小正》作"百鷯"，《月令》注作"博勞"，《詩箋》作"伯勞"，古音同也。鴂，《夏小正》《孟子》作"鳩"，乃雙聲假借字。《小正》《月令》皆云五月鳴，惟《豳風》曰："七月鳴鴂"，《左傳》曰："伯趙氏，司至者也。"

（鴂）

【叚借】《小正》《孟子》借鳩爲鴂。

（鳩）

鷹始摯

【叚借】【校勘】【異體】【音義】《夏小正》：六月"鷹始摯。"《月令》："鷹隼蚤鷙。"古字多假摯爲鷙。《儒行》："鷙蟲攫搏"，注曰："鷙從鳥，摯省聲。"此注《正義》本誤，郭忠恕所據不誤。《六月》毛傳云："輊，摯也。"《士喪禮》注云："輖，摯也。"《考工記》注云："摯，輖也。"然則蟄即摯字，摯之或體也。鄭注少言字體，此言之者，蓋鷙上從執，俗認爲執聲，則當在侵韵，而非音理，故云"摯省聲"以正之。摯之在質術韵而不在侵緝，易明也。……《小正》傳曰："諱殺，故言摯。"然則摯者，執也。脂利切，古音在十二部。一作鳶，從折聲，則在十五部。

（鷙）

秀然後爲萑葦

【詁訓】秀與采義相成。"采"下曰："禾成秀也。"采自其苹言之，秀自其挺言之，而非實不謂之秀，非秀不謂之采。《夏小正》："秀然後爲萑葦。"《周禮注》："荼，茅秀也。"皆謂其采而實。

（秀）

卵蒜

【詁訓】【注音】【歷史】《大戴禮·夏小正》：十二月"納卵蒜。卵蒜者何？本如卵者也。納者何？納之君也"。案：經之卵蒜，今之小蒜也。凡物之小者偁卵。《禮》之"卵醬"，即鯤醬。《詩》之"總角丱兮"，謂幼稚也。"丱"者，《說文》卵字也。陶貞白云："小蒜名薍子。"薍，音亂。即《小正》"卵"字。其大蒜乃張騫始得自西域者。《本艸》大蒜名葫，小蒜名蒜。蓋始以大蒜別於蒜，後復以小蒜別於大蒜。古祇有蒜而已。

（蒜）

保傅第四十八

古者年八歲而出就外舍

【歷史】【經學】（《說文》："《周禮》八歲入小學。"）《大戴禮·保傅篇》曰："古者年八歲而出就外舍，學小藝焉，履小節焉。束髮而就大學，學大藝焉，履大節焉。"盧景宣注曰："外舍，小學，謂虎門師保之學也。大學，王宮之東者。束髮，謂成童。《白虎通》曰'八歲入小學，十五入大學'

是也，此大子之禮。《尚書大傳》曰：'公卿之大子、大夫元士嫡子，年十三始入小學，見小節而踐小義。年二十而入大學，見大節而踐大義'，此世子入學之期也。又曰：'十五始入小學，十八入大學'，謂諸子性晚成者，至十五入小學，其早成者，十八入大學。《內則》曰'十年出就外傅，居宿於外學書計'者，謂公卿以下教子於家也。"玉裁按：《食貨志》曰："八歲入小學，學六甲五方書計之事。"《白虎通》曰："八歲毀齒，始有識知，入學學書計。"許亦曰："《周禮》八歲入小學。"皆是泛言教法，非專指王大子。《內則》："六年教之數與方名"，已識字，已知算矣。至十歲乃就外傅，講求六書之理、九數之法，故曰："十年學書計。"與他家云"八歲入小學"異者，所傳不同也。《周禮》無"八歲入小學"之文，因《保氏》併系之《周禮》。

（周禮八歲入小學）

曾子立事第四十九

孱守

【詁訓】【叚借】（《說文》："孨，謹也。"）《大戴禮》曰："博學而孱守之"，正謂謹也。引申之義爲弱小，《史記》："吾王孱王也。"韋昭曰："仁謹兒"，與許合。孟康曰："冀州人謂懦弱爲孱"，此引申之義。其字則多叚"孱"爲"孨"。

（孨）

衛將軍文子第六十

未嘗見齒

【辨誤】《大戴》："高柴執親之喪，未嘗見齒。"盧注曰："哂則齒見，笑則矧見。"按：《論語》："夫子哂之。"馬曰："哂，笑也。"葢哂即矧，盧語未覈。

（矧）

帝繫第六十三

云鄙人

【詁訓】《大戴禮》"云鄙人","云"即"妘"字。

（妘）

勸學第六十四

蟹二螯八足

【詁訓】【校勘】敖，出游也，故其大腳曰敖，今本《大戴禮》作"螯"，非。

（蠏）

蚖鱓之穴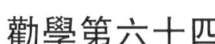

【古今】【音義】【異文】【校勘】【叚借】（《說文》："非它鮮之穴無所庇"[1]）鮮者，今之鱓字。鱓者，魚名，見《魚部》，魚之似蛇者也。常演切。又作鼉，今《大戴禮》作"鼉"，或誤"鼉"。《荀子》作"蟺"。許書古本多作鮮，蓋漢人多叚貉國鮮魚之字爲之，本無正字也。玄應曰："鱓又作鱔、鮮二形，同。"《勸學篇》曰："蟹二螯八足，非蚖鱓之穴而無所寄者，用心躁也。"

（蠏）

明堂第六十七

明堂月令

【目錄】《大戴禮·盛德篇》云："《明堂月令》。"盧辨曰："於明堂之中施

---

[1] 陳本"它"作"蛇"。

十二月之令也。"按：《漢志》說《禮》云："《明堂陰陽》三十三篇，古明堂之遺事。"《月令》蓋三十三篇之一。許偁《月令》皆云《明堂月令》。

（齓）

本命第八十

毀齒

【音義】《本命》曰："陰以陽化，陽以陰變。故男以八月生齒，八歲而毀。女七月生齒，七歲而毀。"毀與化義同音近。《玄應書》卷五："齓，舊音差貴切"，卷十一："舊音羌貴切"，然則古讀如未韵之聚。

（齓）

易本命第八十一

八主風風主蟲故蟲八月化也

【詁訓】《大戴禮》《淮南書》皆曰："二九十八，八主風，風主蟲，故蟲八日化也。"謂風之大數盡於八，故蟲八日而化。故風之字从虫。

（風）

戴角者無上齒無角者膏而無前齒有羽者脂而無後齒

【詁訓】【校勘】《大戴‧易本命》曰："戴角者無上齒"，謂牛無上齒，觸而不噬也。"無角者膏而無前齒"，謂豕屬也。無前齒者，齒盛於後不用前。"有羽者脂而無後齒"，"羽"當爲"角"，謂羊屬也，齒盛於前不任後。

（脂）

左 傳[①]

隱公

元年

有文在其手

【詁訓】（《說文》："掌，手中也。"）手有面有背，背在外則面在中，故曰手中。《左傳》云"有文在手"者，在掌也。《釋名》云："水泆出所爲澤曰掌。水渟處如手掌中也。"

（掌）

魯夫人

【詁訓】《左傳》："仲子生，有文在其手，曰：爲魯夫人。"手文必非若小篆爲、魯，蓋作𦥑𠮷，容或相似也。

（爲）

盟于蔑

【異文】（編按：蔑）通作昧，如《左傳》"公及邾儀父盟于蔑"，晉"先

[①] 段氏論《春秋經》者附於此，以經某年標示之。段氏專論《公》《穀》所據經文者則見各傳之下。

蔑",《公》《穀》皆作"眛"是也。

（蔑）

不義不暱

【校勘】【音義】（《說文》："《春秋傳》曰：'不義不䵑。'"）今《左傳》作"暱"。昵，或暱字，日近也。《攷工記·弓人》："凡昵之類不能方。"故書"昵"或作"樴"。杜子春云："樴讀爲'不義昵'之'昵'。或爲'䵑'。䵑，黏也。"按：許所據《左傳》作"䵑"爲長。"䵑"與"暱"音義皆相近。

（䵑）

闕地及泉

【辨誤】【詁訓】凡字書、韵書謂"掘亦作闕"者，似是而非也。《左傳》："闕地及泉"，"闕地下冰而牀焉"；《國語》："闕爲深溝，通於商魯之閒"，韋云："闕，穿也。"凡云闕者，皆謂空之，與掘義別。

（掘）

二年

紀裂繻

【叚借】【經學】【異文】《左傳》"紀裂繻"，大夫以裂繻爲名，此繻乃翰之叚借。《巾部》曰："翰，繒尚裂也"是也。《終軍傳》："關吏與軍繻"，蘇林曰："繻，帛邊也。舊關出入皆以傳，傳因裂繻頭，合以爲符信也。"即《左氏》"裂繻"字，正當作"翰"。是以二《傳》作"繻"。

（繻）

三年

潢汙

【叚借】服虔注《左傳》云："水不流謂之汙。"按：汙即洿之假借字。《孟子·梁惠王》作"洿",《滕文公》作"汙"。

(洿)

州吁

【經學】【異文】《左傳》"州吁",《穀梁》作"祝吁"。

(弞)

石碏

【校勘】《左傳》"石碏",漢石經《公羊》作"石踖"。从石,誤字也。

(踖)

憾而能眕

【經學】【詁訓】(《說文》："眕,目有所恨而止也。")《左傳》曰："夫寵而不驕,驕而能降,降而不憾,憾而能眕者,鮮矣。"許語葢古《左傳》說。《釋言》："眕,重也。"重亦止意。

(眕)

四年

治絲而棼之

【叚借】《左傳》："治絲而棼之",假借爲紛亂字。

(棼)

六年

芟夷蘊崇

【叚借】【正俗】（《說文》："《春秋傳》曰：'薀利生孽。'"）《左傳》："芟夷薀崇"，杜注："薀，積也。"又："蘋蘩薀藻之菜"，注："薀藻，聚藻也。"《小雅·都人士》《禮記·禮運》借菀、苑字爲之。……俗作"蘊"。

（薀）

【異文】【注音】【校勘】（《說文》："《春秋傳》曰：'癹夷薀崇之。'"）今"癹"作"芟"，音衫。又班固《荅賓戲》："夷險發荒"，晉灼曰："發，開也。今諸本多作芟。"按："發"亦"癹"之誤。

（癹）

七年

歃如忘

【異文】【詁訓】【經學】（《說文》："《春秋傳》曰：'歃而忘。'"）隱七年《左傳》："歃如忘。"服虔曰："如，而也。臨歃而忘其盟載之辭，言不精也。"許作"而"者，古如而通用。許所據與服異。

（歃）

八年

因生以賜姓

【歷史】"無駭卒，羽父請謚與族。公問族於衆仲，對曰：'天子建德，因生以賜姓，胙之土而命之氏。'"杜曰："因其所由生以賜姓也。"按：人各有所由生之姓，其後氏別既久而姓幾湮。有德者出，則天子立之，令姓其正姓，若大宗然。如《周語》帝胙四岳國：賜姓曰姜，氏曰有呂；陳胡公不淫，故周賜之姓（段云："謂嬀姓。"），命氏曰陳；颺叔安裔子董父事帝舜，帝賜之姓曰董，氏曰豢龍。葢此三者，本皆姜、嬀、董之子孫，故予之以其姓。又或特賜之姓，前無所承者，如《史記》《白虎通》：禹祖昌意，以薏苡生，賜姓姒氏；殷契以玄鳥子生，賜姓子氏。斯皆因生以賜姓也。

（姓）

經十年

伐戴

【異文】【音義】【源流】【地理】【古今】【辨誤】《春秋經·隱十年》："宋人、蔡人、衛人伐載。"三經皆作載，惟《穀梁音義》曰："載本或作戴"，而《前志》作"戴"，古載、戴同音通用耳。許作郵，《左氏音義》引《字林》亦作郵，呂本許，許所據從邑也。《前志》云：梁國甾"故戴國"。《後志》云：陳留郡"考城，故甾"。注引《陳留志》云："古戴國"。今河南衛輝府考城縣縣東南五里有考城故城，漢之甾縣，古之郵國也。甾與郵古音同。郵古字，甾漢字。許云"在陳留"者，章帝改名考城屬陳留也。《水經注·汳水篇》曰："《陳留風俗傳》曰：'秦之穀縣，後遭漢兵起，邑多災年，故改曰甾縣。王莽更名嘉穀。章帝東巡，詔曰："甾縣名不善，其改曰考城。"'"按：莽、章帝不達同音譌字之源委，故不能正爲郵字，而《風俗傳》云："秦之穀縣"，則更無稽之言耳。

（郵）

十一年

子都自下射之顛

【叚借】（編按：蹎）經傳多叚借"顛"字爲之，如《左傳》"子都自下射之顛"是也。

（蹎）

原　注：在泌水縣西　釋文：音狗沁之沁

【校勘】《經典釋文》引郭樸《三蒼解詁》曰："音狗呬之呬。""呬"今譌作"沁"。

（沁）

絺

【叚借】《左傳·隱十一年》："王與鄭人蘇忿生之田：溫、原、絺、樊、隰郕、欑茅、向、盟、州、陘、隤、懷。"杜曰："絺在野王縣西南。"按：郗者本字，絺者古文假借字也。

（郗）

鄭息有違言

【校勘】【義例】【源流】【歷史】（《說文》："鄎，姬姓之國，在淮北。"）《左傳·隱十一年》："鄭息有違言。"杜曰："鄎國，汝南新息縣。"按：此經作"息"，注作"鄎國"也。《釋文》云："鄎音息，一本作息。"此爲注作音也。自墨書朱字不分，而學者惑矣。《左傳》用古文假借字，杜解用《說文》本字，不與經同，此鄭氏注經之例也。《左正義》引《世本》曰："息國，姬姓。"許云："姬姓之國"，本《世本》也。息侯伐鄭，君子謂其不親親，以其同姓也。

（鄎）

桓公

二年

怨耦曰仇

【詁訓】【叚借】【異文】（《說文》："又曰：'怨匹曰逑。'"）桓二年《左傳》曰："嘉耦曰妃，怨耦曰仇，古之命也。"謂古者命名之法如是。逑、仇古多通用。《關雎》："君子好逑"，亦作仇。《兔罝》云："好仇"，《毛傳》："逑，匹也。"《釋詁》："仇，匹也"，孫炎曰："相求之匹"，則孫本《釋詁》亦作"逑"可知。逑爲怨匹，而《詩》多以爲美偁者，取匹不取怨也。渾言則不別，《爾雅》"仇、妃，匹也"是也。析言則別，《左氏》"嘉耦""怨耦"異名是也。許所據《左氏》《爾雅》作"逑"。《大玄》《方言》之"執"，即"逑"字。

（逑）

【詁訓】《左傳》曰："嘉偶曰妃，怨偶曰仇。"按："仇"與"逑"古通用，《辵部》"怨匹曰逑"，即"怨偶曰仇"也。仇爲怨匹，亦爲嘉偶，如"亂"之爲治，"苦"之爲快也。《周南》"君子好逑"與"公侯好仇"義同。

（仇）

五年

旝動而鼓

【經學】【辨誤】（《說文》："旝，旌旗也。从㫃，會聲。《詩》曰：'其旝如林。'《春秋傳》曰：'旝動而鼓。'一曰：建大木，置石其上，發曰機，曰槌敵。"①）馬融《廣成頌》曰："旝旛摻其如林。"季長所偁同許。而旝爲旛之類，則說亦同許也。飛石起於《范蠡兵法》。《左傳》云："親受矢石。"恐尚非飛石。……杜曰："旝，旛也。"與馬、許合。蓋《左傳》舊說多如此，惟賈侍中獨爲異說也。……桓五年《左傳疏》云："賈侍中以旝爲發石，一曰飛石。"引《范蠡兵法》作飛石之事。然則許之別義正用賈說也。《魏志》："大祖乃爲發石車，號曰霹靂車。"裴注引《魏氏春秋》曰："以古有矢石。又傳言旝動而鼓，說曰發石也，於是爲發石車。"《魏氏春秋》所云"說曰"者，即謂賈侍中。

（旝）

經六年

寔來

【叚借】【辨誤】古多有以實爲寔者。《韓詩》："實命不猶"，即寔命不猶也。《大雅·韓奕》："實墉實壑"，即寔墉寔壑也。《周語》："咨於故實"，即故寔。故韋云："故事之是者"也。實、寔音義皆殊，由趙、魏之閒實、寔同聲，故相叚借耳。若杜預注《春秋》"寔來"曰："寔，實也。"則非是也。

（寔）

傳六年

不疾瘯蠡

【詁訓】【辨誤】《左傳》："不疾蔟蠡"，杜云："無疥癬。"《釋文》："蠡，《說文》作'瘰'，云：'瘯瘰，皮肥也。'"按：今《說文》無瘯、

---

① 陳本作"旝，建大木，置石其上，發以機，以追敵也。从放，會聲。《春秋傳》曰：'旝動而鼓。'《詩》曰：'其旝如林。'"

瘝二字。《本艸經》有瘵癳字，瘵癳，皮病，非皮肥也。陸氏書《說文》二字、"肥"字葢有誤。

（瘺）

【正俗】【詁訓】【校勘】《左傳》曰："牲不疾瘯蠡。"瘯者，族之俗。蠡與豕同部，杜注以"皮毛無疥癬"釋之。按：季良以"民力溥存"釋"博"，以"碩大蕃滋"釋"碩"，以"不疾瘯蠡"釋"肥"，以"備腯咸有"釋"腯"。《釋文》云："《說文》蠡作瘝，云：'瘯瘝，皮肥也。'"此《說文》二字有譌，當是別本作"瘝"。注云"不疾瘯瘝，皮肥也"，奪"不疾"二字。

（痤）

嘉栗旨酒

【叚借】《左傳》："嘉栗旨酒"，"栗"讀爲"烈"。

（䉶）

九年

凡雨自三日以往爲霖

【經學】【校勘】【詁訓】【辨誤】（《說文》："凡雨三日已往爲霖。"①）《左傳·隱九年》："春王三月癸酉，大雨霖以震，書始也。庚辰，大雨雪，亦如之。書時失也。凡雨自三日以往爲霖，平地尺爲大雪。"按：許直用《傳》文爲說也，"已"當作"以"。"自三日以往"，謂雨三日又不止，不定其日數也。雨三日止，不得謂霖矣。韋注《國語》亦曰："雨三日以上爲霖。"若宋人注《尚書》云："三日雨爲霖"，失古義矣。《釋天》："久雨謂之淫。淫謂之霖。"

（霖）

---

① 陳本無"凡""爲霖"。

十年

齊人餼諸侯

【異文】【經學】（《說文》："《春秋傳》曰：'齊人來氣諸侯。'"）事見《左傳》桓十六年、十年。十年《傳》曰："齊人餼諸侯。"許所據作"氣"。左丘明述《春秋傳》以古文，於此可見。

（氣）

經十五年

公會宋公衛侯陳侯于袲

【經學】【異文】【校勘】【異體】（《說文》："《春秋傳》曰：'公會齊侯于侈。'"）《左氏》經作"公會宋公、衛侯、陳侯于袲"。《公羊》經作："公會齊侯、宋公、衛侯、陳侯于侈。"《穀梁》經與《左》同。許偶《左》也，《左》無"齊侯"，許言"齊侯"者，容今《左傳》有奪。"袲"與"侈"同。

（侈）

經十八年

公會齊侯於濼

【地理】【音義】【源流】【古今】《春秋·桓十八年》："公會齊侯於濼。"三經三傳皆同。杜曰："濼水在濟南歷城縣西北入濟。"《水經注·濟水篇》曰："濟水，又逕盧縣故城北，又逕什城北，又東北右會玉水，又東北濼水入焉，水出歷城縣故城西南。《春秋·桓公十八年》'公會齊侯於濼'是也。俗謂之娥英水。合大明湖、歷水，北流注於濟。"《齊乘》曰："小清河之在歷城者，即古濼水。"按：今山東濟南府歷城縣小清河源出縣西，東經章邱、鄒平、長山、新城，入青州府高苑縣，至博興縣合時水入海。而章邱以下淤塞，濼水東北入大清河。……《經典釋文》引《說文》匹沃反，此蓋《音隱》文也。玄應曰："凡陂池，山東名爲濼，匹博切。鄴東有鸕鷀濼是也。幽州呼爲淀，音殿。"按：濼、泊古今字，如梁山泊是也。

（濼）

莊公

經元年

夫人孫于齊

【校勘】【詁訓】【同源】子卑於父，孫更卑焉，故引申之義爲孫順，爲孫遁。字本皆作"孫"，經傳中作"遜"者，皆非古也。《至部》"臻"下解曰："从至。至而復孫。孫，遁也。"字作"孫"不作"遜"，此許書無"遜"之證。《春秋經》："夫人孫于齊"，"公孫于齊"，《公羊傳》曰："孫猶孫也，內諱奔謂之孫"，《穀梁傳》曰："孫之爲言猶孫也，諱奔也。"云"猶孫"者，謂如孫之退然自處於眇小。《詩》："公孫碩膚"，《箋》云："孫讀當如公孫于齊之孫，孫之言孫遁也。周公孫遁，辟此成功之大美。"《書序》："帝堯將孫于位"，亦謂遜遁。此等字今皆俗改爲"遜"，絕非古字古義。惟孫順字《唐書》作"愻"，見《心部》，而俗亦以遜爲之。

（孫）

齊師遷紀郱鄑郚

【詁訓】【音義】《左傳·莊元年》："齊師遷紀郱、鄑、郚。"杜曰："三邑也。北海都昌縣有訾城。"杜意訾即鄑也。……（編按：鄑）即移切。按：晉聲在古音十二部，今鄑在五支者，蓋由杜以訾城當之，而同其讀耳。《集韵》《類篇》皆有即刃切。

（郚）

【地理】《春秋經·莊元年》："齊師遷紀郱、鄑、郚。"杜云："郚在東莞朱虛縣東南。"按：前漢郚鄉縣，後漢并入琅邪之朱虛。永初元年，朱虛又屬北海國，晉屬東莞郡。故杜預、劉昭皆云朱虛有郚城。朱虛，今山東青州府臨朐縣縣東六十里故朱虛城是也。故郚城，在今青州府安丘縣縣西南六十里。

（郱）

【地理】【詁訓】《前志》齊郡"臨朐"，應劭云："有伯氏駢邑。"《後志》：齊國"臨朐"，有"古郱邑"。按：《春秋·莊元年》："齊師遷紀郱、鄑、郚。"杜云："郱在東莞臨朐縣東南，齊取其地。"然則伯氏駢邑即此地。駢即郱字，今山東青州府臨朐縣東南有郱城是也。

（郱）

經二年

禚

【異文】《春秋經》有"禚"字，齊地名。今《釋文》《五經文字》皆作"禚"，从示。惟《玉篇·禾部》"禚"下曰："又齊地名。"而《示部》"禚"字在部末，孫強等所沾。然則希馮所據《春秋》字从禾。

（禚）

經三年

紀季以酅入于齊

【地理】【詁訓】《春秋經·莊三年》："紀季以酅入于齊。"《前志》甾川國"東安平"，孟康注曰："春秋之酅，今酅亭是也。"《後志》東安平屬北海國，"有酅亭"。按：《前志》云：甾川國"後并北海"。疑許當云北海之邑。鄑亭在今山東青州府臨淄縣縣東。《齊語》曰："正封疆地東至于紀鄑。"紀鄑猶言紀郜，謂故紀國之鄑也。

（鄑）

四年

樠木

【音義】【辨誤】《左傳》："樠木"，《音義》云："郎蕩反。又莫昆、武元二反。"《馬援傳》章懷注曰："《水經注》武陵五溪，謂：雄溪、樠溪、酉溪、潕溪、辰溪。蠻土俗雄作熊，樠作朗，潕作武。"是皆認樠爲樠，未別其字，而強說其音也。

（樠）

經六年

齊人來歸衛俘

【經學】【異文】【叚借】【詁訓】【辨誤】《春秋左氏經》："齊人來歸衛俘。"《傳》作"衛寶"，《公羊》《穀梁》經傳皆作"衛寶"，杜曰："疑《左氏經》誤。"按：非誤也。俘，孚聲。寶，缶聲。古音同在尤幽部。《經》用假借字，《傳》用正字。又如《經》曰："莒人弒其君密州。"《左氏傳》云："書曰莒人弒其君買朱鉏。""買"即"密"，如澫水即汨水。"朱鉏"即"州"，如邾婁即鄒。亦是字異實同，不得疑《經》誤，亦不得謂《傳》誤。

（俘）

八年

皋陶邁種德

【詁訓】《左傳》引《夏書》："皋陶邁種德。"邁，勉也。
（勱）

十年

皋比

【叚借】或叚皋爲櫜，如伏注《左傳》"皋比"即《樂記》之"建櫜"。
（皋）

十一年

得儁曰克

【詁訓】【經學】【正俗】（《說文》："克，肩也。"）《釋言》曰："克，能也。"其引伸之義。《左傳》曰：凡師"得儁曰克"，於鄭伯克段於鄢曰："如二君，故曰克"，即"得儁"之說也。《穀梁》曰：克者何？能也。何能也？能殺也。"此《釋言》之說也。《公羊》曰："克之者何？殺之也。"此以相勝爲義。《大雅》毛傳云："掊克，自伐而好勝人也。"俗作剋。
（克）

十二年

批而殺之

【校勘】【正俗】《左傳》曰："宋萬遇仇牧于門，搚而殺之。"《玉篇》

所引如是。今《左傳》作"批"，俗字也。

（挩）

十七年

殲

【經學】【異文】【叚借】（《說文》："《春秋傳》曰：'齊人殲于遂。'"）《春秋經·莊十七年》文。《左》《穀》作"殲"，《公》作"瀸"，字之同音假借也。《穀》曰："殲，盡也。"《公》曰："瀸，漬也。"何云："瀸之爲死，積死非一之辭，故曰漬。"《釋詁》："殲，盡也。"

（殲）

十八年

涌

【地理】《左傳·莊十八年》："閻敖遊涌而逸，楚子殺之。"杜曰："涌水在南郡華容縣。"華容，今湖北荆州府監利縣地。涌水在今江陵縣東南，自監利縣流入夏水支流也。《水經》曰："江水，又東南當華容縣南，涌水入焉。"酈云："水自夏水南通於江，謂之涌口。"

（涌）

經二十九年

秋有蜚

【經學】【詁訓】【校勘】（《說文》："蠹，臭蟲，負蠜也。"）按："臭蟲"下有奪字，當云："臭蟲也，一曰負蠜也"，畫然二說，如《虫部》"蟓"下之竝載三說也。《春秋·莊二十九年》："秋，有蜚。"《左氏傳》曰："爲災也"；《公羊傳》曰："紀異也"；《穀梁傳》曰："一有一亡曰有。"《漢·五行志》："劉歆以爲負蠜也。性不食穀，食穀爲災。"按：子駿葢演《左氏》説也。"劉向以爲螽色青，近青眚，非中國所有。南越盛暑，男女同川澤，淫風所生，爲蟲臭惡。是時嚴公取齊淫女爲夫人。既入，淫於兩叔，故螽至。"按：子政葢演《穀梁》之說，而何休、范寗皆從之也。許列"臭蟲"於先，而"負蠜"次之，許意子政説長也。負蠜與蠜畫然二物。《釋蟲》曰："皇螽，蠜也"，《毛傳》同，許同，此一物也。《釋蟲》曰："草螽（段云："今《爾雅》作'蟲'，譌。"）負蠜也。"《毛傳》則云："草蟲，常羊也"，常羊即負蠜。《鄭箋》云："艸蟲鳴則阜螽躍而從之，是以謂之負蠜也。"劉子駿及許之負蠜即艸蟲也，即常羊也，《左氏》之所以釋螽也。至於臭蟲生南越而有於中國，子政之說則然。亦如"有蜮""有鸜鵒來巢"，皆本非所有，《公》《穀》之所以釋螽也。《釋蟲》曰："蜰，盧蜰。"郭云："臭蟲，負盤也。"攷《本艸經》"蜚蠊"，注家云："辛辣而臭，漢中人食之。一名盧蜰，一名負盤。"郭注亦謂此。而許《虫部》"蜰"下但言"盧蜰"，不言"螽也"，似許不以盧蜰與臭蟲爲一物。《本艸》之蜚蠊非必淫气所生，劉向所以說經者，又未必蜚蠊也。故所云"盧蜰"者，葢《本艸》之"蜚蠊"。此云"臭蟲"者，未必爲《本艸》之"蜚蠊"也。盤、蠜二字尤不當牽混。

（蠱）

三十一年

齊矦來獻戎捷

【校勘】（《說文》："《春秋傳》曰：'齊人來獻戎捷。'"）莊三十一年《左氏》《公》《穀》皆作"齊矦"。按：作"人"近是，不必親來。（捷）

三十二年

悶而以夫人言

【句讀】【詁訓】"悶"爲句，謂孟任不從也。"而以夫人言"，謂莊公以立爲夫人爲辭也。

（悶）

閔公

元年

宴安酖毒

【辨誤】【詁訓】《左傳》曰："宴安酖毒，不可懷也。"從來謂即鴆字，竊謂非也。所樂非其正即毒也，謂之"酖毒"。

（酖）

巍大名也

【詁訓】【校勘】（《說文》："巍，高也。"）高者必大，故《論語注》曰："巍巍，高大之稱也。"《左傳》卜偃曰："萬，盈數也；巍，大名也。"雉門外闕高巍巍然謂之象巍。按：本無二字，後人省山作"魏"，分別其義與音，不古之甚。

（巍）

經二年

禘于莊公　釋文：昭上饒反

【避諱】【辨誤】自晉避司馬昭諱，不敢正讀，一切讀上饒反。而陸氏乃以入《經典釋文》，陋矣。

(昭)

傳二年

大帛

【詁訓】《左傳》："衛文公大帛之冠"，大帛謂大絲繒。《後漢書》"大練"亦謂大絲練也。

(紃)

僖公

經元年

次于聶北

【異文】【地理】（《說文》："《春秋傳》曰：'次于郖北。'"）僖元年《左傳》文①。今《左》作"聶"。聶北，邢地，杜氏說。

(郖)

獲莒挐②

【詁訓】【辨誤】【音義】（《說文》："挐，牽引也。"③）挐字見於經者，僖元年"獲莒挐"，三《傳》之經所同也。其義則宋玉《九辯》曰："枝煩挐而交橫"，王注："柯條糾錯而崩嶷"；《招蒐》："到梁稻麥，挐黃粱些"，王注："挐，糅也"；王逸《九思》："殽亂兮紛挐"，注："君任佞巧，競疾忠信，交亂紛挐也"；左思《吳都賦》："攢柯挐莖"，李注曰：

---

① 今本屬經文。
② 今本"挐"作"挐"。
③ 陳本"挐"作"挐"。

"許慎注《淮南子》云：'挐，亂也'"；凡若此等皆於牽引義爲近。而《漢·霍去病傳》："昏，漢匈奴相紛挐"，此與《九思》"紛挐"同，謂漢與虜相亂也。而師古注乃云："紛挐，亂相持搏也"，以亂釋紛，以相持搏釋挐，大非語意。竊意其時《說文》已同今本，故顏從而傅會耳。蓋其字本如聲讀女居切，其義爲牽引。《廣韵·九魚》"挐"注"牽引"，未嘗作"拏"。《說文》"拏"訓持，即今所用攫拏字也，其字奴聲，讀女加切。《廣韵·麻韵》拏、挐兩收，淆亂其義。《玉篇》有挐無拏，訓爲持也，乃同今本《說文》，孫強輩所改耳。

（挐）

二年

宮之奇之爲人也懦

【譌字】【校勘】此（編按：指偄）與懦、儒二字義略同而音形異。懦、儒皆需聲。偄，耎聲也。二聲轉寫多淆，所當釐正矣。偄从人，亦或从心。《左傳》《穀梁傳》皆曰："宮之奇之爲人也偄。"注皆云："弱也。"《左傳音義》曰："偄本又作奧，乃亂反，又乃貨反，弱也。《字林》愞音乃亂反，懦音讓夫反，云：'弱也。'"按：《左傳》此《音義》今本譌甚，考正之如此。古者耎聲本在元寒部，而入歌戈部；需聲本在侯部，而入虞部，分別劃然。

（偄）

伐鄍三門

【經學】【辨誤】（《說文》："鄍，晉邑也……《春秋傳》曰："伐鄍三門"是也。"①）《左傳·僖二年》："荀息假道於虞曰：'冀爲不道，入自顛軨，伐鄍三門。'"服虔曰："謂冀伐晉也。下文'冀之既病，亦

---

① 陳本無"是也"。

唯君故。'謂虞助晉也，將欲假道稱前恩以誘之。"按：服說是也。杜云"鄍，虞邑"，非也。許同服說。

（鄍）

四年

縮酒

【經學】【古今】【叚借】【辨誤】【辨僞】【異文】（《說文》："茜，禮。祭束茅加於祼圭，而灌鬯酒，是爲茜。象神歆之也。"①）《周禮·甸師》："祭祀共蕭茅"，鄭大夫云："蕭或爲茜，茜讀爲縮。束茅立之，祭前沃酒其上，酒滲下去，若神飲之，故謂之縮。縮，浚也。故齊桓公責楚不貢，'苞茅不入，王祭不共，無以縮酒'。"許說本鄭大夫也，惟鄭不言是祼儀耳。許云"加於祼圭"者，謂加於祼圭之勺也。……按：《周禮》《禮記·內則》二鄭所引《左傳》皆作"縮"。然則縮者，古文叚借字；茜者，小篆新造字。故毛公《伐木》傳曰："湑，茜之也。以藪曰湑。"說者謂藪艸也。而《周禮》蕭茅或作"茜"，皆漢人所用字。或疑古文酉作丣，則茜即《艸部》之莤，故古文《尚書》以莤爲縮。不知《汗簡》所載古文《尚書》皆妄人所爲，好言六書而不知其所以然者也。（《說文》："《春秋傳》曰：'爾貢包茅不入，王祭不供，無以茜酒。'"②）儞之以證縮酌用茅也。鄭大夫注《周禮》、鄭注《郊特牲》引《傳》皆作"縮酒"，《傳》固二本不同。

（茜）

召陵

【地理】【詁訓】《左傳》僖四年、昭十四年、定四年之"召陵"，漢爲縣，屬汝南。晉改屬潁川。今河南許州郾城縣縣東四十五里有故召陵

---

① 陳本"歆"作"歆"。
② 陳本"爾"作"尔"。

城。漢時召陵有萬歲里，許氏所居也。又有郋里，見於許書。闞駰說召陵曰："召，高也。"然則召同卲，《卩部》曰"卲，高也"是也。
（自彼徂召）

一薰一蕕

【詁訓】《左傳》曰："一薰一蕕"，《蜀都賦》劉注曰："葉曰蕙，根曰薰。"張揖注《上林賦》曰："蕙，薰艸也。"陳藏器曰："薰即是零陵香也。"郭注《西山經》曰："蕙，蘭屬也，非薰葉。"
（薰）

五年

馨

【詁訓】《左傳》引《周書》曰："黍稷非馨，明德惟馨。"馨者，香之遠聞者也。香者，芳也。
（皀）

輔車相依

【經學】【詁訓】【叚借】【辨誤】（《說文》："輔，《春秋傳》曰：'輔車相依。'"①）此引《春秋傳·僖公五年》文，不言輔義者，義已具於《傳》文矣。《小雅·正月》曰："其車既載，乃棄爾輔。"《傳》曰："大車既載，又棄其輔也。""無棄爾輔，員于爾輻。"《傳》曰："員，益也。"《正義》云："大車，牛車也。爲車不言作輔。此云棄輔，則輔是可解脫之物。蓋如今人縛杖於輻以防輔車也。"今按：《呂覽·權勳篇》曰："宮之奇諫虞公曰：'虞之與虢也，若車之有輔也。車依輔，輔亦依車。虞虢之勢是也。'"此即《詩》"無棄爾輔"之說也。合《詩》與《左傳》，則車之有輔，信矣。引申之義爲凡相助之偁，今

---

① 陳本未引《春秋傳》。

則借義行而本義廢，尠有知輔爲車之一物者矣。《人部》曰："俌，輔也。"以引申之義釋本義也，今則本字廢而借字行矣。《面部》曰："酺，頰車也。"面酺自有本字，《周易》作"輔"，亦字之叚借也。今亦本字廢而借字行矣。《春秋傳》"輔車相依"，許廁之於此者，所以說輔之本義也，所以說《左氏》也。謂輔與車必相依倚也。他家說《左》者以頰與牙車釋之，乃因下文之"脣齒"而傅會耳。固不若許說之善也。

（輔）

十一年

受玉惰

【異文】（《說文》："《春秋傳》曰：'執玉惰。'"）僖公十一年《左傳》曰："天王使召武公、內史過賜晉侯命，受玉惰。"許"受"作"執"。按：《國語》作"晉侯執玉卑"，蓋或二書相涉之故。

（惰）

十五年

作爰田

【異文】【叚借】《左傳》："晉作爰田"，《國語》作"轅田"。《地理志》："制轅田"，《食貨志》云："自爰其處"，孟康云："轅、爰同。"此又皆假轅爲爰也。

（爰）

經十六年

隕石于宋五

【經學】【異文】【詁訓】（《說文》："《春秋傳》曰：'磒石于宋五。'"）《春秋經·僖公十有六年》："隕石于宋五。"《左》《穀》作"霣"，許所據《左傳》作"磒"。《釋詁》："隕，磒落也。"郭云："磒猶隕也。"（磒）

六鷁退飛

【古今】《博物志》曰："鷁，雄雌相視則孕。或曰：雄鳴上風，雌鳴下風。"薛綜曰："鷁首者，船頭象鷁鳥，厭水神。"按：今字多作鷁。……（《說文》："《春秋傳》曰：'六鶂退飛。'"）三《傳》皆同。今皆左兒右鳥。（鶂）

二十二年

蠆蠆有毒

【詁訓】【校勘】【音義】《左傳》曰："蠆蠆有毒"，《詩》曰："卷髮如蠆"，《通俗文》曰："蠆，長尾謂之蠍，蠍毒傷人曰蚳。蚳，張列反，或作蜇。"旦聲，非且聲也。……《詩箋》云："蠆，螫蟲也。尾末揵然，似婦人髮末上曲卷然。"其字上本不從萬，以苗象其身首之形。俗作蠆，非。且與"牡蠣"字混。丑芥切。按：《字林》他割反，《玄應書》他達切，皆舊音也。十五部。（蠆）

【詁訓】（《說文》："蠚，飛蟲螫人者。"）《左傳》："蠆蠆有毒。"按：《釋蟲》言"土蠭、木蠭"，無單言蠭者。許書則蠣蠃下云："細腰土蠭也"，即《爾雅》之"土蠭"。然則此單言蠭，即《爾雅》之"木蠭"也。《本艸經》"露蜂房"，亦謂木上大黃蠭窠也。其房大者如甕，小者如桶。云"露蠭"，正對土蠭在地中言之。許謂土蠭爲細要純雄；其飛蟲螫人者，則謂大黃蠭，竝非細要純雄無子者。《內則》《檀弓》謂之"范"，俗作"蟓"，其子可食，故《內則》庶羞"雀鷃蜩范"。

（蠭）

勍敵之人

【音義】（《說文》："勍，彊也。《春秋傳》曰：'勍敵之人。'"）《春秋傳》者，僖二十二年《左傳》文。杜亦曰："勍，強也。"按：勍與《人部》之倞字音義皆同，而勍獨見《左氏》。

（勍）

二十三年

奉匜沃盥

【詁訓】【志疑】匜者，柄中有道可以注水。《內則》亦云："請沃盥。"沃者，自上澆之。盥者，手受之而下流於槃……《特牲》經曰："尸盥，匜水實于槃中，簞巾在門內之右。"注："設盥水及巾，尸尊不就洗，又不揮。"謂不就洗，故設匜水。水實於匜，匜實於槃也。不揮故設巾，巾實於簞也。古之盥手者用匜澆手，水下流於洗。洒爵者用匜澆爵中，覆水於洗。盥者揮手令乾而已，故《禮經》盥不言帨手。尸尊則帨，敬老則盥卒授巾也。匜之水勺於罍，《少牢》注曰："凡設水用罍，沃盥用枓，禮在此也。"是則常用爲匜、爲槃，禮器爲枓、爲洗。又云："洗者，統洗爵而名之也。"設水之器，禮器爲罍，常用未聞。

（盥）

二十四年

臣負羈絏

【經學】【詁訓】（《說文》："緤，犬系也……《春秋傳》曰：'臣負羈緤。'"①）服虔注曰："一曰犬韁曰緤，古者行則有犬。"按：如服說，則緤之本義也。如杜說："緤，馬韁"，則緤引申之義也。服云："犬韁"，許云："馬緤"②，文意正同。

（緤）

郜

【地理】【歷史】《左傳》富辰曰："郜雍曹滕，文之昭也。"杜云："濟陰成武縣東南有郜城。"隱十年："敗宋師，取郜。"蓋郜附庸於宋，魯隱取其地，桓又取郜鼎於宋。僖二十年："郜子來朝"，則魯未滅之也。

（郜）

蔣邢茅胙祭

【叚借】【地理】《左傳》曰："凡蔣邢茅胙祭，周公之胤也。"按：《春秋經》《左傳》《國語》《史記》《逸周書》《竹書紀年》凡云"祭伯""祭公謀父"，字皆作"祭"。惟《穆天子傳》云"鄒父"，注云："鄒父，祭公謀父。"鄒者本字，祭者假借字。韋注《國語》云："祭，畿内之國，周公之後也。爲王卿士。謀父，字也。"是則鄒本西都畿内邑名。至東周時，隱元年"祭伯來"，莊廿三年"祭叔來聘"，尚仍其西都舊偁。

（鄒）

---

① 陳本無"犬"字。
② 指"韁"篆。

鷸冠

【佚文】【詁訓】【叚借】（《說文》："《禮記》曰：'知天文者冠鷸。'"）引《禮記》者，《漢志》百三十一篇中語也。《左傳》："鄭子臧出奔宋，好聚鷸冠。鄭伯聞而惡之，使盜殺之。君子曰：'服之不衷，身之災也。《詩》曰：彼己之子，不稱其服。子臧之服不稱也夫。'"云"不稱"者，正謂子臧不知天文而冠聚鷸也。《獨斷》曰："建華冠，形制似縷鹿。《記》曰：'知天文者服之。'鄭子臧聚鷸冠前圜，此則是也。"司馬彪《輿服志》引《記》曰："知天者冠述，知地者履絇。"《莊子》"鷸"一作"鵔"。然則述者鵔之省。《毛傳》："遹，述也。"古音同也。《說苑》："知天道者冠鉥，知地道者履蹻。"則又假鉥蹻爲鵔絇字。小顏說《禮》之衣服圖謂爲術氏冠，亦以古音同耳。

（鷸）

天子有事膰焉

【叚借】【正俗】【經學】【詁訓】今世經傳多作"燔"、作"膰"，惟許書作"繙"。《火部》"燔"下云："爇也。"是《詩》作"燔"爲叚借字，他經作"膰"乃俗耳。許稱《左傳》作"繙"，《左傳釋文》云："膰，《周禮》又作繙。"皆古文之存焉者也。《異義》："《左氏》說：脤，社祭之肉，盛之以蜃。宗廟之肉名曰膰。"《說文》作"脤""繙"，用《左氏》說。……《大宗伯》鄭注云："脤、膰，社稷宗廟之肉，以賜同姓之國，同福祿也。兄弟有共先王者。"鄭與許同用《左氏》說也。若《傳》所云："賜齊侯胙"，又云："宋先代之後，天子有事膰焉，有喪拜焉"，是亦有歸繙異姓者。……（《說文》："《春秋傳》曰：'天子有事繙焉。'"）偁此者，證古經作"繙"不作"燔"。又以見有歸繙異姓之禮。

（繙）

二十五年

掖以赴外

【校勘】《左傳》:"衛人伐邢,二禮從國子巡城,掖以赴外,殺之。""赴"當是"仆"之誤。

(掖)

二十六年

能左右之曰以

【詁訓】《春秋傳》曰:"能左右之曰以",謂或ナ或又,惟吾指撝也。

(㠯)

二十八年

以亢其讎

【叚借】【異文】《左傳》曰:"以亢其讎",注云:"亢猶當也。"亢爲抗之叚借字。《周禮》:"綱惡馬",注云:"綱讀爲'以亢其讎'之亢。書亦或爲亢。亢,禦也,禁也。"綱亦亢之叚借字也。

(抗)

鹽其腦

【詁訓】《左傳》:"晉侯夢與楚子搏,楚子伏已而鹽其腦。"服注:"如俗語相罵云啑汝腦矣。"服語正謂吸其頭髓也。

(䘓)

請與君之士戲

【詁訓】戲者,三軍之偏也,一曰兵也。嬉戲,則其餘義也。《左傳》

子玉曰："請與君之士戲"，固以戰爲戲矣。

（娭）

轙靷鞅靽

【校勘】【詁訓】《左傳》曰："吾從子如驂之有靳"，杜曰："靳，車中馬也。言己從書，如驂馬之隨靳也。"《正義》曰："驂馬之首當服馬之胸，胸上有靳，故云：'我從子如驂當服之靳。'"按：《左傳》："晉車七百乘，轙靷鞅靽。"杜曰："在胸曰靷"，此正"在匈曰靳"之誤。以《秦風》傳"靳環"或作"靷環"證之，其誤正同矣。游環在服馬背上，驂馬外轡貫之，以止驂之出，故謂之靳環。靳者，驂馬止而不過之處，故引伸之義爲靳固，《左傳》："宋公靳之"，吝其寵也。

（靳）

【詁訓】【志疑】（《說文》："鞅，頸靼也。"）《釋名》："鞅，嬰也。喉下稱嬰，言嬰絡之也。"按：劉與許合。杜云："在腹曰鞅"，恐未然也。《小雅》"鞅掌"，毛曰："失容也。"

（鞅）

鄉役之三月

【詁訓】【校勘】【辨誤】（《說文》："《春秋傳》曰：'曏役之三月。'"）曏猶前也。城濮之役在四月，前乎此役之三月，正與不久之義合。杜作"鄉"，云："鄉猶屬也。"殊誤。

（曏）

鍼莊子

【詁訓】古"箴""鍼"通用。《風俗通》曰："衛大夫箴莊子。"今《左傳》作"鍼莊子"。

（箴）

三十年

昌歜

【辨誤】【詁訓】【音義】【同源】【異文】【叚借】《左傳》:"饗有昌歜",杜注曰:"昌歜,昌蒲菹也。"孔氏沖遠云:"相傳昌歜之音爲在感反,徧檢書傳,昌蒲之草無此別名。"玉裁謂:此非草名也,乃菹名也。《周禮》"昌本",言取其根;《左傳》"昌歜",言昌陽氣辛香以爲菹,其氣觸鼻,故名"昌歜"。歜之讀在敢反者,語之轉也。歓與歜同在三部,音轉皆可入八部。是以《玉篇》云:"歓亦徂感切,昌蒲菹也。"葢古本《左傳》有作"昌歓"者,二字可相假借,皆可讀屋沃本韵之音,非必定當在敢反也。

(歜)

三十三年

取訾婁

【經學】【異文】《左傳·僖三十年》:"取訾婁",《公羊》作"鄒",亦作"叢"。

(叢)

文公

元年

履端於始

【叚借】《左傳》:"履端於始",假端爲耑也。

(耑)

四年

敵王所愾

【詁訓】杜曰："敵猶當也。愾，恨怒也。"《心部》曰："愾，大息。从心氣。"是則"王所愾"，王所怒也。

（鎎）

六年

難必抒矣

【叚借】【異文】《左傳》："難必抒矣"，此叚抒爲紓。紓者，緩也。服虔本正作"紓"。

（抒）

十一年

防渚

【地理】【音義】《左傳》之麋國，"成大心敗麋師於防渚"，闞駰曰："防即房陵也。"今湖北鄖陽府房縣是其地。《左傳·定四年》："吳人敗楚及郢，楚子出涉雎。"哀六年："昭王曰：'江漢雎漳，楚之望也。'"《前志》"房陵"下曰："東山，沮水所出，東至郢入江。"應劭"南郡臨沮"注曰："沮水，出漢中房陵。東入江。"《水經》曰："沮水，出漢中房陵縣東山。東南過臨沮縣畔，又東南過枝江縣，東南入於江。"今此水出房縣西南二百里之景山，經當陽縣合南漳水，至荆州府城西南周寅店入江。顧景范曰：其字正作沮，《左傳》作雎，皆七餘反，後譌爲柤，讀曰租，字與音俱變矣。今襄陽沮水左右地皆曰沮中，亦謂之柤中。《襄陽記》柤中在上黃畔。《吳志》赤烏四年諸葛瑾取柤中，《魏志》正始四年諸葛瑾攻沮中，正是一事。

（沮）

十二年

兩軍之士皆未憖①

【校勘】【辨誤】《左傳》曰："兩軍之士皆未憖也"，杜曰："憖，缺也。"《釋文》："憖，魚覲反，又魚轄反。"按：憖得有魚轄反者，正因本或作"齾"，陸氏失於不分別言之耳。《正義》曰："憖者，缺之皃。今人猶謂缺爲憖。"所據本必作"齾"，故如此云。下文蓋有"一本作憖"之語，亦爲淺人刪之矣。

（齾）

【叚借】【詁訓】【辨誤】（《說文》："《春秋傳》……又曰：'兩軍之士皆未憖。'"）杜注："憖，缺也。"《釋文》："憖，魚覲反，又魚轄反。"是則憖與齾雙聲叚借，即《方言》所謂"傷也"。而郭注《方言》云："《詩》曰：'不憖遺一老'，亦恨傷之言也"。似於文理不協。

（憖）

目動

【詁訓】《左傳》："臾駢曰：'使者目動而言肆，懼我也。'"目動者，開閉數搖也。

（瞚）

十三年

繞朝贈之以策

【詁訓】《左傳》："繞朝贈之以策。"杜預曰："馬檛也。"檛，婦翁字

---

① 今本"軍"作"君"，"憖"作"憖"。

本从木，後人又改从手。

(笮)

十五年

魯人以為敏

【詁訓】孔注《論語》曰："魯，鈍也。"《左傳》："魯人以爲敏。"謂鈍人也。《釋名》曰："魯，魯鈍也。國多山水，民性樸鈍。"按：椎魯、鹵莽皆即此。

(魯)

十六年

庸人

【地理】【辨誤】《左傳·文十六年》："庸人率羣蠻以叛楚，楚滅之。"杜曰："庸，今上庸縣，屬楚之小國。"按：二《志》漢中郡皆有上庸縣。今湖北鄖陽府竹山縣東四十里有故上庸城。《尚書》庸地在漢水之南，南至江尚遠，偽《傳》云："在江南"，非也。

(鄘)

檮杌

【異文】【詁訓】（《說文》："楀，楀柮，斷木也……《春秋傳》曰：'楀柮。'"①）《左傳》無"楀柮"，惟文十六年有"檮杌"。杜預曰："檮杌，凶頑無疇匹之皃。"趙注《孟子》曰："檮杌，嚚凶之類。"按：蓋取斷木之可憎爲惡人名也。出聲、兀聲同部。許所據與今異。

(楀)

---

① 陳本無前"楀柮"。

十八年

敬嬴

【經學】【異文】《春秋左氏》"敬嬴",《公》《穀》作"頃熊",蓋炎、熊、嬴三字雙聲。

（熊）

檮戭

【歷史】【異文】（《說文》："《春秋傳》有檮戭。"①）高陽氏才子八愷之一也，見《左傳·文十八年》。《漢書》作"斀"，《集韵》無"斀"。

（戭）

謂之饕餮

【異文】【經學】（《說文》："飻，貪也……《春秋傳》曰：'謂之饕飻。'"）今《傳》作"餮"。賈、服及杜皆曰："貪財爲饕，貪食爲飻。"此蒙上文"貪于飲食，冒于貨賄"分言之，非許意也。

（飻）

縉雲氏

【歷史】（《說文》："《春秋傳》曰：'縉雲氏'"②）黃帝以雲紀，故爲雲師而雲名。服虔曰："夏官爲縉雲氏。"

（縉）

---

① 陳本"檮"作"擣"。
② 陳本無"曰"。

宣公

元年

宰夫胹熊蹯不孰

【詁訓】《左傳》:"宰夫胹熊蹯不孰",謂火孰之而未孰也。《方言》:"胹,熟也。自關而西,秦晉之郊曰胹。"按:《内則》作"濡"①。
(胹)

二年

羊斟

【詁訓】【校勘】《左傳》:"華元殺羊食士,其御羊斟不與。"此羊斟謂羊汁也。《宋世家》說此事云:"華元殺羊以食士,其御羊羹不及。"可以證《左傳》之解矣。《傳》當本作:"其御羊羊斟不與",上羊其名也,故字叔牂。"君子謂羊斟非人也,其羊斟之謂乎?"二"斟"字衍文。《淮南子》作"羊羹"。不斟謂不益也。《吕覽·察微篇》"羊斟"爲人名,亦是淺人增"斟"也。
(斟)

公嗾夫獒

【詁訓】【同源】【經學】【異文】【校勘】(《說文》:"嗾,使犬聲。")見《左傳·宣二年》。使犬者,作之噬也。《方言》曰:"秦晉之西鄙自冀隴而西使犬曰哨",郭音騷。哨與嗾一聲之轉。《公羊疏》云:"今呼犬謂之屬。"……(《說文》:"《春秋傳》曰:'公嗾夫獒。'")按:"嗾",服本作"取",云:"取,嗾也。嗾夫獒,使之噬盾也。"今本《釋文》《正義》

---

① 《釋文》云:"濡音而。"

皆譌亂，"取"誤爲"叺"。

（嗾）

三年

晉矦伐鄭及郔

【校勘】【地理】《左傳·宣三年》："晉矦伐鄭及郔。"杜曰："郔，鄭地。"《釋文》："郔，音延。"宋淳化本及明人補刻石經作"延"，皆誤字也。又宣十二年："楚子北，師次于郔"，實一地也。若隱元年："大叔收貳以爲己邑，至於廩延"，當別是一地，字不從邑。

（郔）

螭魅罔兩

【異文】【詁訓】《周禮》"以夏日至致地示物魅"，注曰："百物之神曰魅。"引《春秋傳》："螭魅魍魎。"按：今《左傳》作"魅"，《釋文》："本作鬽"，服虔注云："魅，怪物，或云：魅，人面獸身而四足，好惑人，山林異氣所生。"

（鬽）

【校勘】【正俗】【詁訓】【經學】（《說文》："离，山神也，獸形。"①）《左傳》："螭魅罔兩"，杜注："螭，山神，獸形。"《周禮》："地示物魅"，《正義》引服虔《左傳注》："螭，山神，獸形。"《上林賦》："蛟龍赤螭"，如淳注曰："螭，山神也，獸形。"按：山神之字本不從虫，從虫者，乃許所謂若龍而黃者也。今《左傳》作"螭魅"，乃俗寫之譌。《東京賦》作"魑"，亦是俗字。徐鉉於《鬼部》增"魑"字，誤矣。薛綜《二京》解云："魑魅，山澤之神也。"與許、服說同。……（《說文》："歐陽喬說：'离，猛獸也。'"）此別一義。《西都賦》：

---

① 陳本"神"後無"也"，"形"作"也"。

"挓熊螭"，李注引歐陽《尚書》說曰："螭，猛獸也。"《漢書·儒林傳》："歐陽事伏生，世世相傳。至曾孫高，字子陽，傳孫地餘，地餘子政。由是《尚書》世有歐陽氏學。"《藝文志》："《歐陽章句》三十一卷。"許云"歐陽喬"者，葢即高。古喬、高通用。許作"离"，李善作"螭"者，俗亂之也。此葢說今文《坶誓》。《史記》作"如豼如離"，可證。离、離古通。《周禮正義》引服氏《左傳注》："螭，山神，獸形。或曰：如虎而噉虎。"二說並列，正同許氏。

（离）

天祚明德

【詁訓】【校勘】（《說文》："胙，祭福肉也。"）福者，"皇尸命工祝，承致多福無疆于女孝孫"是也。《周禮》："以脹膰之禮親兄弟之國"，注曰："同福祿也。"引伸之凡福皆言"胙"，如《左傳》言"天胙明德""無克胙國"，《國語》"胙以天下""胙四岳國"是也。自後人肊造"祚"字以改經傳，由是"胙""祚"錯出矣。

（胙）

吉人也

【詁訓】《左傳》："鄭文公賤妾曰燕姞，夢天使與己蘭，曰：'余爲伯儵，余而祖也。以是爲而子。'既而生穆公，名之曰蘭。文公卒，石癸曰：'姞，吉人也，后稷之元妃也。今公子蘭，姞甥也，天或啓之，必將爲君。'遂立之。"《古今人表》云："姞人，棄妃。"直以姞人爲姓名。

（姞）

四年

汏輈

【詁訓】【校勘】【譌字】《左傳》："汏輈，及鼓跗，著于丁寧""汏輈，以貫笠轂"，皆滑之意也。滑則寬裕自如，故引伸爲縱泰，如《論語》"泰而不驕"是也。又引伸爲泰侈，如《左傳》之"汏侈"，《西京賦》之"心侈體泰"是也。汏即泰之隸省，隸變而與淅米之汏同形，作"汰"者誤字。

（泰）

楚人謂乳榖①

【校勘】【音義】《左傳》曰："楚人謂乳榖"，其音乃苟切。今本《左傳》作"榖"。《漢書》作"穀"，或作"嗀"，或作"彀"，皆非也。音亦如構。

（穀）

經十一年

公孫寧儀

【音義】【經學】【異文】許意寧爲願詞，甯爲所願，略區別耳。二字古皆平聲，故公孫寧儀行父，《公羊》作公孫甯也。《漢》：《郊祀歌》"穰穰復正直往甯"，師古曰："言獲福既多，歸於正道，克當往日所願也。甯音寧。"

（甯）

---

① 今本"榖"作"穀"。

傳十一

山徑之蹊

【詁訓】【音義】【辨誤】（《說文》："蹊，待也……蹊，徯或从足。"）《左傳》："牽牛以蹊人之田"，《孟子》："山徑之蹊"，《月令》："塞徯徑。"凡始行之以待後行之徑曰蹊，引伸之義也。今人畫爲二字，音則徯上、蹊平，誤矣。

（徯）

十二年

慮無

【詁訓】《左傳》曰"慮無"，他書曰"無慮"，皆謂計畫之纖悉必周，有不周者非慮也。

（慮）

于民生之不易

【叚借】【經學】《左傳》："于民生之不易。"杜云："于，曰也。"此謂假"于"爲"曰"，與《釋詁》"于，曰也"合。

（亐）

甚之

【異文】【詁訓】《左傳》作"畀"，今《左》作"甚"。《糸部》"綼"從畀聲，或字作綦。甴聲、其聲皆在一部也。（《說文》："《春秋傳》曰：'晉人或以廣隊，楚人畀之。'"①）今《傳》"畀"作"甚"。（《說文》"黃顥說：廣車陷，楚人爲舉之。"）此許偁古本古說。杜本作"甚"，

---

① 陳本"畀"作"畀"。

云："慧，教也。"

（畀）

趙旃以良馬二濟其兄與叔父①

【歷史】《左傳》："趙旃以良馬二濟其兄與叔父"，"左師展將以公乘馬而歸"，三代時非無跨馬者矣。《春秋經》有"䡴"字。

（䡴）

山鞠窮

【志疑】今本《左傳》："有山鞠窮乎？""山"字，注疏皆不釋，疑衍。或本作"蘜"而譌爲二字。

（营）

目於眢井

【詁訓】【音義】《左傳》："目於眢井"，井無水，若目無䀹，故曰眢井。……《左傳音義》烏丸反，引《字林》"眢，井無水也，一皮反"。一皮即委之平聲，古讀如此。《集韵·五支》邕危切，即一皮也。

（眢）

經十五年

冬 螽生

【經學】【正俗】【志疑】【詁訓】（《說文》："螽，復陶也。"）《釋蟲》曰："螽，蝮蜪"，俗字从虫也。《國語》曰："蟲舍蚳螽"，韋注："螽，蝮蜪也。可以食。"按：此說盍與下文二說畫然爲三，郭注《爾雅》則牽合董說耳。復陶未知於今何物。（《說文》："劉歆說：'螽，蠱蠹子

---

① 今本"以"後有"其"。

也。'"①）此與下董說皆說《春秋》也。宣十五年："冬，蝝生。"《五行志》曰："劉歆以爲蝝，蜰蠡之有翼者，食穀爲災。"按：《志》云"有翼"，此云"子"，亦異。（《說文》："董仲舒說：'蝝，蝗子也。'"②）何注《公羊》曰："蝝即螽也。始生曰蝝，大曰螽。"《五行志》曰："董仲舒、劉向以爲蝗始生也。"螽即蠡字。董、何說同也。

（蝝）

傳十五年

黎氏

【志疑】（《說文》："邜，殷諸侯國。"）《左傳》曰："赤狄奪黎氏地。"《詩序》曰："狄人迫逐黎侯。"未知即商諸侯之後與否？

（邜）

地反物爲妖

【詁訓】《左氏傳》伯宗曰："天反時爲災，地反物爲妖。民反德爲亂，亂則妖災生。"《釋例》曰："此《傳》地反物惟言妖耳。《洪範五行傳》則妖、孽、禍、痾、眚、祥六者，以積漸爲義。"按：《虫部》云："衣服、歌謠、艸木之怪謂之祺，禽獸、蟲蝗之怪謂之蠚。"此蓋統言皆謂之祺，析言則祺、蠚異也。祺省作袄，經傳通作妖。

（祺）

經十六年

夏成周宣榭火

【義例】《春秋·宣十六年》："夏，成周宣謝火。"《左傳》曰："人火

---

① 陳本"蜰蠡"作"蚍蜉"，無"也"。
② 陳本無"蝝"。

十七年

庶有豸乎

【詁訓】【校勘】廌能止不直，故古訓爲解。《左傳·宣十七年》："庶有廌乎？"杜注："廌，解也。"《釋文》本作"廌"，《正義》本作"豸"。陸云："廌解之訓見《方言》。"孔云："'豸，解也'，《方言》文。"今《方言》卷十二："瘛，解也。""瘛"必"廌"之誤字，既誤，後乃反以胡計耳。《左釋文》大書"廌"字，俗改爲"鳩"，莫能諟正。

（廌）

十八年

三踊而出

【校勘】（《說文》："踊，喪擗踊。"①）今《禮經》《禮記》皆作"踊"。《足部》曰："踊，跳也。"是二字義殊也。《左傳》"曲踊三百""三踊于幕庭"之類當從足。若"即位哭，三踊而出"之"踊"當從走。

（踊）

---

① 陳本"擗"作"辟"。

成公

二年

殺而脾諸城上

【詁訓】《左傳》："龍人囚盧蒲就魁，殺而脾諸城上。"《周禮》："斬殺賊諜而脾之。"皆謂去衣磔其人，如迫脯於屋上也。

（脾）

隕子辱矣

【異文】【詁訓】【叚借】（《說文》："抎，有所失也……《春秋傳》曰：'抎子辱矣。'"①）成公二年《左傳》石稷謂孫良夫曰："子國卿也，隕子辱矣。"許所據作"抎"，正謂失也。《戰國策》："被磻磻，引微繳，折清風而抎矣。"此叚抎爲隕也。《史記·東粵列傳》："不戰而耘，利莫大焉。"謂閩粵不戰而失其王頭，此叚耘爲抎也。

（抎）

桀石以投人

【叚借】《左傳》："桀石以投人"，此假"桀"爲"揭"也。揭，高舉也。

（桀）

右援枹而鼓②

【叚借】《左傳》："右援枹而鼓。"《禮運》《明堂位》皆云："凷枹土鼓。"玄應云："衛宏詔定古文官書，枹枹二字同體。音扶鳩切，鼓椎也。"按：

---

① 陳本《說文》引《春秋傳》緊鄰"有所失也"之訓。
② 今本"枹"作"枹"，《釋文》作"枹"。

桴訓棟，借爲鼓柄字耳。

（枹）

韓厥執縶馬前

【校勘】【經學】（《說文》："馽，絆馬足也。……《春秋傳》曰：'韓厥執馽前。'"①）今《左》作"執縶馬前"。蓋古本正作"執馽前"，改易誤衍耳。許意絆是物，馽是人用物。據《傳》文則謂絆爲馽。

（馽）

三年

寘荀罃褚中

【詁訓】【音義】【校勘】《左傳》："鄭賈人將寘荀罃褚中以出。"此謂衣裝也。凡裝綿曰著，丑呂切，其字當作褚。《小正》：七月"灌荼。灌，聚也。荼，萑葦之秀。爲將褚之也"。褚之者，裝衣也。"將"各本作"蔣"，字之誤也。

（褚）

經四年

鄭伯堅卒

【異文】【經學】【音義】【校勘】【辨誤】（編按：緊）此字別作緊。《玉篇》引"成公四年，鄭伯絚卒"，古千、古兩二切。考《左》作"堅"，《公》作"取"，《穀》作"賢"，則別本作"緊"切古千必矣。臣聲與取聲一也，而顧書譌作"絚"。《釋名》云："絹，絚也。其絲絚厚而疏也。"是其譌久矣。《集韵·養韵》作："絚，舉兩切"，《先韵》作："緊，緊也。緊、堅同。經天切。"是宋時故有"緊"字，特丁度等不能用正

---
① 陳本無"足"字，段云："足字依《韵會》補。"

"絙"之譌，又不知即是"緊"字耳。《春秋》"鄭伯緊"，《釋文》不載，考經字者所當知。

（緊）

五年

餫諸穀

【同源】【地理】【經學】《左傳》："晉荀首如齊逆女，宣伯餫諸穀。"杜云："野饋曰餫。運糧饋之，敬大國也。"按：餫之言運也，遠曾也。穀，齊地。魯之禮不當至此。是野饋也。犧象不出門，嘉樂不野合。《傳》書"餫"者，譏之也。《小雅·黍苗》箋云："營謝轉餫之役，有負任者，有輓輦者，有將車者，有牽傍牛者。"可證餫爲運糧。

（餫）

九年

無棄菅蒯

【詁訓】【押韻】【校勘】【音義】《左傳》引《詩》曰："雖有絲麻，無棄菅蒯。"李善引《聲類》曰："蒯艸中爲索，苦怪切。"《史記》馮驩有一劍，"蒯緱"，裴駰曰："蒯，茅之類，可爲繩。其劍把無物可裝，以小繩纏之也。"……𦸉字亦作𧂍蕆字，逸《詩》與萃、匱爲韵，皆在十五部也。不知何時蕆改作蒯，從朋從刀，殊不可曉。蓋本扶風䣚鄉之字誤。䣚讀若陪，在第一部、第六部，與十五部相隔絕遠，而誤其形作蒯，且用爲蕆字，不可從也。《玉篇》引"無棄菅蕆"，不作"蒯"，苦怪切。

（蕆）

無棄蕉萃

【異體】【詁訓】《左傳》引《詩》曰："雖有姬姜，無棄蕉萃"，杜曰：

"蕉萃，陋賤之人。"《楚辭·漁父》："顏色憔悴"，王曰："玕黴黑也。"班固《荅賓戲》："朝而榮華，夕而焦瘁。"其字各不同。今人多用"憔悴"字，許書無"憔"篆，"悴"則訓憂也。

（顇）

十年

張如廁

【古今】古無脹字。《左傳》："晉侯獳將食，張，如廁"，即今之脹字也。

（瘨）

經十一年

卻犨①

【志疑】（《說文》："犨，牛息聲……一曰：牛名。"②）晉大夫卻犨，不知取何義也。

（犨）

傳十一年

伉儷

【詁訓】《左傳》施氏婦曰："不能庇其伉儷。"杜注曰："伉，敵也。"儷，偶也。

（伉）

---

① 今本"犨"作"犫"。
② 陳本"犨"作"犫"。

爭鄔田

【地理】【辨誤】《左傳·成十一年》："晉郤至與周爭鄔田。郤至曰：'溫，吾故也。'"杜曰："鄔，溫別邑。今河內懷縣西南有俟人亭。"按：鄔田今在河南懷慶府武陟縣。劉歆《遂初賦》："越侯田而長驅兮，釋叔向之飛患。"已下皆述叔向事，則侯田正謂邢侯雍子所爭者也。章樵以鄔田說之，疑非。

（鄔）

十三年

伐我涑川

【地理】【注音】《左傳》曰："伐我涑川。"《水經》曰："涑水，出河東聞喜縣東山黍葭谷。"今涑水出山西絳州絳縣陳村峪，伏流復出，西入聞喜縣畍。又西南入夏縣畍，經安邑縣北，西流入蒲州府猗氏縣畍。又西南經臨晉縣南、虞鄉縣北、永濟縣西南，入五姓湖。又西南入黃河。按：《左傳音義》此水徐仙民息錄反，《字林》音速。

（涑）

十六年

輕窕

【叚借】佻訓苟且，苟且者必輕，故《離騷》注曰："佻，輕也。"《方言》曰："佻，疾也。"《左傳》："楚師輕窕"，"窕"正"佻"之假借字。

（佻）

楚子登巢車

【異文】(《說文》:"《春秋傳》曰:'楚子桒轐車。'"①)"乘"今本作"登",依《九經字樣》所引,爲古本。

(轐)

蹲甲而射之

【詁訓】《左傳》:"蹲甲而射之。"蹲,居也。

(蹲)

十七年

洹

【地理】《左傳·成七年》:"聲伯夢涉洹。"② 杜曰:"洹水出汲郡林慮縣,東北至魏郡長樂縣入清水。"《水經》曰:"洹水,出上黨泫氏縣,東過隆慮縣北。又東北出山,過鄴縣南。又東過內黃縣北,東入於白溝。"林慮縣即隆慮縣,今河南彰德府林縣是其地也。今洹水自山西長子縣流入,經林縣東北流經安陽縣北,又東流經內黃縣西北,入衛河。《水道提綱》曰:"衛河,又東北經彰德府治安陽縣東南畔,有洹河自西北來會,其南岸即內黃縣西境也。"《水經》之白溝,今衛河在內黃者,皆即淇水。

(洹)

---

① 陳本"桒"作"登"。
② 許校云:"'成七年'當作'成十七年'。"

襄公

四年

咨事爲諏

【異文】【詁訓】【經學】【異文】【叚借】《左傳》："咨事爲諏"，《魯語》作"咨才"。韋曰："才當爲事。"按：《釋詁》："諏，謀也。"許於取聲別之曰"聚謀"。《儀禮》今文假詛爲諏，《大玄》作"誺"。

（諏）

窮石

【古今】【地理】（《說文》："竆，夏后時諸矦夷羿國也。"）《左傳》魏絳云："夏訓有之曰：有竆后羿，昔有夏方衰，后羿自鉏遷於竆石，因夏民以代夏政。寒浞殺羿，靡滅浞，立少康，有竆由是遂亡。"今《左傳》作"窮"，許所據作"竆"，今古字也。《左氏》之竆石，杜不言其地所在，蓋非《山海經》《離騷》《淮南子》所云弱水所出之竆石也。《地理志》《說文》皆云弱水出張掖山丹，則《山海經》《離騷》《淮南子》所云竆石當在山丹。漢山丹今爲甘州府山丹縣，距夏都安邑甚遠。然許鄯善之下即出竆字，固謂西北邊地。

（竆）

生澆及豷

【異文】（《說文》："《春秋傳》曰：'生敖及豷。'"）今《左傳》"敖"作"澆"。《論語》及《夲部》作"奡"。

（豷）

戎狄荐居

【叚借】（《說文》："薦，獸之所食艸。"）《艸部》曰："荐，艸席也。"與此義別,而古相叚借。《左氏傳》:"戎狄荐居",服虔云:"荐,艸也,言狄人逐水艸而居,徙無常處。"是則子慎謂荐即薦之叚借字也。《莊子》:"麋鹿食薦",《釋文》引《三蒼注》曰:"六畜所食曰薦。"凡注家云"薦,進也"者,皆荐之叚借字。荐者,藉也,故引伸之義爲進也,陳也。

(薦)

六年

傅於堞

【詁訓】《左傳》:"堙之環城,傅於堞",杜曰:"堞,女牆也。"古之城以土,不若今人以專也。土之上閒加以專牆,爲之射孔,以伺非常,曰俾倪,曰陴,亦曰堞。《左傳》:"盧蒲嫳攻崔氏,崔氏堞其宮而守之,弗克。"此謂於宮牆之上又加俾倪也。

(堞)

遷萊于郳　高厚崔杼定其田

【地理】【詁訓】《左傳·襄六年》:"齊矦滅萊,遷萊于郳。高厚、崔杼定其田。"杜云:"遷萊子於郳國。"《正義》云:"郳即小邾。小邾附屬於齊,故滅萊國而遷其君於小邾。"按:《世本》云:"邾顏居邾,肥徙郳。"宋仲子注:"邾顏別封小子肥於郳,爲小邾子。"《左傳》曰:"魯擊柝聞於邾。"小邾者,邾所別封,則其地亦在邾魯,不當爲齊地。今鄒縣有故邾城,滕縣東南有郳城,皆魯地。……據《傳》云:"遷萊於郳。高厚、崔杼定其田。"葢定其與萊君之田,以郳田與之也。

(郳)

經七年

于鄬

【校勘】【異文】（《說文》："《春秋傳》曰：'將會鄭伯於隔。'"）"於"當作"于"；"隔"，今經傳皆作"鄬"。襄七年："十有二月，公會晉侯、宋公、陳侯、衛侯、曹伯、莒子、邾子于鄬。"三經同。《左氏傳》曰："及將會于鄬，子駟相，又不禮焉。"句本無"鄭伯"字，許以此敘鄭事，故增此二字。凡引古書不無異同者例此。

（隔）

八年

一介行李

【異文】【詁訓】經傳"个"多與"介"通用。《左氏》或云："一个行李"，或云："一介行李"，是"一介"猶"一个"也。介者，分也。分則有間，間一而已，故以爲一枚之偁。《方言》曰"介，特也"是也。間之外必兩分，故曰："介居二大國之間。"《月令》"左介""右介"，是其義也。

（箇）

九年

具綆缶

【詁訓】《左傳·襄九年》：宋災，"具綆缶，備水器。"杜曰："缶，汲器也。水器，盆甖之屬也。"是謂汲水、貯水之分。師古注《五行志》則謂："缶即盎也。水器者，罃瓮之屬。"引許氏《說文解字》："罃，備火，今之長頸瓶也。"……其說《左傳》者，杜爲長。

（罃）

士雃

【歷史】雃當是士會之後。《傳》云："秦人歸其帑，其處者爲劉氏。"蓋處者不皆爲劉氏，或雃之後乃改氏劉。

（雃）

十一年

或閒兹命司慎司盟

【校勘】【經學】【詁訓】【異文】襄十一年載書曰："或閒兹盟，司慎司命，名山名川，羣神羣祀，先王先公，七姓十二國之祖，明神殛之。"按：今《左傳·襄十一年》"盟"與"命"二字互譌，陸、孔皆不能正。許合《周禮》《左傳》爲言，謂司慎、司命爲明神之首。司慎、司命蓋《大宗伯職》之司中、司命，文昌宫弟五、弟四星也。《尚書大傳》注"司中"作"司人"。〇又按：天之司盟見《覲禮》注。然則《左傳》正文不容輕改。

（盟）

經十三年

取邿

【歷史】《春秋·襄十三年》："夏，取邿。"邿者，魯附庸也。

（邿）

傳十三年

窀穸之事　所以從先君於禰廟者

【音義】【異文】襄十三年《左傳》曰："惟是春秋窀穸之事，所以從先君於禰廟者。"杜曰："窀，厚也。穸，夜也。厚夜猶長夜。春秋謂祭祀，長夜謂葬薶。"按：窀、淳同音，窀訓厚。……（《說文》："《春秋傳》曰：'窀穸從先君於地下。'"）與今《左傳》異。
（窀）

十四年

繄伯舅是賴

【詁訓】（編按：繄）叚借爲語詞，《左傳》："王室之不壞，繄伯舅是賴。""民不易物，惟德繄物。"《毛詩》："伊可懷也"，《箋》云："伊當作繄，繄猶是也。"
（繄）

十八年

以枚數闔

【詁訓】《左傳》："以枚數闔"，謂枚枚數之，猶云一一數之也。
（梃）

伐雍門之萩

【叚借】古多以萩爲楸，如《左氏傳》"伐雍門之萩"，《史》《漢》"河濟之閒千樹萩"是也。
（萩）

經二十年

澶淵

【地理】（《說文》："澶，澶淵水也，在宋。"①）《春秋經·襄二十年》：

---

① 陳本無"也"。

"盟于澶淵。"三十年："會于澶淵，宋災故。"杜曰："澶淵在頓丘縣南，今名繇汙。此衞地，又近戚田。"按：頓丘，今直隷大名府清豐縣縣西南二十五里頓丘故城是也。澶淵即絲水，在河南彰德府內黃縣縣東二十六里。《史記》廉頗拔魏絲陽，漢置縣，屬魏郡。應劭曰："在絲水之陽也。"張晏曰："其畎爲絲淵。"按：絲與澶疊韵，汙與淵雙聲。絲陽故城在今内黃縣東北二十七里。實衞地而云"在宋"者，蓋以《春秋》書宋災故而云然，未爲宋也。○又按：澶淵，高氏士奇《春秋地名攷》爲詳。（澶）

二十二年

鄭游眅①

【校勘】（《說文》："《春秋傳》曰：'鄭遊眅，字子明。'"）見《左傳·襄廿二年》。《釋文》古本、《五經文字》《開成石經》皆从目，今俗本从日，誤。《戰國策》"田瞖"，高注："瞖讀鄭遊眅之眅。"姚宏曰："瞖恐是瞽，瞽同眅。"

（眅）

二十三年

郫邵

【地理】【志疑】【正俗】【辨誤】（《說文》："邵，晉邑也。"）《左傳·襄二十三年》："齊侯伐衞，遂伐晉。入孟門，登大行，張武軍於熒庭，戍郫邵。"杜曰："取晉邑而守之。"杜不言郫、邵二邑名，據許則當是二邑也②。文六年："賈季召公子樂於陳，趙孟使殺諸郫。"此單言"郫"也。《後志》："河東垣縣有邵亭。"注引《博物記》："縣東九十里有郫邵之阨，趙孟殺公子樂郫邵。"豈張華所見《左傳》有異歟？按：今山西絳州垣曲縣

---

① 今本"眅"作"眅"。
② 按：杜意未必謂郫邵一邑也。

東有邵城，後魏之邵郡，後周之邵州，皆此也。依許則經典獨此字從邑召，凡"周召"字作"邵"者，俗也。後儒或謂垣曲邵城爲周召分陝之所，其說不經。

（邵）

晏氂

【經學】【異文】《左傳》"晏氂"，《外傳》作"晏萊"。

（氂）

二十四年

象有齒以焚其身

【叚借】《左傳》："象有齒以焚其身"，假"焚"爲"僨"。

（僨）

輔躒

【異文】（《說文》："《春秋傳》曰'輔趩。'"）今《傳》作"躒"，又有"荀躒"。

（趩）

部婁無松柏

【聯綿】【校勘】【詁訓】【義例】（《說文》："附婁。"）疊韵字。（《說文》："小土山也。"）《左傳·襄二十四年》子大叔曰："部婁無松柏"，杜注："部婁，小阜。"服虔曰："喻小國。"《風俗通義》引《左傳》釋之曰："言其卑小。部者，阜之類。今齊魯之間，田中少高卬名之爲部矣。"按：或作"培塿"，依許則《傳》文本作"附婁"，字從𨸏，其本義也。上蒲口反，下路口反。《玉篇》曰："《說文》以坿爲坿益字，從土。此附作步口切，小土山也。"玉裁謂：《土部》："坿，益也"，增益之義宜用之，相近之義亦宜用之。今則盡用附，而附之本義廢矣。……

(《說文》:"《春秋傳》曰:'附婁無松柏。'")《左氏傳》多古文,許所見未誤。

(附)

二十五年

農之有畔

【詁訓】【叚借】《左傳》:"子產曰:'行無越思,如農之有畔,其過鮮矣。'"一夫百畝,則畔爲百畝之界也。引申爲凡界之偁。或叚"泮"爲之,《氓》詩曰:"隰則有泮",《傳》曰:"泮,坡也",坡即陂。《箋》云:"泮讀爲畔。畔,涯也。"經典多借爲叛字。《論語》:"佛肸以中牟畔。"《大雅》:"無然畔援",《傳》曰:"無是畔道,無是援取。"

(畔)

二十六年

頷之而已

【辨誤】【校勘】(《說文》:"頜,低頭也。")《左傳·襄廿六年》:"衛獻公反國,大夫逆於竟者,執其手而與之言;道逆者,自車揖之;逆於門者,頷之而已。"《釋文》:"頷,本又作領。"按:依許則"頷""領"皆非也,杜注"搖頭"亦非。既不執手而言,又不自車揖之,則在車首肎而已,不至搖頭也。《釋文》"本又作領"正是"本又作頜"之譌。《列子·湯問》曰:"頜其頤則歌合律。"郭璞《游仙詩》:"洪厓頜其頤。"注引《列子》亦作"頜",引《廣雅》:"頜,動也。""頜"皆"頜"之譌,故云五感反。若本"領"字,則當云胡感反也。"頜其頤"者,開口則低其頤,《靈光殿賦》:"頜若動而躨跜",今本亦譌"領"。

(頜)

大子痤美而很

【辨誤】（《說文》："《春秋傳》曰：'太子痤婉。'"）按：《傳》云："棄生佐惡而婉，大子痤美而很。"佐即宋元公也。此所稱舛誤，一時記憶不精耳。按：《集韵》《類篇》皆作"大子佐婉"，蓋依《傳》改正，而又失之，不知佐非大子也。

（婉）

二十七年

弭兵

【校勘】（《說文》："㣎……一曰止也。"）《左傳》"弭兵"之"弭"，《周禮》"彌災兵"之"彌"，《郊特牲》"有由辟焉"之"辟"，皆當作此字。

（㣎）

二十八年

玄枵虛中也枵秏名也

【同源】【詁訓】《傳》曰："玄枵，虛中也。枵，秏名也。"《爾雅》曰："玄枵，虛也。"孫炎云："枵之言秏。秏，虛之意也。"許亦以虛正釋枵字。玄枵以虛得名，如天駟以房得名，天根以氐得名。《左氏》云"虛中"，猶言虛之區域耳。不必泥於杜注"玄枵三宿，虛星在其中"之說。

（枵）

之頤　正義：易注

【句讀】【詁訓】鄭《易注》曰："頤中（段云：句）。口車輔之名也。震動於下，艮止於上。口車動而上，因輔嚼物以養人，故謂之頤。頤，養也。"按：鄭意謂口下爲車，口上爲輔，合口、車、輔三者爲頤。《左氏》云："輔車相依。"《車部》云："輔，人頰車也。"《序卦傳》曰："頤者，養也。"

（臣）

慶繩

【詁訓】《左傳》齊有慶奊，即慶繩，葢以頭邪爲名，以繩直爲字，名字相應也。

（奊）

二十九年

楚人使公親襚

【詁訓】楚欲使襄公視衣死人，故下文魯行君臨臣喪之禮以報之也。

（襚）

箾

【志疑】【經學】【音義】【辨誤】《左傳》："舞象箾南籥。"杜曰："象箾，舞所執。南籥，以籥舞也。" 箾不知何等器，豈以竿舞與？……（《說文》："虞舜樂曰箾韶。"）按：《音部》引《書》"簫韶九成"，知《皋陶謨》字作"簫"，此云"箾韶"，葢據《左傳》。《左》云"見舞韶箾者"，此作"箾韶"，見《書》與《左》一也。《孔疏》云："箾即簫字。"《釋文》："箾音簫"，與上文"象箾"音"朔"異。今按：同爲樂名，不當異義異音。《疏》引賈逵釋"象箾"云："箾，舞曲名，言天下樂削去無道。"於"簡韶"又不引賈注。

（簡）

裨諶

【詁訓】【異文】《春秋傳》裨諶字灶，知諶即煁字也。《漢書·人表》又作"卑湛"。

（煁）

三十年

亥有二首六身

【異體】孔氏《左傳正義》曰："二畫爲首，六畫爲身。"按：今篆法身祇有五畫。蓋周時首二畫，下作六畫，與今篆法不同也。

（亥）

伯瑕

【叚借】【異文】古多借瑕爲叚。晉士文伯名匄，字伯瑕。楚陽匄、鄭駟乞皆字子瑕。古名字相應，則瑕即叚也。《禮記》公肩假，《古今人表》作公肩瑕。《左傳》："瑕嘉平戎於王"，《周禮注》作"叚嘉"。皆同音叚借。

（叚）

或叫于宋大廟[①]

【異文】（《說文》："《春秋傳》曰：'或訆于宋大廟。'"）今《傳》作"叫"。

（訆）

[①] 今本"訆"作"叫"。

譆譆出出

【異文】（《說文》："《春秋傳》曰：'誒誒出出。'"）今《傳》作"譆譆"。

（誒）

【叚借】（《說文》："熹，炙也。"）炙者，抗火炙肉也，此熹之本義，引申爲熱也。《左傳》："或叫于宋大廟曰：'譆譆出出。'"杜曰："譆，熱也。"此同音叚借也。

（熹）

女而不婦

【詁訓】【音義】《左傳》曰："君子謂宋共姬女而不婦。女待人，婦義事也。"此可以知女道、婦道之有不同者矣。言女子者，對男子而言，子皆美偁也。曰女子子者，系父母而言也。《集韵》曰："吳人謂女爲娪，牛居切。青州呼女曰婟，五故切。楚人謂女曰女，奴解切。"皆方語也。

（女）

經三十一年

莒人弒其君密州

【校勘】【義例】【同源】《春秋·襄三十一年》："莒人弒其君密州。""密州"，《左傳》作"買朱鉏"。杜云："買朱鉏，密州之字。"按：弒君未有書字者。《傳》明云："書曰莒人弒其君買朱鉏。"然則左公所據之經實作"買朱鉏"，不作密州也。買爲密，朱爲州，皆音之轉。朱鉏者，猶邾之言邾婁也。今本經與傳不合，蓋或以《公》《穀》經文改《左氏》經文。

（買）

傳三十一年

高其閈閎①

【志疑】《左傳》："高其閈閎。"疑"閈"乃"閉"字之誤。
（閈）

繕完葺牆

【句讀】【辨誤】【詁訓】【義例】《左傳》："繕完葺牆，以待賓客。"李涪云："完當爲宇。"按："繕完葺"三字成文，猶下文云"觀臺榭"亦三字成文也，安得以今人儷辭之法繩之？必欲謂爲誤字，則完當是"院"字。蓋惟子產盡壞館垣，故措辭就垣言。上文"高其閈閎"，亦爲門不容車掩飾。古人字無泛設也。
（寏）

塓館公室

【詁訓】【正俗】《魏都賦》注引《左傳》："幎館宮室"，塗暨曰幎者，亦謂冡其上也。今本作"塓"，乃俗字。
（幎）

闇戕戴吳

【校勘】【詁訓】《春秋·宣十八年》："邾人戕鄫子於鄫"，《左氏傳》曰："凡自虐其君曰殺（段云："唐石經作'凡自内'，非。"），自外曰戕。"賈注："邾使大夫往殘賊之。"按：襄卅一年《左傳》曰："闇戕戴吳。"闇，越俘也。戴吳，吳餘祭也。故亦曰"戕"。
（戕）

---

① 今本"閈"作"閉"，此乃段氏校後作字，下同。詳見本書附錄"《段注》先校書後引書"例。

昭公

元年

是穮是蔉①

【同源】（《說文》："《春秋傳》曰：'是穮是蔉。'"）蔉之言畎也，謂壅禾本也。

（穮）

虞有三苗夏有觀扈商有姺邳周有徐奄

【歷史】《左傳》曰："夏有觀扈。"五觀與扈皆夏同姓也。

（扈）

【歷史】昭元年《左傳》曰："王伯之令也，猶不可壹。於是乎虞有三苗，夏有觀扈，商有姺邳，周有徐奄。"皆謂當時作亂之諸侯也。

（姺）

省穡

【叚借】古嗇、穡互相假借，如"稼穡"多作"稼嗇"。《左傳》："小國爲蘗，大國省穡而用之。"即"省嗇"也。

（嗇）

擊之以戈

【校勘】（《說文》："《春秋傳》曰：'及衛以擊之。'"②）各本"以"下有"戈"字，李燾本無。按：上云"子南執戈逐之"，則云"以擊之"，不再出"戈"是也。今《傳》作"擊之以戈"，亦是淺人所改。

（衛）

---

① 今本"蔉"作"蓘"。
② 陳本"以"後有"戈"。

懼選

【詁訓】【歷史】選、遣疊韵。《左傳》："秦后子有寵於桓，如二君於景，其母曰：弗去懼選。鍼適晉，其車千乘。"按：此"選"字正訓遣。后子懼遣，故適晉，實非出奔也。

（選）

翫歲而愒日

【異文】（《說文》："《春秋傳》曰：'翫歲而愒日。'"）《左傳·昭元年》文。按：《心部》"忨"下引《春秋傳》"忨歲而愒日"，當作《春秋國語》。今《晉語》作"忨日而愒歲"。

（翫）

【異文】（《說文》："《春秋傳》曰：'忨歲而愒日。'"）按：《左傳·昭元年》曰："翫歲而愒日"，《習部》引之。《國語》作："忨日而愒歲"，韋曰："忨，偷也。愒，遲也。"此所偁疑用《外傳》文。然杜注"翫""愒"皆"貪也"，《釋文》曰："翫字又作忨。"則許所據《左傳》如是。

（忨）

山川　日月星辰

【經學】【異文】（《說文》："禜，設緜蕝爲營，目禳風雨雪霜、水旱癘疫于日月星辰、山川也。"[①]）《左氏傳》子產曰："山川之神，則水旱癘疫之災，於是乎禜之。日月星辰之神，則雪霜風雨之不時，於是乎禜之。"許與鄭司農《周禮注》引皆先"日月星辰"，與今本不同也。

（禜）

[①] 陳本"于"作"於"。

如蠱

【句讀】【詁訓】【校勘】醫和視晉侯疾曰："是爲近女室疾（段云：句）。如蠱，非鬼非食，惑以喪志。天有六氣，淫生六疾。陰淫寒疾，陽淫熱疾，風淫末疾，雨淫腹疾，晦淫惑疾，明淫心疾。女，陽物而晦時，淫則生内熱惑蠱之疾。於文，皿蟲爲蠱。穀之飛亦爲蠱，在《周易》，女惑男，風落山謂之蠱，皆同物也。"和言"如蠱"者，蠱以鬼物飲食害人，女色非有鬼物飲食也，而能惑害人，故曰"如蠱"。人受女毒，一如中蠱毒然，故《毄辭》謂之"蠱容"，張平子賦謂之"妖蠱"，謂之"蠱媚"，皆"如蠱"之說也。言"於文皿蟲爲蠱"者，造字者謂蟲在皿中而飲人，即以人爲皿而餂其中。康謂之蠱，米亦皿也。女惑男，風落山，男亦皿也，山亦皿也。故云："皆同物也。"此皆蠱之引申之義。……《史記·封禪書》索隱引樂彥云："《左傳》皿蟲爲蠱，梟磔死之鬼亦爲蠱。""梟"當作"臬"，斷首倒縣，磔辜也，殺人而申張之也。強死之鬼，其冤魄能馮依於人以爲淫厲，是亦以人爲皿而害之也。此亦引申之義。《序卦傳》曰："蠱者，事也。"伏曼容注曰："蠱，惑亂也。萬事從惑而起，故以蠱爲事。"引《大傳》"乃命五史以書五帝之蠱事"。

（蠱）

四年

夭札

【詁訓】《左傳》所謂"夭札"，不終其天年者也。

（芣）

五年

設机而不倚

【正俗】几俗作机，《左傳》："設机而不倚"，《周易》："渙奔其机"，皆俗字。

（几）

馮怒

【叚借】【校勘】馬行疾馮馮然，此馮之本義也。展轉他用而馮之本義廢矣。馮者，馬蹢箸地堅實之皃，因之引伸其義爲盛也，大也，滿也，憑也。如《左傳》之"馮怒"，《離騷》之"馮心"以及《天問》之"馮翼惟象"，《淮南書》之"馮馮翼翼"，《地理志》之"左馮翊"，皆謂充盛，皆畐字之合音叚借。畐者，滿也。或叚爲"凭"字，凡經傳云"馮依"，其字皆當作"凭"。或叚爲"淜"字，如《易》《詩》《論語》之"馮河"皆當作"淜"也，俗作"憑"，非是。

（馮）

六年

徐儀楚聘于楚

【異文】【經學】（《說文》："《春秋傳》曰：'徐鄾楚。'"）《左傳·昭六年》："徐儀楚聘于楚，楚子執之。"杜云："儀楚，徐大夫。"按：許所據《左》作鄾，以邑爲氏，古本古說也。

（鄾）

七年

天子經略

【詁訓】昭七年《左傳》芋尹無宇曰："天子經略，諸侯正封，古之制也。"杜注："經營天下，略有四海，故曰經略。正封，封疆有定分也。"《禹貢》曰："嵎夷既略。"凡經界曰略。《左傳》曰："吾將略地"，又曰："略基阯。"引申之，規取其地亦曰略地。凡舉其要而用功少皆曰略。略者，對詳而言。

（略）

使長鬣者相

【叚借】【辨誤】【異文】《左傳》昭七年、十七年，《國語·楚語》皆云："長鬣。""鬣"者，"儠"之假借字也。韋昭、杜預釋爲"美須頿"，誤。《廣雅》曰："儠，長也。"（《說文》："《春秋傳》曰：'長儠者相之。'"）《左傳·昭七年》曰："使長鬣者相。"

（儠）

【異文】【辨誤】【詁訓】《人部》曰："儠者，長壯儠儠也。"字意略同。今《左氏傳》"長儠"作"長鬣"，杜以"多須"釋之，殊誤。須下垂，不偁鬣，凡上指者偁鬣。

（鬣）

今夢黃熊入于寢門　正義：鯀化爲熊

【校勘】《左傳》《國語》皆云："晉侯夢黃能入於寢門。"韋注曰："能似熊。"凡《左傳》《國語》"能"作"熊"者，皆淺人所改也。

（能）

【音義】【校勘】《左傳正義》曰："張叔反論云：'賓爵下革，田鼠上騰，牛哀虎變，鯀化爲熊，久血爲燐，積灰生蠅。'"或疑"熊"當爲

"能"。王劭曰："古人讀雄與熊皆于陵反，張叔用舊音。傅玄《潛通賦》與終韵，用新音也。"玉裁謂：熊不妨古反于陵，要之反論必是"能"字。

（熊）

日月之會是謂辰

【詁訓】（《說文》："䢈，日月合宿爲䢈。"①）《左傳》："晉侯問伯瑕曰：'何謂六物？'對曰：'歲時日月星辰是謂也。'公曰：'多語寡人辰而莫同，何謂辰？'對曰：'日月之會是謂辰，故以配日。'"按：辰以配日者，謂以從子至亥配從甲至癸也。十日、十二辰見《周禮·馮相氏》《䄍蔟氏》，注云："日謂從甲至癸，辰謂從子至亥。"從子至亥者，日月一歲十二會。所會之處謂之十二次。星紀之次爲丑，玄枵之次一名天黿爲子，豕韋之次一名娵訾爲亥，降婁之次爲戌，大梁之次爲酉，實沈之次爲申，鶉首之次爲未，鶉火之次爲午，鶉尾之次爲巳，壽星之次爲辰，大火之次爲卯，析木之次爲寅是也。據《說文》則日月之合宿謂之䢈。據《周禮》《左傳》則日月䢈處謂之辰也。䢈者，即《左傳》之會字，非《左傳》之辰字也。

（䢈）

筮襲于夢②

【校勘】凡經典重襲之義，如"筮襲于夢，武王所用"，"祥襲則行，不襲則增，修德而改卜"，皆當作"褶"，褶義之引申。

（襲）

---

① 陳本作"䢈"作"辰"。段注："各本作'爲辰'，今依《廣韵》《集韵》《類篇》訂。"
② 今本"于"作"於"。

十一年

其僚從之

【段借】（編按：寮）亦假僚字爲之。《左傳》："泉丘人女奔孟僖子，其僚從之。"杜注："鄰女爲僚友。"

（寮）

衣有襘

【詁訓】【辨誤】【經學】（《説文》："襘，帶所結也。"）昭十一年《左傳》叔向曰："衣有襘，帶有結，視不過結襘之中，所以道容貌也。"杜注："襘，領會。結，帶結也。"《玉藻》《曲禮》《深衣》皆謂交領曰袷，襘即袷，會、合同義。且叔向"視不過結襘之中"，即《曲禮》視天子"不上於袷，不下於帶"，《玉藻》"侍君視帶以及袷"也。然則杜注得之，許合繪結二者爲一，似誤矣。杜注當仍賈、服之舊。

（襘）

簉

【校勘】【詁訓】（《説文》："莲，艸皃。"）《左氏傳》："僖子使助薳氏之簉"，杜注："簉，副倅也。"《釋文》曰："《説文》簉從艸。"《五經文字·艸部》曰："莲，倅也。《春秋傳》從竹。"攷李善注《長笛賦》"簉弄"曰："《説文》簉倅字如此"，注江淹詩"步櫩簉瓊弁"曰："《説文》簉襍字如此。"然則《左傳》《文選》從竹之簉，皆從艸之莲之譌，而《説文》"艸皃"之下本有"一曰莲襍也"五字。今人言集，漢人多言襍。倅，《周禮》作萃，作倅，亦湊集意也。小徐注"莲"字云："艸相次也"，葢識此意。

（莲）

十二年

日旰君勤

【異文】（《說文》："《春秋傳》曰：'日旰君勞。'"）昭十二年《左氏傳》文。今本"勞"作"勤"。

（旰）

形民之力

【叚借】《左傳》："形民之力"，假爲型模字也。

（形）

【叚借】【詁訓】（編按：型）又或叚形爲之，《左傳》引《詩》"形民之力，而無醉飽之心"，謂程量其力之所能爲而不過也。

（型）

十三年

知擠于溝壑矣

【古今】【詁訓】【異文】【正俗】《左傳》："知擠于溝壑矣。"杜云："隊也。"隊，今之墜字，謂排而墜之也。《商書·微子》作"隮"。引《左傳》亦作"隮"。"隮"者，"躋"之俗。

（擠）

建而不旃　復旃之

【詁訓】（編按：旃）引伸爲凡垂之偁。《出車》傳曰："旆旆，旐垂皃。"《左傳·昭十三年》曰："八月辛未，治兵，建而不旆。壬申，復旆之。"杜云："建立旌旗，不曳其旆。旆，游也。"按：不旆者，卷而不垂。旆之者，垂之也。定四年："晉人假羽旌於鄭，鄭人與之。明日，或旆以會。"亦是垂旒之義。《大雅》："荏菽旆旆。"《傳》曰："旆旆然長也。"沛然而垂則長，故毛云爾也。

（旆）

十五年

非祭祥也喪氛也

【詁訓】《左傳》曰："非祭祥也，喪氛也。"杜注："氛，惡氣也。"《晉語》曰："見翟柤之氛"，注："氛，祲氛，凶象也。凶曰氛，吉曰祥。"玉裁按：統言則祥、氛二字皆兼吉、凶，析言則祥吉，氛凶耳。許意是統言。《左傳》又曰："楚氛甚惡"，杜注："氛，氣也。"可見不容分別。

（氛）

闕翚之甲

【異文】（《說文》："《春秋傳》曰：'闕碧之甲。'"）《左傳·昭十五年》《定四年》皆作"翚"。杜注："闕翚國所出鎧。"

（碧）

經十六年

蠻子

【經學】【異文】《左傳·昭十六年》："楚子誘戎蠻子殺之。"杜云："河南新城縣東南有蠻城。"……今《左》《穀》皆作"蠻"，《公羊》作"曼"，劉昭引《左傳》作"鄬"。

（彎）

傳十六年

刑之頗類

【叚借】《左傳》："刑之頗類"，叚類爲纇。
（類）

【叚借】（編按：纇）亦叚類爲之，昭十六年《傳》曰："刑之頗纇"，服虔讀類爲纇，解云："纇，不平也。"
（纇）

藜

【詁訓】《左傳》："斬之蓬蒿藜藋"，藜初生可食，故曰蒸藜不孰。《小雅》："北山有萊"，陸機云："萊，兗州人蒸以爲茹，謂之萊蒸。"按：萊蒸薀即蒸藜，如《詩》"駜牡"訓驪牝也。
（藜）

子齹

【異文】【音義】【詁訓】（《說文》："《春秋傳》鄭有子齹。"①）見《左傳·昭十六年》。今《傳》作"齹"，實一字也。《釋文》曰："齹，《字林》才可、士知二反。《說文》作'齹'，云：'齒差跌也。'在河、千多二反。"是《字林》始有齹，各本《說文》乃以齹篆先齹，而別爲音義，誤甚，今刪之。古人名字相應，或以相反爲相應，齹者不齊，故爲嬰齊之字也。
（齹）

---

① 陳本"傳"後有"曰"。

十七年

鳩民　夷民　九扈　扈民

【詁訓】【校勘】【經學】《左傳·昭十七年》郯子曰："五鳩，鳩民者也。五雉爲五工正，利器用，正度量，夷民者也。九扈爲農正，扈民無淫者也。"皆以同音訓詁。鳩民者，勼民也。夷民者，古雉與夷音同也。扈民者，户民也。杜曰："扈，止也。"《左傳》："屈蕩户之。"《漢書》："王嘉户殿門，失闌。"注皆曰："户，止也。"此扈同户。"户"下曰："護也。"……賈、服注《左》皆作"鴅鴅"。按：疊字則當作晏晏，鳥聲也。一字則當作鴳，《鳥部》曰"鴳，雇也"是也。賈侍中云："春扈分循，相五土之宜，趣民耕種者也。夏扈竊玄，趣民耘苗者也。秋扈竊藍，趣民收斂者也。冬扈竊黃，趣民蓋藏者也。棘扈竊丹，爲果驅鳥者也。行扈唶唶，晝爲民驅鳥者也。宵扈嘖嘖，夜爲農驅獸者也。桑扈竊脂，爲蠶驅雀者也。老扈鴳鴳，趣民收麥，令不得晏起者也。"舍人、樊光、蔡邕說皆同。故皆爲農桑候鳥。"户民不淫者"，少昊之官督民農桑者取其名，亦户民不使淫逸者也。

（雇）

十八年

主祐

【古今】【詁訓】【經學】經典作主，小篆作宔，主者古文也。祐猶主也，《左傳》"使祝史徙主祐於周廟"是也。鄭說卿大夫無宔，許說大夫以石爲宔。

（宔）

行火所焮

【異文】【詁訓】（《說文》："掀，舉出也……《春秋傳》曰：'掀公出於淖。'"）《釋文》曰："捧轂舉之，則公軒起也，徐許言反。一曰掀，引也，胡根反。"○又按：陸引《字林》云："火氣也。"蓋呂氏所見昭十八年《左傳》作"行火所掀"，與今本作"焮"不同，亦謂火氣高舉也。

（掀）

十九年

鄩陽

【地理】昭十九年《左傳》云："楚子之在蔡也，鄩陽封人之女奔之，生大子建。"平王爲蔡公時，蔡方滅，尚未遷新蔡，則鄩陽當在上蔡矣。《左傳》又云："齊侯、衛侯次于垂葭，實鄩氏"，則衛地，非蔡地也。

（鄩）

紡焉以度而去之

【詁訓】《左傳》莒婦人"紡焉以度而去之"，蓋緝布縷爲繩，亦用紡名也。《晉語》："執而紡於廷之槐"，亦謂以紡縷繩縛之也。《聘禮》："賓裼迎大夫，賄用束紡"，鄭曰："紡，紡絲爲之，今之縛也。"縛見下文，白鮮支也。據此是紡絲專用作絹也。

（紡）

駟氏聳

【校勘】（《說文》："《春秋傳》曰：'駟氏㸑。'"）昭公十九年《左傳》文，今本作"聳"，後人所易也。又昭六年《左傳》："聳之以行"，《漢書·刑法志》引作"㦣"，晉灼曰："古悚字。"按：《漢書》"雙"不省。又《魏都賦》："吳蜀二客㦣焉相顧"，張載注："㦣，懼也。"引《左傳》

"馴氏慺",張用《說文》也,俗本譌爲"矑"。

(慺)

札瘥夭昏①

【校勘】(《說文》:"殙,瞀也。"②)《左傳》:"札瘥夭殙。"杜曰:"未名而死曰殙。"今《傳》作"昏"。

(殙)

二十年

齊侯疥

【辨誤】梁元帝及袁狎、顏之推欲改"疥"爲"痎",所謂無事而自擾也,陸氏德明既辨之矣。

(痁)

衡鹿守之

【叚借】【詁訓】《左傳》:"山林之木,衡鹿守之。"杜曰:"衡鹿,官名也。"按:鹿者,麓之假借字。天子曰林衡,諸侯曰衡鹿,皆守山林吏也。《晉語》史黯曰:"主將適而麓不聞",韋曰:"麓,主君苑囿者。"

(麓)

舟鮫守之

【校勘】(《說文》:"《春秋傳》曰:'澤之自䈗。'"③)"自"當作"舟"。昭二十年《左傳》曰:"澤之萑蒲,舟鮫守之。""鮫"當是"䱜"誤,許所據竟作"舟䈗"耳。《魯語》有"舟虞",同也。

(䈗)

---

① 今本"昏"作"昬"。
② 陳本"殙"作"殙"。
③ 陳本"自"作"目"。

若琴瑟之摶壹①

【叚借】（編按：摶）古亦借爲專壹字，《左傳》云："若琴瑟之摶壹"，秦瑯邪臺刻石曰"摶心揖志"是也。專壹，許《女部》作"嫥壹"。

（摶）

二十一年

王心弗堪

【校勘】漢魏六朝人戡、堪、戡、龕四字不甚區別，《左傳》："王心弗堪"，《漢·五行志》作"王心弗戡"，勝也。

（戡）

揚徽者公徒也②

【校勘】【詁訓】《左傳》曰："揚徽者公徒也。"杜注曰："徽，徽識也。"……許書及杜注皆"徽識也"三字爲句，淺者皆刪去一字不完。……曰"揚"則旌旗，而非箸背者。

（徽）

子無我迋

【叚借】（《說文》："《春秋傳》曰：'子無我迋。'"）《鄭風》："無信人之言，人實迋女。"毛曰："迋，誑也。"《傳》意謂"迋"爲"誑"之叚借，《左氏》此"迋"正同。

（迋）

---

① 今本"摶"作"專"，《釋文》云："專，如字，董遇本作'摶'，音同。"段引同董遇本。
② 今本"揚"作"楊"。

二十三年

弗殊

【詁訓】《左傳》曰:"武城人塞其前,斬其後之木而弗殊。邾師過之,乃推而蹷之。"《史·蘇秦列傳》:"刺蘇秦,不死殊而走。"按:"弗殊"者,謂不絕也;"不死殊而走"者,謂人雖未死,創已決裂。皆斷之說也。宣帝詔曰:"骨肉之親,粲而不殊。"凡言殊異、殊絕,皆引伸之義。《殳部》曰:"以杖殊人",謂隔遠敵仇不得近,亦是斷義。

(殊)

二十四年

王室實蠢蠢焉

【異文】(《說文》:"《春秋傳》曰:'王室日惷惷焉。'")今本作"王室實蠢蠢焉。"杜注:"動擾兒。"

(惷)

執冰

【叚借】【詁訓】《左傳》:"公徒釋甲執冰而踞",冰者,掤之叚借字。賈逵、服虔皆曰:"冰,櫝丸蓋也。"杜預云:"或說櫝丸是箭筩,其蓋可以取飲。"

(掤)

經二十五年

有鸜鵒來巢

【經學】【異文】【同源】《左氏春秋·昭二十五年》:"有鸜鵒來巢",鸜本又作鴝;《公羊》作"鸛",音權;《穀梁》作"鸐",亦作"鸜"。《考工記》作"鷞",亦作"鸛"。郭注《山海經》云:"鸛鷞,鴝鷞也。"按:句、瞿音同,作鸛音權者,語轉也。

(鴝)

傳二十五年

楄柎　藉幹

【異文】(《說文》:"《春秋傳》曰:'楄部薦幹。'") 今作"楄柎藉幹。"杜云:"楄柎,棺中笭牀也。幹,骸骨也。"

(楄)

【詁訓】《方言》曰:"牀其上版,衛之北郊,趙、魏之閒謂之牒,或曰楄。"按:《左傳》:"楄柎,藉幹。"義與楄近。

(楄)

私降昵燕①

【異文】(《說文》:"《春秋傳》曰:'私降暱燕。'") 今本作"昵"。

(暱)

二十六年

殪

【詁訓】【辨誤】《左傳》:"聲子射其馬,斬鞅,殪。將擊子車,子車射之,殪。"《小雅》毛傳、文穎注《上林賦》皆曰"壹發而死爲殪"是也,故其字從壹。按:《尚書》言"殪戎殷",殪,仆也。此引伸之義。《中庸》言"壹戎衣",注:"衣讀爲殷,聲之誤也。壹戎殷者,壹用兵伐殷也。"郭忠恕《佩觿》乃引鄭注云:"壹當爲殪",此記憶之誤

---

① 今本"燕"作"宴"。

耳。凡恃記憶而不檢閱者多此病。

（殯）

踁

【校勘】【詁訓】（《說文》："《春秋傳》'踁而乘它車'。"①）今《左傳》作"踁而乘他車"，則不可通矣。踁盇即脛字，亦或作踁。林雍既斷足，乃以脛築地而行，故謂之脛。

（踁）

規求無度

【詁訓】凡有所圖度匡正皆曰規。《左傳》："規求無度"，陶淵明文："欣然規往"，《左傳》曰："大夫規誨"，《詩序》曰："沔水，規宣王也。"

（規）

貫瀆鬼神

【叚借】【異文】（《說文》："摜，習也。"）古多叚"貫"爲之。……（《說文》："《春秋傳》曰：'摜瀆鬼神。'"）今本作"貫"，杜曰："貫，習也。"

（摜）

二十八年

鄔臧

【辨誤】陸氏《左傳音義》乃云："太原縣字從焉作鄢。"誤甚。且云："舊音烏户反非，當從於庶反。"夫於庶與烏户，亦南朝魚虞斂侈之辨耳，安有是非也？

（鄔）

---

① 陳本"傳"後有"曰"。

二十九年

物乃坻伏①

【校勘】【譌字】徐楚金引《左傳》："物乃泜伏"。按：《左傳》自作"坻伏"，杜曰："坻，止也。"尋其義當作坻，與泜義略同。蓋唐宋以來，氐、氏溷淆多矣。

（泜）

【校勘】【音義】《左傳·昭廿九年》："物乃坻伏，鬱湮不育。"杜注："坻，止也。"此"坻"字見於經者，而《開成石經》譌作"坻"，其義迥異。楚金所見《左傳》故未誤。尋其所由，蓋唐初已有誤坻者。故《釋文》曰："坻音旨，又音丁禮反。"後一音則已譌爲"坻"。凡字切丁禮者，皆氏聲也。今版本《釋文》及《左傳》及《廣韵·四紙》皆作"坻"，坻行而坻廢矣。

（坻）

火正曰祝融

【經學】（《說文》："《周禮》曰竈祠祝融。"②）各本無此七字，今據《史記·孝武本紀》索隱補。賈逵注《左傳》云："句芒祀於戶，祝融祀於竈，蓐收祀於門，玄冥祀於井（段云："《呂氏春秋注》曰：'行或作井'，《淮南·時則訓》注曰：'井或作行'。"），后土祀於中霤。"《淮南·時則訓》："孟夏之月，其祀竈。"高注云："祝融吳回爲高辛氏火正，死爲火神，託祀於竈。是月火旺，故祀竈。"此皆用古《周禮》說也。《五經異義》："竈神，今《禮》戴說引《禮器》燔柴盆瓶之事。古《周禮》說：顓頊氏有子曰黎爲祝融，祀以爲竈神。許君謹案：同

---

① 今本"伏"作"伏"。
② 陳本無。

《周禮》說。"鄭駁之云:"祝融乃古火宫之長,猶后稷爲堯司馬,其尊如是,王者祭之,但就竈陘,一何陋也。祝融乃是五帝之神,祀於四郊,而祭火神於竈陘,於禮乖也。"按:許君《說文》有此七字,是與《五經異義》不殊。《風俗通義》亦從《異義》,用古《周禮》說。

(竈)

定公

元年

奚仲居薛　遷于邳　仲虺居薛

【經學】【地理】【歷史】【辨誤】(《說文》:"邳,奚仲之後,湯左相仲虺所封國。在魯。薛縣是也。"①)《左傳·定元年》:"薛宰曰:'薛之皇祖奚仲居薛,以爲夏車正。奚仲遷於邳,仲虺居薛,以爲湯左相。'"《謚》云:"薛,任姓,黃帝之苗裔。奚仲封爲薛侯,今魯國薛縣是也。奚仲遷於邳,仲虺居薛,以爲湯左相。武王復以其胄爲薛侯。齊桓黜爲伯。小國無記,世不可知,亦不知爲誰所滅。"按:杜亦云:"仲虺,奚仲之後。"與許合。邳者,所封國名,如:竈、鄅、邰、扈、邢、鄑、邢、鄷、郎、鄧、郜、鄶、鄑等字之例。《左傳·昭元年》云:"虞有三苗,夏有觀扈,商有姺邳,周有徐奄。"皆國名也。杜云:"姺、邳二國,商諸侯。"按:蓋謂仲虺之後爲亂者也。……《前志》云:"夏車正奚仲所國,後遷於邳,湯相仲虺居之。"合班、許所云,蓋奚仲所遷之邳,詎薛密邇,如邾遷於繹之比。遷於邳則國名邳,仲虺所居薛,而邳名不改。姺、邳與觀、扈、徐、奄同,則國嘗滅矣,周復封其後於邳爲薛侯也。應劭注東海"下邳"曰:"邳在薛,其後徙此,故曰下。"臣瓚曰:"有上邳,故曰下邳。"按:吕后三年封楚元王子郢客爲

---

① 陳本無"是也"。

上邾矦。上邾即薛也。然則昭元年、定元年杜注皆云："邾，下邾縣"，非是。下邾在今江蘇徐州府之邳州。薛縣在今山東兗州府滕縣，縣南四十里有故薛城。

（邾）

二年

奪之杖以敲之

【校勘】【詁訓】（《說文》："敲，橫擿也。"）擿，今之擲字。橫擿，橫投之也。《左傳》："奪之杖以敲之"，《釋文》曰："《說文》作骹。"此謂《左》字當作"骹"也。橫投不必以杖。又按：《公羊傳》："以斗摮而殺之"，何云："摮猶拲也。"摮謂旁擊頭項。拲即敲字，摮即骹字，其字義異，故云"猶"。

（敲）

三年

弁急而好絜①

【叚借】（《說文》："辡……一曰㞋也。"②）《左傳》曰："郳莊公弁急而好絜。"弁蓋辡之叚借字。杜云："弁，躁疾也。"《玉藻》："弁行剡剡起屨。"《釋文》《正義》皆曰："弁，急也。"

（辡）

---

① 今本"弁"作"卞"，"絜"作"潔"。
② 陳本"㞋"作"急"。

經四年

公孫生①

【經學】【異文】定四年蔡大夫"公孫生",《公》《穀》皆作"公孫姓"。

(姓)

沈

【詁訓】《春秋》:"蔡滅沈",杜預、司馬昭皆云:"平輿有沈亭。"疑沈亭即execution亭也。execution从執聲,執與沈皆七部字也。

(execution)

傳四年

土田陪敦

【校勘】【經學】(《說文》:"培敦,土田山川也。")《左傳》祝鮀曰:"分魯土田倍敦",《釋文》曰:"倍本亦作陪",許所見作"培"為是矣。杜云:"倍,增也。敦,厚也。"《左氏》但言"土田",而《魯頌》曰:"錫之山川,土田附庸",《大雅》曰:"告于文人,錫山土田",《毛傳》曰:"諸侯有大功德,賜之名山、土田、附庸",《魯頌》箋云:"策命伯禽,使為君於東,加賜之以山川、土田及附庸,令專統之。"《王制》曰:"名山大川不以封,諸侯附庸則不得專臣也。"按:封建所加厚曰"培敦",許合《詩》以釋《左》也。

(培)

---

① 今本"生"作"姓",《釋文》云:"公孫姓,音生,又作生。"段引同又作本。

備物典筴①

【異文】【正俗】【叚借】【古今】【義例】【志疑】《左傳》："備物典筴"，《釋文》："筴，本又作冊，亦作策，或作篰。"按：筴者，策之俗也。冊者，正字也。策者，叚借字也。篰者，冊之古文也。左氏述《春秋傳》以古文，然則篰其是歟？

（冊）

綪茷

【詁訓】定四年《左傳》："分康叔以綪茷"，茷即斾也。杜曰："綪，大赤，取染草名也。"《襍記》注作"蒨斾"，蒨即茜也。

（綪）

塞大隧直轘冥阨②

【地理】【校勘】【音義】《左傳·定四年》："楚司馬戌云：'塞大隧、直轘、冥阨。'"三者漢東之隘道，總名曰城口。魏晉以後，義陽有三關之塞。三關者：一曰平靖關，亦名西關，即《左傳》之冥阨也，今在信陽州東南九十里，應山縣北六十五里。一曰武陽關，亦名東關，即《左傳》之大隧也，在信陽州東南一百五十里，西南至應山縣一百三十里。一曰黃峴關，即《左傳》之直轘也，在信陽州南九十里，南至應山縣亦九十里。《呂氏春秋》《淮南鴻烈》皆云："天下九塞，冥阨其一。"《戰國策》《史記》二書或云黽阨，或云黽塞，或云黽阨之塞，或云鄳隘，或云冥阨之塞，其實黽、冥、鄳一字，阨、隘一字。而《魏策》無忌謂魏王作"危隘之塞"，危即黽之字誤也。黽古音讀如忙，與

---

① 今本"筴"作"策"。
② 今本"冥"作"寘"，阮校云："《釋文》云：'冥阨'本或作'寘隘'，石經、宋本作'冥'與《釋文》合。"

冥字爲陽庚之轉冣近。《隋書·地理志》："義陽郡鍾山縣舊曰䥇。"《魏世家》正義引《水經注》作䥇。䥇者，䣄之變。《宋書·州郡志》曰："《晉太康地志》屬義陽，作䣄。《永初郡國志》何並作䥇（段云：此字今正）。"《廣韵》《集韵》皆云："䥇在義陽。"陽今讇昌。又《通典》申州羅山、鍾山二縣下皆曰："漢䥇縣地。"此處不當有鄳地，二鄳字皆䥇字之誤。

（䣄）

五年

璵璠

【校勘】【異文】（《說文》："璠，璠璵，魯之寶玉。"① ）考《左傳釋文》曰："璵，本又作與，音餘。"此可證古本《左傳》《說文》皆不从玉。後人輒加篆文之"璵"，可勿補也。又各本作"璵璠"，今依《太平御覽》所引作"璠璵"，《法言》亦作"璠璵"。……《左氏傳·定公五年》："季平子卒，陽虎將以與璠斂"，今本《左傳》上"與"下"璠"，許君所據不同。

（璠）

經八年

從祀先公

【詁訓】《春秋經》："從祀先公。"《左傳》曰："順祀先公。"是從訓順也。《左傳》："使亂大從。"王肅曰："從，順也。"《左傳》："大伯不從，是以不嗣。"謂不肎順其長幼之次也。

（從）

---

① 陳本"璠與"作"璵璠"。

盜竊寶玉大弓

【詁訓】（《說文》："竊，盜自中出曰竊。"）《春秋》曰："盜竊寶玉大弓。"盜自中出也。

（竊）

傳八年

捘衛侯之手及捥

【詁訓】【辨誤】定八年《左傳》曰："將歃，涉佗捘衛侯之手及捥。"此謂衛矦欲先歃，涉佗執其手卻之，由指掌逆推及於掔也。杜云："血及捥"，非。

（捘）

桓子咋謂林楚

【志疑】（《說文》："諀，憸語也。"） 疑《左傳·定八年》"桓子咋謂林楚"，杜云："咋，暫也"，當作"諀"字。

（諀）

【校勘】《孟子》："今人乍見孺子將入於井"，《左傳》："桓子乍謂林楚"，文意正同。而《左傳》俗本改"乍"爲"咋"。

（乍）

九年

竹刑

【詁訓】《左傳》曰："鄭駟歂殺鄧析而用其竹刑。"竹刑者，刑罰科條載於竹簡也。

（笵）

載蔥靈

【校勘】【詁訓】【志疑】《左傳》陽虎"載蔥靈，寢於其中而逃"。蔥蓋本作囪，初江切。靈即軨也。《文選》四十八注引《尚書大傳》曰："未命爲士，不得有飛軨"，鄭注："如今窗車也。"李尤《小車銘》曰："軨之嗛虛，疏達開通。"蓋古者飾車鞔革，更有不鞔革者，露其窗櫺與？《木部》："櫺，楯閒子。"

（軨）

晳幘

【校勘】【詁訓】（《說文》："齤，齒相值也。"）今《左傳》作"幘"，譌字也。古無幘，則述《傳》時無此字也。杜云："齒上下相值也。"按：謂上下齒整齊相對，《詩》所云"如瓠犀"。……（《說文》："《春秋傳》曰：'晳齤。'"）按：晳謂人色白，與"齤"二事。

（齤）

經十年

歸鄆讙龜陰田

【經學】【異文】【地理】《春秋經·定十年》："齊人來歸鄆、讙、龜陰之田。""鄆"，《公羊》作"運"。"讙"，三經三傳皆同，許作"酄"，容許所據異也。應劭注《前志》引《春秋·哀八年》"取酄及闡"，字亦作"酄"。賈、服云："鄆、讙，二邑名。"《左傳·桓三年》杜注曰："讙，魯地，濟北蛇丘縣西有下讙亭。"

（酄）

經十四年

越敗吳於欈李

【經學】【異文】【地理】《公羊傳》作"醉李"。（《說文》："《春秋傳》曰：'越敗吳於欈李。'"）定公十四年事。欈李，地名。杜預曰："吳郡嘉興縣南醉李城是。"

（欈）

傳十四年

遂自剄也

【校勘】《左傳》："越句踐使罪人三行，屬劍於頸而辭曰：'臣不敢逃刑，敢歸死。'遂自剄也。吳師屬之目。""剄"，《經典釋文》宋刻作"頸"，非也。

（剄）

哀公

元年

后緡方娠①

【詁訓】【叚借】哀元年《左傳》曰："后緡方娠，逃出自竇，歸于有仍，生少康焉。""方娠"者，方身動，去產不遠也。其字亦叚震為之，昭元年《左傳》"邑姜方震大叔"是也。若《生民》"載震載肅"，《傳》曰："震，動也"，《箋》云："遂有身"，則以妊解之。

（娠）

---

① 今本"緡"作"緍"。

二年

卜戰龜焦

【異文】【詁訓】（《說文》："爇，灼龜不兆也。……《春秋傳》曰：'卜戰，龜爇不兆。'"①）《左傳·哀二年》："卜戰，龜焦。"無"不兆"二字。按：許所據葢有"不兆"，與下文"以故兆詢"相貫。而"焦"作"爇"，則淺人所改也。焦者，火所傷也；龜焦曰爇。許引《傳》說龜火會意，如引"豐其屋""艸木麗於地"同。

（爇）

羅無勇麇之

【叚借】（編按：稛）古亦叚麇爲之，如《左傳》"羅無勇麇之""及潞麇之"是也。

（稛）

吾伏弢嘔血

【詁訓】【異文】《左傳》："吾伏弢嘔血。"杜曰："嘔，吐也。"本又作"㕵"。按：嘔㕵即歐欨字。

（欨）

三年

鬱攸

【詁訓】《左傳》說火曰："鬱攸從之，蒙葺公屋。"火之行如水之行，故曰"鬱攸"。

（攸）

---

① 陳本無"卜戰"二字。

四年

又遷也承

【叚借】《左傳》曰：蔡大夫恐昭侯之"又遷也承"，此叚"承"爲"懲"也。

（承）

七年

塗山

【古今】【地理】【辨誤】（《說文》："崟，會稽山也。"①）《左傳》："禹會諸侯於塗山，執玉帛者萬國。"《魯語》："昔禹致羣神於會稽之山，防風氏後至，禹殺而戮之。"二《傳》所說正是一事。故云："崟山即會稽山。""崟""塗"古今字，故今《左傳》作"塗"。《封禪書》云："管仲曰：'禹封泰山，禪會稽。'"《吳越春秋》曰："禹登茅山以朝羣臣，乃大會計，更名茅山爲會稽。"《封禪書》又云："秦并天下，自殽以東名山五：大室、恒山、太山、會稽、湘山。"劉向上封事曰："禹葬會稽。"蓋大禹以前名崟山，大禹以後則名會稽山，故許以今名釋古名也。杜注《左傳》云："塗山在壽春東北"，非古說也。會稽山在今浙江省紹興府治東南十二里。

（崟）

八年

漚菅

【叚借】【異文】（編按：漚）或假渥字爲之。如《左傳》"鄅人漚菅

---

① 陳本無"也"字。

者"，《周禮注》引作"繒人渥菅"是也。

（漚）

何故使吾水滋

【音義】【校勘】【辨誤】《左傳》："何故使吾水玆？"《釋文》曰："玆音玄"，此相傳古音在十二部也；又曰："本亦作滋，子絲反"，此俗加水作滋，因誤認爲滋益字而入之韵也。《艸部》茲從絲省聲，凡《水部》之滋、《子部》之孳、《鳥部》之鷀皆以玆爲聲，而玆、滋字祇當音懸，不當音孜。《廣韵·七之》作"滋"，一先作"滋"，音義各不同爲是也。且訓此之玆，本假借從艸之茲，而不當用二玄之玆。蔡邕石經見於《隸釋》《漢隸字原》者，《尚書》茲字五見，皆從艸，則唐石經皆作玆者非矣。今本《說文》滋、孳、鷀篆體皆誤從玆。（《說文》："《春秋傳》曰：'何故使吾水玆？'"）《釋文》曰："玆音玄，本亦作滋，子絲反，濁也。《字林》云：'黑也。'"按：宋本如是，今本玆、滋互易，非也。且本亦作滋，則仍胡涓切，不同《水部》滋水字子絲反也。陸氏誤合二字爲一。

（玆）

九年

吳城邗溝通江淮

【地理】【句讀】《左傳·哀九年》："吳城邗。溝通江淮。"杜云："於邗江築城穿溝，東北通射陽湖，西北至末口入淮，通糧道也。今廣陵邗江是。"按：《左傳》"吳城邗"爲句，"溝通江淮"爲句。曰"城邗"，則知邗地名。

（邗）

十一年

公叔務人

【異文】【詁訓】《左傳》魯昭公子公爲亦稱公叔務人，《檀弓》作公叔禺人。《甶部》曰："禺，母猴屬也。"然則名"爲"，字"禺"，所謂名字相應也。

（爲）

戰于郊

【異文】【地理】哀十一年："戰于郊。"《檀弓》作"戰於郎"。鄭曰："郎，魯近邑也。"杜云："郎，魯邑。高平方與縣東南有郁郎亭。"

（郎）

十二年

國狗之瘈

【異文】（《說文》："猘，狂犬也……《春秋傳》曰：'猘犬入華臣氏之門。'"①）《左傳·哀十二年》："國狗之瘈，無不噬也。"杜云："瘈，狂也。"按：今《左傳》作"瘈"，非古也，許所見作"猘"。……襄十七年《左傳》曰："國人逐瘈狗，瘈狗入于華臣氏"，無"之門"二字，《漢·五行志》作"猘"。

（猘）

---

① 陳本"狌"作"狂"。

十三年

佩玉繠兮

【詁訓】【押韵】(《說文》:"繠,𠂹也。"①)《左傳》曰:"佩玉繠兮,余無所繫之。旨酒一盛兮,余與褐之父睨之。"注云:"繠然服飾備也。"按:"繠然",垂意。《左氏》繠、繫、睨爲韵,古音十六部也。

(繠)

十四年

需

【詁訓】《左傳》曰:"需,事之賊也。"又曰:"需,事之下也。"皆待之義也。凡相待而成曰需。

(需)

十六年

其徒微之

【叚借】(《說文》:"微,隱行也……《春秋傳》曰:'白公其徒微之。'")杜曰:"微,匿也",與《釋詁》"匿,微也"互訓,皆言隱,不言行,散之叚借字也。

(微)

使五人輿豭從己

【叚借】《左傳》:"使五人輿豭從己",舁之叚借也。舁者,共舉也。共

---

① 陳本"𠂹"作"垂"。

者，非一人之辭也。

（舉）

十七年

衷甸

【異文】【詁訓】（《說文》："《春秋傳》曰：'乘中佃。'中佃，一轅車也。"①）《左傳·哀公十七年》："渾良夫乘衷甸兩牡。"杜曰："衷甸，一轅卿車。"許所據作"中佃"。引《傳》而釋之者。孔穎達曰："甸，乘也。四丘爲甸，出車一乘，故以甸爲名。葢四馬上乘，二馬爲中乘。"容許意同孔。一曰：一轅兩牡，則一轅在兩牡之中，是亦中也，故紊言之曰中佃。

（佃）

裔焉大國

【詁訓】《左傳》衛侯卜繇曰："裔焉大國"，言邊於大國也。

（裔）

鄪般②

【詁訓】《左傳·哀十七年》："宋皇瑗之子麇，有友曰田丙，而奪其兄鄪般邑以與之。"鄪般猶祁午、孟丙。鄪者，般之邑也。

（鄪）

---

① 陳本無"中佃"、"也"。
② 今本"鄪"作"酅"，阮校云："宋本、閩本、監本、毛本鄪作鄪，此本下鄪字誤作酅字。"

十八年

請承

【叚借】【詁訓】哀十八年《左傳》曰："使帥師而行，請承。"杜曰："承，佐也。"承者，丞之假借。《文王世子》引《記》曰："虞夏商周用師保，有疑丞。"《百官公卿表》"丞相"，應劭曰："丞者，承也。相者，助也。"按：漢凡官多有丞者，皆以輔之。

（丞）

二十四年

是蠱言也

【叚借】《左傳》曰："是蠱言也。"《釋文》曰："《字林》作'憨'，云：'夢言意不慧也。'"按：《左傳》作"蠱"是叚借字。

（憨）

二十五年

韎而登席

【詁訓】《左傳》曰："褚師聲子韎而登席"，謂燕禮宜跣也。

（韎）

君將殼之

【異文】（《說文》："《春秋傳》曰：'君將殼之。'"）"之"，《玉篇》作"焉"。

（殼）

公戟其手[①]

【詁訓】《左傳》："褚師出，公戟其手。"杜云："抵徒手屈肘如戟形。"鄭注《斯干》"如矢斯棘"云："如人挾弓矢戟其肘。"按：古者戟之制，其鋒謂之援，援體斜橫出，故人下其肘（段云："臂卩。"），翹其捥與手似之，亦謂之戟。《鴟鴞》傳曰："拮据，戟挶也。"字本作"戟"，俗加手旁，非是。

（挶）

二十六年

后庸

【譌字】舌、后字有互譌者，如《左傳》"舌庸"譌"后庸"，《周書》"美女破后"譌"破舌"是也。

（舌）

春秋經傳

弑殺

【譌字】【詁訓】【義例】【音義】【異文】【經學】經傳殺、弑二字，轉寫既多譌亂，音家又或拘泥，中無定見，多有殺讀弑者。按：述其實則曰殺君，正其名則曰弑君。《春秋》，正名之書也，故言弑不言殺；三《傳》，述實以釋經之書也，故或言殺、或言弑，不必《傳》無殺君字也。許釋"弑"曰："臣殺君"，此可以證矣。殺在古音十五部，弑在一部，本不相通也。弑，漢石經《公羊》作"試"，二字同式聲也。《白虎通》引《春秋讖》曰："弑者，試也。欲言臣子殺其君父不敢卒，

---

① 今本"戟"作"戟"。

候閒司事，可稍稍試之。"《釋名》曰："弒，伺也。"說同。皆本《文言傳》之意。

（弒）

鄙

【詁訓】《春秋》經傳鄙字多訓爲邊者，蓋《周禮》都鄙距國五百里，在王畿之邊，故鄙可釋爲邊。

（鄙）

鄆

【地理】文公十二年、成公九年、襄公十二年、昭公元年之鄆，杜云："莒別邑，在城陽姑幕縣。"此在魯東者也。成公十六年之"鄆"，杜云："魯西邑，在東郡廩丘。"此在魯西境者也。東鄆當在今山東青州府諸城縣，西鄆在今山東曹州府鄆城縣，有鄆城故城。

（鄆）

春秋經傳不作鄦

【古今】【志疑】漢字作"許"，周時字作"鄦"。……今《春秋》經傳不作鄦者，或後人改之，或周時已假借，未可定也。

（鄦）

鄢

【地理】【異文】《春秋》經傳："鄭伯克段于鄢""晉及楚鄭戰于鄢陵"，說者謂穎川郡地也。《前志》作"傿陵"。

（鄢）

成

【古今】【地理】【異文】【經學】（《說文》："郕，魯孟氏邑。"）今《春秋》三經三傳皆作"成"。郕、成古今字也。《左傳·昭七年》："晉人來治杞田，季孫將以成與之。"杜云："成，孟氏邑，本杞田。"定十二年："將墮成。公斂處父曰：'墮成，齊人必至于北門。'"杜云："成在魯北竟。"按：孟氏邑非姬姓郕國之地也。今《左傳·隱五年》"衞人入郕"，文十二年"郕伯來奔"，僖廿四年"管蔡郕霍，文之昭也"，字皆正作"郕"。而許不云"姬姓之國"者，蓋許所據《左氏》郕、成字互易，不可以今所據繩許也。《公羊》郕國之字則作"盛"。古郕國在今兗州府汶上縣北二十里故郕城，不在魯北竟。

（郕）

有

【詁訓】（《說文》："有，不宜有也。"）謂本是不當有而有之偁，引伸遂爲凡有之偁。凡《春秋》書"有"者，皆有字之本義也。

（有）

叔孫僑如　公孫僑

【詁訓】《春秋》有"叔孫僑如"，有"公孫僑"字子產，皆取高之義也。

（僑）

可已而不已者曰猶

【詁訓】《春秋經》"猶三望""猶朝于廟""猶繹今"，謂可已而不已者曰猶，即猶豫、夷猶之意也。《釋詁》曰："猷，謀也。"《釋言》曰："猷，圖也。"《召南》傳曰："猶，若也。"《說文》："圖者，畫也，計難也。""謀者，慮難也。"圖謀必酷肖其事而後有濟。故圖也、謀也、若也爲一義。《周禮》："以猶鬼神示之居。"猶者，圖畫也。是則皆從遲疑鄭重之意引伸之。《魏風》毛傳："猷，可也。"可之義與庶幾相近，庶幾與今語猶者相近也。《釋詁》又曰："猷，道也。"以與由音同。"秩秩大猷"，《漢書》作"大繇"可證。《釋詁》又云："猷，已也。"謂已然之詈，亦即"猶三望"之類也。

（猶）

叔向

【音義】《春秋》羊舌肹字叔向。說者向讀上聲。盖向者，蠁之省也。以肹、蠁爲名、字。

（蠁）

克

【詁訓】【譌字】（《說文》："勊，尤劇也。"）許書勊與克義不同。克者，肩也。肩者，任也。以《春秋》所書言之，如"辛巳雨，不克葬；戊午日下昃，乃克葬"，如"晉人納捷菑于邾，弗克納"，此克之義也。如"鄭伯克段于鄢"，《傳》曰："得儁曰克"，此勊之義也。勊之字譌而从刀作剋，猶勵之譌而从刀也。經典有克無剋，百家之書克剋不分，而勊乃廢矣。

（勊）

全傳

茷菝

【詁訓】《左傳》茷、菝錯出。菝即茷字。

（茷）

左傳多古字

【經學】【義例】【辨誤】（《說文》："彶，《春秋傳》返从彳。"）謂《左氏傳》也。《漢書》曰："《左氏》多古字古言"，許亦云："左丘明述《春秋傳》以古文。"今《左氏》無彶字者，轉寫改易盡矣。

（返）

愎

【詁訓】《左傳》有"愎"字。愎者，狠忮之意，即"復"字之變也。復之引伸之義亦爲狠忮。

（㣤）

宋景公欒

【異文】宋景公之名，《左傳》作"欒"，《古今人表》作"兜欒"，《宋世家》作"頭曼"。趙宋祕閣有宋公巒䜌鼎，與《竹書》宋景公巒合。

（巒）

酖

【叚借】《左傳正義》："鴆鳥食蝮，以羽翮擽酒水中，飲之則殺人。"按：《左傳》鴆毒字皆作"酖"，假借也。《酉部》曰："酖，樂酒也。"

（鴆）

春秋傳卜筮繇辭

【叚借】（《說文》："籀，讀書也……《春秋傳》曰：卜籀云。"）亦借"繇"字爲之，《春秋傳》卜筮"繇辭"，今皆作"繇"。又俗作"䌛"。據許則作"籀"。服虔曰："繇，抽也。抽出吉凶也。"……《左傳》卜筮皆云"繇"。此言"卜"以該"筮"也。

（籀）

美而艷

【詁訓】《左傳》兩言"美而艷",此"艷"進於"美"之義。人固有美而不豐滿者也。

(豔)

大國　鄙邑

【義例】【詁訓】《左傳》凡偁人曰大國,凡自偁曰敝邑。古國邑通偁。

(邑)

息嬀

【歷史】【地理】《左傳》云"息嬀"者,謂息所娶之陳嬀也。今河南光州息縣,淮水在縣南五里,故息城在縣北三十里。

(鄎)

虢

【經學】【異文】《左傳》虢國字,《公羊》作郭。

(郭)

汏侈　汏辀

【叚借】凡《傳》云"汏侈"者即許書之"泰"字。

(侈)

【叚借】【校勘】《左傳》"汏侈""汏辀"字皆即泰字之假借,寫作"汰"者亦誤。

(汏)

飲之酒

【音義】與人飲之謂之飲，俗讀去聲，如《左傳》"飲之酒"是也。

（歙）

公為

【異文】《左傳》魯公為，《檀弓》作公叔禺人。可證"爲""禺"是一物也。

（禺）

公孫段

【義例】【古今】（《說文》："《春秋傳》鄭公孫段字子石。"①）《春秋傳》多古文，"段"者，"碫"之古文也。

（碫）

先縠

【詁訓】（《說文》："豰，小豚也。"）《左傳》晉有先縠，字彘子，葢"縠"即"豰"字。

（豰）

徽福

【校勘】（《說文》："憿，幸也。"②）凡《傳》言"徼福"者，皆當作"憿福"爲正。

（憿）

---

① 陳本"《春秋傳》"後有"曰"字，"段"作"碫"。
② 陳本"幸"作"㚔"。

恝

【詁訓】【叚借】（《說文》："恝，毒也。"）《左傳》用此字，有用其本義者，如定四年："恝閒王室"，哀元年："恝澆能戒之。"注云："恝，毒也。"此用其本義也。宣十二年："晉人恝之脱扃。"注云："恝，教也。"此叚恝爲誋也。誋，誠也。

（恝）

公孫輒

【校勘】【詁訓】（《說文》："《春秋傳》曰：'秦公子耴者，其耳班也，故目爲名。'"①）今按：《左氏傳》秦無公子耴，惟鄭七穆子良之子公孫輒字子耳。以許訂之，古本《左傳》當作"公孫耴"。《白虎通》所謂"旁其名爲之字，聞名即知其字，聞字即知其名"也。《左傳》云："以類命爲象。"生而耳垂，因名之耴。猶生而夢神以黑規其臀，因名之黑臀。

（耴）

弢

【詁訓】《左傳》多言"弢"，《詩》言"韔"。《秦風》傳曰："韔，弓室也。"《鄭風》作"鬯"，《傳》曰："鬯弓，弢弓也。"然則弢與韔與韣同物，故許皆以弓衣釋之。《月令》曰："帶以弓韣"，《少儀》曰："弓則以左手屈韣執拊"，是又名韣而可屈，則以韋爲之也。《革部》又曰："鞬，所以戢弓矢"，《方言》曰："弓謂之鞬，或謂之皾丸"，《廣雅》："鞬，弓藏也。皾皯，矢藏也。"合三書言之，鞬、皾丸乃藏弓矢所通稱也。

（弢）

---

① 陳本"耴"作"輒"，"班也"作"下垂"。

紓

【詁訓】【叚借】《小雅》:"彼交匪紓",《傳》曰:"紓,緩也。"《左傳》多用"紓"字,其義皆同。亦叚抒爲之。

(紓)

繒

【叚借】(編按:繒)《春秋傳》叚爲鄫字。

(繒)

公羊傳

隱公

元年

暨猶曁曁也

【詁訓】《釋言》曰："暨，不及也。"……《公羊傳》曰："會及暨，皆與也。""暨猶曁曁也。"按：曁曁猶幾幾，《爾雅》所謂"不及也"。（暨）

【叚借】【詁訓】（編按：臮）或假"洎"爲之，如鄭《詩譜》偁"無逸爰洎小人"是也。亦假"暨"爲之，如《公羊傳》："及者何？與也。會及暨，皆與也。""暨猶曁曁也。"《釋詁》曰："暨，與也。"《釋訓》曰："暨，不及也。"按：不及及也，即《公羊》所謂"猶曁曁也"。（臮）

四年

吾爲子口隱矣

【校勘】【句讀】《公羊傳》："吾爲子口隱矣"，何曰："口猶口。語發動也。"按："猶口"當作"猶叩"，句絶。（訌）

五年

登來

【詁訓】《公羊傳》："公曷爲遠而觀魚？登來之也。"何曰："登讀言得。得來之者，齊人語。齊人名求得爲得來。作登來者，其言大而急，由口授也。"唐人詩："千水千山得得來"，得即德也。登、德雙聲，一部與六部合韵又冣近。今俗謂用力徙前曰德，古語也。

（德）

經六年

輸平

【詁訓】【經學】【異文】以車遷賄曰委輸，亦單言曰輸。引申之，凡傾寫皆曰輸。輸於彼，則彼贏而此不足，故勝負曰贏輸。不足則如墮壞然，故《春秋》："鄭人來輸平"，《公羊》《穀梁》皆曰："輸者，墮也。"《左傳》作"渝"。渝，變也。

（輸）

經十年

取防

【志疑】（《說文》："邴，宋下邑。"）《公羊·隱八年》"歸邴""入邴"，九年"會齊矦于邴"皆非宋地。十年"取防"，防者，宋地。疑當作邴。

（邴）

桓公

八年

春曰祠

【經學】（《說文》："春祭曰祠。品物少，多文辭也。"①）《公羊傳》曰："春曰祠"，注："祠猶食也，猶繼嗣也。春物始生，孝子思親，繼嗣而食之，故曰祠。"許與何異。

（祠）

十年

弗遇　注：弗者不之深也

【辨誤】【詁訓】弗之訓矯也，今人矯弗皆作拂，而用弗爲不，其誤蓋亦久矣。《公羊傳》曰："弗者，不之深也。"固是矯義。凡經傳言不者，其文直；言弗者，其文曲。如《春秋》："公孫敖如京師，不至而復。""晉人納捷菑于邾，弗克納。"弗與不之異也。《禮記》："雖有嘉肴，弗食不知其旨也；雖有至道，弗學不知其善也。"弗與不不可互易。

（弗）

莊公

元年

搉幹而殺之

【詁訓】【異文】【異體】【叚借】《公羊傳》曰："使公子彭生送桓公，

---

① 陳本"辭"作"詞"。

於其乘焉，挾幹而殺之。"幹者，脅骨也。何曰："挾者，折聲也。"
"挾"或作"擶"者，或體也；或作"拉"者，叚借字也。
（挾）

七年

星霣如雨

【叚借】《公羊傳》："星霣如雨"，叚爲隕字。
（霣）

十年

觕者曰侵

【譌字】【聯綿】【音義】【異文】（《說文》：𩠗，角長兒。）按：此字見於經史者，皆譌爲"觕"，從牛角。《公羊傳》曰："觕者曰侵，精者曰伐。"何曰："觕，麤也。"《公羊·隱元年》注曰："用心尚麤觕。"《漢·藝文志》曰："庶得麤觕。"以"麤""觕"連文，則"觕"非"麤"字也。"麤觕"若今人曰粗糙，雙聲字也。𩠗從爿聲，古蓋讀如倉，轉寫譌其形作觕。其音讀才古反，又或讀七奴反矣。其義則本訓角長，引伸之爲卤莽之意，因之觕與精爲對文。《月令》："其器高以粗。"《呂覽》"粗"作"觕"。
（觕）

十二年

搏閔公絕其脰

【詁訓】（《說文》："項，頭後也。"）《公羊傳》："搏閔公之脰。"何云："脰，頸也。齊人語。"此當曰"項"而曰"頸"者，渾言則不別。
（項）

十三年

易也

【詁訓】《公羊·莊十三年》："冬，公會齊侯，盟于柯。"《傳》曰："何以不日？易也。"何云："易猶佼易也，相親信無後患之辭。"按：何用漢時俗語。佼同交。

（傷）

十七年

瀸積也

【校勘】（《說文》："瀸，漬也。"）《公羊傳·莊十七年》："齊人瀸于遂。瀸者何？瀸，積也，衆殺戍者也。"積本又作漬。何曰："積，死非一之辭。"按：《傳》文及《說文》皆當作"積"爲長。許云："漬，漚也。"瀸篆不與漬篆聯，可以知許說矣。

（瀸）

二十年

大胔

【叚借】【異文】（編按：漬）古多假爲骴字。《公羊傳》"大胔"，《禮記注》引作"大漬"。《公羊傳》："瀸者何？漬也。衆殺戍者也。"《周禮》："蜡氏掌除骴。""故書骴作脊。鄭司農云：'脊讀爲漬，謂死人骨也。'"《漢志》："國亡捐胔。"孟康曰："肉腐爲胔。"按：骴、漬、脊、胔四字，古同音通用，當是骴爲正字也。

（漬）

二十四年

不僂

【叚借】《公羊傳》："夫人不僂，不可使入。"何云："僂，疾也，齊人語。夫人稽畱，不肎疾順公。"《荀卿書》亦兩言"僂"，訓疾。按：此爲妻之假借字，妻即屢，與驟通。驟訓數，亦訓疾。
（僂）

二十八年

伐者爲客伐者爲主

【音義】【義例】【辨誤】《公羊傳》曰："《春秋》伐者爲客，伐者爲主。"何云："伐人者爲客，讀伐長言之；見伐者爲主，讀伐短言之。皆齊人語也。"按：今人讀房越切，此短言也。劉昌宗《周禮·大司馬》《大行人》《輈人》皆房廢切，此長言也。劉係北音，周顒、沈約韵書皆用南音，去入多強爲分別而不合於古矣。
（伐）

經三十年

齊人降鄣

【經學】【地理】【辨誤】（《說文》："鄣，紀邑也。"）《春秋經·莊三十年》："齊人降鄣。"《公羊》《穀梁》皆曰："鄣，紀之遺邑也。"劉歆、賈逵依之，許說同。杜云："紀，附庸國，東平無鹽縣東北有鄣城。"距紀太遠，非許意也。古紀國在今山東青州府壽光縣西南三十里紀城，鄣邑當附近，即昭十九年《左傳》之"紀鄣"也。紀鄣者，本紀國之鄣邑，猶《齊語》"紀鄽"謂本紀國之鄽邑也。《公》《穀》云"鄣，紀之遺邑"，與《左傳》云"紀鄣"合。杜云："紀鄣在東海贛榆"是也。莊三十年之郮即此，杜分爲兩地，非。今江蘇海州贛榆縣縣北七十五里有故紀郮城，亦曰紀城。

（郮）

三十一年

臨民之所漱浣也

【叚借】【經學】（《說文》："涷，灡也。"）"涷"亦假"漱"爲之，《公羊傳》："臨民之所漱浣也。"何曰："無垢加功曰漱，去垢曰浣。齊人語。"解云："無垢加功，謂但用手斗漱。去垢蓋用足物。故《內則》云：'冠帶垢，和灰請漱。衣裳垢，和灰請澣。'鄭云：'手曰漱，足曰澣'是也。"若然則涷與澣別，而許不別者，許渾言，何析言也。《毛詩·周南》箋云："汙，煩也。煩撋之用功深。澣謂濯之耳。"是則澣對汙言，又分深淺。實則何之"去垢"，即《毛詩》之"汙"，何之"無垢加功"，即《毛詩》之"澣"。古人因義立文，後人當因文攷義耳。

（涷）

閔公

二年

自鹿門至于爭門

【詁訓】《公羊傳·閔二年》："桓公使高子將南陽之甲，立僖公而城魯。或曰：自鹿門至于爭門者是也。或曰：自爭門至于吏門者是也。魯人至今以爲美談，曰：猶望高子也。"鹿門者，魯南城之東門。爭門者，魯北城之門。天子十二門，通十二子。諸侯大國當是九門，俟攷。淨者，北城門之池。其門曰爭門，則其池曰淨，从爭旁水也。《廣韻》曰："埩，七耕切。魯城北門池也。《說文》作淨。"蓋古書有作埩門者矣。

（淨）

僖公

十九年

衈社

【經學】【異文】《周禮注》引《公羊傳》："叩其鼻以衈社。"今《公羊》作"血社"。《山海經》："聊用魚。"《傳》引"叩其鼻以聊社",字又不同。"聊"蓋從"神"省,從"耳"。

(刉)

二十八年

内諱殺大夫

【義例】《春秋·僖二十八年》："公子買戍衛,不卒戍,刺之。"成十六年:"刺公子偃。"《公羊傳》曰:"刺之者何?殺之也。內諱殺大夫,謂之刺之也。"考諸《周禮》:"司刺掌三刺之法,壹刺曰訊群臣,再刺曰訊群吏,三刺曰訊萬民。"注:"刺,殺也。訊而有罪則殺之。"然則《春秋》於他國書"殺其大夫",於魯國則兩書"刺",諱魯之專殺而謂之"刺",謂其當罪,合於《周禮》。《公羊》内諱之說是矣。

(刺)

三十三年

殽之嶔巖

【詁訓】(《說文》:"厂,崟也,一曰地名。")蓋《公羊傳》"殽之嶔巖"是也。"嶔"蓋即"厂"字。

(厂)

文公

二年

大事于大廟

【句讀】【詁訓】【經學】（《說文》："祫，大合祭先祖親疏遠近也。"）《春秋·文二年》："八月丁卯，大事于大廟。"《公羊傳》曰："大事者何？大祫也。大祫者何？合祭也。毁廟之主陳於大祖，未毁廟之主皆升（段云：句）。合食於大祖（段云："兼上二者。"），五年而再殷祭。"鄭康成曰："魯禮三年喪畢而祫於大祖，明年春禘於羣廟。自此之後，五年而再殷祭。一祫一禘。《春秋經》書祫謂之大事，書禘謂之有事。"《商頌·玄鳥》："祀高宗也"，鄭云："祀當爲祫，高宗崩而始合祭於契之廟，歌是詩焉。"《曾子問》："祫祭於祖，則祝迎四廟之主。"許言合祭先祖親疏遠近，正用《公羊》"大事"傳。禘之合食蓋同，而以審禘、會合分別其名，亦分別其歲有三年、五年之殊，分別其時有夏、秋之殊。禘即《周禮》之"肆獻祼追享"，祫即《周禮》之"饋食朝享"。夏殷有時禘，有時祫。周禮禘、祫皆爲殷祭，非四時祭。《毛公傳》曰："諸侯夏禘則不禴，秋祫則不嘗"，謂周禮諸侯禘在夏，祫在秋，則皆廢時祭，天子則不廢時祭。

（祫）

七年

眣晉大夫使與公盟也

【譌字】《公羊傳·文六年》："眣晉大夫使與公盟也。"何云："以目通指曰眣。"成二年："郤克眣魯衛之使，使以其辭而爲之請。"《釋文》字皆从矢，云："眣音舜，本又作眰，丑乙反，又大結反。"《五經文字》曰："眣音舜，見《春秋傳》。"開成石經《公羊》二皆作"眣"。疑此字从矢會意，从失者其譌體。

（昳）

十三年

騂犅

【經學】（《說文》："犅，特也。"① ）《公羊傳》曰："魯祭周公，何以爲牲？周公用白牡，魯公用騂犅，羣公不毛。"何休云："騂犅，赤脊。"按：《說文》岡訓山脊，故何謂犅爲牛脊。但《毛詩》祇作"剛"。許說犅同特，與何異。

（犅）

羣公廩

【詁訓】【校勘】《公羊傳》曰："周公盛，魯公燾，羣公溓。"何曰："盛者，新穀。燾者，冒也，故上以新也。溓者，連新於陳上財令半相連耳。"此溓引伸之義也。《公羊疏》："本作溓。"今本《公羊》作"廩"，誤。鄭注《周易》引"羣公溓"，見《詩·采薇》正義。

（溓）

十五年

筍將而來

【音義】《公羊傳》曰："脅我而歸之，筍將而來也。"何曰："筍者，竹箯，一名編輿，齊魯以北名之曰筍。將，送也。"《釋文》曰："筍音峻。"《史》《漢》：《張耳傳》曰："貫高篿輿前。"服虔曰："篿音編。編竹木如今峻，可以糞除也。"韋昭曰："輿如今輿狀，人舁以行。"按：《公羊》《史記》《說文》"輿"皆去聲。亦作"轝"，作"槊"。

（箯）

---

① 陳本"特"下有"牛"。

宣公

六年

掔而殺之

【詁訓】《公羊傳》曰："公怒，以斗掔而殺之。"注："掔猶撽也"，撽謂旁擊頭項，《莊子》："撽以馬捶。"

（掔）

躇階而走①

【經學】【異文】（《說文》："辵……讀若《春秋傳》曰：'辵階而走。'"②）《春秋傳》者，《公羊·宣二年》文。③ 今《公羊》作"躇"，何休曰："躇猶超遽不暇以次。"

（辵）

周狗

【校勘】《公羊傳》曰："靈公有周狗謂之獒。"何注："周狗，可以比周之狗，所指如意者。"按：周狗，《爾雅注》及《博物志》或譌作"害狗"，不可爲據也。

（獒）

絕其頷

【異文】【詁訓】【音義】《公羊傳》："呼獒而屬之，獒亦躇階而從之，祁彌明逆而踆之，絕其頷。"何云："以足逆蹋曰踆。頷，口也。"按：《玉篇》引作"絕其頜"，此謂以足迎蹋之，遂使獒之頤不能噬也。《方

---

① 許校云："今經文、注文此字皆作'躇'，不作'躇。'"
② 陳本"《春秋傳》"作"《春秋公羊傳》"。
③ 許校云："'宣二年'當作'宣四年'。"按：當作"宣六年"。

言》："頷、頤，頷也。南楚謂之頷，秦晉謂之頷，頤其通語也。"……按：依《方言》則緩言曰頷，急言曰頷。頷當讀如合也。《玉篇》公荅切。

（頷）

八年

而者何難也　乃者何難也

【同源】《公羊傳》曰："而者何？難也。乃者何？難也。曷爲或言而，或言乃？乃難乎而也。"何注："言乃者內而深，言而者外而淺。"按：乃、然、而、汝、若，一語之轉。故乃又訓汝也。

（乃）

襄公

十九年

自濼水

【地理】《春秋經·襄十九年》："取邾田，自濼水。"《公羊傳》曰："其言'自濼水'何？以濼爲竟也。何言乎以濼爲竟？濼移也。"何云："魯本與邾婁以濼爲竟。濼移入邾婁畋，魯隨而有之。諸侯土地本有度數，不得隨水。隨水有之，當坐取邑。"《水經注·泗水篇》曰："濼水，出東海合鄉縣，西南流入邾。又逕魯國鄒山東南而西南流。《左傳》所謂'嶧山'，《詩》所謂'保有鳧嶧'者也。又西南逕蕃縣故城南，又西逕薛縣故城北，夏車正奚仲之國也。又西至湖陸縣入於泗。"按：合鄉、蕃、薛故城皆在今山東滕縣。……《一統志》曰："濼水源出滕縣東北百里述山，西流會諸泉水，逕縣南，又西會南梁河，入運河，舊名南沙河，西南流入泗，不與南梁會。自漕河東徙，遏其南流，乃北出趙溝，會南梁以入運河也。

（溑）

三十年

傅母

【詁訓】《左傳》："宋大災，宋伯姬卒，待姆也。"何注《公羊》曰："禮，后夫人必有傅母，所以輔正其行，衞其身也。選老大夫爲傅，選老大夫妻爲母。"按：母即姆也。

（姆）

昭公

十七年

北辰亦為大辰

【詁訓】【叚借】人臂网垂，臂與身之閒則謂之臂亦。臂與身有重疊之意，故（編按：亦）引申爲重累之罾。《公羊傳》："大火爲大辰，伐爲大辰，北辰亦爲大辰。"何注云："亦者，网相須之意。"按：經傳之亦，有上有所蒙者，有上無所蒙者。《論語》"不亦說乎""亦可宗也""亦可以弗畔""亦可以爲成人矣"，皆上無所蒙。皇侃曰："亦猶重也。"此等皆申重贊美之罾，亦之言猶大也、甚也。若《周頌》"亦有高廩""亦服爾耕"，《鄭箋》云："亦，大也。"是謂亦即奕奕之叚借也。《大部》曰："奕，大也。"又或叚爲射，或叚爲易。

（亦）

二十五年

唁公　注：弔死國曰弔

【經學】【詁訓】【校勘】（《說文》："唁，弔生也。"）《鄘風》："歸唁衛侯。"《春秋》："齊侯唁公于野井。"《穀梁傳》《毛傳》皆云："弔失國曰唁。"此言弔生者，以弔生爲唁，別於弔死爲弔也。何注《公羊》云："弔亡國曰唁，弔死曰弔。"與此相發明。今本《公羊注》"弔死國曰弔"衍"國"字。

（唁）

再拜顙

【詁訓】九拜中之頓首必重用其顙，故凡言稽顙者，皆謂頓首，非稽首也。《公羊傳》曰"再拜顙"者，即拜而後稽顙也。何曰："顙者，猶今叩頭。"按："叩頭"者，經之"頓首"也。

（顙）

嚝然而哭

【異文】（《說文》："《春秋公羊傳》曰：'魯昭公嚻然而哭。'"①）"嚻"，各本作"叫"，譌，今正。昭廿五年《傳》文。今本："昭公於是嚝然而哭。"何云："嚝然，哭聲皃。"

（嚻）

---

① 陳本"嚻"作"叫"。

定公

八年

慬然後得免

【校勘】《定八年》曰："公斂處父帥師而至，慬然後得免。""慬"葢"僅"之譌字。

（僅）

龜青純

【叚借】【古今】【校勘】【詁訓】《公羊傳》曰："龜青純"，何注："純，緣也。謂緣甲脣也。千歲之龜青脣，明乎吉凶也。"《樂記》《史記·樂書》皆曰："青黑緣者，天子之寶龜也。"按："脣"者䚘之省，䑏之叚借字。劉淵林注《蜀都賦》引譙周《異物志》曰："涪陵多大龜，其甲可以卜，其緣中叉（段云："今釵字。"），似瑇瑁，名曰靈叉。"郭注《爾雅》亦用其語，而今本多譌字。緣者，甲之邊也。甲文象木戴孚甲之象，故介蟲外骨謂之甲。

（䑏）

哀公

四年

掩其上而柴其下①

【異文】【詁訓】《公羊傳》云："亡國之社，掩其上而柴其下。"《周禮·喪祝》注作："弇其上而棧其下"。"棧其下"，謂以竹木布於地也。

（棧）

---

① 今本"掩"作"搶"。

蒲社災　注：滕薛俠轂

【叚借】古多叚俠爲夾，《公羊注》曰："滕薛俠轂。"

（夾）

六年

色然而駭

【異文】《玄應書》云："《通俗文》：'小怖曰欪。'《公羊傳》：'欪然而駭'是也。"按：今《公羊》作"色然"。

（欪）

閹然公子陽生

【經學】【異文】（《說文》："《春秋公羊傳》曰：'覘然公子陽生。'"）何本"覘"作"閹"，注云："閹，出頭皃。"許所據不同也。

（覘）

十四年

麟者仁獸也

【經學】（《說文》："麒，麒麟，仁獸也。"①）《公羊傳》曰："麟者，仁獸也。"何注："狀如麕，一角而戴肉，設武備而不爲害，所以爲仁也。麟者木精。"《毛詩傳》曰："麟信而應禮。"《左傳》服虔注："麟，中央土獸，土爲信，信禮之子，修其母致其子。視明禮修而麟至，思睿信立而白虎擾，言從乂成而神龜在沼，聽聰知正而名川出龍，貌恭性仁則鳳皇來儀。"此《左氏》《毛氏》說與《公羊》說不同也。《五經異義》：

---

① 陳本無"麒麟"。

"許慎謹案：《禮運》云：'麟鳳龜龍，謂之四靈。'龍，東方也；虎，西方也；鳳，南方也；龜，北方也；麟，中央也。"是《異義》謂麟爲信獸，從左、毛說矣。而此云"仁獸"，何也？《異義》早成，《說文解字》晚定。此云"仁獸"，用《公羊》說，以其角端戴肉，不履生蟲，不折生艸也。鄭《駁異義》曰："五事，言作從，從作乂。言於五事屬金，孔子作《春秋》，故應以金獸性仁之瑞。"鄭說與奉德侯陳欽說略同。鄭云："金獸性仁"，許云："仁獸"，與鄭駁無異。但鄭君黨錮事解，箋《毛詩》"信而應禮"，乃依毛說，與《駁異義》相違。是知學固與年而徙矣。（麟）

反袂拭面涕沾袍　何注：漢姓

【音義】【辨誤】【經學】（編按：劉）至若此字丣聲，非卯聲，絕無可疑者。二徐固皆不誤。蓋凡丣聲之字皆取疊韵而又雙聲。丣卯皆在古音第三部，而各有其雙聲，故二聲不可淆混。東漢一代持卯金刀之說，謂"東卯西金"，"從東方王於西也"。此乃讖緯鄙言，正馬頭人、人持十、屈中、止句一例，所謂不合孔氏古文，謬於《史籀》之野言。許之所以造《說文》者，正爲此等。矯而燦之，隳而梧之，使六書大明。以視何休之恃此說經，其相去何如也？正劉爲卯，許君之志也①。或疑其有忌諱而隱之。夫改字以惑天下後世，君子不出於此。（卯）

祖之所逮聞

【異文】《公羊傳》："祖之所逮聞也"，漢石經作"遝聞"。（遝）

---

①　前"劉"從許校。

【異文】【音義】石經《公羊》："祖之所逮聞",今本作"逮"。《中庸》:"所以逮賤",《釋文》作"遝"。此罬與隶音義俱同之證。

（罬）

撥亂世

【經學】（《說文》:"撥,治也。"）《公羊傳》:"撥亂世,反諸正。"何注曰:"撥猶治也。"何言"猶"者,何意"撥"之本義非"治",撥之所以爲治也。許則直云"治"。

（撥）

全傳

遬

【經學】【異文】二《傳》作"速",《公羊》作"遬",如"衛侯遬""仲孫遬"是也。《呂覽·辨志》注:"遬,疾也。"

（速）

据

【叚借】《公羊注》叚"据"爲"據"。

（据）

穀梁傳

隱公

元年

父猶傅也

【詁訓】《穀梁傳》曰："父（段云："同甫。"）猶傅也，男子之美稱也。"男子之字有稱甫者，儀甫、嘉甫是；有偁倩者，蕭長倩、東方曼倩、韋昭云"倩，魏無知字也"皆是。

（倩）

三年

壤

【音義】【正俗】【古今】【異文】場，失羊切。俗作塲，古作壤。《穀梁傳》："吐者外壤，食者內壤。"徐邈、糜信皆作"場"音"傷"是也。

（坦）

莊公

經七年

辛卯昔

【叚借】昔肉必經一夕，故古叚昔爲夕。《穀梁經》"辛卯昔，恆星不見"，《左傳》"爲一昔之期"，《列子》"昔昔夢爲君"，皆是。

（昔）

文公

十四年

孛之爲言猶茀

【詁訓】《春秋》："有星孛入于北斗。"《穀梁》曰："孛之爲言猶茀也。"茀者多艸，凡物盛則易亂，故星孛爲茀字引伸之義。

（孛）

宣公

十八年

挩殺也

【校勘】《穀梁傳·宣十八年》曰："邾人戕繒子于繒。戕猶殘也，挩殺也。"挩殺謂杖殺之。今本注、疏、釋文皆譌從手，而唐石經初從木作梲，後改從手，唐玄度之紕繆也。《後漢·禰衡傳》："手持三尺梲杖。"

（挩）

襄公

五年

吳謂善伊　謂稻緩

【詁訓】【校勘】（《說文》："稬，沛國謂稻曰稬。"）襄五年《穀梁傳》："仲孫蔑、衞孫林父會吳於善稻。吳謂善，伊。謂稻，緩。"按：謂善爲伊者，古合韵也。謂稻爲緩者，即沛國謂稻曰稬之理也。緩古亦讀如暖。昭五年："狄人謂賁泉矢胎。"謂賁爲矢者，即今俗語謂糞爲矢也。今"矢胎"作"失台"者，誤。
（稬）

昭公

四年

粲然皆笑

【詁訓】粲米冣白，故爲鮮好之偁。《穀梁》："粲然皆笑"，謂見齒也。
（粲）

定公

十五年

日下稷

【異文】【叚借】（編按：稷）亦叚爲"昃"字，如《穀梁》"日昃"作"日稷"是也。
（稷）

春秋繁露

深察名號第三十五

凡 目

【義例】【詁訓】【同源】《春秋緐露》曰："號凡而略，名目而詳。目者，徧辨其事也。凡者，獨舉其大也。享鬼神者，號一曰祭。祭之散名：春曰祠，夏曰礿，秋曰嘗，冬曰烝。獵禽獸者，號一曰田。田之散名：春苗，秋蒐，冬狩。"按：《周禮》多言凡。六典，凡也；治典、教典、禮典、政典、刑典、事典，目也。鄭注言冣目者，謂其總數也。若其他言凡祭祀、凡賓客、凡禮事、凡邦之弔事，言師掌官成以治凡，亦皆聚括之謂。舉其凡，則若网在綱。杜預之說《春秋》曰："《傳》之義例，總歸諸凡。"凡之言氾也，包舉氾濫一切之稱也。

（凡）

天道無二第五十一

持二中者謂之患

【古今】【辨誤】【詁訓】【叚借】【異體】（《說文》："患，惎也。从心上貫吅，吅亦聲。"①）此八字乃淺人所改竄，古本當作"从心毌聲"四字。毌、貫古今字。古形橫直無一定，如目字偏旁皆作𦥑。患字上從

---

① 陳本"惎"作"憂"。

毌，或橫之作申，而又析爲二中之形，葢恐類於申也。《春秋繁露》曰："心止於一中者謂之忠，持二中者謂之患。患，人之中不一者也。"董氏所說固非字之本形矣。古毌多作串，《廣韵》曰："串，穿也。"親串即親毌。貫，習也。《大雅》："串夷載路。"《傳》曰："串，習也。"葢其字本作毌，爲慣、摜字之叚借也。《廣韵》又謂炙肉之器爲弗，初限切，亦毌字之變體也。

（患）

孝 經

開宗明義章第一

仲尼居

【古今】【異文】【經學】【校勘】【辨誤】【詁訓】（《說文》："凥，处也。"① ）凡尸得几謂之凥。尸即人也。引申之爲凡凥处之字。既又以蹲居之字代凥，別製踞爲蹲居字，乃致居行而凥廢矣。《方言》《廣雅》凥处字皆不作居，而或妄改之。……（《說文》："《孝經》曰：'仲尼凥。'"）《孝經》首章首句也。今作"居"。許君受魯國三老所獻、衛宏所校古文《孝經》如是。《釋文》引鄭本亦作"凥"。《顏氏家訓》云："'仲尼居'三字之中，《三倉》尼旁益丘，《說文》尸下施几。如此之類，何由可從，甚爲紕繆。"鄭所據者，古文真本。凥字亦是孔子命名取字本義，何云不可從也？（《說文》："凥，謂閒凥如此。"② ）此釋《孝經》之"凥"，即《小戴》之《孔子閒居》也。鄭《目錄》曰："退朝而處曰燕居，退燕避人曰閒居。"閒居而與曾子論孝，猶閒居而與子夏說愷弟君子。故《孝經》之凥謂閒處，閒處即凥義之引申。但閒處之時，實凭几而坐，故直曰"仲尼凥"也。如此謂尸得几。

（凥）

---

① 陳本"処"作"處"。
② 陳本後"凥"作"居"。

喪親章第十八

哭不偯

【詁訓】【經學】【正俗】（《說文》："偯，痛聲也。"）《閒傳》："斬衰之哭，若往而不反；齊衰之哭，若往而反；大功之哭，三曲而偯。"注曰："一舉聲而三折也。偯聲餘從容。"《孝經》："哭不偯。"鄭注云："氣竭而息，聲不委曲。"按：《音義》皆云《說文》作悠，然則許云"痛聲"者，委曲自見其痛於聲，非痛之至者也……（《說文》："《孝經》曰：'哭不悠。'"）此許所學孔氏古文也。作偯者俗字。

（悠）

五經異義

卷上

禷非常祭[①]

【詁訓】【經學】【叚借】（《說文》："禷，㠯事類祭天神。"）《五經異義》曰："今《尚書》夏矦、歐陽說：禷，祭天名也。以禷祭天者，以事類祭之。以事類祭之何？天位在南方，就南郊祭之是也。古《尚書》說：非時祭天謂之禷。言以事類告也。肆禷于上帝，時舜告攝，非常祭也。許君謹按：《周禮》郊天無言禷者，知禷非常祭，從古《尚書》說。"玉裁按：郊天不言禷，而《肆師》"類造上帝"，《王制》"天子將出，類於上帝"，皆主軍旅言。凡經傳言禷者，皆謂因事爲兆，依郊禮而爲之。《說文》亦從古《尚書》說。……《禮》以類爲禷。
（禷）

社

【經學】【詁訓】（《說文》："社，地主也。"）《五經異義》："今《孝經》說曰：社者，土地之主。土地廣博，不可徧敬，封五土以爲社。古《左氏》說：共工爲后土，爲社。許君謹案曰：《春秋》稱公社，今人謂社神爲社公，故知社是上公，非地祇。"鄭駁之云："社祭土而主陰氣。"又云："社者，神地之道。謂社神但言上公，失之矣。人亦謂

[①] 今本"禷"作"類"。

雷曰雷公，天曰天公，豈上公也？《宗伯》以血祭祭社稷五祀五嶽。社稷之神若是句龍、柱、棄，不得先五嶽而食。"① 又引《司徒》五土名，又引《大司樂》五變而致介物及土示。"土示，五土之總神，即謂社也。六樂於五地無原隰而有土祇，則土祇與原隰同用樂也。"玉裁按：許訓社爲地主，此用今《孝經》說。而以"地主也，从示土"之云先於《左氏傳》，則與《異義》從《左氏》說者不符。蓋許君《異義》先成，《說文》晚定，往往有《說文》之說早同於鄭君之駁者。如社稷、昊天、聖人感天而生、三窓等皆是也。……（《說文》："《春秋傳》曰：'共工之子句龍爲社神。'"）《左氏傳·昭公廿九年》史墨曰："共工氏有子曰句龍，爲后土，后土爲社。"許既從今《孝經》說矣，又引古《左氏》說者，此與"心"字云"土藏也，象形，博士說以爲火藏"一例，兼存異說也。鄭《駁異義》以爲社者五土之神，能生萬物者，以古之有大功者配之。然則句龍配五土之神祭於社。（《說文》："《周禮》：'二十五家爲社。'"）《風俗通義》曰："《周禮》說二十五家爲社，但爲田祖報求。"許云《周禮》者，《周禮》說也。賈逵、杜預注《左傳》，高誘注《呂覽》，薛瓚注《五行志》皆同。《晏子春秋》"桓公以書社五百里封管仲"，《呂覽》"越以書社三百里封墨子"，《史記》"將以書社七百里封孔子"，皆謂二十五家爲里，里有社，故云書社若干里。鄭《駁異義》引《州長職》曰："'以歲時祭祀州社'，是二千五百家爲社也。"《祭法》："大夫以下成羣立社曰置社"，注云："大夫以下，謂下至庶人也。大夫不得特立社，與民族居，百家以上則共立一社，今時里社是也。"引《郊特牲》："唯爲社事單出里"。是鄭不用《周禮》說，與許異。（《說文》："各樹其土所宜木。"②）《大司徒》："設其社稷之壝而樹之田主，各以其野之所宜木，遂以名其社與其野。"注："所宜木，謂若松、柏、栗也。若以松爲社者，則名松社。"《五經異義》：

---

① "嶽社"二字依許校補。
② 陳本"木"前有"之"。

"許君謹案：《論語》所云'謂社主也。'"鄭無駁。注《周禮》從許義。按：《莊周書》之"櫟社"，高祖所禱之"枌榆社"，皆以木名社之遺。《韓非子》云："社木者，樹木而塗之。鼠穿其閒，堀穴託其中，熏之則恐焚木，灌之則恐塗阤。"此可見樹木爲主之制。○社爲地主而尊天親地，二十五家得立之，故字不與祡、襧爲伍。

（社）

郊宗石室

【詁訓】《五經異義》："古《春秋左氏》說：古者日祭於祖考，月薦於高曾，時享及二祧，歲祫及壇墠，終禘及郊宗石室。終者，謂孝子三年喪終，則禘於大廟，以致新死者也。"又："《春秋左氏》曰：徙石主於周廟。言宗廟有郊宗石室，所以藏栗主也。"玉裁按："郊宗石室"，葢謂天子有之。"郊宗"，葢謂郊鯀宗禹，郊冥宗湯，郊稷宗武王之類。遠祖之宔，爲石室藏之。至祭上帝於南郊，祭五帝於明堂，則奉其宔以配食，故謂之"郊宗石室"。《祭法》《周語》皆言："禘郊祖宗"，此舉郊宗以包禘祖也。其餘毀廟之主亦附藏焉。至禘祫而升，合食於大祖，故曰："禘及郊宗石室。"

（祐）

五歲一禘

【經學】【校勘】（《說文》："周禮曰：'五歲一禘。'"）《五經異義》："今《春秋公羊》說：五年而再殷祭。古《春秋左氏》說：古者日祭於祖考，月祀於高曾，時享及二祧，歲祫及壇墠，終禘及郊宗石室。許君謹案：叔孫通：宗廟有日祭月薦之禮，知自古而然也。三歲一祫，此周禮也。五歲一禘，疑先王之禮也。"鄭君駁之曰："三年一祫，五年一禘，百王通義。以爲《禮讖》云：殷之五年，殷祭亦名禘也。"玉裁按：此與《公羊》"五年而再殷祭"說正合。今閩縣陳氏恭甫名壽祺云：《初學記》《藝文類聚》引許《異義》文有譌脱，當作"三歲一祫，五歲一禘，此周禮也。三歲一禘，疑先王之禮也"，今脱四字，譌一字。陳說是也。

（禘）

大夫以石爲主

【經學】（《說文》："祏，宗廟主也……一曰：大夫㠯石爲主。"）《五經異義》："今《春秋公羊》說：卿大夫士非有土子民之君，不得祫享、序昭穆，故無木主。大夫束帛依神，士結茅爲蕝。許君謹按：《春秋左氏傳》曰：衛孔悝反祏於西圃。祏，石主也，言大夫以石爲主。今山陽民俗，祭皆以石爲主。"鄭君駁之曰："大夫士無昭穆，不得有主。少牢饋食，大夫禮也，束帛依神。特牲饋食，士祭禮也，結茅爲蕝。大夫以石爲主，《禮》無明文。孔悝之反祏有主者，祭其所出之君爲之主耳。"玉裁按：《異義》先出，《說文》晚成，多所叕定。故《說文》之說多有異於《異義》，同於鄭駁者。"祏"以"宗廟主"爲本義，以"大夫石主"爲或義是也。

（祏）

脤祭社之肉盛之以蜃

【經學】【詁訓】《五經異義》曰："古《左氏》說：脤，祭社之肉，盛之以蜃。"鄭注《掌蜃》、杜注《左傳》皆同。蜃、脤疊韵。經典脤多從肉作脤。《詩·緜》箋、《掌蜃》注徑用蜃爲脤字。

（脤）

卷下

王者所封三代

【經學】（《說文》："愙，敬也。从心，客聲。《春秋傳》曰：'旨陳備三愙。'"）《左傳·襄廿五年》文。按：不引《商頌》而引此者，以證从心客會意也。《五經異義》："《公羊》說：存二王之後，所以通夫三統之義。《禮》戴說：天子存二代之後，猶尊賢也。古《春秋左氏》說：周家封夏、殷二王之後以爲上公，封黃帝、堯、舜之後謂之三恪。許慎謹案云：治《魯詩》丞相韋玄成，治《易》施讎等說引《外傳》曰：三王之樂可得觀乎？知王者所封三代而已。"不與《左氏》說同。鄭駁之云："所存二王之後者，命使郊天，以天子之禮祭其始祖受命之王，自行其正朔服色。恪者，敬也。敬其先聖而封其後，與諸侯無別殊異，何得比夏、殷之後？"按：許不偶《公羊》說、《戴》說，而偶古《左氏》，亦不與《異義》同。葢《異義》先成，《說文》晚定，用《左氏》說，與鄭同也。

（愙）

聖人皆無父

【經學】【詁訓】（《說文》："古之神聖人，母感天而生子，故偁天子。"①）《五經異義》："《詩》齊、魯、韓、《春秋公羊》說：聖人皆無父，感天而生；《左氏》說：聖人皆有父。謹案：《堯典》'以親九族'，即堯母慶都感赤龍而生堯，安得九族而親之？《禮讖》云：'唐五廟'，知不感天而生。"玄之聞也："《詩》言感生得無父，有父則不感生。此皆偏見之說也。《商頌》曰：'天命玄鳥，降而生商。'謂娥簡吞鳦子生契，是聖人感生見於經之明文。劉媼是漢大上皇之妻，感赤龍而生高祖，是非有父感神而生者也（段云："同耶。"）？且夫蒲盧之氣，

---

① 陳本無"人"。

嫗煦桑蟲成爲己子，況乎天氣因人之精，就而神之，反不使子賢聖乎？是則然矣，又何多怪？"按：此鄭君調停之說。許作《異義》時，從《左氏》說聖人皆有父。造《說文》則云神聖之母感天而生，不言聖人無父，則與鄭說同矣。

(姓)

天子駕數

【經學】【詁訓】【辨誤】（《說文》："人君桀車四馬鑣八鑾。"）許云"人君乘車四馬"者，人君兼天子諸侯言，此破天子駕六之說也。《五經異義》："《易》孟、京、《春秋公羊》說：天子駕六。《毛詩》說：天子至大夫同駕四，士駕二。《詩》云：'駟騵彭彭'，武王所乘；'龍旂承祀，六轡耳耳'，魯僖所乘；'四牡騑騑，周道倭遲'，大夫所乘。謹按：《禮·王度記》曰：'天子駕六，諸侯與卿大夫駕四，大夫駕三，士駕二，庶人駕一。'與《易》《春秋》同。"鄭駁曰："《周禮·校人》：'掌王馬之政，凡頒良馬而養乘之，乘馬一師四圉。'四馬爲乘，此一圉養一馬，而一師監之也。《尚書·顧命》：'諸侯入應門，皆布乘黃朱。'言獻四黃馬朱鬣也。既實周天子駕六，《校人》則何不以馬與圉以六爲數？《顧命》諸侯何以不獻六馬？《易經》'時乘六龍'者，謂陰陽六爻上下耳，豈故爲禮制？《王度記》云'今天子駕六'者，自是漢法，與古異。'大夫駕三'者，於經無以言之。"玉裁謂：許造《說文》云"人君駕四馬"，與《異義》異，與鄭駁同。此《說文》爲許晚年定論之一證也。云"四鑣八鑾"者，此破鑾在衡之說也。《秦風》正義曰："鑾和所在，經無正文。經解注引《韓詩內傳》曰：'鑾在衡，和在軾。'又《大戴禮·保傅篇》文與《韓詩》說同，故鄭依用之。《蓼蕭》傳曰：'在軾曰和，在鑣曰鑾。'箋不易之。《異義》載《禮》戴氏、《詩》毛氏二說。謹案云：經無明文，且殷周或異，故鄭亦不駁。《商頌·烈祖》箋云：'鑾在鑣'，以無明文，且殷周或異，故鄭爲兩解。"玉裁謂：鄭箋《駟鐵》云："置鑾於鑣"，異於乘車也，《烈祖》箋、《大馭》注則云："鑾在衡"。許本無定說，而造《說文》云："四鑣八鑾"，宗毛氏。此又《說文》爲許晚年定論之二證也。"八鑾"，三見《詩》，字作"鸞"。(《說文》："鈴象鸞鳥之聲。"①）《小雅》"鑾刀"《傳》曰："鑾刀，刀有鑾者，言割中節也。"《禮記》曰："聲和而後斷也。"今《詩》亦作"鸞刀"矣。若崔豹《古今注》云："五輅衡上金雀鸞也。鸞口銜鈴，故謂之鑾。"司馬氏《輿服志》云："乘輿鸞雀立衡。"即《韓詩》《戴禮》在衡曰鑾之說。而爲之鳥形，恐非古矣。

（鑾）

漢幼小諸帝皆不廟祭而祭於陵②

【避諱】《五經異義》云："漢幼小諸帝皆不廟祭而祭於陵。"既不廟祭，似可不諱。然《漢志》河內郡"隆慮"，應劭曰："隆慮，山在北，避殤帝名，改曰林慮也。"又《郡國志》："林慮，故隆慮，殤帝改。"漢制生而諱，故孝宣更名。

（隆）

五臟五行說

【經學】《五經異義》云："今《尚書》歐陽說：肝，木也；心，火也；脾，土也；肺，金也；腎，水也。古《尚書》說：脾，木也；肺，火也；心，土也；肝，金也；腎，水也。許慎謹案：《月令》：春祭脾，夏祭肺，季夏祭心，秋祭肝，冬祭腎。與古《尚書》同。"鄭駁之曰："《月令》祭四時之位，乃其五藏之上下次之耳。冬位在後，而腎在下。夏位在前，而肺在上。春位小前，故祭先脾。秋位小卻，故祭先肝。腎也、脾也，俱在鬲下。肺也、心也、肝也，俱在鬲上。祭者必三，故有先後焉，不得同五行之義。今醫病之法，以肝爲木，心爲火，脾爲土，肺爲金，腎爲水，則有瘳也。若反其術，不死爲劇。"鄭注《月令》，自用其說，從今《尚書》說。楊雄《大玄》："木藏脾，金藏肝，火藏肺，水藏腎，土藏心。"從古《尚書》說。高注《呂覽》，於"春祭先

---

① 陳本無"之"。
② 今本作"近漢諸幼少之帝尚皆不廟祭而祭於陵"。

脾"曰："春木勝土，先食所勝也。一說脾屬木，自用其藏也。"於"夏祭先肺"曰："肺，金也。祭禮之先進肺，用其勝也。一曰肺火，自用其藏。"於"秋祭先肝"曰："肝，木也。祭祀之肉，用其勝也，故先進肝。一曰肝金也，自用其藏也。"於"冬祭先腎"曰："腎屬水，自用其藏也。"於"中央土祭先心"曰："祭祀之肉，先進心。心，火也，用所勝也。一曰心土，自用其藏也。"其注《淮南·時則訓》略同，皆兼從今古《尚書》說，而先今後古。許《異義》從古《尚書》說。《說文》雖兼用今古《尚書》說，而先古後今，與鄭不同矣。

(肺)

【經學】（《說文》："心，人心，土臧也……博士說曰爲火臧。"① ）土臧者，古文《尚書》說；火臧者，今文家說。詳《肉部》"肺"下。

(心)

鸛鷞

【經學】（《說文》："鷞，鸛鷞也……古者鸛鷞不踰泲。"）見《考工記》。《五經異義》："《公羊》以爲鸛鷞夷狄之鳥，穴居。今來至魯之中國，巢居。此權臣欲自下居上之象。《穀梁》亦以爲夷狄之鳥來中國，義與《公羊》同。《左氏》以爲鸛鷞來巢，書所無也。彼注云：《周禮》曰：'鸛鷞不踰濟。'今踰，宜穴而又巢，故曰：書所無也。許君謹案：從二《傳》。"後鄭駁之云："按：《春秋》言來者甚多，非皆從夷狄來也。從魯疆外而至則言來。鸛鷞本濟西穴處，今乃踰濟而東，又巢，爲昭公將去魯國。"玉裁按：先鄭云："不踰濟，無妨於中國有之。"駁二《傳》也。作《異義》時從二《傳》，作《說文解字》亦引《考工記》爲證，不言夷狄之鳥，則從古《左氏》說。許君《異義》先成，《說文解字》晚定，故多有不同《異義》者。不言"《周禮》曰"而言"古者"，此以釋《左氏》"書所無也"之恉也。

(鷞)

---

① 陳本無"也"。

鄭 志

卷上

白虎黑文

【佚文】（《說文》："白虎黑文。"）見《毛傳》。《鄭志》："張逸問：《傳》曰：白虎黑文。荅曰：《周史·王會》云。"按：今《王會篇》文不具。（虞）

卷中

諸所牽圖讖皆謂之說

【義例】後鄭注經引緯亦曰"某經說"。《鄭志》荅張逸曰："當爲注時，時在文網中，嫌引祕書，故諸所牽圖讖，皆謂之說。"（穴）

卷下

高禖之祀

【經學】【辨誤】《商頌》傳曰："春分玄鳥降，湯之先祖有娀氏女簡狄配高辛氏帝，帝率與之祈於郊禖而生契，故本其爲天所命，以玄鳥至而生焉。"《大雅》傳曰："古者必立郊禖焉。玄鳥至之日，以大牢祀於郊禖。天子親往，后妃率九嬪御，乃禮天子所御，帶以弓韣，授以弓矢於郊禖之前。"玉裁按：據此則禖神之祀不始於高辛明矣。鄭注《月令》云："玄鳥，媒氏之官以爲候。高辛氏之世，玄鳥遺卵，娀簡吞之而生契。後王以爲媒官嘉祥而立其祠焉。變媒言禖，神之也。"注《禮記》時未專信《毛詩》，故說鉏鋙爾。《鄭志》焦喬之荅，回護鄭公，殊爲詞費。

（禖）

經典釋文

全書

近

【音義】《經典釋文》遠近上聲，近之去聲，古無此分別。

（近）

埶藝

【古今】【叚借】唐人樹埶字作蓺，六埶字作藝，說見《經典釋文》。然蓺、藝字皆不見於《說文》。周時六藝字葢亦作埶，儒者之於禮、樂、射、御、書、數，猶農者之樹埶也。又《說文》無勢字，葢古用埶爲之，如《禮運》"在埶者去"是也。

（埶）

論　語

學而第一

汎愛衆

【叚借】《論語》："汎愛衆"，此假"汎"爲"氾"。

（氾）

因不失其親

【詁訓】《論語》："因不失其親"，謂所就者不失其親。

（因）

可謂好學也已

【校勘】《論語》或單言"矣"，或言"已矣"。如《學而》《子張》篇皆云："可謂好學也已矣。"《公冶長篇》："不可得而聞也已矣。""已矣乎，吾未能見其過而内自訟者也。"俗本句末删"矣"者，非。《淮南書》說矣與也二字不同。

（矣）

爲政第二

樊遲

【詁訓】【叚借】樊遲名須，須者䫇之叚借。

（䫇）

先生饌

【異文】【經學】【義例】【叚借】【志疑】《論語》："先生饌。"馬云："飲食也。"鄭作"餕"，"食餘曰餕"。按：馬注者，《古論》。鄭注者，校周之本以齊、古，讀正凡五十事。其讀正者皆云：魯讀爲某，今從古。此不云"今從古"，則是从《魯論》作"餕"者。何晏作"饌"，從孔安國、馬融之《古論》也。據《禮經·特牲》《少牢》注皆云："古文饌作餕。"許書則無"餕"有"籑""饌"字，是則許於《禮經》從今文不從古文也。但《禮經》之"籑"訓"食餘"，而許籑、饌同字，訓爲"具食"，則"食餘"之義無箸。且《禮經》言"饌"者多矣，注皆訓陳，不言古文作餕。食餘之字皆作籑，未有作饌者。然則《禮》饌、籑當是各字。饌當獨出，訓具食也。籑、餕當同出，訓食餘也。乃與《禮經》合。若《論語》魯餕，古饌，此則古文假饌爲餕。此謂養親必有酒肉，既食恆餕而未有原，常情以是爲孝也。○又按：《禮記》之字，於《禮經》皆從今文，而皆作"餕"，疑《儀禮注》當云："今文籑作餕。"
（籑）

子張問十世可知也

【詁訓】今人文字，邪爲疑辭，也爲決辭，古書則多不分別。如："子張問十世可知也"，當作"邪"是也。又邪、也二字古多兩句並用者。如《龔遂傳》："今欲使臣勝之邪，將安之也。"韓愈文："其真無馬邪，其真不知馬也。"皆也與邪同。
（邪）

八佾第三

女弗能救與

【經學】（《說文》："救，止也。"）《論語》："子謂冉有曰：'女弗能救與？'"馬曰："救猶止也。"馬意救與止稍別，許謂凡止皆謂之救。
（救）

素以爲絢兮

【佚文】【經學】【志疑】(《說文》:"《詩》云:'縤曰爲絢兮。'"①) 逸《詩》,見《論語·八佾篇》。馬融曰:"絢,文貌也。"鄭康成《禮注》曰:"采成文曰絢",注《論語》曰:"文成章曰絢。"許次此篆於繡、繪間者,亦謂五采成文章,與鄭義略同也。鄭注"繪事後素"云:"畫繢先布衆采,然後以素分其間,以成其文。"朱子則云:"後素,後於素也。謂先以粉地爲質,而後施五采。"據許絢在繡、繪間,繡、繪皆五采也,葢許用白受采之恉與?

(絢)

文獻不足故也

【詁訓】【經學】【異文】《論語》鄭注曰:"獻猶賢也。"獻得訓賢者,《周禮注》:"獻讀爲儀。"是以伏生《尚書》:"民儀有十夫",古文《尚書》作"民獻"。《咎繇謨》古文:"萬邦黎獻",漢《孔宙碑》《費鳳碑》《斥彰長田君碑》皆用"黎儀"字,皆用伏生《尚書》也。班固《北征頌》亦用"民儀"字。

(獻)

郁郁乎文哉

【叚借】(編按:郁) 古假借爲彧字,如《論語》"郁郁乎文哉"是也。彧,有文章也。其始借或爲彧,其後又借郁爲彧。

(郁)

【叚借】【經學】【異文】【詁訓】彧古多叚或字爲之,或者彧之隸變。今本《論語》"郁郁乎文哉",古多作"或或"。是以荀或字文若,《宋書》王或字景文。《大戴·公冠篇》:"遵並大道邠或。""邠或"即"彬或",謂彬彬或或也。《小雅》:"黍稷或或。"《傳》云:"或或,茂

---

① 陳本"縤"作"素"。

盛兒。"即有彣彰之義之引伸也。

（馘）

鄹人之子

【志疑】【避諱】【辨僞】《論語》孔注曰："鄹，孔子父叔梁紇所治邑也。"《左傳》杜注曰："紇，郰邑大夫仲尼父叔梁紇也。"《檀弓》："郰曼父之母。"鄭云："曼父之母與徵在爲鄰，相善。"《孔子世家》曰："孔子生魯昌平鄉郰邑。"杜曰："郰邑，魯縣東南堅城是也。"張守節曰："夫子生在鄒之闕里。長，徙曲阜，仍號闕里。"按：杜云"堅城"者，今不得其詳。說者以爲今鄒縣西北之東鄒村西鄒集是也。《孔子世家》言："郰人輓父"，《檀弓》言："郰曼父"，鄭注言："郰叔梁紇"，蓋孔子之父，魯人以郰人紇呼之。如《周禮》之鄉以州名，野以邑名。非郰爲所治邑也。《論語》云"鄹人之子"者，孔子弟子爲師諱"紇"字也。郰大夫之文始見於王肅私定《家語》，而孔氏《論語注》乃肅輩僞托者。

（郰）

里仁第四

苟志於仁

【叚借】孔注《論語》云："苟，誠也。"鄭注《燕禮》云："苟，且也，假也。"皆假借也。

（苟）

公冶長第五

縲絏

【校勘】【音義】【正俗】（《說文》："纍……一曰大索也。"）《論語》作"縲"，字之誤。注云："黑索也。"亦誤作"累"，如《孟子》"係累其子弟"是。亦作"羸"，如《易·大壯》："羸其角"，馬云："大索也",鄭、虞作"縈"。……按：縈、絫二字大不同。縈在十五部，大索也，其隸變不得作累。絫在十六部，增也，引申之延及也，其俗體作累，古所不用。

（縈）

加諸我

【詁訓】"譜"下曰："加也"；"誣"下曰："加也"；此（編按："加"）云："語相譜加也"。知譜、誣、加三字同義矣。誣人曰譜，亦曰加，故加从力。《論語》曰："我不欲人之加諸我也，吾亦欲無加諸人。"馬融曰："加，陵也。"袁宏曰："加，不得理之謂也。"劉知幾《史通》曰："承其誣妄，重以加諸。"韓愈《爭臣論》曰："吾聞君子不欲加諸人，而惡訐以爲直者。"皆得加字本義。引申之，凡據其上曰加，故"加巢"即"架巢"。

（加）

雍也第六

文質彬彬

【詁訓】【異文】【古今】《論語·雍也篇》："文質彬彬，然後君子。"包咸注曰："彬彬，文質相襍之皃也。"鄭注曰："彬彬，襍半皃也。"按：古謂集爲襍。集，聚也。……（《說文》："《論語》曰：'文質份份。'彬，古文份。"）今《論語》作"彬"，古文也。

（份）

述而第七

子之燕居

【詁訓】《論語》："子之燕居，申申如也，夭夭如也。"上句謂其申，下句謂其屈。不屈不申之閒，其斯爲聖人之容乎？

（夭）

誄曰

【校勘】【辨誤】（《說文》："讄，禱也。絫功德吕求福也。《論語》云：'讄曰：禱尒于上下神祇。'"①）讄，施於生者以求福；誄，施於死者以作諡。《論語》之"讄曰"，字當從畾。《毛傳》曰："桑紀能誄"，字當從耒。《周禮》"六辭"鄭司農注二字已不分矣。

（讄）

君子坦蕩蕩

【經學】【叚借】《論語》曰："君子坦蕩蕩"，按：魯讀爲"坦湯湯"。此如《陳風》"子之湯兮"，《傳》曰："湯，蕩也"，謂湯爲蕩之叚借字也。司馬相如賦叚壇爲坦。

（坦）

泰伯第八

直而無禮則絞

【經學】【音義】【辨誤】《論語》："直而無禮則絞"，"好直不好學，其蔽也絞"，馬融曰："絞刺也"，鄭云："急也。"刺，盧達切，乖刺也。與鄭義無異，急則無不乖刺者也。皇侃、陸德明乃讀爲譏刺，七賜反，其繆甚矣。

（絞）

---

① 陳本"尒"作"尔"，無"也"。

盡力乎溝洫

【異文】（《說文》："《論語》曰：'盡力于溝洫。'"）今本"于"作"乎"。

（洫）

子罕第九

今也純

【詁訓】【叚借】《論語》："麻冕，禮也，今也純。"孔安國曰："純，絲也。"此純之本義也，故其字从糸。按：純與醕音同，醕者不澆酒也，叚純爲醕字，故班固曰："不變曰醇，不襍曰粹"，崔覲說《易》曰："不襍曰純，不變曰粹"，其意一也。美絲、美酒，其不襍同也。不襍則壹，壹則大，故《釋詁》《毛傳》《鄭箋》皆曰："純，大也。"《文王》"純亦不已"，即《周易》之"純粹"也。《詩》之"純束"讀如屯，《國語》之"稇"、《左傳》之"麇"皆其字也。《禮》之"純"釋爲緣，實即緣之音近叚借也。

（純）

喟然歎曰

【詁訓】【辨誤】（《說文》："喟，大息也。"）《論語》网云："喟然歎曰"，謂大息而吟歎也。何晏云："喟然，歎聲也。"殊非是。

（喟）

如有所立卓爾

【校勘】（《說文》："襡，特止也。"）"如有所立卓爾"當用此字。

（襡）

韞匵而藏諸

【詁訓】《論語》曰："韞匵而藏諸"，又曰："龜玉毁櫝中"，其實一字也。

（匵）

求善賈而沽諸

【異文】【叚借】漢石經《論語》曰："求善賈而賈諸"，今《論語》作"沽"者，假借字也。

（賈）

秀而不實

【詁訓】《論語》曰："苗而不秀，秀而不實。"秀則已實矣，又云實者，此實即《生民》之堅好也。

（秀）

鄉黨第十

侃侃　誾誾

【叚借】【詁訓】【音義】【辨誤】《論語·鄉黨》孔注："侃侃，和樂皃。""誾誾，中正皃。"《先進》皇侃亦云爾。按：侃侃爲和樂者，謂侃侃即衎衎之假借也。誾誾爲中正者，謂和悅而諍，柔剛得中也。言居門中，亦有中正之意。……（編按：誾）此字自來反語皆恐誤。凡斷斷爲辨爭，狺狺爲犬吠，皆於斤聲、言聲得語巾之音。若門聲字當讀莫奔切，或讀如瞞、如蠻，斷不當反從言之雙聲切語巾也。《揚子》："何後世之訔訔也"，司馬曰："爭辨皃。"是"訔訔"同《漢書》之"斷斷"。自來字書、韵書與門聲之誾同，又恐誤也。誾誾與穆穆、慔慔、勉勉、亹亹等爲雙聲，古音在十三部。

（誾）

【叚借】《論語·鄉黨》："與下大夫言，侃侃如也。"孔曰："侃侃，和樂皃也。"葢謂即"衎衎"之叚借字。

（侃）

與與如也

【叚借】（《說文》："㦷，趣步㦷㦷也。"）《論語》："與與如也"，馬注曰："與與，威儀中適之皃。""與與"即"㦷㦷"之叚借。

（㦷）

色勃如也

【異文】（《說文》："《論語》曰：'色艴如也。'"）今作"勃"。

（艴）

【異文】【經學】【辨誤】【詁訓】（《說文》："𩣡，色𩣡如也。……《論語》曰：'色𩣡如也。'"）今《論語》作"勃"，《宋部》引《論語》作"艴"。葢必有古、魯、齊之別在其間矣。或曰：依《論語》則非怒色也。不知怒者盛氣之偁，不嫌同偁。《孟子》"王勃然變乎色"，不與今《鄉黨》同偁乎？

（𩣡）

【校勘】【叚借】《論語》："色艴如也"，許所引乃本字本義，謂艴字，盛气也。今《論》叚借勃字，殊失其恉。

（勃）

鞠躬

【叚借】【異文】【聯綿】【詁訓】（《說文》："匑，曲脊也。"）此《論語·鄉黨》《聘禮記》"鞠躬"之正字也。《聘禮》"鞠躬"亦作"鞠窮"，《史記·魯世家》作"匑匑"，徐廣云："見《三蒼》，謹敬皃也。音穹窮。"《廣雅》亦曰："匑匑，謹敬也。"《漢書注》曰："鞠躬，謹敬也。"葢上字丘弓切，下字巨弓切，爲疊韵。如《左傳》"鞠窮"之即"營蔚"耳。上字亦讀丘六切，仍是聯綿字。孔注《論語》曰："斂身"，許曰："曲脊"，蓋未有謹敬而不傴僂者也。許無鞠鞠字者，以匔躬爲正字。鞠則匔之假借字也。鞠躬行而匔廢矣。

（匔）

攝齋①

【詁訓】凡云攝者皆整飭之意。《論語》："攝齋"，《史記》："矣生攝弊衣冠。"襄十四年《左傳》曰："不書者，惰也；書者，攝也"，注云："能自攝整。"《詩》："攝以威儀"，《傳》曰："言相攝佐者以威儀也。"《論語》："官事不攝"，注云："攝猶兼也。"皆引持之意。

（攝）

足蹜蹜如有循

【校勘】【詁訓】《論語》："足縮縮如有循"，鄭注曰："舉前曳踵行也。"曳踵行不遽起，故曰："縮縮"。俗作"蹜蹜"，非。踵，足跟也。

（縮）

私覿愉愉如也

【正俗】【詁訓】（《說文》："《論語》曰：'私覿愉愉如也。'"）覿者，覿之俗字。愉愉，《聘禮》作"俞俞"。《論語》鄭注云："愉愉，容色和也。"正薄樂之義。

（愉）

紅紫不以爲褻服

【詁訓】《春秋釋例》曰："金畏於火，以白入於赤，故南方閒色紅也。"《論語》曰："紅紫不以爲褻服。"按：此今人所謂粉紅、桃紅也。

（紅）

---

① 今本"齋"作"齊"。

當暑袗絺綌必表而出之

【詁訓】【校勘】《論語》："當暑袗絺綌，必表而出之。"孔曰："加上衣也。"皇云："若在家，則裘葛之上亦無別加衣。若出行接賓客，皆加上衣。"當暑絺綌可單，若出不可單，則必加上衣也。嫌暑熱不加，故特明之。《玉藻》："表裘不入公門。"鄭曰："表裘，外裘也"（段云："'外裘'，今本作'外衣'，誤"）。禪絺綌、外裘二者形且褻，皆當表之乃出。

（袤）

麑裘

【詁訓】《論語》"麑裘"即麛裘。

（麛）

褻裘①

【異文】【叚借】（《說文》："《論語》曰：'䙝衣長，短右袂。'"）《鄉黨篇》文。今《論語》"䙝衣"作"褻裘"。《衣部》曰："褻，私服也。"然則《論語》自訓私服，而作"䙝"者，同音叚借也。

（䙝）

食饐而餲　孔注：饐餲臭味變

【源流】（《說文》："饐，飯傷溼也。"）葛洪云："饐，飯餿臭也。"本《論語》孔注，而非許說。

（饐）

【校勘】《鄉黨篇》："食饐而餲。"孔曰："饐餲，臭味變也。"皇侃云："饐謂飲食經久而腐臰也，餲謂經久而味惡也。"是則孔注本作"饐，臭。餲，味變也"。今本誤倒耳。

（餲）

---

① 今本"褻"作"褻"。

不使勝食氣

【叚借】【異文】【古今】【經學】【辨誤】(《說文》："《論語》曰：'不使勝食既。'")《論語》以"既"爲"气"，如《商書》以"敉"爲"好"，詩以"归"爲"姑"之類。今《論語》作"氣"，"气""氣"古今字，作"氣"，葢《魯論》也。許偁葢古文《論語》也。或云：謂不使肉勝於食，但小小食之。說固可通，然古人之文，云"不使勝"則已足，不必贅此字。
(既)

沽酒市脯

【詁訓】市者，買物之所。因之買物亦言市。《論語》："沽酒市脯。"
(買)

【詁訓】(編按：酤)《論語·鄉黨》作"沽"。
(酤)

君賜腥

【校勘】《論語》："君賜腥，必孰而薦之。"字當作"胜"，今經典"膏胜""胜肉"字通用"腥"爲之而"胜"廢矣，而"腥"之本義廢矣。
(胜)

朝服拖紳

【異文】【叚借】(《說文》："《論語》曰：'朝服袉紳。'")今《論語》作"拖"，作"拖"，即《手部》"扡"字。《禮記》云"申加大帶於上"是也。許所據作"袉"，假借"袉"爲"扡"也。
(袉)

居不容

【詁訓】【校勘】《論語》："寢不尸，居不客。"謂生不可似死，主不可似客也。今本誤作"不容"。

（客）

賓不顧矣　車中內顧①

【詁訓】《鄉黨》："賓不顧矣"，謂還視也；"車中內顧"，苞氏謂"前視不過衡軛，旁視不過畸較"，則"顧"猶"視"也。

（顧）

先進第十一

鏗爾舍瑟而作

【異文】【校勘】【異體】（《說文》："《論語》：'鏗尒舍琴而作。'"②）"琴"，大徐作"瑟"……舊抄《繫傳》本作"琴"。《論語·先進篇》釋文曰："鏗，苦耕反，投琴聲。"是則陸氏《論語》本作"舍琴而作"，下文云："本今作瑟"者，後人所增語。《廣韵》曰："挳，琴聲，口莖切"，《玉篇》曰："挳，口耕切，琴聲"，引《論語》："挳爾舍琴而作。""挳"蓋"鏗"之異體。

（鏗）

【異文】陸元朗所據《論語》作"琴"。

（輒）

詠而歸

【叚借】【經學】【異文】【校勘】饋之言歸也，故饋多假歸為之。《論語》："詠而饋""饋孔子豚""齊人饋女樂"，古文皆作"饋"，魯皆作

---

① 今本"中"後有"不"。
② 陳本"尒"作"尔"，"琴"作"瑟"。

"歸"，鄭皆从古文。《聘禮》："歸饔餼五牢。"鄭云："今文歸或爲饋。"今本《集解》，《陽貨》《微子》篇作"歸"，依《集解》引孔安國語，則當作"饋"也。

(饋)

顔淵第十二

克己復禮為仁

【詁訓】《論語》："克己復禮爲仁"，"克己"言自勝也。

(己)

子路第十三

葸闇如也

【聯綿】【義例】【注音】【詁訓】"葸闇"疊韵字。凡《論語》言"如"，或單字，"孛如""躩如"是；或重字，"申申如""夭夭如"是；或疊韵雙聲字，"踧踖如""鞠躬如""葸闇如"是。葸，舊音如割。《漢書·儒林傳》曰："疑者丘葸不言。"蘇林曰："丘葸者，不言所不知之意也。"如淳曰："齊俗以不言所不知爲丘葸。""丘葸"，《荀卿書》作"區葸"，丘、區、闇三字雙聲。

(其於所不知葸闇如也)

斗筲之人

【經學】《論語》："斗筲之人。"鄭曰："筲，竹器，容斗二升。"與許說"受五升"異。

(筲)

狂狷

【校勘】【詁訓】（《說文》："懁，急也。"①）《論語》"狷"，《孟子》作"獧"，其實當作"懁"。《齊風》："子之還兮。"《傳》曰："還，便捷之皃。"《走部》曰："趲，疾也。"其義皆近。

（懁）

憲問第十四

羿善射

【校勘】（《說文》："《論語》曰：'羿善躲。'"）按：今《論語》作"羿"，"羿"之譌也。

（羿）

世叔討論之

【詁訓】【異文】發其紛糾而治之曰討。《秦風》傳曰："蒙討羽也"，箋云："蒙，尨也。討，襍也。畫襍羽之文於伐，故曰尨伐。"據鄭所言，則討者亂也。治討曰討，猶治亂曰亂也。《論語》："世叔討論之"，馬曰："討，治也。"《學記》："古之學者，比物醜類"，"醜"或作"討"。凡言討論、探討，皆謂理其不齊者而齊之也。

（討）

其言之不怍

【校勘】（《說文》："諾，慙語也。"）《論語》："其言之不怍，則爲之也難"，當作此"諾"。

（諾）

---

① 陳本"急"作"急"。

子貢方人

【叚借】《論語》："子貢方人",假方爲謗。

(謗)

荷蕢

【經學】【異文】(《說文》:"臾,古文蕢,象形。《論語》曰:'有荷臾而過孔氏之門。'") 此古文《論語》也,《憲問篇》。

(蕢)

鄙哉硜硜乎

【叚借】《論語》曰:"鄙哉硜硜乎。"又云:"硜硜然小人哉。"其字皆當作"硈硈",假借古文"磬"字耳。"硜"者,古文"磬"字也。"鏗爾舍琴",亦當爲"硈爾"。又《樂記》:"石聲磬磬",當爲"硈"。《釋名》:"磬者,磬也,其聲磬磬然堅緻",當作"硈硈然堅緻"。

(硈)

莫己知也斯己而已矣

【譌字】【校勘】(編按:己) 此與已止字絕不同。宋以前分別,自明以來書籍閒大亂,如《論語》"莫己知也,斯己而已矣"。唐石經不譌,宋儒乃不能了。

(己)

原壤夷俟

【詁訓】若蹲則足底著地而下其脾、聳其卻,曰蹲。其字亦作"竣","原壤夷俟",謂蹲踞而待,不出迎也。

(居)

衛靈公第十五

小人窮斯濫矣

【古今】【異文】凡不得其當曰過差，亦曰氾，今字多以濫爲之。《商頌》："不僭不濫"，《傳》曰："賞不僭，荆不濫也"，《左氏》曰："賞僭則懼及淫人，荆濫則懼及善人"，其字皆可作氾，濫行而氾廢矣。……（《說文》："《論語》曰：'小人窮斯氾矣。'"）今作濫。
（氾）

卷而懷之

【詁訓】《論語》："邦無道，則可卷而懷之。"即《手部》之捲收字也。
（卷）

孫以出之

【叚借】《論語》："孫以出之""惡不孫以爲勇者"，皆愻之叚借。
（愻）

季氏第十六

友便佞

【異文】（《說文》："《論語》曰：'友諞佞。'"）今作"便"。
（諞）

陳亢

【異文】【志疑】（《說文》："《論語》有陳伉。"）《論語》作"陳亢"，字子禽，與《爾雅》"亢，鳥嚨"故訓相合，作"陳伉"似非也。然《古今人表》陳亢、陳子禽爲二人。
（伉）

陽貨第十七

陽貨

【詁訓】【辨誤】五部與十七部通，故《左氏》"陽虎"，《論語》作"陽貨"，非一名一字也。邢昺、孫奭乃有"虎"名、"貨"字之說。

（虎）

微子第十八

耰而不輟

【異文】【經學】【詁訓】【音義】【辨誤】（《說文》："耰，摩田器也……《論語》曰：'耰而不輟。'"①）漢石經《論語》："耰不輟。"《五經文字》曰："經典及《釋文》皆作耰。"鄭曰："耰，覆種也。"與許合。許以物言，鄭以人用物言。《齊語》："深耕而疾耰之，以待時雨。"韋曰："耰，摩平也。"《齊民要術》曰："耕荒畢，以鐵齒鋼鎝再徧杷之，漫擲黍穄，勞亦再徧。"按：先云："再徧杷之"，即《國語》所謂"疾耰待時雨"也。後云："勞亦再徧"，即鄭所謂"覆種"也。許云"摩田"，當兼此二者。賈又曰："春耕尋手勞，秋耕待白背勞。"古曰耰，今曰勞。勞，郎到切。《集韵》作"橯"。若高誘云："耰，椎也"，如淳云："椎，塊椎也"，服虔、孟康云："耰，鉏柄也"，椎塊尚近之，鉏柄之說未可信矣。

（耰）

【詁訓】凡言輟者，取小缺之意也。《論語》："耰不輟。"

（輟）

---

① 陳本無"也"字。

以杖荷蓧　植其杖而芸

【詁訓】【校勘】（《說文》："蓧，薅田器……《論語》曰：'以杖荷蓧。'"①）謂子路見丈人，手用杖，蓧加於肩。行來至田，則置杖於地，用蓧芸田。植杖者，置杖也。云："以杖荷蓧""置杖而芸"，則蓧爲芸田器明矣。《集解》："包曰：'蓧，竹器。'"此有脫誤。

（蓧）

【叚借】漢石經《論語》："置其杖而耘。"《商頌》："置我鼗鼓。"皆以置爲植。

（植）

逸民

【叚借】《論語·微子篇》："逸民：伯夷、叔齊、虞仲、夷逸、朱張、柳下惠、少連。"按：許作"佚民"，正字也；作"逸民"者假借字。

（佚）

子張第十九

其不可者拒之

【異文】漢石經《論語》："其不可者距之"，字作"距"。

（岠）

仕而優則學學而優則仕

【詁訓】古義宦訓仕，仕訓學，故《毛詩傳》五言"士，事也"，而《文王有聲》傳亦言"仕，事也"，是仕與士皆事其事之謂。學者，覺悟也，事其事則日就於覺悟也。若《論語·子張篇》："子夏曰：'仕而優則學，學而優則仕。'"《公冶長篇》："子使漆雕開仕。"注云："仕，仕於朝也。"以

---

① 陳本"薅"作"艸"。

仕、學分出處起於此時矣。
（仕）

堯曰第二十

四海困窮

【詁訓】困之本義爲止而不過，引伸之爲極盡。《論語》："四海困窮"，謂君德充塞宇宙，與"橫被四表"之義略同。苞注曰："言爲政信執其中，則能窮極四海，天祿所以長終也。"凡言困勉，困苦，皆極盡之義。
（困）

全書

美哉璠與

【佚文】（《說文》："孔子曰：'美哉璠與，遠而望之奐若也，近而視之瑟若也。一則理勝，二則孚勝。'"①）此蓋出《逸論語》。《御覽》引正作《逸論語》。
（璠）

論語之名

【義例】【音義】【詁訓】【辨誤】凡言語循其理得其宜謂之論，故孔門師弟子之言謂之《論語》。皇侃依俗分去聲、平聲，異其解，不知古無異義，亦無平、去之別也。《王制》："凡制五刑，必即天論。"《周易》："君子以經論。"《中庸》："經論天下之大經。"皆謂言之有倫有脊者。許云："論者，議也"，"議者，語也"，似未盡。
（論）

---

① 陳本"璠與"作"璵璠"。

饑

【異文】《論語》"年饑""因之以饑饉",鄭本皆作"飢"。

(饑)

鄙夫

【古今】【校勘】(編按:啚)凡鄙吝字當作此,鄙行而啚廢矣。《論語》"鄙夫"、《周書》"鄙我周邦",皆當作此。

(啚)

億

【叚借】【異文】(編按:億)或假爲"意"字,如《論語》"不億不信""億則屢中"是也。"億則屢中",《漢書·貨殖傳》作"意"。"毋意毋必",諸家儞作"億必",是可證矣。

(億)

欲 慾

【古今】古有欲字,無慾字,後人分別之,製慾字,殊乖古義。《論語》申棖之"欲","克伐怨欲"之"欲",一從心,一不從心,可徵改古者之未能畫一矣。

(欲)

爾

【音義】【詁訓】【譌字】【校勘】凡語云而已者,急言之曰耳,在古音一部。凡云如此者,急言之曰爾,在古音十五部。如《世說》云:"聊復爾耳",謂且如此而已是也。二字音義,絕不容相混,而唐人至今譌亂至不可言,於古經傳亦任意填寫,致多難讀。即如《論語》一經,言"云爾"者,謂如此也。言"謹爾""率爾""鏗爾"者,爾猶然也。言"無隱乎爾""一日長乎爾",爾猶汝也。言"汝得人焉爾乎",

言得人於此否也。《公羊傳》《三年問》"焉爾"，皆訓於此也。全經惟有"前言戲之耳"乃而已之訓。今俗刻作"汝得人焉耳乎"，乃極爲可笑。曹操曰："俗語云生女耳，耳是不足之詞"，此古說之存者也。（耳）

孟 子

題辭解

字則未聞

【詁訓】【歷史】夂遲曰轗軻。趙邠卿曰:"孟子名軻,字則未聞也",而《廣韵》曰:"孟子居貧轗軻,故名軻,字子居。"

(軻)

梁惠王上

頒白者不負戴於道路

【叚借】《孟子》:"頒白者不負戴於道路。"此假"頒"爲"頖"也。

(頒)

【叚借】【詁訓】【異體】此(編按:頒)《孟子》"頒白"之正字也。趙注曰:"頒者,斑也。頭半白斑斑者也。"卑與斑雙聲,是以《漢·地理志》"卑水縣",孟康音斑。蓋古"頒"讀如"斑",故亦假大頭之"頒"。《藉田賦》:"士女頒斌",李注:"頒斌,相襍之皃也。"其引伸之義也。《王制》:"諸侯曰頖宮。""頖",蓋"頒"字之異體,故假爲泮水之"泮"。《廣韵》又借臥髻之"鬈"爲"頒"。

(頒)

梁惠王下

巡狩者巡所守也

【叚借】【異文】《孟子》曰："天子適諸矦曰巡狩。巡狩者，巡所守也。"此謂六書叚借以守爲狩。有叚守爲狩者，如"明夷于南狩""天王狩于河陽"皆或作守是也。

（狩）

反其旄倪

【叚借】《孟子》"反其旄倪"，借爲嬰婗之婗也。

（倪）

鄒與魯鬨

【詁訓】【音義】趙曰："鬨，鬭聲也，猶構兵而鬭也。"劉熙曰："鬨，構也，構兵以鬭也。"按：趙注長。《呂覽》："崔杼之子相與私鬨。"高曰："鬨，鬭也。鬨讀近鴻，緩氣言之。"

（鬨）

止或尼之

【叚借】《孟子》："止或尼之。""尼，止也。"① 與"致遠恐泥"同，泥濘之假借字也。

（尼）

---

① 後引爲趙注。

公孫丑上

曾西蹵然

【異文】【詁訓】（《說文》："《孟子》曰：'曾西欨然。'"）今作"蹵"，趙注："蹵然猶蹵踖也。""蹵踖"同"踧踖"。

（欨）

兹基①

【詁訓】《孟子》引齊人言曰："雖有兹基，不如待時。"齊謂斫地櫊也。趙注云："耒耜之屬，約略言之耳。"《月令》："修耒耜，具田器。"鄭曰："田器，鎡錤之屬。"然則鎡錤之非耒耜可知矣。韋注《國語》云："耨，兹其也。"亦分別未審。

（櫊）

為之氓

【詁訓】《孟子》："則天下之民皆悅而願爲之氓矣。"趙注："氓者，謂其民也。"按：此則氓與民小別，蓋自他歸往之民則謂之氓，故字从民亡。

（氓）

乍見孺子將入於井

【叚借】《公羊傳》："今若是迮而與季子國"，何云："迮，起也，倉卒意。"按：《孟子》："乍見孺子將入於井"，乍者倉卒意，即迮之叚借也。

（迮）

---

① 今本"兹"作"鎡"，阮校云："《音義》出'鎡基'，云：'或作兹。'"

袒裼裸裎

【異文】《孟子》："袒裼裸裎"，亦作"程"。《士喪禮》注："倮程。"
（裎）

公孫丑下

蚳鼃

【校勘】【詁訓】（《說文》："蚳，畫也。"）《孟子書》當是"蚳鼃"，鼃即畫，大夫以蚳畫爲名也。
（蚳）

龍斷

【詁訓】【校勘】【譌字】（《說文》："《孟子》曰：'登壟斷而网市利。'"）"壟"，《孟子》作"龍"。丁公箸讀爲隆。陸善經乃讀爲壟，謂岡壟斷而高者。按：趙注釋爲"堁斷而高者也"。堁，塵堲也。高誘云："楚人謂塵爲堁。"趙本葢作"尨斷"。尨，塵襍之皃。蹋塵不到，地勢略高之處也。古書尨、龍二字多相亂。許書亦當作"尨斷"，淺人以陸善經說改爲"壟"耳。
（買）

隱几

【校勘】隱之訓曰蔽，若《孟子》"隱几"字則當爲"㡒"，《叉部》曰："㡒，有所據也。"
（隱）

悻悻然

【詁訓】【異文】（《說文》："悭，恨也。"）"悭"即《孟子》"悻"字也。《孟子》："則怒悻悻然見於其面。"趙以"恚怒"釋之，又引《論語》"悻悻然小人哉"。今《論語》作"硜硜"。

（悝）

滕文公上

成覵

【異文】（《說文》："齊景公之勇臣有成覵者。"）《孟子·滕文公篇》作"成覸"，趙注曰："成覸，勇果者也。"《廣韵》曰："覸，人名，出《孟子》。"按："成覵"，《淮南·齊俗訓》作"成荆"。覵爲荆，猶《攷工記》故書"顅"或作"䯊"也。

（覵）

飦粥之食

【詁訓】《孟子》曰："飦粥之食"，趙曰："飦，䊺粥也。"䊺同糜。

（鬵）

殷人七十而助

【異文】（《說文》："殷人七十而勴。"①）《孟子·滕文篇》文。今《孟子》作"助"，《周禮注》引作"莇"。

（勴）

使民盻盻然

【校勘】《孟子》引龍子曰："爲民父母，使民盻盻然，將終歲勤動，不得以養其父母，又稱貸而益之。"趙云："盻盻，勤苦不休息之貌。"按：丁公著本"盻盻"作"肸肸"，據趙注則"肸"近是，作"盻"者譌字也。

（盻）

---

① 陳本"殷"作"商"。

稱貸

【詁訓】趙注《孟子》"稱貸"曰："稱，舉也。"凡手舉字當作爯，凡偁揚當作偁，凡銓衡當作稱。今字通用稱。

（爯）

殷曰序周曰庠

【志疑】（《說文》："禮官養老，夏曰校，殷曰庠，周曰序。"）《孟子·滕文公篇》曰："夏曰校，殷曰序，周曰庠。"《史記·儒林傳》同。《漢書·儒林傳》則云："夏曰校，殷曰庠，周曰序。"許同《漢書》。疑今《孟子》《史記》有誤。

（庠）

捆屨

【詁訓】【校勘】魯季敬姜說織曰："持交而不失，出入不絕者，梱也。梱可以爲大行人也。""持交"，正許所云"持會"也。趙注《孟子》"捆屨"曰："捆，猶叩椓也。織屨欲堅，故叩之也。"此與敬姜說梱義同。字皆當從木。孫氏《孟子音義》從手，誤。

（梱）

許子衣褐

【經學】【詁訓】趙注《孟子》曰："褐以毳織之，若今馬衣者也。或曰枲衣也，一曰粗布衣。"按：趙云"以毳"，與《邠風》鄭箋云"毛布"合。"馬衣"即《左傳·定八年》之"馬褐"也。枲衣，亦謂編枲爲衣。褐，賤者之服也。

（褐）

率天下而路也

【叚借】（編按：露）亦叚路爲之，如《孟子》神農章"羸露"字作

— 879 —

"路"是也。

（露）

草木暢茂

【正俗】《孟子》《史記》"艸木暢茂"，字皆作"畼"，俗又作"暢"。

（畼）

瀹濟漯

【詁訓】《孟子》："瀹濟漯"，言浚治其污濁也。

（瀹）

秋陽以暴之

【詁訓】【校勘】《洪範》："八，庶徵。曰雨，曰暘。"某氏云："雨以潤物，暘以乾物。"《祭義》："夏后氏祭其闇，殷人祭其陽，周人祭日以朝及闇。"鄭云："闇，昏時也。陽讀爲曰雨曰暘之暘，謂日中時也。朝，日出時也。""暘"之義當從鄭。《孟子》："秋陽以暴之。"亦當作"秋暘"。

（暘）

勞之來之

【詁訓】【正俗】《孟子》："放勳曰：'勞之來之。'"《詩序》曰："萬民離散，不安其居。宣王能勞來還定安集之。"來皆勑之省。俗作徠。

（勑）

蠅蚋姑嘬之

【異文】【詁訓】《孟子》："蠅蚋姑嘬之"，蚋一作蝟，或云蝟姑即螻蛄也。

（蛄）

蓋桎

【叚借】【詁訓】《孟子》:"蓋歸反蘽桎而掩之。"趙曰:"蘽桎,籠臿之屬,可以取土者也。"按:蘽即欙之假借字,可以舁土者。桎同柤,可以舌地捰土者。趙以籠屬釋蘽,以臿屬釋桎也。

(柤)

滕文公下

我不貫與小人乘

【叚借】(編按:貫)叚借爲摜字,習也。如《孟子》"我不貫與小人乘"是也。

(貫)

牲殺器皿

【辨誤】《孟子》:"牲殺器皿。"趙注:"皿,所以覆器者。"此謂皿爲幎之假借。似非孟意。

(皿)

實玄黃于篚

【佚文】(《說文》:"《逸周書》曰:'實玄黃于匪。'")按:此句今惟見《孟子·滕文公篇》引《書》。其上文云:"綏厥士女,篚厥玄黃。昭我周王見休,惟臣附于大邑周。"似必爲《周書》。趙氏亦云:"從有攸以下道武王伐紂時,皆《尚書》逸篇之文也。"

(匪)

餽孔子豚①

【古今】【叚借】今字以餽爲饋,此乃假借,其義本不相通也。《孟子》:

---

① 今本"餽"作"饋","豚"前有"蒸"字。

"餼孔子豚",《漢·禮樂志》:"齊人餼魯而孔子行",已作此字。

(饋)

妻辟纑

【音義】趙岐、劉熙注《孟子》"妻辟纑"皆云:"緝績其麻曰辟。"按:辟音劈,今俗語緝麻析其絲曰劈,即枾也。

(枾)

【詁訓】劉熙《孟子注》曰:"緝績其麻曰辟,練絲曰纑。"練絲謂取所緝之縷湅治之也。湅者,涷也;涷者,瀸也。汏諸水漂潎之也。已涷曰纑,未涷曰縓。

(縓)

【詁訓】《孟子》曰:"妻辟纑",趙注曰:"緝績其麻曰辟。"按:辟與擘肌分理之擘同,謂始於析麻皮為絲也。

(緝)

離婁下

卒於異郢①

【叚借】《孟子》:"文王生於岐周,卒於異郢。""郢"者,"程"字之假借也。

(郢)

十二月輿梁成

【校勘】【詁訓】梁之字用木跨水,則今之橋也。《孟子》:"十一月輿梁成。"(段云:"古本如是。")《國語》引《夏令》曰:"九月除道,十月成梁。"《大雅》:"造舟為梁。"皆今之橋制。見於經傳者,言梁不言橋也。若《爾雅》:"隄謂之梁",《毛傳》:"石絕水曰梁",謂所以

---

① 許校云:"'異'是'畢'之誤。"

偃塞取魚者，亦取互於水中之義謂之梁。凡《毛詩》自"造舟爲梁"外，多言魚梁。

（梁）

君之視臣如土芥

【叚借】《孟子》曰："君之視臣如土芥。"趙云："芥，草芥也。"《左傳》："以民爲土芥。"杜注同。《方言》："蘇、芥，草也。江淮南楚之間曰蘇。自關而西或曰草，或曰芥。南楚江湘之間謂之莽。"按：凡言"艸芥"皆"丰"之假借也，"芥"行而"丰"廢矣。

（丰）

源泉混混

【注音】【正俗】【叚借】《孟子》曰："源泉混混。"古音讀如衮，俗字作滾。《山海經》曰："其源渾渾泡泡。"郭云："水潰涌也。衮、咆二音。"渾渾者，假借渾爲混也。

（混）

盈科而後進

【詁訓】《孟子》曰："盈科而後進。"趙岐曰："科，坎也。"按："盈科"爲"盈窠"也。

（科）

【叚借】（編按：窠）或借"科"爲之，《孟子》"盈科而後進"是。

（窠）

萬章上

夫公明高以孝子之心爲不若是恝

【異文】【注音】【古今】（《說文》："《孟子》曰：'孝子之心，不若是忿。'"）今本："夫公明高以孝子之心，爲不若是恝。"注云："恝，無愁之皃。"張古黜切，丁音盻。按：忿、懇古今字。

（忿）

殺三苗于三危

【詁訓】粢本謂散米，引伸之凡放散皆曰粢。……亦省作殺。……《孟子》曰："殺三苗於三危"，即"粢三苗"也。

（粢）

放勳乃殂落

【異文】【古今】【經學】【詁訓】【句讀】（《說文》："《虞書》曰：'勛乃殂。'"）《堯典》曰："二十有八載，放勳乃殂落。"見《孟子》。《春秋繇露》、皇甫謐《帝王世紀》所引皆如是。此作"勛乃殂"，據《力部》，勳者小篆，勛者古文勳。則許所偁真壁中文也，而無放、落二字。蓋《孟子》《董子》所偁者，今文《尚書》也；許所偁者，古文《尚書》也。《孟子》何以偁今文《尚書》？伏生本與孔安國本皆出周時，說詳《尚書撰異》矣。放勳何以但言勛也？或言放勳，或言勛，一也。蓋當世臣民所偁不一也。殂落何以但言殂也？云殂則已足矣，不必言殂落也。《釋詁》："崩、薨、無祿、卒、殂、落、殪，死也。"《白虎通》曰："《書》言殂落死者，各自見義。堯見憯痛之，舜見終各一也。"此其所據皆今文《尚書》。且《爾雅》無妨殂、落二字各為一句也。師古注《王莽傳》引《虞書》："放勳乃殂"，則唐初《尚書》尚有無"落"字者。

（殂）

普天之下

【叚借】【異文】普之本義實訓日無色，今字借為溥大字耳。今《詩》"溥天之下"，《孟子》及漢人引《詩》皆作"普天"。趙岐曰："普，徧也。"

（普）

不以文害辭

【詁訓】"䛐"與《辛部》之"辭",其義迥別。辭者,說也。从䇂辛。䇂辛猶理辜,謂文辭足以排難解紛也,然則辭謂篇章也。䛐者,意内而言外,从司言。此謂摹繪物狀及發聲助語之文字也。積文字而爲篇章,積䛐而爲辭。《孟子》曰:"不以文害辭",不以䛐害辭也。孔子曰:"言以足志",䛐之謂也;"文以足言",辭之謂也。《大行人》故書"汁䛐命",鄭司農云:"䛐當爲辭。"此二篆之不可掍一也。

(䛐)

否不然

【音義】【校勘】不者,事之不然也;否者,說事之不然也。故音義皆同。《孟子》萬章曰:"然則舜僞喜者與?"孟子曰:"否。"注:"孟子言舜不詐喜也。"又咸丘蒙問:"舜南面而立,瞽瞍亦北面而朝之",孟子曰:"否。"注:"言不然也。"又萬章曰:"堯以天下與舜,有諸?"孟子曰:"否。"注:"堯不與之。"又萬章問曰:"人有言伊尹以割烹要湯",孟子曰:"否然也。"萬章又問"孔子於衛主癰疽",孟子曰:"否然也。"萬章又問"百里奚自鬻於秦養牲者",孟子曰:"否然。"注皆曰:"否,不也,不如是也。"注以"不如是"釋"否然",今本正文皆譌作"否不然",語贅而注不可通矣。否字引申之義訓爲不通,如《易》之"泰否"、《堯典》之"否德"、《小雅》之"否難知也"、《論語》之"予所否者",皆殊其音讀符鄙切,要之古音則同在弟一部。

(否)

唐虞禪

【校勘】【古今】(《說文》:"嬗……一曰傳也。")《孟子》:"孔子曰:'唐虞禪,夏后殷周繼。'"依許說,凡禪位字當作嬗,禪非其義也。禪行而嬗廢矣。嬋者,蟬聯之意。

(嬗)

萬章下

接淅而行

【詁訓】【校勘】（《說文》："渿，浚乾漬米也。"）自其方漚未淘言之曰漬，米不及淘抒而起之曰渿。……（《說文》："《孟子》曰：'孔子去齊，渿淅而行。'"①）今"渿"作"接"，當是字之誤。

（渿）

告子上

性猶湍水也

【詁訓】趙注《孟子》曰："湍者，圜也。謂湍湍縈水也。"趙語爲下文"決東決西"張本。

（湍）

蕢

【詁訓】《孟子》曰："不知足而爲屨，我知其不爲蕢也。"知蕢是盛物之器。

（蕢）

養其樲棘

【校勘】【同源】【詁訓】《孟子》曰："舍其梧檟，養其樲棗。"趙曰："樲棗，小棗。所謂酸棗也。"按：《孟子》本作"樲棗"，宋刻《爾雅》單行《疏》及《玉篇》《唐本艸》又《本艸圖經》皆可證。今本改作"樲棘"，非是。樲之言副貳也，爲棗之副貳，故曰樲棗。《本艸經》曰："酸棗味酸平，主心腹寒熱、邪結氣聚、四肢酸疼、溫痹、煩

---

① 陳本"孔"作"夫"。

心不得眠。"諸家皆云："似棗而味酸。"

（樲）

志於彀

【詁訓】（《說文》："彀，張弩也。"）《射雉賦》注引作"張弓弩也"，《詩》釋文、正義作"張弓"，皆非。《孟子》趙注亦但云"張弩"。蓋本謂弩，引申移之弓耳。《射雉賦》："捧黃閒以密彀"，亦謂弩也。《孟子》曰："羿之教人射，必志於彀，學者亦必志於彀"，趙云："彀，張也，張弩向的者用思專時也。"又曰："羿不爲拙射變其彀率"，趙云："彀，弩張，向表率之正體望之，極思用巧之時，不可變也。"按：趙注本謂"用巧"；如朱注云："弓滿也"，則專謂用力，而非必中矣。《大雅》："敦弓既句"，句讀倨句之句，《毛傳》曰："天子之弓，合九而成規。"是此弓倨多句少，言句以見其倨也。不得云句即彀。

（彀）

告子下

不揣其本而齊其末

【叚借】【辨誤】【校勘】【音義】【同源】（《說文》："竴，等也。"）《孟子》曰："不揣其本而齊其末"，揣蓋竴之叚借字。耑聲、專聲同部。趙注云："揣，量"，似失之。《木部》"㯢"下曰："一曰度也。"《孟子》正當從木作㯢。韵書謂俙量曰故敪，丁兼、丁括切，即竴語之轉也。

（竴）

奚翅食重　趙注：翅辭也若言何其不重也

【校勘】《孟子》："奚翅食重""奚翅色重"，趙注："翅，辭也。若言何其重也。"今刻本作"何其不重也"，乃大誤。

（疷）

一匹雛

【校勘】【詁訓】《方言》曰："尐、杪，小也。"《孟子》："力不能勝一尐雛。"趙注尐爲小，與《方言》同。孫宣公《音義》得之。作"匹"者非。《髟部》曰："鬏，束髮尐小也"，《廣韵·十六屑》曰："巀尐，小也。"《方言》："憿爵"，注："言憿截也。"憿截即巀尐。

（尐）

關弓

【詁訓】【叚借】《孟子》曰："越人關弓而射之"，《左傳》："將注，豹則關矣"，皆謂引弓將滿，是之謂彎。或叚貫爲關。

（彎）

洚水

【詁訓】《孟子·滕文公篇》："《書》曰：'洚水警予。'洚水者，洪水也。"《告子篇》："水逆行謂之洚水。洚水者，洪水也。"水不遵道，正謂逆行。惟其逆行，是以絕大。洚、洪二字，義實相因。

（洚）

君子不亮

【叚借】《孟子》曰："君子不亮，惡乎執？"此假"亮"爲"諒"也。

（亮）

盡心上

自視欿然

【叚借】【校勘】《孟子》："附之以韓魏之家，如其自視欿然，則過人遠矣。"張鎰曰："欿音坎，內顧不足而有所欲也。"玉裁按：《孟子》假"欿"爲"坎"，謂視盈若虛也。《大玄》："雷推欿寧"，即"坎窞"

也。今本《大玄》"欥"字譌不可識。

（欥）

囂囂

【詁訓】《孟子》："人知之亦囂囂，人不知亦囂囂。"言人自得無欲，如气上出悠閒也。

（囂）

驩虞如也

【叚借】《孟子》借"驩"爲"歡"。

（歡）

沛然莫之能禦

【叚借】本部（編按：指《說文·水部》）"霈"下云"沛之也"，即《孟子》"沛然莫之能禦"意，葢勃然之假借也。

（沛）

盎於背

【叚借】《孟子》："盎於背。"趙曰："其背盎盎然。"凡言盎然者，皆謂盛，以音假借也。

（盎）

掘井九軔

【叚借】《孟子》："掘井九軔。"（編按：仞）借軔爲之。

（仞）

盡心下

糜爛其民而戰之

【叚借】"糷"各書假"靡"爲之,《孟子》假"糜"爲之。

(碎)

【叚借】(《說文》:"䕩,爛也。")古多叚"糜"爲之。糜訓糝,䕩訓爛,義各有當矣。《孟子》:"糜爛其民而戰之。"《文選·答客難》:"至則糜耳。"皆用叚借字也。

(䕩)

厥角稽首

【叚借】《孟子》曰:"厥角稽首。"趙曰:"叩頭以額角犀撅地也。"按:"厥角"二字皆假借之言①。

(觼)

【詁訓】《孟子》:"若崩厥角稽首。"趙云:"厥角者,叩頭以額角犀撅地也。"晉灼注《漢書》曰:"厥猶豎也,叩頭則額角豎。"按:厥角者,謂額角如有所發。《角部》"觼"下云"角有所觸發"是也。

(厥)

被袗衣

【詁訓】【辨誤】《孟子》:"被袗衣。""袗衣"亦當謂盛服,趙云"畫衣"者不得其說。

(袗)

二女果

【校勘】(《說文》:"一曰女侍曰媒,讀若驕。一曰若委。孟軻曰:'舜

---

① 按:《角部》"角"篆,許云:"獸角也",段注:"人體有偶角者,如'日月角''角犀豐盈'之類,要是假借之辭耳。"故段以"角"稱人額角爲假借。

爲天子，二女媒。'"①)《孟子·盡心篇》："二女果"，趙曰："果，侍也。"依許說則果當女旁。

（媒）

稽大不理於口

【叚借】（編按：俚）古叚"理"爲之。《孟子》："稽大不理於口。"趙注："理，賴也。大不賴人之口。"

（俚）

以追蠡

【辨誤】【同源】【叚借】【詁訓】（《說文》："蠡，蟲齧木中也。"）此非蟲名，乃謂蠡之食木曰蠡也。朱子注《孟子》曰："蠡者，齧木蟲"，則誤矣。蠡之言劙也，如刀之劙物。蠡叚借之用極多，或借爲蠃蚌字，或借爲瓢蠡字。《楚辭》："覽芷圃之蠡蠡"，又借爲禾黍離離字。《孟子》曰："以追蠡"，趙注曰："追，鐘鈕也。鈕擘齧處深矣。蠡蠡，欲絕之兒。"此又以蠡同離，同劙。《方言》曰："劙，解也"，又曰："蠡，分也"，皆其義也。不知叚借之恉，乃云："鐘鈕如蟲齧而欲絕"，是株守許書之辭而未能通許書之意矣。

（蠡）

虎負嵎

【詁訓】《自部》曰："隅者，陬也。""陬者，隅也。"《孟子》："虎負嵎。"是知隅者，高山之𨸏也。"嵎"即"隅"字。趙注曰："虎依陬而怒。"

（㕙）

---

① 陳本"一曰"作"或"，"若委"下有"从女果聲"。

從而招之

【詁訓】《孟子》曰："如追放豚，既入其苙，又從而招之。"趙曰："招，罥也。"按：罥之謂絆其足。經文招字與豕古音相近，"招之"即"豕之"也，此猶州吁即祝吁。

（豕）

以言餂之

【校勘】《孟子》："以言餂之""以不言餂之"，今本誤作"餂"。

（銛）

惡莠恐其亂苗

【詁訓】莠，今之狗尾艸。莖、葉、采皆似禾，故曰："惡莠恐其亂苗。"苗者，禾也。凡禾，采下垂，故《淮南書》謂之向根，張衡賦美其顧本。莠則采同而揚起不下垂，故《詩》刺其"驕驕桀桀"，此君子小人之別也。

（莠）

全書

挾

【音義】【異文】【詁訓】【叚借】【志疑】《孟子》："挾貴""挾賢""挾長""挾有勳勞""挾故"，此皆本義之引申，音胡頰切。若《詩》《禮》之"挾矢"《周禮》之"挾日"，音皆子協反。"挾日"，干本作"帀日"，《左傳》作"浹"，謂十日徧也。《禮注》："方持弦矢曰挾"，謂矢與弦成十字形也，皆自其交會處言之。古文《禮》"挾"皆作"接"，然則接矢爲本字，挾矢爲叚借字與？

（挾）

段注說文
改校羣書類纂

金琪然 編著

下冊

巴蜀書社

—段注說文攷校羣書類纂—

經部小學類

爾　雅

釋詁第一上

初哉首基肇祖元胎俶落權輿始也

【詁訓】【義例】【叚借】【校勘】《爾雅》首條：初爲衣之始；哉爲才之叚借字，才者，艸木之初；首爲人體之始；基爲牆始；肇爲肁之叚借，肁者，始開；祖爲始廟；元爲始；胎爲婦孕三月；俶爲始也；落之爲始義，以反而成；權輿之爲始，蓋古語。是十一者，通謂之始，非一其首而同其異字之義乎？許云"考者，老也"，"老者，考也"，舉其切近著明者言之。其他若初、才、首、基、肁、祖、元、胎、俶、落、權輿等字之皆爲始，未嘗不義同《爾雅》也。有參差其辭者，如"初"下曰："始也"，"始"下曰："女之初也"。同而異，異而同也。有綱目其辭者，如"𠰢"爲意内言外，而"弜"爲"兄𠰢"，"者"爲"別事𠰢"，"魯"爲"鈍𠰢"，"曾"爲"𠰢之舒"，"尒"爲"𠰢之必然"，"矣"爲"語已𠰢"，"乃"爲"𠰢之難"是也。有云"之言"者，如孔子云："貉之言貉貉惡也"，"狄之言淫辟也"是也。凡經傳内云"之言"，亦云"之爲言"者視此。有云"猶"者，如"不"下云："一猶天也"，"爾"下云："麗爾猶靡麗也"，"夲"下云："大十猶兼十人也"，"苟"下云："勹口猶慎言也"，"寽"下云："㺸猶齊也"是也。凡傳注中云"猶"者視此。有以叚借爲轉注者，如"會"下云："曾，益也"，曾即增；"皀"下云："匕，合也"，匕即比；"旘"下云："允，進也"，允即䎞是也。凡《爾雅》及傳注以叚借爲轉注者視此。

《爾雅》訓哉爲始，謂哉即才之叚借也。《毛傳》訓"瑕"爲遠，謂"瑕"即"遐"之叚借也。故轉注中可包叚借，必二之者，分別其用也。既叚借而後與叚義之字相轉注，未叚借則與本義之字相轉注也。轉注之說，晉衞恆、唐賈公彥、宋毛晃皆未誤，宋後乃異說紛然。戴先生《荅江慎修書》正之，如日月出矣，而爝火猶有思復然者，由未知六書轉注、叚借二者所以包羅自《爾雅》而下一切訓詁音義，而非謂字形也。玉裁按：衞恆《四體書勢》曰："轉注者，以老注考也"，此申明許說也。而今《晉書》譌爲"老，壽考也"，則不可通。毛晃曰："六書轉注，謂一字數義，展轉注釋，而後可通"，後世不得其說。
（轉注者）

宏大也

【叚借】【詁訓】（編按：弘）經傳多叚此篆爲宏大字。宏者屋深，故《爾雅》曰："宏，大也。"

（弘）

艐至也

【古今】《釋詁》《方言》皆曰："艐，至也。郭云："艐，古屆字。"按：謂古用艐，今用屆也。艐、屆雙聲。

（屆）

摧至也

【詁訓】《釋詁》《毛傳》皆曰："摧，至也"，即抵之義也。

（摧）

賚貢錫畀予況賜也①

【校勘】【音義】《釋詁》曰："贛，賜也。"據《釋文》本作"贛"，後

---

① 今本"況"作"貺"。

人改作"貢"耳。端木賜字子贛。凡作子貢者，亦皆後人所改。《淮南》《道應》《要略》二訓注皆云："贛，賜也。"……竷聲當在八部，而讀同貢，則音之轉也①。贛之古義古音皆與貢不同。

（贛）

【詁訓】【叚借】《釋詁》："賚、貢、錫、畀、予、貺，賜也。"七字轉注。凡經傳云錫者，賜之假借也。《公羊傳》曰："錫者何？賜也。"賜者，與之通稱。《禹貢》："納錫大龜"，乃下與上之詞。又《玉藻》言"賜君子""與小人"者，別言之。統言則不別也。

（賜）

淑善也

【叚借】《釋詁》《毛傳》皆曰："淑，善也。"葢假借之字，其正字則俶也。淑者，水之清湛也。自淑行而俶之本義廢矣。

（俶）

令善也

【校勘】【叚借】《般庚》正義引《釋詁》："靈，善也。"葢今本《爾雅》作"令"，非古也。凡"令"訓善者，"靈"之假借字也。

（令）

類善也

【詁訓】《釋詁》《毛傳》皆曰："類，善也。"釋類為善，猶釋不肖為不善也。

（類）

率循也

【詁訓】（《說文》："達，先道也。"）《釋詁》《毛傳》皆云："率，循

---

① 貢在九部。

也。"此引伸之義。有先導之者，乃有循而行者，亦謂之達也。

(達)

亏 於也①

【古今】【義例】(《說文》："於，象古文烏省。") 此字蓋古文之後出者。此字既出，則又于、於爲古今字。《釋詁》《毛傳》、鄭注經皆云："亏，於也。"凡經多用于，凡傳多用於，而烏鳥不用此字。

(烏)

【古今】【義例】【詁訓】《釋詁》《毛傳》皆曰："亏，於也。"凡《詩》《書》用"亏"字，凡《論語》用"於"字。蓋"于""於"二字在周時爲古今字。故《釋詁》《毛傳》以今字釋古字也。凡言"於"皆自此之彼之詞，其气舒于。

(亏)

邴 於也②

【詁訓】【辨誤】《越語》："吳人之邴不穀，亦又甚焉。"韋注："邴，於也。"此《釋詁》之證，郭失其解。③

(邴)

粤于爰曰也爰粤于也爰粤于那都繇於也

【詁訓】《釋詁》："粤、于、爰，曰也；爰、粤，于也；爰、粤、于、那、都、繇，於也。"八字同訓，皆引詞也。粤、于、曰、爰，見經傳者多。那，若《越語》"吳人之那不穀"。都，若《孟子》"謨蓋都君"、《相如傳》"終都攸卒"。繇同由。於即今人所用於字。凡言於者，兩物相於自此引而之彼。此八字皆由上引下之詞也。

(爰)

---

① 今本"亏"作"于"。
② 今本"邴"作"那"，阮校云："《釋文》、唐石經、單疏本作'邴'。"
③ 郭璞云："《左傳》曰：'棄甲則那那。'猶今人云'那那'也。"

【叚借】《釋詁》："粵、于、爰，曰也。"此謂《詩》《書》古文多有以曰為爰者，故粵、于、爰、曰四字可互相訓，以雙聲疊韵相假借也。
（曰）

郃

【叚借】《釋詁》曰："敉、郃，合也。""郃"乃地名，於義無取，當為"合"字之假借也。
（合）

讎

【詁訓】【古今】（《說文》："雔，雙鳥也。"）《釋詁》："仇、讎、敵、妃、知、儀，匹也。"此讎字作雔則義尤切近。若應也，當也，醻物價也，怨也，寇也，此等義則當作讎。度古書必有用雔者，今則讎行而雔廢矣。
（雔）

纂繼也

【叚借】【古今】《釋詁》曰："纂，繼也"，此謂纂即纘之叚借也。
（纂）

頠靜也

【詁訓】《釋詁》曰："頠，靜也。""頠"與《女部》之"婐"義略同。
（頠）

墜落也

【正俗】【古今】【校勘】【詁訓】【音義】隊、墜正俗字，古書多用隊，今則墜行而隊廢矣。大徐以墜附《土部》，非許意。《釋詁》："隊，落也"，《釋文》從"墜"而以"隊"附見，慎矣。《左傳》曰："以成一隊"，杜注："百人為隊。"蓋古語一隊猶言一堆，物墮於地則聚，因之名隊爲行列之偁。後人以墜入至韵，以隊入隊韵，而莫測其原委矣。

（隊）

亹没

【叚借】【異文】【經學】（編按：亹）叚借爲亹没字。《釋詁》曰："亹没，勉也"，亦作"亹没"，《韓詩》作"蜜勿"，《毛詩》作"僶勉"。

（亹）

孟勉也

【叚借】《爾雅》："孟，勉也"，此借孟爲猛。

（孟）

釗勉也

【叚借】【源流】【音義】（《說文》："劭，勉也。"）《釋詁》同。……《爾雅》《方言》皆曰："釗，勉也。"釗當是劭之叚借字。……（《說文》："讀若舜樂韶。"）《爾雅釋文》云："或上遙反"，用許讀也。今皆寔照切。二部。

（劭）

昏敃彊也

【異文】【譌字】【辨誤】（《說文》："敃，彊也。"）《釋詁》："昏、暋，強也。"按：《說文》暋作"敃"，"冒也"，則許所據《爾雅》作"敃，強也"。昏字從氏省，不從民聲。自俗寫殽譌，音韵亦亂。《玉篇》謂敃、敯同字是也。

（敃）

【志疑】【異文】今本《爾雅》："昏、敃，強也。"《般庚》："不昏作勞"，鄭注："昏讀爲敃，勉也。"似鄭所據《爾雅》與今本亦不同。《康誥》："敃不畏死"，《孟子》作"閔"。《立政》："其在受德敃"，《心部》作"忞"。昏聲、文聲同部。

（敃）

釋詁第一下

卬

【叚借】《釋詁》《毛傳》皆曰："卬，我也。"語言之叚借也。

（卬）

朕

【叚借】【辨誤】《釋詁》曰："朕，我也。"此如卬、吾、台、余之爲我，皆取其音，不取其義。趙高之於二世，乃曰："天子所以貴者，但以聞聲，羣臣莫得見其面，故號曰朕。"比傅朕字本義而言之，遂以亡國。凡說文字不得其理者，害必及於天下，趙高、王安石是也。

（朕）

我也　身也　予也

【古今】【叚借】【義例】予、與古今字。《釋詁》曰："台、朕、賚、畀、卜、陽，予也。"按：推予之予，假借爲予我之予，其爲予字一也。故"台、朕、陽"與"賚、畀、卜"皆爲"予也"。《爾雅》有此例，《廣雅》尚多用此例。予我之予，《儀禮》古文、《左氏傳》皆作"余"。鄭曰："余、予古今字。"

（予）

【辨誤】【詁訓】《釋詁》曰："卬、吾、台、予、朕、身、甫、余、言，我也"；又曰："朕、予、躬，身也"；又曰："台、朕、賚、畀、卜、陽，予也。"或以賚、畀、卜、予不同義。愚謂有我則必及人，故賚、畀、卜亦在施身自謂之內也。《口部》曰："吾，我自稱也。"《女部》曰："姎，女人自稱姎，我也。"《毛詩傳》曰："言，我也。卬，我也。"《論語》二句而我、吾互用，《毛詩》一句而卬、我襍稱。蓋同一我義，而語音輕重緩急不同。施之於文，若自其口出。

（我）

虔固也

【志疑】【詁訓】《釋詁》、《大雅》《商頌》傳皆曰："虔，固也。"《商頌》傳、《魯語》注皆曰："虔，敬也。"《左傳》："虔劉我邊陲"，注："虔、劉，皆殺也。"《方言》："虔，慧也。虔，殺也。虔，謾也。"按：《方言》不可盡知其說。糾虔、虔劉皆《釋詁》虔固之義。堅固者必敬，堅固者乃能殺也。堅固者，虎行之皃也。《商頌》箋："虔，椹也"，亦取堅固之意。

（虔）

殽盡也

【詁訓】觵之大極於殽，故引伸之曰："殽，盡也。"見《釋詁》。《禮經》牲體之跗殽，謂牲體之盡也。

（殽）

罄盡也

【詁訓】【叚借】《釋詁》《毛傳》皆曰："罄，盡也。"引伸爲凡盡之偁。如《韓詩》"罄天之妹"，《毛詩》"倪，罄也"，郭注《爾雅》云："今人呼厭極爲罄"，皆是。古書"罄""磬"多互相假借。

（罄）

亟

【異文】【校勘】【辨誤】（《說文》："苟，自急敕也。"）此字不見經典，惟《釋詁》："悈、駿、肅、亟，遄，速也。"《釋文》云："亟字又作苟，同，居力反，經典亦作棘，同。"是其證。可謂一字千金矣。而通志堂刻乃改爲"急"字，蓋誤仞爲从艸之"苟"也。急不得反居力，與亟、棘音大殊，幸抱經堂刻正之。或欲易《禮經》之"苟敬"爲"苟"，則又繆。○《小雅・六月》古作"我是用戒"，亦作"我是用棘"，俗本改作"急"，與"飭""服""國"不韻，正同此。

（苟）

漮虛也

【經學】【異文】【詁訓】(《說文》:"漮,水虛也。")《爾雅音義》引作"水之空也。"蓋許用釋《爾雅》舊說,故爲分別之詞。《釋詁》曰:"漮,虛也。""虛",師古引作"空"。康者,穀皮中空之謂。故从康之字皆訓爲虛。"歉"下曰:"饑虛也。""康"下曰:"屋康良也。"《詩》:"酌彼康爵",《箋》云:"康,虛也。"《方言》曰:"康,空也。"《長門賦》"楝梁",虛梁也。《急就篇》顏注曰:"轅謂輿中空處,所用載物也。"水之空,謂水之中心有空處。

(漮)

咎病也

【古今】【叚借】《釋詁》云:"咎,病也。"咎蓋疚之古文叚借字。

(疚)

悝憂也

【詁訓】【叚借】《釋詁》曰:"悝,憂也。"又曰:"瘣,病也。"蓋憂與病相因,"悝""瘣"同字耳。《詩》:"悠悠我里。"《傳》曰:"里,病也。"是則叚借"里"爲"悝"。

(悝)

恤憂也

【音義】【校勘】《釋詁》曰:"恤,憂也。""卹"與《心部》"恤"音義皆同。古書多用"卹"字,後人多改爲"恤"。如《比部》引《周書》"無毖于卹",潘岳《藉田賦》"惟穀之卹",李注引《書》"惟刑之卹",今《尚書》"卹"皆作"恤"是也。

(卹)

齂汔也①

【詁訓】【古今】《釋詁》曰:"齂,汔也。"孫炎曰:"汔,近也。"《民

---

① 今本"汔"作"汽"。

勞》箋云："汔，幾也。""幾"與"嬔"同，"汔"與"訖"同。汔，水涸也。水涸則近於盡矣，故引爲凡近之偁。《木部》："扢，平也。"亦摩近之義也。《幺部》曰："幾，微也，殆也。"然則見幾、研幾，字當作幾。庶幾、幾近，字當作嬔。幾行而嬔廢矣。

(嬔)

篤竺

【叚借】《爾雅》《毛傳》皆曰："篤，厚也。"今經典絶少作"竺"者，惟《釋詁》尚存其舊。叚借之字行而真字廢矣。篤，馬行鈍遲也。聲同而義略相近，故叚借之字專行焉。

(竺)

肶厚也

【異體】【經學】【異文】(《說文》："肶，膍或从比。")《釋詁》曰："肶，厚也。"《毛詩》曰："膍，厚也。"實一字也，皆引伸假借之義也。《采菽》："福祿膍之"，《音義》曰："《韓詩》作'肶。'"按：《韓詩》《爾雅》皆同《說文》或字。《毛詩·節南山》又作"毗"，"毗"即"肶"字。《釋詁》"肶"亦作"脾"。

(膍)

釗見也

【叚借】【異文】"釗，見也。"此假借"釗"爲"昭"也，《孟子》引《書》："昭我周王。"郭引《逸書》："釗我周王。"

(釗)

妥安止也　妥安坐也

【句讀】【詁訓】【異文】【音義】《釋詁》曰："妥、安，止也"，又曰："妥、安，坐也"，此二條略同，以"止也""坐也"爲句。坐者，止也，見《土部》。《毛詩》《禮經》《禮記》皆以安坐訓妥。《禮記》："詔妥尸，古者尸無事則立，有事而後坐"，似《爾雅》安坐連讀。竊謂《爾雅》妥、安、坐、止四字互訓。《士虞》《特牲》《少牢》"妥尸"，皆謂安之使之坐。故《士虞》《少牢》安之而後坐，《特牲》先坐而後安之。若《士相見》"妥而後傳言"，固即時然後言，易其心而後語之意，不必坐而後言也。今有理宜敷陳之言，豈能待君命席乎？故《士虞》《少牢》兼"安也""坐也"二義，《士相見》祇取安義。《毛詩傳》："妥，安坐也"，以義必兼坐，如"肆，故今也"義得兼故與今。若《檀弓》"退然如不勝衣"，退或爲妥，則二字雙聲。妥與蛻、脫、毻聲義皆近。如花妥爲花落，凡物落必安止於地也。

（妥）

替戾厎廢尼定曷遏止也

【校勘】【音義】《釋詁》："替、戾、厎、厎、尼、定、曷、遏，止也。"《釋文》及《唐石經》不誤。郭注："厎義見《詩傳》。"謂"靡所厎止""伊于胡厎"《傳》曰："厎，至也。"郭又引《國語》"戾久將厎"，此爲"厎"字作注也。《釋文》"厎"音丁禮反，"厎"音之視反。今薺、旨二韵區別亦如是。

（厎）

豫射厭也

【詁訓】【古今】【正俗】（《說文》："猒，飽也，足也。"①）飽足則人意倦矣，故引伸爲猒倦、猒憎。《釋詁》曰："豫、射，厭也"是也。"豫"者，古以爲"舒"字，安也，亦緩也。《洪範》曰："豫曰急。"豫猶怠也。猒、厭古今字，猒、饜正俗字。

（猒）

頭直也

【叚借】（編按：頙）假借爲"挺直"之"挺"。《釋詁》曰："頙，直也。"

（頙）

---

① 陳本無"足也"。

罕也①

【叚借】（編按："罕"）經傳叚爲"尟"字，故《釋詁》云："希、寡、鮮，罕也。"

（罕）

覭髳茀離也

【校勘】（《說文》："《爾雅》曰：'覭髳，弗離。'"）今本"弗"作"茀"，非古也。郭云："孫叔然字別爲義。"按：許單出"覭"字而釋之，則孫與合。

（覭）

楨榦儀榦也

【詁訓】【經學】（《說文》："榦，築牆耑木也。"）《釋詁》曰："楨，榦也。"舍人曰："楨，正也，築牆所立兩木也。榦，所以當牆之兩邊鄣土者也。"《柴誓》注曰："題曰楨，旁曰榦。"《正義》云："題曰楨，謂當牆兩端者。旁曰榦，謂在牆兩邊者也。"然則舊說皆謂楨爲兩耑木，榦爲夾版兩邊木。許不尒者，舊說析言之，《爾雅》與許皆渾言之也。《大雅》傳亦以榦釋楨。許於"楨"下渾云"剛木"。

（榦）

【異文】【詁訓】（《說文》："檥，榦也。"）《釋詁》曰："楨、翰、儀，榦也。"許所據《爾雅》作"檥"也。人儀表曰榦，木所立表亦爲榦，其義一也。

（檥）

弼俌也

【音義】《釋詁》曰："弼，俌也。"《人部》曰："俌，輔也。"俌、輔音義皆同也。

（弼）

---

① 今本"罕"作"罕"。

垂也

【詁訓】《爾雅》曰："疆、界，垂也。"按：垂，遠邊也。
（界）

呰

【志疑】《釋詁》曰："茲、斯、咨、呰、已，此也。"疑"呰"本作"啙"，訓此，故許類諸"此，止也"而入《此部》歟？
（呰）

陟陞也

【正俗】【叚借】【經學】【異文】（《說文》："陟，登也。"）《釋詁》曰："陟，陞也。"《毛傳》曰："陟，升也。"陞者，升之俗字。升者，登之叚借。《禮·喪服》注曰："今文《禮》皆登爲升，俗誤已行久矣。"據鄭說，則古文《禮》皆作"登"也。許此作"登"不作"升"者，許書說解不用叚借字也。漢人用同音字代本字，既乃不知有本字，所謂"本有其字，依聲託事"者然也。
（陟）

涸竭也

【校勘】（《說文》："涸，渴也。"）《釋詁》曰："涸，渴也。"俗本作"竭"。
（涸）

廢稅赦舍也

【詁訓】【音義】《釋詁》曰："廢、稅、赦，舍也。"凡止於是曰舍，止而不爲亦曰舍，其義異而同也。猶置之而不用曰廢，置而用之亦曰廢也。《論語》："不舍晝夜"，謂不放過晝夜也。不放過晝夜，即是不停止於某一晝一夜。以今俗音讀之，上去無二理也。古音不分上去，舍、捨二字義相同。
（舍）

憩息也①

【正俗】【叚借】【異文】《釋詁》及《甘棠》傳皆曰："憩,息也。"憩者,愒之俗體。《民勞》傳又曰："愒,息也。"非有二字也。又《釋言》曰："愒,貪也。"此"愒"字乃"澩"之叚借,如《左傳》："玩歲而愒日",許引作"忨歲而澩日",《公羊傳》："不及時而葬曰愒",愒,急也,亦即澩字也。

（愒）

供偫共具也②

【叚借】【校勘】《釋詁》："供、偫、共,具也。"按：偫即儲偫字,共即供之假借字。凡《周禮》皆以共爲供。《尚書》一經訓奉、訓待者皆作共,其恭敬字皆作恭,衞包乃盡改共爲恭。《毛詩》亦共、恭分別。總之,古經用共爲供之假借,不用共爲恭之假借。惟《左傳》"三命茲益共","其共也如是","君命以共",則借共爲恭,鄭君箋《詩》所謂"古之恭字或作共"者乎？詳《古文尚書撰異》。

（供）

【詁訓】《釋詁》云："供、偫、共,具也。""偫"在《說文》爲"偫"。

（偫）

契滅殄絶也

【異文】《釋詁》："契、滅、殄,絶也。"《唐韻》引作"栔"。郭云："今江東呼刻斷物爲栔斷。"

（栔）

郡乃也

【志疑】《釋詁》曰："郡,乃也。"此未得其說,疑"那"之誤也。

（郡）

---

① 今本"憩"作"憇"。
② 今本"偫"作"峙"。

繇道也①

【叚借】【詁訓】【譌字】《爾雅·釋故》曰："繇，道也。"《詩》《書》"繇"作"猷"，叚借字。《小雅》："匪大猶是經"，《大雅》："遠猶辰告"，《傳》皆曰："猶，道也。"《書·大誥》："猷爾多邦"，猷亦道也。道路及導引，古同作道，皆隨從之義也。繇之譌體作繇。亦用爲傜役字。傜役者，隨從而爲之者也。

（繇）

覷

【詁訓】【校勘】《釋詁》曰："覷、胥，相也。"郭云："覷謂相視也。"按："覷"與《目部》"眽"通用。古詩："眽眽不得語"，李善引《爾雅》及注作"眽"，今《文選》譌作"脈"，非也。

（覷）

汏墜也②

【詁訓】《釋詁》曰："汏，墜也。"汏之則沙礫去矣，故曰墜也。

（汏）

際接翜捷也

【詁訓】《釋詁》曰："際、接、翜，捷也。"郭云："捷謂相接續也。"按：翜、捷皆謂敏疾，敏疾則際接無痕，其義相成也……今俗語霎時者當作此。《止部》曰："疌，疾也。"俗通用捷。疌、翜疊韵。

（翜）

---

① 今本"繇"作"繇"。
② 今本"汏"作"汰"。

䌛喜也①

【辨誤】《釋詁》曰："䌛，喜也。"䌛亦即繇。郭注以《檀弓》"咏斯猶"釋"䌛"，殊誤。鄭云："猶當爲搖，謂身動搖也。"

(繇)

劀

【異文】【古今】【叚借】《釋詁》："剡、劀，利也。"陸德明本作"劀"，顏籀、孔沖遠引作"略"。《周頌》："有略其耜"，毛云："略，利也。"張揖《古今字詁》云："略古作劀"，以《說文》折衷之：劀者古字，劀者今字；劀者正字，略者假借字。

(劀)

縮亂也

【詁訓】《釋詁》曰："縮，亂也"，《通俗文》云："物不申曰縮。"不申則亂，故曰"亂也"。不申者，申之則直。《禮記》："古者冠縮縫"，《孟子》："自反而縮"，皆謂直也。亂者治之，《詩》曰："縮版以載"，《爾雅》《毛傳》皆曰："繩之謂之縮之。"治縮曰縮，猶治亂曰亂也。

(縮)

在存察也

【詁訓】【音義】《釋詁》："徂、在，存也。在、存，察也。"按：《虞夏書》"在"訓"察"，謂"在"與"伺"音同，即存問之義也。在之義古訓爲存問，今義但訓爲存亡之存。

(在)

---

① 今本"䌛"作"繇"。

釋言第二

還復返也

【古今】《釋言》："還、復，返也。"今人還繞字用環，古經傳祇用還字。

（還）

駰遽傳也

【異文】【叚借】【辨誤】《釋言》："駰，傳也。"郭云："本或作遷。"按：此假遷爲駰也。《聲類》云："遷亦駰字"，則附會《爾雅》或本而合爲一字。

（遷）

【經學】【詁訓】【校勘】（《說文》："駰，傳也。"①）《釋言》曰："駰、傳，遽也。"許用《釋言》文。《左傳》文十六年、襄廿一年、昭五年，《國語‧晉語》韋、杜注皆曰："駰，傳也。"《爾雅》舍人注曰："駰，尊者之傳也。"《呂覽》注曰："駰，傳車也。"按：駰爲尊者之傳，用車；則遽爲卑者之傳，用騎可知。舍人說與許合。俗字用駰爲驛，故《左傳》文十六年傳注"駰"字皆譌"驛"；成五年"以傳召伯宗"，注曰："傳，驛也"，"驛"亦"駰"之譌。

（駰）

遹述也

【詁訓】【叚借】（《說文》："欥，詮詞也。"）《釋言》："遹，述也。"《毛詩‧悉蟀》傳曰："聿，遂也。"《文王》傳曰："聿，述也。"古聿、遹同字；述、遂同字。《爾雅》言"述"而"遂"在其中。毛公或言"遂"，或言"述"，因文分別也。《毛詩》多言"聿"，獨《文王有

---

① 陳本"傳"上有"驛"字，段刪。

聲》四言"遹",而毛無《傳》,毛意"遹"即"聿","聿"訓"遂",故《鄭箋》以"述"別之。遂者,因事之詞,亦專詞。《韓詩》及曹大家注《幽通賦》及杜注《左傳》皆云:"聿,惟也。"此專詞也。欥其正字,聿、遹、曰皆其假借字也。因詞、專詞皆詮詞也。

(欥)

幼

【詁訓】【異文】《釋言》曰:"幼、鞠,稚也。"又曰:"冥,幼也。"《斯干》毛傳亦云:"冥,幼也。"幼同幽,一作窈。

(幼)

憸褊急也

【異文】【校勘】【叚借】【義例】《釋言》曰:"憸、褊,急也。"《釋文》:"憸本或作極,又作亟,同紀力反。"按:極正悈之誤,悈與急雙聲同義。悈字不見於經,有叚亟爲之者,如《詩》"經始勿亟",《箋》云:"亟,急也"是也。有叚戒爲之者,如《鹽鐵論》引《六月》"我是用戒",謝靈運《撰征賦》作"用棘"是也。有叚憸爲之者,如《釋言》"憸,急也"是也。有叚棘爲之者,如《素冠》傳、《六月》《出車》《文王有聲》箋皆曰"棘,急也"是也。有叚革爲之者,如《禮器》"非革其猶",《檀弓》"夫子之病革矣",注皆曰"急也"是也。傳、箋、注以叚借法釋經。

(悈)

忒也

【詁訓】【異文】【經學】【叚借】《釋言》曰:"爽,差也。爽,忒也。""忒"與"貸"蓋本一字。《尚書》"二衍忒",《宋世家》作"貸"。《易》"四時不忒",京房作"貸"。《管子》全書皆以"貸"爲"忒"。

(差)

稔也

【叚借】【異文】【詁訓】"飪"亦假"稔"爲之。《釋言》:"饘、饎,稔也。"字又作"餁","餁"同"飪"。

(飪)

荐

【詁訓】【叚借】薦席爲承藉,與所藉者爲二,故《釋言》云:"荐、原,再也。"如且爲俎几,故亦爲加增之冪。《易》作"洊"。……荐與薦同音,是以承藉字多假借爲之。如《節南山》傳:"薦,重也。"《說文》云:"且,薦也。"皆作荐乃合。《左傳》云:"戎狄荐居。"《外傳》:"荐處。"服云:"荐,艸也",此謂荐同薦。韋云:"荐,聚也",此與《爾雅》再訓近。

(荐)

蔎

【校勘】《爾雅》:"蔎,隱也。"《方言》:"揜、翳,蔎也。"其字皆當从竹,竹善蔽。《九歌》曰"余處幽篁兮,終不見天"是也。

(篡)

僾唈也

【詁訓】【正俗】(編按:悒)其字古通作邑,俗作唈。《爾雅》云:"僾,唈也。"謂憂而不得息也。

(悒)

冥幼也

【經學】【校勘】【辨誤】【音義】【詁訓】(《說文》:"冥,窈也。")"窈"各本作"幼",唐玄應同。而李善《思玄賦》、《歎逝賦》、陶淵明《赴假還江陵詩》三注皆作"窈"。許書多宗《爾雅》《毛傳》。《釋言》曰："冥，窈也。"孫炎云："深闇之窈也。"郭本作"幼"，釋云："幼穉者多冥昧。"頗紆迴。《小雅·斯干》傳曰："正，長也。冥，窈也。"正謂宮室之寬長深窈處。王肅本作"幼"，其說以人之長幼對文，與下"君子攸寧"不相屬。然則三者互相證，知皆當作"窈"。《穴部》曰："窈，深遠也。"窈與杳音義同，故杳之訓曰"冥也"，莫之訓曰"日且冥也"，昏之訓曰"日冥也"。鄭箋《斯干》曰："正，晝也。冥，夜也。"

（冥）

寁肆也

【辨誤】【詁訓】【校勘】郭注《爾雅》云："輕寁者多放肆。"真憒憒之說也。《左傳》曰："楚師輕寁。"此"寁"義之引伸，寬然無患謂之輕寁。唐石經《左傳》譌作"窚"，從宀。《釋言》："寁，肆也。""寁，閒也。"其字其義皆同。而唐石經亦於"肆也"作"窚"，從宀，與"閒也"作"寁"從穴別異，皆字之偶誤耳。而或據以爲說，分別訓詁。攷之許書，本無從宀之字。

（寁）

奘駔也

【詁訓】【經學】【異文】（《說文》："奘，駔大也。"）《馬部》"駔"下曰："壯馬也。"《士部》"壯"下曰："大也。""奘"與"壯"音同，與"駔"義同。《釋言》曰："奘，駔也。"此許所本也。孫、樊本作"將，且也"。

（奘）

舫泭也

【校勘】【義例】《篇》《韵》皆曰："並兩船。"是認船爲方也，"舫"行而"方"之本義廢矣，"舫"之本義亦廢矣。《爾雅·釋言》曰："舫，舟也"，其字作"舫"，不誤。又曰："舫，泭也"，其字當作

"方"，俗本作"舫"。《釋水》："大夫方舟"，亦或作舫，則與《毛詩》"方，泭也"不相應。愚嘗謂《爾雅》一書多俗字，與古經不相應，由習之者多率肊改之也。

（舫）

【詁訓】【義例】【叚借】《周南》："江之永矣，不可方思。"《傳》曰："方，泭也。"即《釋言》之"舫，泭也。"《爾雅》字多從俗耳。《釋水》曰："大夫方舟，士特舟，庶人乘泭。"《方言》曰："泭謂之䉬，䉬謂之筏。筏，秦晉之通語也。"《廣韵》曰："大曰簰，曰筏，小曰泭。"按：《論語》："乘桴于海"，假桴爲泭也。凡竹木蘆葦皆可編爲之。今江蘇、四川之語曰䉬。

（泭）

是則也

【異文】【叚借】（《說文》："《爾雅》曰：'徥，則也。'"）今本《釋言》作"是，則也"。蓋古《爾雅》假徥爲是也。

（徥）

硈鞏也

【音義】【校勘】【辨誤】【注音】【義例】今《爾雅·釋言》："硈，鞏也。"郭云："硈然堅固。"邢昺曰："硈，苦學切，當从告。《說文》別有硈，苦八切，石堅也。"按：邢語剖別甚精。《釋文》苦角切，故邢曰"苦學切"。四覺韵字多從屋韵轉入，如四江韵字多從東韵轉入。告聲在古音三部，屋韵，是以硈轉入覺韵。據陸氏反語，則知陸本作"硈"，不作"硈"。《廣韵》《玉篇》皆曰："硈，苦角切。""硈，恪八切。"《集韵》《類篇》克角一切内，亦有硈無硈，皆可證。而釋文、注、疏、唐石經皆譌作"硈"，則與陸氏苦角之音不合矣。且硈之與鞏音切近，以九韵與東韵切近，而硈與鞏不相關也。硈斷無苦學之音，硈斷無苦八之音，此一定之音理。學者不知古音不可與讀古者，此也。《江賦》曰："幽澗積岨，礐硈礮礭。""礐硈"當上音學，下音角。○

或問：何不正音之苦角爲苦八，而謂正文字誤也？曰：音義積古相傳之學，陸氏多從舊，當陸時字固未誤也。○《五經文字》曰："硞，口八反，又苦角反。見《爾雅》。"知張時《爾雅》已誤，而張云吉聲之字可有口八、口角二反，是其不知音理也。

（硞）

號諱也

【叚借】（《說文》："號，嘑也。"）"嘑"，各本作"呼"，今正。呼，外息也，與嘑義別。《口部》曰："嘑，號也。"此二字互訓之證也。《釋言》曰："號，諱也。"《魏風》傳曰："號，呼也。"以《說文》律之，"諱""呼"皆假借字。

（號）

寘跲也

【經學】【詁訓】【叚借】《釋言》云："寘，跲也。"《豳風》毛傳同。《足部》："躓，跲也"，"跲，躓也。"以《大學》懫亦作懥推之，則寘即躓字，音義皆同。許不謂一字，殊其義者，依字形爲之說也。如許說則《爾雅》《毛傳》假寘爲躓。

（寘）

飫私也

【詁訓】《釋言》曰："飫，私也。"私即安食之謂。

（飫）

孺屬也

【詁訓】《爾雅》曰："孺，屬也。"亦以同音爲訓。屬者，聯也。

（孺）

淪率也

【叚借】《釋言》："淪，率也。"《小雅》："淪胥以鋪。"此以"淪"爲"率"之假借也。古"率"讀如"律"，於"淪"雙聲。

（淪）

郵過也

【詁訓】【音義】【辨誤】《釋言》："郵，過也。"謂郵亭是人所過，愆郵是人之過，皆是。分別平去聲者，俗說也。

（過）

【音義】【叚借】《釋言》："郵，過也。"按：經過與過失，古不分平去。故經過曰郵，過失亦曰郵，爲尤、訧之假借字。

（郵）

遜遁也①

【校勘】【詁訓】古無"遜"字，凡《春秋》《詩》《書》遜遁字皆作"孫"。《傳》曰："孫之爲言孫也"，不作"爲言遜"。《爾雅》作"遜，遁也"，爲後人所改之俗字。許《辵部》有"遜"篆，亦是後人臆增。"孫，遁也"，此子孫字引申之義。孫之於王父，自覺其微小，故逡巡遁避之罾取諸此。

（壐）

曷盇也②

【詁訓】【叚借】【音義】凡言何不者，急言之亦曰何，是以《釋言》云："曷，盇也。"鄭注《論語》云："盇，何不也。""盇"古音在十

---

① 今本"遁"作"遯"。
② 今本"盇"作"盍"。

五部，故爲"曷"之假借，又爲"盍"之諧聲。今入七、八部，爲閉口音，非古也。

（盍）

厥其也

【叚借】《釋言》曰："厥，其也。"此假借也。假借盛行而本義廢矣。

（厥）

哲智也

【詁訓】《釋言》曰："哲，智也。"《方言》曰："哲，知也。"古智、知通用。

（哲）

弇同也弇蓋也

【音義】【詁訓】《釋言》曰："弇，同也。弇，蓋也。"此與"奄，覆也"音義同。《釋器》曰："圜弇上謂之鼒"，謂斂其上，不全蓋也。《周禮》說鐘"弇聲鬱"，弇謂中央寬也。

（弇）

昱明也

【叚借】【音義】【辨誤】【校勘】【詁訓】昱之字古多叚借翌字爲之。《釋言》曰"翌，明也"是也。凡經傳子史"翌日"字，皆昱日之叚借。翌與昱同立聲，故相叚借。本皆在緝韵，音轉又皆入屋韵。劉昌宗讀《周禮》"翌日乙丑"音育是也。俗人以翌與翼形相似，謂翌即翼，同入職韵。唐衞包改《尚書》六"翌"皆爲"翼"，而昱日之義廢矣。……昱之義引伸爲凡明之偁，故《顧命》"翌室"，某氏曰："明室。"《三輔決錄》注釋"左馮翊"曰："馮，盛也。翊，明也。"翊即昱。

（昱）

閱恨也

【校勘】《釋言》《毛傳》皆曰："閱，很也。"孫炎云："相很戾也。"

李巡本作"恨",非。鄭注《曲禮》、韋注《國語》可證。
(閫)

揩拄也①

【校勘】《釋言》曰:"揩,拄也。"即"楷,柱"之譌。
(楷)

廩廯也

【校勘】【叚借】《釋言》:"廩,廯也。"臧氏鏞堂曰:"廯,古本當作鮮。舍人云:'廩,少鮮也。'《公羊》'羣公廩',注云:'連新於上財,令半相連耳。'襄廿三年所傳'聞'注亦云:'廩廩,近升平。'皆'廩,鮮也'之義。"玉裁按:此與《漢書》"廩廩庶幾",賈誼"為此廩廩",皆"瀕瀕"之假借也。
(㐭)

襄駕也

【叚借】《釋言》又曰:"襄,駕也。"此"驤"之假借字,凡云"襄,上也""襄,舉也"皆同。
(襄)

凷塯也②

【異文】《釋言》:"凷,塯也",郭引"枕王以塯"。"塯"即"璞"之異文。《禮運》:"蕢桴",注曰:"蕢讀爲凷,聲之誤也。凷,塯也。"
(塯)

餬饘也

【校勘】【詁訓】(《說文》:"鬻,鍵也。")《釋言》:"餬,饘也",當作此字。今江蘇俗粉米麥爲粥曰餬。
(鬻)

---

① 今本作"楷,柱也",同段說。
② 今本"凷"作"塊"。

翩纛也　纛翳也

【詁訓】【經學】【校勘】（《說文》："翳，翿也。"）《釋言》曰："翩，纛也。纛，翳也。"《王風》毛傳曰："翿，纛也，翳也。"翳、翩、翿同字。《毛傳》本《釋言》，"翳也"之上當本有"纛"字，此"熠燿，粦也。粦，熒火也"之例也。《陳風》傳則約之云："翿，翳也。"許本之。許無"纛"字者，無毋部，亦無縣部，無所入也。《王風》音義曰："纛俗作纛。"《爾雅音義》曰："纛字又作纛。"《五經文字》曰："纛作纛譌。"開成石經《周禮》《爾雅》正作"纛"。今本《爾雅音義》譌舛，葉林宗鈔本不誤。纛从縣毋會意，與絭从糸毋會意同。从毋者，如艸之盛也。淺人改从毒，謂爲諧聲耳。郭注《爾雅》云："今之羽葆幢，舞者所以自蔽翳。"《王風》："左執翿"，《陳風》："值其鷺羽""值其鷺翿"，《傳》云："值，持也。鷺鳥之羽可以爲翳。""翟"字下云："樂舞。以羽䎽自翳其首。"皆謂舞也。射則用翿旌，見《鄉射禮》。喪則天子鄉師執纛御匶，諸侯匠人執翿御匶。《周禮注》作"執翿"，《襍記》作"執羽葆"。然則翿也，纛也，羽葆也，異名而同實也。漢羽葆幢以犛牛尾爲之，在乘輿左騑馬頭上，或云在衡。

（翳）

偪迫也

【正俗】【異文】畐、偪正俗字也。《釋言》曰："逼，迫也"，本又作偪，二皆畐之俗字。

（畐）

漦盝也　郭注：漉漉出涎沫①

【音義】【叚借】《梁鴻傳》："競舉枉兮措直，咸先佞兮唌唌。"注："唌音延，讒言捷急之皃。"郭注《爾雅》假爲次字，夕連切。

（唌）

【詁訓】《釋言》曰："漦，盝也。"盝同漉酒之漉。《國語》《史記》"龍漦"，韋昭曰："漦，龍所吐沫。"按：龍沫必徐徐漉下，故亦謂

---

① 今本"唌"作"涎"，《釋文》作"唌"。

之濼。
（濼）

皇華也

【校勘】《釋言》曰："皇，華也。"……（《說文》："《爾雅》曰：'䍿，䓾也。'"①）今《釋言》作"皇"，非。
（䍿）

釋訓第三

赳赳武也

【異文】《周南》傳曰："赳赳，武皃。"《釋訓》曰："洸洸、赳赳，武也。"《詩音義》引《爾雅》"武"作"勇"。
（赳）

忱忱

【志疑】《釋訓》曰："忱忱，憂也。"按："忱忱"字不見於《詩》《書》。
（忱）

蓁蓁孽孽戴也

【詁訓】【經學】《釋訓》曰："蓁蓁、孽孽，戴也。"《毛傳》云："蓁蓁，至盛皃。""孽孽，盛飾。"是皆謂加多也。引伸之凡加於上皆曰戴，如"土山戴石曰崔嵬""石山戴土曰岨"是也。又與載通用，言其上曰戴，言其下曰載也。《釋山》或本："石載土謂之崔嵬"，"土載石爲岨"，謂石載於土，土載於石，則與《毛傳》不異也。《周頌》："載弁俅俅"，《月令》："載青旂"，皆同戴。
（戴）

---

① 陳本"䍿，䓾也"作"䍿，華也"。

萌萌

【經學】【校勘】【辨誤】【音義】【源流】【叚借】(《說文》:"簡,簡簡,在也。"①)《釋訓》曰:"存存、簡簡,在也。"許本之。今《爾雅》作"存存、萌萌,在也。"郭云:"未見所出,音武庚反。"可謂疏於考覈矣。《釋文》曰:"施亡朋反,字或作茵。"《廣韵》引《爾雅》"存存"、茵茵、在也",音武登切。《玉篇·艸部》引《爾雅》"存存、茵茵,在也",音莫耕切,又曰:"蒽同茵,或作萌。"玉裁按:茵與簡相似,而竹、艸不同。又後人音切與讀簡大異。蓋茵者,簡之譌,竹誤而爲艸也。蒽者,茵之譌,門誤而爲明也,又誤而去心作萌。而郭反以武庚,《玉篇》從之,又誤而以萌爲萌,而陳博士施乾反以莫登,《廣韵》本之,此展轉貤繆之故。段令景純解讀許書,何難正其形、說其音義也?《論語》:"簡在帝心",即簡字之叚借。

(簡)

赫赫躍躍

【異文】【叚借】【校勘】《釋詁》:"赫赫躍躍","赫赫"舍人本作"奭奭"。《常武》毛傳云:"赫赫然盛也。"按:奭是正字,赫是假借字。《小雅》:"路車有奭""韎韐有奭",毛曰:"奭,赤皃。"此當作"赫",《赤部》云:"赫,火赤皃。"奭是假借字。

(奭)

儚儚洄洄惛也

【校勘】《釋訓》曰:"儚儚、洄洄,惛也。"儚當作儚,與"夢夢,亂也"義別。

(儚)

【異文】【源流】【詁訓】【校勘】【經學】(《說文》:"《爾雅》曰:'禣禣襀襀。'")今《爾雅》無此文。《釋訓》:"洄洄,惛也。"《釋文》云:"洄,本或作𢠸",引《字林》:"𢠸,重衣皃。"按:《玉篇》作:"個個,惛也。"而《潛夫論》云:"個個憒憒",蓋用《爾雅》文。

---

① 陳本"簡簡在"三字作"簡存"二字。段依《爾雅》改。

《字林》"幭"即襛字。據《潛夫論》則《爾雅》故有"潰潰"字。許所見"潰"作"襛"。襛字見《周禮·夏采職》故書，杜子春易爲綏，許不從故書，故無襛篆。

（襛）

黨黨嚶嚶罹禍毒也

【經學】《釋訓》："黨黨、嚶嚶，罹禍毒也。"釋《小弁》"踧踧周道""鳴蜩嚶嚶"也。

（黨）

懽懽愮愮憂無告也

【詁訓】（《說文》："懽，喜欵也……《爾雅》曰：'懽懽、愮愮，憂無告也。'"①）"懽懽"即《大雅》之"老夫灌灌"。《傳》曰："灌灌，猶款款也。""懽"本訓"喜欵"，而慁者款款然之誠，亦與喜樂之款款同其誠切。許說其本義，《爾雅》說其引申之義也。

（懽）

粤夆掣曳也

【叚借】《說文》"徫夆"，《爾雅》作"粤夆"，假借字也。

（粤）

【詁訓】【叚借】《釋訓》曰："粤夆，掣曳也。"掣曳者，牾逆之意。夆，古亦借爲鏠峯字。

（夆）

【詁訓】【校勘】《爾雅釋文》作"引而縱之"曰"瘛"。引，開弓也。縱，緩也，一曰舍也。按：引縱者，謂宜遠而引之使近，宜近而縱之使遠，皆爲牽掣也。不必如《釋文》所據《爾雅》曰："粤夆，掣曳也②"。

（瘛）

---

① 陳本"欵"不從欠，從又。
② 《釋文》作："掣，本或作瘛，同充世反。《說文》云：'引而縱之。'"段意以《爾雅》作"瘛"者是。

不遹

【叚借】遹古多假爲述字,《釋言》云:"遹,述也",言叚借也。《釋詁》云:"遹、遵、率,循。"《釋訓》云:"不遹,不蹟也。"皆謂遹即述字也,言轉注也。"不遹"者,今《邶風》之"報我不述"也。
(遹)

袒裼肉袒也①

【正俗】《釋訓》《毛傳》皆云:"襢裼,肉襢也。"李巡云:"脫衣見體曰肉襢。"孫炎云:"襢,去裼衣。"按:多作"襢"、作"袒",非正字,"膻"其正字。
(膻)

【校勘】【詁訓】今之經典凡但裼字皆改爲袒裼矣。……《釋訓》《毛傳》皆曰:"袒裼,肉袒也。""肉袒"者,肉外見無衣也。
(但)

面柔

【詁訓】《釋訓》曰:"戚施,面柔也。"郭云:"戚施之疾不能仰。面柔之人常俯,似之,亦以名云。"《釋文》云:"戚施字書作覛䫉,同。"按:面柔之人,不敢專輒,必伺人顏色,故云爾。
(䫉)

夸毗

【異文】《爾雅》《毛傳》皆曰:"夸毗,體多柔。"……"夸毗"亦作"胯䩱"。
(侉)

---

① 今本前"袒"作"襢"。

釋親第四

晜兄也

【校勘】【詁訓】《釋親》："晜,兄也。"郭注："今江東通言曰晜。"按：晜者,䎍之誤。男子先生爲兄,後生爲弟,此本定偁。謂兄䎍者,周人語也。《詩》惟《王風》有"昆"字,此周人謂兄之證也。諸經皆言兄,如《尚書》"乃寡兄勖",《春秋》："衞侯之兄縶",《周禮》："父之讎,兄弟之讎,從父兄弟之讎",《詩》："瞻望兄兮",皆是。惟《禮·喪服》經傳大功已上皆曰昆弟,小功已下同異姓皆曰兄弟,不相淆亂。蓋《禮經》欲別服之親疏隆殺,遂以周人謂兄者,專系之同姓大功已上,以爲立言之別也。戴先生曰："兄弟與昆弟在《儀禮·喪服》《爾雅·釋親》截然有辨。《喪服》：'傳曰：何如則可謂之兄弟？傳曰：小功已下爲兄弟。'此傳中引傳相證明也。《爾雅》曰：'母與妻之黨爲兄弟。'又曰：'婦之黨爲婚兄弟,壻之黨爲姻兄弟。'《詩·小雅》：'兄弟無遠。'《鄭箋》云：'兄弟,父之黨,母之黨。'蓋兄弟云者,或專言異姓,或兼同姓異姓,皆舉遠,不以關大功之親。記曰：'兄弟皆在他邦,加一等。不及知父母與兄弟居,加一等。'此惟小功已下即於疏,故加等。若大功已上,則昆弟也。世父母,叔父母也,從父昆弟也,豈可以皆在他邦及少孤相依而加等哉？大功之親,分當相恤。其不相恤,是賊其性者也。小功已下而相恤,斯進之也。記又曰：'夫之所爲兄弟服,妻降一等。'篇内明言夫之昆弟無服,此兄弟服,即所謂小功者兄弟之服是也。謂夫爲之小功者,妻降一等則緦,如從祖祖父母、從祖父母及外祖父母、從母在小功章,夫之諸祖父母在緦麻章,此降一等之謂。《禮記·服問篇》：'公子之妻爲公子之外兄弟',謂爲夫之外祖父母、從母緦也。《禮》之稱兄弟,通乎尊卑如是。凡同姓異姓既漸即於疏者,而與之相親好,皆得稱兄弟。"玉裁按：《大司徒》："聯兄弟",鄭曰："兄弟,昏姻嫁娶也。"與《調人職》"兄弟"不同。知以昆弟、兄弟異其辭者惟《禮經》,他經不尒。

（䎍）

母之晜弟爲舅

【詁訓】【同源】【古今】《釋親》曰:"母之晜弟爲舅",《毛傳》同。按:周人謂兄爲晜也。舅之言舊也,猶姑之言故也。父之昆弟儕父,母之昆弟不得儕父,故儕舅。凡同姓可儕父,凡異姓不可儕父,故舅之也。今俗人言舅父者,非也。母之父母曷爲曰外王父、外王母與?父之父母儕王父、王母,故母之父母得儕王父、王母而外以別之也。父之昆弟儕從父,故母之姊妹儕從母也。舍是則異姓無有儕父母者也。異姓可儕舅,故婦儕夫之父曰舅,男子儕妻之父曰外舅,母之從父昆弟曰從舅,又儕父之舅曰大舅,見《後漢書》。大者,今太字。……男子於妻父亦言舅,對妻之舅吾父爲儕也。母之昆弟不曰外舅者,妻黨之別於母黨也。

(舅)

甥

【詁訓】【辨誤】(《說文》:"謂我舅者,吾謂之甥也。"①)《釋親》文。此泛釋甥義也。若母之昆弟爲吾舅,則謂吾爲甥矣。若妻之父爲吾外舅,則亦謂吾爲甥矣。《釋親》妻黨章曰:"姑之子爲甥,舅之子爲甥,妻之晜弟爲甥,姊妹之夫爲甥。"注謂平等相甥,非也。姑之子,吾父母得甥之;舅之子,吾母姪之,吾父得甥之;妻之昆弟,吾父母得甥之;姊妹之夫,吾父母壻之而甥之。是四皆舅吾父者也。舅者,耆舊之儕;甥者,後生之儕。故異姓尊卑異等者以此相儕。《爾雅》類列於此,亦以見舅之子、妻之昆弟儕吾父皆曰舅,不似後世俗呼也。其立文如此者,從其便也。自來不得其解,則謂平等相甥。吾姊妹之夫,吾父既甥之矣,吾又呼之爲甥,此豈正名之義乎?姑之子爲外兄弟,舅之子爲內兄弟,妻之昆弟爲婚兄弟,姊妹之夫爲姻兄弟,既正其名矣,又安得淆之乎?外孫亦儕彌甥,姊妹之孫離孫也,亦儕從孫甥,皆見《左傳》。《釋名》"妻之昆弟曰外甥"一條,取爲無理。

(甥)

---

① 陳本"舅"作"舅"。

女子謂晜弟之子爲姪

【詁訓】【辨誤】《釋親》曰:"女子謂晜弟之子爲姪。"《喪服》大功章曰:"女子子適人者,爲衆昆弟姪丈夫婦人報。"傳曰:"姪者何也?謂吾姑者,吾謂之姪。"經言丈夫婦人同謂之姪,則非專謂女也。《公羊傳》曰:"二國往媵,以姪娣從",謂婦人也。《左傳》曰:"姪其從姑",謂丈夫也。不謂之猶子者,女外成別於男也。今世俗男子謂兄弟之子爲姪,是名之不正也。

(姪)

女子同出謂先生爲姒後生爲娣

【詁訓】【校勘】(《說文》:"娣,同夫之女弟也。"①)《釋親》曰:"女子同出,謂先生爲姒,後生爲娣。"孫、郭皆云:"同出,謂俱嫁事一夫。"《王度記》曰:"諸侯娶一國,則二國往媵之。"《公羊傳》《白虎通》皆曰:"諸侯娶一國,則二國往媵之,以姪娣從。姪者何?兄之子也。娣者何?女弟也。"《大雅·韓奕》傳曰:"諸侯一娶九女,二國媵之。諸娣,衆妾也。"按:女子謂女兄弟曰姊妹,與男子同。而惟媵己之妹則謂之娣,蓋別於在母家之偁,以明同心事一君之義也。《禮·喪服》經皆言妹,無言娣者,今大徐本作"女弟也"非是。小徐本又妹、娣二篆互譌,而"娣"下曰:"女弟也","妹"下曰:"夫之女弟也",楚金以班昭《女誡》娣妹之偁注之。夫夫之姊呼女姒,夫之妹呼女叔,見鄭氏《昏義》注。夫之妹呼女叔,猶夫之弟呼叔也,呼妹則名不正矣。今本《爾雅》轉寫"女叔"誤爲"女妹",不可不正。○或問:俱嫁一夫,謂先生爲姒,古未聞以姊媵者,何以有先生者也?曰:二國往媵,容有小國,容有年稍長者。又問:娣異名以別於妹矣,何姪不爲異名乎?曰:姪之名以別於男子之謂猶子,早爲異名矣,不煩更異也。曰:《釋親》又言長婦謂稚婦爲娣婦,娣婦謂長婦爲姒婦,見於傳者姒爲妯娌之偁,何也?曰:此所謂名之可以叚借通偁者也。如兄弟之偁,同姓異姓皆得偁之也。妯娌偁長者曰姒,少者曰娣,與坐以夫齒之

---

① 陳本無"同夫之"。

禮竝行不悖。

（娣）

婦偁夫之父曰舅稱夫之母曰姑

【詁訓】《釋親》曰："婦偁夫之父曰舅，稱夫之母曰姑。姑舅在則曰君舅、君姑，沒則曰先舅、先姑。"按：聖人正名之義，名有可叚借通用者，有不可叚借通用者。可叚借者，舅、姑是也。故母之晜弟爲舅，夫之父亦曰舅，妻之父曰外舅；夫之母曰姑，男子偁父之姊妹亦曰姑，偁妻之母曰外姑。葢《白虎通》云："舅者，舊也。姑者，故也。舊故之者，老人之偁也。"故其偁可氾用之。不可叚借者，父母是也。故同姓有父母，異姓無父母。夫之父母未聞偁父母也，姑之夫未聞偁父也，姑未聞偁母也，母之兄弟未聞偁父也，母之兄弟之妻未聞偁母也，從母之夫未聞偁父也。惟外祖父、外祖母則以父之父母例之而得偁。從母則以父之昆弟偁從父例之而得偁，從母之子亦以從父昆弟例之而得偁。凡同姓五服之外及異姓之親祇偁兄弟，無偁昆弟者，古人偁謂之嚴也。今天下之名不正者多矣，盍反諸經乎？

（姑）

君姑

【詁訓】惠氏定宇曰："《爾雅》'君姑'即'威姑'也。"古君、威合音差近。

（威）

釋宮第五

東南隅謂之宧　釋文：說文云深貌本或作𡪄

【辨誤】（《說文》："宧，户樞聲也。室之東南隅。"）《爾雅釋文》引《說文》："宧，深皃。"誤以"宦"爲"宧"也。

（宧）

柣謂之閾

【叚借】【詁訓】【音義】【校勘】【經學】【異文】《釋宮》："柣謂之閾。"柣，郭千結反，柣即楔字也，漢人多作切。《考工記》注云："眠讀如限切之限。"限切，謂門限也。《漢書·外戚傳》："切皆銅沓，黃金塗。"師古曰："切，門限也。千結反。"按：《西都賦》："玄墀釦切"，"釦切"即《漢書》之"切"，皆銅沓、黃金塗也。《文選》"切"作"砌"，誤。《西京賦》云："金釭"，即"釦切"也。《西京賦》又云："設切厓㡩"，即《西都賦》之"仍增厓而衡閾"也。《廣雅》："柣、㧾、橉，切也。"切今本亦譌砌，橉見《淮南書》。《匡謬正俗》云："俗謂門限為門蒨者。《爾雅》：'柣謂之閾。'郭音切。今言門蒨是柣聲之轉耳。字當為柣而作切音。"玉裁謂：柣當為楔而作切音，如《多方》"大淫泆有辭"，"泆"又作"佾"，馬本作"屑"，是其比也。

（楔）

【叚借】【經學】【異文】《釋宮》曰："柣謂之閾"，柣，郭千結反，即楔字也。《禮》古文"閾"作"戚"，此皆叚借字也。

（閾）

楣謂之梁

【校勘】《釋宮》曰："楣謂之梁。"郭曰："門戶上橫梁。"今本《爾雅》作"楯"，字之誤也。《釋文》："楯，亡悲反。或作楣，亡報反。《埤蒼》云：'梁也。'呂伯雍云：'門戶之橫梁也。'《說文》曰：'楣，秦名屋櫋聯也。'"陸引《埤蒼》《字林》以證楣，引《說文》以證楯，謂楣楯義不同。今本脫誤不可讀。陸於楣不引《說文》者，隨繙閱所得也。

（楣）

垝謂之坫

【詁訓】《爾雅》曰："垝謂之坫。"郭云："坫，端也。在堂隅。"按：

耑本作㟨，高皃也。

（坫）

樴謂之杙

【古今】【叚借】《釋宮》曰："樴謂之杙，在牆者謂之楎，在地者謂之臬，大者謂之栱，長者謂之閣。"弋、杙古今字。樴，《周禮》作職，《牛人》曰："祭祀共其享牛，求牛，以授職人而芻之。"注云："職讀爲樴。樴謂之杙，可以繫牛。"

（樴）

【辨誤】【詁訓】《爾雅》曰："檃謂之杙"，按：俗用杙爲弋，顧用弋爲雉射字，其誤久矣。杙者，劉劉杙也，不爲樂弋字。弋象形，故不从木也。

（弋）

樏

【正俗】《釋宮》作"樏"，俗字也。

（桀）

栭謂之楶

【訓詁】【源流】（《說文》："栭，屋枅上標也。"①）《釋宮》云："栭謂之楶。"合二事渾言之。許則析言之也。諸家襲《爾雅》者皆少分別。

（栭）

檐謂之樀

【校勘】【辨誤】（《說文》："闟，闟謂之樀。"）今《釋宮》"檐謂之樀"，許所據《爾雅》有異本作"闟"。……《吳語》："王背檐而立，大夫向檐。"韋云："檐謂之樀。樀，門戶。"韋注"戶"當作"也"。

---

① 陳本無"也"字。

《國語》《爾雅》字皆當作"闔"。郭以屋梠釋檐，非是。

（闔）

兩階間謂之鄉

【異文】《釋宮》："兩階間謂之鄉。"《集韻·四十一漾》引作"謂之闏"。

（闏）

中庭之左右謂之位

【詁訓】《釋宮》曰："中庭之左右謂之位。"郭云："羣臣之列位也。"《周語》注亦曰："中廷之左右曰位。"按："中廷"猶言廷中。古者朝不屋，無堂階，故謂之朝廷。朝士掌外朝之位。左九棘，孤卿大夫位焉。右九棘，公侯伯子男位焉。面三槐，三公位焉。司士掌治朝之位。王南鄉，三公北面東上，孤東面北上，卿大夫西面北上。王族故虎士在路門之右，南面東上。大僕、大右、大僕從者在路門之左，南面西上。雖有北面南面之臣，皆以左右約舉之。《左傳》云"有位于朝"是也。

（位）

宁

【古今】【詁訓】【正俗】宁與貯蓋古今字。《周禮注》作"䐗"，《史記》作"積著"。《釋宮》："門屏之間曰宁"，郭云："人君視朝所宁立處。"《毛詩傳》云："宁立，久立也。"然則凡云"宁立"者，正積物之義之引申。俗字作佇、作竚，皆非是。以其可宁立也，故謂之宁，《齊風》作"著"。

（宁）

闔謂之扉

【詁訓】《釋宮》曰："闔謂之扉。"門闔，門扇也。然則門户一也。

（扉）

所以止扉謂之閎

【詁訓】【經學】【校勘】【辨誤】《釋宮》曰："所以止扉謂之閎"，郭注："門辟旁長橜也"，引《左傳》："高其閈閎"，而又云："閎，長杙，即門橜也。"按：郭云"門辟旁長橜"者，謂門開則邊旁有兩長橜，使其止而不過也。云"即門橜"者，謂《左傳》之閎即他經之闑，兩扉中之橜也。是二者皆所以止扉，皆謂之閎，但《左傳》主謂中門者耳。許"闑"訓"門橜"，"閎"訓"所以止扉"，則畫然二義。許本諸《釋宮》。今本《釋宮》譌爲"閎"，陸氏《音義》不辯是非，云："本亦作閣，音各，郭注本無此字。"不知郭氏於"衖門謂之閎"下引《左》"盟諸僖閎"，於"所以止扉謂之閎"下引《左》"高其閈閎"，郭作注時"閎"絕未誤爲"閣"，注亦絕無誤也。顏師古《匡謬正俗》分別閎、閣二字不同，所引《左傳》作"閈閎"，所引《爾雅》及注皆作"閎"。今雅雨堂刻本譌亂不可讀。《左傳》："高其閈閎"，閈猶門也，高其門則所以止扉亦必高。蓋晉館門不容車，失於狹小，致子產壞垣，故士文伯飾說門雖小而甚高。此處無取閈閣連文。陸氏《音義》亦誤從閣，轉云讀者因《爾雅》或作"閣"，因改《左傳》作各音，與《爾雅音義》皆爲顛倒，見其誤不可不正也。閣本訓直橜所以扞格者，引申之，橫者可以庋物亦曰閣，如《內則》所云天子諸侯大夫士之閣，漢時天祿、石渠閣皆所以閣書籍皆是也。閣字之義如此，故凡止而不行皆得謂之閣。倘《爾雅》作"謂之閣"，於所以止扉何涉乎？○子產何以毀垣？因門不容車也，亦因門閎高也。觀孫叔敖患民卑車，因教閭里高其梱。居半歲，民悉自高其車。此非閎高而車不得入之證乎？故郭云《左傳》之閎"即門橜也"。○《左傳》："閈閎"，杜注："閎，門也。"此必有誤，杜本乃誤本，郭景純、顏師古所據本不誤。陸之《音義》、孔之《正義》皆據誤本爲之。○又《左傳》"閈"字，沈重云："閉也。"此必古說。蓋閈閎猶《禮記》之扞格也。閈本不從門，後人因閎亦加門耳。○蔡邕《月令章句》於"脩鍵閉"云："鍵，門牡，所以止扉，亦謂之剡移。"鄭注亦云："鍵，牡。閉，牝。"

按：蔡謂鍵爲門牡，許則云闑爲門牡，蓋闑居關之下、門之中，《漢書》所謂門牡者，而閣居兩旁，每扉以一長杙上貫於過門板，下拄於地，故云：＂所以止扉，古謂之剡移＂。有關有闑又有閣者，慎於待暴也。故曰：＂高其閈閣，厚其牆垣，以無憂客使。＂閣亦得稱牡，而與闑異物。○闑與閣皆閉門乃用之，不比闌爲死物。謂梱即閣，誤矣。

（閣）

瓴甋謂之甓

【注音】【正俗】【詁訓】《陳風》：＂中唐有甓＂，《傳》曰：＂甓，令適也＂，《釋宮》同。郎丁、都歷二反。《爾雅》作＂瓴甋＂，俗字也。《土部》＂墼＂字解亦云＂令適＂，《考工記》注作＂令甓＂，實一物也。詳＂墼＂字注。

（甓）

【注音】【正俗】【義例】【詁訓】《釋宮》曰：＂瓴甋謂之甓＂，郭云：＂甎甓也。＂《陳風》：＂中唐有甓＂，《傳》曰：＂甓，令適也。＂字作＂令適＂，零嫡二音。加瓦者，俗字也。＂甎甓＂亦皆俗字。甎古祇作專，如《斯干》傳曰：＂瓦，紡專也＂，《寸部》＂專＂下曰：＂一曰紡專也＂，皆可證。陸德明云：＂《字林》作塼。＂此許、呂各因時作字書之例，許意在存古，呂意在宜今也。韋注《吳語》曰：＂員曰囷，方曰鹿。＂然則鹿專者，言其方正也，亦曰墼。

（墼）

趨　走　奔

【詁訓】《釋宮》曰：＂室中謂之時，堂上謂之行，堂下謂之步，門外謂之趨，中庭謂之走，大路謂之奔。＂此析言之耳。渾言之，則奔、走、趨不別也。

（奔）

石杠謂之徛

【校勘】【詁訓】《釋宮》曰："石杠謂之徛。"《孟子》："歲十月徒杠成。"（段云："古本如是。"）趙岐釋爲"步度"。郭釋云："步渡彴。"然則石杠者謂兩頭聚石，以木橫架之可行，非石橋也。凡直者曰杠，橫者亦曰杠。

（權）

無室曰榭

【正俗】經典無榭字，祇作謝。《釋宮》："無室曰榭"，轉寫俗字也，《木部》不錄。

（謝）

釋器第六

瓦豆謂之登

【詁訓】《釋器》："瓦豆謂之登。"郭曰："即膏鐙也。"膏鐙，《說文·金部》之"鐙""錠"二字也，其形如豆，今之鐙盞是也。

（主）

康瓠謂之甈

【同源】《釋器》曰："康瓠謂之甈"，甈之言滯而無用也。

（甈）

斪斸謂之定

【異文】【詁訓】《釋器》曰："斪斸謂之定。"《釋文》云："斸本或作欘。"引《說文》"齊謂之茲箕，一曰斤柄自曲。"據陸氏以《說文》語系之"或作欘"之下，則《說文》有欘無斸可知。今本《斤部》出"斪""斸"二篆，皆云："斫也。"夫《爾雅》"斪斸"本一物，安得二之？且《考工記》注引《爾雅》作"句欘"。又《爾雅音義》云："斪本或作拘。"是則句、拘皆訓曲，不爲別一器名也。句欘者，李巡云："鉏也。"郭璞云："鉏屬。"蓋似鉏而健於鉏，似斤而不以斫木，專以斫田，其首如鉏然。句於矩，故謂句欘也。《斤部》"斪""斸"二篆，淺人依《爾雅》俗本增之，今删。

（欘）

【詁訓】【同源】【異文】《爾雅》："斪斸謂之定"，"斪斸"合二字成文。斪之言鉤也，斸之言斫也。《考工記·車人》注作"句欘"。斤斧所以斫木，斪斸所以斫地。

（斪）

斫謂之鐯

【正俗】【同源】（《說文》："櫡，斫謂之櫡。"）見《釋器》。櫡一作鐯，俗字也。凡斫木之斤，斫地之欘皆謂之櫡。櫡之言箸也。箸，直略反。郭云："钁也。"《金部》云："钁，大鉏也。"

（櫡）

【校勘】（《說文》："䃺，斫也。"）《釋器》曰："斫謂之鐯。""鐯"字又作"櫡"，依許則當作"䃺"。

（䃺）

斛謂之疀

【古今】《釋器》曰："斛謂之疀。"斛、鍫、疀、甾，皆古今字。

（苯）

【詁訓】【注音】《周頌》："庤乃錢鎛"，《傳》曰："錢，銚也。"許下文"錢"下亦曰："銚也。"古田器銚，《釋器》《方言》皆作"斛"。《釋器》曰："斛謂之疀"，郭云："即古鍫甾字。"《方言》曰："甾，燕之東北朝鮮洌水之閒謂之斛，趙魏之閒謂之喿。"銚、斛、喿三字同，即今鍫字也。七遙反，亦湯料反。今人俗語正切七遙。

（銚）

【叚借】(《說文》:"《爾雅》曰:'斪謂之䙴',古田器也。"①)斪者,《金部》銚之叚借字。銚者,田器。此云"古田器"者,所以明六書之叚借也。詳"銚"下。

(斪)

椮謂之涔

【校勘】【詁訓】《周頌》:"潛有多魚",《傳》曰:"潛,椮也",古本如此。《爾雅》:"椮謂之涔","涔"即《詩》之"潛"也。《小爾雅》及郭景純改"椮"爲木旁,謂:"積柴水中,令魚依之止息,字當从木也。"而舍人、李巡皆云:"以米投水中養魚曰涔。"似其說各異,不知積柴而投米焉,非有二事。以其用米故曰椮;以其用柴故或製字作"槮","槮"見《淮南書》。橬、椮皆魏、晉閒妄作也。

(糝)

彘罟謂之羉

【異文】《釋器》:"彘罟謂之羉",本或作"罠"。張載《七命》:"布飛羉,張修罠。"則羉與罠非一字也。

(罠)

衣皆謂之襟②

【詁訓】【古今】【志疑】【異文】《釋器》曰:"衣皆謂之襟。"孫、郭皆曰:"襟,交領也。"《鄭風》:"青青子衿。"毛曰:"青衿,青領也。"《方言》:"衿謂之交。"按:裣之字,一變爲衿,再變爲襟,字一耳。而《爾雅》之"襟",《毛傳》《方言》之"衿",皆非許所謂"裣"也。《爾雅》《詩傳》《方言》皆自領言之。《深衣》:"曲袷如矩以應方。"注:"袷,交領也。古者方領,如今小兒衣領。"《玉藻》:"袷二寸",注:"曲領也。"《曲禮》:"天子視不上於袷",《玉藻》:

---

① 陳本"斪"作"斛"。
② 今本"皆"作"眥"。

"侍於君，視帶以及袷"，注皆云："交領也。""袷"者，交領之正字，其字从合。《左傳》作"襘"，从會與从合一也。交領宜作袷，而《毛詩》《爾雅》《方言》作"衿"，殆以衿、袷爲古今字與？若許云"裣，交衽也"，此則謂掩裳際之衽，當前幅、後幅相交之處，故曰："交衽。"裣本衽之偁，因以爲正幅之偁。正幅統於領，因以爲領之偁。此其推移之漸，許必原其本義爲言。凡金聲、今聲之字皆有禁制之義。禁制於領與禁制前後之不相屬，不妨同用一字。……漢石經："青青子裣。"

（裣）

扱衽謂之襭

【異文】【經學】（《說文》："跋，進足有所擷取也。"）《爾雅》《毛傳》皆云："執衽曰袺，扱衽曰襭。"《衣部》云："以衣衽扱物謂之襭。襭或作擷。"……（《說文》："《爾雅》曰：'跋謂之擷。'"）按：所據《爾雅》"扱"作"跋"，無"衽"字，與今本異，亦與《衣部》說異。蓋《衣部》用《毛傳》，此據《爾雅》也。

（跋）

婦人之禕謂之縭

【辨誤】或曰《爾雅》"婦人之禕"亦作"幢"，是許所云"幢"也。今按：此與《爾雅》之"禕"無涉。《釋器》曰："婦人之禕謂之縭。縭，緌也。"郭云："即今之香纓，女子既嫁之所著，示繫屬於人，義見《禮記》。"玫《士昏禮》注曰："婦人十五許嫁，笄而禮之，因著纓，明有繫也，蓋以五采爲之，其制未聞。"《內則》："婦事舅姑衿纓"，注曰："婦人有纓，示繫屬也。"《詩》："親結其縭"，毛云："縭，婦人之禕也，母戒女施衿結帨。"孫炎釋《爾雅》"婦人之禕"云："帨巾也。"《禮》之纓必以采繩。《詩》《爾雅》之禕、縭乃帨巾，其不相涉明甚，景純注非。許以"囊"釋"幢"，亦斷非《釋器》及《毛詩》之"禕"也。

（幢）

輿革前謂之鞎

【志疑】《釋器》曰："輿革前謂之鞎"，郭曰："以韋鞈車軾。"按：李巡云："輿革前，謂輿前以革爲車飾曰鞎"，不言軾。依《毛傳》，韋鞈軾自名鞎，不名鞎。疑李注是。

（鞎）

鞎 笰 蔽

【詁訓】【異文】【同源】【校勘】【叚借】【經學】《釋器》曰："輿，革前謂之鞎，後謂之笰。竹前謂之禦，後謂之蔽。"按：此對文則別之，散文則不別。《詩》言："簟笰"，毛曰："簟，方文席也；笰，車之蔽也。"《周禮·巾車》："蒲蔽""棻蔽"等，"蔽"即"笰"也。故鄭引"翟茀以朝"作"翟蔽以朝"。竹前竹後，許所謂車笭也。《廣雅》曰："筐謂之笑"，又曰："陽門，簥筐，雀目，蔽篖也"，皆謂車笭。笭之言櫺也，言其吟曨也。茀，《詩·碩人》从艸，《載驅》从竹，从竹者誤也。茀之言蔽也。"筐"是正字，"茀"是假借字。如《儀禮》今文作"扉"，古文作"茀"。"扉""茀"同字。

（筐）

環謂之捐

【叚借】《爾雅》："環謂之捐。""捐"者，"鐊"之假借字。《詩》容有作"捐"者。

（鐊）

䭡謂之餘

【異文】（《說文》："《爾雅》曰：'䭡謂之喙。'"）今《爾雅》"喙"作"餘"。按：許作喙，二徐、李燾及《集韵》《類篇》皆同，汲古初印本亦不誤，而毛扆改作"餘"。

（䭡）

米者謂之糪

【詁訓】【注音】《釋器》曰："米者謂之糪。""米者"謂飯之米性未孰者也。李巡云："飯米半腥半孰曰糪。"腥，先定反。《廣韵》引《新字林》云："䴩，豆中小硬者"，義相近。

（糪）

冰脂

【詁訓】【古今】《釋器》曰："冰脂也。"郭云："《莊子》：'肌膚若冰雪。'冰雪，脂膏也。"按：此所謂上肥也。冰、凝古今字。《毛詩》"膚如凝脂"同也。《楚辭》："靡顔膩理。"膩，滑也。

（膩）

肉謂之羹

【詁訓】【辨誤】《釋器》曰："肉謂之羹。"羹有二：實於鉶者用菜芼之謂之羹，實於庶羞之豆者不用芼亦謂之羹。《禮經》牛腳、羊臐、豕膮，鄭云："今時臛也。"是今謂之臛，古謂之羹。"臛"字不見於古經，而見於《招䰟》。王逸曰："有菜曰羹，無菜曰臛。"王說與《禮》合。許不云"羹也"而云"肉羹也"者，亦無菜之謂。《匡謬正俗》駁叔師說，其言甚誤。①

（臛）

鼎絶大謂之鼐

【經學】【詁訓】《釋器》曰："鼎絶大謂之鼐。"《周頌》傳曰："大鼎

---

① 《匡謬正俗》"羹臛"條云："王叔師注《楚辭·招魂》云：'有菜曰羹，無菜曰臛。'案：《禮》云羹之有菜者用梜，其無菜者不用梜。又蘋藻二物即是鉶羹之芼，安在其無菜乎？羹之與臛，烹者以異齊調和，不同非係於菜也。今之膳者，空菜不廢爲臛，純肉亦得名羹，皆取於舊名耳。"

謂之鼐，小鼎謂之鼒。"《傳》與《爾雅》說鼒異，說鼐則略同。① 絕大謂函牛之鼎也。《九家易》曰："牛鼎受一斛，羊鼎五斗，豕鼎三斗。"乃者，詞之難也，故从乃爲大。才者，艸木之初也，故从才爲小。（鼐）

圜弇上謂之鼒

【校勘】《釋器》："圜弇上謂之鼒"，"弇上"當作"掩上"。
（掩）

䰜謂之鬷鬷鉹也②

【詁訓】【經學】（《說文》："一曰：鼎大上小下若甑曰鼐。"）《釋器》："鼎，絕大謂之鼐；圜弇上謂之鼒；附耳外謂之釴；款足者謂之鬲；䰜謂之鬷；鬷，鉹也。"按：此六句皆說鼎，故許以"鼎大上小下若甑"發明"甑謂之鬷"。《金部》云："鉹，鬹鼎"，亦所以發明"鬷，鉹也"。釋《爾雅》者尟通此矣。
（鬷）

璲瑞也

【詁訓】【校勘】【正俗】（《說文》："綬，韍維也。"）《釋器》曰："璲，瑞也"，此謂玉瑞也；又曰："璲，綬也"，郭云："即佩玉之組，所以連繫瑞者，因通謂之璲。"（段云："今本字誤。"）古者韍佩皆系於革帶，佩玉之系謂之璲，俗字爲繸，又謂之綬。韍之系亦謂之綬。《爾雅》渾言之，許析言之。言韍可以該佩也，謂之綬者，韍佩與革帶之間有聯而受之者，故曰綬。《玉藻》曰："天子佩白玉而玄組綬，公侯佩山玄玉而朱組綬，大夫佩水蒼玉而純組綬，世子佩瑜玉而綦組綬，士佩瓀玟而縕組綬，孔子佩象環五寸而綦組綬"，是其制也。司馬氏《輿服志》曰："五伯迭興，戰兵不息，於是解去韍佩，留其係璲，以

---

① 《釋器》："圜弇上謂之鼒。"《周頌·絲衣》："鼐鼎及鼒"，毛云："小鼎謂之鼒。"
② 今本前"鬷"作"鬵"。

爲章表。故《詩》曰：'玼玼佩璲'，此之謂也。至秦乃以采組連結於璲，光明章表，轉相結受，故謂之綬。漢承不改。"夫《大東》所言，其時未嘗去玉。綬見《玉藻》《爾雅》，非至秦漢乃有此名。古之所謂綬者璲也，秦漢之縌也。秦漢之所謂綬者，所以代古之韍佩也，非古之綬也。然則許曰"綬，韍維也"，又曰"組，綬屬也"，此古之綬也；又曰"縌，綬維也""絀，綬紫青色也""綸，青絲綬也"，此秦漢之綬也。秦漢改韍佩爲綬，遂改綬爲縌，此名遷移當正者也。

（綬）

百羽謂之緷

【注音】【叚借】微文二部每互轉，《爾雅》："百羽謂之緷"，古本反。按：此"緷"字正許書"稇"字之叚借。《玉篇》云"緷，大束也"是也。

（緷）

旄謂之藣

【叚借】（《說文》："藣，艸也。"）《爾雅·釋器》"旄謂之藣"作此字。假借爲麾字也。

（藣）

【異文】【詁訓】《爾雅》曰："旄謂之藣。"《集韵》《類篇》皆作"麾謂之旄"。《爾雅》藣字即許之旄字。

（旄）

黃金謂之璗其美者謂之鏐

【經學】《爾雅》曰："黃金謂之璗，其美者謂之鏐。"然則黃金自有名，而許以"璗"系諸《玉部》，云："金之美者，與玉同色"，與《釋器》不合，何也？"璗"爲金，而字從玉，許書主釋字形，故其說如此也。《爾雅》又曰："白金謂之銀，其美者謂之鐐"，此則許所本也。

（銀）

【經學】【詁訓】（《說文》："鏐……一曰：黃金之美者。"）見《爾雅·釋器》。鄭本《尚書》"厥貢鏐鐵"注同。《漢·地理志》亦作"鏐"。韋昭云："紫磨金。"

（鏐）

玉謂之雕

【詁訓】《釋器》："玉謂之雕"，按：琱、琢同部雙聲相轉注。《詩》《周禮》之"追"，《大雅》之"敦弓"皆與琱雙聲也。……經傳以雕、彫爲琱。

（琱）

不律謂之筆

【義例】（《說文》："吳謂之不律。"）《釋器》曰："不律謂之筆。"郭云："蜀人呼筆爲不律也，語之變轉。"按：郭云蜀語與許異。郭注《爾雅》《方言》皆不偁《說文》。

（聿）

翦羽

【古今】【詁訓】前，古之翦字，今之剗字……《釋器》："金鏃翦羽謂之鍭，骨鏃不翦羽謂之志。"翦者，前也。前者，斷齊也。鍭矢前其羽短之使前重，志矢不前羽較長。《喪禮》則鍭矢骨鏃，異於金鏃。志矢無鏃短衛，異於骨鏃不前羽。按：鍭矢前羽，謂羽爲翦。因之志矢之羽，亦謂之翦。

（翦）

以蜃者謂之珧

【經學】【詁訓】（《說文》："珧，蜃甲也，所以飾物也。"）《釋器》曰："以蜃者謂之珧。"按：《爾雅》："蜃小者珧。"《東山經》："嶧臯之水多蜃蛤。"《傳》曰："蜃，蚌屬。蛤，玉蛤，亦蚌屬。"然則蜃、蛤二物也。許云一物者，據《爾雅》言之。凡物統言不分，析言有別。蜃飾謂之蛤，猶金飾謂之銧、玉飾謂之珪。金不必皆銧，玉不必皆珪也。

（蛤）

璧大六寸謂之宣

【詁訓】《爾雅》："璧大六寸謂之宣"，《郊祀志》："有司奉瑄玉"，《詛楚文》："毄用吉王瑄璧"，皆即珣字。

（珣）

肉倍好謂之璧

【詁訓】《釋器》："肉倍好謂之璧"，邊大孔小也。鄭注《周禮》曰："璧圜象天。"

（璧）

一染謂之縓再染謂之赬三染謂之纁

【詁訓】《爾雅》："一染謂之縓，再染謂之赬，三染謂之纁。"鄭注《士冠禮》云："朱則四入與。"按：是四者皆赤類也。鄭注《易》曰："朱深於赤。"

（赤）

【詁訓】【異文】【叚借】《爾雅·釋器》："一染謂之縓，再染謂之赬，三染謂之纁。"郭曰："縓，今之紅也。""赬，染赤也。""纁，絳也。"按：《糸部》云："縓，赤黃色也。""絳，大赤也。"《糸部》引《爾雅》正作"經"。《周禮注》引《爾雅》，又哀十七年《左傳》作"竀"，叚借字也。《士喪禮》經作"經"。

（經）

【詁訓】【叚借】（《說文》："一染謂之縓，再染謂之䞓，三染謂之纁。"①）三句《爾雅·釋器》文。《考工記》祇言三入，不言一入、再入，《爾雅》可補《記》文所未備。《記》云："鍾氏染羽，以朱湛丹秫，三月熾之，淳而漬之，三入爲纁。"鄭注《記》與《爾雅》同色耳。染布帛者，染人掌之。依鄭則染人染布帛與鍾氏染羽同用朱漸丹秫也。古以茜染者，謂之韎，謂之緹；以朱及丹秫染者，謂之縓、䞓、纁。䞓者，赤色也。纁者，淺絳也。《玉藻》之"縕韍"即韎韐也。縕即縓之叚借字也，韎亦謂之縓。

（縓）

青謂之蔥

【詁訓】【校勘】《爾雅》："青謂之蔥"，蔥即緫也，謂其色蔥。蔥，淺青也。深青則爲藍矣。《市部》曰："大夫赤市蔥衡"，用《玉藻》文也。潘岳《藉田賦》："緫犗服於驃軘。"《廣雅》："絹一名緫"，作"繱"者誤。

（緫）

邸謂之柢

【校勘】【異文】【經學】《釋器》："邸謂之柢"，當作"柢謂之邸"。《釋言》曰："柢，本也。"鄭司農引作"邸，本也"可證。《爾雅》皆釋經之辭。

（邸）

革中辨謂之韏

【校勘】【詁訓】（《說文》："韏，革中辨謂之韏。"）《釋器》："革中絕謂之辨"，郭注："中斷皮也"；"革中辨謂之韏"，注："復平分也。"如郭說，則正文當云："辨中絕謂之韏"，立文不當如是。今按：當云：

---

① 陳本"䞓"作"䞓"。

"革辯謂之鞏","中"乃衍文。《衣部》"襞"下云:"韏衣也。"衣襉,古曰韏,亦曰襞積,亦曰緶。然則皮之縐文蹙蹙者曰韏何疑。《文部》曰:"辯,駁文也。"許所據《爾雅》不同郭本,而淺人以郭本易之。

(韏)

釋天第八

春爲蒼天　夏爲昊天

【異文】《釋天》曰:"春爲昊天,夏爲蒼天,秋爲旻天,冬爲上天。"許、鄭本如是。孫炎、郭樸本乃作春蒼、夏昊。

(旻)

【經學】【異文】(《說文》:"昊,春爲昊天,元气昊昊也。"①)"春爲昊天",《釋天》文。"元气昊昊者",釋昊字之義。《黍離》毛傳曰:"蒼天以體言之,元氣廣大則偁昊天,仁覆閔下則偁旻天,自上降鑒則偁上天,據遠視之蒼蒼然則偁蒼天。"李巡、孫炎、郭璞本《爾雅》及劉熙《釋名》皆作"春蒼""夏昊",許君《五經異義》、鄭君《駁異義》所據《爾雅》及歐陽《尚書》皆作"春昊""夏蒼"。鄭君云:"春氣博施,故以廣大言之。"許君《尚書·堯典》"羲和以昊天,總勑四時",故知昊天不獨春也。許君作《異義》時,是《毛傳》,非《爾雅》、歐陽《尚書》,鄭君駁之;而許造《說文》,於"昊"下、"旻"下皆用《爾雅》,參合《毛傳》,略同鄭說。《說文解字》爲定說也。

(昊)

單閼

【注音】《爾雅》:"歲在卯曰單閼",讀如蟬蔫。

(閼)

---

① 陳本無"也"。

正月爲陬

【詁訓】"正月爲陬",亦謂寅方,在東北隅也。

(陬)

涼風

【經學】【詁訓】【異文】(《說文》:"北風謂之飉。")《爾雅》:"南風謂之凱風,東風謂之谷風,北風謂之涼風,西風謂之泰風。"《毛傳》於《詩·凱風》《谷風》皆用爲訓。《桑柔》之"大風"則不言何風,而《箋》以"西風"釋之。若《邶》詩"北風其涼",本無涼風字,故毛但曰"寒涼之風"而已,不用《爾雅》也。陸氏《爾雅音義》曰:"涼本或作飉",許所據《爾雅》同或作本。

(飉)

扶搖謂之猋

【古今】【義例】司馬注《莊子》云:"上行風謂之扶搖。"《釋天》曰:"扶搖謂之猋",郭云:"暴風從下上。"按:《爾雅》《月令》用古字。陸云:"《字林》作飆",不言《說文》,此等舉一以包二耳。

(飆)

天氣下地不應曰霿

【校勘】【音義】【異體】【源流】【譌字】【經學】【異文】【叚借】(《說文》:"天气下,地不應曰霿。霿,晦也。")《釋天》曰:"天氣下,地不應曰霿。"今本作"曰雺",或作"曰霧",皆非也。霿,《釋名》作"蒙",《開元占經》作"濛"。《釋名》曰:"蒙,日光不明蒙蒙然也。"《開元占經》引郗萌曰:"在天爲濛,在人爲霧。日月不見爲濛,前後人不相見爲霧。"按:霧與霿之別,以郗所言爲確。許以霿系天气,以霧系地气,亦分別井然。大氐霧下霿上,霧湒霿乾。霧讀如務,霿讀如蒙。霧之或體作雺,霿之或體作蒙。不可亂也。而《爾雅》

自陸氏不能諟正,譌舛不可讀。如《玉篇》云:"霚,天氣下,地不應也。霧,地氣發,天不應也。"蓋本《爾雅》而與《說文》互易,則又在陸氏前矣。其他經史雺、霧、霚三字往往淆譌,要當以許書爲正。○《開元占經》引《月令》:"仲冬行夏令,氛濛冥冥。"今《月令》作"氛霧","霧"乃"霚"之誤也。○衞包《尚書》曰:"蒙,恒風若。"《漢·五行志》作"霧",《尚書大傳》作"瞀"。劉向曰:"瞀,眊。眊,亂也。"按:此霧字引申叚借之義也。本音茂,轉音蒙。《易傳》:"蒙者,蒙也。"亦霧之叚借。

(霧)

地氣發天不應曰霧

【正俗】【校勘】(《說文》:"霧,地气發,天不應曰霧。"①)《釋天》曰:"地氣發,天不應曰霧。"霧者俗字。霧一本作霚,非也。

(霧)

蝃蝀虹也

【經學】《釋天》曰:"蝃蝀謂之雩。蝃蝀,虹也。"《毛傳》同。

(虹)

霓爲挈貳②

【詁訓】《釋天》曰:"蝃蝀,虹也。霓爲挈貳。"郭云:"雙出色鮮盛者爲雄,曰虹;闇者爲雌,曰霓。"據此,似青赤爲虹,白色爲霓。然析言有分,渾言不別。故趙注《孟子》曰:"霓,虹也。虹見則雨。"《楚辭》有"白霓"。

(霓)

---

① 陳本無"曰霧"。
② 今本"霓"作"蜺"。

彴約

【校勘】【注音】《釋天》曰："奔星爲彴約。"舊作"彴約"，《佩觿辨證》曰："字从人，不从彳。"……"彴約"讀如"招搖"。
(彴)

秋獵爲獮

【詁訓】【叚借】（《說文》："獮，秌田也。"①）《釋天》曰："秋獵爲獮。"鄭君、韋昭、薛綜、杜預皆曰："獮，殺也。"釋獮爲殺者，以疊韵爲訓。古音獮與璽同也，若《明堂位》叚省爲獮，取其雙聲耳。
(獮)

素錦韜杠②

【詁訓】《釋天》曰："素錦韜杠"，杠謂旗之竿也，《詩》謂之"干"。
(斿)

錯革鳥曰旟

【經學】【詁訓】（《說文》："旟，錯革鳥其上。"③）《爾雅》曰："錯革鳥曰旟。"《小雅》毛傳曰："鳥章，錯革鳥爲章也。"李巡云："錯革鳥者，以革爲之，置於旗端。"孫炎云："錯，置也。革，急也。言畫急疾之鳥於縿，《周官》所謂鳥隼爲旟者矣。"郭云："此謂合剥鳥皮毛置之竿頭，即《禮記》云載鴻及鳴鳶。"三人釋革各不同。許仍《爾雅》原文，許意大約於孫說無異。鄭注《周禮》云："畫日月，畫交龍，畫熊虎鳥隼龜蛇。"是則鄭之說錯革鳥謂畫鳥隼，孫說所本也。許云"其上"者，謂畫於正幅高處。
(旟)

---

① 陳本"獮"作"獮"，"秌"作"秋"。
② 今本"韜"作"綢"。
③ 陳本"鳥"上有"畫"字，段氏删。

釋地第九

北陵西隃鴈門是也

【經學】【異文】【地理】（《說文》："北陵西隃鴈門是也。"）此八字用《爾雅·釋地》。郭注曰"鴈門山"是也。《史記·趙世家》作"先俞"，古西、先同音也。《地理志》："鴈門郡，秦置。句注山在陰館。"按：句注山，一名西陘山，一名鴈門山。今在山西，代州西北二十五里有鴈門關。

（隃）

醫無閭之珣玗琪

【詁訓】【地理】《爾雅》曰："東北之美者，有醫無閭之珣玗琪焉。"瑱、琪同。"醫無閭"，山名，在今盛京錦州府廣寧縣西十里，屈原賦謂之"於微閭"。"珣玗瑱"，合三字為玉名。……蓋"醫無閭""珣玗瑱"皆東夷語。

（珣）

邛邛岠虛①

【詁訓】《釋地》曰："西方有比肩獸焉，與邛邛岠虛比，為邛邛岠虛齧甘艸。即有難，邛邛岠虛負而走。其名謂之蟨。"按：司馬相如賦曰："楚蛩蛩，驎距虛。"張揖曰："蛩蛩狀如馬，距虛似贏而小。"《說苑》亦云二獸，而郭樸云："距虛即邛邛，變文互言之。"引《穆天子傳》"邛邛距虛，日前五百里"。邛距雙聲，似郭說長。

（蟨）

枳首蛇

【異文】【叚借】《釋地》："枳首蛇"，枳本或作積。此則借積、枳為岐

---

① 今本"距"作"岠"。

字，亦同部假借也，故郭釋以"岐頭蛇"。

(稓)

郊外謂之牧

【詁訓】【古今】《爾雅》："郊外謂之田"，李巡云："田，敕也。謂敕列種穀之處。"敕者，陳之省。《素問》注云"敕，古陳字"是也。

(陳)

【校勘】(《說文》："邑外謂之郊，郊外謂之野，野外謂之林，林外謂之冂。")《爾雅·釋地》："邑外謂之郊，郊外謂之牧，牧外謂之野，野外謂之林，林外謂之冂。"多"謂之牧牧外"五字。依《野有死麕》《燕燕》《干旄》傳、《叔于田》箋斷之，淺人妄增也。牧，李巡作田。王砅注《素問》作"邑外謂之郊，郊外謂之甸，甸外謂之牧，牧外謂之林，林外謂之冂，冂外謂之野"，所倚更繆。

(冂)

下溼曰隰

【詁訓】《釋丘》曰："下溼曰隰。"又曰："陂者曰阪，下者曰隰。"葢上隰指平地言之，下隰指阪言之。阪形固高，而其四旁窊溼處亦謂之隰也。

(隰)

田一歲曰菑

【經學】【詁訓】【叚借】《爾雅》："田一歲曰菑。"《毛詩傳》，馬融、虞翻《易注》皆用之。《韓詩》、董遇《易章句》皆曰："菑，反艸也。"與田一歲義相成。《詩·大田》箋曰："俶載讀爲熾菑。時至，民以其利耜熾菑，發所受之地，趨農急也。"攷諸經傳，凡入之深而植立者皆曰菑，如《攷工記·輪人》菑訓建輻，《弓人》菑訓以鋸副析，《公羊傳》"以人爲菑"，《漢書》"椔石菑"。鄭仲師云："泰山平原所樹立物爲菑，聲如胾。博，立梟棊亦爲菑。"其他若《毛傳》"木立死曰薔"，《漢書》"事刃公之腹中"，《急就篇》"分別部居不襍廁"，漢太學石經"以人爲側"，皆此字之引伸假借。又假爲栽害字。

（薔）

西至於邠國

【校勘】【地理】（《說文》："《爾雅》曰：'西至於汃國，謂之四極。'"①）《釋地》曰："東至於大遠，西至於邠國，南至於濮鉛，北至於祝栗，謂之四極。"《釋文》："邠本或作豳。《說文》作汃，同彼貧反。"案：汃之作豳，聲之誤也。作邠則更俗矣。而可證唐以前早有以邠代豳者。許意西極汃國必以汃水得名。

（汃）

九夷八狄七戎六蠻謂之四海

【歷史】《釋地》曰："九夷、八狄、七戎、六蠻，謂之四海。"八蠻在南方，六戎在西方，五狄在北方。李巡云："五狄者，一曰月支，二曰穢貊，三曰匈奴，四曰箄于，五曰白屋。"《王制》《明堂位》皆言東夷、南蠻、西戎、北狄。

（狄）

釋丘第十

融丘　郭注：鐵頂②

【詁訓】（編按：鐵）郭注《爾雅》用爲今之尖字，"融丘，鐵頂者。"

（鐵）

---

① 陳本無"於""之"。
② 今本"鐵"作"纖"。

陶丘

【地理】《釋丘》曰："一成爲敦丘，再成爲陶丘。"《禹貢》曰："道沇水東流爲濟，入于河，泆爲滎，東出于陶丘北。"《地理志》曰：濟陰郡定陶縣，"《禹貢》陶丘在西南。"按：定陶故城在今山東曹州府定陶縣西南，古陶丘在焉。

（陶）

望厓洒而高岸　夷上洒下不漘

【詁訓】【叚借】【辨誤】（《說文》："岸，水厓洒而高者。"①）《釋丘》曰："望厓洒而高岸，夷上洒下不漘。"李巡曰："夷上，平上。洒下，陗下。故名漘。"孫炎曰："平上陗下故名曰漘。'不'者，蓋衍字。"據李、孫之釋"漘"，則知李、孫之釋"岸"亦必曰："陗下而高上也。""陗下"者，謂其體斗陗平上。高上者，謂其顚有崔嵬平坦之不同。"嵬"下曰："高不平也。"對夷上言也。"洒"釋爲陗者，洒即陵之假借，二字古音同。《𨸏部》曰："陵者，陗高也。""陗者，陵也。"凡斗立不可上曰陗。《詩》："新臺有洒。"《傳》曰："洒，高峻也。""峻"同"陵"。郭景純昧於其義，乃釋"高"曰"陵"，陵非高之謂也；釋"洒"曰"水深"，水之深淺，何與於厓？不得冠以"望厓"矣。《爾雅》言"厓"，許言"水厓"者，申《爾雅》之說，別於山邊之厓也。《衛風》"淇則有岸"，《小雅》"高岸爲谷"，其本義也。《大雅》"誕先登于岸"，《傳》曰"岸，高位也"，其引伸之義也。《箋》云"岸，訟也"，《小雅·小宛》傳曰"岸，訟也"，此皆借"岸"爲犴獄字也。

（岸）

---

① 陳本無"洒"字。

【詁訓】《爾雅》曰：厓"夷上洒下漘。"按："夷上"謂上平也，"洒下"謂側水邊者斗峭。

（漘）

隩隈厓内爲隩外爲隈

【句讀】【辨誤】【音義】【叚借】【詁訓】【校勘】（《說文》："澳，隈厓也。其内曰澳，其外曰隈。"①）《爾雅》說厓岸曰："隩，隈厓，内爲隩，外爲隈。"郭以"隈"字上屬，"厓"字下屬，以許訂之，郭非是。《𨸏部》"隈"下曰："水曲隩也。""隩"下曰："水隈厓也。"亦"隈厓"聯文。隩與澳，字異而音義同。今《毛詩》"瞻彼淇奥"字作"奥"，古文假借也。《毛詩》曰："奥，隈也。"此言水曲之裏淵奥然也。《大雅》："芮鞫之即。"《箋》云："水之内曰澳，水之外曰鞫。"鞫謂水曲之表圌穹然也。鞫之雙聲爲居窮切，故傴僂之狀曰鞫窮，曰翱窮。水曲之表如弓，故曰鞫。《韓詩》《漢志》作"阮"，《字林》作"坭"。俗本《爾雅》改"鞫"爲"隈"，因或取以改《說文》耳。

（澳）

【叚借】【詁訓】【同源】《釋丘》曰："厓内爲隩，外爲鞫。"《毛詩》："瞻彼淇奥。"《傳》曰："奥，隈也。"奥者，隩之叚借字也。又"芮鞫之即"，毛曰："芮，水厓也。鞫，究也。"鄭曰："芮之言内也，水之内曰隩，水之外曰鞫。"《漢書》作"阮"，《字林》作"坭"。

（隩）

谷者澂

【古今】【經學】【異文】薇、𦵴古今字也，如《禮經》古文眉作微，《爾雅》湄作澂之比。

（薇）

---

① 陳本"鞫"作"隈"。

【叚借】《爾雅》："谷者，澂。"假借字也。

（澂）

釋山第十一

小山岌

【異文】（《說文》："駊……讀若《爾雅》曰'小山駊。'"① ）"小山駊"，今《爾雅》作"小山岌"，許所據古本也。

（駊）

崒者厜㕒

【異文】【詁訓】【叚借】《釋山》曰："崒者，厜㕒。""厜㕒"亦作"嵳峩"。按：《小雅·十月之交》箋曰："萃者，崔嵬。"是鄭所據《爾雅》"厜㕒"作"崔嵬"也。惟土山戴石，故易崩耳。《漸漸之石》曰："漸漸之石，維其卒矣。"箋云："卒者，崔嵬也。謂山巔之末也。"是鄭謂"卒"爲"崒"之假借字。《子虛賦》："隆崇聿崒。"

（崒）

【異文】《釋山》"厜㕒"又作"嵳峩"。

（嵯）

【異文】【詁訓】《釋山》曰："崒者，厜㕒。"又作"厜㕒"，又作"嵳峩"。許書釋"嵳峩"曰"山皃"，釋"厜㕒"曰"山頂"，不曰同字也。

（厜）

巒山墮

【詁訓】【辨誤】【源流】（《說文》："巒，山小而銳。"）《釋山》曰

---

① 陳本無"曰"。

"巒山墮"，說者謂爲一條，許於"巒""墮"別爲二條，毛公釋"墮"亦不云"巒"也。葢《爾雅》"巒""墮"二物。許云"山小而鋭"，"巒"之解也；毛云"山之隋隋小"者，"墮"之解也。後儒合爲一者，非是。劉淵林注《蜀都賦》曰："巒，山長而狹也。一曰山小而鋭也。"兼用《爾雅》《說文》，而《爾雅》之讀與毛、許異矣。

（巒）

山絶陘

【校勘】【辨誤】【詁訓】【地理】（《說文》："陘，山絶坎也。"）《釋山》曰："山絶，陘。"按：今《爾雅》奪"坎"字，郭注云"連山中斷絶"，非是。陘者，領也。《孟子》作"徑"，云"山徑之蹊"，趙注："山徑，山領也。"楊子《法言》作"山岅之蹊"，皆即陘字。凡巠聲之字，皆訓直而長者。河北八陘：一曰軹關陘，二曰太行陘，三曰白陘，四曰滏口陘，五曰井陘，六曰飛狐陘，七曰蒲陰陘，八曰軍都陘。戴先生《水地記》曰："此皆兩山中隔以成陘道也。軹關之山與太行中隔沁水，其山脈來自大岳。白陘之山與大行中隔丹水，其山脈自發鳩別而東。井陘滏口之山與白陘中隔漳水，其山脈自清漳之源沾領別而東。飛狐蒲陰之山與井陘中隔滹沱，其山脈來自北岳。軍都之山與蒲陰中隔桑乾水，其山脈自大同府之外陰山別而東。大行之名尤顯著，故儷大行八陘。《元和郡縣圖志》引《述征記》曰：'大行山首始於河内，北至幽州，凡有八陘。'後代史志地記多本其說。於軹關已北、軍都已南諸山，槩目以大行，其亦不達於理矣。"先生所論八陘冣爲明析，而山絶坎之訓亦明。凡天下之地勢，兩山之間必有川焉，則兩川之間必有山焉，是爲坎象。坎者，陷也。陷者，高下也。高在下間爲陷。陘者，一山在兩川之間，故曰"山絶坎"，絶猶如絶流而渡之絶，其莖理互於陷中也。

（陘）

多小石磝

【異文】【地理】【詁訓】（《說文》："磝，山多小石也。"）《釋山》曰："多小石，磝。"許所據字從山也。魯有具、敖二山，晉師在敖、鄗二山之間，"敖"葢即"嶅"字，以多小石得名。

（嶅）

多大石礐

【異文】（《說文》："㠣，山多大石也。"）《釋山》曰："多大石，礐。"許所據字從山也。《廣韻》引《爾雅》字亦從山。許《石部》有"礐"，訓"石聲"，與此義別。

（㠣）

【叚借】《爾雅》假"礐"爲"㠣"耳。

（礐）

多草木岵無草木屺

【經學】【同源】【詁訓】（《說文》："岵，山有艸木也。"①）"有"當作"無"。《釋山》曰："多草木，岵；無草木，屺。"《釋名》曰："山有草木曰岵，岵，怙也，人所怙取以爲事用也；山無草木曰屺，屺，圮也，無所出生也。"許書同《爾雅》《釋名》。《吳都賦》"岡岵童"，用字亦宗《爾雅》。而《毛詩·魏風》傳曰："山無草木曰岵，山有草木曰屺。"與《爾雅》互異。竊謂《毛詩》所據爲長。岵之言瓠落也，屺之言荄滋也。岵有陽道，故以言父，無父何怙也；屺有陰道，故以言母，無母何恃也。毛又曰："父尚義，母尚恩。"則屬辭之意可見矣。許，宗毛者也，疑"有""無"字本同毛，後人易之。

（岵）

---

① 陳本"艸"作"草"。

澩

【詁訓】《釋山》曰："山上有水埒。夏有水冬無水澩。"謂山上夏有停潦，冬則乾也。

（澩）

崔嵬

【詁訓】（《說文》："阢，石山戴土也。"）《釋山》曰："石戴土謂之崔嵬"，然則崔嵬一名阢也。

（阢）

嵩高爲中嶽

【地理】【經學】【異文】《爾雅》曰："嵩高爲中嶽。"《封禪書》《郊祀志》皆曰："中嶽，嵩高也。"按：《禹貢》曰"外方"，《左傳》曰"大室"，《國語》曰"崇山"，"崇"之字亦作"崧"，亦作"嵩"，故崇山亦曰崧高山，亦曰嵩高山。《地理志》：潁川郡崧高縣"武帝置，以奉大室山，是爲中岳。古文以崇高爲外方山也。"大室、崇高錯舉，可見一山數名，即今河南河南府登封縣北之嵩山也。

（嶽）

釋水第十二

灡汋

【校勘】【詁訓】攷《釋名》作"爛"，不從水，《說文》當同之，"灡"篆乃淺人所增耳。《爾雅》作"灡"，亦非古本。"爛"訓竭，於音得之。

（灡）

氿泉穴出

【校勘】（《說文》："厬，仄出泉也。"）《小雅》："有洌氿泉。"《釋水》曰："氿泉，穴出。穴出，仄出也。"《毛傳》："側出曰氿泉。"按：側出泉之字，《詩》《爾雅》作"氿"，許作"厬"。水醮之字，今《爾雅》作"厬"，許作"氿"，正互相易。《水部》"氿"篆下引《爾雅》："水醮曰氿。"則知許所據與今本絕異。水厓枯土爲"氿"字，側出泉當作"厬"字矣。

（厬）

【詁訓】《爾雅·釋水》曰："氿泉，穴出。穴出，仄出也。"《毛傳》："側出曰氿泉。"許《厂部》曰："曑，仄出泉也。"厬與氿音同字異。

（漀）

水醮曰厬

【校勘】【異文】（《說文》："氿，水厓枯土也。"）今《爾雅》："水醮曰厬。""仄出泉曰氿。"許書"仄出泉"曰"厬"，"水厓枯土"曰"氿"，與今《爾雅》正互易。依《毛詩》"有洌氿泉"，似今《爾雅》不誤也。……（《說文》："《爾雅》曰：'水醮曰氿。'"）《釋水》文。今本作"厬"，《音義》云："字又作漸。"

（氿）

水自河出爲灉

【經學】（編按：《說文》）"灉"篆下云："河灉水也"，用《爾雅》"河出爲灉"語。

（汳）

【地理】【義例】按：自河出爲灉，濟爲濋，汶爲灛，洛爲波，漢爲潛，淮爲滸，江爲沱，過爲洵，潁爲沙，汝爲濆，見於《釋水》。其見於

《說文》者，則沱也，潛也，灘也，洵也。河之別爲灘，如江之別爲沱。沱非一沱，則灘亦非一灘。凡首受河之水皆可名之矣。

（灘）

汝爲潰

【詁訓】【校勘】（《說文》："《爾雅》曰：'汝爲涓。'"）亦大水溢出別爲小水之名也，郭本作"潰"，蓋非。潰，水厓也。

（涓）

直波爲泾①

【詁訓】《爾雅》："直波爲泾"，《釋名》作"直波曰泾"，云："泾，徑也。言如道徑也。"《莊子》："泾流之大"，司馬彪云："泾，通也。"《大雅》："鳧鷖在泾"，《鄭箋》曰："泾，水中也。"與下章沙訓水旁爲反對，謂水中流徑直孤往之波也。今蘇州、嘉興溝瀆曰某泾、某泾，亦謂其可徑通。

（泾）

綍縡也

【詁訓】《爾雅》曰："綍，縡也。"謂大索。

（索）

天子造舟

【經學】【詁訓】《釋水》："天子造舟"，《毛傳》同。陸氏云："《廣雅》作'艁'。"按：艁者，謂並舟成梁，後引伸爲凡成就之言。

（造）

---

① 今本"泾"作"徑"。

小洲曰陼①

【古今】（《說文》："《爾雅》曰：'小州曰渚。'"）州、洲古今字。《召南》傳曰："渚，小洲也，水岐成渚。"

（渚）

【詁訓】【經學】【校勘】（《說文》："如渚者陼丘，水中高者也。"）《釋水》曰："水中可居者曰州，小州曰渚。"《釋丘》曰："如渚者陼丘。"謂在水中高而平，如水中小州然也。許本之爲說。今《爾雅》作"小洲曰陼"，"如陼者陼丘"，陼渚通用。

（陼）

小渚曰沚

【叚借】（編按：沶）《爾雅·釋水》亦借爲"沚"字。

（沶）

釋草第十三

藿山韭

【志疑】（《說文》："韱，山韭也。"）《釋草》作"藿，山韭"，"藿"見《艸部》，不云"山韭"。然則許所據《爾雅》作"韱，山韭"與？

（韱）

菺王蕢

【詁訓】（《說文》："蘜，王蕢也。"）《釋艸》字作"菺"，郭云："似藜，可爲蕢。"按：凡物呼王者皆謂大。

（蘜）

---

① 今本"陼"作"渚"。

拜蔏藋

【異文】【志疑】【詁訓】（《說文》："藋，……一曰拜商藋。"）《釋艸》"商"作"蔏"。……疑葷艸爲蒴藋，拜商藋爲今之灰藋也，灰藋似藜。《左傳》："斬之蓬蒿藜藋。"李燾本"商"作"啻"，宋麻沙大徐本亦作"啻"，蓋許所據《爾雅》不同今本。

（藋）

菥蓂大薺

【詁訓】《釋艸》曰："菥蓂，大薺。"郭云："似薺，葉細。"按：此薺菜中之一種也。

（蓂）

孟狼尾

【詁訓】【校勘】《子虛賦》："卑溼則生藏莨"，《漢書音義》曰："莨，莨尾艸也。"按：《釋艸》曰："孟，狼尾。"狼與莨同音。狼尾似狗尾而麤壯者也。"孟"作"盂"者譌。

（莨）

萑蓷

【校勘】【詁訓】《王風》："中谷有蓷。"《釋艸》："萑，蓷。"《毛傳》曰："蓷，鵻。"蓋《爾雅》本作"隹"，與《毛傳》"鵻"字同，後人輒加艹頭耳。葵亦一名鵻，皆謂其色似夫不也。陸機云："舊說及魏周元明皆云'菴䕡'，《韓詩》及《三蒼》《說苑》云'益母'。《本艸》云：'益母，茺蔚也。'劉歆云：'蓷，臭穢（段云："艸名。"）。臭穢即茺蔚也。'"按：臭、茺雙聲，穢、蔚疊韵。李、郭注《爾雅》亦云"茺蔚"。

（蓷）

黃蒐瓜苃蘵豕首

【句讀】【異文】【詁訓】（《說文》："蘵，豕首也。"）《釋艸》曰："苃、蘵，豕首。"許無"苃"字者，攷《太平御覽》引《爾雅》："黃，土瓜。"孫炎曰："一名列也。"按：叔然以"苃"上屬，許君讀蓋與孫同。鄭注《周禮》豕首爲染艸之屬，《呂氏春秋》曰："豨首生而麥無葉。"《本艸經》曰："天名精，一名豕首。"

（蘵）

葖蘆萉

【詁訓】《釋艸》："葖，蘆萉"，郭云："萉當爲菔。蘆菔，蕪菁屬。紫花大根。一名葖，俗呼雹葖。"按：實根駭人，故呼"突"，或加艸耳。"蕪菁"即蔓菁。

（菔）

莪蘿　郭注：廩蒿①

【詁訓】郭樸曰："莪蒿亦曰廩蒿。"按：廩同蔋。許不言莪、蔋一物也。

（蔋）

野菅

【詁訓】【校勘】統言則茅、菅是一，析言則菅與茅殊。許菅、茅互訓，此從統言也。陸璣曰："菅似茅而滑澤無毛，根下（段云："當作上。"）五寸中有白粉者，柔韌宜爲索，漚乃尤善矣。"此析言也。

（茅）

---

① 今本"廩"作"廩"。

葍䔰

【詁訓】【志疑】郭云："大葉白華，根如指，正白，可啖。"按：《邶風》箋云："葑、菲二菜，蔓菁與葍之類也。皆上下可食。"此根可啖之證也。郭又云："葍華有赤者爲藑。藑，葍一種耳，亦猶菱苕，華黃白異名。"陸機云："葍有兩種，一種莖葉細而香，一種莖赤有臭氣。"按：毛公云："葍，惡菜"，殆因有臭氣與？

（葍）

蒿芌熒

【異文】（《說文》："芌，芌熒朐也。"）《釋艸》曰："蒿芌熒。"未知許於"熒"字逗，抑以"芌"逗、"熒朐也"句。與今《爾雅》異也。

（芌）

薢茩芵光　　菱蕨攠①

【詁訓】【注音】【聯綿】（《說文》："菱，芰也……楚謂之芰，秦謂之薢茩。"）《釋艸》曰："薢茩，芵光。"郭云："芵明也，或曰陵也，關西謂之薢茩。"按：景純兩解，後解與《說文》《字林》合。《釋艸》又曰："菱，蕨攠。"（段云："孫炎居郡反。"）郭云："今水中芰。"按：蕨攠、芵光皆雙聲。《爾雅》："薢茩，芵光。"或可以決明子釋之，不嫌異物同名也。

（菱）

芍鳧茈

【同源】【詁訓】【校勘】【注音】今人謂之荸臍，即鳧茈之轉語。郭樸云"苗似龍須，根可食，黑色"是也。《廣雅》云："葃姑，水芋，烏

---

① 今本"光"作"茪"，"攠"作"攗"。

芋也。"《名醫別錄》云:"烏芋,一名藉姑,一名水萍。"藉與茈同音,萍必芋之誤。此專謂茨菰,不必因烏字牽合鳧茈也。茈,徂咨切。……古勺聲與弱聲同,芍之可食者,其蒻也。

(芍)

蘱薡蕫

【異文】《釋艸》曰:"蘱,薡蕫。"郭云:"似蒲而細。"按:《說文》無"蘱"字者,蓋許所據祇作"類"。

(蕫)

蒻芙

【句讀】【義例】【辨誤】郭於"蒻"字逗,以"芙"釋"蒻"。許合"蒻芙"二字爲艸名。凡《爾雅》固有舉其名而無訓釋者,不當強爲句絕也。

(芙)

蘇桂荏

【詁訓】【叚借】"蘇,桂荏",《釋艸》文。《內則》注曰:"薌,蘇荏之屬也。"《方言》曰:"蘇亦荏也,關之東西或謂之蘇,或謂之荏。"郭樸曰:"蘇,荏類。"是則析言之則蘇荏二物,統言則不別也。桂荏今之紫蘇。蘇之叚借爲樵蘇。

(蘇)

薔虞蓼

【句讀】(《說文》:"蓼,辛菜。薔虞也。")顏注《急就篇》乃云:"虞蓼一名薔。叔重云:'蓼一名薔虞。'非也。"夫《釋艸》一篇,許君偶用異其讀者往往而是。其"萌藿,蓫"爲"夢,灌渝"也;"鎬,矦莎"爲"莎，鎬矦"也；"蓁，月爾"爲"蓁，土夫"也；"蕧，葥茦"爲"葥，须從"也。何所疑於"蓼"評"薔虞"哉？某氏、孫炎、郭樸皆"薔"爲句，"虞蓼"爲句。

（蓼）

【句讀】（《說文》："薔虞，蓼。"）當有"也"字。"蓼"下云："薔虞也。"故此云"薔虞，蓼也"句絕，與郭樸異。

（薔）

茜蔓于

【詁訓】《漢書》《子虛賦》音義曰："軒于，猶艸也。生水中，楊州有之。"《釋艸》："茜，蔓于。"茜即猶，蔓于即軒于。

（猶）

菡蕍

【詁訓】（《說文》："薦，艸也，可目束……菡，薦或從鹵。"）《釋艸》云："菡，蕍。"郭云："作履苴艸。"按：《說文》云："苴，履中艸"，謂以艸襯履底曰苴。賈子曰"冠雖敝，不以苴履"是也。許云"可用束"，郭云"可苴履"，大約是一物。

（薦）

莞苻離①

【校勘】（《說文》："䓾，夫離也。""蒿，夫離上也。"②）前既有"莞艸可以作席"之文，復出"䓾"字，則《爾雅》"䓾，苻離"，非可以作席之"莞"也。

（蒿）

---

① 今本"離"作"蓠"。
② 陳本"離"作"蓠"。

芙蕖①

【正俗】扶渠一作夫渠。今《爾雅》作"芙蕖",俗字也。

(蘭)

其葉蕸

【校勘】【詁訓】【同源】今《爾雅》曰:"其葉蕸",《音義》云:"衆家無此句,惟郭有。就郭本中或復無此句,亦立闕讀。"玉裁按:無者是也。高注《淮南》云:"荷,夫渠也。其莖曰茄,其本曰蔤,其根曰藕,其華曰夫容,其秀曰菡萏,其實蓮,蓮之藏者菂,菂之中心曰薏。"大致與《爾雅》同,亦無"其葉蕸"三字。蓋大葉駭人,故謂之荷。大葉扶搖而起,渠央寬大,故曰夫渠。《爾雅》假葉名其通體,故分別莖、華、實、根各名而冠以"荷夫渠"三字,則不必更言其葉也。荷夫渠之華爲菡萏,菡萏之葉爲荷夫渠,省文互見之法也。或疑闕葉而補之,亦必當曰"其葉荷",不嫌重複,無庸肊造"蕸"字。又案:屈原、宋玉、楊雄皆以"芙蓉"與"䕩荷"對文,然則䕩者䔖之葉,䔖者䕩之實。䔖之言稜角也,䕩之言支起也。

(荷)

其本蔤

【同源】【詁訓】【叚借】《釋艸》:"其本蔤",郭云:"莖下白蒻在泥中者。"按:蔤之言入水深密也。蒲本亦偁蔤。《周書》"莫席"今作"蔑席",纖蒻席也。《檀弓》:"子蒲卒,哭者呼滅。"注曰:"滅蓋子蒲名。"哭呼名,故子皋非之。莫、滅皆蔤之叚借也。名蔤,故字蒲。

(蔤)

---

① 今本"蕖"作"渠"。

其根藕

【詁訓】【同源】《釋艸》："其根藕。"按：《釋艸》以"其本蔤"系於"荷，芙渠；其莖茄"之下者，謂此乃全荷之本，今俗所謂藕者是也。蔤之言滅沒於泥中也。以"其根藕"系於"其華菡萏；其實蓮"之下者，謂此乃花實之根。凡花實之莖必偕葉一莖同出，似有耦然。故下近蔤，上近花莖之根曰藕。本言其全，根言其偏。本在下，根上於本。下文的、薏仍冢花實言之。此作《爾雅》之精意也。

（藕）

紅龍古其大者蘬葴蒤實[1]

【異文】（《說文》："蘬，蒤實也。"）今《釋艸》："紅，龍古，其大者蘬。葴，蒤實。"許所據絕不同。

（蘬）

黂枲實

【詁訓】按：《釋艸》云："黂，枲實。"枲實猶言麻實耳。《儀禮》傳云："牡麻者，枲麻也。"然則枲無實，苴乃有實。統言則皆偁枲；析言則有實者偁苴，無實者偁枲。麻母言麻子之母，《喪服》所謂苴，"斬衰兒若苴，齊衰兒若枲。"苴麤於枲矣。《詩》"九月叔苴"則又評麻子爲苴。

（芓）

蕢赤莧

【詁訓】《爾雅》："蕢，赤莧。"郭注："今人莧，赤莖者。"按：人莧，莧名。

（莧）

---

[1] 今本"龍"作"蘢"。

蘠蘼虋冬

【志疑】（《說文》："蘠蘼，虋冬也。"）見《釋艸》。按：《本艸經》有天門冬、麥門冬，未知《爾雅》《說文》謂何品也。

（蘠）

莙牛藻

【詁訓】【志疑】藻之大者曰"牛藻"。凡艸類之大者多曰牛、曰馬。郭云"江東呼馬藻"矣。陸機云："藻二種。一種葉如雞蘇，莖大如箸，長四五尺。一種莖大如釵股，葉如蓬，謂之聚藻，扶風人謂之藻，聚爲發聲也。"牛藻當是葉如雞蘇者。但析言則有別，統言則皆謂之藻，亦皆謂之莙。《顏氏家訓》云："莙艸細，細葉蓬茸水中，一節長數寸，細茸如絲，圓繞可愛。《東宮舊事》所云'六色罽縡'者，凡寸斷五色絲，橫著線股間，繞之，以象莙艸，用以飾物，即名爲莙。於時當縛六色罽，作此莙以飾綑帶，張敞因造糸旁畏耳。"據此，則莖如釵股者亦謂之莙也。……竊疑《左傳》"薀藻"即莙字。薀與藻爲二，猶筐與筥、錡與釜皆爲二也。

（莙）

大菊蘧麥

【詁訓】《釋艸》曰："大菊，蘧麥。"《本艸》謂之"瞿麥"，一名"巨句麥"。《廣雅》謂之"紫萎"，一名"麥句薑"。俗謂之洛陽花，一名石竹。

（蘧）

䔱苦菫　芨菫艸

【詁訓】《大雅》"菫荼如飴"，《傳》曰："菫，菜也。"《夏小正》：

"二月榮堇。"《采蘩》傳曰："皆豆實也。堇，采也。"《内則》"堇荁"，注曰："荁，堇類也。冬用堇，夏用荁。"按：《釋艸》"堇"有二："齧，苦堇"，《詩》《禮》之"堇"也；"芨，堇艸"，《晉語》之"置堇於肉"，即今附子也。

（堇）

蘜治牆①

【詁訓】【叚借】【義例】（《說文》："蘜，日精也。曰秋華。"）《本艸經》："菊花一名節花。"又曰："一名日精。"按："一名節花"，即許所謂"以秋華"也；"一名日精"，與許合。《夏小正》："九月榮鞠。鞠，艸也。鞠榮而樹麥，時之急也。"《月令》："鞠有黃華。"《離騷》："夕餐秋菊之落英。"字或作菊，或作鞠，以《說文》繩之，皆叚借也。《釋艸》："蘜，治牆。"郭云："今之秋華菊。"郭意蘜、菊爲古今字。玉裁謂：許君剖析菊爲大菊、蘧麥，蘜爲治牆，蘜爲日精，分廁三所②。又恐學者以其同音易溷也，著之曰"以秋華"，言此蘜字乃《小正》《月令》之布華玄月者也。然則許意治牆別是一物，種類甚殊，如大菊之非蘜。郭注《爾雅》與許全乖。攷郭氏所注小學三書，今存者二，有時涉及《字林》，而絶未嘗偁用《說文》也。《本艸經》《名醫別錄》秋華有九名，而無治牆，則治牆之非秋華亦略可見。

（蘜）

唐蒙女蘿女蘿兔絲　蒙王女③

【志疑】《釋艸》云："蒙，王女。"又云："唐蒙，女蘿。女蘿，兔絲。"孫炎曰："别三名。"按：《衛風》："爰采唐矣。"《傳》云："唐蒙，菜名。"《小雅》："蔦與女蘿。"《傳》云："女蘿，兔絲，松蘿

---

① 今本"牆"作"蘠"。
② 許校以後"蘜"當作"蘜"。
③ 今本"兔"作"菟"。

也。"疑《爾雅》《毛傳》此二條皆不謂一物。

（蒙）

職黃除①

【志疑】《釋艸》："職，黃除。"……依郭注，"藏似酸漿"，未審亦蒲屬否？

（蓛）

味荼藸②

【詁訓】《釋艸》有"味荼藸"，《釋木》有"味荼藉"，實一物也。春初生苗，引赤蔓於高木，長六七尺，故又入《釋木》。

（荼）

中馗菌③

【同源】【詁訓】（《說文》："𦭘，菌𦭘，地蕈。"）《釋艸》曰："中馗，菌。"注："地蕈也，似蓋。今江東名爲土菌，亦曰馗廚。"又"出隧，蘧蔬"，注："蘧蔬似土菌，生菰草中。"按：馗廚、蘧蔬、菌𦭘三者，一音之轉語。菌𦭘，《玉篇》作圈𦭘。……陳藏器曰："地生者爲菌，木生者爲檽。"按：檽同檽。許云："蕈，桑檽也。"故謂地生者爲地蕈。

（𦭘）

白華荂

【句讀】（《說文》："一曰艸之白華爲荂。"）見《釋艸》。郭連上文謂苕之白華。許泛言艸。

（荂）

---

① 今本"職"作"藏"，"除"作"蔯"。
② 今本"味"作"茮"。
③ 今本"菌"作"菌"。

薇垂水

【詁訓】【辨誤】陸璣《詩疏》曰："薇，山菜也。莖葉皆似小豆，蔓生，其味亦如小豆。藿可作羹，亦可生食。今官園種之，以供宗廟祭祀。"項安世曰："薇，今之野豌豆也，蜀人謂之大巢菜。"按：今四川人掐豌豆娛梢食之，謂之豌豆顛顛。古之采於山者，野生者也。《釋艸》云"垂水"，"薇"之俗名耳，不當以"生於水邊"釋之。

（薇）

粼堅中箘筡中

【詁訓】《釋草》："粼，堅中。"粼同磨磷之磷，謂堅中者必磨之也。"箘，筡中。"箘同篝，謂空中者必析之也。

（簹）

仲無笀

【詁訓】《釋草》："仲無笀"，蓋謂竹有行列，如伯仲然也。無者，發聲也。

（笀）

蕨鱉

【校勘】（《說文》："蕨，鱉也。"）《釋艸》《毛傳》同。陸機云："周秦曰蕨，齊魯曰鱉。"鱉俗從艸。

（蕨）

蘦大苦

【詁訓】【辨誤】（《說文》："大苦，苓也。"）見《邶風》《唐風》毛傳。《釋艸》"苓"作"蘦"，孫炎注云："今甘艸也。"……攷周時音韻，凡令聲皆在十二部，今之真、臻、先也。凡霝聲皆在十一部，今之庚、耕、清、青也。《簡兮》苓與榛、人韵,《采苓》苓與顛韵。倘改作藭,則爲合音而非本韵。然則《釋艸》作藭,不若《毛詩》爲善。……然則大苦何物? 曰:沈括《筆談》云:"《爾雅》'蘦,大苦'注云:蔓延生,葉似荷青,莖赤。此乃黃藥也,其味極苦,謂之大苦。"郭云甘草,非也。甘草枝葉全不同。苦爲五味之一,引伸爲勞苦。

(苦)

葦醜芀

【詁訓】【注音】【叚借】《釋艸》曰:"葦醜,芀。"顏注《漢書》云"蒹錐"者是也,取其脫穎秀出故曰芀。《方言》:"錐謂之鐯。"(段云:"音苕。")因此凡言芀秀者,多借苕字爲之。《韓詩》"葦菿"字作"菿"。《釋艸》藆、荂、荼、猋、薍、芀皆謂艸之秀。《豳風》傳曰:"荼,萑苕也。"《夏小正》傳曰:"荼,萑葦之秀。"是與茅秀同名荼矣。葦華大於萑華,故葭一名華。

(芀)

葭華蒹薕葭蘆菼薍其萌虇蓫葦蕫華榮

【詁訓】(《說文》:"蘆,烏蘆,艸也。"①) 郭注《爾雅》"菼薍"云:"江東呼爲烏蘆,音亞。"許不與"蒹""薍""菿""薕"四字類廁,則許意不同郭也。

(蘆)

【句讀】【異文】【志疑】(《說文》:"夢,灌渝。") 今《釋艸》:"葭蘆,菼薍,其萌虇。"郭云:"今江東呼蘆筍爲虇,音纏綣。"下文"蓫葦蕫華榮"郭別爲一條。許君所據《爾雅》"夢,灌渝",句字皆與今本大乖,今不可得其讀矣。

(夢)

---

① 陳本無"烏蘆"。

【詁訓】【經學】凡經言"萑葦"，言"蒹葭"，言"葭菼"，皆竝舉二物。蒹、菼、萑一也，今人所謂荻也。葭、葦一也，今人所謂蘆也。萑一名薍，一名雚，一名蒹葦，一名華。《釋艸》曰"葭華，蒹薕"，每二字爲一物；又曰"葭蘆，菼薍"，亦每二字爲一物。葭蘆即葭華也，菼薍即蒹薕也。《夏小正》傳、毛公、許君說皆同此。舍人、李巡、樊光則云蘆、薍爲一艸，陸璣、郭樸則又蒹、葭、菼爲三矣。《夏小正》七月"秀萑葦。"傳曰："未秀則不爲萑葦，秀然後爲萑葦。"又曰："萑未秀爲菼，葦未秀爲蘆。"按：已秀曰萑；未秀則曰蒹，曰薍，曰菼也。

(蒹)

【音義】【校勘】(編按：虇)陸德明云："《說文》音權"，然則與拳曲音義略同。《爾雅》曰："菼薍，其萌虇"，陸云："本或作𦯎，非。虇，《說文》云：'弓曲也。'"按：偏旁多後人所加，作"𦯎"者正是古本，艸初生句曲也。

(虇)

釋木第十四

柏椈

【正俗】【叚借】《釋木》曰："柏，椈。"《禮記》："暢曰以椈。"鄭曰："椈，柏也。"按：椈者，鞠之俗。柏，古多假借爲伯仲之伯、促迫之迫。

(柏)

栲山樗

【古今】(《說文》："栲，山樗也。"①)《釋木》《唐風》傳皆曰："栲，

---

① 陳本"樗"作"樆"。

山樗。"朽""栲"古今字。許所據作"朽"也。

(栲)

柀䉲①

【音義】【正俗】【詁訓】【辨誤】【校勘】《釋木》曰:"柀,䉲。"上音彼,下音所咸反。即今之杉木也。䉲與杉爲正俗字。郭云:"䉲生江南,可以爲船及棺。"羅氏願《爾雅翼》曰:"柀似杉而異。杉以材偁,柀又有美實,而材尤文采。其樹大連抱,高數仞,葉似杉,木如柏,作松理,肌理細輭,堪爲器用,古所謂文木也。其實有皮殼,大小如棗而短,去皮殼,可生食。"《本艸》有彼子,即柀子也。引蘇恭說《本艸》誤入《蟲部》,陶隱居《木部》出之。按:依羅氏說則柀與杉有別。今人恆用者皆杉,非柀也。《爾雅》《說文》渾言之耳。《南方艸木狀》曰:"杉,一名柀䉲。"……(編按:柀)《爾雅音義》音彼,又匹彼反。《集韵》《類篇》本之,皆補靡、普靡二切。今《爾雅音義》"彼"譌作"披",非也。蘇恭《本艸》"彼子"注云:"彼當作柀。柀仍音彼。"成化刻本"彼"亦譌"披"。

(柀)

檴落

【古今】《釋木》:"檴落",郭云:"可以爲杯器素。"按:《小雅》:"薪是穫薪。"《箋》云:"穫落,木名也。"陸云:"依鄭則字宜木旁。""檴""穫"古今字也。

(檴)

時英梅　郭注:雀梅

【詁訓】《釋木》:"時,英梅。"《齊民要術》引郭注云:"英梅未聞。"

---

① 許校以爲"䉲"當作"䊶"。

今本注云"雀梅",殆非郭語。《南都賦》曰"楧柘檍檀",與"櫻梅山柟"等各爲一條。楧梅非今之梅類明矣。

(楧)

棳柜栁①

【詁訓】【辨誤】《釋木》曰:"棳,柜栁。"郭注云:"未詳。或曰:栁當爲柳。柜柳似柳,皮可以賷作飲。"郭易"栁"爲"柳",而後釋柜柳,則《篇》《韵》以"柜柳"釋"栁",非也。

(栁)

杜甘棠

【詁訓】【經學】【句讀】【辨誤】【校勘】《釋木》曰:"杜,甘棠。"……棠不實,杜實而可食,則謂之甘棠。凡實者皆得謂之杜,則皆得謂之甘棠也。牡棠牝杜,析言之也。杜得偁甘棠,互言之也。《釋木》又曰:"杜,赤棠。白者,棠。"《魏風》傳用之。此以其木色之異異其名,與"杜,甘棠"說異,即與分牡牝說異,爲許所不取。戴先生曰:"《爾雅》謂杜甘曰棠,毛公失其句讀。蓋依陸璣《疏》,白棠即甘棠,子美,赤棠即杜,子澀,爲此說耳。非許意,亦非《爾雅》意也。"先生又曰:"'棃山,檕',謂棃山生曰檕;'榆白,枌',謂榆之白者曰枌。"今按:《毛傳》云:"枌白,榆也。"誠當於白爲讀。《漢書音義》云:"檕,山棃也。"是《爾雅》當同《音義》乙其字矣。

(杜)

梫木桂

【詁訓】《釋木》:"梫,木桂。"郭曰:"今南人呼桂厚皮者爲木桂,葉似枇杷而大。"按:《南方草木狀》云:"桂有三種,葉似枇杷者爲牡

---

① 今本"栁"作"柳"。

桂。"牡、木音同。許言"梫，桂也"者，梫爲桂之一，而桂不止於梫也。《蜀都賦》："其樹則有木蘭梫桂。"劉逵曰："梫桂，木桂也。"
（梫）

檉河柳

【同源】【辨誤】陸機云："生水旁，皮正赤如絳，一名雨師。"羅願云："葉細如絲。天將雨，檉先起氣迎之，故曰雨師。"按：檉之言赬也，赤莖故曰檉。《廣韻》釋楊爲"赤莖柳"，非也。
（檉）

楊蒲柳

【經學】【校勘】【詁訓】【音義】《釋木》云："楊，蒲柳。"許所本也。按：蒲，葢本作浦。浦，水瀕也。《王風》："不流束蒲。"毛云："蒲艸也。"《箋》云："蒲，蒲柳。"孫毓云："蒲艸之聲不與戍許相協，《箋》義爲長。"是則晉人讀"蒲柳"爲"浦柳"之明證。《古今注》曰："蒲柳生水邊。"又曰："水楊，蒲楊也。枝勁細，任矢用。""任矢用"者，《左傳》云"董澤之蒲"是也。絫呼曰蒲柳，單評曰蒲。音同浦。至唐而失其讀矣。
（楊）

櫰黃英

【詁訓】（《說文》："櫰，黃華木。"）《釋木》曰："櫰，黃英。"按：英、華一也。郭云："未詳。"而《釋艸》亦云："櫰，黃華。"郭云："今謂牛芸艸爲黃華。"《艸部》"英"下："一曰黃英。"然則《爾雅》木曰黃英，艸曰黃華。許則英、華字互易。
（櫰）

山櫐　虎櫐

【詁訓】【校勘】【古今】《釋木》："諸慮，山櫐。欇，虎櫐。"郭曰：

"今江東呼虆爲藤虎豆，今虎豆。纏蔓林樹而生。"《中山經》："畢山，其上多虆。"（段云："依《齊民要術》《藝文類聚》。"）郭曰："今虎豆、貍豆之屬。虆一名縢，音未。"按：虆者藟之省，其物在艸木之閒，近於艸者則爲《艸部》之藟，《詩》之"藟"也。近於木者則爲《木部》之虆，《釋木》之"山虆""虎虆"也。縢、藤古今字。謂之縢者，可以爲緘縢也。虆之屬不一，統名之曰虆木。

（虆）

杞枸檵

【詁訓】《釋木》《毛傳》皆云："杞，枸檵。"《禮記》鄭注亦云："芑，枸檵也。"郭注《爾雅》云："今枸杞也。"是則枸檵爲古名，枸杞雖見《本艸經》，而爲今名。

（杞）

杬魚毒

【校勘】《爾雅·釋木》："杬，魚毒。"郭云："大木，皮厚，汁赤，堪藏卵果。"顏師古注《急就篇》"芫華"曰："景純所說，乃左思《吳都賦》所謂綠杬杶櫨者耳，非魚毒也。芫草一名魚毒，煑之以投水中，魚則死而浮出，故以爲名。其華可以爲藥。芫字或作杬。"玉裁按：《爾雅》杬字本或作芫，入於《釋木》。《本艸》及許君皆入《艸部》。

（芫）

無姑

【詁訓】【校勘】【志疑】（《說文》："梗，山枌榆，有朿，莢可爲蕪荑也。"①）《釋木》："無姑，其實夷。"郭云："無姑，姑榆也。生山中，莢圓而厚。（段云："莢各本作葉，《急就篇》注引不誤。"）剝取皮，

---

① 陳本"也"作"者"。

合漬之，其味辛香，所謂蕪夷。"按：《齊民要術》分姑榆、刺榆、山榆爲三。云："刺榆木甚堅肕，山榆可以爲蕪夷。"依許說則刺榆、山榆一物也。賈氏言種植皆得諸目驗，豈許有未諦與？姑榆即《周禮》之櫄。杜子春作枯榆。鄭注《周易·大過》曰："枯音姑。謂無姑山榆。"《廣雅》："山榆，母估也。"是則山枌榆即《爾雅》無姑之證。

（梗）

樧蘿

【校勘】《釋木》："樧，蘿。"《秦風》毛傳曰："樧，赤蘿也。"陸機、郭璞皆云："今之楊樧也，實似棃而小，酢，可食。"按："蘿"者"羅"之誤。

（樣）

旄冬桃

【叚借】【校勘】《釋木》曰："旄，冬桃。"郭云："子冬孰。"按：作"旄"者，字之假借，二部、三部合韵冣近也。《釋文》曰："《字林》作楸。"今本譌爲"《字林》作棶"。

（楸）

檕白棗

【校勘】【詁訓】【源流】（《說文》："檕，檕木也。可㠯爲大車軸。"①）《釋木》曰："檕，白棗。"按：許不云白棗，與《爾雅》異。葢《爾雅》本作"齊白棗"。今人所食棗，白乃孰是也。檕乃別一木。《廣韵》曰："檕榆堪作車轂。"正與許合。轂軸異耳。楊雄《蜀都賦》："枇檕枖楬。"章樵注云："檕，榆屬。"

（檕）

---

① 陳本不重"檕"。

遵羊棗

【詁訓】【源流】"樽"即《釋木》之"遵，羊棗"也。郭云："實小而圓，紫黑色，今俗呼之爲羊矢棗。"引《孟子》"曾晳嗜羊棗。"何氏焯曰："羊棗非棗也，乃柹之小者。初生色黃，熟則黑，似羊矢。其樹再楼即成柹矣。余客臨沂始覯之。亦呼牛妳柹，亦呼㮕棗，此尤可證以柹得棗名。《孟子正義》不得其解。"玉裁謂：凡物必得諸目驗而折衷古籍，乃爲可信。昔在西苑萬善殿庭中，曾見其樹，葉似柹而不似棗，其實似柹而小如指頭。内監告余：用此樹楼之便成柹。《古今注》曰："㮕棗，實似柹而小，味亦甘美。"師古曰："樽棗，即今之㮕棗也。"㮕與遵音相近，㮕即遵字也。

（樽）

櫬梧

【詁訓】《釋木》曰："櫬，梧。"賈思勰曰："注云：'今梧桐。'皮青者曰梧桐。案：今人以其皮青，號曰青桐也。"玉裁謂：此今人所植梧桐樹也。其華五出，子如珠，綴於瓢邊，瓢如羹匙。賈氏云"青桐九月收子，炒食甚美，如菱芡"是也。

（梧）

【校勘】郭注《爾雅》於"榮，桐木"曰："即梧桐。"於"櫬，梧"曰："今梧桐皮青者。"本不誤，今本刪節，乃不可通。

（榮）

樸枹

【同源】【志疑】（《說文》："樸，樸棗也。"①）《釋木》言棗之名十有一，繼之言櫬梧，繼之言樸枹者，是今《爾雅》樸不謂棗也。疑許所據

---

① 陳本不重"樸"。

有不同，故云尒。寇宗奭曰："御棗甘美輕脆，今人所謂撲落酥者是。"樸棗豈即御棗歟？

（樸）

㮕椵其

【詁訓】【正俗】（《說文》："㮕，遬其也。"）《釋木》："㮕，椵其。"郭曰："㮕實如柰，可食。"《南山經》傳曰："㮕，別名速。其子似柰而赤，可食。"按：遬，籀文速字也。今《爾雅》作"椵"，爲俗字。

（㮕）

槐小葉曰榎

【詁訓】【異體】《釋木》："槐小葉曰榎"，郭云："槐當爲楸，楸細葉者爲榎。"又"大而皵，楸；小而皵，榎"，郭云："老乃皮粗皵爲楸，小而皮粗皵者爲榎。"又"櫄，山榎"，郭云："今之山楸。"按：榎者，檟之或字。《左傳》《孟子》作"檟"。《爾雅》別言之，許渾言之。

（檟）

棃山樆

【詁訓】【異文】【辨誤】《釋木》："棃山，樆"，謂棃之山生者曰樆也。樆本亦作離。《子虛賦》："檗離朱楊。"裴駰引《漢書音義》云："離，山棃也。"師古注《急就篇》云"棃，一名山樆"，非是。

（棃）

榆白枌

【句讀】《陳風·東門之枌》傳云："枌，白榆也。"然則《釋木》"榆白"爲逗，"枌"爲句，顯然。

（榆）

唐棣栘常棣棣

【詁訓】《釋木》曰："唐棣，栘。常棣，棣。"唐與常音同。蓋謂其花赤者爲唐棣，花白者爲棣，一類而錯舉，故許云："栘，棠棣也。""棣，白棣也。"改"唐"爲"棠"，改"常"爲"白"，以棠對白，則棠爲赤可知。皆即今郁李之類，有子可食者。《小雅》"常棣"、《論語》逸詩"唐棣"，實一物也。郭注"唐棣"云："似白楊，江東呼夫栘。"白楊，大樹也。《古今注》云："栘楊亦曰栘柳，亦曰蒲栘，圓葉弱蒂，微風善搖。"此正今之白楊樹，安得有翩翩偏反之萼耶？因一栘字掍合之。

（栘）

梢梢擢①

【校勘】《釋木》曰："梢，梢擢。"郭云："梢音朔。"按：梢擢字，蓋本從"手"作"捎"。

（梢）

樅松葉柏身　郭注：堂密

【詁訓】郭引《尸子》曰："松柏之鼠，不知堂密之有美樅。"按：堂密，謂山如堂者。

（樅）

槐棘醜喬

【詁訓】《釋木》曰："槐、棘，醜喬。"棘即棗也，析言則分棗、棘，統言則曰棘。《周禮》："外朝九棘三槐。"棘正謂棗，故注云："取其赤心而外刺。"

（棗）

---

① 今本"擢"作"櫂"。

茦

【詁訓】郭云："茦，萌子聚生成房皃。"《詩箋》作"捄"。《釋木》："檖，其實梂。"皆即茦字也。

（茦）

釋蟲第十五

蜰蠦蜰

【詁訓】《爾雅》蜰、蠦蜰爲一物。許書"蜰"在《蟲部》，"蜰"在《虫部》，不言一物，許實有所見也。《唐本艸》說："蜚蠊味辛辣而臭，漢中人食之，一名蠦蜰。"

（蜰）

蟰茅蜩

【詁訓】【音義】《釋蟲》曰："蟰，茅蜩。"郭云："江東呼爲茅蟰，似蟬而小，青色。"《方言》曰："蟬，其小者謂之麥蚻。"郭云："如蟬而小，青色。今關西呼麥蟰。"按：茅、麥雙聲，蟰、蚻同字。郭云："蟰音癰癤之癤。"

（蟰）

蟬馬蜩

【詁訓】《爾雅》"蟬"者"馬蜩"，《方言》："蟬大者謂之蟧馬。"《玉篇》《廣韻》皆曰蚜即蟬字。

（蚜）

蛁蟟蟅蟥

【詁訓】【音義】《釋蟲》曰："蛁蟟，蟅蟥。"《方言》曰："蛥蚗，齊謂之蟅蟥，楚謂之蟪蛄，或謂之蛉蛄，秦謂之蛥蚗，自關而東謂之虭蟧，或謂之蜺螃，或謂之蜓蚞，西楚與秦通名也。"按：蛥蚗即許之蚗蚗，蛥當音伊。蚚蟧音如貂料，即許之蛁蟟也。蜓蚞音如廷木，許無蚞字。蜺螃，《夏小正》作蜺蠑，字宜、支遼二音，今江東俗語尚如此，辭章家作遮了二字是也。《小正》：七月"寒蟬鳴"，傳曰："蜺蠑也。"與上文五月良蜩、唐蜩爲各物。《方言》亦以蛥蚗與蟬爲各物。然則許之蜺、蠑蚗與蜩、蟬葢亦有別矣。

（蠑）

蛄䗐

【異文】（《說文》："蛄蛣。"）今《爾雅》作䗐"。

（蛣）

蜉蝣渠略

【叚借】《釋蟲》曰："蜉蝣，渠略。"《曹風》毛傳曰："蜉蝣，渠略也。朝生夕死。"其狀詳陸璣《詩疏》《爾雅注》。渠略，叚借字。

（蟝）

蚚蟥蚈

【詁訓】（《說文》："蚈，蟥蚈，㠯翼鳴者。"）《釋蟲》曰："蚚蟥，蚈。"郭云："甲蟲也。大如虎豆，綠色。今江東呼黃瓶。"按：蚚蟥即蟥蚈也。"以翼鳴者"，見《考工記·梓人》。鄭注："翼鳴，發皇屬。"發皇即蚚蟥也。

（蚈）

蛄蟴強蛘

【辨誤】【校勘】【志疑】《釋蟲》曰："蛄蟴，強蛘。"郭云："今米穀中蠹小黑蟲是也。建平人呼爲蛘子。蛘，亡婢反。"郭音恐未諦。《方言》："姑蟴謂之強羊"，字亦正作羊。郭注廣之以"江東名䗵，音加。建平人呼蛘子音芊姓。"不得改《方言》正文作"蛘"也，《爾雅》正文恐亦本作羊。

(蛘)

馬蚿

【詁訓】【經學】(《說文》："蚰，馬蠲也。") 馬蠲亦名馬蚿，亦名馬蚒，亦名馬䗃，見《呂覽·仲夏紀》《淮南·時則訓》高注。而《爾雅·釋蟲》："蛝，馬䗃"，郭注："馬蠲，蚐。俗呼馬蠽。"《方言》曰："馬蚿大者謂之馬蚰。"蚰蠽同字也。《莊子》謂之蚿，多足蟲也。今巫山夔州人謂之艸鞵絆，亦曰百足蟲。茅茨陳朽則多生之，故《淮南》《呂覽》皆曰："腐艸化爲蚒"，高注曰"蚒讀如蹊徑之蹊"是也。其注《淮南》云："一曰熒火"，乃備異說。鄭注《戴記》"腐艸爲熒"曰："熒，飛蟲，熒火也"，葢非古文古說。……(《說文》："《朗堂月令》曰：腐艸爲蠲。") 許所據者古文古說。

(蠲)

蜙蝑

【源流】【詁訓】(《說文》："螉，螉蝬，蟲在牛馬皮者。"①)《爾雅釋文》引《字林》："螉蝬，似蠭，蟲在牛皮者。"《字林》本《說文》也。郭氏《爾雅注》："蚣蝬一作螉蝬。"此謂蜙蝑、舂黍。

(螉)

【詁訓】《爾雅》有"皇蟅""草蟅""蜙蟅""蟿蟅""土蟅"，皆所謂蟅醜也。"蜙蟅"，《詩》作"斯螽"，亦云"螽斯"，毛、許皆訓以"蚣蝑"，皆螽類而非螽也。惟《春秋》所書者爲"螽"。

(蟅)

蟥蚓蛁蚕

【詁訓】《釋蟲》曰："蟥、蚓，蛁蚕。"許謂蟥也，蚓也，蛁蚕也，一

---

① 陳本無"螉蝬"。

物三名也。蚓，許作螾。

（蜸）

蛄䗐

【詁訓】【辨誤】【注音】《釋蟲》云：" 蟔，蛄䗐。"郭云：" 䗩屬也。今青州人呼䗩爲蛄䗐。孫叔然云：'八角螫蟲'，失之。"按：今俗云刺毛者是也。食木葉，體有棱角，有毛，有采色，毛能螫人，叔然說不誤也。其老而成蛹，則外有殼如雀卵然。《本艸經》謂之" 雀甕"，或出成蛾，放子如蠶子，或即卵育於殼中。故《本艸》云：" 雀甕，蛄蟖房也。"蛄䗐音髻斯。……（編按：䗩）《本艸》作" 蚝"，音同。

（䗩）

蟠鼠負

【詁訓】（《說文》："䗪……或曰鼠婦。"）《釋蟲》曰："蟠，鼠負。"" 蟠"即" 䗪"字，" 負"即" 婦"字，今之甕底蟲也。《虫部》又云："蛜威，委黍。委黍，鼠婦也。"

（䗪）

【異文】【詁訓】【注音】【叚借】《釋蟲》曰：" 蟠，鼠負。"負又作婦。《本艸經》曰：" 鼠婦，一名負蟠。"郭樸曰：" 甕器底蟲。"按：此溼生蟲，今蘇州人所謂韃底蟲也。蟠音附袁切，借爲蟠曲字。如《樂記》云：" 禮樂之極乎天而蟠乎地。"《方言》曰：" 未陞天龍謂之蟠龍。"此讀如盤。《舟部》" 般旋"，字之叚借也。

（蟠）

蛾羅①

【詁訓】【異體】【異文】（《說文》：" 蛾，羅也。"）" 蛾羅"見《釋蟲》，許次於此，當是螘一名蛾。古書說蛾爲蠶蠹者多矣，蛾是正字，

---

① 今本" 蛾"作" 蚉"。

蟻是或體。許意此蛾是螘，《蚰部》之"蠡"是蠶蟲，二字有別。郭注《爾雅》"蛾羅"爲"蠶蠡"，非許意也。《爾雅》"螘"字本或作"蛾"，蓋古因二字雙聲通用，要之本是一物，非叚借也。
（蛾）

【詁訓】（《說文》："蠡，蠶七飛蟲。"①）按：此蠡與《虫部》之蛾羅主謂螘者截然不同，而郭氏釋《爾雅》"蛾羅"爲"蠶蛾"，非許意也。
（蠡）

蟥何

【校勘】《釋蟲》曰："蚵，蟥何。"郭云："未詳。"陸云："商，失羊反，《字林》之亦反。"按：《字林》近古，之亦反則字本作"蟥"。
（蚵）

蚍蜉大螘

【同源】郭云："俗呼爲馬蚍蜉。"按：馬之言大也。
（蠢）

蠦虰螘

【句讀】【辨誤】【詁訓】【異文】（《說文》："蠦，蠦丁，螘也。"②）按：此當於"蠦丁"爲逗，各本删"蠦"字者，非也。讀《爾雅》者以"丁螘"爲句，亦非。蠦丁，螘之一名耳。《爾雅》"丁"作"打"。
（蠦）

次蠹蠾蟊　蠾蟊蟊螫

【詁訓】【音義】【校勘】【辨誤】（《說文》："蠾蟊，作网蟊蟊也。"③）《黽部》曰："蠾蟊，蟊蟊也。"一物三名。《釋蟲》曰："次蠹，蠾蟊。

---

① 陳本"七"作"化"，"蟲"作"蟲"。
② 陳本不重"蠦"。
③ 陳本"网"作"罔"，"蟊"作"蛛"。

鼀鼀，鼀蟁。"按："次蠧"即許之"蠿蟊"，"鼀蟁"即許之"鼀蟊"也。次古音同漆，故與蠿音近。蠧，縛牟切，故與蟊音近，《爾雅》字譌"畫"而《釋文》云："或作螤，郭音秋。"蓋誤甚矣。或曰畫從出聲，即郭注之"蝵"字，《集韵》之"蚰"字；《爾雅》之"次畫"，即許之"蠿"字。是說近之。然陸氏《音義》未能言之也。

（蠿）

【詁訓】【音義】【校勘】蠿蟊即《爾雅》之"次蠧"，蠧音浮，斷非從出也。鼀鼀同《爾雅》。鼀蟊即《爾雅》之"鼀蟁"。郭曰："今江東呼蝵螋，蝵音掇。"晉時江東評蝵螋，蝵即鼀促言之耳。蝵或作蚰，《本艸》亦作蚰，章悅反。螋音謀，又音無。

（鼀）

蝤蠐蝎

【詁訓】（《說文》："蝤，蝤蠹也。"）《釋蟲》："蝤蠐，蝎。"郭云："在木中者""蟥，蠐螬"，郭云："在糞土中者也。"是二者似同而異。宋掌禹錫、蘇頌亦辯蠐螬與蝤蠐、蝎不同。許意謂蝤蠐、蝎為一物，而蠐螬下不云蝎也，蓋亦不謂一物矣。

（蝤）

蠨蛸長蚑①

【經學】【校勘】【詁訓】《釋蟲》曰："蠨蛸，長蚑。"《豳風》毛傳同。"跂"當作"蚑"，其足長，故謂之長蚑。許則顯之曰"長股者"也。此鼀鼀之一種，俗謂喜母。

（蠨）

蠓蠛蠓

【同源】【校勘】【詁訓】【辨誤】（《說文》："蠓，蔑蠓也。"②）各本

---

① 今本"蚑"作"跂"。
② 陳本"蔑"作"蠛"。

"蔑"作"䘒",無此字,今正。蔑之言末也,散也,《爾雅》作"䘒",非古也。《釋蟲》曰:"蠓,蠛蠓。"孫炎曰:"此蟲小於蚊。"郭《圖讚》曰:"小蟲似蛾,風春雨磑。"謂其飛上下如舂則天風,回旋如磑則天雨。陸佃引郭語互易之,非也。《史記》:"蜚鴻滿壄。"《索隱》引高誘曰:"飛鴻,蠛蠓也。"按:古鴻、蒙爲疊韵,故高君知鴻爲蠓也。楊雄賦:"浮蠛蠓而撇天",蠛蠓猶鴻蒙也。細至於蠓,則其外皆鴻蒙矣,故其字从蒙。

(蠓)

蠅醜扇

【異文】(《說文》:"蠅醜蝙。")《釋蟲》文,字祇作"扇"。

(蝙)

無足謂之豸

【詁訓】(《說文》:"豸,獸長脊行豸豸然,欲有所司殺形。")《釋蟲》曰:"有足謂之蟲,無足謂之豸。"按:凡無足之蟲體多長,如蛇蚓之類,正長脊義之引伸也。

(豸)

釋魚第十六

鯉鱣

【詁訓】(《說文》:"鯉,鱣也。")此見《釋魚》。《毛傳》於鱣云鯉,於鯉不云鱣者,鯉者,俗通行之語不待注也。舍人云:"鯉一名鱣。"毛云:"鱣,鯉也。"《爾雅》古說如此。自陸璣說"鱣身形似龍,銳頭,口在頷下,背上腹下皆有甲,縱廣四五尺,今於孟津東石磧上釣取之,大者千餘斤",而郭注乃分鯉鱣爲二,云:"鱣,大魚,似鱏而短鼻,口在頷下,體有邪行甲,無鱗,肉黃,大者長二三丈。此即今江中及關東之黃魚也。"如其言,則鱣絕非鯉矣。《周頌》:"有鱣有鮪,鰷鱨鰋鯉。"

鱣鲤並言，似非一物。而《箋》云："鱣，大鯉也。"然則凡鯉曰鯉，大鯉曰鱣。猶小鮪曰鮥，大鮪曰鮪。謂鱣與鯉，鮥與鮪不必同形，而要各爲類也，許意當亦如是。○按：他家說鱣鮪同類，而有短鼻長鼻，肉黃肉白之分。《爾雅》、毛、鄭、許則短鼻長鼻，肉黃肉白者統以鮪鮥包之，而惟三十六鱗之魚謂之鯉，亦謂之鱣。古人多云鱣鮪出鞏穴，渡龍門爲龍。今俗語云："鯉魚跳龍門"，蓋牽合爲一，非一日矣。

（鯉）

鰋

【辨誤】《釋魚》及《魚麗》傳曰："鰋，鮎也。"孫炎云："鰋，一名鮎。"郭別鰋、鮎爲二，非也。

（鮎）

鯷

【志疑】【譌字】【異體】【音義】【辨誤】（編按：鮧）此字《詩》《爾雅》釋文，《廣韵》作"鮧"，从夷。《文選·蜀都賦》及《玉篇》作"鯷"，未知孰是。以夷、弟篆體易譌也。《山海經傳》曰："今亦呼鮎爲鯷。"《字林》曰："青州人呼鮎鯷。"郭注《爾雅》曰："鮎別名鯷，江東通呼鮎爲鮧。"蓋鮧、鯷、鯷三形一字，同大兮反，而鯷則別一字，別一音，不當合而一之。

（鯷）

鱧鯇

【異文】【辨誤】【校勘】【詁訓】【源流】（《說文》："鮦，鮦魚，一曰鱺也。"①）《本艸經》："蠡魚，一名鮦魚。"陸德明所據作"蠡"。《釋魚》"鱧"，郭注："鮦也。"此由不考鱧非鱺之故。若《釋文》云"鱧又作蠡"，則淺人所改耳。《毛詩傳》曰："鱧，鮦也。"《正義》云：

---

① 陳本"鮦魚"作"魚名"，"一曰"前有"从魚同聲"四字，"鱺"作"鱧"。

"諸本或作'鱧，鯇'，作鯇則與舍人《爾雅》不異。"按：作鯇不誤，淺人認鱧爲鱨，因改鯇爲鮦也。蠡即鱨。鱨與鱧異物異字。陶通明說《本艸》曰："蠡今皆作鱧字。"此郭誤注《爾雅》之由也。許以鱯魾鱧鯬爲一魚，鱨鮦爲一魚。鱨即今俗所謂烏魚，或曰烏鯉，頭有七星之魚也。《爾雅》鯉鱣爲一，鰋鮎爲一，鱧鯇爲一，古說本不誤，而郭氏妄疑之。鱧鯇又非下文之鰹鮦鮵也，而郭氏妄合之。○（編按：《說文》）此當直云"鱨也"，上四字淺人所加，當删。鮦即今頭有七星之魚，俗云烏鯉，其字正當作鱨。攷《釋魚》郭本作"鱧，鮦也"，舍人本作"鱧，鯇也"，《毛詩·魚麗》或作"鱧，鮦也"，與郭合。或作"鱧，鯇也"，與舍人合，詳《詩正義》。初疑郭自釋鱧爲鮦，非《爾雅》正文作"鱧，鮦"，但陸璣《詩疏》正引《爾雅》曰："鱧，鮦也。許慎謂之鱨魚。"然則《爾雅》正文實有如此本，爲許所本。今《詩疏》"謂之鱨魚"，譌作"謂之鱧魚"。

（鮦）

【經學】【古今】【音義】（《說文》："鯇，鯇魚也。"①）《釋魚》："鱧，鯇也。"《毛傳》同。許於"鱧"下云"鱨也"，不云"鯇也"，故"鯇"篆割分異處，葢其所傳不同。鯇、鯶古今字。今人曰鯶子，讀如混，多食之。

（鯇）

鯊鮀

【經學】【校勘】【詁訓】（《說文》："鮀，鮎也。"）《釋魚》《毛傳》皆曰："鯊，鮀也。"許以鯋系樂浪潘國，釋鮀爲鮎，於古說不同，葢有所受之也。《春秋傳》名鮀者字子魚。玉裁又按：鯊見於《詩》，《爾雅》《毛傳》皆曰："鯊，鮀也。"許當無異說，不當訓鮀爲鮎，而以鯊爲出樂浪潘國。葢"鮎，鯷也""鯷，鮎也"。許同《爾雅》《毛傳》。而"鮀"下訓"沙也"，亦與古同。《毛詩》"鯊"本作"沙"，故《說

---

① 陳本"鯇魚"作"魚名"。

文》無"鯊"字。"鮀"下云"沙也"，淺人以爲怪，遂竄改錯亂如此。諸書紀載雖有"魦"字，從沙省聲，此樂浪潘國之魚，非《詩》之"沙"也，故不相牽混。許書之精嚴如此。○《邶風》"莎雞"，古秖作"沙"。○《釋魚》開卷鯉、鱣爲一，鰥、鮎爲一，鯊、鮀爲一，許說皆同。惟鱧、鯇爲一，許說不同。○舍人云："鯊，石鮀也。"郭云："今吹沙小魚也。體圓而有點文。"

（鮀）

鰝大鰕

【詁訓】至於物有同名異實者，如《爾雅》鰕三見，"鰝，大鰕"，則今之蝦也。"魵，鰕"，則穢邪頭之魚也。鯢大者謂之鰕，則今有四腳之魚也。而皆謂之鰕，豈可合而一之乎？

（鰕）

鯤魚子　鱦小魚

【詁訓】【正俗】（《說文》："鯤，魚子也。"）魚子，謂成細魚者。上文曰"魚子已生"者（編按：謂"鱦"篆），謂初出卵，此云"魚子"，則成細魚矣，凡細者偁子。《魯語》曰："魚禁鯤鮞。"韋注曰："鯤，魚子也。鮞，未成魚也。"韋意鯤是卵未孚者，鮞是已孚而尚未成魚者。許則就已孚又別爲鱦、鮞二形。○按：《爾雅》曰："鯤，魚子也。""鱦，小魚也"，爲韋所本。許無鯤字者，以卝包之，據《內則》之卵醬也。許有鮞無鱦者，鱦從繩省聲，之與蒸合音冣近，鱦者，鮞之俗字也。《爾雅》、鄭皆云："鯤，魚子。"《爾雅》意魚子即魚卵，今人俗語猶如是。若《西京賦》"操鯤鮞"，薛注："鯤，魚子也。鮞，細魚族類也。"此與鄭《內則》注"鯤，魚子也"皆謂出卵者爲魚子，失《爾雅》本義。若《莊子》評絕大之魚爲鯤，此則齊物之寓言，所謂汪洋自恣以適己者。

（鮞）

鱀是鱁

【詁訓】《釋魚》："鱀是鱁"，亦江豚之類也，謂之海豚。

（鰤）

鮥鮛鮪

【詁訓】(《說文》："鮥，叔鮪也。") 郭注《爾雅》曰："鮪，鱣屬也。今宜都郡自京門以上江中通出鱏鱣之魚。有一魚狀似鱣，建平人呼鮥子，即《爾雅》之鮥也。"按：今川江中尚有鮥子魚，昔在南溪縣、巫山縣食之。叔鮪名鮥，則王鮪不名鮥，而以鮥注鮪者何也？渾言、析言不同，故互注而又別其大小也。

（鮥）

鮥當魱

【詁訓】【校勘】(《說文》："鮥，當互也。") 見《釋魚》。今《爾雅》"互"作"魱"，郭云："海魚也。似鯿而大鱗，肥美多鯁。今江東呼其最大長三尺者爲當魱。魱音胡。"按：《集韻》《類篇》模韻"魱"字注云："吳人以爲珍，即今時魚。"尋繹郭注，誠謂時魚也。時魚，《七之》作"鰣"，或作"鰭"。《廣韻》亦曰："鰣魚似魴，肥美，江東四月有之。"但依許氏立文之例求其義，自"鰕"至"鮚"六字皆字從魚而實非魚者，故殿於《魚部》之末。如蠅、䵹、黽、䵷必居黽尾，蠃、驢、騾、駃必廁馬後也。然則許說爲何物不可知，而必與郭說異。亦猶鱻刀，鄭云萑物，郭乃云蔆魚。"互"俗作"魱"，葢非是。當是罟之省。罟者，罬也，見《网部》。

（鮥）

鱊鮬鱖鯞

【詁訓】【音義】【辨誤】《釋魚》："鱊鮬，鱖鯞"，郭云："小魚也，似鮒子而黑，俗呼爲魚婢，江東呼爲妾魚。"羅端良以今之彭皮當之。玉裁謂：鯞音同婦，鱊鱖音近，鮬鯞音近，鱖鯞即今俗謂之鬼婆子是也，非別有細魚。鯞音章西反，非。

（鱖）

魵鰕

【詁訓】《釋魚》曰："魵，鰕"，謂魵魚一名鰕魚也。

（魵）

鮅鱒

【詁訓】【校勘】自"鮅"至"魾"十篆葢皆非許書所本有。以《魚部》鱨、鮚爲魚子，自鮎至鱷皆魚名，自鰻至鮑皆泛言魚之體、魚之用，自鮃至鮎皆字從魚而實非魚者。至此而《魚部》畢矣，不當又舉魚名及魚之狀兒，故知必淺人所增也。《釋魚》云："鮅，鱒"，係一魚二名。儻許錄"鮅"字，便當與"鱒"相聯，由許時《爾雅》本無"鮅"字，但作"必"，"必"則例不錄。

（鮅）

魴魾

【詁訓】《爾雅》："魴，魾"，亦謂魴之大者爲魾。

（魾）

蜎蠉

【叚借】【詁訓】《釋蟲》："蜎，蠉。"① 蠉本訓蟲行，叚作肙字耳。郭云："井中小蛣蟩赤蟲，一名孑孓。"《廣雅》曰："孑孓，蜎也。"《周禮》："刺兵欲無蜎。"注云："蜎，掉也。謂若井中蟲蜎蜎。"《詩毛傳》曰："蜎蜎，蜀兒。蜀，桑蟲也。"其引申之義也。今水缸中多生此物，俗謂之水蛆，其變爲蠱。

（蜎）

---

① 今本在《釋魚》。

魁陸

【詁訓】《釋魚》:"魁陸",注曰:"《本艸》云:'魁狀如海蛤,圓而厚,外有理縱橫',即今之蚶也。"按:宋人謂之瓦屋子,今浙人食之,亦名瓦隴子,以其紋理名之。此其一也。

(盒)

鼀䶆蟾諸

【同源】(《說文》:"蜠鼀,詹諸。")《釋魚》作"鼀䶆,蟾諸",鼀䶆即蜠鼀一語之轉。

(蜠)

蜌廬

【同源】【詁訓】【音義】【經學】(《說文》:"廬,陛也。"①)"陛",各本作"蜌",今《爾雅》同。《韵會》作"陛",即"蚌"語之轉也。當依《玉部》作"玭"。玭,蚌之有聲者也。《釋魚》曰:"蜌,廬。"許無蜌字,故先廬而以陛釋之。郭云:"今江東呼蚌長而陜者爲廬。"陶隱居注《本艸》之"蜻,蜌也",蜻,音亭;蜌,蒲幸切,即廬字。《周禮·鼈人》《醢人》皆有"廬",鄭司農云:"廬,蛤也。"杜子春云:"廬,蜯也",蜯即蚌字。蚌、蛤有異,故二家說不同。許用杜說也,故下文受之以蚌。

(廬)

蚹蠃蝓蜎

【詁訓】【音義】【辨誤】【叚借】蠃者,今人所用螺字。《釋魚》曰:"蚹蠃,蝓蜎。"鄭注《周禮·醢人》:"蠃,蝓蜎。"許上文"蠃"下亦云:"一曰蠃蝓蜎。"此物亦名蝸,故《周禮》《儀禮》"蠃醢",《內

---

① 陳本"陛"作"階"。

則》作"蝸醾"，二字疊韵相轉注。薛綜《東京賦》注曰："蝸者，螺也。"崔豹曰："蝸，陵螺。"蝸本咼聲，故蝸牛或作瓜牛。徐仙民以力戈切蝸，似未得也。力戈乃蠃字反語耳。今人謂水中可食者爲螺，陸生不可食者曰蝸牛。想周漢無此分別。蠃古多叚蠡爲之。

(蝸)

前弇諸果後弇諸獵

【詁訓】【異文】諸與者音義皆同，《釋魚》："前弇諸果，後弇諸獵"，諸即者。《郊特牲》："或諸遠人乎"亦作"或者遠人乎"。

(諸)

左倪不類右倪不若

【叚借】《爾雅》："左倪不類，右倪不若。"《左傳注》："城上僻倪。"借倪爲睨也。

(倪)

【叚借】《釋魚》："左倪不類。"《周禮》"類"作"靁"。葢皆"頛"之假借字也。

(頛)

【校勘】《釋魚》："左倪""右倪"，郭注："行頭左俾、右俾"，"俾"亦作"庳"，皆非是。其字正當作"頼"，故《釋文》普計反也。

(頼)

貝居陸贆在水者蜬

【異文】【正俗】【校勘】(《說文》："貝，海介蟲也。居陸名猋，在水名蜬。") 見《釋魚》。"猋"作"贆"，俗字也。"蜬"亦當作"圅"，淺人加之偏傍耳。《虫部》曰："蜬，毛蠹也"，則非貝名。

(貝)

大者魧

【詁訓】【義例】（《說文》："魧，大貝也。"）《釋魚》曰："大者魧。"《尚書大傳》曰：散宜生"得大貝，如車渠。"車渠，車网也。車网者，轄也。《江賦》字作"蚢"。（《說文》："从魚。"）故《爾雅》介蟲皆入《釋魚》。

（魧）

蝮虺

【異文】【詁訓】（《說文》："虫，一名蝮。"①）《爾雅·釋魚》："蝮，虫"，今本"虫"作"虺"。（《說文》："博三寸，首大如擘指。"）《釋魚》文。擘指，大指也。郭云："此自一種蛇，人自名爲蝮虺。今蝮蛇細頸，大頭，焦尾，色如艾，綬文，文間有毛似豬鬣，鼻上有鍼。大者長七八尺，一名反鼻，非虺之類。此足以明此自一種蛇。"按：此注見《斯干》正義及小顏《田儋傳》注。郭意《爾雅》之蝮今無此物，今之蝮蛇非《爾雅》之蝮蛇也。

（虫）

【異文】【詁訓】【叚借】【志疑】《爾雅》"蝮，虫"在《釋魚》，陸云："今作虺"，尋其形兒非無足之它。諸書皆云至毒，則即《字林》所謂蜥蜴之類。故景純亦云今俗細頸大頭之蝮它非《爾雅》之蝮它。許書以雖、虺、蜥、蝘、蜓、蚖六篆同四足者類記，蓋許意虫爲無足它，虺爲四足它，各不相涉。《爾雅》古本作"蝮，虫"，乃是借虫以爲虺。"博三寸，首大如擘"者，乃虺之形，非虫之形。……"蝮"字恐古《爾雅》祇作"復"，故知許不當有。

（蝮）

---

① 陳本"蝮"作"蝮"。

靈龜　郭注：緣中文似玳瑁俗呼爲靈龜①

【源流】【詁訓】【校勘】譙周《異物志》曰："涪陵多大龜，其甲可以卜，其緣中叉，似玳瑁，俗名曰靈叉。"劉逵注《蜀都賦》、常璩述《華陽國志》、郭樸注《爾雅》皆用其語。"緣中叉"，謂緣可爲釵也。今《爾雅注》譌作："緣中文似玳瑁，俗呼爲靈龜"，自賈公彥《周禮疏》所引已然矣。

（叉）

【詁訓】【古今】《爾雅》十龜，"二曰靈龜"，注曰："涪陵郡出大龜，甲可以卜，緣中叉（段云："叉，今之釵字，謂其邊可爲釵也。"），似玳瑁，俗評爲靈叉，今大觜觿龜也。一名靈蠵，能鳴。"《吳都賦》曰："摸玳瑁，捫觜蠵。"按：觜蠵與玳瑁二物也。

（蠵）

釋鳥第十七

鶌鳩

【詁訓】《釋鳥》曰："鶌鳩，鶻鵃。"《小雅》："宛彼鳴鳩"，毛曰："鳴鳩，鶻鵰也。"《衛風》："于嗟鳩兮，無食桑葚"，毛曰："鳩，鶻鳩也。食桑葚過則醉而傷其性。"鶻鳩食桑葚，毛蓋目驗而知。鶌與鶻音同。郭云："今江東亦呼爲鶻鵃，似山鵲而小，短尾，青黑色，多聲，即是此也。舊說及《廣雅》皆云班鳩，非也。"按：此郭注見《左正義》，今本不完。《左傳》："鶻鳩氏，司事也。"鶻鳩春來冬去而多聲，故《詩·小宛》謂之"鳴鳩"。若《陳風》《魯頌》之"鴞"，毛皆謂"惡聲之鳥"，則必鉤雒之類，而非司事之鳥矣。

（鶌）

---

① 今本"玳瑁"作"蝳蝐"。

【音義】【詁訓】鶻音骨。鵃，郭音嘲，《釋文》音陟交反。凡鳥名多取其聲爲之。郭云："今江東亦呼爲鶻鵃"，正謂江東皆呼骨嘲而定此音也。

(鵃)

鳲鳩鵠鵴

【異體】【詁訓】《釋鳥》曰："鳲鳩，鵠鵴。"《毛傳》："尸鳩，秸鞠也。"字異音同。《方言》作"結誥""擊穀"，郭云："今之布穀也。江東呼爲穫穀。"按：今之郭公也，以穀雨後鳴，古名今名皆像似其音爲之。《左傳》曰："鳲鳩氏，司空也。"《召南》序云："德如尸鳩。"《曹風》傳云："尸鳩之養其子，朝從上下，莫從下上，平均如一。"《月令》："仲春鷹化爲鳩"，鄭云："鳩，搏穀也"；"季春鳴鳩拂其羽"，鄭云："鳩鳴飛翼相擊，趨農急也。"鄭意鳴鳩即搏穀，鳴鳩猶鳩鳴也，與蔡邕、孫炎謂此鳴鳩爲鶻鵃不同。

(鵻)

鴶鵴鵴

【異文】【詁訓】【音義】《釋鳥》曰："鴶，鵴鵴。"玄應引作"忌欺"。《釋鳥》又曰："怪鴟"，舍人曰："謂鵂鶹也。南陽名鉤鵅，一名忌欺。"然則忌欺與怪鴟一物。玄應以爲關西名訓矦，關東名訓狐，皆此也。按：《萑部》："雎舊，舊畱"，不云即雎，未知許意爲一不。鵅即雒字，各家音格，但今江蘇此鳥尚呼鉤雒鴟，雒音同洛，則音格者南北語異耳。

(雒)

鷉天狗

【詁訓】郭曰："小鳥也，青似翠，食魚。江東呼爲水狗。"按：今所在園池有之，謂之魚狗，亦謂之魚虎。

(鷉)

鶨鸚鵡

【句讀】【異文】【志疑】（《說文》：「鷿，蔓鵐也。」）《釋鳥》：「鶨鸚鵡」，郭云：「今之野鵐。」按：《篇》《韵》皆以「鶨鸚」爲句，許作「蔓」而下屬，則古讀不同。蔓鵐，鳥名，今不定爲何鳥也。《論衡》云：「蚌彈雀則失鸚。」

（鷿）

舒鴈鵝舒鳧鶩

【詁訓】《釋鳥》曰：「舒鴈，鵝；舒鳧，鶩。」《內則》注同。舍人、李巡云：「野曰鴈，家曰鵝。野曰鳧，家曰鶩。」按：野曰鴈、鳧，而畜於家者曰舒鴈、舒鳧，是爲鵝、鶩。舒者，謂其行舒遲不畏人也。《詩》：「弋鳧與鴈」，以及他言鴻鴈、鳧鷖，皆謂野鳥，非舒鳧、舒鴈也。

（鳧）

【詁訓】【校勘】【辨誤】鴈與雁各字，鵝與䳘鵝各物。許意《隹部》雁爲鴻雁，《鳥部》鴈爲鵝。䳘鵝爲野鵝。單呼鵝，爲人家所畜之鵝。今字雁、鴈不分久矣，《禮經》單言鴈者皆鴻雁也，言舒鴈者則鵝也。《爾雅》「舒鴈，鵝」是也。李巡云：「野曰鴈，家曰鵝。」鵝謂之舒鴈者，家養馴不畏人，飛行舒遲也。是則當作「舒雁」，謂雁之舒者也。雁在野，鵝爲家雁也。《儀禮》「出如舒鴈」，不言如鴈。《內則》「舒鴈翠」，別於下文「鴈腎」。鵝之名舒鴈顯然。而某氏注《爾雅》云：「在野舒翼飛遠者爲鴈。」以《爾雅》舒鴈爲一物，鵝爲一物，非是。鵝固有單呼鴈者，如《莊子》「命豎子殺鴈而烹之」，謂鵝也。王褒《僮約》云「鴈鶩百餘者爲鵝鴨」，別於上文云「繳鴈彈鳧者爲雁鳧」。蓋雁、鴈不分久矣。

（鴈）

【詁訓】【辨誤】舍人、李巡云：「鳧，野鴨名。鶩，家鴨名。」……《左傳疏》云：「謂之舒鳧者，家養馴不畏人，故飛行遲，別野名耳。」

某氏注云："在野舒飛遠者爲鳧"，非是。詞章家鳧亦呼鶩，此如今野人雁亦呼雁鵝也。《春秋繁露》："張湯問祠宗廟或以鶩當鳧可用否，仲舒曰：'鶩非鳧，鳧非鶩也。以鶩當鳧，名實不相應，以承大廟，不可。'" 此舒鳧與鳧之判。《廣雅》云："鳧、鶩，鴄也。"此統言而未析言之也。

（鶩）

鳽鵁鶄

【詁訓】【異文】（《說文》："鵁，鵁鶄也。"）《釋鳥》："鳽，鵁鶄。"《職方氏》："楊州其畜宜鳥獸。"鄭云："孔雀、鸞、鵁鶄、犀、象之屬。"《史記》:《上林賦》"鵁鶄"，《漢書》作"交精"。《爾雅音義》曰："本亦作交精。"……（《說文》："一曰鵁鸕也。"）此謂鵁鶄一名鵁鸕。《玄應書》作"一名鵁鸕"。按：《上林賦》既云"交精旋目"，又云"箴疵鵁盧"。《史記》"盧"作"鸕"。張揖、郭璞注皆鵁、鸕爲二物，與此不同。

（鵁）

【詁訓】辭章家有單呼鶄者，《吳都賦》："鶄鶴鶖鶬"，謂四鳥也。

（鶄）

【詁訓】鳽者古名，鵁鶄者今名。此與《隹部》雃各物。

（鳽）

鵜鴮鸅

【義例】【正俗】【詁訓】【異文】【音義】（《說文》："鵜胡，污澤也。"）《釋鳥》："鵜，鴮鸅。"《毛傳》："鵜，洿澤鳥也。"按：今《爾雅》多俗字，《毛詩》作"洿澤"是也。鄭注《表記》云："鵜，鵜胡，污澤也。污澤，善居泥水之中。"許、鄭皆云鵜胡，《爾雅》《毛詩》不言胡者，此鳥本單呼鵜，以其胡能抒水，故又名鵜胡也。《國語》："盛以鴟夷而投之於江"，惟宋明道二年本作"鴟鶇"，注云："鴟鶇，革囊。"按：《陸疏》云："鵜胡，頷下胡大如數升囊，若小澤中有魚，便羣共抒水，滿其胡而棄之，令水竭盡，乃共食之，故曰淘河。"然則此革囊名鵜，亦取能容受之意。應劭注《漢書》曰："取馬革爲鴟夷。鴟夷，榼形。"而楊雄《酒箴》曰："鴟夷滑稽，腹如大壺，盡日盛酒，人復借酤。"師古曰："鴟夷，韋囊，以盛酒，即今鴟夷䐏也。"然則凡作夷者，皆鵜之省。云鴟夷者，謂其如鴟之貪，如鵜之善受也。古音鵜讀同夷。

（鵜）

鶾天雞

【校勘】【詁訓】（《說文》："翰，天雞也。"①）《釋鳥》："鶾，天雞。"鶾本又作翰。《鳥部》"鶾"訓"雉肥鶾音者"，則此作翰是。"天雞"，樊光云："一名山雞。"

（翰）

鷺山鵲　郭注：觜脚赤

【校勘】鳥口之"觜"，《廣雅》作"紫"。郭《爾雅注》云：山鵲"紫脚赤"。葉抄《釋文》不誤。②

（觜）

鶌負雀

【音義】【詁訓】《釋鳥》："鶌，負雀。"郭曰："鶌，鷂也。江東呼之爲鶌。"按：鶌古音淫，見《釋文》；今音燿，見《廣韵》。語之轉也。《說文》鷂即鶌，以其善捉雀，故亦爲鷙鳥。

（鷂）

---

① 陳本無"也"。
② "觜脚赤"，阮校云："單疏本、注疏本同。雪牕本觜作紫。《釋文》：'觜，字或作觜。《廣雅》云：口也。'葉鈔本鶯作紫。按：《廣雅》：'紫、喙、咮，口也。'從鳥、從魚皆誤。《一切經音義》卷五引下'鵪鶉'注云：'紫，頭曲如鉤。'今《釋文》及諸本皆作觜。"

鶨鵋老鶹鶪

【句讀】【志疑】(《說文》:"鶨,欺老也。")《釋鳥》:"鶨,鵋老",下云:"鶹,鶪"。按:許上文說九雇既云:"老雇,鶪也",則以"老"下屬,與賈逵、樊光同。此以"老"上屬,下云:"鶹,雇也",復與舍人、李巡、孫炎同。蓋兩從未定也。欺老,未詳何鳥。

(鶨)

【詁訓】【辨誤】《釋鳥》:"鶹,鶪。"舍人、李巡、孫炎皆云:"鶹,一名鶪。鶪,雀也。"玄應曰:"鶪又作鴂,一名鶹,一名鶹鶪。《纂文》云'關中有鶪濫堆'是也。"按:杜注《左傳》青鳥氏爲鶬鶪,而九鶹有老鶹鶪鶪,是則別爲二鳥,不如玄應所說也。《國語》:"晉平公射鶪。"《內則》云:"雉兔鶉鷃。"又云:"爵鷃蜩范。""雇"下云:"老雇,鶪也。"皆不云鶬鶪。

(鶪)

鴯鶪剖葦

【校勘】【詁訓】【辨誤】《釋鳥》:"鴯鶪,剖葦。"鴯者,刀之俗字。郭云:"好剖葦皮,食其中蟲,因名云。"按:《爾雅》《說文》之"剖葦"自是刀鶪之別名。……能剖葦,故名刀鶪,刀與剖義相應。改刀爲鴯,讀丁堯切,非也。《玉篇》云:"鷦鶪亦作鴯鶪",其說尤誤。鷦鶪爲小鳥,刀鶪則不甚小。觀郭云:"似雀,青斑長尾",則大於鷦鷯可知也。

(鶪)

桃蟲鷦

【詁訓】(《說文》:"鷦鷯,桃蟲也。")"桃蟲"見《周頌》。《釋鳥》曰:"桃蟲,鷦。其雌,鴱。"《毛傳》亦云:"桃蟲,鷦也。鳥之始小終大者。"《箋》云:"鷦之所爲鳥,題肩也。或曰鴞。"按:單呼曰鷦,絫呼曰鷦鷯。鷦鷯謂其小也,取義於焦眇也。桃蟲之桃亦取兆聲,謂其小。《列子》："盜驪之馬"，《廣雅》作"騏驥"，《荀卿》《戰國策》作"纖離"。郭注《穆天子傳》云："爲馬細頸。"此桃訓小之證也。郭注《爾雅》云："俗呼爲巧婦"，注《方言》云："桑飛即鷦鷯也，今亦名爲巧婦。"按：許意巧婦者，其所謂雎鳩、寧鳺也；鷦鷯者，其所謂鸋鴂也。許二之，郭一之。陸機《疏》分別，與許合。

（鸋）

鷗鳳其雌皇

【句讀】【詁訓】（《說文》："鷗，鷗鳥也。其雌皇。"①）《釋鳥》："鷗鳳，其雌皇。"說者便以鳳皇釋之。據許則有鳥名"鷗鳳"，非可以鳳釋鷗也。"鳥"字葢"鳳"之誤，三字一句。……（《說文》："一曰鳳皇也。"）此別一義，與說《爾雅》者同。

（鷗）

鴽牟毋②

【詁訓】【校勘】【辨誤】《釋鳥》："鴽，牟毋。"鄭注《公食大夫禮》《月令》皆作："鴽，母無也。"母與牟，無與毋皆音同也。今二注舛譌。蔡邕《月令章句》："鴽爲鶉鷃之屬。"《時則訓》注云："鴽，鶉也。"李巡云："鴽鷯一名鴾毋。"郭云："鴽，鷯也。"按：《內則》《爾雅》皆鶉、鴽立舉，則不可云翟即鶉也。

（鴾）

巂周

【辨誤】【詁訓】【異文】《釋鳥》："巂周，燕燕，鳦。"孫炎、舍人皆云："一物三名。"郭景純、陸德明誤讀《說文》，滅去"一曰"二字，乃以"子巂"釋"巂周"矣。巂周、子巂，異物而同字。《文選・七命》："鷿髀猩脣"，李云："《呂氏春秋》曰：'肉之美者，巂燕之

---

① 陳本不重"鷗"。
② 今本"牟"作"鴾"。

髀。'"此燕名巂周之證。今《本味篇》不同。

（巂）

鴟

【詁訓】《爾雅》有"鴟鴞""怪鴟""茅鴟"，皆與單言鴟者各物。

（雎）

鴟鴞鸋鴂

【經學】【辨誤】《釋鳥》："鴟鴞，鸋鴂。"《豳風》毛傳同。《方言》曰："桑飛有工爵、過羸、女匠、鸋鴂、懱爵諸名。"陸璣曰："鴟鴞似黃雀而小，取茅秀為窠，以麻紩之，如刺襪然，或謂之襪爵。"按：郭氏因一雎字謂寧鴂必雎屬。後人滋信之者，謂此鳥呼"既取我子"之鳥而告之耳，不知鳥名多自評，開端一句正是鳥聲。

（鴞）

誻誻

【校勘】【異體】【志疑】《爾雅音義》《釋鳥》"誻誻"下曰："《說文》云借字也。"按："云"當作"之"，"誻"乃"譜"之或體。今許書"譜"下無段譜之訓，豈通作"借"而遂刪之與？聞疑載疑，執理而董之矣。

（借）

鴟鴀戴鵀

【詁訓】【音義】《釋鳥》："鴟鴀，戴鵀。"郭云："鵀即頭上勝，今亦呼為戴勝。"按：《說文》倒之曰"鵀鴀"，疑當從《爾雅》。鴟、戴，一音也，鴀、鵀、勝，一音也。《呂覽》作"任"，勝與任六部、七部合音取近。《方言》又謂之"戴南"。《月令》："戴勝降於桑"，鄭云："戴勝，織紝之鳥。"郭注《方言》云："勝，所以纏紝。"按：《木部》云："媵，機持經者。"《糸部》云："紝，機縷也。"此鳥之首文有如纏機縷之滕，故曰戴勝。《方言》又謂之"鴶鵴"，鳭鷯之雙聲也。

(鷃)

鴱澤虞

【異文】【詁訓】【辨誤】【句讀】《釋鳥》："鴱，澤虞。"《釋文》："鴱本或作鳩，《說文》作鳭。"郭云："今婟澤鳥，常在澤中，有象主守之官。"按：此釋"澤虞"之意，謂若《周禮》之"澤虞"也。楊雄云："鳲鳩或謂之鴱鶪。"蓋尸鳩之一名耳。孫氏乃援以注《爾雅》之"鳩，澤虞"，不知其斷句本異。

(鳭)

鷀鷧

【詁訓】《釋鳥》："鷀，鷧"，郭云："即鸕鷀也。"按：今江蘇人謂之水老鴉，畜以捕魚。鸕者謂其色黑也。鷀者謂其不卵而吐生。多者生八九，少生五六，相連而出，若絲緒也。有單言鸕者，《上林賦》"箴疵鴗盧"，《南都賦》"鷗鸕"是也；有單言鷀者，《釋鳥》是也。

(鸕)

鵽鳩寇雉

【句讀】【詁訓】（《說文》："鵽，鵽鳩也。"）《釋鳥》"鵽鳩"，郭連下文"寇雉"爲一物。《釋鳥》："寇雉泆泆"，郭云："即鵽鳩也。"據許不云寇雉也，則許讀不同郭也。郭云："鵽大如鴿，出北方沙漠地，俗名突厥雀。"按：《南都賦》："歸雁鳴鵽，黃稻鱻魚，以爲勺藥。"若《莊子》逸篇云："青鵽愛子忘親。"此必別是一物也。

(鵽)

翠鷸

【句讀】【詁訓】（《說文》："鷸，知天將雨鳥也。"）《釋鳥》："翠鷸"，李巡、樊光、郭璞皆云一鳥。許於《羽部》曰："翠，青羽雀也。"合此條知其讀不同,各爲一鳥。

(鶌)

鷢白鷢

【詁訓】【志疑】(《說文》:"鷢,白鷢,王雎也。")《釋鳥》曰:"鷢,白鷢。"郭云:"似鷹,尾上白。"按:《釋鳥》云:"雎鳩,王雎",與"鷢,白鷢"劃分二鳥。許乃一之,恐係轉寫譌誤,非許書本然也。當爲正之曰:鷢者,"白鷢,楊也",鴡者,"鴡鳩,王鴡也",乃合。《毛詩正義》曰:"陸璣《疏》云:'雎鳩,大小如鴟,深目,目上骨露。幽州人謂之鷲。'而楊雄、許慎皆曰'白鷢'。白鷢似鷹,尾上白。"此是陸璣而非楊雄、許慎也。楊雄、許慎已下孔沖遠語也。所謂楊雄者,今不見於《方言》,未知其所本。

(鷢)

鵽須蠃

【詁訓】《釋鳥》:"鵽,須蠃。"按:單呼曰鵽,絫呼曰鷿鵽。《方言》:"野鳧其小而好沒水中者,南楚之外謂之鷿鵽,大者謂之鶻鵽。"《南都賦》作"鷿鷈"。

(鷿)

鼯鼠夷由

【異文】【詁訓】【源流】【辨誤】《釋鳥》:"鼯鼠,夷由。"鼯或作鶌,由或作䖘。郭云:"狀如小狐,似蝙蝠,肉翅,飛且乳。其飛善從高集下。"劉淵林、陶隱居說略同。其物見《本艸經》。《上林》《西京》《南都》《吳都》諸賦亦名"飛生",飛而生子故也。亦名"飛鸓",亦名"䴎鼠"。其字惟《史記》作"鸓"。《本艸經》作"䴎",在《獸部》。賦家或作"蠝",或作"獵",以其似鳥,似獸,似蟲,似鼠也。諸家皆云"以肉翼飛",而張揖云:"狀如兔而鼠首,以其額飛。"此本

《北山經》："有獸狀如兔而鼠首，以其背飛，名曰飛鼠。"惟張所據"背"作"頷"耳，不若劉、郭說可信也。今雲南有之。

（鸓）

鴩鵏豉①

【詁訓】《釋鳥》："鴩，鵏豉。"此必鳥聲，如云鵏豉，自郭氏已未詳矣。

（鴩）

鷺舂鋤②

【詁訓】【義例】《釋鳥》曰："鷺，舂鋤。"《周頌》《魯頌》傳曰："鷺，白鳥也。"按：《大雅》："白鳥翯翯"，白鳥謂鷺，《傳》不言者，人所共知也。漢人謂鷺爲白鳥也，於《頌》則以人所知說其所不知，此傳注之體也。陸氏《疏》云："好而潔白，故謂之白鳥。"……舂鋤者，謂其狀俯仰如舂如鋤。

（鷺）

鷩雉

【經學】【詁訓】（《說文》："鷩，赤雉也。"）《釋鳥》："鷩雉"，樊光曰："丹雉也。"《左傳》："丹鳥氏，司閉也。"杜曰："丹鳥，鷩雉也。以立秋來，立冬去。入大水爲蜃。"《周禮》："鷩冕"，注曰："鷩，畫以雉，謂華蟲也。華蟲，五色之蟲。《繢人職》曰：'鳥獸蛇襐四時五色以章之。'謂是也。"《考工記》："鳥獸蛇"，注曰："蟲之毛鱗有文采者也。"按：鄭意鷩爲雉五色，不云赤雉也。許云"赤雉"，與樊光合。……（《說文》："《周禮》曰：'孤服鷩冕。'"）《司服》曰："侯伯之服，自鷩冕而下，如公之服。"此云"孤服鷩冕"者，蓋以天子

---

① 今本"鴩"作"鵊"，"豉"作"鼓"。
② 今本"鋤"作"鉏"。

之孤當矦伯。

（鷟）

翟山雉①

【源流】【叚借】（《說文》："翟，山雉也。"②）《釋鳥》："翟，山雉。"郭曰："長尾者。"按：郭翰、翟二注葢取諸《說文》。《邶風》："右手秉翟"，毛曰："翟，翟羽也。"《庸風》："其之翟也"，毛曰："翟，褕翟、闕翟，翟羽飾衣也。"《周禮》：王后五路："重翟""厭翟"，鄭曰："重翟，重翟雉之羽。厭翟，次其羽使相迫。"按：翟羽，經傳多假狄爲之；狄人字，傳多假翟爲之。

（翟）

鸛䳇鴱鵫

【詁訓】（《說文》："雛專，冨蹂。"）《釋鳥》作"鸛䳇，鴱鵫"，《廣韵》作"鸛鴨"。按："冨蹂"葢其一名。郭云："又名鶃羿"，《釋文》："鶃，古以爲懈惰字。言此鳥捷勁，雖羿之善射，亦懈惰不敢射也。"鄭注《周禮》"設其鵠"云："謂之鵠者，取名於鴠鵠。鴠鵠小鳥而難中。"按：當是此鳥。雛、鴠音近，鵠呼韓鵠，此鳥狀如鵠，故亦謂之鴠鵠。

（雛）

禽　獸

【詁訓】（《說文》："禽，走獸總名。"③）《釋鳥》曰："二足而羽謂之禽，四足而毛謂之獸。"許不同者，其字从厹。厹爲獸迹，鳥迹不云厹也。然則倉頡造字之本意，謂四足而走者明矣。以名毛屬者名羽屬，此乃俪謂之轉移叚借。及其久也，遂爲羽屬之定名矣。《爾雅》自其轉移

---

① 今本"翟"作"鸛"。
② 陳本"山雉也"作"山雉長尾者"。
③ 陳本"總"作"緫"。

— 1008 —

者言之，許指造字之本言之。凡經典禽字，有謂毛屬者，有謂羽屬者，有兼舉者。故《白虎通》曰："禽者何？鳥獸之總名。"

（禽）

釋獸第十八

鹿其跡速

【校勘】【詁訓】【音義】【辨誤】《釋獸》："鹿，其跡速。"《釋文》："本又作麤，素卜反。"引《字林》"鹿跡也"。按："速"正"速"字之誤。周時古本云："其速速"，速之名不嫌專繫鹿也。《廣雅》："躔、䟽、解、亢，跡也。"即《爾雅》麋跡躔、鹿跡速、麕跡解、兔跡迒也。曹憲䟽音匹迹反。《集韻》云："迹或作䟽。"然則《字林》從鹿速聲，素卜反之字，紕繆實甚。或以竄入《爾雅》，又或以羼入《鹿部》"麔""麚"二字之間，其誤可不辯自明矣。

（迹）

【校勘】【音義】《釋獸》曰："麋，其跡躔。鹿，其迹速（又作麤）。麕，其迹解。兔，其迹迒。"《廣雅》縂之曰："躔、䟽、解、亢，迹也。"䟽，曹憲匹迹反，是可以證古《爾雅》之作"速"，不作"速"。即加鹿，亦當作"𪊰"，不從速。《辵部》曰："速，籒文迹。"速無妨專爲鹿迹之名。即作"𪊰"，亦必匹迹切，在十六部，不得從速，桑谷切，在三部也。許書有"麤"篆，必是淺人據誤本《爾雅》所羼入，今刪正。《集韻》："䟽，或迹字，資昔切。"

（《鹿部》末"文二十六重六"後）

麜

【異文】（《說文》："麗，鹿之絕有力者。"）《釋獸》文。……今《爾雅》作"麜"。

（麗）

迒

【詁訓】（《說文》："迒，獸迹也。"）《釋獸》："兔迹迒。"按：《序》曰："黃帝之史倉頡見鳥獸蹏迒之迹，知分理之可相別異也。"是凡獸迹皆偁迒，不專謂兔也。

（迒）

虦

【志疑】《釋獸》："虦，白虎。"許無"虦"，"虩"即"虦"也。一說《釋文》云："虦，《字林》下甘反，又亡狄反。"甘聲之字不能切亡狄，虦與虩與當是以一譌二，未知孰是耳。

（虩）

虎　郭注：律捕虎一購錢三千其狗半之①

【詁訓】《爾雅》郭注："律捕虎一，購錢三千，其狗半之。"蓋亦沿漢律也。購者，以財有所求也。

（貙）

貒

【異文】【異體】《厷部》引《爾雅》："狐貍貒貐醜"，"貒"作"豢"，蓋貒、豢本一字，豢乃貒之或體。

（豢）

貏貐　釋文：貐　韋昭餘彼反

【校勘】【源流】【辨誤】《爾雅音義》曰："韋昭餘彼反。"按："彼"字必"侯"字或"候"字之誤。《集韵》《類篇》不知其誤，乃云："貐，尹捶切"，入《四紙》，蓋古書之襲繆有如此者。

（貐）

---

① 今本"律"後有"曰"，"狗"作"狗"。

狻麑

【詁訓】《釋獸》曰："狻麑如虦貓，食虎豹。"郭曰："即獅子也，出西域。"按：《鹿部》云："狻麑，獸也。"不云"師子"，然則許意不同郭也。

（虤）

貄脩毫

【正俗】【叚借】《釋獸》曰："貄，脩豪。"希者正字，貄者俗字，或作肆者，叚借字也。

（希）

貙似狸

【詁訓】【辨誤】《釋獸》曰："貙似狸。"郭云："今貙虎也，大如狗，文似狸。"《釋獸》又曰："貙獌似狸。"郭云："今山民呼貙虎之大者爲貙豻。"按：郭語則二條一物也，故許"貙"下、"獌"下皆偁"貙獌似狸"。郭注《子虛賦》云："蟃蜒，大獸，似狸，長百尋。"則以《西京賦》"巨獸百尋"者捏而一之，恐附會矣。

（獌）

兕似牛

【詁訓】《釋獸》曰："兕，似牛。"許云"如野牛"者，其義一也。野牛即今水牛，與黃牛別，古謂之野牛。《爾雅》云"似牛"者，似此也。郭注《山海經》曰："犀似水牛，豬頭，庳腳。兕亦似水牛，青色，一角，重三千斤。"

（冩）

貍狐貒

【異文】【詁訓】（《說文》："厹，獸足蹂地也……《尔疋》曰：'狐貍貛貉醜，其足蹞，其迹厹。'"）《釋獸》文。"狐貍貛"，今作"貍狐貒"。郭注："厹，指頭處也。"蓋渾言之，凡迹皆曰厹；分析言之，則各有名，如《爾雅》所說。

（厹）

麋麆短脛

【校勘】【詁訓】（《說文》："《爾雅》曰：'麋麆短脛。'"）"麆"，今本作"麇"，非。麋麆，一獸名，非上文之"麎牡麋，鹿牡麇"也。

（欼）

蜼卬鼻而長尾①

【詁訓】【音義】【正俗】【古今】《周禮》《爾雅》《山海經》有"蜼"字，許無"蜼"，"狖"即"蜼"。《廣雅》曰"狖，蜼也"是也。《釋獸》曰："蜼，卬鼻而長尾。"《周禮注》曰："蜼，禺屬，卬鼻而長尾。"郭景純曰："蜼似獼猴而大，黃黑色，尾長數尺。末有𠔌岐，雨則自縣於樹，以尾塞鼻。零陵南康人呼之音餘，建平人呼之音相贈遺之遺，又音余救反，皆土俗輕重不同耳。"《淮南·覽冥》注曰："狖，猨屬，長尾而卬鼻。"《吳都賦》劉注引《異物志》曰："狖，猿類，露鼻，尾長四五尺，居樹上，雨則以尾塞鼻。"是以"狖"者，"蜼"之俗省。蜼、狖為古今字。許不取"蜼"，用今字也，與《鼠部》之"鼬""鼬"分別為三物。

（狖）

【詁訓】【音義】【古今】【義例】（《說文》："蜼……卬鼻長尾。"）《釋獸》文也。卬者，望欲有所庶及也。張揖注《上林》曰："蜼似母

---

① 今本"卬"作"卭"。

猴，卬鼻而長尾。"郭注《爾雅》《山海經》皆曰："似獼猴，尾長數尺，有岐，鼻露向上，雨即自縣樹，以尾塞鼻。"……按：《山海經注》曰："音遺，又音誅。"注《爾雅》曰："零陵南康人呼餘，建平人呼相贈遺之遺，又音余救切，皆土俗輕重不同耳。"左思《吳都賦》劉注引《異物志》說狖與郭說蜼同。狖，余幼切，正因蜼有余救一切而別製字耳。《異物志》，譙允南所作。

（蜼）

寓屬

【詁訓】【辨誤】《爾雅·釋獸》自"麋鹿"至"闕泄"目爲"寓屬"，此對下篇《釋畜》言之。畜者，人所養也。寓屬者，皆寄在於野，不爲人養者。而淺者謂即《說文》所謂"禺屬"，何其謬哉！猱、蝯、玃父可謂禺屬，豈其他亦可謂禺屬乎？

（蠷）

鼸鼠

【異文】【詁訓】《夏小正》曰："田鼠者，嗛鼠也。"《爾雅》"鼸鼠"，古本亦作"嗛"，故孫叔然云："嗛者，頰裏也。"《廣韵》曰："嗛，蝯藏食處也。"嗛鼠食積於頰，人食似之，故頰車或曰鼸車。

（嗛）

鼩鼠

【詁訓】【辨誤】郭注《爾雅》"鼩鼠"云："形大如鼠，頭似兔，尾有毛，青黃色，好在田中食粟豆，關西呼爲鼩鼠。見《廣雅》。音雀。"按：《廣雅》云："鼩鼠，鼩鼠"，與景純皆合鼩、鼩爲一物。以《說文》正之，鼩與鼩迥非一物也。蓋俗語有移易其名者耳。

（鼩）

貖鼠豹文鼮鼠

【句讀】【歷史】【志疑】(《說文》:"貖,豹文鼠也。")《釋獸》曰:"貖鼠豹文鼮鼠。"郭讀以"豹文"下屬,云:"鼠文采如豹者。漢武帝時得此鼠,孝廉郎終軍知之,賜絹百匹。"按:《文選注》《藝文類聚》皆引《竇氏家傳》載此事,系之光武時竇攸,以豹文爲鼮鼠則同。惟《唐書·盧若虛傳》云:"時有獲異鼠者,豹首虎臆,大如拳,職方辛怡諫謂之鼮鼠而賦之。若虛曰:'非也,此許慎所謂貖鼠,豹文而形小。'一坐盡驚。"玉裁謂:他人讀《爾雅》皆"豹文鼮鼠"爲句,終軍、竇攸、辛怡諫從之。許讀《爾雅》"貖鼠豹文"爲句,盧若虛從之。其是非訖難定也。許有"貖"無"鼮",疑《爾雅》六字爲一物。

(貖)

羊曰齝

【避諱】《釋獸》曰:"羊曰齥",郭曰:"齥音漏泄。"按:唐人諱"世"作"齝"。

(齥)

麋鹿曰齸

【異文】【詁訓】《釋獸》曰:"麋鹿曰齸",《釋文》云:"字或作嗌。"按:嗌,咽也。咽,喉也。郭云"䶣食之所在,因名之"是也。然則齸與齝同,言其自喉出復嚼,故字從齒。嗌、噮、嗛則皆自其藏食之處言之,字祇從口。嗌或作齸者,蓋亦謂出嚼之也。

(齸)

寓鼠曰嗛

【校勘】(《說文》:"猗,犬食也。")《爾雅》:"牛曰齝,羊曰齥,麋鹿曰齸,鳥曰噮,寓鼠曰嗛。"當補之曰:"犬曰猗。"

(猗)

釋嘼第十九①

【叚借】【詁訓】【義例】嘼今多用畜者,俗書叚借而然。《爾雅·釋獸》《釋嘼》必異其名者,陸德明曰:"嘼是嘼養之名,獸是毛蟲總號。故《釋嘼》惟論馬牛羊雞犬,《釋獸》通說百獸之名。"按:《尚書·武成》"歸嘼",今作"歸獸",二字不分久矣。凡畜養古作嘼養。
(嘼)

騏蹢趼②

【詁訓】【異文】《釋嘼》:"騏蹢趼,善陞甗。"又:"騏駼,枝蹢趼,善陞甗。"趼者謂其足企。企,舉踵也,故善登高。趼本或作研。研,滑石也。舍人、李巡、孫炎、郭樸、顏師古皆以"蹄下平正如研"釋之。
(趼)

面顙皆白惟駹

【詁訓】《釋嘼》曰:"面顙皆白惟駹。"按:言"惟"者,以別於上文"的顙白顛,白達素縣"也。面顙白,其他非白也,故从尨。
(駹)

騋牝驪牡

【詁訓】【校勘】【經學】【句讀】《周禮·廋人》曰:"馬八尺以上爲龍,七尺以上爲騋,六尺以上爲馬。"……(《說文》:"《詩》曰:'騋牝驪牝。'"③)下"牝"字各本作"牡",今正。《詩》曰:"騋牝三千。"《毛傳》曰:"騋牝,騋馬與牝馬也。"《釋嘼》曰:"騋牝驪牝。"

---

① 今本"嘼"作"畜"。
② 今本"蹢"作"蹄"。
③ 陳本末字作"牡"。

今《爾雅》譌作"驪牡",而《音義》不誤可攷。《音義》曰:"駥牝,頻忍反,下同。""下同"者,即謂"驪牝"也。此以"驪牝"釋《詩》之"駥牝"。驪與駥以雙聲爲訓,謂駥馬驪色,亦兼牝馬也。此與"《詩》曰:'不駥不來也'"合偁《詩》《爾雅》正同。若鄭注《周禮》,則引"駥"句絶,"牡驪牝玄"句絶,"駒"句絶,"褭驂"句絶,孫叔然讀亦如是。

(駥)

牡曰騭

【叚借】【古今】【詁訓】【經學】【校勘】【音義】【辨誤】【源流】

《釋嘼》曰:"牡曰騭,牝曰騇。"郭云:"今江東呼馭馬爲騭。"按:騭,古叚陟爲之,《小正》:四月"執陟攻駒。"陟、騭古今字。謂之騭者,陟升也,牡能乘牝。《月令》所謂"累牛騰馬",皆乘匹之名。《月令》:三月"遊牝",《小正》:四月"執騭",事實相因也。若《釋詁》曰:"騭,陞也",郭注引《方言》:"魯衞之間曰騭。"《洪範》:"惟天陰騭下民",馬融曰:"騭,升也。升猶舉也,舉猶生也。"《漢·五行志》引經,服虔曰:"騭音陟",應劭曰:"騭,升也。"此等騭字皆登陟字之假借。《爾雅》以釋《詩》《書》者也,故陟、騭並列,而統曰:"陞也。"《方言》:"躡、郅、跂、佫、躋、踚,登也。魯衞曰郅。"郭注《爾雅》引之,"郅"作"騭",蓋郭當日所見不誤,後人或用其音改其本字耳。《方言》與《爾雅》同義。(《說文》:"从馬,陟聲。"①)鉉本此下有"讀若郅"三字,此必後人羼入,非許原文也。陟聲古音在今職韵,郅聲古音在今質韵,相隔甚遠。諸家訓登,子慎音陟,騭之爲之翼切無可疑矣。蓋自僞孔安國解《尚書》云:"騭,定也",意謂爲"質"之假借,而陸德明乃曰:"之逸反",師古乃音質。尤而效之者且改《方言》之"騭"爲"郅",增竄"讀若郅"三字於許書。世有善讀書者,必能心知其意矣。

(騭)

---

① 陳本句末有"讀若郅"三字。

驈白駁

【經學】【詁訓】(《說文》:"駁,馬色不純。")《釋畜》曰:"驈白,駁",《邶風》毛傳同,謂驈馬發白色也。許說不同者,許意馬異色成片段者皆得曰駁。

(駁)

黃白騜

【校勘】(《說文》:"《詩》曰:'有驈有騜。'")《魯頌·駉》文。按:《毛詩》作"皇",許無"騜"字,《字林》乃有之,此"騜"後人所改耳。《韵會》作"有皇"是也。《爾雅》作"黃白,騜",亦是俗本。

(驈)

驪馬黃脊曰騽①

【異體】【經學】《釋畜》曰:"驪馬黃脊曰騽。"《爾雅音義》云:"騽,《說文》作騽,音簟。"是則《爾雅》之"騽"即"騽"之異體。許於此篆用《爾雅》,不用《毛傳》也。《毛傳》曰:"豪骭曰騽。"此即"騽"之異說。《詩音義》引《字林》云:"騽又音覃,豪骭曰騽。"是則《字林》豪骭一義不作騽也。

(騽)

青驪粼騅②

【經學】【詁訓】(《說文》:"騅……一曰騅馬,青驪白鱗。"③)青黑色之馬,起白片如鱗然。《釋畜》曰:"青驪粼,騅。"《魯頌》毛傳同。郭云:"色有淺深,斑駁隱粼,今之連錢驄也。"郭意與許略異。

(騅)

---

① 今本《爾雅》此句無"曰"字。
② 今本"粼"作"驎"。
③ 陳本無"騅馬"二字。

白馬黑鬣駱

【異文】【經學】【校勘】（《說文》："駱，馬白色黑鬣尾也。"）《釋畜》曰："白馬黑鬣，駱。"《詩音義》曰："樊、孫《爾雅》並作'白馬黑髦鬣尾'也。"然則許正同樊、孫本矣。《魯頌》毛傳亦曰："白馬黑鬣曰駱。"按：今《毛詩》"有驒有駱，有騢有雒"，毛曰："黑身白鬣曰雒"，正與"白身黑鬣曰駱"互異。《正義》曰："《定本》《集注》及徐音皆作駱。"《釋文》亦云："雒本或作駱。"然則本二物相似而同名，淺人惑之，乃妄改字。

（駱）

白馬黑脣駩黑喙騧

【經學】【志疑】（《說文》："騧，黃馬黑喙。"）《釋畜》曰："白馬黑脣，駩，黑喙騧。"如《爾雅》之文，則是白馬黑喙也。《秦風》傳曰："黃馬黑喙曰騧。"許本之。豈今《爾雅》奪"黃馬"二字與？郭云："今之淺黃色者爲騧馬。"

（騧）

一目白瞷二目白魚

【詁訓】【異文】《廣韵》云："瞷，人目多白也。"《爾雅·釋畜》："一目白，瞷。"瞷同瞷，亦作騽。……（編按：瞷）此字諸書多從閑作"瞷"。

（瞷）

【校勘】【經學】（《說文》："馬一目白曰瞷，二目白魚。"①）《釋畜》曰："一目白瞷，二目白魚。"《魯頌》毛傳，《正義》本作"二目白曰魚"，《釋文》本作"一目白曰魚"。以理覈之，葢陸本是，孔本非；《毛傳》是，《爾雅》誤。《傳》言"一目"者，以別於二目也。假令二目白，則《傳》不言"二"。許本毛，則必上句言目白，下句言一目

---

① 陳本"二目白"後有"曰"字。

白。毛本《爾雅》，則知《爾雅》轉寫失其真也。

（騆）

犩牛　郭注：犪牛

【辨誤】（編按：夒）此以貪獸之夒爲聲，《爾雅注》"犪牛"以有角之夔爲聲，陸德明誤爲一字。

（犪）

皆踊觠

【詁訓】《釋嘼》曰："角一俯一仰，觭。皆踊，觠。"皆踊謂二角皆豎也，蒙上文"一俯一仰"，故曰皆。

（觠）

黑脣犉

【詁訓】（《說文》："犉，黃牛黑脣也。"）《釋畜》云："黑脣，犉。"《毛傳》云："黃牛黑脣曰犉。"《爾雅》不言黃牛者，牛以黃爲正色，凡不言何色皆謂黃牛也。

（犉）

夏羊牡羭牝羖

【校勘】【譌字】【詁訓】《釋嘼》："夏羊牝羭牡羖。"自郭所據牝、牡字已互譌，引之者多誤。……牝、牡字易互譌，而羖必是牡，則知羭必是牝。《爾雅》牝羭、牡羖，猶上文云牡羒、牝牂也。《急就篇》："羘羖羯羠羳羝羭"，師古曰："羘，吳羊之牝也。羝，羘羊之牡也。羭，夏羊之牝也。羖，夏羊之牡也。"……《左傳》曰："攘公之羭"，杜曰："羭，美也。"牝羊美於牡者，故《内則》八珍亦用羘。《歸藏·齊母》亦曰："兩壺兩羭。""夏羊"謂黑羊，郭注《爾雅》云："白者吳羊，黑者夏羊。"

（羭）

角三觠

【注音】《釋嘼》曰："角三觠，羷。"呂、郭音權，謝居轉反。

（觠）

未成豪狗①

【詁訓】《釋獸》云："未成豪，狗"②，與"馬二歲曰駒"，"熊虎之子曰豞"同義，皆謂稚也。

（狗）

猲獢

【異文】【校勘】（《說文》："猲，猲獢，短喙犬也。"③）見《釋嘼》《毛詩傳》……《毛詩》作"歇"，《爾雅》又作"獥"。今《爾雅釋文》作"㺅"，乃轉寫訛字也。

（猲）

尨狗也

【詁訓】【經學】（《說文》："尨，犬之多毛者。"）《釋嘼》《毛傳》皆曰："尨，狗也"，此渾言之，許就字分別言之也。

（尨）

雞三尺爲鶤

【詁訓】【異文】（《說文》："鶤，鶤雞也。"）《釋鳥》："雞三尺爲鶤"，郭曰："陽溝巨鶤，古之名雞"，《釋文》："字或作鵾。"《九辯》："鵾雞啁哳而悲鳴。"王云："奮翼鳴呼而低昂。"王正謂雞三尺者也。高注《淮南》曰："鵾雞，鳳皇別名。"張揖注《上林賦》曰："昆雞似鶴，黃白色"，則非《釋鳥》所云矣。許意不謂雞嘼，亦不謂鳳皇，

---

① 今本"豪"作"毫"。
② 許校云："《釋獸》當作《釋嘼》。"
③ 陳本無"猲獢"。

故其字廁於此，葢與張說同也。

（鶌）

全書

說文字多與爾雅異

【義例】《說文》字多與《爾雅》異。

（蕢）

釋故　釋言　釋訓①

【詁訓】【義例】（《說文》："詁，訓故言也。"）故言者，舊言也，十口所識前言也。訓者，說教也。訓故言者，說釋故言以教人是之謂詁。分之則如《爾雅》析故、訓、言爲三，三而實一也。漢人傳注多偁故者，故即詁也。《毛詩》云《故訓傳》者，故訓猶故言也，謂取故言爲傳也。取故言爲傳，是亦詁也。賈誼爲《左氏傳訓故》，訓故者，順釋其故言也。

（詁）

【義例】注之云者，引之有所適也。故釋經以明其義曰注，交互之而其義相輸曰轉注。《釋故》《釋言》《釋訓》皆轉注也。

（注）

---

① 今本"故"作"詁"。

方　言

第一

黨知也

【詁訓】《方言》曰："黨，知也。楚謂之黨。"郭注："黨朗，解寤皃。"此義之相反而成者也。

（黨）

媌

【詁訓】凡《方言》言䀩，言䀤，言䁻，言盱，言揚，皆謂目之好外見也，惟媌狀目裏。《方言》曰："媌，好也。自關而東河濟之間謂之媌。"按：此謂纖細之好也。

（媌）

妦

【詁訓】《方言》：好或謂之"妦"，"妦"即"丰"字也。

（丰）

烈餘也

【詁訓】《方言》曰："餘也。"按：烈訓餘者，盛則必盡，盡則必有所餘也。

（烈）

胎

【叚借】【詁訓】《方言》曰："胎，養也"，此假借"胎"爲頤養也。又曰："胎，逃也"，則方俗語言也。

（胎）

喑

【同源】《方言》："齊宋之閒謂之喑，或謂之怒。"按：喑之言瘖也，謂啼極無聲。

（喑）

悴傷也

【詁訓】《方言》："悴，傷也。"傷即慯字。

（悴）

奔大也

【叚借】《方言》曰："奔，大也。東齊海岱之閒曰奔，或曰幠。"按：經傳多叚介爲之。《釋詁》曰："介，大也。"《詩·生民》《小明》傳皆曰："介，大也。"《士冠禮》注，《易·晉》虞注，《左傳》"貴介弟""介麋"注，《吳語》"介福"注，《孟子》"不以三公易其介"、《離騷》"堯舜耿介"注同。

（奔）

般大也

【詁訓】《方言》《廣雅》《孟子注》皆曰："般，大也。"亦謂般即伴。

（般）

假狢至也

【古今】【校勘】【叚借】【經學】【異文】《方言》曰："假、狢，至也。邠唐冀兖之間曰徦,或曰洛。"按:"洛",古格字。"徦",今本《方言》作"假",非也,《集韵·四十禡》可證。《毛詩》三頌"假"字或訓"大也",或訓"至也"。訓"至"則爲"徦"之假借。《尚書》古文作"格",今文作"假",如"假于上下"是也,亦"徦"之假借。

(徦)

第二

嫷美也①

【古今】【詁訓】《方言》曰:"嫷,美也。南楚之外曰嫷。"郭注:"言婑嫷也。"曹植《七啓》:"形婧服兮揚幽若",婧即嫷之省,《心部》之古文憜也。《張敞傳》:"被輕婧之名。"皆引伸之義也。

(嫷)

矑童之子謂之䁌②

【校勘】【辨誤】【詁訓】【正俗】《方言》:"矑童之子謂之䁌。宋衛韓鄭之閒曰鑠。"按:《方言》"䁌"字當是"䁌"之字誤。郭釋爲"縣邈",云與上文䫉同,非也。"縣邈"可言目而不可言子。盧童子者,《方言》所謂"矑瞳之子"也。盧,黑也,俗作"矑"。有單言"矑"者,《甘泉賦》"玉女無所眺其清矑"是也。童,重也。膚幕相裹重也。子,小稱也。主謂其精明者也。居冣中如縣然,故謂之䁌。

(䁌)

---

① 今本"嫷"作"婧"。
② 今本"童"作"瞳"。

諱其肥臧謂之壤[①]

【異文】【詁訓】【叚借】《方言》曰："梁益之閒，凡人言盛及其所愛，諱其肥臧謂之壤。"鄒陽上書："壤子王梁代。"晉灼注引《方言》："梁益之閒，所愛諱其肥盛曰壤也。"李善曰："諱，《方言》作瑋。"按：李所據《方言》作"瑋"，許書"諱"亦當作"瑋"。"瑋"同"偉"，奇也，驚羨之意也。"臧"假借作"壤"。

（臕）

透驚也

【音義】《方言》："透，驚也"，式竹切。《吳都賦》："驚透沸亂。""透"即䢱字，音義正同。今人以爲透漏字，他候切。

（䢱）

齗怒也

【詁訓】《方言》："齗，怒也。"郭曰："言嗔齗也。"嗔亦作齺，《篇》《韻》皆云："齺齗，切齒怒。"

（齗）

撟捎

【詁訓】《方言》曰："撟捎，選也。自關而西秦晉之閒，凡取物之上謂之撟捎。"按：今俗語云捎帶是也。《西京賦》注曰："捎者，捎取之。"《考工記》"捎其藪""捎溝"注曰："捎，除也。"其引申之義。

（捎）

---

① 許校云："'肥臧'，錢繹《箋疏》校爲'肥誠'。"《箋疏》另"諱"作"偉"，"壤"作"臕"。

盇餘也

【叚借】《方言》："盇，餘也。周鄭之閒曰盇，或曰孑。"盇者，叚借字也（編按：言乃"㝒"之叚借）。

（㝒）

第三

東齊之閒壻謂之倩

【詁訓】【音義】《方言》曰："青齊之閒壻謂之倩。"按：此葢亦以美偁加之耳。郭云："言可借倩也。"借倩讀七政、七見二切，葢方俗語謂請人爲之。

（倩）

斟協汁也

【叚借】【詁訓】【音義】古經傳多假汁爲叶。《方言》曰："斟、協，汁也。北燕朝鮮洌水之閒曰斟，自關而東曰協，關西曰汁。"此兼瀋汁和叶而言，如"台、朕、賚、畀、卜、陽，予也"之例。汁液必出於和協，故其音義通也。

（汁）

藇

【注音】《方言》曰："蘇，沅湘之南或謂之藇（段云："音車轄。"），其小者謂之䕯菜。"

（藇）

瘌

【詁訓】《方言》曰："凡飲藥傅藥而毒，南楚之外謂之瘌，北燕朝鮮之閒謂之癆，東齊海岱之閒謂之眠，或謂之眩，自關而相謂之毒。瘌，痛也。"郭云:"癆、瘌皆辛螫也。"按:瘌如俗語言辛辣。
(瘌)

膠譎詐也

【異文】(《說文》:"譎,權詐也。益梁曰謬,欺天下曰譎。")《方言》:"膠、譎,詐也。涼州西南之間曰膠。自關而東西或曰譎,或曰膠。詐,通語也。"按:《廣雅》及《爾雅釋文》引《方言》皆有"謬"字。
(譎)

掍同也

【詁訓】《方言》:"掍,同也。宋衛之間或曰掍。"漢人賦多用"掍"字。
(掍)

氾浼潤洼洿也

【詁訓】【辨誤】(《說文》:"海岱之間謂相污曰潤。"①)《方言》:"氾、浼、潤、洼,洿也。自關而東或曰洼,或曰氾;東濟海岱之間或曰浼,或曰潤。"按:洿、污古通用。子雲義取洿薉,許說及《廣雅》皆从之,郭注以洿池釋之,非也。
(潤)

軫戾也   郭注:了戾

【詁訓】【校勘】【音義】【異文】(《說文》:"了,尥也。")凡物二股或一股結糾紾縛不直伸者,曰了戾。《方言》:"軫,戾也。"郭注:"相了戾也。"《淮南·原道訓》注、楊倞《荀卿注》、王砅《素問注》、段成式《酉陽雜俎》及諸書皆有"了戾"字,而或妄改之。《方言》曰:

---

① 陳本"污"作"汙"。

"佻,縣也。"郭注:"了佻,縣物皃,丁小反。"按:他書引皆作"了釕",亦即許之"了戾"也。

(了)

諄皋也①

【叚借】《方言》曰:"諄,皋也。"又曰:"宋魯凡相惡謂之諄憎。"此則敦字之假借。《攴部》曰:"敦,怒也,詆也。"《詩》:"王事敦我。"

(諄)

俚聊也

【同源】【叚借】《方言》:"俚,聊也。"語之轉,字之假借耳。《漢書》曰:"其畫無俚之至。""無俚"即今所謂"無賴",亦語之轉。

(俚)

【叚借】聊者,憀之叚借字。《方言》:"俚,聊也。"《漢書》:"其畫無俚之至耳。"《戰國策》:"民無所聊。"凡聊賴可作憀賴。

(憀)

賜盡也

【叚借】【正俗】《方言》曰:"賜,盡也。"此借賜為澌。"澌,盡也。""盡"之字俗作"儩"。

(賜)

不斟

【詁訓】《方言》曰:"斟,益也。南楚凡相益而又少謂之不斟,凡病少愈而加劇亦謂之不斟,或謂之何斟。"言雖少損無所益也。

(斟)

---

① 今本"皋"作"罪"。

或謂之憭

【叚借】（《說文》："憭，慧也。"）《方言》：愈"或謂之慧，或謂之憭。"郭云："慧、憭皆意精明。"按：《廣韵》曰："了者，慧也。"葢今字叚"了"爲"憭"，故郭注《方言》已云"慧了"，他書皆云"了了"。若論字之本義，則了爲"尥也"，尥者，行脛相交也。

（憭）

第四

襌衣有袌者趙魏之間謂之祛衣無袌者謂之裎衣

【音義】【詁訓】【校勘】【辨誤】《方言》："襌衣有袌者，趙魏之間謂之祛衣。"郭云："前施袌囊也。房報切。"按："前施袌囊"即謂右外袷。《方言》："無袌者謂之裎衣"，則今之對衿衣，無右外袷者也。褻衣無袌，禮服必有袌。上文（編按：指《說文》）之袥、衸謂無袌者，唐宋人所謂衩衣也。《公羊傳》曰："反袂拭面，涕沾袍。"此"袍"當作"袌"。何注曰："衣前襟也。"《釋器》："衣皆謂之襟，袺謂之裾。"袺同袷，謂交領。袌連於交領，故曰"袺謂之裾"。郭景純曰："衣後襟"，非也。《釋名》裾在後之說，非是。

（裾）

襓

【正俗】（《說文》："褰，絝也。"）《方言》曰："絝，齊魯之間謂之襓。"按：今《方言》作"襓"，俗字也。

（褰）

褸謂之衽

【詁訓】《方言》曰："褸謂之衽。"注："衣襟也。或曰：裳際也。"又曰："褸謂之袺。"注："即衣衽也。"按：郭云"衣襟"者，謂正幅；

云"裳際"者,謂旁幅。謂袊爲正幅者,今義非古義也。

(襆)

裯謂之襤

【詁訓】《方言》曰:"裯謂之襤。"郭注:"袛裯,敝衣,亦謂襤褸。"……《方言》又曰:"無緣之衣謂之襤","楚謂無緣之衣曰襤",故袛裯無緣則謂襤也。《巾部》"幥"下曰:"楚謂無緣衣也。""襤"與"幥"同。

(襤)

繞衿謂之帬

【句讀】【古今】【詁訓】《方言》:"繞衿謂之帬。"《廣雅》本之,曰:"繞領(段云:句)。帔(段云:句)。帬也。"衿、領今古字。領者,劉熙云:"總領衣體爲端首也。"然則繞領者,圍繞於領,今男子婦人披肩其遺意。劉熙曰:"帔,披也。披之肩背,不及下也。"蓋古名帬,弘農方言曰帔。若常則曰下帬,言帬之在下者,亦集眾幅爲之,如帬之集眾幅被身也。如李善引《梁典》任昉諸子"冬月著葛巾、帔、練裙",自是上下三物。《水經注》:"淮南王廟,安及八士像皆羽扇、裙帔、巾壺、枕物,一如常居。"亦帬、帔竝言。

(帬)

鬠帶

【詁訓】《方言》之"鬠帶",所以繞於髻上爲飾者。

(鬠)

【詁訓】《方言》:"絡頭,帞頭也。紗繢、鬠帶、髤帶、帑、崦,幧頭也。自關而西秦晉之郊曰絡頭,南楚江湘之閒曰帞頭,自河以北趙魏之閒曰幧頭,或謂之帑,或謂之崦。其偏者謂之鬠帶,或謂之髤帶。"按:

"鬓"者，髻短髮之俚。《方言》之"鬓帶"謂帕頭帶於鬓上也。帕頭之制，自項中而前交於額，卻繞鬓。

(鬓)

䨲

【詁訓】（《說文》："䨲，艸履也。"）《方言》曰："以絲作之者謂之履，以麻作之者謂之不借，䨲者謂之屦。東北朝鮮洌水之閒謂之鞠角，南楚江沔之閒總謂之䨲。"《急就篇》："屐屩絜䨲"，《儀禮·喪服》傳"疏屦"注云："疏猶䨲也。"按：《禮注》《方言》《急就》之䨲字皆䨲字之省。疏屦者，藨蒯之菲，則是艸爲之。

(䨲)

鞠角

【詁訓】《方言》："襌者謂之鞞，絲作之者謂之履，麻作之者謂之不借，䨲者謂之屦。東北朝鮮洌水之閒謂之鞠角，南楚江沔之閒總謂之䨲，西南梁益之閒或謂之屦，或謂之扉。履，其通語也。徐土邳圻之閒大䨲謂之鞠角。"按：末句郭注："今漆履有齒者。"顔注《急就篇》曰："印角，形若今之木履而下有齒。"《釋名》則曰："仰角，履上施履之名也。當仰履角，舉足乃行也。"

(鞠)

絧繗絞也

【同源】《方言》："絧、繗，絞也。關之東西或謂之繗。絞，通語也。"按：**絧**之言网也，繗之言雙也，絞之言交也。

(絧)

第五

盌

【正俗】《方言》曰："盂，宋楚魏之閒或謂之盌。"……《方言》作"盌"，俗作"椀"。

（䀀）

椷

【詁訓】【音義】（《說文》："𥁑，小桮也。"）《方言》曰："盌、椷、盞、温、閜、㮣、㿿，桮也。自關而東趙魏之閒曰椷，或曰盞，或曰温。"按：椷盞即許之𥁑，音同字異。許則椷訓匧，各有本義也。……古送切，按：《廣韵》又音感，正音也，八部。郭注《方言》椷讀如封緘，略有輕重耳。

（𥁑）

筲

【音義】《方言》曰："箸筩，陳楚宋魏之閒謂之筲，或謂之籯。自關而西謂之桶㯯。"按："筲"即"籍"字，郭云：音"鞭鞘"。

（箱）

甀 㼒

【詁訓】《方言》："瓵、𤭛、𤬪、㼣、甀、瓮、甈、瓿甊、㽀，㼒也。自關而西晉之舊都河汾之閒，其大者謂之甀。自關而東趙魏之郊謂之瓮，或謂之㼒。㼒其通語也。"甀即䍃，㼒即罃。

（罃）

【詁訓】《方言》曰："甀、瓮、瓿甊，㼒也。自關而西晉之舊都河汾之閒，其大者謂之甀，其中者謂之瓿甊。自關而東趙魏之郊謂之瓮，或謂之甖。"甖即罌字。

（甕）

罃 甄

【詁訓】《方言》："罃，周洛韓鄭之閒之甄，或謂之罃。"按：罃者，缾之長頸者。甄，不長頸。方俗或同名。

（罃）

甌

【詁訓】（《說文》："甌，小盆也。"）《方言》："罃甄謂之盎。自關而西或謂之盆，或謂之盎，其小者謂之升甌。"又曰："甌，陳魏宋楚之閒謂之題，自關而西謂之甂，其大者謂之甌。"按：許亦同。《方言》謂甌爲盆，而郭景純疑《方言》與《爾雅》說甄不合。

（甌）

炊奠謂之縮或謂之篼

【詁訓】【校勘】《方言》曰："炊奠謂之縮，或謂之篼，或謂之䉛。"郭注："漉米奠，江東呼淅籤。"按：《史記索隱》引《纂要》云："奠，淅箕也。"此注"籤"字正"箕"之誤。今江蘇人呼淘米具曰"溲箕"是也。

（奠）

【詁訓】【音義】《方言》"篼"同"籔"，"縮"即"籔"之入聲也。

（籔）

箑

【詁訓】【義例】《方言》："扇，自關而東謂之箑，自關而西謂之扇。"郭曰："今江東亦通名扇爲箑。"按：今江東皆曰扇，無言箑者。凡江東方言見於郭注者，今多不同。蓋由時移世易，士民遷徙不常故也。

(箟)

阜

【音義】《方言》："櫪，梁宋齊楚北燕之閒謂之楢、阜。""阜"與"槽"音義同也。

(槽)

臿 鏵

【古今】【詁訓】【校勘】【義例】（《說文》："朱，两刃臿也。"）《方言》曰："臿，燕之東北朝鮮洌水之閒謂之斛，宋魏之閒謂之鏵，或謂之鐸，江淮南楚之閒謂之臿，沅湘之閒謂之畚，趙魏之閒謂之喿，東齊謂之梩。"按：朱、鏵古今字也。《方言》渾言之，許析言之耳。高注《淮南》曰："臿，鏵也。青州謂之鏵，有刃也。三輔謂之鍋。"《釋名》："鍤，插也，掘地起土也。或曰銷。銷，削也，能有所穿削也。或曰鏵。鏵，刓也，刓地爲坎也。其板曰葉，象木葉也。"高、劉皆作"鏵"。高云"有刃"，當作"有兩刃"，奪一字耳。……（《說文》："宋魏曰朱也"）《方言》云"宋魏之閒謂之鏵"是也。嘗論《方言》之字多爲後人以今易古，以俗易正，此其一耑也。

(朱)

喿

【叚借】《方言》假"喿"爲鍬臿字。

(喿)

枇

【詁訓】（《說文》："枇，册叉，可目劃麥，河內用之。"①）《方言》

---

① 陳本"册叉"作"册又"。

曰："杷，宋魏之閒謂之渠挐。或謂之渠疏。"《釋名》曰："齊魯閒謂四齒杷爲欋。"然則河内謂之䎙也。

（䎙）

刈鉤

【注音】【詁訓】《方言》曰："刈鉤，江淮陳楚之閒謂之鉊，或謂之鐹。自關而西或謂之鉤，或謂之鎌，或謂之鍥。"鍥，郭音結。《刀部》曰："刉，鎌也"，即《方言》之"刈鉤"也。

（鍥）

關西曰槪

【注音】【詁訓】【音義】《方言》：槌"其横，關西曰槪，宋魏陳楚江淮之閒謂之㯿"，音帶；"齊海岱之閒謂之䋅"，相下反。按："㭘""槪""朕"三同。……横者曰筴，《方言》作䋅，亦同音也。《吕覽》注曰："挾讀曰朕，三輔謂之朕。"正與《方言》"關西曰槪"合。

（㭘）

絡謂之格　郭注：轉篗絡車

【校勘】【詁訓】"絡謂之格"，郭云："所以轉篗絡車也。"按：注"篗"字葢衍，篗即絡車也。所以轉絡車者，即柅也。此與欄異物。

（柅）

繀車

【詁訓】《方言》曰："繀車，趙魏之閒謂之轣轆車，東齊海岱之閒謂之道軌。"按：自其轉旋言之，謂之𪋤鹿，亦謂之道軌，亦謂之鹿車。自其箸絲之筵言之，謂之繀車，亦謂之篗車。實即今之篗車也。

（篗）

— 1035 —

【詁訓】《竹部》曰："笭，筳也。""筳，繀絲筦也。"笭車亦曰繀車，《方言》曰："繀車，趙魏之間謂之輾轆，東齊海岱之間謂之道軌。"笭絲於筳謂之繀。

(繀)

第六

謂之矓

【校勘】《方言》曰："聳之甚，秦晉之間謂之矓。"注曰："言聇無所聞知也。"疑《方言》之正文本作"謂之聇"，今本譌。

(聇)

自山而西凡物細大不純者謂之

【異文】(《說文》："自關目西，物大小不同謂之儑。") 此方言殊語也。《方言》曰："陂，儑，衺也。陳楚荊揚曰陂，自山而西凡物細大不純者謂之儑。"郭注："言俄儑也。"

(儑)

自關而東曰掩

【異文】(《說文》："自關以東取曰撺。"①)《方言》曰："掩、索，取也。自關而東曰掩；自關而西曰索，或曰担。"按：許所據《方言》蓋作"撺"，李善注《子虛》《上林賦》引《方言》亦作"撺"也。今《廣雅》："掩，取也"，字作"掩"。

(撺)

犁鼠

【詁訓】(編按：鼢)《方言》謂之"犁鼠"。"犁"即"犁"字，自其

---

① 陳本"取"上有"謂"。

場起若耕言之則曰犁鼠。

(鼢)

螾場謂之坦

【詁訓】【志疑】（《說文》："益州部謂螾場曰坦。"）《方言》曰："梁宋之閒蚍蜉犁鼠之場謂之坻，螾場謂之坦。"郭云："其糞曰坦。"按：醫書謂之蚓螻，今土面虛起者是也。許云"益部"，與"梁宋之閒"不合，疑《方言》"宋"當作"益"。

(坦)

蠡分也

【叚借】《方言》："蠡，分也"，注："謂分割也"，此即鑗之叚借。《方言》又曰："劙，解也"，亦即此字。

(鑗)

第七

佻

【校勘】《方言》曰："乚，縣也。趙魏之閒曰乚，燕趙之郊縣物於臺之上謂之乚。"郭樸曰："了乚，縣物皃。丁小反。"按：《玄應書》及《集韵》所引《方言》皆如是，今本《方言》作"佻"，妄人所改耳。

(朸)

發舍車也

【叚借】《方言》曰："發，舍車也。東齊海岱之閒謂之發，宋趙陳魏之閒謂之稅。"郭注："今通言發寫。"按："發寫"即"發卸"也。寫者，卸之假借字。《曲禮》曰："器之溉者不寫，其餘皆寫"，義正同卸。今卸爲通用俗語。

(卸)

聚

【詁訓】【異體】《方言》："熬、聚、煎、鞏、鞏，火乾也。秦晉之間或謂之聚。"按：聚即鬻字，或作鬻。玄應曰："崔寔《四民月令》作炒，古文奇字作㷶。"

（鬻）

火齊①

【詁訓】《方言》："自河以北趙魏之間火齊曰爛。"齊者，食飪也；飪者，大齊也。齊則火候到矣。

（爛）

瀧涿

【校勘】【詁訓】《方言》曰："瀧涿謂之霑漬。"郭云："瀧涿猶瀨滯也。""瀨滯"當作"溧渧"。《埤倉》云："渧溧，漉也。"《通俗文》云："霤滴謂之溧渧。"又《廣韵》《集韵》皆云："瀧涷，沾漬也。"瀧涷即瀧涿也。《荀卿書》："束籠而退"，楊倞云："束籠即瀧涷。"

（瀧）

第八

伏而未孚

【詁訓】【音義】《通俗文》："卵化曰孚。音方赴反。"《廣雅》："孚，生也。"謂子出於卵也。《方言》："雞卵伏而未孚。"於此可得孚之解矣。卵因伏而孚，學者因即呼伏爲孚。凡伏卵曰抱，房奧反。亦曰蓲，央富反。

（孚）

---

① 今本"齊"作"熟"。

駒鵞

【源流】【詁訓】【異體】【辨誤】【校勘】（《說文》："駒，駒鵞也。"①）《方言》："鴈自關而東謂之駒鵞，南楚之外謂之鵞，或謂之鶬駒。"《廣雅》："鳴鷖、倉鳴，鴈也"，本此。按：楊、張云鴈者，鴻雁也。許以鴻雁字系《隹部》，此不云駒鵞雁也，知許意不爲鴻雁。駒字亦作駕，《大玄》作"駒鵞"，《子虛》《上林》《反離騷》《南都賦》皆作"駕鵞"。古作"駕"，《山海經》"駕鳥""魯大夫榮駕鵞"皆即駕鵞也。古加聲與可聲同音。張揖注《上林賦》曰："駕鵞，野鵞也。"然則非家鵞，亦非鴻雁。鴻雁屬也。許意當同。○"魯大夫榮駕鵞"，《左傳》《漢書》作"駕"，與《山海經》同。毛居正云："從馬誤"，毛非也。《釋文》宋刊皆作"駕"，通志堂乃於定元年改作"駕"。

（駒）

其在澤中者謂之易蜴

【音義】【異文】【詁訓】《方言》：蜥易，"其在澤中者謂之易蜴。"郭云："蜴音析。"是可證"蜴"即"蜥"字，非羊益切。《小雅》："胡爲虺蜴"，《毛傳》曰："蜴，螈也"，《釋文》："蜴，星歷反，字又作蜥。"《說文》引《詩》正作"蜥"。毛語正與《方言》合。《方言》：易蜴，"南楚謂之蛇醫，或謂之蠑螈。"謂在澤中者也。"螈"即《虫部》之"蚖"字，蛇醫也。陸璣云："蜴一名蠑螈，水蜴也。或謂之蛇醫，如蜥易。"然則"蜥易"者統名，倒言"易蜥"及單言"蜥"者，別其在澤中者言也。

（易）

蚖蝘

【志疑】（《說文》："蜼，侣蜥易而大。"②）《方言》："守宮在澤中者，

---

① 陳本"鵞"作"鵝"。
② 陳本"易"作"蜴"。

— 1039 —

東齊海岱謂之蚖蝚"，注云："似蜥易大而有鱗。""蝚"字疑"雖"之誤。

（雖）

第九

釨

【詁訓】《方言》曰："戟而無刃，秦晉之閒謂之釨。"釨即孑字，《左傳》正作"孑"。

（孑）

鏦

【詁訓】《方言》曰："矛，吳揚江淮南楚五湖之閒謂之鏦，或謂之鋋，或謂之縱。"按：鏦即鉈字，《廣雅》作"䤔"。《晉書》："丈八鉈矛左右盤。"

（鉈）

𩍸　鞞

【詁訓】【古今】《方言》："劍削，自河而北燕趙之閒謂之室，自關而東或謂之𩍸，或謂之削，自關而西謂之鞞。"𩍸即郭。鞞即鞞，今字作鞘。玄應曰："《小爾雅》作鞘。"

（削）

輖謂之軸

【志疑】（《說文》："輖，輖車荋橫木也。"）《方言》曰："輖謂之軸。"按："軸"字恐有誤。

（輖）

韇丸

【異文】【詁訓】《方言》："弓謂之鞬，或謂之韇丸。"《左傳》服注云："冰，櫝丸葢也。"《後書·南匈奴傳》引《方言》："藏弓爲鞬，藏箭爲韇丸。"《廣雅》："鞬，弓藏也""翳箙，矢藏也"，皆與今《方言》異。按：絫呼之曰韇丸，單呼之曰韇。《士冠禮》："筮人執策抽上韇"，注："韇，藏策之器。今時藏弓矢者謂之韇丸也。"

（韇）

所以隱櫂謂之篆

【詁訓】【古今】《方言》："所以隱櫂謂之篆"，郭云："搖橹小橛也。"按："篆"葢即"簝"字。其始以剖竹未去節爲之，後乃以木爲之，改其字作"篆"，作"槳"。後人又不以名"橛"而以名"櫂"矣。

（簝）

【詁訓】《方言》："所以隱櫂謂之篆"，郭云："搖橹小橛也。"按：櫂以索繫於篆而後可打，是篆者所以隱其櫂也。如許云矢"栝弦處"謂之矢栝，矢栝所以檢弦也。

（隱）

抗不安也①

【叚借】【詁訓】《方言》說舟曰："艐謂之抗。抗，不安也。"郭云："艐音訨，船動搖之皃也。抗，吾敎反。"按：斻者，正字；抗者，假借字也。《書》"阢隉"、《易》"臲卼"皆不安也。

（斻）

第十

譠謾

【聯綿】《方言》："謰謱、譠謾，拏也。東齊周晉之鄙曰謰謱，謰謱亦通語也。南楚曰譠謾，或謂之支註，或謂之詀諀。"按：諸拏、譠謾皆雙聲。

（譠）

拏　諰

【詁訓】【校勘】（《說文》："諰，諀拏也。"）《方言》："拏，揚州會稽之語也，或謂之惹，或謂之諰"，注："言誣諰也。"又曰："誣，諰與也。吳越曰誣，荊齊曰諰與，猶秦晉言阿與也。"按：諰、諰同字。"拏"上從如，李仁甫本如是，《廣韻》同。

（諰）

安靜也

【叚借】（《說文》："安，竫也。"②）《方言》曰："安，靜也。"以許書律之，叚"靜"爲"竫"耳。

（安）

---

① 今本"抗"作"仡"。
② 陳本"竫"作"靜"。

伀伀

【古今】《方言》《廣雅》之"伀伀",即今"忪忪"字也。

(伀)

頷

【叚借】(《說文》:"顄,頤也。")《方言》作"頷",於《說文》為假借字。

(顄)

㤬革老也

【詁訓】【音義】㤬與戒義同,警也。《釋言》曰:"㤬,褊急也。"許《言部》"譁"字下曰:"飭也,讀若㤬。"葢㤬音紀力反,與苟、戒、棘、亟音義皆同。而《方言》曰:"㤬、革,老也。"此又因挈斂之義而引伸之也。

(㤬)

㧄扰推也

【校勘】《方言》曰:"㧄、扰,椎也。南楚凡相椎搏曰㧄,或曰揔,沅涌㵋幽之語或曰攩。"郭云:"今江東人亦名椎為攩。"按:《方言》"椎"字,今本多誤從手作"推"。

(椎)

捪據

【詁訓】《方言》曰:"捪、據,取也。南楚之閒凡取物溝泥中謂之捪,亦謂之據。"……按:《方言》捪、據實一字也,故許有捪無據。

(捪)

第十一

蛥蚗

【音義】【志疑】（《說文》："蜥蚗"）《方言》作"蛥蚗"，蛥音折，蚗音于列反。蛥多聲，不當音折，疑《方言》有誤，當從許作"蜥"，音伊。

（蚗）

蛹馬

【校勘】《方言》曰："蟬，其大者謂之蟧，或謂之蛹馬。""蛹馬"二字誤倒。

（蛹）

螳螂

【詁訓】郭云："江東呼爲石蜋"，"石"即"矴"，今江東呼"矴郎"。

（蜋）

蟷蠰

【音義】【詁訓】【同源】（《說文》："蟷，蠡也。"①）《方言》曰："蠰，宋魏之閒謂之㚄，南楚之外謂之蟷蠰，或謂之䗃。"郭注："即蝗也。蟷，音近詐。蠰，音莫梗反。亦呼虴蜢。"按：即今北人所謂蛨蚱，江南人謂之蝗蟲。蟷蠰、虴蜢一語之轉。許書上文云"蜙蝑"，下文曰"蝗"，蟷亦蝗也，故列字之次如此。若《廣雅》《本艸》所云蟷者，皆非許意。

（蟷）

---

① 陳本"蠡"作"蟲"。

第十二

儒輸

【聯綿】輸孺疊韵字，孺讀如儒。《方言》十二曰："儒輸，愚也。"郭注："儒輸，猶懊㦯也。"輸孺即儒輸也。《荀子·修身篇》："偷儒憚事"，偷儒即輸孺。

（孺）

澂清也

【古今】【詁訓】《方言》曰："澂，清也。"澂、澄古今字。《禮運》："澄酒在下。"字作"澄"。鄭云："澄酒與《周禮》沈齊字雖異，葢同物也。"

（澂）

瘛解也

【叚借】【音義】【異文】【校勘】（《說文》："豸，獸長脊行豸豸然，欲有所司殺形。"）古多叚豸爲解廌之廌，以二字古同音也。廌與解古音同部，是以廌訓解。《方言》曰："廌，解也。"《左傳》："庶有豸乎"，《釋文》作"廌"，引《方言》："廌，解也。"《正義》作"豸"，引《方言》："豸，解也。"今本《釋文》"廌"譌爲"鳩"，今本《方言》"廌"譌爲"瘛"，音胡計切。葢古書之難讀如此。

（豸）

夭

【注音】【校勘】（編按：芙）郭璞、曹憲音淫，入鹽韵，則直廉切，今各書皆訛作"夭"矣。

（芙）

備咸也

【詁訓】《方言》曰:"備,咸也",此具之義也;又曰:"蔵、敕、戒,備也。"此慎之義也。

(備)

蒔

【叚借】【詁訓】《方言》曰:"蒔,立也。蒔,更也。"《堯典》:"播時百穀",鄭讀時爲蒔。今江蘇人移秧插田中曰蒔秧。

(蒔)

鼃始也

【詁訓】《方言》曰:"鼃,始也。"多不得其解。愚謂鼃從圭聲,與圭同音。"鼃,始也"即"圭,始也"。

(圭)

第十三

笩

【詁訓】【辨誤】【正俗】《方言》:"笩,析也。析竹謂之笩。"郭云:"今江東呼篾竹裏爲笩,亦名笩之也。"按:此注謂已析之篾爲笩,人析之亦偁笩之。本無誤字,戴氏《疏證》改"笩之"二字爲"筡"字,非也。《爾雅》:"簡,笩中。"葢此義之引伸。肉薄好大者謂之笩中,如析去青皮而薄也。醫方"竹茹"音如,即此字。《別錄》從竹。俗從艸。

(笩)

聳悚也

【叚借】古多叚聳爲慫,《方言》曰:"聳,悚也。"又曰:"聳,欲也。

荆吳之間曰聳，自關而西秦晉之間相勸曰聳，中心不欲而由旁人之勸語亦謂之聳。"

（ 聳 ）

偨憯也

【叚借】《方言》曰："偨，憯也。憯，惡也。"此假"偨"爲"憯"也。

（ 偨 ）

瀙淨也

【校勘】【詁訓】《方言》曰："瀙，淨也。"二字當从氵。瀙即滄字，淨即清字。

（ 滄 ）

【詁訓】《方言注》曰："浹，錯也。"浹與硤同。《海賦》曰："飛澇相硤"，《江賦》曰："奔溜之所硤錯"，硤即瓹。

（ 瓹 ）

臆滿也

【叚借】（《說文》："意，滿也。"）《方言》曰："臆，滿也。"《廣雅》曰："臆，滿也。"《漢蔣君碑》："餘悲馮億。"皆"意"之叚借字也。

（ 意 ）

澌索也

【詁訓】【叚借】（《說文》："澌，水索也。"）《方言》曰："澌，索也。"郭注云："盡也。"按：許說其本義，楊說其引伸之義也。索訓盡者，索乃素之假借字，入室搜索，有盡意也。《方言》曰："鋌，賜也。""賜"者，"澌"之假借，亦作"儩"。

（ 澌 ）

篊南楚謂之篙

【詁訓】《方言》曰:"篊,南楚謂之篙。"郭曰:"盛餅筥也。"按:篊即筥字,篙即籱字也。

(籱)

錐謂之鍣

【音義】【辨誤】(《說文》:"鍣,大鎌也。"①)《方言》:"錐謂之鍣",其字从苕,取其象苕秀也,亦音苕。《廣雅》作此"銘",誤矣。

(鍣)

餌

【詁訓】【經學】【異文】【叚借】(《說文》:"餈,稻餅也。")《方言》曰:"餌謂之餻,或謂之粢,或謂之餃,或謂之䭔,或謂之飥。"謂米餅也。《周禮》"糗餌粉餈"注曰:"餌、餈皆粉稻米、黍米所爲也。合蒸曰餌,餅之曰餈。糗者,擣粉熬大豆爲餌,餈之黏著以粉之耳。餌言糗,餈言粉,互相足。"按:許說與鄭不同,謂以稬米蒸孰,餅之如麪餅曰餈,今江蘇之餈飯也。粉稬米而餅之而蒸之則曰餌,《䰞部》云"䰞,粉餅也"是也。今江蘇之米粉餅、米粉團也。粉餅則傅之以熬米麥之乾者,故曰糗餌。《米部》云"糗,熬米麥也"可證。餈則傅之以大豆之粉,《米部》曰"粉,傅面者也"可證也。許不言何粉,大鄭云"豆屑"是也。……《周禮》故書作茨,假借字也。

(餈)

餞謂之䭔

【詁訓】《方言》:"飴謂之餃,餞謂之䭔。"郭注:"以豆屑襍餳也。""餞"即"䭭"字。

(䭭)

---

① 陳本"鎌"作"鐵"。

瓱謂之甍

【同源】【詁訓】【志疑】《方言》："瓱謂之甍"，《廣雅》作"甍謂之瓱"，每、夢一聲之轉，之蒸合韵之理。……《爾雅》《方言》謂之甍者，屋極爲分水之脊，雨水各從高霤瓦而下也。《釋名》曰："甍，蒙也。在上覆蒙屋也。"《左傳》："子之援廟桷，動於甍"，未詳其説。（甍）

劉歆與楊雄書①

逌人使者②

【詁訓】《劉歆與楊雄書》云："三代周秦，軒車使者、逌人使者以歲八月巡路，求代語僮謠歌戲。"《楊答劉書》云："嘗聞先代輶軒之使奏籍之書皆藏於周秦之室。"又云："翁孺猶見輶軒之使所奏言。"二書皆即逌人之事也。"逌""輶""遒"三字同音。"逌人"即"遒人"。（迡）

【詁訓】《劉歆書》："逌人使者"，謂行人之官也。（鹵）

---

① 今本"楊"作"揚"。
② 今本"逌"作"遒"。

釋 名

釋天第一

晷規也如規畫也

【詁訓】《釋名》曰:"晷,規也。如規畫也。"此謂以表度日。

(晷)

水準也

【詁訓】《釋名》曰:"水,準也。"準,平也。天下莫平於水,故《匠人》建國必水地。

(水)

釋山第三

甽

【經學】【詁訓】《釋名》曰:"山下根之受霤處曰甽。甽,吮也。吮得山之肥潤也。"按:此爲《禹貢》"羽畎""岱畎"之說解,亦即小流之義。

(〈)

釋丘第五

阯丘

【志疑】【詁訓】(《說文》："又水出丘前謂之渚丘。")《爾雅·釋丘》文也。《釋名》作"阯丘"，"阯，基阯也"。按："阯丘"疑本作"杜丘"。古楷、杜字同，故渚丘亦爲楷丘。

(渚)

釋州國第七

五百家爲黨

【詁訓】《釋名》曰："五百家爲黨。黨，長也，一聚所尊長也。"此謂"黨"同"尚"。

(黨)

釋形體第八

汋

【叚借】【詁訓】《釋名》："汋，澤也。有潤澤也""自臍以下曰水腹，水汋所聚也""胞主以虛承汋也"，蓋皆借爲"液"字。又《楚詞》"汋約"即《莊子》"淖約"。

(汋)

要髀股動搖如樞機也

【詁訓】【校勘】髀上爲屍之兩旁，故其字次於髖。髖者，其骨最寬大也。諸書所謂胛骨。䯊、髂皆同也。《埤蒼》作"髂"，《字林》作"䯊"，皆云晉骨，謂上屬於晉也。《釋名》云："樞，機也。要髀股動搖如樞機也。"正謂此髖與髀相接處。《釋骨》曰："骶之上俠脊十七節至二十節起骨曰腰髁骨，曰兩髁。"按："髁"當作"䯏"。

（髖）

踝

【詁訓】《釋名》曰："踝，确也。居足兩旁磽确然也。"按：踝者，人足左右骨隆然圜者也。在外者謂之外踝，在内謂之内踝。《廴部》曰："𨀛，擊踝也。"

（踝）

釋姿容第九

拍搏也

【叚借】《釋名》曰："拍，搏也。手搏其上也。"按：許釋"搏"曰"索持"，則古經搏訓拍者，字之叚借。《考工記》："搏埴之工"，注曰："搏之言拍也。"云"之言"者，見其義本不同也。

（拍）

末殺

【詁訓】【音義】《釋名》曰："摩娑猶末殺也，手上下之言也。"《巾部》"幓"字下曰："讀如末殺之殺。""末殺"，《字林》作"抹摋"，即㵖㵐也，異字而同音義。

（㵖）

沐

【詁訓】《釋名》曰："沐、秃，皆無上皃之稱。"沐者，《管子》云："沐涂樹之枝"，謂刊落之也。

（秃）

釋親屬第十一

叔少也

【叚借】《豳風》:"九月叔苴",毛曰:"叔,拾也。"按:《釋名》:"仲父之弟曰叔父。叔,少也。"於其雙聲疊韵假借之。假借既久,而叔之本義鮮知之者,惟見於《毛詩》而已。

(叔)

妹昧也

【志疑】《釋名》曰:"姊,積也。妹,昧也。"字當从未。《白虎通》曰:"姊者,咨也。妹者,末也。"又似从末。

(妹)

姨 長弟

【詁訓】《釋名》曰:"妻之姊妹曰姨。姨,弟也,言與己妻相長弟也。"按:長弟謂次弟也。後世謂母之姊妹曰姨母。

(姨)

釋言語第十二

彷徉①

【詁訓】【音義】《釋名》:"翺,敖也,言敖遊也。翔,佯也,言彷徉也。"按:彷徉,徘徊也,《左傳》作"方羊"。方,蒲郎切。

(翺)

---

① 今本"彷徉"作"仿佯"。

釋飲食十三

血䐁

【詁訓】《釋名》曰："血䐁，以血作之。""䐁"即"䏙"字也。陶氏注《本艸》："宋帝時太官作血䏙，庖人削藕皮，誤落血中，遂皆散不凝。"陶所云"血䏙"即劉之"血䐁"也。

（䏙）

肺䐁

【詁訓】【音義】《釋名》有"肺䐁"，"䐁"同"䐁"。《五經文字》曰："䐁見《禮經注》。"《廣韵·三十三線》曰："䐁同饌，見《儀禮》。士戀切。"

（䐁）

釋采帛第十四

紺含也

【詁訓】【辨誤】（《說文》："紺，帛深青而揚赤色也。"①）《釋名》曰："紺，含也。青而含赤色也。"按：此今之天青，亦謂之紅青。許言陽，劉言含，其意一也。以繒入深青而赤見於表是爲紺。賈氏《考工疏》云："繒入赤汁則爲朱，不入赤汁而入黑汁則爲紺。"賈說非也。入深青乃爲紺，入黑乃爲緅矣。

（紺）

煮繭

【辨誤】《釋名》曰："煮繭曰莫。莫，幕也。貧者著衣可以幕絮也。或

---

① 陳本無"而"、"也"。

謂之牽離，煮熟爛牽引使離散如絮也。"按：此與煮繭絓頭不同物，編《太平御覽》者合而一之，誤矣。

（緊）

牽離

【音義】【同源】【詁訓】《釋名》云："繭者，幕也。貧者著（段云："音褚，褒衣也。"）衣，可以幕絡絮也。或謂之牽離，煮熟爛牽引使離散如絼然也。"牽離即《糸部》之緊絿，緊絿一名惡絮。緊，牽奚切；絿，郎分切；與牽離為一語之轉。"絓"字下亦云："繭，滓也。一名絓頭，一名牽離。"

（緊）

釋首飾第十五

黛代也

【正俗】（《說文》："黱，畫眉墨也。"[①]）《釋名》曰："黛，代也。滅眉毛去之，以此畫代其處也。"《通俗文》曰："點青石謂之點黛。"服虔、劉熙字皆作"黛"，不與許同，漢人用字不同之徵也。"黛"者，"黱"之俗。《楚辭》《國策》遂無作"黱"者。

（黱）

釋衣服第十六

褌貫也

【詁訓】《釋名》："褌，貫也。貫兩腳上繫腰中也。"按：今之套褲，古之絝也。今之滿襠褲，古之褌也。自其渾合近身言曰褌，自其兩襱孔穴言曰幒。《方言》："無祠之袴謂之襣"，郭云："即犢鼻褌。"

（褌）

[①] 陳本無"墨"。

釋宮室第十七

檼或謂之棟

【辨誤】《釋名》及郭璞謂棟爲檼，非也。

（檼）

壁辟也

【詁訓】《釋名》："壁，辟也。辟禦風寒也。"按：壁自其直立言之。

（壁）

殿鄂

【詁訓】【音義】《釋宮室》曰："殿有殿鄂也。""殿鄂"即《禮記注》之"沂鄂"。沂，《說文》作垠，作圻。《釋名·釋形體》亦曰："臋，殿也。高厚有殿鄂也。"古音屍聲、斤聲、㔾聲互通，合音作幾、作畿。是以《禮記》"彫幾"謂有沂鄂。

（堂）

樓樓

【校勘】《釋名》曰："樓謂牖戶之閒諸射孔樓樓然也。""樓樓"當作"婁婁"。《女部》曰："婁，空也。""囧"下曰："窗牖麗廔闓明。"

（樓）

臺持也

【同源】【古今】《釋名》："臺，持也。築土堅高能自勝持也。"古臺讀同持。心曰靈臺，謂能持物。《淮南子》："其所居神者，臺簡以游大清。"注："臺，持也。"又"臺無所鑒，謂之狂生。"注："臺，持也。"此皆作臺自可通。或作古文握，古文握與臺形相似。

（臺）

雜廁

【詁訓】《釋名》曰："廁言人雜廁在上，非一也。或曰溷，言溷濁也。或曰圊，言至穢之處，宜常修治使潔清也。"按：凡云"雜廁"者，猶云"溷雜"，《急就篇》《說文敘》皆曰"分別部居，不雜廁"是也。
（廁）

堊亞也

【詁訓】《釋名》曰："堊，亞也。亞，次也。先泥之，次以白灰飾之也。"按：謂涂白爲堊，因謂白土爲堊。古用蜃灰，《周禮》："共白盛之蜃"，注云："謂飾牆使白之蜃也。今東萊用蛤，謂之叉灰云。"
（堊）

釋用器第二十一

其板曰葉

【詁訓】《釋名》曰："錙，插地起土也。或曰銷，或曰鏵。其板曰葉。"鏵即《木部》之茦。茦者，"兩刃臿也"。
（陉）

釋兵第二十三

殳殊也

【同源】《釋名》："殳，殊也。有所撞挃於車上，使殊離也。"殳、殊同音，故謂之殳，猶以近窮遠謂之弓也。
（殳）

旇①

【校勘】（編按：旇）《釋名》字如此作，轉寫譌爲旇。

（旝）

釋車第二十四

古者曰車聲如居

【音義】【辨誤】（編按：車）古音居，在五部。今尺遮切。《釋名》曰："古者曰車，聲如居。言行所以居人也。今曰車。車，舍也。行者所處若屋舍也。"韋昭《辯釋名》曰："古惟尺遮切，自漢以來始有居音。"按：三國時尚有歌無麻，遮字祇在魚歌韵內，非如今音也。古音讀如袪，以言車之運行；不讀如居，但言人所居止。《老子》："當其無，有車之用。"《音義》："去於反。"此車古音也。然《考工記》："輿人爲車"，是自古有居音，韋說未愜也。

（車）

軿車

【詁訓】【辨誤】【音義】【校勘】《列女傳》齊孟姬曰："立車無軿，非敢受命"，此軿爲蔽前之證也。《釋名》曰："軿車，四面屏蔽，婦人所乘。"云"四面"未諦。又曰："有邸曰輜，無邸曰軿。"邸如四圭有邸之邸，讀如底。《宋書·禮志》引《字林》："軿車有衣蔽，無後轅，其有後轅者謂之輜。"劉昭注《輿服志》引同，而奪四字。有後轅、無後轅即有邸、無邸之說。

（輧）

輺複也

【校勘】《釋名》曰："輺，複也。重複非一之言也。"輺當爲輜，轉寫

---

① 今本"旇"作"旝"。

誤耳。或曰輻當爲輻之誤，若"屐"下云："又曰輹"，輹當爲轐。
（輹）

鐧閒也①

【詁訓】《釋名》曰："鐧，閒也。閒釭軸之閒，使不相摩也。"按：釭中亦以鐵鍱裹之，則鐵與鐵相摩，而轂軸之木皆不傷。乃名鐵之在軸者曰鐧，在轂者曰釭。
（鐧）

伏兔

【詁訓】【校勘】【辨誤】【同源】戴先生曰："伏兔謂之轐。《易·小畜》九三：'輿脫輻。'《大畜》九二：'輿脫輹。'《大壯》九四：'壯於大輿之輹。'《說文》：'轐，車伏兔也。''輹，車軸縛也。'《釋名》：'屐，似人屐也。又曰伏兔，在軸上，似之也。又曰輹，輹，伏也，伏於軸上也。'按：轐、輹實一字。其下有革以縛於軸。今《易·小畜》作'輻'，系傳寫者誤。輻在轂與牙之閒，非可脫者。"玉裁謂：劉成國合輹於伏兔，非也。依許則伏兔名轐，車軸之縛名輹，迥然二物。轐之言僕也，《毛傳》曰："僕，附也。"爲伏兔之形附於軸上，以鞈固之。鞶䪐於兩伏兔閒者，名曰當兔。
（轐）

縛

【校勘】（《說文》："轐，車下索也。"）《釋名》："縛在車下，與輿相連縛也。"當作"轐在車下"。
（轐）

---

① 今本"鐧"作"鐧"。

廣 雅

釋詁

揗順也

【古今】【詁訓】【音義】《廣雅》曰："揗，順也。"《廣韵》曰："手相安慰也。"今人撫循字，古蓋作揗。循者，行順也。《淮南》曰："引揗萬物"，高注："引揗，拔擢也。讀允恭之允。"

（揗）

䚘視也

【詁訓】【叚借】《廣雅》曰："䚘，視也。"《馬融傳》："右䚘三塗，左概嵩嶽。"此《廣雅》義也。班固《荅賓戲》："䚘龍虎之文"，孟康、蘇林皆曰："䚘，被也"，此雙聲之假借也。

（䚘）

欸䫂然譍也

【源流】《方言》："欸，然也。南楚凡言然者曰欸，或曰䫂。"按：《廣雅》："欸、䫂、然，譍也"，本《方言》。

（唉）

琼褊也

【詁訓】（《說文》："《爾雅》：'琼，薄也。'"）《廣雅·釋詁》曰：

"㾓，襮也。""襮"即"薄"字。

（㾓）

輑

【詁訓】（《說文》："輑，車輑弘聲也。"①）按：《廣雅》作"輑"，《玉篇》作"輴"，皆即此字也（編按：輑）。

（輑）

恁弱也

【詁訓】《廣雅》又云："恁，弱也。"則與《詩》"荏染"同音通用耳。

（恁）

嘾鳴也

【音義】【古今】《廣雅》："嘾，鳴也。"《玉篇》云："嘾，荒貫切，與喚同。"《廣韻》同。按：《說文》無"喚"字，然則嘾、喚古今字也。

（嘾）

爇也

【校勘】《方言》："煦、煆，熱也，乾也。吳越曰煦、煆。"按："熱"《廣雅》作"爇"，誤。

（煦）

註

【義例】《廣雅》曰："註、紀、疏、記、學、栞、志，識也。"按：晉唐人作註記字，"註"從言不從水，不與傳注字同。

（記）

---

① 陳本"弘"作"鈜"。

掋揲

【聯綿】《廣雅》"掋揲"即《說文》之翊昴,疊韵字也。
(昴)

暍儺①

【音義】【同源】安儺猶溫存也,二字皆平聲。《廣雅》云:"暍儺,烦也。""安"作"暍",語之轉耳。
(儺)

㒼當也

【音義】【校勘】(《說文》:"帀,相當也。")《廣雅》:"帀,當也",亡殄、亡安二切,俗本譌作"㒼"。
(帀)

但鈍也

【校勘】【音義】《廣雅》曰:"但,鈍也。"《玉篇》引之,《集韵》《類篇》皆引之,云:"千余切。"今《廣雅》乃譌爲"但",度滿切矣。
(但)

驨駤

【詁訓】《廣雅》:"驨駤,止也。"駤即鷙。
(鷙)

齮齕也

【源流】【詁訓】(《說文》:"齮……一曰齕也。")《廣雅》"齮,齕也"本此。按:《管子》:"車轂齮騎,連伍而行。"《荀卿子》:"齮然

---

① 今本"儺"作"曘"。

上下相信，而天下莫之敢當。"二書於"齰"義差近，"齞"則齒近物。《廣韻》曰："齺，齒相近皃。"

（齺）

誽調也

【詁訓】《廣雅》："誽，調也。"謂相嘲調。《通俗文》："大調曰誽。"按：大相嘲調者如癡駭然也。

（誽）

殳禁也

【詁訓】（《說文》："殳，下擊上也。"）《廣雅》四曰："殳，禁也"，謂禁上使不得下也。

（殳）

愾恨也

【源流】（《說文》："愾，怨恨也。"①）《廣雅》"愾，恨也"本此。

（愾）

颾

【正俗】【詁訓】《廣雅》作"颾"，《廣韻》曰颾爲颺之俗，然則作颾者又颺之省也。

（颾）

飢詞也

【校勘】【詁訓】《廣雅·釋言》曰："飤，設也。"又《釋詁》四曰："飢，詞也。"錢氏大昕定"飢"爲"飤"字之誤。古用爲發語之載也，如《石皷詩》載作"飤"。

（飤）

---

① 陳本"愾"作"愾"，"悁"作"恨"。

舀

【志疑】（編按：𦥛）《廣雅》獨不載此字，疑其"舀"即"𦥛"之誤，而其"稥"即許之"舀"也。

（𦥛）

身㐆

【古今】《廣雅》曰："孕、重、妊、娠、身、嫛，㐆也。"《玉篇》曰："㐆，妊身也。"《大雅》曰："大任有身"，《傳》曰："身，重也"，《箋》云："重謂懷孕也。"身者古字，㐆者今字。

（㐆）

歈

【叚借】《廣雅》曰："歈，吐也。"此謂"歈"即"歐"之假借字。

（歈）

釋言

彈抨也

【音義】《廣雅》曰："彈，抨也。"抨即抨，布莖切。玄應曰："抨，彈繩墨也。補耕切，又普耕切，江南音也。"按：孟康《漢書注》曰："引繩以抨彈。"

（抨）

釋訓

霿霿

【正俗】（《說文》："濛，溦雨皃。"①）《廣雅》作"霿"。"霿"，俗字也。

（濛）

汲汲

【詁訓】《廣雅》："孜孜、汲汲，劇也。"按：汲汲與彶彶同，急行也。

（孜）

娗娗

【詁訓】【音義】【志疑】《廣雅》曰："娗娗，容也。"然則謂女出而病容娗娗然也。《廣韵》有娗無婷，唐喬知之、杜甫詩皆用娉婷字。娉婷皆讀平聲。疑娗、婷同字，長好皃。

（娗）

憂憂②

【詁訓】《廣雅·釋訓》："憂憂，行也。"行之狀多，而憂憂爲鯀之行。

（憂）

菽菽

【音義】【校勘】（《說文》："菽，細艸叢生也。"）菽與茂音義同。《廣雅》曰："菽菽，茂也。"菽即菽之譌。……（編按：菽）莫候切，古音三部。曹憲亡老反，音之轉也。

（菽）

---

① 陳本"溦"作"微"，"皃"作"也"。
② 今本"憂憂"作"夏夏"，王念孫《疏證》云："夏夏當作憂憂，字之誤也。"

眊眊

【詁訓】《廣雅》："眊眊，思也。"謂思勞而目少精也，或作"㮣㮣"。
(眊)

釋親

嬭

【音義】《廣雅》："嬭，母也。"音與嬭同。
(嬭)

殈膜胎也

【辨誤】(《說文》："殈，殺羊出其胎也。")云："殺羊出其胎"，則《廣雅》云："殈、膜，胎也"，辭不達意矣。
(殈)

脾𩨓也

【正俗】【詁訓】【叚借】《廣雅》曰："脾，𩨓也。"脾者，翠之俗。《內則》所謂"舒鴈翠""舒鳬翠"是也。《呂覽》："雋觾之翠"，高注曰："翠，厥也"，此假厥爲𩨓也。《醫經》曰："尻骨曰脊骶，曰尾骶，曰尾屈，曰橛骨，曰窮骨。"
(𩨓)

釋室

堂埕合殿也①

【詁訓】《廣雅》曰："堂埕，合殿也。"殿謂堂無四壁。《漢書·胡建

---

① 今本"合殿"二字但作"壄"。

傳》注"無四壁曰當皇"是也。覆乎上者曰屋，無四壁而上有大覆葢，其所通者宏遠矣，是曰廣。

（廣）

堛　突下謂之①

【詁訓】【校勘】【辨誤】《廣雅》："竈窻謂之堛。"《呂氏春秋》云："竈突决，則火上焚棟。"葢竈上突起以出烟火，今人謂之煙囪，即《廣雅》之竈窻。今人高之出屋上，畏其焚棟也。以其顚言謂之突，以其中深曲通火言謂之突。《廣雅》"突下謂之突"，今本正奪"突"字耳。《漢書》云："曲突徙薪"，則有曲之令火不直上者矣。趙宦光欲盡改故書之竈突爲竈堛，真瞽說也。

（突）

礎碣磌礩也

【詁訓】《廣雅》："礎、碣、磌，礩也。""碣"見《西京》《景福殿》二賦，字作"舄"。"磌"見《西都賦》，字作"瑱"。"礎"見《淮南書》，許注曰："楚人謂柱碣爲礎。"按：礎者，澀也。礩者，質也。舄者，如人之舄也。瑱者，填也。

（楮）

廘

【詁訓】【正俗】《廣雅》曰："京、庚、廩、廘，倉也。"按：《吳語》注："員曰囷，方曰鹿。"鹿即京也。廘者，鹿之俗。

（囷）

朱

【詁訓】《廣雅》："椴、機、闑，朱也。"朱同梱。

（梱）

---

① 今本："突"作"堛"。

趍

【音義】【校勘】《廣雅·釋室》曰："趍，犇也。子綏反。"今本"綏"譌"繡"。

（趍）

杚謂之桰

【古今】《廣雅》曰："杚謂之桰。"杚、㭼古今字。《廣韵》曰："杚，㭼古文。"

（杚）

圊圂屏廁也

【詁訓】《廣雅》曰："圊、圂、屏，廁也。"《急就篇》曰："屏廁清溷糞土壤。""屏"與"庰"通，"溷"與"圂"通，"圊"與"清"通。（編按：《說文》）下文云："廁，清也"，則"庰"亦謂"廁"。《戰國策》云："宋王鑄諸侯之象，使侍屏匽。"《周禮注》云："匽，路廁也。"

（庰）

釋器

甀瓨

【校勘】今本《廣雅》"甀瓨"之下奪一"也"字。

（罃）

鍪甓

【詁訓】《廣雅》："鍑、鍪、甓，䰞也。""甓"即"䰞"字。鍪，金爲之，䰞則土爲之。鄭注《周禮》所謂"黃堥"也，堥即鍪字。《鬲部》曰："秦名土釜曰䰞。"

（䰞）

縩綃也

【詁訓】《廣雅》曰："縩，綃也。"綃是生絲未湅之縷，如生絲然，故曰綃也。如成國謂已湅曰練絲。

（縩）

編緒

【校勘】【詁訓】《廣雅》作"編緒"，《漢書》及賈生《新書》作"偏諸"，蓋上字作"編"，下字作"諸"爲是，諸者謂合衆采也。

（絛）

衩衿衭袜膝也

【詁訓】《廣雅》："衩、衿、衭，袜膝也。"《玉篇》："袜膝，裳衿也。"按：袜膝者，裳衩在正中者也。故謂之衭，言其開拓也。亦謂之衿，言其中分也。

（衭）

鞾鞘鞿鞾靫履也①

【詁訓】"鞾鞘、鞿鞾、靫，履也。"《集韻》履與鞾同。《廣韻》："鞾鞘、索鞾，胡履也。"《釋名》："鞿鞾，鞾之缺前壅者，胡中所名也。"

（鞾）

幢謂之翿

【詁訓】【正俗】【古今】【音義】《廣雅》曰："幢謂之翿。"《爾雅》曰："翿，纛也。"《毛傳》曰："翿者，纛也，翳也。"《羽部》曰："翳者，翳也，所以舞也。"《人部》曰："儔者，翳也。"按：或用羽，或用犛牛尾，或兼用二者。翢、儔、翿實一字。纛俗作纛，亦即翳字，

---

① 今本"鞘"作"鞘"。

《爾雅》《毛傳》皆以今字釋古字耳。幢亦即翳字，古冢聲、周聲與童聲轉移，如《詩》以調韵同，漢縣銅陽讀如紂之比。其始祇有翳字，繼乃有纛，繼乃有幢，皆後出，故許書不列纛、幢二篆。

（旐）

韅謂之鞘

【音義】《廣雅》："韅謂之鞘"，鞘音梢，《玉篇》云"鞌邊帶"是也。

（韅）

朣

【正俗】《廣雅》曰："䐱、䐲、䐙，朣也。""朣"，俗"瞳"字。

（䐲）

糉謂之麨

【詁訓】《廣雅》："糉謂之麨。"《篇》《韵》皆云："㯺，麨也。"㯺即末也。末與麨爲雙聲，糉與麨爲疊韵。

（麨）

水銀謂之汞

【詁訓】《廣雅》曰："水銀謂之澒"，字一作"汞"，說者分別之云："汞，水銀滓。"

（澒）

桵謂之楰

【校勘】《集韵》引《廣雅》："桵謂之楰。"今《廣雅》"桵"作"楰"，誤也。

（楰）

距

【校勘】《廣雅》曰："柤、樘、柱，距也。"距當作歫，止也。
（柤）

綮

【詁訓】《廣雅》："石鍼謂之綮"，與識訓相近。又"綮，鞷也"，與藏訓相近。鞷同舒卷之卷。
（綮）

袾裱袮

【校勘】【義例】曹憲《廣雅》："袾裱袮，劍衣也。袮音陳律反。"按：熊氏安生《義疏》引《廣雅》："夫裱木，劍衣也。""木"蓋本作"朮"，熊認爲艸木字。"夫朮"，曹本乃作"袾袮"，知今本《廣雅》多增益偏旁而不古矣。
（韜）

戛，戟也

【源流】（《說文》："戛，戟也。"）《廣雅》曰"戛，戟也"本此。
（戛）

簫篗篰也

【音義】【正俗】《廣雅》曰："簫篗，篰也。"曹憲上音滿，下音緩。《廣韻》曰："篙篗，簡也。""篰，牘也。"《玉篇》曰："篰，竹牘也。"按："萬爰"，漢人語，俗字加竹。
（篰）

釋天

祧

【校勘】《廣雅》云："祧，祭也。"祧當作朓。
（朓）

䄟

【詁訓】《廣雅》："䄟，祭也。""䄟"亦同"餕"。
（餕）

釋地

穋穜也

【異體】《廣雅》曰："穋，穜也"，即稑、種字之異體也。
（稑）

釋邱

𨸏細也

【源流】【校勘】【詁訓】【叚借】【正俗】【古今】【同源】（《說文》："𨸏，小𨸏也。"）《廣雅》本之，曰："𨸏，細𨸏也。"今譌舛不可讀矣。小𨸏曰𨸏，《國語》叚借魁字爲之。《周語》："夫高山而蕩以爲魁陵糞土"，賈逵、韋昭皆曰："小𨸏曰魁"，即許之𨸏也。賈逵注見《海賦》。其字俗作堆，堆行而𨸏廢矣。"氏"下云："山岸脅之堆，旁箸欲落隋者曰氏。"小徐作堆，大徐則刪之。《士冠禮》注："追猶堆也。"是追即𨸏之叚借字。李善注《七發》曰："追，古堆字。"《詩》："追琢其章"，追亦同𨸏。蓋古治金玉，突起者爲𨸏，穿穴者爲琢。𨸏語之轉爲敦，如《爾雅》之"敦丘"，俗作"墩"；《詩》："敦彼獨宿"，《傳》

以"敦敦然"釋之，皆是也。

（皀）

釋草

蒩蕺也

【音義】【辨誤】【詁訓】《廣雅》："蒩，蕺也。"崔豹《古今注》曰："荆楊人謂蒩爲蕺。"《蜀都賦》劉注曰："蒩，亦名土茄，葉覆地生，根可食，人饑則以繼糧。"《風土記》曰："蔖，香菜，根似茅根，蜀人所謂蒩香。"段公路《北户録》曰："蔖，秦人謂之蒩子。"按：蔖與蕺同，側立切，作蓙者誤。蒩作葅、菹皆誤。《說文》無蕺字，即今魚腥艸也，凶年人掘食之。

（蒩）

堇藋也

【注音】【詁訓】《廣雅》："堇（段云："謹音。"），藋也。"《名醫別錄》："蒴藋，一名堇草，一名芨。"……○凡物有異名同實者。《釋艸》曰："芨，堇艸。"陸德明謂即《本艸》之"蒴藋"。按：郭釋以烏頭，烏頭名堇見《國語》，而芨名無見。陸説爲長。

（藋）

蘴苵①

【聯綿】【古今】蘴苵雙聲。《廣雅》曰："蘴苵，鳬葵也。"按：蘴、蓴古今字。古作蘴，今作蓴、作蒓。

（蘴）

荼萩茅穗也

【異體】【詁訓】《廣雅》曰："荼、萩，茅穗也。"荼即茶字之變。《周

---

① 今本"苵"作"茆"。

禮》《儀禮》注、《鄭風》箋、《吳語》注皆云："荼，茅秀。"當是荼爲茅之秀，萩爲蒹之秀。統言之則曰茅秀而已。其色正白。

（萩）

荝子

【詁訓】【辨誤】《廣雅》："楱、奚毒，附子也。一歲爲荝子，二歲爲烏喙，三歲爲附子，四歲爲烏頭，五歲爲天雄。"按：《本艸經》有"附子""烏頭""天雄"三條，云："烏頭一名奚毒，一名即子，一名烏喙。"即子即荝子，猶鰌、鯽一字也。《名醫別錄》又沾"側子"一條，誤矣。

（荝）

蕒蘆也

【辨誤】《廣雅》云："蕒，蘆也。"曹憲云："白蘆與苦蕒大異"，恐非。《廣韵》曰："苦蘆，江東呼爲苦蕒。"賈思勰引《詩義疏》云："蘆，苦葵也。青州謂之苞。"

（蘆）

釋魚

魠

【詁訓】《廣雅》曰："魨、鱸，魠也。"以魠爲名，取開袥之意。

（魠）

鮂鱴

【詁訓】《廣雅》："鮂，鱴也。"謂鮂亦名鱴，鰌之類也。

（鮂）

有角曰䰺龍無角曰蛇龍

【詁訓】【辨誤】李善注《甘泉賦》引《說文》："虯，龍無角者"，他家所引作"有角"，皆誤也。王逸注《離騷》《天問》网言："有角曰龍，無角曰虯"，高誘注《淮南》同。張揖《上林賦》注、《後漢書·馮衍傳》注、《玉篇》《廣韵》皆曰："無角曰虯。"絶無龍子有角之說。惟《廣雅》云："有角曰䰺"，即"虯"字；"無角曰蛇"，即"螭"字。其說乖異，恐轉寫之譌，不爲典要。

（虯）

釋鳥

鷲鶚鷻鷙雕也

【詁訓】《廣雅》："鷲、鶚、鷻、鷙，雕也"，統言之。許雕、鷙爲一，鷲爲一，鶚爲一，析言之。

（鷲）

釋獸

郭牝丁犖

【詁訓】《廣雅》牛屬："郭牝，丁犖"，桓譚《新論》作："郭椒，丁櫟。"牝、椒，犖、櫟皆同韵也。

（犖）

豲

【辨誤】《廣雅》說豕屬有豲，豲非豪豬也。或以豪豬說之，殊誤。

（豲）

匡謬正俗

卷二

翌

【校勘】【叚借】《匡謬正俗》云:"翌,古文戮字。《湯斯》云:'予則孥翌女。'"按:翌正翏之譌。假借字。

(翏)

烏呼

【詁訓】【校勘】【辨誤】【經學】古者短言於,長言烏呼,於、烏一字也。《匡繆正俗》曰:"今文《尚書》悉爲於戲字,古文《尚書》悉爲烏呼字,而《詩》皆云於乎。中古以來文籍皆爲烏呼字。"按:經、傳、《漢書》烏呼無有作嗚呼者。唐石經誤爲嗚者十之一耳。近今學者無不加口作嗚,殊乖大雅。又小顏云:"古文《尚書》作烏呼",謂枚頤本也;"今文《尚書》作於戲",謂漢石經也。洪适載石經《尚書》殘碑,"於戲"字尚四見,可證也。今《匡繆正俗》古今字互譌。

(烏)

卷三

予

【詁訓】【古今】【義例】【辨誤】(《說文》:"余,語之舒也。")"語",

《匡謬正俗》引作"雩"。《左氏傳》："小白余敢貪天子之命，無下拜。"此正雩之舒。《亏部》曰："亏，於也。象氣之舒亏。"然則余、亏異字而同音義。《釋詁》云："余，我也。余身也。"孫炎曰："余，舒遲之身也。"然則余之引伸訓爲我。《詩》《書》用"予"不用"余"。《左傳》用"余"不用"予"。《曲禮》下篇："朝諸侯，分職授政任功，曰予一人。"注云："《覲禮》曰：'伯父寔來，余一人嘉之。'余、予古今字。"凡言古今字者，主謂同音，而古用彼、今用此異字。若《禮經》古文用"余一人"，《禮記》用"予一人"。余、予本異字異義，非謂予、余本即一字也。顏師古《匡謬正俗》不達斯恉，且又以予上聲、余平聲爲分別，又不知古音平上不甚區分，重悑貤繆。《儀禮漢讀攷》糾之詳矣。

（余）

卷六

聆瓦

【詁訓】《匡謬正俗》載俗語云："聆瓦"，聆者，聽之知微者也。

（聆）

卷七

斡筶

【音義】《匡謬正俗》云：斡音筶，不音烏活反。引陸士衡《愍思賦》爲證。按：其字榦聲，則顏說是也。然俗音轉爲烏括切，又作揢、作斜，亦於六書音義無甚害也。

（斡）

卷八

陵遲

【辨誤】【音義】【聯綿】《匡謬正俗》釋"陵遲"曰:"陵爲陵阜之陵。而遲者,遲遲微細削小之義。古遲、夷通用,或言陵夷,其義一也。言陵阜漸平,喻王道弛替耳。"玉裁謂:許書作"夌",則知說陵爲陵阜,非也。夌徲爲邌之反語。古遲、邌通用。夌徲言時久則弛替。遲古讀如夷,夌、夷疊韵字耳。

(夌)

玉 篇

土部第九

場

【校勘】《玉篇》引《國語》"屏攝之位曰壇（段云："今譌場。"），壇之所除地曰場。"

（場）

邑部第二十

郐

【志疑】《玉篇》引《春秋》："徐人取郐"，杜預云："今廬江舒縣。"[①]按：僖三年三經皆作"舒"，《魯頌》亦作"舒"，二《志》廬江舒縣亦皆作"舒"。未審希馮所據。

（郐）

鄻

【異文】【校勘】【地理】《玉篇》鄻、鄾二同，引《續漢書》云："廣陵鄻邑也。"按：《續漢書》謂司馬彪《郡國志》也。今《志》作"堂邑"，云："故屬臨淮，春秋時曰堂。"考《左傳·襄十四年》"楚子囊

---

① 今本《玉篇》引杜注"舒"作"郐"。

師于棠以伐吳"，昭二十年："棠君五尚"，字皆從木。而《廣韵》引《風俗通》："堂，楚邑，大夫五尚爲之，其後氏焉"，字從土。蓋今《左傳》從木或誤。堂邑，今江蘇江寧府六合縣是也。
（鄘）

猚

【詁訓】【地理】（《說文》："睢陽有猚水。"）按：《玉篇·邑部》："猚，胡灰切，睢陽鄉名。"猚即雅字，有雅水而後有猚鄉也。《集韵》《類篇》字作"邾"。
（猚）

人部第二十三

㣲

【正俗】《玉篇》有"㣲"字，引《書》"虞舜側㣲"，亦"散"之俗體也。
（散）

女部第三十五

嫼

【校勘】《玉篇》："莫勒切，奴也"，奴者怒之誤。
（嫼）

頁部第三十六

顀

【校勘】（《說文》："顀，頭頰長也。"）四字當作"頭陝面長皃"五字。《玉篇》云："頭頰面長皃"，"頰"亦譌字。《廣韵》："面長皃"，則少"頭陝"二字。

(顊)

頫

【音義】【辨誤】俛，舊音無辨切。頫，《玉篇》音靡卷切。正是一字一音，而孫強輩增"《說文》音俯"四字，不知許正讀如免耳。古音在十三、十四部之閒。大徐云"方矩切"者，俗音也。

(頫)

䫙

【校勘】《篇》《韵》皆云："䫙頷，不平也"，"䫙，邱檢切"，字當作䫙，羊聲。

(頷)

見部第五十二

覼

【詁訓】《玉篇》曰："覼縷，委曲也。"古書亦作"覶縷"，詳言之意。

(覼)

口部第五十六

嘶

【詁訓】【佚文】【志疑】嘶謂辛螫。《火部》引《周書》："味辛而不焫"，《呂覽·本味》："味辛而不烈"，嘶與焫、烈同義。《玉篇》云："《伊尹》曰：'酸而不嘶。'"此古《伊尹書》之僅存者。"酸"疑當作"辛"。"辛而不嘶"即《本味》之"辛而不烈"也。

(嘶)

喝

【詁訓】【異文】《玉篇》有"喝"無"噑","喝,古兮反,聲也。"此以倒首之𥄉爲聲,即噑字也。《廣韵》引《漢·刑法志》"県首",今《志》作"梟首"。《地理志》鉅鹿鄡縣,今《說文》作"鄥縣"。鄥與噑疑皆淺人改作,非許書本字。

(噑)

哯

【辨誤】(《說文》:"哯,不歐而吐也。")《玉篇》《廣韵》作"不顧而唾",非也。

(哯)

手部第六十六

擥

【古今】(编按:擥)《玉篇》作"擧",蓋古體也。抱之則物必在前,故上離下手。

(擥)

瓜部第七十八

瓜

【辨誤】《玉篇》云:"俗作苽。"按:"俗作苽"當在《艸部》"苽"字注中。

(瓜)

肉部第八十

肎

【校勘】（《說文》："肎，振肕也。"①）"振肕"依《玉篇》，今本《玉篇》"肕"譌"眐"。

（肎）

言部第九十

誻

【詁訓】《玉篇》曰："誻誻，多言也。"誻誻即讘嗑。

（誻）

夊部第一百二十四

夌

【詁訓】《玉篇》云："夌，遲也。"《廣韻》云："陵，遲也。"遲與徲同也。

（夌）

宀部第一百三十八

宲

【音義】【辨誤】（編按：宲）博褒切，古音在三部。按：《玉篇》既云："宲，補道切"，又重出而云："食質切，古寶字"，殊誤。

（宲）

---

① 陳本"肕"作"肎"。

木部第一百五十七

棆 柟

【詁訓】《玉篇》："棆，木名也。""柟，無柟木也。"二字爲伍，葢謂一物也。《廣韻》云"無柟木一名棆"是也。楊雄《蜀都賦》說木有柟。郭云："棆，楩屬，似豫章。"

（棆）

㮃

【志疑】【辨誤】《言部》"訬"讀若㚿，此"㮃"讀如薄。然則㚿之在二部或五部，難定也。《玉篇》云："㮃同樸。"則合㚿聲、菐聲爲一，其誤甚矣。

（㮃）

枏

【辨誤】鉉本乃以訓㽿、訓徒土華之"枏"注云："今作柟"，則大誤矣。《玉篇》同誤。後人所改也。

（枏）

椶

【詁訓】《玉篇》云："椶櫚，一名蒲葵。"今按：《南方艸木狀》云："蒲葵如栟櫚而柔薄，可爲簦笠，出龍川。是蒲葵與椶樹各物也。"謝安之蒲葵扇，今江蘇所謂芭蕉扇也。椶葉縷析，不似蒲葵葉成片，可爲笠與扇。

（椶）

艸部第一百六十二

募

【詁訓】【句讀】《玉篇》"募"下引《說文》，謂即蓫募、馬尾、蔏陸也。蕩同募。玫《本艸經》曰："商陸一名募（段云：句）。根一名夜呼。"陶隱居曰："其花名募。"是則累呼曰蓫募，單呼曰募，或謂其花募，或謂其莖葉募也。

（募）

芀

【詁訓】【辨誤】（《說文》："芀，艸也。"）按：許謂芀爲艸名也。《廣韻》云："陳根艸不芀，新艸又生，相因仍，所謂燒火芀。"此別一義，其字亦作茢，《列子》"趙襄子狩於中山，藉茢燔林"是也。今《玉篇》以"舊艸不芀，新艸又生曰芀"係之《說文》，此孫強、陳彭年輩之誤也。

（芀）

宋部第一百六十九

宋

【辨誤】（《說文》："宋，艸木盛宋宋然，象形。"）《玉篇》宋作市，引《毛傳》"蔽市，小皃。"玉裁謂：《毛詩》"蔽市"字，恐是用蔽黎之市字。經傳"戟"多作"芾"、作"茀"可證也。

（宋）

禾部第一百九十四

秀

【詁訓】【音義】【異體】禾稺内有人是曰秀。《玉篇》《集韵》《類篇》皆有"秂"字,"欲結米也",而鄰切,本"秀"字也。隸書"秀"从乃,而"秂"別讀矣。

(秀)

米部第二百

䊨　粸　粩

【辨誤】《玉篇》作"䊨",作"粸",作"粩",皆云"惡米",而皆"柴"之誤。

(柴)

鼓部第二百三十四

鼜

【音義】【譌字】(《說文》:"鼜,鼓鼜聲。") 缶聲不得"土盍切"明矣。《玉篇》曰:"鼜,鼓聲也,七盍切。"《廣韵》曰:"鼜,鼓聲也,倉雜切。"皆即其字。"缶"者,"去"之譌。"去"聲古或入侵部也。然皆"鼜"之誤字耳。

(鼜)

瓦部第二百四十二

瓶

【詁訓】【同源】（《說文》："庌，屋牡瓦也。"①）屋瓦下載者曰牝，《昌邑王傳》之"版瓦"也；上覆者曰牡，《玉篇》："瓶，牡瓦也。""瓶"，《廣雅》作"甑"，今俗猶以圓而上覆之瓦曰瓶。庌之言似環也，瓶之言似箇也。

（庌）

鬻部第二百四十五

鬻

【音義】【叚借】【辨誤】【異文】【源流】【校勘】【正俗】（《說文》："鬻，鍵也。从弼、米。"②）會意。之六切，三部。按：一音余六切，是以賣鬻字作此，賣之假借也。鉉本作"米聲，武悲切"，此因誤衍"聲"字而爲之切音，非真《唐韻》有武悲切也。《爾雅》"猶如麂"之"猶"，舍人本作"鬻"，異文同部，是可以定其非形聲矣。《廣韻》《集韻》《篆韻諩》脂韻内皆無鬻。《玉篇》云"《說文》又音麋"、《廣韻》云"《說文》本音麋"者，乃陳彭年輩誤用鉉本也。《玉篇》"麋"字又"麋"之誤，《類篇》"忼皮切"之誤本此。鬻作粥者，俗字也。作粥者，《樂記》假鬻爲育而轉寫致譌也。

（鬻）

---

① 陳本"牡"作"牝"，段正。
② 陳本"从弼米"作"从弼米聲"。

匸部第二百五十

匽

【校勘】《玉篇》作"緘也",乃"椷"之誤。

(匽)

匬

【詁訓】【經學】【異文】《玉篇》云:"余主切,器受十六斗。"按:《玉篇》蓋謂即《論語》"與之庾"之"庾"。苞注"十六斗爲庾"也。然《禮經》作"十六斗爲籔",今文"籔"作"逾"。

(匬)

弓部第二百五十八

彊

【詁訓】【辨誤】弛弓者,彊之義。彊非弛字也,《玉篇》以爲今之彌字,《廣韵》以爲玉名,皆非是。

(彊)

金部第二百六十九

鏓

【辨誤】【音義】【同源】【校勘】(《說文》:"鏓……一曰:大鑿中木也。"①)"中木也"各本作"平木者",《玉篇》《廣韵》竟作"平木器",今正。鑿非平木之器。馬融《長笛賦》:"鏓硐隤墜。"李注云:"《說文》曰:'鏓,大鑿中木也。'然則以木通其中皆曰鏓也。"今按:

---

① 陳本"中"作"平","也"作"者"。

中讀去聲，許正謂大鑿入木曰鏓，與種植、春杵聲義皆略同。《詩》曰："鑿冰沖沖"，《傳》曰："沖沖，鑿冰之意。"今四川富順縣卭州，鑿鹽井深數十丈，口徑不及尺，以鐵為杵，架高縋而鑿之，俗偁中井。中讀平聲。其實當作此鏓字。囪者多孔，蔥者空中，聰者耳順，義皆相類。凡字之義必得諸字之聲者如此。《釋名》曰："䡌言輻䡌入轂中也"，"䡌入"正"鏓入"之譌。

（鏓）

鋝

【辨誤】【源流】《玉篇》釋為"六兩"，所劣切者，此《尚書大傳》鐉訓六兩誤字。

（鋝）

鏉

【詁訓】《玉篇》《廣韻》云："鐵生鏉也"，亦曰"銹"。此今義，非古義也。古云鐵繡作采。

（鏉）

攴部第二百七十

敊

【音義】【校勘】【辨誤】【源流】【詁訓】（《說文》："敊……讀若屬。"①）鉉本無此三字，非也。屬，之欲切，故敊讀如豖，與擊雙聲。大徐以其形似鼓，讀公戶切，刪此三字，其誤蓋久矣。《玉篇》云："之錄切，擊也"，此顧氏原文；云："又公戶切"，此孫強所增也。《佩觿》云："敊，之錄、工五二切"，沿孫之繆。至《廣韻》乃《姥韻》有敊，而《燭韻》無敊。至《集韻》《類篇》乃以朱欲、殊玉二切歸之

---

① 陳本無"讀若屬"。

從豈聲之鼓字，而不知二切皆本《說文》。鼓讀如屬，鼓安得有此二切也？皆由沿襲徐鉉，遂舛誤至此。至乎南宋，毛晃又云："鼓舞字從攴，與鐘鼓字不同。"岳珂刊九經三傳，凡"鼓瑟鼓琴"、"鼓鍾于宮"、"弗鼓弗考"、"鼓之舞之"，皆分別作鼓。《經典釋文》《五經文字》《九經字樣》《開成石經》皆無此例也。《周禮·小師》："掌教鼓鼗、柷、敔、塤、簫、管、弦、歌。"注云："出音曰鼓。"按：鼓，郭也，故凡出其音皆曰鼓。若鼓，訓擊也。鼗、柷、敔可云鼓，塤、簫、管、弦、歌可云鼓乎？亦由鼓切公户，浸成異說，滅裂經字，以至於此。
(鼓)

車部第二百八十二

輶

【詁訓】《篇》《韵》云："輶輬，兵車。"《漢書》《文選》作"轀輬"。
(輶)

日部第三百四

曙

【古今】許書有睹無曙，而《文選·魏都賦》、謝康樂《溪行詩》李注竝引作"曙"，古今字形異耳。許本作睹，後乃變爲曙，署亦者聲也。《玉篇》昒、昧二文間出曙字，市據切，此顧希馮以今字易古字也。
(睹)

氏部第三百四十二

𣱏

【志疑】《篇》《韵》皆音印，又音致，"仆也"，疑認爲氏聲而易其音耳。
(𣱏)

石部第三百五十一

硍

【校勘】《玉篇》"磕"與"硍"相屬,云:"硍磕,石聲。"《廣韻》亦云:"硍磕,石聲。"是皆"硍磕"之誤也。

(磕)

厽部第三百五十六

垒

【音義】【辨誤】【校勘】【正俗】墼者,令適未燒者也。已燒者為令適,今俗謂之塼,古作專。未燒者謂之墼,今俗謂之土墼。坯土則又未成墼者,積坯土為牆曰厽,積墼為牆曰垒,此音同義異之字也。《土部》曰:"軍壁曰壘",此又音義皆異之字也。《玉篇》之注甚誤,故辨之。《禮·喪服》:"翦屏柱楣",注曰:"於中門之外,垒墼為之。"今本"垒"皆譌"壘"。《急就篇》"墼壘",亦當作"垒"。蓋俗字厽晶之不分者多矣。

(垒)

牛部第三百五十八

犦

【古今】《玉篇》"犦"訓"特牛",《廣韻》"犦"訓"牛未劇",此因古有"朴特"之語而製"犦"字。

(特)

狋部第三百六十五

狋

【古今】【源流】《玉篇》"狋"注云："察也。今作伺、覗。"按：希馮直以"狋"爲"伺""覗"之古字，葢用許說也。

（狋）

豚部第三百六十七

豚

【辨誤】【源流】（《說文》："𢀝，篆文从豕。"①）"篆"各本作"籒"，非是，今正。𢀝爲籒文，則希爲古文。豪，古文也。豪則小篆，改希从豕，以豪附𢀝，此正以"上"附"二"之例。下文以豚附𢁨，亦其類。孫強輩增窠《玉篇》，所據《說文》已是誤本矣。

（𢀝）

【辨誤】（《說文》："豚，篆文从肉豕。"）《爾雅音義》曰："籒文作豚。"《玉篇》亦曰："豚者，籒文。"皆誤。恐學者惑焉，故箸於此。

（𢁨）

虫部第四百一

蛁

【辨誤】【詁訓】《玉篇》以"蛁蟟"釋之，非也。蛁自蟲名，下文"蚗"下"蛁蟟"，別一蟲名。凡單字爲名者，不得與雙字爲名者相牽混。蛁蟟即蛁蟟，不得以釋蛁也。

（蛁）

---

① 陳本"篆"作"籒"。

而部第四百十九

而

【詁訓】【辨誤】顧氏《玉篇》以《而部》次於毛、毳、冃之後,角、皮之前。則其意訓"而"爲獸毛。絶非許意。
(而)

糸部第四百二十五

綳

【校勘】(《說文》:"綳,織成帶也。"①)《玉篇》"帶"誤"章"。
(綳)

紉

【詁訓】(《說文》:"紉,單繩也。"②)《玉篇》曰:"紉,繩縷也,展而續之。"《方言》曰:"䋌、剿,續也。楚謂之紉。"蓋單股必以他股連接而成。
(紉)

勹部第四百四十二

匊

【辨誤】(《說文》:"匊,在手曰匊。")《唐風》:"椒聊之實,蕃衍盈匊。"《小雅》:"終朝采綠,不盈一匊。"毛皆云:"兩手曰匊。"此云"在手",恐傳寫之誤。《手部》曰:"持,握也";"握,搤持也";

---

① 陳本無"成"。
② 陳本"單"作"䋄"。

"搵，捉也"；"捉，搵也"；"把，握也。"然則在手曰捉，曰搵，曰握，曰持，曰把，不曰㪺也。據《篇》《韵》所言則許書之譌久矣。《玉篇》曰："古文作臼"，此語尤誤。臼者，叉手也。叉者，手指相錯也。《廣韵》以"兩手奉物"訓臼，誤矣。《方言》曰："掬，離也。燕之外郊朝鮮洌水之閒曰掬。"此方俗殊語，不係乎本字也。

（㪺）

貝部第四百八

賣

【古今】《玉篇》云："賣，或作粥、鬻。"是賣、鬻爲古今字矣。

（賣）

酉部第五百三十九

酮

【詁訓】《玉篇》曰："以孔下酒也。"按：謂涓涓而下也。

（酮）

全書

【義例】【辨誤】顧希馮《玉篇》，其目以義爲次，而乖謬不可通者，如兄、弟二目，次於人、儿、父、臣、男、民、夫、予、我、身、女諸部之閒，而不知兄之本義訓兹長，不訓䦱；弟之本義訓韋束次弟，不訓叔季。訓䦱、訓叔季者，其引申之義耳。如顧目次，則此二篆失其本義。又如《毛部》《而部》次於羽、角、皮、革之閒，而不知毛謂眉髮之屬，而謂人須，引申乃用於鳥獸。如顧目次，此二篆失其本義，誤以人體系諸物體也。

（據形系聯）

五經文字

鼎部

鼎

【詁訓】【辨誤】【譌字】（《說文》："鼎，三足网耳，和五味之寶器也。象析木㠯炊。"①）"三足网耳"謂器形，非謂字形也。《九家易》曰："鼎三足以象三台也。"《易》曰："鼎黃耳。"……片者，判木也。反片爲爿。一木析爲二之形。炊鼎必用薪，故像之。唐張氏參誤會三足网耳爲字形，乃高析木之网旁爲耳。唐人皆作鼎，非也。唐氏玄度既辨之矣。

（鼎）

衣部

祇

【義例】【源流】【音義】【校勘】【譌字】【辨誤】【正俗】【古今】唐石經《周易》"祇既平"，《詩》"祇攪我心""亦祇以異"，《左傳》"祇見疏也"，《論語》"亦祇以異"，以及凡訓適之字，皆从衣氏，蓋有所受之矣。張參《五經文字》，經典字畫之砥柱也。《衣部》曰："祇，止移切，適也。"《廣韵》本孫愐《唐韵》曰："祇，章移切，適也。"

---

① 陳本"象析木以炊"不與"和五味之寶器也"緊鄰。

《玉篇·衣部》亦曰："衹，之移切。適也。"舊字相承可據如是。至《集韻》云："衹，章移切，適也"，始從示，然恐轉寫轉刊之誤耳。至《類篇》則衹、祇二文皆訓適。至《韵會》而從示之祇訓適矣。此其遞譌之原委也。衹之訓適，以其音同在十六部而得其義。凡古語罾皆取諸字音，不取字本義，皆叚借之法也。攷毛公《我行其野》傳曰："衹，適也"；鄭《何人斯》箋、《論語注》曰："衹，適也"；服虔《左傳·襄廿九年》解云："衹，適也"；王弼注《坎卦》曰："衹，辭也"；顏師古《竇嬰傳》注曰："衹，適也。"此古字古言之存者章章也。自宋以來刊版之書多不省照，衣改從示者不少，學者所宜訂正。錢氏大昕《養新錄》乃云："《說文》無衹字，《五經文字》承《玉篇》之誤"，未免千慮一失耳。衹譌祇，俗又作秖，唐人詩文用之，讀如支。今則改用只，讀如質。此古今推移之變也。若《史記·韓安國傳》云："禔取辱耳"，此用衹之同音字；如《周易》"衹既平"，他家作"禔"而異其義，要是同音。○顏元孫《干祿字書》石本"秖秖"注云："上神秖，巨移反。下適秖，章移反。"是則秖字起於唐初，葢六朝俗字。

（緹）

心部

惛

【音義】【譌字】昏字於古音在十三部，不在十二部。昏聲之字，"䁔"亦作"蚊"，"婚"亦作"㛪"，"敃"亦作"忞"。昏古音同文，與真臻韵有斂侈之別，字從氐省爲會意，絶非從民聲爲形聲也。葢隸書淆亂，乃有從民作"昬"者，俗皆遵用。唐人作《五經文字》乃云："緣廟諱偏傍，準式省從氏。凡泯、昏之類皆從氏。"以昏類泯，其亦愼矣。

（昏）

懦

【音義】【譌字】【校勘】【辨誤】【叚借】懊與《人部》"偄"音義皆

同，弱也，本乃亂切，音轉爲乃過切。《廣韻·獼韻》：愞，而兗切；《换韻》：愞，奴亂切；《過韻》：愞，乃臥切；《玉篇·心部》：愞，乃亂、乃過二切；皆訓"弱也"。此自古相傳不誤之字也。因形近或譌爲"偄"，再譌爲"儒"。其始尚分愞、偄爲二字二音，故《玉藻》注云："舒愞者，所畏在前也。"《釋文》云："愞，乃亂反，又奴臥反，怯愞也。又作偄，人于反，弱也，皇云'學士。'"是其分別井然，而轉寫愞譌爲偄，故《五經文字》曰："偄，人于反，又乃亂反，見《禮記注》。"於是有偄無愞，而以愞之反語入於偄下。《廣韻·虞韻》"偄"字下"人朱切，又乃亂切"，其誤正同。又考僖二年《左傳》愞字、《穀梁傳》愞字，《釋文》轉寫皆譌作偄。凡經傳愞字皆譌作偄，不可勝正。愞通作耎，亦或借䎡。《漢書·西南夷傳》"選耎"，《後書·章帝八王傳》《西羌傳》"選愞"，《史記·律書》"選䎡"，《方言注》"愞撰"，今無不作偄者。葢需、耎二聲古分別畫然：需聲在古音四部，人于切；耎聲在古音十四部，乃亂切。而自張參以來，改耎爲需，不能諟正。《說文·心部》之"愞"、《手部》之"擩"皆經淺人任意竄改，以合里俗。世有好學深思心知其意者，必以愚言爲然也。

（愞）

言部

謚 字林以謚爲笑聲音呼益反

【音義】《字林》云："謚，笑聲，呼益反。"此由"笑言啞啞"字音形皆變而云然。

（啞）

厂部

厎

【音義】【校勘】【辨誤】此字从氐聲，俗从氏，誤也。古音氐聲在十六部，氏聲在十五部，不容稍誤。唐以來知此者鮮矣。《五經文字》石刻譌作"氐"，少一畫，不可從。顧亭林《與潘次耕書》分別氐、氐不同義，不知古無从氏之氐。氐與底爭首筆之有無，末筆則從同也。氐與底音義均別，《广部》詳之。

（氐）

子部

孳

【辨誤】（《說文》："孳……从子，兹聲。"①）按：此篆从艸木多益之"兹"，猶《水部》之"滋"也，形聲中有會意。《五經文字》云"从兹"，非也，兹本在先韵耳。

（孳）

水部

準

【古今】準，《五經文字》云："《字林》作准。"按：古書多用"准"，蓋魏晉時恐與"淮"字亂而別之耳。

（準）

渻渻

【辨誤】【異體】（《說文》："渻，幽溼也。"）《五經文字》云："渻從泣下月，大羹也。渻從泣下日，幽深也。今《禮經》大羹相承多作下字，或傳寫久譌，不敢改正。"按：渻字不見於《說文》，則未知張說何本。《儀禮音義》引《字林》云："渻，羹汁也。"《玉篇》《廣韵》同。然則本無異字。肉之精液如幽溼生水也。《廣雅》："羹謂之胉。"

---

① 陳本"孳"作"孳"，"兹"作"兹"。

皆字之或體耳。

（涪）

殳部

毅

【辨誤】（《説文》："毅……豙聲。"① ）按：豙從辛。《五經文字》曰："從辛省"，非也。𧰨省從辛省耳。

（毅）

【校勘】《五經文字》"毅"下云："从辛省"，正"从辛省"之譌。

（豙）

歺部

歺

【音義】【辨誤】五割切……十五部。《五經文字》《九經字樣》音兢，非。

（歺）

日部

暬

【辨誤】（編按：暬）各本篆作"暬"，"埶聲"作"執聲"，《五經文字》亦誤，今正。

（暬）

① 陳本"豙"作"豙"。

曰部

是

【辨誤】《五經文字》"是"入《曰部》，則唐本从曰也，恐非。（是）

跨跨

【辨誤】【音義】【正俗】（《說文》："跨，渡也。"）《五經文字》云："《說文》作跨，經典相承，隸省作跨。"此實不然。夸聲在五部，牟聲在十七部，絕無牽字。至《肉部》云："《說文》胯，隸省作胯"，則更誤。《說文》有牟字，無胯、胯字。胯即牟之俗。《廣韵》曰："兩股間也。"玉裁又按：蹴、踢、躡、跂、蹈、躔、踐七字，一氣銜接。不當中絕以跨字，疑許書本無跨字。《夊部》之"牟"釋曰："跨步也。""跨步"當爲"夸步"。夸步者，大步也。大張其兩股曰牟。必云夸步，不云大步者，牟、夸雙聲也。後人改牟作跨，《玉篇》云："牟與跨同"，其明證也。又專言兩股間則作"胯"，"牟"字之訓則改之曰："跨步"，皆出後人增竄。此所以張參本與今本參差乖異而皆不必是歟。（跨）

九經字㨾①

糸部

繻絇

【辨誤】【經學】【異文】【源流】唐玄度《九經字㨾》繻、絇同字，注云："上《說文》從筍聲，下經典相承隸省。"按：繻不見於他書，疑唐氏所據未確也。惟《儀禮注》云："絇，今文作約。"然則絇出《禮》古文，許用《禮》古文，故不錄《禮》今文。《玉篇》約同上絇，本《禮注》也。《集韵》繻同絇，此本唐氏也。
（絇）

雨部

霸

【異文】【詁訓】【辨誤】（《說文》："霸……讀若《春秋傳》'墊阨'。"）成六年、襄九年、廿五年皆云"墊隘"。阨者，阨之隸變，阨、隘古通用。此謂霸音同墊耳，非謂《春秋傳》有"霸隘"也。而《九經字㨾》云："霸，音店，寒也。《傳》曰：'霸隘。'"引《說文》而失其真，遂致爲經作音而非其實，以經典絕無"霸"字也。
（霸）

---

① 今本"㨾"作"樣"。

雜辨部

牙

【校勘】【詁訓】（《說文》："牙，壯齒也。"①）"壯"，各本譌作"牡"，今本《篇》《韵》皆譌，惟石刻《九經字樣》不誤，而馬氏版本妄改之。《士部》曰："壯，大也。"壯齒者，齒之大者也。統言之皆偁齒，偁牙。析言之則前當脣者偁齒，後在輔車者偁牙。牙較大於齒，非有牝牡也。《釋名》："牙，樝牙也。隨形言之也。輔車或曰牙車，牙所載也。"《詩》："誰謂雀無角""誰謂鼠無牙"，謂雀本無角，鼠本無牙，而穿屋、穿牆，似有角牙者然。鼠齒不大，故謂無牙也。東方朔說騶牙曰："其齒前後若一，齊等無牙。"此爲齒小牙大之明證。

（牙）

---

① 陳本"壯"作"牡"。

佩 觿

卷上

古文以貞爲鼎籀文以鼎爲則①

【辨誤】(《說文》:"古文㠯貝爲鼎。籀文㠯鼎爲貝。"②) 二"貝"字小徐皆作"貞"。郭忠恕《佩觿》云"古文以貞爲鼎,籀文以鼎爲則"亦誤。今正。京房說貞字鼎聲,此古文以貝爲鼎之證也。許說鼒、鼏、鼐、鼒者,籀文之則、員、賈、妘字,此籀文以鼎爲貝之證也。

(鼎)

俗別爲王

【音義】【古今】《佩觿》曰:"玉有欣救、魚錄、息足、相逐四翻,俗別爲王。"郭云"別爲王"者,謂玉石字點在三畫之側,欣救、息足、相逐三切點在二畫之側也。蓋後人以朽玉字爲玉石字,以別於帝王字。復高其點爲朽玉、王姓字,以別於玉石字。又或改《說文》从王加點爲从王有聲作珥,亦以別於玉石字也。

(王)

---

① 今本"鼑"作"鼎"。
② 陳本此句作:"籀文以鼎爲貞。"

卷中

平聲自相對

楊揚

【詁訓】《佩觿》曰："楊，柳也。亦州名。"古書州名皆作楊矣。

（楊）

平聲上聲相對

巂嶲

【辨誤】巂音先蘂反，今四川語言讀如西上聲。《佩觿》謂字作寓，與巂不同者，謬說也。同字異音耳。

（淹）

全書

鼓

【譌字】夢英所書郭氏《佩觿》皆作"鼓"，是也。凡作"皷"、作"皷"、作"鼓"者，皆誤也。

（鼓）

類　篇

卜部

𠧞兆𠔀

【辨誤】【源流】（《說文》："兆，古文𠧞省。"[①]）按：古文衹爲象形之字，小篆加卜，非古文減卜也。《廣韵》曰："𠧞，灼龜坼，出《文字指歸》"；"兆，治小切"，引《說文》"分也"。"分也"之訓見《八部》"𠔁"下。𠧞出《說文》，則不得云出《文字指歸》。蓋古本《說文·卜部》無𠧞、兆字，《八部》"𠔁"字即龜兆字。今𠔁音兵列切，《卜部》𠔀中多一筆，以殊於𠔀，皆非古也。《玉篇》《卜部》之外，别爲《兆部》，云："兆，事先見也，形也。""𠧞，同上。"假令顧氏所據《說文》早同今本，何爲作此紛更乎？是必《說文》無兆而增此一部曉然。據《篇》《韵》以正《說文》，可無疑矣。尋此字之原委，蓋由虞翻讀《尚書》"分𠔁三苗"爲𠔀，云："𠔀，古别字。"由是信之者讀《說文·八部》之𠔀爲兵列切，又增竄"八亦聲"於說解中，而《說文》乃無龜兆字矣。《說文》無龜兆字，梁顧氏作《玉篇》乃增《兆部》於《卜部》之後。隨曹憲作《文字指歸》，乃又收𠧞爲龜兆字。而改竄《說文》者乃於《卜部》增𠧞爲篆文，兆爲古文。又恐其形之溷於《八部》也，乃加增一筆以殊之。紕繆之由，歷歷可見。前注《八部》未能了然，後之學者依此說而删定可也。〇又按：《集韵》《類篇》

① 陳本"𠧞"作"兆"。

皆引《說文》"㸚古省或作外","臣光曰:'按:外,兵列切,重八也。㸚,古當作外。"是則勉強區分蓋由司馬公始。徐鍇、徐鉉、丁度等皆作外。司馬公所襲者,夏竦輩之書也。

(㸚)

魚部

鱄

【辨誤】《類篇》謂即小魚爲鮒之鮒,非也。

(鱄)

字　鑑

六止

起

【辨誤】（編按：起）《五經文字》云："从辰巳之巳"，是。《字鑑》："从戊己之己"，非也。

（起）

廣　韵

一東

終

【辨誤】【古今】【音義】（《說文》："終，絿絲也。"）《廣韵》云："終，極也，窮也，竟也。"其義皆當作"冬"。冬者，四時盡也，故其引申之義如此。俗分別冬爲四時盡，終爲極也、窮也、竟也，乃使冬失其引申之義，終失其本義矣。有日而後有奥、冬，而後有終，此造字之先後也，其音義則先有終之古文也。

（終）

馮

【歷史】【辨誤】《廣韵》曰："馮，姓也。畢公高之後，食采於馮城，因而命氏。"《左傳》云："畢者，文之昭。"王肅注《尚書》云："畢毛，文王庶子。"然則鄸爲姬姓國，其後以國氏，省作馮也。師古云："馮，歸姓。"恐非。

（鄸）

三鍾

燮

【辨誤】張揖曰："晝舉燮，夜燔燧。"李善取其說。《廣韵》："夜曰燮，畫曰燋。"葢有誤。
（燹）

四江

杠

【音義】（《說文》："杠，牀前橫木也。"）《廣韻》作"牀前橫"，無木字。然則橫讀古曠反。①
（杠）

桴

【聯綿】《廣韻》曰："桴䉶，帆未張"，又曰："䉶，帆也。"按：《廣韻》有䟓躩、踤躓、䑃艭，皆疊韻字。
（桴）

五支

瘏 萎

【古今】《艸部》曰："菸，一曰瘏也。"菸、瘏雙聲。《廣韻》曰："瘏，枯死也。""萎，蔫也。"按：瘏、萎古今字，菸、蔫古今字。《內則》注曰："今益州有鹿瘏。"
（瘏）

縗

【詁訓】《廣韻》云："繒似布，俗作絁。"玉裁按：葢今之綿紬。
（縗）

---

① 周祖謨校記云："故宮《王韻》注云：'一曰牀頭橫木。'此脫木字。"

六脂

衼

【音義】【辨誤】古音凡氏聲字在第十五部，凡氐聲字在第十六部。此《廣韵》衼入《五支》、祗入《六脂》所由分也。鉉所據《唐韵》"祗，旨移切"，是孫愐祗入《五支》，遠遜於宋《廣韵》所改定矣。《經典釋文》於《商頌》"上帝是祗"諸時反，則又闌入《七之》；於《孔子閒居》諸夷反，則固不誤。此等學者所當審定畫一也。

（衼）

鷦

【詁訓】《廣韵》曰："小青雀也。"按：《廣韵》蓋謂即竊脂。

（鷦）

覛

【譌字】（編按：覛所從之𠂯）小徐本及《廣韵》《集韵》《類篇》皆譌作"朿"，非是。

（覛）

遺

【詁訓】（《說文》："遺，亡也。"①）《廣韵》："失也，贈也，加也。"按：皆遺亡引伸之義也。

（遺）

---

① 陳本作"亾"。

七之

甾

【辨誤】（編按：由）《廣韻》謂即《艸部》之"甾"字，風馬牛不相及也。"甾"上从一雝川，此象缶之頸少殺，安得云同字？今絫當作"甾"。

（由）

嗤

【辨誤】【正俗】《廣韻》畫蚘、嗤爲二字，殊誤。其云嗤"又作欹"，不知皆"欥"之俗耳。

（欥）

十虞

殊①

【詁訓】《廣韻》曰："殊，陟輸切，殊殺字也，從歹，歹，五割切。""歾，同殊。"據此知古殊殺字作殊，與誅責字作誅迥別矣。《周禮》："八曰誅，以馭其過。"《禁殺戮》《禁暴氏》《野廬氏》皆云"誅之"，此誅責也。《公羊傳》："君親無將，將而誅焉"，此殊殺也。當各因文爲訓。

（殟）

---

① 今本"殊"作"列"。

十二齊

徲

【志疑】《廣韵》:"徲,杜奚切,久待也",無"徲"字。《玉篇》《集韵》有"徲"無"徲",未知孰是。

(徲)

十六咍

溰

【源流】《廣韵·十六咍》曰:"溰,水名,出蜀。"此用《字林》。

(溰)

十七真

敶

【校勘】《廣韵·十七真》曰:"敶者,陳之古文。""古文"當作"古字"。

(敶)

二仙

湔

【同源】【源流】(《說文》:"湔,湔水。出蜀郡緜虒玉壘山,東南入江……一曰湔,半澣也。"①)《廣韵》:"湔,洗也。一曰水名。"此用《說文》而互易其先後耳。

(湔)

---

① 陳本"湔半"二字但作"手"。

譔

【同源】【源流】鄭注《論語》"異乎三子者之撰"："撰讀曰譔，譔之言善也。"《廣韵》曰："譔，善言也。"本鄭。

（譔）

四宵

皀　皀

【校勘】【辨誤】（《說文》："皀……皀，篆文从皀。"）《廣韵》古本亦必先皀後皀，注曰"古文"。今本二大字轉寫譌舛。《集韵》《類篇》依大徐而誤。

（皀）

六豪

鏖

【詁訓】《廣韵》曰："鏖，銅瓮也。"今江東尚有鏖孰之語，與《火部》以微火溫肉之麇義同。或作爊，或作鏖。《集韵》曰："盡死殺人曰鏖糟"，《漢·霍去病》"合短兵，鏖皋蘭下"是也。

（鏖）

十陽

墇

【正俗】【音義】【校勘】《廣韵》："墇，壅也"，壅又雍之俗，此與"障"音同義小異。《祭法》《魯語》"鯀鄣洪水"當作此"墇"字，韋昭曰："防也。"

（墇）

孃 娘

【音義】《廣韵》："孃，女良切，母稱"；"娘"亦女良切，"少女之号"。唐人此二字分用畫然，故耶孃字斷無有作娘者，今人乃罕知之矣。

（孃）

十三耕

娙

【歷史】【異文】【詁訓】《廣韵》曰："娙，口莖切，或作砸。谷名，在麗山。昔秦密種瓜處。"按：秦冬月種瓜谷中溫處。瓜實，因使諸生往視說之，發機阬諸生。事見《尚書正義》所引衛宏《詔定古文官書序》《漢書·儒林傳》注，《藝文類聚》卷八十七同。而師古作"阬谷"，《正義》及《類聚》作"砸谷"，實則"娙谷"也。

（娙）

埩

【異文】《廣韵》曰："埩，魯城北門池也。"《公羊傳》作"爭"，許《水部》作"淨"。

（埩）

十四清

鯖

【校勘】《廣韵》云："烹魚煎食曰五矦鯖。""煎食"作"煎肉"者誤。謂以新魚爲肴也。

（鯖）

十五青

綎

【詁訓】《廣韵》曰："絲綎，帶綎。"《玉篇》曰："絲綎，綬也。"按：此綬葢綬之類而已，非印綬之綬。
（綎）

町

【正俗】【詁訓】《廣韵·青韵》注曰"田處"，《迥韵》注曰："田塸"。塸者，俗區字。田處者，謂人所田之處。
（町）

十八尤

妯

【音義】《廣韵》丑鳩切，《方言》"妯娌"度六切。
（妯）

蔰

【源流】（《說文》："蔰，烏蔰，艸也。"①）《廣韵》曰："烏蔰，艸名。"本《說文》。
（蔰）

十九侯

穲

【詁訓】（《說文》："廔……一曰所目穲也。"②）《木部》曰："樕，穲

---

① 陳本無"烏蔰"。
② 陳本無"所目"。

樓也。"《廣韵》:"耬,種具也。"皆即"廔"字。

(廔)

緱

【詁訓】《廣韵》曰:"刀劍頭纏絲爲緱也。"按:謂人所把處如人之喉然。

(緱)

冓

【源流】【詁訓】《廣韵》矦、候二韵皆曰:"冓,數也",此古《筭經》說也。而紙韵引《風俗通》作:"壤生溝,溝生澗",《五經筭術》《數術記遺》等書亦皆作"溝"矣。

(冓)

二十一欣

忻

【詁訓】忻謂心之開發,與《欠部》"欣"謂"笑喜也"異義。《廣韵》合爲一字,今義非古義也。

(忻)

二十二覃

函 圅

【辨誤】(編按:圅)小徐云:《說文》篆如此。李陽冰非之,謂當作"函"。按:如李說,易與"臽"混。今《廣韵》"圅""函"別爲二字,則更非矣。

(圅)

二十五添

鰜

【辨誤】《廣韵》云："比目魚"，因烏有鶒，皮傅耳。

（鰜）

二十八嚴

枚

【正俗】【異體】（編按：銛）俗作"枚"，《廣韵》曰："古作櫃，或作欣"，皆即銛字。

（銛）

二腫

俑

【叚借】【音義】【辨誤】《禮記》《孟子》之"俑"，偶人也。"俑"即"偶"之假借字，如"喁"亦禺聲而讀魚容切也。假借之義行而本義廢矣。《廣韵》引《埤蒼》說："木人送葬，設關而能跳踊，故名之俑。"乃不知音理者強爲之說耳。

（俑）

四紙

尒

【音義】《玉篇》力爾切，《廣韵》力紙切，云："尒尒，布明白，象形也。"此附合爾之同韵爲音。大徐力几切。

（尒）

垑

【詁訓】【志疑】【經學】（《說文》："垑，恀也。"）《廣韵》曰："垑，恀土地也"，疑所見是完本。"恀土地"者，自多其土地，故字从多土。《玉篇》："垑，治土地名"，恐有錯誤矣。《釋詁》曰："恀，恃也"，謂自多之意。一說《爾雅》葢本作垑，故許同之。

（垑）

八語

齟

【詁訓】【音義】《廣韵》曰："齟齬，不相當也，或作鉏鋙"，上牀呂切，下魚巨切。按：《金部》"鉏"下云："鉏鋙也"，鋙或作鋘。《周禮注》作"鉏牙"。《左傳》"西鉏吾"以"鉏吾"爲名。牙、吾古音皆在九魚。古齟字有單用者，《東方朔傳》曰："齟者，齒不正也。"

（齟）

鋙

【詁訓】【叚借】《齒部》：'齟齬，齒不相值也。"鉏鋙葢亦器之能相抵拒錯摩者，故《廣韵》以"不相當"釋"鉏鋙"。《周禮·玉人》注云："駔牙"，《左傳》人有名"鉏吾"者，皆此二者之同音叚借。

（鋙）

九麌

頵

【辨誤】（編按：頵）《廣韵》注云："孔子頭也。"又附會以爲孔子圩頂之圩。

（頵）

哎

【詁訓】凡湯酒膏藥，舊方皆云"哎咀"。《廣韵·九麌》云："哎咀，嚼也。"按：哎即哺字，古父、甫通用，後人不知爲一字矣。

（咀）

十姥

土

【音義】（編按：土）《廣韵》引《文字指歸》曰："無點。"按：《文字指歸》蓋以無點者它魯切，有點者徒古切，田地主也，釋氏書國土必讀如杜是也。

（土）

睹

【辨誤】後出"睹"字。丁古切。此孫强、陳彭年輩所據《說文》妄增者也。

（睹）

十一薺

蠡

【辨誤】蠡从蚰，象聲。懡从心，象聲。古音皆在十六部。今韵蠡入薺，懡入佳，皆不誤，而字形从象則誤。

（象）

敔

【聯綿】《篇》《韵》皆連舉敔敔字，知爲疊韵無疑。《廣韵》云："敔敔，擊聲也。"

（敔）

十二蟹

獬

【聯綿】《廣韵》曰："《字林》《字樣》作解廌，《廣雅》作豸𧳅，陸作獬豸。"陸謂陸法言《切韵》也。廌與解疊韵，與豸同音通用。

（廌）

十六軫

輀

【校勘】《廣韵》既有"轏"，云："車軨兔下革。"又有"輀"，云："車軨兔下軛。"明是一而二之，"軛"字必誤。

（轏）

二十一混

鯀

【校勘】《廣韵》曰："禹父鯀，《尚書》本作鮌。"按：鯀乃鮌譌。

（鮌）

二十七銑

典

【古今】《廣韵》"典"字下曰："主也，常也，法也，經也。"按：凡典法、典守字，皆當作敟。經傳多作典，典行而敟廢矣。

（敟）

三十小

兆 㐱

【義例】【音義】【志疑】《廣韵》："兆，治小切"，引《說文》"分也"。此可證孫愐以前，㐫即兆矣。又云："㐱，灼龜坼也，出《文字指歸》。"《文字指歸》者，曹憲所作。此可證孫愐以前，《卜部》無兆㐱字矣。顧野王《玉篇·八部》有"㐫"，兵列切；《卜部》之後出《兆部》，又云："㐱同兆。"此可證顧氏始不謂㐫即兆字矣。虞翻說《尚書》"分北三苗"云："北，古別字。"不知其所本，要與重八之㐫無涉。豈希馮始牽合而岐誤與？

（㐫）

三十二晧

顥

【地理】【辨誤】（《說文》："南山四顥。"）"南"，《四八目》《廣韵》作"商"。皇甫士安《高士傳》曰："四晧皆河內軹人，或在汲。一曰東園公，二曰角里先生，三曰綺里季，四曰夏黃公。秦始皇時退入藍田山，作歌，乃共入商雒，隱地肺山。漢高徵之不至，深自匿終南山，不能屈己。"按：曰"藍田山"，曰"商雒地肺山"，曰"終南山"，東西相接八百里，實一山也。《詩傳》曰："終南，周之名山中南也。"《左傳》作"中南"，《史》《漢》謂之"南山"，楊雄《解嘲》曰："四晧采榮於南山。"《說文》作"南山"，不誤。《張良傳》注"商山四晧"，宋時浙本作"南山"。

（顥）

三十五馬

蒍

【音義】【辨誤】（《說文》："蒍……讀若隳壞。"①）此謂讀如隳壞之隳也。隳，隋聲，在十七部。音轉許規切，入十六部。凡圭聲字在十六部。鉉本脫去"隳"字。《廣韵》"蒍"有壞音，誤矣。《唐韵》胡瓦切，十七部之音變也。

（蒍）

三十六養

餰

【辨誤】晝食曰餰，俗譌爲"日西食"曰餰，見《廣韵》。

（餰）

儬

【校勘】【詁訓】《廣韵·一送》云："槦，格木也。"《三十六養》云："儬，載器也，出《埤蒼》。"《玉篇》云："儬，渠往切，載器也。"" 載器"皆當作"戴器"，古載、戴通用。格木亦謂庋閣之木。

（儬）

三十八梗

埂

【詁訓】《廣韵》曰："吳人謂堤封爲埂"，今江東語謂畦埒爲埂。

（埂）

---

① 陳本無"隳"。

四十一迥

泂

【詁訓】《廣韻》："泂濙，小水也。""濙"蓋即"瀅"。
（瀅）

四十五厚

母

【詁訓】《廣韻》引《倉頡篇》云："其中有兩點者，象人乳形豎通者，即音無。"按：此就隸書釋之也。
（母）

四十七寑

宷

【叚借】（《說文》："宷，悉也，知宷諦也。"）"諦"，《廣韻》引作"諟"，古同部假借也。
（宷）

一送

諰

【詁訓】【志疑】（《說文》："詷……一曰諚也。"）《通俗文》："言過謂之諰詷。麤痛、徒痛二切。"按："言過"者，言之太過也；與諑訓合。《廣韻》作"言急"，恐誤。
（詷）

六至

遂

《廣韵》："達也，進也，成也，安也，止也，往也，從志也。"按：皆引伸之義也。

（遂）

十遇

絇

【音義】【經學】（《說文》："絇，纑繩絇也……讀若鳩。"）絇，糾合之謂，以讀若鳩知之。謂若纑若繩之合少爲多皆是也。《廣韵》："絇，九遇切，絲絇也。"唐《會真記》崔氏書曰："奉寄采絲一絇"，元稹詩曰："梦絲不成絇"，正讀九遇切。是唐人多用此語。若屨絇，《禮經》及《禮記》皆作"絇"，《周禮》作"句"，鄭云："箸烏屨之頭以爲行戒。句當爲絇，聲之誤也。"玉裁按：許不言屨飾，但言"纑繩絇"。許意屨絇字當從《周禮》作句爲正，取拘止之意。

（絇）

十二霽

渧　埤倉云渧瀧瀧也

【音義】《埤倉》有"渧"字，讀去聲，即滴字也。

（滴）

殢

【正俗】（《說文》："懘，高也，一曰極也，一曰困劣也。"）俗用

"殢"字，《廣韵》曰："極困也"，亦即"懘"之俗。

（懘）

桂

【辨誤】《廣韵·十二霽》曰："《後漢大尉陳球碑》有城陽炅橫，漢末被誅，有四子，一姓炅，一姓昋，一姓桂，一姓炔。四字皆九畫。"《集韵》："《桂氏譜》曰：'桂貞爲秦博士，始皇阬儒，改姓昋，其孫改爲炅，弟四子改爲炔。'"① 是則有肌製炅爲姓者，恥其不古，屢入許書，非無證也。《廣韵》云："四字皆九畫"，按：桂字十畫，其三字皆八畫，蓋六朝木旁多作扌，圭作五畫。然則當云"四字皆八畫"也②。

（炅）

十三祭

觢

【校勘】【詁訓】《廣韵》曰："跲觢，牛展足。"按："展足"二字乃"曆"字之誤。曆同跂。《足部》曰："跂者，甓也。"觢與甓互訓。跲觢猶踐蹋也。

（觢）

十六怪

衸

【校勘】（编按：衸）《廣韵·十六怪》云："補膝，裙也"，乃"袜膝，裙衸也"五字之誤。

（衸）

---

① 今本"《桂氏譜》"作"《炅氏譜》"。
② 按：筆畫古今亦可異俗。若以木旁不變而以圭作五畫，"丨"筆作兩筆，則正是"四字皆九畫"也。

頟

【詁訓】（《說文》："癡頟，不聰朙也。"①）《廣韵》曰："頟，顔惡也。"此今義也。

（頟）

十八隊

䃅

【佚文】【詁訓】《廣韵》云："《世本》曰：'公輸般作䃅。'"語必出《世本·作篇》矣。"班"與"般"古通，是以《檀弓》作"般"，《孟子注》作"班"。

（䃅）

十九代

抌②

【音義】【辨誤】【源流】【詁訓】（《說文》："杚，平也。"）許書有杚無抌。杚在入聲則古沒切，亦居乙切。去聲則古代切，亦古對切。無二字也。《廣韵》去入聲皆作"抌"，從手，皆從木之誤耳。《集韵》代、没二韵皆於"杚"字之外別出"抌"字，則由未知《廣韵》之爲字誤也。杚者平物之謂，平之必摩之，故《廣雅》曰："杚，摩也。"《廣韵》摩之訓本此。

（杚）

---

① 陳本無"頟"。
② 今本"抌"作"抌"。

二十一震

窺

【義例】《廣韵·真韵》曰："窺，古文親也。"《震韵》曰："窺，屋空皃。"此今義，非古義。凡《廣韵》之例，今義與《說文》義異者，必先舉今義而後偁《說文》，故《震韵》先云"屋空皃"，而後云"《說文》至也"。

（窺）

二十二霰

洊

【異體】【詁訓】《廣韵》曰："水荒曰洊。""洊"者，"薦"之異文。《周易》曰："水洊至，習坎。""洊雷震。"《釋言》："荐，再也"，荐同洊。

（薦）

二十五願

万　萬

【異體】唐人十千作万，故《廣韵》万與萬別。

（萬）

酓

【詁訓】《廣韵》云："一宿酒"，謂一宿而孰也。

（酓）

二十六鏟

鏟

【正俗】《廣韵》曰："鏟，平木器也。"凡鏟削多用此字，俗多用剗字。
（鏟）

二十八翰

騜

【詁訓】（《說文》："騜，馬頭有白發色。"）《廣韵》曰："騜騜，馬行。"此今義也。按：《東京賦》作"半漢"。
（騜）

二十九換

姅

《廣韵》曰："姅，懷孕也。""傷孕"者，懷子傷也。
（姅）

三十諫

狦

【避諱】（《說文》："狦，獟犬也……一曰逐虎犬也。"）《廣韵》曰：

"逐獸犬"，蓋唐人避諱改。①

(狎)

三十二霰

睍

【源流】（《說文》："睍，迎視也。从目，是聲。讀若珥瑱之瑱。"）此合韵也，如衹振之比。《廣韵》他甸切本此。

(睍)

三十三線

戀

【古今】《廣韵·卅三線》曰："戀，慕也。"孌、戀爲古今字。

(孌)

三十八箇

賀

【叚借】【正俗】《廣韵》曰："賀，擔也，勞也。"此謂或假賀爲儋何

---

① 按："狎"字在《廣韻》中有異音，分見於《三十諫》"鴈"小韻，五晏切，"逐獸犬"，《三十一襉》古莧切，"逐虎犬"，《三十二霰》吾甸切，"逐虎犬也"。問題的關鍵在於《三十諫》的"逐獸犬"，段氏所言避諱即指此"獸"字或是唐避"虎"諱。此處或有疑點。首先，《廣韻》其他兩處"狎"均爲"逐虎犬"，沒有避諱，獨此處有避諱的嫌疑。這也許可以用《廣韻》作者回改唐諱而未盡來解釋。可是，第二，《切韻》系韻書中，唐代《王一》的《襉韻》殘，《霰韻》收了"狎"，《諫韻》"鴈"小韻下不收；《王三》和《唐韻》都只在《襉韻》《霰韻》收了"狎"，在《諫韻》"鴈"小韻下亦不收；並且三書在《諫韻》"鴈"小韻首字下以"二"標示這一小韻只有二字，即"鴈""贗"；見周祖謨，《唐五代韻書集存》，北京：中華書局，1983 年，第 327-328、500-501、661-663 頁。由此可見，增"狎"字於《三十諫》，得五晏切異讀，不會早於《唐韻》。然而，作爲唐代文獻的《王韻》和《唐韻》所收二"狎"均釋以"逐虎犬"，並不見避"虎"諱。這裏的情形有兩種可能的解釋，一種如段氏所言，《切韻》系韻書發展到《唐韻》之後，唐人再做增字而於釋義避諱；第二種是唐之後，《廣韻》及其之前增字而避唐諱，即陳垣先生所言之"翌代仍諱例"；見陳垣，《史諱舉例》，上海：上海書店出版社，1997 年，第 59-60 頁。

字也。儋何，俗作擔荷。
（賀）

三十九過

課

【詁訓】（《說文》："課，試也。"）《廣韵》："第也，稅也。"皆課試引伸之義。
（課）

四十禡

諕

【詁訓】《廣韵》："相諕誤也"，諕誤葢同詿誤。
（諕）

四十二宕

掆　捎掆舁也出字林

【辨誤】《字林》："捎、掆，舁也。"《匡謬正俗》曰："音謥。故謂扛爲剛。有造'掆'字者，故爲穿鑿也。"
（扛）

四十七證

瞪

【古今】【音義】眙、瞪古今字。敕吏、丈證古今音。《廣韵·七志》作眙，《四十七證》作瞪，別爲二字矣，而"瞪"下云："陸本作眙。"攷玄應引《通俗文》云："直視曰瞪。"是知眙之音自一部轉入六部，因改書作瞪。陸法言固知是一字也。

（眙）

四十九宥

殠

【詁訓】【古今】《廣韵》曰："腐臭也。"按：臭者，氣也，兼芳殠言之。今字專用臭而殠廢矣。《儀禮釋文》引《孟子》："飯殠茹菜。"《楊敞傳》："冒頓單于得漢美食好物，謂之殠惡。"《楊王孫傳》："其穿下不亂泉，上不泄殠。"

（殠）

五十一㮇

㮇

【古今】《廣韵》云："㮇，火杖。"栖、㮇古今字也。

（栣）

五十三勘

醰

【校勘】（《說文》："醰，酒味長也。"①）《廣韵》《玉篇》皆云："酒味不長也。""不"是賸字。

（醰）

---

① 陳本"長"作"苦"。

一屋

撲

【詁訓】（《說文》："撲，挨也。"）撲與扑、樸義皆別，今人溷之，《廣韵》一屋云"拂箸"，今義也。

（撲）

鞠

【音義】【古今】《廣韵》曰："今通謂之毬子。"（編按：毬）巨鳩切，古今字也。

（鞠）

肅

【叚借】《廣韵》："恭也，敬也，戒也，進也，疾也。"按：訓進者，羞之假借。訓疾者，速之假借。皆見《禮》。

（肅）

五質

欰

【詁訓】《廣韵》云："訶也。"蓋謂同"咄"。

（欰）

密

【辨誤】（《說文》："密，山如堂者。"）《廣韵》"密"下引《說文》："山脊也。""峦"下云："山形如堂。"蓋有誤。《玉篇》云："峦同密。"

（密）

六術

颭

【詁訓】《廣韵》之“颭”即此字也（編按：指“颭”）。
(颭)

十月

橃

【詁訓】【義例】【古今】《廣韵》“橃”下曰：“木橃，《説文》云：‘海中大船。’”謂《説文》所説者古義，今義則同筏也。凡《廣韵》注以今義列於前，《説文》與今義不同者列於後，獨得訓詁之理，葢六朝之舊也。即如此篆，《玉篇》注云：“海中大船也，泭也。”是爲古義今義襍糅。漢人注經固云：“大者曰筏，小者曰桴。”是漢人自用筏字，後人以橃代筏，非漢人意也。
(橃)

十三末

迚

【音義】《廣韵》：“迚，北末切，急走也。”“跡，蒲撥切，行皃。䞳，上同。”此三字實一字，二音實一音也。
(迚)

妭

【辨誤】《廣韵》曰：“妭，鬼婦。”引《文字指歸》云：“女妭，禿無髮，所居之處天不雨。”此謂旱魃也。魃在《鬼部》，與此各字，而俗亂之。
(妭)

十六屑

鬟

【校勘】（《說文》："截鬟，束髮尐小也。"①）"尐小"二字各本作"少"。《廣韵》十六屑、十七薛引作"少小"二字，"少"乃"尐"之誤。今正。尐與鬟疊韵。

（鬟）

十七薛

埒

【詁訓】【源流】（《說文》："埒，庳垣也。"②）《廣韵》引孟康云："等庳垣也。"似孟氏所據爲長。"等"者，齊等也。卑垣延長而齊等若一，是之謂埒。引申之爲涯際之偁，如《淮南》"道有形埒"是也。爲回環之偁，如《爾雅》"水潦所還埒丘"，又"馬埒"是也。又爲相等之偁，如《史記》"富埒天子"之類是也。孟康語葢出《漢書音義》，今宜依以補"等"字。

（埒）

㹩

【志疑】（《說文》："㹩，牛白脊也。"③）《廣韵》曰："㹩出《字林》。"不言出《說文》，何也？

（㹩）

---

① 陳本"尐小"作"少"。
② 陳本"庳"作"卑"。
③ 陳本"脊"作"膺"。

十八藥

趰

【聯綿】趠趰疊韵字,《廣韵》:"趠趰,行皃。"《方言》:"躤,行也。"躤即趰字。

(趰)

二十一麥

眽

【校勘】【音義】(《說文》:"眽,目財視也。")"財",當依《廣韵》作"衺","衺"當作"袤"。此與《辰部》"覛"音義皆同。

(眽)

二十二昔

臭

【同源】【志疑】古老切,二部。凡皢、皎、皦、皛、皋、縞、晧、杲訓白之字皆同音部。但臭字《廣韵》又昌石切,《集韵》又昌石、施隻二切,皆訓白澤,未詳其由。

(臭)

䉤

【詁訓】《廣韵》云"籹䉤",又云"䉤籹",皆謂籹未離析。

(䉤)

二十三錫

䣊

【詁訓】【叚借】《廣韵》曰："下酒也。"按：謂滴瀝而下也。在《水部》作"瀝"，在《酒部》作"䣊"。《周禮·量人》作"歷"，古文叚借。

（䣊）

二十四職

妀

【音義】【同源】《廣韵》曰："漢有鉤妀夫人，居鉤弋宮。《漢書》亦作'弋'。"玉裁按：如淳曰："姬音怡，衆妾之總稱也。"引《漢官》"姬妾數百"，瓚曰："《漢禄秩令》及《茂陵書》：'姬，內官也。位次婕妤下。'"瓚說、淳音皆是也。婦官字當作妀，漢時借姬為之，音怡，如姒姓本作以，《春秋》亦用弋為之，皆一聲之轉然也。音怡而用為衆妾之偁，則又方俗語言如是。

（妀）

二十六緝

摯

【辨誤】（《說文》："摯……讀若至。"）脂利切，十五部。《廣韵》入至、薛二韵是，入緝韵誤也。

（摯）

二十九葉

极

【詁訓】《廣韻》云："驢上負版。"蓋若今馱鞍。

（极）

三十怗

燮

【源流】（《說文》："燮……从又持炎辛。"）《廣韻》曰："燮，孰也。《文字指歸》从辛又炎。"按：《文字指歸》蓋用許說耳。

（燮）

三十二狎

壓

【辨誤】（《說文》："壓，壞也。"）此與《厂部》"厭"義絶不同，而學者多不能辨。《廣韻》"壓"下云："鎮也，降也，笮也"，乃皆"厭"之訓也。

（壓）

集 韵

十二齊

歔

【校勘】(《說文》:"歔……一曰小笑。"①)《集韵》《類篇》皆作"小兒",葢奪"笑"字。

(歔)

荑苐

【辨誤】【詁訓】玫《廣韵》《玉篇》《類篇》皆本《說文》云"苐,艸也",知《集韵》合苐、荑爲一字之誤矣。荑見《詩》,茅之始生也。

(苐)

二十二元

繙

【聯綿】【正俗】繙冤爲疊韵,古語。《集韵》《類篇》皆曰:"繙紕,亂也。"是冤俗作紕也。《巾部》有幡、帠二篆,亦是疊韵。

(繙)

---

① 陳本"笑"作"笑"。

六止

畟

【辨偽】（《說文》："畟……讀若杞。"）《集韵》："畟，古國名。衛宏說與杞同。"蓋衛宏以畟爲杞宋之杞。此出唐人所謂衛宏官書，多不可信。即如此條，乃因許語而附會之也。
（畟）

九麌

輔

【詁訓】《集韵·九麌》曰："輔，㕮也。""㕮"即許之"𠲿"字。
（輔）

十五海

寀

【詁訓】（《說文》："莘，羹菜也。"）《集韵》有"寀"字，"烹也"，即此字。
（莘）

十八吻

鄪

【譌字】今《集韵》《類篇》又武粉切，即此字（編按：指鄪）而譌其體。
（鄪）

三十六養

佒

【校勘】【詁訓】【叚借】（《說文》："佒，不服懟也。"）按：當作"不服也，懟也"，奪一"也"字，遂不可解矣。《集韵》作"不服對也"，尤非。佒蓋倔強之意。《方言》曰："鞅，伴，懟也。"《集韵》於《陽韵》曰："佒然自大之意。"攷王逸少《蘭亭序》曰："怏然自足。"自來石刻如是，本非"快"字，而學者尟知之。或叚"鞅"爲之，《方言》是也。《周亞夫傳》曰："此鞅鞅非少主臣。"
（佒）

六至

輊 輕 輖 摯 轋

【辨誤】輊與車重之摯、摰、輕、轋本各義，與輖又殊音，而《集韵》總合爲一字，誤矣。小徐引潘岳賦："如輊如軒"，今按：潘作"轋"，不作"輊"也。
（輊）

四十七證

甑 䰙

【異體】【辨誤】【源流】（《說文》："䰙，鬹屬。"）按：此篆淺人妄增也。《瓦部》："甑，䰛也。""䰛，甑也，一穿。"䰙者，甑之或體耳。《爾雅音義》云："䰙本或作甑。"《篇》《韵》皆云甑䰙同字，可知古本《說文》不分入鬲、瓦二部。至《集韵》乃據徐鉉之書截然爲二字矣。
（䰙）

五十二沁

妗

【詁訓】《集韵》："俗謂舅母曰妗，巨禁切。"舅之妻不儕母，云"舅母"，亦里語也。

（妗）

二十三錫

鼏

【音義】【辨誤】《廣韵》《集韵》《禮部韵略》《玉篇》《類篇》皆佚此字（編按：指鼏）。然《廣韵》《玉篇》皆云"亡狄切"，"鼎蓋也"，則"鼏"字尚未亡。《集韵》《類篇》引"橫貫鼎耳"云云於《錫韵》冥狄切，而"鼏"字亡矣。惟《匡謬正俗》及毛晃《禮部韵略增字》獨不誤。

（鼏）

三十帖

襟褋

【辨誤】【源流】（《說文》："褋，南楚謂襌衣曰褋。从衣，枼聲。"①）各本作"枽"，而篆體乃作"褋"，是改篆而未改說解也。枼者，薄也。襌衣故从枼。《方言》《廣雅》《玉篇》《廣韵》皆作"褋"。至《集韵》乃云襟省作褋，正誤於已改之《說文》耳。

（褋）

---

① 陳本"褋"俱作"襟"。

古今韵會舉要

平聲上

七虞模

摹

【源流】【校勘】（《說文》："摹，規也。"）《韵會》此下有"謂所規倣也"五字，葢庚儼默注語之存者。"倣"當作"放"。（摹）

十三元

爰

【源流】（《說文》："爰，引也。"）《韵會》作"引也，謂引詞也"六字。"謂引詞也"四字當出《演說文》。（爰）

藩

【正俗】【叚借】【聯綿】【詁訓】【辨誤】（《說文》："藩，藩胡也。"①）各本作"幅胡也"，今依葉石林抄宋本及《韵會》所據本訂。《韵會》作"幡胡"，幡即旛之俗。《序例》："所以書幡信"，字亦從俗，叚《巾部》之"幡"爲"旛"而"旛"廢矣。旛胡蓋古語，如甋甎之名甎瓬，見《廣雅》。《漢堯廟碑》作"璠瑚"。玉曰璠璵，艸木盛曰緐廡，皆雙聲字。凡旗正幅謂之縿，亦謂之旛胡。《廣韵》云："旛者，旗旐總名。"古通謂凡旗正幅曰旃，是則凡旗幅曰旛胡也。《吴語》："建肥胡"，韋注："肥胡，幡也。"幡即旛字，與許互相發明。旛胡即肥胡，謂大也。《吴都賦》作"祀姑"，誤。

（旛）

入聲

二沃燭

襡

【辨誤】《篇》《韵》皆襡與襩爲二字，義别。《韵會》合而一之，非是。

（襡）

三覺

殻

【叚借】【正俗】（《說文》："愨，謹也。"）《韵會》《大司寇》注："愿，殻慎也。"用叚借字。"殻"者，"愨"之俗字。

（愨）

---

① 陳本"旛胡"作"幅胡"。

轉注古音略

三肴

䀠 目脩而緩

【校勘】唐人小說："術士相裴夫人,目䀠而緩,主淫。"① 俗誤脩長之脩。

(䀠)

---

① 許校云："此據楊慎《轉注古音略》,楊說爲《康熙字典》目部'脩'字下引,段氏引語同。唐人小說,指《朝野僉載》,文句有不同。"

小爾雅

廣詁第一

懿深也

【詁訓】《小爾雅》及《楚辭注》:"懿,深也。"《詩・七月》傳曰:"懿,深筐也。"深即專壹之意也。

(懿)

廣器第七

船頭謂之艏尾謂之艫

【源流】【詁訓】(《說文》:"艫……一曰船頭。")《小爾雅》:艫,船後也;艏,船前也。《吳都賦》劉注本之,與許異。葢《小爾雅》呼設柁處爲船頭也。

(艫)

正字通

糸部

縣　顏師古曰古縣邑字作寰

【詁訓】【辨誤】自專以"縣"爲州縣字,乃別製从心之懸挂,別其音縣去,懸平。古無二形二音也。顏師古云:"古縣邑字作寰。"亦爲臆說。

(縣)

急就篇

觚

【詁訓】顏師古曰："觚者,學書之牘,或以記事,削木爲之。其形或六面,或八面,皆可書。觚者,棱也。以有棱角,故謂之觚。即孔子所歎也。"按:觚以學書或記事,若今書童及貿易人所用粉版,既書,可拭去耳書。楊雄:"齎油素四尺",亦謂素之可拭者也。

(幡)

緰䍡

【詁訓】《急就篇》:"服瑣緰䍡與繒連",師古曰:"緰䍡,緆布之尤精者也。"䍡、貲同。

(緰)

緎緞紃

【校勘】【志疑】《急就篇》:"緎緞紃"三字相聯,必三者爲一類也。"緞"葢本作"𦁐",篆形皮、叚相似而譌,緞乃又譌緞。說者因以履後帖解耳,未知是否。

(𦁐)

幫

【詁訓】《急就篇》:"屐屩絜麤",今俗語履之判合爲幫,讀如邦。

(絆)

槫櫄榃樕

【詁訓】（《說文》："樕，槃也。"）《急就篇》："槫櫄榃樕"，"樕"當與許訓同。

（樕）

【詁訓】《急就篇》皇象本"槫櫄榃樕"，"槫"即"塼"也。

（塼）

【詁訓】顏師古《急就篇》"榃櫄榃樕"，"榃"即"耑"也。

（耑）

條繢總

【同源】【詁訓】【辨誤】繢之言遺也，故訓爲織餘。織餘，今亦呼爲機頭，可用系物及飾物。《急就篇》"條繢總"爲一類是也。顏、王注未諦，今則此義廢矣。

（繢）

沐浴揃搣寡合同

【異文】【詁訓】【叚借】【辨誤】【義例】（《說文》："揃，搣也。"）《急就篇》："沐浴揃搣寡合同。"《莊子》："皆搣可以休老"，本亦作"揃搣"。"揃搣"者，道家修養之法，故《莊》云："可以休老。"史游與"沐浴""寡合同"類言。"寡合同"，即嗇精寡慾之說也。若《士喪禮》《士虞禮》之"蚤揃"，蚤讀爲爪，謂斷爪。揃讀爲翦，許作"剗"，謂剗須也。《士虞禮》揃或爲鬋。《曲禮》亦作"蚤鬋"，注云："鬋鬢也。"釋鬋爲剗理鬢髮，是《禮經》揃字爲剗若鬋之叚借，而不用揃之本義。顏師古注《急就》曰："揃搣，謂鬍拔眉髮也，蓋去其不齊整者。"顏氏誤以《禮經》之"揃"釋《莊》《史》之"揃搣"，是誤以叚借爲本義也。訓詁不通其源，斯誤有如此者。○《莊子釋文》引《三倉》云："揃猶翦也。"云"猶翦"，則"翦"非本義。《三倉》

不妨言叚借，惟《說文解字》不言叚借。

（揣）

腜齊

【叚借】《急就篇》作"腜"，"毗"字叚借之用，如《詩·節南山》《采菽》毛傳皆曰："腜，厚也"，箋云："毗，輔也。"《方言》"毗，懣也""毗，廢也""毗，明也"皆是。

（毗）

尻寬脊膂要背呂①

【校勘】【辨誤】《急就篇》："尻寬脊膂要背僂，股腳膝臏脛爲柱。"云"要背僂"，曰"脛爲柱"，辭意相對，《皇象碑》本不誤。若顏本膂、呂重出，師古不得不以脊內肉、脊骨分釋之，似史游早不識字矣。

（呂）

瘈瘲

【詁訓】【同源】【目錄】《急就篇》亦云"瘈瘲"，師古云："即今癎病。"按：今小兒病驚也。瘈之言掣也，瘲之言縱也。《藝文志》有《瘈瘲方》。

（瘈）

疚②

【詁訓】《急就篇》："癰疽瘈瘲痿痹疚。"疚即痊。顏云："體强急，難用屈伸也。"

（痊）

---

① 今本"寬"作"髖"。
② 今本"疚"作"痕"。

槥櫝

【詁訓】《急就篇》："棺槨槥櫝"，櫝即槥也。

（槥）

保辜

【詁訓】【辨誤】【校勘】《急就篇》："疻痏保辜謕呼號"，師古曰："保辜者，各隨其輕重，令毆者以日數保之，限內致死，則坐重辜也。"按：保辜，唐律、今律皆有之。辜者，媟之省。媟與保同義疊字。師古以"坐重辜"解之，誤矣。《春秋公羊傳注》曰："古者保辜。鄭伯髡原爲大夫所傷，以傷辜死，君親無將，見辜者，辜内當以弑君論之，辜外當以傷君論之。""辜"皆當作"媟"。

（媟）

全書

【義例】葢史游之書，以物類爲經而字緯之。

（萬物咸覩靡不兼載）

一切經音義

大方廣佛華嚴

第二十七卷

蠱毒

【源流】玄應屢引《說文》"蠱,腹中蟲也。謂行蟲毒也。"下五字蓋許注語。

(蠱)

大般涅槃經

第十二卷

髦尾

【源流】【校勘】(《說文》:"髦,髦髮也。"[①]) 玄應《佛書音義》卷二引《說文》"髦,髮也。謂髮中之髦也。"卷五引《說文》"髦,髮也。髮中豪者也。"下句乃古注語,上句亦奪一髦字,不可讀。

(髦)

---

① 陳本不重"髦"。

道行般若經

第二卷

蹏

【詁訓】玄應曰："蹏，《三蒼》音帝。郭訓《古文奇字》以爲古文逝字。《漢書》韋昭音徒計切。"按：蹛即蹏字。《漢書》"蹏惲"作"蹏"，"蹛林"作"蹛"。

（蹛）

十住斷結經

第二卷

揮淚

【源流】（《說文》："揮，奮也。"）玄應引此下有"謂奮訊振去之也"七字，葢庾儼默注語。

（揮）

太子須大拏經

後枕

【詁訓】玄應曰："今江南言頷頭肸頟，乃以頷爲後枕之名。"按：後枕即上文之"煩"也（編按：指《說文》"煩"篆）。

（頷）

慧上菩薩問大善勸經

上卷

四錠

【辨誤】《廣韵》曰："豆有足曰錠，無足曰鐙。"玄應引《聲類》無"豆"字，誤矣。

（錠）

維摩詰經

上卷

編髮　三蒼古文辮字

【叚借】（編按：辮）《三蒼》叚"編"爲之。

（辮）

大智度論

第四十一卷

木楒

【源流】【音義】《玄應書》曰："《說文》檵，子林切。今江南言檵，中國言㮇。楔，通語也。㮇，側洽切。"按：子林切葢本《說文音隱》。今江浙語正作知林切，不作子林也。

（檵）

正法念經

第十三卷

攲倒

【辨誤】（《說文》："攲，攲隔也。"）玄應所引云："攲隔，傾側不安也。"此乃以注家語入正文耳，非是。

（攲）

第二十四卷

歆歆　通俗文大咽曰歆

【注音】《通俗文》："大咽曰歆。""咽"讀去聲。

（歆）

賢愚經

第一卷

諺

【源流】（《說文》："諺，傳言也。"）玄應引此下有"謂傳世常言也"，蓋庾儼默注。

（諺）

修行道地經

第三卷

綜解

【源流】《玄應書》引《說文》:"機縷也,謂機縷持絲交者也。"下八字葢庾儼默注。

(綜)

第五卷

榳榹　通俗文曰考具謂之榳榹①

【正俗】【詁訓】《通俗文》曰:"考具謂之榳榹。"考俗作拷。《尉繚子》曰:"束人之指而訊囚之情。"

(榳)

---

① 今本"曰考"作"考曰"。

—段注說文攷校羣書類纂—

史 部

史 記

五帝本紀第一

幼而徇齊

【校勘】【異文】《五帝本紀》：黄帝"幼而徇齊"，裴駰曰："徇，疾；齊，速也。"《素問·上古天真論》：黄帝"幼而徇齊，長而敦敏"，王注："徇，疾也。"按："徇"今本譌作"徇"，司馬貞乃云"未見所出"矣。《釋言》："宣、徇，徧也。""徇"本又作"侚"。《墨子》："年踰五十，則聰明思慮不徇通矣。""徇"亦當作"侚"。《史記》"徇齊"，《大戴禮》作"叡齊"，亦作"慧齊"。

（侚）

披山通道

【異文】【音義】【辨誤】《五帝本紀》：黄帝"披山通道"，徐廣曰："披，他本亦作陂字，蓋當音詖。陂者，旁其邊之謂也。"按：披、陂皆有旁其邊之意，中散能知之。而《索隱》云："披，音如字，謂披山林艸木而行，以通道也。"此則司馬貞不知古義之言。蓋俗解訓披爲開。《廣韵》云："披，開也，分也，散也。"《木部》"柀"訓"析也"，柀靡字如此作。而淺人以披訓析，改柀靡爲披靡，莫有能諟正者。

（披）

便章百姓

【詁訓】【異文】【經學】（編按：便）古與平、辨通用。如《史記》："便章百姓"，古文《尚書》作"平"，今文《尚書》作"辨"。

（便）

舜讓于德不台懌[1]

【經學】【源流】【詁訓】今文《尚書》："舜讓于德不台"，見《漢書·王莽傳》、班固《典引》。而《五帝本紀》本之作"舜讓于德不台懌"。《自序》曰："唐堯遜位，虞舜不台。""惠之早霣，諸呂不台。"皆謂不爲百姓所悅也。古文《禹貢》："祇台德先"，鄭注："敬悅天子之德既先。"

（台）

瞽叟盲

【詁訓】【譌字】《史記》云"瞽叟盲。"……人僞爲瞽叟，其實則盲者也。凡作"瞽瞍"者，字誤也。

（瞍）

苦窳

【詁訓】《史記》："舜陶河濱，器不苦窳。"裴駰曰："窳，病也。"按：器窳者，低陷之謂，亦汙窬之意也。

（窳）

---

[1] 今本"于"作"於"，無"台"。

夏本紀第二

其筐檿絲

【叚借】《禹貢》"檿絲"，《史記》"檿"作"酓"，同音假借字也。
（檿）

【叚借】（編按：酓）《夏本紀》用爲"檿"字，叚借也。
（酓）

有扈氏

【古今】姚察《史記訓纂》云："户、扈、鄠三字一也。"按：扈爲周字，鄠爲秦字。《通典》云："至秦改爲鄠。"
（扈）

周本紀第四

孳孳無怠

【異文】【經學】（《說文》："《周書》曰：'孜孜無怠。'"）《大誓篇》文。見《詩·文王》正義引。又見《史記·周本紀》，字作"孳孳"。按：伏生二十八篇，本無《大誓》，民間後得《大誓》，博士習而讀之，合二十八篇爲二十九篇。司馬遷《史記》、董仲舒《對策》、劉向《說苑》及終軍、班伯、谷永、匡衡、平當奏對多用之，此今文《大誓》也。孔安國得壁中古文，有《大誓》三篇，古文家馬、鄭、王皆作注，與今文字或異。如"流爲雕"，馬曰："雕，鷙鳥。"此古文《大誓》作"雕"之證。《尚書大傳》鄭所引《禮》說、《周本紀》《董仲舒傳》皆作"烏"，此今文《大誓》作"烏"之證。鄭注云："雕當爲雅。雅，烏也。"此據今文正古文也。《說文》此及"搯"下、"渼"下所引皆古文《大誓》也。許作"孜"，《史記》作"孳"，蓋亦古文、今文之異也。唐孔穎達、賈公彥謂枚頤本三篇爲真古文，則不得不謂馬、鄭、王所注爲今文《大誓》。詳見《古文尚書撰異》。

（孜）

魯天子之命

【叚借】【異文】（《說文》："衾，古文旅，古文昌爲魯衛之魯。"）此言古文叚借也。《周本紀》："周公受禾東土，魯天子之命"，即《書序》"旅天子之命"，旅者，陳也。

（旅）

秦始皇本紀第六

嫪毒

【音義】【校勘】【詁訓】（《說文》："秦始皇母與嫪毒婬，坐誅，故世罵婬曰嫪毒。"[①]）事詳《史記》。但據師古《五行志》注云："摎毒，許慎作嫪毒"，與今《史記》《漢書》本不同。"摎"當依本字讀居虬反，然則許自作"嫪"，《史》《漢》自作"摎"。今本《史》《漢》改同許作"嫪"，非古也。其人本姓邯鄲摎氏之摎。摎，力周、居由二切。許云罵之之詈，則無怪乎取其姓同音之字改爲嫪，嫪之本音亦力周切也。嫪者，姻也。今俗謂婦人所私之人爲姻嫪，乃古語也。

（毒）

鄒嶧山

【地理】【校勘】《地理志》：東海郡下邳"葛嶧山在西，古文以爲嶧陽。"《郡國志》：下邳國下邳縣"葛嶧山，本嶧陽山。"按：今在江蘇省淮安府邳州西北六里，非山東兗州府鄒縣東南二十五里之繹山也。

[①] 陳本"婬"作"淫"。

《魯頌》：“保有鳧繹”，《傳》曰：“繹，繹山也。”《左傳》：“邾文公卜遷于繹”，杜云：“繹，邾邑，魯國鄒縣北有繹山。”哀七年：“邾衆保于繹”，杜云：“繹，邾山也。”《史記》：秦始皇“上鄒嶧山”，刻石頌功德。《地理志》：魯國騶縣“嶧山在北。”此山字作“繹”，從“糸”不從“山”，與東海葛嶧山字從山不同，《史記》作“鄒嶧”，《漢志》作“嶧山”，乃譌字也。秦時石刻字作“繹”。

（嶧）

黎庶無繇

【詁訓】（《說文》：“秦謂民爲黔首，謂黑色。周謂之黎民。”①）《本紀》泰山刻石："親巡遠黎，刻碣石門，黎庶無繇。"尚沿周語也。琅邪臺刻石三言"黔首"，之罘刻石、會稽刻石各言"黔首"者一，皆用秦制也。

（黔）

陸梁地

【詁訓】《始皇本紀》："三十三年，發諸嘗逋亡人、贅壻、賈人，略取陸梁地，爲桂林象郡南海，以適遣戍。"字作"陸"。按：坴梁，蓋其地多土坴，而土性強梁也。

（坴）

並河以東

【叚借】（編按：傍）古多假並爲之，如《史記·始皇紀》"並河以東"、《武帝紀》"並海"是也。亦假旁爲之，見《溝洫志》《食貨志》。

（旁）

---

① 陳本"色"後有"也"字。

德惠攸長

【校勘】【叚借】(《說文》:"攸,秦刻石嶧山。石文攸字如此。"①) 嶧山石文,《史記》不載。其文曰:"登于繹山,羣臣從者,咸思攸長。"今作"攸"者,傳刻失真也。又《史記》載會稽石文曰:"皇帝休烈,平一海內,德惠脩長。"小司馬云:"王劭按:'張徽所錄會稽南山秦始皇碑文,脩作攸。'"蓋其字亦作"攸"也。用此知《小雅》《大雅》毛傳皆云"脩,長也",經文脩字皆攸之假借。本作攸,後改耳。《釋詁》:"永、悠、迥、遠,遐也。"悠當作攸。

(攸)

輼涼車

【詁訓】《史記》:"始皇崩於沙丘,不發喪,棺載輼涼車中。百官奏事,宦者輒從輼涼車中可其奏。"《漢·霍光傳》:"載光屍柩以輼輬車。"孟康曰:"如衣車有窗牖,閉之則溫,開之則涼,故名之輼輬車也。"師古曰:"輼輬本安車,可以臥息。後因載喪,飾以柳翣,故遂為喪車耳。輼者密閉,輬者旁開窗牖,各別一乘,隨事為名。後人既專以載喪,又去其一,總為藩飾,而合二名呼之耳。"按:顏說是也。本是二車可偃息者,故許分解,曰:"臥車。"《始皇本紀》上渾言曰輼輬車,下言上輼車臭,以屍實在輼車,不在輬車也。古二車隨行,惟意所適。

(輼)

其於久遠也

【校勘】【詁訓】【異文】《秦始皇本紀》二世元年:"皇帝曰:'金石刻盡始皇帝所為也。今襲號而金石刻辭不稱始皇帝,其於久遠也,如後嗣為之者,不稱成功盛德。"《顏氏家訓》載:開皇二年,長安掘得秦鐵

---

① 陳本無後"石"。

稱權，有鐫銘，與《史記》合。"其於久遠也"，也字正作。俗本譌作世。薛尚功《歷代鐘鼎款識》載秦權一、秦斤一，文與《家訓》大同，而權作，斤作殹。又知也殹通用，鄭樵謂"秦以殹爲也"之證也。殹葢與兮同，兮也古通，故《毛詩》兮、也二字，他書所稱或互易。石鼓"汧殹沔沔"，汧殹即汧兮。

（也）

流血漂鹵

【叚借】櫓或假杵爲之。流血漂杵即流血漂櫓也。……《始皇本紀》亦假"鹵"爲之。

（櫓）

項羽本紀第七

眴

【詁訓】（《說文》："夐，舉目使人也。"）《項羽本紀》："梁眴籍曰：'可行矣。'籍遂拔劍斬首頭。"然則眴同夐也。《目部》曰："眴，目搖也"，謂有目搖而不使人者。

（夐）

斗卮酒

【詁訓】《項羽本紀》："項王曰：'賜之卮酒。'則與斗卮酒。""斗卮"者，卮之大者也。與下文"彘肩"言"生"意同。

（卮）

唉

【詁訓】【校勘】（《說文》："欸，訾也。"）"訾"者，"訾"之字誤。訾者，思稱意也。訾者，訶也。分見《言部》《口部》。《玉篇》："欸者，呰也。"可正"訾"字之譌。《廣韵·十六怪》曰："怒聲。"《十六哈》曰："歎也。"《玉篇》曰："恚聲。"正與"訶"義合。《口部》有"唉"字，"譍也"，與"欸"義別。《項羽本紀》："亞父受玉斗，拔劍撞而破之，曰：'唉！豎子不足與謀！'"此正怒聲字，當作"欸"。《方言》："欸，然也。南楚凡言然者曰欸，或曰譍。"此正訓"譍"字，當作"唉"。

（欸）

戲下

【叚借】（編按：麾）叚借之字作戲，《淮陰矦傳》《項羽本紀》皆曰"戲下"是也。

（麾）

檥船

【詁訓】《史記》："烏江亭長檥船待。"檥船者，若今小船，兩頭植橋爲系也。

（檥）

高祖本紀第八

大澤之陂

【詁訓】【叚借】陂得訓池者，陂言其外之障，池言其中所蓄之水。故曰："劉媼嘗息大澤之陂"，謂大澤之旁也；曰："叔度汪汪，若千頃陂"，即謂千頃池也。湖訓大陂，即大池也。《陳風》："彼澤之陂。"《傳》曰："陂，澤障也。"《月令》注曰："畜水曰陂。"凡經傳云"陂池"者，兼言其內外。或分析言之，或舉一以互見。許池與陂互訓，渾言之也。陂有叚波爲之者，如《漢·諸侯王表》曰："波漢之陽。"《西域傳》曰："傍南山北波河。"

（陂）

隆準

【正俗】【叚借】【音義】【詁訓】（《說文》："䪼，面顴也。"）《頁部》曰："顴，權也。"權俗作顴。"䪼"，《史》《漢》作"準"；高祖"隆準"，服虔曰："準音拙。"應劭曰："隆，高也。準，頰權準也。"按："準"者假借字；"䪼"，其正字。《儀禮釋文》引《說文》"䪼，之允反"是也。其入聲則音拙，《廣雅》作"䫈"是也。若《戰國策》"準頞""權衡"竝言則準訓鼻矣。

（䪼）

【音義】《肉部》曰："䪼者，面顴也。"《儀禮釋文》引《說文》䪼，章允反。漢高祖隆準，準與䪼音同。故應劭曰："隆，高也。準，頰權準也。"入聲音拙，則字又作䫈。

（顴）

【音義】【詁訓】若高祖"隆準"，服虔："準音拙"，應劭曰："頰權準也。"師古曰："䫈，權䫈字，豈當借準爲之？"按：服但云"準音拙"耳，權䫈之名又出漢後也。

（䫈）

呂太后本紀第九

煇耳

【叚借】《史記》："斬戚夫人手足，去眼，煇耳。"此叚"煇"爲"熏"也。

（煇）

俞㡀

【詁訓】【地理】《史記·河渠書》曰："田蚡奉邑食鄃。"又呂嬰、欒布皆封俞㡀，俞即鄃。今山東臨清州夏津縣東北三十里有故鄃縣城。

（鄃）

孝景本紀第十一

七稯布

【詁訓】【校勘】【同源】《史記·孝景本紀》："令徒隸衣七稯布。"《索隱》《正義》皆云："蓋七升布用五百六十縷。"《漢書·王莽傳》："一月之祿，十緵布二匹。"孟康云："緵，八十縷也。"攷鄭注《喪服》曰："八十縷爲升。"升當爲登。登，成也。今之《禮》皆登爲升，俗誤已行久矣。賈公彥云："今亦云布八十縷謂之宗，宗即古之升也。"是則宗、緵、登、升一語之轉。

（稯）

孝武本紀第十二

一角獸

【詁訓】《史·武帝紀》《漢·郊祀志》皆曰："郊雍，獲一角獸，若麃然。"武帝所獲正是麠。蓋麃似麋無角，大麃有一角則謂之麠。當時有司因一角附會爲麟也。

（麠）

餟食

【異文】【詁訓】《史記·孝武帝紀》："其下四方地爲餟食。"《封禪書》作"醊食"，《漢·郊祀志》作"腏"。《方言》："餟，饋也。"

（餟）

【詁訓】【異文】（《說文》："酹，餟祭也。"）《廣韵》曰："以酒沃地。"《史記》："其下四方地爲餟食。"蓋餟、酹皆於地。餟謂肉，故《漢書》作"腏"。

（酹）

公玉帶①

【詁訓】《史記》"公玉帶"，《索隱》曰："《三輔決錄》注云：杜陵有玉氏，音肅。《說文》以爲从王，音畜牧之畜。"……杜陵玉姓音肅，雙聲也。

（王）

井幹樓

【詁訓】"井韓"見《史》《漢》：《孝武紀》《封禪書》《郊祀志》《枚乘傳》，《莊子·秋水篇》，其字多作"井榦"。司馬彪云："井榦，井闌也。"崔譔云："井以四邊爲榦，猶築之有楨榦。"晉灼曰："井上四交之榦，常爲汲者所契傷。"是諸家皆說井榦爲井闌。按：井韓爲木架四圍，中其圍橫圜木爲橋（段云："如字。"），毌兩旁木，有軸可轉。中設鹿盧，縣緪上下。

（韓）

六國年表第三

秦取我穰

【古今】（《說文》："鄘，今南陽穰縣。"②）《史記》韓襄王十一年"秦取我穰"，又秦武王封魏冄於此，爲穰侯。鄘者古字，穰者漢字，如鄴、蓟，鄆、許，郎、息，郇、滎之例。蓋許所見古籍作鄘，漢時縣名字從禾也。

（鄘）

---

① 今本"玉"作"王"。
② 陳本"縣"後有"是"。

禮書第一

彌龍

【詁訓】【叚借】《史記·禮書》:"彌龍",徐廣曰:"乘輿車金薄繆龍爲輿倚較。"繆者,交錯之形。車耳刻交錯之龍,飾以金,惟乘輿爲然。與文虎伏軾、龍首衡軛,畫爲三事。《史記》之"彌"即許之"麛","麛"者本字,"彌"者同音叚借字。

(麛)

律書第三

寅言萬物始生螾然也

【詁訓】【校勘】【譌字】《律書》曰:"寅言萬物始生螾然也。"《天文訓》曰:"斗指寅則萬物螾",高注:"螾,動生皃。"《律曆志》曰:"引達於寅。"《釋名》曰:"寅,演也。演生物也。"《廣雅》曰:"寅,演也。"《晉書·樂志》曰:"正月之辰謂之寅。寅,津也。謂物之津塗。"按:《漢志》《廣雅》"演"字皆"濥"之誤。《水部》曰:"濥,水脈行地中濥濥也。""演,長流也。"俗人不知二字之別,濥多誤爲演。以濥釋寅者,正月陽氣欲上出,如水泉欲上行也。螾之爲物,詰詘於黃泉,而能上出,故其字从寅。《律書》《天文訓》以螾釋寅。

(寅)

軋乙軋

【詁訓】【叚借】乙乙,難出之皃。《史記》曰:"乙者,言萬物生軋軋也。"《漢書》曰:"奮軋於乙。"《文賦》曰:"思軋軋其若抽。"軋軋皆乙乙之叚借。軋从乙聲,故同音相叚。《月令》鄭注云:"乙之言軋也,時萬物皆抽軋而出。"物之出土艱屯,如車之輾地澀滯。

(乙)

巳者言萬物之巳盡也①

【詁訓】【義例】【音義】【校勘】（《說文》："巳，巳也。"）《律書》曰："巳者，言萬物之巳盡也。"《律曆志》曰："巳盛於巳。"《淮南·天文訓》曰："巳則生巳定也。"《釋名》曰："巳，畢布巳也。"辰巳之巳既久用爲巳然、巳止之巳，故即以巳然之巳釋之。《序卦傳》："蒙者，蒙也。比者，比也。剝者，剝也。"《毛詩傳》曰："虛，虛也。"自古訓故有此例，即用本字，不叚異字也。《小雅·斯干》箋云："似讀爲巳午之巳。巳續妣祖者，謂巳成其宮廟也。"此可見漢人巳午與巳然無二音，其義則異而同也。《廣雅·釋言》："巳，目也"，乃淺人所改。

（巳）

未者言萬物皆成有滋味也

【源流】【詁訓】（《說文》："未，味也。六月滋味也。"）《律書》曰："未者，言萬物皆成，有滋味也。"《淮南·天文訓》曰："未者，昧也。"《律曆志》曰："昧薆於未。"《釋名》曰："未，昧也。日中則昃，向幽昧也。"《廣雅·釋言》曰："未，昧也。"許說與《史記》同。（《說文》："五行木老於未。"）《天文訓》曰："木生於亥，壯於卯，死於未。"此即昧薆之說也。

（未）

天官書第五

杓攜龍角　魁枕參首

【詁訓】《天官書》《天文志》皆云："杓攜龍角。""魁枕參首。"北斗

---

① 許校云："《史記·律書》'萬物'作'陽氣'。又段氏認爲漢人巳、已二字音同，義亦異而同，故今用巳者，注中悉作巳。"

一至四爲魁，象羹枓；五至七爲杓，象枓柄也。

（枓）

杓雲

【校勘】《史記·天官書》："扚雲"，《索隱》曰："劉氏音時酌反，《說文》音丁了反。許慎注《淮南》云：''扚，引也。'"按："扚雲"从手，今本譌从木。

（扚）

此其犖犖大者

【詁訓】《天官書》："此其犖犖大者"，謂寥寥甚少者也。

（犖）

封禪書第六

陳寶

【詁訓】《詩毛傳》曰："日且出謂明星爲启明，日既入謂明星爲長庚。"《封禪書》《地理志》陳倉有上公明星祠，蓋祀大白也。此云（編按：指《說文》）："天下祭之曰明星"，蓋祀女媊也。或曰："雕有南北斗、大白、諸布之廟矣"，則上公明星之祠蓋祀女媊。

（媊）

百姓怨其法

【異文】《班馬字類》《韵會》皆引《史記·封禪書》"百姓怨其法"，字作"惌"，今《史記》無有如此者，蓋古字日即於亡矣。

（惌）

雍五畤

【詁訓】【歷史】（《說文》："畤，天地五帝所基止祭地也。"[1]）畤不見於經，秦人因周制郊五帝於四郊，依附爲之，郊字音譌，遂製畤字耳。考《封禪書》，秦襄公居西垂，作西畤，祠白帝。其後文公都汧，作鄜畤，郊祭白帝。其後德公居雍，宣公作密畤於渭南，祭青帝。靈公作吳陽上畤，祭黃帝；作下畤，祭炎帝。獻公作畦畤櫟陽，祀白帝。漢高祖立黑帝祠，命曰北畤。按：密、上、下三畤及鄜畤及北畤，謂之雍五畤，祭青、黃、赤、白、黑五帝之地也。先言"天地"者，秦時謂五帝即天地，故曰："唯雍四畤，上帝爲尊。"秦之郊見即祭畤也。……（《說文》："右扶風雝有五畤。"[2]）《地理志》右扶風雍下曰："有五畤。"按：雍衹有四畤，密畤、吳陽上畤、下畤、北畤也。《史記》"雍五畤"，《漢志》右扶風"有五畤"，蓋兼鄜縣之鄜畤祀白帝而言。鄜雖屬左馮翊，而馮翊、扶風故皆內史地，故得統侔之。《史記》於高祖未立北畤前曰"雍四畤"，蓋亦謂密、上、下、鄜四畤。是以四畤上親郊見，而西畤、畦畤上不親往。別白言之也。（《說文》："好畤、鄜畤，皆黃帝時築。"[3]）《封禪書》曰："自未作鄜畤也，而雍旁故有吳陽武畤，雍東有好畤。自古以雍州積高神明之隩，故立畤郊上帝。蓋黃帝時嘗用事，雖晚周亦郊焉。其語不經見，縉紳者不道。"按：史公作"吳陽武畤"，而許作"鄜畤"，與《史》《漢》不合，傳聞之異也。（《說文》："或云：秦文公立。"[4]）秦文公立鄜畤，《史》《漢》皆云尒，而舉爲疑辭，且若好畤亦文公立者，皆傳聞之異也。

（畤）

---

[1] 陳本"止"作"址"，無"也"。
[2] 陳本無"雝"。
[3] 陳本"築"作"祭"。
[4] 陳本"云"作"曰"，末有"也"。

有龍垂胡髯①

【詁訓】《封禪書》："有龍垂胡髯，下迎黃帝。"詳文意乃泛謂須。

（頿）

號曰南嶽②

【地理】《封禪書》：漢武帝元封四年，"巡南郡，至江陵而東，登禮灊之天柱山，號曰南嶽。"此郭景純所謂"武帝以衡山遼曠，移其神於天柱"者，蓋自是天柱始有霍山之名，而衡山不曰霍山矣。許言霍者，從其朔偁也。天柱山者，今安徽六安州霍山縣南之霍山是也。

（嶽）

河渠書第七

泥行蹈毳

【異文】【音義】【詁訓】【同源】（《說文》："澤行乘欙。"）"欙"，《史記》作"毳"，亦作"橇"。《漢書》作"毳"，如淳曰："毳音茅蕝之蕝，謂以版置泥上以通行路也。"服虔曰："木毳形如木箕，擿行泥上。"孟康說同。《尚書正義》引《尸子》作"蕝"，引《慎子》爲"毳"者，患塗之泥也。徐廣注《史記》作"楯"。僞《孔傳》作"輴"。凡此諸字皆一聲之轉，其義一也。

（欙）

山行即橋

【異文】【音義】【詁訓】【同源】【叚借】【辨誤】《河渠書》作"橋"，

---

① 今本"髯"作"頿"。
② 今本"嶽"作"岳"。

㠯遙反。徐廣曰："一作華，几玉反。華，直轅車也。"《漢書》作"梮"，韋昭曰："梮，木器也。如今舁牀，人舁以行也。"應劭曰："梮或作檋，爲人所牽引也。"《尚書正義》引《尸子》："山行乘檋。"僞《孔傳》亦作"檋"。按：華、梮、橋三字同，以梮爲正。橋者，音近轉語也。檋與梮一物異名。梮自其盛載而言，檋自其輓引而言。纂，大索也。檋從纂，此聲義之皆相倚者也。應釋檋、韋釋梮皆是，兼二說而後全。《孟子》："虆梩"，趙云："虆，籠屬。"《毛詩傳》："捄，虆也。"亦謂土籠，舁之曰梮，人引之而行則曰檋也。虆者，檋之假借字，或省作檛者，非也。《毛詩》之捄亦梮之假借字也。

（檋）

魚弗鬱兮柏冬日①

【叚借】《瓠子歌》曰："魚弗鬱兮柏冬日。"弗者，怫之借字。

（怫）

平準書第八

鈦左趾

【詁訓】《平準書》："鈦左趾。"鈦，踏腳鉗也。狀如跟衣，箸足下，重六斤，以代刖。

（鈦）

齊太公世家第二

郯

【古今】【校勘】（編按：鄟）《詩》《春秋》《公》《穀》皆作譚。許書

---

① 今本"弗"作"沸"。

又無譚字，蓋許所據從邑。《齊世家》譌作郯，可證司馬所據正作鄲。鄲、譚古今字也。許書有"譚長"，不以古字廢今字也。

（鄲）

徐州

【異文】《齊世家》："田常執簡公於徐州。"《索隱》曰："徐廣音舒①，其字从人。《左氏》作舒，《說文》作郐。"按：《魯世家》作"徐"。

（俆）

魯周公世家第三

徐州

【地理】【辨誤】《魯世家》：頃公十九年，"楚伐我，取徐州。"徐廣曰："徐州在魯東，今薛縣。"引《後志》曰："魯國薛縣，本國，六國時曰徐州。"玉裁謂：楚所取之徐州即郐地，疑非薛。齊湣王三年已封田嬰於薛，不能至魯頃公十九年魯尚有薛也。《齊世家》："田常執簡公於徐州"，亦非此徐州。

（郐）

齗齗如也

【詁訓】【音義】《魯世家》："甚矣魯道之衰也，洙泗之閒齗齗如也。"《地理志》云："魯濱洙泗，其民涉渡，幼者扶老者而代其任。俗既薄，長老不自安，與幼者相讓。故曰：魯道衰，洙泗之閒齗齗如也。"按：彼此爭辯，露其齒本，故曰"齗齗"。徐廣五艱反。

（齗）

---

① 許校云："此係索隱注，非引徐廣。"按：索隱作"俆音舒"，段或誤以"俆"爲"徐廣"。

管蔡世家第五

冄季載

【志疑】文王之子冉季，賈逵、韋昭皆云："冉，國名。"但其地闕。《史記》作"冄"，《索隱》云："冄或作邢。"終莫詳其地也。《左傳·莊十八年》有"邢處"，杜云："邢處，楚地。"凡若此等異地同名者，今皆不引以茲絲蕪。

（邢）

陳杞世家第六

氏姓　媯氏

【詁訓】【歷史】【句讀】【校勘】【義例】（《說文》："媯，虞舜凥媯汭，因目爲氏。"）舜既姚姓，則媯爲舜後之氏可知。按：依《史記》當云"因以爲氏姓"。尋姓氏之禮，姓統於上，氏別於下。鄭《駁五經異義》曰："天子賜姓命氏，諸侯命族。族者，氏之別名；姓者，所以統繫百世不別也；氏者，所以別子孫之所出。故《世本》之篇言姓則在上，言氏則在下也。"此由姓而氏之說也。既別爲氏，則謂之"氏姓"，故《風俗通》《潛夫論》皆以"氏姓"名篇，諸書多言氏姓。氏姓之見於經者，《春秋·隱九年》："天王使南季來聘"，《穀梁傳》曰："南，氏姓也。季，字也。""南"爲逗，"氏姓也"三字爲句。此"氏姓"之明文也。《史記·陳杞世家》："舜爲庶人時，堯妻之二女。居於媯汭，其後因爲氏姓，姓媯氏。"《五帝本紀》曰："自黃帝至舜禹皆同姓。帝禹爲夏后而別氏姓，姓姒氏（段云："今《史記》奪一'姓'字。此'氏姓'之例與《陳世家》同。"）。契爲商，姓子氏。棄爲周，姓姬氏。"此皆"氏姓"之明文也。《左傳》曰："陳胡公不淫，故周賜之姓，使祀虞帝。""賜之姓"者，賜姓曰媯也。段令媯不爲姓，何以不賜姓姚而賜姓媯乎？凡言賜姓者，先儒以爲有德者則復賜之祖姓，使紹其後。故后稷賜姓曰姬，四岳堯賜姓曰姜，董父舜賜姓曰董，秦大費賜姓曰嬴，皆予以祖姓也。其有賜姓而本非其祖姓者，如鄭氏《駁異義》云："炎帝姓姜，大暤之所賜也。黄帝姓姬，炎帝之所賜也。"是炎帝、黄帝之先固自有姓，而炎帝、黄帝之姜、姬實爲氏姓之剏始。夏之姓姒，商之姓子亦同。然則單云姓者，未嘗不爲氏姓；單云氏者，其後以爲姓。古則然矣，至於周則以三代以上之姓及氏姓爲昏姻不通之姓，而近本諸氏於官，氏於事，氏於王父字者，爲氏不爲姓，古今之不同也。舉"舜凥媯汭因爲氏姓"以發其凡，凡訓詁家曰"姓某氏"者，皆於此起例。

（媯）

晉世家第九

惠公馬鷙不行

【校勘】《晉世家》："惠公馬鷙不行"，即《左傳》"晉戎馬還濘而止"。今本《史記》作"鷙"，譌字也；而《秦本紀》作"馬騺"，不誤。《犬部》曰："槷，騺不行也。"今本亦譌"鷙"。《莊子·馬蹄篇》："闉扼鷙曼。"崔云："拒扼頓遲也。"今刻《釋文》亦譌從鳥，而《集韵》《類篇》不誤。

（騺）

楚世家第十

三翮六翼

【異文】【叚借】【詁訓】《楚世家》楚武公曰："居三代之傳器，登三翮六翼以高世主。"小司馬曰："翮亦作鬲，同音歷。三翮六翼，謂九鼎。空足曰翮，翼即耳。事見《爾雅》。"按：翮者，鬲之假借字。翼者，鈦之假借。九鼎，款足者三，附耳於外者六也。《爾雅》曰："鼎，款足謂之鬲，附耳外謂之釴。"

（鬲）

鄭世家第十二

挈羊

【叚借】【異文】（編按：挈）或叚借爲牽字，如《史記》"鄭襄公肉袒挈羊"即《左傳》之"牽羊"也。

（挈）

鄬公

【古今】漢字作"許"，周時字作"鄬"。《史記·鄭世家》："鄬公惡鄭於楚"，蓋周字之存者。

（鄬）

斟

【詁訓】《史記》：趙襄子"使廚人操銅枓以食代王及從者，行斟，陰令宰人以枓擊殺代王。"斟者，羹汁也。

（魁）

白起王翦列傳第十三

投石超距

【異文】【詁訓】《史記》："投石超距"，"超"，一作"拔"。《漢書》："甘延壽投石拔拒，絕於等倫"，張晏曰："拔拒，超距也。"劉逵曰："拔拒謂兩人以手相按，能拔引之也。"

（距）

以至圽身

【校勘】【辨誤】《白起王翦列傳》曰:"偷合取容,以至殁身。"徐廣云:"殁音没。"按:今殁譌圽,《集韵》傅會之云:"圽,埋也。"

(殁)

孔子世家第十七

名曰丘　字仲尼

【詁訓】【叚借】【辨誤】《釋丘》曰:"水潦所止,泥丘。"《釋文》曰:"依字又作㲻。"郭云:"頂上洿下者。"《孔子世家》:"叔梁紇與顏氏女禱於尼丘,得孔子,生而首上圩頂,故因名曰丘,字仲尼。"按:《白虎通》曰:"孔子反宇,是謂尼丘。德澤所興,藏元通流。"葢頂似尼丘,故以類命爲象。㲻是正字,泥是古通用字,尼是假借字。水潦所止,是爲泥淖。《儀禮注》曰:"淖者,和也。"劉瓛述張禹之說:"仲者,中也。尼者,和也。孔子有中和之德,故曰仲尼。"張固從泥淖得解。《顏氏家訓》乃曰:"至如'仲尼居'三字之中,兩字非體,《三蒼》尼旁益丘,《說文》尸下施几。如此之類,何由可從?"玉裁謂:若言駭俗則難依,若言古義則不可不知也。又漢碑有作"仲泥"者,淺人深非之,豈知其合古義哉?

(㲻)

文馬三十駟

【詁訓】(《說文》:"文馬,畫馬也。"①)杜注亦云:"畫馬爲文四百匹。"《孔子世家》:"文馬三十駟",亦謂畫馬。

(馮)

---

① 陳本無"文馬"二字。

韋編三絕

【詁訓】以絲次弟竹簡而排列之曰編。孔子"讀《易》，韋編三絕。""冊"字下曰："象其札，一長一短，中有二編之形。"然則駢比其簡，上下用絲編二，是以有得青絲編《考工記》者也。《禮》之編茅為鼎冪，《周禮》王后之編列髮為之，亦猶是法也。

（編）

范雎蔡澤列傳第十九

秦王跽

【詁訓】係於拜曰跪，不係於拜曰跽。《范雎傳》四言"秦王跽"，而後乃云"秦王再拜"是也。

（跽）

廉頗藺相如列傳第二十一

遺矢

【叚借】矢，《艸部》作"蓾"，云："糞也。"謂糞除之物為糞，謂蓾為矢，自許已然矣。諸書多假矢，如《廉藺傳》"頃之三遺矢"是也。許書說解中多隨俗用字。

（糞）

留侯世家第二十五

圯上

【義例】【詁訓】【校勘】《漢書》："張良閒從容步游下邳圯上。"服虔讀為"圯"，"音頤，楚人謂橋曰圯。"此漢人易字之例也。應劭曰：

"汜水之上。"此不易字,謂窮瀆無水之上也。下文"直墮其履汜下,良下取履",其爲無水之瀆了然。《史記》本亦作"汜",小司馬云:"姚察見《史記》有作土旁者。"云"有",則知《史記》不皆作土旁也。義本易憭,諸家說皆不察。

(汜)

【叚借】【異文】【詁訓】《史》《漢》:"張良嘗閒從容步游下邳圯上。"服虔曰:"圯音頤,楚人謂橋爲圯。"按:字當作"坯",《史》《漢》叚"圯"爲之,故服子慎讀如"頤"也。或云姚察見《史記》本有從土旁者。應劭曰:"汜水之上",謂窮瀆無水之上也。則應說從水作汜爲合,與從土訓橋異。詳《水部》"汜"下。

(圯)

五宗世家第二十九

壖垣

【詁訓】【譌字】《河渠書》《溝洫志》皆云:"故盡河壖棄地",韋昭曰:"河壖,謂緣河邊地。"《食貨志》:"趙過試以離宮卒田其宮壖地。"師古曰:"壖,餘地。"《史記·五宗世家》:"臨江王侵廟壖垣爲宮。"《史記·鼂錯列傳》《漢書·申屠嘉傳》《鼂錯傳》皆云:"錯鑿大上皇廟壖垣。"古者廟有垣,垣外有壖,壖之竟復有垣以闌之,是爲"壖垣"。臨江王、鼂錯皆侵毀壖垣者也。壖者,河外、宮廟外沿邊隙地也,其字作堧,同。……按:此字從需者譌。《玉篇》云"堧正,壖俗;壖正,壖俗"是也。

(堧)

老子韓非列傳第三

字伯陽

【校勘】《史記·老子列傳》曰："姓李氏，名耳，字耼。"《史記索隱》《老子音義》《後漢書·桓帝紀》注、《文選·遊天台山賦》注所引皆如此。今本《史記》作"名耳，字伯陽，謚曰耼"，淺人妄改者也。"字伯陽"，見唐固《國語注》。

（耼）

仲尼弟子列傳第七

曾蒧①

【詁訓】【叚借】《仲尼弟子列傳》：曾蒧字晳，奚容蒧字子晳，又狄黑字晳。"蒧""蒧"皆"驨"之省。《論語》曾晳名點，則同音叚借字也。

（驨）

蘇秦列傳第九

蹠勁弩

【詁訓】【叚借】【異體】《史記》曰："蹠勁弩。"按：弩以足蹋張之，故曰蹠。蹠或借蹠爲之，又作跖，《賈誼傳》曰："病非徒瘇也，又苦蹠盭。"跖，蹠字之異者也，足蹠反戾不可行。

（蹠）

---

① 今本"蒧"作"蒧"。

鋋戈在後

【叚借】【音義】《史記》："鋋戈在後"，又"非錟於句戟長鎩"，叚爲銛利字也。劉伯莊云四廉反，而毛晃讀同剡。

（錟）

孟子荀卿列傳第十四

炙轂過髡

【校勘】【異文】【詁訓】《孟子荀卿列傳》："談天衍，雕龍奭，炙轂過髡。"劉伯莊云："轂字衍。"裴駰云："劉向《別錄》'過'字作'輠'。輠者，車之盛膏器。炙之雖盡，猶有餘流者，言淳于髡不盡如炙輠也。"按：《方言》："車釭，齊燕海岱之閒謂之鍋，或謂之錕。自關而西謂之釭，盛膏者乃謂之鍋。"此謂關西謂盛膏者曰鍋也。脂施於車釭，故釭或得楇名。而楇自別有物，如今時御者亦系小油缾於車以備用是也。過、輠、鍋三字同。

（楇）

平原君虞卿列傳第十六

躡蹻檐簦

【叚借】《史記·孟嘗君傳》："躡屩"，《虞卿傳》及《漢書·王襃傳》作"蹻"，假借字也。

（屩）

爲媾

【叚借】（《說文》："講，和解也。"）《史記》虞卿、甘茂二傳，《漢書·項羽傳》皆假媾爲講，古音同也。

（講）

魏公子列傳第十七

平原君負韊矢

【詁訓】《信陵君列傳》曰："平原君負韊矢"，韊即籣字，《字林》作"韊"，《玉篇》作"韊"。《索隱》曰："如今之胡鹿而短。""胡鹿"，《廣韻》作"弧簶"，箭室也。

（籣）

范雎蔡澤列傳第十九

蹙齃

【詁訓】《史記》唐舉相蔡澤曰："先生曷鼻，巨肩，魋顏，蹙齃。"既言鼻又言頞者，曷同遏，"遏鼻"言其內不通而魋；"蹙齃"則言在外鼻莖也。鼻有中斷者，蔡澤、諸葛恪之相是也；有憂愁而蹴縮者，《孟子》言"蹙頞"是也；有病而辛頞者，此言其內酸辛，《素問》所言是也。

（頞）

屈原賈生列傳第二十四

離騷者猶離憂也

【詁訓】《屈原列傳》曰："《離騷》者，猶離憂也。"此於騷古音與憂同部得之，騷本不訓憂，而擾則生憂也，故曰"猶"。

（騷）

庚子日施兮

【詁訓】（《說文》："豌，日行豌豌也。"）《史記·屈原賈生列傳》曰：

"庚子日施兮，服集予舍。""施"即《說文》"肔"字也。

（肔）

刺客列傳第二十六

跪而蔽席

【異體】又《史記·荊軻傳》"跪而蔽席"、《孟荀傳》"襒席"，皆謂拭席，皆擎之異體也。

（擎）

右手揕其匃

【校勘】《刺客列傳》："左手把其袖，右手揕其匃"，揕即扰字，徐廣曰："一作抗。"按："抗"乃"扰"之譌耳。

（扰）

李斯列傳第二十七

陛墊

【叚借】《史記·李斯列傳》："陛墊之勢異"，墊乃漸之叚借，謂斗直者與陂陀者之勢不同也。

（墊）

【詁訓】【叚借】【正俗】凡斗直者曰陛，《李斯列傳》曰："樓季也而難五丈之限，跛牂也而易百仞之高，陛墊之勢異也。"墊當爲漸，陂陀者曰漸，斗直者曰陛。凡閒出者曰甬陛。斗俗作陡，古書皆作斗。

（陛）

淮陰矦列傳第三十二

諸母漂

【音義】【辨誤】《史記》：韓信"釣於城下，諸母漂"，漂與澈雙聲爲轉注。漂，孚妙切。《玉篇》及曹憲注《廣雅》乃合澈、漂爲一字，同切孚妙，誤矣。

（澈）

木罌缻

【詁訓】《史》《漢》：《淮陰矦傳》曰："信乃益爲疑兵，乘船欲渡臨晉，而伏兵從夏陽以木罌缻渡軍，襲安邑。"木罌缶者，以木爲罌缶狀，實兵於其中。不欲人知，故不爲盆狀。韋昭云："以木爲器如罌缻以渡軍，無船，且尚密也。"韋說是也。罌缶，器之大者。

（罌）

吟而不言

【叚借】《史·淮陰矦傳》："雖有舜禹之智，吟而不言。"此假吟爲噤也，吟噤義相似。

（噤）

田儋列傳第三十四

齮齕

【同源】《史》《漢》：《田儋傳》："齮齕用事者墳墓"，如淳曰："齮齕猶齚齧也。齕，齩也。"按：凡從奇之字多訓偏，如掎訓偏引，齮訓側齧。《索隱》注《高紀》云："許慎以爲側齧。"

（齮）

張丞相列傳第三十六

材官蹶張

【辨誤】（《說文》："漢令曰：'趫張百人。'"① ）《史》《漢》：《申屠嘉傳》："材官蹶張"，如淳曰："材官之多力，能腳蹋強弩張之，故曰蹶張。律有蹶張士。"孟康曰："主張強弩，蹶音其月反。漢令：'蹶張士百人。'"考許書趫、趫二字並出，"趫"云"蹠也"；"趫"云"歫也"，引漢令："趫張百人"。與如、孟引作"蹶張"不合。今尋繹字義，趫者跳起也，趫者拓也。如、孟二家作"蹶張"皆由認蹶、趫、趬爲一字耳。讀《說文》者因厥、厥相似，合趫、趬爲一字。《篇》《韵》皆云："趬，同趫"，正誤合二爲一之證也。厥之省不得作屑。

（趫）

娗娗廉謹

【辨誤】按：《史記·申屠嘉傳》："娗娗廉謹"，說者多云娗即娸字，《玉篇》《廣韵》皆不謂一字也。

（娸）

劉敬叔孫通列傳第三十九

絲蕞

【詁訓】《史記》《漢書》：《叔孫通傳》皆云："爲絲蕞野外習之。"韋昭云："引繩爲絲，立表爲蕞。"蕞即蕝也，詳《艸部》。

（蕝）

---

① 陳本"趫"作"趫"。

張釋之馮唐列傳第四十二

北臨廁

【叚借】古多假廁爲側，如《史記·張釋之傳》"北臨廁"，《漢書·汲黯傳》"上踞廁視之"是也。

（廁）

顏聚

【異文】《張釋之馮唐列傳》："誅李牧，令顏聚代之。"《漢書》"聚"作"冣"。

（冣）

萬石張叔列傳第四十三

廁牏

【音義】【詁訓】【古今】《史記·萬石君列傳》："石建取親中帬廁牏，身自浣滌。"徐廣曰："一讀牏爲竇，竇音豆，言建又自洗蕩廁竇，瀉除穢惡之穴也。"呂靜云："楲窬，褻器也，音威豆。"裴駰按："蘇林曰：'牏音投。賈逵解《周官》楲，虎子；窬，行清也。'孟康曰：'廁，行清。窬，行清空中受糞者也。東南人謂鑿木空中如曹謂之窬。'"玉裁謂：賈、孟說是也。虎子所以小便也，行清所以大便。鄭司農謂之路廁者也。清、圊古今字。《穴部》"窬"下曰："一曰空中也。""空中"與孟說合。今馬子其遺象也。

（楲）

【音義】【叚借】【源流】《史》《漢》：《萬石君傳》："石建取親中帬廁牏，身自浣滌。"蘇林曰："牏音投。賈逵解《周官》云：'牏，行清也。'"孟康曰："廁，行清。牏，行清中受糞函者也。東南人謂鑿木空中如曹謂之褕。"依蘇、孟說則《史》《漢》之"褕"即"窬"之叚借字。《穴部》曰："窬，空中也。"徐廣謂"讀褕爲竇"是也。至若晉灼云："今世謂反閉小袖衫爲侯褕"，則尤爲叚借字。《釋名》曰："齊人謂如衫而小袖曰侯頭。侯頭猶言解瀆，辟直通之言。"是則其語本無正字。……徐廣曰："音住。"（編按：指褕）蓋本《說文音隱》，住即住。

（褕）

歲餘不誰何綰①

【異文】《史記·衛綰傳》："歲餘不誰何綰"，《漢書》作"不孰何"。

（誰）

扁鵲倉公列傳第四十五

勃海郡鄭人

【地理】【辨誤】《史記》曰："扁鵲者，勃海郡鄭人。"徐廣云："鄭當爲鄚。"按：司馬以鄭系勃海者，境相際也。扁鵲，漢以前人，不當覈以漢制耳。今直隸河閒府任丘縣縣北十三里有鄚州城，往來孔道也。唐開元十三年改鄚爲莫，見《通典》《舊唐書》。

（鄚）

診脈

【詁訓】《倉公傳》："診脈"，視脈也。從言者，醫家先問而後切也。

（診）

---

① 今本"誰何"作"譙呵"，段引同《索隱》。

奇咳

【音義】【異文】【叚借】【經學】《漢書·藝文志》五行家有《五音奇胲用兵》二十三卷、《五音奇胲荊德》二十一卷。如淳曰："胲，音該。"《史記·扁鵲倉公列傳》："臣意即避席再拜謁，受其脈書上下經、五色診、奇咳。"《集解》曰："奇，音羈。咳，音該。"按：據張守節《正義》，則《史記》"奇咳"本亦作"奇胲"。《肉部》訓"胲"爲"足指毛皮"，然則"侅"正字，"胲"其假借字耳。《淮南·兵略訓》："明於星辰日月之運，荊德奇賫之數，背向左右之便，此戰之助也。"注云："奇賫之數，奇祕之數，非常術。"其字又作賫，亦假借也。蓋"奇侅"與今云"奇駭"音義皆同，是以《左氏春秋》"無駭"，《穀梁春秋》作"無侅"。

（侅）

匈奴列傳第五十

直上谷

【古今】（編按：值）《史》《漢》多用"直"爲之。姚察云"古字例以直爲值"是也。

（值）

比余一

【異文】【詁訓】《史記》：遺單于"比余一"，《漢書》作"比疏一"。余、疏皆即梳字。比梳一者，統言則比亦梳也。

（笓）

衛將軍驃騎列傳第五十一

遟明

【叚借】【詁訓】【異文】（編按：邌）或假黎爲之。《史記·衛霍傳》："遟明"，遟，待也，一作黎。傅毅賦："黎收而拜"，李注："言舞將罷，徐收斂容態而拜。"引《倉頡篇》："邌，徐也。"又或假犂爲之，《史記·尉佗列傳》："犂旦，城中皆降伏。""犂旦"即黎明。《漢書》"犂旦"爲"遟旦"。《晉世家》："重耳妻笑曰：'犂二十五年，吾冢上柏大矣。'"益可見犂之爲遟也。

（邌）

西南夷列傳第五十六

冄駹

【古今】《史記》："自筰以東北，君長以什數，冄駹冣大，在蜀之西。"又謂牂柯爲南夷，邛筰爲西夷。邢葢即冄駹之冄字，古今字也。

（邢）

枸醬

【詁訓】《史記》《漢書》有"枸醬"，左思《蜀都賦》、常璩《華陽國志》作"蒟"，《史記》亦或作"蒟"。據劉逵、顧微、宋祁諸家說，即扶畱藤也，葉可用食檳榔，實如桑葚而長，名蒟，可爲醬。《巴志》曰："樹有荔支，蔓有辛蒟。"然則此物縢生緣木，故作蒟，從艸。亦作枸，從木，要必一物也。

（蒟）

司馬相如列傳第五十七[1]

雍容閒雅

【詁訓】【叚借】【校勘】《相如傳》："雍容嫺雅"，雅之叚借之義爲素也。嫺雅，今所謂嫺習也。嫺，古多借閒爲之。《邶風》"棣棣"，《毛傳》曰："棣棣，富而閒也。"今本作"閒習"，杜注《左》所引無"習"字，蓋古本也。

（嫺）

江離蘼蕪

【詁訓】【經學】【辨誤】相如賦云："芷若射干，穹窮昌蒲，江離蘼蕪。"又云："被以江離，糅以蘼蕪。"是各物明矣。而說者云：江蘺、蘼蕪皆芎藭苗也，有二種，似槀本者爲江蘺，似蛇牀而香者爲蘼蕪，則芎藭、江蘺、蘼蕪爲一。徐之才《藥對》亦云："蘼蕪，一名江蘺，芎藭苗也。"而《說文》以"蘼蕪"釋"江蘺"，且以"江蘺"即楚人謂茝者。但楚謂茝爲蘺，不云謂茝爲江蘺也。蓋因《釋艸》有"蘄茝蘼蕪"之文而合之。茝與蘄茝又未必一物也。

（蘺）

猼且

【異文】【詁訓】（《說文》："蘘，蘘荷也。一名葍蒩。"）《史記》：《子虛賦》作"猼且"，《漢書》作"巴且"，王逸作"尃苴"，顏師古作"尃苴"，《名醫別錄》作"覆葅"，皆字異音近。景瑳《大招》則倒之曰"苴尃"。崔豹《古今注》曰："似薑，宜陰翳地。"師古曰：

---

[1] 段氏引司馬相如賦，《史記》《漢書》《文選》作字相同，段氏未明言出處的系於《史記》。段氏引賦文後緊接引各書注家則主系於各書，如段氏引賦文，而後引《集解》，則系於《史記》；引賦文而後引顏注，則系於《漢書》。三書作字不同的，段氏引用同於某書則多系於該書處。

"根旁生笋，可以爲菹，又治蠱毒。"宗懍《荆楚歲時記》云："仲冬以鹽藏蘘荷，以備冬儲。"《急就篇》所云"老菁蘘荷冬日藏"也。

（蘘）

登降陁靡

【詁訓】《子虛賦》曰："登降陁靡"，《上林賦》曰："巖陁甗錡"，皆謂欹傾也。後人多用"陊"爲之，古書或用"褫"爲之。

（陁）

薛莎青薠

【詁訓】《子虛賦》：高燥生薛，張揖曰："薛，賴蒿也。"按：賴蒿葢即藾蕭。

（薛）

【詁訓】《子虛賦》："薛莎青薠"，張揖曰："青薠，似莎而大，生江湖，鴈所食。"按：高注《淮南》曰："薠狀如葴"，與張說不同。《楚辭》有"白薠"，殆與青薠一種，色少異耳。

（薠）

弭節裵回

【詁訓】【正俗】《史記》：《子虛賦》"弭節裵回"，《漢·郊祀志》"神裵回若畱放"，乃長衣引伸之義。《後漢書·蘇竟傳》注云"裵回謂縈繞淹畱"是也。俗乃作俳佪、徘徊矣。

（裵）

徼狋受詘

【叚借】【校勘】【詁訓】【音義】《子虛賦》曰："徼狋受詘。"郭璞曰："狋，疲極也。"司馬彪云："徼，遮也。狋，倦也。謂遮其倦者。"按：

長卿用假借字作"飮",許用正字作"御"。蘇林注《漢》曰:"飮,音倦飮之飮",當作"音倦御之御"也。《方言》曰:"御,倦也。"飮同御,倦同倦。《心部》"惓"者,"勞也",與御音義同。《史記·匈奴傳》《漢書·趙充國傳》皆云"徼極",與"徼御"音異義同。

(御)

襞積褰縐

【詁訓】【正俗】【音義】《子虛賦》:"襞積褰縐。"張揖曰:"襞積,簡齰也。"襞,經傳作辟;積,俗作襀;簡,俗作襇。襞亦謂之襵。襵,之涉反。

(襞)

硍硍磕磕

【校勘】【詁訓】【音義】【源流】【辨誤】【異文】【叚借】《子虛賦》:"礧石相擊,硍硍磕磕。"《史記》《文選》皆同。《漢書》且作"琅"。以音求義,則當爲"硍硍",而決非"硍硍"。何以明之?此賦言:"水蟲駭,波鴻沸,涌泉起,奔揚會。礧石相擊,硍硍磕磕。若雷霆之聲,聞乎數百里之外。"謂水波大至動搖山石,石聲磤天。"硍硍"者,石旋運之聲也。"磕磕"者,石相觸大聲也。硍,《篇》《韵》音諧眼切,古音讀如痕,可以兒石旋運大聲;而硍硍字祇可兒清朗小聲,非其狀也。音不足以兒義,則斷知其字之誤矣。《江賦》曰:"巨石硡硍以前却",又曰:"觸曲崖以縈繞,駭奔浪而相礧",皆即此賦之意。《漢桂陽太守周憬碑》:"彌水之邪性,順導其經脉。斷硍溢之電波,弱陽矦之汹涌。"此用《子虛賦》也,而"硍"作"硍",可證予說之不繆。《釋名》曰:"雷,硍也。如轉物有所硍雷之聲也。"冣爲朗證。左思《吳都賦》:"挓攎雷硍,崩巒弛岑。""雷"即《子虛》"礧石"之"礧","礧硍"亦用《子虛賦》字也,而俗本譌作"硍",李善不能

1195

正，且曰："音郎"。於是韓愈本之，有"乾坤擺雷硠"之句，蓋積譌之莫悟也久矣。……○《周禮·典同》："高聲硍"，注曰："故書硍爲硠，杜子春讀硠爲鏗鎗之鏗。"硍字見於經典者惟此。

（硠）

湁潗鼎沸

【詁訓】《上林賦》："滿滿滈滈，湁潗鼎沸。"《索隱》引周成《雜字》曰："湁潗，水沸之貌也。"潗與湒同。

（湁）

汨㴋漂疾

【音義】《上林賦》："汨㴋漂疾。""㴋"，郭音許立反，然則即潝字也。《小雅》："潝潝訿訿。"《釋訓》云："莫供職也。"

（㴋）

魱鱃螹離

【詁訓】【聯綿】《上林賦》："魱鱃螹離"，郭注曰："魱鱃，鮪也。"李善注《吳都賦》同。按：劉逵注《蜀都賦》曰："鱣，魱鱃也。"古人言鱣鮪多有不別者，如《山海經傳》亦云鮪即鱣也，當是以爲一類而渾言之。……李奇注《上林》曰："周洛曰鮪，蜀曰魱鱃。"陸《詩疏》曰："益州人謂之魱鱃。"按：蜀有之者，出於江也；周雒有之者，出鞏穴入河也。魱鱃雙聲字。……各書多作"鮔"，省立心也。

（魱）

【異文】【詁訓】【辨誤】"螹"，《史記》《文選》同，《漢書》作"漸"。《上林賦》說水族曰："鮫龍赤螭，魱鱃螹離。"司馬彪曰："螹離，魚名也。"張揖曰："其形狀未聞。"按：許以此次於"蠣""蠏"二篆閒，必介蟲之類，周人或以漸離爲名，取於物爲假也。斬䗏字或作蜥胡，非也。

（蜥）

鰅鱅鰬魠

【校勘】【音義】【詁訓】《史記》：《上林賦》"鰅鱅鰬魠"，《漢書》《文選》"鱅"皆作"鰫"，非是。據許書，鰫、鱅劃然二物，且郭注《上林》云："鱅，常容反"，與慵字音正同。叚令從容聲，則不得反以常容矣。郭云："鱅似鰱而黑。"陸璣云："鰱，徐州人謂之鰱，或謂之鱅。"

（鱅）

煩鶩

【校勘】《史記》：《上林賦》說水鳥有"煩鶩"，徐廣曰："煩鶩，一作番䳇。"按：矛聲、孜聲之字音轉多讀如蒙。賦文當依此本。

（䳇）

汎淫

【聯綿】《上林賦》"汎淫"爲疊韵，（編按：汎）音轉爲扶弓反。

（汎）

陂池貏豸

【詁訓】《上林賦》曰："陂池貏豸"，即《子虛賦》之"罷池陂陀"。《西京賦》曰："增嬋娟以此豸。"按："貏豸"謂迆邐之長，"此豸"謂婀娜之長，亦皆長義之引伸。

（豸）

蔣芧青薠

【音義】【詁訓】【校勘】《上林賦》："蔣芧青薠"，張揖曰："芧，'三棱'也。"郭樸音杼。按："三棱"者，蘇頌《圖經》所謂"葉似莎艸極長，莖三棱如削，高五六尺，莖端開花"是也。江蘇蘆灘中極多，呼爲馬芋，音同宁。莖可繫物，亦可辮之爲索。《南都賦》："薕苧蘋莞"，李注引《說文》"苧可以爲索"。蓋賦文本作"苧"。《文選·上林賦》亦作"苧"。苧者，芧之別字。

（芧）

肸蠁布寫

【詁訓】【音義】《上林賦》曰："肸蠁布寫"，彪注曰："肸，過也。芬芳之過若蠁之布寫也。"《甘泉賦》："薌呹肸以棍批"，薌葢同蠁。按：《虫部》："蠁，知聲蟲也。"肸蠁者，葢如知聲之蟲一時雲集。《蜀都賦》"翕響"義同。春秋晉羊舌肸字叔向。向，《釋文》許网切，即蠁字。知肸蠁之語甚古。

（肸）

角䚡

【詁訓】【異文】《上林賦》："獸則麒麟角䚡。"張揖曰："角䚡似牛，角可以爲弓。"郭樸曰："角䚡音端。似豬，角在鼻上，堪作弓。李陵嘗以此弓十張遺蘇武也。"……《漢書》《文選》作"端"。

（䚡）

赤瑕駁犖

【詁訓】《子虛賦》："赤瑕駁犖"，張揖曰："赤瑕，赤玉也。"揚雄《蜀都賦》、左思《吳都賦》皆云"瑕英"。劉逵曰："瑕，玉屬也。"①木華《海賦》："瑕石詭暉。"《廣雅》玉屬有"赤瑕"。若《聘義》"瑕不揜瑜"，注："瑕，玉之病也。"高注《淮南書》曰："瑕猶釁也"，

---

① 許校云："《子虛賦》當作《上林賦》"，"左思《吳都賦》亦當作《蜀都賦》。"

此別一義,霻同壆。

(瑕)

盧橘夏孰

【辨誤】相如用"盧橘夏孰",太冲猶譏其不實,後人以給客橙、枇杷等當之,繆甚。

(櫨)

樒㯱①

【異文】【叚借】【詁訓】《史記·上林賦》:"樒㯱",字同許。《漢書》《文選》皆作"荅遝",假借字也。郭云:"荅㯱似李。"《廣韻》引《埤蒼》同。

(樒)

阬衡閜砢

【校勘】【音義】《上林賦》說大木之狀:"阬衡閜砢",《索隱》引郭璞云:"'阬衡閜砢'者,揭蘖傾欹皃也。"按:此"閜"字當作"閜",與"谽呀豁閜"義不同。閜砢讀惡可、來可二反。《玉篇》引賦正作"閜"。

(閜)

紛容蕭蔘

【詁訓】《史記·上林賦》:"紛容蕭蔘",蕭同槮。

(槮)

---

① 今本"㯱"作"㯛"。

旖旎從風

【聯綿】【異文】倚移，連緜字，疊韵，讀若阿那。《攷工記》鄭司農注兩引"倚移從風"，今《上林賦》作"旖旎從風"。《說文》於"禾"曰"倚移"，於"旗"曰"旖施"，於"木"曰："檹施"，皆謂阿那也。《毛傳》曰："猗儺，柔順也。"猗儺即阿那。

（移）

蠗蝚①

【辨誤】【詁訓】【校勘】《上林賦》："蛭蜩蠗蝚，棲息乎其閒。"郭樸云："蠗蝚似獼猴而黃。"蠗、蝚二物，郭併言之，非也。惟《史記》作"蠗"，《漢書》譌作"玃"。司馬貞曰：《西山經》皋塗之山有獸名蠗，是此字。攷其所說之狀非蝯猴類，其字今譌作"玃"，依郭注則當作"玃"，未可取爲證也。

（蠗）

豰　郭樸注：腰以後黃

【校勘】（《說文》："豰，犬屬。腰已上黃，腰已下黑，食母猴。"）《上林賦》郭樸注同此。而"腰以前黃，腰以後黑"奪去四字，當校補。《南都賦》注李善引《說文》。按：《史》《漢》《文選》之《上林賦》、《文選》之《南都》、《廣韵·一屋》說此物皆作"豰"，从豕。《廣韵·十八藥》又引《說文》"豰玃"作"豰玃"，尋許書彀爲小豚，非一物一字也，將由寫者亂之。

（豰）

---

① 今本"蠗"作"蠷"。

踔稀閒

【異文】【詁訓】《上林賦》："捷垂條，踔希閒。"《玄應》引如是。《史記》作"踔"，郭璞曰："踔，懸擿也。"《吳都賦》："狖鼯猓然，騰趠飛超。"

（趠）

鷫蘇

【詁訓】凡《上林賦》之"鷫蘇"，《吳都賦》之"流蘇"，今俗云"蘇頭"，皆即"須"字也。

（須）

擽飛虡①

【異文】【詁訓】《上林賦》："擽飛虡"，《廣韵》引正作"虞"。張揖曰："飛虞，天上神獸，鹿頭龍身。"是長鄉謂虞神獸，許謂栒、虡字"飾以猛獸"，說不同也。

（虞）

藝殪仆

【叚借】臬古假藝爲之。《上林賦》："弦矢分，藝殪仆"，文穎曰："所射準的爲藝。"《左傳》："陳之藝極。"皆是也。

（臬）

鏗鎗鏜䃂

【異文】【詁訓】（《說文》："䃂，鼙聲也。"②）《史記》：《上林賦》"鏗鎗鏜䃂。"《漢書》《文選》作"闛鞈"。郭璞曰："闛鞈，鼓音也。"

---

① 今本"擽"作"櫟"，"飛"作"蜚"。
② 陳本"鼙"作"鼓"，段云："鼙，各本誤作鼓，今正。"

此渾言之耳。鼙亦鼛也。

(鼙)

激楚結風

【詁訓】《上林賦》："激楚結風"，郭璞曰："激楚，歌曲也。"文穎曰："楚地風氣本自漂疾，歌樂者猶復依激結之急風爲節，其樂促迅哀切也。"按：激楚，古葢作欥楚。

(欥)

刪取其要

【詁訓】《史記·司馬相如傳》曰："故刪取其要，歸正道而論之。""刪取"猶節取也，謂去其侈靡過實，非義理所尚。取其"天子芒然而思"已下也。既錄其全賦矣，謂之"刪取"何也？言錄賦之意在此不在彼也。《藝文志》曰："今刪其要以備篇籍。""刪其要"謂取其要也。不然，豈劉歆《七略》之要孟堅盡刪去之乎？詳言之則如《律曆志》曰"刪其僞辭，取其義者箸於篇"；約言之則如《相如傳》《藝文志》。

(刪)

西僰中

【地理】《司馬相如傳》曰："唐蒙使略通夜郎西僰中。"文穎曰："夜郎、僰中皆西南夷，後以爲牂柯、犍爲二郡。"按：犍爲郡有僰道縣，即今四川敘州府治也，其人民曰僰。

(僰)

羈縻勿絕

【詁訓】凡言"羈縻勿絕"，謂如馬牛然也。

(縻)

銜橜之變①

【叚借】（《說文》："鉤逆者謂之亅。"）《司馬相如列傳》"猶時有銜橜之變"，《集解》引徐廣云"鉤逆者謂之橜"，《索隱》引周遷《輿服志》云"鉤逆者爲橜"，皆謂橜爲亅之叚借字也。"清道而行，中路而馳"，斷無枯木朽株之難，故知必謂鉤也。

（亅）

箜箜

【音義】【異文】【詁訓】《司馬相如傳》曰："巖巖深山之箜箜兮。"晉灼曰："箜音籠，古籠字。"蕭該曰："箜或作龓，長大皃也。"徐廣箜音力工反，與晉說同。《白駒》傳曰："空谷，大谷也。"

（龓）

指橋

【校勘】《大人賦》張揖注云："指橋，隨風指摩也"，今摩誤靡。

（旇）

旖旎

【校勘】《大人賦》說旌旗曰："又旖旎以招搖"，"施"字俗改爲"旎"，从尼聲，殊失音理。

（施）

蜵蟉蜿蜒

【詁訓】【源流】【異文】司馬相如《大人賦》："駕赤螭青虯之蜵蟉蜿蜒"，謂宛轉之皃也。按：《篇》《韵》皆曰"龍皃"，依賦文爲訓耳，

---

① 今本"橜"作"橛"。

非許有"龍兒"二字也。……《漢書》作"蚴"。

(蚰)

赳螑

【詁訓】《廣韵·一送》曰："薑趏，疲行皃。"《大人賦》說螭蚪："沛艾赳螑，仡以佁儗兮。"張揖曰："赳螑，申頸低卬也。"按：赳螑猶薑趏。

(趏)

輵轄

【校勘】（《說文》："轄，車聲也。"）《史記》：《大人賦》"輵轄"，《漢書》"轄"作"螛"。張揖曰："輵螛，搖目吐舌兒。"則《史記》爲譌字矣。

(轄)

灑以林離

【叚借】（編按：灑）《司馬相如傳》借"灑"。

(灑)

槀一莖六穗於庖

【詁訓】【辨誤】（《說文》："司馬相如曰：'槀一莖六穗也。'"①）《史》《漢》：《司馬相如傳》封禪文曰："囿騶虞之珍羣，徼麋鹿之怪獸。槀一莖六穗於庖，犧雙觡共柢之獸。獲周餘珍放龜於岐，招翠黃乘龍於沼。"鄭德云："槀，擇也。一莖六穗謂嘉禾之米。"鄭語取明憭。言"於庖"者，擇米作飯必於庖也。吕忱乃云"禾一莖六穗謂之槀"，蓋不讀《封禪文》，而誤斷許書之句度矣。

(槀)

---

① 陳本無"也"字。

滋液滲漉

【詁訓】司馬相如《封禪文》："滋液滲漉"，楊雄《河東賦》："澤滲灘而下降"，今俗云滲扇。

（滲）

旼旼睦睦

【異文】【詁訓】古書睦、穆通用，如《孟子注》："君臣集穆。"《史記》："旼旼睦睦"，《漢書》作"旼旼穆穆"是也。穆多訓敬，故於睦曰敬和。

（睦）

儒林列傳第六十一

希世用事

【叚借】古多假希爲睎，如《公孫弘傳》"希世用事"，《晉·虞溥傳》"希顏之徒"是也。

（睎）

酷吏列傳第六十二

破觚而爲圜

【詁訓】《史記·酷吏傳》曰："漢興，破觚而爲圜。"應劭曰："觚，八棱有隅者。"《通俗文》曰："木四方爲棱，入棱爲柧。"按：《通俗文》析言之。若渾言之，則"急就奇觚"謂四方版也。

（柧）

大宛列傳第六十三

于寘之西①

【校勘】【地理】【經學】【詁訓】(《說文》:"河,河水。出敦煌塞外昆侖山。發原注海。"②)《史記·大宛傳》曰:"于寘之西,水皆西流,注西海。其東,水東流,注鹽澤。鹽澤潛行地下。其南則河源出焉,多玉石,河(段云:"此四字當作'爲積石河'。")注中國。鹽澤去長安可五千里。"又曰:"張騫死後,漢使窮河源。河源出于寘,其山多玉石,采來。天子案古圖書,名河所出山曰崑崙云。"《漢書·西域傳》曰:"西域以孝武時始通,本三十六國。東則接漢,阨以玉門、陽關,西則限以葱嶺。其南山東出金城,與漢南山屬焉。其河有兩源,一出葱嶺,一出于闐。于闐在南山下,其河北流,與葱嶺河合。東注蒲昌海。蒲昌海一名鹽澤者也,去玉門、陽關千三百餘里(段云:"'千'字依《水經注》。"),廣袤三四(段云:"此字依小司馬增。")百里。其水亭居,冬夏不增減,皆以爲潛行地下。南出於積石爲中國河云。"《地理志》曰:"金城郡河關縣積石山在西南羌中。河水行塞外,東北入塞內,至勃海郡章武入海。過郡十六,行九千四百里。"按:于闐,今之和闐也。班云"積石山"者,即《禹貢》之"道河積石",今甘肅西寧府西南境之大積石也。許云"出敦煌塞外"者,即班《志》云"河水行塞外"也。云"昆侖山"者,即馬、班所云"出葱嶺于寘,天子案古圖書,名其山曰崑崙"也。云"發原注海"者,《釋水》文,即《志》所云"東北入塞內,至章武入海"也。《史》《漢》所云"古圖書"者,謂《禹本紀》《山海經》皆云"河出昆侖"也。馬、班皆不信《禹本紀》《山海經》之言,而許云"出昆侖山"者,許從漢武帝所詔也。塞外之山至高大者皆可謂之昆侖,故武帝取以詔葱嶺于闐山,而

---

① 今本"寘"作"窴"。
② 陳本不重"河","敦"作"燉"。

不取荒誕之說。《爾雅·釋水》曰："江、河、淮、濟爲四瀆，四瀆者，發源注海者也。""河出崑崙虛，色白，所渠并千七百一川，色黃。"《爾雅》但言"出崑崙虛"，而絶無《禹本紀》《山海經》荒誕之言，故許取爲說。

（河）

佞幸列傳第六十五

嗛

【叚借】假借爲銜字，如《佞幸傳》"大后由此嗛韓嫣"是也。

（嗛）

滑稽列傳第六十六

希韝鞠䐷

【詁訓】《史記》：淳于髡"希韝鞠䐷。""希韝"謂以韝約袖。《系部》曰："絭，纕臂繩也。"

（希）

【叚借】絭有叚希爲之者，《史記·滑稽列傳》："希韝鞠䐷"，徐廣云："希，收衣袖也。"又有叚卷爲之者，《列女傳》："趙津女娟攘卷操檝"，卷即絭也。

（絭）

輒乙其處

【詁訓】褚先生補《滑稽傳》：東方朔上書，"凡用三千奏牘，人主從上方讀之，止，輒乙其處。二月乃盡。"此非甲乙字，乃正乚字也。今人讀書有所鉤勒即此。《內則》："魚去乙"，鄭曰："乙，魚體中害人者名也。今東海鰫魚有骨名乙，在目，狀如篆乙，食之鯁人不可出。"此亦非甲乙字，乃狀如篆乚也。魚腸名乙耳，不當別有乙也。
（乚）

龜策列傳第六十八

蓮葉之上

【叚借】《龜策傳》用"領"爲"蓮"，異部假借①。
（領）

貨殖列傳第六十九

輓近世

【叚借】（編按：輓）《史記》借爲"晚"字。
（輓）

戶說以眇論

【古今】《說文》無妙字，眇即妙也。《史記》："戶說以眇論"，即"妙論"也。《周易》："眇萬物而爲言"，陸機賦："眇衆慮而爲言"，皆今之妙字也。
（眇）

天下熙熙

【校勘】《老子》《史記》"天下熙熙"，字皆當爲"娾娾"，今熙行而娾廢矣。熙者，燥也，謂暴燥也，其義別。
（娾）

---

① 許校云："《史記·龜策傳》：'乃遊蓮葉之上。'集解引徐廣曰：'蓮，一作領，領與蓮聲相近，或假借字也。'"

羯羠不均

【詁訓】《貨殖傳》："其民羯羠不均"，謂很如羊也。
（羠）

南陽西通武關鄖關

【地理】《史記·貨殖傳》曰："南陽西通武關、鄖關。"按：武關在今河南內鄉縣西百七十里，鄖關在今湖北鄖陽府西。張守節注《貨殖傳》曰："鄖關當爲洵關，在金州洵陽縣。"玉裁按：蓋即今鄖陽府舊上津縣，唐室亂時用通貢道者。東南通今鄖陽府，西通今陝西興安府洵陽縣。謂《酈商傳》之"旬關"即鄖關可也。其關隘延長，不當謂兩地。
（鄖）

呰窳偷生

【詁訓】【源流】《史記·貨殖傳》云："呰窳偷生，無積聚。"《漢·地理志》："呰窳媮生，而無積聚。"應劭曰："呰，弱也。"晉灼曰："呰，病也。窳，惰也。"徐廣曰："呰窳，苟且惰嬾之謂也。"師古曰："呰，短也。窳，弱也。言短力弱才，不能勤作。"是皆呰窳爲雙字，不以窳釋呰。小顏云"呰，短"者，本《方言》。
（呰）

攻剽椎埋

【音義】《史記·貨殖傳》："攻剽椎埋，劫人作姦。"《漢·賈誼傳》："白晝大都之中，剽吏而奪之金。"按：（編按：剽）此義當去聲。
（剽）

重稰

【叚借】《史記·貨殖傳》："毉方諸食技術之人，焦神竭能，爲重稰也。"《日者傳》："卜而有不審，不見奪稰。"按：稰皆當作貾，同音假借。貾所以讎卜者也。祭神米曰稰。卜者必禮神，故其字亦作稰。

（貾）

千章

【詁訓】【音義】《貨殖傳》曰："山居千章之材。"服虔云："章，方也。"孟康云："言任方章者千枚。"按：漢人曰章，唐人曰橦，音鐘。材方三尺五寸爲一橦。

（材）

巵茜

【叚借】梔，今之梔子樹，實可染黃。相如賦謂之"鮮支"。《史記》假"巵"爲之。

（梔）

醯醬千瓨

【詁訓】《史》《漢》：《貨殖傳》皆曰："醯醬千瓨。"按："醯醬"者，今之醋也，別於下文之醬。

（瓨）

馬蹄躈千

【源流】【校勘】（《說文》："噭，口也。"①）《史》《漢》：《貨殖傳》皆云："馬蹄噭千。"徐廣曰："噭，馬八髎也。"小顏云："噭，口也。

---

① 陳本"口"作"吼"。

蹄與口共千則爲馬二百也。"按：以口釋噭，此必本《說文》。……《通俗文》《埤倉》皆曰："尻骨謂之八髎。"惟《史記》噭字從口，故徐以八髎釋之。尻亦得謂之口也。各本《史記》作"蹴"，乃誤字耳。

（噭）

糱麴鹽豉千苔

【校勘】【源流】《史記·貨殖傳》："糱麴鹽豉千合"，徐廣曰："或作台，器名有瓵。孫叔然云：'瓵。瓦器，受斗六升。'台當爲瓵，音貽。"按：今《史記》譌舛，爲正之如此。所引孫叔然者，《爾雅注》也。

（瓵）

俯有拾①

【詁訓】《史記·貨殖傳》曰："俯有拾，仰有取。"射有"決拾"，《毛傳》曰："決，所以鉤弦也。拾，遂也。"拾韜左臂，即俗所謂收拾也。

（拾）

桀黠奴

【詁訓】《貨殖列傳》云："桀黠奴"，謂其性堅而善藏也。

（黠）

田畜

【詁訓】【正俗】田畜謂力田之蓄積也，《貨殖列傳》曰："富人爭奢侈，而任氏獨折節爲儉，力田畜。田畜人爭賤賈，任氏獨取貴善。非田畜所出，弗衣食。"《艸部》曰："蓄，積也。"畜與蓄義略同。畜從田，其源也；蓄從艸，其委也。俗用畜爲六畜字。

（畜）

---

① 今本"俯"作"俛"。

太史公自序第七十

紬史記石室金匱之書

【叚借】《竹部》曰:"籀,讀書也。"《牆有茨》傳曰:"讀,抽也。"《方言》曰:"抽,讀也。"《尚書》:"克由繹之。"《大史公自序》:"紬史記石室金匱之書",紬即籀也,籀之言抽也。

(擂)

【叚借】(編按:紬)叚借爲抽字,《史記》:"紬石室金匱之書",徐廣音抽,師古《漢書》音胄,皆是也。音胄謂同籀也。籀者,讀書也。《釋名》曰:"紬,抽也。抽引絲耑出細緒也。"

(紬)

全書

葆

【叚借】(編按:葆)《史記》以爲寶字。

(葆)

【叚借】《史記》多假葆爲寶。

(寶)

諜

【叚借】(編按:諜)《大史公書》借爲牒札字。

(諜)

【叚借】《史記》叚諜爲牒。

(牒)

【史記】

木禺　龍禺

【叚借】《史記》曰"木禺""龍禺"者，寓之叚借也。

（寓）

淖

【叚借】《史記》多叚淖爲卓。

（卓）

本紀

【義例】《史記》每帝爲本紀，謂本其事而分別紀之也。

（紀）

漢 書

高帝紀第一上

主進

【叚借】或假進爲之（編按：賮），如《漢高紀》曰"蕭何爲主吏，主進"是也。

（賮）

戲下

【音義】【源流】（《說文》："戲，三軍之偏也。"）《史》《漢》：《項羽紀》《高帝紀》皆曰："諸侯罷戲下，各就國。"師古曰："戲，軍之旌旗也。音許宜反，亦讀曰麾。"又《竇田灌韓傳》："灌夫率壯士兩人及從奴十餘騎馳入吳軍，至戲下，所殺傷數十人。"師古曰："戲，大將之麾也。讀與麾同，又音許宜反。"按：顏說必本舊音義，似與許說小異，然相去不遠。度舊音義必有用許說者矣。

（戲）

高帝紀第一下

廉問

【校勘】【古今】《高帝紀》："廉問"，師古注曰："廉，察也。字本作覸，其音同耳。"按：史所謂"廉察"皆當作覸，廉行而覸廢矣。

（覸）

令郎中有罪耐以上請之

【詁訓】【音義】《高帝紀》："今郎中有罪耐以上請之。"應劭曰："輕罪不至於髡，完其耏鬢，故曰耏。古耏字從彡，髮膚之意也。杜林以爲法度之字皆從寸，後改如是。言耐罪以上皆當先請也。耐音若能。"按：耐之罪輕於髡。髡者，鬀髮也。不鬀其髮，僅去須鬢，是曰耐，亦曰完。謂之完者，言完其髮也。《刑法志》曰："當髡者完爲城旦舂。"王粲詩："許歷爲完士，一言猶敗秦。"江遂曰："漢令謂完而不髡曰耐。"然則應仲遠言："完其耏鬢"，正謂去而鬢而完其髮耳。（《說文》："耐，或從寸，諸法度字從寸。"）應仲遠《高帝紀》注，意謂"耏"即而鬢字，用爲耏罪字，至杜林以後乃改從"寸"作"耐"。許說不如是。耐，漢人叚爲能字。本如之切，後變音奴代切。古音能讀如而，今音耐、能皆奴代切。

（耏）

奉玉卮爲大上皇壽

【詁訓】【辨誤】《漢·高紀》："奉玉卮爲大上皇壽。"應劭曰："飲酒禮器也。古以角作，受四升。古卮字作觛。"許云："觛，《禮經》作觚"，則"觛"字非"卮"古字，應仲遠誤合爲一。《三都賦序》舊注因之，遂有改《說文》者矣，今更正。古者簠、簋、爵、觛，禮器也；敦、牟、卮、匜，常用器也。

（觛）

文帝紀第四

喋血

【叚借】蹀即踥字也，叚借作喋，作啑。《文帝紀》："新喋血京師。"服虔曰："喋音蹀屣履之蹀。"如淳曰："殺人流血滂沱爲喋血。"司馬貞引《廣雅》："喋，履也。"然則喋血者，蹀血也，謂流血滿地污足下也。

（蹀）

除關無用傳

【詁訓】《漢·孝文紀》："除關無用傳。"張晏曰："傳，信也，若今過所也。"如淳曰："兩行書繒帛，分持其一，出入關，合之乃得過，謂之傳也。"李奇曰："傳，棨也。"師古曰："古者或用棨，或用繒帛。棨者，刻木爲合符也。"按：用繒帛謂之繻，《終軍傳》曰"關吏予軍繻"是也。用木謂之棨。

（棨）

祠官祝釐

【詁訓】【辨誤】【異文】【叚借】《漢·孝文帝紀》詔曰："今吾聞祠官祝釐，皆歸福於朕躬。"如淳曰："釐，福也。《賈誼傳》'受釐宣室'是也。"如說冣合。應劭注釐爲"祭餘肉"，失之。師古直謂釐爲禧之叚借字。禧與釐雖同在古音弟一部，然義各有當。釐字从里，里者，家居也，故許釋爲"家福"，與禧訓"禮吉"不同。《春秋》三經"僖公"，《史記》作"釐公"，叚借字耳。有叚釐爲氂者，《經解》云"差若毫氂"，或作釐是也。有叚釐爲賚者，《大雅》"釐爾女士"，《傳》曰："釐，予也。""釐爾圭瓚"，《傳》曰："釐，賜也。"有叚釐爲理者，《堯典》"允釐百工"是也。

（釐）

敦朴

【叚借】《漢書》："以敦朴爲天下先"，假朴爲樸也。

（樸）

景帝紀第五

輧

【辨誤】【詁訓】漢景帝詔："吏六百石以上，皆長吏也。或不更服，出入閭里，與民無異。令長吏二千石車朱兩輧，千石至六百石朱左輧。"應劭曰："車耳反出，所以爲之藩屏，翳塵泥也。二千石雙朱，其次乃偏朱其左。軨以簟爲之，或用革。"按：此說師古非之，是也。輧與軨兩物兩字。輧，蔽也。許"軒"下云："曲輈藩車"，字作"藩"。《詩》之"茀"，《周禮》之"蔽"，《左傳》"以藩載欒盈"，《輿服志》"畫輧""黑輧""朱輧"是也。較之反出者曰軨。《景帝紀》自謂"車蔽"，不得以車耳釋之也。

（軨）

武帝紀第六

修天文禮

【古今】【詁訓】元鼎二年，《紀》云："望見泰一，修天文禮。"禮即古禪字。是可證禪亦祭天之名。

（禪）

立后土祠於汾陰脽上

【地理】《漢·武帝紀》："立后土祠於汾陰脽上。"如淳曰："脽者，河之東岸特堆。"《魏土地記》云："河東郡北八十里有汾陰城，北去汾水三里，城西北隅曰脽丘。"

（脽）

【地理】【音義】《漢·武帝紀》："元鼎四年，立后土祠於汾陰脽上。"如淳曰："脽者，河之東岸特堆崛，長四五里，廣二里餘，高十餘丈。汾陰縣治脽之上，后土祠在縣西。汾在脽之北，西流與河合也。"師古曰："以其形高起如人尻脽，故以名云。一說地臨汾水之上，地本名郠，音與葵同，彼鄉人呼郠音如誰，因轉而爲脽字耳。故《漢舊儀》云：'葵上。'"玉裁按：《水經》："汾水又西過皮氏縣。"注曰："汾水徑郠丘北，故漢氏之方澤也。賈逵云：漢法三年祭地汾陰方澤。澤中有方丘，故謂之方澤。丘即郠丘也。"經又曰："又西至汾陰縣北，西注於河。"注曰："水南有長阜，背汾帶河。阜長四五里，廣二里餘，高十丈。汾水歷其陰，西入河。《漢書》謂之汾陰脽。"據酈氏此注，郠、脽異處極明。然《封禪書》《郊祀志》皆云："始立后土祠汾陰脽上。"與《武紀》合。《水經注·河水篇》亦云："河水東際汾陰脽，縣故城在脽側，城西北隅有脽丘，上有后土祠。"是則郠、脽本無二。《漢志》云"汾陰"，許云"臨汾"者，蓋二縣地邊竟相接故。似不當分別郠、脽爲兩地也。

（郠）

泛駕之馬

【音義】【異文】《武帝紀》："泛駕之馬。"師古曰："泛，覆也。音方勇反。字本作覂，後通用耳。"《廣韵》正作"覂駕之馬"。

（覂）

元帝紀第九

嚴籞池田

【詁訓】【辨誤】《元帝紀》："詔罷嚴籞池田，假與貧民。"《西京賦》

云："洪池清籞。""清籞"猶《漢書》云"嚴籞"也。晉灼釋"嚴籞"爲"射苑"，故引許"籞"字之解，謂"嚴"與"籞"同，可以訓射，亦迂曲矣。

（籞）

衆僚久廱

【叚借】《元帝紀》："眾僚久廱，未得其人。"假"廱"爲"曠"字。

（廱）

成帝紀第十

闌入尚方掖門

【叚借】《漢書》以"闌"爲"闗"字之叚借，《成帝紀》："闌入尚方掖門"，應劭曰："無符籍妄入宮曰闌。"又或作"蘭"，《列子》："宋有蘭子。"張湛注曰："凡物不知生之主曰蘭。"殷敬順曰："《史記》無符傳出入謂之闌。此蘭子謂以技妄遊。"

（闗）

先帝劭農

【譌字】【校勘】【叚借】（《說文》："劭，勉也。"）漢成帝詔曰："先帝劭農"，蘇林曰："劭音翹，精異之意也。"晉灼曰："劭，勸勉也。"按：《卪部》："卲，高也。"卲與劭相似，轉寫容有互譌者，如應仲遠之名當是卲字。此蘇林所說當亦是"卲農"。

（劭）

哀帝紀十一

抃射①

【詁訓】《漢書》《吳都賦》皆云："抃射"，孟康曰："手搏爲抃"，此則謂兩人手相搏也。

（抃）

平帝紀十二

立軺倂馬

【詁訓】《平帝本紀》曰："詔光禄大夫劉歆等襃定婚禮，四輔、公卿、大夫、士、郎、吏家屬皆以禮娶，立軺倂馬。"服虔曰："立軺，小車也。倂馬，驪駕也。"按："驪"讀同"伉儷"，非馬深黑色。《木部》"楷"下曰"讀若驪駕"是也。倂馬謂之儷駕，亦謂之骈。併、骈皆从并，謂並二馬也。《左傳》："渾良夫乘中佃兩牡"，葢是駕二。《毛詩》說士駕二，《禮·王度記》亦言士駕二，王肅云："夏后氏駕兩謂之麗。"

（骈）

史篇

【歷史】【義例】《孝平紀》：元始五年，"徵天下通知逸經、古記、天文、厤算、鍾律、小學、史篇、方術、《本艸》及以《五經》《論語》《孝經》《爾雅》教授者，在所爲駕一封軺傳，遣詣京師，至者數千人。"《王莽傳》曰："元始四年，徵天下通一藝教授十一人以上，及有逸《禮》、古《書》、《毛詩》、《周官》、《爾雅》、天文、圖讖、鍾律、

---
① 今本"抃"作"卞"。

— 1220 —

月令、兵法、史篇文字，通知其意者，皆詣公車，令記說廷中。"紀、傳所說正是一事。……"史篇"，孟康云："史籀所作十五篇也。"玉裁按：《楊雄傳》曰："史篇莫善於《倉頡》"，是則凡小學之書皆得儷史篇。《藝文志》曰："至元始中，徵天下通小學者以百數，各令記字於庭中。楊雄取其有用者，以作《訓纂篇》。"

（孝平皇帝時徵禮等百餘人）

王子侯表第三上

土軍侯郢客

【辨誤】（《說文》："雒陽有大軍里。"①）《漢·王子侯表》："土軍侯郢客"，師古曰："土軍，西河之縣。說者以爲洛陽土軍里，非也。"按："土軍里"乃"大軍里"之誤。依此注，疑"大"本作"土"，"土軍里"或有作"土軍里"者，故說《漢書》者或偶用之。

（軍）

高惠高后文功臣表第四

靡有孑遺秏矣

【校勘】【詁訓】【叚借】【音義】《漢書》曰："訖於孝武後元之年，靡有孑遺秏矣。"孟康曰："秏音毛，無有秏米在者也。"秏米，米名，即所謂稻屬也。今本作"毛米"，誤。孟意若今言無有一粒存者。《水經注》曰："燕人謂無爲毛。"故有用毛爲無者，又有用秏者。初讀莫報切，既又讀呼到切，改禾旁爲耒旁，罕知其本音本義本形矣。《大雅》："秏斁下土"，秏者，乏無之謂，故《韓詩》云"惡"也。

（秏）

---

① 陳本"雒"作"洛"。

遴柬布章

【詁訓】《漢書》："遴柬布章"，遴簡謂難行封也。引伸爲遴選，選人必重難也。

（遴）

景武昭宣元成功臣表第五

南窌

【校勘】【音義】漢公孫賀，南窌矦，《表》作"南奅"，字皆从丣，音力救切，譌从卯，乃匹皃切矣。三部。

（窌）

駒騑

【辨誤】【詁訓】《釋嘼》曰："駒騑馬，野馬。"如淳《漢書注》曰："駒騑，野馬也。"師古曰："駒騑，出北海中，其狀如馬，非野馬也。"《楊雄傳》："前番禺，後陶塗。"師古曰："國名，出駒騑。"按：如淳用《爾雅》爲訓，顏氏駁之，誤矣。駒騑爲北野之良馬，故謂之野馬。

（駒）

百官公卿表第七上

蒜作朕虞

【異體】【叚借】【經學】【異文】【源流】（《說文》："蒜，籒文嗌。"）《漢·百官公卿表》曰："蒜作朕虞"，應劭曰："蒜，伯益也"，師古曰："蒜，古益字也。"按：此假借籒文嗌爲益，如《九歌》假借古文番爲播也。趙宋時，古文《尚書》"益"作"蒜"，此本諸《漢表》耳。

（嗌）

金印紫綬

【詁訓】《百官公卿表》曰："丞相，金印紫綬。高帝十一年更名相國，綠綬。"徐廣曰："似紫。紫綬名綟綬，其色青紫。"何承天云："綟，青紫色也。"按：紫者，水剋火之閒色。又因水生木而色青，是爲紫青色。

（綟）

大鴻臚

【校勘】《百官公卿表》：典客"太初元年更名大鴻臚"，應劭曰："郊廟行禮，讀九賓，鴻聲臚傳之也。"（編按：讀）今《漢書》譌"讚"。

（嘖）

導官

【校勘】《漢書·百官表》《後書·殤帝》《和帝紀》皆有"稻官"，注皆云："稻官主擇米。"鄧后詔曰："減大官、稻官。自非共陵廟稻粱米，不得稻擇。"光武詔曰："郡國異味，有豫養稻擇之勞。"凡作導者譌字也。

（稻）

金璽緺綬

【詁訓】【叚借】【辨誤】（《說文》："莀，艸也。可㠯染留黃。"）《糸部》"緺"下曰："帛莀艸染色也。"留黃，辭賦家多作"流黃"，皇侃《禮記義疏》作"駵黃"。土剋水，故中央駵黃，色黃黑也。漢諸矦王"緺綬"，晉灼曰："緺，艸名，出琅邪平昌縣。似艾，可染黃，因以爲綬名。"玉裁按：緺，同音叚借字也。漢制緺綬在紫綬之上，其色黃而近綠，故徐廣云："似綠。"或云"似紫綬名綟綬"者，非也。綟，紫青色，與緺不同。

（莀）

【詁訓】【音義】【辨誤】《艸部》："荬艸可以染畱黄"，染成是爲綟。綟與荬疊韵，與畱雙聲。"畱黄"或作"駵黄"，或作"流黄"，皇侃作"緇黄"，蓋即藰黄之色，其色黎黑而黄也。《漢·百官公卿表》：諸侯王"金璽綟綬"，如淳曰："綟音戾，綠綟也，以綠爲質。"晉灼曰："綟，艸名也，似艾，可染綠，因以爲綬名。"按：綠近黄，綠爲質而染黑，故曰駵黄，中央之間色。何承天《纂文》云："綟，紫色"，非也。漢制綠綟綬在紫綬之上，紫綬一名緺綬，其色青紫。

（綟）

古今人表第八

【義例】班固作《古今人表》，漢人不與焉，而謂之"古今人"者，謂近乎漢者爲今人，遠乎漢者爲古人也。作《古今人表》者，所以補《漢書》之所無，存漢已前之厓略也。亦謂三皇至漢以前迭爲古今人也。

（今）

嫫母

【異文】【音義】【聯綿】【辨誤】《漢書·古今人表》："嫫母，黄帝妃，生蒼林。"荀卿詩、《四子講德論》皆作"嫫姆"。《講德論》曰："嫫姆倭傀，善譽者不能掩其醜。"……按：郭注《方言》："莽音嫫母之嫫"，是其讀模上聲，嫫母爲雙聲也。師古音謩，似未協。

（嫫）

鄭成公綸

【異文】【同源】（《說文》："《春秋傳》有鄭伯睔。"）見襄二年，三《傳》皆同。《古今人表》作"鄭成公綸"，顏曰："工頑反"；又有"泠淪"，服虔曰："淪音鰥"；皆音之轉也。

（睔）

律曆志第一上

圭撮

【目錄】【詁訓】【志疑】（《說文》："撮，四圭也。"）《漢·律厤志》曰："量多少者不失圭撮"，孟康曰："六十四黍爲圭。"按：《廣韵》"圭"下云："孟子曰：'六十四黍爲一圭，十圭爲一合。'"孟子即孟康。《經典釋文·序錄》有"孟子注《老子》二卷，或曰孟康也。康字公休"。《孫子筭經》："六粟爲一圭，十圭爲一撮，十撮爲一抄，十抄爲一勺，十勺爲一合"，說與孟異。《本艸序例》曰："凡散藥有云刀圭者，十分方寸匕之一，准如梧桐子大也。一撮者，四刀圭也。十撮爲一勺，十勺爲一合。"此葢醫家用"四圭爲撮"之說，可相發明。……（《說文》："亦二指撮也。"①）按：許此別爲一義，而應仲遠注《漢》云："圭，自然之形，陰陽之始，四圭曰撮，三指撮之也"，不說是二義。三指所撮爲四圭，則四圭甚少，殆即孫子所謂六粟爲圭乎？二十四粟，三指可撮也。小徐本作"二指"，"二"疑"三"之誤，大徐本又改爲"兩"耳。圭者，瑞玉，上圜下方，故應云："自然之形，陰陽之始。"《易》之數，陰變於六，故六粟曰圭。

（撮）

解谷

【詁訓】《律厤志》曰："黃帝使泠綸自大夏之西、昆侖之陰，取竹之解谷。"孟康曰："解，脫也。谷，竹溝也。取竹之脫無溝節者也。一說昆侖之北谷名也。"按：《漢書》"解谷"，《說文》作"溪"，《廣韵》作"嶰"。

（溪）

---

① 陳本"亦二"二字作"一曰兩"。

尺者蒦也

【詁訓】《漢志》曰："寸者，忖也。尺者，蒦也。"故蒦爲五度之度。鳥飛起止多有中度者，故雉、蒦皆訓度。度高廣皆曰雉。

（蒦）

合龠爲合

【校勘】"合龠爲合"，見《律曆志》。而《尚書正義》引作"十龠"，《月令》正義引作"合"，《通典》引作"十"，《六典》說唐制作"合"，是《漢書》古本不同。要以下文云"合者合龠之量"，"躍於龠"，"合於合"，《廣雅》"二龠曰合"斷之，知"十龠"之非矣。古者一分一合謂之判合，叚是"十龠"，則此量不得名合，不得云"合於合"，"合二龠爲合"，猶之十二銖兩之爲兩也。

（升）

庣

【詁訓】《漢·律曆志》曰："量者，龠、合、升、斗、斛也。其法用銅，方尺而圜其外，旁有庣焉。"鄭氏曰："庣，過也。算方一尺，所受一斛，過九氂五豪，然後成斛。"劉徽注《九章算術》曰："晉武庫中所作銅斛，其篆書字題斛旁云：'律嘉量斛。'方一尺而圜其外，庣旁九氂五豪，冪一百六十二寸，深一尺，積一千六百二十寸，容十斗。及斛底律嘉量斗，方尺而圜其外，庣旁九氂五豪，冪一百六十二寸，深一寸，積一百六十二寸，容一斗。升居斛旁，合龠在斛耳上。"與《律曆志》同。按：庣旁者謂方一尺而又寬九氂五豪也，不寬九氂五豪則不容十斗，故製字从斗庣會意。

（斛）

二十四銖爲兩

【詁訓】《律曆志》曰："衡權本起於黃鍾之重。一龠容千二百黍，重十二銖。兩之爲兩，二十四銖爲兩。"按：兩者，兩黃鍾之重，故從兩也。
（兩）

斤者明也

【詁訓】班固說五權曰："斤，明也"，即《爾雅》《毛傳》之"斤斤，察也"。
（斤）

律曆志第一下

古文月采篇曰三日曰朏

【校勘】《律歷志》曰："《召誥》曰：'惟三月丙午朏。'周公七年復子明辟之歲三月甲辰朔之三日也。""《畢命豐刑》曰：'惟十有二年六月庚午朏，王命作策《豐刑》。'康王十二年六月戊辰朔之三日也。"《志》引"古文《月采篇》曰：'三日曰朏。'"按：《尚書正義》曰："《周書·月令》云：'三日粵朏。'"疑即取諸《漢志》，而《月采》作《月令》，未知孰是。《逸周書·月令弟五十三》，據《牛弘傳》，蔡邕、王肅時已亡，孟堅時未亡也。小顏《漢書》采字當從孔沖遠作令，小顏讀孟注而不察耳。
（朏）

禮樂志第二

窅窊桂華

【詁訓】【音義】《漢·禮樂志》："窅窊桂華"，蘇林曰："窅音窅胅之窅。"按：窅胅即今坳突字。玄應云："《倉頡篇》作'窅突'，上烏交切，墊下也；下徒結切，突也。葛洪《字苑》上作'凹'，陷也；下作'凸'，起也。"窅突、凹凸，許皆不收，然則許用窅胅也。孟康云：

"宿出宖入。"葢對宖言之，則訓宿爲出。如徂之爲存，苦之爲快。

（宿）

長離前掞光耀明①

【叚借】（編按：爓）古多叚炎爲之，如《左傳》"其氣炎以取之"，《司馬相如傳》"末光絕炎"，《楊雄傳》"景炎炘炘"皆是。又《郊祀歌》："長離前掞光耀明"，晉灼曰："掞即光炎字"，亦叚借也。

（爓）

迣萬里

【異文】【音義】《廣韵》曰："趀同跙。"按：《足部》有"跙"字，"迣也。""迣，踰也。"《禮樂志》："體容與，迣萬里。"迣，迾也，於義隔。《史記·樂書》作"跙"。《吳都賦》："跙蹻竹柏"，李善引如淳曰："跙，超踰也，恥曳切。"趀與跙音義同。

（趀）

【叚借】《禮樂志》："體容與，迣萬里。"孟康迣音逝，此叚借也。

（迣）

體招搖

【詁訓】【音義】《漢志》郊祀歌："體招搖，若永望。"注："招搖，申動之皃。"按：此"招搖"與"招榣"同。師古"招音韶"，猶《玉篇》"招，時昭切"也。

（招）

---

① 許校云："見《漢書·禮樂志》。'長離'當作'長麗'。"

拔蘭堂

【叚借】《漢·禮樂志》："拔蘭堂。"拔，舍止也，即废之假借字。
（废）

泛翊翊

【音義】【叚借】【校勘】【辨誤】《漢》郊祀歌："神之來，泛翊翊。甘露降，慶雲集。"師古曰："翊音弋入切，又音立。"按：翊字本義本音僅見於此。經史多假爲昱字，以同立聲也。《釋言》曰："翌，明也。"《尚書》五言"翌日"，皆訓明日；一言"翌室"，訓明室；天寶閒盡改爲"翼"。凡《尚書》"翼"字，訓敬、訓輔與訓明者溷同無別，自衛包始。漢、魏、晉、唐初，皆有"翌日"，無"翼日"。郭璞、玄應、李善引《尚書》皆作"翌日"。自同其字，又同其音，以七部立聲之字讀一部異聲之與職切，字書、韵書承譌襲繆，小顏弋入、力入之音無有採者矣。又《吳都賦》云："䴰㺊"，《廣韵》："䴰㺊，飛也"，力荅、徒合二切。䴰同翊，此亦翊之本義本音也。
（翊）

鬋長馳

【音義】《郊祀歌》曰："掩回轅，鬋長馳。""鬋"猶今言道里曼曼也。如淳曰："音構。"
（鬋）

刑法志第三

人宵天地之貌

【叚借】《漢·刑法志》假"宵"（編按：假爲肖）。
（肖）

【叚借】有假"宵"爲"肖"者,《漢志》"人宵天地之貌"是也。

(宵)

三屬之甲

【志疑】【詁訓】《漢·刑法志》:"三屬之甲",蘇林曰:"三屬者,兜鍪也,盆領也,髀禈也。"按:"盆"疑當作"益",益領即錏鍜。許《兜部》曰"兜鍪,首鎧也",《冃部》曰"胄,兜鍪也",此云"錏鍜,頸鎧也",則與蘇說"三屬"同矣。

(錏)

梟其首

【校勘】《廣韵》引《漢書》曰:"三族令先黥劓,斬左右趾,縣首,菹其骨。"按:今《漢書·刑法志》作"梟",蓋非孫愐所見之舊矣。"縣首"字當用此,用"梟"於義無當。

(県)

食貨志第四上

至孅至悉

【音義】《漢書》曰:"古之治天下,至孅至悉也。"孅與纖音義皆同,古通用。

(孅)

大命將泛

【音義】【異文】《食貨志》:"大命將泛",孟康曰:"泛音方勇反。"《玉篇》正作"大命將覂"。

(覂)

晦

【歷史】（《說文》："六尺爲步，步百爲晦。秦田二百四十步爲晦。"①）秦孝公之制也。商鞅開阡陌封疆。則鄧展曰："古百步爲晦，漢時二百四十步爲晦"，按：漢因秦制也。

（晦）

仟佰之得②

【音義】【辨誤】【校勘】《食貨志》："無農夫之苦，有仟佰之得。"師古云："仟，千錢也。佰，百錢也。佰，莫白反。今俗猶謂百錢爲一佰。"按：仟字罕見。《廣韵》《集韵》《類篇》皆曰："千人之長曰仟。"毛晃云："出《文字音義》。"《食貨志》語意謂兼十倍百倍之利耳，顏注非。仟疑本作什，顏不音千可證。

（佰）

食貨志第四下

穀襍

【詁訓】《食貨志》："鑄錢之情，非殽襍爲巧則不可得贏。"按：殽謂襍以鉛鐵也。

（殽）

疑於南夷

【叚借】《漢書·食貨志》假疑爲儗，又假儗爲"黍稷薿薿"。

（儗）

---

① 陳本無"秦田二百四十步爲晦"。
② 今本《漢書》及顏注"佰"皆作"伯"。

赤金爲下

【詁訓】《食貨志》曰："金有三等：黃金爲上，白金爲中，赤金爲下。"孟康曰："赤金，丹陽銅也。"按：丹陽銅即《吳王濞傳》"章郡銅山"、《貨殖傳》"章山之銅"也。

（銅）

元龜岠冄長尺二寸

【叚借】【詁訓】《漢志》："元龜岠冄長尺二寸"，冄，叚借字也。孟康曰："冄，龜甲緣也。岠，至也。度背兩邊緣尺二寸也。"按：兩邊相岠尺二寸，故知元龜尺二寸謂其廣，不謂其脩也。《魯頌》毛傳曰："元龜，龜尺二寸。"

（朧）

郊祀志第五上

駕被具

【詁訓】（《說文》："縠，車縠也。"）《郊祀志》："雍五畤路車各一乘，駕被具；西畤、畦畤禺車各一乘，禺馬四匹，駕被具。"師古曰："駕車備馬之飾皆具。"按：駕車之飾，此所謂縠也；被馬之飾，《革部》所謂鞁也。

（縠）

掊視得鼎

【詁訓】【音義】【正俗】《史》《漢》皆言："掊視得鼎"，師古曰："掊，手杷土也。杷音蒲巴反，其字从木。"按：今俗用之刨字也。

（掊）

晏溫

【異文】【詁訓】【辨誤】如淳注《郊祀志》云："三輔謂日出清濟爲晏。"按：郊祀之"晏溫"，《封禪書》作"矄㬜"，猶氤氳也。《郊祀志》字異而義同。如淳以"日出清霽"釋之，謂"晏而溫"是爲異，非是。

（晏）

十一月辛巳朔旦冬至昒爽

【異文】【詁訓】《郊祀志》："十一月辛巳朔旦冬至，昒爽。"《封禪書》"昒"作"昧"，既言旦又言昧爽者，以辛巳朔旦冬至合前文黃帝己酉朔旦冬至爲言，明冬至均在朔之旦也。繼云昧爽天子始郊拜泰一，明未旦時即郊拜泰一也。

（昧）

天文志第六

鄉之應聲

【叚借】《天文志》曰："鄉之應聲。"……"鄉"者假借字。按：《玉篇》曰："響，應聲也。"

（響）

閒可械劍

【漢書】《漢·天文志》："閒可械劍"，蘇林曰："械，音含。容也。"此假械爲含也。

（械）

燕萬載宮極

【詁訓】李奇注《五行志》①、薛綜注《西京賦》皆曰："三輔名梁爲極。"按：此正名棟爲極耳，今俗語皆呼棟爲梁也。

（極）

天星晏②

【詁訓】《漢·天文志》曰："日餔時天星晏"，星即今之晴字。

（晏）

五行志第七中之上

螽　蝗

【詁訓】【義例】《漢書·五行傳》曰："介蟲之孽者，謂小蟲有甲飛揚之類，陽氣所生也。於《春秋》爲螽，今謂之蝗。"按：螽、蝗古今語也，是以《春秋》書螽，《月令》再言蝗蟲。《月令》，呂不韋所作。

（蝗）

五行志第七下之上

女童䍃③

【古今】【音義】䍃、謠古今字也，謠行而䍃廢矣。凡經傳多經改竄，僅有存者，如《漢·五行志》："女童䍃曰：'檿弧萁服。'"余招切，二部。《篇》《韻》皆曰："䍃，與周切，從也"，此古音古義。

（䍃）

---

① 許校云："李奇注不見《五行志》，見《天文志》'孝昭始元中'一節。"
② 今本"星"作"睲"。
③ 今本"䍃"作"謠"。

地理志第八上

以綴禹貢

【義例】班氏述《地理志》曰："采獲舊聞，考迹《詩》《書》，推表山川，以綴《禹貢》《周官》《春秋》。"故每言《禹貢》某山、《禹貢》某水、某州川、某州浸。

（涇）

京兆尹

華陰　大華山

【地理】【古今】《地理志》：京兆尹華陰"大華山在南。豫州山。"《郡國志》：弘農郡"華陰，故屬京兆。有大華山。"漢之華陰，今陝西同州府華陰縣是其地。泰華山在縣南十里，即西嶽也。……按：西嶽字各書皆作"華"，華行而崋廢矣。漢碑多有從山者。

（崋）

南陵　霸水

【地理】【辨誤】【校勘】（編按：藍田）故城在今陝西西安府藍田縣縣治西十一里。《前志》京兆尹南陵下曰："文帝七年置。沂水出藍田谷，北至霸陵入霸水。霸水亦出藍田谷，北入渭。"師古曰："沂音先歷反。"按：此乃大謬。沂者，潏字之誤。《水經注》引《志》可證。張揖注《上林賦》亦曰："霸出藍田西北而入渭，潏亦出藍田谷，北至霸陵入霸。"《水經》曰："渭水，又東過長安縣北，又東過霸陵縣北，霸水從縣西北流注之。"注云："霸者，水上地名也。古曰滋水，秦穆公霸世，更名滋水爲霸水，以顯霸功。水出藍田縣藍田谷，逕藍田縣東，又左合滻水。又北，長水注之。又北，會兩川。又北，左納漕渠。又東，逕新豐縣，右會故渠。""故渠"即《經》所謂"東過霸陵縣，霸水從縣西北流注之"者也，今無水。"又北，逕秦虎圈東。又北，入於渭水。"張守節曰："雍州藍田縣滻水，即荆谿、狗枷之下流也。"按：酈注說"長水出杜縣白鹿原，西北流謂之荆谿。又西北，左合狗枷川，注於霸。俗謂之滻水，非也。"《史記》霸、滻、長水盡得比大川之禮，此可證張氏之誤矣。《水道提綱》曰："灞水上源，即藍水也。出藍田縣藍關之西南山秦嶺，經西安府境東而北，有滻水西南自太乙山、東南之西王谷嶺及秦嶺三源合而北流，又東北流來會，既合滻水，東北至高陵縣南境入渭，曰灞口。"

（滻）

杜陵

【地理】京兆尹杜陵，二《志》同，故城在今陝西西安府咸寧縣東南。

（漓）

左馮翊

池陽　嶻嶭山

【地理】【同源】《地理志》：左馮翊"池陽，惠帝四年置，嶻嶭山在北。"漢池陽故城在今陝西西安府三原縣西北二十里，嵯峨山在西安府涇陽縣北四十里，即嶻嶭山也。嶻嶭、嵳峩，語音之轉，本謂山陵皃，因以爲山名也。楊雄《長楊賦》曰："椓嶻嶭而爲弋。"

（嶻）

谷口　九嵏山

【地理】【異體】《地理志》曰：左馮翊"谷口，九嵏山在西。"谷口故城今在西安府醴泉縣東北七十里。九嵏山今在縣東北五十里，有九峯，俱峻。……又按：古書皆作"峻"，"山"在左。

（嵏）

鄜

【音義】【義例】【異體】票聲、庹聲當在二部，而孟康鄜音敬者，凡《漢志》地名皆隨其地語言爲音故也。隸省作"鄜"。

（廱）

右扶風

鄠　有扈谷亭

【校勘】【詁訓】（《說文》："扈，夏后同姓所封戰於甘者。在鄠，有扈谷、甘亭。"）今《漢書》"鄠"下云："古國。有扈谷亭。"語不完。當依《元和郡縣志》所引云："古扈國有戶谷、戶亭，又有甘亭。"《史記正義》所引《志》云："古扈國，有戶亭。"疑《正義》尚脫"戶谷"二字。許書當與《漢志》同。戶、扈同字。姚察云"戶、扈、鄠三字同"是也。

（扈）

汧

【地理】【句讀】《前志》汧下曰："吳山在西。古文目爲汧山、雍州山。"又曰："汧水出西北，入渭。"《後志》汧下曰："有吳嶽山，本名汧，汧水出。"按：《前志》不云汧水出汧山，《後志》乃云爾。汧故城當即今陝西鳳翔府隴州州治東南汧源廢縣。《括地志》曰："故汧城在隴州南三里，汧山在今隴州西北。"《禹貢》之岍，《周禮》之嶽山也。汧陽河，即古汧水出焉，東南流經汧陽縣，至寶雞縣縣東三十里合於渭。班、許皆於"西北"句絕，此水自西北而東南也。

（汧）

武功　䰇山

【志疑】《地理志》曰：武功"䰇山，古文㠯爲敦物。"豈古文巫（編按：㓞）與物字相似故與？

（巫）

弘農郡

盧氏　育水

【地理】【辨誤】【校勘】（《說文》："淯，淯水。出弘農盧氏山，東南入沔。"①）弘農郡盧氏，二《志》同，今河南河南府盧氏縣是其地。《前志》盧氏下曰："有育水，南至順陽入沔。"順陽者，南陽之博山也。《中山經》曰："攻離之山，淯水出焉，南流注于漢。"（段云："依《文選注》。"）《水經》曰："淯水，出弘農盧氏縣攻離山。東南過南陽西、鄂縣西北，又東過宛縣南，又屈南過淯陽縣東，又南過新野縣西，又南過鄧縣東南入於沔。"今河南南陽府府城東三里俗名白河者是。由南陽達於新野，府境諸水悉會焉。又南至湖廣光化縣，又東經故鄧城東南而入漢水。《水道提綱》云：漢水"經襄陽府城北、樊城南，有白河、唐河，東北自河南新野合南陽府諸縣及鄧州水南流，又合西來之清河，東來棗陽之滾河來會。"齊氏所謂"白河"即淯水也。南陽之水，淯冣大。《水經注》云："合魯陽關水、洱水、梅谿水、朝水、棘水、濁水、湍水、比水、白水入漢。"《南都賦》曰："淯水盪其胷，推淮引湍，三方是通。"知淯冣大。齊氏召南以趙河當之，非也。許謂西漢爲漢，謂東漢爲沔，故"涪"下曰"入漢"，"淯"下曰"入沔"。《漢志》《水經》之例亦同。……（《說文》："或曰出酈山西。"）《前志》南陽酈下曰："育水出西北，南入漢。""漢"當作"沔"。蓋出酈山者與出盧氏山者，異源而同流。故班、許皆兼述之也。酈故城在今河

---

① 陳本不重"淯"，"沔"作"海"。

南南陽府内鄉縣縣東北。

(淯)

陝　故虢國

【地理】【歷史】(《說文》："陝，弘農陝也。")《地理志》弘農郡陝縣，《後志》同，今河南直隸陝州有廢陝縣。(《說文》："古虢國，王季之子所封也。")《左傳》曰："虢仲虢叔，王季之穆也。"《國語》稱："文王敬友二虢。"杜預以爲皆文王母弟。馬融云："虢叔，同母弟。虢仲，異母弟。"今按：同母、異母不可知，據許祇云"王季之子"可也。《地理志》曰："陝，故虢國，東虢在滎陽。"賈逵曰："虢仲封東虢，制是也；虢叔封西虢，虢公是也。"《鄭語》："西有虞、虢"，韋曰："虢，虢叔之後，西虢也。"又："濟、雒、河、潁之間，虢、鄶爲大"，韋曰："虢，東虢也。虢仲之後。"按：《地理志》及《說文》皆但云"陝，故虢國"，不目爲西虢者，蓋東周時東虢已滅於鄭，不煩分別也。《春秋》晉滅虢，謂在陝之西虢，王季之子虢叔之後。

(陝)

新安　澗水　雒

【地理】【校勘】【辨誤】《地理志》曰：弘農郡新安"《禹貢》澗水在東南入雒。""《禹貢》雒水出弘農郡上雒冢領山，東北至鞏入河。"①按：《地理志》"《禹貢》雒水"字作"雒"。凡云伊水入雒、穀水入雒、澗水入雒、塵水入雒，凡云上雒縣、雒陽縣，字皆不作洛也。且《志》文前後相應，此云"《禹貢》雒水"，則前文稱"《禹貢》逾于雒""伊雒瀍澗既入于河""道雒自熊耳"，古本必皆作"雒"，斷不作"洛"也。且《志》稱《職方》"豫州川曰滎雒""雍州浸曰渭洛"，二字分別畫然，可以證上稱《禹貢》亦必分別畫然。惟豫雒、雍洛不同

---

① 此句在"上雒"下。

字,故北地歸德下云"洛水出北蠻夷中",直路下云"沮水出東西入洛",左馮翊襄德下云"洛水東南入渭",與雒水字迥別。學者以是求之,可以知黃初一詔之欺人矣。漢新安縣故城在今河南河南府澠池縣東。澗水在今澠池縣東,合於穀水,而互受通稱,同至今洛陽縣西南入洛水。

(澗)

河東郡

垣　沇水

【校勘】【地理】(《說文》:"沇,沇水。出河東垣東王屋山,東爲泲。"①)各本作:"河東東垣",誤倒一字,今依《水經》正。《周禮·職方氏》注、《山海經注》皆云"東垣",衍字耳。《漢志》真定縣故東垣非此地。若《晉史》《宋志》《後魏志》《隋志》之"東垣",則今河南府之新安縣也。河東郡垣,二《志》同,今山西絳州垣曲縣、河南懷慶府濟源縣是其地。垣曲縣縣西北二十里有垣縣城是也。《前志》垣下曰:"《禹貢》王屋山在東北,沇水所出。東南至武德入河,軼出滎陽北地中,又東至琅槐入海。過郡九,行千八百四十里。""過郡九"者,河東、河內、陳留、梁國、濟陰、泰山、濟南、齊郡、千乘也。《水經》曰:"濟水,出河東垣縣東王屋山爲沇水,東至溫縣西北爲濟水,南當鞏縣北,南入於河。"王屋山今在濟源縣西八十里,沇水所出。《北山經》曰:"王屋之山,㶌水出焉。"郭云:"㶌、沇聲相近,即沇水也。"《尚書》某氏傳曰:"泉源爲沇,流去爲濟。"按:泉出沮洳曰沇,引伸爲沇州。《口部》曰:"九州之渥地也,故以沇名焉。"

(沇)

彘　霍大山

【地理】《前志》河東郡彘,《後志》曰:永安故彘。《前志》彘下曰:

---

① 陳本不重"沇","垣東"作"東垣"。

"霍大山，在東，冀州山。"今山西霍州州東南霍山，《禹貢》之大岳也。《水經》曰："澮水，出河東絳縣東澮交東高山，西至王澤，注於汾水。"不言出霍山者，《水經》舉其近源，許舉其遠源也。《水道提綱》曰："澮河，源出翼城縣東南山，西流經中衛鎮。又西稍北至城南，又西經曲沃縣南，又西至絳州城南入汾。"《方輿紀要》："翼城縣有澮高山，有澮水入曲沃縣畎，至絳州南入汾。"
（澮）

狐讘

【音義】【志疑】【聯綿】【異體】【辨誤】【校勘】（《說文》："河東有狐讘縣。"）見《地理志》。按：《史》《漢》表皆有"瓡讘侯"，徐廣、小顏瓡皆音狐。考《漢志》，北海有瓡縣，小顏云："瓡即執字。"疑瓡讘二字疊韻，瓡當從爪作瓡，執之或體，不音狐。《漢志》《說文》作"狐讘"，皆譌字也。
（讘）

太原郡

晉陽　汾陽

【地理】（《說文》："汾，汾水。出大原晉陽山，西南入河。"①）太原郡晉陽，二《志》同，今山西太原府太原縣縣治東北有太原舊城。城中舊有三城，一曰大明城，古晉陽城也。《左傳》有六名：曰大夏，曰大原，曰大鹵，曰夏墟，曰晉陽，曰鄂，其實一也。《周禮》："河內曰冀州，其浸汾、潞。"《左傳》曰："新田有汾、澮以流其惡"，又曰："宣汾洮。"《前志》曰：大原郡晉陽"晉水所出，東入汾"；汾陽"汾水所出，西南至汾陰入河。"《水經》曰："汾水，出大原汾陽縣北管涔山，至汾陰縣北，西注於河。"按：許云"出晉陽山"與《志》《水

---

① 陳本不重"汾"。

經》不合者,《志》《水經》舉其遠源,許舉其近源也。汾出管涔山,東南過晉陽縣東,晉水從縣南東流注之。許意謂晉水即汾水之源。所謂晉陽山者,蓋即縣甕山,在今太原縣西南十里,晉水所出也。杜注《左傳》曰:"汾水出太原",與許合。今汾水出靜樂縣管涔山,經陽曲縣,至太原縣城東,晉水入焉。又經清源縣東南、徐溝縣北,又經交城縣、文水縣、平遙縣、汾陽縣、孝義縣、介休縣、靈石縣、霍州、趙城縣、洪洞縣、臨汾縣、襄陵縣、太平縣、曲沃縣,至絳州城南,澮水入焉。又經稷山縣、河津縣,至榮河縣北境入河,在龍門之南五十里,曰汾口,於古水道無大異。……(《說文》:"或曰出汾陽北山。")《漢志》《水經》說見上。鄭注《周禮》亦曰:"汾出汾陽。"(《說文》:"冀州浸。")《周禮·職方氏》文。

(汾)

莈人

【地理】【音義】莈人縣,《後志》無,《前志》屬太原郡。(編按:《說文》)此屬鴈門者,二郡境相接,容有改屬也。莈,如淳音璅,師古音山寡反。《史記》周勃、樊噲二傳作"霍人",《左傳·襄十年》之"霍人"也。今山西代州繁峙縣縣南有莈人故城。

(派)

鄔　晉大夫司馬彌牟邑

【歷史】【地理】《前志》曰:"晉大夫司馬彌牟邑。"按:彌牟爲鄔大夫,見昭二十八年《左傳》。前此有鄔臧,以邑爲氏。戴先生曰:"今山西汾州府介休縣縣東三十五里有故鄔城,漢縣也。其北魏之鄔城,在今介休縣東四十五里,俗譌武城。"

(鄔)

祁　晉大夫賈辛邑

【歷史】【地理】《前志》曰:"晉大夫賈辛邑。"按:賈辛爲祁大夫,見《左傳·昭廿八年》。前此已有祁奚、祁午、祁盈、祁勝，以邑爲氏。今山西太原府祁縣縣東南七里有故祁城，漢縣治也。

（祁）

上黨郡

長子　沾　漳水　大黽谷

【地理】【音義】【校勘】【辨誤】（《說文》："濁漳，出上黨長子鹿谷山，東入清漳。"）上黨郡長子，二《志》同，本晉邑，見《左傳》《國語》。今山西潞安府長子縣縣西南有故長子城是也。《前志》長子下曰："鹿谷山，濁漳水所出，東至鄴，入清漳。"《水經》曰："濁漳水，出上黨長子縣西發鳩山。"酈曰："漳水，出鹿谷山，與發鳩連麓而在南。《淮南子》謂之發苞山，故異名互見也。"按：今濁漳水出山西長子縣西五十里之發鳩山，經潞安府、潞城縣、襄垣縣、黎城縣，入河南林縣眇，合於清漳，《禹貢》所謂衡漳也。（《說文》："清漳，出沾山大要谷，北入河。"）上黨郡沾，二《志》同。師古曰："沾音他兼反。"今山西平定州樂平縣縣西南三十里有沾縣故城。《前志》沾下曰："大黽谷，清漳水所出，東北至阜成入大河。（段云：''大'衍。"）過郡五，行千六百八十里。冀州川。""過郡五"者，上黨、魏郡、清河、信都、勃海也。《水經》曰："清漳水出上黨沾縣西北少山大要谷，至武安縣黍窖邑，入於濁漳。"按：《志》言濁漳入清漳，清漳入河；《經》言清漳入濁漳，濁漳會虖沱入海。乖異者，當緣作《水經》時與作《志》時異也。許云"入河"，與《志》合。王氏應麟曰："漳水舊入河。周定王五年，河徙而南。故漳水不入河而自達於海。"王氏特臆度之詞。依班、許則漢時未嘗不入河也。今清漳出樂平縣西南二十里之少山，經和順縣、遼州、河南涉縣，至林縣交漳口合濁漳。既合之後，入直隸眇。移徙分合，自昔不常。今則一派至山東臨清州入運河，一派在直隸新河縣入北泊，會滹沱至天津入海。詳見《水道提綱》。（《說文》："南漳，出南郡臨沮。"）南郡臨沮，二《志》同，今湖北襄陽府南漳縣縣西南六十里有臨沮故城是也。《左傳》曰："江漢雎漳，楚之望也。"雎即出漢中房陵之沮水，見上文。《前志》臨沮下曰："《禹貢》南條、荆山在東北，漳水所出。東至江陵入陽水。陽水入沔，行六百里。"按：《志》不言沮者，以漳該沮也。其云陽水，葢謂沮水也。《水經》曰："漳水出臨沮縣東荆山，東南至枝江縣北烏扶邑，入於江。"酈氏曰："今漳水於當陽縣之東南百里餘而右會沮水也。"按：今漳水源自鄖陽府房縣景山，至保康縣境會沮水。

（漳）

【音義】【校勘】《漢·地理志》北地大㚒縣，注："一遙反。"上黨沾縣"大㚒谷，清漳水所出"，《說文》《水經注》作"大要谷"，今《志》誤爲"黽"字矣。

（㚒）

壺關　沾水

【地理】《前志》上黨"壺關"，應劭曰："黎矦國也，今黎亭是。"《後志》同應說。今山西潞安府府治即漢壺關縣，府西南三十五里有黎亭。

（壺）

【地理】上黨壺關，二《志》同，今山西潞安府附郭長治縣府治即漢壺關地。《前志》壺關下曰："有羊腸阪，沾水東至朝歌入淇。"《水經注·淇水篇》曰："淇水出沮洳山，衝激橫山。又東北，沾水注之。水出壺關縣東沾臺下，東流注淇水。"今山西潞安府壺關縣東南有沾水是。

（沾）

泫氏

【注音】【地理】上黨郡泫氏，二《志》同，音工懸反，今山西澤州府高平縣治即漢泫氏故縣。

（泫）

潞　潞子國

【地理】上黨郡潞縣，二《志》同，今山西潞安府潞城縣縣東北四十里有故潞城，漢縣葢治此。《春秋·宣十五年》："晉師滅赤狄潞氏，以潞子嬰兒歸。"《前志》曰："潞縣，故潞子國也。"按：潞國以水得名。

（潞）

穀遠　沁水

【地理】【辨誤】上黨郡穀遠，二《志》同，今山西沁州沁源縣縣城南故穀遠城，漢縣也。《前志》穀遠下曰："羊頭山世靡谷，沁水所出。東南至熒陽入河。過郡三，行九百七十里。"三郡：上黨、河內、河南也。《水經》曰："沁水出上黨涅縣謁戾山，南過穀遠縣東，至熒陽縣北，東入於河。"按：《水經》及注皆云至熒陽入河，師古據唐時在懷州武陟入河，疑轉寫錯誤，非也。古水道與唐時不同耳。《山海經》《水經》舉涅謁戾山，班、許舉穀遠羊頭山者，羊頭即謁戾也。戴先生曰："山在今武鄉縣西百二十里，西北接祁縣、平遙縣，西南接沁源縣。一名麓臺山。迆邐而西爲綿山。其北爲介休縣，西爲靈石縣，皆謁戾山也。"今沁水出沁州沁源縣西北百里之綿山東谷，西南流經平陽府岳陽縣東，又折而東南經澤州府沁水縣東，又南經陽城縣東而入河南懷慶府畍，歷濟源縣東北，又南經府城北，又東南經武陟縣東、修武縣西而入於河。與唐時入河處同。

（沁）

河內郡

共　淇水

【注音】【地理】【避諱】河內郡共，二《志》同，共音恭，今河南衛輝府輝縣治，古共城也。《前志》共下曰："北山，淇水所出，東至黎陽入河。"北山，今輝縣西北蘇門山，其別阜曰共山是也。《詩》曰：

"毖彼泉水，亦流於淇。"又曰："泉源在左，淇水在右。"泉謂淇之源也。今淇水自彰德府林縣流入衞輝府淇縣境，入衞河而入海，與古入河者迥異。(《說文》："(編按：淇水)或曰出隆慮西山。")隆慮，漢諱殤帝改曰林慮，此不改者，書成於和帝永元十二年已前也。《前志》河內郡隆慮，《後志》作林慮，慮音閭。今河南彰德府林縣是其地。西山者，今林縣西北二十五里隆慮山是也。《水經》曰："淇水出河內隆慮縣西大號山，東北入於海。"《山海經注》亦曰："今淇水出汲郡隆慮縣大號山，東過河內縣南爲白溝。"……《山海經》作"濝"。

(淇)

蕩陰　羑里　蕩水

【異文】文王拘羑里，《尚書大傳》《史記》作"牖里"。

(羑)

【音義】【地理】【校勘】河內郡蕩陰，二《志》同。蕩音湯，古音也，後人省艸。古有羑里城，西伯所拘也，今河南彰德府湯陰縣西南有故蕩陰城。《前志》蕩陰下曰："蕩水，東至内黃入黃澤"，今本奪"入黃"二字。《水經》曰："蕩水，出河内蕩陰縣西山東，東北至內黃縣，入於黃澤。"注云："蕩水合羑水、長沙溝，逕內黃城南，東注白溝。"按：内黃黃澤在今直隸内黃縣。《水道提綱》曰："衞河經湯陰縣東畔，湯河出湯陰縣西山中，東流經縣城北，東入衞河"，則與古水道大異。

(蕩)

河南郡

滎陽　卞水[①]

【地理】【經學】【異體】【志疑】【音義】《前志》河南郡滎陽下曰："卞水，在西南梁國。"蒙下曰："獲水，首受甾獲渠，東北至彭城入泗。"

[①] 今本"滎"作"榮"。

《水經》曰："汳水，出陰溝於浚儀縣北，又東至梁郡蒙縣爲獲水，餘波南入睢陽城中。獲水，出汳水於梁郡蒙縣北，又東過蕭縣南，睢水北流注之。又東至彭城縣北，東入於泗。"按：《水經》至蒙爲獲水，許書當同，不當云爲雝水也。下文"灘"篆下云："河灘水也"，用《爾雅》"河出爲灘"語。然則自河出即爲灘，非自河出爲汳，既而爲灘也。且許言汳受陰溝，則非受河矣。曰陰溝，曰浪湯渠，曰汳水、獲水，許能言其分合，今當河流絫徙之後，不可得而言。《方輿紀要》曰："汳水，或謂即《禹貢》之雝水，《春秋》之邲水，秦漢之鴻溝，上與河、沛通，下與泗、淮通。隋以前自歸德府至蕭縣、碭山縣開入泗；隋以後則自歸德至泗州兩城開入淮。宋時東南之漕，大都由汴以達畿邑。故汴河之經理爲詳。自後則湮廢矣。"《禹貢錐指》曰："元至元中，河徙出陽武縣南，奪渦入淮，而新鄉之流遂絕。及泰定元年，改從汴渠，至徐州城東北，合泗以入淮，即今河所行是也。"然則今之大河，開封而下，徐州而上，皆故汴也。……《漢志》作"卞"，《後漢書》作"汴"。按：卞者，弁之隸變也。變汳爲汴，未知起於何代，恐是魏晉都雒陽，惡其從反而改之。舊音芳萬切，今則併其音改之也。

（汳）

河南　故郟鄏地

【地理】《地理志》曰：河南郡河南"故郟鄏地，周武王遷九鼎，周公致太平，營以爲都，是爲王城。"是則漢之河南縣，《左傳》之"郟鄏"也。周時郟鄏爲大名，漢時專評城外官陌爲郟鄏陌，舊名之僅存者。故皇甫謐、杜預皆云"縣西有郟鄏陌"也。

（鄏）

密　溳水

【地理】（《說文》："河南密縣。"）見《地理志》，故城在今河南開封府密縣東七十里。

（惄）

【地理】【音義】河南郡密，二《志》同，今河南開封府密縣縣東南三十里有故密城。大騩山即具茨山，在今河南開封府新鄭縣縣西南四十里，葢山與密接畍。《前志》密下曰："有大騩山，溈水所出，南至臨潁入潁。"《水經》曰："溈水，出河南密縣大騩山，東南入於潁。"今溈水自新鄭大騩山南流，經許州長葛縣流入許州北二里，又南經許州臨潁縣而合於潁，一名魯固河，又名清流河是也。……與職切，一部。酈曰："時人謂之敕水，非也。"敕、溈音相類，故字從聲變爾。按：師古曰："溈又音昌力反。"李吉甫曰："溈水，俗名勅水。"

（溈）

東郡

東郡　縣二十二

【校勘】東郡縣二十三，畔、觀二縣也。今本《漢書》譌舛。

（邶）

濮陽

【地理】東郡濮陽，二《志》同。《前志》濮陽下曰："衞成公自楚丘徙此，故帝丘，顓頊虛。"杜預曰："帝丘，昆吾氏因之，故曰昆吾之虛。"今直隸大名府開州西南濮陽故城是也。

（濮）

東武陽　濕水

【地理】【志疑】（《說文》："濕，濕水。出東郡東武陽，入海。"①）東郡東武陽，二《志》同，今山東曹州府朝城縣縣東南有東武陽城是也。《前志》東武陽下曰："禹治濕水，東北至千乘入海。過郡三，行千二十里。""過郡三"者，東郡、平原、千乘也。《水經》曰："河水又東

---

① 陳本不重"濕"。

北過高唐縣東。"注云："河水於縣漯水注之。漯水上承河水於東武陽縣東南，而北逕武陽新城東，又逕東武陽故城南，又北逕陽平縣故城東，又北絶莘道城之西北，又東北逕樂平縣故城東，又北逕聊城縣故城西，又東北逕清河縣故城北，又東北逕文鄉城東南，又東北逕博平縣故城南，又東北逕瑗縣故城西，又東北逕高唐縣故城東，又東北逕濕陰縣故城北，又東北逕著縣故城南，又東北逕崔氏城北，又東逕鄒平縣故城北，又東北逕建信縣故城北，又東北逕千乘縣二城間，又東北爲馬常坑，亂河枝流而入於海。"按：此班、許所說故道也。《河渠書》："禹以爲河所從來者高，水湍悍，難以行平地，數爲敗，乃廝二渠以引其河。"《漢書音義》曰："二渠，其一出貝丘西南南折者也，其一則漯川。"出貝丘者，王莽時遂空，唯用漯耳。玉裁謂：濕水故瀆，今不可詳。……（《說文》："桑欽云：'出平原高唐。'"）平原郡高唐，二《志》同，今山東濟南府禹城縣西南有高唐故城，《左傳》襄十九年、廿五年、昭十年、哀十年之高唐也。《前志》高唐下曰："桑欽言漯水所出。"酈注《河水篇》云："按：《竹書》《穆天子傳》兩言濕水。尋其沿歷逕趣，不得近出高唐也。桑氏所言蓋津流所出，次於是間也。"玉裁按：桑舉其源之近者耳。今禹城縣濕水已不可詳。

（濕）

陳畱郡

襄邑

【地理】《漢·地理志》《郡國志》陳畱郡屬縣有襄邑，今河南歸德府睢州治即故縣地。

（錦）

封丘　濮渠水

【地理】（《說文》："濮，濮水。出東郡濮陽，南入鉅野。"[①]）濮水者，

[①]　陳本不重"濮"。

殷紂時師延作靡靡之樂，已而自沈之水也。《前志》陳畱郡封丘下曰："濮渠水首受沛，東北至都關入羊里水。"《水經注·濟水篇》言濮渠故瀆"自濟東北流爲高梁陂，又東逕匡城北，又東北逕酸棗縣故城南，又東逕蒲城北，又東逕韋城南，又東逕長垣縣故城北，又東分爲二瀆，北濮出焉。濮渠又東逕須城北，又東逕濮陽故城南，又東逕離狐縣故城南，又東逕葭密縣故城北，又東北逕鹿城南，又東與句瀆合，與濟同入鉅野。"按：酈所云即許所說故道也。今濮河自河南封邱縣流徑長垣縣北、東明縣南，又東經開州東南，合洪河入山東濮州界，俗譌爲普河。《方輿紀要》曰："今濟絶河遷，濮水源流不可復考矣。"……《牧誓》《左傳》之"濮人""百濮"則在江漢之南。

（濮）

傿

【校勘】梁國傿，《地理志》作"傿"。應劭曰："鄭伯克段於傿是也。"《郡國志》作"鄢"。今按：《邑部》無"鄢"，則從"傿"是矣。

（䣩）

浚儀

【地理】陳畱郡浚儀，二《志》同。《晉地道記》云："衞之儀邑。"蘇林曰："故大梁城，梁惠王始都此。"今河南開封府祥符縣縣城西北浚儀廢縣是也。

（汳）

潁川郡

【志疑】潁川以水名郡，字當從水，而漢碑郡名多從禾，蓋漢時相習如此寫。如女陽、女陰、舞陽、舞陰，以水名縣，而不作汝、潕字也。恐《漢志》《說文》古本郡名亦當從禾耳。

（潁）

許　大叔所封

【異文】【歷史】【經學】【異文】（《說文》："鄦，炎帝大嶽之胤，甫矦所封。"）《前志》曰：潁川郡許"故國，姜姓，四岳後，大叔所封。""大叔"，《左傳·隱十一年》正義作"文叔"。《說文·敘目》云："呂叔作藩，俾矦於許。"然則封鄦者文叔，非甫矦也。鄭注《呂刑》曰："呂矦受王命入爲三公。"引《尚書刑德放》云："周穆王以呂矦爲相。"古文《尚書》"《呂刑》"，今文《尚書》作"《甫刑》"。且據《國語》《毛傳》《史記》《潛夫論》諸書，呂、甫、許皆姜姓封國。《詩·王風》申、甫、許三國並言。武王既封文叔於許矣，豈待穆王封甫矦於許？叔重言"甫矦所封"者，"甫矦"即謂呂叔，呂叔即謂文叔，無二人也。

（鄦）

【地理】【詁訓】【歷史】（《說文》："大岳佐夏，呂叔作藩，俾侯于許。"）《地理志》申在南陽宛縣，王符《潛夫論》云："申城在南陽宛北序山之下，宛西三十里有呂。"按：漢宛縣今爲河南南陽府城。漢許縣今在河南許州，州東三十里有故許昌城。"鄦"下言"甫侯所封"，此云"呂叔所侯"者，甫即呂也，故《詩》言甫不言呂，《國語》言呂不言甫。《尚書·呂刑》即《甫刑》。呂叔、甫侯皆謂文叔也。今《地理志》作"大叔"，周穆王時呂侯是其冑也。

（俾侯于許）

父城

【地理】（《說文》："潕，潕水。出南陽魯陽，入父城。"①）"父城"，大徐作"城父"，誤。潁川郡父城，二《志》同，今河南汝州郟縣西四十里有父城故城是也。城父縣，《前志》屬沛郡，《後志》屬汝南郡，今安徽潁州府亳州東南七十里有城父故城是也。《左傳·昭十九年》：

---

① 陳本不重"潕"。

"楚大城城父，大子建居之。"哀十六年："大子建自城父奔宋。"服注及《呂覽·慎行篇》高注、闞駰《十三州志》、《史記·楚世家》正義皆說此事作"城父"；杜注及酈氏《汝水篇》注、裴駰注《五子胥傳》、李吉甫《元和郡縣志》說此事皆作"父城"。未審當何從。而此條潄入父城，與《水經注》所引合，則斷非城父也。《汝水篇》注曰："汝水又逕郟縣故城南，潄水注之。水出魯陽縣之將孤山，至父城，與出魯陽北山之桓水會，亂流東北至郟入汝。"按：今汝水由嵩縣天息山東經伊陽縣、汝州、寶豐縣、郟縣、襄城縣，而沙河來會，尚與古水道不殊。潄水入汝，亦必同古水道也。

（潄）

周承休　元始二年更名鄭公

【校勘】【歷史】【地理】今《地理志》云：潁川郡周承休"矦國，元帝置，元始二年更名鄭公。"攷《後漢書·黃瓊傳》："封邟鄉矦"，注引《前書》"周承休，矦國，元始二年更名曰邟。"與顏本絕異。今按：李本、顏本皆非事實。《志》文當是"邟"字大書，"周承休矦國"五字小書注於下。此矦國不與他矦國同，故不以縣名爲國名也。"元始二年更名曰鄭公"，"二年"當依《平帝紀》《外戚恩澤矦表》作"四年"，字之誤也。《郡國志》無邟縣者，并省也。并省之，故有邟鄉矣。漢封殷周之後可攷者：《武帝紀》："元鼎四年巡省豫州，封周孼子嘉爲周子南君。"此《史記·封禪書》所謂"以三十里封周後"，《外戚恩澤矦表》所謂"初得周後，復加爵邑"也。《元帝紀》："初元五年以周子南君爲周承休矦。"此《地理志》所謂"周承休，矦國，元帝時置"也。《成帝紀》："綏和元年二月封孔吉爲殷紹嘉矦，三月進爵爲公，及周承休矦皆爲公。"此《後漢書·光武紀》注所謂"成帝封姬延爲周承休公"是也。《平帝紀》："元始四年改殷紹嘉公曰宋公，周承休公曰鄭公。"是則成帝先進周承休矦爲公，平帝乃改周承休公爲鄭公，《地理志》特約言之耳。《後漢書·光武帝紀》：建武二年"封周後姬常爲周承休公"，四年"封殷後孔安爲殷紹嘉公"，蓋亂後失其封故也。建武十三年"以殷紹嘉公孔安爲宋公，周承休公姬常爲衛公"，則又易其地而因易其國名也。《地理志》東郡"觀"，應劭云："世祖更名衛國以封周後。"又汝南"新郪"，應劭曰："章帝封殷後，更爲宋。"《郡國志》曰：東郡衛公國"本觀，光武更名。"汝南郡宋公國"周名郪丘，漢改爲新郪，章帝建初四年徙宋公於此。"云"徙宋公"，則光武時宋公不在新郪，未審在何地。而成帝之殷紹嘉，平帝之宋公，《地理志》不載其封地。據《恩澤矦表》及《水經注》，則綏和元年始封於沛也。前漢之周子南君，據《恩澤矦表》在長社，周承休在郟。《後漢·光武紀》注曰："承休所封故城在今汝州東北。"《通典》曰："汝州梁縣，光武封姬常爲周承休公。故城在今縣東。"《方輿紀要》曰："承休廢縣在今汝州州治子城東。光武封姬常於東郡觀縣曰衛公，以郟縣廢入陽城。"然則始在郟縣，後徙於觀，爲衛公，則非郟縣地矣。

（郟）

陽城　洧水　潁水

【地理】潁川郡陽城，二《志》同，今河南河南府登封縣縣東南四十里有陽城廢縣。《前志》陽城下曰："陽乾山，潁水所出，東至下蔡入淮。過郡三，行千五百里。荆州浸。""過郡三"者，潁川、淮陽、沛郡也。《水經》曰："潁水，出潁川陽城縣西北少室山，東南至慎縣東南入於淮。"《水道提綱》曰："今潁水源出登封縣北嵩山西南之少室山，東南經密縣、禹州分爲二派。一經新鄭縣至臨潁縣，一經襄城縣至臨潁縣。二支復合，經商水縣，合汝水，又合滎陽水，至陳州府南，分爲二派。一爲渦河，一爲沙河。渦河至江南太和縣與沙河合，又經潁上縣與淮水合，曰潁口。皆東南流也。"《水經》曰："至慎縣入淮"，慎縣故城在今潁上縣。

（潁）

【地理】《前志》陽城下曰："陽城山，洧水所出。東南至長平入潁。過郡三，行五百里。""過郡三"者，潁川、南陽、汝南也。……《水經》曰："洧水，出河南密縣西南馬領山，東南至習城西折入於潁。"酈曰：

"亦言出陽城山,蓋馬領之統目焉。習城西折入潁,即《地理志》至長平縣入潁者也。"《方輿紀要》曰:"今洧水出登封縣陽城山,經密縣,至禹州新鄭縣,合溱水爲雙洎河。又經長葛縣、洧川縣、鄢陵縣、扶溝縣,至西華縣入潁。大致東南流也。"《一統志》曰:"洧水本至西華入潁,宋時導之自扶溝入蔡。"《左傳》襄十一年濟隧,九年陰坂,廿六年涉於樂氏,說者云皆謂洧津也。

(洧)

汝南郡

鮦陽

【音義】【辨誤】鮦,孟康:"音紂。"此方言如是。或云當作"紂紅反"者,非也。

(鮦)

吳房

【地理】【志疑】汝南郡吳房,二《志》同,孟康曰:"本房子國,楚靈王遷房於楚。吳王闔閭弟夫槩奔楚,封於此,爲棠谿氏。以封吳,故曰吳房。今吳房城棠谿亭是。"按:昭十三年杜注:房滅於楚,後平王遷之於荆山。今河南汝寧府遂平縣治,故吳房城也。《水經》曰:"瀙水,出汝南吳房縣西北奧山,東過其縣北入於汝。"酈云:"瀙水東逕瀙陽故城西,東流入溮水,逕其縣南,又東入於汝。"今遂平縣縣西七十里奧來山,蓋《水經》之奧山也。《方輿紀要》曰:"瀙水在遂平縣南,東北流入汝。"《水道提綱》曰:"瀙水今難確鑿指證。"

(瀙)

弋陽

【地理】【辨誤】汝南郡弋陽,二《志》同,今河南光州州東北有故弋陽城。《水經·淮水篇》曰:"淮水,東過期思縣北,又東北潷水注之,水出弋陽南垂山，西北流，歷陰山關西北出山，又東北流逕新城戍東，又東北得詔虞水口，又東北注淮，俗曰白鷺水。"按：今之白露河也。出光州南三十里之南岳山，北流，又東入固始縣界，合春河注於淮。春河即《水經注》之詔虞水也。《水經注》曰："沘水，字或作滍。"但《說文》有滍無沘，《前志》有沘無滍，不得混爲一水。

（滍）

上蔡

【地理】汝南上蔡縣，二《志》同，今河南汝寧府上蔡縣縣西南十里故蔡城是。《水經注·汝水篇》曰："汝水，又東南逕新蔡縣故城南，又東南左會澺水，水上承汝水，別流於奇雒城北爲黃陂，東流於上蔡岡東爲蔡塘，又東逕平輿縣故城南爲澺水，又東南左迆爲葛陂，又東出爲鮦水，俗謂之三丈陂。陂東注爲富水。澺水正流，自葛陂東南逕新蔡縣故城東而東南流注於汝。"《方輿紀要》曰："澺水在汝寧府東四十里，俗名洪河，源出西平縣。"《水道提綱》曰：南汝水"至新蔡縣之東南，有洪河自西北來會。洪河出舞陽縣東南之筆尖山，經西平縣、上蔡縣、汝陽縣，至新蔡縣南入汝。"大致東南流也。按：於古水道不改。

（澺）

新郪

【地理】【志疑】【古今】汝南郡新郪，見《前志》。《後志》曰：汝南郡"宋公國，周名郪丘，漢改爲新郪。章帝建初四年，徙宋公於此。"今安徽潁州府治阜陽縣縣東八里有新郪城。《水經注·潁水篇》曰："細水，上承陽都阪陂水，枝分東南出爲細水，東逕新陽縣故城北，又東南逕宋縣故城北。縣即所謂郪丘者也。又南逕細陽縣，又東南逕細陽縣故城南。"引《地理志》"細水出細陽縣東南入潁。"按：今泅水不得其詳。……《前志》及酈作"細"。泅、細古今字，皆从囟聲也。

（泅）

定陵　汝水

【地理】【義例】《前志》汝南郡定陵下曰："高陵山，汝水出東南，至新蔡入淮。過郡四，行千三百四十里。"《水經》曰："汝水，出河南梁縣勉鄉天息山。"酈云："《地理志》曰：出高陵山，即猛山也。亦言出南陽魯陽縣之大盂山，又言出弘農盧氏縣還歸山。《博物志》曰：汝出燕泉山。竝異名也。余以永平中除魯陽太守，既在遷見，不容不述。今汝水出魯陽縣之大盂山蒙柏谷，西即盧氏畍也。其水東北流，逕太和城西、城北，又東屆堯山西嶺下，水流兩分，一東逕堯山南爲滍水，一東北出爲汝水。東流至原鹿縣，入於淮，所謂汝口。"據酈說得諸親見，大盂山之西即盧氏畍，此許云出盧氏還歸山所由也。凡言水源者，或數源竝合而偏舉其一，或遠源罕見而劣舉其近，是以每多乖異。《前志》云：出定陵，入淮於新蔡，皆在汝南郡。而云："過郡四"，班固知不始於高陵山矣。"過郡四"者，蓋南陽、河南、潁川、汝南也。《方輿紀要》曰："今汝水出汝州魯山縣西南七十里大盂山，東北流，出縣北，經伊陽縣、汝州南，又東南經寶豐縣、郟縣南，入南陽府裕州畍，經葉縣北，又東入許州之襄城郾城縣南，而入汝寧府西平縣境，東南流經上蔡縣西、汝陽縣北，又東經新蔡縣西、息縣北，至江南潁州南而注於淮，蓋非復漢以前故道矣。"《水道提綱》曰："汝水舊從舞陽縣北而南入西平畍，自元末於渦河堨斷其流，使東歸潁，於是西平雲莊諸石二山之水明時亦塞。今水道與古全異，即名稱亦隨時不同。所謂瀷、澺、㵎、汶、溱、滇，亦難確鑿指證，但據時俗所見，敘次源流耳。"（汝）

南陽郡

酇　矦國

【地理】【音義】《漢·地理志》南陽郡："酇，矦國。"孟康曰："音讃。"按：南陽縣作酇，沛郡縣作酇。許二字畫然不相亂也。在沛者後亦作鄼，直由莽曰贊治而亂。南陽酇音讚，沛酇及改作鄼字皆音嵯，音亦本不相亂。蕭何始封之酇，《茂陵書》、文穎、臣瓚、顏師古、杜佑皆云在南陽，江統、戴規、姚察、李吉甫、今錢氏大昕皆云在沛。在沛說是也。始封於酇，高后乃封之南陽之酇與筑陽，文帝至莽之酇矦皆在南陽。故《地理志》於南陽云："酇，矦國"，而沛郡酇下不云矦國，爲在沛者不久也。諸家所傳班固作《泗水亭高祖碑》云："文昌四友，漢有蕭何。序功第一，受封於酇。"以韵求之，可以不惑。

（酇）

雉　衡山　澧水　郾

【校勘】【地理】《前志》曰：南陽郡雉"衡山，澧水所出，東至郾入汝。"郾今本譌作郾。全氏祖望勘以《水經》，正之。今河南許州郾城縣是其地。

（郾）

【音義】【地理】【校勘】【志疑】【經學】（《說文》："澧，澧水。出南陽雉衡山，東入汝。"①）南陽郡雉，二《志》同。雉音弋爾反，今河南南陽府治南陽縣府北八十里有故雉城，漢縣也。《前志》雉下曰："衡山，澧水所出。東至郾入汝。""郾"，顏本譌作"郾"，云："音屋"，非也。《水經注》曰："汝水，又東南逕郾縣故城北，又東得醴水口。醴水，出南陽雉縣衡山，即《山海經・中山經》之衡山。馬融《廣成頌》曰：'面據衡陰'，在雉縣畍，故世謂之雉衡山。東南流逕葉縣故城北，又東注葉陂，又東逕郾縣故城南，左入汝。"按：《馬融傳》注引《中山經》"又東三十里曰雉山，澧水出焉。又東五十里曰宣山，又東四十五里曰衡山。"然則分之爲雉、衡二山，合之則單評衡山。李賢曰："衡山在今鄧州向城縣北。"杜佑曰："北重山在向城縣北，即是三鵶之第一。又北分嶺山嶺北，即三鵶之第二鵶也。其第三鵶，入臨汝郡魯山縣畍。"杜之三鵶，蓋即古衡山也。今澧水未詳。……此條衡

---

① 陳本不重"澧"。

山，非南岳。澧水，非入洞庭之澧水。入洞庭之水，《水經》別爲篇，其字本作"醴"。《禹貢》："江又東至於醴"，衛包始改爲"澧"，鄭注"醴"爲陵，云："今長沙有醴陵縣"，馬融、王肅"醴"爲水名。《夏本紀》《地理志》皆作"醴"，《尚書正義》《史記索隱》引《楚詞》"濯余佩兮醴浦"，正作"醴"。《水經注》出雄衡山者從西，出武陵者從水，正是互譌也。

（澧）

蔡陽

【地理】南陽郡蔡陽，二《志》同，故城當在今湖北德安府隨州境内。……《水經》曰："溳水，出蔡陽縣，東南過隨縣西，又南過江夏安陸縣西，又東南入於夏。"酈云："溳水，出縣東南大洪山。山在隨郡之西南，竟陵之東北。槃基所跨，廣員百餘里。"今溳水出大洪山之陰，東南經隨州應山縣、安陸縣、雲夢縣、應城縣，至漢川縣溳口塘入漢，源流長五百里。入漢，即古之入夏水也。今漢夏不分。……按：水徑德安府治，即古鄖國也。鄖蓋以水得名。《水經注》曰："隨水至安陸縣故城西入於溳。"故鄖城也。《左傳·定四年》吳敗楚於柏舉，及於清發。蓋溳水兼清水之目矣。

（溳）

舞陰　中陰山　瀙水

【地理】【志疑】南陽郡舞陰，二《志》同，今河南南陽府泌陽縣縣北十里有舞陰故城。《水經》曰："瀙水，出瀙陰縣西北扶予山，東過其縣南，又東過西平縣北，又東過郾縣南，又東過定潁縣北，東入於汝。"酈云："瀙水過瀙陰縣北，不出其南，又去郾縣遠，不得過。"今《水道提綱》敘汝水，不言瀙水源流。惟《方輿紀要》引舊志云："瀙水，出泌陽縣北。自平地湧出，如飛舞然。東北流達舞陽縣東南爲三里河，又東入於汝。"未知今水道然否。《水經》入汝，許云入潁，乖異俟攷。……按：水名作瀙，縣以水得名，而舞陰、舞陽字作舞。當依

《漢志》。

(潕)

【地理】【志疑】（《說文》："瀙，瀙水。出南陽舞陰中陽山，入潁。"①）《前志》舞陰下曰："中陰山，瀙水所出，東至蔡入汝。"《水經》曰："瀙水，出潕陰縣東上畍山，東過吳房縣南，又東過灈陽縣南，又東過上蔡縣南，東入於汝。"酈云："《山海經》謂之視水。郭注：視當爲瀙。出葴山。許慎云：出中陽山。皆山之殊目也。"按：《志》云中陰，許云中陽，乖異。雖酈注引作"陽"，然"中陰"二字正"葴"之反語，與《中山經》云出葴山者合，疑作陰是也。《方輿紀要》曰："瀙水自唐縣東北流，達舞陽縣南。又東南經泌陽縣東北，又東經泌陽之象河關，入汝寧府遂平縣境。"未知今水道然否也。齊氏召南曰："汝水舊從舞陽縣北而南入西平畍。自元末於渦河堨斷其流，使東歸潁。於是西平雲莊、諸石二山之水，明時亦塞。今水道與古全異，即名稱亦隨時不同。所謂灈、瀙、溠、汶、溱、滇，亦難確鑿指證，但據時俗所見敘次源流耳。"玉裁案：顧氏祖禹所臚舉尚或據舊志爲說，不如齊氏據現在者言也。

(瀙)

平氏　桐柏大復　淮水

【地理】【辨誤】南陽郡平氏，二《志》同，今河南南陽府桐柏縣縣西北四十里有故平氏城。《前志》平氏下曰："《禹貢》桐柏大復山在東南，淮水所出，至淮陵入海。過郡四，行三千二百四十里。"《水經》曰："淮水，出南陽平氏縣胎簪山，東北過桐柏山，東過江夏、廬江、九江、下邳諸郡，至廣陵淮浦縣入於海。"按："桐柏大復"，以四字爲山名。《漢志》《說文》《風俗通》、酈注皆云"桐柏大復山"，應劭注《地理志》云"復陽縣在桐柏大復山之陽"是也。後世地志析爲二山，乃非是。《禹貢》祇云桐柏，省言之也。古經史所舉之山皆舉其全勢，

---

① 陳本不重"瀙"。

後人乃以一支一節當之，若《水經》所謂胎簪，亦即桐柏耳。作《水經》者別爲二，亦非也。今淮水出河南桐柏縣桐柏山，東流經羅山縣、真陽縣、息縣、固始縣、光州，又入江南畍，經潁州府、霍邱縣、潁上縣、壽州、懷遠縣、鳳陽府、臨淮縣、五河縣、盱眙縣、泗州，至清河縣合於河。經山陽縣、阜寧縣、安東縣，至雲梯關入於海。古水道河於冀州入海，不與淮同入海。淮之古水道今未有異。淮自平氏至入海，大致東北行，東多北少。許云："東南"，"南"字誤。

（淮）

魯陽　　滍水

【地理】南陽郡魯陽，二《志》同，今河南汝州魯山縣有魯陽故城是。

（潕）

【地理】《前志》魯陽下曰："魯山，滍水所出，東北至定陵入女。"《水經》曰："滍水，出南陽魯陽縣西之堯山，東北過潁川定陵縣西北，東入於汝。"今沙河源出魯山縣西境之堯山，東經寶豐縣、葉縣、舞陽縣，汝水西北自襄城來會，俗曰沙河，即古滍水也。《左傳·僖三十三年》："楚人與晉師夾泜水而軍。"杜云："泜水出魯陽縣，東經襄城、定陵入汝。"杜謂泜即滍也。又襄十八年："楚伐鄭，涉於魚齒之下。"杜、酈皆謂所涉即滍水也。

（滍）

南郡

江陵　　故楚郢都

【地理】【校勘】《前志》曰：江陵縣"故楚郢都。楚文王自丹陽徙此，後九世平王城之，後十世秦拔我郢徙東。"按：楚有二郢，所都曰郢，別邑曰郊郢。《左傳》："鬭廉曰：'君次於郊郢，以禦四邑。'"杜曰："郊郢，楚地。"此必非郢都也。故《前志》曰：江陵縣"故楚郢都。"又曰：郢縣"楚別邑故郢。"劃然二縣。"故郢"二字正"故郊郢"之奪誤也。許君於他邑不言距今縣方向里數，獨此云："在南郡江陵北十里"。詳之者，以見非《漢》"鄀縣"之"鄀"也。《水經注》："江水又東逕江陵縣故城南。"謂楚都也。又"東逕鄀城南。"子囊遺言所城可知也，謂楚別邑也。

（鄀）

宜城　故鄢

【地理】《前志》曰：宜城"故鄢，惠帝三年更名。"按：今湖北襄陽府宜城縣縣西南九里故鄢城，亦謂之宜城廢縣是也。《左傳·昭十三年》："王沿夏，將欲入鄢。"杜曰："夏，漢別名。順流為沿，順漢水南至鄢也。"秦昭襄王廿八年，白起攻楚取鄢、鄧。二十九年，白起攻楚取郢為南郡。高誘曰："秦兵出武關則臨鄢，下黔中則臨郢也。"

（鄢）

高成　繇水

【地理】【辨誤】《前志》作"成"，《水經注》作"城"。南郡高成下曰："洈山，洈水所出，東入繇。繇水南至華容入江。過郡二，行五百里。"《水經·江水篇》曰："又東南當華容縣南，灄水入焉。又東南油水從西南來注之。"《油水篇》曰："油水出武陵孱陵縣西畍，東過其縣北，又東北入於江。"油水即《說文》下文之油水，非《漢志》之繇水也。《漢志》洈入繇，繇入江。此在江北，而南入。南郡高城、華容在江北也。油水入江在江南，而北入。孱陵在江南也。然則繇、油同音而絕不相涉。酈注《油水篇》乃云："孱陵縣白石山，油水所出，東逕其縣西，與洈水合。洈出高城縣洈山，東逕其縣下，東至孱陵縣入油水。"殊為襲《志》語而謬誤。蓋江北之洈水、繇水不可攷，乃以江南之油水當之也。《山海經》曰："宜諸之山，洈水出焉。南流注於漳。"

（洈）

江夏郡

邾　衡山王吳芮都

【地理】【辨誤】(《說文》："邾，江夏縣。")《前志》曰："衡山王吳芮都。"按：芮都，邾。見《項羽本紀》。今湖北黃州府城去故邾城二里許是也。今大江東流徑黃州府城南，隔江相望者曰武昌縣。《水經》曰"又東過邾縣南鄂縣北"是也。酈善長曰："楚宣王滅邾，徙居於此。"王隱《地道記》、劉昭《郡國志》注皆有此說。但此事不見《楚世家》。時楚之強，未必滅此彈丸而尚以地居之。蓋此地古名邾，魯附庸國古名邾婁。依許所說，本不相謀，無庸牽合。

(邾)

廬江郡

雩婁　決水　灌水

【地理】【校勘】廬江郡雩婁，二《志》同。《前志》雩婁下曰："決水，北至蓼入淮。灌水，亦北至蓼入決。過郡二，行五百一十里。" "過郡二"者，廬江、六安國也。《水經注》："決水自安豐縣故城西北，逕蓼縣故城東。又西北，灌水注之。水導源廬江金蘭縣西北東陵鄉大蘇山，東北逕蓼縣故城西而注決水。決水又北，入於淮。"按：《前志》廬江郡下云："金蘭西北有東陵鄉，淮水出。"依酈注，則金蘭者，縣名。而《志》無此縣。《志》云"淮水出"，乃"灌水出"之誤。蓋出金蘭東陵鄉，逕雩婁，至蓼入決也。酈云："灌水俗謂之澮水。"又云："決水北入於淮，俗謂之澮口。"蓋灌、澮聲相倫，習俗害真尒。酈時已與古名全違，今則更難詳矣。《方輿紀要》曰：雩婁，今安徽潁州府霍丘縣，"西南八十里有雩婁故城。《左傳》襄廿六年'楚人侵吳及雩婁'，昭五年'薳啟疆待命於雩婁'，是其地也。"蓼縣城在霍丘縣西北。決水即今史河。灌水今自河南固始縣東流，經霍丘縣西，合史水入淮是也。

（灌）

【地理】《地理志》：廬江郡雩婁"決水北至蓼入淮。又有灌水，亦北至蓼入決。"《水經注》："決水自安豐縣故城西北，逕蓼縣故城東。又西北，灌水注之。又北，入於淮。"決水即今史河，詳"灌"字下。按：《漢志》六安國安豐縣下曰："《禹貢》大別在西南。"許云決水出大別山，即安豐之大別山也。漢安豐今爲固始及霍丘。

（決）

九江郡

當塗

【地理】【古今】《地理志》：九江郡"當塗"，應劭曰："禹所娶塗山氏國也。"《郡國志》九江郡屬縣有當塗，有平阿，平阿有塗山。按：平阿本當塗地。漢當塗即今安徽省鳳陽府懷遠縣，縣東南有塗山，非今在江南太平府治之當塗也。……縣之名當塗者，蓋以螽山得名。螽、塗古今字。

（螽）

山陽郡

湖陵　荷水①

【地理】【志疑】【經學】【異文】【同源】【校勘】（《說文》："菏，菏水。在山陽湖陵南。"②）《前志》山陽湖陵下曰："《禹貢》荷水在南"；濟陰郡下曰："《禹貢》荷澤在定陶東。"《水經》曰："荷水，在山陽湖陸縣南。荷澤在濟陰定陶縣東。"是豫州菏澤、徐州菏水，畫然二事。依《水經》及注，菏水雖源於菏澤，而與菏澤迥別。《釋文》於

---

① 今本"荷"作"河"。
② 陳本"菏"俱作"菏"，下同；"水"上有"澤"字，"湖"作"胡"，無"南"。

"徐州"引《說文》"水出山陽湖陵南",非菏澤也。今本《說文》淺人增"澤",大誤矣。山陽郡湖陵,見《前志》。王莽改曰湖陸,光武仍曰湖陸,至章帝復湖陸之號。今山東兗州府魚臺縣縣東南六十里有湖陵故城,與江南沛縣接畍。《前志》湖陵下曰:"《禹貢》:'浮於淮泗,通於荷。'荷水在南。"不但言荷水在南而必舉此《禹貢》文者,明此荷水非豫州及道沇水之荷澤也。《水經》曰:"濟水,又東至乘氏縣西,分爲二。其一東南流者,過乘氏縣南。又東過昌邑縣北。又東過金鄉縣南。又東過東緡縣北。又東過方與縣北,爲荷水。又東過湖陸縣南,東入於泗水。"酈氏云:"《尚書》曰:'浮于淮泗,達于荷'是也。"按:此經注所說故道,今多湮塞不可詳。(《說文》:"《禹貢》:'浮于淮泗,達于菏。'")不稱道菏澤、沇水又東至於菏者,彼爲菏澤,此爲菏水,與班意同也。不言《夏書》言《禹貢》者,正襲班語也。《尚書古文疏證》曰:"自淮而泗,自泗而菏,然後由菏入沛,以達於河,徐之貢道也。上文沇州浮于濟漯,達于河。次青州便浮于汶,達于濟,不復言達于河。次徐州浮于淮泗,達于菏,不復言達于濟。至揚州則浮于江海,達于淮泗,且不復言達于菏。不復言者,蒙上文也,聖經之書法也。"……《五經文字》云:"菏見《夏書》,古本亦作荷。"玉裁謂:古《尚書》《史記》《漢書》《水經注》皆作"荷",或是假借,或是字誤,不可定。而應劭曰:"《尚書》荷水,一名湖。"韋注:"漢曰荷,胡阿反。"是則湖陵以荷水得名。荷與湖,語之轉。至若今《史記》《漢書》、俗本《尚書》作"浮于淮泗,達于河",皆誤字也。《郡國志》注譌作"苟"。

(菏)

鉅埜

【地理】鉅野,二《志》屬山陽郡。《前志》鉅埜下曰:"大埜澤在北,兗州藪。"即西狩獲麟之所,《爾雅》十藪之一。今山東曹州府鉅野縣,漢舊縣也。自隨以後,濟流枯竭,大野漸微,元末爲河所決,河徙後遂涸爲平陸。

(濮)

郜成

【校勘】【地理】【辨誤】【譌字】 今本《地理志》曰：山陽郡郜成"矦國"。宋氏祁云："郜當作邛。《外戚矦表》邛成屬濟陰，與山陽相距不遠。"玉裁按：宋說是也。《玉篇》"邛"字下曰："山陽邛成縣。"此"邛成"之確證。……前漢時容有改屬，故《志》《表》不符耳。《志》云"矦國"，即《表》之"邛成共矦王奉先"也。"邛成"之誤"郜成"者，以"莽曰告成"之故也。《郡國志》成武有郜城，與此無涉。○又按：《水經注·泗水篇》曰："黃溝又東逕邛城縣故城南，《地理志》山陽縣也，王莽更名之曰郜城矣。故世有南郜、北郜之論也。"此可證《漢志》本作"邛"。《水經注》版本譌作"卭"。戴先生校注文乃依《漢志》誤本改"卭城"爲"郜成"，改"郜城"爲"告成"，非是。郜城本在成武縣東南，自莽改邛城曰郜城，於是謂在成武者北郜，此曰南郜。今本《漢志》作"莽曰告成"，亦誤也。地理中成、城二字多淆，猝難審定。

（邛）

平樂 泡水

【地理】 山陽郡平樂，見《前志》。《志》云："侯國。泡水東北至沛入泗。"《水經注·泗水篇》曰："黃溝，又東逕平樂縣。又東，右合泡水，即豐水之上源也。水上承大薺陂，東逕貫城北。又東逕已氏縣故城南。又東逕卭城縣故城南。又東逕單父縣故城南。又東逕平樂縣，右合泡水。自下豐、泡並得通稱。故《地理志》曰：平樂，泡水所出。又東逕豐縣故城南。又東逕沛縣故城南，於城南東注泗。"《地理志》曰："泡水自平樂東北至沛入泗者也。"按：今泡河自今山東單縣流逕江蘇豐縣北。又東逕沛縣畎，循城東南至泗亭驛而合於泗。……按：今俗曰包河。

（泡）

濟陰郡

秅

【注音】《地理志》濟陰郡有"秅",孟康:"音妒。"此古音也。(庌)

乘氏　泗水

【地理】【校勘】(《說文》:"泗,泗水。受沛水,東入淮。"①)《地理志》濟陰乘氏下曰:"泗水東南至睢陵入淮。過郡六,行千一百一十里。"又魯國卞縣下曰:"泗水,出縣北(段云:"三字依《水經注》補")。西南至方與入沛。過郡三,行五百里。青州川。"出乘氏者,其遠源;出卞者,其近源。"過郡三"當作"過郡二"。過郡二者,魯、山陽也。《水經》曰:"泗水,出魯卞縣北山,西南過魯縣北。又西過瑕丘縣、東屈,從縣東南流,漷水從東來注之。又南過平陽縣西。又南過高平縣西,洸水從西北來流注之。又南過方與縣東,菏水從西來注之。又屈東南過湖陸縣南,涓涓水從東北來流注之。又東過沛縣東。又東南過彭城縣東北。又東南過呂縣南。又東南過下邳縣西。又東南入於淮。"此舉卞縣以下所經二郡也。卞縣,今山東兖州府泗水縣縣東五十里卞故城是也。許不言水所出,但云受沛水,則又舉其源之至近者也。《水經》言濟水又東過湖陸縣南,東入於泗水。《前志》:"泗水至方與入沛。"一謂濟入泗,一謂泗入沛。酈氏《泗水篇》注云:"泗、濟合流,故地記或言濟入泗,泗亦言入濟,互受通稱。故《地理志》有南梁水入濟之文。"玉裁謂:許言泗受濟水,則與班殊,與《水經》合也。今泗水出縣東陪尾山,西流逕曲阜北八里。又西南流逕滋陽縣東五里,轉南流,與曲阜縣之沂水合,入金口閘。又南流逕鄒縣西南五十里。又南至濟寧州天井閘,入運河。《禹貢錐指》曰:"泗水自泗水縣

---

① 陳本不重"泗"。

歷曲阜、滋陽、濟寧、鄒縣、魚臺、滕縣、沛縣、徐州、邳州、宿遷、桃源，至清河縣入淮，此禹跡也。今其故道自徐州以南悉爲黃河所占。"《一統志》引《志》云："金口之堰修，而泗水盡入於漕。"
（泗）

沛郡

【古今】【地理】二《志》字皆作沛。邶、沛古今字，如鄎、息，鄤、穰、邞、末之比。今江蘇徐州府漢沛郡地。
（邶）

酇

【地理】《前志》沛郡酇，《後志》沛國酇。陳勝攻銍、酇、苦、柘、譙，謂此酇也。今河南歸德府永城縣縣西南有故酇縣城。
（鄼）

魏郡

即裴

【校勘】（《說文》："魏郡有𨛬裴矦國。"）《漢·地理志》作"即"，《王子矦表》作"𨛬"。據此則今本《地理志》誤也。
（𨛬）

武安

【地理】魏郡武安，二《志》同，今河南彰德府武安縣縣西南五十里有武安城。
（濅）

常山郡

元氏　泜水　入黃河

【校勘】【地理】【音義】《前志》常山郡元氏下曰："泜水，首受中丘西山窮泉谷，至堂陽入黃河。"按：泪當作泜，《北山經》注云："今泜水出中丘縣西窮泉谷，東注於堂陽縣，入於漳水。"以郭正班，知泪爲字之誤。《風俗通》云："濟水出常山房子贊皇山，東入泜。"此亦泜譌作泪也。由書氏作互，遂譌且耳。班《志》"入黃河"，亦當依郭作"濁漳"。玫《水經注》濁漳過堂陽縣，而河水不徑堂陽。《元和志》曰："泜水在贊皇縣西南二十五里，即韓信斬陳餘處。"今泜水在元氏縣，源出封龍山，東南流經縣西南六十里紙屯村，入槐河。泜與濟互受通稱。……按：（編按：泜）蘇林音祇；晉灼音邸；師古音脂，又丁計反，兼用二音也。司馬貞曰："今俗呼此水音如邸。"

（泜）

石邑　井陘山

【地理】【音義】（《說文》："洨，洨水。出常山石邑井陘，東南入于泜。"①）常山郡石邑，見《前志》。井陘，謂石邑之井陘山也。今直隸正定府獲鹿縣縣西南有石邑城，戰國時趙邑也。《前志》石邑下曰："井陘山在西，洨水所出，東南至廮陶入泜。"井陘縣下應劭注曰："井陘山在南。"然則井陘縣在石邑之西，井陘山在石邑西南、井陘縣南也。井陘山之東南則石邑地也。今洨河出獲鹿縣南，東流逕欒城縣西，又南入趙州畍。舊志云：下流至寧晉縣，注於胡盧河。上源四泉交合，故謂之洨也。……師古曰："音效，又音爻。"（《說文》："邟國有洨縣。"）沛國洨，見《後志》，《前志》作沛郡洨。凡言"有"者，皆別於上文之義。應劭云："洨縣，洨水所出，南入淮"，是別一洨水也，師古曰：

---

① 陳本不重"洨"。

"音肴。"

(浽)

井陘

【地理】【古今】【音義】二《志》常山郡之井陘縣，趙地也。邢、井蓋古今字。井陘山，《穆天子傳》作"鈃山"。《地理志》上黨郡下謂之石研關。師古曰："研，音形。"《玉篇》："邢，子省切。"《廣韵》："子郢切。"大徐戶經切。十一部。

(邢)

房子　贊皇山　石濟水

【地理】【辨誤】【校勘】（《說文》："湝，湝水。出常山房子贊皇山，東入泜。"①）常山郡房子，見《前志》。《後志》云："常山國房子。"今直隸正定府贊皇縣是其地。《前志》房子下曰："贊皇山，石濟水所出，東至廮陶入泜。"《後志》曰："贊皇山在縣西南六十里，濟水所出。"按：此水名與四瀆之濟字各不同，而經傳皆作濟，《風俗通》遂誤以常山房子之水列入四瀆，而云廟在東郡臨邑縣。豈知班《志》臨邑下云："有泲廟"，字固作"泲"乎？今本《前志》"石濟水"，"石"字疑衍。以《說文》《風俗通》《後志》正之，皆不當有"石"字。《一統志》曰："舊志云：槐水出黃沙嶺，流經贊皇縣西北十里入元氏縣眇，合泜水。又東南歷高邑、柏鄉、達寧、晉縣，入胡盧河，即古大陸澤。"玉裁謂：槐水即古濟水也。贊皇山在今贊皇縣西南。

(湝)

中丘

【校勘】【地理】【志疑】（《說文》："渚，渚水。在常山中丘逢山，東入渦。"②）常山郡中丘，見《前志》，中丘下云："逢山長谷，諸水所

---

① 陳本不重"湝"。
② 陳本不重"渚"。

出。東至張邑入濁。"按:"諸"當作"渚","濁"當作"渦",皆字之誤也。張邑即廣平國之張也。中丘、渚水俟攷。

(渚)

鄗

【辨誤】鎬京或書鄗,乃淺人所爲,不知漢常山有鄗縣。

(鎬)

南行唐　滋水

【地理】《地理志》常山郡南行唐"牛飲山白陸谷,滋水所出。東至新市,入虖池水。"南行唐故城在今直隸正定府行唐縣縣治北。新市故城在今正定府治西北四十里。《一統志》曰:"滋河源出山西五臺縣畍,東南流逕正定府靈壽縣北、行唐縣南。又東歷正定、藁城二縣北,無極縣南。又東北入定州深澤縣畍。古與滹、沱合流,今折而東北與滱、沙二水合。不入滹、沱矣。"

(滋)

涿郡

故安

【地理】【校勘】【辨誤】【音義】【源流】【譌字】(《說文》:"濡,濡水。出涿郡故安,東入淶。"①)"淶",各本作"漆淶"二字,今正。戴先生曰:"《易水篇》注云:許慎曰濡水入淶。淶即巨馬之異名,與'巨馬河'注'巨馬河即淶水也'正合。今《水經注》淶譌深,《說文》淶譌漆淶二字,皆字之誤耳。"涿郡故安,二《志》同,今直隸易州州東南有故安故城是。戰國時燕與趙易土,燕以武陽與趙,即此也。《前志》故安下曰:"閻鄉,易水所出。東至范陽入濡。并州浸。濡水

---

① 陳本不重"濡","淶"作"漆淶"。

亦至范陽入淶。"今本《漢志》脫"濡"字，師古謬爲之注，非也①。《水經注·易水篇》曰："易水，逕范陽縣故城南，又東與濡水合。水出故安縣西北窮獨山南谷，東流與源泉水合。又東南流逕樊於期館西、荆軻館北。又東逕武陽城西北。又東逕紫池堡。又東得白楊水口。又東合檀水。又東南流於容城縣西北、大利亭東南合易水，而注巨馬水也。故《地理志》曰易水至范陽入濡，又曰濡水合渠。許慎曰：濡水合淶。淶、渠二號，即巨馬之異名。"按：酈引濡水入渠，即"濡水亦至范陽入淶"之句也。今本作"淶"，酈本作"渠"，今勝酈本。酈有"濡"字，則又酈本勝今。凡書之當參伍以求其是者如此。濡水今在易州北，即北易水也，東南入保定府定興縣界爲沙河。一曰東南流入容城縣境。……按：《左傳·昭七年》："盟於濡上。"《釋文》云："《說文》女于反。"是《音隱》舊說。此水斷不作乃官反也。師古注《漢書》於故安下云："濡，乃官反"，殊誤。漁陽郡白檀下："濡水出北蠻夷中"，遼西郡肥如下："玄水東入濡水，濡水南入海陽。"此則酈注《濡水篇》所謂濡難聲相近，今謂之灤河者音乃官反是矣。其字蓋本作渜，譌而爲濡。

（濡）

勃海郡

【地理】若漢二《志》之"勃海郡"，今直隷河間、天津二府地。其謂之勃海者，師古曰："在勃海之濱，因以爲名也。"《水部》"瀚"下曰："勃瀚，海之別也。"《漢書》《子虛賦》音義曰："勃瀚，海別枝也。"勃瀚，《史記·河渠書》謂之勃海。今静海縣之海與山東、遼東接境者，即勃瀚。司馬相如賦所以"自琅邪觀成山，射之罘而浮勃瀚"，始皇所以"竝勃海以東，過黄腄，窮成山，登之罘，而南登琅邪"也。《齊都賦》注曰："海旁曰勃，斷水曰瀚。"

（郭）

---

① 指"濡水亦至范陽入淶"之"濡"字。師古曰："言易水又至范陽入淶也。"

泰山郡

蓋　樂于山　洙水

【地理】【辨誤】【校勘】【志疑】泰山郡蓋，二《志》同，今山東沂州府沂水縣縣西北七十里有蓋城是也。《前志》蓋下曰："臨樂于山，洙水所出，西北至蓋入池水。"《水經》曰："洙水，出泰山蓋縣臨樂山，西南至卞縣入於泗。"按：此條《水經》與《志》迥殊。《志》云"臨樂于山"者，謂勃海郡臨樂縣之于山也，泝其源而言。故下文云"至蓋"，非謂洙出蓋也。而經、注皆刪"于"字，謂臨樂爲蓋縣山名，其亦誤矣。"池"，注引作"泗"，云或作"池"，葢字誤。夫經、注皆云泗水出卞縣，不云出蓋縣，又皆云洙水至卞入泗，不云至蓋入泗。然則即改池爲泗，亦於水道不合。安知班時無池水。抑或不知何字之誤，而竟作"泗"字也。杜預《釋例》云："出魯國東北，西南入沇水，下合泗。"乃作"沇"字，俟攷。蓋洙水在班時已非古道，故其書法不同他水。至桑、酈時更昧於臨樂之源，乃誣班爲出蓋。觀《春秋·莊九年》"浚洙"，知其易湮也。許亦云："出泰山蓋臨樂山，北入泗。"恐非許氏原文，淺人用《水經》改竄之。今洙水在曲阜縣北四里，上不得其源，下流不入泗而入沂，又迥非酈氏之舊，葢以湮没而以是冒之耳。

(洙)

萊蕪

【地理】泰山郡萊蕪，二《志》同。《前志》萊蕪下曰："原山，《禹貢》汶水出，西南入泲，桑欽所言。"《水經》於濟水曰："又東北過壽張縣西畍安民亭南，汶水從東北來注之。"於汶水曰："又西南過壽張縣北，又西南至安民亭入於濟。"按：舊泲水合汶於安民亭，今東平州西南十里安山鎮即古亭也。今汶水出今山東泰安府萊蕪縣東北七十里之原山，亦名馬耳山。西南流經縣城西北，又經泰安府南境，又經寧陽縣北境，至汶上縣北之戴村壩，又經汶上西南境之南旺，分流南北。南流者四分以接徐沛，北流者六分以接臨清。自明永樂中宋禮開會通河以及國朝運河皆全資汶水，而入泗之故道湮矣。《前志》朱虛下但云"汶水"，萊蕪下則云"《禹貢》汶水"，然則出朱虛入濰者，非《禹貢》汶水也。

（汶）

齊郡

廣　濁水

【地理】齊郡廣，見《前志》，《後志》作齊國廣，今山東青州府益都縣縣西南四里有廣縣故城是也。《前志》廣下曰："為山，濁水所出。東北至廣饒入鉅定。"《水經注》曰："淄水，又東北逕廣饒縣故城南。又東北馬車瀆水注之，水首受巨淀。淀即濁水所注也。呂忱曰：濁水一名溷水。出廣縣為山，一名冶嶺山。東北流逕廣固城西，城在廣縣西北四里。又東北流逕堯山東。又東北流逕東陽城北，合陽水，即長沙水也。又北逕臧氏臺西。又北逕益城西。又北流注巨淀。"今北陽水源出益都縣西南九迴山，即古為山，東北流逕城北。又東北逕壽光縣四十里。又北入清水泊，即古濁水也。

（濁）

臨朐　洋水　鉅定

【地理】【古今】（《說文》："洋，洋水。出齊臨朐高山，東北入鉅定。"）齊郡臨朐，《後志》作齊國臨朐，今山東青州府臨朐縣其地也。《前志》臨朐下曰："石膏山，洋水所出，東北至廣饒入鉅定。"《水經注·巨洋水篇》曰："巨洋水，又逕臨朐縣故城東。又東北逕委粟山。又東北，洋水注之。水西出石膏山西北石澗口，東南逕逢山祠西。又東南歷逢山下，即石膏山也。巨洋水又東北逕劇縣故城西。又東北逕益縣故城東。又東北積而為潭，枝津出焉，謂之百尺溝。西北流注於巨淀。

又東北逕壽光縣故城西。又東北注於海。"按：班、許曰"洋水"，即《水經》及注之巨洋水也。班、許以出臨朐石膏山者爲正源耳。許云"高山"，即石膏山也。《前志》齊郡有廣饒、鉅定二縣。馬車瀆水首受鉅定。然則鉅定本水名，因以爲縣名。定、淀古今字。《魏都賦》張注曰"淀者，如淵而淺"是也。廣饒、鉅定故城皆在今山東青州府樂安縣境，今樂安縣東北四十里清水泊即古鉅定湖。巨洋水，今曰瀰河，源出今臨朐縣南沂山西麓，北流逕臨朐縣東。又北歷益都縣。又東北流逕壽光東。又東北會黑塚泊，入於海。今南陽水亦名長沙水，源出益都縣西南石膏山，東北至城西，折而東，繞城北，又東流入瀰河。

(洋)

北海郡

桑犢

【地理】北海郡桑犢，見《前志》，今山東萊州府濰縣有桑犢故城，《水經注》之桑犢亭也。《前志》桑犢下云："覆甑山，溉水所出，東北至都昌入海。"今濰縣東南四十里溉源山，即覆甑山也，《水經注》亦謂之塔山。《寰宇記》曰："天寶六載勅改爲溉源山。"今溉水自溉源山北流至昌邑縣境入海，即東虞河也，亦曰東丹河。

(溉)

東萊郡

曲成　治水　沂

【地理】【校勘】【音義】東萊郡曲成，二《志》同，今山東萊州府掖縣東北六十里有曲成故城。《前志》曲成下曰："陽丘山，治水所出。南至沂入海。"按："沂"字疑誤，一本作"至臨沂"，尤誤。當作"計斤"二字。今掖縣東南三十里有陽邱山，亦名馬鞍山。今治水名小沽河，自掖縣馬鞍山南流至平度州東南，與出登州府黃縣之大沽河合，流遙即墨，至膠州之麻灣口入海。《一統志》曰："《左傳·昭二十年》：'姑尤以西'，杜注：姑水、尤水'皆在城陽郡東南入海。'《齊乘》：'姑即大沽河，尤即小沽河。'"玉裁謂：尤古音讀如貽，與治同在第一部，《齊乘》之言可信也。

（治）

㠊

【地理】【志疑】《地理志》《郡國志》東萊郡皆有㠊縣，蓋以布得名也。㠊縣故城在今山東登州府黃縣南百二十里。○按：《廣韵》："㠊，布名。""㧟，縣名，在東萊。"《集韵》亦云："㧟，縣名。""㠊，布名，出東萊㧟縣。"而《魏·地形志》《晉·地理志》皆作"㠊縣"，字从忄。今本《郡國志》亦从忄，未能是正。

（㠊）

琅邪郡

朱虛　東泰山　汶水

【地理】【義例】（《說文》："琅邪朱虛"）見《地理志》。故城在今山東青州府臨朐縣東六十里。（《說文》："有隅亭。"）按：漢時縣道國邑千五百八十七，鄉六千六百二十二，亭二萬九千六百三十五，其名皆著於籍，故許氏得偁鄉亭之名，班氏但舉縣道國邑之名也。

（隅）

【地理】【叚借】【義例】【辨誤】琅邪郡朱虛，見《前志》，《後志》屬北海國，今山東青州府臨朐縣東六十里有朱虛故城。《前志》朱虛下云："東泰山，汶水所出，東至安丘入濰。"《水經》曰："汶水，出朱虛縣泰山，北過其縣東。又北過淳于縣西。又東北入於濰，謂之東汶水，以別於《禹貢》汶水也。"按：東泰山即《封禪書》黃帝封東泰山，今沂山是也。今東汶河源出臨朐縣南沂山東北谷，東流近穆陵關，折東北流數十里，折東流百五十里，至安邱縣西南境，折東北流經縣城西北，又東流數十里與濰水會。……按：二汶水在齊。漢人嵫山、嵫江字作汶山、汶江，以古音同讀如文之故，謂之假借可也。《考工記》："貉踰汶則死"，《淮南子》同。鄭云汶水在魯北，酈注以入《汶水篇》。《考工記》多齊語，則謂入泲之汶無疑也。殷敬順朷爲異説，殊非是。

（汶）

靈門　高枲山　浯水　淮

【校勘】【辨誤】《漢志》：琅邪郡靈門"高枲山"，"枲"乃"原"之誤，《水經注》可證①。師古謂即"柘"字，誤。

（柘）

【地理】【校勘】琅邪郡靈門，見《前志》，今山東沂州府莒州州北百二十里有靈門城。《前志》靈門下曰："壺山，浯水所出，東北入淮。""淮"當作"維"，字之誤也。《水經注》曰："濰水，又北逕平昌縣故城東。又北浯水注之。水出浯山，世謂之巨平山。許慎言水出靈門山。世謂之浯汶矣。其水東北逕姑幕縣故城東。又東北逕平昌縣故城北。又東北流注於濰水。"今浯水自莒州流入諸城縣畎，東北流逕安丘縣東南入濰水。

（浯）

箕　惟水②

【地理】【經學】【古今】【校勘】【異文】（《説文》："濰，濰水。出琅邪箕屋山，東入海。"③）琅邪郡箕，見《前志》，故城當在今山東沂州府莒州境。《前志》箕下云："《禹貢》維水，北至都昌入海。過郡三，行五百二十里。兗州濅也。"《水經》曰："濰水，出琅邪箕縣濰山，東北過東武縣西，又北過平昌縣東，又北過高密縣西，又北過淳于縣東，

---

① 《水經注》云："《地理志》曰：'靈門縣有高屋山。壺山，浯水所出，東北入濰。'今是山西接浯山。許慎《説文》言水出靈門山，世謂之浯汶矣。"
② 今本"惟"作"濰"。
③ 陳本不重"濰"。

又東北過都昌縣東，又東北入於海。"按：屋山在今莒州西北九十里。《水經注》曰："濰山、屋山及《淮南子》云出覆舟山，實一山也。"今濰水出莒州西東北箕屋山，東南流入青州府諸城縣畍。逕萊州府高密縣畍。又北逕安邱縣東。又北流入萊州府昌邑縣畍。又東北入海，曰淮河口，與古水道合。漢都昌城在今昌邑縣西。(《說文》："徐州浸。")"徐"當作"兗"。《職方氏》："河東曰兗州，其浸盧、維。"鄭云："盧、維當爲雷、雍。"班《志》則云"維"，"兗州浸"，不改字也。許云"兗州浸"，亦同。(《說文》："《夏書》曰：'濰淄其道。'")許《水部》無"淄"字。此"淄"葢俗加水旁耳。《周禮》作"菑"，《漢志》作"甾"，古字也。"濰甾其道"，《禹貢》青州文。……按：《地理志》述《禹貢》作"維"，今版本作"惟"，誤。琅邪箕下云"《禹貢》維水"，蒙上文言也。其靈門下、橫下、折泉下皆作"淮"，則轉寫之誤。葢班從今文《尚書》作"維"，許從古文《尚書》作"濰"。《左傳·襄十八年》作"維"，《音義》曰："本又作濰。"今山東土語與淮同音，故竟作淮字。

(濰)

椑

【校勘】【地理】(《說文》："琅邪有稗縣。")《地理志》琅邪郡椑縣，《郡國志》無，《後漢》省也。椑當是本作稗，莽曰"識命"，葢惡其名而易之。今山東沂州府莒州州南有稗縣故城。或曰本春秋時向國，隱公二年"莒人入向"是也。

(稗)

【校勘】【音義】(《說文》："讀若稗縣。")《禾部》曰："琅邪有稗縣"，今《地理志》作"椑縣"，誤也。小徐本作"蜀稗縣"，非。蜀秖有郫縣，音疲。

(𣂏)

東海郡

郯　盈姓

【詁訓】《前志》曰：郯"故國，少昊後，盈姓。"按：盈即嬴字。

（郯）

開陽

【地理】《前志》曰：東海郡開陽"故鄅國。"《後志》開陽屬琅邪。開陽即《春秋經·哀三年》之啟陽也。魯有鄅地，爲啟陽。《荀卿》則云："襄賁開陽。"今山東沂州府府北十五里有故開陽城。

（鄅）

臨淮郡

徐

【地理】《前志》曰：臨淮郡徐"故國，盈姓，春秋時徐子章禹爲楚所滅。"《後志》曰：下邳國"徐本國。"《後志》之下邳國，即《前志》之臨淮郡也。今安徽泗州州北五十里有故徐城廢縣。

（鄾）

會稽郡

鄮　鮚埼亭

【詁訓】《地理志》會稽鄮縣有鮚埼亭，師古曰："鮚，蚌也。長一寸，廣二分，有一小蟹在其腹中。埼，曲岸也，其中多鮚，故以名亭。"按：此名瑣鮚。瑣者，小也，鮚之小者。《江賦》："瑣蛣腹蟹"，注引《南越志》曰："瑣蛣長寸餘，大者長二三寸，腹中有蟹子，如榆莢，合體共生，皆爲蛞取食。"……《文選》字作"蛞"。
（鮚）

丹陽郡①

宛陵　清水

【地理】【辨誤】（《說文》："泠，泠水。出丹陽宛陵，西北入江。"②）丹陽郡宛陵，二《志》同，今安徽寧國府附郭宣城縣，漢故縣也。《前志》宛陵下曰："清水，西北至蕪湖入江。"按：許之泠水，即班之清水。應劭"零陵泠道"下注引《說文》此條，則應氏未知清、泠異名同實也。泠水即今宣城縣西六十里之青弋江。《元和郡縣志》："青弋水在宣州西九十九里。"《水道提綱》曰："江水又東北爲蕪湖縣西北之魯港口。魯明江南匯旌德、太平、石埭、涇縣諸水，東北流，經宣城西北境曰青弋江，折而西北流，經蕪湖城南而西北注之，是爲魯港口。此水三源，東南源出旌德南，南源出太平南，西南源出石埭西北。"
（泠）

黝　漸江水

【校勘】【地理】（《說文》："丹楊有黟縣。"③）《地理志》本作"黟"，師古所據作"黝"，乃誤本耳。今安徽徽州府黟縣是其地。
（黟）

【地理】今俗皆謂錢唐江爲浙江，不知錢唐江《地理志》《水經》皆謂之漸江；江至會稽山陰，古曰浙江。《說文》浙、漸二篆分舉劃然，後人乃以浙名冒漸，蓋由二水相合。如《吳越春秋》越王至浙江之上，《史記》楚威王盡取故吳地至浙江，始皇至錢唐臨浙江皆謂是也。今則

---

① 今本"丹陽"作"丹揚"，下同。
② 陳本不重"泠"。
③ 陳本"楊"作"陽"。

江故道不可攷矣。歙金氏榜《禮箋》曰："班《志》南江，在會稽吳縣南，東入海，楊州川。北江，在毗陵北，東入海，楊州川。中江，出丹陽蕪湖西南，東至陽羨入海，楊州川。毗陵之北江即今大江。其蕪湖之中江，吳縣之南江逕流湮廢。據班《志》丹陽石城下云：'分江水，首受江，東至餘姚入海。過郡二，行千二百里。'《說文》：'江水至會稽山陰爲浙江。'闞駰《十三州志》曰：'江水至會稽與浙江合。'晉灼亦云：'《水經》江水又東至石城縣分爲二，其一東北流，過毗陵縣北爲北江，其一又東至會稽餘姚縣東，入於海。'酈注《沔水篇》曰：'江水自石城東出爲南江，又東逕宣城之臨城縣南，又東逕安吳縣，又東逕寧國縣南，又東逕故鄣縣南、安吉縣北，又東北爲長瀆。歷湖口，又歷烏程縣，南通餘杭縣，則與浙江合。又東逕餘姚縣故城南，又東注於海，所謂《地理志》江水自石城東出，逕吳國南爲南江者也。'榜謂：分江水合三江言之爲南江，猶岷江合言之爲北江。班氏備列南江、中江、北江，以應《職方》楊州其川三江。其於石城著南江源委，猶於湔氐道著北江源委。故《志》於中江言出蕪湖西南，東至陽羨入海，至南江、北江但云東入海，以入海之地已互見於石城、湔氐道也。是分江水爲南江，即《志》文考之益明。"酈注能說南江，而不能說中江耳。

(浙)

【地理】【義例】（《說文》："漸，漸水。出丹陽黟南蠻中，東入海。"①）丹陽郡黟，二《志》同，今安徽徽州府黟縣是其地。云漸水出黟南之蠻夷中，則今錢塘江之北源、南源皆見矣。《前志》黟下曰："漸江水出南蠻夷中，東入海。"《水經》曰："漸江水，出三天子都，北過餘杭，東入於海。"按：班、許、《水經》皆曰"漸江水"，酈氏注則曰"浙江"，蓋《水經》以後無稱漸江者。其前則《山海經》《吳越春秋》《史記》皆曰"浙江"。《山海經》有出於漢人者。漢人之書，

---

① 陳本不重"漸"。

《地理志》《說文》爲謹嚴。據許立文，曰江至會稽山陰爲浙江，謂嵲江也；曰漸江水出丹陽黟南蠻中，謂今錢唐江也；分別畫然。蓋浙江者，嵲江之委；漸江者，錢唐江源流之總稱。二水古於山陰相合，故可統名之曰浙江。後世水道絕不相通，而錢唐江猶冒浙江之名，失其本號耳。《水道提綱》曰："浙水有南北二源。北曰徽港，即新安江，出歙縣、黟縣、績溪、休寧諸山。南源有二：一曰衢港，即信安江，出開化、江山二縣山；一曰婺港，即東陽江，出東陽縣山。南北二港在嚴州府治建德縣合流，而北經桐廬縣、富陽縣，至蕭山縣西南，合浦陽江。經杭州府城東南，至龕、赭二山之間入海。"班、許云"黟南蠻中"，今之北源、南源皆包舉矣。

（漸）

溧陽

【地理】丹陽郡溧陽，二《志》同。據舊志，漢縣蓋在今江蘇江寧府高淳縣南十五里之固城。《前志》溧陽下應劭曰："溧水所出南湖也。"《方輿紀要》曰："今溧水在今溧陽縣北四十里，即永陽江也。《祥符圖經》：'溧水承丹陽湖，東入長蕩湖。'丹陽湖即應劭之南湖也。張鐵曰：'溧水即永陽江之上源，大江之水，南會於此，江上有渚，曰瀨渚，又謂之陵水。范雎說秦昭王，子胥出昭關至陵水是也。自瀨渚東流爲瀨溪，鄉民誤曰爛溪。入長蕩湖，又分流東行，爲吳王漕，蓋五代時楊行密漕運所經也。自東壩築，而丹陽湖之水不復入於溧水，永陽江之源流亦滋晦矣。'《水利攷》：'永陽江一名穎陽江，古名中江。'" 按：中江者，《前志》丹陽郡蕪湖下云："中江出西南，東至陽羨入海，楊州川。"謂《禹貢》《職方》三江之一也。今蕪湖河東接太平府南之黃池河，又東接溧水縣之固城。丹陽石臼諸湖未築東壩以前，諸湖匯長蕩湖，而入太湖，而入於海。此正古中江之道。今則壩西諸水俱西流入江，與古絕異。又按：《禹貢》三江既入，惟北江徑入海，中江則合太湖以入海，南江則合漸江爲浙江以入海。既合之後，則謂太湖爲江，謂漸江爲江。故班《志》直云入海，不云入太湖，可勿疑也。

（溧）

歙

【地理】【音義】《地理志》《郡國志》丹楊郡歙縣，今江南徽州府歙縣、休寧縣皆其地也。今徽人讀式涉切。

（歙）

豫章郡

鄱陽　鄱水西入湖漢

【地理】【古今】《前志》云："有鄱水西入湖漢。"則縣在鄱水之北也。今江西饒州府治鄱陽縣府東六十里有故鄱陽城，府南有鄱江是也。《楚世家》："昭王十二年，吳伐楚，取番。"按：字本作番，故《史》《漢》皆曰"番君吳芮"。《地理志》作"鄱陽"者，漢字也。

（鄱）

艾

【地理】豫章郡艾，二《志》同。《左傳》吳公子慶忌所居。今江西寧都州州西百里有艾城是也。

（濆）

桂陽郡

臨武　秦水

【地理】【校勘】【辨誤】【音義】【古今】（《說文》："溱，溱水，出桂陽臨武，入洭。"①）桂陽郡臨武，二《志》同。今湖南桂陽州臨武縣

---

① 陳本不重"溱"，"洭"作"匯"。

縣東五十里臨武故城是也。《前志》臨武下曰："秦水東南至湞陽入洭，行七百里。"《水經》曰："溱水，出桂陽臨武縣南，繞城西北屈，東流，東至曲江縣安聶邑，東屈，西南流，過湞陽縣，出洭浦關與桂水合，東入於海。"《志》之秦水，即溱水也。《經》之"出洭浦關與桂水合"，桂水即洭水。許云洭水"出洭浦關爲桂水"是也。班、許皆云溱入洭，酈注則云洭入溱。酈葢本《山海經》。《經》曰："肄水出臨武（段云："武作晉，誤。"）西南，而東南注海，入番禺西。湟水出桂陽西北山，東南注肄水，入郭浦西。"酈曰："肄水葢溱水之別名也。"今人謂湞水出南雄保昌縣西南，經始興縣、曲江縣、英德縣，而翁江、洭水入之。此正《漢志》《水經》《說文》之溱水，乃誤謂之湞耳。溱水從東北來，洭水自西右注之，湞水自東左注之。湞水者，今之翁江也。班、許皆洭爲綱，溱入洭，洭入鬱，注海。許云湞入溱，班及《水經》不言湞者，水差小也。《方輿紀要》曰："舊志云：溱水出湖廣臨武縣西南，經曲江縣，西北流，合武水"，經英德縣畍，正古之溱水。《水經注》及《元和郡縣志》又謂之"始興大江"。……按：經典鄭國溱洧字皆如此作。《鄭風》溱與人韵，則不當作"潧"也。《地理志》鄭水作溱，粵水作秦，又《方輿紀要》載舊志云："溱與尋同音，故《水經注》灕峽亦名秦峽也。"據此可證溱水讀如秦國，《前志》秦爲古字。（溱）

南平

【地理】【志疑】（《說文》："深，深水。出桂陽南平，西入營道。"①）桂陽郡南平，零陵郡營道，二《志》同，今湖南桂陽州藍山縣縣東五里有南平城。《水經》曰："深水出桂陽盧聚，西北過零陵營道縣、營浦縣、泉陵縣，至燕室，邪入於湘。"酈云："桂陽縣本隸桂陽郡，後割屬始興縣，有盧溪。盧聚山在南平縣之南，九疑山之東。"玉裁謂：

---

① 陳本不重"深"。

盧聚山在南平之南，《經》舉其遠源，許舉其近源。洭出盧聚，南流入海。深出盧聚，西北流入湘以入江。是分馳不同也。《湘水篇》經、注皆不言深水，蓋呂忱言深水導源盧溪，西入營水，亂流營波，同注湘津，故《湘水篇》言營不言深耳。今深、營二水源委未聞。漢營道、營浦縣皆氏於水，以《字林》訂《說文》，則當作"入營"，不必有"道"字。泉陵縣即今湖南永州府零陵縣，今瀟水合諸水於此入湘，深水、營水在其中也。

（深）

桂陽　匯水

【校勘】【地理】【音義】桂陽郡桂陽，二《志》同，今廣東廣州府連州州治即漢縣地也。《前志》桂陽下曰："洭水南至四會入鬱。過郡二，行九百里。"二郡，桂陽、南海也。《水經》曰："洭水，出桂陽縣盧聚，東南過含洭縣南，出洭浦關為桂水。"按：《前志》南海中宿縣有洭浦關，酈注亦云尒。今《志》文"關"作"官"，桂陽下"洭"作"匯"，皆譌字也。今洭水出連山縣，東南流，經連州、英德縣、清遠縣，合湞水，經三水縣至廣州府城西，入西江以入海。班所謂入鬱，今廣東之北江也。其出洭浦關，在今清遠縣。酈氏曰："桂水者，洭之別名也。"……按：洭水亦曰湟水。《史記》："出桂陽，下匯水。""滙"者，"洭"之誤。《漢書》作"下湟水"是也。酈氏引《山海經》"湟水"，今《山海經》云："潢水出桂陽西北山，東南注肄水，入敦浦西。""潢"者，"湟"之聲誤。"敦"者，"郭"之字誤。《水經注》引作"郭浦"，郭浦即洭浦也，音相近。

（洭）

武陵郡

孱陵

【地理】武陵郡孱陵，二《志》同，今湖北荊州府公安縣縣西二十五里有屭陵故城是也。《水經》曰："油水，出武陵屭陵縣西衇，東過其縣北，又東北入於江。"注云："逕公安縣，西北流，注於大江。"然則許云："東南入江"，"南"當作"北"明矣。《江水篇》經云："江水又東南，當華容縣，涌水入焉。又東南，油水從西南來注之。"注云："右合油口，油水東有景口，景口東有淪口，淪水南與景水合，又東通澧水及諸陂湖。"按：今荊州府虎渡口北，江之南岸有支津，南通公安諸湖水，古油水必在其間。《江表傳》曰："劉備為荊州牧，立營油口。"五代梁開平四年，馬殷遣將侵荊南，軍於油口。今公安縣北，舊有油口巡司，是其水今雖湮没，非無可考也。

（油）

鐔成　潭水　鬱

【校勘】【志疑】【地理】【音義】（《說文》："潭，潭水。出武陵鐔成王山，東入鬱林。"[1]）林字贅，當刪。俗人不知鬱為水名，《漢志》沮水入鬱、離水入鬱，亦皆沾林矣。"王"，《集韻》引作"玉"，《韻會》引作"五"，《漢志》作"玉"，未審當何從。武陵郡鐔成，二《志》同。《前志》鐔成下曰："玉山，潭水所出，東至阿林入鬱。過郡二，行七百二十里。""過郡二"者，武陵、鬱林也。今廣西潯州府阿林廢縣，漢縣也。鬱林郡廣鬱下曰："鬱水首受夜郎豚水，東至番禺入海。過郡四，行四千三十里。""過郡四"者，牂柯、蒼梧、鬱林、南海也。潭水即今福祿江，源出苗地，東南至今貴州黎平府西為古州江。東至永從縣南，合彩江為福祿江。入廣西衇，至柳城縣為柳江。又東南經象州，至潯州府城北曰潯江。此為廣西之右江，亦曰北江。合廣西左江，亦曰南江，即所謂入鬱也。唐始置潯州，以北潯江為名。潯江即古潭水。古二字同音，因改其字耳。今人上流為柳江，下流為潯江。漢人統曰潭，下流亦曰潯，潭與潯實一水也。按：鬱水，今嶺外之盤

---

[1] 陳本不重"潭"，"王"作"玉"。

江，由雲南、貴州、廣西，至廣東爲西江入海者也。《淮南書》曰：始皇"使尉屠睢發卒五十萬，爲五軍：一軍守鐔成之嶺，一軍守九疑之塞，一軍處番禺之都，一軍守南埜之界，一軍結餘干之水。"皆謂今之嶺也。漢鐔成縣故城，在唐之朗溪縣，今之湖南沅州府黔陽縣。王山蓋在嶺，故潭水流嶺外東入鬱也。嶺北之水多入沅。

（潭）

零陵郡

零陵　湘水

【地理】【校勘】【志疑】【古今】零陵郡零陵，二《志》同。《前志》零陵下曰："陽海山，湘水所出。北至酃入江。過郡二，行二千五百三十里。""過郡二"者，零陵、長沙也。"又有離水，東南至廣信入鬱（段云："下衍林字，非。"），行九百八十里。"《水經》曰："湘水，出零陵始安縣陽海山，東北流過下雋縣西，又北至巴丘山，入於江。"酈曰："陽海山即陽朔山，山在始安縣北，縣故零陵之南部也。湘、灕同源，南爲灕水，北則湘川。"今廣西桂林府興安縣南九十里，俗謂之海陽山，即陽海山也。湘水出焉。北流經全州入湖南界，經東安縣、零陵縣、祁陽縣、常寧縣、衡陽縣、衡山縣、湘潭縣、善化縣，至喬口，資水來會。又經湘陰縣，至磊石山，分爲二派。又合入洞庭湖曰湘口。《漢志》云："至酃入江"，未詳。按：離水字本不從水旁，後人益之耳，許書所無。

（湘）

廣漢郡

梓潼　五婦山　馳水　涪

【地理】【音義】【校勘】《前志》曰："梓潼五婦山，馳水所出，南入涪，行五百五十里。"應劭注云："潼水所出，南入墊江。"《水經》曰："梓潼水出其縣北畍，西南入於涪，又西南至小廣魏南，入於墊江。"按：馳水、潼水、梓潼水異名同實。五婦山即今四川保寧府劍州州西北五十里之五子山。今劍州及綿州之梓潼縣，葢漢梓潼地。潼水出五子山之西大山，東南流，經今梓潼縣，又經潼川府之鹽亭縣，又至射洪縣東南之獨坐山，入涪江。今謂之潼江、射江、瀰江。許云"南入褺江"，即謂今射洪東南入涪江。涪江下流至重慶府之合州，合嘉陵江也。《漢志》墊江，應劭音徒浹反，孟康音重疊之疊。許書《衣部》云："褺，重衣也。巴郡有褺江縣。"此縣爲嘉陵江、渠江、涪江會合之地，水如衣之重複，故曰褺江。其字音疊，淺人乃譌作昏墊之墊，觀應、孟之音，則知《漢書》字固從衣也。云入褺江者，其縣其水通名也。今四川忠州之墊江縣，則漢巴郡臨江縣地，與漢褺江相距甚遠。

（潼）

剛氏道

【地理】（《說文》："涪，涪水。出廣漢剛邑道徼外，南入漢。"①）《地理志》曰：廣漢郡"剛氏道"，《郡國志》曰：廣漢屬國都尉領"陰平道、甸氏道、剛氏道。"……《百官公卿表》曰："列侯所食縣曰國；皇大后、皇后、公主所食曰邑；有蠻夷曰道。"然則《志》偁甸氏道、剛氏道、湔氏道皆以其有氏而道之。《志》於"剛氏道"下曰："涪水出徼外，南至墊江入漢。過郡二，行千六十九里。""過郡二"者，廣

---

① 陳本不重"涪"。

漢、巴郡也。墊江屬巴郡。按：剛氏道徼外，葢在今四川龍安府松潘廳境内地，舊松潘衛也。衛東有小分水嶺，涪水出焉。東南流，經龍安府之平武縣、江油縣、彰明縣，又經綿州，又經潼川府之三臺縣、射洪縣、遂寧縣，至重慶府之合州城南。嘉陵江合渠江自東北來會，合流至重慶府府城北入大江。合州，漢之墊江縣也。嘉陵江即西漢水也。許云"南入漢"，謂入嘉陵江也。《水經》云："涪水出廣魏涪縣西北，南至小廣魏，與梓潼水合。梓潼水出其縣北畍，西南入於涪，又西南至小廣魏，南入於墊江。"云出涪縣與《志》異者，《水經》舉稍近言也。墊江，縣名，而云入於墊江者，以地名名水也。益州之水見於史者：涪水謂之內水，今之涪江也；雒水合綿水謂之中水，今在瀘州州城北入大江，《水道提綱》謂之沱江者是也。外水今之大江也。

（涪）

蜀郡

青衣

【地理】【校勘】《前志》蜀郡青衣下云："大渡水東南至南安入渽。"汶江下云："渽水出徼外，南至南安，東入江。過郡三，行三千四十里。"《水經》曰："大江又東南過犍爲武陽縣，青衣水、沫水從西南來，合而注之。"又曰："青衣水出青衣縣西蒙山，東與沫水合，至犍爲南安縣入江。沫水出廣柔徼外，東南過旄牛縣北，又東至越巂靈道縣，出蒙山南，東北與青衣水合，東入於江。"注曰："江水又東南徑南安縣西縣治，青衣水會，衿帶二水矣。縣南有峨眉山，有濛水，即大渡水也。水發蒙谿，東南與渽水合。渽水出徼外，徑汶江道南，至南安入大渡水。大渡水又東入江。"按：經曰武陽，注曰南安，二縣壤接。犍爲南安者，今四川嘉定府治附郭縣曰樂山是也。蜀郡汶江縣者，今四川茂州治是其地。凡言徼外者，皆謂去其郡縣境不甚遠。如廣漢剛氏道徼外，蜀湔氐徼外皆是。徼者，張揖曰："塞也，以木柵水爲蠻夷畍也。"《漢志》青衣縣下有大渡水而無青衣水。蓋今之青衣水，班所謂大渡水也；今之大渡河，班所謂湔水也。凡水以互受而名亂，舉如是矣。且《地理志》不言沫水，但言大渡水入湔，湔水至南安入江。《水經》《華陽國志》、張揖注《漢書》皆曰：沫水與青衣水合入江。然則諸家云沫水與青衣水合者，即班《志》之大渡水與湔水合也。以今水道言，今之青衣江出雅州府蘆山縣東伏牛山西麓，東南流經榮經縣東、雅州府城北、名山縣南、洪雅縣南、夾江縣西，至嘉定府西境與陽江合者，諸家之青衣水，班《志》之大渡水也。今之大渡河出小金川司、大金川司，至上下魚通，合打箭鑪瀘河，經曬經關合越巂河，經峨眉縣西南大峨山前，又經三峨山麓，至嘉定府西南境，青衣江自西北來會者，諸家所云沫水，班固所云湔水也。大渡河自北而西，而西南，而東，而東北，曲行千五百里。班云"過郡三"者，蜀郡、越巂、犍爲也。云："行三千四十里"，"三千"或是"二千"之誤。凡唐宋史云大渡河者，皆謂《地理志》之湔水，即《司馬相如傳》之沫水。

（淺）

緜虒

【義例】【地理】《前志》曰：蜀郡"緜虒"，《後志》曰："蜀郡緜虒道"，有蠻夷曰道，《前志》省文耳。《前志》曰：緜虒"玉壘山，湔水所出，東南至江陽入江。過郡三，行千八百九十里。"又曰：廣漢郡緜竹縣"紫巖山，緜水所出。東至新都北入雒。廣漢郡雒縣章山，雒水所出。南至新都谷（段云："字誤。"）入湔。""過郡三"者，蜀郡、廣漢、犍爲也。湔水、緜水、雒水三水互受通偁。《水經》云："又東過江陽縣南，雒水從三危山東過廣魏雒縣南，東南注之。"是即《漢志》之湔水兼緜雒至江陽入江者也。三危山蓋即《漢志》之玉壘山。《水經》以雒爲湔也。江陽，今四川瀘州。緜虒玉壘山當在松潘衛境内。《蜀都賦》曰："廓靈關以爲門，包玉壘而爲宇。"劉逵注："玉壘，山名，湔水出焉，在成都西北。岷山岎在後，故曰宇；靈關在前，故曰門也。"今水道，繇水由綿竹縣至漢州合雒水，雒水由什邡縣至漢州合繇水，其下流經簡州、資陽縣、資縣、內江縣、富順縣，至瀘州城與大江會，於《漢志》《水經》皆無不合，特其名或異耳。此史所謂中水也。其上游據酈氏云："湔水入江，有湔堋、湔堰、湔洓諸偁"。故今謂中水爲沱江，但秦李冰所造，非禹故道。《漢志》亦不謂湔爲沱。

（湔）

湔氐道

【校勘】【地理】蜀郡湔氐道，二《志》同。《前志》曰：湔氐道"《禹貢》崏山在西徼外，江水所出。東南至江都入海。過郡九，行七千二百六十里。"今本"九"作"七"，"行七千"作"行二千"，今依徐鍇所引正。"過郡九"者，蜀郡、犍爲、巴郡、南郡、長沙、江夏、廬江、丹陽、廣陵國也。湔氐徼外崏山，即《禹貢》岷山，《封禪書》謂之瀆山，李膺《益州記》謂之羊膊嶺，今四川龍安府松潘廳，即松潘衛，衛北二百三十里大分水嶺是也。流經茂州、成都府、眉州、嘉定府、敘州府、瀘州、重慶府、忠州、夔州府，湖廣之宜昌府、荊州府、岳州府、武昌府、漢陽府、黃州府，江西之九江府，江南之安慶府、池州府、太平府、江寧府、鎮江府、常州府諸境，至北岸通州，南岸蘇州府昭文縣境入海。此《禹貢》《漢志》所謂"北江入海"也。

（江）

犍爲郡

符　黚水

【音義】【地理】【志疑】《地理志》犍爲郡符下云："溫水，南至鄨，入黚水。黚水亦南至鄨，入江。"按：黚、黔音同，黔水即黚水。《水經》於江水曰："又東過枳縣西，延江水從牂柯郡北流西屈注之。"枳縣，今重慶府涪州治也。枳與涪陵縣壤接。今涪州城東北有黔江，南自貴州合諸水入焉。亦曰烏江，亦曰涪江，亦曰涪陵江。此水自西而東而北，源流二千三百里。詳見《水道提綱》。會貴州大定、貴陽、遵義、平越、石阡、思南六府及湖廣施南半府，四川酉陽、黔江、彭水、南川、涪州諸水，實巨川也。《水經注·延江篇》曰："溫水，一曰煥水，出犍爲符縣，而南入黚水。黚水亦出符縣南，與溫水會。俱南入鱉水。"《江水篇》曰："《華陽記》曰：'枳縣在江州巴郡東四百里，治涪陵水會。'皆烏江之源委也。"《漢志》今本疑有奪字，以《水經注》正之，疑當云："溫水至鱉入黚水，黚水亦出符，至鱉，北入江。"鱉非入江之地，今云"至鱉入江"，非例也。《水經》之延江水，於江水條曰："枳縣西注江"，於延江條曰："至沅陵縣入於沅。"酈氏有一水枝分之說，但許不言黔水所入，班但言黚水入江，不言何處入江。古人略之，蓋其慎也。《水道提綱》綜緝冣詳，而覈之古籍，猝難互證。犍爲符縣，今四川瀘州合江縣其地也。

（溫）

郁鄢

【校勘】【地理】《前志》犍爲郡"存鄢"，今本"存"作"郁"，而師古不爲音，知故作"存"。《華陽國志》《晉書》尚作"存"。今四川敘州府府西南有郁鄢廢縣，府西北百六十里有郁鄢灘。

（鄢）

朱提

【注音】《地理志》朱提縣讀如此字（編按：匙）①。

（匙）

---

① 按：今本《漢書·地理志》犍爲郡"朱提"，蘇林云："朱音銖。提音時。北方人名匕曰匙。"然，依今本句讀則不知蘇言"北方人名匕曰匙"何意，與正文不相干係，略覺突兀，且時提有之支之別，不知何以音同。孫玉文教授通訊指出："時"或爲"北方人名匕曰匙"之狀語。甚是。匙提同音，及至《廣韻》亦是如此。反觀段云讀如匙，顯然其句讀是正確的。

越巂郡

【音義】【辨誤】漢之"越巂"即此字，音髓，或以作雋別之，誤。

（巂）

益州郡

滇池

【音義】【地理】《前志》滇池縣下："滇池澤在西北。"《南中志》曰："有澤水周迴二百里，所出深廣，下流淺狹，如倒流，故曰滇池。"今雲南雲南府附郭昆明縣府城南之滇池是也。城西南八十里爲海口大河，即滇池導流之處也。下流至武定府注於金沙江。金沙江在四川敍州府入江。

（滇）

收靡

【音義】【地理】【義例】【志疑】（《說文》："涂，涂水。出益州牧靡南山，西北入繩。"①）"牧"《前志》作"收"，《後志》作"牧"，《華陽国志》竟作"升"。李奇曰："靡音麻，收靡即升麻。"常璩曰："升麻縣山出好升麻。"收、升、牧三字皆同紐。《隸釋·益州太守碑》"牧靡"字三見。《晉書》亦作"牧"矣。益州郡牧靡，二《志》同。《前志》曰："南山臘，涂水所出，西北至越巂入繩。過郡二，行千二十里。"《水經注·若水篇》曰："若水，又東，涂水注之，水出建寧郡之收靡縣南山，縣山立即草以立名。山在縣東烏句山南五百里，山生收靡，可以解毒。涂水導源臘谷，西北流至越巂入若水。"按：涂水出臘谷，故《漢志》謂之臘。涂水，《漢志》《說文》皆云"入繩"，而

---

① 陳本不重"涂"，"繩"作"澠"。

《水經注》云"入若水"者，善長云："若水又逕越嶲大莋縣入繩，繩水出徼外，南逕旄牛道，至大莋與若水合，自下亦通謂之繩水矣。"諸書錄記羣水，或言入若，又言注繩，正是異水沿注，通爲一津，隨納通稱也。《水道提綱》曰："金沙江即古繩水。鴉龍江一名打沖河，即古若水。金沙江出番地，至雲南姚安府大姚縣境合鴉龍江，至四川敘州府治宜賓縣西南境入於江。金沙自犛石山發源，至雲南麗江府境，已四千二百餘里，自麗江至四川敘州府又二千五百餘里，源遠流長。所受大水數十，小水無數，其爲大江上源無疑也。"玉裁謂：多以金沙爲大江正源，然非《禹貢》"岷山道江"之旨。《禹貢》於河源、江源皆舉其近者，聖人不尚遠略之意。牧靡今何縣，涂水今何水，未審。

（涂）

建伶①

【地理】《地理志》《郡國志》益州郡皆有建伶縣，今雲南雲南府西北有建伶廢縣。

（伶）

牂柯郡

故且蘭

【注音】【校勘】【地理】（《說文》："沅，沅水。出牂柯故且蘭，東北入江。"②）牂柯郡故且蘭，二《志》同。且音苴，子閭反。《前志》故且蘭下曰："沅水，東南至益陽入江。過郡二，行二千五百三十里。"按：益陽屬長沙國，《漢志》"東南"以地望準之，當從《說文》作"東北"。"過郡二"，當作"三"，謂牂柯、武陵、長沙國也。《水經》曰："沅水，出牂柯故且蘭縣，爲旁溝水。又東至鐔成縣爲沅水，東過

---

① 今本"建"作"健"。
② 陳本不重"沅"。

無陽縣，又東北過臨沅縣南，又東至長沙下雋縣西北，入于江。"《水道提綱》曰："沅水數源。一曰鎮陽江，出貴州平越府東北之黃平州南金鳳山。一曰清水江，其源有二：北曰平越府西北之豬梁江，南曰都勻府西南之馬尾河。古稱沅水出故且蘭，必指豬梁江及豬梁所納之卡龍河也。清水江與鎮陽江合於黔陽縣，西經常德府治武陵縣西南而入洞庭湖，源流實二千三百餘里。古稱辰、酉、敘、无、漸五溪皆入焉。"

（沅）

鳖

【地理】【辨誤】《前志》曰："不狼山，鳖水所出，東入沅。過郡二，行七百三十里。"按：犍爲郡，武帝建元六年開；牂柯郡，武帝元鼎六年開。則鄨字、鳖字必其時所製。今貴州遵義府府城西有鳖縣故城是也。《方輿紀要》曰："雲南陸涼州州北有廢鳖縣"，非是。

（鳖）

巴郡

墊江

【校勘】【地理】（《說文》："巴郡有墊江縣。"①）今《地理志》《郡國志》巴郡下皆作墊江縣，葢淺人所改也。據孟康曰："音重疊之疊"，知《漢書》本不作"墊江"也。墊江縣在今四川重慶府合州，嘉陵江、涪江、渠江會於此，入大江，水如衣之重複然，故以墊江名縣。

（墊）

朐忍

【地理】【詁訓】【志疑】【音義】【辨誤】漢巴郡有朐忍縣，《十三州志》曰："其地下溼，多朐忍蟲，因名。"朐忍蟲即丘蚓，今俗云曲蟺

---

① 陳本"江"作"虹"。

也。漢碑、古書皆作"朐忍"無異，不知何時"朐"譌"朐"，"忍"譌"䏰"。闞駰上音春，下音閏。《通典》上音蠢，下音如尹切。《廣韵》則上音蠢，下音閏。而大徐乃於《肉部》增朐、䏰二篆，上音如順，下音尺尹，不知爲"朐忍"之字誤。且謂其地在漢中，又不知漢朐忍在今夔州府雲陽縣名萬户壩者是，去漢中遠甚也。

（朐）

宕渠　潛水

【地理】【志疑】【辨誤】今順慶府渠縣縣東北七十里有宕渠城是也。《前志》宕渠下曰："潛水西南入江，不曹水出東北南入潛。"《水經》於江水曰："又東北至巴郡江州縣東，強水、涪水、漢水、白水、宕渠水五水合，南流注之。"酈云："宕渠水即潛水、渝水矣。"《水經》又曰："潛水出巴郡宕渠縣，又南入於江。"按：許云"西南入江"，則此水必合嘉陵江至合州入江，未詳今之何水。鄭注《禹貢》梁州曰："漢別爲潛，其穴本小，水積成澤，流與漢合。"《蜀都賦》："演以潛沫。"劉逵云："《禹貢》梁州沱潛既道，有水從漢中沔陽縣南流，至梓潼漢壽縣入穴中，通岡山下，西南潛出，今名伏水，舊說云《禹貢》潛水也。"劉澄之、酈道元說與逵略同。或以今保寧府廣元縣之由七盤關經神宣驛，又經龍洞口至朝天驛，北穿穴而出入嘉陵之水證之。此水甚小，殆非是，況所由非宕渠也。班、許皆不釋《禹貢》，以潛水系諸宕渠縣，云"西南入江"。許云出宕渠，班則不云出宕渠。然則潛是入西漢以入江之水。今不能定爲何水耳。

（潛）

地理志第八下

武都郡

沮

【地理】【辨誤】（《說文》："沔，沔水。出武都沮縣東狼谷，東南入江。"①）《前志》沮縣下曰："沮水出東狼谷。"《後志》沮縣下曰："沔水出東狼谷。"《水經》曰："沔水出武都沮縣東狼谷中。"酈注曰："沔水一名沮水。"引闞駰云："以其初出沮洳然，故曰沮水。"是則《前志》之沮水，《水經》《說文》之沔水，皆云出沮縣東狼谷，實一水也。《前志》曰："南至沙羨南入江。過郡五，行四千里。""過郡五"者，武都、漢中、南陽、南郡、江夏也。《水經》亦歷敘沔水所過之縣，而曰："又南至江夏沙羨縣南入於江。"許說沔與《漢志》《水經》同。此漢時漢水之道與《禹貢》時其源不同，其委則一。常璩云："始源曰沔。"玉裁謂：漢言其盛，沮與沔皆言其微。沔者，發源緬然之謂。《尚書》《周官》《春秋傳》曰漢，漢時曰沮水，曰沔水，是爲古今異名。《水經》且謂西漢水曰漢水，謂《禹貢》漢水曰沔水。許亦云涪水入漢，不云入西漢。云沔水入江，云淯水入沔。則許漢、沔分儷同《水經》。班云："沮水，荆州川。"《職方》："荆州之川江漢。"然則班謂沮即東漢亦明矣。且《志》雖有西漢、東漢之目，而曰東漢水一名沔。凡漢中下云旬水入沔、淮水入沔、筑水入沔，弘農下云淯水入沔、洱水入沔、甲水入沔，右扶風下云褒水入沔，廣漢下云白水入漢、涪水入漢，分別畫然。亦謂東漢爲沔，西漢爲漢。今漢水出陝西寧羌州，經沔縣、褒城縣、漢中府、城固縣、洋縣、西鄉縣、石泉縣、漢陰縣、紫陽縣、興安州、洵陽縣、白河縣、湖廣舊上津縣、竹山縣、鄖西縣、鄖陽府、均州、光化縣、穀城縣、襄陽府、宜城縣、安陸府、荆門州、潛

---

① 陳本不重"沔"。

丘縣、天門縣、沔陽州、漢川縣，至漢陽府城東北，合於大江。今曰漢口，古曰夏口，曰沔口，《左傳》謂之夏汭。寧羌州岠今略陽縣二百二十里。析言之，沮、沔各爲一水；渾言之則或統呼沮，或統呼沔也。……（《說文》："或曰入夏水。"）《水經注·夏水篇》云："江津豫章口東有中夏口，是夏水之首，江之汜也，屈原賦所謂夏首。"按：今湖北荆州府附郭江陵縣府東南二十五里有夏水口是也。《水經》："夏水，東至江夏雲杜縣入于沔。"注云："當其決入之所謂之堵口。"按：堵口，當在今湖北漢陽府沔陽州境内。沔水與夏水合，至漢陽府入江。或曰沔口，或曰夏口。然則入夏水即入江也。劉澄之《永初山川記》云："夏水是江流沔，非沔入夏。"今按：二水相合，互受通偁。謂沔入夏，亦無不可。

（沔）

隴西郡

羌道　羌水

【地理】《地理志》《水經》之羌水下：合白水，又合西漢水，即今四川保寧府昭化縣城北合嘉陵江之白水也。羌水亦謂之墊江者，蓋昔人以其委名其源。《魏書》吐谷渾阿豺登其國西彊山，觀墊江源，今洮州衛西南三百四十里西彊山，羌水所出。

（潼）

臨洮

【地理】【校勘】《前志》臨洮下曰："洮水出西羌中，北至枹罕，東入西。"枹罕屬金城郡。"東入西"，"西"字誤，當依《水經注》作"東入河"。《水經》曰："河水又東入塞，過敦煌酒泉張掖郡南，又東過隴西河關縣北，洮水從東南來流注之。"酈注引段國《沙州記》曰："洮水與墊江水俱出彊臺山，山南即墊江源，山東即洮水源。"按：彊臺山即西頃山也，墊江即入西漢水之白水也。今甘肅蘭州府狄道州州西南二百二十里有臨洮城，漢縣也。今洮河出洮州衛西南邊外之西傾山東麓，東北流經狄道州南，至蘭州府西境入河，曰洮口，行八百餘里。

（洮）

天水郡

冀

【地理】《地理志》天水郡冀縣，《郡國志》漢陽郡冀縣，漢陽即天水也。故城在今陝西鞏昌府伏羌縣東。

（驥）

金城郡

臨羌

【地理】【音義】舊西寧衛西二百八十里有故臨羌城。《前志》臨羌下曰："西北至塞外有西王母石室、僊海、鹽池。北則湟水所出。東至允吾入河。"允吾下曰："逆水，出參街谷，東至枝陽入湟。"浩亹下曰："浩亹水，出西塞外，東至允吾入湟。"按：《水經》："河水又東，過金城允吾縣北。"注言湟水、浩亹水、逆水源流皆甚詳。《水道提綱》曰："青海在今西寧府邊西五百餘里，古名西海，即鮮水也。今爲厄魯特等二十三旗地。青海東即湟水，古所謂湟中地。北即大通河，古所謂浩亹水，東南會湟水入黃河也。湟水即洛都水，源出今西寧府西北邊外，至今蘭州西境入黃河。"按：允吾音鉛牙，今甘肅蘭州府府西北三百里有故鉛吾城是也。浩亹音閤門。僊海即西海，古音西讀如仙。

（湟）

張掖郡

刪丹

【地理】《前志》刪丹下曰："桑欽以爲道弱水自此，西至酒泉合黎。"又張掖郡居延下曰："居延澤在東北，古文以爲流沙。"《水經》曰："合離山在酒泉會水縣東北，流沙地在張掖居延縣東北。"今甘肅舊山丹衛即刪丹廢縣。舊甘州衛西北千二百里有故居延城，故居延城東北有居延海，衛西北四十里有合黎山，衛西有弱水。胡氏渭《禹貢錐指》曰：溺水正流入居延海，其餘波則入流沙，流沙非居延也。

（溺）

酒泉郡

樂涫

【地理】（《說文》："酒泉有樂涫縣。"）二《志》同。故城在今甘肅肅州高臺縣西北，鎮夷城西南。

（涫）

安定郡

朝那

【地理】【注音】安定郡朝那，二《志》同。朝，追輸切。朝那故城在今甘肅平涼府附郭平涼縣西北。《前志》云："有湫淵祠。"蘇林云："淵方四十里，停不流，冬夏不增減，不生艸木。"《一統志》曰："朝那湫今在平涼府固原州西南。"

（湫）

涇陽

【地理】《禹貢》雍州曰："涇屬渭汭。"《周禮·職方氏》曰："雍州，其川涇。"《前志》曰：安定郡涇陽"开頭山在西，《禹貢》涇水所出，東南至陽陵入渭。過郡三，行千六十里。雍州川。"陽陵屬左馮翊。"過郡三"者，安定、扶風、馮翊也。今甘肅平涼府附郭平涼縣府西南有故涇陽城，漢縣也。开頭山亦作筓頭山，《始皇紀》作"雞頭山"，在今平涼府西南四十里。今涇水出山之涇谷，經涇州，又經陝西邠州長武縣，至西安府高陵縣西南二十里入渭，曰涇口。大致東南流也。涇濁渭清，故《詩》曰："涇以渭濁。"涇水溉田之利，自秦漢鄭國、白公而後，迄於唐宋元明，皆修復白渠。

（涇）

北地郡

直路　沮水　洛

【志疑】【校勘】【地理】（《說文》："瀘，瀘水。出北地直路西，東入洛。"①）北地郡直路，見《前志》，今未聞。《前志》直路下曰："沮水出東，西入洛。"《水經》曰："沮水，出北地直路縣，東過馮翊祋祤縣北，東入於洛。"按：《前志》當云："出西，東入"，今本誤倒。"洛"者，上文出北地歸德北夷界中，東南入渭之水也。酈注謂沮水下流合銅官，注鄭渠，而東入洛。自鄭渠湮廢，沮水故道難考矣。今沮水出陝西鄜州中部縣西北子午山，東流經駱駝岡翟道山南。俗曰沮水，有子午河自西來會。又東有慈烏河西南來會，東南流經縣城南，又東稍北三十餘里入洛河，蓋非班、許、《水經》所謂也。《禹貢》："道渭自鳥鼠同穴，東會于灃。又東會于涇。又東過漆沮，入于河。"《尚書》某氏傳云："漆沮，一水名，亦曰洛水。"《水經》："渭水又東過華陰縣北。"注云：

---

① 陳本不重"瀘"。

"洛水入焉，鄌馯以爲漆沮之水也。"是則洛水之下流，古稱漆沮，炳焉可信。《尚書傳》云："漆沮，一水名，亦曰洛水。"《正義》申之曰："孔以爲洛水一名漆沮。"文理甚明。言"一水名"者，正恐人疑爲二水也。今版本皆作"二水名"，然則"亦曰洛水"者，謂漆乎？謂沮乎？不可通矣。若《周頌》傳云："漆、沮，岐周之二水也。"此言涇西之漆、沮爲二水，以別於涇東之漆沮爲一水。《雅》《頌》皆舉涇西之二水，《禹貢》舉涇東之一水，各不同也。酈曰："濁水入沮至白渠，俗謂之漆水，又謂之爲漆沮水。"此洛水所以得名漆沮與？……（編按：瀘）與出漢中房陵之沮各字，《漢書》《水經》不別。

（瀘）

歸德

【地理】《前志》北地郡歸德下："洛水出北蠻夷中，入河。""入河"者，入渭以入河也。此總舉其源委也。左馮翊襄德下曰："洛水東南入渭。"此言其入渭之處也。

（洛）

郁郅　泥水

【地理】【同源】北地郡郁郅，見《前志》，今甘肅慶陽府安化縣治即郁郅故城也。《前志》郁郅下曰："泥水，出北蠻夷中。"泥陽下應注曰："泥水，出郁郅北蠻中。"《一統志》曰："東河在安化縣東，即白馬水也。"《元和志》："延慶縣西臨白馬州。"《寰宇記》："白馬水，出北塞夷中。"引《水經注》云："洛川南逕尉李城東北，合馬嶺水，號白馬水。"《明統志》："東河來自沙漠，至安化城北，合懷安及靈溝水，南流至合水縣爲馬蓮河。東河及下流馬蓮河皆即古泥水也。"按：馬蓮即馬嶺之轉語。

（泥）

西河郡

美稷

【地理】【志疑】西河郡美稷，見《前志》，今蒙古鄂爾多斯左翼中旗東南有漢美稷故城，在故勝州之西南也。……《水經注·河水篇》曰："河水又南，樹頹水注之。河水又左，得湳水口。水出西河郡美稷縣，東南流。又東南流入長城東，鹹水入之。又東南，渾波水注之。又東逕西河富昌縣故城南。又東流入於河。"按：漢富昌城在鄂爾多斯左翼前旗界。湳水，未審今鄂爾多斯何水也。

（湳）

中陽

【地理】【辨誤】【志疑】西河郡中陽，二《志》同。戴先生曰："《水經》：'河水南過西河圁陽縣東，又南過離石縣西，又南過中陽縣西，又南過土軍縣西。'據地望考之，中陽西濱河，當在今汾州府寧鄉縣境，《趙世家》'秦取我西都及中陽'是也。道元乃云：'中陽故城在東，東翼汾水，不濱於河也。'《元和志》於孝義縣下云：'魏移西河郡中陽於今理。'此條可證明《水經》之中陽其所本之書，道元偶失檢。道元《汾水篇》注所言鄔澤北起大陵，南接鄔，正今平遙之西，孝義之東，介休之北，最爲洿下，汾川轉徙不常之地。《說文》之㵋水乃入河，非入汾。漢中陽西濱黃河，《說文》亦一證。道元就㵋字與鄔字牽合，謂㵋水即鄔澤，謬矣。"玉裁按：㵋水今未得其證。

（㵋）

觬是

【地理】【詁訓】【經學】【異文】（《說文》："西河有觬氏縣。"）《前志》有，《後志》無，蓋省併也。《前志》"氏"作"是"。按：是、氏古多通用。《覲禮》："大史是右"，古文"是"爲"氏"。《曲禮》："是職方", "是"或爲"氏"。古文《尚書》曰："時五者來備"，今文作"五是來備"，見於《宋微子世家》。《後漢》李雲上書作："五氏來備。"《漢書》云："造父後有非子，至玄孫氏爲莊公。"師古曰："氏與是同。"

（觓）

鴈門郡

陰館　治水

【校勘】【地理】【詁訓】【辨誤】沈約《宋書》曰："陰館，前漢作觀，後漢、晉作館。"按：今《前書》不作"觀"，蓋淺人改也。鴈門郡陰館，二《志》同，今山西代州州北四十里陰館城是。在句注陘北。絫頭山在今朔州、代州之間。《前志》陰館下曰："絫頭山，治水所出。東至泉州入海。過郡六，行千一百里。"《水經》曰："㶟水，出鴈門陰館縣，東北過代郡桑乾縣南。又東過涿鹿縣北。又東過出山，過廣陽薊縣北。又東至漁陽雍奴縣西入笥溝。"按：治水、㶟水，異名同實。《武五子傳》作"台水"，台即治也。《前志》代郡且如下："于延水出塞外，東至廣寧入治。"（段云："今本無'廣'。"）平舒下："祁夷水，北至桑乾入治。"小顏本"治"皆譌"沽"，姑、故二音，其繆甚矣。酈云："《地理志》于延水東至廣寧入治，非是。"謂于延逕廣寧故城南，又逕茹縣故城北，又逕鳴雞山西，又逕且居縣故城南，乃後注於㶟水。不當云在廣寧入治也。新挍《水經注》改"治"作"沽"，不免誤會。今直隸永定河即桑乾河，即古㶟水也。源出山西朔州馬邑縣洪濤山，會灰河，經馬邑縣、山陰縣、應州、大同府、渾源州、陽高縣、天鎮縣、廣靈縣、蔚州，入直隸畍。經西寧縣、懷安縣、保安州、懷來縣、昌平州、宛平縣、良鄉縣、固安縣、永清縣、霸州、天津府，至大沽，北入於海。……《水經注》作濕水者，㶟作灅，乃又譌濕也。㶟餘水亦譌作濕餘，又或譌作溫餘。

（㶟）

崞

【地理】《地理志》鴈門郡領縣十四，有崞縣，蓋以山名縣也。……今崞縣故城在山西直隸代州崞縣西三十五里，崞山在縣西南四十里。

（崞）

代郡

五原關

【叚借】【音義】（《說文》："阮，代郡五阮關也。"）《地理志》代郡有"五原關"，阮者正字，原者叚借字也。《成帝紀》作"五阮關"，如淳曰："近捲反。"

（阮）

靈丘　㶟水　大河

【地理】【辨誤】【校勘】【音義】（《說文》："㶟，㶟水。起北地靈丘，東入河。"①）《前志》曰：代郡"靈丘"，今山西大同府靈邱縣東有靈丘故城。靈丘下曰："㶟水東至文安，入大河。過郡五，行九百四十里。"《水經》曰："㶟水，出代郡靈丘縣高氏山，東南過廣昌縣南。又東南過中山上曲陽縣北，恒水從西來注之。又東過唐縣南。又東過安熹縣南。又東過安國縣北。又東過博陵縣南。又東北注於易。"今直隸唐河，即古㶟水也，出大同府渾源州南。今翠屏山即古高氏山。東南流入靈邱縣。又東南流入直隸易州廣昌縣界，由倒馬關流入，逕完縣西北、唐縣西南界。又東南過定州，入慶都縣南界。又逕祁州南，會沙、滋二水。又東北逕博野、蠡二縣南。又東北逕高陽縣東。又北逕安州東，入白洋淀。《一統志》曰："據《水經注》，蓋㶟水故道本由今清苑縣東南與滱博諸水合流注易，後徙而東，不入縣境。"按：《前志》云："入大

---

① 陳本不重"㶟"。

河"，有誤。大河之名亦非《志》所有。……（《說文》："㶟水即漚夷水，并州川也。"）《職方氏》："并州，其川虖池、嘔夷。"鄭曰："嘔夷，祁夷與，出平舒。"按：《前志》平舒下云："祁夷水北至桑乾入治（段云："治即灅，今本作'沽'，誤。"）。今出大同府廣靈縣之壺流河也，與靈丘之㶟河劃然二事。班云：㶟河"并州川"，是亦謂㶟即嘔夷，爲許所本。古寇聲、區聲同部。

（㶟）

廣昌　淶水

【地理】代郡廣昌，見《前志》，《後志》屬中山國。今直隸易州廣昌縣縣北有廣昌故城。《職方氏》曰："并州，其浸淶、易。"鄭云："淶出廣昌。"《前志》廣昌下曰："淶水，東南至容城入河。過郡三，行五百里。并州浸。"《水經》曰："巨馬河，出代郡廣昌縣淶山。""巨馬河即淶水也。"[1] "東過逎縣北。又東南過容城縣北。又東過勃海東、平舒縣東，入於海。"酈云："巨馬水於東平舒北，南入於滹沱，而同歸於海也。"今淶水一名巨馬河，源出廣昌縣南，東流轉南，逕易州淶水縣東，又南入保定府定興縣阰，至縣南爲白溝河。又東南逕容城縣東北。又東逕新城縣南。又東南逕雄縣西。又東入保定縣界。非酈注舊迹也。

（淶）

上谷郡

潘

【校勘】郭云："今河東汾陰縣有水口如車輪，潰沸涌出，其深無限，名之曰瀵。郃陽縣復有瀵，亦如之。相去數里而夾河河中渚上又有一瀵，瀵源皆潛相通。"按：《地理志》上谷郡潘縣，師古普半反，全氏祖望據《水經注》"河水過蒲阪"下引《帝王世紀》曰舜都蒲阪"或

---

[1] 後引乃酈注。

言都平陽及潘"正《前志》"潘"當作"潘"。

（潘）

涿鹿

【地理】《地理志》上谷郡"涿鹿"，今涿鹿故城在直隸宣化府保安州南，《明志》謂之軒轅城。涿郡涿，今涿縣故城在順天府涿州州治。

（涿）

漁陽郡

漁陽　沽水

【地理】【辨誤】（《說文》："沽，沽水。出漁陽塞外，東入海。"①）漁陽郡漁陽，二《志》同，今直隸順天府密雲縣縣西南三十里漁陽故城是也。《前志》漁陽下曰："沽水，出塞外，東南至泉州入海，行七百五十里。"《水經》曰："沽河從塞外來，南過漁陽狐奴縣北，西南與濕餘水合爲潞河。又東南至雍奴縣西，爲笥溝。又東南至泉州縣與清河合，東入於海。清河者，派河尾也。"按：凡曰出某縣塞外，某縣徼外，某縣某方蠻夷中者，皆言其來之遠，不可得其地名，故系之某縣也。此云"漁陽塞外"，則非出漁陽矣。今直隸之白河，即沽河也。白河遠出宣化府獨石口之獨石水，合赤城水、龍門水東南流，逕密雲縣西，與潮河合。潮河，古鮑丘水也。既得潮河，西南逕懷柔縣東南，南經順義縣東，至通州城北、東、南三面，俗稱古潞水。又南逕舊漷縣西。又逕香河縣西南。又東南逕武清縣東。又東南入天津縣畍。合諸大川由直沽入海。與酈注所述不甚異。程氏瑤田曰："俗謂沽水及酈注之獨固門漁水、嬴山皆在今之薊州者，繆甚。"玉裁謂：《方輿紀要》謂漢漁陽在今薊州，亦大繆。

（沽）

---

① 陳本不重"沽"。

右北平郡

俊靡　灅水　庚

【地理】【同源】右北平俊靡，二《志》同，今直隸順天府遵化州州西北有俊靡故城是。《前志》右北平無終下曰："浭水，西至雍奴入海。"俊靡下曰："灅水，南至無終，東入庚。"浭與庚，一字也。《水經注·鮑丘水篇》曰："鮑丘水，北逕雍奴縣東，又東庚水注之。水出右北平徐無縣北塞中，而南流得黑牛谷水。又西南流，灅水注之。水出右北平俊靡縣，東南流與溫泉水合，又東南逕石門峽，又東南流，謂之北黃水。又屈而南爲南黃水。又西南逕無終山，藍水注之。又西南入於庚水，庚水又南逕北平城西而南入鮑丘水。鮑丘水又東，巨梁水注之。鮑丘水至雍奴縣北屈東入海。"歙程氏瑤田《通藝錄》曰："今灅水自遵化州西北四十五里鮎魚石關外入口，東經溫泉，酈所謂與溫泉水合也。又東迆南十五里曰水門口，酈所謂石門峽也。又西南入黎河，黎河即庚水也。庚水既得灅水，又稍西而淋河南入之。淋河，酈所謂藍水也。鮑丘水，今之潮河也。潮河合泃水、庚水東流，有還鄉河西南入之。酈所謂巨梁水也。流俗多誤，以古正之如此。灅、黎一聲之轉，灅水俗呼黎河，因使所入之庚水冒稱黎河，而巨梁河冒稱庚水。"

（灅）

遼西郡

肥如　濡水

【校勘】【音義】【譌字】今北方灤河，《漢志》《水經》作"濡水"，乃官切，正澳之誤耳。奭多譌需，詳《手部》。澳、汝古皆平聲，猶安矗。

（澳）

臨渝　渝水

【志疑】遼西郡臨渝，二《志》同，臨渝故城無考。《前志》臨渝下曰："渝水，首受白狼，東入塞外，又有侯水，北入渝。"同郡交黎縣下曰："渝水，首受塞外，南入海。"按：《水經注·遼水篇》詳白狼水、渝水、候水。今渝水未詳。《一統志》於永平府曰："古今水道變遷，所當闕疑。"

（渝）

遼東郡

番汗

【注音】【地理】【志疑】番音盤，汗音寒。遼東郡番汗，二《志》同，今奉天府遼陽州，漢遼東郡治也。番汗未聞。《前志》番汗下曰："沛水出塞外，西南入海。"沛水亦未聞。

（沛）

樂浪郡

浿水

【注音】【志疑】【地理】【辨誤】（《說文》："浿，浿水。出樂浪鏤方，東入海。"①）樂浪者洛郎。樂浪郡鏤方，二《志》同，鏤方未聞。《前志》樂浪郡浿水縣下曰："浿水，西至增地入海。"《水經》曰："浿水，出樂浪鏤方，東南過臨浿縣，東入於海。"酈按："《漢志》是，《說文》及《水經》非也。"酈云："其水西流，逕故樂浪朝鮮縣，即樂浪郡治，而西北流，故《地理志》曰：'浿水，西至增地縣入海。'"浿水，今朝鮮國之大通江，在平壤城北。平壤城，即古王險城，漢之朝

---

① 陳本不重"浿"。

鮮縣也。《隋書》曰："平壤城，南臨浿水。"……（《說文》："一曰出浿水縣。"）此即《前志》說也，浿水縣未聞。
（浿）

南海郡

龍川

【地理】南海郡龍川，二《志》同，今廣東惠州府龍川縣是其地。應劭注《漢書》曰："湞水出南海龍川，西入秦。"《水經·溱水》注曰："溱水出峽，左則湞水注之。水出南海龍川縣西，逕湞陽縣南，右注溱水。"故應劭曰："湞水西入秦。"按：此正今之翁江也。出韶州府翁源縣，西南流，至英德縣城東南，合溱水。今俗謂之合湞水。齊氏召南曰："此水源流三百餘里，受巨溪甚多。"《漢書》所謂下湞水。
（湞）

鬱林郡

中畱

【地理】【音義】【志疑】鬱林郡在今廣西。《前志》有中畱縣，師古曰："畱，力救反，水名。"蓋中畱、潭中皆以水得名也。《後志》及《宋書·州郡志》作"中溜"，字從水，疑《前志》亦當從水。《元和郡縣志》曰："貞觀八年改南昆州爲柳州，因柳江爲名。"柳州即今柳州府。柳江出苗地，至今貴州古州永從縣生苗畔中，東南入廣西，至柳城縣曰柳江，至象州會於盤江。柳江即古溜水，後世譌其字耳。
（溜）

交止郡①

麊泠

【校勘】【音義】《地理志》交止郡"麊泠",《後·郡國志》同。麊者,麋之誤。應劭曰:"麋音彌。"孟康曰:"泠音螟蛉之蛉。"

(麋)

趙國

襄國　渠水　馮水

【地理】【校勘】(《說文》:"濦,濦水。出趙國襄國之西山,東北入湀。"②) 趙國襄國,二《志》同,今直隸順德府邢臺縣西南有襄國故城,商祖乙遷於邢,周時邢國皆在此。《前志》襄國下曰:"西山,渠水所出,東北至廣平國任縣入湀。"按:"渠水"當是"濦水"之譌。《一統志》曰:"澧河,源出邢臺縣東南,東流逕南和縣西南。又東北逕任縣東,至隆平縣入胡盧河,即百泉水也。"《方輿紀要》曰:"百泉水,蓋即澧河之上源。"引《志》云:"百泉水,一名濦水,又名鴛鴦水,《隋志》以爲漻水也。"鴛鴦水在南和縣西,見《魏都賦》注。

(濦)

【校勘】【地理】【志疑】《前志》襄國下云:"又有蓼水、馮水,皆東至廣平國朝平入濦。"按:"馮水"當是"漻水"之譌,字之誤也。廣平國南和下云:"列葭水東入漻。"蓋濦、漻二水今不可別矣。漻入濦,濦入浸,浸入虖沱,虖沱移徙不常,故道今不可攷。《水經注·虖沱篇》佚。

(漻)

---

① 今本"止"作"趾"。
② 陳本不重"濦"。

淮陽國

扶溝　渦水　狼湯渠

【音義】【地理】【辨誤】（《說文》："渦，渦水。受淮陽扶溝浪湯渠，東入淮。"[1]）"湯"，《韵會》作"蕩"。《前志》作"狼湯"，師古上音浪，下音徒浪反。《水經注》作"蒗蕩渠"，《集韵》作"蒗蕩渠"，皆音同字異耳。淮陽國扶溝，見《前志》。淮陽國，孝明帝更名陳國，而扶溝改屬陳畱置。扶樂縣，屬陳國。今河南開封府扶溝縣，漢縣地也。《前志》扶溝下曰："渦水首受狼湯渠，東至沛郡向入淮。過郡三，行千里。"《水經》曰："淮水，又東過當塗縣北，渦水從西北來注之。"又曰："陰溝水，出河南陽武縣蒗蕩渠，東南至沛爲渦水。又東南至下邳淮陵縣入於淮。"酈云："淮水於荆山北，渦水東南注之。"注言："下邳淮陵入淮，誤矣。"按：《淮水篇》酈注曰："淮水逕當塗縣故城北，又東北，又北，沙水注之，《經》所謂蒗蕩渠也。於荆山北，渦水東南注之。"據酈所云，是渠水、渦水以次入淮也。今渦水在安徽鳳陽府懷遠縣入淮，其上流詳見《水道提綱》等書，非《漢志》《說文》《水經》舊迹矣。

（渦）

梁國

蒙

【地理】蒙，二《志》皆屬梁國，《春秋左傳》宋有蒙門、蒙澤，今河南歸德府治商邱縣府東北四十里有蒙城是也。

（汲）

---

[1] 陳本不重"渦"。

東平國

亢父　詩亭故詩國

【校勘】【古今】【地理】（《說文》："邿，附庸國。在東平亢父邿亭。"）《前志》曰：東平國亢父"詩亭，故詩國。"《後志》曰："章帝元和元年，分東平國爲任城國。亢父屬任城國。"按：《前志》當作"詩亭，故邿國"，許書當作"東平亢父詩亭"，杜預《左注》亦當本作"詩亭"①，皆寫者亂之耳。邿、詩古今字也。今山東濟寧州東南有故邿城。

（邿）

泗水國

淩

【地理】【志疑】《前志》泗水國淩，應劭曰："淩水所出，入淮南。"《後志》淩屬廣陵郡。《水經注·淮水篇》："淮水，左逕泗水國南。淩水，出淩縣，東流，逕其縣故城東，而東南流，注於淮，是曰淩口。"今江蘇徐州府宿遷縣縣東南五十里有淩城。淩水未詳。

（淩）

魯國

騶

【詁訓】【古今】【經學】【異文】【地理】【歷史】【辨誤】（《說文》："鄒，魯縣，古邾婁國，帝顓頊之後所封。"②）魯國騶，二《志》同。二《志》作"騶"，許作"鄒"者，葢許本作"魯騶縣"，如"今汝南

---

① 《春秋·襄公十三年》："夏，取邿。"杜注："邿，小國也。任城亢父縣有邿亭。"
② 陳本無"婁"。

新息""今南陽穰縣"之比，淺者乃刪去"驕"字耳。周時或云鄒，或云邾婁者，語言緩急之殊也。周時作鄒，漢時作驕者，古今字之異也。"邾婁"各本無"婁"，今依《韵會》所據正。《左》《穀》作"邾"，《公羊》《檀弓》作"邾婁"。婁如字，邾又夷也。邾婁之合聲爲鄒，夷語也。《國語》《孟子》作"鄒"。三者鄒爲正，邾則省文。故"邾"篆下不言"春秋邾國"，此必依《公羊》作"邾婁國"也。漢時縣名作驕，如《韓勑碑陰》"驕韋仲卿"足證。《鄭語》曰："曹姓鄒莒。"韋云："陸終第五子曰安，爲曹姓，封於鄒。"《杜諩》①云："邾，曹姓。顓頊之後有六終產六子，其弟五子曰安，邾即安之後也。周武王封其苗裔俠爲附庸，居邾。"《前志》曰：驕"故邾國，曹姓，二十九世爲楚所滅。"按：《左傳》顓頊氏有子曰黎爲祝融，祝融之後八姓，妘、曹其二也。然則上文："鄅，祝融之後妘姓所封"，此云："帝顓頊之後"，互文錯見也。今山東兗州府鄒縣縣東南二十六里有古邾城。○趙氏岐曰："鄒，本春秋邾子之國，至《孟子》時改曰鄒。"此未知其始本名鄒也。

（鄒）

長沙國

羅

【地理】《前志》長沙國羅，《後志》長沙郡羅。應劭曰："楚文王徙羅子自枝江居此。"今湖南長沙府湘陰縣縣東北六十里有羅縣城是也。岳州府平江縣縣南三十里亦有羅城，云古羅子國也。《水經注·湘水篇》曰："湘水，又北，汨水注之。汨水，出豫章艾縣桓山，西南逕吳昌縣北，又西逕羅縣北，謂之羅水。又西逕玉笥山，又西爲屈潭，即汨羅淵也，屈原懷沙自沈於此。又西逕汨羅戍南，西南注於湘。《春秋》之羅汭，世謂之汨羅口。"按：今湘陰縣北七十里汨羅江是也。

（汨）

---

① 許校云："杜預《春秋釋例·氏族譜》，'六終'作'陸終'，段氏引誤。"按：段氏轉寫耳，不必爲誤。

趙中山地

彈弦跕躧

【音義】臣瓚曰："躡跟曰跕。"按：履緊曰跕屣也。跕與帖音同。

（韇）

黃支國

璧流離

【詁訓】【音義】【校勘】《地理志》曰："入海市明珠、璧流離。"《西域傳》曰："罽賓國出璧流離。""璧流離"，三字爲名，胡語也。猶珣玗琪之爲夷語。漢武梁祠堂畫有璧流離，曰："王者不隱過則至。"《吳國山碑》紀符瑞亦有璧流離。梵書言吠瑠璃，吠與璧音相近。《西域傳》注："孟康曰：'璧流離，青色如玉。'"今本《漢書注》無"璧"字，讀者誤認正文璧與流離爲二物矣。今人省言之曰流離，改其字爲瑠璃。古人省言之曰璧珋，珋與流、瑠音同。楊雄《羽獵賦》："椎夜光之流離"，是古亦省作"流離"也。

（珋）

溝洫志第九

山行則梮

【詁訓】【校勘】《漢書·溝洫志》："山行則梮。"韋昭曰："梮，木器。如今轝牀，人轝以行也。"《左傳·襄九年》："陳畚梮。"杜曰："梮，土轝也。"梮同暴。人轝、土轝與食轝形製則一。《史記》"梮"作"樺"。許則云："山行乘欙。"而盛土之梮，《孟子》《毛傳》皆謂之"虆"。虆即欙字，梮即暴字。應劭注《漢書》曰："梮，或作欙，爲人所牽引也。"此蓋物重則舁之而又輓之，故曰欙。孔沖遠《左傳正義》

作從手之"捐",乃誤字也。

(暴)

漕船五百艘

【古今】《漢書·溝洫志》:"漕船五百艘。"其字從木,古本從手。

(艘)

藝文志第十

魯恭王壞孔子宅①

【目錄】【經學】【辨誤】【辨偽】(《說文》:"魯恭王壞孔子宅,而得《禮》《記》《尚書》《春秋》《論語》《孝經》。")劉歆《移書讓大常博士》曰:"魯恭王壞孔子宅,欲以爲宮。得古文於壞壁中,《逸禮》三十有九,《書》十六篇。"《藝文志》曰:"魯恭王壞孔子宅,欲以廣其宮。得古文《尚書》及《禮》《記》《論語》《孝經》,凡數十篇,皆古字也。"《景十三王傳》曰:"於其壁中得古文經傳。"按:古文傳謂《記》及《論語》也。許所謂得《禮》者,《禮》古經也。《志》言:"《禮》古經五十六卷,出於魯淹中及孔氏,與后氏、戴氏經十七篇相似,多三十九篇。"十七篇即唐以後所謂《儀禮》,多出之三十九篇,漢儒莫爲之注,遂亡。○《記》者,謂《禮》之《記》也。《河閒獻王傳》,《禮》與《禮記》爲二,此亦當云"《禮》《禮記》",轉寫奪一"禮"字耳。《志》云:"《記》百三十一篇,七十子後學者所記也。《明堂陰陽》三十三篇,古明堂之遺事也。《王史氏》二十一篇,七十子後學者也。"《隨志》:"劉向考校經籍,得《記》百三十篇,《明堂陰陽記》三十三篇,《孔子三朝記》七篇,《王史氏記》二十一篇,《樂記》二十三篇,凡五種合二百十四篇。"《經典釋文·敘錄》引劉向《別錄》云"古文《記》二百十四篇"是也。謂之古文《記》,則以上

---

① 今本"恭"作"共"。

皆爲古文可知。○《尚書》者，《志》言："《尚書》古文經四十六卷，爲五十七篇。"以考伏生經二十九篇，得多十六篇。劉歆亦云得古文逸《書》十六篇。要之伏生所有以及所無皆爲古文矣。○《春秋》，葢謂《春秋經》也。《志》言"《春秋》古經十二篇"是也。《春秋》經傳，班《志》不言出誰氏。據許下云："北平侯張蒼獻《春秋左氏傳》"，意經傳皆其所獻。古經與傳別，然則班云："《春秋》古經十二篇，《左氏傳》三十卷"，皆謂蒼所獻也。而許以經系之孔壁，以傳系之北平侯，恐非事實。或曰"《春秋》"二字衍文。○《論語》，《志》云"《論語》古二十一篇，出孔子壁中，兩《子張篇》"是也。《齊論語》則二十二篇，《魯論語》則二十篇。○《孝經》者，《志》云"《孝經》古孔氏一篇，二十二章"是也。《孝經》一篇十八章，漢長孫氏、江翁、后蒼、翼奉、張禹各自名家，經文皆同，唯孔氏壁中古文爲異。○以上皆古文，以其出於壁中，故謂之壁中書。晉人謂之科斗文。王隱曰："大康元年，汲郡民盜發魏安釐王冢，得竹書漆字科斗之文。科斗文者，周時古文也。其字頭麤尾細，似科斗之蟲，故俗名之焉。"據此則科斗文乃晉人里語，而孔安國敘《尚書》乃有科斗文字之偁，其爲作僞固顯然可見矣。

（魯恭王壞孔子宅）

安國獻之

【目錄】【經學】《藝文志》曰："古文《尚書》者，出孔子壁中。武帝末，魯恭王壞孔子宅，欲以廣其宮，而得古文《尚書》及《禮》《記》《論語》《孝經》。孔安國悉得其書，以古文《尚書》獻之。"按：《志》於《禮》《論語》《孝經》下皆不言安國獻壁中文。然則安國所得雖多，而所獻者獨《尚書》一種而已。淹中所出之《禮》古經、魯國三老所獻之古文《孝經》，皆即恭王壁中所得而安國未獻者也。《孝經》至昭帝時，魯國三老乃獻之。

（古文孝經）

論語漢興有齊魯之說

【目錄】【經學】【志疑】（《說文》："《逸論語》曰：'玉粲之璱兮，其璯猛也。'"）《蓺文志》曰：《論語》"漢興有齊、魯之說。傳《齊論》者，惟王陽名家。傳《魯論》者，安昌侯張禹，最後而行於世。"然則張禹《魯論》所無，則謂之《逸論語》。如十七篇之外爲《逸禮》，二十九篇之外爲《逸尚書》也。《齊論》"多《問王》《知道》二篇"，王伯厚云："《問王》疑當作《問玉》。"按：《說文》"玉""璱""瑩"三字下所引，蓋即《問玉篇》歟？

（璱）

孝經古孔氏一篇二十二章

【目錄】【經學】【辨僞】《藝文志》：《孝經》古文二十二章，與《孝經》十八章異。劉向曰："《庶人章》分爲二，《曾子敢問章》分爲三，又多一章，凡二十二章。"班固曰："《孝經》經文，諸家皆同。惟孔氏壁中古文爲異。'父母生之，續莫大焉'，'故親生之膝下'，諸君說不安處，古文字讀皆異。"桓譚《新論》云："古《孝經》千八百七十一字，今異者四百餘字。"按：衛宏校而爲之說，未著書，僅口傳，故外間有其說，官徒有三老所獻而無其說也。許學其說於宏，沖傳其說於父，乃撰而上之。如《公羊春秋》自子夏至漢景時，胡毋子都乃箸竹帛。而近世有僞造孔安國《孝經注》者，吁可怪也。惜沖之說不傳耳。

（皆口傳）

弟子職

【目錄】【經學】《弟子職》，《管子》書篇名。《漢·藝文志》以列於《孝經》十一家，是其單行久矣。

（疋）

孝經十一家

【目錄】【經學】【辨誤】【義例】劉歆作《七略》，班固述《藝文志》，學者所奉爲高山景行者也。而《六藝略》中以《孝經》《爾雅》《小爾雅》《古今字》爲《孝經》家，以《史籒》《八體》《倉頡》《凡將》《急就》《元尚》《訓纂》《別字》《倉頡傳》《倉頡訓纂》《倉頡故》爲小學家。於小學家言《周官》六書"象形、象事、象意、象聲、轉注、叚借"是矣。而不知《爾雅》三卷，《小爾雅》一篇，《古今字》一卷，此與小學家之《倉頡傳》、楊雄《倉頡訓纂》、杜林《倉頡訓纂》、《倉頡故》同爲訓詁之書，皆古六書之所謂轉注叚借者，不當畫而二之，當合此爲小學類；而以《孝經》《五經襍議》《弟子職》《說》合於《論語》家爲一家。六藝九種易爲八種，庶經與傳分別井然，不當分合舛繆一至於斯也。且曰："象形、象事、象意、象聲、轉注、叚借六者造字之本"，此語實爲巨繆。指事、象形、形聲、會意者，造字之法也；轉注、叚借者，用字之法也。有《史籒》《八體》《倉頡》《凡將》《急就》《元尚》《訓纂》《別字》等篇，以著指事、象形、形聲、會意之文字，乃有《倉頡傳》《倉頡訓纂》《倉頡故》等篇。又自古有《爾雅》三卷二十篇、《小爾雅》一篇、《古今字》一卷，皆所以說轉注、叚借之用者，其不當岐視明矣。一而二之，至令學者膠柱鼓瑟，謂小學專爲字形，六書爲六樣字形，而《爾雅》之學乃別一事。晦盲沈痼，莫能箴其膏肓，起其癈疾。……〇劉、班之以《爾雅》《小爾雅》《古今字》別於《史籒篇》《倉頡篇》及釋《倉頡篇》者，蓋謂《爾雅》《小爾雅》所言者六經古字古義，《倉頡傳》《倉頡訓纂》《倉頡故》所言者今字今義，實有不同。不知古今非有異字，《爾雅》《小爾雅》所列之字未嘗出《史籒》十五篇、《倉頡》《凡將》等篇外也。但同此字而古今用者不同，叚借依託致觡，故又有說古今字之書，班既以《古今字》一卷附於《爾雅》矣，則應合諸小學家顯然也。又況《爾雅》《小爾雅》《古今字》三者，皆以統攝六藝，附之小學則當，專附之《孝經》則不當。若《五經襍議》十八篇、《弟子職》一篇、《說》

三篇，皆非小學之言，亦非《孝經》之詁。《孝經》於六藝，名經而實傳，故宜以《孝經》及說《孝經》各篇及《五經雜議》十八篇、《弟子職》一篇、《說》三篇合於《論語》家，爲學者幼少所習之傳。

（知此者稀）

史籀十五篇

【目錄】【義例】【源流】《敘目》云："及宣王大史籀著《大篆》十五篇。"《漢志》："《史籀》十五篇。周宣王大史作。"又云："《史籀篇》者，周時史官教學童書也。"按：省言之曰《史篇》。《王莽傳》："徵天下《史篇》文字。"孟康曰："史籀所作十五篇也。"許三偁《史篇》："姚"下云"《史篇》以爲姚易也"，"匋"下云"《史篇》讀與缶同"，此云"《史篇》名醜"。計度其書，必四言成文，教學童誦之。《倉頡》《爰歷》《博學》實仿其體。

（奭）

【目錄】【義例】【辨誤】【校勘】【詁訓】《漢·藝文志》云："《史籀》十五篇"，自注："周宣王大史作大篆十五篇"，又云："《史籀篇》者，周時史官教學童書也"，然則其姓不詳。記傳中凡史官多言史某，而應劭、張懷瓘、顏師古及封演《聞見記》、郭忠恕《汗簡》引《說文》皆作"大史史籀"，或疑大史而史姓，恐未足據。大篆十五篇，亦曰《史籀篇》，亦曰《史篇》。《王莽傳》："徵天下《史篇》文字"，孟康云："史籀所作十五篇古文書也。"此"古文"二字當易爲"大篆"。大篆與倉頡古文或異，見於許書十四篇中者備矣，凡云籀文作某者是也。或之云者，不必盡異也，蓋多不改古文者矣。籀文字數不可知，《尉律》："諷籀書九千字，乃得爲史"，此籀字訓讀書，與宣王大史籀非可牽合。或因之謂籀文有九千字，誤矣。大篆之名，上別乎古文，下別乎小篆。而爲言曰《史篇》者，以官名之。曰《籀篇》、籀文者，以人名之。而張懷瓘《書斷》乃分大篆及籀文爲二體，尤爲非是。又謂籀文亦名史書，尤非。凡《漢書·元帝紀》《王尊傳》《嚴延年傳》《西域傳》之馮嫽、《後漢書·皇后紀》之和熹鄧皇后、順烈梁皇后，或云"善史書",或云"能史書",皆謂便習隸書,適於時用,猶今人之工楷書耳。而自應仲遠注《漢》已云"《史書》,周宣王大史籀所作大篆十五篇也",殊爲繆解。許偁《史篇》者三:"奭"下云"此燕召公名,《史篇》名醜";"匋"下云"《史篇》讀與缶同";"姚"下云"《史篇》以爲姚易。"知《史篇》不徒載篆形,亦有說解。《班志》云:"建武時亡六篇。"唐玄度云:"建武中獲九篇,章帝時王育爲作解說。所不通者,十有二三。"許葢取王育說與?

(及宣王大史籀著大篆十五篇)

倉頡一篇①

【校勘】《志》曰:"《爰歷》六章,車府令趙高作。""車"上當有"中"字,伏儼曰:"中車府令,主乘輿路車者也。"

(中車府令趙高作爰歷篇)

【歷史】【音義】【校勘】【目錄】【辨誤】《志》曰:"《博學》七章,大史令胡毋敬作。"司馬彪曰:"大史令掌天時星厤。"胡毋,姓也。《公羊音義》《史記索隱》毋皆音無。或作父母字,非也。李之七章、趙之六章、胡毋之七章各爲一篇,《漢志》取目合爲《倉頡》一篇者,因"漢時閭里書師合爲三篇,斷六十字以爲一章,凡五十五章,并爲《倉頡篇》"故也。六十字爲一章者,凡五十五,然則自秦至司馬相如以前,小篆祇有三千三百字耳。淺人云倉頡大篆有九千字,大篆之多,三倍於小篆,其說之妄不辨而可知矣。

(大史令胡毋敬作博學篇)

【目錄】【義例】【詁訓】【音義】【異文】《藝文志》曰:"漢時閭里書師合《倉頡》《爰歷》《博學》三篇,斷六十字以爲一章,凡五十五章,并爲《倉頡篇》。"此謂漢初《倉頡篇》祇有三千三百字也。《志》又曰:"武帝時,司馬相如作《凡將篇》,無復字。元帝時,黃門令史游

---

① 今本"倉"作"蒼"。

作《急就篇》。成帝時，將作大匠李長作《元尚篇》，皆《倉頡》中正字也。《凡將》則頗有出矣。"此謂三家所作，惟《凡將》之字有出《倉頡篇》外者也。《志》又曰："至元始中，徵天下通小學者以百數，各令記字於庭中。楊雄取其有用者以作《訓纂篇》，順續《倉頡》，又易《倉頡》中重復之字，凡八十九章。"此謂雄所作《訓纂》凡三十四章，二千四十字。……漢初葢《倉頡》《爰歷》《博學》爲《三倉》，班於"《倉頡》一篇"自注云："上七章"，則《爰歷》爲中、《博學》爲下可知也。自楊雄作《訓纂》以後班固作十三章，和帝永元中郎中賈魴又作《滂喜篇》。梁庚元威云："《倉頡》五十五章爲上卷，楊雄作《訓纂》記'滂喜'爲中卷，賈升郎更續記'彥（段云："音盤。"）均'爲下卷，人俌爲《三倉》。"元魏江式亦云："是爲《三倉》。"葢自張揖作《三倉訓詁》，陸璣《詩疏》引《三倉》說，郭樸作《三倉解詁》，魏晉時早有《三倉》之俌。韋昭注《漢》云："班固十三章，疑在《倉頡》下篇三十四章之內。"然則賈魴所作有三十四章，而班之十三章在其中。……楊雄《訓纂》終於"滂熹"二字。"滂熹"者，言滂沱大盛。賈魴用此二字爲篇目，而終於"彥均"二字。故庚氏云："楊記滂喜，賈記彥均。"《隨志》則云："楊作《訓纂》，賈作《滂喜》"，其實一也。喜與熹古通用。熹者，大盛之意。彥音盤，大也。《大學》："人之彥聖"，彥一作盤是也。懷瓘《書斷》云："《倉頡訓纂》八十九章，合賈廣班三十四章，凡百二十三章，文字備矣。"按：八十九章，五千三百四十字。又增三十四章，二千四十字。凡七千三百八十字。……自《倉頡》至《彥均》，章皆六十字，凡十五句，句皆四言，許引"幼子承詔"，郭注《爾雅》引"考妣延年"是也。《凡將》七言，如《蜀都賦》注引"黃潤纖美宜製禪"，《藝文類聚》引"鐘磬竽笙筑坎侯"是也。《急就》今尚存，前多三言，後多七言。《元尚》今無考。若《隨志》所載班固《大甲篇》《在昔篇》，葢即在十三章內。崔瑗《飛龍篇》、蔡邕《聖皇篇》《黃初篇》《吳章篇》、蔡邕《女史篇》皆由其字已具《三倉》中，故不得列於《三倉》也。若《藝文志》又俌："《倉頡傳》一篇，楊雄《倉頡訓纂》一篇，杜林《倉頡訓纂》一篇，杜林《倉頡故》一篇。"此四篇者，又皆漢人釋《倉頡》五十五章之作。五十五章，四言爲句，如今童子所讀《千字文》。此四篇者，如顏師古、王伯厚之釋《急就篇》也。自《倉頡》至《彥均》，漢魏時葢皆以隷書書之，或以小篆書之，皆閭里書師所教習，謂之"史書"。

（凡倉頡已下十四篇）

【義例】《倉頡篇》例四字爲句。

（又見倉頡篇中幼子承詔）

凡將

【佚文】【義例】（《說文》："司馬相如說'淮南宋蔡舞㗩喻'也。"）葢《凡將》之一句也。劉逵引"黃潤纖美宜製禪"，歐陽詢引"鐘磬竽笙筑坎侯"，知《凡將》七言爲句。

（㗩）

小學

【目錄】《漢志》自《史籀》十五篇下至杜林《倉頡故》一篇，總之爲小學十家四十五篇。謂之"小學"者，八歲入小學所教也。

（小學不修）

【目錄】【義例】周之字書，漢時存者，《史籀》十五篇，其體式大約同後代《三倉》。許所引《史篇》三："姚"下、"匋"下、"奭"下，略如後代《倉頡傳》《倉頡故》。秦之《倉頡》《爰歷》《博學》合爲《倉頡篇》者，每章十五句，每句四字。《訓纂》《滂熹》同之。《凡將篇》每句七字，《急就》同之。其體例皆襍取需用之字，以文理編成有韵之句，與後世《千字文》無異，所謂"襍廁"也。識字者略識其字，而其形或譌，其音義皆有所未諦，雖有楊雄之《倉頡訓纂》、杜林之《倉頡訓纂》《倉頡故》，而散而釋之，隨字敷演，不得字形之本始、字音字義之所以然。……按：史游《急就篇》亦曰："分別部居不襍廁"，而其所謂"分別"者，如姓名爲一部，衣服爲一部，飲食爲一部，器用爲一部。《急就》之例如是，勝於李斯、胡母敬、趙高、司馬相如、楊雄所作諸篇散無友紀者。故《自述》曰："急就奇觚與眾異也。"然不無待於訓詁，訓詁之法又莫若據形類聚，故同一"分別部居"，而功用殊矣。

（分別部居不相襍廁也）

諷書九千字以上乃得爲史

【歷史】《藝文志》"試學童，諷書九千字以上，乃得爲史"，無"籀"字。"得爲史"，得爲郡縣史也。《周禮》："史十有二人"，注曰："史，掌書者。"又："史掌官書以贊治"，注曰："贊治，若今起文書草也。"《後漢書·百官志》："郡大守、郡丞、縣令若長、縣丞、縣尉，各置諸曹掾史。"

（諷籀書九千字乃得爲史）

尚書御史史書令史

【詁訓】【歷史】【辨誤】《藝文志》曰："以爲尚書御史史書令史。"云"史書令史"者，謂能史書之令史也。漢人謂隸書爲史書，故孝元帝、孝成許皇后、王尊、嚴延年、楚王侍者馮嫽、後漢孝和帝和熹鄧皇后、順烈梁皇后、北海敬王睦、樂成靖王黨、安帝生母左姬、魏胡昭史皆云"善史書"，大致皆謂適於時用。如《貢禹傳》云："郡國擇便巧史書者以爲右職。"又蘇林引胡公云："漢官假佐，取內郡善史書者給佐諸府也。"是可以知史書之必爲隸書。向來注家釋史書爲大篆，其繆可知矣。石建自詭"馬不足一"，馬援糾繆"皋爲四羊"，其可證也。蓋漢承秦後，切於時用，莫若小篆、隸書也。《志》兼言御史令史，御史之令史即《百官志》之蘭臺令史。……○《光武紀》注引《漢制度》曰："帝之下書有四：一曰策書，二曰制書，三曰詔書，四曰誡敕。策書者，編簡也，其制長二尺，短者半之。篆書，起年月日，稱皇帝以命諸侯王。三公以罪免亦賜策，而以隸書，用尺一木兩行，惟此爲異也。制書者，帝者制度之命，其文曰制詔。三公皆璽封，尚書令印重封，露布州郡也。詔書者，詔告也，其文曰告某官云如故事。誡敕者，謂敕刺史大守，其文曰有詔敕某官。他皆倣此。"按：此知漢人除策諸侯王用木簡篆書外，他皆用縑素隸書而已，絕無用大篆之事也。

（冣者曰爲尚書史）

倉頡多古字俗師失其讀　　正讀　　張敞①

【詁訓】【歷史】《藝文志》曰："《倉頡》多古字，俗師失其讀。宣帝時徵齊人能正讀者，張敞從受之。傳至外孫之子杜林，爲作《訓故》。"按：云"《倉頡》多古字"者，謂《倉頡篇》中大半古文大篆，且周秦時所用音義，在漢時則爲古字，如張揖《古今字詁》所記者是也。"俗師失其讀"者，失其音義也。"正讀"者，正其音義。張敞字子高，河東平陽人。子吉；吉子竦，字伯松，博學文雅過於敞。《郊祀志》曰："美陽得鼎，獻之有司，多以爲宜薦見宗廟。張敞好古文字，按鼎銘勒而上議曰：'此鼎殆周之所以襃賜大臣，大臣子孫刻銘其先功，臧之於宮廟者也。不宜薦見宗廟。'制曰：'京兆尹議是。'"

（張敞從受之）

陳勝項籍傳第一

半菽

【詁訓】【校勘】（《說文》："料，量物分半也。"）《漢書》：士卒"食半菽"，孟康曰："半，五斗器名也。"王邵曰："言半，量器名，容半升也。"今按：半即料也。《廣韵》"料"注："五升"，然則孟康語"升"誤"斗"，王邵語"斗"誤"升"，當改正。《集韵》云："一曰升五十謂之料"，當有誤。人日食五升菽，略同《周官》之人月二鬴

---

① 今本"倉"作"蒼"。

也。字从半斗，即以五升釋之。許意不尒。

（料）

韓彭英盧吳傳第四

刻印刓

【音義】【校勘】【詁訓】《韓信傳》："刻印刓，忍不能予。"蘇林曰："刓音刓角之刓，與摶同。手弄角訛，不忍授也。"按：正文當本是同《酈食其傳》作"玩"，故蘇以"手弄角訛"釋之。"訛"當作"釾"，見《金部》。"刓"，《齊物論》作"园"。

（刓）

荊燕吳傳第五

猎穧及米

【異文】【音義】【辨誤】《漢·吳王濞傳》曰："猎穧及米。"《史記》作"舓"，"舓"見《舌部》，"以舌取食也"，食爾反。猎讀如答，異字異音而同義。顏注云："猎，古舓字"，乃大誤。

（猎）

楚元王傳第六

見晛聿消　顏注：見無雲也

【經學】【異文】【校勘】《毛詩》："見晛曰消"，《韓詩》作"瞱晛聿消"。劉向上封事引之。師古注云："瞱，無雲也。"今《漢書》譌舛不可讀。

（瞱）

初陵之橆

【異文】《方言》："凡葬而無墳謂之墓，所以墓謂之撫。"注引《漢·劉向傳》"初陵之撫"，今《漢書》作"初陵之橆"。

（墓）

張陳王周傳第十

鰌生

【詁訓】【音義】【句讀】【辨誤】鰌是小魚之名，故小人謂之鰌生。……《漢書》："鰌生教我"，服虔曰："鰌音淺鰌，小人兒也。""淺鰌"，漢人有此語，通作鄒。《釋名》："奏者，鄒也。鄒，狹小之言也。"又"盾，約脅而鄒者曰陷虜。"淺鰌即淺鄒。俗人不曉，乃讀爲"音淺"句絶矣。

（鰌）

糠籺

【校勘】【音義】《史》《漢》皆云："亦食糠籺耳。"孟康曰："籺，麥穅中不破者也。"晉灼曰："籺音紇，京師人謂麤屑爲紇頭。"按：《廣韵》引《漢書》"食糠籺"爲是。孟注、晉音皆是籺字，後人妄改《漢書》耳。籺在没韵，籺在麥韵，音不同也。孟注與許說合。

（籺）

樊酈滕灌傅靳周傳第十一

雍樹

【叚借】《漢書注》曰："南方謂抱小兒爲雍樹"，雍者，擁之叚借字。

（攤）

鄘城侯

【音義】【校勘】《漢書》鄘成矦周緤，服虔："音營菽之菽"，則服作"郵成矦"。

（郵）

酈陸朱劉叔孫傳第十三

脫輓輅

【音義】【校勘】【詁訓】【源流】【辨誤】（《說文》："輅，車軨耑橫木也。"①）《婁敬傳》："脫輓輅"，蘇林曰："輅音凍洛之洛。一木橫遮車前，二人挽之，三人推之。"劉昭注《輿服志》曰："《韵集》云：'軶前橫木曰輅。'"按："軶前"當依許作"軨前"。輓輅之車用人，不用牛馬，疑有轅無軶也。《禮經·既夕篇》："賓奉幣由馬西當前輅"，注曰："輅，轅縛所以屬引。"疏曰："謂以木縛車轅上，以屬引於上而挽之。"是喪車亦有轅無軶。輅之見於經者，此而已矣。若《左傳》梁由靡、虢射"輅秦伯"，狂狡"輅鄭人"，皆謂車前相接，可以禽之，此輅引申之義也。故杜曰："輅，迎也。"應邵注《漢》云："輅謂以木當胷以挽車。"《廣韵》用之，改其字作"輅"，形與義皆非。以木當胷，乃今之縴板，與輅各物。《解嘲》云："婁敬委輅脫輓"，謂委車前橫木，脫縴板。輅非胷前木也。

（輅）

搤其亢

【詁訓】《婁敬傳》曰："搤其亢，拊其背。"《楊雄傳》曰："搤熊羆，拕豪豬"，"搤其咽，炕其氣"，皆謂捉持之。師古云："搤與挖同。"依

---

① 陳本"耑"作"前"。

許則搹、挖音雖同，而義迥別也。

（搹）

蒯伍江息夫傳第十五

黨可

【叚借】（編按：儻）《漢書》："黨可微幸"，叚黨爲之，或然之詈也。（儻昭所尤）

虛造詐諼之策

【校勘】【源流】《息夫躬傳》："虛造詐諼之策。"按：師古注云："諼，詐辭也。""辭"當是"詈"。此葢小顏所據《說文》作"詐詈也"，淺人刪"詈"耳。

（諼）

文三王傳第十七

抵讕

【詁訓】《文三王傳》："王陽病抵讕置辭"，師古曰："抵，距也。讕，誣諱也。"《文帝紀》韋注曰："謾，抵讕也。"按：抵讕猶今俗語云抵賴也。

（讕）

賈誼傳第十八

怵迫之徒

【叚借】《服鳥賦》："怵迫之徒兮，或趨西東。"孟康曰："怵，爲利所誘怵然。"此假怵爲訹也。

（訹）

厝之

【叚借】（編按：措）《賈誼傳》叚厝爲之。

（措）

搶攘

【古今】【叚借】今人用擾攘字，古用孃。《賈誼傳》作"搶攘"，《莊子·在宥》作"傖囊"，《楚詞》作"恇攘"，俗作"劻勷"，皆用叚借字耳。今攘行而孃廢矣。

（孃）

春秋鼎盛

【叚借】古叚鼎爲丁，如《賈誼傳》"春秋鼎盛"、《匡衡傳》"匡鼎來"皆是。鼎之言當也，正也。

（鼎）

偏諸

【源流】（《說文》："緎，采彰也。一曰車馬帤。"①）師古《漢書注》曰："偏諸，若今之織成，以爲要襻及褾領者也。古謂之車馬帤，其上爲乘車及騎從之象。"《急就篇》"緎"，注曰："緎，織采爲之。一名車馬飾，即今之織成也。"按：二注皆用許爲訓，顏意偏諸即緎也，一作飾。不同者，後人改之耳。

（緎）

剽吏而奪之金

【異體】（《說文》："勡，劫也。"）《賈誼傳》曰："盜者白晝大都之中勡吏而奪之金"，《貨殖傳》曰："攻剽椎埋。"按：此篆（編按：勡）

---

① 陳本"帤"作"飾"。

諸書多从刀。而許《刀部》"剽"下曰："一曰剽劫人也"，是在許時固从力、从刀並行，二形不必有是非矣。

（勡）

奊詬無節①

【叚借】《賈誼傳》："奊詬無節"，叚奊爲謑。

（奊）

爰盎鼂錯傳第十九

堲堂

【詁訓】《漢書》："千金之子，坐不堲堂。"謂坐不於堂之邊也。

（堲）

賈鄒枚路傳第二十一

蓬顆蔽冢

【詁訓】《賈山傳》："蓬顆蔽冢"，晉灼曰："東北人名土塊爲蓬顆。"按：此即《淮南書》、宋玉《風賦》之"堁"字。許注《淮南》曰："堁，塵塺也。"

（顆）

袨服

【辨誤】【異體】【詁訓】"武力鼎士袨服叢臺之下"，服虔以"大盛玄黃服"釋之，不知"袨"本"玄"之異字，武士玄服，即所謂六軍袀服也。

（袗）

---

① 今本"無"作"亡"。

壤子王梁代

【詁訓】《漢書》："壤子王梁、代"，壤即膁、孃字。

（孃）

竇田灌韓傳第二十二

螐將軍

【叚借】【異文】（編按：螫）古亦叚螐爲之，《史記》"有如兩宮螫將軍"，《漢書》作"螐將軍"是也。

（螫）

列曲旃①

【經學】【詁訓】《漢·田蚡傳》曰："前堂羅鐘鼓，列曲旃。" 蘇林云："《禮》：大夫立曲旃。曲旃，柄上曲也。" 按：蘇林所據《禮》正與《周禮·司常》"孤卿建旜、大司馬帥都載旜" 合。帥都，遂大夫也。《左傳》曰："昔我先君之田也，旃以招大夫"，正謂大夫用旃也。《庸風》傳曰："干旄，大夫之旃"，《子虛賦》："靡魚須之橈旃"，張揖曰："以魚須爲柄"，師古曰："橈旃，即曲旃也。"

（旃）

逗橈

【詁訓】【音義】【校勘】【叚借】軍法有逗留，有迟橈。《光武紀》："不拘以逗留法"，如淳曰："軍法，行而逗留畏愞者，要斬。" 此謂止而不進者。《史》《漢》：《韓安國傳》："廷尉當恢迟橈，當斬。" 服虔曰："迟，音企。" 應劭曰："迟，曲行避敵也。橈，顧望也。軍法語也。" 此謂有意回遠迟誤者。《淮南書》云 "兩軍相當，屈橈者要斬"

---

① 許校云："《漢書·田蚡傳》正文，'列'作'立'；蘇林語，上句，原作'大夫建旃'，'柄上'前'旃'字無。"

是也。《漢書》一本作"逗橈",蘇林逗音豆,小顏、小司馬從之,而改服、應之注作"逗",不可通矣。迟通作枳,《明堂位》注:"枳椇謂曲橈之。"《莊子》:"吾行卻曲",卻曲即迟曲,異部叚借也。

(迟)

景十三王傳第二十三

葭莩之親

【校勘】【詁訓】【志疑】《漢書》:"非有葭莩之親。"張晏曰:"葭,蘆也。莩,葉裏白皮也。"晉灼曰:"莩,葭裏之白皮也。"師古曰:"莩者,蘆筩中白皮至薄者也。張說非也。"按:張說本同,惟轉寫蘆誤爲葉耳。司馬彪《律曆志》:"以葭莩灰抑其端。"當亦謂此。劉注:"葭莩出河內。"豈以河內者爲善歟?

(𦽏)

李廣蘇建傳第二十四

壘石

【詁訓】【校勘】勵者,以物磊磊自高推下也。古用兵下礧石,《李陵傳》作"壘石",《晁錯傳》:"具藺石",如淳注曰:"城上雷石。"《周禮注》亦作"雷"。《唐書·李光弼傳》"擂石車"又作"擂"。其實用勵爲正字也。故許書之字可用而不用者多矣。《子虛賦》曰:"礧石相擊,硠硠磕磕",亦當作勵。

(勵)

衛青霍去病傳第二十五

票姚校尉

【音義】【異文】【辨誤】漢霍去病票姚校尉,票姚讀如飄搖,謂輕疾也。荀悦《漢紀》作"票鷂",音亦同耳。古多平聲,後代乃多改爲去聲。師古讀頻妙、羊召二切,殊失古意。證以杜子美詩,益可見矣。(嫖)

董仲舒傳第二十六

嚻嚻苦不足

【叚借】(《說文》:"嚻,衆口愁也。")《董仲舒傳》:"嚻嚻苦不足",《食貨志》:"天下謷謷",《陳湯傳》:"熬熬苦之",皆同音假借字也。(嚻)

司馬相如傳第二十七上

蛩蛩

【異文】《子虛》《上林賦》皆有"蛩蛩",張揖曰:"蛩蛩,青獸,狀如馬。"按:《史記》作"邛邛"。(蛩)

翕呷萃蔡

【音義】《子虛賦》:"翕呷萃蔡",張揖曰:"萃蔡,衣聲也。"萃蔡讀如碎𥻳二音。裂亦雙聲字。(裂)

媻姍勃窣

【叚借】《子虛賦》:"媻姍勃窣",借用此爲蹣跚字。(媻)

胹割輪焠

【叚借】《子虛賦》："胹割輪焠"，假胹爲臑也。

（胹）

卨

【正俗】（編按：卨）殷玄王以爲名，見《漢書》。俗改用偰、契字。

（卨）

酆鎬潦潏

【地理】《上林賦》曰："終始灞滻，出入涇渭。酆鎬潦潏，紆餘委蛇。經營乎其內，蕩蕩乎八川。分流相背而異態。"潘岳《關中記》曰："涇、渭、灞、滻、酆、鎬、潦、潏，所謂八川。"李善曰："潦即澇水也。"《水經》曰："渭水，又東過槐里縣南，又東，澇水從南來注之。"今陝西西安府鄠縣縣西三里，澇水出南山澇谷，北流經故甝陽宮，西入長安縣畔，入渭。……《水道提綱》曰："渭水，東經鄠縣北境、咸陽縣城東南，又東北，有豐水自西來，合諸水北流注之。"諸水者，澇水、滈水、潏水。……《史》《漢》《文選》皆作潦，惟《封禪書》正作澇。

（澇）

八川分流

【地理】【辨誤】【校勘】【音義】潘岳《關中記》曰："涇、渭、霸、滻、豐、鎬、澇、潏，《上林賦》所謂'八川分流'也。"師古《上林賦》注曰："《地理志》鄠縣有潏水，北過上林苑，入渭。而今之鄠縣則無此水。許慎云：'潏水在京兆杜陵。'此即今所謂沈水，從皇子陂北流經昆明池入渭者也。蓋爲字或从水旁穴，與沈字相似，俗人因名沈水乎？"按：《水經注》："渭水，又東北逕渭城南，有沈水自南注之。

亦謂是水謂潏水也。故吕忱曰：潏水出杜陵縣。亦曰高都水，王氏五侯壞決高都是也。"是則當酈時已名沈水。小顏推求其故，殆因潏之聲誤爲沇，沇之字誤爲沈，由俗人不識沇字，遂名之沈水。沿譌積習，往往如此。小顏之說善矣。而戴先生挍《水經注》乃盡改"沈水"爲"沇水"，則又無以證古今之異名同實。且使小顏之前固沇水，則小顏何不顯證之而作疑辭乎？《一統志》："今潏水在西安府長安縣南，源出南山，自咸寧縣界流入，又西北入渭水。"○按：酈注"沈水"，"沈"蓋"沇"字之誤。李善注《上林賦》曰："潏水出杜陵，今名沇水，自南山黃子陂西北流經至昆明池入渭。"司馬貞注《上林》語全同，亦作"今名沇水"（段云："單行《索隱》如此。"）沇從允聲，余準切。潏，矞聲，食聿切。二字相爲雙聲疊韵。唐初呼沇水，字異而音實同耳。小顏與李善同時，其注《漢書》蓋亦本作："今所謂沇水，轉寫作沈字，由俗書沈字似沇也。"惟小顏不知潏、沇同聲，而指爲沇字之誤，是爲無稽之談。《集韵》："沇，庾準切。水名。"謂潏水也。若沇水東流爲沛，則讀以轉切矣。

（潏）

汨乎混流

【叚借】【辨誤】《上林賦》曰："汨乎混流。"又曰："汨淢漂疾。"《方言》："汨，疾行也"，注云："汨汨，急皃，于筆切。"此用汨爲㞕也。《廣韵》合爲一，非。

（㞕）

潭弗宓汩

【音義】【詁訓】【聯綿】【叚借】【異文】《上林賦》："潭弗"，蘇林曰："潭音畢。"則古非無"潭"字也。……《詩》：《小雅》《大雅》皆有"觱沸檻泉"之語，《傳》云："觱沸，泉出皃。檻泉正出。"《釋水》曰："濫泉正出。""正出"，涌出也。司馬彪注《上林賦》曰："渾弗，盛兒也。"按：畢沸疊韵字。《毛詩》觱、檻皆假借字。……《上林賦》"渾弗"，一本作"浡"。

（沸）

滂濞沆溉

【聯綿】《上林賦》："滂濞沆溉。"司馬彪曰："滂濞，水聲也。"《洞簫賦》："澎濞慷慨，一何壯士。"《高唐賦》："濞洶洶其無聲。"按：滂濞雙聲，澎與滂同。

（濞）

禺禺魼鰨

【辨誤】《漢書》：《上林賦》"禺禺魼鰨"，郭樸注云："比目魚也。"按：郭說未知其審。《犬部》"猰"字下有"比目魚鰈"，同《爾雅》。而《魚部》無"鰈"字。《玉篇》《廣韵》合魼、鰈爲一字，非也。

（魼）

【異文】【詁訓】【辨誤】（《說文》："鰨，虛鰨也。"）《漢書》：《上林賦》"魼鰨"，《史記》作"鱸魶"，魶一作鰨，注家皆以魼、鰨爲二魚，許亦別魼與虛鰨爲二。虛非魼，鱸之異文也。郭注云："鰨，鯢魚也。似魣，有四足，聲如嬰兒。"按：許下文云："鯢，剌魚也"，不類列一處，則鰨之非鯢明矣。

（鰨）

采色澔旰①

【異文】《漢書》：《上林賦》"采色澔旰"，《史記》作"澔旰"。

（暤）

---

① 許校云："'旰'作'汗'，《文選》同。下句引《史記》'澔'當作'澔'。"

庸渠

【異文】【詁訓】《上林賦》說水鳥有"庸渠",《史記》作"鷛䖪"。郭曰:"鷛䖪,似鶩,灰色而雞足。一名章渠。"《吳都賦》:"鷛鸖",劉注同郭。李善音庸渠。按:此鳥本單呼鷛也。

(鷛)

箴疵䴊盧

【源流】張揖《上林賦》注曰:"盧,白鵜也。"按:《上林》自謂水鳥,然張語必《爾雅》古說。

(鵜)

布結縷

【異文】【辨誤】(《說文》:"尃,布也。")《漢書》:《上林賦》"布結縷",《史記》"布"作"尃"。徐廣曰:"尃,古布字。"按:尃訓布也,非一字。

(尃)

巖㝯洞房

【異文】【詁訓】【辨誤】《上林賦》曰:"巖㝯洞房。""㝯"亦作"突"。郭樸曰:"於巖穴底爲室,潛通臺上也。"按:郭以"通"釋"洞"。小顏改"㝯"爲"突",於郭注"巖穴底爲室"之下,輒增"如竈突然"四字,其亦妄矣。

(㝯)

華楓枰櫨

【詁訓】【正俗】司馬《上林賦》字作"華"。師古曰:"華即今之樺皮貼弓者。"① 《莊子》"華冠",亦謂樺皮爲冠也。樺者俗字也。
（檴）

【校勘】《上林賦》:"華楓枰櫨",《吳都賦》:"枰仲君遷",本皆作平。
（枰）

仁頻

【詁訓】《上林賦》有"仁頻"。孟康曰:"仁頻,㯽也。"李善曰:"《仙藥錄》云:'檳榔,一名㯽。'"然則仁頻即檳榔也。
（㯽）

垂條扶疏

【叚借】【詁訓】扶之言扶也,古書多作"扶疏",同音假借也。《上林賦》:"垂條扶疏。"《劉向傳》:"梓樹生枝葉,扶疏上出屋。"《楊雄傳》:"枝葉扶疏。"《呂覽》:"樹肥無使扶疏。"是則"扶疏"謂大木枝柯四布。
（枎）

紛溶萷蓡

【音義】《上林賦》:"紛溶萷蓡",郭云:"支竦擢也。"蓡同椮,李善音森。
（椮）

猗柅從風

【正俗】【譌字】【詁訓】旎者施之俗也,柅者又旎之譌也。《上林賦》:

---

① 今本顏注無"樺"字。

"旖旎從風。"張揖云："旖旎猶阿那。"《漢書》《文選》皆作"猗柅"。韵書紙韵作猗狔、椅柅、旖旎，哿韵作旑旎、檹橠，其實皆同字也。

（檹）

劃莅卉歙

【叚借】《上林賦》："劃莅卉歙"，又"卉然興道而遷義"，郭璞曰："卉猶勃也。"《西京賦》："奮隼歸鳧，沸卉軿訇。"薛綜曰："奮，迅聲也。"卉皆奉之叚借。

（奉）

趡希閒①

【異文】《漢書》：《上林賦》"趡希閒"，《史記》作"踔希閒"是也。

（踔）

櫟蜚遽②

【異文】【志疑】《上林賦》："櫟蜚遽"，"遽"或作"虡"，《廣韵》引作"虞"，其即"虡"歟？

（虡）

焦明

【志疑】（《說文》："南方焦明。"）《司馬相如傳》："捎焦明"，又"焦明已翔乎寥廓。"張揖曰："焦明似鳳，西方之鳥。"按："西"字疑誤。

（鶥）

---

① 許校云："今《文選》及《漢書》，皆作'掉希閒'。唯《一切經音義》卷五引作'趡'，疑爲段氏所據。"
② 今本"櫟"作"櫟"。

闒轢

【叚借】（编按：疄）《子虛賦》："掩兔轔鹿"，字从車。《上林賦》："車徒之所闒轢"，又叚闒爲之。

（疄）

鏗鎗闛鞈

【詁訓】《上林賦》："金鼓迭起，鏗鎗闛鞈。"顏曰："鏗鎗，金聲。闛鞈，鼓音。""闛"亦"鼟"也。

（鼟）

靚莊刻飾

【叚借】《上林賦》："靚莊刻飾。"郭璞曰："靚莊，粉白黛黑也。刻飾，刻畫鬢鬢也。"按："靚莊"即"靜妝"之假借字。

（靜）

司馬相如傳第二十七下

浸淫衍溢

【異文】司馬相如《難蜀父老》曰："六合之內，八方之外，浸淫衍溢。"《史記》作"浸潯"。

（淫）

曶爽闇昧

【詁訓】【校勘】朝旦之時，半昧半明，故謂之早昧爽。《日部》曰："昧爽，旦明也。"昧之字，《三蒼》作"曶"，云："曶爽，早朝也。"《司馬相如傳》云："疏逖不閉，曶爽得耀乎光明。"今本多"闇昧"二字，乃用注家語益之耳。

（爽）

【詁訓】【音義】《司馬相如傳》："昒爽暗昧得燿乎光明"，然則昒，尚未明也。按：漢人昒、昧通用不分，故《幽通賦》："昒昕寤而仰思。"曹大家曰："昒昕，晨旦明也。"韋昭曰："昒，昧、忽兩音。"郭樸注《三倉解詁》云："昒，旦明也。"然則獨許分別昒爲未明，昧爽爲且明，以其時相際，故說之者異。……（編按：昒）呼骨切，十五部。按：韋音梅憒切，《字林》音勿，皆與昧通用之證。

（昒）

綷雲蓋

【詁訓】《大人賦》："綷雲蓋"，如淳云："蓋有五色也。"《吳都賦》："孔雀綷羽以翱翔。"按：綷者，或辥字。

（辥）

采色玄耀

【叚借】（編按：炫）《封禪文》叚"玄"爲之。

（炫）

張湯傳第二十九

廷尉挈令

【校勘】（《說文》："樂浪挈令"）挈令者，《漢·張湯傳》有"廷尉挈令"，韋昭曰："在板挈也。"《後書·應劭傳》作"廷尉板令"，《史記》又作"絜令"，《漢·燕王旦傳》又有"光祿挈令"。"挈"當作"栔"，栔，刻也。

（織）

張騫李廣利傳第三十一

犛軒眩人

【叚借】（編按：眩）《漢書》借爲幻字，"犛軒眩人"是也。二字音義皆相似。

（眩）

司馬遷傳第三十二

僕又佴以蠶室

【異文】【詁訓】【辨誤】《司馬遷傳》曰："僕又佴之蠶室。"如淳曰："佴，次也。若人相次也。"一本"佴"作"茸"。蘇林云："茸，次也。若人相俾次。"蘇以謂"茸"當作"佴"耳。佴之蠶室，猶云副貳之以蠶室也。小顏乃欲讀爲"搱"，云："推致蠶室中"，殊非文義。

（佴）

【叚借】《漢書》："而僕又茸以蠶室"，師古曰："茸音人勇反，推也。謂推致蠶室之中也。"如顏說，則茸者搱之叚借字。

（搱）

抵梧

【譌字】攷《儀禮》之"梧受"，《爾雅·釋名》之"梧丘"，《太史公書》之"魁梧""枝梧"，《漢書》之"抵梧"，皆是"啎"之譌字。啎，屰也，迎也，逆也。不識啎字，乃多妄改。

（啎）

嚴朱吾丘主父徐嚴終王賈傳第三十四上

十賊彉弩

【詁訓】【歷史】《吾丘壽王傳》曰："十賊彉弩，百吏不敢前。"師古云："引滿曰彉。"《晉語》韋注云："張羅闉。去壘五十步而陳，周軍之前後左右，彉弩注矢以誰何，謂之羅闉。"唐開元中，變府兵置彍騎十萬人。彍同彉。

（彉）

嚴朱吾丘主父徐嚴終王賈傳第三十四下

越砥斂其咢

【異文】王子淵《聖主得賢臣頌》，《漢書》作"越砥斂其咢"，《文選》作"鍔"。

（剹）

水斷蛟龍　陸剸犀革

【詁訓】《王襃傳》："水斷蛟龍，陸剸犀革"，即《蘇秦傳》之"水斷牛馬，陸截鵠鴈"也。

（暫）

僑松

【歷史】【異文】【詁訓】王子蹻，蓋即王子喬，周靈王太子晉也。又有王喬者，蜀武陽人也。《淮南‧齊俗訓》："王喬，赤誦子"，誦同松。師古注《王襃傳》"僑松"云："王僑，赤松子。"凡辭賦言"喬松"者皆謂王喬，非王子喬。

（趫）

紅腐

【叚借】《賈捐之傳》:"太倉之粟,紅腐而不可食。"師古曰:"粟久腐壞則色紅赤也。"按:紅即粉之叚借字。

(粉)

東方朔傳第三十五

有幸倡郭舍人

【詁訓】《東方朔傳》:"有幸倡郭舍人",則倡即俳也。

(倡)

窶數

【同源】《東方朔傳》:"朔曰:'是窶數也。'"師古曰:"窶數,載器也。以盆盛物戴於頭者,則以窶數薦之。今賣白團餅人所用者也。"又《楊敞傳》:"鼠不容穴,銜窶數。"師古曰:"窶數,戴器也。"按:窶數,其羽、山羽二反。梮盝,渠往、相庾二反。梮與窶雙聲,盝與數雙聲疊韵,一語之轉也。

(盝)

呼譽

【聯綿】《東方朔傳》:"舍人不勝痛,呼譽。"鄧展曰:"譽音瓜瓝之瓝。"按:……田蚡"疾,一身盡痛,若有擊者,謼服謝罪。"晉灼曰:"服音瓝。關西俗謂得杖呼及小兒啼呼爲呼瓝。"然則譽亦作服、作瓝也。《朔傳》"呼"字亦音髐,《蚡傳》"謼"字亦音火交反,皆與下一字疊韵。《廣韵》曰"嗃譽,大呼也"是也。譽,古音讀如匏。

(譽)

聲謷謷

【詁訓】（《說文》："謷，不省人言也。"①）《東方朔傳》："聲謷謷"，亦正謂其不省人言耳。此條得諸鈕非石。……（《說文》："一曰：哭不止，悲聲謷謷。"）此亦用《朔傳》爲說。一說"聲謷謷"者，衹其不勝痛呼暑也。當許時，《朔傳》已有二解矣。

（謷）

洒埽

【叚借】【源流】汛與灑互訓而殊音，洒則經典用爲灑之假借。然謂洒即汛之假借，則於古音尤合。蓋洒从西聲，西古音如詵也。小顏注《東方朔傳》"洒埽"云"洒音信"，此謂即汛字也；云"又山豉反"，此謂即灑字也。此等必皆《漢書音義》舊說。

（汛）

樹頰胲　連脽尻

【詁訓】《東方朔傳》曰："臣觀其舌齒牙，樹頰胲，吐脣吻，擢頷頤，結股腳，連脽尻。"每句二字皆相爲屬別。師古曰："脽，臀也"，本《說文》也。渾言則屍、尻爲一。《尸部》曰："尻，脽也。"《朔傳》曰"尻益高"是也。析言則屍統之，尻乃近穢處，今北方俗云溝子是也。連脽尻者，斂足而立之狀。

（脽）

【叚借】《漢書》："樹頰胲"，假爲䐓也。

（胲）

---

① 陳本"不省人言"四字作"不肖人"三字。

雋疏于薛平彭傳第四十一

帶櫑具劒

【詁訓】《雋不疑傳》:"帶櫑具劒",晉灼曰:"古長劒首以玉作井鹿盧形,上刻木作山形,如蓮花初生未敷時。"霍清《治書》云:"《攷古圖》有玉轆轤玉具劒,《古樂府》所云'腰閒轆轤劒'也。"按:古玉器爲鹿盧轉旋,葢不獨劒具。先鄭注《周禮》云:"駟外有捷盧也","捷盧"亦謂鹿盧也。

(瑵)

韋賢傳第四十三

黃金滿籯

【詁訓】《漢書》:"遺子黃金滿籯,不如教子一經。"竹籠也。《廣雅》曰:"籯,笭箵也。"

(籯)

無媠爾儀

【詁訓】(《說文》:"憜,不敬也……媠,古文。")《漢書·韋玄成傳》:"無媠爾儀。"《張敞傳》:"被輕媠之名。"若《方言》"媠,美也,南楚之外曰媠",則方俗殊語耳。

(憜)

趙尹韓張兩王傳第四十六

缻簼

【詁訓】《趙傳》:"缻簼",缻即以瓦者,簼即以竹者。

(缻)

眉憮　蘇林：詡畜①

【叚借】凡古經傳用畜字多有爲嫵之叚借者。蘇林曰："北方人謂眥好爲詡畜。"又如《禮記》："孝者，畜也。順於道，不逆於倫，是之謂畜。"《孟子》曰："《詩》曰：'畜君何尤？'畜君者，好君也。"《呂覽》曰："《周書》曰：'民善之則畜也，不善則讎也。'"高注："畜，好也。"《說苑》尹逸對成王曰："夫民善之則畜也，不善則讎也。"又孔子曰："夫通達之國皆人也，以道導之，則吾畜也；不以道導之，則吾讎也。"此等皆以好惡對言，畜字皆取嫵媚之義，今則無有用嫵者矣。
（嫵）

馮奉世傳第四十九

嚻不犀利②

【叚借】【異文】（《說文》："屖，石利也。"）《漢書·馮奉世傳》："嚻不犀利"，如淳曰："今俗刀兵利爲犀。"《後漢·張衡傳》"犀舟"注同。按：石之利，如硈、砭、厎、厲、厝是也。犀與屖雙聲，假借"石利"之義。……"犀"宋本《漢書》作"屖"。
（屖）

薛宣朱博傳第五十三

遇人不以義而見疻

【校勘】【源流】【詁訓】《漢書·薛宣傳》廷尉引《傳》曰："遇人不以義而見疻者，與疻人之罪鈞，惡不直也"，應劭曰："以杖手毆擊人，剝其皮膚，起青黑而無創瘢者，律謂疻痏。"按：此應注譌脫。《急就

---

① 許校云："蘇林，當作孟康，引語見《漢書·張敞傳》注。"
② 今本"嚻"作"器"。

篇》顏注云："毆人皮膚腫起曰痏，毆傷曰痏。"蓋應注"律謂痏"下奪去六字，當作："其有創瘢者謂痏。"《文選》嵇康詩："怛若創痏"，李善引《說文》："痏，瘢也。"正與應語合，皆本漢律也。疻輕痏重，"遇人不以義而見疻，罪與痏人等"，是疻人者輕論，見痏者重論，故曰："惡不直也。"創瘢謂皮破血流。

（疻）

褒衣大袑

【詁訓】《漢書》："褒衣大袑"，謂大其衣絝之上也。

（褒）

翟方進傳第五十四

鴻隙大陂

【詁訓】古言："鴻隙大陂"，言："汪汪若千頃陂"，皆謂大池也。池以鍾水，湖特鍾水之大者耳。

（湖）

谷永杜鄴傳第五十五

末殺

【詁訓】"末殺"亦見《漢書·谷永傳》。服虔注《左傳》作"末槃"，皆即《水部》之"濊汱"，"拭滅皃"也。今京師有此語。

（幓）

楊雄傳第五十七上①

柍桭

【詁訓】【源流】《甘泉賦》："日月纔經於柍桭"，伏虔曰："柍，中央也。桭，屋梠也。"《魏都賦》："旅楹閑列，暉鑒柍桭"，張載曰："柍，中央也。桭，屋宇檼也。"是知"柍桭"即上棟下宇之謂。柍即央字，桭即宸字。《西京賦》："消氛埃於中宸，集重陽之清澂。""中宸"即柍桭。韋昭注《國語》云："宸，屋霤也。宇，邊也。"若《玉篇》引賈逵云："宸，室之奧者"，當亦是《國語注》，而其說異矣。

（宸）

和氏瓏玲

【詁訓】《甘泉賦》："和氏瓏玲"，《大玄》："亡彼瓏玲"，皆謂玉聲。《法言》《廣雅》作"玲瓏"。

（玲）

秜鬯沺淡

【叚借】楊雄賦："秜鬯沺淡"，應劭曰："沺淡，滿也。"按：沺淡訓滿，謂淡爲贍之假借。

（淡）

上天之縡

【詁訓】（《說文》："縡，籀文繒，从宰省。楊雄曰爲漢律祠宗廟丹書告也。"②）縡爲祠宗廟丹書告神之帛，見於漢律者字如此作，楊雄言之。雄《甘泉賦》曰："上天之縡"，蓋即謂郊祀丹書告神者，此則从宰不省者也。

（繒）

---

① 今本"楊""揚"，下同。雄賦除與《文選》密切相關的幾條外均附《漢書》。
② 陳本無"也"。

靈遲遟兮

【音義】【異文】【異體】《甘泉賦》曰："靈遲遟兮"，說者皆云：上音棲，下音遲，遟即遲字也。然《文選》作"迉迡"，與《漢書》異。《玉篇》《汗簡》亦皆作"迡"。《集韵》引《尚書》"迡任"，又未必真壁中古文也。（《說文》："遲，籀文遲从屖。"）……《五經文字》曰："今從籀文"，謂唐人經典用遟不用遲也。

（遲）

神騰鬼趭①

【音義】【志疑】楊雄《河東賦》曰："神騰鬼趭"，師古子笑、才笑二反。按：《說文》有趭無趭，《廣雅·釋室》："騰趭，犇也"，曹音"子肖"。今疑"趭"恐誤字，"子肖"恐誤音耳。然《大人賦》曰："騰而狂趭"，師古音醮。《吳都賦》："狂趭獷獙"，李子召反。則古非無"趭"字矣。

（趭）

跖魂負沴

【詁訓】《河東賦》："秦神下讋，跖魂負沴"，服虔曰："沴，河岸之坻也。"晉灼申之曰："沴，渚也。"按：坻礙水，令水不行，故謂之沴。

（沴）

丮華蹈衰

【辨誤】【詁訓】【異文】【古今】（《說文》："丮，亦丮也。从反爪。闕。"）謂闕其音也。其義其形皆可知，而其讀不傳，故曰闕。後人肊爲說曰諸兩切，葢以覆手反之即是掌也。楊雄《河東賦》："河靈矍踢，丮華蹈衰。"蘇林曰："掌據之，足蹈之也。"云："掌據之"，正合丮持

---

① 許校云："見《漢書·揚雄傳》，字作'趭'，不作'趭'。"

之訓。而小顏云："丌，古掌字"，酈注《水經·河水篇》、李注《西京賦》皆引賦作"掌"，則自蘇林已後皆讀掌也。許曰："其於所不知，蓋闕如也。"何必許所闕而強爲之辭乎？丌之變爲仉，見《廣韵》。
(丌)

西馳閶闔

【叚借】楊雄賦："閶闔"，即"閶閭"，堂聲、昌聲古通用耳。
(鼞)

【叚借】楊雄賦："西馳閶闔"，此叚閶爲閶也。
(閶)

京魚

【詁訓】《羽獵賦》作"京"。京，大也。
(鱷)

蠁曶如神

【詁訓】《羽獵賦》："蠁曶如神"，傅毅《舞賦》："雲轉飄曶"，《漢樊敏碑》："奄曶滅形"，皆出气之意。
(曶)

楊雄傳第五十七下

豪豬

【辨誤】(《說文》："希，脩豪獸。") 此言獸，與下文"豪豕"非一物。顏氏注《漢書》曰："豪豬，一名希"，非也。
(希)

響若阺隤①

【音義】【地理】【異文】【辨誤】【校勘】【句讀】【叚借】【詁訓】（《說文》："氏，巴蜀名山岸脅之自旁箸欲落墮者曰氏。氏崩聲聞數百里……楊雄賦：'響若氏隤。'"②）其字亦作坻，亦作阺。《𨸏部》曰："秦謂陵阪曰阺。"阺與氏音義皆同。楊雄《解嘲》曰："響若坻隤"，應劭曰："天水有大坂，名曰隴坻。其山堆傍箸崩落作聲，聞數百里，故曰坻隤。"韋昭曰："坻音若是理之是。"以上見《文選注》。今本《漢書》作"阺隤"，師古曰："阺音氏，巴蜀名山旁堆欲墮落曰氏。應劭以爲天水隴氏，失之矣。氏音丁禮反。"玉裁按：顏說殊非。古隴阺亦作隴坻，與巴蜀之氏形小異，而音義皆同。阺、坻字同氏聲，或從氏聲而丁禮切者，字之誤也。劉逵注《吳都賦》"坻頹"曰："天水之大阪，名曰隴坻，因爲隴坻之曲"，說與應仲遠同。坻，韋音是；阺，顏音氏；皆不誤。攷氏亦作是，見《夏書》。《禹貢》曰："西頃因桓是來"，鄭注云："桓是，隴阪名。其道般桓旋曲而上，故曰桓是。今其下民謂阪爲是（段云："句絕。"）。謂曲爲桓也"（段云："各本誤，今校訂如此。"）。據此，則桓是即隴阺，亦可作隴氏，昭昭然矣。古經傳氏與是多通用。《大戴禮》："昆吾者衛氏也"，以下六"氏"字皆是之叚借。而《漢書》、漢碑叚氏爲是，不可枚數。故知姓氏之字本當作是，叚借氏字爲之，人第習而不察耳。姓者統於上者也，氏者別於下者也。是者，分別之䛐也。其字本作是。漢碑尚有云姓某是者，今乃專爲姓氏字，而氏之本義惟許言之，淺人以爲新奇之說矣。

（氏）

【辨誤】【詁訓】【譌字】【音義】（《說文》："秦謂陵阪曰阺。"）《漢書》楊雄《解嘲》曰："響若坻隤"，應劭云："天水有大坂，名曰隴坻。其山堆旁箸崩落作聲，聞數百里，故曰坻隤。"按：仲遠誤也。依《說文》則"巴蜀名山岸脅之旁箸欲落墮者曰氏，氏崩聞數百里"，"秦

---

① 今本"響"作"嚮"，"阺"作"阺"。
② 陳本"名山"作"山名"，無"自""聲"。

謂陵阪曰阺"。其字則氐與阺不同，其語言則秦與巴蜀不同。且氐主謂石，故棚聲聞遠。阺主謂土，陵阪皆土皁也。氐或譌作坁，韋昭音"若是理之是"，不誤。阺字或作坻，音丁兮、丁禮二反。《高唐賦》："臨大阺之稽水"，是其正字也。自仲遠合而一之，古音十六、十五部之別亦淆矣。凡氐聲在十六部，凡氏聲在十五部。

（阺）

三摹九据

【古今】【叚借】據或用据，《楊雄傳》："三摹九据"，晉灼曰："据，今據字也。"按：何氏《公羊傳注》"據"亦皆作"据"，是叚借拮据字。

（據）

嶕嶢

【古今】（《說文》："嶢，焦嶢，山高皃。"）《楊雄傳》曰："泰山之高，不嶕嶢則不能浮滃雲而散歊蒸。"嶕古衹作焦。

（嶢）

繇絡天地

【叚借】【詁訓】（《說文》："絡，絮也。"）包絡字，漢人多叚落爲之，其實絡之引申也。《楊雄傳》曰："繇絡天地"，以絮喻也。

（絡）

瓔人

【音義】【異文】【辨誤】【校勘】【源流】（編按：矋）許讀如靇。大徐據《唐韵》乃昆切，《玉篇》奴昆切，蓋古溫靇之靇讀乃昆切。《玉篇》、曹憲《廣雅音》、《廣韵》又乃回、奴回切，則乃昆之轉，脂文之合。《廣韵》又奴案切，則依《說文》靇字今音。《莊子釋文》引《漢書音義》音溫（段云："一本作混。"），與乃昆一音相近。韋昭乃回反，則乃回一音之所本也。乃昆之音因於夒聲，夒者古文嫪字，見《女部》。《車部》輓以爲聲，亦讀若閔。然則此爲夒聲而非夒聲明甚。夒在尤幽部，轉入蕭宵肴豪部，斷不得反以乃昆也。顧夒孰夒生，《說文》及《漢書》輓乃譌㰒，賴可據音以證其形，而師古注《漢書》妄云乃高反，是其形終古不可正矣。今《漢書》字竟作"獿"，《莊子釋文》竟作"㦄"，莫能諟正。近盧召弓重刻《莊子音義》，又改音溫作音鐃，可不急辨其非哉？乃昆之音可爲乃回，而斷不可爲乃高，斯聲音自然之理，學者所當究心也。十三部。〇又按：《廣韻》《集韻》六豪内皆無"㰒，乃高切"之語，且師古明云："㰒，扶拭也，故謂塗者爲㰒人"，其語故依傍《說文》及《漢書音義》，其音必同《漢書音義》，斷不自造乃高一反先於乃回一反也。蓋師古之後字誤作"獿"，而後有妄改顏注者耳。

(㰒)

智之

【叚借】《楊雄傳》："於時人皆智之"，則假智爲忽。

(智)

儒林傳第五十八

馯臂子弓

【叚借】【歷史】【經學】【異文】古假弓爲厷，二字古音同也。傳《易》者江東馯臂子弓，馯姓，臂名，子弓字。名臂故字厷。《左》《穀梁》邾黑肱，《公羊》作黑弓。鄭公孫黑肱，字伯張，則肱即弓也。

(厷)

唯京氏爲異黨

【叚借】【校勘】（編按：攩）此鄉黨、黨與本字，俗用"黨"者，叚借字也。《鳥部》"朋"下曰："古文鳳也。鳳飛，羣鳥從以萬數，故以爲朋攩字。"《儒林傳》:"唯京氏爲異黨",師古曰:"黨讀曰儻",按:"儻"當作"攩"。

（攩）

桑欽

【歷史】【異文】《漢書·儒林傳》:"孔氏古文《尚書》,安國授都尉朝,朝授膠東庸生,庸生授清河胡常少子,常授虢徐敖,敖授王璜及平陵塗惲子真,子真授河南桑欽君長。"《地理志》偁桑欽說五,《水部》引桑欽說三。"桑",《經典釋文》作"乘"。

（溺）

循吏傳第五十九

鷽雀

【校勘】【辨誤】【源流】《顏氏家訓》曰:"竇如同得一青鳥,呼之爲鷽。吾曰:鷽出上黨,數曾見之,色竝黃黑。故陳思王《鷽賦》云:'揚玄黃之勁羽。'試檢《說文》:'䳡雀似鷽而青,出羌中。'《韵集》音介。此疑頓釋。"《漢·循吏傳》:"張敞舍䳡雀飛集丞相府。"蘇林曰:"今虎賁所箸鷽也。"師古曰:"蘇說非也。䳡音芥,或作䨹,此通用耳。䳡雀大而色青,出羌中,非武賁所箸也。武賁鷽者,色黑,出上黨。今時俗人所謂鷽雞,音曷,非此䳡雀。"按:二書今本舛譌,介誤分,芥誤芬,䳡誤鷽、誤鴰,不可讀,故全載之。據此,知郭注《山海經》云:"鷽似雉而大,青色,有毛角,鬭死乃止",亦誤認䳡爲鷽也。今《玉篇》、毛晃《增韵》皆襲《漢書》誤字。

（䳡）

須魏倩而後進

【源流】【辨誤】（《說文》:"倩,人美字也。"）《朱邑傳》:"陳平雖賢,須魏倩而後進",師古曰:"倩,士之美稱也。"蓋本《說文》,而改"人"爲"士",改"字"爲"稱",其實可無改也。

(倩)

酷吏傳第六十

阿邑人主

【校勘】【詁訓】(《說文》:"納,絲溼納納也。")《漢·酷吏傳》:"阿邑人主",蘇林曰:"邑音人相悒納之悒。"按:"悒納"當作"浥納",婬阿之狀,於濡溼義近也。

(納)

貨殖傳第六十一

山不茞蘗

【校勘】《漢書·貨殖傳》作"山不茞蘖",此爲古字,今《漢書》謁爲"茞"字。

(槎)

鯫鮑千鈞

【辨誤】鯫是小魚之名,故小人謂之鯫生。師古於《漢書》作"鮿"字,音輒。蓋未然。

(鯫)

節駔儈

【詁訓】【正俗】【異文】駔會如今之牙行,會俗作儈。《史記》"節駔會",《漢書》作"節駔儈",《漢書音義》云:"駔亦是儈也。"

(駔)

游俠傳第六十二

飲其德

【詁訓】消納無迹謂之飲，《漢書·朱家傳》："飲其德"，猶"隱其德"也。
（歁）

一旦叀礙

【詁訓】楊雄《酒箴》曰："一旦叀礙，爲甕所轠。"謂汲井之缾，略有牽絆，爲貯水大盆所擊碎也。
（寁）

佞幸傳第六十三

紾紾 若若

【詁訓】《漢書》："印紾紾，綬若若。"紾紾，重積也。若若，如攣若之多也。
（秧）

匈奴傳第六十四上

重酪之便美

【叚借】（編按：渾）或借重字爲之，《漢書·匈奴傳》"重酪之便美"是也。
（渾）

西域傳第六十六上

鎖琅當德

【詁訓】【校勘】【叚借】漢以後罪人不用縲絏，以鐵爲連環不絕係之，謂之鋃鐺，遂製鎖字。《漢·西域傳》："陰末赴琅當德"，謂以長鎖鎖趙德也。正文本無"鎖"字，今本乃作"鎖琅當德"，殊爲不辭。"琅當"，叚借字也。若宮室青瑣，以青畫户邊爲瑣文。故《楚辭注》曰："文如連瑣。"

（鋃）

气匃亡所得①

【音義】【辨誤】【詁訓】【正俗】（編按：匃）用其聲叚借爲气求、气與字。俗以气求爲入聲，以气與爲去聲。匃訓气，亦分二義二音。《西域傳》："气匃亡所得"，此气求之義也，當去聲。又曰："我匃若馬"，此气與之義也，當入聲。要皆強爲分別耳。《左傳》："公子棄疾不強匃"，又子產曰："世有盟誓，毋或匃奪"，皆言气求也。《通俗文》曰："求願曰匃"，則是求之曰气匃，因而與之亦曰气匃也。今人以物與人曰給，其實當用匃字。《廣韵》古達切，其字俗作丐，與丏不同，《廣韵》曰："二字同"，非是。

（匃）

外戚傳第六十七上

俗華

【音義】《外戚傳》注婦官十四等，弟三等俗華，"視真二千石，比大上

---

① 今本"气"作"乞"，"亡"作"無"。

造",（編按：俗）此義餘封切。

（俗）

命撡絶而不長①

【叚借】《漢書》："命撡絶而不長"，叚撡爲剿也。

（撡）

飾新宮以延佇

【校勘】【詁訓】《外戚傳》："飾新宮以延佇"，此"佇"正"竚"之誤。延竚謂長望也。凡辭章言"延佇"者，亦皆當作竚。《說文》無佇、竚字，惟有宁字。宁、佇、竚皆訓立，延竚非謂立也。《九章》："思美人兮，擥涕而竚眙。"王逸云："竚立悲哀。"《文選注》："佇眙，立視也"，此則訓立，然作"竚眙"，亦無不可。

（竚）

嫶妍大息

【詁訓】《漢·外戚傳》："嫶妍大息，歎稚子兮。"晉灼曰："三輔謂幽愁面省瘦曰嫶冥，嫶妍猶嫶冥也。"按：嫶即癄字，省同瘠。

（癄）

外戚傳第六十七下

蛾而大幸

【叚借】有假蛾爲俄者，如《漢書》："始爲少使，蛾而大幸"，如淳曰："蛾，無幾之頃也。"

（俄）

---

① 今本"撡"作"櫟"。

銅沓黃金涂①

【叚借】【詁訓】錯取重沓之意，故多借沓爲之。《漢·外戚傳》："切皆銅沓黃金涂"，謂以銅冒門限，以黃金涂銅也。高注《呂覽》邱氏"金距"云："以利鐵作假距，沓其距上"，即服注《左傳》"以金錯距"也。

（錯）

王莽傳第六十九上

欲獻其璏②

【校勘】（《說文》："璏，劍鼻玉也。"）《王莽傳》："美玉可以滅瘢，欲獻其璏"，服虔曰："璏音衛"，蘇林曰："劍鼻玉也"，俗本脫"玉"字。《初學記》《藝文類聚》引《字林》："劍鼻謂之璏"，亦脫"玉"字。

（璏）

王莽傳第六十九中

以氂裝衣

【校勘】《王莽傳》："以氂裝衣"，師古曰："毛之彊曲者曰氂，以裝褚衣，令其張起也。"按：此"氂"皆"斄"之誤。劉屈氂亦當本作屈斄，屈斄謂彊曲毛也。

（斄）

---

① 今本"涂"作"塗"。
② 今本"璏"作"璖"。

十緵

【詁訓】（《說文》："漢律曰：綺絲數謂之緎，布謂之紙緫，綬組謂之首。"①）《禮經》："布八十縷爲升。"《禾部》曰："布八十縷爲稯。"《漢・王莽傳》："一月之祿十緵布二匹"，孟康曰："緵，八十縷也。"今按：緫即稯也，稯即緵也，緵即升也，皆謂八十縷。《召南・羔羊》："五緫"，《傳》曰："緫，數也。"

（緎）

邕涇水不流

【叚借】《王莽傳》："邕涇水不流"，亦叚邕爲壅。

（巛）

王莽傳第六十九下

紫色䵷聲

【叚借】《王莽傳》又假䵷爲哇。

（哇）

敘傳第七十上

楚人謂虎班

【叚借】【校勘】【異文】【押韻】【音義】（《說文》："彪，虎文，彪也。"）"虨"下曰："虎文也。"二字雙聲，假借作班。《漢書・敘傳》曰："楚人謂虎班，其子曰爲號。"上文既曰"楚人謂虎於檡"矣，此正當作"楚人謂虎文班"。《上林賦》："被班文"，《史記》作"豳文"，

---

① 陳本"緫"作"緫"。

李善曰："班文，虎豹之皮"，《索隱》引《輿服志》："虎賁騎被虎文單衣。"按：虨與彪，同部之假借也；班與彪，同類之假借也。錢氏大昕曰：《易·象傳》："大人虎變，其文炳也"，與下文"蔚""君"爲韵。"蔚"讀如"氳"，轉移冣近。"炳"當爲"彪"，則音義皆近。

（彪）

【異體】【正俗】【叚借】辡之字多或體。《易卦》之"賁"字，《上林賦》之"斒"字，《史記》"璸斒"，《漢書》《文選》"玢豳"，俗用之"斑"字皆是。斑者，辡之俗，今乃斑行而辡廢矣。又或假班爲之，如孟堅之得氏，以楚人謂虎文曰斑，即《虍部》"虨"字也，作辡、斑近是，而《漢書》作"班"。頭黑白半曰頒，亦辡之假借字。

（辡）

【歷史】【叚借】【校勘】班固，字孟堅，右扶風安陵人，楚令尹鬭班之後。按：《漢書》："子文生於𦱤中而虎乳之。楚人謂乳穀，謂虎於檡，故名穀於檡，字子文。楚人謂虎文班，其子以爲號。秦之滅楚，遷晉代之閒，因氏焉。"云："謂虎文班"，"班"即許書"辡"字之叚借，今之斑字也。今本《漢書》奪去"文"字，則文義不貫矣。班爲《白虎通義》，又爲《離騷章句》，見於劉逵、張載所引。

（陘）

昒昕

【詁訓】【音義】【校勘】（《說文》："昒……一曰旦冥也。"）《漢書·敘傳》："昒昕寤而仰思"，孟康曰："昒昕，早旦也"，韋昭曰："音妹，又音忽。"《司馬相如傳》："曶爽闇昧得燿乎光明"，司馬貞引《三蒼》："曶爽，早朝也"，"音妹，《字林》音忽。"然則昒、曶一字也，與昧同，故《日部》有"昧"無"昒"。不知何人寫《幽通賦》譌作"昒"，而仍其誤者於《說文》增竄五字。

（昒）

敘傳第七十下

江都輕誂①

【詁訓】《漢書》述曰："江都輕誂"，謂輕薄爲誂也。
（姚）

曲陽歊歊

【校勘】《漢書·敘傳》："曲陽歊歊"，師古曰："氣盛也。"按：今本作"歈"，非。
（歊）

全書

延和　延和

【音義】【校勘】（《說文》："延，行也。"②）此與《辵部》"延""征"字音義同。漢武帝年號"延和"字如此作，今《漢書》多誤爲以然切之"延"。又或改爲從辵之"延"，亦非也。
（延）

詆欺

【異文】小徐引《漢書》"詆諆"，然《漢書》自作"詆欺"也。
（諆）

顏語多本說文

【義例】【源流】凡師古引《說文》，多有不言"《說文》曰"者。
（督）

---

① 許校云："'江都輕誂'，《漢書·敘傳》'景十三王'下作'江都誂輕。'"
② 陳本"延"作"延"。

【義例】【源流】顏語多本《說文》。

(縞)

【義例】【源流】顏之訓詁多取諸許也。

(勺)

營

【叚借】【辨誤】【古今】《淮南鴻烈》《漢書》皆假營爲熒。高誘注每云："營，惑也"，不誤。小顏多拘牽營字本義，訓爲"回繞"，非也。營行而熒廢。

(熒)

虖

【叚借】班史多假"虖"爲"乎"。

(乎)

【叚借】《漢書》多假"虖"爲"乎"字。

(虖)

廩廩

【詁訓】㐭㐭，寒也。凡戒慎曰㐭㐭，亦作懍懍，《漢書》通作"廩廩"。

(㐭)

肺附

【叚借】《漢書》中山靖王、劉向、田蚡傳多言"肺附"，謂斫木之柿札也。已於帝室親近猶柿札附於大木材也。此柿之假借字也。

(柿)

易病

【叚借】《漢書》所云易病者，當是瘍之叚借。《王子矦表》："樂平矦訢病狂易。"

（瘍）

襍治①

【詁訓】《漢書》凡言"襍治之"，猶今云會審也。

（雜）

幕

【叚借】《漢書》亦假"幕"爲"漠"。

（漠）

波

【叚借】（編按：波）又假借爲"陂"字，見《漢書》。

（波）

牡飛　牡亡

【詁訓】（《說文》："關，關下牡也。"）關者，橫物，即今之門橝。關下牡者，謂以直木上貫關，下插地，是與關有牝牡之別。《漢書》所謂"牡飛""牡亡"者，謂此也。

（關）

---

① 今本"襍"俱作"雜"。

引弓　控弦

【詁訓】（《說文》："匈奴引弓曰控弦。"①）《漢書》於匈奴或言"引弓"，或言"控弦"，一也。

（控）

地

【叚借】（編按：地）《漢書》或叚爲"第，但也"之"第"。

（地）

---

① 陳本作"匈奴名引弓控弦"。

後漢書

光武帝紀第一上

諸于繡䙡

【詁訓】【叚借】《後漢書·光武帝紀》："皆冠幘而服婦人衣，諸于繡䙡。"注引《前書音義》曰："諸于，大掖衣，如婦人之袿衣。"按：大掖謂大其褎也。《方言》："袿謂之裾。""于"者，表之假借字。
（表）

孝和孝殤帝紀第四

孝和皇帝諱肈①

【校勘】（《說文》："肈，上諱。"）《後漢書》作"肇"，李賢引伏無忌《古今注》曰："肇之字曰始，音兆"，"許慎《說文》肇音大小反，上諱也。伏、許竝漢時人，而帝諱不同，蓋應別有所據。"玉裁按：古有肈無肇。从戈之肈，漢碑或从殳，俗乃从攵作肇，而淺人以竄入許書《攴部》中。《玉篇》曰："肇，俗肈字。"《五經文字·戈部》曰："肈，作肇，訛。"《廣韵》有肈無肇。伏侯作《古今注》時斷無从攵之肇。李賢注《後漢書》亦斷不至認肈、肇爲二字。蓋伏侯作"肁"，與許作"肈"不同。和帝命名之義取始。肁者，始開也，引申爲凡始。

---

① 今本"肈"作"肇"。

故伏云諱肁，而易之之字作始。實則漢人肁字不行，祇用肇字訓始。如《詩·生民》傳、《夏小正》傳可證。外閒所諱者肁也，故許云諱肁。此則伏、許不同之由，章懷之所疑。而今日《後漢書》正文作"肇"，譌也。李舟《切韵》云："肁，擊也。"其字从戈，肁聲，形音義皆合，直小切。許諱其字故不爲之解。今經典肇字俗譌从攵，不可不正。

(肁)

皇后紀第十上

嬺

【校勘】此篆（編按：㿺）或作嬺，見《後漢書》，傳寫誤爲"嬺"。

(㿺)

劉玄劉盆子列傳第一

鐵中錚錚

【詁訓】【辨誤】《後漢書》曰："鐵中錚錚"，鐵堅則聲異也。《玉篇》云："錚同鎗"，非是。

(錚)

馮岑賈列傳第七

足下生氂

【押韵】《後漢書》魏郡輿人歌："岑熙狗吠不驚，足下生氂"，與"災""時""茲"三字韵。

(氂)

銚期王霸祭遵列傳第十

舉手邪揄之

【校勘】（《說文》："歑，人相笑相歑痛。"）《後漢書·王霸傳》："市人皆大笑，舉手邪揄之。"李注："《說文》曰：'歑廠，手相笑也。'歑音弋支反；廠音踰，或音由。"……李注引"手相笑"，恐是因正文而誤。

（歑）

宣張二王杜郭吳承鄭趙列傳第十七

鄴

【志疑】【歷史】（《說文》："涼州刺史杜業"）"業"，《漢書》作"鄴"，似當從許作"業"。杜鄴字子夏，本魏郡繁陽人也。其母張敞女，從敞子吉學問，得其家書。吉子竦又從鄴學問，亦著於世，尤長小學。鄴子林亦有雅材，其正文字過於鄴、竦。

（涼州刺史杜業）

梁統列傳第二十四

洞精矘眄

【辨誤】【詁訓】（《說文》："矘……目無精直視也。"）《後漢·梁冀傳》："洞精矘眄"，注引《說文》："目睛直視。"按：章懷因既曰"洞精"，遂改易《說文》爲"目睛直視"，非也。"洞精"者，謂其目精洞達。"矘眄"者，謂其流眄矘矘。此固不妨並行。《遠游》曰："昝曖曃其矘莽"，王曰："日月晻黮而無光也。"矘矘猶矘莽。

（矘）

班彪列傳第三十上

玄墀釦切

【詁訓】班固《西都賦》："玄墀釦切",謂金涂門限也。切者,門限。(釦)

郭陳列傳第三十六

笭格

【校勘】(《說文》："挌,擊也。")《後漢·陳寵傳》："斷獄者急於笭格酷烈之痛",注引此《說文》。《周禮注》曰："若今時無故入人室宅廬舍,上人車船,牽引人欲犯法者,其時格殺之,無罪。"《公羊·定四年》注曰："挾弓者,懷格意也。"莊卅一年注："古者方伯征伐不道,諸矦交格而戰者,誅絕其國。"此等格字皆當从手。(挌)

楊震列傳第四十四

衒三鱸

【叚借】(編按:鱓)或叚鱸爲之,如《楊震傳》鳥"衒三鱸"是也。(鱓)

馬融列傳第五十上

羽旄紛其彭鼬[①]

【叚借】《廣成頌》曰:"羽旄紛其彭鼬",彭鼬即澎搖之叚借字也。

---

① 今本"旄"作"毛"。

（擯）

【叚借】《廣成頌》曰："羽旄紛其髟鼬"，擯繇之假借字也。

（髟）

霅爾雹落

【注音】【正俗】馬融《廣成頌》"霅爾雹落"，霅音素洽反。今俗語云霎時閒，霎即霅之俗字。

（霅）

劉虞公孫瓚陶謙列傳第六十三

施檢

【詁訓】《公孫瓚傳》曰："袁紹矯刻金玉目爲印璽。每有所下，輒皁囊施檢。"章懷曰："檢，今俗謂之排。"排，如今言幖簽耳。

（檢）

宦者列傳第六十八

紙

【歷史】【詁訓】（《說文》："紙，絮一苫也。"①）《後漢書》曰："蔡倫造意，用樹膚、麻頭及敝布、魚網以爲紙。元興元年奏上之，自是莫不從用焉。天下咸稱蔡侯紙。"按：造紙昉於漂絮，其初絲絮爲之，以苫荐而成之。今用竹質木皮爲紙，亦有緻密竹簾荐之是也。《通俗文》曰："方絮曰紙。"《釋名》曰："紙，砥也。平滑如砥。"

（紙）

---

① 陳本"苫"作"苦"。

儒林列傳第六十九下

遷除洨長

【注音】【義例】【歷史】【志疑】（《說文》："臣父故大尉南閣祭酒慎"）《後漢書·儒林傳》曰："許慎字叔重，汝南召陵人也。性淳篤，少博學經籍，馬融常推敬之，時人爲之語曰：'五經無雙（段云："音春。"）許叔重'（段云："古平聲。"）爲郡功曹，舉孝廉，再遷除洨長，卒於家。初慎以五經傳說臧否不同，於是撰爲《五經異義》，又作《說文解字》十四篇，皆傳於世。"按：史不言其爲大尉南閣祭酒，由郡功曹舉孝廉，即應劭《漢官儀》云"世祖詔自今以後，審四科辟召，及刺史二千石察茂才尤異，孝廉之史，務盡實覈"也。凡史云故某官者，皆謂最後致仕之一任。沖云："故太尉南閣祭酒"，不云"故洨長"，然則疑洨長落職，又至京師充三府掾，已而歸里，卒於家。不得云終於洨長也。《後漢書·獨行傳》魯平先爲陳留大守，後爲博士，亦其證。

（臣父故大尉南閣祭酒慎）

方術列傳第七十二上

風吹削哺

【校勘】【叚借】【辨誤】《後漢·楊由傳》："風吹削肺"，亦柿之假借也。一譌爲脯，再譌爲哺。釋之者曰："削哺是屏障之名"，絕無證據。

（柿）

逸民列傳第七十三

公是韓伯休那

【詁訓】見鬼而驚駭，其詈曰魖也。魖爲奈何之合聲，凡驚詈曰"那"者，即"魖"字，如"公是韓伯休那"是也。《左傳》："棄甲則那"，亦是奈何之合聲。

（魖）

列女傳第七十四

陝輸

【詁訓】曹大家用"陝輸"，《趙壹傳》作"陝揄"，疑陝即夾字。

（夾）

【詁訓】《後漢書》班昭《女誡》曰："動靜輕脫，視聽陝輸"，"陝輸"，不定皃。

（婐）

【詁訓】《後漢書》曹大家《女誡》："視聽陝輸"，注云："陝輸，不定皃。"蓋即欶姁也，語同字異耳。

（欶）

南蠻西南夷列傳第七十六

㧍㧐

【詁訓】《後漢·西南夷傳》冄駹夷能作"㧍㧐"，㧍即紕也，《華陽國志》同。

（紕）

烏桓鮮卑列傳第八十

手足之蚧搔

【音義】【詁訓】《後漢書·烏桓傳》曰："手足之蚧搔。"章懷音新到反，蚧同疥。《釋名》曰："疥，齘也。癢搔之齒齼齘也。"

（疥）

禮儀志中

逐疫　注：漢舊儀曰

【校勘】《漢舊儀》："顓頊氏有三子，生而亡去爲疫鬼。一居江水爲瘧鬼，一居若水爲魍魎蜮鬼，一居人宮室區隅善驚人爲小兒鬼。"按：此條《東京賦》注所引較完，亦尚有奪字。《後漢書·禮儀志》注所引則不可讀。

（魃）

祭祀志上

玉牒檢　石檢

【詁訓】《後漢·祭祀志》曰："尚書令奉玉牒檢，皇帝曰二分璽親封之，訖，太常命人發壇上石，尚書令藏玉牒已，復石覆訖，尚書令五寸印封石檢。"按：上云"玉牒檢"者，玉牒之玉函也，所謂玉檢也。下云"石檢"者，上文云"石覆訖"是也。檢以盛之，又加以璽印。《周禮注》曰："璽節，印章。"如今斗檢封矣。《廣韻》云："書檢者，印窠封題也。"則通謂印封爲檢矣。

（檢）

五行志一

嚼復嚼今年尚可後年饒[①]

【注音】（編按：噍、嚼）古讀平聲，如"嚼復嚼，今年尚可後年饒"是也。
（噍）

【詁訓】漢謠曰："今年尚可後年饒"，謂後年更甚也。
（饒）

郡國志二

鉅鹿郡

鄡

【詁訓】【辨誤】【校勘】【地理】（《說文》："鄡，鉅鹿縣也。"[②]）二《志》同。《前志》作"鄥"，県與梟一字。但《前志》鉅鹿鄡縣，豫章鄡陽縣，《玉篇》《廣韵》皆鄡與鄡陽二縣字別。然則許書此字作鄡，及《後志》二縣字皆作鄡，非是。許書當是淺人改之，如県首之改爲梟首也。盧氏文弨云："《仲尼弟子列傳》鄡單，鄡當作鄡。鄡單蓋即《檀弓》縣亶。縣乃字之誤。"按：漢鉅鹿縣城即今直隸順德府平鄉縣城。唐《通典》曰："漢鄡城在深州鹿城縣東。"
（鄡）

[①] 《口部》"噍"篆許校云："見《後漢書·五行志一·謠》。饒，原作'鐃'。"《食部》"饒"篆許校同。

[②] 陳本無"也"。

郡國志四

南郡

邔侯國

【校勘】南郡邔，二《志》同。《後志》俗本譌作"邟"。

（邔）

郡國志五

上黨郡

猗氏

【地理】【校勘】《地理志》上黨郡有陭氏縣，葢因有陭氏阪以名也。今本《郡國志》作"猗氏"，因河東猗氏而誤。

（陭）

漢陽郡

隴坻

【詁訓】《郡國志》：漢陽郡"永平十七年天水郡更名也"，隴縣"有大阪名隴坻"。按：坻即上文（編按：指《說文》）阺字也。

（隴）

百官志一

掾

【歷史】【詁訓】漢官有掾屬，正曰掾，副曰屬。《漢舊注》："東西曹掾比四百石，餘掾比三百石，屬比二百石。"此等皆翼輔其旁者也，故曰掾。

（掾）

黃閣

【歷史】《百官志》："太尉掾史屬二十四人。黃閣主簿錄省眾事。"黃閣即南閣也。沈約《宋志》："三公黃閣者，天子當陽，朱門洞開，三公近天子，引嫌故黃其閣。"陳元爲司空南閣祭酒，見《經典釋文》。

（臣父故大尉南閣祭酒慎）

司空

【歷史】【詁訓】司馬彪曰："司空，公一人"，"掌水土事，凡營城，起邑，浚溝洫，修墳防之事，則議其利，建其功。"是則司空以治水土爲職。禹作司空，治水而後晉百揆也。治水者必通其瀆，故曰司空猶司孔也。

（空）

百官志三

民曹尚書主凡吏字上書事

【校勘】【歷史】（《說文》："書或不正，輒舉劾之。"）《百官志》曰："民曹尚書，主凡吏民（段云："今本奪'民'字。"）上書事。"然則吏民上書，字或不正，輒舉劾正。民曹尚書事，而令史實佐之者也。

（書或不正輒舉劾之）

輿服志上

鸞雀立衡

【詁訓】【辨誤】《後漢書·輿服志》："鸞雀立衡。"崔豹《古今注》："五路衡上金雀。金雀者，朱鳥也。或謂朱鳥者，鸞也。"後漢太史令蔡衡曰："多赤色者鳳，多青色者鸞。"其說非是。《月令》："鸞路"，鄭云："取有虞氏之車有鸞和之節爲名。春言鸞，夏言色，互文。"然則鄭不謂鸞鳥青色矣。

（鸞）

羽蓋華蚤

【詁訓】司馬彪《輿服志》曰："乘輿金根，安車立車，羽蓋華蚤。"劉昭注："徐廣云：'翠羽蓋黃裏，所謂黃屋車也。金華施橑末，有二十八枚，即蓋弓也。'又張衡《東京賦》：'羽蓋威蕤，葩瑤曲莖。'薛綜注曰：'羽蓋，以翠羽覆車蓋也。威蕤，羽貌。葩瑤，悉以金作華形，莖皆低曲。'"蔡邕《獨斷》云："凡乘輿車，皆羽蓋金華爪。"爪與瑤同。又《王莽傳》曰："造華蓋九重，高八丈一尺，金瑤。"師古曰："瑤讀曰爪。"玉裁按：瑤、蚤、爪三字一也，皆謂蓋橑末。

（瑤）

金鍐

【詁訓】【校勘】【辨誤】司馬彪《輿服志》："乘輿金鍐"，劉昭引蔡邕《獨斷》曰："金鍐者，馬冠也。高廣各五寸，上如五華形，在髦前。"薛綜注《東京賦》同。按：在馬髦前，則正在馬之幽䰎，其字本作"金叐"，或加金旁耳。馬融《廣成頌》："揚金叐而拖玉瓖"，字正作"叐"可證。《西京賦》："璿弁玉纓"，薛曰："弁，馬冠叉髦也。"徐廣說"金鍐"云："金爲馬叉髦。"然則弁也，叉髦也，叐也，一也。

妥或誤作奲，鍐或誤作鎠，《玉篇》又誤作"金駿"，皆音子公反，非也。

（妥）

方釳

【詁訓】【校勘】（《說文》："釳，槷輿馬頭上防釳，插吕翟尾鐵翩。象角。所吕防网羅釳去之。"①）司馬彪《輿服志》曰："乘輿、金根、安車、立車皆方釳，插翟尾。"劉注引顔延之《幼誥》曰："釳，乘輿馬頭上防釳。角所以防網羅，釳以翟尾鐵翩象之也。"玉裁按：得顔語而後"象角"之義明。翩者，羽莖也。蔡邕《獨斷》曰："方釳，鐵也。廣數寸，在馬騣後，有三孔，插翟尾其中。"薛解《西京賦》曰："方釳謂轅旁以五寸鐵鏤錫（段云："此字有誤。"）中央低，网頭高，如山形，而貫中以翟尾，結箸之轅网邊，恐馬相突也。"蔡云在馬髦後，薛云在轅网邊。馬髦之後，正負轅處也，與許云在馬頭上者不同。依《西京賦》既言"金鍐"，又言"方釳"。蔡邕曰："金鍐者，馬冠也。高廣各五寸，上如玉華形，在馬髦前。"則馬頭上有金鍐，方釳不在馬頭也。鍐取妥字之義。妥者，𦣞盇也。然許云以防网羅罣礙，則應在馬頭上。許意馬頭無金妥，有方釳。

（釳）

轙輒弩

【校勘】《東京賦》、司馬彪《輿服志》皆曰："琟弩"。李善曰："琟，車闌閒皮筐，置弩於琟曰琟弩。"師古亦曰："琟弩，皮篋盛弩也。"今本《輿服志》"琟弩"二字譌爲"轙輒弩"三字。

（琟）

---

① 陳本"网"作"網"。

輿服志下

佩綬相迎受故曰緌

【校勘】【同源】【詁訓】【志疑】司馬彪曰："緌者，古佩璲也。佩綬相迎受，故曰緌。"按：當曰："與綬相迎受，故曰緌。"緌之言逆也。漢之緌，古之綬也；漢之綬，猶古之韍佩也。緌篆其創於李斯輩與？

（緌）

全書

杭䜣

【詁訓】【地理】【校勘】【異體】舟所以渡，故謂渡爲䜣。始皇臨浙江，水波惡，乃西百二十里從狹中渡，其地因有餘杭縣。杜篤《論都賦》："造舟於渭，北杭涇流。"章懷《後漢書》作"北䜣"，注云："《說文》䜣字在《方部》，今流俗不解，遂與杭字相亂者，誤也。"是說誠然，然"䜣"之作"杭"久矣，章懷偶一正之，而不能盡正也。《李南傳》："向度宛陵浦里，䜣馬跪足"，亦係章懷改"杭"爲"䜣"，而《地理》《郡國》二志"餘杭縣"未之或改也。䜣亦作航，《方言》曰："舟或謂之航。"杭者，《說文》或抗字。

（䜣）

三國志

魏志①

文帝紀第二

肅承天命　裴注：日載東　网日並光

【義例】【辨誤】【詁訓】裴松之引《易運期讖》曰："网日並光，日居午"，"网日，昌字。"圖讖說字多不合本義。裴引《孝經中黃讖》：䲴爲"日載東"，"曹"字亦本從"曰"，非從"日"。葢"昌"之本義訓美言，引伸之爲凡光盛之偁，則亦有訓爲日光者。

（昌）

王毋丘諸葛鄧鍾傳第二十八

䢼②

【音義】《魏志》："鍾會兄子毅及峻、䢼下獄"，裴曰："䢼，勑連反。"按：即䢼字也，止之隸變作山。

（䢼）

---

① 今本"志"作"書"。
② 今本"䢼"作"䢼"。

烏丸鮮卑東夷傳第三十

班魚

【詁訓】【辨誤】陳氏《魏志》、范氏《後漢書·東夷傳》皆曰："濊國海出班魚皮。"今《一統志》朝鮮下亦云尒。班魚即魵魚也。郭注《爾雅》云："出穢邪頭國,見呂氏《字林》。"郭注但偁《字林》,不偁《說文》,豈所謂逐末忘本者非邪?

（魵）

蜀志[①]

諸葛亮傳第五

營中之事

【詁訓】《諸葛孔明表》云："營中之事",謂軍壘也。

（營）

---

① 今本"志"作"書"。

晉　書

載記第二十九

研研然

【異文】【詁訓】劉祥言事，蒙遜曰："汝聞劉裕入關，敢研研然也，斬之。"《魏書》作"妍妍"，皆訮訮之同音也。《匡謬正俗》所謂"殿研"即此。

（訮）

宋 書

列傳第二十七

敂弦

【詁訓】【古今】《宋書》:《山居賦》"敂弦",即《江賦》之"叩舷"也。舟底曲如弓,故其上曰弦。自扣、叩行而敂廢矣。《手部》:"扣,牽馬也。"無"叩"字。

(敂)

魏 書

列傳文苑第七十三

逋峭難爲

【叚借】【校勘】【古今】【義例】【同源】庯，史假逋字爲之。《魏書》《北史》:《溫子昇傳》皆云:"子昇詣梁客館，不修容止。謂人曰:'詩章易作，逋峭難爲。'"字當作"庯"。《廣韵》引《字林》云:"峬峭，好形皃也"，"峬"即"庯"之隸變。凡字書因時而作，故《說文》"庯"，《字林》作"峬";《說文》祇有"殷"，《字林》有"甀"。近世"波俏"之語，又音字之遷移也。

(庯)

列傳第八十七

敢妍妍然

【詁訓】(《說文》:"妍……一曰:不省錄事也。"①)《魏書》劉祥言事，蒙遜曰:"劉裕入關，敢妍妍然也"，斬之，此正謂其不曉事也。

(妍)

---

① 陳本"錄"作"録"，無"也"。

周 書

列傳第三十三

枏陽亭有離別之賦

【詁訓】【志疑】那者,漢時亭名。庾信賦曰:"枏陽亭有離別之賦",《漢·藝文志》之《別枏陽賦》也。枏陽亭豈即那亭與?

(那)

隋　書

全書

皷矟①

【詁訓】【辨誤】《隋書》"皷矟"，今之金瓜椎也。宋人字作"㸬矟"，遂爲牛形。因字譌而附會有如此者，見《文昌襍錄》②。

(皎)

---

① 許校云："《隋書·煬帝紀上》作'皷槊'。"按：今本"皷"作"皼"。
② 《文昌襍錄》清學津討原本卷二葉十至十一云："《國朝會要》'㸬矟'，㸬，擊聲也。一云：象㸬牛善鬭，字從牛……余昔爲三司勾當公事，嘗至儀仗庫季點見舊㸬，㸬矟末刻牛以黄金飾之。"

漢 紀

全書

票鷂

【注音】【辨誤】漢有票姚校尉、票騎將軍。票姚，荀悅《漢紀》作"票鷂"，服虔音飄搖，小顏二字皆去聲，非古也。平聲者古音，去聲者今音耳。

(嫢)

資治通鑑

宋紀十二

鬼目粽

【詁訓】【校勘】【辨誤】糁有零星之義，故今之小菜古謂之糁，別製其字作"粽"，《通鑑》："盧循遺劉裕益智粽。""宋廢帝殺江夏王義恭，以蜜漬目睛，謂之鬼目粽。"《廣韵·二仙》："枸櫞樹皮可作粽。"《南方艸物狀》："建安八年，交州刺史張津以益智子粽餉魏武帝。"俗多改"粽"字。胡三省注《通鑑》曰："角黍也。"葢誤認爲《送韵》之"粽"字。《齊民要術》引《廣州記》："益智子取外皮蜜煮爲糁，味辛"，徑作"糁"字。

（糕）

逸周書

文酌解第四

聚疑沮事

【異文】【詁訓】（《說文》："《逸周書》曰：'叢疑沮事。'"①）《周書·文酌解》七事："三，聚疑沮事。"聚古讀如驟，與叢音近。"叢疑沮事"，猶云蓄疑敗謀也。

（叢）

文傳解第二十五

不麛不卵

【異文】（《說文》："《逸周書》曰：'不卵不蹼，目成鳥獸。'"）《周書·文傳解》曰："山林非時不升斤斧，以成草木之長。川澤非時不入罔罟，以成魚鼈之長。不麛不卵，以成鳥獸之長。"許所據有"不蹼"二字。

（翼）

---

① 陳本無"叢"，段注："各本脫叢字，今依《玉篇》補。"

作雒解第四十八

百縣　縣有四郡

【經學】《逸周書·作雒篇》曰："千里百縣，縣有四郡。"高注《六月紀》云："周制：天子畿內方千里，分爲百縣，縣有四郡，郡有監。故《春秋傳》曰：'上大夫受縣，下大夫受郡。'周時縣大郡小，至秦始皇兼天下，初置三十六郡以監縣耳。"按：《作雒篇》與《周禮》不合。鄭注《月令》但云："四監，主山林川澤之官。百縣，鄉遂之屬。"是不從《作雒》說也。

（郡）

謚法解第五十四

謚者行之迹也

【詁訓】《周書·謚法解》、《檀弓》《樂記》《表記》注皆云："謚者，行之迹也。"謚、迹疊韵。

（謚）

莊

【避諱】【詁訓】【校勘】【經學】【古今】（《說文》："楚莊王。"）莊，上諱也，不當用。古莊、壯通用，謚法固取壯非取艸。《周書》："兵甲亟作，莊；睿圉克服，莊；勝敵志強，莊；武而不遂，莊。"皆"壯"字也，後人以"莊"代之耳。此"莊王"必本作"壯"。若諱"莊"之字曰"嚴"，乃漢法。許則從《左氏》古文。"典"下云："莊都說"，亦當作"壯"。《晉語》有"壯馳茲"。蓋古姓本作"壯"，後乃盡改爲"莊"。

（武）

王會解第五十九

禺禺

【校勘】（《說文》："周成王時楊州獻鰅。"①）見《周書·王會篇》。……今《王會篇》作"禺禺"，攷《上林賦》鰅與禺禺爲二物，作"禺禺"非是。

（鰅）

文翰者若皋雞

【異文】【志疑】（《說文》："《逸周書》曰：'文翰若翚雉，一名鷐風。周成王時蜀人獻之。'"②）《王會篇》文。今本作："蜀人以文翰，文翰者若皋雞。"孔晁云："鳥有文彩者。"《太平御覽》"皋"作"皇"。郭注《爾雅》"皋"作"彩"。許作"翚雉"，疑有誤。

（翰）

桴苡③

【辨誤】【詁訓】《王會篇》曰："康民以桴苡。桴苡者，其實如李，食之宜子。"《詩音義》云："《山海經》及《周書》皆云：'芣苡，木也。'"今《山海經》無芣苡之文，若《周書》正文，未嘗言桴苡爲木。陶隱居又云："《韓詩》言芣苡是木，食其實宜子孫。"此蓋誤以說《周書》者語系之《韓詩》。德明引《韓詩》："直曰車前，瞿曰芣苡。"李善引薛君曰："芣苡，澤瀉也。"《韓詩》何嘗說是木哉？竊謂：古者殊方之貢獻，自出其珍異以將其誠，不必知中國所無而後獻之，然則芣苢無二。

（苢）

---

① 陳本"楊"作"揚"。
② 陳本"文"作"大"。
③ 今本"桴"作"秠"。

大子晉解第六十四

足踘

【校勘】【詁訓】（《說文》："踘，天寒足踘也。"）《周書·大子晉解》："師曠東，躅其足，曰：'善哉善哉！'大子曰：'大師何舉足驟？'師曠曰：'天寒足踘，是以數也。'"此許所本。《莊子音義》亦引《周書》"天寒足踘"。今本《周書》作"足躅"，誤也。踘者，句曲不伸之意。

（踘）

周祝解第六十七

貗有蚤而不敢㠯撅①

【異文】【叚借】【詁訓】（《說文》："《逸周書》曰：'貗有爪而不敢㠯撅。'"②）今《周書》"爪"作"蚤"，蚤，齧人跳蟲也。爪，覆手也。皆假借字。許則又為本字。撅者，有所杷也。

（貗）

全書

士分民之祘均分㠯祘之也

【佚文】【異文】（《說文》："《逸周書》曰：'士分民之祘。'"）今《逸周書》無此語，當在亡篇內。（《說文》："均分㠯祘之也。"）此釋《逸周書》語。或曰：《本典解》"均分以利之則民安"即此句也。

（祘）

---

① 今本"貗"作"貗"。
② 陳本無"逸"字。

竘匠

【志疑】（《說文》："《周書》有竘匠。"）葢謂《周書》七十一篇也。"竘匠"之文俟攷。

(竘)

國　語

周語上第一

聆隧

【音義】【異文】【志疑】（《說文》："《國語》曰：'回祿信於聆隧。'"）韋注："聆隧，地名。"宋庠音禽。《後漢書·楊賜傳》引作"黔遂"，黔亦今聲也。而《說苑》引《國語》作"亭遂"，《竹書》帝癸三十年作"聆遂災"。是其字从令、从今不可定，而許書此篆或後人所偶記註於此者。

（聆）

鸑鷟

【義例】【經學】【詁訓】（《說文》："鸑鷟……《春秋國語》曰：'周之興也，鸑鷟鳴於岐山。'"）《周語》內史過說。韋曰："三君云：'鸑鷟，鳳之別名也。'"按：三君者，侍中賈逵、侍御史虞翻、尚書僕射唐固也。許云："鳳屬"，於賈小異。劉逵曰："鸑鷟，鳳雛也"，說又異。（《說文》："江中有鸑鷟，佀鳧而大，赤目。"）此言江中鸑鷟，別是一物，非神鳥。或許所記，或後人所增，不可定也。《上林賦》"屬玉"，《吳都賦》作"鸀鳿"，郭璞曰："屬玉，似鴨而大，長頸赤目，紫紺色。"劉逵曰："如鶩而大，長頸赤目，其毛辟水毒。"陳藏器曰："鸀鳿主治沙蝨、短弧、蝦鬚等病，能唼病人身，出含沙躲人之沙箭。如鴨而大，眼赤觜斑。"《玄中記》曰："水弧者，其形蟲也，其氣乃鬼也。鴛鴦、鵁鶄、蟾蜍好食之。"合是四說，知鵁鶄即鸀鳿。云似鴨眼赤者，亦正與許合。

（鵁）

周語中第二

創制天下

【叚借】《國語》《孟子》字皆作"創"。趙氏、韋氏皆曰："創，造也。"假借字也（引者按：刱之假借）。

（刱）

不亦瀆姓矣乎

【校勘】【古今】《國語》："陳侯淫於夏氏，不亦嬻姓矣乎？"惟明道本不誤。今人以溝瀆字為之，瀆行而嬻廢矣。

（嬻）

郤至佻天之功以為己力

【異文】【詁訓】（《說文》："《國語》曰：'郤至挑天。'"）韋本作"佻天"，注云："佻，偷也。"今按："佻天之功以為己力"與《左傳》"天實置之，而二三子以為己力"語意正同。

（挑）

周語下第三

厚味實腊毒

【詁訓】凡久謂之昔。《周禮》："昔酒"，鄭云："今之酋久白酒。"《周語》："厚味實腊毒"，韋云："腊，亟也。讀若酋，昔酒焉。味厚者，其毒亟也。"韋意久與亟義相成，積之久則發之亟。

（昔）

穀雒鬭①

【詁訓】《周語》："穀雒鬭，將毀王宮"，謂二水本異道而忽相接合爲一也。古凡鬭接用鬭字，鬥爭用鬥字。俗皆用鬭爲爭競，而鬥廢矣。

（鬭）

共工

【歷史】【辨誤】《國語》："共工虞於湛樂，淫失其身，庶民弗助，禍亂並興。"賈侍中云："共工，炎帝之後，姜姓也。顓頊氏衰，共工氏侵陵諸侯，與高辛氏爭王也。"《淮南·原道訓》云："共工與高辛氏爭爲帝，宗族殘滅，繼嗣絕祀。"高注："共工以水行霸於伏羲、神農閒者，非堯時共工也。"按：共工當高陽、高辛嬗代之時，故《淮南書》或云"與顓頊爭爲帝"，或云"與高辛氏爭爲帝"，所云顓頊者，亦謂帝顓頊高陽之後裔耳。高注謂在伏羲、神農閒，非也。張湛注《列子》云："共工氏興霸於伏羲、神農之間，其後苗裔恃其強，與顓頊爭爲帝。"然則共工之後皆俑共工矣。

（共承高辛）

四嶽　股肱心膂

【異文】【歷史】【詁訓】【異體】【辨誤】【地理】（《說文》："昔大嶽爲禹心呂之臣，故封呂矦。"）《周語》："大子晉曰：'伯禹念前之非度，釐改制量，象物天地，比類百則，儀之于民，而度之于羣生，共之從孫四嶽佐之。高高下下，疏川道滯。帥象禹之功，度之于軌儀。莫非嘉績，克厭帝心。皇天嘉之，祚以天下。賜姓曰姒，氏曰有夏。謂其能以嘉祉殷富生物也。祚四嶽國，命爲矦伯。賜姓曰姜，氏曰有呂。謂其能爲禹股肱心膂，以養物豐民人也。'"按：曰"共之從孫"，賈逵、韋昭皆曰："共，共工也。"《外傳》曰"四嶽"，《內傳》曰"大嶽"，一也，官名也。《外傳》以祉訓姒，以殷富訓夏，以膂訓呂，以養訓

---

① 今本"雒"作"洛"。

姜。韋解云："呂之爲言膂也。"是呂、膂各字。呂者，國名，以國爲氏。許云："大嶽爲禹心呂之臣，故封呂侯。"膂爲小篆呂，是許所據《國語》"股肱心膂"作"股肱心呂"，本無二字。後之爲《國語》學者不得其解，乃以"氏曰有呂"作古文，"股肱心膂"作小篆。韋氏習而不察，乃云"呂之爲言膂"矣。以心呂之意名其地，而侯之，而氏之。《潛夫論》曰："宛西三十里有呂。"酈道元、徐廣、司馬貞說皆同。宛城，今南陽府治附郭南陽縣是也。

（呂）

【歷史】《國語》："大子晉曰：'共之從孫四嶽佐伯禹。皇天嘉之，祚禹以天下。賜姓曰姒，氏曰有夏。祚四岳國，命爲侯伯。賜姓曰姜，氏曰有呂。'"韋注："以國爲氏也。"《左傳》言"大岳"，亦言"四岳"。《外傳》言"四岳"，亦言"四伯"。皆謂一人，非謂四人。《毛傳》云："堯之時，姜氏爲四伯，掌四嶽之祀，述諸侯之職。於周則有甫，有申，有齊，有許也。"按：大嶽姜姓，爲禹心呂之臣，故封呂侯，取其地名與心呂義合也。呂侯歷夏殷之季而國微，故周武王封文叔於許，以爲周藩屏。杜預《世族譜》云："許，姜姓，與齊同祖，堯四嶽伯夷之後也。"大子晉曰："申、呂雖衰，齊、許猶在。"蓋東遷之初，申、呂未滅；東遷以後，齊、許俱盛矣。

（大岳佐夏呂叔作藩）

大錢

【異文】【叚借】【歷史】（《說文》："錢……一曰貨也。"①）《貝部》下曰："古者貨貝而寶龜，周而有泉，至秦廢貝行錢。"《檀弓》注曰："古者謂錢曰泉布。"《周禮·泉府》注："鄭司農云：'故書泉或作錢。'"《外府》注云："其藏曰泉，其行曰布。取名於水泉，其流行無不遍。"《周語》："景王二十一年，將鑄大錢。"韋曰："古曰泉，後轉曰錢。"玉裁謂：秦漢乃叚借錢爲泉。《周禮》《國語》早有錢字，是其來已久，錢行而泉廢矣。……或曰：此不當有"一曰貨也"四字，

---

① 陳本無"一曰貨也"。

"貝"下當云："至秦廢貝行泉。"王莽時錢文尚曰"大泉五十"，曰"貨泉"。

（錢）

魁陵

【叚借】【詁訓】《國語注》："小阜曰魁"，即《說文》"𠂤"字之叚借，亦未嘗不取枓首之意。

（魁）

魯語上第四

竊寶者爲宄　用宄之財者爲姦

【詁訓】凡盜起外爲姦，中出爲宄。……《魯語》："竊寶者爲宄，用宄之財者爲姦。"亦謂莒太子僕竊莒寶爲内，魯藏姦爲外。

（宄）

講罘罳

【志疑】（《說文》："《春秋國語》曰：'溝罘罳。'"）"溝"疑誤，古本葢作"冓"，冓猶交加也。今《魯語》作"講"。

（罳）

獵魚鱉

【異文】【叚借】（《說文》："《春秋國語》曰：'籍魚鱉。'"①）《周禮·鱉人》："以時籍魚鱉龜蜃。"鄭司農云："籍謂以杈刺泥中搏取之。"《魯語》里革曰："鳥獸孕，水蟲成，獸虞於是乎禁罝羅，獵魚鱉，以爲夏槁。"韋云："獵，擽也。擽刺魚鱉。"按：獵本矛屬，此叚借獵爲籍也。許所據《國語》作"籍"，與《周禮》同。

（籍）

---

① 陳本"《春秋國語》"作"《周禮》"。

— 1399 —

魯語下第五

木石之怪曰夔蝄蜽①

【聯綿】【詁訓】【經學】（《說文》："蝄蜽"）疊韵。（《說文》："山川之精物也……《國語》曰：'木石之怪夔、蝄蜽。'"）《國語》："木石之怪曰夔、蝄蜽；水之怪曰龍、罔象。"韋注："蝄蜽，山精，好敩人聲而迷惑人也。"杜注《左氏》"罔兩"曰："水神"，蓋因上文螭訓山神，故訓罔兩爲水神，猶韋因《國語》水怪爲龍、罔象，故謂蝄蜽爲山精也。許兼言山川爲長矣。又賈注《國語》曰："罔兩，罔象。言有夔龍之形而無實體。"許云："精物"，殆亦與賈說異。……按："蝄蜽"，《周禮》作"方良"，《左傳》作"罔兩"，《孔子世家》作"罔閬"，俗作"魍魎"。

（蝄）

王后親織玄紞

【詁訓】【辨誤】【校勘】【源流】【經學】《魯語》："王后親織玄紞"，韋曰："紞，所以縣瑱當耳者。"《齊風》："充耳以素乎而，充耳以青乎而，充耳以黃乎而。"《箋》云："素、青、黃，謂所以縣瑱者，或名爲紞。織之，人君五色，臣則三色而已。瓊華、瓊瑩、瓊英，謂縣紞之末，所謂瑱也。"玉裁按：紞所以縣瑱，瑱所以塞耳，紞非塞耳者也。《大戴禮》："鈺統塞耳，所以捋聰。"鈺，黃色也。統同纊。薛綜《東京賦》注曰："鈺纊，言以黃綿大如丸，縣冠网邊當耳，不欲妄聞不急之言。"此薛氏緣辭生訓。《大戴》"統"字乃"紞"之譌，形之誤也。黃色之紞，下垂充耳。人君紞五色，故或單舉玄，或單舉黃，以該他色。自紞譌爲統，漢初諸儒不能辨證。《禮緯》《客難》《東京賦》諸書又改作"纊"，因起薛氏繆說，而呂忱、顏師古從之。用黃綿塞耳，《禮》之所無。《士喪禮》曰："瑱用白纊"，豈有生時以纊充耳者？如

---

① 今本"蝄"作"蜽"。

淳《漢書注》曰："以玉爲瑱，以紞纊縣之。"如語亦欠明了。古文用字斷無有呼絛繩爲纊者。許書"冕冠塞耳者"，當作"冕冠所以縣塞耳者"，乃與鄭箋《詩》、韋注《國語》合。鄭、韋析言之，許渾言之耳。引申之義爲衾紞，鄭云："被識也。"按：今人語謂之當頭，即當耳之意。又"紞如打五皷"，亦謂當皷面有聲也。

（紞）

無洵涕

【叚借】《檀弓》曰："孔子泫然流涕。"《魯語》："無洵涕"，韋曰："無聲涕出爲洵涕。"按：洵者，泫之假借字也。《文選》詩曰："花上露猶泫。"

（泫）

無搯膺

【詁訓】【音義】【辨誤】《魯語》公父文伯母戒文伯之妾曰："無洵涕，無搯膺"，韋注："搯，叩也。膺，胷也。"按：韋注即俗所謂椎心。喪禮有"擗拊心"也，則叩胷亦未爲失。此正謂哀之甚，如欲挑出心肝者然，韋祇言其大致而已。今人俗語亦云搯出。《文選·長笛賦》："搯膺擗摽"，李善引《國語》及韋注而云："苦洽反"，殊誤。苦洽切當是掐字，从臽聲，爪剌也。下引《魏書·程昱傳》：昱於魏武前忿爭，聲氣忿高，邊人掐之乃止。是則从臽之掐，於搯膺豪不相涉也。韓子文"搯擢胃腎"，亦是用搯膺字。《通俗文》："掐出曰掏，爪按曰掐"，掏即搯也。許不錄掐。

（搯）

防風　汪芒　封嵎之山

【校勘】【源流】【地理】【辨誤】（《說文》："鄋，北方長狄國也。在夏爲防風氏，在殷爲汪茫氏。"）《魯語》："仲尼曰：'昔禹致羣神於會稽山，防風氏後至，禹殺而戮之，其骨節專車。防風，汪芒氏之君也，守封嵎之山者也，爲漆姓。在虞夏商爲汪芒氏，在周爲長翟，今爲大人。'"按：《國語》本作"在虞夏爲防風氏，在商爲汪芒氏"，爲《說苑》《說文》、王肅《家語》所本。今《國語》及《史記·孔子世家》皆誤奪數字耳。韋注云："防風，汪芒氏之國名。汪芒，長翟之國名。"謂汪芒之國在夏爲防風氏之國，長翟之國在商爲汪芒氏之國，此依孔子"防風，汪芒之君也"而言之。今韋注譌爲"汪芒氏之君名"，則不可解矣。韋注云："封嵎二山在今吳郡永安縣，周世其國北遷爲長翟也。"吳之永安縣在今浙江湖州府武康縣。顧氏祖禹曰："鄋瞞，在山東濟南府北境。或云今青州府高苑縣有廢臨濟城，古狄邑，即長狄所居。"按：許以此篆廁涿郡、北地之下，則許意謂其地在西北方，非在今山東也。

（鄋）

【地理】【義例】（《說文》："嵎，封嵎之山也，在吳楚之閒，汪芒之國。"①）《魯語》："孔子曰：'防風氏者，汪芒氏之君也，守封嵎之山者也。'"韋云："封，封山。嵎，嵎山。在今吳郡永安縣。"按：據許則封嵎乃一山名耳。今封嵎二山在浙江省湖州府武康縣東，實一山也。"楚"當依《玉篇》作"越"。《邑部》曰："在夏爲防風氏，在殷爲汪芒氏。"孔子謂防風氏爲汪芒氏之君者，以今釋古之例，謂夏之防風氏其國在殷之汪芒氏也。

（嵎）

僬僥氏

【校勘】【避諱】【詁訓】（《說文》："南方有焦僥人，長三尺，短之極也。"②）見《魯語》。"焦"，《魯語》作"僬"，以《說文》及《山海經》正之，則从人非是。"人"當作"民"，《魯語》作"氏"，"民"

---

① 陳本無"也"字，"汪"作"汪"。
② 陳本無"也"字。

之誤也。據郭注《山海經》兩引《魯語》，一作"民"，一作"人"，"人"皆唐避諱改耳。韋曰："僬僥，西南蠻之別名。"《海外南經》曰："焦僥國在三首東。"《大荒南經》曰："有小人，名曰焦僥之國。"

（僥）

肅慎氏貢楛矢石砮

【詁訓】【辨誤】【校勘】賈逵注《國語》曰："砮，矢鏃之石也。"按：砮本石名，韋昭注"石砮"云："砮，鏃也。以石爲之。"乃少誤。……（《說文》："《國語》曰：'肅慎氏貢楛矢石砮。'"）"楛"當作"枯"，字之誤也，說詳《木部》"枯"下。

（砮）

稯禾秉芻

【詁訓】【辨誤】《國語》："其歲收，田一井出稯禾、秉芻、缶米，不是過也。"稯禾謂禾四十秉，秉芻謂芻一把。韋注殊誤①。

（稯）

齊語第六

襏襫

【異文】【詁訓】韋昭注《齊語》曰："襏襫，蓑薜衣也。"薜或作襞，皆即草字。《廣雅·釋器》曰："草謂之衰。"

（草）

【異文】【詁訓】《齊語》注云："襏襫，蓑襞衣也。"襞或草字，亦作薜，《六韜》："蓑薜簦笠。"

（衰）

---

① 韋注引《聘禮》云："六斗曰庾，十庾曰秉。秉，二百四十斤也。四秉曰筥，十筥曰稯。稯，二百四十斛也。"

有司已於事而竣

【異文】【詁訓】（《說文》："《國語》曰：'有司已事而竣。'"）今《齊語》作"已於事"。韋注："竣，退伏也。"按：《毛詩》云："不皇啓尻"，故已於事而後即安。

（竣）

塼本肇末

【詁訓】《國語》："塼本肇末"，"塼"即《孟子》"揣其本"之"揣"，其義同也。

（揣）

環山於有牢

【古今】【校勘】【正俗】《馬融傳》曰："繯橐四野之飛征"，李注引《說文》，又引《國語》"繯於山有牢"，賈逵注云："繯，還也。"按：還、環古今字，古用還不用環。《國語》"繯於山有牢"，今本譌作"環山於有牢"，韋注曰："環，繞也。""山於"誤倒，"環"爲俗字，葢非韋氏之誤，而淺人轉寫所致也。知古書之貤繆不可知者多矣。

（繯）

兵不解翳

【異文】【叚借】（《說文》："《春秋國語》曰：'兵不解医。'"①）今《國語》作"翳"，叚借字。韋曰："翳，所以蔽兵也。"按：古翳隱、翳薈字皆當於医義引申，不當借華葢字也。医行而医廢矣。

（医）

---

① 陳本無"春秋"。

晉語一第七

嗛嗛

【叚借】假借爲歉字，商銘"嗛嗛之食""嗛嗛之德"是也。

（嗛）

金銑

【叚借】【異文】【詁訓】古多借洒爲瘯。《晉語》狐突曰："玦之以金銑，寒之甚矣。"韋注："玦猶離也，銑猶洒也。洒洒，寒皃。"唐人舊音云："洒或爲洗。"《本艸》："爲色洗洗"，是寒皃。玉裁謂：凡《素問》《靈樞》《本艸》言"洒洒""洗洗"者，其訓皆寒，皆瘯之叚借。古辛聲、先聲、西聲同在真文一類。《國語注》洒音銑，不誤。

（瘯）

【詁訓】（《說文》："銑，金之澤者。"）《釋器》曰："絕澤謂之銑。"《晉語》："玦之以金銑者，寒之甚矣。"韋注："銑猶洒也。洒洒，寒皃，言於太子無溫潤也。"許言其光潤，韋言寒皃，皆謂金之精者耳，似異而非異也。

（銑）

晉語二第八

吾吾

【志疑】《晉語》："暇豫之吾吾，不如鳥鳥。"韋注："吾讀如魚。"韓文公詩用"魚魚雅雅"，豈即本《國語》乎？

（鱻）

吾請爲子鈇

【叚借】《晉語》里克、㔻鄭告公子重耳曰："子盍入乎？吾請爲子鈇。"

此假䤿爲譝也。

（譝）

若夫二公子

【詁訓】（《說文》："若，擇菜也。"）《晉語》秦穆公曰："夫晉國之亂，吾誰使先若夫二公子而立之，以爲朝夕之急。"此謂使誰先擇二公子而立之，"若"正訓擇，擇菜引伸之義也。

（若）

晉語三第九

其靡有微兮

【叚借】（編按：尾）引伸訓爲後，如《晉語》"歲之二七，其靡有微兮"，古亦叚"微"爲"尾"。

（尾）

佞之見佞

【押韵】《晉語》："佞之見佞，果喪其田。許之見許，果喪其賂。"古音"佞"與"田"韵。

（佞）

晉語四第十

戾久將底

【音義】【辨誤】此篆（編按：堤）與坻篆音義皆同。《國語》曰："戾久將底，底箸滯淫。"《左傳》曰："勿使有所壅閉湫底。"杜云："底，滯也。"《釋詁》底、底皆訓"止也"①。底字與坻、堤字音雖別而義略

---

① 許校後"底"爲"氐"。

同。俗用堤爲隄則非。

（堤）

骿脅

【詁訓】【叚借】《肉部》："脅，膀也。""肋，脅骨也。"《廣雅》："榦謂之肋。"是脅骨一名榦。故韋注《國語》云："骿，并榦也。"杜注《左傳》云："骿脅，合榦也。"其字《左傳》《史記》作"駢"，《國語》《吳都賦》作"骿"，《論衡》作"仳"。"駢""仳"，假借字。

（骿）

微薄

【古今】韋昭注《國語》曰："薄，簾也。"薄，今字作箔。

（簾）

籧篨不可使俯

【詁訓】《晉語》《毛詩》皆云："籧篨不可使俯。"此謂捲籧篨而豎之，其物不可俯。故《詩・風》以言醜惡，《爾雅》以名口柔也。

（籧）

諏於蔡原而訪於辛尹

【源流】《晉語》："文王諏於蔡原而訪於辛尹"，韋曰："諏、訪皆謀也。"本《釋詁》。

（訪）

侏儒扶盧

【異文】【詁訓】（《說文》："《春秋國語》曰：'朱儒扶籚。'"）今本"朱""籚"作"侏""盧"。"朱儒扶籚"，《西京賦》所謂"都盧尋橦"也。

（籚）

晉語五第十一

丁寧

【校勘】【詁訓】《晉語》十一注："丁寧，令丁，謂鉦也。"《吳語》十九："丁寧，令丁，謂鉦也。"今《國語》皆奪"令丁"字，而存於舊音補音。《廣韵》曰："鈴似鐘而小"，然則鐲、鈴一物也。古謂之丁寧，漢謂之令丁，在旂上者亦曰鈴。

（鈴）

晉語六第十二

使勿兜

【志疑】《晉語》曰："在列者獻詩，使勿兜。"疑"兜"或當爲"芄"。韋曰："兜，惑也。"

（芄）

聽臚言於市

【叚借】《晉語》："聽臚言於市。"《史》《漢》"臚句傳"，蘇林曰："上傳語告下爲臚。"此皆讀爲"敷奏以言"之"敷"也。《史記》："臚於郊祀。"《漢書》："大夫臚岱。"韋昭《辨釋名》："鴻，大也。臚，陳序也。"謂大以禮陳序賓客。此皆讀爲"廷實旅百"之"旅"也。劉熙《釋名》："鴻臚，腹前肥者曰臚，以京師爲心體，王侯外國爲腹腴以養之也。"此讀爲"夏右腴"之"腴"。皆假借也，其本義則皮膚也。

（臚）

晉語八第十四

不可扤也

【叚借】【音義】《晉語》："其爲本也固矣，故不可扤也。"韋云："扤，動也。"按：依韋注，是謂此扤爲抈之叚借字也，其本義則訓折。舊音云："扤音月，又五括反。"

（扤）

茅蕝

【經學】【詁訓】【音義】（《說文》："蕝，朝會束茅表位曰蕝……《春秋國語》曰：'致茅蕝表坐。'"）《晉語》："昔成王盟諸侯於岐陽，置茅蕝，設望表，與鮮卑守燎，故不與盟。"司馬貞引賈逵云："束茅以表位爲蕝。"許用賈侍中說也。《史記》《漢書》：《叔孫通傳》字作"蕞"，如淳曰："蕞謂以茅翦樹地，爲纂位尊卑之次也。"……何氏《纂文》云："蕝，今之纂字"是也。鄭注《樂記》作"蕝"，作管切。今人編纂之語本此。

（蕝）

忨日而潊歲

【異文】【詁訓】《晉語》："忨日而潊歲。"《心部》引《春秋》："忨歲而潊日。"韋昭曰："潊，遲也。""遲"讀爲遲久之遲，急待之意也。

（潊）

晉語九第十五

壘培

【叚借】《國語》："趙簡子使尹鐸墮晉陽壘培，尹鐸增之。"韋注："壘墼曰培。"此培字正坏之叚借。《月令》："坏垣牆，坏城郭。"注曰：

"坏，益也。"是又叚坏爲培也。

（坏）

兩鞁

【異文】【詁訓】《晉語》："吾兩鞁將絕，吾能止之。"韋曰："鞁，靷也。"按：韋以《左傳》作"靷"，故以靷釋之。其實鞁所包者多，靷其大者。《封禪書》言："雍五畤，路車各一乘，駕被具。西畤、畦畤，禺車各一乘，禺馬四匹，駕被具。"被即鞁字也。鞁與《糸部》紲緰各物。

（鞁）

美鬢

【校勘】【詁訓】《晉語》："美鬢長大則賢"，韋昭曰："鬢，髮穎也。"明道本如是，他本"穎"作"類"，非。髮穎者，穎，禾末，近於采，似人頸，故錐刀皆有穎，髮亦有穎。髮以項爲下，上至於頂，至於脑盍，而旁至於頰則謂之鬢。鬢者，髮之濱也，似禾穎之在末。禾之老，先采而後莖。髮之老而白也，先鬢而餘髮繼之，項髮冣後。韋語俗多不解，故詳說之。

（鬢）

鄭語第十六

淳燿敦大

【校勘】【詁訓】（《說文》："焞，朙也……《春秋傳》曰：'焞燿天地。'"①）《鄭語》史伯曰："黎爲高辛氏火正，以淳燿敦大，天明地德，光照四海，故命之曰祝融。"崔瑗《河閒相張平子碑》云："遷大史令，實掌重黎厤紀之度，亦能焞燿敦大，天明地德，光照有漢。"今

---

① 段云："《春秋傳》"之"傳"當作"國語"二字。

本《國語》作"焞"。漢碑作"焞",與許所據合。韋云:"焞,大也。耀,明也。"下文云"敦大",則焞、耀自皆當訓明。《士喪禮》"楚焞",所以鑽灼龜者。楚,荊也;焞,蓋亦取明火之意。

(焞)

角犀豐盈

【詁訓】《晉語》:"角犀豐盈",《孟子注》:"頟角犀厥地",《戰國策》:"眉目準頯權衡,犀角偃月",此皆謂人自鼻至頂豐滿,如相書所云伏犀貫頂也。

(犀)

九畡之田

【異體】【詁訓】(《說文》:"《國語》曰:'天子凥九垓之田。'")《鄭語》曰:"王者居九畡之田,收經入以食兆民",韋云:"九畡,九州之極數也。"又《楚語》:"天子之田九畡,以食兆民",韋云:"九畡,九州之內有畡數也。食兆民,民耕而食其中也。天子曰兆民。"按:畡者,垓字之異也。韋云"有垓數"者,即《風俗通》"千生萬,萬生億,億生兆,兆生經,經生垓"。

(垓)

檿弧萁服①

【叚借】《國語》:"檿弧萁服",韋昭曰:"萁,木名。服,房也。"《小雅》:"象弭魚服。"皆假服爲箙。

(箙)

懿戒

【詁訓】《抑》詩,《國語》作"懿戒","懿"同"抑"。"抑此皇父",

---

① 今本"萁"作"箕"。

"懿厥哲婦","懿"亦同"抑"。

(归)

楚語下第十七

王弗是

【詁訓】【叚借】【經學】【異文】(《說文》:"諟,理也。")《左傳》:"君與大夫不善是也。"《國語》作:"王弗是",韋曰:"是,理也。"是者,諟之假借字。韋注與許合。理猶今人言是正也。臣之行譜者,王不能是正也。《大學》引《大甲》:"顧諟天之明命",注:"諟猶正也。"某氏僞《大甲》傳:"諟,是也。"皆與許合。《大學》諟或爲題。

(諟)

楚語下第十八

明神降之

【校勘】(《說文》:"能齊肅事神明者。"①)《楚語》:"民之精爽不攜貳者,而又能齊肅衷正,其知能上下比義,其聖能光遠宣朗,其明能光照之,其聰能聽徹之,如是則明神降之。在男曰覡,在女曰巫。是使制神之處位次主,而爲之牲器時服。"韋注:"齊,一也。肅,敬也。巫覡,見鬼者。"今《說文》"齊"作"齋",非。《國語》"神明"作"明神",非。

(覡)

姘其讒慝

【校勘】《楚語》:"弭其百苛,殄其讒慝",韋注曰:"弭,止也。殄,覆也。"明道本不誤,謂解除之也。今本譌作"姘其讒慝",文理不可通。

(姘)

---

① 陳本"齊"作"齋","者"作"也"。

吳語第十九

於其心也戚然

【校勘】【詁訓】（《說文》："忒，惕也……《春秋國語》曰：'於其心忒然'是也。"①）《吳語》申胥曰："夫越王之不忘敗吳，於其心也戚然，服士以伺吾閒。"韋注曰："戚猶惕也。"按：韋本蓋亦作"忒"，轉寫譌之耳。許云"惕"，韋云"猶惕"者，韋擬此字本義不訓"惕"也。

（忒）

訊申胥

【譌字】（《說文》："《國語》曰：'誶申胥。'"）韋曰："誶，告讓也。"今《國語》《毛詩》《爾雅》及他書"誶"皆譌"訊"，皆由轉寫形近而誤。

（誶）

夾溝而㢮我

【詁訓】《吳語》："夾溝而㢮我"，其字則㢮也，其義則掩脅也。

（㢮）

【異文】【詁訓】（《說文》："《春秋國語》曰：'俠溝而㢮我。'"）《吳語》王孫雒曰："齊、宋、徐、夷曰：'吳既敗矣。'將夾溝而㢮我。"韋注："旁擊曰㢮。"按："旁擊"者，開拓自廣之意也。夾，古書多作俠。

（㢮）

---

① 陳本無"是也"。

譁釦

【叚借】《吳語》："三軍皆譁釦以振旅"，韋曰："譁釦，喧呼。"此釦乃叚借字。

（釦）

越语上第二十

旱則資舟

【詁訓】"旱則資舟，水則資車。夏則資皮，冬則資絺綌。"皆居積之謂。

（資）

越語下第二十一

觥飯不及壺飧

【異文】【音義】【源流】【詁訓】（《說文》："《國語》曰：'伉飯不及壺湌。'"①）《越語》句踐曰："諺有之曰：'觥飯不及壺飧。'"韋云："觥，大也。大飯謂盛饌。盛饌未具，不能以虛待之，不及壺飧之救飢疾也。言已欲滅吳，取快意得之而已，不能待有餘力。"《韓詩》云："觥，廓也。"許所據《國語》作"伉"，伉與觥音義同。《廣韵·十一唐》曰："伉，盛皃"，用韋注，《十二庚》曰："伉，小皃"，用《說文》。……"壺湌"猶《左傳》趙衰之"壺飧"。《史記》："操一豚蹄，酒一壺，皆謂薄少。"古壺有大小，此非大一石之壺也。

（伉）

---

① 陳本"壺湌"作"一食"。

戰國策

秦策一

抵掌而談

【譌字】【叚借】《戰國策》:"抵掌而談",《東京賦》:"抵璧於谷",《解嘲》:"介涇陽,抵穰矦",按:"抵"字今多譌作"抵",其音義皆殊。《國策》:"夏無且以藥囊提荆軻",《史記》:"薄太后以昌絮提文帝",提皆抵之叚借字也。

(抵)

秦策二

宜陽大縣也

【詁訓】【歷史】《戰國策》甘茂曰:"宜陽,大縣也。"名爲縣,其實郡也。秦武王時已郡大縣小矣。前此惠文王十年,"魏納上郡十五縣";後十三年,"攻楚漢中,取地六百里,置漢中郡"。吳氏師道云"或者山東諸矦先變古縣大郡小之制,而秦效之"是也。

(郡)

秦策三

玉之未理者爲璞①

【詁訓】《戰國策》："鄭人謂玉之未理者爲璞"，是理爲剖析也。玉雖至堅，而治之得其鰓理以成器不難，謂之理。凡天下一事一物，必推其情至於無憾而後即安，是之謂天理，是之謂善治。此引伸之義也。戴先生《孟子字義疏證》曰："理者，察之而幾微必區以別之名也。是故謂之分理。在物之質曰肌理，曰腠理，曰文理。得其分則有條而不紊，謂之條理。鄭注《樂記》曰：'理者，分也。'許叔重曰：'知分理之可相別異也。'古人之言天理何謂也？曰：理也者，情之不爽失也。未有情不得而理得者也。天理云者，言乎自然之分理也。自然之分理，以我之情絜人之情，而無不得其平是也。"

（理）

齊策六

巖下有貫珠者

【詁訓】《戰國策》："巖下有貫珠者"，《漢書》："遊於巖廊之上"，皆謂殿下小屋，如厓巖之下可居也。天子之堂九尺，諸侯七尺，其上曰巖廊，其下曰巖下。

（巖）

楚策四

仰棲茂樹

【詁訓】《戰國策》云："俛啄白粒，仰棲茂樹"，《詩》所謂黃鳥也。

（雀）

---

① 今本無"之""爲"。

黃鵠

【詁訓】《戰國策》："黃鵠游於江海，淹於大沼，奮其六翮而陵清風。"賈生《惜誓》曰："黃鵠一舉兮，知山川之紆曲；再舉兮，知天地之圜方。"凡經史言鴻鵠者，皆謂黃鵠也。或單言鵠，或單言鴻。

（鵠）

趙策一

刃其扞

【校勘】【詁訓】《戰國策》："豫讓變姓名，入宮塗廁，欲以刺襄子。襄子如廁，心動，執問塗者，則豫讓也。刃其杅，曰：'欲爲智伯報讎。'"杅謂塗廁之杅。今本皆作扞，侯旰切，繆甚。刃其杅，謂皆用木而獨刃之。

（杅）

夫鐵鈷然

【詁訓】【音義】㦧亦作鈷。《戰國策》蘇秦謂趙王曰："柱山有兩木，一蓋呼侶，一蓋哭。問其故，曰：'吾苦夫匠人且以繩墨案規矩刻鏤我。'一曰：'此非吾所苦也，是故吾事也，吾所苦夫鐵鈷然自入而出夫人者。'今臣使於秦而三日不見，無有爲臣鐵鈷者乎？"鈷自入而出，謂以大鐵鈷釘入大樹一邊，既析破，乃取樹之一邊爲用。夫人者，言此人冣所苦也。今四川建昌山中取杪方，皆以楔釘入，取陽面一塊，而樹尚卓立。蘇秦以此喻離閒之人也。蘇秦謂鐵器，許謂木札，其用正同。《周禮注》"飛鈷"，當作此解。砧音。

（㦧）

趙策四

踦重

【詁訓】《戰國策》："必有踦重者矣"，踦重，偏重也。

（踦）

魏策二

爂水齧其墓

【辨誤】【歷史】宋姚宏曰：《戰國策》"王季歷葬於楚山之尾，爂水齧其墓"，謂墓爲山尾扇流所沮敗也。孔衍《春秋後語》改爲"蠻水"，注云："宜都縣有蠻水。"誤甚。王季葬鄠南。

（爂）

韓策一

非麥而豆

【古今】【異文】朮豆古今語，亦古今字。……《戰國策》："韓地五穀所生，非麥而豆。民之所食，大抵豆飯藿羹。"《史記》"豆"作"尗"。

（朮）

燕策二

植於汶篁①

【詁訓】【辨誤】《戰國策》："薊丘之植，植於汶篁。"《西京賦》："篠簜敷衍，編町成篁。"《漢書》："篁竹之中"，注："竹田曰篁。"今人訓

---

① 今本"篁"作"皇"，引同鮑彪本。

筭爲竹，而失其本義矣。

（筭）

燕策三

羽聲慷慨①

【校勘】《戰國策》："羽聲慷慨"，一本作"忼慷"，葢因忼有異體而一複一奪也。

（忼）

宋衞策

百舍重繭

【叚借】《戰國策》：墨子"百舍重繭，往見公輸般。"《淮南書》：申包胥"累繭重胝，七日七夜至於秦庭。"皆借"繭"爲"蠒"也。

（蠒）

鷞旗

【異文】【詁訓】【校勘】《戰國策》："宋康王之時，有雀生鷞於城之陬。"《新序》作"鸇"，一字也。今《戰國策》誤爲"鷞"，《通鑑》作"鷁"不誤，而《集韵》不收。

（鷁）

中山策

權衡

【古今】【詁訓】權者，今之顴字。《戰國策》："眉目準頞權衡，犀角

---
① 今本作"忼慨羽聲。"

偃月"，其字正作"權"。……《國策》謂之"權衡"者，象其平也。

（頯）

飲食餔餽

【詁訓】【叚借】【校勘】《戰國策》三十三："飲食餔餽"，高注："吳謂祭鬼爲餽，古文通用，讀與饋同。"按：祭鬼者，餽之本義，不同饋也。以餽爲饋者，古文假借也。高說與楊、許同。今本高注淺人增竄，不可從。

（餽）

全書

坙 恖

【正俗】《論語音義》："恖，植鄰切，古臣字。"陸時武后字未出也。武后坙、恖二字見《戰國策》，六朝俗字也。

（臣）

幾瑟

【叚借】（《說文》："蟣，蝨子也。"）《戰國策》作"幾瑟"，叚借字。

（蟣）

列女傳

母儀傳

有虞二妃

舜之女弟繫

【校勘】《古今人表》上下等:"敤手,舜妹。"顔云:"流俗本作'擊'者,合'敤手'二字譌爲一字也。"按:《列女傳》云:"舜之女弟繫",則又"擊"之譌矣。

(敤)

仁智傳

魯漆室女

【異文】【叚借】(編按:次)古音在十二部,讀如漆。是以魯漆室之女,或作"次室"。《周禮·巾車》"軟"字,杜子春讀爲"桼"也。

(次)

貞順傳

齊孝孟姬

保阿

【詁訓】《列女傳》華孟姬、楚昭伯嬴傳皆言:"保阿",《内則篇》《喪服經》注皆言:"可者",鄭云:"可者,賤於諸母,謂傅姆之屬。"葢可者即阿,阿即媒也。

(媒)

吳越春秋

夫差內傳第五

兩鋉

【詁訓】【正俗】【辨誤】【音義】柰字亦作鋉。《吳越春秋》："夫差夢兩鋉殖吾宫牆。大宰嚭占之曰：'農夫就成，田夫耕也。'公孫聖占之曰：'越軍入吳國，伐宗廟，掘社稷也。'"玄應曰："柰，古文奇字作鋉。"李賢引何承天《纂文》、張揖《字詁》作"鋠"。鋠又鋉之俗。承天改吳爲吴，因又改鋉爲鋠耳，非張揖有鋠字也。吳、薺皆在古音弟五部。

（柰）

越絶書

越絶外傳記吳地傳第三

欇溪城

【詁訓】（《說文》："欇，江中大船也。"①）《越絶書》曰："欇溪城者，闔廬所置船宮也。"葢欇與欇古通用。

（欇）

---

① 陳本"欇"作"欇"，"也"作"名"。

華陽國志

巴志

九囿

【詁訓】【經學】【異文】常道將引《洛書》曰:"人皇始出,分理九州爲九囿。""九囿"即《毛詩》之"九有",《韓詩》之"九域"也。域同或,古或與有、與囿通用。

(囿)

漢中志

清水出鱮

【校勘】《水經注》:"沔陽縣度口,水有二源,一曰清檢,一曰濁檢。清水出鱮,濁水出鮒,常以二月、八月取。"《華陽國志》"鱮"譌爲"鱮"。

(鱮)

蜀志

江臏水①

【詁訓】《華陽國志》："孝子隗通爲母汲江臏水，天爲出平石至江中。""江臏水"，謂江心水也。

（吕）

---

① 今本"臏"作"裔"，段或從注改。

元和郡縣志

隴右道下

燉煌

【地理】【正俗】漢時有敦煌郡，應劭《地理風俗記》曰："敦，大也。煌，盛也。"唐時乃作"燉煌"，見《元和郡縣志》。燉乃唐人俗字，非焞之異體也。

（焞）

水經注

河水

洰津

【辨誤】【詁訓】【地理】《水經注·河水篇》曰："門水又北徑弘農縣故城東。城即故函谷關。門水側城北流而注於河。河水於此有洰津，以河北有洰水南入於河，故有洰津之名也。"《穆天子傳》："天子自實斡乃次於洰水之陽，丁亥入於南鄭。"考其沿歷所踵，路直斯津，是知袁豹之徒竇津之說非矣。按：洰、邧同字。《魏志·杜畿傳》："畿遂詭道從邧津渡"，陳壽用字合許書也。宋元嘉二十九年，北魏將封禮自邧津南渡赴弘農，拒柳元景。在今河南陝州靈寶縣縣西十里。

（邧）

濟水

滎澤　滎陽①

【地理】【源流】【義例】【校勘】【經學】【叚借】【志疑】（《說文》："一曰濚水，在河南滎陽。"②）滎，各本作榮，誤，今正。滎陽故城在今河南開封府滎澤縣西南。《水經注·濟水篇》云："《晉書·地道志》：'濟自大伾入河，與河水鬭，南泆爲滎澤。'《尚書》：'滎波既豬。'孔

---

① 今本"滎"作"榮"。
② 陳本"濚水"作"水名"，"滎"作"榮"。

安國曰：'滎澤，波水，已成遏瀦。'闞駰曰：'澤名也。'故呂忱曰：'播水在滎陽'，謂是水也。昔大禹遏其淫水，而於滎陽下引河東南以通淮泗。"按：所引呂忱語，謂《字林》也。《字林》多本《說文》。且《說文》《字林》之例，《手部》播字不應旁及水名。然則《字林》正作"潘"字，水在滎陽，與《說文》合。馬、鄭、王《尚書》皆作"滎播"，謂即滎澤。許、呂則潘別爲一水，與滎爲二。僞《孔傳》釋滎爲澤名，波爲水名，正同也。鄭注《周禮》滎、雒、波、溠爲四，云："波讀爲播"，引《禹貢》"滎播既都"，則注《書》一之，注《周禮》亦二之矣。僞孔本作"波"，依《周禮》改《尚書》也。許作"潘"，謂潘其正字，播其假借字也。今潘水未聞。

（潘）

巨馬水

督亢澤

【詁訓】《風俗通·山澤篇》曰："傳曰：'沆者，莽也。言其平望莽莽，無涯際也。'沆，澤之無水，斥鹵之類也。今俗語亦曰沆。"《水經注·巨馬河篇》曰："巨馬水，又東徑督亢澤。荆軻轉之督亢地圖也。"引《風俗通》"沆，莽也"云云。是則"沆"通作"亢"矣。

（沆）

灅水

卑居

【詁訓】【正俗】酈善長曰："按：《小爾雅》：'純黑返哺謂之慈烏，小而腹下白不返哺者謂之雅烏。'《爾雅》曰：'鸒斯，卑居也。'孫炎曰：'卑居，楚烏，犍爲舍人以爲壁居，《說文》謂之雅，《莊子》曰雅賈，馬融亦曰賈烏。'"按：卑居之爲壁居，如《史記》"卑耳之山"即《齊語》"壁耳之山"。卑、壁同十六部。卑俗作鵯，音匹，非也。

（雅）

洛水

鄩城

【歷史】【地理】《水經注·洛水篇》曰："鄩水於訾城西北東入洛水。京相璠云：'有鄩城，蓋周大夫鄩肸之邑也。'"按：鄩肸、鄩羅皆子朝之黨，見《左傳》。今河南河南府鞏縣縣西南五十八里有故鄩城。（鄩）

穀水

謻臺

【詁訓】【異體】《東京賦》曰："於南則謻門曲榭"，薛曰："謻門，冰室門也。"《水經注·穀水篇》曰："洛陽諸宮名曰南宮。有謻臺、臨照臺。《東京賦》謻門即宣陽門也。門內有宣陽冰室。"按：謻臺蓋謂謻門之臺也。謻者，誃之或體，李善直移反。周景王作大錢、大鐘，則其作謻臺也，亦侈大之意。《釋宮》："連謂之簃"，郭云："堂樓閣邊小屋。今呼之簃廚連觀也。"鉉《竹部》新附有"簃"字。按：陸雲《與兄書》曰："曹公所爲屋，圬其謻堂，不可壞，直以斧斫之。"其字亦作"謻"。《爾雅》之"簃"，蓋亦誃之異體。（誃）

渭水

樊鄉

【地理】《水經注·渭水篇》："沈水上承皇子陂於樊川。其地即杜之樊鄉也。漢祖至櫟陽，以將軍樊噲灌廢丘最，賜邑於此鄉。"按：樊鄉見《史》《漢》：《樊噲傳》。《索隱》引《三秦記》曰："長安正南，山名秦嶺，谷名子午，一名樊川，一名御宿。"樊鄉即樊川也。宋敏求《長安志》曰："樊川在萬年縣南三十五里。"引《十道志》云："其地即杜陵之樊鄉。"凡言樊鄉，即許之鐢鄉也，在今西安府府南三十里之樊川。《周語》："樊仲山父諫。"韋曰："仲山父，王卿士。食采於樊。"《毛傳》曰："仲山甫，樊侯也。"按：周襄王賜晉文公陽樊之田。陽樊，一名樊，一名陽。《國語》陽人不服，而曰："陽有樊仲之官守焉。"然則仲山甫之樊非此鐢也。陽樊，《方輿紀要》云："或曰在今河南懷慶府濟源縣。"

（鐢）

瓠子河

【地理】【義例】（《說文》："灉，河灉水也。"①）《水經》曰："瓠子河，出東郡濮陽縣北河。"酈云："《尚書》：'灉沮會同。'《爾雅》曰：'水自河出為灉。'許慎曰：灉者'河灉水也。'"是酈意以瓠子河為《尚書》之灉也。按：自河出為灉，濟為濋，汶為灛，洛為波，漢為潛，淮為滸，江為沱，過為洵，潁為沙，汝為濆，見於《釋水》。其見於《說文》者，則沱也，潛也，灉也，洵也。河之別為灉，如江之別為沱。沱非一沱，則灉亦非一灉。凡首受河之水皆可名之矣。（《說文》："在宋。"）說者以汳水當之。

（灉）

灈水

【地理】《水經》曰："灈水，出灈強縣南澤中，東入潁。"酈云："灈水，出潁川陽城縣少室山，東流注於潁而亂流東南逕臨潁縣西北，又東逕灈陽城北，又東逕灈強縣故城南。汝水於奇雒城西別東派，時人謂之大灈水。左合小灈水，東逕西華縣故城南，至女陽縣故城北，東注於

---

① 陳本無"也"。

穎。"按：《前志》汝南郡瀙強，以瀙水得名。今大溵水在鄢城縣南，至商水縣東二十里合穎水。小溵水在臨穎縣西南，東流合於穎水。……其字一變爲瀙，再變爲溵。

（瀙）

潕水

潕陰縣

【地理】《水經》曰："潕水出潕陰縣西北扶予山，東過其縣南。"凡水之南爲陰，當因水在縣西北，縣即在水東南而名舞陰矣。水作"潕"、縣作"舞"者，漢時縣字作"舞"也。《水經注》作"潕陰"者，依水改字也。

（潕）

泄水

沘水

【地理】【詁訓】《水經》曰："泄水，出博安縣，北過芍陂西與沘水合，西北入於淮。"注云："博安縣，《地理志》之博鄉縣也。泄水自縣上承沘水於麻步川，西北出歷濡谿，謂之濡水。自濡谿逕安豐縣，北流注於渒，亦謂之濡須口。"按：渒即沘字，見《沘水篇》注。

（泄）

江水

半浣水

【辨誤】（《說文》："湔，湔水。出蜀郡緜虒玉壘山，東南入江……一曰：湔，半澣也。"①）《字林》蓋全襲《說文》語，而酈書於"湔水出緜虒玉壘山"下引呂忱云："一曰半浣水也，下注江。"此妄增"水"字，謂半浣爲湔水別名，亦其涉獵者博，不無抵梧。

（湔）

如人袒髆

【詁訓】【正俗】《肉部》曰："肩，髆也。"單呼曰肩，絫呼曰肩甲。甲之言蓋也，肩蓋乎衆體也。今俗云肩甲者，古語也。《釋名》作"肩甲"，《靈樞經》作"肩胛"。《水經注》云："如人袒胛，故謂之赤胛山。"胛者，甲之俗也。

（髆）

歸典協律②

【叚借】古假歸作夔。《樂緯》云："昔歸典協律"，即夔典樂也。《地理志》"歸子國"，即夔子國也。

（夔）

潛客

【詁訓】《水經注·江水篇》云："有潛客泳而視之，見水下有兩石牛。"此則謂潛全没水中矣。

（潛）

溫水

鬱林　應劭地理風俗記曰

【源流】《水經注·溫水篇》引應仲遠《地理風俗記》語乃仲遠隱栝許

---

① 陳本"湔半"二字但作"手"。
② 今本"協"作"叶聲"。

書而爲之者①。

(鬱)

淹水

【地理】《水經》曰："淹水，出越雟遂久縣徼外，東南至青蛉縣，又東過姑復縣南，東入於若水。"然則淹水亦合金沙江以入江者也。越雟郡，今四川寧遠府是其地。

(淹)

湘水

潿水

【地理】【異文】【古今】《水經・湘水篇》曰："又北過羅縣西，潿水從東來流注之。"潿水又別爲篇曰："潿水，出豫章艾縣，西過長沙羅縣西，又西至磊石山，入於湘水。"按：《水經》言潿不言汨，諸書多言汨不言潿。依《廣韵・廿三錫》，汨、潿、涃三形同。《春秋》莒君密州，《左傳》密作買，亦是買聲近密之證。考之於今，則由江西寧都州迳湖南平江縣至湘陰縣入湘者，但有汨水，別無潿水，則潿、汨之爲古今字憭然。酈氏云："汨出艾縣，迳羅縣。"皆與《經》言潿同。惟云潿水入湘曰東町口，汨水入湘曰汨羅口，汨羅口在潿口之北，磊石山又在羅口之北。《經》言潿水至磊石山入湘，非是潿尚在羅口南注湘耳。此言甚辨。依《水道提綱》，汨水出平江縣，西北至歸義驛，又西分爲二支。一支西流，稍北於山麓西入湘。一支北流數十里，西北入湘曰屈潭，亦曰汨羅口。正酈之東町、汨羅二口，非有二水也。酈蓋未溯上游，不辨異文同物。許書蓋本同《水經》，有潿無汨，而後人妄增汨字，故其文不類許書。屈原所沈，例所不載。且許既有"溟"字，云

---

① 應云："鬱，芳草也，百草之華，煮以合釀黑黍，以降神者也。"

"冥聲",豈得"冥省聲"又爲一字乎?
(瀵)

全書

故瀆

【詁訓】《水經注》謂古時水所行,今久移者曰"故瀆"。
(瀆)

桑欽

【義例】《水經》者,或謂桑欽所作。
(溠)

洛陽伽藍記

城内

苗茨之碑

【叚借】【經學】【異文】【源流】古或假苗爲茅，如《士相見禮》古文"艸茅"作"艸苗"。《洛陽伽藍記》所云魏時"苗茨之碑"，實即"茅茨"，取堯舜"茅茨不翦"也。

（苗）

南方艸木狀

卷中

楓人　楓香

【詁訓】嵇含《南方艸木狀》分楓人、楓香爲二條,實一木也。(楓)

通　典

禮十五　沿革十五　吉禮十四

婦人大率奄八寸

【志疑】《通典》引《白虎通》曰："夏法日，日數十也。日無不照，尺所度無不極，故以十寸爲尺。殷法十二月，言一歲之中無所不成，故以十二寸爲尺。周據地而生，地者，陰也，以婦人爲法，婦人大率奄八寸，故以八寸爲尺。"按："奄"字未詳，疑是"手"之誤字。
（咫）

刑法一　刑制上

令乙有所呵人受錢

【正俗】【叚借】【詁訓】【譌字】【辨誤】《通典》陳羣、劉邵等《魏律令序》曰："盜律有受所監臨，受財枉法，襍律有假借不廉，令乙有所呵人受錢，科有使者驗賂，其事相類，故分爲請賕律。"按：訶責字見三篇《言部》，俗作呵，古多以苛字、荷字代之。漢令："乙有所苛人受錢"，謂有治人之責者而受人錢，故與監臨受財、假借不廉、使者得賂爲一類。苛从艸、可聲，假爲訶字，並非从止句也。而隸書之尤俗者乃譌爲"茍"。說律者曰："此字从止句，句讀同鉤，謂止之而鉤取其錢。"其說無稽，於字意、律意皆大失。今《廣韵·七歌》曰："茍，止也。虎何切。"《玉篇·止部》云："茍，古文訶。"亦皆譌字耳，而不若"茍"之甚。
（苛人受錢）

漢舊儀[①]

駬駱馬

【詁訓】《漢舊儀》："有天地大變，丞相上病，使者奉策書，駕駬駱馬，即時布衣步出府，免爲庶人。丞相有他過，使者奉策書，駕騅駬馬，即時步出府，乘棧車牝馬歸。"按：乘駬者，取無色之意。
（駬）

[①] 今本作《漢官舊儀》。

隸 釋

濟陰太守孟郁脩堯廟碑

規柜

【叚借】《堯廟碑》以柜爲榘。

（榘）

都鄉正衞彈碑

梵梵黍稷

【異體】【音義】《衞彈碑》：「梵梵黍稷」，（編按：芃）隸變從林，而葛洪《字苑》始有梵字，潔也，凡泛切。

（芃）

附：金石

曶鼎

【志疑】畢尚書沅得曶鼎，豈其器即"匫"與？

（匫）

石鼓文

可以橐之

【注音】【辨誤】《石鼓文》："其魚隹可，隹鱮隹鯉。可以橐之，隹楊及柳。"橐讀如苞苴之苞。蘇軾詩作"貫"，非也。

（橐）

臭

【辨誤】（《說文》："臭，大白也。"①）各本"白"下有"澤"字，其誤不知始於何時。獸名白澤，故非經典。即有此物，孰別其大小乎？全書之例，於形得義之字不可勝計。臭以白大會意，則訓之曰："大白也"，猶下文大在一上則爲立耳。淺人妄增，《玉篇》《廣韵》仍之，說《石鼓文》者又引爲證。古來鄦書燕說類多如此。

（臭）

---

① 陳本"白"下有"澤"。

金石總體

蘄

【叚借】古鐘鼎欵識多借爲祈字。

（蘄）

殹兮也

【叚借】【詁訓】（編按：殹）秦人借爲語詞。《詛楚文》："禮使介老，將之以自救殹。"薛尚功所見秦權銘："其於久遠殹。"《石鼓文》："汧殹沔沔。"權銘"殹"字，琅邪臺刻石及他秦權、秦斤皆作"殹"。然則周秦人以"殹"爲"也"可信。《詩》之"兮"字，儷《詩》者或用"也"爲之。三字通用也。

（殹）

琅琊

【正俗】漢碑琅邪字或加玉旁，俗字也。

（邪）

夤

【叚借】漢唐碑多作"夤"者。凡云"夤緣"者即"延緣"，云"八夤"者即"八埏"，皆雙聲叚借也。

（夤）

窺斳

【詁訓】窺與親音義皆同，故秦碑以"窺斳"爲親巡。

（窺）

颺歷

【源流】漢碑用"颺歷",他文用"敭歷",皆用今文《尚書·般庚》之"優賢揚歷"也。

(揚)

緄

【叚借】(編按：緄)漢碑用爲袞字。

(緄)

䘵冬

【叚借】古鼎彝銘以"䘵冬"爲"令終"。

(世祚遺靈)

世 本

帝繫

女瑩

【歷史】【同源】伯翳嬴姓，其子皋陶偃姓，偃、嬴，語之轉耳，如娥皇女英，《世本》作"女瑩"，《大戴禮》作"女匽"，亦一語之轉。
（嬴）

卿大夫

拔生朱爲公叔氏

【注音】衛公叔戍，《世本》作"朱"，古音朱讀如州。
（戍）

作

神農作琴

【辨誤】【校勘】（《說文》："琴……神農所作。"）《世本》文也。《宋書·樂志》曰："琴，馬融《笛賦》云宓羲造，《世本》云神農所造也。瑟，馬融《笛賦》云神農造，《世本》云宓羲所造也。"按：《風俗通》《廣雅》皆同《世本》，季長說誤。《山海經》郭傳引《世本》："伏羲作琴，神農作瑟"，恐系轉寫舛錯。
（琴）

暴辛公作塤蘇成公作箎

【辨誤】《世本》云："暴辛公作塤，蘇成公作箎。"譙周云："二人善塤善箎，記者因以爲作，謬矣。"按：許於"塤""箎"下皆不引《世本》，於"鐘""磬""笙""簧""琴""瑟"則引之，其匡謬不在允南之前乎？

（箎）

―段注說文攷校羣書類纂―

子 部

荀　子

勸學篇第一

其漸之滫

【詁訓】《荀卿子》："蘭槐之根是爲芷，其漸之滫，君子不近，庶人不服。其質非不美也，所漸者然也。"《大戴禮》同。謂久泔覷䔌也。《內則》"滫瀡"注："秦人溲曰滫。"此則別是湯液之類，與久泔異實同名，秦人方言也。

（滫）

草木疇生

【古今】高注《國策》、韋注《漢書》："疇，類也。"王逸注《楚辭》："二人爲匹，四人爲疇。"張晏注《漢書》："疇，等也。"如淳曰："家業世世相傳爲疇。"攷《國語》："人與人相疇，家與家相疇"，《戰國策》曰："夫物各有疇"，《漢書》曰："疇人子弟""疇其爵邑"，王粲賦："顯敞寡疇"，曹植賦："命疇嘯侶"，蓋自唐以前無不用從田之疇，絶無用從人之儔訓類者。此古今之變，不可不知也。楊倞注《荀卿》乃云"疇當爲儔"矣。

（疇）

不苟篇第三

喜則輕而翾

【叚借】《荀子》:“喜則輕而翾”，假翾爲儇也。
（翾）

潐潐

【詁訓】《荀卿書》:“其誰能以己之潐潐，受人之掝掝者哉?”楊倞曰:“潐，盡也。”“潐潐”謂窮盡明於事，猶《楚辭》之“察察”。
（潐）

非十二子第六

其纓禁緩

【叚借】《荀卿·非十二子》曰:“其纓禁緩”，叚禁爲紟也。
（紟）

儒效篇第八

溝瞀

【聯綿】【校勘】瞉瞀疊韵。《荀子·儒效篇》用“溝瞀”，《漢書·五行志》作“傋霿”，《楚辭·九辨》作“怐愗”，《廣韵·五十候》作“怐愗”，又作“嫛瞀”，又作“瞉瞀”。其字皆上音寇，下音茂。其義皆謂愚蒙也。《山海經注》“縠瞀”，縠亦瞉之譌。
（瞉）

議兵篇第十五

諰諰然

【異文】【音義】《荀卿》曰："諰諰然常恐天下之一合而軋己也。"《漢書》"諰"作"鰓"，蘇林曰："讀如慎而無禮則葸之葸。鰓，懼兒也。"
（諰）

彊國篇第十六

黭然

【叚借】（《說文》："黭，果實黭黯黑也。"）《荀卿子》："黭然而雷擊之"，注："黭然，卒至之兒。"此叚借字也。
（黭）

解蔽篇第二十一

有鳳有皇①

【校勘】【押韵】《荀卿書》引《詩》："有鳳有皇，樂帝之心。"當作"有皇有鳳"，與"心"爲韵。
（鳳）

其名曰觙

【志疑】【音義】《荀卿》曰："空石之中有人焉，其名曰觙。其爲人也，善射以好思，闢耳目之欲，遠蚊蝱之聲，閑居靜思則通，思仁若是，可謂微乎？"此葢設言善思之人，名之以觙乎？觙與伋音義葢相近。
（伋）

---

① 今本"皇"作"凰"。

湛濁在下

【叚借】（《說文》："黕，滓垢也。"）《荀卿》曰："人心譬如槃水，正錯而勿動，則湛濁在下而清明在上。"楊倞曰："湛濁謂沈泥滓也。"按：湛即黕之叚借字。

（黕）

性惡篇第二十三

僞也

【叚借】【異文】【經學】【詁訓】經傳多假"爲"爲"僞"，如《詩》："人之爲言"，即僞言；《月令》："作爲淫巧"，今《月令》云："詐僞淫巧"；古文《尚書》："南僞"，《史記》作"南爲"；《左傳》"爲"讀"僞"者不一。蓋字涉於作爲則曰僞。徐鍇曰："僞者，人爲之，非天真也，故人爲爲僞是也。"《荀卿》曰："桀紂，性也；堯舜，僞也。""人之性惡，其善者僞也。""不可學、不可事而在人者謂之性；可學而能、可事而成之在人者謂之僞。"又曰："生之所以然者謂之性，心慮而能爲之動謂之僞。慮積焉，能習焉而後成謂之僞。"《荀卿》之意謂堯舜不能無待於人爲耳。玉裁昔爲謝侍郎墉作《荀卿補注》，曾言之。

（僞）

纖驪①

【詁訓】《荀卿子》："纖驪"，《列子》作"盜驪"。《穆天子傳》："盜驪"，郭注："爲馬細頸。驪，黑色也。"《廣雅》作"駣騄"。駣者，趹駣脩長之謂。盜、駣同聲，纖、駣同義也。

（纖）

---

① 今本"驪"作"離"。

賦篇第二十六

不偪

【詁訓】《荀卿子》："充盈大宇而不窕，入卻穴而不偪。"《淮南·兵略訓》："入小而不偪，處大而不窕。"凡云不偪者，皆謂不塞。《淮南·俶真訓》："處小隘而不塞。"《要略訓》："置之尋常而不塞。"《氾論訓》："内之尋常而不塞。"《齊俗訓》："大則塞而不入，小則窕而不周。""偪"與"塞"義同。

（畐）

大略篇第二十七

井里之厥

【異文】《荀卿》曰："和之璧，井里之厥也。玉人琢之，爲天子寶。"《晏子》作"井里之困"。

（氒）

哀公篇第三十一

務而拘領

【叚借】【校勘】【古今】《荀卿》曰："古之王者，有務而拘領者矣。"楊注："務讀爲冒，拘與勾同。"《淮南書》曰："古者有鍪而綣領以王天下者。"高注："古者，蓋三皇以前也。鍪著兜鍪帽，言未知制冠。"按：高注"兜鍪"二字蓋淺人所加。務與鍪皆讀爲冃，冃即今之帽字也。

（冃）

新　書

過秦上

棘矜①

【詁訓】矜本謂矛柄，故字从矛。引申爲戈戟柄，故《過秦論》"棘矜"即戟柄。

（矜）

長鎩

【詁訓】賈誼曰："鉏櫌棘矜，非銛於句戟長鎩。"張衡曰："植鎩縣瞂，用戒不虞。"曰長曰植，則鎩有柄，有柄故不爲鼻。薛綜解："一曰：鋋似兩刃刀"，鋋謂其上出之鋒也。《淮南書》："飛鳥鎩羽"，許注曰："鎩，殘也。"左思賦亦曰："鳥鎩翮。"此等"鎩"字乃引申之義。鎩可殘羽，故凡見殘者曰鎩。《公羊》作"摋"："宋萬臂摋仇牧，碎其首"，何云："側手擊曰摋。"

（鎩）

---

① 今本"矜"作"矜"。

容經

旄如濯絲

【詁訓】《賈子·容經》:"跘旋之容,旄如濯絲。"旄同繓,言細如濯絲也。

(繓)

捍珠

【校勘】(《說文》:"玾,古文玗,从王旱。"①)賈誼《新書》:"上有蔥珩,下有雙璜。捍珠以納其閒,琚瑀以雜之。""捍"必"玾"之誤。

(玗)

---

① 陳本無"从王旱"。

說 苑

政理

善之則畜

【叚借】（編按：畜）古叚爲好字，如《說苑》尹逸對成王曰："民善之則畜也，不善則讎也。"晏子對景公曰："畜君何尤？畜君者，好君也。"謂畜即好之同音叚借也。

（畜）

反質

命曰橋

【音義】《說苑》曰："爲機，重其後，輕其前，命曰橋。終日溉韭，百區不倦。"橋，陸《音義》音居廟反。按：其義當同撟，舉也。

（韓）

法　言

吾子卷第二

骿幪

【正俗】《法言》:"震風凌雨,然後知夏屋之爲骿幪也。"幪即幏之俗。
(幏)

修身卷第三

弘深

【叚借】《法言》曰:"其中弘深,其外肅括。"此宏字之義,假弘爲宏耳。
(宏)

孫子兵法

作戰篇

萁秆

【音義】《孫子兵法》曰:"萁秆一石,當吾二十石。"曹操注:"萁音忌。豆稭也。"按:萁即其字。潘岳《馬汧督誄》曰:"萁稈空虛",用萁秆字。

(萁)

司馬法

全書

善者忻民之善閉民之惡

【佚文】【詁訓】(《説文》:“《司馬灋》曰:‘善者,忻民之善,閉民之惡。’”)今《司馬法》佚此語。謂開其善心,閉其惡心,是爲冣善也。

(忻)

若軍發車百兩爲輩

【佚文】【詁訓】(《説文》:“若軍發車,百兩爲輩。”①)“若軍發車,百兩爲輩”,葢用《司馬灋》故言,故以“若”發聲。今《司馬灋》存者尟矣。

(輩)

① 陳本“兩”作“兩”,無“一”。

管 子

小匡第二十

惡金以鑄斤斧鉏夷鋸欘試諸木土

【詁訓】《管子》曰："美金以鑄戈、劍、矛、戟，試諸狗馬。惡金以鑄斤、斧、鉏、夷、鋸、欘，試諸木土。"謂斤、斧、鋸試諸木者，鉏、夷、欘試諸土者也。韋曰："夷者所以削艸平地也。"

（欘）

戒第二十六

琅邪

【地理】【辨誤】【志疑】《管子》："齊桓公將東遊，南至琅邪。"《孟子》："齊景公欲遵海而南，放於琅邪。"蘇秦說齊宣王曰："齊南有泰山，東有琅邪。"《史記》：秦始皇屢並海至琅邪。《子虛賦》曰："齊東陼鉅海，南有琅邪。"皆謂今諸城縣。《山海經》云："琅邪臺在渤海郡間"，非也。趙岐曰："琅邪，齊東南境上邑。"《越絕書》："句踐既滅吳，欲霸中國，徙都琅邪，立觀臺於山上，周七里，以望東海。"始皇立琅邪郡，爲三十六郡之一，而漢因之。尋周時琅邪之名未知何解。許君以其字從邑，傅合郡名爲釋耳。《九經字樣》曰："郎邪，郡名。郎，良也。邪，道也。以地居鄒魯，人有善道，故爲郡名。今經典玉旁作良者譌。"未知其說所出，古書絕無作郎者，且琅邪齊地，非鄒魯地。

（邪）

弛弓脫釬①

【辨誤】【詁訓】《管子・戒》曰："弛弓脫釬"，房注："釬，所以扞弦。"按：房非也。《禮》射時箸左臂者謂之遂，亦謂之拾。若戰陣所用臂鎧，謂之釬，兩臂皆箸之。又非無事時所箸臂衣謂之韝也。

（釬）

哇哇②

【詁訓】《管子》曰："東郭有狗哇哇，旦莫欲齕我猳。"哇哇，露齒之皃。

（齫）

侈靡第三十五

一踦腓一踦屨而當死

【詁訓】《管子》："佸堯之時，一踦腓，一踦屨，而當死。"謂一足刖，一足屨，當死罪也。

（踦）

水地第三十九

廉而不劌　折而不撓　清搏徹遠③

【古今】【校勘】【異文】（《說文》："玉，石之美有五德者。潤澤曰溫，

---

① 今本"弛"作"弝"。
② 今本"哇"作"喹"。
③ 今本"撓"作"撓"。

仁之方也。鰓理自外，可㠯知中，義之方也。其聲舒揚，專㠯遠聞。"①）《管子》曰："叩之其音清搏徹遠，純而不殺。""搏"，古專壹字，今本作"搏"，葢非。……（《說文》："智之方也。不橈而折。"）謂雖折而不撓，《管子》《孫卿》皆作："折而不境。"（《說文》："勇之方也。銳廉而不忮，絜之方也。"②）《管子》《孫卿》皆作："廉而不劌，行也。"已上《禮記·聘義》《管子·水地》《孫卿·法行》辭皆不同。

（玉）

七臣七主第五十二

不辐

【異體】【辨誤】《管子·七臣七主篇》："事無常而法令申，不辐，則失國勢。"《戰國策》有"樓辐"。《呂覽·明理篇》："亂世之民，長短頡辐百疾"，高注："辐，迎也。"字皆左吾右午，啎之或體也。姚宏云："字書無之"，過矣。

（啎）

地員第五十八

苹蕭

【詁訓】《管子》："黑埴，其草宜苹、蕭。"按：苹、蕭，二艸名。

（蕭）

剛而不觳

【詁訓】【校勘】《管子·地員》"剛而不觳"，"觳"，薄也，當是"嗀"

---

① 陳本無"者"。
② 陳本"忮"作"技"。

之誤。

（确）

五塥

【志疑】《管子》："沙土之次曰五塥"，"塥"疑同"碥"。

（碥）

【詁訓】《管子》："沙土之次曰五塥"，"塥"蓋謂堅垎。

（垎）

明法解第六十七

私佼

【詁訓】佼見《管子》。《明法解》曰："羣臣皆忘主而趨私佼。"又曰："養所與佼而不以官爲務。"又曰："小臣持祿養佼，不以官爲事。"其訓皆交也。

（佼）

輕重甲第八十

渾然擊皷①

【叚借】《管子》："渾然擊皷士忿怒"，借渾爲鐏也。

（渾）

輕重丁第八十三

式璧

【叚借】《管子·輕重》曰："桓公使八使者式璧而聘之"，式者，飾之

---

① 今本"皷"作"鼓"。

叚借。

（飾）

輕重戊第八十四

綈

【詁訓】【辨誤】《管子·輕重戊篇》管子對桓公："魯梁之民俗爲綈，公服綈。"既又對桓公："宜服帛去綈。"然則帛薄綈厚可知也。《史記·范雎傳》索隱曰："葢今之紬。"按：非也，紬即許之繝字。

（綈）

韓非子

解老第二十

樹木有曼根有直根

【詁訓】《韓非·解老》曰:"樹木有曼根,有直根。直根者,書之所謂柢也。柢也者,木之所以建生也。曼根者,木之所以持生也。"按:直者曰直根,橫者曰曼根。

(柢)

說林下第二十三

以其鴈往

【叚借】【正俗】《韓子》:"齊伐魯,索讒鼎。以其鴈往。齊人曰:'鴈也。'魯人曰:'真也。'"鴈葢即贋之叚借字,如今之作偽古物曰"燒瘢貨"是也。俗作真贋。

(贋)

內儲說下六微第三十一

懷刷

【詁訓】(編按:厵)可以厵拭之器,若今厵子之類。《韓非》所謂"懷刷",其是歟?古厵、刷通用也。

(厵)

外儲説左上第三十二

紳之束之

【校勘】【詁訓】《韓子·外儲説》曰:"申之束之",今本"申"諜"紳"。申者,引長。束者,約結。《廣韻》曰:"申,伸也,重也。"

(申)

難二第三十七

制割

【詁訓】《韓非子》曰:"管仲善制割,賓胥無善削縫,隰朋善純緣。"制割者,前裁之謂也。裁者,衣之始也。

(裁)

五蠹第四十九

自環者謂之私

【異文】【同源】(《說文》:"《韓非》曰:'倉頡作字,自營爲厶。'")今本《韓非》"營"作"環",二字雙聲語轉。"營"訓市居,"環"訓旋繞,其義亦相通。

(厶)

顯學第五十

剔首

【詁訓】《韓非》曰:"嬰兒不剔首則腹痛。"剔亦鬄也。蓋自古小兒鬄髮。

(鬄)

---

① 陳本"倉"作"蒼"。

齊民要術

序

柂落不完

【校勘】《齊民要術》引仲長子曰："柂落不完，垣牆不牢，掃除不淨，笞之可也。""柂"者"杝"之誤。

（杝）

耕田第一

溼耕堅垎

【注音】《齊民要術》論耕曰："寧燥不溼。燥雖耕塊，一經得雨，地則粉解。溼耕堅垎，數年不佳。"垎，胡格反。

（暵）

【詁訓】《齊民要術》曰："溼耕堅垎，數年不佳"，謂耕溼田則土堅垎不佳也。

（垎）

種穀第三

鋒之

【詁訓】賈思勰曰："古曰耰，今曰勞。《說文》：'櫌，摩田器。'今人鄙語曰摩勞。""種穀之法：苗既出壟，每一經雨白背時，輒以鐵齒䥩榛縱橫杷而勞之。""杷法：今人坐上數以手斲去艸，如此令地頓，易鉏，省力，中鋒止。""苗高一尺，鋒之。"按：賈云"鋒之"謂鉏之也。勞之而後鋒之，然則案之而後穮之矣。

（案）

全書

殺米

【詁訓】（編按：槃）亦省作殺，《齊民要術》凡云"殺米"者皆"槃米"也。

（槃）

素 問

生氣通天論篇第三

大筋緛短

【詁訓】《素問》曰："大筋緛短，小筋弛長。"緛短謂戚而短也。緛以衣喻，弛以弓喻。

（緛）

異法方宜論篇第十二

砭石

【詁訓】《東山經》："高氏之山，其下多箴石"，郭云："可以爲砭針治癰腫者。"《素問·異法方宜論》："東方其治宜砭石"，王云："砭石，謂以石爲鍼。"按：此篇以東方砭石、南方九鍼並論，知古金石並用也。後世乃無此石矣。

（砭）

平人氣象論篇第十八

黃疸①

【叚借】【辨誤】（《說文》："癉，勞病也。""疸，黃病也。"）癉與疸

---

① 今本"疸"作"疸"。

音同而義別，如郭注《山海經》、師古注《漢書》皆云："癉，黃病。"王砅注《素問》"黃疸"云："疸，勞也。"則二字互相假而淆惑矣。

（癉）

骨空論篇第六十

輔骨上橫骨下爲楗

【詁訓】《骨空論》云："輔骨上，橫骨下，爲楗。"注："膝輔骨上，腰髖骨下，爲楗。"按：橫骨即髖，橫之言廣也。楗即髀骨之直者。機即髀骨與髖相構處也。

（髖）

骸

【詁訓】《骨空論》曰："膝解爲骸關，俠膝之骨爲連骸。"然則正謂脛骨爲骸矣。下文云："連骸下爲輔。"輔即骸也。膝解爲其關，俠膝之骨連之也。

（骸）

五運行大論篇第六十七

大虛之中

【詁訓】《陰陽大論》曰："黃帝問於岐伯曰：'地之爲下否乎？'岐伯曰：'地爲人之下，大虛之中者也。'黃帝曰：'馮乎？'岐伯曰：'大氣舉之也。'"① 按：地之重濁而包舉乎輕清之氣中，是以不墜。

（地）

---

① 今本在《五運行大論篇》。

全書

膻中

【詁訓】《素問》"膻中"謂氣海。

（膻）

胃脘

【詁訓】【正俗】《素問》"胃脘"謂胃宛中可容受，脘葢宛之俗。

（脘）

靈　樞

衞氣行第七十六

紛紛皅皅①

【詁訓】《靈樞經》曰："紛紛皅皅，終而復始。""紛紛皅皅"，蓋言多也。

（皅）

---

① 今本"皅皅"作"盼盼"。

本艸經

艸部上品之上

薏苡人　　贛

【音義】《本艸經·艸部上品》有"薏苡人"，陶隱居云："生交阯者子㝡大，彼土人呼爲𦯗（段云："音幹。"）珠。馬援大取將還，人讒以爲珍珠也。"按：𦯗與贛雙聲。

（蕾）

【音義】（《說文》："贛，艸也……一曰薏苢。"）《本艸》曰："一名贛，音感"，即此字。陶隱居云："交阯實大者名𦯗珠"，𦯗與贛雙聲字也。

（贛）

艸部上品之下

忍冬

【詁訓】（《說文》："荵，荵冬艸。"）《名醫別錄》作"忍冬"，今之金銀藤也，其花曰金銀花。

（荵）

艸部中品之上

乾薑

【詁訓】【音義】【辨誤】《神農本艸經》曰:"乾薑,主逐風溼痹(段云:"溼病也。")、腸澼(段云:"匹辟切,腸間水。")、下痢。生者尤良。久服去臭氣,通神明。"按:"生者尤良"謂乾薑中之不孰而生者耳。今人謂不乾者爲生薑,失之矣。

(薑)

沈燔

【注音】【詁訓】《本艸》作"沈(段云:"直林切。")燔",說《爾雅》者謂即今之知母。

(蕁)

紫菀

【詁訓】《本艸經》作"紫菀",古紫通用茈,見上(編按:"茈"篆下)。《唐本艸》注云:"白菀謂之女菀。"《急就篇》:"牡蒙甘艸菀藜蘆",師古曰:"菀謂紫菀、女菀之屬也。"

(菀)

艸部中品之下

蓬莪茂

【注音】陳藏器《本艸》:"蓬莪茂(段云:"旬律切。"),一名蓬莪,二名蒁,三名波殺。"

(蒁)

艸部下品之下

羊蹄

【詁訓】【音義】【辨誤】《本艸經》曰："羊蹄"，《小雅》謂之"蓫"，蓫即苖字，亦作蓄。《廣韵·一屋》葷，許竹、丑六二切，"羊蹄菜也"。……按：《廣韵》葷讀許竹、丑六切者，因葷、蓄同物而誤讀葷同蓄也。

（葷）

木部上品

箘桂

【詁訓】劉逵引《本艸經》正文曰："箘桂，圓如竹，出交趾。"然則其樹正圓如竹，故名箘桂。今《本艸》云："無骨，正圓如竹。"不系之正文。"無骨"，蓋謂空心也。左思賦："邛竹緣嶺，箘桂臨崖。"正以竹之實中者與桂之虛中者反對也。

（桂）

木部中品

秦皮

【詁訓】【音義】（《說文》："梣，青皮木。"）《本艸經》謂之"秦皮"，以一名岑皮而聲誤作秦耳。其木一名石檀。陶隱居云："是樊槻木。"槻音規。《集韵》云："江南樊雞木。其皮入水綠色，可解膠益墨。"樊雞即樊槻也。

（梣）

蟲魚中品

烏賊魚

【詁訓】陶貞白云："是鶪烏所化，其口腹猶相似，腹中有墨，能吸波溲溺墨，令水溷黑自衛。"劉淵林云："腹中有藥。"謂其背骨。今名海鰾鮹是也。

（鰂）

蜎蝓①

【詁訓】【辨誤】《本艸經》作"蜎蝓"，云："一名陵螺"，後人又出"蝸牛"一條。據本經則蜎蝓即蝸牛。合之《釋蟲》及鄭注《周禮》、許造《說文》皆不云蠃與蚹蝓爲二。蓋螺之無殼者古亦評螺，有殼者正呼蚹蝓，不似今人語言分別評也。陸佃、寇宗奭分別之說，似非古言古義。

（蝓）

蟲部下品

蠣蟔

【音義】《本艸》所謂"蠣蟔"，"似蛤而長扁"，蠣與蟔音同。《玉篇》曰："蟔，小蚌，可食。"

（蟔）

斑猫

【正俗】《本艸經·蟲部下品》曰："斑猫，味辛寒，有毒，一名龍尾。"諸家云："大豆葉上取之，長五六分，甲上黃黑斑文，烏腹尖喙。"按：

---

① 今本"蜎"作"蛞"。

斑猫，俗字也。

（蟹）

果部三品

橘柚

【詁訓】今橘、橙、柚三果，莫大於柚，莫酢於橙汁，而橙皮甘可食。《本草經》合橘柚爲一條，渾言之也。

（柚）

君遷子

【詁訓】司馬氏光曰："君遷子，即今牛奶柿。"按：《吳都》劉注："梬櫨子如瓠形。"《玉篇》曰："梬櫨子如雞子。"不當以羊棗當之。

（梬）

全書

秔米　稻米

【辨誤】《本艸經》秔米、稻米殊用。陶貞白乃不能分別，其亦異矣。

（秔）

果仁

【譌字】凡果實中有人，《本艸》本皆作"人"，明刻皆改作"仁"，殊謬。

（禿）

【譌字】果人之字古書皆作"人"，金刻《本艸》尚無作"仁"者，至明刻乃盡改爲"仁"。

（米）

【譌字】果人之字，自宋元以前《本艸》、方書、詩歌、紀載無不作"人"字，自明成化重刊《本艸》乃盡改爲"仁"字，於理不通，學者所當知也。○仁者，人之德也。不可謂人曰仁，其可謂果人曰果仁哉？金泰和閒所刊《本艸》皆作"人"，藏袁廷檮所。

（人）

九章筭術[1]

粟米

小𪍺　大𪍺

【詁訓】《九章筭術》曰："小𪍺之率十三半，大𪍺之率五十四。麥八斗六升七分升之三，得小𪍺二斗五升一十四分升之一十三。麥一斗得大𪍺一斗二升。"李籍《音義》曰："細曰小𪍺，粗曰大𪍺。"然則《九章》之小𪍺，許所謂𪍾也；《九章》之大𪍺，許所謂麩及𪍽也。

(𪍺)

---

[1] 今本"筭"作"算"。

太 玄

礥

輯䑽

【詁訓】《大玄·礥》上九:"崇崇高山,下有川波。其人有輯䑽,可與過。《測》曰:高山大川,不輯䑽,不克也。"此輯謂轝。山必轝,川必䑽,而後可過。是古義見於子雲之書,非無可徵也。轝之中無所不居,無所不載,因引申爲斂義,《喪大記》《檀弓》之"輯杖""輯屨"是也。又爲和義,《爾雅》:"輯,和也。"《版》詩《毛傳》同。《公劉》傳曰:"和睦也。"引申義行,本義遂廢。

(輯)

竈

脂牛歐歋

【詁訓】【異體】【音義】范注《太玄》曰:"歐歋,逆吐之聲也。"按:此所謂"喑噁",噁即歋之或字也。喑,於鴆切。噁,烏路切。喑噁言其未發也,叱咤言其已發也。《太玄》則"歐歋"之"歐"謂吐,"歋"謂欲吐未吐。

(歋)

文

斐如邠如

【叚借】（編按：彬份字）或借"邠"字爲之，如《太玄》"斐如邠如"是也。

（份）

逃

寇謻其户

【古今】《太玄》："寇謻其户"，范曰："謻，責也。"按：𡉚之古文作㞷，故謻之古文亦作譥。

（謻）

【古今】《太玄》"謻"作"譥"，亦古文也。

（𡉚）

視

粉其題頯

【押韵】【校勘】《太玄·視》次四："頯""須""姝"爲韵。今本"頯"作"頯"，誤。

（頯）

内

嬰执①

【詁訓】《太玄》作"嬰"，其云"嬰执"者，即《左傳》之"嘉耦曰

---

① 今本"嬰"作"嫈"。

妃，怨耦曰仇"也。

（妃）

劇

鬼瞰其室

【詁訓】《大玄》曰："酒作失德，鬼瞰其室。"此與"高明之家，鬼瞰其室"語同也。《吳都賦》："踥跌乎紘中，忘其所以睒睗。"《江賦》："獱獺睒瞲乎厱空。"

（睒）

難

觟𧣾

【叚借】《大玄》《論衡》"觟𧣾"，"解廌"字之假借也。四字皆在十六部。

（解）

玄攤

屢位①

【叚借】（編按：奠）《大玄》"天地屢位"，假"屢"字爲之。

（奠）

【叚借】（編按：屢）《大玄》假爲"天地奠位"之"奠"。

（屢）

---

① 今本"屢"作"奠"。

玄數

揰繫其名[①]

【詁訓】《太玄》:"揰繫其名",揰訓觸。

(揰)

扮天

【詁訓】《太玄》曰:"地則虛三以扮天之十八也",扮猶并也。

(扮)

玄文

馬駓

【詁訓】【志疑】楊子言:"車軨馬駓","馬駓"謂結束馬尾。豈韜之而後結之與?

(紛)

[①] 今本"揰"作"撢"。《集注》云:"撢,《釋文》音憂,陸作'㩜',宋作'揰',今諸家皆作'撢'。"

易 林

坤之第二

潼溿蔚薈

【詁訓】《易林》:"潼溿蔚薈,扶首來會",謂雲起也。《江賦》:"氣溿渤以霧杳。"

(溿)

墨　子

節葬下第二十五

葛以緘之

【異文】【詁訓】（《說文》："《墨子》曰：'禹葬會稽，桐棺三寸，葛吕緟之。'"）今《墨子·節葬篇》此句三見，皆作"緘"，古蒸、侵二部音轉取近也。鄭注《禮記》曰："齊人謂棺束爲緘。"
（緟）

全書

亓

【詁訓】《墨子》書其字多作"亓"。亓與丌同也。
（丌）

鬼谷子

捭闔第一

【詁訓】《鬼谷子》之"捭闔",捭之者,開也;闔之者,閉也。
(捭)

內揵第三

蚨母

【詁訓】【辨誤】《鬼谷子》曰:"若蚨母之從其子也,出無間,入無朕,獨往獨來,莫之能止。"此謂青蚨之還錢,與《萬畢》《搜神》所說正合也。而陶隱居以"蝭蟷在穴中"釋之,此由誤認"蚨"爲"蛈",遂以《爾雅》"王蛈蝪"爲注。《酉陽雜俎》亦云:"青蚨,《鬼谷子》謂之蚨母。"郢書燕說,博學者尤難免矣。
(蚨)

飛鉗第五①

【詁訓】《鬼谷子》有《飛鉗》,"鉗"即"拑"字。
(拑)
【異文】《周禮·典同》注:"飛鉗涅闇",《疏》引《鬼谷子》"《飛鉗》"。
(鉗)

---

① 今本"鉗"作"箝"。

— 1486 —

呂氏春秋

孟春紀第一

引其棬

【校勘】《呂氏春秋》曰："使烏獲疾引牛尾，尾絕力勳而牛不可行，逆也。使五尺童子引其棬，而牛恣所以之，順也。""棬"者，"桊"之譌字。

（桊）

仲春紀第二

身盡府種

【校勘】《玉篇》引《呂氏春秋》曰："身盡疛腫"，今本《呂鑒》作"身盡府種"，二字皆誤。高誘曰："疛，腹疾也。"

（疛）

季春紀第三

具挾曲①

【音義】【校勘】【叚借】【詁訓】《呂覽》作："具挾曲"，高曰："挾

---

① 今本"挾"作"桛"。

讀曰朕。三輔謂之挾，關東謂之得。"《淮南書》作："具撲曲"，高曰："薄，持也。三輔謂之撲。"按：高注"持"即"挮"之誤，"得"即"挮"之假借字也。《篇》《韻》皆云："挮一作㝸，一作㨘。""朕"本謂横者，高注蓋統言之耳。

（挮）

反修于招

【校勘】【詁訓】【異文】《呂氏春秋》曰："射而不中，反修于招。"高云："于招，埻藝也。"按："于"當作"干"，"藝"同"臬"。《戰國策》："以其類爲招"，《春秋後語》作："以其頸爲招"，《文選·詠懷詩》注引作："以其頸爲的"，"招"即"的"字。

（埻）

孟夏紀第四

砰之以石

【詁訓】《呂氏春秋》云："砰之以石。"砰，鎮也。

（闃）

仲夏紀第五

果蓏

【詁訓】張晏云："有核曰果，無核曰蓏。"臣瓚云："木上曰果，地上曰蓏。"馬融、鄭康成云："果，桃李屬。蓏，瓜瓠屬。"高注《呂氏春秋》云："有實曰果，無實曰蓏。"沈約注《春秋元命苞》云："木實曰果。蓏，瓜瓠之屬。"韓康伯注《易傳》云："果蓏者，物之實。"說各不同，皆無不合。高云有實、無實，即有核、無核也。

（蓏）

季秋紀第九

士尉以證靜郭君

【校勘】《呂覽》："士尉以証靜郭君"，高曰："証，諫也。"今俗以証爲證驗字，遂改《呂覽》之"証"爲"證"。

（証）

仲冬紀第十一

彀其頭

【校勘】《呂氏春秋》曰："死而操金椎以葬，曰：'下見六王五伯，將彀其頭矣。'"按："彀"今本譌"穀"。

（彀）

季冬紀第十二

奉以託

【叚借】《呂覽》北郭騷告其友曰："盛吾頭於笥中，奉以託"，以白晏子也。"退而自刎，其友因奉以託。"按：託者，橐之假借字。

（橐）

孝行覽第二

以伊尹爲媵送女

【校勘】（《說文》："呂不韋曰：'有侁氏目伊尹俀女。'"）《呂氏春秋·孝行覽·本味篇》曰："湯於是請取婦爲婚，有侁氏喜，以伊尹爲媵送女。""爲""送"二字，乃後人所妄增，許所據不如是。凡許引《呂氏春秋》，皆直書"呂不韋曰"，此與"爓"下是也，惡其人也。

（俀）

甘而不噮①

【詁訓】【異文】《呂覽》曰："甘而不噮。"《玉篇》《集韵》引同。噮即餯字。《廣韵》曰："噮，甘而猒也"是也。《集韵·鐸韵》又引《伊尹》曰："甘而不餯，肥而不䐿。"

（餯）

辛而不烈

【詁訓】（《說文》："燎，火兒……《逸周書》曰：'味辛而不燎。'"②）《呂覽·本味篇》曰："辛而不烈。"《周書》作"不燎"，字異義同。《方言注》曰："瘆、瘌，皆辛螫也。"按：此等字皆雙聲同義，而瘆爲尤近。

（燎）

南海之秬

【異文】（《說文》："《伊尹》曰：'飯之美者，玄山之禾，南海之秬。'"）《呂氏春秋·本味篇》伊尹曰："南海之秬"，高注："南海，南方之海。秬，黑黍也。"許所據《伊尹書》不同。《伊尹書》見《漢·藝文志》。

（秬）

雲夢之芹

【異文】【詁訓】【音義】（《說文》："蘄，菜之美者，雲夢之蘄。"）

---

① 今本"噮"作"嚽"，《集釋》引畢沅云："'嚽'乃'噮'字之訛。後《審時篇》'得時之黍，食之不噮而香'，《玉篇》'於縣切'。又《酉陽雜俎》亦云'酒食甘而不噮'。"

② 段云："'逸'字衍，當删。《九經字樣》引無'逸'字可證。《周書》蓋七十一篇之《周書》，今本未見有此句。"

《吕氏春秋》伊尹對湯曰："菜之美者，雲夢之芹。"高注："雲夢，楚澤。芹生水涯。"許作"蘴"，蓋殷、微二韵轉移取近。許君采自《伊尹書》，與《呂覽》字異，音義則同。《廣韵》曰："蘴菜似蕨，生水中。"說者謂豐水有芑，即此。……（編按：蘴）《廣韵》祛豨切是。《唐韵》作驅喜，蓋謂蘴即芑字也。十五部。
（蘴）

青鳧之所①

【校勘】【詁訓】【志疑】【目錄】（《說文》："《伊尹》曰：'果之美者，箕山之東，青鳧之所，有甘櫨焉。夏孰也。'"）語見《呂覽·本味篇》。鳧作鳥，不言夏孰。高誘曰："箕山，在穎川陽城之西。青鳥，崑崙山之東。二處皆有甘櫨之果。"《上林賦》："盧橘夏孰。"應劭曰："《伊尹書》云：'果之美者，箕山之東，青鳥之所，有盧橘夏孰。'"《史》《漢》注作"青馬"，依《文選》作"青鳥"爲長，蓋即《山海經》之"三青鳥"。疑"鳧""鳧"皆"鳥"之誤也。《漢志》道家者流有《伊尹》五十一篇，小說家者流有《伊尹說》二十七篇，許"菫"下、"秏"下、"䱊"下及此皆取諸《伊尹書》。
（櫨）

輴輴欨欨

【校勘】《呂覽》："舜爲天子，輴輴欨欨，莫不載悅。"高注曰："欨欨，動而喜也。"又作"陳陳殷殷"，無二切，皆譌字耳。"欨"蓋即"欣"字，轉寫从攵。
（欣）

---

① 許校云："今《呂氏春秋》本文及注皆作'鳥'。"

先識覽第四

無由接而言見訦

【詁訓】【叚借】《呂覽》："無由接而言見，訦。"高曰："訦讀爲誣妄之誣。"按：讀訦爲誣者，正如亡、無通用，荒、幠通用也。

（訦）

審分覽第五

昆吾作陶

【歷史】【辨誤】《呂覽》："昆吾作陶"，高云："昆吾，顓頊之後，吳回黎之孫，陸終之子，己姓也。爲夏伯，制作陶冶，挻埴爲器。"按：顓頊產老童，老童產黎。《左傳》云"顓頊氏有子曰黎，爲祝融"是也。帝嚳誅黎，而以其弟吳回爲黎後，奉黎之祀。故高云："吳回黎之孫"，實則吳回之孫也。《國語》："昆吾爲夏伯"，韋云："昆吾，祝融之孫，陸終第二子。名樊，爲己姓。封於昆吾衛是也。其後夏衰，昆吾爲夏伯，遷於舊許。"按：《帝繫》《世本》皆言昆吾者衛是也。昆吾始封在衛，故哀十七年《左傳》衛侯夢"見人登昆吾之觀"也。其後遷於舊許。故昭十二年《傳》楚靈王曰："昔我皇祖伯父昆吾，舊許是宅"也。其後滅於湯。《商頌》云："韋顧既伐，昆吾夏桀。"《楚世家》曰"昆吾氏，夏之時嘗爲侯伯，桀之時湯滅之"是也。據高說是始封之昆吾作匋。據《古史考》云："夏時昆吾氏作瓦。"張華《博物志》云"桀作瓦。"《尸子》云："夏桀臣昆吾作陶。"是謂湯所滅之昆吾與桀作匋。以舜匋河濱，而有虞氏上匋斁之，則高說是而他說失之也。

（匋）

藜羹不斟

【校勘】《墨子》："藜羹不糂十日。"《呂覽》作："藜羹不斟，七日不粒。""不斟"正"不糂"之誤。

（糂）

陽生貴己　高注：拔骬一毛而利天下①

【詁訓】【叚借】《呂覽》注引《孟子》："拔骬一毛而利天下。"《甯戚歌》："短布單衣適至骬。"按：骬之言榦也。榦者，本也，人體之阯也。脅骨何以亦名榦也？曰：脅榦見於《左傳》"楄柎藉榦"，《公羊》"拹公榦而殺之"。古榦、翰通用，《毛詩》"翰"字多爲"榦"之假借。"脅榦"乃"翰"之假借。脅肋如鳥之羽翰分布也。

（骬）

審應覽第六

紡緇

【詁訓】《呂氏春秋》："昔吾所亡者紡緇也，今子之衣襌緇也。以襌緇當紡緇，子豈有不得哉？"任氏大椿曰："襌緇即單緇也。"余謂此紡即方也，竝絲曰方，猶併船曰方，此紡非紡之本義。《後漢・輿服志》及《古今注》竝云"合單紡爲一系"者同。此方絲所謂兼絲也。

（縑）

貴直論第三

荆文王得茹黃之狗

【異文】【詁訓】《呂氏春秋》："荆文王得茹黃之狗。"《說苑》作"如黃"，《廣雅》犬屬有"楚黃"，《廣韵》作"楚猣"，《經典釋文》作"楚獷"，實一字也。

（獷）

---

① 許校云："見《呂氏春秋・不二篇》'陽生貴己'下注，引《孟子》作'拔體一毛'，《孟子》原文只作'拔一毛'，段氏此引作'拔骬一毛'，未知所據。"按：《審分覽・不二》確作"拔體一毛"，然《季夏紀》注云："陣，脚也，音楊子愛骬一毛之骬"，或爲段氏所據。

繈緥

【詁訓】《直諫篇》："繈緥",注:"繈,褸格繩。緥,小兒禧也。"褸即縷,格即絡,織縷爲絡,以負之於背,其繩謂之繈,高說冣分明。《博物志》云:"織縷爲之,廣八寸,長二尺",乃謂其絡,未及其繩也。凡繩,靭者謂之繈。

(繈)

士容論第六

六尺之耜所以成畝也其博八寸所以成甽也耨柄尺此其度也其耨六寸所以閒稼也①

【詁訓】【校勘】《呂覽》云:"六寸之耜,所以成畝也。"謂六寸爲步,步百爲畝,即《車人》爲耒,所謂"弦其內,與步相中也"。又云:"其博八寸,所以成甽也。"八寸者,周之一尺,見《夫部》《尺部》,即《匠人》所謂"一耦之伐廣尺"也。又云:"耨柄尺,此其度也。"謂耨柄之尺寸,以耒六尺爲度也。又云:"其耨六寸,所以閒稼也。"此謂耨頭之金廣六寸,入於苗閒,所謂立苗欲疏也。高注:"古者以耜耕,六尺爲步,步百爲畝,廣尺爲甽。"今本舛誤不可讀。

(耤)

疏機

【詁訓】《呂氏春秋》:"得時之禾,疏機而穗大。得時之稻,長秱疏機。"高注云"機,禾穗果蠃"是也。玉裁謂:機貴疏者,禾采緊密,每顆皆綻而後能疏也,機疏而穗乃大。

(機)

---

① 今本"畝"作"畝","甽"作"甽"。

全書

鼉

【叚借】鼍、鼉皆从單聲,古書如《吕覽》等皆叚鼉爲鼍。(鼉)

淮南子

原道訓

甚淖而滒

【音義】【詁訓】《淮南·原道訓》曰："甚淖而滒"，高云："滒亦淖也。饘粥多瀋者曰滒，讀歌謳之歌。"按：今江蘇俗語謂之稠也。

（滒）

挓艳　注：引戾①

【聯綿】【校勘】（《說文》："嶅，了戾之也。"②）小徐"嶅"作"嶅"，"了"作"引"，今正。了戾雙聲字。《淮南·原道訓》注曰："挓艳，了戾也。"《方言》："軫，戾也"，注謂："相了戾也。"王砅注《素問》、段成式《酉陽襍俎》皆用了戾。許意山曲曰嶅，水曲曰屋。扶風有嶅屋縣，取此義。是嶅有詘曲之意，故此篆從嶅，非用引擊之意也。今《淮南注》"了戾"，《道藏》不誤，而俗刻作"引戾"，正與此誤同。

（嶅）

---

① 今本"艳"作"抱"。《糸部》"紾"篆，段云："《淮南·原道訓》：'挓抱'，高注：'了戾也。''挓抱'，《廣雅》作'軫艳'，云：'轉戾也。'"段蓋據《廣雅》改。

② 陳本無。

三仞　注：八尺曰仞

【詁訓】【辨誤】諸家之說仞也，王肅、趙岐、王逸、曹操、李筌、顔師古、房玄齡、鮑彪諸人並曰八尺，而鄭《周禮》《儀禮》注、包咸《論語注》、高誘注《呂氏春秋》、王逸注《大招》《招䰟》、李謐《明堂制度論》、郭璞注《司馬相如賦》用司馬彪之說、陸德明《莊子釋文》則皆謂七尺。《淮南子·原道訓》注八尺，而《覽冥訓》注則云七尺，百仞者七百尺。證以《呂氏春秋》注，則《原道》注可疑。近歙程氏瑤田《通藝錄》有說曰："言七尺者是也。楊雄《方言》云：'度廣曰尋。'杜預《左傳》'仞溝洫'注：'度深曰仞。'二書皆言人伸兩手以度物之名，而尋爲八尺，仞必七尺者何也？同一伸手度物，而廣深用之，其勢自不得不異。人長八尺，伸兩手亦八尺，用以度廣，其勢全伸而不屈。而用之以度深，則必上下其左右手而側其身焉。身側則胸與所度之物不能相摩，於是兩手不能全伸而成弧之形。弧而求其弦以爲仞，必不能八尺，故七尺曰仞，亦其勢然也。《說文》'測'下云：'深所至也。'《玉篇》云：'度深曰測，測之爲言側也。'余說與之合矣。"玉裁謂：程說甚精，仞說可定矣。《考工記》："廣二尋、深二仞謂之澮。"倘其度同八尺，何不皆曰二尋？如上文"廣二尺、深二尺"之例也。……程氏又曰："《小爾雅》云：'四尺'，應邵云：'五尺六寸'，此其繆易見也。"

（仞）

俶真訓

垓坫

【音義】【校勘】【詁訓】噫字亦作餩，見《廣雅》《玉篇》《廣韵》。於北、烏克二反。高注《淮南書》曰："垓讀如人飲食太多以思下垓之垓。""以思下垓之垓",乃"以息上餩之餩"之誤。高注多言"心中滿該",亦謂此也。

（噫）

翱翔

【詁訓】高注《淮南》曰："翼上下曰翱，刺不動曰翔。"《曲禮》："室中不翔"，鄭曰："行而張拱曰翔。"此引伸假借也。按：翱、翔統言不別，析言則殊。高注析言之也。《夏小正》："黑鳥浴。浴也者，飛乍高乍下也。"此所謂"翼上下曰翱"也。

（翔）

梣木色青翳而蠃瘉蝸睆

【校勘】《淮南書》曰："夫梣木色青瘉翳，而蠃蝸瘉睆，此皆治目之藥也。"高曰："梣木，苦歷木名也，生於山。剝其皮，以水浸之，正青，用洗眼，瘉人目中膚翳。"正文各本譌誤，今考定如是。

（梣）

莫鑒於流瀿①

【詁訓】《淮南書》云："莫鑒於流瀿，而鑒於澄水。"許注云："楚人謂水暴溢爲瀿。"瀿即灓字。泉水暴溢曰灓也。

（灓）

---

① 今本"瀿"作"沬"，《集釋》引何方琦說："《文選·江賦》注引作'莫鑒於流瀿而鑒於澄水'，又引許注'楚人謂水暴溢曰瀿'，是許本作'流瀿'，與高本正文亦異。"段引蓋出《文選注》。

天文訓

日出于暘谷

【校勘】《尚書》"暘谷"自説青州嵎夷之地，非日出之地也。日出之地豈羲仲所能到？《天問》曰："出自湯谷，次于蒙汜。"《淮南·天文訓》曰："日出于湯谷，浴于咸池，拂于扶桑，是謂晨明。"《墜形訓》注曰："扶木，扶桑也。在湯谷之南。"《海外東經》曰："湯谷上有扶桑，十日所浴。"《大荒東經》曰："湯谷上有扶木。一日方至，一日方出，皆載於烏。"按：今《天文訓》作"暘谷"。以王逸《楚辭注》《史記索隱》《文選注》所引正之，則"暘"亦淺人改耳。

（叒）

是謂餔時

【異文】《淮南書》云："日至於悲谷，是謂餔時。""餔"，一作"晡"。

（餔）

忤也

【詁訓】《天文訓》曰："午，忤也。"陰氣從下上，與陽相忤逆也。《廣雅·釋言》："午，忤也。"按：忤即捂字。

（午）

呻之

【校勘】《律書》曰："申者，言陰用事，申則萬物，故曰申。"《律曆志》曰："申堅於申。"《天文訓》曰："申者，申之也。"皆以申釋申，爲許所本。今本《淮南》改"申之"作"呻之"，其可欸一而已。

（申）

秋分薰定

【詁訓】下文（編按：指《說文》"稱"篆）云："禾有秒，秋分而秒定。"《淮南書》"秒"作"薰"，亦作"穩"。按：《艸部》云："薰，末也。"禾芒曰秒，猶木末曰杪。《九穀攷》曰："粟之孚甲無芒，芒生於粟采之莖。"

（秒）

堪輿　徐行雄以音知雌

【異文】【辨誤】【詁訓】【叚借】《淮南書》曰："堪輿行雄以起雌"，許注曰："堪，天道。輿，地道也。"見《文選注》。《甘泉賦》："屬堪輿以壁壘"，張晏曰："堪輿，天地總名也。"按：張說未安。堪言地高處無不勝任也，所謂雄也；輿言地下處無不居納也，所謂雌也。引申之，凡勝任皆曰堪，古叚戡、刊為之。

（堪）

時則訓

鵲加巢

【古今】古無架字，以加為之。《淮南·時則訓》："鵲加巢"，加巢者，架巢也。《毛詩箋》曰："鵲之作巢，冬至加之"，劉昌宗加音架。

（誣）

覽冥訓

市不豫賈

【詁訓】《淮南子》《史記·循吏傳》《魏都賦》皆云："市不豫價。"《周禮·司市》注云："防誑豫。"皆謂賣物者大其價以愚人也。

（豫）

四極廢

【詁訓】凡鈍置皆曰廢，《淮南·覽冥訓》"四極廢"，高注："廢，頓也。"古謂存之爲置，棄之爲廢；亦謂存之爲廢，棄之爲置。《公羊傳》曰："去其有聲者，廢其無聲者。"鄭曰："廢，置也。"于去聲者爲廢，謂廢罝不去也。《左傳》："廢六關"，王肅《家語》作："置六關。"《淮南子》："舜葬蒼梧，不變其肆"，高注："不煩市井之所廢。"《莊子》曰："廢一於堂，廢一於室。"《仲尼弟子列傳》："子貢好廢居，與時轉貨。"《貨殖列傳》作："廢箸鬻財。"徐廣曰："箸猶居也，讀如貯。"廢之爲置，如徂之爲存，苦之爲快，亂之爲治，去之爲藏。

（廢）

顓民

【叚借】叀者，小謹也，今字作"專"，亦假"顓"作"專"，如《淮南》云"顓民"，《法言》云"顓蒙"，《漢書》言"顓顓獨居一海之中"皆是。

（顓）

精神訓

三月而胎

【異文】《淮南》曰："一月而膏，二月而胅，三月而胎。"……李善注《江賦》引《淮南》"三月而胚胎"，與今本異。

（胚）

本經訓

封豨脩蛇

【詁訓】《淮南書》說："封豨脩蛇"，即封豕長蛇也。

（豨）

苑囿

【校勘】【詁訓】（《說文》："囿，苑有垣也。"）高注《淮南》曰："有牆曰苑，無牆曰囿。"與許互異，蓋"有""無"互譌耳。《魏都賦》曰："繚垣開囿。""繚垣"，《西京賦》作"繚亙"。"繚亙綿聯"，即《西都賦》之"繚以周牆"也。

（囿）

齊俗訓

璽之抑埴

【詁訓】《淮南·齊俗訓》曰："若璽之抑埴，正與之正，傾與之傾。""璽之抑埴"，即今俗云以印印泥也。此"抑"之本義也。

（归）

道應訓

玄玉百工

【詁訓】《淮南書》曰："玄玉百工"，注："二玉爲一工。"工與珏雙聲，百工即百珏也。

（珏）

齒然而笑

【詁訓】《淮南·道應訓》："若士齒然而笑"，謂露其齒病而笑也。

（齒）

錣上貫頤

【音義】《淮南·道應訓》字作"錣"，高曰："策，馬捶，端有鐵以刺馬謂之錣。"錣與筞音義皆同。

（筞）

【詁訓】《淮南·道應訓》曰："白公羊罷朝而立，倒杖策，錣上貫頤。"高注云："策，馬捶，端有針以刺馬謂之錣。倒杖策，故錣貫頤也。"又《氾論訓》注曰："錣，楯頭箴。"按：錣即許之鑿字。捶同箠。楯者，箠也。馬箠亦耑有鐵，其用同也。《曲禮》所謂"策彗邺勿"。
（鑿）

氾論訓

機杼勝複

【叚借】《淮南·氾論訓》曰："後世爲之機杼勝複，以便其用，而民得以揜形御寒。"勝者，滕之假借字。
（滕）

【叚借】《淮南·氾論訓》云："機杼勝複"，複即榎之假借字也。
（榎）

乃爲窬木方版以爲舟航

【詁訓】《淮南·氾論訓》："古者爲窬木方版以爲舟航。"高誘曰："窬，空也。方，並也。舟相連爲航也。"按：窬木爲舟，即《易·繫辭》"刳木爲舟"也。
（窬）

【詁訓】《淮南·氾論訓》："古者爲窬木方版以爲舟航。"高曰："窬，空也。方，並也。舟相連爲航也。"按：窬同俞，空中木者，舟之始。並板者，航之始。如椎輪爲大路之始。其始見本空之木用爲舟，其後因刳木以爲舟。
（俞）

乾鵲

【音義】【異文】【源流】【詁訓】（《說文》："鸛鷽，山鵲。知來事鳥也。"）《淮南書》："乾鵲知來而不知往。"高曰："乾鵲，誰也。人將有來事憂喜之徵則鳴，此知來也。知歲多風，卑巢於木枝，人皆探其卵，故曰不知往也。乾讀如乾燥之乾，鵲讀告退之告。"《太平御覽》引"乾鵲知來而不知往，此脩短之分也。"注："乾鵲，鵲也。見人有吉事之徵則脩脩然，凶事之徵則鳴啼。而知來歲多風則巢於下枝。而童子乃探其卵而不知。各有所能，故曰脩短之分也。"此正文作"乾鵲"，與高本作"乾鵠"異，注亦小異，必是許注。玉裁謂：《釋鳥》："鸒，山鵲"，未嘗云"𪃟鸒"也。高、許注《淮南》皆曰"鵲也"，未嘗云"山鵲也"。《廣雅》亦云"𪃟鵲，鵲也"，不云"山鵲"。然則《釋鳥》鸒、山鵲爲一物，《說文》當云："𪃟鸒，鵲也"，爲一物。今本"山"字，淺人依《爾雅》增之。避太歲，知來歲風，知人憂喜，知行人將至，此正今之喜鵲。其性好晴，故曰乾鵲。𪃟、乾、疀同，鸒、鵲同。射有正鵠，正之言正，鵠之言較。較者，直也。非取名於䳄鵠也。䳄鵠非小而難中之鳥也。

（鸒）

牛蹄之涔[①]

【詁訓】《淮南書》："牛蹄之涔"，謂水之漬於牛跡中者也。

（涔）

不能無朽

【音義】《淮南書》云："夏后之璜，不能無朽。"朽、朽古音同。

（王）

爟火

【校勘】（《說文》："爟，取火於日官名。"）"日"當作"木"。《周禮·夏官·司爟》："掌行火之政令，四時變國火，以救時疾。季春出火，季秋內火。"鄭司農說以《鄹子》曰："春取榆柳之火，夏取棗杏之火，

---

① 今本"蹄"作"蹏"。

季夏取桑柘之火，秋取柞楢之火，冬取槐檀之火。"是取火於木之事也。若《秋官·司烜氏》："以夫遂取明火於日，以鑒取明水於月。"與司爟所職不同。《淮南子·氾論訓》注："爟火，取火於日之官也"，引《周禮·司爟》云云。是高注亦當爲譌字。

（爟）

大祖軵其肘

【音義】【志疑】《淮南·氾論訓》曰："相戲以刃者，大祖軵其肘。"高云："軵，擠也。讀近茸，急察言之。"……《廣韻》曰："軵，推車也。而隴切。或作𢱢。"按：《手部》："𢱢，推擣也。"《漢·司馬遷傳》："而僕又茸之蠶室"，師古曰："茸，人勇反，推也。謂推致蠶室之中也。"是𢱢、茸、軵三字通用。《集韻》云："軵或作輯，或作軵。"皆必有據。若《淮南·說林訓》："倚者易軵也"，注云："軵讀軵濟之軵。"《覽冥訓》："厮徒馬圉軵車奉饟"，注云："軵，推也。讀楫拊之拊。"有譌字不可讀，然大約以付爲形聲。是高時固有网讀也。

（軵）

鵲巢

【詁訓】《淮南書》曰："蟄蟲鵲巢，皆向天一。"按：天一謂太陰所建也。《博物志》曰："鵲背太歲"，然則鵲巢開户，向天一而背歲。

（焉）

詮言訓

持無所監

【校勘】【志疑】《淮南·詮言訓》："臺無所鑒，謂之狂生。"高注："臺，持也。所鑒者玄德也。持無所鑒，所持者非玄德，故謂之狂生。"合《文選》任彥昇《哭范僕射詩》注及今本《淮南子》可得其真矣。《俶真訓》曰："其所居神者，臺簡以游大清。"此"臺"亦疑"臺"

之誤。

（握）

屈奇之服

【音義】《淮南》"屈奇之服"，許注云："屈，短也。奇，長也。"凡短尾曰屈，《玉篇》巨律切，《玄應書》《廣韵》衢勿切，今俗語尚如是。

（屈）

兵略訓

鏜之與鞈

【詁訓】《淮南·兵略訓》："若聲之與響，若鏜之與鞈。"高注："鏜鞈，鼓鼙聲。"此謂鏜，鼓聲；鞈，鼙聲也。

（鼛）

說山訓

錙錘

【志疑】（《說文》："錙，六銖也。"）鄭注《禮記·儒行》曰："八兩爲錙。"高注《詮言訓》曰："六兩曰錙，倍錙曰錘。"《風俗通義》曰："銖六則錘。錘，暉也。二錘則錙。錙，熾也。二錙則兩也。"《廣韵》曰："八銖爲錙。"其說皆乖異，不與許合。惟高注《說山訓》曰："六銖曰錙，八銖曰錘"，與許說合，與《詮言》注乖異。疑《說山》之注乃許注之僅存者也。

（錙）

礛諸

【詁訓】（《說文》："厱諸，治玉石也。"）《淮南·說山訓》："玉待礛諸而成器"，高注曰："礛諸，攻玉之石。"礛即厱字也。《廣韵》曰：

"礷磁，青礪。"

（厱）

說林訓

小皰

【異文】《淮南》："潰小皰而發痤疽"，高曰："皰，面氣也。"《玄應》引作"靤"。

（皰）

水蠆爲蟌

【詁訓】《淮南書》"水蠆爲蟌"，即蜻蛉也。今人作蜻蜓、蜻蜓。

（蛉）

人閒訓

荆人鬼越人禨

【詁訓】【志疑】《淮南·人閒訓》曰："荆人鬼，越人禨"，高云："鬼，好事鬼也。禨，禨祥也。"《景十三王傳》："治宫室禨祥"，伏虔曰："禨祥，求福也。"《史記正義》引顧野王云："禨祥，吉凶之先見也。"按：伏讀禨同祈，顧讀爲知幾其神之幾，皆好事鬼之意耳。……（《說文》："《淮南傳》曰：'吳人鬼，越人𩰫。'"）《淮南傳》謂《鴻烈》也。"吳"，今《鴻烈》作"荆"，《列子》說此事亦作"楚"，疑"荆"字是。

（𩰫）

修務訓①

伾偨

【注音】【校勘】《淮南》曰："粉白黛黑弗能爲美者，嫫母、伾偨也。"……（編按：偨）許惟切，十五部。按：伾，頻脂切。二字皆平聲。高誘曰："伾讀人得風病之痱，偨讀近虒。""痱"舊作"靡"，今正。
（偨）

救敵不給

【校勘】《淮南書》曰："以年之少，爲閭丈人說事，救敵不給，何道之能明也？"高注："老人敵其頭，自救不暇。"按："敵"當作"𣪠"。
（𣪠）

頡頏

【詁訓】《淮南·修務訓》："王公大人有嚴志頡頏之行者，無不憚悇癢心而悅其色矣。"此"頡頏"正謂強項也。《兀部》"𡕢"下曰："直項莽𡕢。"《淮南》之"頏"，即《說文》之"𡕢"也。
（頡）

【詁訓】或曰：《淮南書》"有嚴志頡頏之行"，"頏"即"𦓟"字也。《頁部》曰："頡，直項。"
（𦓟）

憚悇②

【古今】【詁訓】《淮南·修務訓》高注云："憚悇，貪欲也。"賈誼《新書·勸學篇》："孰能無悇憚養心，而顛一視之？"《匈奴篇》："一國聞之者，見之者，垂羨而相告，人悇憚其所自。"按：嘾、憚、念、

---

① 今本"修"作"脩"。
② 今本"憚"作"憚"。

悇皆古今字。悇憛猶憛悇也。若《廣雅》云："悇憛，懷憂也"，此則其引申之義，凡求得未有不患失者。

（悇）

泰族訓

離先稻熟

【音義】【同源】《淮南書》："離先稻孰，而農夫耨之，不以小利傷大穫也。"注云："離與稻相似，耨之爲其少實。"疑離即秜。《玉篇》《廣韻》秜皆力脂切，則音同也。他書皆作穭，力與切。《埤蒼》："穭，自生也。"亦作稆，《後漢書·獻帝紀》："尚書郎以下，自出采稆。"古作旅，《史》《漢》皆云："觜觿主葆旅事"，晉灼曰："葆，采也。野生曰旅。今之飢民采旅生。"按：離、秜、旅一聲之轉，皆謂不種而自生者也。

（秜）

顔氏家訓

風操第六

蒼頡篇有侑字

【音義】【叚借】【校勘】《顔氏家訓》曰："《蒼頡篇》有侑字，《訓詁》云：痛而譁也，羽罪反，今北人痛則呼之。《聲類》音于來反，今南人痛或呼之。"按：《廣韵》《集韵》有羽罪一音，無後一音。〇按：玄應《佛書音義》曰："疛疛，諸書作侑，《通俗文》于罪切。痛聲曰疛。"此條合之字義，俗語皆無不合。其云"諸書作侑"，蓋《蒼頡訓詁》亦在其中。借侑爲疛，皆有聲也。《顔氏家訓》之"侑"當是"侑"之誤，不必與《說文》牽合①。大徐《說文》改"毒之"爲"痛聲"，恐是竊取黃門語。

（侑）

勉學第八

挺挏

【詁訓】《顔氏家訓》曰："此謂撞擣挺挏之，今爲酪酒亦然。"按：

---

① 按：北大簡、阜陽漢簡《蒼頡篇》俱作"疛"，知段說近是。二簡見：北京大學出土文獻研究所：《北京大學藏西漢竹書（壹）》，上海：上海古籍出版社，2015年，第29頁；阜陽漢簡整理組：《阜陽漢簡〈蒼頡篇〉》，載《文物》1983年第2期，第26頁。詳本書附錄"段氏論《顔氏家訓》侑當侑誤"條。

"挺挏"字見《淮南子》。

（挏）

螝 虺

【佚文】【古今】【叚借】《顏氏家訓》曰："《莊子》螝二首。螝即古虺字，見《古今字詁》。"按：《字詁》原文必曰"古螝今虺"，以許書律之，古字叚借也。

（螝）

洦流東指

【校勘】【古今】《顏氏家訓》曰："遊趙州，見柏人城北有一小水，土人亦不知名。後讀城西門徐整碑云：'洦流東指。'案《說文》，此字古泊字也。泊，淺水貌。此水無名，直以淺貌目之，或當即以洦爲名乎？"玉裁按：顏書今本譌誤，爲正之，可讀如此。《說文》作洦，隷作泊，亦古今字也。

（洦）

書證第十七

宓羲　宓子賤

【異文】【音義】【辨誤】【經學】【同源】【源流】《顏氏家訓》云："張揖、孟康皆云：'虙、伏古今字。'而皇甫謐《帝王世紀》云：'伏羲或謂之宓羲。'案諸經史緯候，遂無宓羲之號。虙、宓二字下俱爲必，是以誤耳。孔子弟子虙子賤，即虙羲之後，俗字亦爲宓。今兗州永昌郡城東門子賤碑，漢世所立，云濟南伏生即子賤之後。是虙之與伏古來通字，誤以爲宓，較可知矣。"顏語謂虙音房六切，與伏音同，而宓音綿一切，與虙音殊，故謂宓羲、宓子賤皆誤字。不知虙、宓古音正同，故虙羲或作宓羲。其爲伏羲者，如《毛詩》"芯"字，《韓詩》作"馥"，語之轉也。宓子賤之當爲虙子賤，則出黃門肊測，而陸氏《釋文》、張氏《五經文字》從之。蓋古未有作處子賤者。若論其同從必聲，則作處子賤亦無不可。

（處）

媢

【詁訓】《顏氏家訓》曰："太史公論英布曰：'禍之興自愛姬，生於妒媢。'《漢書·外戚傳》亦云：'成結寵妾妒媢之誅。'此二媢字並當作媢。《五宗世家》亦云：'常山憲王后妒媢。'王充《論衡》云：'妒夫媢婦生則忿怒鬬訟。'"按：顏所舉，惟《英布傳》是此字本義（編按：指"媢"），其餘皆與"妬"不分別。

（媢）

堥

【音義】【詁訓】【辨誤】《顏氏家訓》："柏人城東有山，世或呼爲宣務山。予讀柏人城內漢桓帝時所立碑銘云：'上有巏堥，王喬所仙。'巏字遂無所出。堥字依諸字書即旄丘之旄也。堥字，《字林》一音忘付反，今依附俗名當音權務。"《經典釋文》曰："《字林》有堥，亡周反，一音毛，堥丘也。又有堥，亡附反，一音毛，亦云：堥丘也。"……"旄丘"見《詩》。《爾雅》曰："前高曰旄丘。"劉成國曰："如馬舉頭垂髦。"依《字林》，"堥丘"即"旄丘"，乃丘名，非山名也。

（堥）

音辭第十八

入室求曰搜

【校勘】【詁訓】《顏氏家訓》曰："《通俗文》云：'入室求曰搜。'"按：當作"入室求曰索"，今俗語云搜索是也。

（索）

莒

【音義】【辨誤】【異文】《顏氏家訓》云："北人之音多以舉、莒爲矩。唯李季節云：'齊桓公與管仲於臺上謀伐莒，東郭牙望桓公口開而不閉，故知所言者莒也。然則莒、矩必不同呼。'此爲知音矣。"按：《廣韻》莒、矩雖分語、麌，然雙聲同呼。顏氏云"北人讀舉、莒同矩"者，《唐韻》矩，其呂切，北人讀舉、莒同之也。李季節《音諩》讀舉、莒，居許切，則與矩之其呂不同呼，合於《管子》所云"口開而不閉"。《廣韻》矩，俱雨切，非《唐韻》之舊矣。又按：《孟子》："以遏徂莒"，《毛詩》作"徂旅"。知莒從呂聲，本讀如呂，是所以口開不閉，不第如李季節所云也。

（莒）

白虎通

號

三皇

【辨誤】【經學】《尚書大傳》："燧人爲燧皇，伏羲爲羲皇，神農爲農皇。"譙周說同。《白虎通》曰："三皇者何？伏羲、神農、燧人。"則改燧人居第三，恐非舊也。鄭依《春秋緯》，伏羲、女媧、神農爲三皇。皇甫謐說同。

（皇）

堯猶嶢嶢①

【詁訓】【歷史】《白虎通》曰："堯猶嶢嶢"，嶢嶢，"至高之兒"。按：焦嶢，山高兒，見《山部》。堯之言至高也。舜，《山海經》作俊，俊之言至大也。皆生時臣民所偁之號，非謚也。

（堯）

社稷

苴以白茅

【叚借】（《說文》："《禮》曰：'封諸侯㠯土，蒩㠯白茅。'"）《白虎

---

① 今本"嶢"作"堯"。

通》《獨斷》皆云：天子大社，以五色土爲壇。封諸侯，受天子社土以所封之方色。東方受青，南方受赤，他如其方色。皆苴以白茅授之，歸國立社。按：班、蔡作"苴"，假借字；許作"藉"，正字也。

（藉）

禮樂

琴　禁也

【詁訓】《白虎通》曰："琴，禁也。以禁止淫邪，正人心也。"此疊韵爲訓。

（琴）

京師

于邰斯觀

【叚借】【校勘】【詁訓】館古假觀爲之，如《白虎通》引"于邰斯觀"，又引《春秋》"築王姬觀于外"。沈約《宋書》曰："陰館前漢作觀，後漢、晉作館。"《東觀餘論》曰：《漢書·郊祀志》："作益壽延壽館"，《封禪書》云："作益延壽觀"，《漢書》衍一"壽"字耳。自唐以前六朝時，凡今道觀皆謂之某館，至唐始定謂之觀。

（館）

五行

春之爲言偆

【叚借】《白虎通》曰："春之爲言偆。偆，動也。"《春秋繁露》曰："偆偆者，喜樂之貌也。"蓋皆"蠢"之假借字。

（偆）

聖人

周公背僂

【押韵】《白虎通》云:"傳曰:'周公背僂,是爲強後。成就周道,輔於幼主。'""僂""後""主"爲韵。

(僂)

商賈

商賈何謂

【校勘】【同源】《白虎通》曰:"商賈何謂也?商之爲言章也,章其遠近,度其有亡,通四方之物,故謂之商也。賈之爲言固也,固其有用之物,以待民來,以求其利者也。通物曰商,居賣曰賈。"按:《白虎通》古本如是。《漢·律曆志》:"商,章也。物成孰可章度也。"《尚書》:"我商賚女。"徐邈商音章。《冏部》商從章聲。皆可證。

(賮)

瑞贄

聖

【叚借】【校勘】(編按:琞)各書多借爲聚字,《白虎通》:"琮之爲言琞也,象萬物之宗琞也。"今乃譌爲"聖"。

(琞)

嫁娶

嫁　適人

【詁訓】《白虎通》曰:"嫁者,家也。婦人外成以出適人爲家。"按:

自家而出謂之嫁，至夫之家曰歸。《喪服》經謂：嫁於大夫曰嫁，適士庶人曰適。此析言之也。渾言之皆可曰適，皆可曰嫁。

（嫁）

男　任也

【音義】《白虎通》曰："男，任也，任功業也。"古男與任同音，故公侯伯子男，王莽"男"作"任"。

（男）

獨斷

卷上

策

【詁訓】【歷史】【校勘】【志疑】蔡邕《獨斷》曰："策，簡也。其制：長者一尺，短者半之，其次一長一短，兩編下附。"札，牒也，亦曰簡。編，次簡也。次簡者，竹簡長短相間，排比之，以繩橫聯之，上下各一道。一簡容字無多，故必比次編之，乃容多字。《聘禮記》云"百名以上書於策"是也。一簡可容書於簡，每簡一行而已。不及百名書於方，則合若干行書之。百名以上書於策。方即牘也。牘，書版也。簡冊，竹爲之。牘，木爲之。一冊不容，則絫冊爲之，國史冊書葢如是。鄭注《禮》云："策，簡也。"此渾言之，不分別耳。冊字五直，象一長一短，象其意而已。其簡之若干未可肊定也。蔡氏云："長者一尺，短者半之"，此漢法如是。鄭引《鉤命決》云："《易》《詩》《書》《禮》《樂》《春秋》，策皆長二尺四寸。《孝經》謙半之，一尺二寸。《論語》策八寸，尺二寸者三分居二，又謙焉。"此古制也。見於《聘禮》《左傳序》正義者乖異不同，今訂之如是，未知然否。鄭注《尚書》云："三十字，一簡之文。"服注《左氏》云："古文篆書，一簡八字。"《漢志》劉向以中古文挍今文《尚書》，古文簡有二十五字者，有二十二字者，是簡之長短不同而字數不同也。

（冊）

古今注

輿服第一

攘衣

【詁訓】崔豹《古今注》曰："攘衣，厮役之服，取其便於用耳。乘輿進食者服攘衣。"按：攘衣即韝也。以繩纏臂謂之絭，以衣斂袖謂之韝，其字或作褠，見《後漢書》，或作幠，見《南都賦》。

（韝）

魚蟲第五

螻蛄

【辨誤】（《說文》："鼫，五技鼠也。"）崔豹《古今注》乃云："螻蛄。一名鼫鼠，有五能而不成技術。"此語殊誤。螻蛄不妨名鼫鼠，要不得云有五技也。倘許謂螻蛄，則此篆必次於部末，如《黽部》之"蠅""鼃"，《馬部》之"羸""驢""駒""駼"等字矣。

（鼫）

論　衡

是應篇

獬豸①

【詁訓】（《說文》："廌，解廌，獸也。侣牛，一角。古者決訟，令觸不直者。"②）《神異經》曰："東北荒中有獸，見人鬥則觸不直，聞人論則咋不正，名曰獬豸。"《論衡》曰："獬豸者，一角之羊，性識有罪。皋陶治獄，有罪者令羊觸之。"按：古有此神獸，非必皋陶賴之聽獄也。

（廌）

案書篇

春秋左氏傳者蓋出孔子壁中

【經學】【志疑】（《說文》："又北平侯張蒼獻《春秋左氏傳》。"③）《論衡》說《左傳》卅篇出恭王壁中，恐非事實。

（又北平侯張蒼獻春秋左氏傳）

---

① 今本作"觟䚦"。
② 陳本"牛"上有"山"字，無"者"。
③ 陳本"侯"作"矦"。

風俗通

聲音第六

物貫地而牙

【音義】【古今】《風俗通》曰："管，漆竹。長一尺，六孔。十二月之音也。物貫地而牙，故謂之管。"……貫、管同音，牙、芽古今字。古書多云：十一月物萌，十二月物牙，正月物見也。

（管）

祀典第八

買水　十二月祭飲食　膃腰

【異文】【詁訓】【志疑】【義例】【源流】《風俗通》曰："《韓子書》：'山居谷汲者，膢臘而買水。'楚俗常以十二月祭飲食也。"按："買水"，今本《韓子》作"相遺以水"，皆謂水少耳。《風俗通》作十二月，劉昭引同，與許書二月異。疑"十"爲衍字，仲遠書多襲用《說文》也。《劉玄傳》注引《漢書音義》云："冀州北郡以八月朝作飲食爲膢，其俗語曰膢臘社伏。"玄應引《三倉》云："膢，八月祭也。"《篇》《韵》皆云："膢，飲食祭也。冀州八月，楚俗二月。"合《說文》與《漢書音義》言之。……《風俗通》曰："又曰：嘗新始殺食曰貙膢。"劉昭所引如是。按：《後漢·禮儀志》："立秋之日，武官肄兵，習戰陣之儀，斬牲之禮名曰貙劉。"《劉玄傳》："立秋貙膢時。"注引

《前書音義》曰："貙獸以立秋日祭獸，王者亦以此日出獵，用祭宗廟。"是則"貙劉""貙膢"同義。

（膢）

山澤第十

中嶽

【異文】【詁訓】《堯典》二月至于岱宗，五月至于南嶽，八月至于西嶽，十有一月至于北嶽，不言中嶽也。而《封禪書》《郊祀志》述《堯典》皆云："中嶽，嵩高也。"何氏注《公羊》則儥《堯典》而補其文曰："還至嵩，如初禮。"應劭《風俗通》則曰："中嶽，嵩高也。王者所居，故不巡焉。"其說乖異。

（嶽）

佚文

四夷

狄者辟也

【古今】《風俗通》云："狄父子嫂叔同穴無別。狄者，辟也，其行邪辟，其類有五。"按："辟"者，今之"僻"字。

（狄）

主牧羊故羌字从羊人

【義例】【源流】【佚文】《御覽》引《風俗通》曰："羌本西戎卑賤者也。主牧羊，故羌字从羊人，因以爲號。"按：應氏《風俗通》其語有襲用《說文》者，有竄改《說文》者。其說貉不从豸種之說亦見《御覽》，則說羌不从羊種正同。

（羌）

宮室

街者攜也

【詁訓】《風俗通》曰："街，攜也，離也。四出之路，攜離而別也。"按：此以疊韵爲訓。

（街）

辨惑

蝦蟇

【詁訓】黽本無尾，故《風俗通》辯"蝦蟇掉尾肅肅"乃"夏馬"之字誤。

（黽）

徽稱

聖者聲也

【叚借】《風俗通》曰："聖者，聲也。言聞聲知情。"按：聲、聖字古相叚借。

（聖）

全書

風俗通訓詁多襲說文

【義例】【源流】《風俗通》一書訓詁多襲《說文》。

（池）

初學記

政理部

形罰第九

春秋元命苞曰刑者侀也說文曰刀守井也飲之人入井陷於川刀守之割其情也网言爲罥刀守罥爲罰罰之爲言内也陷於害也

【校勘】【詁訓】【歷史】【經學】【避諱】《初學記》云："《元命包》曰：'网言爲罥，刀守罥爲罰，罰之爲言内也，陷於害也。'"注云："罥以刀守之則不動矣。今作罰用寸，寸，丈尺也，言納以繩墨之事。"《初學記》又云："《元命包》曰：'荆，刀守井也。飲水之人入井爭水，陷於泉，刀守之，割其情也。'"注云："井飲人，則人樂之不已，則自陷於泉，故加刀謂之荆，欲人畏懼以全命也。"此二條皆引《春秋元命包》。今本《初學記》皆系諸《說文》，殊誤。觀《玄應書》卷廿一、廿五引《春秋元命包》說"荆"字與此同，可以諟正矣。云"刀守罥""刀守井"，則荆罰不分輕重。古五罰不用刀也。故許說罰爲刀罥，犯法之小者；荆爲井刀，執法之大者。一入《刀部》，一入《井部》，所以正緯說也。○唐人諱淵作泉，亦或作川。

(罰)

居處部

殿第四

作前殿

【詁訓】【辨誤】【辨偽】古曰堂，漢以後曰殿。古上下皆偁堂，漢上下皆偁殿。至唐以後，人臣無有偁殿者矣。《初學記》謂殿之名起於《始皇紀》曰"作前殿"。葉大慶《攷古質疑》博引《說苑》諸書以證古有殿名。要其所引，皆漢人所作書也。即《六韜》亦豈真周人書哉？（堂）

市第十五

神農作市

【源流】【歷史】《古史考》曰："神農作市"，本《毄辭》說也。《世本》曰："祝融作市。"
（市）

太平御覽

香部二

芸 香

芸杜榮

【校勘】(《說文》:"芸,杜榮也。")《太平御覽》引《襟字解詁》:"芒,杜榮",而"芒"譌作"芸"。
(芸)

世說新語

排調第二十五

何乃渹

【異文】【音義】【詁訓】《世說新語》曰："劉真長始見王丞相，時盛暑之月，丞相以腹熨彈棋局。曰：'何乃渹？'劉既出，人問見王公云何，劉曰：'未見他異，惟聞作吳語耳。'"注云："吳人以冷爲渹。"《大平御覽》引此事"渹"作"灛"。《集韵》《類篇》皆云灛、渹二同楚慶切，吳人謂冷也。今吳俗謂冷物附他物其語如鄭國之鄭，即灛字也。

（灛）

輕詆第二十六

角觡

【詁訓】《世說新語》曰："輕在角觡中，爲人作議論。""角觡"，方俗語言也。

（觡）

山海經

南山經第一

其狀如榖

【同源】《山海經傳》曰:"榖亦名構",此一語之輕重耳。

(榖)

多白猿

【詁訓】【正俗】郭氏《山海經傳》曰:"蝯似獼猴而大,臂腳長,便捷。色有黑有黃,其鳴聲哀。"柳子厚言猴性躁而蝯性緩,二者迥異。……《干祿字書》曰:"猿俗,猨通,蝯正。"

(蝯)

糈

【志疑】(《說文》:"䄟,祭具也。")《山海經》《離騷經》皆作"糈",王逸曰:"糈,精米,所以享神。"郭璞曰:"糈,祭神之米名。"疑許君所據二書作"䄟"。

(䄟)

鮆魚

【詁訓】【辨誤】【句讀】《山海經》云:苕水"注於具區,其中多鮆魚。"郭云:"鮆魚狹薄而長頭,大者尺餘,太湖中今饒之。"郭不係江係太湖者，以《經》云"具區"也。今太湖中尚時有之。又按：《釋魚》"鮤，鱴，刀"，郭云："今之鮆魚亦呼魛魚。"郭說蓋非。鄭注《周禮》："麷物爲鱴刀，含漿之屬。"鱴刀、含漿必皆蚌蛤之類，故謂之麷物，不得因一刀字附會也。〇《周禮正義》云："孫注《爾雅》刀魚與鱴別。"然則孫鮤、鱴爲逗，刀爲句。郭蓋同。

（鮆）

西山經第二

其陽多箭多䉋^①

【異文】【詁訓】【校勘】《西山經》英山"其陽多箭多䉋。"今本作"䉴"。郭云："今漢中郡出，厚裏而長節，根深，筍冬生。"戴凱之云："生非一處，江南山谷所饒也。故是箭竹類，一尺數節，葉大如履，可以作篷，莖中作矢，俗謂之筊筍"。按：郭云長節，戴云概節，不合。既云"中作矢"，則"一尺數節"當作"數尺一節"也。

（薇）

河水所潛

【地理】《山海經·西山經》曰："不周之山，東望泑澤，河水所潛也。其源渾渾泡泡。"《西山經》之"泑澤"，郭景純、酈善長皆云即《史》《漢》之鹽澤，一名蒲昌海者也。云"河水所潛"，即《史》《漢書》所謂"潛行地下，南出於積石"也。

（泑）

其陰多㮡

【詁訓】【校勘】《西山經》曰："槐江之山，西望其大澤，其陰多㮡木。"郭曰："㮡木，大木。"引《國語》"㮡木不生危。"按："㮡"即

---

① 今本無後"多"。

"檴"字。韋注《晉語》亦云："檴木，大木也。"《晉語》一本作"拱木"，非。許謂"檴"爲"長木"，"搖"爲"樹動"。他書則檴爲橘柚，搖爲長木。用字之不同也。《穆天子傳》曰："天子釣于河，以觀姑繇之木。"郭云："姑繇，大木。" 姑繇亦即檴也。

(檴)

不厭

【詁訓】【叚借】【源流】《西山經》："翼望之山，鳥名鵸鵌，服之使人不厭。"此用厭字之冣古者。寐古多叚借眯爲之。郭注《山海經》引《周書》"服之不眯"，爲"不厭"之證。《莊子·天運》："彼不得夢，必且數眯焉。"司馬彪曰："眯，厭也。"《通鑑》劉曄曰："臣得與聞大謀，常恐眯夢漏泄，以益臣罪。"語本裴松之引《傅子》，胡身之引《說文》"寐"字解之。

(寐)

【音義】《山海經》："服之使人不厭。"郭云："不厭，不厭夢也。"此"厭"字之冣古者也。其音一刹切。

(厭)

是多神䰠

【詁訓】【音義】【異文】【校勘】（《說文》："䰠，厲鬼也。"）《西山經》：剛山"是多神䰠"，䰠即此魅字。郭云："離魅之類也。耻二反，或作夕失。"今本《山海經傳》譌舛，依《集韵》《類篇》正。

(䰠)

北山經第三

机木

【音義】【古今】【押韵】《山海經》："單狐之山多机木"，"族筍之山多松柏机桓。"郭曰："机木似榆，可燒以糞稻田。音飢。"按：蓋即檵木也。今成都檯木樹,讀若豈平聲。楊雄《蜀都賦》曰:"春机楊柳。"机、檯古今字。檯見杜詩。王安石詩以"檯""滋""移"爲韵。《韵會》音邱其切,與蜀語合。

(机)

涔水出焉

【異文】【志疑】(《說文》:"淦,淦水。出北囂山,入印澤。"①)《北山經》曰:"鉤吾之山,又北三百里曰北囂之山,涔水出焉,而東流注於印澤。"許所據"涔"作"淦",如"柘"作"檽"、"颮"作"劦",皆與今本不同也。其地未詳。

(淦)

發鳩之山其上多柘木

【異文】【詁訓】【音義】(《說文》:"檽,檽木。出發鳩山。"②)《北山經》曰:"發鳩之山,其上多柘木。"許所據"柘"作"檽"也。發鳩山即《水部》涷水所出之"發包山"。《淮南書》亦作"發包"。古音"包""鳩"同在三部。

(檽)

漳水出焉

【異文】【地理】(《說文》:"涷,涷水。出發鳩山,入河。"③)《北山經》曰:"又北二百里,曰發鳩之山,漳水出焉。東流注于河。"《水經注·濁漳篇》曰:"漳水又東,涷水注之。涷水西出發鳩山,東徑余吾縣故城南,又東徑屯留縣故城北,又東流注于漳。故許慎曰:'水出發鳩山,入關,從水,東聲'也。"案:酈注作"入關",不可通;《說文》云:"入於河",亦與水道不合,又但云:"出發鳩山",不言發鳩

---

① 陳本不重"淦","印"作"邱"。
② 陳本不重"檽"。
③ 陳本不重"涷","入"後有"於"字。

所在郡縣。葢許所據《山海經》作"涷水出焉，東流注于河"，故許仍舊立文。如下文"浍出北囂山，入邙澤"亦全用《北山經》語。"涷"作"漳"，正如今《北山經》作"涔"許作"浍"，及《木部》引"櫨出發鳩山"今作"柘"之比。洇、涷字皆出《山海經》，故類舉之耳。若依《水經注》，則涷入濁漳，濁漳徑入海，不入河。發鳩山，《淮南子注》《水經》《山海經注》皆云在上黨長子縣西。今山西潞安府長子縣縣西五十里有發鳩山。

（涷）

泰戲之山

【地理】戍夫山，即泰戲之山也。《北山經》曰："泰戲之山，虖沱之水出焉，而東流注於漊水。"郭云："今虖沱水出鴈門鹵城縣南武夫山。"李吉甫曰："泰戲山，一名武夫山，在繁畤縣東南，虖沱水出焉。"《通典》："虖沱水出繁畤縣東南泒阜山。"《明統志》謂之小泒山、大泒山。然則戍夫即武夫，即泰戲也。泒水即虖沱之源也。

（泒）

其川在尾上

【校勘】【詁訓】【正俗】《山海經》曰："乾山有獸，其州在尾上。"今本譌作"川"。《廣雅》曰："州、豚，臀也。"郭注《爾雅》《山海經》皆云："州，竅也。"按："州""豚"同字，俗作"尻"。《國語》之"龍䑱"，《史》《漢》《貨殖傳》之"馬噭"皆此也。《蜀志•周羣傳》："諸毛繞涿居，署曰潞涿君。"語相戲謔，"涿"亦"州""豚"同音字也。

（䮷）

雞號之山　其風如颲

【音義】【異文】【詁訓】（《說文》："劦，同力也……《山海經》曰：'惟號之山，其風若劦。'"）《北山經》曰："母逢之山，北望雞號之山，其風如飈。"《郭傳》："飈，急風皃也，音戾。或云飄風也。"按：郭本與許所據不同。郭《江賦》用飈字。許意蓋謂其風如并力而起也。

（劦）

中山經第五

蓲草

【辨誤】《中山經》曰："吳林之山，其中多蓲草"；又云："蓲山，有蓲水出焉。"又云："有艸，其狀如蓲。"郭云"蓲即菅"，誤。

（蓲）

礝石

【譌字】"耎"多譌"需"，故（編按：碝）《山海經》誤作"礝"，《玉藻》誤作"瓀"。

（碝）

其木多樗

【校勘】【異文】《中山經》曰："傅山西五十里曰橐山，其木多樗，多楠木。"按："樗"者"枰"之誤。許所引《山海經》"樐"字今作"柘"，"洽"字今作"滽"，"劦"字今作"飈"，其不同如此。

（枰）

㚟

【正俗】【辨誤】《中山經》："綸山其獸多閭、麈、麢、㚟。"郭注："㚟似兔而鹿腳，青色，音綽。"按："㚟"乃"㲋"之俗體耳。《集韻》別爲兩字，非也。

（㲋）

其木多楢杻

【詁訓】郭注《山海經》云："楢，剛木，中車材。"剛木即柔木。蓋此木堅韌，故柔剛異偁而同實耳。

（楢）

四衢

【詁訓】《中山經》："宣山桑枝四衢"，"少室山木曰帝休，枝五衢。"《天問》："靡萍九衢。"《淮南書》："木大則根欋。"皆謂达道岐出。

（衢）

瀟湘

【詁訓】【注音】【志疑】【校勘】《中山經》曰："澧沅之風交瀟湘之浦。"《水經注·湘水篇》曰："二妃出入瀟湘之浦。瀟者，水清深也。《湘中記》云：湘川清照五六丈，下見底石，如㧺蒲矢，五色鮮明。是納瀟湘之名矣。"據善長說，則瀟湘者猶云清湘。其字讀如肅，亦讀如蕭。自景純注《中山經》云瀟水，今所在未詳，始別瀟、湘爲二水，俗又改瀟爲瀟，其謬日甚矣。

（瀟）

海外南經第六

戜國

【校勘】《山海經》"或國""或民國"，今譌作"戜"。

（或）

海内北經第十二

蜪犬

【音義】【校勘】【叚借】【同源】（《說文》："北方有蜪犬，食人。"）《海內北經》"蜪犬如犬，青，食人從首始。"郭注："蜪音陶，或作蚼，音鉤。"按：作"蚼"爲是，正許所本也。《周書》："渠搜以駒犬，能飛，食虎豹。"駒同蚼，借鶵駒字爲之耳。《大戴禮》作："渠搜貢虛犬"，虛亦音之轉也。今本《周書》作"獻犬"，依《文選》王融《曲水詩序》正。

（蚼）

騶吾

【叚借】"騶虞"，《山海經》《墨子》作"騶吾"，《漢·東方朔傳》作"騶牙"，皆同音假借字也。

（虞）

大荒東經第十四

離瞀　注：榖瞀

【聯綿】【異文】【校勘】佝音寇，瞀音茂，疊韻字。二字多有或體，《子部》"榖"下作"榖瞀"，《荀卿·儒效》作"溝瞀"，《漢·五行志》作"區霧"，又作"傋霿"，《楚辭·九辨》作"怐愁"，《玉篇》引作"佝愁"，應劭注《漢書》作"瞉霧"，郭景純注《山海經》作"榖瞀"。其音同，其義皆謂愚蒙也。《山海經注》"榖"字蓋有誤。

（佝）

大荒南經第十五

扞弓

【音義】【叚借】《廣雅》曰:"扞,張也",《大荒南經》:"有人方扞弓射黃蛇",郭曰:"扞,挽也,音紆。"按:此叚扞爲玕也。玕與彎雙聲。

(玕)

大荒西經第十六

璿瑰①

【詁訓】【譌字】【音義】【辨誤】《山海經》西王母之山有"璿瑰瑤碧",《郭傳》:"璿瑰,玉名。"竹書《穆天子傳》:"重氏之所守曰枝斯璿瑰",郭注:"璿瑰,玉名。"引《左傳》:"贈我以璿瑰。"按:《左傳·成公十八年》今本作"瓊瑰",僖公廿八年"璿弁",今本作"瓊弁"。張守節《史記》"璿璣"作"瓊璣"。璿與瓊,古書多相亂。璿瑰,郭音旋回,合二字爲美玉名。《山海經》單言"琁"者,亦美玉也。……《中山經》《海內西經》言"琁"者,皆美玉也。郭云"琁,石次玉者也",又云"琁,玉類",又云"璿瑰,亦玉名",是未知璿、琁同字矣。

(璿)

大荒北經第十七

黃帝女妭②

【詁訓】【辨僞】【辨誤】【叚借】《山海經》曰:"大荒之中有山,名曰不句。有黃帝女妭,本天女也。黃帝下之殺蚩尤,不得復上,所居不

---

① 今本"璿"作"璇"。
② 今本"妭"作"魃"。

雨。"妭即魃也。《詩正義》不引此而引《神異經》，《神異經》乃不知何人假託東方朔者。郭傳《山海經》不云"妭"即《詩》之"旱魃"，而云"音如旱魃之魃"，疏矣。《女部》曰："妭，婦人美兒。"然則《山海經》爲假借字。

（魃）

海内經第十八

九嶷山

【地理】【異文】《海内經》："南方蒼梧之丘，蒼梧之淵，其中有九嶷山，舜之所葬，在長沙零陵畍中。"郭云："山今在零陵營道縣南，其山九溪皆相似，故云九疑。古者總名其地爲蒼梧也。"……山在今湖南永州府寧遠縣南六十里，桂陽州藍山縣西南五十里。……按：諸書多作"九疑"，惟《山海經》作"嶷"音疑，而郭注亦作"九疑"。

（嶷）

般始爲弓矢

【佚文】【歷史】（《說文》："古者揮作弓。"）郭景純引《世本》曰："牟夷作矢，揮作弓。"此等皆當出《世本·作篇》。揮，黃帝臣。

（弓）

始作牛耕

【詁訓】【辨誤】【歷史】《山海經》曰："后稷之孫曰叔均，是始作牛耕。"《郭傳》："始用牛犁也。"按：《耒部》耕訓犂，是犂、耕二字互訓，皆謂田器。今人分別，誤也。《仲尼弟子列傳》："冉耕字伯牛。""司馬耕字子牛。"《論語》"司馬牛"，孔注曰："宋司馬犂也。"此可證司馬牛名耕，一名犂也。蓋其始人耕者謂之耕，牛耕者謂之犂。其後互名之。

（犂）

全書

帝俊

【歷史】【詁訓】【叚借】有虞氏以爲謚者。堯,高也,舜,大也。舜者,俊之同音假借字。《山海經》作"帝俊"。

(舜)

有出於漢人者

【義例】《山海經》有出於漢人者。

(漸)

穆天子傳

玉果

【校勘】《穆天子傳》:"天子之珤玉昆。"《傳》:"石似美玉。"今本"昆"譌"果"。

(琨)

搜神記

卷十

極上有禾三穗

【詁訓】《搜神記》："漢蔡茂夢坐大殿，極上有禾三穗。主簿郭賀曰：極而有禾，人臣之上祿也。"此（編按：極）則似謂梁。

（極）

卷十四

唷唷宜死

【正俗】《搜神記》卷十四云："聞呻吟之聲曰：'唷唷宜死。'"唷亦瘠之俗字。

（㾌）

老　子

道經

四章

道沖而用之

【叚借】凡用沖虛字者，皆"盅"之假借。《老子》："道盅而用之。"今本作"沖"是也。《尚書》"沖人"，亦空虛無所知之意。

（沖）

二十章

儽儽兮若無所歸

【校勘】【異文】【詁訓】【音義】【辨誤】《老子》曰："儽儽兮若無所歸。"王弼、陸希聲本同。今按：此"傫傫"之誤。河上公本作"乗乗"。傫從積絫之絫，與乗義相近。《樂記》："纍纍乎端如貫珠。"《音義》云："本又作累"，即絫字。傫傫爲垂皃，則與絫絫義同也。……絫者，增也，从厽，从糸，厽亦聲，在古音十六部。纍者，綴得理也，亦大索也，从糸，畾聲，在古音十五部。二字古形、古音皆不同，而後人亂之。《人部》有"傫"，有"儽"，形音義皆各殊也。《廣韵·六脂》曰："儽亦作傫。"傫是儽非，累即絫也。《集韵·脂》《類篇》皆首列儍，次列儶，知儍爲正體矣。惟《玉篇》《廣韵》《集韵》力追、力罪切，皆不若《集韵》入《五寘》力僞一切合於古。……《史記》"纍纍若喪家之狗"，《韓詩外傳》作"羸乎若喪家之狗"，然則正當作儍也。《集韵·五寘》："病困謂之儶"，字體亦誤。

（儍）

三十二章

萬物將自賓

【詁訓】君爲主，臣爲賓。故《老子》曰："樸雖小，天下莫能臣也。矦王若能守之，萬物將自賓。"司馬相如引《詩》："率土之賓，莫非王臣。"①

（賓）

德經

三十八章

攘臂而扔之②

【音義】扔與仍音義同，《老子》曰："爲之而莫之應，則攘臂而扔之。"
（扔）

四十六章

卻走馬以糞

【詁訓】《老子》曰："天下有道，卻走馬以糞。"謂用走馬佗棄糞除之

---

① 許校云："此據《文選·難蜀父老》注：'本或作賓。'《史記》《漢書》皆作'濱'。"
② 今本"扔"作"仍"，《校釋》云："御注、遂州、邢玄、景福、慶陽、磻溪、樓正諸石本，嚴遵、傅奕、柰卷、室町、顧、彭諸本皆作'仍'，范本作'扔'。"段氏引同范本。

物也。

(糞)

五十五章

終日號而不嗄

【異文】【詁訓】《老子》:"終日號而不嗄",《玉篇》作"不嗌",云:"嗌,氣逆也。"《太玄》:"柔兒于號,三日不嗌。"傅奕挍定《老子》作"嚘",嚘同嗌。

(嗄)

列 子

黃帝第二

庚

【詁訓】【叚借】更訓改，亦訓繼。不改爲繼，改之亦爲繼。故《小雅》毛傳曰："庚，續也。"《用部》"庸"下曰："庚，更事也。"《列子》云："五年之後，心庚念是非，口庚言利害。七年之後，從心之所念，庚無是非，從口之所言，庚無利害。"皆假庚爲更。

（更）

口所偏肥

【詁訓】【辨誤】《列子·黃帝篇》："目所偏視，晉國爵之；口所偏肥，晉國黜之。"殷敬順《釋文》云："肥，皮美切。《說文》《字林》皆作朏，又作圮，皆毀也。"按：古肥與非通。"口所偏肥"，猶云"口所偏非"耳，不必援此也。朏與圮亦非一字。

（朏）

若檗株駒

【詁訓】㯱者，言其䫥然大也。古多用檗弋字爲之。《列子》曰："吾處也，若檗株駒"，"株駒"，木榾也。殷敬順曰："檗，《說文》作身。"按：《玉篇》亦作身，隷變也。

（㯱）

周穆王第三

覆之以蕉

【叚借】《列子書》以蕉爲樵。

（樵）

湯問第五

鮮而食之

【詁訓】《列子》："鮮而食之"，即析而食之也。

（䥣）

力命第六

俏成

【叚借】（編按：肖）《列子》假"俏"。

（肖）

説符第八

異伎[①]

【詁訓】【音義】張注《列子·説符篇》"異伎"云："僑人"，郭注《山海經》"長股國"言："有喬國，今伎家僑人象此。"僑人今俗謂之踹僑。僑即趫字，去嚻切。

（趫）

[①] 今本"伎"作"技"。

莊 子

逍遙遊第一

溟

【校勘】《莊子》"南溟""北溟",其字當是本作"冥"。
(溟)

鵬

【古今】【詁訓】《莊子書》:"化而爲鳥,其名爲鵬。"崔云:"古鳳字。"按:莊生寓言,故鯤魚子也,鵬羣鳥之一也,而皆云"大不知其幾千里"。
(鳳)

之人

【詁訓】《莊子》"之人也"即"是人也"。
(封)

粃康

【詁訓】《莊子》:"塵垢粃康",粃即秕字。
(柴)

窅然

【異文】《莊子》："窅然喪其天下焉。"郭象音武駢反,是郭本作"䫰然"也。

(䫰)

洴澼

【詁訓】漂澼,水中擊絮也,《莊子》曰"洴澼"。

(漂)

擁腫

【正俗】《莊子》說木盤癭曰："雍腫","雍"俗作"擁"。

(腫)

齊物論第二

畏佳①

【古今】《莊子》："山林之畏佳",佳即今之崔也。

(崔)

之調調之刀刀

【詁訓】卣卣,坯兒。《莊子》曰："之調調,之刀刀。"之,此也。調調謂長者,刀刀謂短者。調調即卣卣也。

(卣)

茶然疲役

【音義】【辨誤】《莊子》："茶然疲役而不知其所歸。"郭云："疲困茶

---

① 今本"佳"作"佳"。

然。"《釋文》乃結反。按：茶者，闟之變也。諸韵書皆於薺韵作"闟"，屑怗韵作"茶"，是不知爲一字矣。

（闟）

賦芧

【詁訓】《莊子》："狙公賦芧"，司馬云："芧，橡子也。"芧即柔字，橡即樣字。柔本樹名，因用爲實名也。

（柔）

養生主第三

惡乎介

【異文】【詁訓】《莊子·養生主》注曰："介，偏刖之名。"崔本作"兀"，又作"趴"，云："斷足也。"《德充符》："申徒嘉，兀者也。"李云："刖足曰兀。"

（跀）

樊中

【詁訓】《莊子》："澤雉畜乎樊中"，樊，籠也。

（樊）

人閒世第四

播精

【詁訓】【正俗】《莊子·人閒世》曰："鼓筴播精"，司馬云："簡米曰精。"簡即柬，俗作揀者是也。

（精）

大宗師第六

端倪

【叚借】《莊子》："不知端倪"，借端爲耑，借倪爲題也。題者，物初生之題也。

（倪）

在宥第十一

傖囊

【異文】【詁訓】【聯綿】【叚借】【同源】《莊子·在宥》："傖囊"，崔譔作"戕囊"，云："戕囊猶搶攘。"晉灼注《漢書》曰："搶攘，亂兒也。"搶攘疊韵，本在陽唐韵，轉入庚韵。攘即㙁之假借。凡髪亂曰鬇鬡，艸亂曰茅蕁，皆搶攘同意。

（㙁）

【異文】【詁訓】《莊子·在宥》"傖囊"崔譔作"戕囊"，云："戕囊猶搶攘。"晉灼注《漢書》曰："搶攘，亂兒也。"

（搶）

天地第十二

歷指

【詁訓】《莊子》曰："罪人交臂歷指"，歷指謂以櫪撕枊其指也。

（櫪）

秋水第十七

鴟鵂夜撮蚤

【異文】【音義】【詁訓】【校勘】【辨誤】《莊子·秋水》："鴟鵂夜撮蚤，察毫末。晝出，瞋目而不見丘山。"《釋文》："撮，崔本作最。"此可證最、撮古音同。蚤謂齧人跳蟲也。或誤爲"聚爪"，云："夜入人家，索人指甲"，可笑也。

（最）

落馬首

【古今】【叚借】落者，今之絡字。古叚落，不作絡，謂包絡也。《莊子》"落馬首"，《漢書》"虎落"，皆作落。

（繯）

一足趻卓而行①

【校勘】【詁訓】《莊子》："夔謂蚿曰：'吾以一足趻踔而行。'"謂腳長短也。踔即逴字。今《莊子》作"趻卓"。

（逴）

【音義】《莊子》"一足趻踔而行"，謂腳長短也，敕甚、敕角切。

（踔）

練實

【志疑】《莊子》"非練實不食"，或謂即楝實。楝實非珍物，似非的解也。

（楝）

---

① 今本"卓"作"踔"。

至樂第十八

得水則爲㔾①

【校勘】《莊》《列》皆云："得水爲㔾"，此篆見古書者惟此，而《莊》譌作"㔾"。

（㔾）

庚桑楚第二十三

畏壘之山

【詁訓】《莊子》有"畏壘之山"，《史記》作"畏累虛"。《玉篇》云："鏍䥫，亦作碨礌。"

（鏍）

不嗄

【異文】【詁訓】《莊子·庚桑楚》："終日嗥而嗌不嗄"，崔譔本作"不噶"，云："啞也。"《子虛賦》："榜人歌聲流喝"，郭璞曰："言悲嘶也。"又謝希逸文："喝邊簫於松霧。"

（喝）

有實而無乎處者宇也有長而無本剽者宙也

【詁訓】《莊子》云："有實而無乎處者，宇也；有長而無本剽者，宙也。""有實而無乎處"，謂四方上下實有所際，而所際之處不可得到。

（宇）

【詁訓】《莊周書》云："有實而無乎處者，宇也；有長而無本剽者，宙也。"本剽即本末。《莊子》說正與"上下四方曰宇，往古來今曰宙"

---

① 今本"㔾"作"㔾"。

同，亦謂其大無極，其長如循環也。

（宙）

外物第二十六

眥㨇

【校勘】【詁訓】【叚借】【異文】【音義】【辨誤】【源流】（《說文》："㨇，㩴也。"①）"㩴"，各本作"批"，小徐本及《集韵》《類篇》《廣韵》作"批"，今正。批者，批之譌；批者，㩴之譌也。《手部》"㩴""批"二篆義別。"㩴"下云："一曰：㩴，㨇頰旁也"，與此曰"㨇，㩴也"相爲轉注。《廣韵》《玉篇》皆曰："㨇者，摩也。"然則"㨇頰旁"者，謂摩其頰旁，養生家之一法。故《莊子》曰："靜默可以補病，眥㨇可以休老。"眥㨇即㩴㨇之叚借字。一本作"揃㨇"。《釋文》引《字林》"㨇，批也，千米反。"批亦㩴之誤。若作批，則搉之俗字，訓反手擊也，尤誤。○按：《廣韵》《玉篇》云："摩也"，此字本義；《廣韵》又曰："批也"，批即批之誤。又曰："捽也"，捽即批之解也。又云："手拔也。"《玉篇》云："《莊子》云"揃㨇"，拔除也。"是皆用師古《急就篇注》而誤②。蓋訓詁之難如此。

（㨇）

讓王第二十八

縰履　釋文：通俗文云履不箸跟曰縰

【古今】《通俗文》："履不箸跟曰縰"，縰同躧，躧、縰古今字也。

（夊）

---

① 陳本"㩴"作"批"。
② 詳見本書《急就篇》"沐浴揃㨇寡合同"條。

盜跖第二十九

侅溺

【叚借】《莊子》："侅溺於馮氣"，據徐音乃是假侅爲礙。

（侅）

說劍第三十

鋒鍔脊鐔夾

【詁訓】《通藝錄》曰："劍鼻謂之鐔，鐔謂之珥，又謂之環。一謂之劍口。有孔曰口，視其旁如耳然曰珥，面之曰鼻，對末言之曰首。"玉裁按：《莊子·說劍》凡五事，曰：鋒、鍔、脊、鐔、夾。鋒者，其耑，許書之鑣字，《左傳》所謂劍末也。鍔者，其刃，許之劇字。脊者，其身中隆處，《記》因之有"网從""臘廣"之偁也。鐔者，其鼻，《玉部》所謂設璏處也。夾者，其柄。鐔在其耑，《記》所謂莖，許《刀部》所謂剞也。印鼻、劍鼻、瓜鼻皆謂鼻者，鼻猶初也，始生子爲鼻子。

（鐔）

列禦寇第三十二

竿牘

【詁訓】《莊子》"竿牘"即簡牘也。

（竿）

文　子

道德

無適之道

【叚借】【辨誤】古多假借適爲敵。《襍記》："訃於適者。"《史記》："適人開户"，"適不及拒"。《荀卿子》："天子四海之内無客禮，告無適也。"《文子》曰："一也者，無敵之道也。"按：後人取《文子》注《論語》曰："敬者，主一無適之謂。"適讀如字。夫主一，則有適矣，乃云無適乎？敬者，持事振敬，非謂主一也。《淮南書》曰："一者，萬物之本也，無適之道也。"與《文子》同，正作"敵"。

（敵）

【辨誤】【叚借】（《說文》："敬，肅也。"）後儒或云："主一無適爲敬"，夫主一與敬義無涉。且《文子》曰："一也者，無適之道。"《淮南·詮言》曰："一者，萬物之本也，無敵之道也。"適即敵字，非他往之謂。

（敬）

自然

上下四方謂之宇①

【詁訓】宇者，言其邊，故引伸之義又爲大。《文子》及《三蒼》云："上下四方謂之宇，往古來今謂之宙。"② 上下四方者，大之所際也。

（宇）

---

① 今本"上下四方"作"四方上下"。
② 今本《文子》"往古來今謂之宙"句在前。

—段注說文攷校羣書類纂—

集 部

楚　辭

離騷第一

畦畱夷與揭車

【源流】【校勘】【志疑】【詁訓】《離騷》："畦畱夷與揭車"，王逸注："五十畝曰畦。"《蜀都賦》劉注曰："《楚辭》：'倚沼畦瀛'，王逸曰：'瀛，澤中也。'班固以爲：'畦，田五十畝也。'"此蓋班固釋"畦畱夷"之語。今俗本《文選》逸之。按：《孟子》曰："圭田五十畝"，然則畦從圭田會意兼形聲與？又用爲畦畛，《史記》："千畦薑韭"，韋昭曰："畦猶壟也。"

（畦）

冄冄

【叚借】《離騷》："老冄冄其將至。"此借"冄冄"爲"尤尤"。

（冄）

顑頷

【叚借】（《說文》："顑頷，食不飽，面黃起行也。"①）《離騷》："長顑頷亦何傷"，王注："顑頷，不飽皃。"按：許之"顑頷"即"顑頷"也。《離騷》假借"頷"爲"顲"。

（顑）

---

① 陳本無"顑頷"，"食"作"飯"。

薋菉葹以盈室

【詁訓】【音義】【異文】【叚借】（《說文》："薋，艸多皃。"）《離騷》曰："薋菉葹以盈室"，王注："薋，蒺藜也。菉，王芻也。葹，枲耳也。《詩》：'楚楚者薋。'三者皆惡艸也。"據許君說，正謂多積菉葹盈室，薋非艸名。《禾部》曰："穧，積禾也。"音義同。蒺藜之字《說文》作"薺"。今《詩》作"茨"，叔師所據《詩》作"薋"，皆假借字耳。

（薋）

扶桑　若木

【詁訓】（《說文》："叒，日初出東方湯谷所登榑桑。叒木也。"）《離騷》："總余轡乎扶桑，折若木以拂日。"二語相聯，蓋若木即謂扶桑。扶、若字，即榑、叒字也。

（叒）

緯繣

【叚借】王注《離騷》曰："緯繣，乖戾也。"《廣雅·釋訓》曰："緯懂，乖剌也。"《廣韵·廿一麥》曰："徽繣，乖違也。"《說文》無繣。緯、徽皆敽之假借也。

（敽）

蘇糞壤以充幃兮

【叚借】《離騷》："蘇糞壤以充幃兮，謂申椒其不芳"，王逸曰："蘇，取也。"《韓信傳》曰："樵蘇後爨，師不宿飽。"《漢書音義》曰："樵，取薪也。蘇，取草也。"此皆假蘇爲穌也。

（穌）

【詁訓】《離騷》："蘇糞壤以充幃"，王逸曰："幃謂之縢。縢，香囊也。"按：凡囊皆曰幃，曰縢，王依文爲說則謂之"香囊"耳。

（幃）

【詁訓】《離騷》:"蘇糞壤以充幃",王注:"幃謂縢。縢,香囊也。"按:凡囊皆曰縢,王望文爲說耳。
(縢)

鵜鴂

【辨誤】《離騷》:"恐鵜鴂之先鳴",楊雄作"鸊鴂",或釋爲子規,或釋爲伯勞,未得其審。而《廣韻》乃合鵜鴂、鶗鴂爲一物。凡物名因一字相同而淆誤之類如此。
(鴂)

瓊枝

【詁訓】《離騷》曰:"折瓊枝以爲羞",《廣雅》玉類首瓊支,此瓊爲玉名之證也。……《詩》瓊琚、瓊瑤、瓊華、瓊瑩、瓊英、瓊瑰,《毛傳》云:"瓊,玉之美者也。"蓋瓊支爲玉之最美者,故《廣雅》言玉首瓊支。因而引伸凡玉石之美皆謂之瓊。應劭曰:"瓊,玉之華也",是其理也。
(瓊)

瓊靡

【詁訓】【音義】王逸注《離騷》"瓊靡"云:"靡,屑也。"靡即糜字。《廣雅》"靡"字二見,曰:"糜,饘也",與《說文》同;曰"糜,糊也"即《說文》之"糪,碎也。"糜與糪音同義少別,凡言粉碎之義當作糪。
(糪)

玉軑

【辨誤】【校勘】(《說文》:"軑,車輨也。")《離騷》曰:"齊玉軑而立馳",王逸釋爲"車轄",非也。《玉篇》《廣韻》皆云"車轄"。轄皆𨎌之誤也。

（軩）

九歌第二

涔陽

【地理】【辨誤】（《說文》："一曰：涔陽渚在郪。"①）屈原《九歌》："望涔陽兮極浦"，王逸曰："涔陽，江碕名，附近郢。"按：許曰"在郢"，王曰"附近郢"，許云"渚名"，王云"江碕名"，皆不云有涔水，謂近郢濱大江之洲渚耳。近儒說未可信。

（涔）

石瀨

【詁訓】《九歌》："石瀨兮淺淺。"《伍子胥書》有下瀨船，漢有下瀨將軍。應劭《漢書注》曰："瀨，水流沙上也。"臣瓚曰："瀨，湍也。吳越謂之瀨，中國謂之磧。"按：瀨之言淶也。水在沙上，淅淶而下滲也。《埤倉》云："淅淶，漉也。"

（瀨）

嫋嫋

【音義】《九歌》："嫋嫋兮秋風"，王曰："嫋嫋，秋風搖木皃。"按：《楚辭》讀上聲，《上林賦》讀入聲，實無二義也。

（嫋）

番芳椒

【叚借】（《說文》："𤕟，古文番。"）《九歌》："𤕟芳椒兮成堂"，王

---

① 陳本"郢"後有"中"字。

注："布香椒於堂上也。䉾，一作播。"丁度、洪興祖皆云："䉾，古播字。"按：播以番爲聲，此屈賦假番爲播也。

（番）

襌

【詁訓】【辨誤】（《說文》："襌，南楚謂禪衣曰襌。"①）《九歌》曰："遺余襌兮醴浦。"《方言》曰："禪衣，江淮南楚之間謂之襌，關之東西謂之禪衣。"按：屈原賦當用南楚語，王逸云："襜襦"，殆非也。

（襌）

天問第三

羿焉彃日

【異文】【詁訓】（《說文》："《楚辭》曰：'夫弓焉彃日也。'"②）今本無"夫""也"二字，"弓"作"羿"。郭氏《山海經傳》云："《莊周》云：'昔者十日並出，艸木焦枯。'《淮南子》云：'堯乃令羿射十日，中其九。日中烏盡死。'"又引《離騷》："羿焉畢日，烏焉落羽。"又引《歸藏·鄭母經》："昔者羿善射，畢十日，果畢之。"按：畢即彃字。

（彃）

笎維焉繫③

【叚借】（編按：斡）或叚借笎字，《楚詞》云："笎維焉繫，天極焉加。"

（斡）

---

① 陳本"襌"俱作"襌"。
② 陳本"辭"作"詞"，無"夫""也"。
③ 今本"笎"作"斡"。

九章第四

齊吳榜以擊汏[①]

【詁訓】【音義】《九章》："齊吳榜以擊汏"，吳，大也；榜，楫也。言齊同用大楫擊水而行，如汏洒於水中也。凡舟子之用櫓，振力擊之，乃徐拕之，如汏然。今蘇州人謂搖曳洒之曰汏，音如俗語之大，在禡韵。

（汏）

髡首

【正俗】《楚辭·涉江》："接輿髡首"，王注云："髡，剔也。"剔者，俗鬄字。

（髡）

鼂

【叚借】屈原賦："甲之鼂吾以行"，王逸曰："鼂，旦也。"《左傳》衛大夫史朝，《風俗通》作"史鼂之後爲鼂姓"，《漢書》鼂姓又作晁，是古叚鼂爲朝。

（鼂）

汋約

【詁訓】《楚詞》"汋約"即《莊子》"淖約"。

（汋）

[①] 今本"汏"作"汰"。

任秸之何益①

【叚借】有假秸爲山石者，《楚辭》悲"任秸之何益"是也。

（秸）

遠遊第五

顄

【異文】【詁訓】《玉篇》引《楚辭》："玉色顄以脫顏"，今《遠遊》作"顉"，顄與顉同也。

（顉）

曭莽

【古今】（《說文》："黨，不鮮也。"）屈賦《遠遊篇》："時曖曖其曭莽"，王注曰："日月晻黮而無光也。"然則黨、曭古今字。

（黨）

卜居第六

悃悃款款②

【詁訓】屈原賦曰："悃悃款款"，王注："心志純也。"按：古款與窾通用。窾者，空也。款亦訓空。空中則有所欲也。《釋器》："款足者謂之鬲。"小司馬引舊說款足謂空足也，又引《申子》"款言無成"。

（款）

---

① 今本"秸"作"石"，王注云："石，一作秸。"《補注》云："秸，當作秸，音石，百二十斤也。"

② 今本"款"作"欸"。

漁父第七

顏色憔悴

【異文】《玉篇》引《楚辭》云："顏色䪌領"，希馮所據古本也。

（䪌）

九辨第八

沆瀁

【叚借】其《韓詩》之"回沇"，《楚辭》之"沆瀁"，皆假借也。

（沇）

水清

【異文】【叚借】《韵會》云："《楚辭》'收潦而水清'注作'瀞'。"按：今《文選》本作"百川靜"，洪興祖本作"百川清"，皆與黃氏所見異。古書多假清爲瀞。

（瀞）

喝唏

【詁訓】《楚語》："鵾雞喝唏而悲鳴。"① 喝，大聲；唏，小聲也。

（喝）

倚結軨兮長大息

【詁訓】【異文】【校勘】【辨誤】（《說文》："軨，車轜閒橫木。"）《楚辭》："倚結軨兮長大息，涕潺湲兮下霑軾。"戴先生曰："軨者，軾

---

① 許校云："《楚語》是《楚辭》之誤。"

較下縱橫木總名，即《攷工記》之軹轛也。結軨謂軨之橫從交結。倚軨而涕霑軾，則是倚於輈內之軨，故其涕得下霑軾也。"玉裁按：惟此軨乃許所謂。若《曲禮》"僕展軨效駕"，軨即輪，亦作轔，《士喪禮》注所云"轉轔"。展軨，謂使馬稍動車輪也。《東京賦》："疏轂飛軨"，薛解曰："飛軨，以緹紬（段云："一作油。"）廣八尺（段云："當作寸。"）長拄地。左青龍，右白虎，繫軸頭取兩邊飾。二千石亦然，但無畫耳。"此葢漢制。師古取以注《急就篇》之"軨"，殊誤。《急就》"軹軾軨"並言，正謂橫直結軨耳。

（軨）

梧楸

【校勘】（《說文》："《楚詞》有'菩蕭'。"①）按：今《楚詞》無"菩蕭"，惟宋玉《九辨》云："白露既下百艸兮，奄離披此梧楸。""梧楸"葢許所見作"菩蕭"，正百艸之二也。

（菩）

櫹槮

【詁訓】《九辨》："菊櫹槮之可哀"，即許之櫹槮二字也。

（槮）

【校勘】《九辨》"櫹"即"槬"，淺人加"艸"耳。

（槬）

狺狺

【詁訓】《九辨》："猛犬狺狺而迎吠"，王注："讒佞讙呼而在側也。"狺即狋字。

（狋）

---

① 陳本"蕭"後有"艸"。

銜銜

【詁訓】《九辯》:"導飛廉之銜銜",王注:"風伯次且而埽塵也。"按:"銜銜"是行列之意,後人因以所治爲銜。

(銜)

招䰟第九

挂曲瓊些

【押韻】《招䰟》(編按:瓊)與"姦""安""軒""山""連""寒""湲""蘭""筵"韻。

(瓊)

【押韻】《招䰟》:"挂曲瓊些",與"寒""湲""蘭""筵"韵。

(复)

穭麥

【異體】【詁訓】《招䰟》《七發》皆云"穭麥",穭即穛字之異者。古爵、焦聲同在弟二部。許云:"穛,早取穀也。"《招魂》王注云:"擇麥中先熟者也",義正同。

(薾)

餦餭

【古今】【詁訓】《楚辭》《方言》皆作"餦餭",古字葢當作"張皇"。《招䰟》:"有餦餭些",王曰:"餦餭,餳也。"《方言》曰:"餳謂之餦餭",郭云:"即乾飴也。"諸家渾言之,許析言之。

(饊)

昆蔽象棋①

【詁訓】《招魂》："昆蔽象棋"，注："昆，玉也。"當云："昆同琨，石似玉。"

（琨）

【詁訓】【異體】【辨誤】《招䰟》："昆蔽象棋"，王曰："昆或言箟簬，今之箭囊也。"箟即箘之異體，箭囊即射筒之異詞。無底曰囊，通簫曰筒，皆自其無節言之，謂之好箭幹耳。古者緐呼曰箘簬，《戰國策》"箘簬之勁不能過"是也；單呼曰箘，《呂氏春秋》"越駱之箘"是也。《書正義》及戴凱之說箘簬爲二竹，繆矣。

（箘）

大招第十

奇牙

【詁訓】《大招》云："靨輔奇牙，宜笑嫣只。"《淮南》云："奇牙出，靨酺搖。"高注："將笑，故好齒出也。"按：奇牙所謂骑也。《可部》曰："奇，異也。一曰不耦。"笑而露其齒，獨好，故曰奇牙。

（骑）

宜笑嫣只

【異文】《文選》："嫣然一笑"，注引王逸云："嫣，笑皃。"然《大招》字作"嫣"，許書無"嫣"字。

（嫣）

---

① 今本"昆"作"苠"。

招隱士第十二

山曲岪

【詁訓】《楚辭·招隱士》云:"塊兮圠,山曲岪。"王注云:"盤結屈也。""結屈",許書作"詰詘",山脅之道然也。

(岪)

七諫第十三

𪎭蒸

【詁訓】東方朔《七諫》曰:"菎蕗雜於𪎭蒸",王逸注:"枲翮曰𪎭,一作䕸。"按:枲翮,枲莖也。

(䕸)

哀時命第十四

圭璋襍於甑窐①

【詁訓】《楚辭》曰:"圭璋襍於甑窐",此甑下空也。

(窐)

九歎第十六

肸圈

【異文】《九歎》說流水:"龍卬脟圈,繚戾宛轉",脟一作綸。

(脟)

---

① 今本"圭璋襍"作"璋珪雜"。

霢

【詁訓】《楚辭》："愈氛霧其如霢"，王逸曰："霢，塵也。"按：霢之言蒙也。

（霢）

九思第十七

冰凍兮洛澤

【詁訓】【校勘】王逸《九思》："冰凍兮洛澤"，自注："洛，竭也。寒而水澤竭成冰。"按："水澤竭"，所謂乾也。今《楚辭》作"洛澤"，《廣韵》《集韵》十九鐸皆引"冬冰兮洛澤"，誤甚。

（洛）

音案衍兮要嬥[①]

【詁訓】《九思》："音案衍兮要嬥"，舞容也。《廣韵》曰："嬥，美好。"

（嬥）

[①] 今本"案"作"晏"，"嬥"作"姪"。

楊子雲集[①]

蜀都賦

釀米肥腊[②]

【詁訓】【校勘】楊雄《蜀都賦》:"釀米肥腊",言食穀米之肥腊也。轉寫作"釀米",誤矣。

(釀)

---

① 今本"楊"作"揚"。
② 今本"腊"作"豬"。

杜　詩

放船

戎戎　淰淰

【詁訓】《衆經音義》引《埤倉》："淰，水無波也。"杜詩："山霧戎戎溼，溪雲淰淰寒。""戎戎"言其流動，"淰淰"言其凝滯，水無波之義之引伸也。

（淰）

最能行

撇漩捎濆無險阻

【音義】【詁訓】杜詩："撇漩捎濆無險阻。"漩，夔州土人讀去聲，謂峽中回流大者，其深不測，舟遇之則旋轉而入，《江賦》所謂"盤渦谷轉"也。濆，土人讀如濆，謂峽中回流漸平，則突涌如山，《江賦》所謂"渨濆濆瀑"也。斯二者必撇之捎之而行，不可正犯。杜用峽中語言入詩。

（淀）

可歎

抉眼

【詁訓】杜詩用"抉眼",即《易》之"反目"也。(媢)

韓　集

進學解

詩正而葩

【詁訓】韓愈曰："《詩》正而葩"，謂正而文也。（葩）

文 選

西都賦

觚棱

【異文】《文選·西都賦》曰："設璧門之鳳闕，上觚棱而棲金爵。"《後漢書》正作"柧棱"。李賢引《說文》爲注。

（柧）

枍詣

【辨誤】《關中記》："建章宮有馺娑、騏驦、枍詣、承光四殿。"《西京》《西都賦》皆作"枍詣"。俗作"栺"，誤。

（詣）

觸蹙

【叚借】《西都賦》曰："窮虎奔突，狂兕觸蹙。"蹙者，䎱之假借。

（䎱）

東都賦

鳳蓋棽麗

【詁訓】【音義】棽儷者，枝條茂密之皃，借爲上覆之皃。《東都賦》："鳳蓋棽麗"，李善注引《七略》："雨蓋棽麗。"麗與儷同力支切。張揖

《大人賦》注曰："林離，摻攦也。"摻攦，所林、所宜二反，蓋即棽儷。

（棽）

西京賦

岐梁汧雍

【校勘】【詁訓】薛綜注《西京賦》引《說文》："岐山在長安西美陽縣畍，山有兩岐，因以名焉。"此《說文·山部》原文也。"山有兩岐"，當作"山有兩枝"。山有兩枝，故名曰岐山。

（邻）

鏤檻文㮰

【詁訓】《西京賦》曰："三階重軒，鏤檻文㮰。"按：此文㮰謂軒檻之飾與屋桷相似者。

（㮰）

飛闥

【詁訓】《西京賦》說神明臺曰："上飛闥而仰眺"，《西都賦》說井榦樓曰："排飛闥而上出"，此二闥皆樓上戶，在高處，故名之曰飛。

（闥）

非都盧之輕趫

【詁訓】（《說文》："駊，馬行相及也。"）《西京賦》薛解曰："駊娑、駘盪、枍詣、承光皆臺名。"按：駊娑、駘盪皆以馬行兒兒臺之高也。

（駊）

墱道

【詁訓】登陟之道曰隥，亦作墱。《西都賦》："陵墱道而超西墉"，《西京賦》："墱道邐倚以正東"，薛曰："墱，閣道也。"按：閣道謂凌空如棧道者。

（隥）

壘崔

【詁訓】《西京賦》曰："上林岑以壘崔。"按：壘崔即絫辠也。

（絫）

蘭錡

【校勘】《西京》《吳都》《魏都賦》皆云："蘭錡"，劉逵曰："受他兵曰蘭，受弩曰錡。""蘭"字皆當从竹。

（簡）

商旅聯槅　方轅接軫

【詁訓】（《說文》："槅，大車枙。"）《西京賦》曰："五都貨殖，既遷既引。商旅聯槅，隱隱展展。"此正謂大車也。下文云："冠帶交錯，方轅接軫。"謂乘車也。

（槅）

繚垣

【校勘】【聯綿】《西京賦》曰："繚亙綿聯"，薛注："繚亙猶繞了也。"按：《魏都賦》亦曰："繚亙開囿。"今本皆譌作"繚垣"，非也。繚亙雙聲字。

（璙）

沸卉軯訇

【押韻】《西京賦》"沸卉軯訇"與"鵾""溫""門""論"韵。

（訇）

掭地絡①

【音義】【異體】《東京賦》："振天維，掭地絡。"掭謂申布也，《玉篇》余忍切。掭當是㨉之或體。

（㨉）

飛罼瀟箭

【詁訓】《西京賦》曰："飛罼瀟箭"，薛曰："瀟箭，罼形也。"按：罼者，网之以竿爲柄者也。

（箭）

髳髵

【詁訓】《西京賦》說猛獸"髳髵"，薛曰："髳髵，作毛鬣也。"髳即髺字。須髮短則植，猛獸毛鬣植。

（頿）

朱鬌

【校勘】【詁訓】《西京賦》："朱鬌"，薛注："以絳帕額。"按：薛注"帕"乃"帞"之誤，帕即鬌字。

（鬌）

攫獑猢

【校勘】《西京賦》："攫獑猢"，薛云："攫謂握取之也。"今本"握"譌"掘"，玄應不誤。

（攫）

---

① 許校云："《東京賦》是《西京賦》之誤。'掭'，胡刻本作'衍'。段氏係據《玉篇》引。"

烏獲扛鼎①

【叚借】【詁訓】（編按：舡）假借爲"扛"字。《魏大饗碑》"上索蹹高，舡鼎緣橦"，《西京賦》"烏獲扛鼎"是也。𦪉亦舡字。

（舡）

【詁訓】【叚借】《西京賦》作"𦪉鼎"，𦪉即舡。《魏大饗碑》作"舡鼎"。舡者，扛之叚借字也。

（扛）

東京賦

岫居

【詁訓】《東京賦》："王鮪岫居"，薛解云："山有穴曰岫。"然則岫居言居有穴之山。

（岫）

獝狂

【校勘】（《說文》："𧽍，狂走也。"）《東京賦》："捎魑魅，斮獝狂。"薛曰："獝狂，惡戾之鬼。"按："獝"當作"𧽍"。

（𧽍）

殘夔魖與罔象②

【詁訓】《東京賦》曰："殘夔魖與罔象。""夔"，木石之怪也。"罔

---

① 今本及宋尤袤刻本、六臣注本"𦪉"皆作"扛"。今本及尤本李善注云："《說文》曰：'扛，橫關對舉也。'扛，與舡同。"六臣注本李注作"扛，與𦪉同"。胡克家云："善注云：'扛'與'𦪉'同，謂引《說文》之'扛'，與正文之'𦪉'同也。蓋善作'𦪉'，五臣作'扛'，而各本亂之。"見高步瀛《文選李注義疏》，北京：中華書局，1985年，第454頁。此或據改之由，然李注云甲與乙同者，既有如胡乙爲正文者，如《西都賦》"閬城"，李注："鄭玄《禮記注》曰：'填，滿也。''填'與'閬'同。"亦有甲爲正文者，如《西都賦》"鑽鍱"，李注："《蒼頡篇》曰：'攢，聚也。''鑽'與'攢'同。"則知胡氏所云未必然也。

② 今本"象"作"像"。

象",水之怪也。與魍爲三物。

(魖)

逯逯

【詁訓】(《說文》:"逯,行謹逯逯也。")張衡賦:"逯逯",謂局小兒,義與此同。《廣雅》:"逯逯,衆也。"《女部》:"娽,隨從也。"《蕭相國世家》《平原君列傳》作"錄錄",義皆相近。

(逯)

南都賦

篬箊①

【音義】【校勘】《南都賦》:"其竹阿那篬箊,風靡雲披。"李善引《說文》:"篬,竹兒也",《埤蒼》:"箊,竹頭有文也",上烏孔反,下如涌反。按:《吳都賦》云:"篬箊蕭瑟。"謝靈運《山居賦》自注:"修竦、便娟、蕭森、篬蔚,皆竹貌也。"今三賦"篬"皆誤从艸矣。

(篬)

砏汃輣軋

【音義】【聯綿】(《說文》:"汃,西極之水也。")《南都賦》:"砏汃輣軋",李善汃音八,引《埤蒼》"汃,大聲也。"此假借別爲一義。其音亦可讀如邠。砏、汃疊韵也。

(汃)

鶛䳢

【校勘】【音義】《南都賦》:"其鳥則有鶛䳢鷫鵠",李引《說文》曰:"鶛䳢,鳧屬。"按:"鶛"皆"䴈"之誤,故李音雅札反,與《集韵》

---

① 今本二字俱从艸。

牛轄切同。若䫉，則五歷切，在今錫韵，不相謀也。

（䴊）

蒔

【詁訓】《南都賦》曰："其園圃，則有蘿蔗薑蒔。"李善引《字書》："蒔，小蒜也。"《玉篇》《廣韵》皆云："百合蒜也。"按：即《齊民要術》所云百子蒜。

（蒔）

晻曖

【詁訓】《南都賦》："晻曖翁蔚。"《吳都賦》："旭日晻㬪。"凡言晻藹，謂陰翳也。《蜀都賦》作"菴藹"。

（晻）

蹴蹹踤躓

【詁訓】《南都賦》說舞曰："蹴蹹踤躓"，即《上林賦》之"便姍嫳屑"也。

（踤）

怖蛟螭

【校勘】【詁訓】【源流】《南都賦》曰："憚夔龍，怖蛟螭。"李注引《說文》："蛟螭若龍而黃"。按：李注"蛟"字誤衍。左思《蜀都賦》："或藏蛟螭"，劉注云："蛟螭，水神也。一曰雌龍，一曰龍子。"似亦謂蛟螭爲一物。然《上林賦》"蛟龍赤螭"，文穎曰"龍子爲螭"，張揖曰"赤螭，雌龍也"，皆劉說所本。張、左之賦皆不謂蛟螭一物也。許謂离爲山神，螭爲若龍而黃，與諸家說異。司馬相如曰"赤螭"，楊雄《解嘲》曰"翠虯絳螭之將登乎天"，不謂其色黃矣。

（螭）

縉紳

【辨誤】（《說文》："縉，帛赤色也。"）《南都賦》引臣瓚云"赤白色"，《玉篇》亦云"帛赤白"，皆誤。赤白則爲下文（編按：指《說文》）之"紅"矣。

（縉）

蜀都賦

楔

【校勘】劉淵林注《蜀都賦》曰："楔似松，有刺。"按：《蜀都》"楔"字蓋"櫻"之譌。

（櫻）

肴槅四陳

【叚借】左思《蜀都賦》以槅爲覈。

（槅）

畾貙氓

【詁訓】【辨誤】《蜀都賦》："畾貙氓於葽艸。"貙氓，貙人也。江漢有貙人，能化爲虎。然則畾者，謂顯其形也。李善云"當爲拍"，誤。

（畾）

鱣魚

【詁訓】【古今】劉注《蜀都賦》曰："鱣魚出江中，頭與身正半，口在腹下。"亦與陸璣所說鮪狀正同。鱣，今字作鱘，見陳藏器《本艸》。

（鱣）

原稾：鬼彈飛丸以礧䃂

【詁訓】【異文】左思《蜀都賦》原稾："鬼彈飛丸以礧䃂。"《集韵》曰：䃂即厤字。厤爲石聲者，謂其聲歷歷然。《玉篇》曰"石小聲"是也。……○《蜀都賦》語見《太平御覽》。《世說新語注》引《左思別傳》作："鬼彈飛丸以礧磝。"按："鬼彈"，見《水經注·若水篇》，非佳物也，故改定之本無此語。

（厤）

吳都賦

長鯨

【詁訓】劉淵林注《吳都賦》、裴淵《廣州記》皆云："雄曰鯨，雌曰鯢。"是此鯢非刾魚也。

（鱸）

王鮪鯸鮐

【校勘】《吳都賦》："王鮪侯鮐"，以王侯相儷。改作"鯸"者，非。

（鮐）

【校勘】【正俗】《吳都賦》"鯸鮐"，當是本作"矦鮐"，故與"王鮪"相儷。《廣雅》"鯸鮔"即"矦鮐"之俗字也。

（鯸）

黿鼉

【詁訓】《吳都賦》有"黿鼉"，劉注："黿屬也，如瑇瑁。"此與單名黿者各物。

（鼃）

聲耴

【音義】【校勘】《吳都賦》："魚鳥聲耴。"耴音牛乙切，非此字（編按：指切陟葉之耴字）。

（耴）

楨

【詁訓】（《說文》："楨，剛木也。"）此謂木之剛者曰楨，非謂木名也。《吳都賦》之"楨"、《廣韻》之"女楨"，則爲木名。

（楨）

楠櫤之木

【詁訓】【校勘】《吳都賦》所謂"楠癭之木"，三國張昭作《楠癭枕賦》，今人謂之癭木是也。癭木俗作影木，"楠癭"俗本作"楠櫤"，皆誤字耳。

（癭）

堛塌鱗接

【詁訓】【音義】《吳都賦》曰："堛塌鱗接"，李注曰："堛塌，枝柯相重疊皃也。"按：太沖之"堛塌"，即許書之屬屋，楚立、除立二切。

（塌）

矘

【詁訓】【異文】李善注《吳都賦》引《倉頡篇》曰："矘，索視之皃也。"亦作矘。

（矘）

蕉葛升越

【異文】【詁訓】楚金引《吳都賦》："蕉葛竹越。"按：《本艸圖經》云："閩人灰理芭蕉皮令錫滑，緝以爲布，如古之錫衰焉。"左賦之蕉，正謂芭蕉，非生枲也。

（蕉）

彳朁彳沓

【校勘】【詁訓】《吳都賦》："彳朁彳沓臬獠"，"彳朁"當从彳。《廣韵》："彳朁，衆行兒。"

（彳朁）

拉擸雷硍①

【詁訓】（《說文》："厏，石聲也。"）謂石崩之聲。《吳都賦》曰："拉擸雷硍，崩巒弛岑。"拉即厏字也。《玉篇》曰："厏亦拉字。"拉者，折也。柆，木折也。

（厏）

彈鸚鶊

【目錄】【辨僞】【源流】【志疑】【音義】（《說文》："《師曠》曰：'南方有鳥，名曰羌鶊，黃頭赤目，五色皆備。'"）《藝文志》小說家有《師曠》六篇，豈許所偁與？今世有《禽經》係之師曠，其文理淺陋，葢因《說文》此條而僞造。《吳都賦》："彈鸚鶊"，劉注引"《師曠》曰"云云，葢本《說文》。不知字何以作鶊，李音京。《廣韵·十二庚》有"鶊"字，注："羌鶊也。"

（鶊）

---

① 今本"拉"作"菈"。

封豨䝟①

【音義】【詁訓】【校勘】（《說文》："㰤，豕驚聲也。"）㰤亦作㖃，許角切。《吳都賦》曰："封豨䝟"，李云："䝟，豨聲，呼學切。"亦即㰤字，但字形有譌耳。

（㰤）

傾藪薄

【詁訓】【音義】【辨誤】《吳都賦》："傾藪薄"，劉注曰："薄，不入之叢也。"按：林木相迫不可入曰薄。引伸凡相迫皆曰薄，如"外薄四海""日月薄蝕"皆是。傍各、補各二切同也。相迫則無閒可入，凡物之單薄不厚者亦無閒可入，故引伸爲厚薄之薄。曹憲云"必當作襮"，非也。

（薄）

罞韈

【詁訓】《吳都賦》曰："沈虎潛鹿，罞韈僒束。"按：罞韈者，縶而籠其頭也。《玉篇》曰："馬韈頭。"

（韈）

眛潛險②

【音義】【校勘】《吳都賦》："相與眛潛險，搜怪奇。"劉曰："眛，冒也。"李曰："《說文》眛，門撥切。謂之潛隱之穴也。""撥"，俗本作"廢"。

（眛）

---

① 今本"豨"作"豨"。
② 今本"眛"作"眛"。

魏都賦

踳駮

【詁訓】（《說文》："踳，楊雄作舛从足臺。"①）李善注《魏都賦》引司馬彪《莊子注》曰："踳讀曰舛。舛，乖也。"按：司馬意舛、踳各字而合之，楊、許則云踳爲舛之或也，葢《訓纂篇》如此作。諸家多用踳駮，謂譌舛也。

（舛）

下畹高堂

【源流】【志疑】《魏都賦》："下畹高堂"，張注云："班固曰：'畹，三十畞也。'"此葢孟堅《離騷章句》"滋蘭九畹"之解也。王注乃云："十二畞曰畹，或曰田之長爲畹"，恐非是。

（畹）

蘭渚莓莓

【校勘】【詁訓】《左傳》："輿人誦曰：'原田每每。'"杜注："晉君美盛，若原田之艸每每然。"《魏都賦》"蘭渚莓莓"用此，俗改爲"莓"。按：每是艸盛，引伸爲凡盛，如"品庶每生"，貪也；"每懷"，懷私也，皆盛意。毛公曰："每，雖也。"凡言"雖"者，皆充類之辭。今俗語言每每者，不一端之辭，皆盛也。

（屮）

【異體】【校勘】《中部》曰："芔，艸盛上出也。"芔，隸書作每。……《魏都賦》："蘭渚莓莓。"每上加艸，非。

（日）

---

① 陳本"作"作"說"。

丹墀

【志疑】張載注《魏都》曰："丹墀，以丹與蔣離合，用塗地也。"按：蔣疑是將字。
(墀)

蒹葭贙

【訓詁】《魏都賦》："蒹葭贙"，謂蒹葭茂密，若爭地而生也。
(贙)

輷輷

【古今】【音義】李善曰："《倉頡篇》云：'軥軥，衆車聲也。'呼萌切。今爲輷字，音田。"玄應曰："轟，今作輷。字書作軥，同。呼萌切。"按：古字作軥，今字作輷，《玉篇》作輷，皆當在真臻部也。
(轟)

蕁蕁

【詁訓】"蕁蕁"見《魏都賦》，茂盛皃。
(蕁)

甘泉賦

淵濙

【詁訓】【譌字】【辨誤】《甘泉賦》："梁弱水之淵濙。"服虔曰："崑崙之東有弱水，渡之若淵濙耳。"善曰："汀濙，小水也"，引《字林》："濙，絶小水也。"按：《甘泉賦》之"淵濙"，《七命》之"汀濘"，皆謂小水也。濙、濘義同。濙即許之滎字，一爲熒省，一不省也。若熒澤、熒陽古皆作熒，不作滎。唐碑、宋槧尚多不誤，近今乃皆作滎。《潛丘劄記》乃云：《說文》"絶小水"之"絶"爲《爾雅》"正絶流曰亂"之"絕",與《禹貢》"沇入河泆滎"相發明。其荒謬有如此者。中斷曰絕,絕者,窮也,引伸爲極至之用。"絕小水"者,極小水也。此六書不可以本義滅其引伸之義者也。許書"陘"者"山絕坎也",此中絕之絕,"絕小水"非其倫也。然則滎澤字從火之義若何?曰:沇之顯伏不測,如火之熒熒不定也。

(滎)

子虛賦

罷池陂陀

【詁訓】《子虛賦》:"罷池陂陀",言旁積也。《易》:"無平不陂。"《洪範》:"無偏無陂。"

(陂)

碝石

【校勘】《子虛賦》:"碝石武夫",張揖曰:"皆石之次玉者。碝石,白如冰半,有赤色。武夫,赤地白采,葱蘢白黑不分。"按:此注有奪誤。"如冰半",謂如冰片也;"有赤色"宜依《山海經注》作"有赤色者";"葱蘢白黑不分",亦宜依《山海經注》作"色葱蘢不分了"。《西都賦》曰:"碝磩采致。"

(碝)

媻姍敦崒[①]

【詁訓】《子虛賦》:"媻姍敦崒,上乎金隄。"韋昭曰:"媻姍敦崒,匍匐上也。"按:媻姍謂徐行,勃崒謂急行。

(崒)

---

① 今本"崒"作"窣"。

上林賦

鯛

【詁訓】《上林賦》郭注曰："鯛魚有文彩。"按：長卿謂八川之中有之，侈靡過其實也。據下文（編按：指《說文》）樂浪乃有之。然平子賦《南都》亦曰"鱣鱤鯛鯖"，是南陽有之。

（鯛）

嶄巖參嵯

【聯綿】【叚借】【校勘】"塹礹"古多用爲連綿字，《上林賦》："嶄巖參嵯"，郭云："皆峯嶺之皃。"《高堂賦》："登巉巖而下望。"《西都賦》："厤嶄巖。"皆即此二篆也。古二篆分用者，《小雅》"漸漸之石"，《傳》曰"漸漸，山石高峻"，此"塹"之假借字也；《節南山》傳曰"節，高峻皃；巖巖，積石皃"，此"礹"之假借字也。"巖"，《詩音義》作"巗"，謂"巖"爲或本。今按：許書則"巖"者，"厓也"；"礹"者，"山石皃"。音同而義別，《詩》當作"巖"爲長。

（塹）

【叚借】諸書多假"巖"爲"礹"，如《高唐》《上林》是也。

（礹）

犏①

【詁訓】【異文】"犏"見《上林賦》。郭璞曰："犏似牛，領有肉堆，即犎牛也。"按：即《爾雅》之"犦牛"也。字亦作"犏"，亦作"犆"，《漢書》作"庸"。

（犏）

---

① 許校云："'犏'當是'犏'之誤。《上林賦》'其獸則犏旄獏犛'句，《文選》作'犏'，《史記》作'犆'，《漢書》作'庸'。"存疑。

仰𰁡樛而捫天

【古今】《上林賦》："仰𰁡樛而捫天。"晉灼曰："𰁡，古攀字。"按：今字皆用攀，則𰁡爲古字。𰁡亦小篆也。

(𢬣)

玢豳

【叚借】【正俗】彬份字古或豳字爲之，如《上林》之"玢豳文鱗"是也。……俗"份"作"斌"，取文武相半意，潘岳《藉田賦》之"頒斌"，即《上林賦》之"玢豳"。

(份)

娭遊①

【古今】《上林賦》："娭遊往來"，善曰："娭，許其切。"然則今之嬉字也。今嬉行而娭廢矣。

(娭)

立萬石之虞②

【詁訓】【辨誤】【校勘】張揖注《上林賦》曰："虞獸重百二十萬斤，以俠鐘旁。""俠"同"夾"，此可見虞制。師古改其注云："以縣鐘"，則昧於古制矣。《廣韵》引《埤倉》："鐻，樂器，以夾鐘，削木爲之"，與張注同。今本《廣韵》作"形似夾鐘"則非矣。

(虞)

靚糚③

【叚借】【詁訓】《上林賦》"靚糚"，張揖注曰："謂粉白黛黑也。"按：

---

① 今本"娭"作"娛"。
② 今本"虞"作"虡"。
③ 今本"糚"作"妝"，引同六臣注本。

靚者，靜字之假借。采色詳宷得其宜謂之靜，《考工記》言"畫繢之事"是也。

（靜）

柔嬈嫚嫚①

【校勘】【異文】《上林賦》："柔嬈嬛嬛"，郭樸曰："皆骨體奂弱長豔皃也。"今《文選》譌作"嫚嫚"，《漢書》不誤，《史記》作"嬛嬛"則是別本。

（嬛）

嫵媚纖弱②

【詁訓】《上林賦》："嫵媚纖弱"，李善引《埤倉》曰："嫵媚，悅也。"按：嫵媚可分用。《張敞傳》："長安中傳京兆眉憮"，憮即嫵字。蘇林曰："憮音嫵。北方人謂眉好爲翃畜。"

（嫵）

長楊賦

翰林

【詁訓】【校勘】軩，古書多作翰。《尚書大傳》："之西海之濱，取白狐青翰。"鄭曰："翰，長毛也。"《長楊賦》："藉翰林以爲主人。"韋昭曰："翰，筆也。"善曰："《說文》云：'毛長者曰翰。'"按："翰"當作"軩"。葢《說文》古本有"毛長者曰軩"五字，在"獸豪也"之下。

（軩）

【叚借】（《說文》："軩，馬毛長者也。"③）"者"字依《文選·長楊

---

① 今本"嬈"作"橈"。
② 今本"纖"作"孅"。
③ 陳本無"者"。

賦》注補。此謂馬毛長者名䮧也，多借翰字爲之，翰行而䮧廢矣。《尚書大傳》："之西海之濱，取白狐青翰"，注曰："長毛也。"《文選·長楊賦》翰林主人，注引《說文》："毛長者曰翰。"《曲禮》："雞曰翰音"，注曰："翰猶長也。"《常武》詩："如飛如翰"，《箋》云："鳥中豪俊。"蓋其字皆當作"䮧"，引伸假借之字也。

（䮧）

鞮鍪

【詁訓】《長楊賦》："鞮鍪生蟣蝨"，李善曰："鞮鍪即兜鍪也。"玉裁謂：鞮，履也；鍪，兜鍪也。

（兜）

射雉賦

雉鷕鷕而朝雊

【詁訓】【辨誤】《小雅》："雉之朝雊，尚求其雌。"《邶風》："有鷕雉鳴"，下云："雉鳴求其牡"。按：鄭注《月令》云："雊，雉鳴也。"是雊不必系雄。鷕則毛公系諸雌，亦望文立訓耳。若潘安仁賦："雉鷕鷕而朝雊"，此則所謂渾言不別也。顏延年、顏之推皆云潘誤用，未孰於訓詁之理。

（雊）

恐吾游之晏起

【詁訓】潘岳《射雉賦》："恐吾游之晏起"，又："良游呃喔，引之規裏。"徐爰注："雉媒，江淮間謂之游。"唐呂溫有《由鹿賦》。游與由皆即囮字也。

（囮）

閴閴藚葉①

【詁訓】麥莖光澤娟好，故曰稍。一作藚，潘岳《射雉賦》曰"閴閴藚葉"是。

（稍）

遊天台山賦

纓絡

【詁訓】孫綽《天台山賦》："方解纓絡"，李引《說文》："嬰，繞也。"纓與嬰通。陸機《赴洛中道作詩》："世網嬰我身"，李引《說文》："嬰，繞也。"……繞者，纏也。一切纏繞如賏之纏頸，故其字從賏。《越絕書》："嬰榮楯以白璧"，《司馬法》："大夫嬰弓"，《山海經》："嬰以百圭百璧"，謂陳之以環祭也；又"燕山多嬰石"，言石似玉，有符采嬰帶也。凡史言嬰城自守，皆謂以城圍繞而守也。

（嬰）

魯靈光殿賦

霳

【校勘】《魯靈光殿賦》曰："隱陰夏以中處，弘寥窱以峥嶸。"今《文選》"弘"字皆誤，惟《韻會》所據不誤。

（弘）

枝樘②

【詁訓】《靈光》："枝樘杈枒而斜據"，枝樘與層櫨、曲枅、芝栭爲儷，然則訓爲柱無疑也。

（樘）

---

① 今本作"窥覘藚葉"。
② 今本"樘"作"掌"。

窊窋垂珠①

【詁訓】《靈光殿賦》曰："綠房紫菂，窊窋垂珠。"謂蓮房之實窊窋然見於房外如垂珠也。上文云："反植荷蕖"，故曰"垂珠"。

（窊）

跧伏

【辨誤】（《說文》："跧，蹴也……一曰：卑也，絭也。"）《魯靈光殿賦》："狡兔跧伏於柎側"，注當引"卑也，絭也"，李善引"蹴也"，非。

（跧）

甜䪼

【音義】【正俗】《魯靈光殿賦》："玄熊甜䪼以斷斷"，善曰："甜䪼，吐舌皃。吐玷、吐暫二切。"按：甜舕即因之俗也。

（因）

欺覤

【校勘】《靈光殿賦》："仡頵覤以雕鋘"，李注："頵覤，大首也。"今本作"欺覤"，蓋誤。

（頵）

江賦

渨㵽濆瀑

【詁訓】《江賦》："渨㵽濆瀑"，謂大波相激之聲。

（瀑）

---

① 許校云："《文選》胡刻本，'窊窋'作'窊咤'。"

溲淢瀤湏

【詁訓】《江賦》："溲淢瀢溭"，李云："參差相次也。"淢即烕。

（烕）

潛演

【校勘】《江賦》曰："潛演之所汩淈。"《蜀都賦》曰："瀆以潛沬。"劉注："水潛行曰瀆，此二水伏流，故曰瀆。"按：今《文選》作"演"，誤。

（瀆）

礐硞礊碻①

【校勘】《江賦》曰："幽澗積岨，礐硞礊碻。"注云："皆水激石險峻不平之皃。"按：當云"水激石聲"也。

（礐）

汪洸

【詁訓】《江賦》曰："澄澹汪洸"，又曰："流映揚焆"，謂涌而有光也。《邶風》曰："有洸有潰"，毛曰："洸洸，武也。潰潰，怒也。"《大雅》："武夫洸洸"，毛曰："洸洸，武貌。"此引伸假借之義。

（洸）

涒粼

【詁訓】《江賦》"涒粼"謂水皃。

（涒）

---

① 今本"碻"作"確"。

青綸競糾

【源流】【詁訓】【校勘】（《說文》："綸，糾青絲綬也。"①）郭璞賦云："青綸競糾"，正用此語。《緇衣》注曰："綸，今有秩、嗇夫所佩也。"《釋艸》："綸似綸"，郭曰："今有秩、嗇夫所帶糾青絲繩。"《法言》："五兩之綸"，李軌云："綸，糾青絲綬也。"今本《法言》改"糾"爲"如"，不可通矣。攷《輿服志》："乘輿黃赤綬，諸侯王赤綬，諸國貴人、相國皆綠綟綬，公侯、將軍紫綬，九卿、中二千石、二千石青綬，千石、六百石黑綬，四百石、三百石、二百石黃綬，百石青紺綸、一采宛轉繆織、長丈二尺。"按：繆即糾字。自黃綬以上，綬之廣皆尺六寸，皆計其首。首多者系細，首少者系粗，皆必經緯織成。至百石而不計其首，合青絲繩辮織之，有經無緯，謂之宛轉繩，若今人用絲繩如箸粗爲帶者也。《緇衣》曰："王言如絲，其出如綸。王言如綸，其出如綍。"《小雅》曰："之子于釣，言綸之繩。"《召南》曰："其釣維何，維絲伊緡。"《傳》云："緡，綸也。"綸之繩猶言糾之繩矣。後人用以代經論字，遂使其義不傳。

（綸）

風賦

枳句來巢空穴來風

【同源】【聯綿】【詁訓】【校勘】積秇字或作枳棋，或作枳枸，或作枳句，或作枝拘，皆上字在十六部，下字在四部，皆詰詘不得伸之意。《明堂位》："俎殷以椇"，椇之言枳椇也，謂曲橈之也。《莊子·山木篇》："騰蝯得柘棘枳枸之閒，處勢不便，未足以逞其能。"宋玉《風賦》："枳句來巢，空穴來風。"枳句、空穴皆連綿字。空穴即孔穴。

---

① 陳本無"糾"，段云："各本無'糾'字，今依《西都賦》李注、《急就篇》顏注補。糾，三合繩也。糾青絲成綬，是爲綸。"

"枳句來巢"，陸機《詩疏》作"句曲來巢"，謂樹枝屈曲之處鳥用爲巢。逸《莊子》作"桐乳致巢"，乃譌字耳。《淮南書》："龍夭矯，燕枝拘"，亦屈曲盤旋之意。其入聲則爲迟曲。穖與枳、枝、迟，椏與棋、句、枸、拘、曲皆疊韵也。穖椏與迟曲皆雙聲字也。《急就篇》："沽酒釀醪稽極程"，王伯厚云："稽極當作穖椏"，蓋詘曲爲酒經程，寓止酒之義。

（穖）

得目爲蔑

【叚借】【異體】宋玉《風賦》："中脣爲胗，得目爲蔑。"《呂氏春秋》："氣鬱處目則爲矘"，高注："矘，眵也。"按：蔑者假借，矘者或體（編按：以矘爲正）。

（蔑）

秋興賦

斑鬢髟以承弁兮　李注：說文曰白黑髮襍而髟

【志疑】"而"似當作"曰"。

（髟）

潊潊

【詁訓】《秋興賦》："游儵潊潊"，魚游水皃。

（潊）

思玄賦

繻

【詁訓】【校勘】《思玄賦》曰："繻幽蘭之秋華"，李善引《通俗文》曰："繫幃曰繻"，"幃者，今之香囊也。""《通俗文》"各本作"《說文》"，今以意改。

（繻）

䫥

【詁訓】《思玄賦》："䫥羈旅而無友"，舊注："䫥，獨也。"此與《九辨》"塊獨守此無澤"之"塊"同，皆於音求之。
（䫥）

肜肜①

【詁訓】（編按：融）通作肜，《思玄賦》："展泄泄以肜肜"，《廣成頌》："豐肜薱蔚。"
（融）

磅硠

【志疑】《思玄賦》"伐河鼓之磅硠"，古作"旁琅"，未可知也。
（硠）

長門賦

聲噌吰

【詁訓】《長門賦》曰："擠玉戶以撼金鋪兮，聲噌吰而似鐘音。"《甘泉賦》："帷弸㦿其拂汩兮，稍暗暗而靚深。"皆屋響之意。
（吰）

文賦

掋

【校勘】《文賦》："意徘徊而不能揥。""揥"當是"搋"之誤。
（搋）

---

① 今本"肜"作"肜"。

弦幺①

【志疑】陸機賦："弦幺徽急"，疑當作"弦紗"。

（紗）

受哦

【校勘】《文賦》曰："雖濬發於巧心，或受哦於拙目"，李善曰："哦，笑也，與嗤同。"今本轉寫乖謬。

（哦）

匪予力之所勠②

【源流】【詁訓】【辨誤】【譌字】【音義】【押韻】（《說文》："勠，勠力，并力也。"③）《文賦》注引賈逵《國語解詁》曰："勠力，并力也。"許所本也。并者，相從也。併者，竝也。并、併古通用矣。《左傳》《國語》或云："勠力同心"，或云："勠力一心"，皆謂數人共致力。偽《尚書傳》訓云："陳力"，斯失之。古書多有誤作"戮"者。……（編按：勠）嵇康力幽反，呂靜《韵集》讀同飂，《尚書音義》引《說文》力周反。按：《文賦》："匪予力之所勠"，與"流""求"爲韵，此相傳古音也。今音力竹切，《字林》音遼。

（勠）

洞簫賦

挹抐撨㩎

【詁訓】【異文】（《說文》："厭，一指按也。"）《洞簫賦》："挹抐撨㩎"，李注："言中制也。"《莊子·外物》："厭其顪"，一作"壓"。

---

① 今本"幺"作"麼"，段引同六臣注本。
② 今本"匪"作"非"，"予"作"余"。
③ 陳本無"勠力"。

《南都賦》："彈琴撅箻"，李注引《說文》。按：撅、撅皆同擪。

（擪）

醰醰

【校勘】《洞簫賦》："良醰醰而有味"，李注引《字林》："醰䐉同長味也。""同"是賸字。

（醰）

長笛賦

灂瀑噴沫

【詁訓】【校勘】馬融《長笛賦》曰："山水猥至""灂瀑噴沫"，噴沫，水跳沫也。灂瀑，噴沫皃。《蜀都賦》亦曰："龍池灂瀑濆其隈"，濆當作噴。《江賦》曰："拊拂瀑沫。"

（瀑）

昏眂

【詁訓】【古今】【音義】馬融《長笛賦》："特骶昏眂"，李曰："昏，視也。眂，振毛也。"按：昏、眎一字也，與眂別。眎，古文視，氏聲，在十五部。眂，氐聲，在十六部。宋元以來尟有知氏、氐之不可通用者。

（眂）

近世雙笛從羌起

【詁訓】馬曰："近世雙笛從羌起"，謂長笛與羌笛皆出於羌。漢丘仲因羌人截竹而爲之，知古篴漢初亡矣。李善曰："羌笛長於古笛，有三孔，大小異。"

（笛）

高唐賦

醮諸神

【歷史】宋玉《高唐賦》："醮諸神，禮太一。"此後世醮祀之始見也。（醮）

登徒子好色賦

飾裝

【叚借】【正俗】（《說文》："妝，飾也。"）宋玉賦曰："體美容冶，不待飾裝"，《上林賦》："靘粧刻飾。"粧者，俗字。裝者，叚借字。（妝）

諷諫

勤唉

【異文】【詁訓】韋孟詩："勤唉厥生"，《漢書》"唉"作"誒"，師古曰："誒，歎聲。"（誒）

關中詩

如熙春陽　李注：爾雅曰熙興也說文曰興悅也

【詁訓】【注音】李善注潘岳《關中詩》、顏延年《和謝靈運詩》皆引《說文》"嬹，悅也"，謂興與嬹古同也。今惟《漢·功臣表》有甘泉侯嬹，許孕反。（嬹）

于南山往北山經湖中瞻眺

新蒲含紫茸

【詁訓】【音義】《本艸圖經》引《西京襍記》曰："太液池邊皆是彫胡、紫籜、綠節、蒲叢之類。"《廣雅·釋艸》曰："蒲穗謂之蕈"，大丸切。謝靈運詩："新蒲含紫茸"，亦謂蒲穗。

（蕈）

幽憤詩

恃愛肆姐

【詁訓】《文選·琴賦》："或怨嬐而躊躇"，《幽憤詩》："恃愛肆姐"，姐即嬐之省。李善皆引《說文》："嬐，嬌也。"《與魏文帝箋》："塞姐名昌"，姐亦嬐字。

（嬐）

出郡傳舍哭範仆射

兼複相嘲謔　李注：倉頡篇曰啁調也①

【詁訓】【古今】《倉頡篇》："啁，調也。"謂相戲調也。今人啁作嘲。

（啁）

贈丁儀王粲詩

承露槩泰清

【詁訓】【譌字】【異文】古朾與槩二字通用。班固《終南山賦》："槩

---

① 今本"倉"作"蒼"。

青宮，觸紫宸。"曹植《贈丁儀王粲詩》："員闕出浮雲，承露槩泰清。"李善注云："《西都賦》：'柍仙掌與承露。'《廣雅》：'柍，摩也。'槩與柍同，古字通。"今書籍此等"柍"字皆譌作"扢"。而今《文選》《後漢書》："抗仙掌以承露"，又與李善所引迥異。凡學古者，當優焉游焉以求其是。顏黃門云："觀天下書未徧，不可妄下雌黃"是也。

（柍）

短歌行

杜康

【辨誤】《文選注》引王著《與杜康絕交書》曰："康字仲寧，或云黃帝時宰人，號酒泉太守。"按：此蓋以文爲戲之言，未可爲典要。

（尋）

挽歌詩三首

薤露詩　李注：蒿里

【詁訓】（《說文》："薧，死人里也。"）《樂府·相和曲》有《薤露》《蒿里》之歌，譙周、崔豹皆云："起於田橫自殺，從者爲作悲歌。"崔云："謂人命奄忽，如薤上之露易晞滅，亦謂人死寬魄歸於蒿里。《蒿里》辭曰：'蒿里誰家地，聚斂寬魄無賢愚。'"然則蒿里者，謂虛墓之閒也。且其字作"蒿"，此獨云："薧，死人里"，則字作"薧"而義亦殊。蓋有一里人盡死者，因目爲薧里，許所聞不同譙、崔也。按：《周禮》："乾魚謂之薧"，《內則》："菫荁枌榆免薧"，注："免，新生者。薧，乾也。"然則凡死而枯槁謂之薧，不必如許所說。

（薧）

古詩十九首

脈脈

【佚文】【異文】【校勘】《古詩十九首》："脈脈不得語",李引:"《爾雅》:'脈,相也。'郭璞曰:'脈脈謂相視貌。'"按:今《釋詁》無郭注,《釋文》曰:"覛字又作眽。"《五經文字》有"眽"字。《文選》"脈"皆系"眽"之譌。

(眽)

七發

結轖

【叚借】《七發》:"邪氣襲逆,中若結轖",此假轖爲濇也。

(濇)

甘脆

【校勘】《七發》曰:"甘脃肥膿。"《魏都賦》:"稟質遴脃。"作"脆"者,誤也。

(脃)

觀濤

【古今】【音義】《說文》無濤篆,葢濤即淖之異體。濤,古當音稠。淖者,鞀聲,即舟聲。《文選注》引《倉頡篇》:"濤,大波也。"葢淖者古文,濤者秦字。枚乘《七發》"觀濤"即爲"觀淖"。

(淖)

發怒庢沓

【詁訓】《七發》曰："發怒庢沓"，言水初發怒，礙止而涌沸也。

（庢）

七啟

風厲焱舉①

【譌字】古書焱與猋二字多互譌，如曹植《七啟》："風厲焱舉"，當作"猋舉"。班固《東都賦》："焱焱炎炎"，當作"猋猋炎炎"。王逸曰："猋，去疾皃也。"李善注幾不別二字。

（焱）

報任少卿書

頮血②

【校勘】《文選》："頮血飲泣"，李注曰："頮，古沫字。"李注本作"古文沫字"，奪"文"耳。

（沬）

與山巨源絕交書

嬲

【音義】【正俗】【辨誤】玄應引《三倉》："嬲，乃了切。弄也，惱也。"按：嬲乃嬈之俗字，故許不錄。嵇康《與山巨源書》："足下若嬲之不置"，李善云："嬲，擿嬈也。音義與嬈同，奴了切。"近孫氏星衍云："嬲即嫋字艸書之譌。"然嵇康艸蹟作"娚"，玄應引《三倉》故有

---
① 今本"焱"作"猋"。
② 今本"頮"作"沬"。

"翩"字，則未可輕議。

（嬈）

解嘲

頯頤

【叚借】《文選·解嘲》："頯頤"，乃假頯爲頛也。
（頯）

【音義】【叚借】《文選·解嘲》："頯頤折頞。"韋昭曰："面長曰頯，欺甚切。"《玉篇》引《蒼頡》云："頯，而長銳頤之皃。"蓋《解嘲》及《蒼頡》皆以頯爲頛也。
（頛）

答賓戲

猋飛

【叚借】（編按：熛）班固《答賓戲》借"猋"爲之。
（熛）

歸去來

矯首

【叚借】凡舉皆曰撟，古多叚矯爲之，陶淵明曰："時矯首而遐觀"，王逸注《楚辭》曰："矯，舉也。"
（撟）

聖主得賢臣頌

清水淬其鋒

【音義】【校勘】《王襃傳》："清水淬其鋒。"郭樸《三倉解詁》曰："淬，作刀鋻也。淬，子妹切。鋻，工練切。"師古云："淬謂燒而内水中以堅之也。"按：火而堅之曰淬，與《水部》淬義別。《文選》譌作"淬"，非也。《天官書》曰："火與水合曰淬。"

（淬）

【校勘】王襃《聖主得賢臣頌》曰："清水淬其鋒"，李善引《三倉解詁》云："淬作刀鋻也。"《文選》俗本譌爲"鑒"。

（鋻）

劇秦美新

汛埽

【詁訓】楊雄《劇秦美新》云："況盡汛埽前聖數千載功業"，汛埽即灑埽也。

（汛）

四子講德論

撇波

【詁訓】蔡邕《篆勢》曰："揚波振撆"，《文選》："撇波而濟"，撇同撆。

（撆）

王命論

思有短褐之襲

【叚借】【音義】【校勘】【辨誤】凡古云"衣一襲"者，皆"一㲲"之假借。㲲讀如重疊之疊。《文選·王命論》："思有短褐之襲"，李注引《說文》："襲，重衣也。"《王命論》本作"㲲"，李注時不誤，淺人妄改《文選》耳。《漢書·敘傳》作："短褐之襲"，師古釋以"親身之衣"，不知爲"㲲"字之誤也。古書之難讀如此。

(㲲)

玉臺新詠

古豔歌行

新衣誰當綻

【詁訓】【校勘】《古豔歌行》曰："故衣誰當補，新衣誰當綻。賴得賢主人，覽取爲我組。"謂故衣誰則補之，新衣誰則縫之，賴有賢主婦，見而爲補縫之也。綻字古亦作組，淺人改之。

(組)

古詩爲焦仲卿妻作

扶將

【校勘】【叚借】古詩："好事相扶將"，當作"扶牂"，字之叚借也。凡云"將順其美"當作"牂順"。《詩》："百兩將之"，《傳》曰："將，送也""天不我將"，《箋》云："將猶養也"。皆於"牂"義爲近。《玉篇》曰："牂今作將，撕同。"

(牂)

花閒詞

南鄉子其七

趂晚日

【詁訓】《花閒詞》曰:"荳蔻花開趂晚日。"今京師人謂日跌爲晌午趂。(趂)

集部諸篇

宋人詩用只爲衹字

【叚借】宋人詩用只爲衹字，但也。今人仍之，讀如隻。
（只）

晉宋人多用馨字

【古今】晉宋人多用馨字，若"冷如鬼手馨，强來捉人臂""何物老嫗，生此寧馨兒"是也。馨行而甹廢矣。隨唐後則又無馨語。此古今之變也。
（甹）

元曲所用咱字

【詁訓】（編按：�）葢即元曲所用咱字。
（�）

獵獵

【辨誤】儠儠，長壯皃。辭賦家用"獵獵"字葢當作"儠儠"。
（儠）

唐人文字僅多訓庶幾之幾

【詁訓】唐人文字僅多訓庶幾之幾。如杜詩："山城僅百層"，韓文："初守睢陽時，士卒僅萬人"，又"家累僅三十口"，柳文："自古賢人才士被謗議不能自明者，僅以百數"，元微之文："封章諫草，鯀委箱笥，僅逾百軸"，此等皆李涪所謂以僅爲近遠者。於多見少，於僅之本義未隔也。今人文字皆訓僅爲但。

（僅）

唐人詩但多用爲平聲

【注音】（編按：但）唐人詩多用爲平聲①。

（但）

唐人詩比多讀入聲

【注音】（編按：比）唐人詩多讀入聲者。

（比）

旌旗獵獵

【叚借】鬣鬣，動而直上皃，所謂頭髮上指、髮上衝冠也。辭賦家言"旌旗獵獵"，是其假借字也。

（鬣）

䰅頾

【校勘】張衡、左思賦皆用"巢眉"字，而譌作"䰅頾"，俗書之不正如此。

（巢）

吠蛤　蛙聲閣閣

【詁訓】黽者，《周禮》所謂蟈，今南人所謂水雞，亦曰田雞，黽、蛤皆其鳴聲也。故宋人詩多云"吠蛤"，亦云"蛙聲閣閣"。

（黽）

---

① 按：如杜甫《巴嶺答杜二見憶》："卧向巴山落月時，兩鄉千里夢相思。可但步兵偏愛酒，也知光禄最能詩。"根據詩律粘連，"但"宜爲平聲。見（清）仇兆鰲《杜詩詳注》，北京：中華書局，1979 年，第 935 頁。

—段注說文攷校羣書類纂—

羣　書

羣 書

小學書

【義例】《爾雅》《方言》所以發明轉注、假借。《倉頡》《訓纂》《滂熹》及《凡將》《急就》《元尚》《飛龍》《聖皇》諸篇，僅以四言、七言成文，皆不言字形原委。以字形爲書，俾學者因形以考音與義，實始於許，功莫大焉。

（一）

【目錄】《爾雅》已下，義書也；《聲類》已下，音書也；《說文》，形書也。

（元）

不丕

【叚借】鋪怡切丕與不音同，故古多用不爲丕，如不顯即丕顯之類。於六書爲假借。凡假借，必同部同音。

（丕）

一曰

【義例】凡義有兩歧者，出"一曰"之例。《山海經》《韓非子》《故訓傳》皆然。

（禋）

禘有三

【詁訓】禘有三，有時禘，有殷禘，有大禘。時禘者，《王制》"春曰祠，夏曰禘，秋曰嘗，冬曰烝"是也，夏商之禮也。殷禘者，周春祠、夏禴（段云："即祠字。"）、秋嘗、冬烝，以禘爲殷祭。殷者，盛也。禘與祫皆合羣廟之主，祭於大祖廟也。大禘者，《大傳》《小記》皆曰："王者禘其祖之所自出，以其祖配之。"謂王者之先祖皆感大微五帝之精以生，皆用正歲之正月郊祭之。《孝經》："郊祀后稷以配天，配靈威仰也。"《毛詩》言"禘"者二，曰："《雝》禘大祖也"，大祖謂文王，此言殷祭也；曰："《長發》大禘也"，此言商郊祭感生帝汁光紀，以玄王配也。云大禘者，蓋謂其事大於宗廟之禘。《春秋經》言諸侯之禮，僖八年"禘于太廟"，太廟謂周公廟，魯之太祖也。天子宗廟之禘，亦以尊太祖，此正禮也。其他經言"吉禘于莊公"，傳之"禘於武公""禘於襄公""禘於僖公"，皆專祭一公，僭用禘名，非成王賜魯重祭周公得用禘禮之意也。

（禘）

讀若　讀爲

【義例】【譌字】凡言"讀若"者，皆擬其音也；凡傳注言"讀爲"者，皆易其字也。注經必兼茲二者，故有讀爲，有讀若。讀爲亦言讀曰，讀若亦言讀如。字書但言其本字本音，故有讀若，無讀爲也。讀爲、讀若之分，唐人作《正義》已不能知。爲與若兩字，注中時有譌亂。

（曟）

古傳注多不言名

【義例】（《說文》："璙，玉也。"）謂玉名也。如《毛傳》"嵒，山也""繹，山也"之例，不言山名也。古傳注多不言名。

（璙）

久

【注音】《詩》"久"字在一部，孔子《易傳》"久"在三部。

（玖）

含唅琀

【叚借】（編按：琀）經傳多用含，或作唅。

（琀）

也兒

【譌字】古書也、兒二字多互譌。

（墴）

莊壯

【詁訓】壯訓大，故莊訓艸大。古書莊、壯多通用。

（莊）

藐眇

【叚借】（編按：藐）古多借用爲眇字，如"說大人則藐之"及凡言"藐藐"者皆是。

（藐）

蒐

【叚借】（《說文》："蒐，茅蒐，茹藘。"）經傳多以爲春獵字。

（蒐）

艾乂

【叚借】（編按：艾）古多借爲乂字，治也，又訓養也。

（艾）

蔚鬱

【叚借】（編按：蔚）古多借爲茂鬱字。

（蔚）

牙芽

【叚借】古多以牙爲芽。

（芽）

兹茲

【譌字】經典兹，此也，唐石經皆誤作"茲"。

（兹）

采菜

【叚借】古多以采爲菜。

（菜）

矢菌

【叚借】（《說文》："菌，糞也。"）《左氏傳》《史記》假借矢字爲之。官溥說："𥝐字之上侣米而非米者矢字。"是漢人多用矢也。

（菌）

小篆從艸大篆從茻

【辨誤】（《說文》："左文五十三。重二。大篆从茻。"）在左之字五十三皆小篆從艸，大篆從茻，如芥作莽，葱作蔥，餘同。省約其辭，總識於此，以目下文。……若《汗簡》《古文四聲韵》廣搜大篆，不知舉此五十三文，是爲疏矣。

（《艸部》左文五十三重二大篆从茻）

艸莽

【正俗】（《說文》："茻，眾艸也。"）經傳艸莽字當用此。

（茻）

尒爾耳

【詁訓】【譌字】尒之言如此也，後世多以爾字爲之。凡曰果爾、不爾、云爾、莞爾、鏗爾、卓爾、鼎鼎爾、猶猶爾、聊復爾耳、故人心尚爾，皆訓如此。亦有單訓此者，如《公羊》"焉爾"之爲於此，《孟子》"然而無乎爾""則亦有乎爾"是也。語助有用耳者，與爾絕殊，《三國志》云"生女耳"是也。耳之言而已也。近人爾、耳不分，如《論語》"女得人焉爾乎"，唐石經譌爲"焉耳"；《詩·陳風》箋"梅之樹善惡自爾"，宋本譌爲"善惡自耳"皆是也。古書尒字，淺人多改爲爾，如《手部》引《論語》"鏗尒"、《考工記》"掣尒"小徐本不誤是也。
（尒）

畔叛

【叚借】古多假畔爲叛。
（叛）

尨駹牻龍蒙

【詁訓】【叚借】古謂襍色不純爲尨，亦作駹。古文假作龍，亦作蒙。《周易·說卦傳》《毛詩·小戎》《周禮·牧人》《巾車》《玉人》皆可證也。牻訓爲白黑襍毛，然則凡謂襍色不純亦可用牻字。
（牻）

笏犓

【叚借】經傳犓豢字，今皆作芻豢。
（犓）

旄

【譌字】【詁訓】凡經云"干旄""建旄""設旄""右秉白旄""羽旄""齒革干戚羽旄"，今字或有誤作"毛"者，古注皆云"旄牛尾"也。旄牛即犛牛。犛牛之尾名氂。以氂爲幢曰旄，因之呼氂爲旄。凡云

"注斿干首"者是也；呼犛牛爲斿牛，凡云"斿牛尾"者是也。
（氂）

耆嗜

【叚借】經傳多假耆爲嗜。
（嗜）

荷苛訶

【叚借】漢人多用荷爲訶，亦用苛爲訶。
（呧）

窺頃顪赹

【叚借】（《說文》："赹，半步也。"）《伍被傳》作"窺"，同部假借。《祭義》作"頃"，異部假借，支與清轉移次近也，《荀卿子》作"顪"。
（赹）

率達

【叚借】達，經典假率字爲之。
（達）

六經有孫無遜

【叚借】【詁訓】【校勘】六經有孫無遜。《大雅》："孫謀"，《聘禮》："孫而說"，《學記》："不陵節而施之謂孫"，《論語》："孫以出之"，皆"愻"之叚借也。《春秋》："夫人孫于齊""公孫于齊"，《詩》："公孫碩膚"，《尚書序》："將孫于位"，皆逡遁遷延之意。故《穀梁》云："孫之爲言猶孫也。"《公羊》云："孫猶孫也"，何休云："孫猶遁也。"《鄭箋》云："孫之言孫遁也。"《釋言》云："孫，遁也。"《釋名》曰："孫，遜也。遜遁在後生也。"古就孫義引伸，卑下如兒孫，非別有遜字也。《至部》"臸"字下云："從至，至而復孫。孫，遁也。"此亦有孫無遞之證。今《尚書》、《左氏》經傳、《爾雅·釋言》淺人改爲"遞"。許書"遞，遁也"蓋後人據今本《爾雅》增之，非本有也。

（遞）

辟避

【叚借】經傳多假辟爲避。

（避）

追鎚

【叚借】（編按：追）《詩》《禮》假爲治金玉之鎚。

（追）

厲列迣迾

【叚借】【校勘】（編按：迾）《周禮》假"厲"爲之，《山虞》《澤虞》《卝人》《迹人》："厲禁"，大鄭云"遮列守之"是也。《禮記》假"列"爲之，《玉藻》："山澤列而不賦"，鄭云"列之言遮列也"是也。《漢書》假"迣"爲之，《禮樂志》《鮑宣傳》晉灼云"迣，古迾字"是也。《西京賦》："迾卒清候"，李引《禮記注》："迾，遮也。"此可證《玉藻》注本作"列之言迾，遮也"，今本誤。

（迾）

汲汲

【叚借】凡用"汲汲"字，乃"伋伋"之叚借也。

（伋）

【叚借】古書多用汲汲爲伋伋，同音假借。

（汲）

籥

【辨誤】（《說文》："龠，樂之竹管。"）此與《竹部》"籥"異義，今經傳多用"籥"字,非也。

(龠)

和龢

【叚借】經傳多假和爲龢。

(龢)

諧䚻

【叚借】各書多用諧爲䚻。

(䚻)

謂

【詁訓】【叚借】謂者,論人論事得其實也,如《論語》"謂韶""謂武子""謂子賤子""謂仲弓""其斯之謂與",《大學》"此謂身不脩不可以齊其家"是也。亦有借爲曰字者,如《左傳》"王謂叔父",即《魯頌》之"王曰叔父"也。亦有訓爲勤者,亦以合音冣近也。

(謂)

亮諒

【叚借】經傳或假亮爲諒。

(諒)

詳祥

【叚借】(編按:詳)經傳多假爲祥字。又音羊,爲詳狂字。

(詳)

常意

【譌字】草書常、意相似,六朝以草寫書,迨草變真,譌誤往往如此。

(識)

胥須諝

【叚借】【歷史】（《說文》："諝，知也。"）《周禮》《詩》皆假胥爲之。《天官》："胥十有二人"，注："胥讀爲諝，謂其有才知爲什長。"《秋官》："象胥"，注："胥其有才知者也。"《小雅》："君子樂胥"，《箋》云："胥有才知之名也。"《周易》假須爲之，鄭云："須，有才知之稱。天文有須女，屈原之妹名女須。"按：荀爽一名諝。
（諝）

筭算

【叚借】舊書多假筭爲算。
（計）

諺

【義例】【辨誤】凡經傳所偁之"諺"，無非前代故訓，而宋人作注乃以俗語俗論當之，誤矣。
（諺）

給詒

【叚借】（編按：詒）《史》《漢》多假"給"爲之。
（詒）

讓攘

【叚借】（編按：讓）經傳多以爲謙攘字。
（讓）

童僮

【古今】【義例】今人童僕字作僮，以此（編按：童）爲僮子字，蓋經典皆漢以後所改。
（童）

【古今】（《說文》："僮，未冠也。"）《辛部》曰："男有辠曰奴，奴曰童。"按:《說文》僮、童之訓與後人所用正相反,如穜、種二篆之比。今經傳僮子字皆作童子,非古也。

(僮)

肓烹薨

【叚借】經傳用肓,用烹,乃薨之假借字耳。

(薨)

父甫

【叚借】經傳亦借父爲甫。

(父)

率帥

【經學】【異文】【叚借】《儀禮》《周禮》古文衛多作率,今文多作帥。《毛詩》:"率時農夫",《韓詩》作"帥"。說詳《周禮漢讀考》。帥者,佩巾,漢人假爲率字。率亦衛之假也。

(將)

道導

【叚借】經傳多假道爲導,義本通也。

(導)

攴扑朴

【異體】【異文】(編按:攴)經典隸變作扑,凡《尚書》、三《禮》鞭扑字皆作"扑",又變爲手,卜聲不改,蓋漢石經之體。此《手部》無"扑"之原也。唐石經初刻作"朴",從木者,唐玄度覆挍正之從手是也。

(攴)

施敡

【叚借】(編按:敡)今字作施,施行而敡廢矣。施,旗旖施也。經傳多假借。
(敗)

射斁

【叚借】經典亦假射爲斁。
(斁)

【叚借】《詩》《禮記》以射爲猒斁之斁。
(躲)

敄御圉

【叚借】（編按：敄）古假借作御，作圉。
(敄)

序敘

【叚借】（編按：敘）古或假序爲之。
(敘)

【叚借】《攴部》曰："次弟"謂之"敘"。經傳多假序爲敘，《周禮》《儀禮》"序"字注多釋爲"次弟"是也。
(序)

肇肈

【正俗】【譌字】肇者，《戈部》肈之俗字①。《玉篇》云："肈，俗肇字"，《五經文字》云"肈作肇，譌"可證也。《經典釋文》《開成石經》肈皆從戈，近經典皆改從攴，妄人竄入《說文》。
(《攴部》末"文七十八")

---

① 許校云：後"肇"乃"'肈'之誤"。

盼眄盻

【譌字】盼、眄、盻三字形近，多互譌，不可不正。

（盼）

董督

【詁訓】六經但言董，董即督也。督者，以中道察視之。人身督脈在一身之中，衣之中縫亦曰督縫。

（督）

弋雉

【叚借】（《說文》："雉，繳射飛鳥也。"）經傳多假弋爲之。

（雉）

瞿眮

【叚借】經傳多假瞿爲眮，見"眮"下。

（瞿）

襍集

【叚借】漢人多假襍爲集。

（雧）

鳩

【詁訓】【叚借】經文皆單言鳩，傳注乃別爲某鳩，此可證鳩爲五鳩之總名。經傳多假鳩爲逑，爲勼。《辵部》曰："逑，斂聚也。"《勹部》曰："勼，聚也。"

（鳩）

惠慧

【叚借】經傳或假惠爲慧。

（惠）

荼豫舒

【叚借】（編按：舒）經傳或假荼，或假豫。

（舒）

穩㥯

【正俗】（編按：㥯）凡諸書言安隱者當作此，今俗作安穩。

（㥯）

殊死

【詁訓】凡漢詔云"殊死"者，皆謂死罪也。死罪者首身分離，故曰殊死。

（殊）

竭來

【詁訓】古人文章多云"竭來"，猶往來也。

（竭）

挫衄

【叚借】【詁訓】諸書用"挫衄"者，縮朒字之假借也。縮朒者，退卻之意也。

（衄）

尣豫

【詁訓】古籍内"尣豫",義同猶豫。"巴東灩澦堆"亦曰猶豫,《坤元錄》作"尣豫",《樂府》作"淫豫"。然則尣是民主遲疑躊躅之兒矣。

(尣)

亯饗

【義例】《周禮》用字之例,凡祭亯用亯字,凡饗燕用饗字。如《大宗伯》"吉禮"下六言:"亯先王","嘉禮"下言:"以饗燕之禮親四方賓客",尤其明證也。《禮經》十七篇用字之例,《聘禮》内臣亯君字作亯,《士虞禮》《少牢饋食禮》尚饗字作饗。《小戴記》用字之例,凡祭亯、饗燕字皆作饗,無作亯者。《左傳》則皆作亯,無作饗者。《毛詩》之例,則獻於神曰亯,神食其所亯曰饗。如《楚茨》:"以亯以祀",下云:"神保是饗。"《周頌》:"我將我亯",下云:"既右饗之。"《魯頌》:"亯祀不忒""亯以騂犧",下云:"是饗是宜。"《商頌》:"以假以亯",下云:"來假來饗。"皆其明證也。鬼神來食曰饗,即《禮經》尚饗之例也;獻於神曰亯,即《周禮》祭亯作亯之例也。各經用字自各有例,《周禮》之饗燕,《左傳》皆作亯宴。此等蓋本書固尒,非由後人改竄。

(亯)

僢

【詁訓】《淮南書》及《周禮注》多用僢字(編按:即舛)。

(舛)

奈何

【叚借】【正俗】(編按:柰)假借爲柰何字。見《尚書》《左傳》。俗作"奈",非。

(柰)

桱榍

【詁訓】《莊子》《淮南》有"桱榍"字①，皆謂械楔，不爲木名。
（榍）

萩楸秋

【叚借】【異文】《左傳》《史》《漢》以萩爲楸，如"秦周伐雍門之萩""淮北常山巴南河濟之閒千樹萩"是也。《左傳》萩一作秋。
（楸）

披柀

【譌字】【叚借】【音義】柀析字見經傳極多，而版本皆譌爲手旁之披，披行而柀廢矣。《左傳》曰："披其地以塞夷庚。"《韓非子》曰："數披其木，毋使木枝扶疎。"《戰國策》范雎引《詩》曰："木實繇者披其枝，披其枝者傷其心。"《史記·魏其武安傳》曰："此所謂枝大於本，脛大於股，不折必披。"《方言》曰："披，散也。東齊聲散曰廝，器破曰披。"此等非柀之字誤，即柀之假借。《手部》"披"訓"從旁持"，《木部》"柀"乃訓"分析"也。陸德明、包愷、司馬貞、張守節、吳師道皆音上聲，普彼反，是可證字本從木也矣。
（柀）

枋柄

【叚借】《禮》《周官》皆以枋爲柄，古音方聲、丙聲同在十部也。
（枋）

檐儋

【叚借】古書多用檐爲儋何之儋。
（檐）

---

① 許校云："《淮南子》今作'楔楔'，段氏據《莊子釋文》所引及《集韻》所引作'桱榍'。"

朽盂

【叚借】（編按：朽）經傳多假爲盂字。
（朽）

括筈

【叚借】矢栝字，經傳多用括，他書亦用筈。
（栝）

敖傲

【叚借】經傳多假敖爲倨傲字。
（敖）

索㝴

【叚借】經史多假索爲㝴字。
（索）

【叚借】㝴，經典多假索爲之，如探賾索隱是。
（㝴）

緌甤綏

【詁訓】《禮》家緌與甤通用。
（甤）

【古今】【叚借】（編按：緌）古字或作甤，或叚綏爲之。
（緌）

奄

【古今】【詁訓】【地理】（《說文》："郁，周公所誅郁國，在魯。"）《玉篇》作"周公所誅叛國商奄"是也。奄、郁二字周時並行，今則奄行而郁廢矣。單呼曰奄，絫呼曰商"奄"。《書序》《孟子》《左傳》皆云"奄",如"踐奄""歸自奄""伐奄"、昭元年"周有徐奄"是也。《左傳》又云"商奄",如昭九年"蒲姑商奄,吾東土也"、定四年"因商奄之民命以伯禽而封於少皞之虚"是也。《大部》曰:"奄,覆也。"《爾雅》:"弇,蓋也。"故商奄亦呼商蓋。《墨子》曰:"周公旦非關叔辭三公,東處於商蓋。"《韓非子》曰:"周公旦將攻商蓋,辛公甲曰:'不如服衆小以劫大。'乃攻九夷,而商蓋服矣。"商蓋即商奄也。奄在淮北,近魯,故許云"在魯。"鄭注《書序》云:"奄在淮夷之北",注《多方》云"奄在淮夷旁"是也。祝鮀說因商奄之民封魯者,杜云"或迸散在魯"是也。今山東兗州府曲阜縣縣城東二里有奄城,云故奄國,即《括地志》之奄里。此可證迸散在魯之說。《豳風》:"四國是皇",《毛傳》云:"四國,管、蔡、商、奄也。"商謂武庚,則此《傳》商、奄爲二。

(郁)

鄫繒

【經學】【異文】【地理】國名之字,《左傳》作鄫,《國語》作繒,《公羊》作鄫,《穀梁》作繒。《左釋文》於鄫首見處云:"亦作繒。"據許則國名從邑也,漢縣名從糸。

(鄫)

弄

【詁訓】十七史言弄者,皆即巷字,語言之異也。今江蘇俗尚云弄。

(䢖)

晉

【經學】【異文】【叚借】《禮》古文、《周禮》故書皆叚晉爲箭。

(晉)

顯㬎

【叚借】顯爲頭明飾，㬎爲日中見微妙，則經傳顯字皆當作㬎。㬎者本義，顯者叚借。

(㬎)

古人名仒字子游

【歷史】【古今】（《說文》："古人名仒字子游。"）晉有籍偃、荀偃，鄭有公子偃、駟偃，孔子弟子有言偃，皆字游。今之經傳皆變作偃，偃行而仒廢矣。

(仒)

牘

【詁訓】牘專謂用於書者，然則《周禮》之版，《禮經》之方，皆牘也。《小宰》注曰："版，户籍也。"《宮正》注曰："版，其人之名籍也。"《聘禮》注曰："策，簡也。方，版也。"李賢《蔡邕傳》注引《說文》而曰："長一尺。"按：漢人多云："尺牘"，《史記》："緹縈通尺牘"，此臣得用於君也；《漢書》："陳遵與人尺牘，主皆藏去"，此施於儕輩者也。《木部》云："槧，牘樸也。"然則粗者爲槧，精者爲牘。顏師古曰："形若今之木笏，但不挫其角耳。"

(牘)

百穀

【詁訓】《詩》《書》言"百穀"，種類繁多，約舉兼晐之詞也。惟禾黍爲嘉穀。李善引薛君《韓詩章句》曰："穀類非一，故言百也。"

(穀)

鑿鏧

【叚借】經傳多叚鑿爲鏧。

(鏧)

蠡

【詁訓】蠡一作蠡，見《九歎》《方言》。一作蠡，見《皇象書急就碑本》。其作蠡者，見《周禮·鼜人》注、《漢書·東方朔傳》，詳《豆部》①。

（瓢）

家人

【詁訓】凡古曰家人者，猶今曰人家也。家人字見哀四年《左傳》、《夏小正》傳及《史記》、《漢書》。

（家）

鄉向

【叚借】（編按：向）經傳皆假鄉爲之。

（向）

軌宄

【叚借】宄，經史亦假軌爲之。

（宄）

魯定公

【義例】【詁訓】（《說文》："宋，尻也。"）經傳名子者不以國，而魯定公名宋，則必取其本義也。

（宋）

罷疲

【叚借】（編按：疲）經傳多假罷爲之。

（疲）

---

① 見《豆部》"䦫"篆，本書《周禮·鼜人》"瓢齎 鄭注：瓢謂瓢蠡也"條。

韍

【叚借】【古今】【詁訓】經傳或借韍爲韍,如《明堂位》注曰"韍或作黻"是也。或借芾爲之,如《詩·候人》《斯干》《采菽》是也。或借沛爲之,如《易》"豐其沛"。一作芾,鄭云"蔽厀"是也。芾與沛葢本用古文作市,而後人改之。或借茀爲之,如《詩釋文》所載及李善所引《詩》皆是也。或作紱,如今《周易乾鑿度》"朱紱""赤紱"是也。《倉頡篇》曰:"紱,綬也。"韍佩廢而存其係縌,秦乃以采組連結於縌。光明章表,轉相結受,故謂之綬,亦謂之紱。《糸部》曰:"綬,韍維也。"然則韍廢而綬乃出,韍字廢而紱字乃出。

(市)

柏伯

【叚借】凡爲長者皆曰伯,古多假柏爲之。

(伯)

敖傲

【叚借】古多假敖爲傲。

(傲)

荷何

【譌字】(編按:"何"擔荷義)凡經典作"荷"者皆後人所竄改。

(何)

纔裁財材

【詁訓】《三蒼》及《漢書》作"纔",鄭注《禮記》《周禮》、賈逵注《國語》《東觀漢記》及諸史並作"裁",許書《水部》《雨部》《吏部》作"財",此(編按:"僅"篆)作"材"。

(僅)

謚法有釐有僖

【異文】【志疑】謚法有釐，有僖。《周書》二謚並出，而《春秋》三傳"僖公"，《史》《漢》皆作"釐公"，殆《史》《漢》假"釐"爲"僖"乎？謚法曰："小心畏忌曰僖。"

（僖）

解㑊

【詁訓】醫經"解㑊"之"㑊"當作此字（編按：指"伿"）。

（伿）

齍

【叚借】【異體】（編按：齍）經傳多假齊爲之，亦省作齌。

（齍）

赤尺

【叚借】（編按：尺）古書亦借赤爲之。毛晃曰："宋時案牘如此。"

（尺）

屨履

【詁訓】（《說文》："屨，履也。"）晉蔡謨曰：今時所謂履者，自漢以前皆名屨。《左傳》："踴貴屨賤"，不言履賤。《禮記》："戶外有二屨"，不言二履。賈誼曰："冠雖敝，不以苴履"，亦不言苴屨。《詩》曰："糾糾葛屨，可以履霜。"屨，舃者，一物之別名；履者，足踐之通稱。按：蔡說極精。《易》《詩》、三《禮》、《春秋傳》《孟子》皆言"屨"，不言"履"；周末諸子、漢人書乃言"履"。《詩》《易》凡三"履"，皆謂踐也。然則履本訓踐，後以爲屨名，古今語異耳。許以今釋古，故云古之屨即今之履也。《周禮》屨人掌爲舃屨，鄭云："複下曰舃，禪下曰屨。古人言屨以通於複，今世言履以通於禪。俗易語反與？"《方言》："扉、屨、麤，履也，履，其通語也。"

（屨）

歎嘆

【詁訓】古歎與嘆義別，歎與喜樂爲類，嘆與怒哀爲類。如《樂記》云"一唱而三歎，有遺音者矣"，又云"長言之不足，故嗟歎之，嗟歎之不足，故不知手之舞之，足之蹈之"，《論語》"喟然歎曰"，皆是此歎字。《檀弓》曰"戚斯嘆，嘆斯擗"，《詩》云"而無永嘆""嘅其嘆矣""憯我寤嘆"，皆是嘆字。

（歎）

氒禍

【叚借】【詁訓】《史記》《漢書》多假氒爲禍，氒即䃈也。

（䃈）

涼琼亮諒

【叚借】《水部》曰："涼，薄也。"紬繹上下文，乃《周禮》"六飲"之"涼"，當作"薄酒也"。琼則爲"事有不善之言"。若亮則爲䎡也，諒則爲信也。四字在《說文》義別，而古經傳多相假。（《說文》："《爾雅》：'琼，薄也。'"）《桑柔》毛傳、杜注《左傳》、《小爾雅》皆云："涼，薄也。"涼即琼字。

（琼）

脩修

【叚借】（編按：修）經典多假《肉部》之"脩"。

（修）

苞苴

【詁訓】凡經傳言"苞苴"者，裹之曰苞，藉之曰苴。

（包）

厲癘迾濿烈

【叚借】凡經傳中有訓爲惡，訓爲病，訓爲鬼者，謂厲即癘之假借也。訓爲遮列者，謂厲即迾之假借也，《周禮》之"厲禁"是也。有訓爲涉水者，謂厲即濿之假借，如《詩》"深則厲"是也。有訓爲帶之垂者，如《都人士》"垂帶而厲"，《傳》謂厲即烈之假借也，烈餘也。

（厲）

物㫚

【譌字】（《說文》："㫚，勿或从㫃。"①）經傳多作物，蓋㫚之訛也。

（勿）

趣騶

【叚借】騶之叚借作趣。《周禮》《詩》《周書》之"趣馬"，《月令》《左傳》謂之"騶"，一用叚借，一用本字也。

（騶）

麟麐

【叚借】（《說文》："麟，大牡鹿也。"②）按：許此篆爲大麠，"麐"篆爲麒麐。經典用仁獸字多作麟，蓋同音叚借。

（麟）

壯灼

【同源】醫書以艾灸體謂之壯。壯者，灼之語轉也。

（灼）

---

① 陳本"㫃"作"於"。
② 陳本"牡"作"牝"。

炰炮

【辨誤】（編按：炮）各本篆體作炰皀聲①。按：皀聲讀若逼，又讀若香，於駒不爲龤聲。皀聲與勹聲則古音同在二部，葉抄宋本及《五音韵譜》作炮，皀聲，獨爲不誤。《玉篇》《廣韵》《集韵》《類篇》作炰，皆誤。
（炮）

跛尫

【正俗】尫，俗作跛，或以沾入《足部》，致正俗複出，非也。今之經傳有跛無尫，《王制》《公羊》《穀梁傳》皆作跛。
（尫）

寤悟

【叚借】（《說文》："悟，覺也。"）按：古書多用寤爲之。
（悟）

茂懋

【叚借】（編按：懋）古多叚茂字爲之。
（懋）

慆滔

【叚借】（編按：慆）古與滔互叚借。
（慆）

解懈

【叚借】（編按：懈）古多叚解爲之。
（懈）

---

① 許校改"炰"爲"炮"。

滿懑

【叚借】（《說文》："懑，煩也。"）古亦叚滿爲之。

（懑）

咎愆

【叚借】（《說文》："愆，怨愆也。"①）愆與咎音同義別，古書多叚咎字爲之，咎行而愆廢矣。

（愆）

洵均恂夐泫

【叚借】經有假借洵爲均者，如"洵直且侯"是也；有假爲恂者，如"洵美且都""洵訏且樂"是也；有假爲夐者，如"于嗟洵兮"即《韓詩》之"于嗟夐兮"是也；有假爲泫者，《國語》"無洵涕"是也。

（洵）

注　註　轉注

【義例】【辨誤】【譌字】注之云者，引之有所適也。故釋經以明其義曰注，交互之而其義相輸曰轉注。《釋故》《釋言》《釋訓》皆轉注也。……漢唐宋人經注之字無有作註者，明人始改注爲註，大非古義也。古惟註記字从言，如《左傳敘》"諸所記註"，韓愈文"市井貨錢註記"之類。《通俗文》云："記物曰註。"《廣雅》："註，識也。"古起居註用此字，與注釋字別。

（注）

【義例】【正俗】【辨誤】【譌字】轉注猶言互訓也。注者，灌也。數字展轉互相爲訓，如諸水相爲灌注，交輸互受也。轉注者，所以用指事、象形、形聲、會意四種文字者也。數字同義，則用此字可，用彼字亦

---

① 陳本"怨愆"作"怨仇"。

可。漢以後釋經謂之注，出於此。謂引其義使有所歸，如水之有所注也。里俗作"註"字，自明至今刊本盡改舊文，其可嘆矣。（五曰轉注）

注咮

【叚借】有假注爲咮者，如"注星"即"咮星"是也。

（注）

咸減

【叚借】古書多假咸爲減。

（減）

云曰

【叚借】古多叚云爲曰，如"《詩》云"即"《詩》曰"是也。

（雲）

鮮鱻尟

【叚借】（編按：鮮）此乃魚名，經傳乃叚爲新鱻字，又叚爲尟少字，而本義廢矣。

（鮮）

蜚飛

【叚借】古或叚蜚爲飛。

（飛）

【叚借】（編按：蜚）古書多叚爲飛字。

（蠱）

辟闢

【叚借】（編按：闢）古多叚借辟字。

（闢）

閑閒嫻

【叚借】（編按：閑）古多借爲清閒字，又借爲嫻習字。

（閑）

古名頤字真

【歷史】【辨誤】古名頤字真，晉枚頤字仲真，李頤字景真。枚頤或作梅賾，誤也。

（臣）

搤擎　扼腕

【詁訓】凡《史》《漢》云"搤擎""扼腕"者皆疊字，言持手游民也。

（擎）

攜儶

【叚借】（編按：攜）古多叚爲儶字。

（攜）

舍捨

【叚借】（編按：捨）經傳多叚舍爲之。

（捨）

錯措

【叚借】（編按：措）經傳多叚錯爲之。
（措）

捷扱插

【叚借】（編按：插）漢人注經多叚捷字、扱字爲之。
（插）

摘擲

【古今】今字作擲，凡古書用投擲字皆作摘，許書無擲。
（摘）

升登

【叚借】經典登作升皆叚借字，升之本義實於上舉無涉。
（拯）

【古今】【叚借】升登古今字，古叚升爲登也。
（陞）

失逸泆

【叚借】（編按：失）古多叚爲逸去之逸，亦叚爲淫泆之泆。
（失）

戚蹙

【叚借】蹙猶迫也，古多叚戚爲之。
（摘）

捪髪

【詁訓】凡經言"捪髪"者，皆謂束髪也。
（捪）

伎技

【叚借】古多叚伎爲技能字，《人部》曰："伎，與也。"
（技）

取娶

【叚借】經典多叚取爲娶。
（娶）

虞娛

【叚借】（編按：娛）古多借虞爲之。
（娛）

嬰城自守　嬰兒

【詁訓】【同源】凡史言嬰城自守，皆謂以城圍繞而守也。凡言嬰兒，則嫛婗之轉語。
（嬰）

毋無

【叚借】古多叚毋爲有無字，毋即無。
（毒）

翏戮勠

【叚借】（編按：戮）古文或叚翏爲之，又勠力字亦叚戮爲勠。
（戮）

戡堪

【叚借】（編按：戡）經史多叚此爲堪勝字。

（戡）

匪斐分非彼

【叚借】有借匪爲斐者，如《詩》"有匪君子"是也。有借爲分者，《周禮》"匪肦"，鄭司農云"匪，分也"是也。有借爲非者，如《詩》"我心匪鑒""我心匪石"是也。有借爲彼者，如《左傳》引《詩》"如匪行邁謀"，杜曰："匪，彼也"，《荀子》引"匪交匪舒"即《詩》"彼交匪紓"是也。

（匪）

柙匣

【叚借】（編按：匣）古亦借柙爲之。柙，檻也。

（匣）

毄係

【叚借】毄亦在十六部，故古係縛字亦多叚毄爲之。

（系）

即則

【譌字】古書即、則多互譌。

（給）

給詒

【叚借】（編按：給）古多叚爲詒字。《言部》曰："詒者，相欺詒也。"

（給）

納內

【叚借】古多叚納爲內字。內者，入也。

（納）

絀黜

【叚借】古多叚絀爲黜。

（絀）

紵褚

【叚借】（編按：紵）古亦借爲褚衣之褚。

（紵）

蝦霞

【叚借】（編按：蝦）古或借爲霞字，與魚鰕字从魚別。

（蝦）

蠭䗆𧕥

【叚借】【正俗】（編按：蠭）諸書多用䗆，俗作𧕥。

（蠭）

蚤早

【叚借】（編按：蚤）經傳多叚爲早字。

（蚤）

幾瑟

【叚借】古或叚幾瑟作蟣蝨。蟣者，蝨子也。

（蝨）

侵牟

【叚借】凡漢人言"侵牟"，皆蛑之叚借。

（蠹）

它佗他

【叚借】【正俗】（編按：它）其字或叚佗爲之，又俗作他，經典多作它，猶言彼也。

（它）

旬鈞均

【叚借】古多叚旬爲均，亦叚鈞爲均。

（均）

【叚借】古多叚鈞爲均。

（鈞）

培塿

【正俗】俗書"附婁"作"培塿"。

（塿）

陲

【正俗】【叚借】（《說文》："埵，遠邊也。"）俗書邊埵字作陲，乃由用埵爲巫，不得不用陲爲埵矣。《𨸏部》曰："陲，危也"，則無邊義。

（埵）

錫賜

【叚借】經典多叚錫爲賜字。凡言錫予者，即賜之叚借也。

（錫）

錄慮

【叚借】（編按：錄）叚借爲省錄字，慮之叚借也。故錄囚即慮囚，云庸錄者猶無慮也，言其縣猥。

（錄）

鍾鐘

【叚借】（編按：鐘）經傳多作鍾，叚借酒器字。

（鐘）

鈍頓

【叚借】（編按：鈍）古亦叚頓爲之。

（鈍）

崎嶇

【詁訓】敧隁，他書作崎嶇，漢碑亦作嶇。

（隁）

四瀆

【詁訓】（《說文》："瀆，通溝。曰防水者也。"①）"四瀆"，字當作此，亦作"四寶"。

（瀆）

絫累

【古今】【音義】凡增益謂之積絫。絫之隸變作累。累行而絫廢。古書時見絫字，乃不識爲今之累字。良僞切，亦如是。

（絫）

---

① 陳本"溝"後有"也"，無"曰防水者也"。

綴贅

【叚借】古多叚綴爲贅。

（綴）

瘐死

【詁訓】束縛而牽引之謂之叀曳。凡史儷瘐死獄中皆當作此字。

（叀）

稽䭫

【叚借】《首部》曰"䭫，下首也"，是本字。經傳及漢人多用稽，是叚借字。

（稽首再拜）

閣閤

【譌字】古書閣之誤閤者多矣。閤爲閨閤小門，閣爲庋閣之處。

（臣父故大尉南閣祭酒慎）

―段注說文攷校羣書類纂―

讀段注說文叢札

讀段注說文叢札

一、《說文》及《說文注》的經學内涵

陸宗達先生指出："我們與其說《說文解字》是一部最古的字典，不如說這部書是以字典形式出現的古文家說經的專著。"[①]《說文》一書以對漢字形音義的分析爲核心，首先是對漢字系統分析的著作，但除此之外，許慎以直接引用（direct quotation）、間接引用（indirect quotation）和共享引用（shared quoation）的方式引用了大量經學相關内容，具有很强的經學指向性。[②]

《說文》對經文的直接引用前人多有留意。就這部分條目而言，以所釋篆體爲焦點，引經是釋字之書證；而以經傳爲焦點，則釋義是具體經說的體現。这里我以十又二例說明後一角度：

例1：《邑部》"鄍"篆下，許云：

晉邑也。从邑，冥聲。《春秋傳》曰"伐鄍三門"是也[③]。

對於《左傳》"伐鄍三門"，有不同認識，《段注》云：

《左傳·僖二年》："荀息假道於虞曰：'冀爲不道，入自顛軨，伐鄍三門。'"服虔曰："謂冀伐晉也。下文'冀之既病，亦唯君故。'謂虞助晉也，將欲假道稱前恩以誘之。"按：服說是也。杜云："鄍，虞

① 陸宗達：《介紹許慎的〈說文解字〉》，載《陸宗達語言學論文集》，北京：北京師範大學出版社，1996年，第126頁。

② 詳見 Qiran Jin, "The Root of the Classics: *Shuowen jiezi* 說文解字 and Confucian Classical Studies in the Middle Eastern Han (88-144 CE)" (master's thesis, Columbia University, New York, 2021).

③ 陳本無"是也"。

邑"，非也。許同服說。

　　許慎"郮，晉邑也"是對《左傳》"伐郮三門"的經說。

　　例2：《人部》"伓"篆下許云：

　　有力也。从人，丕聲。《詩》曰："以車伓伓。"

　　《駉》："以車伓伓"，《毛傳》云："伓伓，有力也。"① 許慎這裏對"伓"的訓釋分爲三部分，首先是釋義，然後是釋形，最後是引經。以"有力也"這個對"伓"的釋義爲中心，看引《詩》"以車伓伓"，後者是前者的書證。但如果結合《毛傳》對這一句的訓釋，這裏實是許慎對"以車伓伓"的經說，同於毛說。

　　例3：《人部》"儺"篆下許云：

　　行有節也。从人，難聲。《詩》曰："佩玉之儺。"

　　《竹竿》："佩玉之儺"，《毛傳》云："儺，行有節度。"② 情況與上例相同。

　　例4：《人部》"佶"篆下，許云：

　　正也。从人，吉聲。《詩》曰："既佶且閑。"

　　《六月》："既佶且閑"《毛傳》："佶，正也。"③ 許同毛說。

　　例5：《衣部》"褧"篆下許云：

　　檾衣也。《詩》曰："衣錦褧衣。"示反古。

　　《段注》云：

　　此許釋《詩》也。《毛傳》曰："衣錦，錦文衣也。夫人德盛而尊嫁，則錦衣加褧襜。"《中庸》曰："衣錦尚絅，惡其文之箸也。"鄭以《中庸》箋《詩》，許云"示反古"，意亦略同。古者麻絲之作，蓋先麻而後絲，故"衣錦尚褧"，歸真反樸之意。

　　從"檾衣也"的釋義到"示反古"的解說，顯係經說。

　　例6：《頁部》"顅"篆下許云：

　　頭鬢少髮也。从頁，肩聲。《周禮》曰："數目顅脰。"

---

① （清）阮元校：《十三經注疏》，影清嘉慶刊本，北京：中華書局，2009年，第1315頁。
② 《十三經注疏》，第687頁。
③ 《十三經注疏》，第910頁。

《段注》云：

《考工記》："數目顅脰"，故書"顅"或作"牼"，鄭司農曰："牼，讀爲鬄頭無髮之鬄。"司農意謂鳥頭毛短也。鄭注《明堂位》曰："齊人謂無髮爲禿楬。"《釋名》曰："禿，無髮沐禿也。䰄頭生瘡曰瘕，䰄亦然也。"楬與䰄皆即鬄字。許說《周禮》與先鄭同，後鄭易之曰："顅，長脰也。"非許義。證以《莊子》"其脰肩肩"，則後鄭是也。肩即顅。

可見，許之"頭鬢少髮也"是《周禮》"數目顅脰"之經說。

例7：《山部》"岨"篆下許云：

石戴土也。从山，且聲。《詩》曰："陟彼岨矣。"

段云：

《周南·卷耳》曰："陟彼砠矣。"本亦作"岨"。《釋山》曰："石戴土謂之崔嵬，土戴石爲岨。"《毛傳》云："崔嵬，土山之戴石者。""石山戴土曰砠。"二文互異而義則一。戴者，增益也。《釋山》謂用石戴於土上，毛謂土而戴之以石。《釋山》謂用土戴於石上，毛謂石而戴之以土。以《絲衣》"戴弁"例之，則毛之立文爲善矣。石在上則高不平，故曰崔嵬；土在上則雨水沮洳，故曰岨。許於"嵬"下同毛，此"岨"下亦同毛也。《詩》《爾雅》作"砠"，許作"岨"，主謂山，故字从山。重土，故不从石。

"石戴土也"是對《詩經·卷耳》"陟彼岨矣"的經說。

例8：《广部》"庌"篆下許云：

廡也。从广，牙聲。《周禮》曰："夏庌馬。"

段云：

《夏官·圉師職》文。注曰："故書庌爲訝。鄭司農云：'當爲訝。'玄謂：訝，廡也。廡所以庇馬涼也。"按：許亦用仲師說。

亦是對《周禮》"夏庌馬"的經說。

例9：《广部》"庿"篆下許云：

久屋朽木。从广，酉聲。《周禮》曰："牛夜鳴則庮。"① 臭如朽木。

段云：

《周禮·內饔》："牛夜鳴則庮。"先鄭云："庮，朽木臭也。"《內則》鄭注云："庮，惡臭也。"引《春秋傳》"一薰一庮。"許說同先鄭。

"久屋朽木""臭如朽木"是對《周禮》"牛夜鳴則庮"的經解。

例10：《心部》"憽"篆下許云：

岠善自用之意也。从心，䛐聲。《商書》曰："今女憽憽。"聾，古文从耳。②

段云：

馬云："拒善自用之意。"許同之。鄭云："難告之意。"其義略同。其字皆作"憽"，未嘗作"聒"也。衞包因鄭云"憽讀如聒耳之聒"，竟改經文作"聒聒"，《開成石經》從之，學者取以改孔氏《正義》、陸氏《釋文》。至宋人乃有訓聒聒爲說說多言者。(《說文》："聾，古文从耳。") 蓋壁中文如是。孔安國易从耳爲从心，蓋由伏生《尚書》如是。

"岠善自用之意也"是對《尚書》"今女憽憽"的經解。

例11：《虫部》"蠯"篆，許云：

大龜也，𠙵胃鳴者。

段云：

《攷工記·梓人》文，鄭本作"脅鳴"，云："榮原屬"。賈、馬作"胃"，賈云："靈蠯也。"按：許得古學於賈侍中，故亦作"胃"，用賈說矣。

許引《考工記》無論是作字，還是經解都同於賈逵，顯係經說。

例12：《支部》"敘"篆，許云：

擇也……《周書》曰："敘乃甲胄。"

緊鄰"敘"篆的"敲"篆下，許云：

---

① 陳本"庮"作"廇"。
② 陳本無"岠"字，段云："依《尚書音義》所引補。"陳本"䛐"作"䛐"，"女"作"汝"。

繫連也……《周書》曰："敿乃干。"

此二篆是分釋《尚書·費誓》的"善敹乃甲冑敿乃干"一句的兩個動詞，二條共享一條引文，這種情況我稱之爲共享引用（shared quotation）①。

上述十二例可以歸納爲圖一。

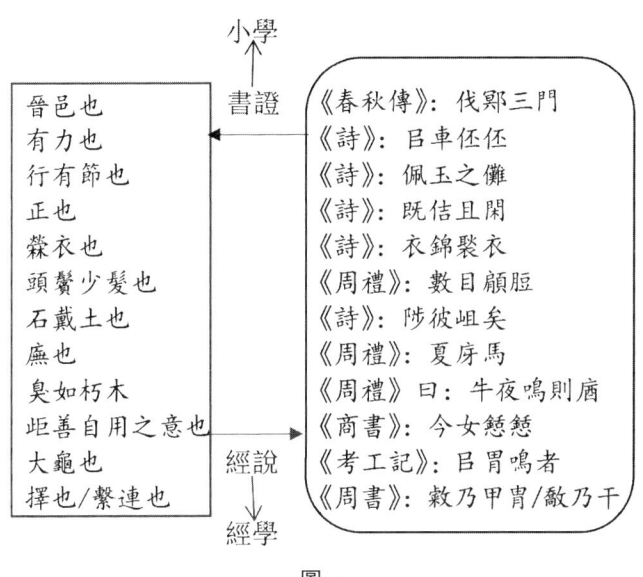

圖一

著眼於篆字，則引經爲書證；著眼於經傳，則釋義乃經說。以字爲樞軸貫穿經義是《說文》的重要特點，也是許慎作《說文》的目的之一。當然，許書引經是相當複雜的，並非全部指向經說。許慎有時引經說假借，有時引經說字之形音義，段玉裁在《示部》"祝"篆下云："凡引經傳，有證義者，有證形者，有證聲者"，清晰地指明了這種複雜性。

另一方面，許慎沒有直接引經的條目有時亦指向經說。例如《广部》"廙"篆下許云："陳輿服於庭也。"根據段玉裁的研究，這實際上是《周禮》的經說。段云：

---

① 詳見 Jin, "The Root of the Classics," 13-14, 33.

《周禮》故書"敶"爲"淫",鄭司農云:"淫讀爲敶。敶,陳也。"許說同先鄭。《釋詁》曰:"敶,興也。"後鄭注《周禮》云:"敶,興也。"興作之說同《爾雅》。按:易"淫"爲"敶",古音同在七部也。釋"敶"爲"興",古六部、七部合音也。

許慎和先鄭同,後鄭和《爾雅》同,前者同部,後者合音。許慎的釋義即《周禮》經說。

再如《艸部》"苦"篆下許云:"大苦,苓也",段氏指出其說出"《邶風》《唐風》毛傳"。再如《走部》"趀"篆,許云:"趀,趀婁,四夷之舞各自有曲。"段云:

趀婁,今《周禮》作"鞮鞻氏"。注云:"鞻讀爲屨。鞮屨,四夷舞者屝也。今時倡蹋鼓沓行者自有屝。"按:今《說文·革部》:"鞮,革履也",無"鞻"字。《釋文》引《說文》:"鞮,屨也。"《字林》:"鞮,革屨也。""鞻者,鞮屨。"是則《字林》乃有"鞻"字,許、鄭《周禮》所無。鄭注當本作"婁讀爲屨",《革部》之"鞮"是常用之屨,《走部》之"趀婁"乃四夷舞者之屨。"曲"當作"屨",聲之誤也。"四夷之舞各自有屨",正與鄭注說同。許意當亦"婁讀爲屨"。

指出此篆訓釋實是《周禮》經說,鄭說同許。

再如《辵部》"邍"篆,許云:"高平之野",段氏校爲"高平曰邍",云:

此依《韻會》。各本作"高平之野",非也。《大司徒》:"山林、川澤、丘陵、墳衍、邍隰。"鄭云:"下平曰衍,高平曰原,下溼曰隰。"《釋地》:"廣平曰原,高平曰陸。"此及鄭注皆以"高平"釋"原"者,謂大野廣平偁原,高而廣平亦偁原,下文所謂"可食者曰原"也。凡陸、昌、陵、阿皆高地,其可種穀給食之處皆曰原,是之謂"高平曰原"也。《序官》"邍師"注云:"邍,地之廣平者。"與《大司徒》注不同者,單言原則爲廣平,墳衍、原隰並言則衍爲廣平,原爲高平也。邍字後人以水泉本之"原"代之。惟見《周禮》。

指出《說文》實是有的放矢,是對《周禮》的經說,鄭說同之。

再如《水部》"沛"篆,許云:"沇也。東入于海。"段云:

沇、沛二篆之解，文體與漾、漢、浪三篆同，皆用《禹貢》文也。《禹貢》曰："道沇水東流爲濟，入于河，泆爲滎，東出於陶丘北，又東至于菏，又東北會于汶，又北，東入于海。"今沛水不特入河，以後經文所謂，不可致詳。考《郡國志》曰："河東，垣，有王屋山，沇水出。河內，溫，濟水所出，王莽時大旱，遂枯絕。"《水經注》曰："濟水故瀆在溫，當王莽之世，川瀆枯竭。其後水流徑通，津渠勢改，尋梁脈水，不與昔同。"是在西漢已後，所謂東流爲濟入于河者，已非禹蹟之舊矣。許云"東入于海"，此謂禹時故道，獨行達海，故謂之瀆。今之大清河、小清河非無沇水在其間，而混淆莫辨。漢水之源，今與經絕殊，沛水之流，軼出地中而爲巨川，今又與經絕殊也。

段氏從許書體例，古今河道的演變方面指出許氏釋義實是用《禹貢》文。

從上舉諸例可看出，段氏《說文注》非常注重以《說文》爲樞軸梳理漢代經學源流。段氏研究許慎經學有兩個主要特點：第一，段氏強調許慎的經學是立體的，而非平面的，指出許慎兼綜古今，而非固守古文經說的特點。

東漢經學的主潮是古今文合流，這一趨勢在許慎身上已經表現得非常強烈。段氏注解《說文》尤其注意根據許慎的引經作字及訓詁釋義剖析許慎從古抑或從今，而非刻板地給許慎貼上古文學家的標籤。

首先，許慎從古之處確實較多，這裏舉幾個簡單的例子。例如《艸部》"苾"篆，段注：

見《小雅》。《韓詩》作"馥"。許君《香部》無"馥"字，從毛不從韓也。

這裏許慎從《毛詩》。

再如：《老部》"耆"篆下許云："老也。"段云：

《士喪禮》《士虞禮》"魚進鬐"注："鬐，脊也。古文鬐爲耆。"許書《髟部》無"鬐"字，依古文《禮》，故不錄今文《禮》之字也。徐鉉沾附，未識此意。許於《禮經》古文、今文之字，依一則廢一。

這裏段氏不但根據《說文》的收字確定段氏從古抑或從今，並且總結出許氏"於《禮經》古文、今文之字，依一則廢一"的義例。

再如《糸部》"絇"篆，段云：

《儀禮注》云："絇，今文作約。"然則絇出《禮》古文，許用《禮》古文，故不錄《禮》今文。

這是相同的邏輯。

再如《辟部》"嬖"篆下許云："《虞書》曰：'有能俾嬖。'"段云：

今"嬖"作"乂"。蓋亦自孔安國以今字讀之已然矣。計"䇎""嬖"字秦漢不行，小篆不用，《倉頡》等篇不取，而許獨存之者，尊古文經也，尊古文也。凡尊經尊古文之例視此。

下面重點談一談段氏論許慎從今文的地方。

甲、段氏注重從《說文》收字與不收字剖析許慎取今文而非古文經之實際：

例如《口部》"名"篆下，段云：

《祭統》曰："夫鼎有銘，銘者自名也。"此許所本也。《周禮·小祝》故書作銘，今書或作名。《士喪禮》古文作銘，今文皆爲名。按：死者之銘，以緇長半幅，䞓末長終幅，廣三寸，書名于末，曰某氏某之柩。此正所謂自名。其作器刻銘，亦謂稱揚其先祖之德，著己名於下，皆祇云名已足，不必加金旁。故許君於《金部》不錄銘字，從《周官》今書、《禮》今文也。許意凡經傳銘字皆當作名矣。

段氏指出作"銘"是古文，作"名"是今文，許有"名"無"銘"是從今文。

再如，《禾部》"稷"篆，段注：

《聘禮》今文作"稷"，古文作"緵"。許从今文，故《糸部》無"緵"。

《聘禮》"稷"字的作字有古今文之別，許書有今文之"稷"，無古文之"緵"，段氏由此認爲許慎此處從今文。

最爲典型的是《止部》"止"篆段論古今文云：

許書無趾字，止即趾也。《詩》："麟之止"，《易》："賁其止""壯于前止",《士昏禮》:"北止",注曰:"止,足也。古文止爲趾。"許同鄭从今文,故不錄趾字。如从今文名,不錄古文銘也。或疑銘、趾當爲今文,名、止當爲古文。周尚文,自有委曲煩重之字不合於倉頡者。故名、止者,古文也;銘、趾者,後出之古文也。古文《禮》、今文《禮》者,猶言古本、今本也。古本出於周,從後出之古文。今本行於漢,轉從最初之故。猶隸楷之體,時或有捨小篆用古籀體者也。

段氏對文本的古今文與文字的古今文的區分,以及古與今的相對關係的認識是非常辯證的。

乙、段氏注重從《說文》引經與古文經之異論證許慎從今文經之實際:

如《从部》"旝"篆下許云:"《詩》曰:'其旝如林。'"段注:

今《毛詩》作"會",《鄭箋》以"盛合其兵衆"釋之。然則毛作"會",三家《詩》作"旝",許偁毛而不廢三家也。馬融《廣成頌》曰:"旗旝摻其如林。"季長所偁同許,而旝爲旃之類,則說亦同許也。

根據段氏的分析,許慎此處引經即是取三家《詩》,而未取古文經的《毛詩》,馬融亦是如此。

再如《水部》"渻"篆下許引《詩》:"風雨渻渻。"段云:

今《鄭風》祇有"風雨凄凄"。《邶風》傳曰:"凄,寒風也。"許引《詩》證寒義,所據與今本異,或是兼采三家。

亦是根據異文作此推測。

再如《艸部》"蓷"篆許引《詩》作"食鬱及蓷",與《毛詩》"食鬱及薁"不同,段云:

宋掌禹錫、蘇頌皆云:"《韓詩》:'六月食鬱及蓷。'"許於《詩》主毛而不廢三家也。

總結"許於《詩》主毛而不廢三家"的義例。

再如《心部》"怖"篆下許慎引《詩·白華》作"視我怖怖",而今本《毛詩》作"視我邁邁",段云:

《小雅·白華》:"念子懆懆,視我邁邁。"《毛傳》曰:"邁邁,不悅也。"《釋文》云:"《韓詩》及《說文》皆作'怖怖'。《韓詩》云:

'意不悅好也。'許云：'佷怒也。'"今《說文》作恨,似宜依佷。邁者,怖之叚借。非有韓、許則《毛詩》不可通矣。許宗毛而不廢三家《詩》。

再如《禾部》"稘"篆下段云：

《尚書》鄭贊云："三科之條,五家之教。"三科者,古文家說《虞夏書》《商書》《周書》是也。五家者,今文家說《唐書》《虞書》《夏書》《商書》《周書》是也。虞、夏同科則自《堯典》至《甘誓》爲《虞夏書》。《湯誓》以下爲《商書》。《大誓》《牧誓》以下爲《周書》。五家：《堯典》爲《唐書》,《皋陶謨》爲《虞書》,《禹貢》《甘誓》爲《夏書》,《湯誓》以下爲《商書》,《大誓》《牧誓》以下爲《周書》。《論衡》曰："唐、虞、夏、殷、周者,土地之名。重本不忘始,故以爲號,若人之有姓矣。說《尚書》謂五者,功德之名,盛隆之意。唐之爲言蕩蕩也；虞者,樂也；夏者,大也；殷者,中也；周者,至也。其褒五家大矣,然而失其初意。"王充業今文,此五家之說之證也。伏生有五家之教,故《尚書大傳》有《唐傳》《虞傳》《夏傳》《殷傳》《周傳》之目,見唐人《正義》所僃引。《大傳》既亡,近惠氏定宇蒐集之爲書,乃標《堯典》之首曰《虞夏傳唐傳》。標《禹貢》之首曰：《虞夏傳夏傳》。以古文家之目羼入今文家,殊爲不可通。許君云《唐書》者,從今文家說也。曷爲從今文家說也？《堯典》紀唐事,紀舜皆紀堯也,則謂之《唐書》。《皋陶謨》紀虞事,則謂之《虞書》。《禹貢》紀禹之功,則謂之《夏書》。勝於古文家之槩偁《虞夏書》未得其實也。曷爲自言偁《書》孔氏古文而從今文說也？古文、今文家標目皆非孔子所題,皆學之者爲之說耳。說則可擇善而從,無足異也。若《左傳》以"夋徽五典"六句系之《虞書》,以"敷内言"三句系之《夏書》,《洪範》一篇系之《商書》,亦與古文家說不同。許於《洪範》則依《左傳》謂之《商書》,於《堯典》《皋陶謨》《禹貢》則依今文五家之教謂之《唐書》《虞書》《夏書》,蓋合諸說而折其衷矣。凡今本《說文》以《堯典》系《虞書》者二十五,皆淺人所妄改,許不應自相齟齬如是。

段氏之"說則可擇善而從","合諸說而折其衷",甚是通達之論。

再如《凸部》"甹"篆,許云:"木生條也。从凸,由聲。《商書》曰:'若顛木之有甹枿。'古文言'由枿'。"段云:

今《書》作"由櫱"。許《木部》作"甹櫱",枿即"櫱","櫱"之異體也。甹者,生也。《左傳》史趙曰:"陳,顓頊之族也。歲在鶉火,是以卒滅,陳將如之。今在析木之津,猶將復由。"此以生滅對言,由即甹之叚借。《詩序》曰:"由儀,萬物之生各得其宜也。"此以生釋由,以宜釋儀,由亦甹之叚借。下云"古文言'由枿'",則作"甹"者伏生、歐陽、夏侯之書也。許於《書》偁孔氏而不廢伏生,於此可見矣。

又云:

古文謂孔氏壁中書也。伏作"甹"為正字,孔作"由"為叚借字。偁伏又偁孔者,明叚借也。不曰"古文甹作由",云"古文言'由枿'"者,此偁經非說字也,嫌其無別也,故別之。孟康注《漢書》"黎民祖飢"曰:"祖,古文言阻。"

總結了"許於《書》偁孔氏而不廢伏生"的義例。

段氏強調許慎對《禮經》古今文的取用往往是擇善而從,顯示出不拘泥的特點。《金部》"鉉"篆,許云:"《易》謂之鉉,《禮》謂之鼏。"① 段云:

凡單言《禮》者,皆謂《禮經》,今之《儀禮》也。據鄭則《禮》今文為"鉉"矣,許何以"鉉"專系《易》也?許於《禮經》之字,古文是者則從古文,今文是者則從今文。此從古文作鼏,故曰"《禮》謂之鼏"也。如《士喪禮》今文銘皆為名,從今文,故不錄銘字。《聘禮》《士喪禮》今文赴作訃,從古文,故《言部》不錄訃字。《士虞》《少牢》《特牲》古文醻皆作酬,許從古文,故《酉部》不錄酬字。《既夕禮》今文窆為封,從今文,則以窆專系《周官》也。

總結"許於《禮經》之字,古文是者則從古文,今文是者則從今

---

① 陳本"鼏"作"鼏"。

文"的義例。

與段氏討論許慎經學相比，那些簡單抽象地給許慎貼上古文家標籤的做法是相當粗疏的，以此得出的關於許慎經學的結論只能是一種抽象的想象。

第二，段氏強調許慎經學是動態的，而非靜態的。他十分重視許慎經說的嬗變，明確區分《說文解字》與《五經異義》的不同。

例如《鳥部》"鶬"篆，許云："鶬，鸲鶬也……古者鸲鶬不踰沛。"段云：

見《考工記》。《五經異義》："《公羊》以爲鸜鵒夷狄之鳥，穴居。今來至魯之中國，巢居。此權臣欲自下居上之象。《穀梁》亦以爲夷狄之鳥來中國，義與《公羊》同。《左氏》以爲鸜鵒來巢，書所無也。彼注云：《周禮》曰：'鸜鵒不踰濟。'今踰，宜穴而又巢，故曰：書所無也。許君謹案：從二《傳》。"後鄭駁之云：'按：《春秋》言來者甚多，非皆從夷狄來也。從魯疆外而至則言來。鸜鵒本濟西穴處，今乃踰濟而東，又巢，爲昭公將去魯國。"玉裁按：先鄭云："不踰濟，無妨於中國有之。"駁二《傳》也。作《異義》時從二《傳》，作《說文解字》亦引《考工記》爲證，不言夷狄之鳥，則從古《左氏》說。許君《異義》先成，《說文解字》晚定，故多有不同《異義》者。不言"《周禮》曰"而言"古者"，此以釋《左氏》"書所無也"之恉也。

指出"《異義》先成，《說文解字》晚定"而二者多異，辨析許慎經說的嬗變。

再如《日部》"旻"篆，許云："秋天也。从日，文聲。《虞書》說：'仁覆閔下則偁旻天。'"① 段云：

《五經異義》"天號"："今《尚書》歐陽說：《堯典》欽若昊天。春曰昊天，夏曰蒼天，秋曰旻天，冬曰上天，總爲皇天。《爾雅》亦云。古《尚書》《毛詩》說：天有五號，各用所宜稱之。尊而君之則曰皇天，元氣廣大則稱昊天，仁覆愍下則稱旻天，自天監下則稱上天，據

---

① 陳本"說"作"曰"，"覆閔"作"閔覆"，"偁"作"稱"。

遠視之蒼蒼然則稱蒼天。許君曰：謹按：《堯典》羲和以昊天總勑以四時，故昊天不獨昊春也。《左傳》：夏四月，孔丘卒。稱曰：旻天不弔，非秋也。"玄之聞也：《爾雅》者，孔子門人所作，以釋六藝之言，蓋不誤也。春氣博施，故以廣大言之；夏氣高明，故以遠言之；秋氣或生或殺，故以閔下言之；冬氣閉藏而清察，故以監下言之；皇天者，至尊之號也。六藝之中諸稱天者，以情所求言之耳，非必於其時稱之。浩浩昊天，求天之博施；蒼天蒼天，求天之高明；旻天不弔，求天之生殺當其宜；上天同雲，求天之所爲當順其時也。此之求天，猶人之說事各從其主耳。若察於是，則堯命羲和欽若昊天，孔丘卒稱旻天不弔，無可怪爾。"按：許作《五經異義》，不從《爾雅》從《毛詩》，造《說文》兼載二說，而先《爾雅》於毛，與鄭說無不合。蓋《異義》早成，《說文》後出，不待鄭之駁正，而已權衡悉當。觀此及"社"下、"姓"下皆與《異義》不同，與鄭說相合，可證。

《亓部》"昦"篆下，許云："昦，春爲昦天，元气昦昦也。"① 段云：

"春爲昦天"，《釋天》文。"元气昦昦者"，釋昦字之義。《黍離》毛傳曰："蒼天以體言之，元氣廣大則偁昊天，仁覆閔下則偁旻天，自上降鑒則偁上天，據遠視之蒼蒼然則偁蒼天。"李巡、孫炎、郭璞本《爾雅》及劉熙《釋名》皆作春蒼、夏昊，許君《五經異義》、鄭君《駁異義》所據《爾雅》及歐陽《尚書》皆作春昊、夏蒼。鄭君云："春氣博施，故以廣大言之。"許君《尚書·堯典》"羲和以昊天，總勑四時"故知昊天不獨春也。許君作《異義》時，是《毛傳》，非《爾雅》、歐陽《尚書》，鄭君駁之；而許造《說文》，於"昊"下、"旻"下皆用《爾雅》，參合《毛傳》，略同鄭說。《說文解字》爲定說也。

通過抽絲剝繭，發見許氏經說的變化。

再如《禾部》"稷"篆下許云："䊮也，五穀之長。"② 段云：

謂首種也。《月令》注："稷，五穀之長。"按：稷長五穀，故田正

---

① 陳本無"也"。
② 陳本"䊮"作"齋"。

之官曰稷。《五經異義》："今《孝經》說：稷者，五穀之長。穀衆多不可徧敬，故立稷而祭之。古《左氏》說：列山氏之子曰柱，死祀以爲稷。稷是田正。周棄亦爲稷，自商以來祀之。許君曰：謹按：禮緣生及死，故社稷人事之。既祭稷穀，不得但以稷米祭，稷反自食。同《左氏》義。"鄭君駁之曰："宗伯以血祭祭社稷、五祀、五嶽，社稷之神若是句龍柱棄，不得先五嶽而食。《大司徒》五地：一曰山林，二曰川澤，三曰丘陵，四曰墳衍，五曰原隰。《大司樂》五變而致介物及土示。土示者，五土之總神，即謂社也。六樂於五地無原隰而有土祇，則土祇與原隰同用樂也。是以變原隰言土示。《詩·信南山》云：畇畇原隰。下云：黍稷彧彧。原隰生百穀，稷爲之長。然則稷者原隰之神。若達此義，不得以稷米祭稷爲難。社者，五土總神，稷者，原隰之神，皆能生萬物者，以古之有大功者配之。句龍以有平水土之功，配社祀之；稷有播種之功，配稷祀之。"按：許造《說文》但引今《孝經》說，則其說社稷當與鄭意同。玉裁謂：《異義》早成，《說文》晚出爲定說。此亦一耑也。

指出《說文》與《異義》不同，而《說文》爲定說。

再如《心部》"愙"篆下許云："愙，敬也。从心，客聲。《春秋傳》曰：'以陳備三愙。'"段云：

不引《商頌》而引此者，以證从心客會意也。《五經異義》："《公羊》說：存二王之後，所以通夫三統之義。《禮》戴說：天子存二代之後，猶尊賢也。古《春秋左氏》說：周家封夏、殷二王之後以爲上公，封黃帝、堯、舜之後謂之三恪。許慎謹案云：治《魯詩》丞相韋玄成，治《易》施讎等說引《外傳》曰：三王之樂可得觀乎？知王者所封三代而已。"不與《左氏》說同。鄭駁之云："所存二王之後者，命使郊天，以天子之禮祭其始祖受命之王，自行其正朔服色。恪者，敬也。敬其先聖而封其後，與諸侯無別殊異，何得比夏、殷之後？"按：許不偁《公羊》說、《戴》說，而偁古《左氏》，亦不與《異義》同。蓋《異義》先成，《說文》晚定，用《左氏》說，與鄭同也。

指出許慎經說的嬗變。

再如《馬部》"驂"篆下許云："駕三馬也。"段云：

> 驂、三疊韵爲訓。《詩·干旄》："良馬四之""良馬五之""良馬六之"。《傳》曰：四之，"御四馬也"；五之，"驂馬五轡也"；六之，"四馬六轡也"。然則毛公有駕三之說矣。王肅云："古者一轅之車駕三馬，則五轡。其大夫皆一轅車。夏后氏駕兩謂之麗，殷益以一騑謂之驂，周人又益以一騑謂之駟。本從一驂而來，亦謂之驂。經言驂則三馬之名。"《五經異義》："天子駕數，《易》孟、京，《春秋公羊》說天子駕六；《詩》毛說天子至大夫同四，士駕二。《詩》云：'四騵彭彭'，武王所乘；'龍旂承祀，六轡耳耳'，魯僖所乘；'四牡騑騑，周道倭遲'，大夫所乘。謹按：《禮·王度記》曰：'天子駕六，諸侯與卿同駕四，大夫駕三，士駕二，庶人駕一。'說與《易》《春秋》同。"《駁》曰："玄之聞也，《周禮·校人》：'掌王馬之政，凡頒良馬而養乘之，乘馬一師四圉。'四馬爲乘，此一圉者，養一馬而一師監之也。《尚書·顧命》：'諸侯入應門，皆布乘黃朱。'言獻四黃馬朱鬣也。既實周天子駕六，《校人》則何不以馬與圉以六爲數？《顧命》諸侯何以不獻六馬？《易經》'時乘六龍'者，謂陰陽六爻上下耳，豈故爲禮制？《王度記》云'天子駕六'者，自是漢法，與古異。'大夫駕三'者，於經無以言之。"依《鄭駁》則古無駕三之制。孔晁云："馬以引重，左右當均。一轅車以兩馬爲服，旁以一馬驂之，則偏而不調，非人情也。《株林》曰：'乘我乘驕'，《傳》曰：'大夫乘驕'，則毛以大夫亦駕四也。且殷之制亦駕四，故王基云：'《商頌》："約軝錯衡，八鸞鏘鏘。"是則殷駕四，不駕三也。'"按：《詩箋》曰："驂，兩騑也。"《檀弓》注曰："騑馬曰驂。"蓋古者駕四，兩服馬夾輈在中，左右各一騑馬；左右皆可以三數之，故謂之驂。以其整齊如翼言之，則謂之騑。驂本非謂駕三也。顧《王度記》曰："大夫駕三"，《故訓傳》亦言"驂馬五轡"，則是古有其說，故許釋驂爲駕三。然許不偁《王度記》"天子駕六"以下云云，於騑下亦云"驂也"，是《說文》晚成，不堅執《異義》之說，其說經非不與鄭合矣。

不但指出《說文》與《五經異義》的差別，而且指出《說文》已經接近後來鄭玄《駁五經異義》的意見。

再如《示部》"祏"篆,許云:"祏,宗廟主也……一曰:大夫吕石爲主。"段云:

《五經異義》:"今《春秋公羊》說:卿大夫士非有土子民之君,不得祫享、序昭穆,故無木主。大夫束帛依神,士結茅爲菆。許君謹按:《春秋左氏傳》曰:衞孔悝反祏於西圃。祏,石主也,言大夫以石爲主。今山陽民俗,祭皆以石爲主。"鄭君駁之曰:"大夫士無昭穆,不得有主。少牢饋食,大夫禮也,束帛依神。特牲饋食,士祭禮也,結茅爲菆。大夫以石爲主,《禮》無明文。孔悝之反祏有主者,祭其所出之君爲之主耳。"玉裁按:《異義》先出,《說文》晚成,多所更定。故《說文》之說多有異於《異義》,同於鄭駁者。"祏"以"宗廟主"爲本義,以"大夫石主"爲或義是也。

指出許氏《說文》多所更定。

再如《示部》"社"篆,許云:"地主也。从示土。《春秋傳》曰:'共工之子句龍爲社神'……"段引《五經異義》云:

《五經異義》:"今《孝經》說:曰社者,土地之主。土地廣博,不可徧敬,封五土以爲社。古《左氏》說:共工爲后土,爲社。許君謹案曰:《春秋》稱公社,今人謂社神爲社公,故知社是上公,非地祇。"鄭駁之云:"社祭土而主陰氣。"又云:"社者,神地之道。謂社神但言上公,失之矣。人亦謂雷曰雷公,天曰天公,豈上公也?《宗伯》以血祭祭社稷五祀五嶽。社稷之神若是句龍、柱、棄,不得先五嶽而食。"①又引《司徒》五土名,又引《大司樂》五變而致介物及土示。"土示,五土之總神,即謂社也。六樂於五地無原隰而有土祇,則土祇與原隰同用樂也。"玉裁按:許訓社爲地主,此用今《孝經》說。而以"地主也,从示土"之云先於《左氏傳》,則與《異義》從《左氏》說者不符。蓋許君《異義》先成,《說文》晚定,往往有《說文》之說早同於鄭君之駁者。如社稷、昊天、聖人感天而生、三窓等皆是也。

---

① "嶽社"二字依許校補。

段氏通過《說文》釋義的順序剖析許慎的經說取向，通過與《五經異義》和《駁五經異義》比較，指出："往往有《說文》之說早同於鄭君之駁者。"

再如《女部》"姓"篆，許云："古之神聖人，母感天而生子，故偁天子。"① 段引《五經異義》云：

《五經異義》："《詩》齊、魯、韓、《春秋公羊》說：聖人皆無父，感天而生；《左氏》說：聖人皆有父。謹案：《堯典》'以親九族'，即堯母慶都感赤龍而生堯，安得九族而親之？《禮讖》云：'唐五廟'，知不感天而生。"玄之聞也："《詩》言感生得無父，有父則不感生。此皆偏見之說也。《商頌》曰：'天命玄鳥，降而生商。'謂娀簡吞鳦子生契，是聖人感生見於經之明文。劉媼是漢大上皇之妻，感赤龍而生高祖，是非有父感神而生者也（段云："同耶。"）？且夫蒲盧之氣，嫗煦桑蟲成為己子，況乎天氣因人之精，就而神之，反不使子賢聖乎？是則然矣，又何多怪？"按：此鄭君調停之說。許作《異義》時，從《左氏》說聖人皆有父。造《說文》則云神聖之母感天而生，不言聖人無父，則與鄭說同矣。

指出許慎從與鄭說實異到早同鄭說。

再如《金部》"鑾"篆下，許云："人君桀車四馬鑣八鑾。"段云：

許云"人君乘車四馬"者，人君兼天子諸侯言，此破天子駕六之說也。《五經異義》："《易》孟、京、《春秋公羊》說：天子駕六。《毛詩》說：天子至大夫同駕四，士駕二。《詩》云：'駟騵彭彭'，武王所乘；'龍旂承祀，六轡耳耳'，魯僖所乘；'四牡騑騑，周道倭遲'，大夫所乘。謹按：《禮·王度記》曰：'天子駕六，諸侯與卿大夫駕四，大夫駕三，士駕二，庶人駕一。'與《易》《春秋》同。"鄭駁曰："《周禮·校人》：'掌王馬之政，凡頒良馬而養乘之，乘馬一師四圉。'四馬為乘，此一圉養一馬，而一師監之也。《尚書·顧命》：'諸侯入應門，皆布乘黃朱。'言獻四黃馬朱鬣也。既實周天子駕六，《校人》則何不

---

① 陳本無"人"，"偁"作"稱"。

以馬與圉以六爲數？《顧命》諸侯何以不獻六馬？《易經》'時乘六龍'者，謂陰陽六爻上下耳，豈故爲禮制？《王度記》云'今天子駕六'者，自是漢法，與古異。'大夫駕三'者，於經無以言之。"玉裁謂：許造《說文》云"人君駕四馬"，與《異義》異，與鄭駁同。此《說文》爲許晚年定論之一證也。云"四鑣八鑾"者，此破鑾在衡之說也。《秦風》正義曰："鑾和所在，經無正文。經解注引《韓詩內傳》曰：'鑾在衡，和在軾。'又《大戴禮·保傳篇》文與《韓詩》說同，故鄭依用之。《蓼蕭》傳曰：'在軾曰和，在鑣曰鑾。'《箋》不易之。《異義》載《禮》戴氏、《詩》毛氏二說。謹案云：經無明文，且殷周或異，故鄭亦不駁。《商頌·烈祖》箋云：'鑾在鑣'，以無明文，且殷周或異，故鄭爲兩解。"玉裁謂：鄭箋《駟鐵》云："置鑾於鑣"，異於乘車也，《烈祖》箋、《大馭》注則云："鑾在衡"。許本無定說，而造《說文》云："四鑣八鑾"，宗毛氏。此又《說文》爲許晚年定論之二證也。"八鑾"，三見《詩》，字作"鸞"。

通過比較《說文注》與《五經異義》，指出："《說文》爲許晚年定論。"這樣細密的分析，不是一般將許慎抽象地歸爲古文家的研究所能比擬的。

除了對許慎經學主張的剖析之外，段書對經書自身的經學問題亦多有闡發。例如《米部》"柴"篆下許云"《周書》有《柴誓》"①，段玉裁據此討論今傳《尚書》之《費誓》篇名嬗變源流云：

《尚書·柴誓》，即今所用衞包妄改本之《費誓》也。《周禮》《禮記·曾子問》鄭注皆云："《柴誓》。"裴駰、司馬貞注《史記》皆云："《尚書》作'柴'。"司馬貞當開元時，衞包本猶未行，至包乃改作"費"。至宋開寶，陳諤乃將《尚書音義》之"柴"改"費"，學者莫知古本矣。貞之改"柴"爲"費"也，直謂"柴"即季氏費邑。不知漢費縣故城在今兗州府費縣西北二十里，去曲阜且三百里。《柴誓》全篇乃初出師時語，未必遠在今費縣。《史記》作"《肸誓》"，徐廣曰：

---

① 陳本"柴"作"柴"，段正。

"一作鮮，一作獮。"蓋伏生作"肦"，作"鮮"，作"獮"，古文作"柴"，音正相近。

再如《臼部》"舀"篆下就鄭玄《周禮注》引《詩》"或舂或揄"作"或舂或抌"，段云：

《周禮》："舂人奄二人，女舂抌二人，奚五人。"鄭曰："抌，抒臼也。"引《詩》"或舂或抌"。《禮·有司徹篇》："執挑匕柄以挹湆注於疏匕。"鄭云："挑讀如'或舂或抌'之抌。"按：鄭君注《禮》，多用《韓詩》。然則《韓詩》作"抌"，即"舀"也。

歸納出"鄭君注《禮》，多用《韓詩》"的義例。

再如《人部》"倪"篆，許云："諭也，一曰閒見，从人从見，《詩》曰：'倪天之妹。'"① 段云：

《釋言》曰："閒，倪也。"正許所本。上訓用毛、韓說，此訓用《爾雅》說，《爾雅》亦釋《詩》也。閒音諫，若言不可多見而閒見之。《爾雅》無見字，許益見字者，以其篆从見也，容《爾雅》原文今有倒奪矣。郭景純以"《左傳》謂之諜"釋之，恐非。

總結"《爾雅》亦釋《詩》"的義例。

《馬部》"驚"篆下段云：

《爾雅》以釋《詩》《書》者也。

《馬部》"騆"篆，許云："馬一目白曰騆，二目白魚。"② 段云：

《釋嘼》曰："一目白騆，二目白魚。"《魯頌》毛傳，《正義》本作"二目白曰魚"，《釋文》本作"一目白曰魚"。以理覈之，蓋陸本是，孔本非；《毛傳》是，《爾雅》誤。《傳》言"一目"者，以別於二目也。假令二目白，則《傳》不言"二"。許本毛，則必上句言目白，下句言一目白。毛本《爾雅》，則知《爾雅》轉寫失其真也。

段氏指出"毛本《爾雅》"，而非《爾雅》本毛。這個觀點其實是繼承自戴震。戴震《苕江慎修先生論小學書》云："今所有傳注，莫先《毛詩》，其爲書又出《爾雅》後。……其他《毛詩》誤用《爾雅》者

---

① 陳本"諭"前有"譬"字，段刪。
② 陳本"二目白"後有"曰"字。

甚多，先儒言《爾雅》往往取諸《毛詩》，非也。"① 已發其先聲。

再如《是部》"韪"篆，段論《史記》引經云：

> 古文《尚書》曰："時五者來備"，今文《尚書》作"五是來備"。李賢於李雲、荀爽傳皆引《史記》"五是來備"可證。凡《史記》多用今文《尚書》也。荀爽對策曰："五韪咸備"，韪與是義同，六書之轉注也。李雲上書曰："五氏來備"，氏與是音同在十六部，六書之叚借也。

指出《史記》引《書》多用今文。

經學研究中，經說的分歧與經字的異文異體摻雜在一起，十分複雜，如前述諸例所示段玉裁擅長從異文出發辨析經書本身古今文之別，這裏再舉一例。《日部》"晢"許云："《禮》曰：'晢朙行事。'"② 與今《士冠禮》作"質明"不同。段云：

> 《士冠禮》："宰告曰：'質明行事。'"鄭云："質，正也。"許所據作"晢明"，以《戴記·禮器》《昏義》网言"質明"推之，《戴記》多從今文，則知"質明"今文，"晢明"古文也。鄭不疊古文者，畧也。

借助多從今文的《戴記》作字，推尋《禮經》異文之古今，非精通《三禮》、熟通古今之辨者不能爲之。

另外，《段注》亦涉及對羣經的辨僞，例如《宀部》"寣"篆下許云："讀若《書》曰：'藥不瞑眩。'"③ 段云：

> 此許引《孟子·滕文公篇》文也。鄭注《醫師》亦引《孟子》"藥不瞑眩，厥疾無瘳。"趙注《孟子》云："《書》逸篇也。"若今僞撰《說命》，則采《楚語》爲之，許、鄭所未見者。大徐本作"讀若《周書》"，繆甚。

涉及到對《尚書·說命》的辨僞。再如，《呂部》"呂"篆下段云：

---

① （清）戴震：《苔江慎修先生論小學書》，載《戴東原集》四部叢刊影經韵樓本，卷三，葉二二至二三。
② 陳本"晢朙"作"晣明"。
③ 陳本作："讀若《周書》'若藥不眄眩。'"

僞《君牙》襲《國語》云："股肱心膂。"此未知古文無"膂"，秦文乃有"膂"也。

這是對《尚書·君牙》的一則辨僞，指出"股肱心膂"文之因襲，辨其疏陋。

總而言之，《段注》以研究許慎經學爲中心，貫通羣經。本書以"【經學】"爲標籤纂集了《段注》中涉及經學的相關內容，均是這一認識的注腳。

陳煥在《說文注》跋文中回憶段氏語："昔東原師之言：'僕之學不外以字攷經，以經攷字。'余之注《說文解字》也，蓋竊取此二語而已。""以字攷經，以經攷字"八字，可以用來概括自《說文》以至《段注》一脈相承的治學理路。

二、《段注》於陸德明《釋文》多所駁正

段氏於《說文注》中對陸氏《釋文》多有異議，屢有駁正。例如《马部》"㾞"篆下段云：

《大雅》毛傳曰："臄者，㾞也。"《通俗文》云："口上曰臄，口下曰㾞。"毛、服之"㾞"皆即《說文》之"顄"字。顄，頤也，故服云"口下"，毛則渾言之，口上、口下不分耳。陸氏《音義》引許"㾞，舌也"之云以釋毛，去之遠矣。許㾞與顄各字各義。毛、服用"㾞"爲"顄"。

以陸氏詁訓"去之遠矣"。

尤其是《穴部》"窦"篆，許云："深也。"段注："窦、深古今字，篆作窦、深，隸變作罙、深。"而後段氏指出許說從出云："《毛詩》：'罙入其阻'，《傳》曰：'罙，深也。'此罙字見六經者，毛公以今字釋古字，而許襲之，此罙之音義原流也。"針對陸德明《釋文》的疏失，段云：

《鄭箋》易"罙"爲"罙"，訓爲"冒也"，蓋以字形相似易之。罙在侵韵，罙在脂韵，鄭注經有易字之例。他經云"某讀爲某"，箋

《詩》不尒。讀經者誤謂毛、鄭同字，作音義者當各字各音分別載之，云："毛作罙，式針反，深也。鄭作冞，面規反，冒也。《說文》罙作㝮，冞作𦉫。"乃爲明析。而陸《釋文》則曰："罙，面規反。毛深也，鄭冒也。《說文》作'𦉫'，从网米，云：'冒也。'"此條之獘有七：以"罙"切"面規"，絕非毛音，一也。以《鄭箋》作"罙"，非鄭所易字，二也。以《說文》之"罙"作"冞"，而不知《說文》"罙"作"㝮"，"𦉫"别一字，或體作"𣑯"，與"㝮"無交涉，三也。"㝮"字不見他經，惟見《商頌》，而陸亡其音，遂亡其義，四也。許用《商頌》毛傳造《說文》，而失許之原本，致許書"㝮"下義晦，"𦉫"下遂有妄人添"《詩》曰'𦉫入其阻'"六字，《鄭箋》所改之字。許時代在前，安能用其說？五也。㝮隸作罙，猶濱隸作深，而各字書、韵書因陸"罙"切面規，"㝮"下不敢載"罙"。張參《五經文字》曰："𣑯、罙音彌。上《說文》，下《釋文》，相承隸省。見《詩》。"《集韵》《類篇》皆曰：罙、冞、𣑯三形同字。此皆陸爲作甬，六也。唐石經作"罙"，尚不誤，自宋及今日，《毛詩》刻本竟作"冞"，不"罙"不"𦉫"，爲從古所無之字，陸實召之，七也。

嚴加駁斥陸氏此處《音義》七個方面的問題，不可謂不犀利。

再如《兄部》"兄"篆下，許云："長也。"段云：

《小雅》："兄也永歎。"《傳》曰："兄，茲也。"《大雅》："倉兄填兮。"《傳》曰："兄，滋也。""職兄斯引""職兄斯弘"，《傳》曰："兄，茲也。"又《小雅》："僕夫兄瘁。"《箋》云："兄，茲也。"又《大雅》："亂兄斯削。"《箋》云："而亂茲甚。"茲與滋義同。茲者，草木多益也。滋者，益也。凡此等，《毛詩》本皆作"兄"，俗人乃改作从水之"況"，又譌作"况"。陸氏《音義》不能諟正畫一，正僞錯出。且於《常棣》云："作兄者非"，由未知茲益乃兄之本義故耳。

指出"兄"訛作"況""况"而"陸氏《音義》不能諟正畫一"導致"正僞錯出"，其根本原因在於"未知茲益乃兄之本義故耳"。在後文中段氏又說："淺人謂兄之本義爲男子先生，則主從倒置，豈弟之本義爲男子後生乎？世之言小學者，知此而後可與言《說文》，可與言經義。"亦可見段氏對"不明字義本末者"的態度。

再如《髟部》"鬀"篆下段以"鬀""鬄"爲二：

若《毛詩音義》云："鬄本亦作髢，徒帝反，劉昌宗吐歷反，沈湯帝反"，夫徒帝爲鬄之反語，吐歷、湯帝二反則爲鬀之反語，《詩音義》之云劉昌宗吐歷反，即《少牢》音義之云劉土歷反也。蓋陸氏於鬄、鬀未辨，亦溷爲一字，致後來之誤。

批評陸德明溷二字爲一。

再如，《心部》"悊"篆，《說文》云："悊，疾利口也……《詩》曰：'相時悊民。'"段云：

《詩》無此語。《尚書·般庚上》曰："相時憸民。"《集韻》引《說文》作"《商書》'相時悊民。'"豈丁度等所見不誤與？《玉篇》《廣韻》《集韻》《類篇》皆不言憸、悊爲一字。《立政》网言"憸人"，《釋文》曰："憸，本又作悊"，是則當爲一字矣。而悊从册，蓋从刪省聲，如珊、姍字之比。漢石經《尚書》殘碑此字作散，散即散，疑古文《般庚》作"悊"，今文《般庚》作"散"，異字同音。悊訓疾利口與憸訓詖邪，異字異音異義，不知者乃挹而一之。《般庚》或作"憸民"，《立政》或作"悊人"，皆淺者所爲耳，無容同字而許異訓也。凡《釋文》云"本又作"之下往往出古字，序內所云兼采《說文》《字詁》以示同異者。此云"本又作悊"，正用《說文》，仍襲舊說。未宋定《般庚》有悊而《立政》無悊也。

根據《立政》网言"憸人"，《釋文》曰"憸，本又作悊"的情況，段玉裁認定陸氏以二者爲一字。後面又說："悊訓疾利口與憸訓詖邪，異字異音異義，不知者乃挹而一之"，所謂的不知者所指顯然是陸德明，這個批評是很激烈的。

再如《心部》"慅"篆下段云：

慅訓愁，慘訓毒，音義皆殊，而寫者多亂之。《白華》作"慅"，見於許書。《月出》《正月》《抑》皆作"慅"，入韵。且《毛傳》曰："慅慅，憂不樂也。""慅慅，猶戚戚也。"正爲許說所本。而陸氏三者皆云"七感反"，其憒亂有如此者。

認爲陸氏憒亂如此。

類似的例子還有很多。這些批評很多時候是中肯的，但也有誤解陸說而批評失當的情況。例如，《馬部》"驕"篆下段云：

《漢廣》："言秣其馬。""言秣其駒。"《傳》曰："六尺以上爲馬，五尺以上爲駒。"按：此駒字《釋文》不爲音。《陳風》："乘我乘駒"，《傳》曰："大夫乘駒。"《箋》云："馬六尺以下曰駒。"此駒字《釋文》作驕，引沈重云："或作駒，後人改之。《皇皇者華》篇内同。"《小雅》："我馬維駒。"《釋文》云："本亦作驕。"據《陳風》《小雅》則知《周南》本亦作驕也。蓋六尺以下五尺以上謂之驕，與駒義迥別。三詩義皆當作驕，而俗人多改駒者，以駒與蔞、株、濡、諏爲韻，驕則非韻。抑知驕其本字音在二部，於四部合韵，不必易字就韵而乖義乎？陸氏於三詩無定說，彼此互異，由不知古義也。毛云："大夫乘驕"，以此推之，當是天子乘龍，諸侯乘騋，卿乘馬。

可是，《釋文》卷六葉二"乘驕"條："音駒。沈云：或作駒字，是後人改之，《皇皇者華》篇内同。"①"是後人改之，《皇皇者華》篇内同"似是陸語，可是段氏卻斷定全部是沈氏語。尤其是陸氏音駒，不僅是注音，且是校字，根據"音駒"這一點來看，陸氏以"駒"爲正，以"驕"爲後人改。《皇皇者華》"維駒"條，陸云："音俱，本亦作驕"②，亦是以"駒"爲正。可見，段氏批評"陸氏於三詩無定說，彼此互異，由不知古義也"，恐怕不能成立。陸氏是以"駒"爲正的，段氏實是誤解了陸氏的說法。段氏以爲"驕"爲後人所改，陸德明其實已經有這個意思了。

大體來看，段氏對陸德明《釋文》仍是頗多糾正，體現了其對陸氏音義學的深刻認識。

---

① （唐）陸德明：《經典釋文》，清抱經堂叢書本，卷六，葉二。
② 《經典釋文》，卷六，葉九。

三、《段注》於小顏說多所駁正

《段注》一書，大量引用顏師古《漢書注》《急就篇注》和《匡謬正俗》等著作。但不少情況引顏意在批顏，這與一般學人將顏說奉爲圭臬的做法是很不同的。

例如：《人部》"佴"篆下段注：

《司馬遷傳》曰："僕又佴之蠶室。"如淳曰："佴，次也。若人相次也。"一本"佴"作"茸"。蘇林云："茸，次也。若人相俾次。"蘇以謂"茸"當作"佴"耳。佴之蠶室，猶云副貳之以蠶室也。小顏乃欲讀爲"搑"，云："推致蠶室中"，殊非文義。

段氏近似蘇說，反對顏說。再如《人部》"佰"篆下段云：

《食貨志》："無農夫之苦，有仟佰之得。"師古云："仟，千錢也。佰，百錢也。佰，莫白反。今俗猶謂百錢爲一佰。"按：仟字罕見。《廣韵》《集韵》《類篇》皆曰："千人之長曰仟。"毛晃云："出《文字音義》。"《食貨志》語意謂兼十倍百倍之利耳，顏注非。

對《食貨志》"仟佰之得"的詁訓，段直云顏注之非。不過此處段說亦未必爲是。

再如《県部》"縣"篆下段云：

自專以"縣"爲州縣字，乃別製从心之懸挂，別其音縣去，懸平。古無二形二音也。顏師古云："古縣邑字作寰。"亦爲臆說。

以顏說爲臆測。

再如《犬部》"猎"篆下段云：

《漢·吳王濞傳》曰："猎穧及米。"《史記》作"舐"，"舐"見《舌部》，"以舌取食也"，食爾反。猎讀如答，異字異音而同義。顏注云："猎，古舐字"，乃大誤。

以顏說大誤。

再如《火部》"熛"篆下段云：

漢有票姚校尉、票騎將軍。票姚，荀悅《漢紀》作"票鷂"，服虔音飄搖，小顏二字皆去聲，非古也。平聲者古音，去聲者今音耳。

《女部》"嫖"篆下段云：

漢霍去病票姚校尉，票姚讀如飄搖，謂輕疾也。荀悅《漢紀》作"票鷂"，音亦同耳。古多平聲，後代乃多改爲去聲。師古讀頻妙、羊召二切，殊失古意。證以杜子美詩，益可見矣。

以顏音非古。

再如《水部》"滻"篆下段云：

《前志》京兆尹南陵下曰："文帝七年置。沂水出藍田谷，北至霸陵入霸水。霸水亦出藍田谷，北入渭。"師古曰："沂音先歷反。"按：此乃大謬。沂者，滻字之誤。《水經注》引《志》可證。張揖注《上林賦》亦曰："霸出藍田西北而入渭，滻亦出藍田谷，北至霸陵入霸。"

以顏注大謬。

再如《地理志》故安下班固云："閻鄉，易水所出，東至范陽入濡也，并州寖。水亦至范陽入淶。"小顏注云："言易水又至范陽入淶也。濡音乃官反。"① 而《水部》"濡"下段云：

《前志》故安下曰："閻鄉，易水所出。東至范陽入濡。并州寖。濡水亦至范陽入淶。"今本《漢志》脫"濡"字，師古謬爲之注，非也。《水經注·易水篇》曰："易水，逕范陽縣故城南，又東與濡水合。水出故安縣西北窮獨山南谷，東流與源泉水合。又東南流逕樊於期館西、荊軻館北。又東逕武陽城西北。又東逕紫池堡。又東得白楊水口。又東合檀水。又東南流於容城縣西北、大利亭東南合易水，而注巨馬水也。故《地理志》曰易水至范陽入濡，又曰濡水合渠。許慎曰：濡水合淶。淶、渠二號，即巨馬之異名。"按：酈引濡水入渠，即"濡水亦至范陽入淶"之句也。今本作"淶"，酈本作"渠"，今勝酈本。酈有"濡"字，則又酈本勝今。凡書之當參伍以求其是者如此。濡水今在易州北，即北易水也，東南入保定府定興縣界爲沙河。一曰東南流入容城縣境。……按：《左傳·昭七年》："盟於濡上。"《釋文》云："《說文》

---

① （東漢）班固：《漢書》，北京：中華書局，1962年，第1577–1578頁。

女于反。"是《音隱》舊說。此水斷不作乃官反也。師古注《漢書》於故安下云:"濡,乃官反",殊誤。漁陽郡白檀下"濡水出北蠻夷中",遼西郡肥如下"玄水東入濡水,濡水南入海陽。"此則酈注《濡水篇》所謂濡難聲相近,今謂之灤河者音乃官反是矣。其字蓋本作渜,譌而爲濡。

分別批駁顏注"易水入淶"和"濡音乃官"之說。

再如《水部》"灅"篆下段云:

平舒下:"祁夷水,北至桑乾入治。"小顏本"治"皆譌"沽",姑、故二音,其繆甚矣。

以顏本顏音俱謬。

再如《手部》"挐"篆下段云:

挐字見於經者,僖元年"獲莒挐",三《傳》之經所同也。其義則宋玉《九辯》曰:"枝煩挐而交横",王注:"柯條糾錯而崱嶷。"《招䰟》:"到梁糳麥,挐黃粱些",王注:"挐,糅也。"王逸《九思》:"殽亂分紛挐",注:"君任佞巧,競疾忠信,交亂紛挐也。"左思《吳都賦》:"攢柯挐莖",李注曰:"許慎注《淮南子》云:'挐,亂也。'"凡若此等皆於牽引義爲近。而《漢·霍去病傳》:"昏,漢匈奴相紛挐",此與《九思》"紛挐"同,謂漢與虜相亂也。而師古注乃云:"紛挐,亂相持搏也",以亂釋紛,以相持搏釋挐,大非語意。竊意其時《說文》已同今本,故顏從而傅會耳。蓋其字本如聲讀女居切,其義爲牽引。《廣韻·九魚》"挐"注"牽引",未嘗作"挐"。

批評顏氏據俗本《說文》傅會而說。

再如《氏部》"氏"篆下段云:

楊雄《解嘲》曰:"響若坻隤",應劭曰:"天水有大坂,名曰隴坻。其山堆傍箸崩落作聲,聞數百里,故曰坻隤。"韋昭曰:"坻音若是理之是。"以上見《文選注》。今本《漢書》作"阺隤",師古曰:"阺音氏,巴蜀名山旁堆欲墮落曰氏。應劭以爲天水隴氏,失之矣。氏音丁禮反。"玉裁按:顏說殊非。古隴阺亦作隴坻,與巴蜀之氏形小異,而音義皆同。阺、坻字同氏聲,或从氏聲而丁禮切者,字之誤也。

以顏氏說殊非。

最典型的是《水部》"滴"篆下段云：

潘岳《關中記》曰："涇、渭、霸、滻、豐、鎬、潦、滴，《上林賦》所謂'八川分流'也。"師古《上林賦》注曰："《地理志》鄠縣有滴水，北過上林苑，入渭。而今之鄠縣則無此水。許慎云：'滴水在京兆杜陵。'此即今所謂沈水，從皇子陂北流經昆明池入渭者也。蓋爲字或從水旁穴，與沈字相似，俗人因名沈水乎？"按：《水經注》："渭水，又東北逕渭城南，有沈水自南注之。亦謂是水謂滴水也。故呂忱曰：滴水出杜陵縣。亦曰高都水，王氏五侯壞決高都是也。"是則當酈時已名沈水。小顏推求其故，殆因滴之聲誤爲沇，沇之字誤爲沈，由俗人不識沇字，遂名之沈水。沿譌積習，往往如此。小顏之說善矣。而戴先生校《水經注》乃盡改"沈水"爲"沇水"，則又無以證古今之異名同實。且使小顏之前固沇水，則小顏何不顯證之而作疑辭乎？《一統志》："今滴水在西安府長安縣南，源出南山，自咸寧縣界流入，又西北入渭水。"

段此處以顏說甚善，然又發圈補注云：

○按：酈注"沈水"，"沈"蓋"沇"字之誤。李善注《上林賦》曰："滴水出杜陵，今名沇水，自南山黄子陂西北流經至昆明池入渭。"司馬貞注《上林》語全同，亦作"今名沇水"（段云："單行《索隱》如此。"）沇從允聲，余準切。滴，啇聲，食聿切。二字相爲雙聲疊韵。唐初呼沇水，字異而音實同耳。小顏與李善同時，其注《漢書》蓋亦本作："今所謂沇水，轉寫作沈字，由俗書沇字似沈也。"惟小顏不知滴、沇同聲，而指爲沇字之誤，是爲無稽之談。《集韵》："沇，庾準切。水名。"謂滴水也。若沇水東流爲泲，則讀以轉切矣。

轉以顏說無稽。段氏對此處顏說的認識有一個從認可到否定的變化過程。後一看法與段玉裁《校漢書地理志注》的觀點一致[1]，代表了段氏晚年的定論，最後還是否定顏說的。

---

[1] 見段玉裁《校漢書地理志注》"鄠"條，載《經韵樓集》，清嘉慶十九年刻本，卷五，葉六。

段氏批評顏注《急就篇》諸說，如《女部》"嫞"篆下段云：

《急就篇》："疻痏保辜謕呼號"，師古曰："保辜者，各隨其輕重，令毆者以日數保之，限內致死，則坐重辜也。"按：保辜，唐律、今律皆有之。辜者，嫞之省。嫞與保同義疊字。師古以"坐重辜"解之，誤矣。

以顏說爲誤。

再如《手部》"揃"篆下段云：

《急就篇》："沐浴揃搣寡合同。"《莊子》："眥搣可以休老"，本亦作"揃搣"。"揃搣"者，道家修養之法，故《莊》云："可以休老。"史游與"沐浴""寡合同"類言。"寡合同"，即嗇精寡慾之說也。若《士喪禮》《士虞禮》之"蚤揃"，蚤讀爲爪，謂斷爪。揃讀爲翦，許作"劋"，謂劋須也。《士虞禮》揃或爲鬋。《曲禮》亦作"蚤鬋"，注云："鬋鬢也。"釋鬋爲劋理鬢髮，是《禮經》揃字爲劋若鬋之叚借，而不用揃之本義。顏師古注《急就》曰："揃搣，謂鬋拔眉髮也，蓋去其不齊整者。"顏氏誤以《禮經》之"揃"釋《莊》《史》之"揃搣"，是誤以叚借爲本義也。訓詁不通其源，斯誤有如此者。〇《莊子釋文》引《三倉》云："揃猶翦也。"云："猶翦"，則"翦"非本義。《三倉》不妨言叚借，惟《說文解字》不言叚借。

批評顏氏混淆本義和假借，不明訓詁之旨，而"誤有如此者"。

段氏反駁顏師古《匡謬正俗》中說，如《子部》"孼"篆下段云：

《玉藻》："公子曰臣孼"，鄭注："孼當作枿，聲之誤也。"玉裁按：此《記》文本作"枿"，注曰："枿當作孼"。後人因注改經，又因經改注。師古《匡謬正俗》未之知也。凡木萌旁出皆曰櫱，人之支子曰孼，其義略同，故古或通用，固不必指爲聲誤。何注《公羊》曰："庶孼，衆賤子。猶樹之有櫱生。"得其義矣。

顏說見《匡謬正俗》卷三"孼"字條，顏云："孼者是庶孼，既非適子，故自云孼，不當言枿。枿者斷而復生，豈人子之所宜自稱乎？"[1]

---

[1] （唐）顏師古：《匡謬正俗》，清同治小學彙函本，卷三，葉五。

故段以"師古《匡謬正俗》未之知也"。

總之，段氏對小顏諸說，尤其是其音義學多有異議。

四、《段注》駁宋人說

《段注》屢有駁宋人語，如《茍部》"敬"篆，許云："敬，肅也。"段云：

> 後儒或云："主一無適爲敬"，夫主一與敬義無涉。且《文子》曰："一也者，無適之道。"《淮南·詮言》曰："一者，萬物之本也，無敵之道也。"適即敵字，非他往之謂。

《周元公集》卷八饒魯《金陵記聞注辯》記聞云："周子謂一爲要，程子謂主一無適爲敬"，朱子《四書章句集注》亦沿斯說①。可知段氏後儒即指宋儒。程子的理學中"一"的概念很重要，段氏從字義的角度，對"主一無適爲敬"之說加以反駁。

再如《黑部》"黔"篆下許云："秦謂民爲黔首，謂黑色也。周謂之黎民。"段云：

> 《大雅·雲漢》《禮記·大學》"黎民"皆訓衆民，《釋詁》曰："黎，衆也。"《詩·桑柔》傳曰："黎，齊也。"宋人或以黑色訓黎民，殊誤。許言此者證秦以前無"黔首"之偁耳，非謂黎、黔同義。

批評宋人對"黎民"的訓釋。

再如《手部》"捋"篆，段云：

> 捋與寽二篆義別。寽見《爪部》，云："五指寽也。""五指寽"者，如用指取禾采之穀是也。捋則訓"取易"而義不同。《詩》："薄言捋之""捋采其劉"，《傳》曰："捋，取也"，此捋之本義也。若董逌《詩詁》曰："以指歷取也"，朱子《詩集傳》曰："捋，取其子也"，此於今之俗語求其義，而不知今之俗，許書自有本字。凡訓詁之宜審慎如此。

---

① （北宋）周敦頤：《周元公集》宋刻本，卷八，葉卅八；（南宋）朱熹：《四書章句集注》，北京：中華書局，1983年，第49頁。

這直接批評董氏與朱子訓詁未加審慎。

再如《蚰部》"蠹"篆，許云："蟲齧木中也"，段云：

此非蟲名，乃謂蝕之食木曰蠹也。朱子注《孟子》曰："蠹者，齧木蟲"，則誤矣。蠹之言剺也，如刀之剺物。蠹叚借之用極多，或借爲蠃蚌字，或借爲瓢蠡字。《楚辭》："覽芷圃之蠢蠢"，又借爲禾黍離離字。《孟子》曰："以追蠡"，趙注曰："追，鐘紐也。鈕孽齧處深矣。蠡蠡，欲絕之皃。"此又以蠡同離，同劙。《方言》曰："劙，解也"，又曰："蠡，分也"，皆其義也。不知叚借之恉，乃云："鐘紐如蟲齧而欲絕"，是株守許書之辭而未能通許書之意矣。

"鐘紐如蟲齧而欲絕"亦是朱子《集注》語[①]。"株守許書之辭而未能通許書之意"實是批評朱子。

再如《己部》"己"篆，段云：

（引按：己）此與已止字絕不同。宋以前分別，自明以來書籍閒大亂，如《論語》"莫己知也，斯己而已矣。"唐石經不譌，宋儒乃不能了。

這是批評宋儒不辨己已之淆。

總之，段氏立足漢學，多批評宋人訓詁等方面的不足。

五、《段注》於惠棟多所駁正

《段注》於至少十一處引用惠棟說，多爲批評之詞，且頗爲犀利。如《釆部》"釆"篆下段云：

惠氏棟云："《尚書》平章、平秩，平字皆當作'釆'，與古文平相似而誤。"按：此肊測不可從。

直言惠說是臆測之詞。

《日部》"昴"篆下段云：

---

① 《四書章句集注》，第369頁。

卯古音讀如某，丣古文酉字，字別而音同在三部。雖同在三部，而不同紐。是以丣聲之劉、畱、聊、桺、珋、騮、柳、䆯爲一紐，卯聲之昴爲一紐。古今音讀皆有分別。丣聲之不讀莫飽切，猶卯聲之不讀力九切也。惠氏棟因《毛傳》之語，謂昴必當从丣，其說似是而非。王氏鳴盛《尚書後案》襲之，非也。

段氏抨擊惠說是"似是而非"。王鳴盛與惠同亦遭段氏批駁。

《夕部》"夤"篆，許引《易》作"夕惕若夤"，段氏易"夤"爲"厲"，云：

凡漢人引《周易》"夕惕若厲"不暇枚舉，許書"惕"字下亦作"夕惕若厲"。此引者，說从夕之意也。"夕惕"者，火滅修容之謂。凡許書，引《易》"井者法也"，說"荆"从井之意。引《易》"地可觀者莫可觀於木"，說"相"从目、木之意。引《易》"先庚三日"，說"庸"从庚之意。引《易》"豐其屋"，說"寷"从宀、豐之意。引《易》"百穀艸木麗於地"，說"麗"从艸、麗之意。引《易》"突如其來如"，"不孝子突出，不容於內也"，說"㚻"从倒子之意。皆偁《周易》以說字形之意。學者不憭，往往誤會，於是改"厲"爲"夤"，改"突"爲"㚻"，而惠氏定宇作《周易述》，竟作"夕惕若夤，厲无咎"，"㚻如其來如"矣。

《㚻部》"㚻"篆下段亦云：

若近惠氏定宇校李鼎祚《周易集解》，改作"㚻如其來如"，則爲紕繆矣。……大徐於此（引按：指"㚻或从到古文子"）下安"即《易》突字"四字，惠氏之誤本此。

以惠說紕繆。

《禾部》"稘"篆下段云：

《大傳》既亡，近惠氏定宇蒐集之爲書，乃標《堯典》之首曰《虞夏傳唐傳》。標《禹貢》之首曰：《虞夏傳夏傳》。以古文家之目羼入今文家，殊爲不可通。

以惠說"殊爲不可通"。

《女部》"娓"篆下段云：

此篆不見於經傳，《詩》《易》用"亹亹"字，學者每不解其何以會意形聲。徐鉉等乃妄云當作娓，而近者惠定宇氏從之，挍李氏《易集解》及自爲《周易述》皆用"娓娓"。抑思毛、鄭釋《詩》皆云"勉勉"，康成注《易》亦言"没没"。釁之古音讀如門，勉、没皆疊韵字，然則亹爲釁之譌體，釁爲勉之叚借，古音古義於今未泯，不當以無知妄說擅改宣聖大經。

這裏段氏更是以惠說爲"無知妄說"，與"宣聖大經"對立。

不過，段氏亦有肯定惠說者，如《竹部》"簋"篆下段引惠說云：

簋以木爲之，故字从木也。惠氏棟《九經古義》曰："《易》：'渙奔其机'，當作'杬'，宗廟器也。"

再如《鼎部》"鼐"篆，許云："《魯詩》說：鼐，小鼎。"段引：

惠氏棟云："《說苑》曰：'《詩》："自堂徂基，自羊徂牛"，言自内及外，以小及大也。'《魯詩》者，劉向家學，故說鼐小鼒大。"

再如《人部》"佴"篆下段論"佴"亦有"背"義引惠說證之：

惠氏定宇《左傳補注》曰："面縛之，謂反背而縛之。"

再如《心部》"志"篆下引惠說證"志"義云：

古文作志，則志者，記也，知也。惠定宇曰："《論語》'賢者識其大者'，蔡邕《石經》作'志'。'多見而識之'，《白虎通》作'志'。《左傳》曰：'以志吾過'，又曰：'且曰志之'，又曰：'歲聘以志業。'"

又《女部》"威"篆下段云：

惠氏定宇曰："《爾雅》'君姑'即'威姑'也。"古君、威合音差近。

段氏批評惠棟雖言辭激烈，不過亦能肯定惠說合理之處，不能一概而論。

六、《段注》多從戴震說，然亦有所駁正

《段注》屢引其師戴震說，主要稱之爲戴先生、東原師、師、先

生，偶爾稱之爲戴氏。據筆者統計，段引戴說共計約五十五處，其中絕大部分是祖述師說，數量很多，這裏不一一列舉，僅以《木部》"杜"篆《段注》爲例：

戴先生曰："《爾雅》謂杜甘曰棠，毛公失其句讀。蓋依陸璣《疏》，白棠即甘棠，子美，赤棠即杜，子澀，爲此說耳。非許意，亦非《爾雅》意也。"先生又曰："'棃山，檹'，謂棃山生曰檹；'榆白，枌'，謂榆之白者曰枌。"今按：《毛傳》云："枌白，榆也。"誠當於白爲讀。

戴震對《爾雅》的這個意見見《苔江慎修論小學書》①。

但是，段氏並非對戴氏處處維護，亦有與戴不同者。如《水部》"砯"篆，許云："履石渡水也……《詩》曰：'深則砯。'"段云：

戴先生乃以橋梁說砯。如其說，許當徑云石梁，不當云"履石渡水"矣。《詩》言"深則厲，淺則揭"，喻因時之宜。倘深待石梁，則有不能渡者矣。

這是不同意戴震的訓詁。

再如《邑部》"邛"篆下段云：

《水經注·泗水篇》曰："黃溝又東逕邛城縣故城南，《地理志》山陽縣也，王莽更名之曰部城矣。故世有南部、北部之論也。"此可證《漢志》本作"邛"。《水經注》版本譌作"邛"。戴先生校注文乃依《漢志》誤本改"邛城"爲"部成"，改"部城"爲"告成"，非是。部城本在成武縣東南，自莽改邛城曰部城，於是謂在成武者北部，此曰南部。今本《漢志》作"莽曰告成"，亦誤也。地理中成、城二字多淆，猝難審定。

這裏指出戴據《漢書》誤本校字發生錯誤。

再如《水部》"潏"篆下段云：

師古《上林賦》注曰："《地理志》鄠縣有潏水，北過上林苑，入渭。而今之鄠縣則無此水，許慎云：'潏水在京兆杜陵。'此即今所謂

---

① 戴震：《苔江慎修先生論小學書》，載《戴東原集》卷三，葉二二至二三。

沇水，從皇子陂北流經昆明池入渭者也。葢沇字或从水旁穴，與沈字相似，俗人因名沈水乎？"按：《水經注》："渭水，又東北逕渭城南，有沇水自南注之。亦謂是水謂滴水也。故呂忱曰：滴水出杜陵縣。亦曰高都水，王氏五侯壞決高都是也。"是則當酈時已名沇水。小顏推求其故，殆因滴之聲誤爲沇，沇之字誤爲沈，由俗人不識沇字，遂名之沈水。沿譌積習，往往如此。小顏之說善矣。而戴先生挍《水經注》乃盡改"沈水"爲"沇水"，則又無以證古今之異名同實。且使小顏之前固作沇水，則小顏何不顯證之而作疑辭乎？

段氏這裏表達了對戴震校書中專改的否定態度。

另外，段氏有稱戴震爲戴氏並駁其非者。《竹部》"筡"篆下段云：

《方言》："筡，析也。析竹謂之筡。"郭云："今江東呼蔑竹裏爲筡，亦名筡之也。"按：此注謂已析之蔑爲筡，人析之亦偁筡之。本無誤字，戴氏《疏證》改"筡之"二字爲"筦"字，非也。

這亦是對戴氏專改之風的不滿。

可見，對於戴震，段氏雖以祖述爲主，但對其謬誤，尤其是其在校勘上的錯誤傾向，亦能委婉駁正，並非全然墨守，體現了段氏治學客觀、嚴謹的態度。

七、《段注》多從程瑤田說

《段注》引用其師輩程瑤田說至少二十九次，幾乎全部是正面引述。段氏在祖述程說時，經常採取大段引用的形式，對程說多所贊賞。如：《禾部》"穄"篆下段氏引用程氏《九穀攷》云：

程氏瑤田《九穀攷》曰："稷，齋大名也。粘者爲秫，北方謂之高粱，通謂之秫秫，又謂之蜀黍，高大似蘆。《月令》：'首種不入'，鄭云：'首種謂稷。'今以北方諸穀播種先後攷之，高粱最先。《管子書》：'日至七十日，陰凍釋而蓺稷，百日不蓺稷。'日至七十日，今之正月也。今南北皆以正月蓺高粱是也。凡經言疏食者，稷食也。稷形大，故得疏偁。"

而後段氏評論說：

程氏《九穀攷》至爲精析，學者必讀此而後能正名其言。漢人皆冒粱爲稷，而稷爲秫秫，鄙人能通其語者，士大夫不能舉其字，真可謂撥雲霧而覩青天矣。

"至爲精析""撥雲霧而覩青天"，段氏對《九穀攷》的評價可以說是相當高的。《段注》在《禾部》《黍部》《米部》引用《九穀攷》說計十次，足見段氏對程氏《九穀攷》的重視。

再如《木部》"槸"篆下段云：

《考工記》："以轂圍之阞捎其藪。"注曰："捎，除也。阞，三分之一也。鄭司農云：'捎讀如桑螵蛸之蛸，藪讀如蜂藪之藪，謂轂空壺中也。'玄謂：此藪徑三寸九分寸之五，壺中當輻菑者也。藪者猶言趨也。蜂藪者，衆輻之所趨也。"舊本經注多誤字，今挍正之如是。按：《記》文葢本作"捎其槸"，大鄭乃易爲"藪"，故云"讀爲"。後人直用大鄭說改《記》文耳。

而後《段注》引用程說云：

程氏瑤田《通藝錄》曰："阞與《王制》祭用數之仂同，十分之一也。藪謂鑿深，捎之以待置輻也。《記》曰：六分其輪崇，以其一爲之牙圍。參分其牙圍而漆其二，椁其漆內而中詘之，以爲轂長。是則轂長當三尺二寸五分四釐一豪六絲六不盡。由是以轂長爲圍，以圍之十一爲鑿深，十一當三寸二分五釐四豪一絲六忽六不盡。用其成數得三寸，輻廣亦三寸也。《車人》大車輻廣三寸，柏車羊車，不見輻廣，亦三寸可知。故下文云：凡輻量其鑿深以爲輻廣。先鄭言蜂藪，後鄭言衆輻所趨，則藪之名義當起於輻鑿也。"按：先後鄭說，直以轂空壺中與衆輻之孔相接，故云"壺中當輻菑者也"，合二者爲一以釋經，而未知輻孔不通壺中，壺中以受軸，槸以受輻，劃然二事。鄭不若程氏之精確也。許字作"槸"，從㮯。㮯，鳥羣鳴也，亦與衆趨之義合，其云"車轂中空也"，亦未該。

段以"鄭不若程氏之精確也"評價程說，這個評價對於推重漢儒的清人來說是相當高的。

再如《戈部》"戟"篆下針對《攷工記》所述戟制，段先引鄭說云：

《攷工記·冶氏》："戟廣寸有半寸，內三之，胡四之，援五之，倨句中矩，與刺重三鋝。"鄭曰："戟，今三鋒戟也。內長四寸半，胡長六寸，援長七寸半。三鋒者，胡直中矩，言正方也。鄭司農云：'刺謂援也。'玄謂：刺者，箸秘直前如鐏者也，戟胡橫貫之。胡中矩，則援之外句磬折與？"

又引程說云：

《通藝錄》曰："內三之，謂戟柄橫出秘外者四寸有半也。胡四之，謂上連刃直而下垂者長六寸也。援五之，謂裹上之刃長七寸半也。刺者，謂橫出之內有鋒也。倨句中矩者，謂刺橫胡直正方之形也。不言援之倨句，言刺之倨句者，戟爲句兵，中矩者主於句也。"據《二儀寶錄》，雙枝爲戟，獨枝爲戈以爲證，說與鄭注大乖異，然恐程說近是。

亦以程說勝過鄭說。

再如《車部》"軝"篆下段以爲"軹即軝"，云：

說本歙程氏瑤田《通藝錄》。其說最確，於古音最合，而古無有言之者。孰謂今人不勝古人也？

段氏直言程氏爲今人能勝古人的榜樣。對於《通藝錄》，段氏非常重視，引用其說計十一次。又如《水部》"洫"篆下段云：

《匠人》溝洫之制，惟歙程氏瑤田《通藝錄》能發明之。

再如《人部》"仞"篆下，段氏引用仞制諸說云：

諸家之說仞也，王肅、趙岐、王逸、曹操、李筌、顏師古、房玄齡、鮑彪諸人並曰八尺，而鄭《周禮》《儀禮》注、包咸《論語注》、高誘注《呂氏春秋》、王逸注《大招》《招魂》、李謐《明堂制度論》、郭璞注《司馬相如賦》用司馬彪之說、陸德明《莊子釋文》則皆謂七尺。《淮南子·原道訓》注八尺，而《覽冥訓》注則云七尺，百仞者七百尺。證以《呂氏春秋》注，則《原道》注可疑。

而後引用程氏《通藝錄》說云：

近歙程氏瑤田《通藝錄》有說曰："言七尺者是也。楊雄《方言》

云：'度廣曰尋。'杜預《左傳》'仞溝洫'注：'度深曰仞。'二書皆言人伸兩手以度物之名，而尋爲八尺，仞必七尺者何也？同一伸手度物，而廣深用之，其勢自不得不異。人長八尺，伸兩手亦八尺，用以度廣，其勢全伸而不屈。而用之以度深，則必上下其左右手而側其身焉。身側則胸與所度之物不能相摩，於是兩手不能全伸而成弧之形。弧而求其弦以爲仞，必不能八尺，故七尺曰仞，亦其勢然也。《說文》'測'下云：'深所至也。'《玉篇》云：'度深曰測，測之爲言側也。'余說與之合矣。"玉裁謂：程說甚精，仞說可定矣。《考工記》："廣二尋、深二仞謂之澮。"倘其度同八尺，何不皆曰二尋？如上文"廣二尺、深二尺"之例也。

段氏以爲："程說甚精，仞說可定。"

總而言之，段氏對程瑤田說多所引用且評價極高，在《段注》全書中甚至很難找到另外一位得到段氏如此高評價的清代學者。程氏的考據學是段氏重要的思想來源，這一點值得注意。

八、《段注》先校書後引書例

《段注》徵引群書，常有與傳世古籍不一致處。其中很多地方並非隨意之誤，而是由其先校書，後引書，引書必校的體例所致。下面分不同情況加以說明。

第一，段玉裁直引校後之文而不論其由。例如，段玉裁引《尚書·益稷》多稱之爲《皋陶謨》或《咎繇謨》。如《米部》"粒"篆下，《䉤部》"䊈"篆下，《屾部》"盇"篆下，《曰部》"曁"篆下，《亣部》"奡"篆下，《卪部》"卲"篆下即是如此。這反映了段玉裁對《皋陶謨》和《益稷》二篇的認識。段玉裁《古文尚書撰異》云：

馬、鄭、王合"帝曰"已下於《皋陶謨》，謂別有《棄稷》之篇。按：《逸》十六篇中有《棄稷》，馬、鄭所親見也。僞孔改《棄稷》爲《益稷》云："伏生以《益稷》合於《皋陶謨》，復出之。""帝曰"已下是也①。

段氏在《撰異》中亦是將二篇歸一。因此,《段注》在徵引今本《益稷》文字時多直稱《皋陶謨》或《咎繇謨》而不另加說明。

再如段氏引用今本《儀禮·既夕禮》的文字有時直稱《士喪禮》,如《骨部》"骹"篆下,《火部》"熮"篆下,《竹部》"笰"篆下、《片部》"牖"篆下,皆是同理。段或稱之爲"《士喪禮》下篇",如《竹部》"篋""簽"篆下,《穴部》"窆"篆下。

再如《辵部》"邍"篆下許云:"高平曰邍"②,段引《周禮》云:

此依《韵會》。各本作"高平之野",非也。《大司徒》:"山林、川澤、丘陵、墳衍、邍隰。"鄭云:"下平曰衍,高平曰原,下溼曰隰。"《釋地》:"廣平曰原,高平曰陸。"此及鄭注皆以"高平"釋"原"者,謂大野廣平偁原,高而廣平亦偁原,下文所謂"可食者曰原"也。凡陸、皋、陵、阿皆高地,其可種穀給食之處皆曰原,是之謂"高平曰原"也。《序官》"邍師"注云:"邍,地之廣平者。"與《大司徒》注不同者,單言原則爲廣平,墳衍、原隰並言則衍爲廣平,原爲高平也。邍字後人以水泉本之"原"代之。惟見《周禮》。

今本《周禮·大司徒》作"原隰",阮校云:"唐石經、諸本同。《釋文》:'原,本亦作邍。'案:《周禮》'原隰'字多作'邍',此當本作古字,因注作'原'而改。"③ 段氏引同《釋文》亦作之本,只是並未言明而已。

再如,《呂部》"呂"篆下段云:

《華陽國志》:"孝子隗通爲母汲江膂水,天爲出平石至江中。""江膂水",謂江心水也。

許校云:"見《蜀志》,'膂'作'裔','至'作'生',有注云:'裔當作膂,見《水經注》。'"《段注》作"膂",實據注文改。

再如《石部》"砭"篆下段引《山海經》云:

---

① 段玉裁:《古文尚書撰異》,清經韵樓刻本,卷二,葉十。
② 陈本作:"高平之野。"
③ 《十三經注疏》,第 1527 頁。

《東山經》:"高氏之山,其下多箴石",郭云:"可以爲砭針治癰腫者。"《素問·異法方宜論》:"東方其治宜砭石",王云:"砭石,謂以石爲鍼。"按:此篇以東方砭石、南方九鍼並論,知古金石並用也。後世乃無此石矣。

今本《山海經》郭語"砭針"但作"砥針",段氏引作"砭"而未論所由,郝懿行《箋疏》云:"砥當爲砭字之譌。《南史·王僧孺傳》引此注作'可以爲砭針'是也。《說文》云:'砭,以石刺病也。'《素問》云:'東方之域,其病爲癰瘍,其治宜砭石。'是砭石正東方所出也。"① 段引作"砭",同《南史》。

再如《心部》"辯"篆下段云:

《左傳》曰:"郳莊公弁急而好絜。"弁蓋辯之叚借字。

"絜"字《左傳》今本作"潔",阮校云:"石經'潔'作'絜'是也。"② 段引作"絜"是據石經改。

再如《心部》"忿"篆下段引《淮南》云:

《淮南·修務訓》高注云:"憛悇,貪欲也。"賈誼《新書·勸學篇》:"孰能無惀憛養心,而顛一視之?"《匈奴篇》:"一國聞之者,見之者,垂羨而相告,人忴憛其所自。"按:嘽、憛,忿、悇皆古今字。悇憛猶憛悇也。

《淮南》及高注"憛"作"憚"③。段氏於《頁部》"頜"篆、《冘部》"冘"篆引同作"憛"。王念孫《雜志》云:"宋本憛未誤憚。"④ 段玉裁引作"憛"是採取類似的校勘意見。

再如《水部》"淺"篆段引《尚書》云:

馬、鄭古文《尚書》:"寅淺納日",馬云:"淺,滅也。"馬意讀爲戩滅之戩,謂伺日入也。

今本《尚書》作"寅餞納日",阮校云:"按:'餞納'《羣經音

---

① (清)郝懿行:《山海經箋疏》,載《郝懿行集》,安作璋主編,濟南:齊魯書社,2010年,第4790頁。
② 《十三經注疏》,第4642頁。
③ 何寧:《淮南子集釋》,北京:中華書局,1998年,第1366頁。
④ (清)王念孫:《讀書雜志》,南京:江蘇古籍出版社,1985年,第981頁。

辨》作'淺内'。〇補：《釋文挍勘記》段玉裁云：'餞'本是'淺'字。開寶依唐石經改爲'餞'。餞安得訓爲滅也？案：《羣經音義·水部》云：'淺，送也，滅也。《書》"寅淺内日。"'"① 根據劉玉才等的研究，段玉裁實際總攬阮氏校刻十三經書局前期的校勘工作，對《十三經》的校刻有深刻的影響②。負責勘校《尚書》的徐養元又是段氏門生，如王耐剛所說《尚書》一經"《校勘記》對於段玉裁說幾乎全部接受。"③ 此處校記應即代表了段氏的意見。而《說文注》中引《書》作"淺"正是校後的樣貌，至於引"寅"作"夤"則屬於下一類說見他篆者。《夕部》"夤"篆下段云："凡《尚書》'寅'字皆叚'寅'爲'夤'也。"可見段引作"夤"是引正字。

第二，段玉裁引書改字，看似沒有論述，實則見於他篆。這種情況比較具有迷惑性。例如：《馬部》"馴"篆下段云：

古馴、訓、順三字互相叚借，皆川聲也。古文《尚書》："五品不愻"，《史記·殷本紀》及兩《漢書》及《周禮·地官》注，"愻"皆作"訓"，而《五帝本紀》作"五品不馴"。

段玉裁引《尚書》"五品不愻"，不同於今本作"遜"者④。段氏似未論其據，實則，《心部》"愻"篆下，許云："愻，順也。"段云：

訓順之字作"愻"，古書用字如此。凡愻順字从心，凡遜遁字从辵。今人遜專行而愻廢矣。《學記》："不陵節而施之謂遜。"《劉向書》作"愻"，此未經改竄之字也。《論語》："孫以出之"，"惡不孫以爲勇者"，皆愻之叚借。……（《說文》："《唐書》曰：'五品不愻。'"）許所據古文如此。愻者，順也。故《尚書大傳》作"五品不訓"，《五帝本紀》作"五品不馴"，"訓"與"馴"皆順也。

首先，段氏據《說文》以訓順義者皆當以"愻"爲本字，其他或爲叚借，或爲後人竄亂。第二，《說文》引《尚書》即是作"愻"，可

---

① 《十三經注疏》，第251、262頁。
② 見劉玉才："前言"，《十三經注疏校勘記》，劉玉才主編，北京：北京大學出版社，2015年，第一冊，第5、8頁。
③ 王耐剛："《尚書注疏校勘記》整理說明"，載《十三經注疏校勘記》，第一冊，第287頁。
④ 《十三經注疏》，第274頁。

見許所見古文《尚書》作"愻"。故而，段玉裁校《尚書》"五品不遜"作"五品不愻"，而在"馴"篆下直接引用校後的古文《尚書》。將兩篆結合起來看，方知段玉裁絕非臆改。結合段玉裁的《古文尚書撰異》，這一點更加清楚。《撰異》卷一下《尚書》"五品不遜"句下，段云：

《說文十篇·心部》曰："愻，順也。從心，孫聲。《唐書》曰：'五品不愻。'"玉裁按：愻訓順，遜訓遁。今本古文作"遜"，未審衛包所改，抑衛包已前已然。《禮記·緇衣篇》："恭以涖之，則民有孫心。"毛氏居正所見本"孫心"二字有作"愻"一字者。漢魏人書內間有"愻"字而不多見（段云："如王肅《家語》云：'小人以不愻為勇'。"）。《學記》"不陵節而施之謂遜"，《說苑》作："學不陵節而施之曰馴。""遜""馴"皆訓順也。古文《尚書》"五品不愻"，今文《尚書》作"不訓"，訓通作馴。《尚書大傳·唐傳》曰："百姓不親，五品不訓，則責之司徒。"《史記·五帝本紀》："五品不馴"，《正義》曰："馴音訓"，《索隱》曰："《史記》'馴'字徐廣皆讀曰訓，訓順也。"《殷本紀》："五品不訓。"《漢書·王莽傳》："司徒主司人道，五教是輔，帥民承上，宣美風俗，五品乃訓。"《後漢書·周舉傳》："帝下策問曰：'五品不訓。'"《劉愷傳》："調訓五品。"《謝夷吾傳》："下使五品咸訓於嘉時。"《周禮·地官·序官》注："教所以親百姓，訓五品。"按：此皆用今文《尚書》作"訓"，訓順也，非教訓之謂。鄭注《詩》《禮》用今文《尚書》絕少，此其一也。"①

校字之由更加明確，《馬部》"馴"篆引《書》絕非無據徑改。

再如《艸部》"茲"篆段引《小雅·常棣》"況也永歎"作"兄也永歎"，引《毛傳》同，本篆無論而實見《兄部》"兄"篆下：

《小雅》："兄也永歎。"《傳》曰："兄，茲也。"《大雅》："倉兄填兮。"《傳》曰："兄，滋也。""職兄斯引""職兄斯弘"，《傳》曰："兄，茲也。"又《小雅》："僕夫兄瘁。"《箋》云："兄，茲也。"又

---

① 段玉裁：《古文尚書撰異》，卷一下，葉三十四至三十五。

《大雅》："亂兄斯削。"《箋》云："而亂茲甚。" 茲與滋義同。茲者，草木多益也。滋者，益也。凡此等，《毛詩》本皆作"兄"，俗人乃改作从水之"況"，又譌作"况"。陸氏《音義》不能諟正畫一，正偽錯出。且於《常棣》云："作兄者非"，由未知茲益乃兄之本義故耳。兄之本義訓益，許所謂"長也"。許不云"茲"者，許意言"長"則可晐長幼之義也。《矢部》"弟"下曰："兄䫉也。"謂加益之䫉，此滋長之義也。《無逸》"無皇曰"，今文《尚書》作"毋兄曰"，王肅本皇作"況"。注曰："況，滋。" 韋昭注《國語》云："況，益也。"皆兄訓益之證。

所論甚詳。

再如《欠部》"欠"篆下段引《詩》"願言則疐"，不同今本作"嚏"者，① 其說實見《口部》"嚏"下。段云：

《詩》："願言則疐"，《毛傳》云："疐，跲也。"《釋文》"疐"作"疌"，"跲"作"劫"，自是古字通叚。觀《狼跋》傳"疐，跲也"，而其"疐"本又作"疌"可證。崔靈恩《集注》乃改"劫"為"欪"，訓以今俗人體倦則伸，志倦則欪，音丘據反。是蓋以附合許之嚏解，而不知許自解嚏，非解毛之疐也。改疐為嚏，自鄭君始。許在鄭前，安得從鄭易毛？各本有"《詩》曰'願言則嚏'"六字，休寧汪氏龍以為後人妄增者，是也，今刪。學者可以知毛、許於《詩》本無欪說。唐石經作"嚏"者，乃從鄭，非從毛。

段氏以作"疐"者為毛、許所本，故《欠部》直引作"疐"。

再如《虫部》"蟕"篆段引《爾雅注》"緣中叉，似瑇瑁，俗評爲靈叉"，不同於今本前"叉"作"文"，後"叉"作"龜"②。段氏改字之由實見《又部》"叉"篆：

譙周《異物志》曰："涪陵多大龜，其甲可以卜，其緣中叉，似瑇瑁，俗名曰靈叉。"劉逵注《蜀都賦》、常璩述《華陽國志》、郭樸注《爾雅》皆用其語。"緣中叉"，謂緣可爲釵也。今《爾雅注》譌作：

---

① 《十三經注疏》，第 629 頁。
② 《十三經注疏》，第 5745 頁。

"緣中文似瑇瑁，俗呼爲靈龜"，自賈公彥《周禮疏》所引已然矣。

再如《水部》"瀏"篆下段引《詩》作"溜與洧，瀏其清矣。"《詩》"溜"作"溱"①，段看似無說，實則見《水部》"溜"篆下。許引《詩》"溜與洧"，段云：

> 曾聲則在六部，而經傳皆作溱，秦聲。《鄭風》："褰裳涉溱"，與"豈無他人"爲韻，學者疑之。玉裁謂：《說文》《水經》皆云溜水在鄭，溱水出桂陽，蓋二字古分別如是，後來因《鄭風》異部合韻，遂形聲俱變之耳。……引此《詩》者爲溜字之證，知今經傳皆非古本。《廣韻》曰："《詩》作'溱洧'，誤。"

論之甚詳。

再如《宀部》"寏"篆段引《左傳》作"高其閈閣"，《門部》"閈"篆同。今本《左傳》作"高其閈閎"②，段氏在此兩篆並無討論。實則作"閣"是段氏校勘後的結果，說見《門部》"閣"篆：

> 《釋宮》曰："所以止扉謂之閣。"郭注："門辟旁長杙也。"引《左傳》："高其閈閣"，而又云："閣，長杙，即門橜也。"按：郭云"門辟旁長杙"者，謂門開則邊旁有兩長杙，使其止而不過也。云"即門橜"者，謂《左傳》之閣即他經之闑，兩扉中之橜也。是二者皆所以止扉，皆謂之閣，但《左傳》主謂中門者耳。許"闑"訓"門橜"，"閣"訓"所以止扉"，則畫然二義。許本諸《釋宮》。今本《釋宮》譌爲"閎"，陸氏《音義》不辯是非，云："本亦作閣，音各，郭注本無此字。"不知郭氏於"衖門謂之閎"下引《左》"盟諸僖閎"，於"所以止扉謂之閣"下引《左》"高其閈閣"，郭作注時"閣"絕未誤爲"閎"，注亦絕無誤也。顏師古《匡謬正俗》分別閎、閣二字不同，所引《左傳》作"閈閣"，所引《爾雅》及注皆作"閣"。今雅雨堂刻本譌亂不可讀。《左傳》："高其閈閣"，閈猶門也，高其門則所以止扉亦必高。蓋晉館門不容車，失於狹小，致子產壞垣，故士文伯飾說門雖小而甚高。此處無取閈閎連文。陸氏《音義》亦誤從閎，轉云讀者因

---

① 《十三經注疏》，第 733 頁。
② 《十三經注疏》，第 4374 頁。

《爾雅》或作"閣",因改《左傳》作各音,與《爾雅音義》皆爲顛倒,見其誤不可不正也。閣本訓直欂所以扞格者,引申之,橫者可以度物亦曰閣,如《內則》所云天子諸侯大夫士之閣,漢時天祿、石渠閣皆所以閣書籍皆是也。閣字之義如此,故凡止而不行皆得謂之閣。倘《爾雅》作"謂之閣",於所以止扉何涉乎?○子產何以毀垣?因門不容車也,亦因門閣高也。觀孫叔敖患民卑車,因教閭里高其梱。居半歲,民悉自高其車。此非閣高而車不得入之證乎?故郭云《左傳》之閣"即門欂也"。○《左傳》:"閈閎",杜注:"閎,門也。"此必有誤,杜本乃誤本,郭景純、顏師古所據本不誤。陸之《音義》、孔之《正義》皆據誤本爲之。○又《左傳》"閈"字,沈重云:"閉也。"此必古說。蓋閈閎猶《禮記》之扞格也。閈本不從門,後人因閎亦加門耳。

所論甚詳,非爲無據。

再如《門部》"閱"篆段引《詩》云:

《詩》:"蜉蝣堀閱",《傳》曰:"堀閱,容閱也。"閱即穴。

今本《詩》作"蜉蝣掘閱"①,段氏引作"堀"於此未論其由,其說實見《土部》。《土部》"堀"篆許引《詩》作"蜉蝣堀閱"。段云:

古書中堀字多譌掘,如《秦國策》:"窮巷堀門",《齊策》:"堀穴窮巷",今皆譌"掘"。《鄒陽書》:"伏死堀穴",尚不誤也。《曹風》:"蜉蝣堀穴",此蓋自來古本如是。毛云:"堀閱,容閱也。"《箋》云:"堀地解閱,謂其始生時也。"唐以後本盡改爲"掘"字,遂謂許所據爲異本矣。陸機云:"蜉蝣陰雨時,從地中出。"郭樸云:"生糞土中。"然則未嘗掘地也。堀閱、容閱,皆聯縣字也。《箋》則云堀於地中解閱而出矣。《風賦》:"堀堁揚塵",謂突起之堁。

可知段氏實以《說文》爲據。

再如《手部》"擢"篆段引《毛傳》云:

《毛傳》曰:"楫所以擢舟也。""擢舟",謂引舟也。

---

① 《十三經注疏》,第819頁。

今本《毛傳》作"櫂"①，段氏引作"擢"是校後作字，《木部》"楫"篆，許云："楫，所㠯擢舟也。"② 段云：

> 各本作"舟櫂也"，許無"櫂"字。《手部》曰："擢，引也。"楫，所以引舟而行，故亦謂之擢，而《漢書·劉屈氂傳》《外戚傳》《百官表》皆用"輯濯"爲楫擢，假借也。毛《衛風》傳曰："楫，所以擢舟也。"此許所本。今據以正。今《毛詩》"擢"譌"櫂"，淺人所改也。《鄧通傳》："以濯船爲黃頭郎"，《司馬相如傳》："濯鷁牛首"，皆擢舟之義也。《詩》《爾雅》音義引《說文》"舟棹也"，則其誤久矣。棹又櫂之俗。……《方言》曰："楫謂之橈，或謂之櫂。""櫂"亦"擢"之譌也。擢、櫂正俗字。

所論甚詳。

再如《弦部》"𢎨"篆段引《淮南子注》："《淮南·原道訓》注曰：'抮䡴，了戾也。'"今本《淮南子》及注"䡴"作"抱"③，段氏看似無論，實見《糸部》"紾"篆：

> 《淮南·原道訓》："抮抱"，高注："了戾也。""抮抱"，《廣雅》作"軫䡴"，云："轉戾也。"

段蓋據《廣雅》改。

再如《詩·小雅·蓼蕭》"鞗革"④，段於《水部》"沖"篆徑引作"攸革"，說見《金部》"鋚"篆：

> 《小雅》："鞗革沖沖"，《毛傳》曰："鞗，轡也。革，轡首也。"按："鞗，轡也"當作"鞗，轡首飾也"，轉寫奪去二字耳。下文云："沖沖，垂飾皃"，正承"轡首飾"而言。許釋"鋚"爲"轡首銅"，鋚即鞗字。《詩》本作"攸"，轉寫誤作"鞗"。攸、革皆古文叚借字也。古金石文字作"攸勒"，或作"鋚勒"。

《水部》所引實是校後作字。

---

① 《十三經注疏》，第687頁。
② 陳本"所㠯擢舟"作"舟櫂也"。
③ 《淮南子集釋》，第14頁。
④ 《十三經注疏》，第899頁。

再如《金部》"鈔"篆段引《禮記·曲禮》"毋勦說","勦"從刀,與今本從力不同①,説見《力部》"勦"篆:

《刀剖》② 勦字亦作劋。《禮記》:"毋劋說",與此从力字絶不同,俗多淆之。

可知《金部》引作"勦"是校後作字。

再如《𨸏部》"隩"篆段引《爾雅·釋丘》"厓内爲隩,外爲鞫"作"鞫",不同今本《爾雅》作"隈"③,説見《水部》"澳"篆:

《大雅》:"芮鞫之卽",《箋》云:"水之内曰澳,水之外曰鞫。"鞫謂水曲之表圜穹然也。鞫之雙聲爲居窮切,故傴僂之狀曰鞫窮,曰匊窮。水曲之表如弓,故曰鞫。《韓詩》《漢志》作"阮",《字林》作"𡎹"。俗本《爾雅》改"鞫"爲"隈",因或取以改《說文》耳。

其論甚詳。

段論校字之由亦或見於本篆,亦先校後引,分三、四兩種情形:

第三,段氏引書或先引校後文字,再以小字隨文出注。例如《厂部》"厝"篆段引《毛詩》而夾注注語:

《小雅·鶴鳴》曰:"他山之石,可以爲錯。"《傳》曰:"錯,錯石也(段云:"今本少一'錯'字。"),可以琢玉。舉賢用滯,則可以治國。"

先引校後文字,夾注校語。

再如《女部》"媵"篆,段引《周禮》云:

酒人"女酒三十人,奚三百人",鄭注:"古者從坐男女,没入縣官爲奴。其少才智者(段云:"'者'字今增。")以爲奚。今之侍史官婢,或曰奚宦女。"

亦是先引校後文字,夾注校語。這類例子非常常見。

第四,段氏或先引校後正字,再論校字之由。例如《刀部》"刷"篆,段云:

---

① 《十三經注疏》,第 2684 頁。
② 許校云:"'刀剖',剖是部字之誤。"
③ 《十三經注疏》,第 5693 頁。

《鄉飲酒禮》《鄉射禮》《燕禮》《大射儀》《公食大夫禮》《有司徹》皆言"挩手"。注："挩,拭也。""挩手者,於挩。挩,佩巾。"

許校云:"上引《儀禮》諸篇文,今注疏本皆作'挩手'。"段氏實是先引校後之文,而後闡發校字之由:

據賈氏《鄉飲》《公食》二疏,知經注皆作"挩",絕無"挩"字也。挩之為巾見於《士昏禮》及《內則》。《內則》:"盥卒授巾",注云:"巾以挩手。"鄭即用《禮經》"挩手"字也。此云"刷巾","刷"當作"叔"。蓋漢時《禮經》"挩手"有作"刷手"者。假"刷"為"叔",說《禮》家所定字不同也。"刷巾"又見服氏《左傳注》。《左傳》:"藻率鞞鞛",服云:"藻為畫藻,率為刷巾。《禮》有刷巾。"服語正與許同。《巾部》云:"帥,佩巾也。"挩,帥或字。是挩與帥同字。《樂師》故書帥為率,《聘禮》古文帥皆作率,《韓詩》:"帥時農夫",《毛詩》作"率",是率與帥同音假借。《左氏傳》之"率"即《說文》之"帥"。而許、服所見《禮經》皆作"刷手",鄭《禮經》今文作"挩手",古文作"說手",是則帥、挩、率、說、刷、叔六字以同音通用,而陸德明本作"挩手"者為誤字。

再如《刀部》"剿"篆下徑引"《夏書·甘誓》:'天用剿絕其命。'"今本作"勦"①,段云:

天寶已前本如是。《釋文》曰"剿,子六反,《玉篇》子小反,馬本作剿。"宋開寶已前本如是。今《玉篇》"剿,子小切,絕也。剿同上。"此顧希馮之舊也。自衛包改"剿"為"勦",以《刀部》訓"絕"之字,改為《力部》訓"勞"之字,於是《五經文字·力部》曰:"勦,見《禮記》,又見《夏書》。"而《刀部》反無"剿"字。開寶中改《釋文》"剿"為"勦","剿"為"巢"。《羣經音辨》《集韻》等皆云:"勦,絕也。"重紕貤繆,莫能諟正。蓋衛包當日改"剿"為從刀之"剿",猶可說也,改為從力之"勦"則不可說矣。《王莽傳》:"郭欽封剿胡子。"又詔曰:"將遣大司空征伐剿絕之矣。"此用《夏

---

① 《十三經注疏》,第328頁。

書》也。

校字理由十分充分。

再如《水部》"渭"篆下段云：

《左傳·閔二年》："虢公敗犬戎於渭隊。"服虔曰："隊謂汭也。"杜預本作"渭汭"。

今本《左傳》作"渭汭"①，段玉裁引作"渭隊"是依據服虔注。

對羣書先校後引是《段注》的一條重要條例。很多時候，段氏即使沒有具體論述，其引書作字亦可體現其校勘成果，並非偶誤或臆改，自是同"好學深思、心知其意"者所共知之。

九、《段注》對金石材料的運用

段氏於《說文注》中亦十分重視金石材料和金石研究成果，體現了其對上古材料的充分佔有和運用。茲舉數例：

《宀部》"窺"篆下段云：

窺與親音義皆同，故秦碑以"窺䡄"爲親巡。

以秦刻石爲例證窺、親同。

《山部》"嶧"篆下段云：

《地理志》：東海郡下邳"葛嶧山在西，古文以爲嶧陽。"《郡國志》：下邳國下邳縣"葛嶧山，本嶧陽山。"按：今在江蘇省淮安府邳州西北六里，非山東兗州府鄒縣東南二十五里之繹山也。《魯頌》："保有鳧繹"，《傳》曰："繹，繹山也。"《左傳》："邾文公卜遷于繹"，杜云："繹，邾邑，魯國鄒縣北有繹山。"哀七年："邾衆保于繹"，杜云："繹，邾山也。"《史記》：秦始皇"上鄒嶧山"，刻石頌功德。《地理志》：魯國騶縣"嶧山在北。"此山字作"繹"，從"糸"不從"山"，與東海葛嶧山字從山不同，《史記》作"鄒嶧"，《漢志》作"嶧山"，乃譌字也。秦時石刻字作"繹"。

---

① 《十三經注疏》，第3878頁。

以秦刻石說明鄒縣北之"嶧山"當作"繹山"，比較有說服力。

再如《攴部》"攸"篆許引嶧山刻石云："汥，秦刻石嶧山。石文攸字如此。"① 段云：

嶧山石文，《史記》不載。其文曰："登于繹山，羣臣從者，咸思攸長。"今作"攸"者，傳刻失真也。又《史記》載會稽石文曰："皇帝休烈，平一海内，德惠脩長。"小司馬云："王劭按：'張徽所錄會稽南山秦始皇碑文，脩作攸。'"蓋其字亦作"攸"也。用此知《小雅》《大雅》毛傳皆云："脩，長也"，經文脩字皆攸之假借。本作攸，後改耳。《釋詁》："永、悠、迥、遠，遐也。"悠當作攸。

段氏以嶧山刻石"攸"字用字的相關現象推定傳世文獻中的假借和訛誤。

再如《殳部》"殹"篆下，段論殹字云：

秦人借爲語詞。《詛楚文》："禮使介老，將之以自救殹。"薛尚功所見秦權銘："其於久遠殹。"《石鼓文》："汧殹沔沔。"權銘"殹"字，琅邪臺刻石及他秦權、秦斤皆作"殹"。然則周秦人以"殹"爲"也"可信。《詩》之"兮"字，儷《詩》者或用"也"爲之。三字通用也。

這是運用金石材料證明"殹"秦人用爲語詞。

再如《歺部》"歺"篆下段云：

鉉曰："不當有中一"，秦刻石文有之。

以秦刻石證篆形之不誤。

再如《糸部》"纕"篆下段云：

《王制》："適四方，臝股肱。"注云："謂攘衣出其臂脛。"蕭該云："攘當作攑。攘是穿著之名，非出臂之義。"陸德明曰："攘，舊音患，今宜音宣，依字作攑。《字林》云：攑，攑臂也。先全反。"玉裁按：攘、攑古今字。攑，俗又作揎。鄭作攘，猶許作攘，二聲古同耳。字書、韵書有从爭聲之字。今以《詛楚文》石刻攷之，其云："亦應爭皇

---
① 陳本無後"石"。

天上帝及大沈久湫之幾靈德賜庐劑楚師",釋爲爰,釋爲援皆可。董逌云:"古受字",非也。

指出《詛楚文》的"孚"釋爲爰、援,駁釋受之說。

再如《心部》"怏"篆下段云:

玫王逸少《蘭亭序》曰:"快然自足。"自來石刻如是,本非"快"字,而學者尟知之。

以石刻爲證。

再如《山部》"崋"篆下段云:

西嶽字各書皆作"華",華行而崋廢矣。漢碑多有从山者。

又《山部》"崇"篆下段氏論嵩、崇關係,云:

漢碑曰:"如山如岳,嵩如不傾。"謂崇而不傾也。

又《長部》"镾"篆下段云:

镾今作彌,蓋用《弓部》之"彊"代"镾"而又省"王"也。彌行而镾廢矣。漢碑多作"彊"可證。镾之本義爲久長。

均以漢碑爲證。

段氏對吉金亦見徵引,如《匚部》"匫"篆下段云:

畢尚書沅得曶鼎,豈其器即"匫"與?

試圖以曶鼎與《說文》"匫"相對應。

再如《言部》"䜌"篆下段云:

宋景公之名,《左傳》作"欒",《古今人表》作"兜欒",《宋世家》作"頭曼"。趙宋祕閣有宋公䜌餘鼎,與《竹書》宋景公䜌合。

以金文證宋公名。

再如,十五卷下"世祚遺靈"下段云:

古鼎彝銘以"霝冬"爲"令終"。

以銘文爲證。

再如《金部》"鋞"篆下段云:

《小雅》:"肇革沖沖",《毛傳》曰:"肇,鋞也。革,鋞首也。"按:"肇,鋞也"當作"肇,鋞首飾也",轉寫奪去二字耳。下文云:"沖沖,垂飾皃",正承"鋞首飾"而言。許釋"鋞"爲"鋞首銅",

鋈即鏊字。《詩》本作"攸",轉寫誤作"鋈"。攸、革皆古文叚借字也。古金石文字作"攸勒",或作"鋈勒"。"鑾首銅"者,以銅飾鑾首也。《革部》"勒"下云:"馬頭絡銜也",即《毛傳》所謂"鑾首"也。《周頌·載見》箋云:"鴿謂金飾",正與"鑾首銅"之訓合。《大雅·韓奕》鞹以爲韓,淺以爲幦,鋈以飾勒,金以飾軛,四事文意一例。"鋈勒"謂以銅飾鑾之近馬頭處,堅之沖沖然也。

已以金石與經書互證。

總之,《段注》對金石材料的運用是值得注意的一個方面。

十、《段注》所載乾嘉俗語方言

以時語方言作爲訓釋古書的依據是訓詁學常用的方法,《段注》亦屢用此法。段氏距今又二百年,語言或有轉移,因此段氏所記乾嘉時俗語方言,尤其是方音,實是重要的語言材料。同時,段氏爲俗語方言詞彙確定的本字又可爲今天方言研究找本字的工作提供參攷。本條擇要彙錄這方面材料,以供參攷。

《段注》論乾嘉時俗語:

《屮部》"每"篆,段云:"今俗語言<u>每每</u>者,不一端之辭,皆盛也。"

《艸部》"芍"篆,段云:"今人謂之<u>茐臍</u>,即鳧茈之轉語。"

《艸部》"蕰"篆,段云:"今人謂以鈍帚去薉物曰蕰,正是此字。《廣雅·釋器》:'蕰謂之刷。'"

《走部》"趫"篆,段云:"僑人今俗謂之<u>踹僑</u>。"

《走部》"趚"篆,段云:"今俗語<u>輕趚</u>當用此字。"許云:"一曰趚,舉足也。"段云:"今俗語謂舉足正如此。"

《彳部》"徳"篆,段云:"今俗謂用力徙前曰<u>徳</u>,古語也。"

《牙部》"䯒"篆,段云:"今俗謂門齒外出爲<u>虎牙</u>,古語也。"

《足部》"踹"篆,段云:"今俗謂語用力踏地曰<u>踹</u>。"

《言部》"譋"篆，段云："今俗語云抵賴也。"
《革部》"靪"篆，段云："今俗謂補綴曰打補靪，當作此字。"
《目部》"瞽"篆，段云："無牟子者，白黑不分是也，今俗謂青瞽。"
《羽部》"翜"篆，段云："今俗語霎時者當作此。"
《鳥部》"雛"篆，段云："鵓鳩今俗呼勃姑，鵓、勃，語之轉。"
《骨部》"髆"篆，段云："今俗云肩甲者，古語也。"
《肉部》"脫"篆，段云："今俗語謂瘦太甚者曰脫形，言其形象如解蛻也。"
《肉部》"朐"篆，段云："朐忍蟲即丘蚓，今俗云曲蟮也。"
《肉部》"膴"篆，段云："今俗尚有乾肅肅之語。"
《刀部》"則"篆，段云："今俗云科則。"
《刀部》"劊"篆，段云："今俗云劊子手。"
《刀部》"剡"篆，段云："今俗謂鐧爲剡，乃錯之聲誤耳，《說文》作'厝'。"
《竹部》"箸"篆，段云："今俗云筍籜，箸是也。"
《竹部》"籅"篆，段云："今俗謂之籅車。"
《竹部》"籃"篆，段云："今俗謂熏籌曰烘籃是也。"
《竹部》"笓"篆，段云："今俗謂盛穀高大之器曰土篷。"
《曰部》"曹"篆，段云："兩曹，今俗所謂原告、被告也。"
《食部》"餘"篆，段云："今俗謂日西爲晌午，頃刻爲半晌，猶之遺語也。"
《㐭部》"稟"篆，段云："今俗云純熟，當作此字。"
《夊部》"夋"篆，段云："夋夋，即今俗語僕僕道途之謂。"
《韋部》"韛"篆，段云："帖，帛書署也，引伸爲今俗語帮貼之字。"
《木部》"梾"篆，段云："今俗語謂觫多叢聚曰一梾，椒子每梾數十百顆。"
《木部》"榣"篆，段云："今俗語謂煽惑人爲招搖，當用此從木二字（引按：招橘），謂能招致而搖動之也。"

《木部》"極"篆，段云："今俗語皆呼棟爲梁也。"

《木部》"楓"篆，段云："匡當，今俗有此語，謂物之腔子也。"

《木部》"栝"篆，段云："今俗語云窻栝是也。"

《貝部》"賴"篆，段云："今人云無賴者，謂其無衣食致然耳。"

《邑部》"郣"篆，段云："今俗謂粉之細者曰勃，皆即郣字。"

《日部》"暫"篆，段云："今俗語云霎時間，即此字也。"

《日部》"杳"篆，段云："今俗謂不遠而不定何日亦曰不日。"

《禾部》"禾"篆，段云："今俗云小米。"

《禾部》"穢"篆，段云："今俗語謂糞爲矢也。"

《禾部》"秫"篆，段云：今俗通謂不黏者爲秈米。"

《禾部》"柞"篆，段云："今俗語說動搖之皃曰柞，即此字也。"

《禾部》"秧"篆，段云："今俗謂稻之初生者曰秧，凡艸木之幼可移栽者皆曰秧，此與古義別。"

《米部》"粒"篆，段云："今俗語謂米一顆曰一粒。"

《米部》"糜"篆，段云："糜麰，雙聲字，今俗語尚如此。"

《朮部》"朮"篆，段云："今俗語緝麻析其絲曰劈，即朮也。"

《宀部》"宮"篆，段云："今俗云吻合者當用此字。"

《宀部》"索"篆，段云："今俗語云搜索是也。"

《穴部》"窬"篆，段云："今俗謂盜賊穴牆曰窬是也。"

《巾部》"帉"篆，段云："今俗所謂枕頭衣。"

《尸部》"尻"篆，段云："尻，今俗云溝子是也，脾，今俗云屁股是也。"

《欠部》"欠"篆，段云："欠欯古有此語，今俗曰呵欠。"

《頁部》"頰"篆，段云："凡言頰車者，今俗謂牙牀骨，牙所載也。"

《須部》"須"篆，段云："今俗云蘇頭皆即須字也。"

《髟部》"鬄"篆，段云："髢者，益髮也，今俗所謂頭髮也。"

《包部》"胞"篆，段云："今俗語同胞是也。"

《广部》"庑"篆，段云："今俗猶以圓而上覆之瓦曰瓪。"

《石部》"䃺"篆，段云："今俗謂磨穀取米曰䃺。"

《鼠部》"䶃"篆，段云："今俗語通曰灰鼠，聲之轉也。如揮、翬皆本軍聲。"

《火部》"㶏"篆，段云："今之作僞古物曰燒瘢貨是也。"

《火部》"煻"篆，段云："今俗謂以火溫出冬閒花曰唐花，即煻字也。"

《火部》"裦"篆，段云："今俗語或曰烏，或曰煨，或曰燜，皆此字之雙聲疊韵耳。"

《火部》"㷓"篆，段云："今俗閒信券曰票，亦尚存古義。"

《火部》"燶"篆，段云："今俗語謂燒壞曰燶，凡物壞亦曰燶。"

《火部》"燫"篆，段云："今人云光燄者，作此字爲正。"

《黑部》"點"篆，許云："點，小黑也。"段云："今俗所謂點涴是也。"

《心部》"意"篆，段云："今人云記憶是也。"

《心部》"忍"篆，段云："凡敢於行曰能，今俗所謂能幹也。敢於止亦曰能，今俗所謂能耐也。能、耐本一字，俗殊其音。忍之義亦兼行止。敢於殺人謂之忍，俗所謂忍害也。敢於不殺人亦謂之忍，俗所謂忍耐也。"

《惢部》"惢"篆，段云："今俗謂疑爲多心。"

《水部》"湔"篆，段云："半澣者，澣衣不全濯之，僅濯其垢處曰湔。今俗語猶如此。此相沿古語，如云湔裙是也。"

《水部》"汪"篆，段云："今俗語謂小水聚曰汪。"

《水部》"渗"篆，段云："司馬相如《封禪文》：'滋液渗漉'，楊雄《河東賦》：'澤渗灕而下降'，今俗云渗扇。"

《水部》"濇"篆，段云："今俗謂水稍稍侵物入其內曰濇，當作此字。"

《水部》"濩"篆，段云："今俗語評簷水瀉下曰滴濩，乃古語也。"

《水部》"泔"篆，許云："周謂潘曰泔。"段云："今各處語言同此。"

《水部》"淋"篆，許云："淋，吕水渫也。"段云："今俗語皆爾。"

《雨部》"霅"篆，段云："今俗語云霅時閒，霅即霅之俗字。"

《雨部》"霢"篆，段云："今人謂小雨曰廉纖，即霢也。"

《魚部》"鯤"篆，段云："《爾雅》意魚子即魚卵，今人俗語猶如是。"

《魚部》"鱴"篆，段云："刀魚，今人語尚如此，以其形像刀也。"

《手部》"搯"篆，段云："今人俗語亦云搯出。"

《手部》"挈"篆，段云："提與挈皆謂縣而持之也。今俗語云挈帶。"

《手部》"撆"篆，段云："今俗語云捎帶者，當作撆。"

《手部》"捎"篆，段云："《方言》曰：'撟捎，選也。自關而西秦晉之閒凡取物之上謂之撟捎。'按：今俗語云捎帶是也。"

《女部》"婚"篆，段云："今人亦尚有羞婚婚之語。"

《女部》"孎"篆，段云："（引按：孎）今人謂癡如是。"

《女部》"婁"篆，段云："凡中空曰婁，今俗語尚如是。"

《毋部》"毐"篆，段云："今俗謂婦人所私之人爲姻嫪，乃古語也。"

《亡部》"無"篆，段云："今人謂無有爲没有。"

《亡部》"匄"篆，段云："今人以物與人曰給，其實當用匄字。"

《糸部》"纅"篆，段云："《考工記》曰：'絲欲沈'，注云：'如在水中時色。'今人謂之漂亮。"

《糸部》"紞"篆，段云："引申之義爲衾紞，鄭云：'被識也。'按：今人語謂之當頭，即當耳之意。"

《虫部》"蛓"篆，段云："《釋蟲》云：'蟔，蛅蟴。'郭云：'蛓屬也。今青州人呼蛓爲蛅蟴。孫叔然云：'八角螫蟲'，失之。'按：今俗云刺毛者是也。"

《虫部》"蜮"篆，段云："今人謂齧狗蟲。"

《虫部》"蜎"篆，段云："今水缸中多生此物，俗謂之水蛆，其變爲蟁。"

《蚰部》"𧖫"篆，段云："今人尚謂齧牛者爲牛𧖫。"
《蚰部》"蠢"篆，段云："廬見《本艸經》，一名地鼈，今俗所謂地鼈蟲也，似鼠婦。肌求本或作蛷，多足之蟲，今俗所謂蓑衣蟲也。"
《蟲部》"蟲"篆，段云："今人俗語云蟲豸。"
《土部》"壤"篆，段云："今俗語謂弱曰壤。"
《土部》"垛"篆，段云："謂之垛者何也？朵者，木下垂，門堂伸出於門之前後，略取其意。後代有朵殿，今俗謂門兩邊伸出小牆曰垛頭，其遺語也。"
《土部》"墼"篆，段云："今俗語謂未燒者曰土墼。"
《土部》"坯"篆，段云："今俗謂土坯，古語也。"
《男部》"舅"篆，段云："同姓可偁父，凡異姓不可偁父，故舅之也。今俗人言舅父者，非也。"
《力部》"勃"篆，段云："今俗語謂以力旋轉曰勃。"
《斤部》"釿"篆，段云："今俗閒謂戾斷堅爲釿斷，當即此字。"
《𨸏部》"陳"篆，段云："今俗語謂邊曰陳，當作此字。"
《厽部》"厽"篆，段云："以鍫取田閒土塊，令方整不散，今里俗云坡頭是也，亦謂之版光。"
《厽部》"垒"篆，段云："已燒者爲令適，今俗謂之塼，古作專。未燒者謂之墼，今俗謂之土墼。"
《酉部》"醻"篆，段云："主人必自飲，如今俗之勸酒也。"

段氏論其時俗語，亦志其音讀者，如：
《艸部》"苦"篆，段云："今俗語舒贍切。"
《小部》"尐"篆，段云："今俗語說小，往往言子結切之音。"
《辵部》"達"篆，許云："行不相遇也。"，段云："今俗說不相遇尚有此言，乃古言也，讀徒葛切。訓通達者，今言也。"
《言部》"訄"篆，許云："今俗謂逼迫人有所爲曰訄，音正同丘。"
《歺部》"殖"篆，段云："今俗語謂膏油久不可用，正讀職之平聲也。"

《肉部》"膘"篆，段云："今俗謂牲肥者曰膘壯，音如標。"

《桀部》"磔"篆，段云："今俗語云磔破者，當作此字，音如作。"

《木部》"楔"篆，段云："今俗語曰楔子，先結切。"

《日部》"暍"篆，段云："今俗語謂鬱蒸之曰暍，聲如遏，即此字。"

《禾部》"秔"篆，段云："今俗謂輕舂曰桄，古曠切，即稄之轉語也。"

《禾部》"秕"篆，段云："今俗評穀之不充者曰癟，補結切，即秕之俗音俗字也。"

《穴部》"窨"篆，段云："今俗語以酒水等埋藏地下曰窨，讀陰去聲。"

《見部》"覷"篆，段云："今俗語尚云覷，與《目部》之瞟音義皆同。"

《髟部》"鬘"篆，段云："今俗謂卒然相遇曰捴，如滂去聲，字當作鬘也。"

《水部》"涿"篆，段云："今俗謂一滴曰一涿，音如篤，即此字也。"

《水部》"滕"篆，段云："輕讀爲力膺切，重讀則里孕切，今俗語猶尒。"

《魚部》"鯇"篆，段云："鯇、鱺古今字。今人曰鱺子，讀如混，多食之。"

《手部》"摹"篆，段云："今人謂之摸搎，讀入聲，實一字，摹與模義略同。"

《瓦部》"甌"篆，段云："今俗所謂瓦甌是此字也，今人語如辦之平聲耳。"

《糸部》"紺"篆，段云："今俗語履之判合爲幇，讀如邦。"

《金部》"銚"篆，段云："銚、斛、枭三字同，即今鎣字也。七遙反，亦湯料反。今人俗語正切七遙。"

《金部》"鍋"篆，段云："今俗謂挫抑人爲鍋鈍，讀如刀。"

《勺部》"勺"篆，段云："今俗語猶時灼切……俗作杓。"

《宁部》"䝆"篆，段云："今俗以艸爲之，俗語如逋，即蒱字也；以竹爲之，俗語如巨，即筥字也。皆所以盛米。"

專及方言詞彙者，如：

《艸部》"薇"篆，段云："今四川人掐豌豆媆梢食之，謂之豌豆顛顛。"

《艸部》"蒔"篆，段云："今江蘇人移秧插田中曰蒔秧。"

《八部》"八"篆，段云："今江浙俗語以物與人謂之八，與人則分別矣。"

《走部》"趚"篆，段云："今京師人謂日跌爲晌午趚。"

《鬻部》"䉛"篆，段云："今江蘇俗粉米麥爲粥曰䉛。"

《鬻部》"䉛"篆，段云："今江蘇俗謂火盛水瀵溢出爲鋪出，䉛之轉語也，正當作䉛字。"

《隹部》"雖"篆，段云："今江蘇俗呼鷂鷹，盤旋空中，攫雞子食之。"

《鳥部》"鸕"篆，段云："《釋鳥》：'鷧，鸕'，郭云：'即鸕鷀也。'按：今江蘇人謂之水老鴉，畜以捕魚。"

《肉部》"肘"篆，段云："肘，今江蘇俗語曰手臂挣注是也。"

《竹部》"籔"篆，段云："今江蘇人呼淘米具曰溲箕是也。"

《竹部》"篅"篆，段云："今江蘇謂之土篢是也。古曰笔。今江蘇編稻艸爲之，容數石，謂之笔。"

《木部》"棪"篆，段云："謝安之蒲葵扇，今江蘇所謂芭蕉扇也。"

《木部》"枒"篆，段云："車輪之肉，今北人謂之瓦，即古語之牙也。"

《巢部》"巢"篆，段云："今江蘇語言通名禽獸所止曰窠。"

《䁂部》"䁂"篆，段云："十七史言弄者，皆即巷字，語言之異也。今江蘇俗尚云弄。"

《疒部》"瘖"篆，段云："今江蘇俗語曰睡一瘖。"

《匕部》"匙"篆，段云："今江蘇所謂棨匙、湯匙也，亦謂之調羹，實則古人取飯、載牲之具。"

《水部》"淫"篆，段云："今蘇州、嘉興溝瀆曰某淫、某淫，亦謂其可徑通。"

《水部》"汌"篆，段云："凡竹木蘆葦皆可編爲之。今江蘇、四川之語曰簰。"

《水部》"涫"篆，段云："今江蘇俗語灣水曰滾水，滾水即涫，語之轉也。"

《水部》"渭"篆，段云："今江蘇俗語謂之稠也。"

《糸部》"結"篆，段云："衣堅者，今蘇州人所謂勩箸也。"

《虫部》"蠲"篆，段云："《莊子》謂之蚿，多足蟲也。今巫山夔州人謂之艸鞵絆，亦曰百足蟲。"

《虫部》"蟠"篆，段云："今蘇州人所謂鞵底蟲也。"

《虫部》"蠊"篆，段云："（引按：蠊）即今北人所謂蛈蚾，江南人谓之蝗蟲。"

《虫部》"螇"篆，段云："蜈蟟，《夏小正》作蜈蝶，字宜、支遼二音，今江東俗語尚如此，辭章家作遮了二字是也。"

《虫部》"螶"篆，段云："宋人謂之瓦屋子，今浙人食之，亦名瓦隴子，以其紋理名之。"

《黽部》"鼃"篆，段云："鼃者，《周禮》所謂蟈，今南人所謂水雞，亦曰田雞，鼃、蛤皆其鳴聲也。"

《土部》"塍"篆，段云："今四川謂之田繩子，江浙謂之田綆，綆亦繩也。"

《土部》"埂"篆，段云："今江東語謂畔埒爲埂。"

《力部》"勩"篆，段云："今人謂物消磨曰勩是也。蘇州謂衣久箸曰勩箸。"

《金部》"鑣"篆，段云："今江東尚有鑣孰之語。"

《斗部》"斟"篆，段云："今南俗有此語。"

論及方音者，如：

《口部》"噍"篆，段云："古焦、爵同部同音，《唐韵》乃分噍切才笑，嚼切才爵矣。今北音去聲，南音入聲。"

《十部》"卌"篆，段云："今江蘇俗語多云密卌卌，音如蟄。"

《目部》"瞟"篆，段云："今江蘇俗謂以目伺察曰瞟，音如瓢上聲。"

《隹部》"雒"篆，段云："鵒即雒字，各家音格，但今江蘇此鳥尚呼鉤雒鴝，雒音同洛，則音格者南北語異耳。"

《䰈部》"䰈"篆，段云："今江蘇皆言花，呼瓜切。"

《疒部》"疥"篆，"疥急於搔，因謂之搔。俗作瘙，或作瘶，穌到切。今四川人語如此。"

《巾部》"帴"篆，段云："'末殺'亦見《漢書·谷永傳》。服虔注《左傳》作'末槃'，皆即《水部》之'瀎泧'，'拭滅皃'也。今京師有此語。"《水部》"瀎"篆，段又云："瀎泧，今京師人語如此，音如麻沙。"

《水部》"淹"篆，段云："舊音先藁反，今四川語言讀如西上聲。"

《水部》"濰"篆，段云："今山東土語與淮同音，故竟作淮字。"

《水部》"洿"篆，段云："灌者，沃也。沃，今江蘇俗云燠，烏到切。"

《水部》"汏"篆，段云："今蘇州人謂搖曳洒之曰汏，音如俗語之大，在禡韵。"

《水部》"瀺"篆，段云："今吳俗謂冷物附他物其語如鄭國之鄭，即瀺字也。"

《糸部》"縛"篆，段云："帛爲脛腔，褚以絮而裹之，若今江東婦之卷胖，胖音如滂去聲。"

《土部》"埴"篆，段云："《廣韵》常職、昌志二切，今江浙俗語皆用昌志一切。"

《金部》"鏓"篆，段云："今四川富順縣卬州，鑿鹽井深數十丈，口徑不及尺，以鐵爲杵，架高縋而鑿之，俗傌中井，中讀平聲，其實當作此鏓字。"

十一、《段注》論《周禮》溝洫縱橫之制

《周禮》溝洫制度非常複雜，僅從《周禮》本身出發，段氏有自己的一番認識。《說文·田部》"田"篆下，許云："囗十，千百之制也"，[①] 段云：

此說象形之恉，謂囗與十合之，所以象阡陌之一縱一橫也。各本作"阡陌"，《𨸏部》無此二字，今正。《周禮·遂人》曰："凡治野：夫閒有遂，遂上有徑；十夫有溝，溝上有畛；百夫有洫，洫上有涂；千夫有澮，澮上有道；萬夫有川，川上有路，以達于畿。"百夫之涂謂之爲百，千夫之道謂之爲千，言千百以包徑畛路也。南畮則縱遂橫，溝縱洫橫，澮縱川橫，遂徑畛涂道路縱橫同之；東畮則橫遂縱，溝橫洫縱，澮橫川縱，徑畛涂道路之橫縱同之。故十與囗皆象其縱橫也。阡陌則俗字也。

段氏引《遂人》而言溝洫道路。《周禮·遂人》載溝洫系統概念亦有五，道路系統概念亦有五，如表一所示。

表一：《遂人》溝洫道路概念系統

溝洫	道路
遂	徑
溝	畛
洫	涂
澮	道
川	路

段玉裁又言溝洫道路之縱橫，而以爲溝洫系統之首，這顯然是承自《周禮·匠人》：

---

① 陳本"千百"作"阡陌"。

耜廣五寸，二耜爲耦。一耦之伐，廣尺、深尺，謂之甽。田首倍之，廣二尺、深二尺，謂之遂。九夫爲井，井間廣四尺、深四尺，謂之溝。方十里爲成，成間廣八尺、深八尺，謂之洫。方百里爲同，同間廣二尋、深二仞，謂之澮。專達於川，各載其名。①

然而，段玉裁又分南畞、東畞之制，各自溝洫縱橫截然相反，如表二所示。

表二：段氏論溝洫縱橫之制

溝洫	南畞	東畞
甽	縱	橫
遂	橫	縱
溝	縱	橫
洫	橫	縱
澮	縱	橫
川	橫	縱

段氏於南畞制度的道路系統言"遂"，東畞卻不言"遂"。"遂徑畛涂道路縱橫同之"一句，許惟賢先生點校本點作：

遂、徑、畛、涂、道、路縱橫同之。

這是以"遂"與五種道路相並列。然而，遂是溝洫一系的範疇，這一點，《遂人》《匠人》並無不同，段玉裁沒有道理將"遂"歸入道路系統。"遂"在這裏應該是作其常用的虛詞用法，承接兩個小句，表達一種因果或者說蘊含的邏輯關係，強調道路系統的每一級與溝洫系統的同級縱橫相同。此句應點爲：

南畞則甽縱遂橫，溝縱洫橫，澮縱川橫，遂徑、畛、涂、道、路縱橫同之。

或許因爲段玉裁談到的溝洫系統有六個概念，而道路系統有五個概念，造成了一定的困惑，所以這個虛詞"遂"容易被當作一個名詞與

---

① 《十三經注疏》，第 2014 頁。

道路系統其它五個概念合成六個概念加以對應。然而仔細思索《段注》文義，以及《周禮》所載的溝渠、道路截然分開的系統差別，這樣的認識是不可行的。也正因爲這個"遂"是虛詞，不是概念名詞，在談到東畮制度時，二者邏輯關係相同，可以類推，不必重複"遂"字而其義自明，故而南畮此處有"遂"而東畮相應位置無"遂"。如果它是一個概念名詞，那麼這裏的省略就顯得很不合適了。道路系統與溝洫系統的縱橫對應關係如表三所示。

表三：段氏論溝洫道路縱橫之制

溝洫	道路	南畮	東畮
畎		縱	橫
遂	徑	橫	縱
溝	畛	縱	橫
洫	涂	橫	縱
澮	道	縱	橫
川	路	橫	縱

可是，段玉裁爲什麼引《遂人》而要將《匠人》的"畎"牽扯進來，造成溝洫概念有六而道路概念有五的不完全對應呢？這恐怕要知曉《周禮》研究的相關背景纔能得到理解。《周禮·遂人》鄭玄注云：

以南畮圖之，則遂從溝橫，洫從澮橫，九澮而川周其外焉。①

這是溝洫系統講縱橫較早的提法。鄭氏此說的麻煩在於要用一個縱橫二分的系統處理五個概念，最後只能是以川爲周澮者，不以橫縱論之。同時，《匠人》又與《遂人》不完全相同，多出了"畎"這一概念，形成《遂人》《匠人》的不一致。面對這兩點潛在的困境，段玉裁的做法是將《遂人》《匠人》視作一個系統共同處理，形成溝洫系統一套六個概念，便可用縱橫二分加以分析。這種處理方式造成了表面上與鄭說的分歧：鄭云南畮"遂"縱"溝"橫，段云南畮"遂"橫"溝"

---

① 《十三經注疏》，第1596頁。

縱，正好相反。

同時，段玉裁又多出了一套東畝溝洫縱橫系統，與南畝又相反。這種做法與賈公彥說有關。《匠人》賈疏云：

> 《遂人》云："夫間有遂，遂上有徑"，彼溝洫法，此井田法。雖不同，遂在夫間，遂上有徑則同。故云"亦有徑也"。按：彼鄭云："以南畝圖之，遂縱溝橫，洫縱澮橫，九澮而川周其外"，以彼遂在夫間，故以南畝遂則縱矣。此井田，云："田首倍之爲遂"，以南畝圖之，遂即橫也。①

賈公彥以《遂人》所述概念體系爲溝洫法，《匠人》爲井田法，作爲彼此平行的兩套制度。具體到南畝的溝洫縱橫，則持一種靈活態度：雖皆是南畝，在不同的制度體系下，溝洫縱橫可以截然相反。

理解《賈疏》是理解《段注》的關鍵。關於《遂人》的溝洫縱橫，《賈疏》的核心邏輯見於《遂人》疏：

> 云"以南晦圖之，遂從溝橫，洫從澮橫，九澮而川周其外焉"者，案：《詩》有"今適南畝"，又云："南東其畝"，故以南畝圖之，其田南北細分者：是一行隔爲一夫，十夫則於首爲橫溝，十溝即百夫於東畔爲南北之洫，十洫則於南畔爲橫澮，九澮則於四畔爲大川。②

賈云："一行隔爲一夫"，隔一夫與他夫之田的是遂，爲縱，於十夫之田首爲溝，則爲橫，其餘可類推。如此，"其田南北細分"似乎是將"南畝"理解爲南北向延伸之田，因此第一道分割一夫的界限"遂"爲縱。理解"一夫"爲一夫之田主要依據《遂人》本身的說法，《遂人》云：

> 辨其野之土上地、中地、下地，以頒田里。上地，夫一廛，田百晦、萊五十晦，餘夫亦如之；中地，夫一廛，田百晦、萊百晦，餘夫亦如之；下地，夫一廛，田百晦、萊二百晦，餘夫亦如之。③

可見一夫可指一夫之田，《遂人》"夫間"主要是講夫田之間。可

---

① 《十三經注疏》，第 2014 頁。
② 《十三經注疏》，第 1597 頁。
③ 《十三經注疏》，第 1596 頁。

是，《匠人》的系統多出了"畖"這一概念，賈公彥的做法是在《匠人》框架下調整橫縱，依南畝之形，以"畖"爲縱，而後"田首倍之"，"遂"變而爲橫，"溝"爲縱，餘可類推。將同是南畝而縱橫不同的原因歸結爲溝洫法和井田法的不同。

段玉裁以"畖"爲縱、"遂"爲橫是繼承了《賈疏》對《匠人》系統的處理，而造成了表面上與《遂人》框架下鄭注以南畝圖之縱橫之說的不一致。而從原理上來說，《賈疏》《段注》都是基於對鄭注所說縱橫原理的理解。

段說與《賈疏》又有不同之處。第一，段氏將《遂人》與《匠人》概念合在一起，視爲一套系統，不談溝洫法與井田法之別；第二，他將兩套縱橫的分歧以南畝、東畝之別加以解釋。東西延伸的東畝，以畖作爲第一級概念，自然得出"遂"縱"溝"橫的系統。

對於溝洫縱橫的問題，孫怡讓《周禮正義》在《遂人》章引程瑤田說加以發揮，說得十分清楚，孫云：

程瑤田云："畝，長畝也。一夫之田，析之百畖，以爲百畝。南畝者，自北視之，其畝橫陳於南也。南畝故畖橫，畖流於遂，故遂縱。遂在兩夫之間，故謂之夫間，夫間，東西之間也。其南北之間則溝橫連十夫，故曰十夫有溝。不可謂二十夫之間，故變間言夫也。溝經十夫，流入於洫，洫之長如溝，縱承十溝，十溝之水皆入焉，故曰百夫有洫也。洫之水入澮，澮長十倍於洫，而橫承十洫之分布千夫中者，故曰千夫有澮也。澮十之橫貫萬夫之中，十澮之水並入於川，故曰萬夫有川，澮橫川自縱也。鄭謂九澮而川周其外，恐不然矣。川上有路以達於畿，安得有縱路，復有橫路耶？其橫者，則二萬夫間之道也。澮但言九，亦考之不察矣。"案：程說是也。畝制南東，各視其上宜爲之。南畝則畖橫遂從，溝橫洫從，澮橫川從；東畝則畖從遂橫，溝從洫橫，澮從川橫。五涂之從橫，與五溝同。鄭止圖南畝者，以東畝與南畝從橫正相反，可以類推也。①

---

① （清）孫怡讓：《周禮正義》，北京：中華書局，2013年，第1137頁。

程氏的論述邏輯與《賈疏》迥異，其核心差異在於對南畝的不同理解："南畝者，自北視之，其畝橫陳於南也"，反以南畝爲東西延伸者，又把《匠人》的"畎"牽涉進來，以畎爲橫而"遂"爲縱，達到與鄭說吻合的效果，同時又化解鄭說遇到的以縱橫二分五組概念的困境，使得"澮橫川自縱"。根本上來說，程氏的理論是基於鄭說的再系統化。孫怡讓強調南畝、東畝之別，所謂"各視其土宜爲之"，這當然是正確的，如《遂人》之首云："以土地之圖經田野"，孫、段分別東南畝顯然是對的。孫云："鄭止圖南畮者，以東畮與南畮從橫正相反，可以類推"，與段玉裁的思路一致。"五涂之從橫，與五溝同"，亦與段說一致。不過，孫怡讓支持程氏的邏輯以南畝"遂"爲縱，我想本質上來說還是"疏不破注"的大原則在發揮作用。

孫怡讓在《匠人》之下又引程氏說論"畎"云：

程瑤田云："溝洫廣深之度起於畎。《匠人》之畎，此人力所爲，在田間者。然田間之畎，又分爲兩事。一爲百畝行列之畎，因以爲田間水道之始。一夫百畝，中容萬步。《司馬法》'六尺爲步，步百爲畝。'然則畝廣六尺，長六百尺，《詩》所謂'禾易長畝'是也。百畝則百畎矣。《信南山》之詩'我疆我理，南東其畝'，畫其經界之謂疆，分其地理之謂理，是故疆之以成井，所以別夫也；理之以成畝，所以爲畎也。畝有東南，故畎有縱橫，順其地理以分之而已矣。一爲播種行列之畎，《漢書·食貨志》：'趙過能爲代田，一畝三畎，歲代處，故曰代田，古法也。后稷始爲畎田，以二耜爲耦，廣尺深尺爲畎，長終畝。一夫三百畎，而播種於畎中。苗生葉以上，稍耨壠草，因隤其土以附根苗。苗稍壯，每耨輒附根，比盛暑，壠盡而根深，能風與旱。'夫畝廣六尺，畎廣尺，畝三畎三尺也。餘三尺與畎相閒，分高下，所謂壠也。以長畝平百行，是爲一夫百畝，廣六百尺，其始也畝一壠，蓋百畝百壠。今更爲畎以播種，一夫三百畎，亦三百壠，耨壠草，隤其土於畎以附根，則畎浸高，壠浸下，屢隤屢附，壠與畎平，故曰壠盡而根深也。代田者，更易播種之名。畎播則壠休，歲歲易之，以畎處壠，以壠處畎，故曰歲代處也。與《周禮》'一易之田'意蓋略同。是故代田之爲𬮱也，畝三之；以𬮱度畝，則畝六𬮱。《說文》云'六畖爲一畝'，猶云六尺爲一畝也。"案：程說是也。凡𬮱包在畝廣六尺之中，每畝三𬮱三壟，壟以種禾，貫所謂"𬮱上種穀"是也。𬮱以通水，其在畔者，因以爲畝之分畍，程所謂"百畝則百𬮱"是也。《漢志》代田之法，亦一畝三𬮱，而於𬮱中播種，隤土附根，則𬮱壟相平，不可辨識。此自是趙過之別法，與古田制不甚合。許亦就𬮱壟相平言之，故畝有六𬮱，蓋即兼三壟數之也。①

程氏指出兩種"𬮱"的不同，與賈公彥所云溝洫法與井田法之異相似。同時，程氏亦指出東南畝之別。

對於"𬮱"的認識，段玉裁與程說相同，《〈部》"〈"篆下許引《匠人》文，段云："說詳鄭注及程氏瑤田《通藝錄》。"本書札記七"《段注》多從程瑤田說"已經指出段玉裁對程氏極其推崇，認爲其"至爲精析""撥雲霧而覩青天"（見《禾部》"稷"）。對於《通藝錄》（孫怡讓引文即《通藝錄》說），認爲其數處勝過鄭玄之說（見《木部》"㯳"、《戈部》"戟"）。就此處溝洫制度問題，段玉裁在《水部》"洫"篆下云："《匠人》溝洫之制，惟歙程氏瑤田《通藝錄》能發明之"，看來也是持肯定態度的。可是，段玉裁只說程氏《匠人》溝洫講的好，卻不提《遂人》涉及的溝洫縱橫問題。在溝洫縱橫問題上，顯然段氏與程氏又有所不同。

總之，《段注》對溝洫縱橫問題處理背後有著複雜的攷量，與《禮》學各家實是同中有異，異中有同（見表四）。

---

① 《周禮正義》，第 3479 頁。

表四：《禮》家論溝洫縱橫之制

《禮》家 溝洫	鄭玄	賈公彥		程瑤田、孫怡讓		段玉裁	
		溝洫法	井田法	南畝	東畝	南畝	東畝
畎				橫	縱	縱	橫
遂	縱	縱	橫	縱	橫	橫	縱
溝	橫	橫	縱	橫	縱	縱	橫
洫	縱	縱	橫	縱	橫	橫	縱
澮	橫	橫	縱	橫	縱	縱	橫
川	周			縱	橫	橫	縱

十二、段氏論《顏氏家訓》侑當俈誤

《說文·人部》"俈"篆，大徐本作"剌也。从人㕥聲。一曰痛聲。"小徐本作"剌也。從人㕥聲。一曰毒也。"① 段云："《顏氏家訓》曰：'《蒼頡篇》有俈字，《訓詁》云：痛而譇也，羽罪反。今北人痛則呼之。《聲類》音于來反，今南人痛或呼之。'按：《廣韵》《集韵》有羽罪一音，無後一音。〇按：玄應《佛書音義》曰：'疨疨，諸書作俈，《通俗文》于罪切。痛聲曰疨。'此條合之字義，俗語皆無不合。其云'諸書作俈'，蓋《蒼頡訓詁》亦在其中。借俈爲疨，皆有聲也。《顏氏家訓》之'俈'當是'侑'之誤，不必與《說文》牽合。大徐《說文》改'毒之'爲'痛聲'，恐是竊取黃門語。"此一條段氏認爲《顏氏家訓》作"俈"乃"侑"之誤。這個意見非常重要，涉及"侑"的異讀問題。

"侑"字在《廣韻》中有異讀，一是肴韻"胡茅切"，釋義爲"痛

---

① （南唐）徐鍇：《說文解字繫傳》，影清祁寯藻本，北京：中華書局，1987年，第165頁。

聲"①。一是賄韻"于罪切",釋義爲"痛而呼也"②。就語義而言,二者相當接近,"痛而呼也"亦"痛聲"也。是否能用這樣的細微語義差別統攝異讀,可能要先打一個問號,不過這倒尚屬次要問題。

"胡茅切"一音問題不大,居於肴韻第一個小韻之内,二等字。《說文》對"㸰"字字形的分析是"从人,肴聲。"上古從"肴"得聲之字應該是宵部二等,到中古爲肴韻,這個音没有問題。關鍵問題在於《廣韻》所收的賄韻一等的"于罪切"異讀。這個異讀相當可疑。從系統性來看,《廣韻》的賄韻是一等韻,《韻鏡》列於一等③,但是"于罪切"卻以喻三字作切上字。若喻三歸匣,"㸰"便又與同韻"瘣"小韻切"胡罪"者同音了④。此外,若論此音之上古來源,從"肴"得聲而入微部一等,與諧聲不合。值得注意的是,這個字在《廣韻》中居於賄韻之末,是最後一個小韻最後一個字,這難免讓人懷疑它是不是增加字。李榮先生的意見便是如此:"宋跋本、敦煌本、項跋本都是賄韻倒數第二個小韻,《切三》《廣韻》是最後一個小韻。宋跋本,敦煌本並作'素罪反',項跋本、《切三》並作'羽罪反',《廣韻》'于罪反'。疑'素'字誤,當作'羽'或'于',與'瘣胡罪反'同音,是增加字。"⑤可是,如李榮先生所言,《切三》賄韻也有"㸰",也是最後一個小韻最後一個字。《切三》確實也有增字的現象,是否認定《切三》《廣韻》賄韻的這個字是增加字呢?

我認爲,《廣韻》及《切韻》系韻書"㸰"字的這個一等異讀很可能是《切韻》作者陸法言"承襲"顏之推的審音意見而來,從《切韻》成書之時即是如此,不是增加字。在論及這個異讀時,周祖謨、葛信益、余迺永等先生都注意到了顏之推《顏氏家訓》的材料,看來

---

① 周祖謨:《廣韻校本》,北京:中華書局,2004年第3版,第154頁。
② 《廣韻校本》,第275頁。
③ 李新魁:《韻鏡校證》,北京:中華書局,1982年,第55頁。
④ 《校本》,第274頁。
⑤ 李榮:《切韻音系》,北京:科學出版社,1956年,第26頁。標點亦據李書。

亦是認定二者有密切關係，但沒有展開論證①。我這裏從幾個角度對這種關係再作論證。

第一，根據目前的材料，"㾧"字一等異讀最早見於顏之推的《顏氏家訓》，《家訓》之前不見。《顏氏家訓·風操篇》云："人有憂疾，則呼天地父母，自古而然。今世諱避，觸途急切。而江東士庶，痛則稱禰。禰是父之廟號，父在無容稱廟，父歿何容輒呼？《蒼頡篇》有'㾧'字，《訓詁》②云：'痛而謼也，音羽罪反。'今北人痛則呼之。《聲類》音于耒反，今南人痛或呼之。此二音隨其鄉俗，並可行也。"③"于耒反"本宋本，郝懿行云："'于耒反'，本或作'于來反'，形近而譌。"④其說是。另外，宋本"㾧"下原注："下交切，痛聲也"，盧文弨云："此音疑非顏氏本有。"⑤但這樣的懷疑證據不足，宋本"㾧"下的注音有可能是顏氏本有的異音，並且有可能是其時常見之音或共同語之音，以別於正文大字出的"羽罪""于耒"二反之方音異讀。後兩個反切的差別是上、去的差別，都是一等字。這裏，我們姑且不詳細討論顏書宋本原注的性質，重點是顏氏正文舉列的一等異讀。

第二，根據《切韻序》對開皇論韻的記載，顏之推的審音意見對《切韻》影響是根本性的。"因論南北是非，古今通塞。欲更捃選精切，除削疏緩。蕭顏多所決定。"⑥蕭是南音的代表蕭該，顏即是北音的代表顏之推。蕭該二人的審音意見，對於陸法言《切韻》的審音至為關鍵，魏著作謂法言曰："我輩庶人，定則定矣"，陸氏所謂"燭下握筆，略記綱紀"，後來成書"非是小子專輒，乃述群賢遺意"，這恐怕不僅是謙虛之詞⑦。這裏想強調的是，顏之推的審音意見對於《切韻》的影

---

① 見《校本》，第832頁；葛信益：《〈廣韻〉訛奪舉正》，載《廣韻叢考》，北京：北京師範大學出版社，1993年，第25頁；余迺永：《新校互注宋本廣韻》，上海：上海人民出版社，2008年，第746頁。
② 原書標點本無書名號，"訓詁"指杜林《蒼頡訓詁》。
③ 王利器：《顏氏家訓集解》，北京：中華書局，1993年，第117頁。
④ 《顏氏家訓集解》，第119頁。
⑤ 《集解》，第118頁。
⑥ 《校本》，第15頁。
⑦ 《校本》，第15-16頁。

響，與南北朝其他音義學家的審音意見對《切韻》的影響相比，就性質來說是不同的，前者不僅僅是後者收音的參攷，而且是其根本性的決定者之一。

第三，顏之推在《家訓》中至少提出北人"羽罪反"，南人"于末反"兩個方音異讀。可是，只有北音的"羽罪反"收在了《切韻》系韻書裏，南音的"于末反"異讀並未反映在《切韻》系韻書中。換個角度看，這正與當初開皇論韻，顏主北，蕭主南之情形相符，間接提示了《切韻》對顏氏審音意見的採用。

第四，特別值得注意的是，顏之推這個異讀的音義搭配是"《蒼頡篇》有'㾁'字，《訓詁》云：'痛而謯也，音羽罪反。'今北人痛則呼之。"我們反觀《廣韻》"㾁"字賄韻異讀的釋義正是"痛而呼也"，與顏之推所舉《蒼頡訓詁》"痛而謯也"是完全一致的。敦煌《切三》音"羽罪反"，和顏之推所用北音異讀的反切用字都一模一樣。《切三》的釋義，文字比較模糊（見圖二），可暫且讀爲"痛而叫"或"痛而呼"①。《王一》是"痛而叫"，《王三》是"痛叫"，均與顏書"痛而謯也"近似②。從這些近似之處，似乎可見《切韻》系韻書對顏氏審定的"㾁"之音義之承襲。

圖二　f1：S. 2071/13

---

① 中國社會科學院歷史研究所等編：《英藏敦煌文獻》，成都：四川人民出版社，1990年，第三卷，第251頁。
② 周祖謨：《唐五代韻書集存》，第293、477頁。

綜合以上四點，似可認定，《切韻》在賄韻收俖的一等異讀是承襲顏之推審定的北音。收則收矣，於賄韻從系統上來說不甚相合，因此放在最後。這與其他所謂增加字的現象有區別，不宜把"俖"簡單視作增加字處理掉。在缺乏明確證據的情況下（如韻書注文中點明是增加字），把《廣韻》中凡是不合系統又居於韻末的字統統用增加字解釋，固然使得系統顯得純粹，實則有將性質不同的現象混雜在一起的風險。當然，不排除後人據顏書增字的情況，但是目前沒有材料可以明確支持這種可能性。因此，就目前可見的材料而言，本文持論的可能性是最大的。

其實，無論這個字的一等異讀是陸德明作《切韻》承襲顏之推審音意見而來，還是後人據顏書增字，從源頭上來說，都是出自顏之推。可是，顏之推審定的"俖"的這個一等異讀問題很大。顏氏的說法有兩點依據，一個是《蒼頡篇》及《訓詁》的音義，另一個是當時北方的實際方音。後者反映的方言實際音義，本來應該沒有問題，而顏之推給這個音義找的本字卻是所謂《蒼頡篇》的"俖"。問題就出在了顏氏認定的這個本字上。

對於顏之推說《蒼頡篇》有表"痛而譁也"的"俖"字，段玉裁持否定態度。在材料極其有限的情況下，他主要根據《一切經音義》，認定"俖"系"侮"之誤，並且以"侮"爲"痏"之假借。《說文》"侮"的"一曰"，諸本有分歧，小徐作"一曰毒之"，大徐作"一曰痛聲"，段玉裁這裏取小徐說，否定大徐。顯然，段玉裁認爲不能用大徐《說文》的"一曰痛聲"證顏說之成立。因爲正相反，大徐這個"痛聲"可能便是襲自顏書。

另外，朱駿聲也認爲顏氏所引"俖"乃"侮"之誤①。又，洪亮吉云："《顏氏家訓·風操篇》云：'《蒼頡篇》有俖字。《訓詁》云：痛而譁也，音羽罪反。今北人痛則呼之。《聲類》音於耒反。'按：既有羽罪、於耒二反，則字不當有爻音，疑俖字爲侮字傳寫之誤。今北俗痛

---

① （清）朱駿聲：《說文通訓定聲》，清道光二十八年刻本，卷五，葉八十五，頤部第五"娒"篆。

苦甚尚呼阿侑，讀若洧，或尚與古同也。《左傳·昭公三年》'而或燠休之。'服虔注云：'燠休，痛其痛而念之，若今時小兒痛父母以口就之曰燠休，代其痛也。'阿侑即燠休之轉聲。"① 周祖謨先生《廣韻校本》云："侑字從有，不得音于罪切，侑當是侑之誤。玄應《一切經音義》卷十五僧祇律第十三卷'痏'下引《風俗文》云：'于罪反，痛聲曰痏，警聲曰然。'是其證也。《顏氏家訓·風俗篇》云：'《蒼頡篇》有侑字，《訓詁》云：痛而謑也，音羽罪反。'字亦譌作侑。"② 其論與段氏基本相同，並且認爲《廣韻》賄韻的"侑"是誤字，顏書亦是訛字，主張校訂《廣韻》之誤字。葛信益《〈廣韻〉訛奪舉正》參攷了《切韻》系其他韻書的情況，持論亦同，云："此侑字乃侑字之誤也"，"此誤久矣。"③

余迺永則不認爲顏書所引是誤字，而是認爲"肴聲上古入幽部，其三等乃尤韻；有聲所入之上古之部合口，其一等爲灰、賄、隊韻，三等則亦爲尤韻；換言之，中古尤韻爲上古幽部及之部合口帶*j介音諸字交匯之地；何況本字聲母正三等喻云紐，而又讀肴韻胡茅切復爲與喻云母最密切之匣母乎？肴韻中古二等，上古帶*r介音；*r介音六朝前經轉化爲*j介音，如古緬語於今日仰光話之變化；故顏之推所謂羽罪反或于末反，以肴韻字中古變三等宜入尤韻觀之，其音當讀如有韻云久切，蓋此乃賴切上字歸類之例外反切也。"④ 不以顏氏爲誤。然而，余說略顯迂曲。第一，肴字中古是二等，上古也是如此，根據諧聲，肴聲上古應是二等，入幽部三等證據不足。余迺永先生指出："肴韻中古二等，上古帶*r介音"，結合其上古二等擬*r介音的體系⑤，似乎應該也是認爲肴韻肴字上古是二等的。第二，不論上古二等*r介音之說是否能夠得到上古內證材料的檢驗以及"肴韻字中古變三等宜入尤韻"是否符合中古語音發展的實際，肴韻字是否變三等與賄韻的"侑，羽罪

---

① （清）洪亮吉：《曉讀書齋雜錄》，清道光二十二年刻本，四錄卷下，葉七。
② 《校本》，第832頁。
③ 葛信益：《〈廣韵〉訛奪舉正》，第25頁。
④ 《新校互注宋本廣韻》，第746頁。
⑤ 余迺永：《上古音系研究》，香港：中文大學出版社，1985年，第301頁。

切"要不要也變三等關係不大。"中古尤韻爲上古幽部及之部合口帶*j介音諸字交匯之地",可這不涉及一等字。這個交匯之地不能擴展到整個之、幽二部。由此可見,因爲這種交匯而把賄韻的"脩,羽罪切"也往三等有韻轉移不能成立。實際上,由於"脩"的羽罪切一音以三等字作切上字,故而將其變讀到三等有韻是余說的核心思路,即所謂"賴切上字歸類之例外反切"。可"顔之推所謂羽罪反或于末反,以肴韻字中古變三等宜入尤韻觀之,其音當讀如有韻云久切",既然如此,顔之推何必大費周章,不直接用"云久反"的音,而反"羽罪"呢?這實際上是替顔氏改音。

現在,對於顔書的這個問題有更好的材料可以作爲依據。近年來,有數種《蒼頡篇》古本出土,其中北大簡《蒼頡篇》簡五十一和阜陽漢簡《蒼頡篇》C025"毆伐疨痟",俱是作"痟",北大簡寫作"痟",阜陽漢簡寫作"痟"①。沒有顔之推所引表示痛聲的"脩"字。看來顔氏所據是誤本誤字,出土文獻可以印證段說。其實,在傳世文獻系統中,《文選·西京賦》"所惡成創痟",李善注云:"《蒼頡》曰:'痟,毆傷也'"②,與古本《蒼頡篇》一致。

看來,顔書所據作"脩"者,應該確如段氏所言是"宥"因形近而訛爲"脩"字的誤本。"脩"、"宥"形近,自古而然。例如,《馬王堆帛書》的《五十二病房》"以安其宥"的"宥"便是作"宥"③,與"脩"形近,二字訛溷的可能性很高。其實,從阜陽漢簡"痟"的字形"痟"來看,也不排除"痟"由於形近直接訛成"脩"的可能。段玉裁以"宥"爲中介,還另有《一切經音義》等材料的支持。

那麼,會不會是顔書本作"宥",後代傳抄傳刻過程中訛成了"脩"的呢?這個可能性不能百分百排除,但是,首先,這個可能性得不到顔書諸種版本内證材料的支持。其次,根據上文的論證,《切韻》

① 《北京大學藏西漢竹書(壹)》,第29頁;《阜陽漢簡〈蒼頡篇〉》,第26頁;韓自強主編:《阜陽亳州出土文物文字篇》,阜陽:阜陽市博物館,2004年,第276頁。
② (南朝梁)蕭統:《文選》,清胡克家刻本,卷二,葉十四。
③ 裘錫圭主編:《長沙馬王堆漢墓簡帛集成》,北京:中華書局,2014年,第二册,第68頁。

"俖"字賄韻一等異讀便是承襲自顔說，根據《切韻》這個他書材料，也否定這種可能性。尤其是，《切三》亦是作"俖"，此殘卷據顔書成書時代很接近，亦指向否定此種可能性。那麼，會不會是顔書本來無誤，《切韻》本也無誤，是兩書在各自流傳史上不約而同地在這同一處發生了同樣的訛誤呢？這種說法過於迂曲，可能性應該說是較小的。

因此，根據目前掌握的材料，段玉裁對顔之推所引《蒼頡篇》"俖"字爲誤字的校讀意見是比較正確的。顔之推依據《蒼頡篇》之字，把當時北方方言中音爲"羽罪切"，義爲"痛呼聲"的這個詞的本字認定爲"俖"，將這個可能本屬於"痏"或"侑"的音義強加給了"俖"字，人爲造成了"俖"字的一等異讀，而又爲《切韻》及《切韻》系其他韻書所繼承。

總結上論，《切韻》系韻書的"俖"字一等異讀，承襲自顔之推。而顔之推審定的這個異讀，本不屬於"俖"字。段氏認定顔據有誤是正確的。《切韻》作者在與整體系統衝突的情況下仍然承襲了顔氏的這個意見，由於不合系統而把它放在賄韻之末，一直到《廣韻》都是如此。應該不是前人所謂增加字。

那麼，《廣韻》賄韻的"俖"字是否如周祖謨先生在《校本》中的意見校改作"侑"字呢？根據上文的論述，此誤乃《切韻》作者承自顔氏之誤，而非後世傳抄傳刻的訛誤。至於這個顔之推時代北方方言音"羽罪切"，義爲"痛而呼也"的語言單位，以及顔氏指出的南方方言的去聲異讀，是否屬於"痏"或"侑"字，是另一件事，與既已成書的《切韻》及《廣韻》本身無關。在校勘中，我們不必也不能替作者改正錯誤，故而不煩改字。

參考文獻

《說文》研究參考文獻

（東漢）許慎撰，（北宋）徐鉉校定：《說文解字》，影清陳昌治一行一篆本，北京：中華書局，1963年。

（南唐）徐鍇：《說文解字繫傳》，影清祁寯藻本，北京：中華書局，1987年。

（清）段玉裁：《說文解字注》，影清經韻樓本，上海：上海古籍出版社，1988年，第2版。

（清）段玉裁撰，許惟賢整理：《說文解字注》，南京：鳳凰出版社，2015年，第2版。

（清）段玉裁：《汲古閣說文訂》，續修四庫全書影五硯樓刻本。

（清）朱駿聲：《說文通訓定聲》，清道光二十八年刻本。

陸宗達：《介紹許慎的〈說文解字〉》，《陸宗達語言學論文集》，北京：北京師範大學出版社，1996年，第12-40頁。

余行達：《說文段注研究》，成都：巴蜀書社，1998年。

陳鴻森：《段玉裁〈說文注〉成書的另一個側面：段氏學術的光與影》，《中國文化》第41期，2015年，第175-192頁。

Jin, Qiran. "The Root of the Classics: *Shuowen jiezi* 說文解字 and Confucian Classical Studies in the Middle Eastern Han (88-144 CE)." Master's thesis, Columbia University, New York, 2021.

本書所據羣書今本參考文獻

經部：

（清）阮元：《十三經注疏》，影清嘉慶刊本，北京：中華書局，2009 年。

（清）皮錫瑞：《尚書大傳疏證》，北京：中華書局，2015 年。

（清）王聘珍：《大戴禮記解詁》，北京：中華書局，1983 年。

（清）蘇輿：《春秋繁露義證》，北京：中華書局，1992 年。

（清）陳壽祺：《五經異義疏證》，北京：中華書局，2014 年。

（三國魏）鄭小同：《鄭志》，清武英殿聚珍版叢書本。

（唐）陸德明：《經典釋文》，清抱經堂叢書本。

經部小學類：

（清）錢繹：《方言箋疏》，北京：中華書局，1991 年。

（清）王先謙：《釋名疏證補》，北京：中華書局，2008 年。

（清）王念孫：《廣雅疏證》，清嘉慶元年刻本。

（唐）顏師古：《匡謬正俗》，清同治小學彙函本。

（北宋）陳彭年：《宋本玉篇》，影清張氏澤存堂本，北京：中國書店，1983 年。

（唐）張參：《五經文字》，清文淵閣四庫全書本。

（唐）唐玄度：《九經字樣》，清文淵閣四庫全書本。

（北宋）郭忠恕：《佩觿》，清康熙刻本。

（北宋）司馬光：《類篇》，影姚刊三韵本，北京：中華書局，1984 年。

（元）李文仲：《字鑑》，清文淵閣四庫全書本。

周祖謨：《廣韻校本》，北京：中華書局，2004 年，第 3 版。

（北宋）丁度等：《集韻》，影清錢曾述古堂影宋鈔本，上海：上海古籍出版社，1985 年。

（元）熊忠：《古今韻會舉要》，清文淵閣四庫全書本。

（明）楊慎：《轉注古音略》，清文淵閣四庫全書本。

遲鐸：《小爾雅集釋》，北京：中華書局，2008年。

（明）張自烈：《正字通》，清清畏堂刻本。

（西漢）史游：《急就篇》，四部叢刊續編影明鈔本。

（唐）釋玄應：《一切經音義》，清海山仙館叢書本。

史部：

（西漢）司馬遷：《史記》，北京：中華書局，1982年，第2版。

（東漢）班固：《漢書》，北京：中華書局，1962年。

（南朝宋）范曄：《後漢書》，北京：中華書局，1965年。

（西晉）陳壽：《三国志》，北京：中華書局，1982年，第2版。

（唐）房玄齡等：《晉書》，北京：中華書局，1974年。

（南朝梁）沈約：《宋書》，北京：中華書局，1974年。

（北齊）魏收：《魏書》，北京：中華書局，1974年。

（唐）令狐德棻等：《周書》，北京：中華書局，1971年。

（唐）魏徵、（唐）令狐德棻：《隋書》，北京：中華書局，1973年。

（東漢）荀悅：《漢紀》，北京：中華書局，2002年。

（北宋）司馬光：《資治通鑑》，北京：中華書局，1956年。

《逸周書》，四部叢刊影明嘉靖二十二年本。

徐元誥：《國語集解》，北京：中華書局，2002年。

（東漢）高誘注，（南宋）姚宏校：《戰國策注》，清士禮居叢書影宋本。

（清）王照圓：《列女傳補注》，上海：華東師範大學出版社，2012年。

（東漢）趙曄：《吳越春秋》，四部叢刊影明弘治本。

李步嘉：《越絕書校釋》，北京：中華書局，2013年。

（東晉）常璩：《華陽國志》，四部叢刊影明鈔本。

（唐）李吉甫：《元和郡縣志》，清武英殿聚珍版叢書本。

陳橋驛：《水經注校證》，北京：中華書局，2007年。

周祖謨：《洛陽伽藍記校釋》，北京：中華書局，2010年。

（西晉）嵇含：《南方草木狀》，宋百川學海本。

（唐）杜佑：《通典》，北京：中華書局，1988 年。
（東漢）衛宏：《漢官舊儀》，清武英殿聚珍版叢書本。
（南宋）洪适：《隸釋》，四部叢刊三編影明萬曆刻本。
（清）馮承輝：《石鼓文音訓考證》，清光緒十九年蒼溪刻本。
（清）雷學淇：《校輯世本》，《世本八種》，北京：中華書局，2008 年。

子部：

（清）王先謙：《荀子集解》，北京：中華書局，1988 年。
閻振益、鍾夏：《新書校注》，北京：中華書局，2000 年。
向宗魯：《說苑校證》，北京：中華書局，1987 年。
汪榮寶：《法言義疏》，北京：中華書局，1987 年。
楊丙安：《十一家注孫子校理》，北京：中華書局，1999 年。
《司馬法》，四部叢刊影宋鈔本。
黎翔鳳：《管子校注》，北京：中華書局，2004 年。
（清）王先慎：《韓非子集解》，北京：中華書局，1998 年。
石聲漢：《齊民要術今釋》，北京：中華書局，2009 年。
（唐）王冰：《重廣補注黃帝內經素問》，四部叢刊影翻宋本。
（清）張志聰：《靈樞經集注》，四部叢刊影明趙府居敬堂本。
（北宋）唐慎微：《重修政和經史證類備用本草》，四部叢刊影金泰和晦明軒本。
《九章算術》，四部叢刊影清微波榭叢書本。
（北宋）司馬光：《太玄集注》，北京：中華書局，1998 年。
劉黎明：《焦氏易林校注》，成都：巴蜀書社，2011 年。
（清）孫詒讓：《墨子閒詁》，北京：中華書局，2001 年。
許富宏：《鬼谷子集校集注》，北京：中華書局，2010 年。
許維遹：《呂氏春秋集釋》，北京：中華書局，2009 年。
何寧：《淮南子集釋》，北京：中華書局，1998 年。
王利器：《顏氏家訓集解》，北京：中華書局，1993 年。
（清）陳立：《白虎通疏證》，北京：中華書局，1994 年。

（東漢）蔡邕：《獨斷》，四部叢刊三編影明弘治本。
（西晉）崔豹：《古今注》，四部叢刊三編影宋本。
黃暉：《論衡校釋》，北京：中華書局，1990年。
王利器：《風俗通義校注》，北京：中華書局，1981年。
（唐）徐堅：《初學記》，清光緒孔氏三十三萬卷堂本。
（北宋）李昉：《太平御覽》，四部叢刊三編影宋本。
余嘉錫：《世說新語箋疏》，北京：中華書局，2007年。
（清）郝懿行：《山海經箋疏》，載《郝懿行集》，安作璋主編，濟南：齊魯書社，2010年。
《穆天子傳》，四部叢刊影明天一閣本。
（東晉）干寶：《搜神記》，明津逮秘書本。
朱謙之：《老子校釋》，北京：中華書局，1984年。
楊伯峻：《列子集釋》，北京：中華書局，1979年。
（清）郭慶藩：《莊子集釋》，北京：中華書局，2012年。
王利器：《文子疏義》，北京：中華書局，2009年。

集部：
（南宋）洪興祖：《楚辭補注》，北京：中華書局，1983年。
（西漢）揚雄：《揚子雲集》，清文淵閣四庫全書本。
（清）仇兆鰲：《杜詩詳注》，北京：中華書局，1979年。
（唐）韓愈：《昌黎先生文集》，宋蜀刻本。
（南朝梁）蕭統：《文選》，清胡克家刻本。
（清）吳兆宜注，程琰删補：《玉臺新詠箋注》，北京：中華書局，1985年。
楊景龍：《花間集校注》，北京：中華書局，2014年。

羣書其他參考文獻

經部：

劉玉才主編：《十三經注疏校勘記》，北京：北京大學出版社，2015 年。

（南宋）朱熹：《周易本義》，北京：中華書局，2009 年。

（唐）李鼎祚：《周易集解》，北京：中華書局，2016 年。

（清）段玉裁：《古文尚書撰異》，清經韵樓刻本。

（清）孫星衍：《尚書今古文注疏》，北京：中華書局，2004 年。

顧頡剛、劉起釪：《尚書校釋譯論》，北京：中華書局，2005 年。

（南宋）朱熹：《詩集傳》，北京：中華書局，2017 年。

（清）段玉裁：《詩經小學》，清嘉慶二年臧氏拜經堂刻本。

（清）段玉裁：《毛詩故訓傳定本》，清皇清經解本。

（清）馬瑞辰：《毛詩傳箋通釋》，北京：中華書局，1989 年。

程燕：《詩經異文輯考》，合肥：安徽大學出版社，2010 年。

黃德寬、徐在國主編：《安徽大學藏戰國竹簡（一）》，上海：中西書局，2019 年。

（清）段玉裁：《周禮漢讀考》，清嘉慶刻本。

（清）孫怡讓：《周禮正義》，北京：中華書局，2013 年。

《禮記》，影宋余仁仲萬卷堂家塾刻本，北京：國家圖書館出版社，2017 年。

（清）孫希旦：《禮記集解》，北京：中華書局，1989 年。

王文錦：《禮記譯解》，北京：中華書局，2016 年。

（清）孔廣森：《大戴禮記補注》，北京：中華書局，2013 年。

（清）孫詒讓：《大戴禮記斠補》，北京：中華書局，2010 年。

（清）段玉裁：《春秋左氏古經》，清經韵樓刻本。

楊伯峻：《春秋左傳注》，北京：中華書局，2009 年，第 3 版。

（清）鍾文烝：《春秋穀梁經傳補注》，北京：中華書局，2009 年。

（清）皮錫瑞：《駁五經異義疏證》北京：中華書局，2014 年。

（清）皮錫瑞：《鄭志疏證》，載《皮錫瑞全集》，吳仰湘編，北京：中華書局，2015年。

（唐）陸德明：《經典釋文》，影清通志堂經解本，北京：中華書局，1983年。

經部小學類：

（清）郝懿行：《爾雅義疏》，載《郝懿行集》，安作璋主編，濟南：齊魯書社，2010年。

徐朝華：《爾雅今注》，天津：南開大學出版社，1987年。

（西漢）揚雄：《方言》，影宋慶元李孟傳潯陽郡齋刻本，北京：中華書局，2016年。

周祖謨：《方言校箋》，北京：中華書局，1993年。

華學誠：《揚雄方言校釋匯證》，北京：中華書局，2006年。

（三國魏）張揖：《廣雅》，明嘉靖刻本。

（清）錢大昭：《廣雅疏義》，北京：中華書局，2016年。

趙振鐸：《集韻校本》，上海：上海辭書出版社，2012年。

史部：

（西漢）司馬遷：《史記》，南宋建安黃膳夫家塾刻本。

（東漢）高誘注，（南宋）鮑彪校：《戰國策注》，南宋紹熙二年刻本。

何建章：《戰國策注釋》，北京：中華書局，1990年。

子部：

李零：《孫子譯注》，北京：中華書局，2009年，第2版。

馬非百：《管子輕重篇新詮》，北京：中華書局，1979年。

《韓非子》，影清錢曾述古堂影宋鈔本，北京：國家圖書館出版社，2018年。

陳啓天：《增訂韓非子校釋》，臺北：臺灣商務印書館，1969年。

陳奇猷：《韓非子新校注》，上海：上海古籍出版社，2000年。

（南朝梁）陶弘景撰，尚志鈞、尚元勝輯校：《本草經集注》，北京：人民衛生出版社，1994年。

（明）李時珍：《本草綱目》，清文淵閣四庫全書本。

（明）繆希雍：《神農本草經疏》，清文淵閣四庫全書本。

劉文典：《淮南鴻烈集解》，北京：中華書局，2013年。

（唐）徐堅：《初學記》，北京：中華書局，2004年。

（清）王先謙：《莊子集解》，北京：中華書局，1987年。

劉文典：《莊子補正》，北京：中華書局，2015年。

集部：

（南朝梁）蕭統：《文選》，影宋淳熙尤袤池陽郡齋刊刻《文選》李善單注本，北京：國家圖書館出版社，2017年。

（南朝梁）蕭統：《六臣注文選》，四部叢刊影宋刊本。

高步瀛：《文選李注義疏》，北京：中華書局，1985年。

（清）嚴可均編：《全上古三代秦漢三國六朝文》，影清王毓藻刻本，北京：中華書局，1958年。

其他：

（北宋）賈昌朝：《羣經音辨》，四部叢刊續編影宋鈔本。

周祖謨：《唐五代韻書集存》，北京：中華書局，1983年。

陳垣：《史諱舉例》，上海：上海書店出版社，1997年。

（北宋）龐元英：《文昌襍錄》，清學津討原本。

北京大學出土文獻研究所：《北京大學藏西漢竹書（壹）》，上海：上海古籍出版社，2015年。

阜陽漢簡整理組：《阜陽漢簡〈蒼頡篇〉》，載《文物》，1983年第2期，第24-34頁。

（北宋）周敦頤：《周元公集》宋刻本。

（清）任大椿：《字林考逸》，清江蘇書局本。

其他參考文獻

（清）永瑢：《四庫全書總目》，清乾隆武英殿刻本。

（清）戴震：《戴東原集》，四部叢刊影經韵樓本。

（清）段玉裁：《經韵樓集》，清嘉慶十九年刻本。

（南宋）朱熹：《四書章句集注》，北京：中華書局，1983 年。

（清）王念孫：《讀書雜志》，影王氏家刻本，南京：江蘇古籍出版社，1985 年。

李新魁：《韻鏡校證》，北京：中華書局，1982 年。

李榮：《切韻音系》，北京：科學出版社，1956 年。

葛信益：《〈廣韻〉訛奪舉正》，載《廣韵叢考》，北京：北京師範大學出版社，1993 年，第 17-74 頁。

余迺永：《新校互注宋本廣韻》，上海：上海人民出版社，2008 年。

中國社會科學院歷史研究所等編：《英藏敦煌文獻》，第三卷，成都：四川人民出版社，1990 年。

（清）洪亮吉：《曉讀書齋雜錄》，清道光二十二年刻本。

余迺永：《上古音系研究》，香港：中文大學出版社，1985 年。

韓自強主編：《阜陽亳州出土文物文字篇》，阜陽：阜陽市博物館，2004 年。

裘錫圭主編：《長沙馬王堆漢墓簡帛集成》，北京：中華書局，2014 年。

後 記

我對段氏《說文注》產生興趣是從在北京大學中文系讀書時開始的。主講一年級《古代漢語》的邵永海教授在第一節課就詳細介紹了《段注》的好處，並且幾乎每節課都會引用《段注》的内容，引導大家閱讀《段注》。後來有幸跟隨邵永海教授和孫玉文教授學習、研究上古漢語，對小學著作，尤其是《段注》更加重視。

2019年我赴美於哥倫比亞大學攻讀碩士學位，"獨在異鄉爲異客"，閱讀《說文》及《段注》成爲我完成課業之後最放鬆、最享受的"消遣"，也寄託著我的鄉愁。無論去哪裏我都會帶上《段注》。只要有《段注》在身邊，時間一定是過得飛快。

在閱讀《段注》的過程中，我逐漸注意到該書實則包含了段氏晚年對四部羣書方方面面的具體研究，有很多看法非常值得從事專書研究的學者關注。另一方面，我在研讀王念孫《讀書雜志》時，深感其體例之善，爲總匯羣書研究提供了範式。因此，我逐漸產生以《讀書雜志》之體例以例《說文段注》的想法。我以這個想法先後向李更教授、邵永海教授、孫玉文教授請教，得到了老師們的認可。於是我在確定體例原則和基本框架之後重新逐字逐條閱讀《段注》，開始了本書的工作。

在研讀《段注》的過程中，我對段氏涉獵羣書之廣、認識之深及其汪洋恣肆的論證風格深感震撼。讀到會意處真覺一代宗師如在目前，手把手教我們如何讀書、如何做研究。段氏常云希有"好學深思、心知其意"者。我深知自己離這八字相差尚遠，但還是希望通過這樣一本書全面展現段氏對羣書的研究，進一步擴大《段注》在當代學術的影響。

庚子年是無比艱難的一年，世界籠罩在大疫的陰影之下。獨居在紐約的公寓，雖備嘗生活的不易，但也使我有大量的時間專注本書的工作。也許是巧合，庚子年在《說文》學史上是一個很特殊的年份。《說文敘》云："粤在永元，困頓之年"，許氏草成《說文》[①]，這一年是漢和帝永元十二年（100），歲在庚子。根據《說文注》陳跋，"先生自乾隆庚子去官後，注此書先爲長編，名《說文解字讀》"[②]，則段氏始事校注《說文》亦在庚子前後。今又庚子，"困頓之年"，研讀《說文》《段注》，整理、修改本書，確有不一樣的感受。我真心希望此書能夠爲段學研究，四部專書研究、專題研究提供一點參攷，促使更多學人或熱愛古典的讀者轉而深入研讀《段注》本身。

今天是一個各種理論"亂花漸欲迷人眼"的時代。在這樣的一個時代如何面對古典、研究古典是我們必須回答的一個問題。我想無論我們選擇哪條道路，都應首先充分吸收傳統取得的成就，否則只能是空無依傍。我想，段玉裁的《說文解字注》正是這樣一部需要我們充分吸收的經典。

2020 年 8 月 12 日
於美國哥倫比亞大學

---

① 《說文解字》，第 319 頁。
② 《說文解字注》，陳煥跋，第 789 頁。

條目索引

經部

周　易 ················ 3
　乾 ······················ 3
　　夕惕若厲 ············ 3
　　亢龍有悔 ············ 4
　　確乎其不可拔 ······ 4
　坤 ······················ 4
　　陰始凝也　至堅冰也 ··· 5
　　括囊 ················ 5
　　龍戰於野 ············ 5
　屯 ······················ 6
　　磐桓 ················ 6
　　屯如邅如 ············ 6
　　即鹿無虞 ············ 6
　　泣血漣如 ············ 6
　蒙 ······················ 7
　　再三瀆 ·············· 7
　　以往吝 ·············· 7
　需 ······················ 7
　　需須也 ·············· 7
　　雲上于天需 ·········· 8

　訟 ······················ 8
　　終朝三褫之 ·········· 8
　師 ······················ 8
　　毒天下 ·············· 8
　小畜 ···················· 9
　　輿說輻 ·············· 9
　履 ······················ 9
　　履虎尾愬愬 ·········· 9
　泰 ······················ 9
　　拔茅茹以其彙 ········ 9
　　包荒用馮河 ········· 10
　否 ····················· 10
　　儉德辟難 ··········· 10
　謙 ····················· 10
　　撝謙 ··············· 10
　豫 ····················· 11
　　介于石 ············· 11
　　朋盍簪 ············· 11
　噬嗑 ··················· 12
　　屨校滅趾 ··········· 12
　　噬乾胏 ············· 12
　賁 ····················· 12
　　束帛戔戔 ··········· 12

剝	13
蔑貞凶	13
復	13
頻復	13
无妄	13
不菑畬	13
大畜	14
僮牛之牿	14
豶豕之牙	14
頤	15
拂經于丘	15
其欲逐逐	15
坎	15
入于坎窞	15
祗既平	15
係用徽纆	16
離	16
百穀草木麗　釋文：說文作䕻	16
突如其來如	17
咸	18
咸其腓	18
憧憧往來	18
咸其脢	18
咸其輔頰舌	18
恆	19
振恆凶	19
大壯	19
羸	19
晉	20
晝日三接	20
晉進也	20

罔孚裕无咎	20
明夷	20
明夷　釋文：夷傷也	20
夷於左股	20
用拯馬壯吉	21
家人	22
家人嗃嗃	22
睽	22
志不同行	22
其牛掣	22
解	23
草木皆甲宅	23
損	23
君子以懲忿窒欲　釋文：孟作浴	23
夬	23
壯于頄	23
其行次且	24
姤	24
后以施命誥四方	24
蹢躅	25
萃	25
齎咨涕洟	25
升	25
允升大吉	25
困	26
來徐徐	26
劓刖	26
臲卼	26
井	27
井洌寒泉食	27
革	27

鞏用黃牛之革 …… 27	矗矗 …… 34
其文蔚也 …… 27	**繫辭下** …… 35
鼎 …… 27	夫乾確然　夫坤隤然 …… 35
宫餗 …… 27	象也者像此者也 …… 35
其形渥 …… 28	包犧氏 …… 35
黃耳金鉉 …… 28	揉木爲耒 …… 36
震 …… 29	服牛乘馬 …… 36
視矍矍 …… 29	重門擊柝 …… 36
艮 …… 29	後世聖人易之以棺椁 …… 36
裂其夤 …… 29	象也者像也 …… 37
漸 …… 29	往者詘也 …… 37
歸妹 …… 29	詘信 …… 37
歸妹以須 …… 29	以求信也 …… 38
士刲羊 …… 30	无祇悔 …… 38
豐 …… 30	天地絪縕 …… 38
日中則昃 …… 30	周流六虛 …… 39
豐其屋　釋文：說文作寷 …	**說卦** …… 39
…… 30	參天兩地 …… 39
旅 …… 31	日以烜之 …… 39
旅瑣瑣 …… 31	燥萬物者莫熯乎火 …… 39
巽 …… 31	乾健也 …… 40
先庚三日 …… 31	巽入也 …… 40
喪其資斧 …… 32	坎陷也 …… 40
既濟 …… 32	爲均 …… 40
繻有衣袽 …… 32	震爲雷 …… 41
繫辭上 …… 32	爲專 …… 41
範圍 …… 33	爲旳顙 …… 41
故君子之道鮮矣 …… 33	其於稼也爲反生 …… 41
野容誨淫 …… 33	爲黔喙 …… 41
揲之以四 …… 33	爲羊 …… 42
再扐而後掛 …… 34	**全經** …… 42
研幾 …… 34	元亨 …… 42

| 彖傳 … 42
| 易 … 42
| 重卦 … 43

尚　書 … 44
　書序 … 44
　　汩作 … 44
　虞書 … 44
　　虞書　正義：三科之條五家之教 … 44
　堯典第一 … 45
　　稽古 … 45
　　安安 … 46
　　光被四表 … 46
　　欽若昊天 … 46
　　嵎夷　暘谷 … 47
　　平秩 … 48
　　昧谷 … 49
　　寅淺納日 … 49
　　鳥獸氄毛 … 49
　　期三百有六旬 … 50
　　疇咨若 … 50
　　方鳩僝功 … 50
　　有能俾乂 … 51
　　岳曰异哉 … 51
　舜典第二 … 51
　　玄德升聞 … 51
　　慎徽五典 … 51
　　肆類于上帝 … 52
　　至于岱宗柴 … 52
　　荊之恤 … 52
　　竄三苗于三危 … 53

殛鯀於羽山 … 53
惟時懋哉 … 54
暨皋陶 … 54
黎民阻飢 … 54
五品不愻 … 55
寇賊姦宄 … 55
胄子 … 55
寬而栗 … 55
擊石拊石 … 56
朕堲讒說殄行 … 56
分北三苗 … 56
大禹謨第三 … 57
　萬邦咸寧　釋文：寧安也說文安寧如此願辭也 … 57
皋陶謨第四 … 57
　禹拜昌言 … 57
　襄 … 58
益稷第五 … 58
　隨山刊木 … 58
　畎澮距川 … 58
　烝民乃粒 … 59
　予欲觀古人之象 … 59
　作繪 … 59
　藻火粉米黼黻絺繡 … 60
　在治忽 … 61
　撻以記之 … 61
　丹朱 … 61
　辛壬癸甲 … 61
　若丹朱傲 … 62
　弼成五服 … 62
　戛擊 … 62
　搏拊 … 62

鳥獸蹌蹌	62	四隩既宅	75
乃賡載歌	63	祇台德先	76

夏書 ……… 63
禹貢第一 ……… 63
　禹敷土 ……… 63
　島夷皮服 ……… 64
　達于河 ……… 64
　濰 ……… 64
　厥土赤埴墳 ……… 64
　漸包 ……… 65
　淮夷蠙珠 ……… 65
　陽鳥攸居 ……… 65
　琨 ……… 66
　沿于江海 ……… 66
　江漢朝宗于海 ……… 66
　沱潛既道 ……… 67
　惟箘簬楛 ……… 67
　甌 ……… 67
　滎波既豬 ……… 67
　西頃 ……… 68
　球琳琅玕 ……… 68
　岍 ……… 69
　岷山 ……… 69
　逆河 ……… 70
　嶓冢道漾 ……… 70
　又東爲滄浪之水 ……… 72
　東匯澤爲彭蠡 ……… 72
　過三澨 ……… 73
　東別爲沱 ……… 73
　東流爲濟 ……… 73
　溢爲滎 ……… 74
　鳥鼠同穴 ……… 75

　五百里甸服 ……… 76
　納總 ……… 76
甘誓第二 ……… 76
　天用勦絕其命 ……… 76
　恭行天之罰 ……… 77
商書 ……… 78
太甲上第五 ……… 78
　昧爽丕顯坐以待旦 ……… 78
盤庚上第九 ……… 78
　率籲衆慼 ……… 78
　若顛木之有由蘖 ……… 78
　王播告之 ……… 79
　今汝聒聒 ……… 79
　予亦拙謀 ……… 79
　相時憸民 ……… 80
盤庚下第十一 ……… 80
　心腹腎腸 ……… 80
　尚皆隱哉 ……… 81
說命上第十二 ……… 81
高宗肜日第十五 ……… 81
　典祀無豐于昵　釋文：昵女
　乙反 ……… 81
西伯戡黎第十六 ……… 82
　西伯戡黎 ……… 82
　大命不摯 ……… 82
　厽 ……… 83
微子第十七 ……… 83
　其無津涯 ……… 83
　予顛隮 ……… 83
周書 ……… 84

泰誓下第三 …………… 84
　共行天罰 …………… 84
牧誓第四 ……………… 84
　與受戰于牧野 ……… 84
　時甲子昧爽王朝至于商郊 …
　　………………………… 84
　　秉白旄 ……………… 85
　　逖矣西土之人 ……… 85
　髳 …………………… 85
　儔爾戈　立爾矛 …… 85
　尚桓桓 ……………… 86
洪範第六 ……………… 86
　彝倫攸斁 …………… 86
　羞用五事 …………… 86
　農用八政 …………… 86
　思曰睿 ……………… 87
　羞其行 ……………… 87
　無偏無陂 …………… 87
　無有作好 …………… 87
　雨曰濟 ……………… 88
　曰蒙 ………………… 88
　曰驛 ………………… 88
　曰貞曰悔 …………… 89
　時五者來備 ………… 89
　庶草蕃廡 …………… 90
　豫恒燠若 …………… 90
　雺恒風若 …………… 90
金縢第八 ……………… 91
　有疾弗豫 …………… 91
　我之弗辟 …………… 91
　公乃爲詩以貽王 …… 91
　亦未敢誚公 ………… 92

大誥第九 ……………… 92
　嗣無疆大歷服 ……… 92
　越茲蠢 ……………… 92
　無毖于恤 …………… 92
　丕丕基 ……………… 92
康誥第十一 …………… 93
　邦康叔 ……………… 93
　祇遹乃文攷 ………… 93
　罔弗憝 ……………… 93
酒誥第十二 …………… 93
　罔敢湎于酒 ………… 93
　薄違農父 …………… 94
　盡執拘以歸於周 …… 94
梓材第十三 …………… 94
　至于屬婦 …………… 95
　塗墍茨 ……………… 95
　惟其塗丹雘 ………… 95
召誥第十四 …………… 95
　丕能誠于小民 ……… 95
　畏于民嵒 …………… 96
雒誥第十五 …………… 96
　無若火始燄燄 ……… 96
　乃惟孺子頒 ………… 96
　枑鬯二卣 …………… 96
毋逸第十七 …………… 97
　乃逸乃諺 …………… 97
　譸張 ………………… 97
君奭第十八 …………… 97
　武王惟冒 …………… 97
多方第二十 …………… 98
　有夏之民叨懫 ……… 98
　須夏之子孫 ………… 98

— 1743 —

爾尚不忌于凶德 …… 98	劓刵椓黥 …… 105
立政第二十一 …… 99	网造具備 …… 106
常伯常任 …… 99	惟貨惟來 …… 106
在受德敉 …… 99	惟貌有稽 …… 106
灼見三有俊心 …… 99	罰百鍰 …… 106
克由繹之 …… 99	剕 …… 107
勿用憸人 …… 100	**文侯之命第三十** …… 108
用勘相我國家 …… 100	扞我于艱 …… 108
周官第二十二 …… 100	賫爾秬鬯 …… 108
武王既伐東夷　音義：孔子曰	**粊誓第三十一** …… 108
貉之言貊貊惡也 …… 100	東郊不開 …… 109
顧命第二十四 …… 101	敿乃甲冑 …… 109
洮頮水 …… 101	敽乃干 …… 109
憑玉几 …… 101	我商賚女 …… 109
在後之侗 …… 101	峙乃糗糧 …… 110
無敢昏逾 …… 101	**秦誓第三十二** …… 110
敷重篾席 …… 102	若弗員來 …… 110
笋 …… 102	未就予忌 …… 110
陳寶赤刀 …… 102	截截善諞言 …… 111
夾兩階氾 …… 103	斷斷猗無他伎 …… 112
執戣 …… 103	邦之杌陧 …… 112
執銳 …… 103	**全經** …… 113
執冒 …… 103	平章　平秩 …… 113
率循大弁 …… 104	如台 …… 113
君牙第二十七 …… 104	共　恭 …… 113
股肱心膂 …… 104	割 …… 114
冏命第二十八 …… 104	贅衣 …… 114
伯冏 …… 104	假 …… 114
呂刑第二十九 …… 104	寅 …… 114
耄荒 …… 104	維　惟 …… 114
奪攘矯虔 …… 105	㠯相陵懱 …… 115
制以刑 …… 105	欽哉 …… 115

尚書大傳 …… 116	輾轉反側 …… 122
唐傳 …… 116	左右芼之 …… 122
堯典 …… 116	葛覃 …… 123
禋于六宗 …… 116	施于中谷 …… 123
虞傳 …… 116	集于灌木 …… 123
皋陶謨 …… 116	是刈是濩 …… 124
拱則抱鼓 …… 116	言告言歸　毛傳：婦人謂嫁
周傳 …… 117	曰歸 …… 124
大誓 …… 117	害澣害否　毛傳：曷何也 …
出渓 …… 117	…… 124
師乃慆 …… 117	歸寧父母 …… 125
洪範 …… 118	卷耳 …… 125
朔而月見東方謂之側匿　注：	不盈頃筐 …… 125
側匿猶縮縮 …… 118	寘彼周行 …… 125
洪範五行傳 …… 118	陟彼崔嵬 …… 125
若六沴作 …… 118	我馬虺隤 …… 126
思心之不容 …… 119	我姑酌彼金罍 …… 126
梓材 …… 119	維以不永傷 …… 127
橋梓 …… 119	陟彼砠矣 …… 127
多士 …… 119	云何吁矣 …… 127
大夫達菱士首本 …… 119	樛木 …… 128
諸侯疏杅 …… 119	南有樛木 …… 128
略說 …… 120	葛藟縈之 …… 128
湯扁 …… 120	螽斯 …… 128
詩　經 …… 121	螽斯羽 …… 128
國風 …… 121	詵詵兮 …… 129
周南 …… 121	桃夭 …… 129
關雎 …… 121	桃之夭夭 …… 129
關關雎鳩 …… 121	灼灼其華 …… 129
窈窕淑女 …… 121	有蕡其實 …… 129
參差荇菜 …… 122	兔罝 …… 130
	公侯干城 …… 130

施于中林	130
芣苢	130
薄言捋之	130
漢廣	131
江之永矣	131
不可方思	131
言刈其蔞	131
言秣其駒	132
汝墳	132
遵彼汝墳	132
惄如輖飢	133
伐其條肄	133
魴魚赬尾	133
王室如燬	134
麟之趾	134
麟之趾	134
麟之定	135
召南	135
鵲巢	135
維鳩方之	135
采蘩	135
于以采蘩 毛傳：皤蒿也	135
于沼于沚	135
被之僮僮	136
草蟲	137
亦既覯止	137
我心則降	138
采蘋	138
于彼行潦	138
維筐及筥	138
于以湘之	139

維錡及釜	139
有齊季女	139
甘棠	139
蔽芾甘棠	139
勿翦勿伐	140
召伯所茇	140
行露	140
何以速我獄	140
羔羊	141
羔羊之皮　羔羊之革　羔羊之縫	141
委蛇委蛇	141
素絲五緎	141
素絲五總	141
摽有梅	142
摽有梅	142
小星	142
維參與昴	142
抱衾與裯	143
江有汜	143
江有汜	143
不我以	143
其嘯也歌	144
野有死麕	144
林有樸樕	144
舒而脫脫兮	144
何彼襛矣	145
何彼襛矣	145
騶虞	145
彼茁者葭	145
壹發五豝	145
于嗟乎騶虞	145

| 條目索引 |

邶風·············146
邶庸衞誌··········146
　邶庸衞·········146
柏舟·············147
　汎彼柏舟　亦汎其流···147
　耿耿不寐········147
　如有隱憂········147
　微我無酒········147
　以敖以游········147
　不可選也········148
　寤辟有摽········148
燕燕·············148
　頡之頏之········148
　仲氏任只········149
　其心塞淵········149
　以勖寡人········150
日月·············150
　下土是冒········150
　報我不述········150
終風·············150
　終風且暴········150
　願言則嚔········151
　曀曀其陰········151
擊鼓·············151
　擊鼓其鏜········151
　死生契闊········152
　于嗟洵兮········152
凱風·············152
　凱風自南········152
　睍睆黃鳥········153
雄雉·············153
　展矣君子········153

匏有苦葉··········153
　匏有苦葉········153
　深則厲·········153
　有鷕雉鳴········154
　濟盈不濡軌·······154
　旭日始旦········155
　迨冰未泮········155
谷風·············156
　采葑采菲········156
　湜湜其沚········156
　毋發我笱········157
　方之舟之········157
　不我能慉········157
　賈用不售········157
旄丘·············158
　狐裘蒙戎········158
　流離之子········158
簡兮·············158
　執轡如組········158
　赫如渥赭········158
泉水·············159
　毖彼泉水········159
　聊與之謀········159
北門·············159
　終窶且貧········159
　室人交徧摧我······160
北風·············160
　其虛其邪········160
靜女·············161
　靜女其姝········161
　愛而不見········161
　搔首踟躕········161

彤管有煒 …………… 161	靈雨既零 …………… 171
新臺 ………………… 162	命彼倌人 …………… 171
新臺有泚 …………… 162	星言夙駕 …………… 172
河水瀰瀰 …………… 162	蝃蝀 ………………… 172
燕婉之求 …………… 162	蝃蝀在東 …………… 172
新臺有洒 …………… 163	崇朝其雨 …………… 172
河水浼浼 …………… 163	干旄 ………………… 173
籧篨不殄 …………… 163	孑孑干旄 …………… 173
得此戚施 …………… 164	良馬四之 良馬五之 良馬
二子乘舟 …………… 164	六之 ………………… 173
願言思子 …………… 164	載馳 ………………… 174
鄘風 ………………… 164	載馳載驅 …………… 174
柏舟 ………………… 164	言采其蝱 …………… 174
髧彼兩髦 …………… 164	控於大邦 …………… 174
只 …………………… 165	衛風 ………………… 175
實維我特 …………… 165	淇奧 ………………… 175
墻有茨 ……………… 165	綠竹猗猗 …………… 175
不可讀也 …………… 165	有斐君子 …………… 175
君子偕老 …………… 166	如切如磋 …………… 176
委委佗佗 …………… 166	如琢如磨 …………… 176
玼兮玼兮 瑳兮瑳兮 … 167	瑟兮僩兮 …………… 176
其之翟也 …………… 167	赫兮咺兮 …………… 177
鬒髮如雲 …………… 167	終不可諼兮 ………… 177
玉之瑱也 …………… 168	會弁如星 …………… 177
象之揥也 …………… 168	綠竹如簀 …………… 178
其之展也 …………… 168	考槃 ………………… 178
蒙彼縐絺 …………… 169	獨寐寤言 鄭箋：寤覺 ……
是紲袢也 …………… 169	……………………… 178
揚且之顏也 ………… 170	碩人之薖 …………… 178
邦之媛也 …………… 170	碩人 ………………… 179
定之方中 …………… 171	碩人其頎 …………… 179
椅桐梓漆 …………… 171	衣錦褧衣 …………… 179

譚公維私	180
領如蝤蠐	180
齒如瓠棲	180
螓首蛾眉	181
巧笑倩兮	181
美目盼兮	181
朱幩鑣鑣	181
河水洋洋	182
北流活活	182
施罛濊濊	182
鱣鮪發發	182
庶姜孽孽	183
氓	183
氓之蚩蚩	183
抱布貿絲	184
無與士耽	184
士之耽兮	184
其黃而隕	184
漸車帷裳	184
隰則有泮	185
信誓旦旦	185
竹竿	185
淇水滺滺	185
檜楫松舟 毛傳：所以櫂舟	185
芄蘭	186
芄蘭之支	186
童子佩觿	186
垂帶悸兮	187
能不我甲	187
河廣	187
一葦杭之	187
曾不容刀	188
伯兮	188
焉得諼草	188
木瓜	188
報之以瓊琚	188
報之以瓊瑤	189
報之以瓊玖	189
王風	189
黍離	189
中心如噎	189
君子于役	190
雞棲于塒	190
不日不月	190
君子陽陽	190
君子陶陶	190
中谷有蓷	191
嘆其乾矣	191
兔爰	191
雉離于羅	191
葛藟	191
在河之涘　在河之漘	191
大車	192
毳衣如菼	192
毳衣如璊	192
有如皦日	193
丘中有麻	193
丘中有麻	193
將其來施施	193
鄭風	193
緇衣	193
還予授子之粲兮	193
將仲子	194

無踰我園	194	挑兮達兮	201
無折我樹檀	194	在城闕兮	202

大叔于田 ⋯⋯⋯⋯⋯ 194
　火烈具舉 ⋯⋯⋯⋯⋯ 194

清人 ⋯⋯⋯⋯⋯⋯⋯ 195
　駟介旁旁 ⋯⋯⋯⋯⋯ 195
　駟介麃麃 ⋯⋯⋯⋯⋯ 195
　二矛重喬 ⋯⋯⋯⋯⋯ 195

遵大路 ⋯⋯⋯⋯⋯⋯ 196
　無我魗兮 ⋯⋯⋯⋯⋯ 196

女曰雞鳴 ⋯⋯⋯⋯⋯ 196
　雜佩以贈之 ⋯⋯⋯⋯ 196

有女同車 ⋯⋯⋯⋯⋯ 197
　顏如舜華 ⋯⋯⋯⋯⋯ 197

山有扶蘇 ⋯⋯⋯⋯⋯ 198
　山有扶蘇 ⋯⋯⋯⋯⋯ 198
　山有橋松 ⋯⋯⋯⋯⋯ 198

蘀兮 ⋯⋯⋯⋯⋯⋯⋯ 198
　風其漂女 ⋯⋯⋯⋯⋯ 198

狡童 ⋯⋯⋯⋯⋯⋯⋯ 199
　使我不能餐兮 ⋯⋯⋯ 199
　褰裳 ⋯⋯⋯⋯⋯⋯⋯ 199
　豈無他士 ⋯⋯⋯⋯⋯ 199

丰 ⋯⋯⋯⋯⋯⋯⋯⋯ 199
　俟我乎堂兮 ⋯⋯⋯⋯ 199

東門之墠 ⋯⋯⋯⋯⋯ 200
　東門之墠 ⋯⋯⋯⋯⋯ 200
　茹藘在阪 ⋯⋯⋯⋯⋯ 200

風雨 ⋯⋯⋯⋯⋯⋯⋯ 201
　風雨淒淒 ⋯⋯⋯⋯⋯ 201
　風雨瀟瀟 ⋯⋯⋯⋯⋯ 201

子衿 ⋯⋯⋯⋯⋯⋯⋯ 201

出其東門 ⋯⋯⋯⋯⋯ 202
　縞衣綦巾 ⋯⋯⋯⋯⋯ 202
　出其闉闍 ⋯⋯⋯⋯⋯ 203
　匪我思且 ⋯⋯⋯⋯⋯ 203

溱洧 ⋯⋯⋯⋯⋯⋯⋯ 203
　溱與洧　方渙渙兮 ⋯ 203
　瀏其清矣 ⋯⋯⋯⋯⋯ 204

齊風 ⋯⋯⋯⋯⋯⋯⋯ 205

還 ⋯⋯⋯⋯⋯⋯⋯⋯ 205
　子之還兮 ⋯⋯⋯⋯⋯ 205
　遭我乎峱之閒兮 ⋯⋯ 205
　並驅從兩肩兮 ⋯⋯⋯ 205
　揖我謂我儇兮 ⋯⋯⋯ 206

著 ⋯⋯⋯⋯⋯⋯⋯⋯ 206
　尚之以瓊華 ⋯⋯⋯⋯ 206

東方未明 ⋯⋯⋯⋯⋯ 206
　東方未晞 ⋯⋯⋯⋯⋯ 206
　折柳樊圃 ⋯⋯⋯⋯⋯ 207

南山 ⋯⋯⋯⋯⋯⋯⋯ 207
　衡從其畝 ⋯⋯⋯⋯⋯ 207

甫田 ⋯⋯⋯⋯⋯⋯⋯ 207
　無田甫田 ⋯⋯⋯⋯⋯ 207
　勞心怛怛 ⋯⋯⋯⋯⋯ 208
　婉兮孌兮 ⋯⋯⋯⋯⋯ 208

盧令 ⋯⋯⋯⋯⋯⋯⋯ 208
　盧令令 ⋯⋯⋯⋯⋯⋯ 208
　其人美且鬈 ⋯⋯⋯⋯ 208

敝笱 ⋯⋯⋯⋯⋯⋯⋯ 209
　其魚魴鰥 ⋯⋯⋯⋯⋯ 209

魏風 ⋯⋯⋯⋯⋯⋯⋯ 209

葛屨	209	見此粲者	215
摻摻女手	209	杕杜	216
要之襋之	210	獨行睘睘	216
好人提提	210	羔裘	216
宛然左辟	210	羔裘豹袪	216
汾沮洳	211	鴇羽	217
彼汾沮洳	211	集于苞栩	217
言采其藚　釋文：說文音似		肅肅鴇行	217
足反	211	有杕之杜	217
園有桃	211	噬肯適我	217
我歌且謠	211	葛生	217
陟岵	211	蘞蔓于野	217
尚慎旃哉	211	蘞蔓于域	218
伐檀	212	采苓	218
河水清且漣猗	212	人之爲言	218
不稼不穡	212	秦風	218
不狩不獵	212	秦誋	218
碩鼠	213	伯翳	218
碩鼠碩鼠	213	駟驖	219
三歲貫女	213	駟驖孔阜	219
唐風	213	小戎	219
蟋蟀	213	五楘梁輈	219
蟋蟀在堂	213	陰靷沃續	219
山有樞	214	文茵暢轂	220
弗曳弗婁	214	鋈以觼軜	220
隰有杻	214	厹矛鋈錞	220
椒聊	214	蒙伐有苑	221
椒聊之實　蕃衍盈升	214	竹閉緄縢	221
遠條且	215	厭厭良人	222
綢繆	215	蒹葭	222
綢繆束薪	215	宛在水中坻	222
子兮子兮	215	終南	223

有條有梅 …………………… 223
佩玉將將 …………………… 223
黃鳥 …………………………… 223
交交黃鳥 …………………… 223
惴惴其慄 …………………… 224
西天之防 …………………… 224
晨風 …………………………… 224
鴥彼晨風 …………………… 224
憂心欽欽 …………………… 224
無衣 …………………………… 225
與子同澤　毛傳：澤潤澤也
………………………………… 225
脩我矛戟 …………………… 225
渭陽 …………………………… 225
何以贈之 …………………… 225
陳風 …………………………… 226
陳誑 …………………………… 226
陳　宛丘之側 …………… 226
宛丘 …………………………… 226
坎其擊鼓 …………………… 226
東門之枌 …………………… 226
市也婆娑 …………………… 226
越以鬷邁 …………………… 227
衡門 …………………………… 227
衡門之下 …………………… 227
可以樂饑 …………………… 227
東門之池 …………………… 228
可以漚麻 …………………… 228
防有鵲巢 …………………… 228
誰侜予美 …………………… 228
邛有旨鷊 …………………… 228
月出 …………………………… 229

舒窈糾兮　音義：說文音巳
小反 ………………………… 229
澤陂 …………………………… 229
有蒲與荷 …………………… 229
有蒲與蕑 …………………… 229
碩大且卷 …………………… 229
碩大且儼 …………………… 230
檜風 …………………………… 230
檜誑 …………………………… 230
檜　外方之北滎波之南 ……
………………………………… 230
素冠 …………………………… 231
棘人欒欒兮 ………………… 231
隰有萇楚 …………………… 231
猗儺其枝 …………………… 231
匪風 …………………………… 232
匪車嘌兮 …………………… 232
溉之釜鬵 …………………… 232
曹風 …………………………… 232
蜉蝣 …………………………… 232
衣裳楚楚 …………………… 232
蜉蝣掘閱 …………………… 233
候人 …………………………… 233
何戈與祋 …………………… 233
不濡其咮 …………………… 234
薈兮蔚兮 …………………… 234
下泉 …………………………… 234
愾我寤嘆 …………………… 234
豳風 …………………………… 235
七月 …………………………… 235
一之日觱發 ………………… 235
二之日栗烈 ………………… 235

條目	頁	條目	頁
田畯至喜	235	鸛鳴于垤	244
有鳴倉庚	236	**破斧**	244
殆及公子同歸	236	既破我斧	244
八月萑葦	237	又缺我錡　又缺我銶	245
七月鳴鵙	237	**伐柯**	245
八月載績	237	籩豆有踐	245
四月秀葽	237	**九罭**	245
五月鳴蜩	238	鴻飛遵渚	245
八月其穫　九月築場圃　十月納禾稼	238	**狼跋**	246
		載疐其尾	246
一之日于貉　取彼狐貍　爲公子裘	238	**小雅**	246
		鹿鳴之什	246
六月食鬱及薁	238	**鹿鳴**	246
八月剝棗	239	食野之苹	246
八月斷壺	239	承筐是將	247
采荼薪樗	239	視民不恌	247
三之日納于凌陰	240	君子是則是傚	248
黍稷重穋	240	食野之芩	248
朋酒斯饗	240	**四牡**	248
萬壽無疆	241	四牡騑騑	248
鴟鴞	241	周道倭遲	249
迨天之未陰雨	241	嘽嘽駱馬	249
予手拮据	241	不遑啓處	249
唯予音之曉曉	241	翩翩者鵻	249
東山	242	載驟駸駸	250
勿士行枚	242	將母來諗	250
蜎蜎者蠋	242	**皇皇者華**	250
烝在桑野	242	駪駪征夫	250
果臝之實	242	**常棣**	251
伊威在室	243	常棣之華	251
町畽鹿場	243	鄂不韡韡	251
熠燿宵行	243	脊令在原	251

— 1753 —

況也永歎 …… 252	遐不黃耇 …… 263
外禦其務 …… 253	蓼蕭 …… 263
飲酒之飫 …… 253	爲龍爲光 …… 263
樂爾妻帑 …… 255	鞗革沖沖 …… 263
伐木 …… 256	湛露 …… 264
鳥鳴嚶嚶 …… 256	匪陽不晞 …… 264
伐木許許 …… 256	彤弓 …… 264
釃酒有藇 …… 257	彤弓弨兮 …… 264
坎坎鼓我 …… 257	菁菁者莪 …… 265
蹲蹲舞我 …… 257	錫我百朋 …… 265
天保 …… 258	載沈載浮 …… 265
俾爾戩穀 …… 258	六月 …… 265
吉蠲爲饎 …… 258	以匡王國 …… 265
如月之恆 …… 258	四牡脩廣 …… 265
不騫不崩 …… 259	以奏膚公 …… 266
采薇 …… 259	織文鳥章 …… 266
不遑啟居 …… 259	帛斾央央 …… 266
彼爾維何 …… 259	元戎十乘 …… 266
象弭魚服 …… 259	既佶且閑 …… 267
出車 …… 260	采芑 …… 267
黍稷方華 …… 260	約軝錯衡 …… 267
杕杜 …… 260	八鸞鎗鎗 …… 268
檀車幝幝 …… 260	振旅闐闐 …… 268
魚麗 …… 261	車攻 …… 269
魚麗于罶 …… 261	四牡奕奕 …… 269
鱨鯊 …… 261	助我舉柴 …… 269
南有嘉魚之什 …… 262	徒御不驚 …… 269
南有嘉魚 …… 262	吉日 …… 270
烝然汕汕 …… 262	麀鹿麌麌 …… 270
南山有臺 …… 262	其祁孔有 …… 270
樂只君子 …… 262	儦儦俟俟 …… 270
南山有枸 …… 262	鴻鴈之什 …… 271

鴻鴈‥‥‥‥‥‥‥‥ 271
　鴻鴈于飛‥‥‥‥‥ 271
　爰及矜人‥‥‥‥‥ 271
　百堵皆作‥‥‥‥‥ 271
庭燎‥‥‥‥‥‥‥‥ 272
　夜未央　夜未艾‥ 272
　庭燎有煇‥‥‥‥‥ 273
沔水‥‥‥‥‥‥‥‥ 273
　沔彼流水‥‥‥‥‥ 273
　民之訛言‥‥‥‥‥ 273
鶴鳴‥‥‥‥‥‥‥‥ 273
　鶴鳴于九皋‥‥‥‥ 273
　可以爲錯‥‥‥‥‥ 274
白駒‥‥‥‥‥‥‥‥ 274
　縶之維之‥‥‥‥‥ 274
黃鳥‥‥‥‥‥‥‥‥ 274
　無啄我粟‥‥‥‥‥ 274
斯干‥‥‥‥‥‥‥‥ 275
　秩秩斯干‥‥‥‥‥ 275
　約之閣閣‥‥‥‥‥ 275
　如矢斯棘‥‥‥‥‥ 275
　如鳥斯革‥‥‥‥‥ 275
　如翬斯飛‥‥‥‥‥ 276
　噲噲其正‥‥‥‥‥ 276
　下莞上簟‥‥‥‥‥ 276
　維虺維蛇‥‥‥‥‥ 277
　載衣之裼‥‥‥‥‥ 277
　載弄之瓦‥‥‥‥‥ 277
無羊‥‥‥‥‥‥‥‥ 278
　其角濈濈‥‥‥‥‥ 278
　或寢或訛‥‥‥‥‥ 278
節南山之什‥‥‥‥‥ 279

節南山‥‥‥‥‥‥‥ 279
　節彼南山‥‥‥‥‥ 279
　憂心如惔‥‥‥‥‥ 279
　何用不監‥‥‥‥‥ 279
　天方薦瘥‥‥‥‥‥ 280
　維周之氐‥‥‥‥‥ 280
　四牡項領‥‥‥‥‥ 280
　蹙蹙靡所騁‥‥‥‥ 280
正月‥‥‥‥‥‥‥‥ 281
　癙憂以痒‥‥‥‥‥ 281
　視天夢夢‥‥‥‥‥ 281
　不敢不蹐‥‥‥‥‥ 281
　有倫有脊‥‥‥‥‥ 281
　胡爲虺蜴‥‥‥‥‥ 282
　又窘陰雨‥‥‥‥‥ 282
　載輸爾載‥‥‥‥‥ 282
　佌佌彼有屋‥‥‥‥ 282
十月之交‥‥‥‥‥‥ 283
　亦孔之醜‥‥‥‥‥ 283
　百川沸騰‥‥‥‥‥ 283
　仲允膳夫‥‥‥‥‥ 283
　楀維師氏‥‥‥‥‥ 283
　豔妻煽方處‥‥‥‥ 284
　噂沓背憎‥‥‥‥‥ 284
　悠悠我里‥‥‥‥‥ 284
雨無正‥‥‥‥‥‥‥ 285
　莫知我勚‥‥‥‥‥ 285
　莫肯朝夕‥‥‥‥‥ 285
小旻‥‥‥‥‥‥‥‥ 285
　謀猶回遹‥‥‥‥‥ 285
　潝潝訿訿‥‥‥‥‥ 286
　伊于胡底‥‥‥‥‥ 286

不潰于成 …………… 286	哆兮侈兮　毛傳：嫗不逮門
不敢馮河 …………… 287	…………… 294
小宛 …………… 287	緝緝翩翩 …………… 295
翰飛戾天 …………… 287	驕人好好 …………… 295
飲酒溫克 …………… 287	**谷風之什** …………… 295
螟蛉有子　蜾蠃負之 …… 287	**谷風** …………… 295
題彼脊令 …………… 288	維風及頹 …………… 295
宜岸宜獄 …………… 288	**蓼莪** …………… 295
小弁 …………… 288	匪莪伊蔚 …………… 295
弁彼鸒斯 …………… 288	瓶之罄矣 …………… 296
怒焉如擣 …………… 289	**大東** …………… 296
萑葦淠淠 …………… 289	周道如砥 …………… 296
維足伎伎 …………… 289	睠言顧之 …………… 296
譬彼壞木 …………… 290	杼柚其空 …………… 296
尚或墐之 …………… 290	佻佻公子 …………… 297
析薪杝矣 …………… 291	哀我憚人 …………… 297
巧言 …………… 291	跂彼織女 …………… 297
僭始既涵 …………… 291	終日七襄 …………… 297
秩秩大猷 …………… 291	維北有斗 …………… 298
聖人莫之 …………… 292	**四月** …………… 298
予忖度之 …………… 292	百卉具腓 …………… 298
荏染柔木 …………… 292	廢爲殘賊 …………… 298
無拳無勇 …………… 292	匪鶉匪鳶 …………… 298
何人斯 …………… 293	**北山** …………… 300
祇攪我心 …………… 293	我從事獨賢 …………… 300
俾我祇也 …………… 293	或出入風議 …………… 300
爲鬼爲蜮 …………… 293	**小明** …………… 300
巷伯 …………… 294	畏此罪罟 …………… 300
萋兮斐兮 …………… 294	自詒伊戚 …………… 301
哆兮侈兮　毛傳：縮屋 ……	**鼓鍾** …………… 301
…………… 294	憂心且妯 …………… 301
	楚茨 …………… 301

— 1756 —

我庾維億 …………… 301	摧之秩之　秩之摧之 …… 311
祝祭于祊 …………… 302	頍弁 …………………… 312
獻醻交錯 …………… 302	蔦與女蘿 …………… 312
我孔熯矣 …………… 302	憂心怲怲 …………… 312
苾芬孝祀 …………… 302	先集維霰 …………… 312
既齊既稷 …………… 303	車舝 …………………… 312
既匡既勑 …………… 303	高山仰止 …………… 312
信南山 ………………… 303	以慰我心 …………… 313
曾孫田之 …………… 303	青蠅 …………………… 313
益之以霢霂 ………… 303	營營青蠅　止于樊 … 313
既優既渥 …………… 303	賓之初筵 ……………… 314
既霑既足 …………… 304	肴核維旅 …………… 314
黍稷或或 …………… 304	發彼有的 …………… 314
甫田之什 ……………… 305	賓載手仇 …………… 314
甫田 …………………… 305	婁舞僊僊 …………… 315
倬彼甫田 …………… 305	威儀怭怭 …………… 315
或耘或耔 …………… 305	屢舞傲傲 …………… 315
大田 …………………… 306	側弁之俄 …………… 315
以我覃耜 …………… 306	屢舞僛僛 …………… 316
既方既皁 …………… 306	俾出童羖 …………… 316
不稂不莠 …………… 306	魚藻之什 ……………… 317
去其螟螣　及其蟊賊 …… 306	魚藻 …………………… 317
有渰萋萋 …………… 307	豈樂飲酒 …………… 317
彼有遺秉 …………… 307	采菽 …………………… 317
瞻彼洛矣 ……………… 308	觱沸檻泉 …………… 317
鞗革有奭 …………… 308	鸞聲嘒嘒 …………… 317
韎韐有奭 …………… 309	邪幅在下 …………… 318
桑扈 …………………… 310	平平左右 …………… 318
有鶯其羽 …………… 310	紼纚維之 …………… 318
之屏之翰 …………… 311	天子葵之 …………… 318
受福不那 …………… 311	角弓 …………………… 319
鴛鴦 …………………… 311	騂騂角弓 …………… 319

如塗塗附	319	上天之載	326
雨雪瀌瀌	319	**大明**	326
見晛曰消	320	天難忱斯	326
菀柳	320	天位殷適	326
有菀者柳	320	摯仲氏任	327
上帝甚蹈	320	曰嬪于京	327
無自瘵焉	320	大任有身	327
都人士	321	在洽之陽	327
綢直如髮	321	俔天之妹	328
謂之尹吉	321	其會如林	328
黍苗	321	涼彼武王	329
我任我輦　我車我牛	321	會朝清明	329
隰桑	322	**緜**	329
桑葉有幽	322	緜緜瓜瓞	329
白華	322	自土漆沮	330
白華菅兮	322	陶復陶穴	331
念子懆懆	322	來朝走馬	333
視我邁邁	323	率西水滸	333
有鶖在梁	323	周原膴膴	333
瓠葉	323	爰契我龜	333
燔之炙之	323	捄之陾陾	334
酌言酢之	324	皋門有伉	335
漸漸之石	324	混夷駾矣　維其喙矣	335
維其勞矣	324	予曰有奔奏	336
苕之華	325	**棫樸**	336
牂羊墳首	325	芃芃棫樸	336
大雅	325	薪之槱之	337
文王之什	325	左右趣之	337
文王	325	倬彼雲漢	337
亹亹文王	325	追琢其章	338
其麗不億	325	**旱麓**	338
宣昭義問	326	榛楛濟濟	338

| 瑟彼玉瓚 | 338 |
| 施於條枚 | 338 |

思齊 339
| 神罔時恫 | 339 |

皇矣 339
作之屏之	339
其灌其栵	339
其檉其椐	340
串夷載路	340
貊其德音	340
與爾臨衝	341
以伐崇墉	341
臨衝茀茀	341
崇墉仡仡	341

靈臺 342
經始靈臺	342
王在靈囿	342
白鳥翯翯	342
虡業維樅	342
於論鼓鍾	343
鼉鼓逢逢	343
矇瞍奏公	343

下武 344
| 昭茲來許 | 344 |

文王有聲 344
| 遹求遹寧 | 344 |
| 築城伊淢 | 344 |

生民之什 345

生民 345
履帝武敏歆	345
載震載夙	346
先生如達	346

不拆不副	347
克岐克嶷	347
禾役穟穟	347
麻麥幪幪	348
瓜瓞唪唪	348
實方實苞	348
即有邰家室	349
誕降嘉種　維秬維秠　維穈維芑	349
或舂或揄	351
釋之叟叟	351
烝之浮浮	352
取蕭祭脂	352
于豆于登	352

行葦 353
嘉殽脾臄	353
或歌或咢	354
敦弓既堅	354
四鍭既鈞	355
酒醴維醹	355
酌以大斗	355

既醉 355
| 令終有俶 | 355 |

鳧鷖 356
鳧鷖在涇	356
鳧鷖在沙	356
鳧鷖在潨	356
福祿來崇	356
公尸來止熏熏	357

假樂 357
| 假樂君子 | 357 |
| 民之攸墍 | 357 |

公劉……………………… 357	蕩之什……………………… 366
篤公劉……………………… 357	蕩……………………… 366
干戈戚揚………………… 358	曾是掊克………………… 366
陟則在巘………………… 358	侯作侯祝………………… 367
于時廬旅………………… 358	內奰于中國……………… 367
于時言言　于時語語…… 358	顛沛之揭………………… 367
既登乃依………………… 359	抑……………………… 368
乃造其曹………………… 359	惟德之隅………………… 368
取厲取鍛………………… 359	無競維人………………… 368
芮鞫之即………………… 360	有覺德行………………… 368
泂酌……………………… 360	白圭之玷………………… 369
泂酌彼行潦……………… 360	莫捫朕舌………………… 369
可以餴…………………… 361	荏染柔木………………… 369
卷阿……………………… 361	告之話言………………… 369
有卷者阿………………… 361	誨爾諄諄………………… 370
似先公酋矣……………… 361	桑柔……………………… 370
翽翽其羽………………… 362	捋采其劉………………… 370
民勞……………………… 362	國步斯頻………………… 370
昏不畏明………………… 362	靡所止疑………………… 371
以謹惛怓………………… 363	亦孔之僾………………… 371
板………………………… 363	具贅卒荒………………… 372
上帝板板………………… 363	以念穹蒼………………… 372
靡聖管管………………… 363	考慎其相………………… 372
無然泄泄………………… 363	甡甡其鹿………………… 372
辭之輯矣………………… 364	進退維谷………………… 373
民之洽矣………………… 364	既之陰女………………… 373
及爾同寮………………… 364	雲漢……………………… 373
聽我囂囂………………… 365	蘊隆蟲蟲………………… 373
民之方殿屎……………… 365	周餘黎民………………… 373
天之牖民………………… 365	滌滌山川………………… 374
价人維藩………………… 366	云如何里………………… 374
及爾游衍………………… 366	有嘒其星………………… 374

昭假無贏	374

崧高 … 375
- 崧高維嶽 … 375
- 駿極于天 … 376
- 以峙其粻 … 376

烝民 … 376
- 愛莫助之 … 376
- 征夫捷捷 … 376

韓奕 … 376
- 鉤膺鏤鍚 … 376
- 鞹鞃淺幭　鞗革金厄 … 377
- 出宿于屠 … 378
- 其蔌維何　維筍及蒲 … 378
- 汾王之甥 … 378
- 爲韓姞相攸 … 378
- 獻其貔皮 … 379

江漢 … 379
- 江漢浮浮 … 379
- 釐爾圭瓚 … 379

常武 … 379
- 既敬既戒 … 379
- 徐方繹騷 … 380
- 闞如虓虎 … 380
- 鋪敦淮濆 … 380
- 緜緜翼翼 … 381

瞻卬 … 381
- 時維婦寺 … 381
- 鞫人忮忒 … 381
- 舍爾介狄 … 381

召旻 … 382
- 蟊賊內訌 … 382
- 昏椓靡共 … 382

潰潰回遹	382
皋皋訿訿	382
彼疏斯粺	383
不云自頻	383

周頌 … 384
清廟之什 … 384
清廟 … 384
- 對越在天 … 384

維天之命 … 384
- 假以溢我 … 384

天作 … 385
- 大王荒之 … 385

昊天有成命 … 385
- 於緝熙 … 385

時邁 … 386
- 莫不震疊 … 386
- 載戢干戈 … 386

執競 … 387
- 鐘鼓喤喤 … 387
- 磬筦將將 … 387
- 降福穰穰 … 387

思文 … 388
- 貽我來牟 … 388

臣工之什 … 389
臣工 … 389
- 庤乃錢鎛 … 389
- 奄觀銍艾 … 389

振鷺 … 389
- 于彼西雝 … 389

豐年 … 390
- 亦有高廩 … 390
- 萬億及秭 … 390

有瞽	391	繹賓尸也	397
設業設虡	391	絲衣其紑	397
潛	391	載弁俅俅	398
潛有多魚	391	酌	398
鱣鮪鰋鯉	392	我龍受之	398
載見	392	桓	398
龍旂陽陽　和鈴央央	392	婁豐年	398
鞗革有鶬	393	般	399
有客	393	墮山喬嶽	399
有客宿宿	393	魯頌	399
武	393	駉	399
耆定爾功	393	駉駉牡馬	399
閔予小子之什	393	有驔有魚	400
閔予小子	393	以車袪袪	400
嬛嬛在疚	393	泮水	401
繼序思不忘	394	薄采其茆	401
敬之	394	烝烝皇皇	401
佛時仔肩	394	不吳不揚	401
小毖	395	束矢其搜	401
莫予荓蜂	395	憬彼淮夷	402
載芟	395	閟宮	402
徂隰徂畛	395	閟宮有侐	402
實函斯活	395	稙穉菽麥	403
有厭其傑	395	實始翦商	403
緜緜其麃	396	夏而楅衡	404
有椒其馨	396	犧尊將將	404
良耜	396	毛炰胾羹	404
畟畟良耜	396	籩豆大房	404
以薅荼蓼	396	貝冑朱綅	405
積之栗栗	397	黃髮台背	405
有捄其角	397	魯侯是若	405
絲衣	397	黃髮兒齒	405

商頌	406
那	406
庸鼓有斁	406
玄鳥	406
降而生商	406
正域彼四方　奄有九有	406
大糦是承	407
景員維河	407
長發	407
幅隕既長	407
玄王桓撥	407
不競不絿	408
布政優優	408
百祿是遒	409
爲下國駿厖	409
不戁不竦	409
武王載斾	410
實維阿衡	410
殷武	410
罙入其阻	410
自彼氐羌	411
松桷丸丸	411
松桷有梴	412
全經	413
詩言福祿多不別	413
葛藟	413
茀	413
將	413
瞿瞿	414
兕觥	414
鬐發　鬐沸	415

曷害	415
彭彭　旁旁	415
淵淵　咽咽	415
柞棫　柞棫	416
牲牲	416
旄	416
假	417
似	417
棘	417
鞫	417
炮　炰　烋	418
慎	420
頌	420
駉	421
騏	421
駒	421
騋牝　麀鹿	421
猗	422
赫　奭	422
夷	422
息	423
洵	423
墍	423
黽勉	423
洒埽	424
耽　湛	424
周禮	425
天官冢宰第一	425
奚三百人	425
職內	425
內豎	425

大宰 …………………………… 426	食醫 …………………………… 434
邦國 ………………………… 426	食齊視春時　鄭注：飯宜溫
以擾萬民 …………………… 426	………………………………… 434
官聯以會官治 ……………… 426	苽 …………………………… 434
賦貢 ………………………… 426	疾醫 …………………………… 434
家削之賦 …………………… 426	冬時有嗽上氣疾 …………… 434
匪頒之式 …………………… 427	瘍醫 …………………………… 435
儒以道得民 ………………… 427	折瘍 ………………………… 435
小宰 …………………………… 427	酒正 …………………………… 435
聽稱責以傅別 ……………… 427	醴齊　鄭注：恬酒 ………… 435
書契　鄭注：凡薄書之取目	盎齊　鄭注：盎猶翁也 ……
………………………………… 428	………………………………… 435
宮正 …………………………… 428	緹齊 ………………………… 436
幾其出入 …………………… 428	醫 …………………………… 436
奇衺之民 …………………… 428	酏 …………………………… 436
膳夫 …………………………… 429	酒人 …………………………… 437
膳用六牲 …………………… 429	掌爲五齊三酒 ……………… 437
以樂侑食 …………………… 429	漿人 …………………………… 437
庖人 …………………………… 429	涼 …………………………… 437
夏行腒鱐 …………………… 429	凌人 …………………………… 438
膳膏臊 ……………………… 429	春始治鑑 …………………… 438
秋行犢麑膳膏腥 …………… 430	籩人 …………………………… 438
內饔 …………………………… 430	籩其實麷 …………………… 438
牛夜鳴則庮 ………………… 430	鮑 …………………………… 439
豕盲眂而交睫腥 …………… 430	乾薐 ………………………… 439
甸師 …………………………… 431	榛實 ………………………… 440
王藉 ………………………… 431	糗餌粉餈 …………………… 440
薀盛 ………………………… 431	醢人 …………………………… 441
斃人 ………………………… 432	昌本 ………………………… 441
春獻王鮪 …………………… 432	菁菹 ………………………… 441
腊人 …………………………… 433	茆菹 ………………………… 441
膴胖 ………………………… 433	芹菹 ………………………… 441

| 渼蒲醓醢 …………… 442
| 豚拍 ……………… 442
| 箈菹 ……………… 443
| 七菹 ……………… 443
幂人 ………………… 444
| 幎㡇 ……………… 444
宮人 ………………… 444
| 井匽 ……………… 444
外府 ………………… 445
| 布之入出 ………… 445
掌舍 ………………… 445
| 柣柂 ……………… 445
外府 ………………… 445
| 共其財用之幣齎 … 445
司裘 ………………… 446
| 諸侯則共熊侯豹侯設其鵠　鄭
　注：以爲臯 ………… 446
内宰 ………………… 446
| 淳制 ……………… 446
| 閽人 ……………… 447
典婦功 ……………… 447
| 苦良 ……………… 447
典枲 ………………… 447
| 麻草 ……………… 447
内司服 ……………… 448
| 褘衣 ……………… 448
縫人 ………………… 448
| 翣柳 ……………… 448
染人 ………………… 449
| 春暴練 …………… 449
| 夏纁玄 …………… 449
追師 ………………… 449

| 爲副編次 ………… 449
履人 ………………… 450
| 舄 ………………… 450
夏采 ………………… 450
| 建綏 ……………… 450
地官司徒第二 ……… 450
| 泉府 ……………… 450
| 廿人 ……………… 450
| 囿人 ……………… 452
| 饎人　鄭注：故書饎作䭈 …
　……………………… 452
大司徒 ……………… 452
| 墳衍 ……………… 452
| 邍隰 ……………… 452
| 溝封 ……………… 453
| 其植物宜早物 …… 453
| 其動物宜鱗物 …… 453
| 其民黑而津 ……… 453
| 其植物宜覈物 …… 453
| 其民專而長 ……… 454
| 其植物宜莢物 …… 454
| 不易之地家百畮一易之地家二
　百畮再易之地家三百畮 ……
　……………………… 454
| 鄉師 ……………… 455
| 輂輦 ……………… 455
閭胥 ………………… 457
| 觵撻罰之事 ……… 457
封人 ………………… 457
| 絩 ………………… 457
鼓人 ………………… 457
| 金鐃 ……………… 457

金鐸······458
　　鼓鼙　鄭注：昏鼓四通爲大鼖
　　　······458
舞師······458
　　皇舞······458
牧人······459
　　牷牲······459
　　陰祀用黝牲······459
充人······459
　　牢······459
載師······460
　　近郊之地······460
　　稍地　鄭注：稍或作削······
　　　······460
　　漆林······460
遺人······460
　　囏阨······460
師氏······461
　　中失······461
保氏······461
　　國子　六書······461
司市······462
　　商賈······462
　　夕市······462
廛人······462
　　斂而入于膳府　鄭注：貨物諸藏於市中······462
泉府······463
　　凡民之貸者······463
掌節······463
　　門關　貨賄　道路······463
遂人······464

　　以興耡利甿······464
　　治野······464
遂師······465
　　抱磨······465
　　蜃車······465
草人······466
　　騂剛用牛······466
　　勃壤用狐······466
　　埴壚用豕······466
　　彊櫟······466
稻人······467
　　稻人掌稼下地······467
　　以列舍水······467
　　種之芒種······467
土訓······467
　　幽并地宜麻······467
山虞······468
　　掄材······468
掌染草······468
　　染草······468
虞人······468
　　接盛······468
舍人······469
　　共簠簋······469
　　掌米粟之出入辨其物　鄭注：六米······470
倉人······470
　　掌粟入之藏······470
槀人······470
　　豢祭祀之犬　鄭注：戔餘······
　　　······470
春官宗伯第三······470

司几筵………………… 470
冢人…………………… 471
瞽矇…………………… 471
鎛師…………………… 471
鞮鞻氏………………… 472
巾車…………………… 473

大宗伯………………… 473
　以樊燎祀司中司命…… 473
　五祀………………… 474
　疈辜祭……………… 474
　祼…………………… 474
　以禴夏享先王……… 475
　春見曰朝　秋見曰覲… 475
　矦執信圭　伯執躬圭… 476
　六贄………………… 476

小宗伯………………… 476
　兆五帝於四郊……… 476
　禱祠………………… 476
　以秬鬯涗…………… 477
　甫竁………………… 477

肆師…………………… 477
　表齍盛告絜………… 477
　禮儀………………… 477

鬱人…………………… 478
　和鬱鬯　鄭注：十葉爲貫　百
　二十貫爲築………… 478

鬯人…………………… 479
　瓢齏　鄭注：瓢謂瓢蠡也
　………………………… 479

雞人…………………… 479
　夜嘑旦以嘂百官…… 479

司尊彝………………… 479

獻尊…………………… 479
昨……………………… 480
涗酌　鄭注：涗酌者梲拭勺而
　酌也………………… 480

司几筵………………… 480
　漆几………………… 480

典瑞…………………… 480
　瑑　先鄭注：圻鄂…… 480
　四圭有邸…………… 481
　璧羨………………… 481
　琬圭………………… 482

司服…………………… 482
　享先王則袞冕……… 482
　希冕　鄭注：希讀爲絺或作黹
　字之誤也…………… 483
　褻衣服……………… 483

守祧…………………… 483
　既祭則藏其隋……… 483

世婦…………………… 484
　掌女宮之宿戒……… 484

冢人…………………… 484
　以爵等爲丘封之度與其樹數
　賈疏：樹以藥草……… 484

大司樂………………… 484
　諷誦………………… 484
　大磬………………… 485
　大濩………………… 485
　三宥………………… 485
　令奏愷樂…………… 485
　大傀異烖…………… 485

樂師…………………… 486
　帗舞　羽舞………… 486

有羽舞有皇舞	486	眂祲	493
教愷歌遂倡之	486	十煇之法	493
詔來瞽皋舞	487	三曰鑴	493
帥射夫以弓矢舞	487	五曰闇	493
大師	487	**大祝**	494
興	487	二曰造	494
小師	488	擩祭	494
管	488	九𢷎	495
瞽矇	488	隋釁	499
世帝繫	488	**小祝**	499
典同	488	彌災兵	499
高聲 鄭司農注：鍾形下當睥	488	**甸祝**	500
陂聲散	488	禂牲禂馬	500
微聲韽	489	**詛祝**	500
薄聲甄	489	檜禜之祝號	500
笙師	489	**司巫**	501
簫	489	匰主	501
竽	490	蒩館	501
笙	490	**大史**	501
篪	490	居門終月	501
篴	490	**小史**	502
籥章	491	爼簋	502
豳籥 注：邠	491	**外史**	502
典庸器	491	書名	502
設筍虡 鄭注：從者爲鐻	491	**巾車**	503
垂氏	492	繁纓 鄭注：繁讀爲鞶帶之鞶謂今馬大帶也	503
凡卜以明火爇燋遂龡其煗契以授卜師遂役之	492	十有二游 鄭注：正幅爲縿	503
占夢	492	皆有容蓋	504
噩夢	492	有握	504
		有翣羽蓋	504

| 駹車藿蔽然禡 ………… 505
| 孤乘夏篆 …………… 505
| 輕車之萃 …………… 506
司常 ………………… 506
| 析羽爲旌 …………… 506
| 師都建旗 …………… 507
| 道車載旞斿車載旌 …… 507
夏官司馬第四 ………… 508
| 司勳 ………………… 508
| 司爟 ………………… 509
| 繕人 ………………… 509
大司馬 ……………… 509
| 馮弱犯寡則眚之 …… 509
| 九畿 ………………… 509
| 貢鼓 ………………… 510
| 徇陳 ………………… 510
| 中軍以鼙　鄭注：司馬法曰鼓聲不過閶鼙聲不過閳 …… 510
| 鳴鐃且卻 …………… 511
環人 ………………… 511
| 搏諜賊 ……………… 511
司右 ………………… 512
| 五兵　鄭注：司馬法曰弓矢圍 …………………… 512
節服氏 ……………… 512
| 蒙　鄭注：魌頭 …… 512
弁師 ………………… 512
| 玄冕朱裏延紐 ……… 512
| 朱紘 ………………… 513
| 斿 …………………… 513
| 珉玉三采 …………… 514
| 會五采玉琪 ………… 514

司弓矢 ……………… 515
| 椹質　豻侯 ………… 515
| 弩 …………………… 515
繕人 ………………… 515
| 抉拾 ………………… 515
大馭 ………………… 516
| 犯軷 ………………… 516
| 右祭兩軹　祭軓 …… 516
校人 ………………… 517
| 良馬 ………………… 517
圉師 ………………… 517
| 夏庌馬 ……………… 517
職方氏 ……………… 518
| 九州之藪 …………… 518
| 澤藪曰具區　其浸五湖 …………………… 519
| 竹箭 ………………… 520
| 其浸潁湛 …………… 520
| 雒 洛 ……………… 521
| 其浸波溠 …………… 522
| 其山鎮曰沂山　其浸沂沭 …………………… 523
| 其川淫沰 …………… 524
| 豀養 ………………… 524
| 其浸汾潞 …………… 524
秋官司寇第五 ………… 525
| 蜡氏　鄭注：狙司 …… 525
| 司烜氏 ……………… 526
| 萍氏 ………………… 526
| 赤犮氏 ……………… 526
| 蟈氏 ………………… 526
| 壺涿氏 ……………… 527

大司寇 …………………… 527	條狼氏 …………………… 533
罷民 …………………… 527	冥氏 ……………………… 534
屬躩　釋文：趙本亦作躩 …	弧張　鄭注：所以扃絹禽獸
………………………… 527	………………………… 534
士師 ……………………… 528	以靈鼓毆之 …………… 534
一曰誓 ………………… 528	翨氏 …………………… 534
七曰爲邦朋 …………… 528	以其物爲媒　鄭注：絹中 …
刉珥 …………………… 528	………………………… 535
司刑 ……………………… 529	柞氏 ……………………… 535
刖 ……………………… 529	薙蔟氏 …………………… 535
職金 ……………………… 529	赤犮氏 ………………… 536
金版　鄭注：餅金 …… 529	貍蟲 …………………… 536
用金石　鄭注：拷 …… 529	蟈氏 ……………………… 536
司厲 ……………………… 530	去竈黽 ………………… 536
奴 ……………………… 530	車軹　前疾 …………… 537
掌囚 ……………………… 530	小行人 ………………… 538
梏拲而桎 ……………… 530	櫜襘 …………………… 538
掌戮 ……………………… 530	司儀 ……………………… 539
殺王之親者辜之 ……… 530	賓亦如之 ……………… 539
刖者使守囿 …………… 531	行夫 ……………………… 539
司烄 ……………………… 531	傳遽 …………………… 539
厲禁　鄭注：厲遮例也 ……	掌客 ……………………… 540
………………………… 531	飧　饔 ………………… 540
雍氏 ……………………… 531	車三秅　鄭注：秅讀爲秅秭麻
雍氏　鄭注：伯禽以出師征	荅之秅 ………………… 540
徐戎 …………………… 531	掌訝 ……………………… 540
萍氏 ……………………… 532	卿訝 …………………… 540
司寤氏 …………………… 532	冬官考工記第六 ………… 541
禁宵行者夜遊者 ……… 532	以飭五材　飭力以長地材 …
司烜氏 …………………… 532	………………………… 541
以鑒取明水於月 ……… 532	石有時以泐 …………… 541
墳燭庭燎 ……………… 533	澤此天時 ……………… 541

弓廬 …………………… 542
鮑 …………………… 542
幌 …………………… 542
玉梡 …………………… 542
摶埴之工陶瓬 …………… 543
萬之以眂其匡 …………… 543
輪人 …………………… 543
　牙 …………………… 543
　輻欲其掣爾 …………… 544
　欲其眼 ………………… 544
　眂其綆 ………………… 545
　矩其陰陽 ……………… 545
　積理而堅 ……………… 545
　轂雖敝不藃 …………… 545
　以其圍之阞捎其藪 …… 545
　去一以爲賢　去三以爲軹 …
　　…………………… 547
　摩革 …………………… 547
　無斁而固 ……………… 547
　凡揉牙外不廉而內不挫旁不腫
　謂之用火之善 ………… 548
　桯圍 …………………… 548
　桯長倍之四尺者二十分寸之一
　謂之枚 ………………… 548
輿人 …………………… 549
　爲車 …………………… 549
　軫 …………………… 549
　較 …………………… 550
　棧車欲弇 ……………… 550
　飾車欲侈 ……………… 551
輈人 …………………… 551
　軓前十尺 ……………… 551

必鰌其牛後 ……………… 551
左不楗 …………………… 552
馬不契需 ………………… 552
蓋弓 …………………… 552
以象鶉火 ………………… 552
熊旗六斿以象伐也 ……… 552
龜蛇四斿以象營室 ……… 553
段氏爲鎛器 ……………… 553
冶氏 …………………… 553
　戈廣二寸內倍之胡三之援四之
　倨句外博重三鋝 ……… 553
　戟廣寸有半寸內三之胡四之援
　五之倨句中矩與刺重三鋝 …
　　…………………… 555
梟氏 …………………… 556
　兩欒謂之銑 …………… 556
　旋蟲謂之幹 …………… 556
　侈則柞 ………………… 556
函人 …………………… 556
　欲其惌也 ……………… 556
鮑人 …………………… 557
　察其線 ………………… 557
　以博爲帴 ……………… 557
韗人 …………………… 557
畫繢 …………………… 558
　繡 …………………… 558
鍾氏 …………………… 558
　五入爲緅 ……………… 558
幌氏 …………………… 559
　涚水 …………………… 559
　而沃之 ………………… 559
玉人 …………………… 559

【條目索引】

— 1771 —

上公用龍矦用瓚伯用將 …… …… 559

天子圭中必　鄭注：鹿車 … …… 560

大圭 …… 561

終葵 …… 561

祼圭 …… 561

琰圭 …… 562

駔琮 …… 562

矢人 …… 562

羽殺則趮 …… 562

橈之以眡其鴻殺之稱 …… 562

陶人 …… 563

甗 …… 563

甑 …… 563

鬲 …… 563

瓬人 …… 564

髺墾 …… 564

薛暴 …… 564

梓人 …… 564

外骨内骨 …… 564

卻行 …… 564

仄行 …… 565

紆行 …… 565

以注鳴者 …… 565

以胷鳴者 …… 565

其聲大而宏 …… 565

數目顅脰 …… 566

搏身而鴻 …… 566

作其鱗之而 …… 566

勺一升 …… 567

觓三升 …… 567

繒寸 …… 569

舂以功 …… 569

抗而射女 …… 569

盧人 …… 569

句兵欲無彈 …… 569

椑刺兵搏　鄭注：柯斧 …… …… 570

毄兵同強 …… 570

置而搖之 …… 570

灸諸牆以眡其橈之均 …… 570

車人 …… 571

爲耒 …… 571

柔地欲句庛 …… 571

牝服 …… 571

匠人 …… 572

槷 …… 572

門堂三之二　室三之一 …… …… 572

重屋 …… 573

耟廣五寸 …… 573

畖　澮 …… 573

堂塗十有二分　鄭注：分其督 旁之脩 …… 574

弓人 …… 575

紾而昔 …… 575

蹙於剢 …… 575

恆當弓之畏 …… 575

凡昵之類不能方 …… 575

絲欲沈 …… 576

故剽 …… 576

維角䂝之 …… 576

漆三斞 …… 577

往體多 …… 577	啐酒 …… 585
王弓之屬 …… 577	某 …… 585
全經 …… 577	眉壽 …… 585
頒 …… 577	某甫 …… 585
屬別 …… 577	周弁殷冔夏收 …… 585
貍 …… 578	**士昏禮第二** …… 586
歐 …… 578	纁裳緇袘 …… 586
綢 …… 578	有袡 …… 586
玫 …… 579	女從者畢袗玄 …… 586
劑 齊 …… 579	纚 鄭注：偃領 …… 587
筴 …… 579	酳 …… 587
齍盛 齍盛 …… 579	笄 …… 587
償 …… 580	三分庭 …… 588
四寶 …… 580	夙夜毋違命 …… 588
倨句 …… 580	視諸衿鞶 …… 588
比 …… 581	辱請 注：以白造緇曰辱 ……
栽 …… 581	…… 588
職 …… 581	**士相見禮第三** …… 589
掌 …… 581	贄者 …… 589
孾 …… 581	膳葷 …… 589
	宅者 芔茅 …… 589
儀　禮 …… 582	**鄉飲酒禮第四** …… 590
士冠禮第一 …… 582	旅 鄭注：且字 …… 590
質明行事 …… 582	**鄉射禮第五** …… 591
纁裳 …… 582	乏參侯道 …… 591
纚廣終幅長六尺 …… 583	挾弓矢而后下射射 鄭注：孝
櫛實于簞 …… 583	經說然后曰後者後也 …… 591
角柶 …… 583	五臟 …… 591
匴 …… 584	臑長尺二寸 …… 591
采衣紒 …… 584	三笙一和而成聲 …… 592
盥 …… 584	士布侯 …… 592
建柶 鄭注：扱柶 …… 584	堂則物當楣 …… 592

—— 1773 ——

閻中 593	卓上 601
燕禮第六 593	**喪服第十一** 601
幂用綌若錫 593	衰裳 601
大射第七 594	苴絰 602
豐　鄭注：籀聲 594	絞帶 602
篿在建鼓之間 594	菅履者 602
小射正奉決拾以笴 594	苴絰大搹 602
公入驁 594	升 603
聘禮第八 595	菅菲 603
使者載旜 595	一溢米 603
拭圭 595	柱楣 603
上當碑 595	布總箭笄髽 604
俶獻 596	繩菲 604
束紡 596	齊者何緝也 604
赴者未至 596	夫妻牉合也 604
辭曰非禮也敢 597	喪成人者其文縟 605
對 597	不摷垂 605
衆介北面蹌焉 597	嫂亦可謂之母乎 605
舒鴈 598	尊之所厭 605
饔既之數 598	繐衰 605
二百四十斗　四秉曰筥 598	緦麻三月者 606
十筥曰稯 599	袒 606
公食大夫禮第九 599	**士喪禮第十二** 607
栗階 599	皋某復 607
醓醢 599	爲垼於西牆下 607
麋臡 600	抪用巾 607
腒以東膷臐牛炙 600	蚤揃如他日 608
牛鮨 600	設決麗于掔 608
鉶芼牛藿羊苦豕薇 600	繫用紟 608
覲禮第十 601	主人髺髮 608
余一人嘉之 601	婦人髽于室 609
	魚鱄鮒九 609

載魚左首進鬐 …… 610	辯 …… 619
既夕禮第十三 …… 610	肫骼 …… 619
二燭 鄭注：燭用蒸 …… 610	挩手 …… 621
燕器杖笠翣 …… 610	奠祭 …… 622
脾析 …… 611	豐矦 …… 622
及窆 …… 611	洗 …… 623
寢東首於牖下 …… 612	饌 …… 623
校在南 …… 613	薦脯五挺 …… 623
隸人涅廁 …… 613	肩鼏 …… 623
馬不齊髦 …… 613	窆 …… 624
實綏澤焉 …… 613	喪服之衰 …… 624
軒輖 …… 613	覲 …… 624
士虞禮第十四 …… 614	移 …… 625
取諸左胉上 …… 614	手 …… 625
嘉薦普淖 …… 614	庙 …… 625
明齊溲酒 …… 615	禮經推手曰揖引手曰厭 …… 625
中月而禫 …… 615	與　豫 …… 626
特牲饋食禮第十五 …… 615	儷皮 …… 626
爨 …… 615	總 …… 626
宵衣 …… 616	基 …… 626
詩懷之 …… 616	**禮　記** …… 627
几在南厞 …… 616	**曲禮上第一** …… 627
少牢饋食禮第十六 …… 617	摶節 …… 627
廩人摡甑甗匕與敦 …… 617	鸚鵡 …… 627
鑊 …… 617	猩猩能言 …… 627
上佐食舉尸牢榦 …… 617	呬 …… 628
有司第十七 …… 618	入戶奉扃 …… 628
有司徹 …… 618	摳衣趨隅 …… 628
乃嚌尸俎 …… 618	帷薄之外不趨 …… 628
薦脀 …… 619	奉席如橋衡 …… 629
乃摭于魚腊俎 …… 619	
全經 …… 619	

毋勦說	629
立毋跛	629
諸母不漱裳	629
左胸右末	629
三飯	630
毋吒食	630
毋揚飯	630
毋嚃羹	630
士疐之	631
笑不至矧	631
鐏 鐓	631
適墓不登壟	631
前有車騎	632
禮不諱嫌名 鄭注：丘與區	632
定猶豫	632
左右攘辟	633
驂至于大門	633
立視五巂	633

曲禮下第二 633
不蚤鬋	633
苞屨	633
厭冠	634
郤地	634
脢肥	634
翰音	634
羹獻	635
薌	635
大夫曰卒	635
在牀曰尸	635
在棺曰柩	635
四足曰漬	636

| 死曰考曰妣 | 636 |
| 壽考曰卒 短折曰不祿 | 636 |

檀弓上第三 637
顧乎其至	637
夏后氏聖周	637
負手曳杖	637
不陵節	637
瓦不成味	637

檀弓下第四 638
桃茢	638
我喪也斯沾	638
杜蕢洗而揚觶	638
入保	639
為榆沈	639
于則于	639
繆絰	639

王制第五 639
諸侯之於天子也	639
頖宮	640
禡於所征之地	640
祭用數之仂	641
韭以卵	641
造士	641
王親視學	641
西方曰棘	641
羸股肱	642
王三又然後制刑	642
瘖聾跛躃	642
方一里者為田九百畮	642
古者以周尺八尺為步	643

月令第六 643

其器疏以達……643
宿離不貸……643
鈞衡石……644
角斗甬……644
祀不用犧牲用圭璧更皮幣……644
餧……645
戴勝降于桑……645
具曲植籧筐……645
絫牛騰馬……645
磔禳……645
淫雨蚤降……646
贊桀俊　正義：蔡氏辯名記曰十人曰選倍選曰俊萬人曰傑……646
天子飲酎……646
螳蜋生……647
養壯佼……647
蟬始鳴……647
可以遠眺望……647
命漁師伐蛟……648
土潤溽暑……648
燒薙……648
食稷　鄭注：稷五穀之長……649
其器圜以閎……649
羣鳥養羞　鄭注：閭蚋也……650
以習五戎……650
民多鼽嚏……650
雉入大水爲蜃……650
食黍　鄭注：黍秀舒散……651
脩鍵閉慎管籥……651
必工致爲上……651
曷旦……651
麴蘖必時……652
荔挺出……652
氛霧冥冥……652
薪燎……652
數將幾終……653

曾子問第七……653
豈不可……653

文王世子第八……653
夢帝與我九聆……653
管象舞大武……653
鄭注：驪於邑……654
告於甸人……654
有司讞於公……654

禮運第九……655
骰於地……655
燔黍捭豚……655
是謂合莫……656
魚鮪不淰……656
郊椒……656

禮器第十……656
裹不匡懼……656
謞萬物……657
撕而播……657
醷……657
惡池……657
槀鞂之設……658
勿勿乎其欲其饗之……658

郊特牲第十一 …………… 658	塗之以謹塗 …………… 667
鄉人禓 …………… 658	去其餌 …………… 668
社事單出里 …………… 659	酏 …………… 668
嗇 …………… 659	翦髮爲鬄 …………… 668
郵表畷 …………… 659	孩而名之 …………… 668
雕幾 …………… 659	男鞶革 …………… 669
滌蕩其聲 …………… 659	織紝 …………… 669
鬱合鬯 …………… 660	**玉藻第十三** …………… 669
祊之爲言倞也 …………… 660	進饑 …………… 669
嘏長也大也 …………… 661	緇布冠繢緌 …………… 670
尸陳也 …………… 661	纊爲繭縕爲袍 …………… 670
脺脊 …………… 661	帛爲褶 …………… 671
內則第十二 …………… 662	青玕　鄭注：玕胡犬也 ……
櫛縰笄總拂髦 …………… 662	…………… 671
左佩紛帨 …………… 662	裘之裼也見美也　服之襲也充
敬抑搔之 …………… 662	美也 …………… 671
執牀與坐 …………… 662	魚須文竹 …………… 672
衣裳綻裂 …………… 662	公侯前後方 …………… 672
面垢燂潘請靧足垢燂湯請洗	韠 …………… 673
…………… 663	縕韍幽衡 …………… 673
父母有婢子 …………… 663	夫人揄狄 …………… 673
佩帨茝蘭 …………… 663	紳韠結三齊 …………… 673
稻穧 …………… 664	純組綬 …………… 674
羹 …………… 664	錦緣 …………… 674
濡魚卵醬 …………… 664	齊邀 …………… 674
芝栭 …………… 665	喪容纍纍 …………… 675
柤梨 …………… 665	盛氣顛實 …………… 675
三牲用藙 …………… 666	臣擎 …………… 675
鼈去醜 …………… 666	**明堂位第十四** …………… 675
鳥麃色 …………… 667	四塞世告至 …………… 675
鵠鴞胖 …………… 667	皋門 …………… 676
刲之刳之 …………… 667	叔之離磬　鄭注：世本作曰無

句作磬 …………………… 676
　　夏后氏之四連殷之六瑚 ……
　　 …………………………… 676
大傳第十六 …………………… 676
　　省於其君 ………………… 676
少儀十七 ……………………… 677
　　埽席前曰拚 ……………… 677
　　師役曰罷 ………………… 677
　　毋報往 …………………… 677
　　車則脫綏 ………………… 678
　　加夫襓與劍焉 …………… 678
　　削授拊 …………………… 678
　　小飯而亟之數噍 ………… 679
　　君子不食圂腴 …………… 679
　　尊壺者面其鼻 …………… 679
　　聶而切之爲膾　鄭注：報切
　　 …………………………… 679
　　執燭抱燋 ………………… 680
學記第十八 …………………… 680
　　學學半 …………………… 680
　　宵雅 ……………………… 681
　　不陵節而施之謂遜 ……… 681
　　扞格 ……………………… 681
樂記第十九 …………………… 681
　　怗懘 ……………………… 681
　　八風 ……………………… 681
　　禮樂偩天地之情 ………… 682
　　煦嫗 ……………………… 682
　　區萌達 …………………… 683
　　角觡生 …………………… 683
　　蟄蟲昭蘇 ………………… 683
　　殰 ………………………… 684

　　卵生者不殈 ……………… 684
　　獲雜子女 ………………… 684
　　椌楬 ……………………… 684
　　石聲磬磬 ………………… 685
　　封黃帝之後於薊 ………… 685
　　易慢之心 ………………… 686
雜記上第二十 ………………… 686
　　總冠繰纓 ………………… 686
雜記下第二十一 ……………… 686
　　見似目瞿聞名心瞿 ……… 686
　　嬰兒 ……………………… 686
　　納幣一束束五兩兩五尋 ……
　　 …………………………… 687
喪大記第二十二 ……………… 687
　　主人啼 …………………… 687
　　徒跣 ……………………… 688
　　綠　鐕 …………………… 688
　　君殯攢至於上 …………… 688
祭法第二十三 ………………… 689
　　壇墠 ……………………… 689
　　司命 ……………………… 689
祭義第二十四 ………………… 689
　　屬屬乎 …………………… 689
　　焄蒿 ……………………… 690
　　見以蕭光　見閒以俠甒 ……
　　 …………………………… 690
　　溥之而橫乎四海 ………… 690
祭統第二十五 ………………… 690
　　福者備也 ………………… 690
　　豆　鐙 …………………… 691
　　執校 ……………………… 691
　　執柄 ……………………… 691

銘者自名也·············· 691
經解第二十六·············· 692
　　差若豪氂·············· 692
仲尼燕居第二十八········ 692
　　領惡而全好·············· 692
坊記第三十·············· 692
　　繆疾·············· 692
中庸第三十一·············· 693
　　陷阱·············· 693
　　素隱·············· 693
　　栽者培之·············· 693
　　憲憲令德·············· 694
　　纘·············· 694
　　示諸掌·············· 694
　　仁者人也·············· 694
　　既廩稱事·············· 695
　　無不覆幬·············· 695
　　衣錦尚絅·············· 695
表記第三十二·············· 696
　　俛焉日有孳孳·············· 696
　　衣服以移之·············· 696
緇衣第三十三·············· 696
　　葉公之顧命·············· 696
　　小人溺於水·············· 696
問喪第三十五·············· 697
　　雞斯·············· 697
小行人第三十七·············· 697
　　存覜省聘問·············· 697
三年問第三十八·············· 697
　　啁噍之頃·············· 697
深衣第三十九·············· 697
　　袼之高下·············· 697

　　衣純以青純袂緣·········· 698
投壺第四十·············· 698
　　般旋曰辟·············· 698
　　請行觴·············· 698
　　○　音義：榻榻·········· 699
　　囗　音義：鏜鏜·········· 699
儒行第四十一·············· 699
　　環堵之室·············· 699
　　篳門圭窬·············· 700
　　後世以爲楷·············· 700
大學第四十二·············· 700
　　在明明德·············· 700
　　誠其意·············· 701
　　此之謂自謙·············· 701
　　心廣體胖·············· 701
　　恂慄·············· 702
　　湯之盤　日日新·········· 702
　　絜矩之道·············· 702
　　爲天下僇·············· 702
　　彥聖·············· 703
昏義第四十四·············· 703
　　合巹·············· 703
鄉飲酒義第四十五·········· 703
　　僎·············· 703
　　秋之爲言愁也·············· 703
　　月者三日則成魄·············· 703
射義第四十六·············· 704
　　賁軍之將·············· 704
　　蓋廝有存者·············· 704
聘義第四十八·············· 704
　　君子貴玉而賤碈·············· 704
　　廉而不劌·············· 705

喪服四制第四十九 …… 705
　訾 …… 705
全經 …… 705
　桼盛 …… 705
　鈇鉞 …… 705

大戴禮記 …… 706
　主言第三十九 …… 706
　　不窕 …… 706
　夏小正第四十七 …… 707
　　遰鴻鴈 …… 707
　　雉震呴 …… 707
　　囿有見韭 …… 707
　　緹縞 …… 708
　　相粥之時也 …… 708
　　剝 …… 708
　　羋羋然 …… 709
　　王萯 …… 709
　　鳩　百鷯 …… 709
　　鷹始摯 …… 709
　　秀然後爲萑葦 …… 710
　　卵蒜 …… 710
　保傅第四十八 …… 710
　　古者年八歲而出就外舍 …… 710
　曾子立事第四十九 …… 711
　　屛守 …… 711
　衛將軍文子第六十 …… 711
　　未嘗見齒 …… 711
　帝繫第六十三 …… 712
　　云䣀人 …… 712
　勸學第六十四 …… 712

　蟹二螯八足 …… 712
　　蚯螾之穴 …… 712
　明堂第六十七 …… 712
　　明堂月令 …… 712
　本命第八十 …… 713
　　毀齒 …… 713
　易本命第八十一 …… 713
　　八主風風主蟲故蟲八月化也 …… 713
　　戴角者無上齒無角者膏而無前齒有羽者脂而無後齒 …… 713

左　　傳 …… 714
　隱公 …… 714
　元年 …… 714
　　有文在其手 …… 714
　　魯夫人 …… 714
　　盟于蔑 …… 714
　　不義不暱 …… 715
　　闕地及泉 …… 715
　二年 …… 715
　　紀裂繻 …… 715
　三年 …… 716
　　潢汙 …… 716
　　州吁 …… 716
　　石碏 …… 716
　　憾而能眕 …… 716
　四年 …… 716
　　治絲而棼之 …… 716
　六年 …… 717
　　芟夷蘊崇 …… 717
　七年 …… 717

猷如忘	717	夫人孫于齊	724
八年	717	齊師遷紀邢鄑郚	724
因生以賜姓	717	經二年	725
經十年	718	禚	725
伐戴	718	經三年	725
十一年	719	紀季以酅入于齊	725
子都自下射之顛	719	四年	726
原 注：在泌水縣西 釋文：		楠木	726
音狗沁之沁	719	經六年	726
絺	719	齊人來歸衛俘	726
鄭息有違言	719	八年	727
桓公	720	皋陶邁種德	727
二年	720	十年	727
怨耦曰仇	720	皋比	727
五年	720	十一年	727
儋動而鼓	720	得儁曰克	727
經六年	721	十二年	727
寔來	721	批而殺之	727
傳六年	721	十七年	728
不疾瘯蠡	721	殰	728
嘉栗旨酒	722	十八年	728
九年	722	涌	728
凡雨自三日以往爲霖	722	經二十九年	728
十年	723	秋有蜮	728
齊人餼諸侯	723	三十一年	729
經十五年	723	齊侯來獻戎捷	729
公會宋公衛侯陳侯于袤		三十二年	730
	723	閟而以夫人言	730
經十八年	723	閔公	730
公會齊侯於濼	723	元年	730
莊公	724	宴安酖毒	730
經元年	724	魏大名也	730

經二年·················· 730
    禘于莊公　釋文：昭上饒反
    ······················ 730

傳二年·················· 731
    大帛·················· 731

僖公····················· 731

經元年·················· 731
    次于聶北············ 731
    獲莒挐·············· 731

二年····················· 732
    宮之奇之爲人也懦··· 732
    伐鄍三門············ 732

四年····················· 733
    縮酒················ 733
    召陵················ 733
    一薰一蕕············ 734

五年····················· 734
    馨·················· 734
    輔車相依············ 734

十一年·················· 735
    受玉惰·············· 735

十五年·················· 735
    作爰田·············· 735

經十六年··············· 736
    隕石于宋五·········· 736
    六鷁退飛············ 736

二十二年··············· 736
    蠭蠆有毒············ 736
    勍敵之人············ 737

二十三年··············· 737
    奉匜沃盥············ 737

二十四年··············· 738

臣負羈紲·············· 738
郤····················· 738
蔣邢茅胙祭············ 738
鷸冠·················· 739
天子有事膰焉········· 739

二十五年··············· 740
    掖以赴外············ 740

二十六年··············· 740
    能左右之曰以········ 740

二十八年··············· 740
    以亢其讎············ 740
    鹽其腦·············· 740
    請與君之士戲········ 740
    韅靷鞅靽············ 741
    鄉役之三月·········· 741
    鍼莊子·············· 741

三十年·················· 742
    昌歜················ 742

三十三年··············· 742
    取訾婁·············· 742

文公····················· 742

元年····················· 742
    履端於始············ 742

四年····················· 743
    敵王所愾············ 743

六年····················· 743
    難必抒矣············ 743

十一年·················· 743
    防渚················ 743

十二年·················· 744
    兩軍之士皆未憖······ 744
    目動················ 744

十三年 …………… 744	于民生之不易 …………… 751
繞朝贈之以策 …… 744	甚之 …………………… 751
十五年 …………… 745	趙旃以良馬二洓其兄與叔父
魯人以爲敏 ……… 745	………………………… 752
十六年 …………… 745	山鞠窮 ………………… 752
庸人 ……………… 745	目於眢井 ……………… 752
檮杌 ……………… 745	經十五年 ………………… 752
十八年 …………… 746	冬　螽生 ……………… 752
敬嬴 ……………… 746	傳十五年 ………………… 753
檮戭 ……………… 746	黎氏 …………………… 753
謂之饕餮 ………… 746	地反物爲妖 …………… 753
縉雲氏 …………… 746	經十六年 ………………… 753
宣公 ……………… 747	夏成周宣榭火 ………… 753
元年 ……………… 747	十七年 …………………… 754
宰夫胹熊蹯不孰 … 747	庶有豸乎 ……………… 754
二年 ……………… 747	十八年 …………………… 754
羊斟 ……………… 747	三踴而出 ……………… 754
公嗾夫獒 ………… 747	成公 …………………… 755
三年 ……………… 748	二年 …………………… 755
晉矦伐鄭及郔 …… 748	殺而膊諸城上 ………… 755
螭魅罔兩 ………… 748	隕子辱矣 ……………… 755
天祚明德 ………… 749	桀石以投人 …………… 755
吉人也 …………… 749	右援枹而鼓 …………… 755
四年 ……………… 750	韓厥執縶馬前 ………… 756
汰輈 ……………… 750	三年 …………………… 756
楚人謂乳穀 ……… 750	寘荀罃褚中 …………… 756
經十一年 ………… 750	經四年 …………………… 756
公孫寧儀 ………… 750	鄭伯堅卒 ……………… 756
傳十一 …………… 751	五年 …………………… 757
山徑之蹊 ………… 751	餼諸榖 ………………… 757
十二年 …………… 751	九年 …………………… 757
慮無 ……………… 751	無棄菅蒯 ……………… 757

無棄蕉萃	757
十年	758
張如廁	758
經十一年	758
卻犫	758
傳十一年	758
伉儷	758
爭鄅田	759
十三年	759
伐我涑川	759
十六年	759
輕窕	759
楚子登巢車	760
蹲甲而射之	760
十七年	760
洹	760
襄公	761
四年	761
咨事爲諏	761
窮石	761
生澆及豷	761
戎狄荐居	761
六年	762
傅於堞	762
遷萊于郳　高厚崔杼定其田	762
經七年	763
于鄔	763
八年	763
一介行李	763
九年	763
具綆缶	763

士疋	764
十一年	764
或閒茲命司慎司盟	764
經十三年	764
取邿	764
傳十三年	764
窀穸之事　所以從先君於禰廟者	764
十四年	765
縶伯舅是賴	765
十八年	765
以枚數闔	765
伐雍門之萩	765
經二十年	765
澶淵	765
二十二年	766
鄭游眅	766
二十三年	766
郫邵	766
晏氂	767
二十四年	767
象有齒以焚其身	767
輔躒	767
部婁無松柏	767
二十五年	768
農之有畔	768
二十六年	768
頷之而已	768
大子痤美而很	769
二十七年	769
弭兵	769
二十八年	769

玄枵虛中也枵秏名也…… 769	夭札……………………… 776
之頤　正義：易注……… 770	五年……………………… 777
慶繩…………………… 770	設机而不倚…………… 777
二十九年………………… 770	馮怒…………………… 777
楚人使公親襘………… 770	六年……………………… 777
箭……………………… 770	徐儀楚聘于楚………… 777
襌諶…………………… 771	七年……………………… 778
三十年…………………… 771	天子經略……………… 778
亥有二首六身………… 771	使長鬣者相…………… 778
伯瑕…………………… 771	今夢黃熊入于寢門　正義：鯀
或叫于宋大廟………… 771	化爲熊………………… 778
譆譆出出……………… 772	日月之會是謂辰……… 779
女而不婦……………… 772	筮襲于夢……………… 779
經三十一年……………… 772	十一年…………………… 780
莒人弑其君密州……… 772	其僚從之……………… 780
傳三十一年……………… 773	衣有襘………………… 780
髙其閈閎……………… 773	篚……………………… 780
繕完葺牆……………… 773	十二年…………………… 781
塓館公室……………… 773	日旴君勤……………… 781
閽戕戴吳……………… 773	形民之力……………… 781
昭公……………………… 774	十三年…………………… 781
元年……………………… 774	知擠于溝壑矣………… 781
是穮是蔉……………… 774	建而不旆　復旆之…… 781
虞有三苗夏有觀扈商有姺邳周	十五年…………………… 782
有徐奄………………… 774	非祭祥也喪氛也……… 782
省穡…………………… 774	闕鞏之甲……………… 782
擊之以戈……………… 774	經十六年………………… 782
懼選…………………… 775	蠻子…………………… 782
翫歲而愒日…………… 775	傳十六年………………… 783
山川　日月星辰……… 775	刑之頗類……………… 783
如蠱…………………… 776	藜……………………… 783
四年……………………… 776	子蟜…………………… 783

十七年	……………	784
鳩民　夷民　九扈　扈民		
	……………	784
十八年	……………	784
主祏	……………	784
行火所焮	……………	785
十九年	……………	785
鄩陽	……………	785
紡焉以度而去之	……………	785
駟氏聳	……………	785
札瘥夭昏	……………	786
二十年	……………	786
齊侯疥	……………	786
衡鹿守之	……………	786
舟鮫守之	……………	786
若琴瑟之搏壹	……………	787
二十一年	……………	787
王心弗堪	……………	787
揚徽者公徒也	……………	787
子無我迋	……………	787
二十三年	……………	788
弗殊	……………	788
二十四年	……………	788
王室實蠢蠢焉	……………	788
執冰	……………	788
經二十五年	……………	788
有鸜鴝來巢	……………	788
傳二十五年	……………	789
楄柎　藉幹	……………	789
私降昵燕	……………	789
二十六年	……………	789
殪	……………	789
鏨	……………	790
規求無度	……………	790
貫瀆鬼神	……………	790
二十八年	……………	790
鄔臧	……………	790
二十九年	……………	791
物乃坻伏	……………	791
火正曰祝融	……………	791
定公	……………	792
元年	……………	792
奚仲居薛　遷于邳　仲虺居薛		
	……………	792
二年	……………	793
奪之杖以敲之	……………	793
三年	……………	793
弁急而好絜	……………	793
經四年	……………	794
公孫生	……………	794
沈	……………	794
傳四年	……………	794
土田陪敦	……………	794
備物典筴	……………	795
綪茷	……………	795
塞大隧直轘冥陀	……………	795
五年	……………	796
璵璠	……………	796
經八年	……………	796
從祀先公	……………	796
盜竊寶玉大弓	……………	797
傳八年	……………	797
捘衛侯之手及捥	……………	797
桓子咋謂林楚	……………	797

九年	797	國狗之瘈	803
竹荆	797	十三年	804
載蔥靈	798	佩玉繠兮	804
皙幘	798	十四年	804
經十年	798	需	804
歸鄆讙龜陰田	798	十六年	804
經十四年	799	其徒微之	804
越敗吳於檇李	799	使五人輿豭從己	804
傳十四年	799	十七年	805
遂自剄也	799	衷甸	805
哀公	799	裔焉大國	805
元年	799	鄭般	805
后緡方娠	799	十八年	806
二年	800	請承	806
卜戰龜焦	800	二十四年	806
羅無勇麇之	800	是寱言也	806
吾伏弢嘔血	800	二十五年	806
三年	800	韈而登席	806
鬱攸	800	君將䐮之	806
四年	801	公戟其手	807
又遷也承	801	二十六年	807
七年	801	后庸	807
塗山	801	**春秋經傳**	807
八年	801	弒殺	807
漚菅	801	鄙	808
何故使吾水滋	802	鄆	808
九年	802	春秋經傳不作鄅	808
吳城邗溝通江淮	802	鄑	808
十一年	803	戓	808
公叔務人	803	有	809
戰于郊	803	叔孫僑如　公孫僑	809
十二年	803	可已而不已者曰猶	809

叔向 ………………………… 810
　克 …………………………… 810
全傳
　蔦蘧 ………………………… 810
　左傳多古字 ………………… 810
　愎 …………………………… 811
　宋景公欒 …………………… 811
　酖 …………………………… 811
　春秋傳卜筮繇辭 …………… 811
　美而艷 ……………………… 812
　大國　鄙邑 ………………… 812
　息嬀 ………………………… 812
　虢 …………………………… 812
　汏侈　汏輈 ………………… 812
　飲之酒 ……………………… 813
　公爲 ………………………… 813
　公孫段 ……………………… 813
　先縠 ………………………… 813
　徼福 ………………………… 813
　綦 …………………………… 814
　公孫輒 ……………………… 814
　叕 …………………………… 814
　紓 …………………………… 815
　繒 …………………………… 815

公羊傳 …………………………… 816
隱公 ……………………………… 816
元年 ……………………………… 816
　暨猶暨暨也 ………………… 816
四年 ……………………………… 816
　吾爲子口隱矣 ……………… 816
五年 ……………………………… 817

　登來 ………………………… 817
經六年 …………………………… 817
　輸平 ………………………… 817
經十年 …………………………… 817
　取防 ………………………… 817
桓公 ……………………………… 818
八年 ……………………………… 818
　春曰祠 ……………………… 818
十年 ……………………………… 818
　弗遇　注：弗者不之深也 …
　………………………………… 818
莊公 ……………………………… 818
元年 ……………………………… 818
　搚幹而殺之 ………………… 818
七年 ……………………………… 819
　星霣如雨 …………………… 819
十年 ……………………………… 819
　觕者曰侵 …………………… 819
十二年 …………………………… 819
　搏閔公絕其脰 ……………… 819
十三年 …………………………… 820
　易也 ………………………… 820
十七年 …………………………… 820
　瀸積也 ……………………… 820
二十年 …………………………… 820
　大㾣 ………………………… 820
二十四年 ………………………… 821
　不僂 ………………………… 821
二十八年 ………………………… 821
　伐者爲客伐者爲主 ………… 821
經三十年 ………………………… 821
　齊人降鄣 …………………… 821

三十一年 …… 822	十九年 …… 827
臨民之所漱浣也 …… 822	自瀨水 …… 827
閔公 …… 822	三十年 …… 828
二年 …… 822	傅母 …… 828
自鹿門至于爭門 …… 822	昭公 …… 828
僖公 …… 823	十七年 …… 828
十九年 …… 823	北辰亦爲大辰 …… 828
血社 …… 823	二十五年 …… 829
二十八年 …… 823	喑公　注：弔死國曰弔 ……
内諱殺大夫 …… 823	…… 829
三十三年 …… 823	再拜顙 …… 829
殽之嶔巖 …… 823	噭然而哭 …… 829
文公 …… 824	定公 …… 830
二年 …… 824	八年 …… 830
大事于大廟 …… 824	懂然後得免 …… 830
七年 …… 824	軥青純 …… 830
昳晉大夫使與公盟也 …… 824	哀公 …… 830
十三年 …… 825	四年 …… 830
騑緥 …… 825	掩其上而柴其下 …… 830
羣公廩 …… 825	蒲社災　注：滕薛俠轂 ……
十五年 …… 825	…… 831
笱將而來 …… 825	六年 …… 831
宣公 …… 826	色然而駭 …… 831
六年 …… 826	闖然公子陽生 …… 831
搫而殺之 …… 826	十四年 …… 831
躇階而走 …… 826	麟者仁獸也 …… 831
周狗 …… 826	反袂拭面涕沾袍　何注：漢姓
絕其額 …… 826	…… 832
八年 …… 827	祖之所逮聞 …… 832
而者何難也　乃者何難也 ……	撥亂世 …… 833
…… 827	全傳 …… 833
襄公 …… 827	遯 …… 833

据	……………………………	833
穀梁傳	……………………………	834
隱公	……………………………	834
元年	……………………………	834
父猶傅也	……………………………	834
三年	……………………………	834
壞	……………………………	834
莊公	……………………………	835
經七年	……………………………	835
辛卯昔	……………………………	835
文公	……………………………	835
十四年	……………………………	835
孛之爲言猶茀	……………………………	835
宣公	……………………………	835
十八年	……………………………	835
挩殺也	……………………………	835
襄公	……………………………	836
五年	……………………………	836
吳謂善伊　謂稻緩	……………………………	836
昭公	……………………………	836
四年	……………………………	836
粲然皆笑	……………………………	836
定公	……………………………	836
十五年	……………………………	836
日下稷	……………………………	836
春秋繁露	……………………………	837
深察名號第三十五	……………………………	837
凡　目	……………………………	837
天道無二第五十一	……………………………	837
持二中者謂之患	……………………………	837
孝　經	……………………………	839
開宗明義章第一	……………………………	839
仲尼居	……………………………	839
喪親章第十八	……………………………	840
哭不偯	……………………………	840
五經異義	……………………………	841
卷上	……………………………	841
禘非常祭	……………………………	841
社	……………………………	841
郊宗石室	……………………………	843
五歲一禘	……………………………	843
大夫以石爲主	……………………………	844
脤祭社之肉盛之以蜃	……………………………	844
卷下	……………………………	845
王者所封三代	……………………………	845
聖人皆無父	……………………………	845
天子駕數	……………………………	846
漢幼小諸帝皆不廟祭而祭於陵	……………………………	847
五臟五行說	……………………………	847
鸜鴝	……………………………	848
鄭　志	……………………………	849
卷上	……………………………	849
白虎黑文	……………………………	849
卷中	……………………………	849
諸所牽圖讖皆謂之說	……………………………	849
卷下	……………………………	849
高禖之祀	……………………………	849
經典釋文	……………………………	851
全書	……………………………	851
近	……………………………	851
蓺藝	……………………………	851

論語 ……………… 852

學而第一 ……………… 852
汎愛衆 ……………… 852
因不失其親 ……………… 852
可謂好學也已 ……………… 852

爲政第二 ……………… 852
樊遲 ……………… 852
先生饌 ……………… 853
子張問十世可知也 ……………… 853

八佾第三 ……………… 853
女弗能救與 ……………… 853
素以爲絢兮 ……………… 854
文獻不足故也 ……………… 854
郁郁乎文哉 ……………… 854
鄹人之子 ……………… 855

里仁第四 ……………… 855
苟志於仁 ……………… 855

公冶長第五 ……………… 855
縲絏 ……………… 855
加諸我 ……………… 856

雍也第六 ……………… 856
文質彬彬 ……………… 856

述而第七 ……………… 856
子之燕居 ……………… 856
誄曰 ……………… 857
君子坦蕩蕩 ……………… 857

泰伯第八 ……………… 857
直而無禮則絞 ……………… 857
盡力乎溝洫 ……………… 858

子罕第九 ……………… 858
今也純 ……………… 858
喟然歎曰 ……………… 858
如有所立卓爾 ……………… 858
韞匵而藏諸 ……………… 859
求善賈而沽諸 ……………… 859
秀而不實 ……………… 859

鄉黨第十 ……………… 859
侃侃　誾誾 ……………… 859
與與如也 ……………… 860
色勃如也 ……………… 860
鞠躬 ……………… 860
攝齊 ……………… 861
足蹜蹜如有循 ……………… 861
私覿愉愉如也 ……………… 861
紅紫不以爲褻服 ……………… 861
當暑袗絺綌必表而出之 …… 862
麑裘 ……………… 862
褻裘 ……………… 862
食饐而餲　孔注：饐餲臭味變 ……………… 862
不使勝食氣 ……………… 863
沽酒市脯 ……………… 863
君賜腥 ……………… 863
朝服拖紳 ……………… 863
居不容 ……………… 864
賓不顧矣　車中內顧 …… 864

先進第十一 ……………… 864
鏗爾舍瑟而作 ……………… 864
詠而歸 ……………… 864

顏淵第十二 ……………… 865
克己復禮爲仁 ……………… 865

子路第十三 ……………… 865

盍闕如也…………… 865
　斗筲之人…………… 865
　狂狷………………… 866
憲問第十四………… 866
　羿善射……………… 866
　世叔討論之………… 866
　其言之不怍………… 866
　子貢方人…………… 867
　荷蕢………………… 867
　鄙哉硜硜乎………… 867
　莫己知也斯己而已矣… 867
　原壤夷俟…………… 867
衛靈公第十五……… 868
　小人窮斯濫矣……… 868
　卷而懷之…………… 868
　孫以出之…………… 868
季氏第十六………… 868
　友便佞……………… 868
　陳亢………………… 868
陽貨第十七………… 869
　陽貨………………… 869
微子第十八………… 869
　耰而不輟…………… 869
　以杖荷蓧　植其杖而芸……
　　…………………… 870
　逸民………………… 870
子張第十九………… 870
　其不可者拒之……… 870
　仕而優則學學而優則仕……
　　…………………… 870
　堯曰第二十………… 871
　四海困窮…………… 871

全書…………………… 871
　美哉璠璵…………… 871
　論語之名…………… 871
　饑…………………… 872
　鄙夫………………… 872
　億…………………… 872
　欲　慾……………… 872
　爾…………………… 872

孟　子……………… 874
題辭解……………… 874
　字則未聞…………… 874
梁惠王上…………… 874
　頒白者不負戴於道路… 874
梁惠王下…………… 875
　巡狩者巡所守也…… 875
　反其旄倪…………… 875
　鄒與魯鬨…………… 875
　止或尼之…………… 875
公孫丑上…………… 876
　曾西蹵然…………… 876
　茲基………………… 876
　爲之氓……………… 876
　乍見孺子將入於井… 876
　袒裼裸裎…………… 877
公孫丑下…………… 877
　蚳鼃………………… 877
　龍斷………………… 877
　隱几………………… 877
　悻悻然……………… 877
滕文公上…………… 878
　成覸………………… 878

飦粥之食	878
殷人七十而助	878
使民盻盻然	878
稱貸	879
殷曰序周曰庠	879
捆屨	879
許子衣褐	879
率天下而路也	879
草木暢茂	880
瀹濟漯	880
秋陽以暴之	880
勞之來之	880
蠅蚋姑嘬之	880
虆梩	881

滕文公下 881
我不貫與小人乘	881
牲殺器皿	881
實玄黃于篚	881
餽孔子豚	881
妻辟纑	882

離婁下 882
卒於異郢	882
十二月輿梁成	882
君之視臣如土芥	883
源泉混混	883
盈科而後進	883

萬章上 883
夫公明高以孝子之心爲不若是恝	883
殺三苗于三危	884
放勳乃殂落	884
普天之下	884

不以文害辭	885
否不然	885
唐虞禪	885

萬章下 886
| 接淅而行 | 886 |

告子上 886
性猶湍水也	886
蕢	886
養其樲棘	886
志於彀	887

告子下 887
不揣其本而齊其末	887
奚翅食重　趙注：翅辭也若言	
何其不重也	887
一匹雛	888
關弓	888
洚水	888
君子不亮	888

盡心上 888
自視欿然	888
踽踽	889
驩虞如也	889
沛然莫之能禦	889
盎於背	889
掘井九軔	889

盡心下 890
糜爛其民而戰之	890
厥角稽首	890
被袗衣	890
二女果	890
稽大不理於口	891
以追蠡	891

虎負嵎	891
從而招之	892
以言餂之	892
惡莠恐其亂苗	892

全書 892
　挾 892

經部小學類

爾　雅 895
　釋詁第一上 895
　　初哉首基肇祖元胎俶落權輿
　　始也 895
　　宏大也 896
　　艐至也 896
　　摧至也 896
　　賚貢錫畀予況賜也 896
　　淑善也 897
　　令善也 897
　　類善也 897
　　率循也 897
　　亏於也 898
　　邢於也 898
　　粵于爰曰也爰粵于也爰粵于那
　　都繇於也 898
　　郃 899
　　鯦 899
　　纂繼也 899
　　頠靜也 899
　　墜落也 899
　　蠱没 900

孟勉也	900
釗勉也	900
昏敯強也	900

釋詁第一下 901
　　卬 901
　　朕 901
　　我也　身也　予也 901
　　虔固也 902
　　殲盡也 902
　　罄盡也 902
　　吪 902
　　漮虛也 903
　　咎病也 903
　　怛憂也 903
　　恤憂也 903
　　饑汔也 903
　　篤竺 904
　　肚厚也 904
　　釗見也 904
　　妥安止也　妥安坐也 904
　　替戾底廢尼定曷遏止也 ....
　　............ 905
　　豫射厭也 905
　　頠直也 905
　　罕也 906
　　覭髳茀離也 906
　　楨翰儀榦也 906
　　弼俌也 906
　　垂也 907
　　峇 907
　　陟陛也 907
　　涸竭也 907

廢稅赦舍也⋯⋯⋯⋯⋯ 907
憩息也⋯⋯⋯⋯⋯⋯⋯ 908
供峙共具也⋯⋯⋯⋯⋯ 908
契滅殄絕也⋯⋯⋯⋯⋯ 908
郡乃也⋯⋯⋯⋯⋯⋯⋯ 908
繇道也⋯⋯⋯⋯⋯⋯⋯ 909
覛⋯⋯⋯⋯⋯⋯⋯⋯⋯ 909
汱墜也⋯⋯⋯⋯⋯⋯⋯ 909
際接翜捷也⋯⋯⋯⋯⋯ 909
繹喜也⋯⋯⋯⋯⋯⋯⋯ 910
契⋯⋯⋯⋯⋯⋯⋯⋯⋯ 910
縮亂也⋯⋯⋯⋯⋯⋯⋯ 910
在存察也⋯⋯⋯⋯⋯⋯ 910

釋言第二⋯⋯⋯⋯⋯⋯ 911
還復返也⋯⋯⋯⋯⋯⋯ 911
馹遽傳也⋯⋯⋯⋯⋯⋯ 911
遹述也⋯⋯⋯⋯⋯⋯⋯ 911
幼⋯⋯⋯⋯⋯⋯⋯⋯⋯ 912
恮褊急也⋯⋯⋯⋯⋯⋯ 912
忒也⋯⋯⋯⋯⋯⋯⋯⋯ 912
稔也⋯⋯⋯⋯⋯⋯⋯⋯ 913
荐⋯⋯⋯⋯⋯⋯⋯⋯⋯ 913
薆⋯⋯⋯⋯⋯⋯⋯⋯⋯ 913
僾唈也⋯⋯⋯⋯⋯⋯⋯ 913
窔幼也⋯⋯⋯⋯⋯⋯⋯ 913
窔肆也⋯⋯⋯⋯⋯⋯⋯ 914
獒駔也⋯⋯⋯⋯⋯⋯⋯ 914
舫泭也⋯⋯⋯⋯⋯⋯⋯ 914
是則也⋯⋯⋯⋯⋯⋯⋯ 915
砧鞏也⋯⋯⋯⋯⋯⋯⋯ 915
號謼也⋯⋯⋯⋯⋯⋯⋯ 916
霆跉也⋯⋯⋯⋯⋯⋯⋯ 916

飫私也⋯⋯⋯⋯⋯⋯⋯ 916
孺屬也⋯⋯⋯⋯⋯⋯⋯ 916
淪率也⋯⋯⋯⋯⋯⋯⋯ 917
郵過也⋯⋯⋯⋯⋯⋯⋯ 917
遂遁也⋯⋯⋯⋯⋯⋯⋯ 917
曷盍也⋯⋯⋯⋯⋯⋯⋯ 917
厥其也⋯⋯⋯⋯⋯⋯⋯ 918
哲智也⋯⋯⋯⋯⋯⋯⋯ 918
弇同也弇蓋也⋯⋯⋯⋯ 918
翌明也⋯⋯⋯⋯⋯⋯⋯ 918
閱恨也⋯⋯⋯⋯⋯⋯⋯ 918
揩拄也⋯⋯⋯⋯⋯⋯⋯ 919
糜靡也⋯⋯⋯⋯⋯⋯⋯ 919
襄駕也⋯⋯⋯⋯⋯⋯⋯ 919
甴堛也⋯⋯⋯⋯⋯⋯⋯ 919
餬饘也⋯⋯⋯⋯⋯⋯⋯ 919
翩蘮也　蘮翳也⋯⋯⋯ 920
逼迫也⋯⋯⋯⋯⋯⋯⋯ 920
濥盈也　郭注：漉漉出唌沫
⋯⋯⋯⋯⋯⋯⋯⋯⋯⋯ 920
皇華也⋯⋯⋯⋯⋯⋯⋯ 921

釋訓第三⋯⋯⋯⋯⋯⋯ 921
赳赳武也⋯⋯⋯⋯⋯⋯ 921
忯忯⋯⋯⋯⋯⋯⋯⋯⋯ 921
蓁蓁孼孼戴也⋯⋯⋯⋯ 921
萌萌⋯⋯⋯⋯⋯⋯⋯⋯ 922
赫赫躍躍⋯⋯⋯⋯⋯⋯ 922
儚儚洄洄惛也⋯⋯⋯⋯ 922
黎黎嗒嗒罹禍毒也⋯⋯ 923
懽懽 憂無告也　⋯⋯⋯ 923
粤夆掣曳也⋯⋯⋯⋯⋯ 923
不遹⋯⋯⋯⋯⋯⋯⋯⋯ 924

祖裼肉袒也 ………… 924
面柔 ………… 924
夸毗 ………… 924

釋親第四 ………… 925
舅兄也 ………… 925
母之晜弟爲舅 ………… 926
甥 ………… 926
女子謂晜弟之子爲姪 …… 927
女子同出謂先生爲姒後生爲娣
………… 927
婦偁夫之父曰舅稱夫之母曰姑
………… 928
君姑 ………… 928

釋宮第五 ………… 928
東南隅謂之宎　釋文：說文云
深貌本或作宎 ………… 928
柣謂之閾 ………… 929
楣謂之梁 ………… 929
塊謂之墣 ………… 929
樴謂之杙 ………… 930
樸 ………… 930
枏謂之梅 ………… 930
檐謂之楠 ………… 930
兩階間謂之鄉 ………… 931
中庭之左右謂之位 ………… 931
宁 ………… 931
闔謂之扉 ………… 931
所以止扉謂之閎 ………… 932
瓴甋謂之甓 ………… 933
趨　走　奔 ………… 933
石杠謂之徛 ………… 934
無室曰榭 ………… 934

釋器第六 ………… 934
瓦豆謂之登 ………… 934
康瓠謂之甈 ………… 934
斫謂謂之定 ………… 934
斫謂之鐯 ………… 935
斛謂之䥬 ………… 935
槮謂之涔 ………… 936
麃罟謂之羉 ………… 936
衣皆謂之襟 ………… 936
扱袵謂之襜 ………… 937
婦人之褘謂之縭 ………… 937
輿革前謂之鞎 ………… 938
鞎　第　蔽 ………… 938
環謂之捐 ………… 938
餕謂之餘 ………… 938
米者謂之檗 ………… 939
冰脂 ………… 939
肉謂之羹 ………… 939
鼎絕大謂之鼐 ………… 939
圜弇上謂之鼒 ………… 940
鬴謂之䰫䰫鋑也 ………… 940
璲瑞也 ………… 940
百羽謂之緷 ………… 941
旌謂之𣃘 ………… 941
黃金謂之盪其美者謂之鏐 …
………… 941
玉謂之雕 ………… 942
不律謂之筆 ………… 942
翦羽 ………… 942
以脣者謂之珧 ………… 942
璧大六寸謂之宣 ………… 943
肉倍好謂之璧 ………… 943

一染謂之縓再染謂之赬三染謂之纁	943
青謂之蔥	944
邸謂之柢	944
革中辨謂之韏	944

釋天第八 945
 春爲蒼天　夏爲昊天 945
 單閼 945
 正月爲陬 946
 涼風 946
 扶搖謂之猋 946
 天氣下地不應曰雺 946
 地氣發天不應曰霧 947
 螮蝀虹也 947
 霓爲挈貳 947
 彴約 948
 秋獵爲獮 948
 素錦韜杠 948
 錯革鳥曰旟 948

釋地第九 949
 北陵西隃鴈門是也 949
 醫無閭之珣玗琪 949
 邛邛距虛 949
 枳首蛇 949
 郊外謂之牧 950
 下溼曰隰 950
 田一歲曰菑 950
 西至於邠國 951
 九夷八狄七戎六蠻謂之四海 951

釋丘第十 951
 融丘　郭注：鐵頂 951
 陶丘 952
 望厓洒而高岸　夷上洒下不漘 952
 隩隈厓內爲隩外爲隈 953
 谷者澮 953

釋山第十一 954
 小山岌 954
 宰者屆儀 954
 巒山墮 954
 山絶陘 955
 多小石磝 956
 多大石礐 956
 多草木岵無草木峐 956
 㟧 957
 崔嵬 957
 嵩高爲中嶽 957

釋水第十二 957
 灉汋 957
 氿泉穴出 958
 水醮曰厬 958
 水自河出爲灉 958
 汝爲濆 959
 直波爲徑 959
 紼縭也 959
 天子造舟 959
 小洲曰陼 960
 小渚曰沚 960

釋草第十三 960
 藿山韭 960
 葥王蔧 960
 拜蔏藋 961
 蘜蒡大薺 961

孟狼尾	961
萑蓷	961
黃莬瓜菟蓏豕首	962
葵蘆萉	962
莪蘿　郭注：蘼蒿	962
野菅	962
蕇蒿	963
蒟芋熒	963
薜苫英光　菱蕨攈	963
芍鳧茈	963
蘱薡蕫	964
蒡芺	964
蘇桂荏	964
薔虞蓼	964
茜蔓于	965
菡蘆	965
莞苻離	965
芙薬	966
其葉蕸	966
其本蔤	966
其根藕	967
紅龍古其大者蕅菈薺實	967
蕡枲實	967
黂赤莧	967
蘠蘼虋冬	968
葍牛藻	968
大菊蘧麥	968
齧苦堇　及堇屮	968
鞠治牆	969
唐蒙女蘿女蘿兔絲　蒙王女	969
職黃除	970
味荎藸	970
中馗菌	970
白華芨	970
薇垂水	971
鄰堅中箭筈中	971
仲無笐	971
蕨蘩	971
蘦大苦	971
葦醜芀	972
葭華蒹廉葭蘆菼亂其萌虇蕍芛	
葟華榮	972
釋木第十四	973
柏椈	973
栲山樗	973
柀黏	974
樏落	974
時英梅　郭注：雀梅	974
楥柜椶	975
杜甘棠	975
椵木桂	975
檉河柳	976
楊蒲柳	976
權黃英	976
山櫐　虎櫐	976
杞枸檵	977
杬魚毒	977
無姑	977
樧蘿	978
旄冬桃	978
楰白棗	978
遵羊棗	979

櫬梧·················· 979
樸枹·················· 979
棪㯖其················ 980
槐小葉曰榎············ 980
梨山樆················ 980
榆白枌················ 980
唐棣栘常棣棣·········· 981
槄梢櫂················ 981
樅松葉柏身 郭注：堂密 ···················· 981
槐棘醜喬·············· 981
菜···················· 982

釋蟲第十五·········· 982
蜚蠦蜰················ 982
螜茅蜩················ 982
蛅馬蜩················ 982
蜓蚞螇蟧·············· 982
蛄蟈·················· 983
蜉蝣渠略·············· 983
蚍蟥蜌················ 983
蛄蟴強蜱·············· 983
馬䗪················· 984
螾衢················· 984
蠸蚍蝥蠶·············· 984
蛅蟴················· 985
蟠鼠負················ 985
蛾羅················· 985
蟰何················· 986
蚻蜉大蟷·············· 986
蠾朾蟷················ 986
次蠤鼅鼄 鼅鼄鼄蝥 ····· 986
蟦蟒蝎················ 987

蟰蛸長踦·············· 987
蠓蠛蠓················ 987
蠅醜扇················ 988
無足謂之豸············ 988

釋魚第十六·········· 988
鯉鱣·················· 988
鰋···················· 989
鮀···················· 989
鱧鯇·················· 989
鯊鮀·················· 990
鰝大鰕················ 991
鯤魚子 鱦小魚·········· 991
鱉是鼈················ 992
鮥鮛鮪················ 992
鯦當䰼················ 992
鱊鮬鱖鯞·············· 992
魵鰕·················· 993
鮅鱒·················· 993
魴魾·················· 993
蜎蠉·················· 993
魁陸·················· 994
黽黿蟾諸·············· 994
蛭蟣·················· 994
蚹蠃螔蝓·············· 994
前弇諸果後弇諸獵······ 995
左倪不類右倪不若······ 995
貝居陸贆在水者蜬······ 995
大者魧················ 996
蝮虺·················· 996
靈龜 郭注：緣中文似瑇瑁俗呼爲靈龜·············· 997

釋鳥第十七·········· 997

鶌鳩 ………………………… 997	瞿山雉 ………………………… 1008
鳲鳩鴶鵴 ……………………… 998	鸛鷒鴲鷒 ……………………… 1008
鴿䳕鵖 ………………………… 998	禽　獸 ………………………… 1008
鷣天狗 ………………………… 998	**釋獸第十八** ………………… 1009
鴗鸚鵝 ………………………… 999	鹿其跡速 ……………………… 1009
舒鴈鵝舒鳧鶩 ………………… 999	麋 ……………………………… 1009
鴮鶝鵱 ………………………… 1000	麎 ……………………………… 1010
鶋鴒鴽 ………………………… 1000	麃 ……………………………… 1010
鶾天雞 ………………………… 1001	虎　郭注：律捕虎一購錢三千
鷽山鵲　郭注：觜脚赤 ……… 1001	其豹半之 ……………………… 1010
鷦負雀 ………………………… 1001	貓 ……………………………… 1010
鵹鶟老䳢鷃 …………………… 1002	貐　釋文：貐　韋昭餘彼反 … 1010
鳽鵁剖葦 ……………………… 1002	狻麑 …………………………… 1011
桃蟲鷦 ………………………… 1002	貄脩毫 ………………………… 1011
鷗鳳其雌皇 …………………… 1003	貆侶狸 ………………………… 1011
鴽牟毋 ………………………… 1003	兕似牛 ………………………… 1011
鷦周 …………………………… 1003	貍狐貒 ………………………… 1012
鴟 ……………………………… 1004	麢麙短脰 ……………………… 1012
鴟鴞鸋鴂 ……………………… 1004	蜼卬鼻而長尾 ………………… 1012
狂狂 …………………………… 1004	寓屬 …………………………… 1013
鶌鴗戴鵀 ……………………… 1004	鼸鼠 …………………………… 1013
鴛澤虞 ………………………… 1005	鼶鼠 …………………………… 1013
鵲鵙 …………………………… 1005	鼢鼠豹文鼮鼠 ………………… 1014
鶨鳩寇雉 ……………………… 1005	羊曰䍩 ………………………… 1014
翠鷸 …………………………… 1005	麋鹿曰䴤 ……………………… 1014
鳥鼠白鷢 ……………………… 1006	寓鼠曰嗛 ……………………… 1014
鷅鴇鸁 ………………………… 1006	**釋畜第十九** ………………… 1015
鼯鼠夷由 ……………………… 1006	騏騜駻 ………………………… 1015
鴩鵃䴋 ………………………… 1007	面顙皆白惟駹 ………………… 1015
鷺舂鋤 ………………………… 1007	騋牝驪牡 ……………………… 1015
鶯雉 …………………………… 1007	牡曰騭 ………………………… 1016

— 1801 —

駓白駁 …… 1017	第二 …… 1024
黃白騜 …… 1017	孈美也 …… 1024
驪馬黃脊曰騽 …… 1017	鸕童之子謂之鴓 …… 1024
青驪粼驎 …… 1017	諱其肥臧謂之壞 …… 1025
白馬黑鬣駱 …… 1018	透驚也 …… 1025
白馬黑脣駩黑喙騧 …… 1018	齗怒也 …… 1025
一目白瞯二目白魚 …… 1018	撟捎 …… 1025
犉牛 郭注：㸦牛 …… 1019	盍餘也 …… 1026
皆踊鞼 …… 1019	第三 …… 1026
黑脣犉 …… 1019	東齊之間塪謂之倩 …… 1026
夏羊牡羭牝羖 …… 1019	斟協汁也 …… 1026
角三觠 …… 1020	蓍 …… 1026
未成豪狗 …… 1020	痳 …… 1026
獢獟 …… 1020	膠譎詐也 …… 1027
尨狗也 …… 1020	掍同也 …… 1027
雞三尺爲鶤 …… 1020	氾浼潤洼洿也 …… 1027
全書 …… 1021	軨厎也 郭注：了戾 …… 1027
說文字多與爾雅異 …… 1021	諄皋也 …… 1028
釋故 釋言 釋訓 …… 1021	俚聊也 …… 1028
方言 …… 1022	賜盡也 …… 1028
第一 …… 1022	不斟 …… 1028
黨知也 …… 1022	或謂之憭 …… 1029
媌 …… 1022	第四 …… 1029
姓 …… 1022	襌衣有袌者趙魏之間謂之袏衣
烈餘也 …… 1022	無袌者謂之程衣 …… 1029
胎 …… 1023	襂 …… 1029
嗒 …… 1023	褸謂之衽 …… 1029
悴傷也 …… 1023	裯謂之襤 …… 1030
奔大也 …… 1023	繞衿謂之帬 …… 1030
般大也 …… 1023	鬢帶 …… 1030
假洛至也 …… 1023	䴱 …… 1031
	靳角 …… 1031

| 絅繗絞也 …………… 1031
第五 ……………… 1032
  盌 …………………… 1032
  械 …………………… 1032
  笿 …………………… 1032
  甀 甇 ………………… 1032
  䓈 甈 ………………… 1033
  甌 …………………… 1033
  炊䈽謂之縮或謂之筥 … 1033
  箷 …………………… 1033
  𣪩 …………………… 1034
  𥫔 鏵 ………………… 1034
  梟 …………………… 1034
  杷 …………………… 1034
  刈鉤 ………………… 1035
  關西曰榔 …………… 1035
  絡謂之格　郭注：轉篗絡車
  …………………… 1035
  繀車 ………………… 1035
第六 ……………… 1036
  謂之矘 ……………… 1036
  自山而西凡物細大不純者謂
  之㑳 ………………… 1036
  自關而東曰掩 ……… 1036
  䶂鼠 ………………… 1036
  蠙場謂之坥 ………… 1037
  蠡分也 ……………… 1037
第七 ……………… 1037
  佻 …………………… 1037
  發舍車也 …………… 1037
  聚 …………………… 1038
  火魤 ………………… 1038

瀧涿 ……………… 1038
第八 ……………… 1038
  伏而未孚 …………… 1038
  鮿鯷 ………………… 1039
  其在澤中者謂之易蝪 … 1039
  蚚蛟 ………………… 1039
第九 ……………… 1040
  鈕 …………………… 1040
  鏉 …………………… 1040
  廓　韠 ……………… 1040
  輍謂之軸 …………… 1041
  䗊丸 ………………… 1041
  所以隱櫂謂之籆 …… 1041
  扤不安也 …………… 1042
第十 ……………… 1042
  譁護 ………………… 1042
  挐　搻 ……………… 1042
  安靜也 ……………… 1042
  征伀 ………………… 1043
  頷 …………………… 1043
  㦧革老也 …………… 1043
  拙扰推也 …………… 1043
  抯摣 ………………… 1043
第十一 …………… 1044
  蛣蚗 ………………… 1044
  蝒馬 ………………… 1044
  螳螂 ………………… 1044
  蟒蟒 ………………… 1044
第十二 …………… 1045
  儒輸 ………………… 1045
  澂清也 ……………… 1045
  瘱解也 ……………… 1045

芺 …………………… 1045	踝 …………………… 1052
備咸也 ……………… 1046	**釋姿容第九** ………… 1052
蔣 …………………… 1046	拍搏也 ……………… 1052
黽始也 ……………… 1046	末殺 ………………… 1052
第十三 …………………… 1046	沭 …………………… 1052
箑 …………………… 1046	**釋親屬第十一** ……… 1053
聳悚也 ……………… 1046	叔少也 ……………… 1053
㑉愑也 ……………… 1047	妹昧也 ……………… 1053
濼淨也 ……………… 1047	姨　長弟 …………… 1053
臆滿也 ……………… 1047	**釋言語第十二** ……… 1053
㵎索也 ……………… 1047	彷徉 ………………… 1053
簌南楚謂之篔 ……… 1048	**釋飲食十三** ………… 1054
錐謂之鍣 …………… 1048	血胎 ………………… 1054
餌 …………………… 1048	肺臊 ………………… 1054
餕謂之䉛 …………… 1048	**釋采帛第十四** ……… 1054
瓺謂之甔 …………… 1049	紺含也 ……………… 1054
劉歆與揚雄書 ……… 1049	煮繭 ………………… 1054
迫人使者 …………… 1049	牽離 ………………… 1055
釋　名 ………………… 1050	**釋首飾第十五** ……… 1055
釋天第一 …………… 1050	黛代也 ……………… 1055
晷規也如規畫也 …… 1050	**釋衣服第十六** ……… 1055
水準也 ……………… 1050	褌貫也 ……………… 1055
釋山第三 …………… 1050	**釋宮室第十七** ……… 1056
岫 …………………… 1050	檼或謂之棟 ………… 1056
釋丘第五 …………… 1051	壁辟也 ……………… 1056
阯丘 ………………… 1051	殿鄂 ………………… 1056
釋州國第七 ………… 1051	樓樓 ………………… 1056
五百家爲黨 ………… 1051	臺持也 ……………… 1056
釋形體第八 ………… 1051	雜廁 ………………… 1057
泑 …………………… 1051	坒亞也 ……………… 1057
要髀股動搖如樞機也 … 1051	**釋用器第二十一** …… 1057
	其板曰葉 …………… 1057

釋兵第二十三 …… 1057	飢詞也 …… 1063
殳殊也 …… 1057	雷 …… 1064
…… 1058	身俴 …… 1064
釋車第二十四 …… 1058	欯 …… 1064
古者曰車聲如居 …… 1058	釋言 …… 1064
軿車 …… 1058	彈拚也 …… 1064
轝複也 …… 1058	釋訓 …… 1065
輈閒也 …… 1059	豪豪 …… 1065
伏兔 …… 1059	汲汲 …… 1065
縛 …… 1059	娗娗 …… 1065
廣 雅 …… 1060	憂憂 …… 1065
釋詁 …… 1060	荔荔 …… 1065
揗順也 …… 1060	眊眊 …… 1066
臠視也 …… 1060	釋親 …… 1066
欨嫛然鷹也 …… 1060	嬾 …… 1066
㹭禢也 …… 1060	殗膜胎也 …… 1066
䩞 …… 1061	膵臎也 …… 1066
㤁弱也 …… 1061	釋室 …… 1066
蹓鳴也 …… 1061	堂埕合殿也 …… 1066
藝也 …… 1061	垵 突下謂之 …… 1067
註 …… 1061	礎碼碩礩也 …… 1067
蚆𤾁 …… 1062	廘 …… 1067
喝𠌶 …… 1062	朱 …… 1067
㒹當也 …… 1062	趀 …… 1068
但鈍也 …… 1062	杅謂之梏 …… 1068
駸駐 …… 1062	圚圛屛廁也 …… 1068
齰齧也 …… 1062	釋器 …… 1068
譺調也 …… 1063	甄瓶 …… 1068
炈禁也 …… 1063	鎣豐 …… 1068
慘恨也 …… 1063	纔綃也 …… 1069
颲 …… 1063	編緒 …… 1069
	衼衸祐袾膝也 …… 1069

鞜鞦鞵鞻靸履也 …………… 1069	鷋鴨鷿鷖雕也 …………… 1075
幢謂之翿 …………… 1069	釋蟲 …………… 1075
鞲謂之鞘 …………… 1070	蜘蛛丁螘 …………… 1075
膴 …………… 1070	獂 …………… 1075
糪謂之麴 …………… 1070	**匡謬正俗** …………… 1076
水銀謂之汞 …………… 1070	卷二 …………… 1076
棪謂之滕 …………… 1070	羽 …………… 1076
距 …………… 1071	烏呼 …………… 1076
柴 …………… 1071	卷三 …………… 1076
袚襖袾 …………… 1071	予 …………… 1076
戛戟也 …………… 1071	卷六 …………… 1077
籥篆篕也 …………… 1071	聆瓦 …………… 1077
釋天 …………… 1072	卷七 …………… 1077
㚲 …………… 1072	幹筵 …………… 1077
祝 …………… 1072	卷八 …………… 1078
釋地 …………… 1072	陵遲 …………… 1078
穀種也 …………… 1072	**玉　篇** …………… 1079
釋邱 …………… 1072	土部第九 …………… 1079
皀細也 …………… 1072	場 …………… 1079
釋草 …………… 1073	邑部第二十 …………… 1079
蒩蕺也 …………… 1073	郤 …………… 1079
堇䔿也 …………… 1073	鄧 …………… 1079
藢莥 …………… 1073	邪 …………… 1080
薍菽茅穗也 …………… 1073	人部第二十三 …………… 1080
葪子 …………… 1074	微 …………… 1080
賈藪也 …………… 1074	女部第三十五 …………… 1080
釋魚 …………… 1074	嫛 …………… 1080
魠 …………… 1074	頁部第三十六 …………… 1080
魪鱳 …………… 1074	頼 …………… 1080
有角曰䖦龍無角曰虵龍 ……	頦 …………… 1081
…………… 1075	頵 …………… 1081
釋鳥 …………… 1075	

見部第五十二 ………… 1081
　覷 ………… 1081
口部第五十六 ………… 1081
　嚛 ………… 1081
　喟 ………… 1082
　呪 ………… 1082
手部第六十六 ………… 1082
　攣 ………… 1082
㚔部第七十八 ………… 1082
　㚔 ………… 1082
肉部第八十 ………… 1083
　肏 ………… 1083
言部第九十 ………… 1083
　譖 ………… 1083
夂部第一百二十四 ………… 1083
　夋 ………… 1083
宀部第一百三十八 ………… 1083
　寀 ………… 1083
木部第一百五十七 ………… 1084
　櫧枇 ………… 1084
　枭 ………… 1084
　相 ………… 1084
　梭 ………… 1084
艸部第一百六十二 ………… 1085
　葛 ………… 1085
　芳 ………… 1085
巿部第一百六十九 ………… 1085
　巿 ………… 1085
禾部第一百九十四 ………… 1086
　秂 ………… 1086
米部第二百 ………… 1086
　粎秄粢 ………… 1086

鼓部第二百三十四 ………… 1086
　鼛 ………… 1086
瓦部第二百四十二 ………… 1087
　瓽 ………… 1087
鬲部第二百四十五 ………… 1087
　鬻 ………… 1087
匚部第二百五十 ………… 1088
　匧 ………… 1088
　匬 ………… 1088
弓部第二百五十八 ………… 1088
　彊 ………… 1088
金部第二百六十九 ………… 1088
　鎉 ………… 1088
　鏷 ………… 1089
　鍬 ………… 1089
攴部第二百七十 ………… 1089
　鼓 ………… 1089
車部第二百八十二 ………… 1090
　轒 ………… 1090
日部第三百四 ………… 1090
　曙 ………… 1090
氐部第三百四十二 ………… 1090
　陞 ………… 1090
石部第三百五十一 ………… 1091
　砃 ………… 1091
厽部第三百五十六 ………… 1091
　垒 ………… 1091
牛部第三百五十八 ………… 1091
　犖 ………… 1091
犾部第三百六十五 ………… 1092
　獄 ………… 1092
朕部第三百六十七 ………… 1092

豚 …… 1092	準 …… 1098
虫部第四百一 …… 1092	淆涪 …… 1098
蛁 …… 1092	殳部 …… 1099
而部第四百十九 …… 1093	毅 …… 1099
而 …… 1093	步部 …… 1099
糸部第四百二十五 …… 1093	步 …… 1099
繩 …… 1093	日部 …… 1099
紉 …… 1093	暬 …… 1099
勺部第四百四十二 …… 1093	曰部 …… 1100
匊 …… 1093	是 …… 1100
貝部第四百八 …… 1094	跨跨 …… 1100
賣 …… 1094	**九經字樣** …… 1101
酉部第五百三十九 …… 1094	糸部 …… 1101
酳 …… 1094	繢絢 …… 1101
全書 …… 1094	雨部 …… 1101
五經文字 …… 1095	霸 …… 1101
鼎部 …… 1095	雜辨部 …… 1102
鼎 …… 1095	牙 …… 1102
衣部 …… 1095	**佩　觿** …… 1103
衹 …… 1095	卷上 …… 1103
心部 …… 1096	古文以貞爲鼎籀文以鼎爲則 …… 1103
慭 …… 1096	俗別爲王 …… 1103
懦 …… 1096	卷中 …… 1104
言部 …… 1097	平聲自相對 …… 1104
謐　字林以謐爲笑聲音呼益反 …… 1097	楊揚 …… 1104
	平聲上聲相對 …… 1104
厂部 …… 1097	巂嶲 …… 1104
厎 …… 1097	全書 …… 1104
子部 …… 1098	鼓 …… 1104
孶 …… 1098	**類　篇** …… 1105
水部 …… 1098	

卜部 …………………… 1105
　卝兆	… 1105
魚部 …………………… 1106
　鱛 ………………… 1106

字　鑑
六止 …………………… 1107
　起 ………………… 1107

廣　韵
一東 …………………… 1108
　終 ………………… 1108
　馮 ………………… 1108
三鍾 …………………… 1108
　㒈 ………………… 1108
四江 …………………… 1109
　杠 ………………… 1109
　栙 ………………… 1109
五支 …………………… 1109
　矮萎 ……………… 1109
　纚 ………………… 1109
六脂 …………………… 1110
　祇 ………………… 1110
　鵾 ………………… 1110
　䫉 ………………… 1110
　遺 ………………… 1110
七之 …………………… 1111
　甾 ………………… 1111
　噫 ………………… 1111
十虞 …………………… 1111
　殊 ………………… 1111
十二齊 ………………… 1112
　徛 ………………… 1112

十六哈 ………………… 1112
　瀎 ………………… 1112
十七真 ………………… 1112
　陳 ………………… 1112
二仙 …………………… 1112
　湔 ………………… 1112
　譔 ………………… 1113
四宵 …………………… 1113
　鼂鼌 ……………… 1113
六豪 …………………… 1113
　鑣 ………………… 1113
十陽 …………………… 1113
　璋 ………………… 1113
　孃娘 ……………… 1114
十三耕 ………………… 1114
　經 ………………… 1114
　埩 ………………… 1114
十四清 ………………… 1114
　鯖 ………………… 1114
十五青 ………………… 1115
　綎 ………………… 1115
　町 ………………… 1115
十八尤 ………………… 1115
　妯 ………………… 1115
　蕇 ………………… 1115
十九侯 ………………… 1115
　樓 ………………… 1115
　鍭 ………………… 1116
　鞲 ………………… 1116
二十一欣 ……………… 1116
　忻 ………………… 1116
二十二覃 ……………… 1116

圅 …… 1116	三十二晧 …… 1121
二十五添 …… 1117	顥 …… 1121
鎌 …… 1117	三十五馬 …… 1122
二十八嚴 …… 1117	蕸 …… 1122
杴 …… 1117	三十六養 …… 1122
二腫 …… 1117	餘 …… 1122
俑 …… 1117	償 …… 1122
四紙 …… 1117	三十八梗 …… 1122
㸚 …… 1117	埂 …… 1122
垑 …… 1118	四十一迥 …… 1123
八語 …… 1118	泂 …… 1123
齬 …… 1118	四十五厚 …… 1123
鋙 …… 1118	母 …… 1123
九麌 …… 1118	四十七寑 …… 1123
頨 …… 1118	宋 …… 1123
叜 …… 1119	一送 …… 1123
十姥 …… 1119	諰 …… 1123
土 …… 1119	六至 …… 1124
晵 …… 1119	遂 …… 1124
十一薺 …… 1119	十遇 …… 1124
蠡 …… 1119	絇 …… 1124
啟 …… 1119	十二霽 …… 1124
十二蟹 …… 1120	渧 埤倉云渧漉也 …… 1124
獬 …… 1120	殢 …… 1124
十六軫 …… 1120	桂 …… 1125
輴 …… 1120	十三祭 …… 1125
二十一混 …… 1120	犩 …… 1125
緜 …… 1120	十六怪 …… 1125
二十七銑 …… 1120	袷 …… 1125
典 …… 1120	頾 …… 1126
三十小 …… 1121	十八隊 …… 1126
兆㐬 …… 1121	磑 …… 1126

— 1810 —

十九代	1126	殞	1131
扢	1126	五十一梵	1131
二十一震	1127	栃	1131
窺	1127	五十三勘	1131
二十二霰	1127	醰	1131
泲	1127	一屋	1132
二十五願	1127	撲	1132
万 萬	1127	鞠	1132
喬	1127	肅	1132
二十六鏟	1128	五質	1132
鏟	1128	欼	1132
二十八翰	1128	密	1132
騂	1128	六術	1133
二十九換	1128	颱	1133
姅	1128	十月	1133
三十諫	1128	橃	1133
犴	1128	十三末	1133
三十二霰	1129	速	1133
瞁	1129	妭	1133
三十三線	1129	十六屑	1134
戀	1129	鬣	1134
三十八箇	1129	十七薛	1134
賀	1129	垺	1134
三十九過	1130	将	1134
課	1130	十八藥	1135
四十禡	1130	趠	1135
謋	1130	二十一麥	1135
四十二宕	1130	脉	1135
搁 捎搁昇也出字林	1130	二十二昔	1135
四十七證	1130	臭	1135
瞪	1130	𤎆	1135
四十九宥	1131	二十三錫	1136

醽 …………………… 1136	五十二沁 …………… 1141
二十四職 …………… 1136	妗 …………………… 1141
妖 …………………… 1136	二十三錫 …………… 1141
二十六緝 …………… 1136	鼏 …………………… 1141
墊 …………………… 1136	三十帖 ……………… 1141
二十九葉 …………… 1137	襟襟 ………………… 1141
极 …………………… 1137	**古今韵會舉要** ……… 1142
三十怗 ……………… 1137	平聲上 ……………… 1142
燮 …………………… 1137	七虞模 ……………… 1142
三十二狎 …………… 1137	摹 …………………… 1142
壓 …………………… 1137	十三元 ……………… 1142
集　韵 …………………… 1138	爰 …………………… 1142
十二齊 ……………… 1138	旛 …………………… 1142
齂 …………………… 1138	入聲 ………………… 1143
荑苐 ………………… 1138	二沃燭 ……………… 1143
二十二元 …………… 1138	襡 …………………… 1143
緐 …………………… 1138	三覺 ………………… 1143
六止 ………………… 1139	殻 …………………… 1143
巺 …………………… 1139	**轉注古音略** ………… 1144
九麌 ………………… 1139	三肴 ………………… 1144
輔 …………………… 1139	眢　目脩而緩 ……… 1144
十五海 ……………… 1139	**小爾雅** ……………… 1145
窶 …………………… 1139	廣詁第一 …………… 1145
十八吻 ……………… 1139	懿深也 ……………… 1145
鄭 …………………… 1139	廣器第七 …………… 1145
三十六養 …………… 1140	船頭謂之舳尾謂之艫 … 1145
怏 …………………… 1140	**正字通** ……………… 1146
六至 ………………… 1140	糸部 ………………… 1146
蟄軖輖墊轇 ………… 1140	縣　顏師古曰古縣邑字作寰
四十七證 …………… 1140	………………………… 1146
甑鬵 ………………… 1140	**急就篇** ……………………… 1147

舭	1147
繙帋	1147
絨緞紃	1147
縶	1147
榑樋椑櫊	1148
絛續總	1148
沐浴揃搣寡合同	1148
膍齊	1149
尻寬脊臍要背呂	1149
瘜瘀	1149
疻	1149
楻櫃	1150
保幸	1150

全書 ……………… 1150

一切經音義 ……… 1151
  大方廣佛華嚴 …… 1151
    第二十七卷 …… 1151
      蠱毒 ………… 1151
  大般涅槃經 ……… 1151
    第十二卷 ……… 1151
      髦尾 ………… 1151
  道行般若經 ……… 1152
    第二卷 ………… 1152
      疊 …………… 1152
  十住斷結經 ……… 1152
    第二卷 ………… 1152
      揮涙 ………… 1152
  太子須大拏經 …… 1152
      後枕 ………… 1152
  慧上菩薩問大善勸經 … 1153
    上卷 …………… 1153

      四錠 ………… 1153
  維摩詰經 ………… 1153
    上卷 …………… 1153
      編髮 三蒼古文辮字 … 1153
  大智度論 ………… 1153
    第四十一卷 …… 1153
      木楲 ………… 1153
  正法念經 ………… 1154
    第十三卷 ……… 1154
      皷倒 ………… 1154
    第二十四卷 …… 1154
      歆歆 通俗文大咽曰歆 …… 1154
  賢愚經 …………… 1154
    第一卷 ………… 1154
      諺 …………… 1154
  修行道地經 ……… 1155
    第三卷 ………… 1155
      綜解 ………… 1155
    第五卷 ………… 1155
      榳櫛 通俗文曰考具謂之榳櫛 …… 1155

史　部

史　記 ……………… 1159
  五帝本紀第一 …… 1159
    幼而徇齊 ……… 1159
    披山通道 ……… 1159
    便章百姓 ……… 1160
    舜讓于德不台懌 …… 1160

瞽叟盲 …………… 1160
　　苦窳 ……………… 1160
夏本紀第二 ……………… 1161
　　其篚檿絲 ………… 1161
　　有扈氏 …………… 1161
周本紀第四 ……………… 1161
　　摯摯無怠 ………… 1161
　　魯天子之命 ……… 1162
秦始皇本紀第六 ………… 1162
　　嫪毐 ……………… 1162
　　鄒嶧山 …………… 1162
　　黎庶無繇 ………… 1163
　　陸梁地 …………… 1163
　　並河以東 ………… 1163
　　德惠脩長 ………… 1164
　　輼涼車 …………… 1164
　　其於久遠也 ……… 1164
　　流血漂鹵 ………… 1165
項羽本紀第七 …………… 1165
　　眴 ………………… 1165
　　斗卮酒 …………… 1165
　　唉 ………………… 1165
　　戲下 ……………… 1166
　　檥船 ……………… 1166
高祖本紀第八 …………… 1166
　　大澤之陂 ………… 1166
　　隆準 ……………… 1167
呂太后本紀第九 ………… 1167
　　煇耳 ……………… 1167
　　俞矦 ……………… 1167
孝景本紀第十一 ………… 1168
　　七稷布 …………… 1168

孝武本紀第十二 ………… 1168
　　一角獸 …………… 1168
　　餟食 ……………… 1168
　　公玉帶 …………… 1169
　　井幹樓 …………… 1169
六國年表第三 …………… 1169
　　秦取我穰 ………… 1169
禮書第一 ………………… 1170
　　彌龍 ……………… 1170
律書第三 ………………… 1170
　　寅言萬物始生螾然也 … 1170
　　軋軋 ……………… 1170
　　巳者言萬物之巳盡也 … 1171
　　未者言萬物皆成有滋味也 …
　　　…………………… 1171
天官書第五 ……………… 1171
　　杓攜龍角　魁枕參首 … 1171
　　杓雲 ……………… 1172
　　此其犖犖大者 …… 1172
封禪書第六 ……………… 1172
　　陳寶 ……………… 1172
　　百姓怨其法 ……… 1172
　　雍五畤 …………… 1173
　　有龍垂胡髯 ……… 1174
　　號曰南嶽 ………… 1174
河渠書第七 ……………… 1174
　　泥行蹈毳 ………… 1174
　　山行即橋 ………… 1174
　　魚弗鬱兮柏冬日 … 1175
平準書第八 ……………… 1175
　　鈇左趾 …………… 1175
齊太公世家第二 ………… 1175

| 郯 …… 1175
| 徐州 …… 1176
魯周公世家第三 …… 1176
| 徐州 …… 1176
| 斷斷如也 …… 1176
管蔡世家第五 …… 1177
| 冄季載 …… 1177
陳杞世家第六 …… 1177
| 氏姓 嬀氏 …… 1177
晉世家第九 …… 1178
| 惠公馬鷔不行 …… 1178
楚世家第十 …… 1178
| 三翮六翼 …… 1178
鄭世家第十二 …… 1179
| 掔羊 …… 1179
| 鄅公 …… 1179
| 斛 …… 1179
白起王翦列傳第十三 …… 1179
| 投石超距 …… 1179
| 以至殁身 …… 1180
孔子世家第十七 …… 1180
| 名曰丘 字仲尼 …… 1180
| 文馬三十駟 …… 1180
| 韋編三絶 …… 1181
范睢蔡澤列傳第十九 …… 1181
| 秦王跽 …… 1181
廉頗藺相如列傳第二十一 ……
…… 1181
| 遺矢 …… 1181
留侯世家第二十五 …… 1181
| 圯上 …… 1181
五宗世家第二十九 …… 1182

壖垣 …… 1182
老子韓非列傳第三 …… 1183
| 字伯陽 …… 1183
仲尼弟子列傳第七 …… 1183
| 曾蒧 …… 1183
蘇秦列傳第九 …… 1183
| 跕勁弩 …… 1183
| 錟戈在後 …… 1184
孟子荀卿列傳第十四 …… 1184
| 炙轂過髠 …… 1184
平原君虞卿列傳第十六 …… 1184
| 躡蹻檐簦 …… 1184
| 爲媾 …… 1184
魏公子列傳第十七 …… 1185
| 平原君負韊矢 …… 1185
范睢蔡澤列傳第十九 …… 1185
| 魘齬 …… 1185
屈原賈生列傳第二十四 …… 1185
| 離騷者猶離憂也 …… 1185
| 庚子日施兮 …… 1185
刺客列傳第二十六 …… 1186
| 跪而蔽席 …… 1186
| 右手揕其匈 …… 1186
李斯列傳第二十七 …… 1186
| 陑塹 …… 1186
淮陰矦列傳第三十二 …… 1187
| 諸母漂 …… 1187
| 木罌瓿 …… 1187
| 吟而不言 …… 1187
田儋列傳第三十四 …… 1187
| 齮齕 …… 1187
張丞相列傳第三十六 …… 1188

— 1815 —

材官蹶張 …………… 1188	徼訑受詘 …………… 1194
娷娷廉謹 …………… 1188	襞積褰縐 …………… 1195
劉敬叔孫通列傳第三十九 …… ……………………… 1188	硍硍磕磕 …………… 1195
縣蕝 ………………… 1188	㳅㴒鼎沸 …………… 1196
張釋之馮唐列傳第四十二 …… ……………………… 1189	汩㵒漂疾 …………… 1196
北臨廁 ……………… 1189	鮪鱏 ………………… 1196
顏聚 ………………… 1189	鰅鰫鰬魠 …………… 1197
萬石張叔列傳第四十三 … 1189	煩鶩 ………………… 1197
廁牏 ………………… 1189	汎淫 ………………… 1197
歲餘不誰何綰 ……… 1190	陂池貏豸 …………… 1197
扁鵲倉公列傳第四十五 … 1190	蔣芧青薠 …………… 1197
勃海郡鄭人 ………… 1190	胗㬹布寫 …………… 1198
診脈 ………………… 1190	角觝 ………………… 1198
奇咳 ………………… 1191	赤瑕駁犖 …………… 1198
匈奴列傳第五十 ………… 1191	盧橘夏熟 …………… 1199
直上谷 ……………… 1191	楛㯳 ………………… 1199
比余一 ……………… 1191	阮衡閒砢 …………… 1199
衛將軍驃騎列傳第五十一 …… ……………………… 1192	紛容蕭蔘 …………… 1199
遲明 ………………… 1192	旖旎從風 …………… 1200
西南夷列傳第五十六 …… 1192	蠷猱 ………………… 1200
冄駹 ………………… 1192	毇　郭樸注：腰以後黃 …… ……………………… 1200
枸醬 ………………… 1192	踔稀閒 ……………… 1201
司馬相如列傳第五十七 … 1193	鷫䴉 ………………… 1201
雍容閒雅 …………… 1193	擽飛虡 ……………… 1201
江離麋蕪 …………… 1193	藝殪仆 ……………… 1201
猼且 ………………… 1193	鏗鎗鐺鼞 …………… 1201
登降陁靡 …………… 1194	激楚結風 …………… 1202
薛莎青薠 …………… 1194	删取其要 …………… 1202
弭節裵回 …………… 1194	西僰中 ……………… 1202
	羈縻勿絶 …………… 1202
	銜檠之變 …………… 1203

| 條目索引 |

| 跫跫 ………… 1203
| 指橋 ………… 1203
| 旖旎 ………… 1203
| 蟪蟉蜿蜒 ………… 1203
| 赳螟 ………… 1204
| 輵轄 ………… 1204
| 灑以林離 ………… 1204
| 橐一莖六穗於庖 ………… 1204
| 滋液滲漉 ………… 1205
| 旼旼睦睦 ………… 1205
儒林列傳第六十一 ………… 1205
| 希世用事 ………… 1205
酷吏列傳第六十二 ………… 1205
| 破觚而爲圜 ………… 1205
大宛列傳第六十三 ………… 1206
| 于寘之西 ………… 1206
佞幸列傳第六十五 ………… 1207
| 嗛 ………… 1207
滑稽列傳第六十六 ………… 1207
| 希韛鞠腊 ………… 1207
| 輒乙其處 ………… 1207
龜策列傳第六十八 ………… 1208
| 蓮葉之上 ………… 1208
貨殖列傳第六十九 ………… 1208
| 輓近世 ………… 1208
| 户說以眇論 ………… 1208
| 天下熙熙 ………… 1208
| 羯羠不均 ………… 1209
| 南陽西通武關鄖關 ………… 1209
| 皆窳偷生 ………… 1209
| 攻剽椎埋 ………… 1209
| 重䅲 ………… 1210

| 千章 ………… 1210
| 卮茜 ………… 1210
| 醯醬千瓨 ………… 1210
| 馬蹄躈千 ………… 1210
| 糱麴鹽豉千荅 ………… 1211
| 俯有拾 ………… 1211
| 桀黠奴 ………… 1211
| 田畜 ………… 1211
太史公自序第七十 ………… 1212
| 紬史記石室金匱之書 ………… 1212
全書 ………… 1212
| 葆 ………… 1212
| 諜 ………… 1212
| 木禺　龍禺 ………… 1213
| 淖 ………… 1213
| 本紀 ………… 1213

漢　書 ………… 1214
高帝紀第一上 ………… 1214
| 主進 ………… 1214
| 戲下 ………… 1214
高帝紀第一下 ………… 1214
| 廉問 ………… 1214
| 令郎中有罪耐以上請之 …… 1215
| 奉玉卮爲大上皇壽 ………… 1215
文帝紀第四 ………… 1216
| 喋血 ………… 1216
| 除關無用傳 ………… 1216
| 祠官祝釐 ………… 1216
| 敦朴 ………… 1217
景帝紀第五 ………… 1217

辒 ………………… 1217
武帝紀第六 ………………… 1217
  修天文禮 ………………… 1217
  立后土祠於汾陰脽上 … 1217
  泛駕之馬 ………………… 1218
元帝紀第九 ………………… 1218
  嚴籞池田 ………………… 1218
  衆僚久廱 ………………… 1219
成帝紀第十 ………………… 1219
  闌入尚方掖門 …………… 1219
  先帝劭農 ………………… 1219
哀帝紀十一 ………………… 1220
  抃射 ……………………… 1220
平帝紀十二 ………………… 1220
  立軺併馬 ………………… 1220
  史篇 ……………………… 1220
王子侯表第三上 …………… 1221
  土軍侯郚客 ……………… 1221
高惠高后文功臣表第四 … 1221
  靡有孑遺耗矣 …………… 1221
  遴柬布章 ………………… 1222
景武昭宣元成功臣表第五 ……
  ………………………… 1222
  南奅 ……………………… 1222
  駒騩 ……………………… 1222
百官公卿表第七上 ………… 1222
  蓁作朕虞 ………………… 1222
  金印紫綬 ………………… 1223
  大鴻臚 …………………… 1223
  導官 ……………………… 1223
  金璽縶綬 ………………… 1223
古今人表第八 ……………… 1224

梅母 ……………………… 1224
鄭成公綸 ………………… 1224
律曆志第一上 ……………… 1225
  圭撮 ……………………… 1225
  解谷 ……………………… 1225
  尺者蒦也 ………………… 1226
  合龠爲合 ………………… 1226
  庩 ………………………… 1226
  二十四銖爲兩 …………… 1226
  斤者明也 ………………… 1227
律曆志第一下 ……………… 1227
  古文月采篇曰三日曰朏 ……
  …………………………… 1227
禮樂志第二 ………………… 1227
  宵窔桂華 ………………… 1227
  長離前掞光耀明 ………… 1228
  迣萬里 …………………… 1228
  體招搖 …………………… 1228
  拔蘭堂 …………………… 1229
  泛翊翊 …………………… 1229
  鬤長馳 …………………… 1229
刑法志第三 ………………… 1229
  人宵天地之皃 …………… 1229
  三屬之甲 ………………… 1230
  梟其首 …………………… 1230
食貨志第四上 ……………… 1230
  至孅至悉 ………………… 1230
  大命將泛 ………………… 1230
  晦 ………………………… 1231
  仟佰之得 ………………… 1231
食貨志第四下 ……………… 1231
  穀糱 ……………………… 1231

疑於南夷 …………… 1231
赤金爲下 …………… 1232
元龜距冉長尺二寸 … 1232
郊祀志第五上 ……… 1232
　駕被具 ……………… 1232
　揞視得鼎 …………… 1232
　晏溫 ………………… 1233
　十一月辛巳朔旦冬至昒爽 …
　………………………… 1233
天文志第六 ………… 1233
　鄉之應聲 …………… 1233
　閒可械劒 …………… 1233
　燕萬載宮極 ………… 1234
　天星晏 ……………… 1234
五行志第七中之上 … 1234
　螽蝗 ………………… 1234
五行志第七下之上 … 1234
　女童謠 ……………… 1234
地理志第八上 ……… 1235
　以綴禹貢 …………… 1235
京兆尹 ……………… 1235
　華陰　大華山 ……… 1235
　南陵　霸水 ………… 1235
　杜陵 ………………… 1236
左馮翊 ……………… 1236
　池陽　巂嶭山 ……… 1236
　谷口　九嵕山 ……… 1236
　郿 …………………… 1237
右扶風 ……………… 1237
　鄠　有扈谷亭 ……… 1237
　汧 …………………… 1237
　武功　埀山 ………… 1238

弘農郡 ……………… 1238
　盧氏　育水 ………… 1238
　陝　故虢國 ………… 1239
　新安　澗水　雒 …… 1239
河東郡 ……………… 1240
　垣　沇水 …………… 1240
　彘　霍大山 ………… 1240
　狐讘 ………………… 1241
太原郡 ……………… 1241
　晉陽　汾陽 ………… 1241
　葰人 ………………… 1242
　鄔　晉大夫司馬彌牟邑 ……
　………………………… 1242
　祁　晉大夫賈辛邑 … 1242
上黨郡 ……………… 1243
　長子　沾　漳水　大黽谷 …
　………………………… 1243
　壺關　沾水 ………… 1244
　泫氏 ………………… 1244
　潞　潞子國 ………… 1245
　穀遠　沁水 ………… 1245
河內郡 ……………… 1245
　共　淇水 …………… 1245
　蕩陰　羑里　蕩水 … 1246
河南郡 ……………… 1246
　滎陽　卞水 ………… 1246
　河南　故郟鄏地 …… 1247
　密　溱水 …………… 1247
東郡 ………………… 1248
　東郡　縣二十二 …… 1248
　濮陽 ………………… 1248
　東武陽　漯水 ……… 1248

— 1819 —

陳畱郡 …………… 1249
　襄邑 …………… 1249
　封丘　濮渠水 …………… 1249
　傿 …………… 1250
　浚儀 …………… 1250
　潁川郡 …………… 1250
　許　大叔所封 …………… 1251
　父城 …………… 1251
　周承休　元始二年更名鄭公
　…………… 1252
　陽城　洧水　潁水 …………… 1253
汝南郡 …………… 1254
　鮦陽 …………… 1254
　吳房 …………… 1254
　弋陽 …………… 1254
　上蔡 …………… 1255
　新郪 …………… 1255
　定陵　汝水 …………… 1256
南陽郡 …………… 1256
　鄧　矦國 …………… 1256
　雉　衡山　澧水　郾 …… 1257
　蔡陽 …………… 1258
　舞陰　中陰山　瀙水 …… 1258
　平氏　桐柏大復　淮水 ……
　…………… 1259
　魯陽　滍水 …………… 1260
南郡 …………… 1260
　江陵　故楚郢都 …………… 1260
　宜城　故鄢 …………… 1261
　高成　溹水 …………… 1261
江夏郡 …………… 1262
　邾　衡山王吳芮都 …… 1262

廬江郡 …………… 1262
　雩婁　決水　灌水 …… 1262
九江郡 …………… 1263
　當塗 …………… 1263
山陽郡 …………… 1263
　湖陵　荷水 …………… 1263
　鉅埜 …………… 1264
　郜成 …………… 1265
　平樂　洀水 …………… 1265
濟陰郡 …………… 1266
　秺 …………… 1266
　乘氏　泗水 …………… 1266
沛郡 …………… 1267
　酇 …………… 1267
魏郡 …………… 1267
　即裴 …………… 1267
　武安 …………… 1267
常山郡 …………… 1268
　元氏　泜水　入黃河 … 1268
　石邑　井陘山 …………… 1268
　井陘 …………… 1269
　房子　贊皇山　石濟水 ……
　…………… 1269
　中丘 …………… 1269
　鄗 …………… 1270
　南行唐　滋水 …………… 1270
涿郡 …………… 1270
　故安 …………… 1270
勃海郡 …………… 1271
泰山郡 …………… 1272
　蓋　樂于山　洙水 …… 1272
　萊蕪 …………… 1272

齊郡 …… 1273	桂陽　滙水 …… 1284
廣　濁水 …… 1273	武陵郡 …… 1284
臨朐　洋水　鉅定 …… 1273	孱陵 …… 1284
北海郡 …… 1274	鐔成　潭水　鬱 …… 1285
桑犢 …… 1274	零陵郡 …… 1286
東萊郡 …… 1274	零陵　湘水 …… 1286
曲成　治水　沂 …… 1274	廣漢郡 …… 1287
崱 …… 1275	梓潼　五婦山　馳水　涪 …… 1287
琅邪郡 …… 1275	剛氐道 …… 1287
朱虛　東泰山　汶水 …… 1275	蜀郡 …… 1288
靈門　高柔山　語水　淮 …… 1276	青衣 …… 1288
箕　惟水 …… 1276	緜虒 …… 1289
椑 …… 1277	湔氐道 …… 1290
東海郡 …… 1278	犍爲郡 …… 1290
郯　盈姓 …… 1278	符　黚水 …… 1290
開陽 …… 1278	鄨鄥 …… 1291
臨淮郡 …… 1278	朱提 …… 1291
徐 …… 1278	越嶲郡 …… 1292
會稽郡 …… 1278	益州郡 …… 1292
鄞　鮚埼亭 …… 1278	滇池 …… 1292
丹陽郡 …… 1279	收靡 …… 1292
宛陵　清水 …… 1279	建伶 …… 1293
黝　漸江水 …… 1279	牂柯郡 …… 1293
溧陽 …… 1281	故且蘭 …… 1293
歙 …… 1282	鱉 …… 1294
豫章郡 …… 1282	巴郡 …… 1294
鄡陽　鄡水西入湖漢 …… 1282	墊江 …… 1294
艾 …… 1282	朐忍 …… 1294
桂陽郡 …… 1282	宕渠　潛水 …… 1295
臨武　秦水 …… 1282	地理志第八下 …… 1296
南平 …… 1283	武都郡 …… 1296

沮 …………………… 1296	涿鹿 …………………… 1306
隴西郡 …………………… 1297	**漁陽郡** …………………… 1306
羌道　羌水 …………… 1297	漁陽　沽水 …………… 1306
臨洮 …………………… 1297	**右北平郡** ………………… 1307
天水郡 …………………… 1298	俊靡　灅水　庚 ……… 1307
冀 ……………………… 1298	**遼西郡** …………………… 1307
金城郡 …………………… 1298	肥如　濡水 …………… 1307
臨羌 …………………… 1298	臨渝　渝水 …………… 1308
張掖郡 …………………… 1299	**遼東郡** …………………… 1308
刪丹 …………………… 1299	番汗 …………………… 1308
酒泉郡 …………………… 1299	**樂浪郡** …………………… 1308
樂涫 …………………… 1299	浿水 …………………… 1308
安定郡 …………………… 1299	**南海郡** …………………… 1309
朝那 …………………… 1299	龍川 …………………… 1309
涇陽 …………………… 1300	**鬱林郡** …………………… 1309
北地郡 …………………… 1300	中霤 …………………… 1309
直路　沮水　洛 ……… 1300	**交止郡** …………………… 1310
歸德 …………………… 1301	麊泠 …………………… 1310
郁郅　泥水 …………… 1301	**趙國** …………………… 1310
西河郡 …………………… 1302	襄國　渠水　馮水 …… 1310
美稷 …………………… 1302	**淮陽國** …………………… 1311
中陽 …………………… 1302	扶溝　渦水　狼湯渠 … 1311
鵔是 …………………… 1302	**梁國** …………………… 1311
鴈門郡 …………………… 1303	蒙 ……………………… 1311
陰館　治水 …………… 1303	**東平國** …………………… 1312
崞 ……………………… 1304	亢父　詩亭故詩國 …… 1312
代郡 …………………… 1304	**泗水國** …………………… 1312
五原關 ………………… 1304	淩 ……………………… 1312
靈丘　滱水　大河 …… 1304	**魯國** …………………… 1312
廣昌　淶水 …………… 1305	騶 ……………………… 1312
上谷郡 …………………… 1305	**長沙國** …………………… 1313
潘 ……………………… 1305	羅 ……………………… 1313

| 趙中山地 …… 1314
| 彈弦跕躧 …… 1314
| 黃支國 …… 1314
| 璧流離 …… 1314
| 溝洫志第九 …… 1314
| 山行則梮 …… 1314
| 漕船五百艘 …… 1315
| 藝文志第十 …… 1315
| 魯恭王壞孔子宅 …… 1315
| 安國獻之 …… 1316
| 論語漢興有齊魯之說 … 1317
| 孝經古孔氏一篇二十二章 …
| …… 1317
| 弟子職 …… 1317
| 孝經十一家 …… 1318
| 史籀十五篇 …… 1319
| 倉頡一篇 …… 1320
| 凡將 …… 1322
| 小學 …… 1322
| 諷書九千字以上乃得爲史 …
| …… 1323
| 尚書御史史書令史 …… 1323
| 倉頡多古字俗師失其讀　正讀
| 張敞 …… 1324
| 陳勝項籍傳第一 …… 1324
| 半菽 …… 1324
| 韓彭英盧吳傳第四 …… 1325
| 刻印刓 …… 1325
| 荊燕吳傳第五 …… 1325
| 猶穅及米 …… 1325
| 楚元王傳第六 …… 1325

見晛聿消　顏注：見無雲也
…… 1325
  初陵之橅 …… 1326
張陳王周傳第十 …… 1326
  魷生 …… 1326
  糠籺 …… 1326
樊酈滕灌傅靳周傳第十一 ……
…… 1326
  雝樹 …… 1326
  酈城侯 …… 1327
酈陸朱劉叔孫傳第十三 … 1327
  脫鞍鞈 …… 1327
  搤其亢 …… 1327
蒯伍江息夫傳第十五 …… 1328
  黨可 …… 1328
  虛造詐諼之策 …… 1328
文三王傳第十七 …… 1328
  抵讕 …… 1328
賈誼傳第十八 …… 1328
  怵迫之徒 …… 1328
  厝之 …… 1329
  搶攘 …… 1329
  春秋鼎盛 …… 1329
  偏諸 …… 1329
  剟吏而奪之金 …… 1329
  奰詬無節 …… 1330
爰盎鼂錯傳第十九 …… 1330
  坄堂 …… 1330
賈鄒枚路傳第二十一 …… 1330
  蓬顆蔽冢 …… 1330
  袚服 …… 1330
  壞子王梁代 …… 1331

竇田灌韓傳第二十二 …… 1331	紛溶萷蔘 ……………… 1338
奭將軍 ……………… 1331	猗柅從風 ……………… 1338
列曲旐 ……………… 1331	薎莅卉歙 ……………… 1339
逗橈 ………………… 1331	趜希閒 ………………… 1339
景十三王傳第二十三 …… 1332	櫟蜚遽 ………………… 1339
葭莩之親 …………… 1332	焦明 …………………… 1339
李廣蘇建傳第二十四 …… 1332	闟轐 …………………… 1340
壘石 ………………… 1332	鏗鎗闛鞈 ……………… 1340
衞青霍去病傳第二十五 … 1332	靚莊刻飾 ……………… 1340
票姚校尉 …………… 1332	司馬相如傳第二十七下 … 1340
董仲舒傳第二十六 ……… 1333	浸淫衍溢 ……………… 1340
踽踽苦不足 ………… 1333	沕爽闇昧 ……………… 1340
司馬相如傳第二十七上 … 1333	綷雲蓋 ………………… 1341
蛩蛩 ………………… 1333	采色玄耀 ……………… 1341
翕呷萃蔡 …………… 1333	張湯傳第二十九 ………… 1341
嫷姍勃窣 …………… 1333	廷尉挈令 ……………… 1341
胯割輪焠 …………… 1334	張騫李廣利傳第三十一 … 1342
离 …………………… 1334	軺軒眩人 ……………… 1342
酆鎬潦潏 …………… 1334	司馬遷傳第三十二 ……… 1342
八川分流 …………… 1334	僕又茸以蠶室 ………… 1342
汩乎混流 …………… 1335	抵梧 …………………… 1342
潬弗宓汩 …………… 1335	嚴朱吾丘主父徐嚴終王賈傳第三
滂濞沆溉 …………… 1336	十四上 ………………… 1343
禺禺魼鰨 …………… 1336	干賊彊弩 ……………… 1343
采色澔旰 …………… 1336	嚴朱吾丘主父徐嚴終王賈傳第三
庸渠 ………………… 1337	十四下 ………………… 1343
箴疵鵁盧 …………… 1337	越砥斂其咢 …………… 1343
布結縷 ……………… 1337	水斷蛟龍　陸剸犀革 … 1343
巖突洞房 …………… 1337	僑松 …………………… 1343
華楓枰櫨 …………… 1338	紅腐 …………………… 1344
仁頻 ………………… 1338	東方朔傳第三十五 ……… 1344
垂條扶疏 …………… 1338	有幸倡郭舍人 ………… 1344

宴數 …………… 1344
　　呼暑 …………… 1344
　　聲謷謷 ………… 1345
　　洒埽 …………… 1345
　　樹頰胲　連脽尻 …… 1345
雋疏于薛平彭傳第四十一 ……
　　………………… 1346
　　帶榻具劍 ……… 1346
韋賢傳第四十三 ……… 1346
　　黃金滿籯 ……… 1346
　　無婿爾儀 ……… 1346
趙尹韓張兩王傳第四十六 ……
　　………………… 1346
　　鉏籥 …………… 1346
　　眉憮　蘇林：詡畜 …… 1347
馮奉世傳第四十九 …… 1347
　　罷不犀利 ……… 1347
薛宣朱博傳第五十三 … 1347
　　遇人不以義而見疻 …… 1347
　　褒衣大袑 ……… 1348
翟方進傳第五十四 …… 1348
　　鴻隙大陂 ……… 1348
谷永杜鄴傳第五十五 … 1348
　　末殺 …………… 1348
楊雄傳第五十七上 …… 1349
　　柍桭 …………… 1349
　　和氏瓏玲 ……… 1349
　　秬鬯泔淡 ……… 1349
　　上天之縡 ……… 1349
　　靈遲迟兮 ……… 1350
　　神騰鬼趠 ……… 1350
　　跂魂負沴 ……… 1350
　　丕華蹈裹 ……… 1350
　　西馳閶闔 ……… 1351
　　京魚 …………… 1351
　　蠁曶如神 ……… 1351
楊雄傳第五十七下 …… 1351
　　豪豬 …………… 1351
　　響若阰隤 ……… 1352
　　三摹九据 ……… 1353
　　嶕嶢 …………… 1353
　　絡絡天地 ……… 1353
　　玃人 …………… 1353
　　曶之 …………… 1354
儒林傳第五十八 ……… 1354
　　駣臂子弓 ……… 1354
　　唯京氏爲異黨 … 1354
　　桑欽 …………… 1355
循吏傳第五十九 ……… 1355
　　鷃雀 …………… 1355
　　須魏倩而後進 … 1355
酷吏傳第六十 ………… 1356
　　阿邑人主 ……… 1356
貨殖傳第六十一 ……… 1356
　　山不茬葉 ……… 1356
　　鮿鮑千鈞 ……… 1356
　　節駔儈 ………… 1356
游俠傳第六十二 ……… 1357
　　飲其德 ………… 1357
　　一旦更礙 ……… 1357
佞幸傳第六十三 ……… 1357
　　縈縈　若若 …… 1357
匈奴傳第六十四上 …… 1357
　　重酪之便美 …… 1357

西域傳第六十六上 ········ 1358
 鎖琅當德 ········ 1358
 气匈亡所得 ········ 1358
外戚傳第六十七上 ········ 1358
 俗華 ········ 1358
 命撮絶而不長 ········ 1359
 飾新宮以延貯 ········ 1359
 嫶妍大息 ········ 1359
外戚傳第六十七下 ········ 1359
 蛾而大幸 ········ 1359
 銅沓黃金涂 ········ 1360
王莽傳第六十九上 ········ 1360
 欲獻其璯 ········ 1360
王莽傳第六十九中 ········ 1360
 以氂裝衣 ········ 1360
 十緵 ········ 1361
 邑涇水不流 ········ 1361
王莽傳第六十九下 ········ 1361
 紫色鼃聲 ········ 1361
敘傳第七十上 ········ 1361
 楚人謂虎班 ········ 1361
 昒昕 ········ 1362
敘傳第七十下 ········ 1363
 江都輕眣 ········ 1363
 曲陽歆歆 ········ 1363
全書 ········ 1363
 延和　延和 ········ 1363
 詆欺 ········ 1363
 顏語多本說文 ········ 1363
 營 ········ 1364
 虜 ········ 1364
 廩廩 ········ 1364

肺附 ········ 1364
易病 ········ 1365
褋治 ········ 1365
幕 ········ 1365
波 ········ 1365
牡飛　牡亡 ········ 1365
引弓　控弦 ········ 1366
地 ········ 1366

後漢書 ········ 1367
 光武帝紀第一上 ········ 1367
  諸于繡䊷 ········ 1367
 孝和孝殤帝紀第四 ········ 1367
  孝和皇帝諱肇 ········ 1367
 皇后紀第十上 ········ 1368
  嬺 ········ 1368
 劉玄劉盆子列傳第一 ····· 1368
  鐵中錚錚 ········ 1368
 馮岑賈列傳第七 ········ 1368
  足下生氂 ········ 1368
 銚期王霸祭遵列傳第十 ··· 1369
  舉手邪揄之 ········ 1369
 宣張二王杜郭吳承鄭趙列傳第
 十七 ········ 1369
  鄴 ········ 1369
 梁統列傳第二十四 ········ 1369
  洞精矔眄 ········ 1369
 班彪列傳第三十上 ········ 1370
  玄墀釦切 ········ 1370
 郭陳列傳第三十六 ········ 1370
  笒格 ········ 1370
 楊震列傳第四十四 ········ 1370

衘三鱸 …………… 1370
馬融列傳第五十上 …… 1370
　羽旄紛其影䫎 …… 1370
　霅爾電落 …………… 1371
劉虞公孫瓚陶謙列傳第六十三
　…………………… 1371
　施檢 ………………… 1371
宦者列傳第六十八 …… 1371
　紙 …………………… 1371
儒林列傳第六十九下 … 1372
　遷除浚長 …………… 1372
方術列傳第七十二上 … 1372
　風吹削哺 …………… 1372
逸民列傳第七十三 …… 1373
　公是韓伯休那 ……… 1373
列女傳第七十四 ……… 1373
　陜輸 ………………… 1373
南蠻西南夷列傳第七十六 ……
　…………………… 1373
　毞甦 ………………… 1373
烏桓鮮卑列傳第八十 … 1374
　手足之蚧搔 ………… 1374
禮儀志中 ……………… 1374
　逐疫　注：漢舊儀曰 … 1374
祭祀志上 ……………… 1374
　玉牒檢　石檢 ……… 1374
　五行志一 …………… 1375
　嚼復嚼今年尚可後年饒 ……
　…………………… 1375
郡國志二 ……………… 1375
鉅鹿郡 ………………… 1375
　鄡 …………………… 1375

郡國志四 ……………… 1376
南郡 …………………… 1376
　邔侯國 ……………… 1376
郡國志五 ……………… 1376
上黨郡 ………………… 1376
　猗氏 ………………… 1376
漢陽郡 ………………… 1376
　隴坻 ………………… 1376
百官志一 ……………… 1376
　掾 …………………… 1376
　黃閤 ………………… 1377
　司空 ………………… 1377
百官志三 ……………… 1377
　民曹尚書主凡吏字上書事 …
　…………………… 1377
輿服志上 ……………… 1378
　鸞雀立衡 …………… 1378
　羽蓋華蚤 …………… 1378
　金鋄 ………………… 1378
　方釳 ………………… 1379
　韅靷弩 ……………… 1379
輿服志下 ……………… 1380
　佩綬相迎受故曰縌 … 1380
全書 …………………… 1380
　杭䒾 ………………… 1380
三國志 ………………… 1381
魏志 …………………… 1381
文帝紀第二 …………… 1381
　肅承天命　裴注：日載東　网日並光 ………………… 1381
王毌丘諸葛鄧鍾傳第二十八 …
　…………………… 1381

— 1827 —

辿	1381	聚疑沮事	1390
烏丸鮮卑東夷傳第三十	1382	文傳解第二十五	1390
班魚	1382	不麛不卵	1390
蜀志	1382	作雒解第四十八	1391
諸葛亮傳第五	1382	百縣 縣有四郡	1391
營中之事	1382	謚法解第五十四	1391
晉 書	1383	謚者行之迹也	1391
載記第二十九	1383	莊	1391
研研然	1383	王會解第五十九	1392
宋 書	1384	禺禺	1392
列傳第二十七	1384	文翰者若皐雞	1392
敏弦	1384	桴苡	1392
魏 書	1385	大子晉解第六十四	1393
列傳文苑第七十三	1385	足躅	1393
逋峭難爲	1385	周祝解第六十七	1393
列傳第八十七	1385	獮有蚤而不敢自撅	1393
敢姸姸然	1385	全書	1393
周 書	1386	土分民之祘均分目祘之也	
列傳第三十三	1386		1393
栩陽亭有離別之賦	1386	眗匠	1394
隋 書	1387	國 語	1395
全書	1387	周語上第一	1395
舮艄	1387	聆隧	1395
漢 紀	1388	鷖鷔	1395
全書	1388	周語中第二	1396
票鷂	1388	創制天下	1396
資治通鑑	1389	不亦瀆姓矣乎	1396
宋紀十二	1389	郤至佻天之功以爲己力	
鬼目粽	1389		1396
逸周書	1390	周語下第三	1396
文酌解第四	1390	厚味實臘毒	1396

| 穀雒鬬 …………………… 1397
| 共工 ……………………… 1397
| 四嶽　股肱心膂 …… 1397
| 大錢 ……………………… 1398
| 魁陵 ……………………… 1399
魯語上第四 ……………… 1399
| 竊寶者爲宄　用宄之財者爲姦
|　　　……………………… 1399
| 講眾醫 …………………… 1399
| 稺魚鼈 …………………… 1399
魯語下第五 ……………… 1400
| 木石之怪曰夔蝄蜽 …… 1400
| 王后親織玄紞 ………… 1400
| 無洵涕 …………………… 1401
| 無揢膺 …………………… 1401
| 防風　汪芒　封嵎之山 ……
|　　　……………………… 1401
| 僬僥氏 …………………… 1402
| 肅慎氏貢楛矢石砮 …… 1403
| 稷禾秉芻 ………………… 1403
齊語第六 ………………… 1403
| 襏襫 ……………………… 1403
| 有司已於事而竣 ……… 1404
| 溥本肇末 ………………… 1404
| 環山於有牢 ……………… 1404
| 兵不解翳 ………………… 1404
晉語一第七 ……………… 1405
| 嗛嗛 ……………………… 1405
| 金銑 ……………………… 1405
晉語二第八 ……………… 1405
| 吾吾 ……………………… 1405
| 吾請爲子鈦 ……………… 1405

| 若夫二公子 ……………… 1406
晉語三第九 ……………… 1406
| 其靡有微兮 ……………… 1406
| 佞之見佞 ………………… 1406
晉語四第十 ……………… 1406
| 戾久將底 ………………… 1406
| 骿脅 ……………………… 1407
| 微薄 ……………………… 1407
| 籧篨不可使俯 ………… 1407
| 諏於蔡原而訪於辛尹 … 1407
| 侏儒扶廬 ………………… 1407
晉語五第十一 …………… 1408
| 丁寧 ……………………… 1408
晉語六第十二 …………… 1408
| 使勿兜 …………………… 1408
| 聽臚言於市 ……………… 1408
晉語八第十四 …………… 1409
| 不可拐也 ………………… 1409
| 茅蕝 ……………………… 1409
| 忨日而愒歲 ……………… 1409
晉語九第十五 …………… 1409
| 壘培 ……………………… 1409
| 兩鞁 ……………………… 1410
| 美鬒 ……………………… 1410
鄭語第十六 ……………… 1410
| 淳燿敦大 ………………… 1410
| 角犀豐盈 ………………… 1411
| 九畡之田 ………………… 1411
| 檿弧其服 ………………… 1411
| 懿戒 ……………………… 1411
楚語下第十七 …………… 1412
| 王弗是 …………………… 1412

楚語下第十八 …………… 1412	韓策一 …………………… 1418
明神降之 …………… 1412	非麥而豆 …………… 1418
姊其讒慝 …………… 1412	燕策二 …………………… 1418
吳語第十九 ……………… 1413	植於汶篁 …………… 1418
於其心也戚然 ……… 1413	燕策三 …………………… 1419
訊申胥 ……………… 1413	羽聲慷慨 …………… 1419
夾溝而㢮我 ………… 1413	宋衞策 …………………… 1419
譁釦 ………………… 1414	百舍重繭 …………… 1419
越語上第二十 …………… 1414	驢 …………………… 1419
旱則資舟 …………… 1414	中山策 …………………… 1419
越語下第二十一 ………… 1414	權衡 ………………… 1419
觚飯不及壺飱 ……… 1414	飲食餔餽 …………… 1420
戰國策 ……………………… 1415	全書 ……………………… 1420
秦策一 ………………… 1415	坒　恖 ……………… 1420
抵掌而談 …………… 1415	幾瑟 ………………… 1420
秦策二 ………………… 1415	列女傳 …………………… 1421
宜陽大縣也 ………… 1415	母儀傳 ………………… 1421
秦策三 ………………… 1416	有虞二妃 …………… 1421
玉之未理者爲璞 …… 1416	舜之女弟繫 ……… 1421
齊策六 ………………… 1416	仁智傳 ………………… 1421
巖下有貫珠者 ……… 1416	魯漆室女 …………… 1421
楚策四 ………………… 1416	貞順傳 ………………… 1422
仰棲茂樹 …………… 1416	齊孝孟姬 …………… 1422
黃鵠 ………………… 1417	保阿 ……………… 1422
趙策一 ………………… 1417	吳越春秋 ………………… 1423
刃其杆 ……………… 1417	夫差内傳第五 ………… 1423
夫鐵鉆然 …………… 1417	兩鍨 ………………… 1423
趙策四 ………………… 1418	越絕書 …………………… 1424
跨重 ………………… 1418	越絕外傳記吳地傳第三 … 1424
魏策二 ………………… 1418	欐溪城 ……………… 1424
燊水齧其墓 ………… 1418	華陽國志 ………………… 1425

巴志 …………… 1425	半浣水 …………… 1432
九囿 …………… 1425	如人袒胛 ………… 1433
漢中志 ………… 1425	歸典協律 ………… 1433
清水出鱮 ……… 1425	潛客 …………… 1433
蜀志 …………… 1426	溫水 …………… 1433
江脊水 ………… 1426	鬱林　應劭地理風俗記曰 …
元和郡縣志 …… 1427	………………… 1433
隴右道下 ……… 1427	淹水 …………… 1434
燉煌 …………… 1427	湘水 …………… 1434
水經注 ………… 1428	澬水 …………… 1434
河水 …………… 1428	全書 …………… 1435
浧津 ………… 1428	故瀆 …………… 1435
濟水 …………… 1428	桑欽 …………… 1435
滎澤　滎陽 … 1428	洛陽伽藍記 …… 1436
巨馬水 ………… 1429	城內 …………… 1436
督亢澤 ……… 1429	苗茨之碑 …… 1436
灅水 …………… 1429	南方艸木狀 …… 1437
卑居 ………… 1429	卷中 …………… 1437
洛水 …………… 1430	楓人　楓香 … 1437
鄩城 ………… 1430	通　典 ………… 1438
穀水 …………… 1430	禮十五　沿革十五　吉禮十四
謻臺 ………… 1430	………………… 1438
渭水 …………… 1430	婦人大率奄八寸 ……… 1438
樊鄉 ………… 1430	刑法一　刑制上 ………… 1438
瓠子河 ………… 1431	令乙有所呵人受錢 …… 1438
瀍水 …………… 1431	漢舊儀 ………… 1439
潕水 …………… 1432	駥駱馬 ………… 1439
潕陰縣 ……… 1432	隸　釋 ………… 1440
泄水 …………… 1432	濟陰太守孟郁脩堯廟碑 … 1440
沘水 ………… 1432	規柜 ………… 1440
江水 …………… 1432	都鄉正衛彈碑 … 1440

— 1831 —

梵梵黍稷 ················ 1440	不苟篇第三 ················ 1450
附：金石 ················ 1441	喜則輕而翾 ············ 1450
習鼎 ················ 1441	潐潐 ················ 1450
石鼓文 ················ 1441	非十二子第六 ············ 1450
可以橐之 ············ 1441	其纓禁緩 ············ 1450
臭 ················ 1441	儒效篇第八 ················ 1450
金石總體 ············ 1442	溝瞀 ················ 1450
蘄 ················ 1442	議兵篇第十五 ············ 1451
殹兮也 ················ 1442	諰諰然 ············ 1451
琅邪 ················ 1442	彊國篇第十六 ············ 1451
貪 ················ 1442	黭然 ················ 1451
窺軔 ················ 1442	解蔽篇第二十一 ········ 1451
颺歷 ················ 1443	有鳳有皇 ············ 1451
綑 ················ 1443	其名曰鈑 ············ 1451
靁冬 ················ 1443	湛濁在下 ············ 1452
世　本 ················ 1444	性惡篇第二十三 ········ 1452
帝繫 ················ 1444	僞也 ················ 1452
女瑩 ················ 1444	纖驪 ················ 1452
卿大夫 ················ 1444	賦篇第二十六 ············ 1453
拔生朱爲公叔氏 ······ 1444	不偪 ················ 1453
作 ················ 1444	大略篇第二十七 ········ 1453
神農作琴 ············ 1444	井里之厥 ············ 1453
暴辛公作塤蘇成公作篪 ······	哀公篇第三十一 ········ 1453
················ 1445	務而拘領 ············ 1453
子　部	**新　書** ················ 1454
	過秦上 ················ 1454
荀　子 ················ 1449	棘衿 ················ 1454
勸學篇第一 ················ 1449	長鎩 ················ 1454
其漸之滫 ············ 1449	**容經** ················ 1455
草木疇生 ············ 1449	旄如濯絲 ············ 1455
	捍珠 ················ 1455

說 苑 ····· 1456
政理 ····· 1456
善之則畜 ····· 1456
反質 ····· 1456
命曰橋 ····· 1456

法 言 ····· 1457
吾子卷第二 ····· 1457
骿𩒹 ····· 1457
修身卷第三 ····· 1457
弘深 ····· 1457

孫子兵法 ····· 1458
作戰篇 ····· 1458
蒠秆 ····· 1458

司馬法 ····· 1459
全書 ····· 1459
善者忻民之善閉民之惡 ····· 1459
若軍發車百㒺爲輩 ····· 1459

管 子 ····· 1460
小匡第二十 ····· 1460
惡金以鑄斤斧鉏夷鋸欘試諸木土 ····· 1460
戒第二十六 ····· 1460
琅邪 ····· 1460
弛弓脫釬 ····· 1461
喔喔 ····· 1461
侈靡第三十五 ····· 1461
一踦腓一踦屨而當死 ····· 1461
水地第三十九 ····· 1461
廉而不劌　折而不境　清搏　徹遠 ····· 1461

七臣七主第五十二 ····· 1462
不酐 ····· 1462
地負第五十八 ····· 1462
苹蓨 ····· 1462
剛而不毃 ····· 1462
五堉 ····· 1463
明法解第六十七 ····· 1463
私佼 ····· 1463
輕重甲第八十 ····· 1463
渾然擊皷 ····· 1463
輕重丁第八十三 ····· 1463
式璧 ····· 1463
輕重戊第八十四 ····· 1464
𥿍 ····· 1464

韓非子 ····· 1465
解老第二十 ····· 1465
樹木有曼根有直根 ····· 1465
說林下第二十三 ····· 1465
以其鴈往 ····· 1465
內儲說下六微第三十一 ····· 1465
懷刷 ····· 1465
外儲說左上第三十二 ····· 1466
紳之束之 ····· 1466
難二第三十七 ····· 1466
制割 ····· 1466
五蠹第四十九 ····· 1466
自環者謂之私 ····· 1466
顯學第五十 ····· 1466
剔首 ····· 1466

齊民要術 ····· 1467
序 ····· 1467

— 1833 —

柂落不完 …… 1467	乾薑 …… 1474
耕田第一 …… 1467	沈燔 …… 1474
涇耕堅垎 …… 1467	紫菀 …… 1474
種穀第三 …… 1467	**艸部中品之下** …… 1474
鋒之 …… 1467	蓬莪茂 …… 1474
全書 …… 1468	**艸部下品之下** …… 1475
殺米 …… 1468	羊蹄 …… 1475
素問 …… 1469	**木部上品** …… 1475
生氣通天論篇第三 …… 1469	箘桂 …… 1475
大筋緛短 …… 1469	**木部中品** …… 1475
異法方宜論篇第十二 …… 1469	秦皮 …… 1475
砭石 …… 1469	**蟲魚中品** …… 1476
平人氣象論篇第十八 …… 1469	烏賊魚 …… 1476
黃疸 …… 1469	蛤蜟 …… 1476
骨空論篇第六十 …… 1470	**蟲部下品** …… 1476
輔骨上橫骨下爲楗 …… 1470	蝛蠋 …… 1476
骹 …… 1470	斑猫 …… 1476
五運行大論篇第六十七 … 1470	**果部三品** …… 1477
大虛之中 …… 1470	橘柚 …… 1477
全書 …… 1471	君遷子 …… 1477
膻中 …… 1471	**全書** …… 1477
胃脘 …… 1471	秔米 稻米 …… 1477
靈樞 …… 1472	果仁 …… 1477
衛氣行第七十六 …… 1472	**九章筭術** …… 1479
紛紛肥肥 …… 1472	粟米 …… 1479
本艸經 …… 1473	小𪎭 大𪎭 …… 1479
艸部上品之上 …… 1473	**太玄** …… 1480
薏苡人 藨 …… 1473	礥 …… 1480
艸部上品之下 …… 1473	輯航 …… 1480
忍冬 …… 1473	竃 …… 1480
艸部中品之上 …… 1474	脂牛歐歇 …… 1480

— 1834 —

文 ………………………… 1481	飛鉗第五 ………………… 1486
斐如邠如 …………… 1481	呂氏春秋 ……………………… 1487
逃 ………………………… 1481	孟春紀第一 ……………… 1487
寇譓其户 …………… 1481	引其捲 …………… 1487
視 ………………………… 1481	仲春紀第二 ……………… 1487
粉其題頯 …………… 1481	身盡府種 ………… 1487
内 ………………………… 1481	季春紀第三 ……………… 1487
嬰執 ………………… 1481	具挾曲 …………… 1487
劇 ………………………… 1482	反修于招 ………… 1488
鬼睒其室 …………… 1482	孟夏紀第四 ……………… 1488
難 ………………………… 1482	硟之以石 ………… 1488
䑕鮓 ………………… 1482	仲夏紀第五 ……………… 1488
玄攡 ……………………… 1482	果實 ……………… 1488
厪位 ………………… 1482	季秋紀第九 ……………… 1489
玄數 ……………………… 1483	士尉以證靜郭君 … 1489
撣繫其名 …………… 1483	仲冬紀第十一 …………… 1489
扮天 ………………… 1483	縠其頭 …………… 1489
玄文 ……………………… 1483	季冬紀第十二 …………… 1489
馬駢 ………………… 1483	奉以託 …………… 1489
	孝行覽第二 ……………… 1489
易　林 ………………………… 1484	以伊尹爲媵送女 … 1489
坤之第二 ………………… 1484	甘而不噮 ………… 1490
潼溣蔚薈 ………… 1484	辛而不烈 ………… 1490
墨　子 ………………………… 1485	南海之秬 ………… 1490
節葬下第二十五 ………… 1485	雲夢之芹 ………… 1490
葛以緘之 ………… 1485	青鳧之所 ………… 1491
全書 ……………………… 1485	輆輆啟啟 ………… 1491
亓 ………………… 1485	先識覽第四 ……………… 1492
鬼谷子 ………………………… 1486	無由接而言見謊 … 1492
捭闔第一 ………………… 1486	審分覽第五 ……………… 1492
内揵第三 ………………… 1486	昆吾作陶 ………… 1492
蚨母 ……………… 1486	

— 1835 —

藜羹不斟 ……………… 1492	秋分蔈定 ……………… 1500
陽生貴己　高注：拔骭一毛而	堪輿　徐行雄以音知雌 ……
利天下 ……………… 1493	……………………………… 1500
審應覽第六 ……………… 1493	時則訓 …………………… 1500
紡緇 ………………… 1493	鵲加巢 ……………… 1500
貴直論第三 ……………… 1493	覽冥訓 …………………… 1500
荆文王得茹黃之狗 …… 1493	市不豫賈 …………… 1500
繅繰 ………………… 1494	四極廢 ……………… 1501
士容論第六 ……………… 1494	顓民 ………………… 1501
六尺之耟所以成畝也其博八寸	精神訓 …………………… 1501
所以成畎也耨柄尺此其度也其	三月而胎 …………… 1501
耨六寸所以閒稼也 …… 1494	本經訓 …………………… 1501
疏機 ………………… 1494	封豨脩蛇 …………… 1501
全書 ……………………… 1495	苑囿 ………………… 1502
鱓 …………………… 1495	齊俗訓 …………………… 1502
淮南子 …………………… 1496	壐之抑埴 …………… 1502
原道訓 …………………… 1496	道應訓 …………………… 1502
甚淖而滒 …………… 1496	玄玉百工 …………… 1502
捎䡾　注：引戾 …… 1496	齗然而笑 …………… 1502
三仞　注：八尺曰仞 … 1497	錣上貫頤 …………… 1502
俶真訓 …………………… 1497	氾論訓 …………………… 1503
垓坫 ………………… 1497	機杼勝複 …………… 1503
翱翔 ………………… 1498	乃爲窬木方版以爲舟航
梣木色青翳而贏瘉蝸睆 ……	……………………………… 1503
……………………………… 1498	乾鵠 ………………… 1503
莫鑒於流潦 ………… 1498	牛蹄之涔 …………… 1504
天文訓 …………………… 1499	不能無考 …………… 1504
日出于暘谷 ………… 1499	燋火 ………………… 1504
是謂餔時 …………… 1499	大祖軵其肘 ………… 1505
忓也 ………………… 1499	鵲巢 ………………… 1505
卬之 ………………… 1499	詮言訓 …………………… 1505
	持無所監 …………… 1505

屈奇之服 …… 1506	莒 …… 1513
兵略訓 …… 1506	**白虎通** …… 1514
鎧之與鞈 …… 1506	號 …… 1514
説山訓 …… 1506	三皇 …… 1514
錙錘 …… 1506	堯猶嶢嶢 …… 1514
磏諸 …… 1506	社稷 …… 1514
說林訓 …… 1507	苴以白茅 …… 1514
小炮 …… 1507	禮樂 …… 1515
水蠆爲䘀 …… 1507	琴 禁也 …… 1515
人閒訓 …… 1507	京師 …… 1515
荆人鬼越人機 …… 1507	于邠斯觀 …… 1515
修務訓 …… 1508	五行 …… 1515
伾倠 …… 1508	春之爲言偆 …… 1515
救敵不給 …… 1508	聖人 …… 1516
頡頑 …… 1508	周公背僂 …… 1516
憚悇 …… 1508	商賈 …… 1516
泰族訓 …… 1509	商賈何謂 …… 1516
離先稻熟 …… 1509	瑞贄 …… 1516
顔氏家訓 …… 1510	聖 …… 1516
風操第六 …… 1510	嫁娶 …… 1516
蒼頡篇有倄字 …… 1510	嫁 適人 …… 1516
勉學第八 …… 1510	男 任也 …… 1517
挺挏 …… 1510	**獨斷** …… 1518
鯫䱩 …… 1511	卷上 …… 1518
洇流東指 …… 1511	策 …… 1518
書證第十七 …… 1511	**古今注** …… 1519
宓義 宓子賤 …… 1511	輿服第一 …… 1519
媚 …… 1512	襀衣 …… 1519
憨 …… 1512	魚蟲第五 …… 1519
音辭第十八 …… 1512	螻蛄 …… 1519
入室求曰搜 …… 1512	**論衡** …… 1520

是應篇 …………… 1520	爲罰罰之爲言内也陷於害也
獬豸 …………… 1520	………… 1524
案書篇 …………… 1520	居處部 …………… 1525
春秋左氏傳者蓋出孔子壁中	殿第四 …………… 1525
………… 1520	作前殿 …………… 1525
風俗通 …………… 1521	市第十五 …………… 1525
聲音第六 …………… 1521	神農作市 …………… 1525
物貫地而牙 …………… 1521	太平御覽 …………… 1526
祀典第八 …………… 1521	香部二 …………… 1526
買水 十二月祭飲食 膴腰	芸 香 …………… 1526
………… 1521	芸杜榮 …………… 1526
山澤第十 …………… 1522	世說新語 …………… 1527
中嶽 …………… 1522	排調第二十五 …………… 1527
佚文 …………… 1522	何乃淘 …………… 1527
四夷 …………… 1522	輕詆第二十六 …………… 1527
狄者辟也 …………… 1522	角鰯 …………… 1527
主牧羊故羌字从羊人 … 1522	山海經 …………… 1528
宮室 …………… 1523	南山經第一 …………… 1528
街者攜也 …………… 1523	其狀如穀 …………… 1528
辨惑 …………… 1523	多白猿 …………… 1528
蝦蟇 …………… 1523	糈 …………… 1528
徽稱 …………… 1523	鮆魚 …………… 1528
聖者聲也 …………… 1523	西山經第二 …………… 1529
全書 …………… 1523	其陽多箭多鏽 …………… 1529
風俗通訓詁多襲說文 … 1523	河水所潛 …………… 1529
初學記 …………… 1524	其陰多㻬 …………… 1529
政理部 …………… 1524	不厭 …………… 1530
形罰第九 …………… 1524	是多神䰠 …………… 1530
春秋元命苞曰刑者侀也說文曰	北山經第三 …………… 1530
刀守井也飲之人入井陷於川刀	机木 …………… 1530
守之割其情也罔言爲罝刀守罝	涔水出焉 …………… 1531

發鳩之山其上多柘木 … 1531	有出於漢人者 ……… 1538
漳水出焉 ……………… 1531	穆天子傳 ……………… 1539
泰戲之山 ……………… 1532	玉果 ………………… 1539
其川在尾上 …………… 1532	搜神記 ………………… 1540
雞號之山　其風如颶 … 1532	卷十 ………………… 1540
中山經第五 …………… 1533	極上有禾三穗 ……… 1540
蓇草 ………………… 1533	卷十四 ……………… 1540
礝石 ………………… 1533	唒唒宜死 …………… 1540
其木多樗 …………… 1533	老　子 ………………… 1541
臬 …………………… 1533	道經 ………………… 1541
其木多楢杻 ………… 1534	四章 ………………… 1541
四衢 ………………… 1534	道沖而用之 ………… 1541
瀟湘 ………………… 1534	二十章 ……………… 1541
海外南經第六 ………… 1534	儽儽兮若無所歸 …… 1541
載國 ………………… 1534	三十二章 …………… 1542
海內北經第十二 ……… 1535	萬物將自賓 ………… 1542
蜪犬 ………………… 1535	德經 ………………… 1542
騶吾 ………………… 1535	三十八章 …………… 1542
大荒東經第十四 ……… 1535	攘臂而扔之 ………… 1542
離朱　注：穀督 …… 1535	四十六章 …………… 1542
大荒南經第十五 ……… 1536	卻走馬以糞 ………… 1542
扜弓 ………………… 1536	五十五章 …………… 1543
大荒西經第十六 ……… 1536	終日號而不嗄 ……… 1543
璿瑰 ………………… 1536	列　子 ………………… 1544
大荒北經第十七 ……… 1536	黃帝第二 …………… 1544
黃帝女妭 …………… 1536	庚 …………………… 1544
海內經第十八 ………… 1537	口所偏肥 …………… 1544
九嶷山 ……………… 1537	若粲株駒 …………… 1544
般始為弓矢 ………… 1537	周穆王第三 ………… 1545
始作牛耕 …………… 1537	覆之以蕉 …………… 1545
全書 …………………… 1538	湯問第五 …………… 1545
帝俊 ………………… 1538	

鮮而食之 …… 1545	鴟鵂夜撮蚤 …… 1550
力命第六 …… 1545	落馬首 …… 1550
俏成 …… 1545	一足趻踔而行 …… 1550
説符第八 …… 1545	練實 …… 1550
異伎 …… 1545	至樂第十八 …… 1551
莊 子 …… 1546	得水則爲㡭 …… 1551
逍遙遊第一 …… 1546	庚桑楚第二十三 …… 1551
溟 …… 1546	畏壘之山 …… 1551
鵬 …… 1546	不嗄 …… 1551
之人 …… 1546	有實而無乎處者宇也有長而無
粃穅 …… 1546	本剽者宙也 …… 1551
窅然 …… 1547	外物第二十六 …… 1552
洴澼 …… 1547	眥娍 …… 1552
擁腫 …… 1547	讓王第二十八 …… 1552
齊物論第二 …… 1547	縱屨　釋文：通俗文云履不箸
畏佳 …… 1547	跟曰屟 …… 1552
之調調之刀刀 …… 1547	盜跖第二十九 …… 1553
苶然疲役 …… 1547	佼溺 …… 1553
賦芧 …… 1548	説劒第三十 …… 1553
養生主第三 …… 1548	鋒鍔脊鐔夾 …… 1553
惡乎介 …… 1548	列禦寇第三十二 …… 1553
樊中 …… 1548	竿牘 …… 1553
人閒世第四 …… 1548	文 子 …… 1554
播精 …… 1548	道德 …… 1554
大宗師第六 …… 1549	無適之道 …… 1554
端倪 …… 1549	自然 …… 1554
在宥第十一 …… 1549	上下四方謂之宇 …… 1554
傖囊 …… 1549	
天地第十二 …… 1549	**集 部**
歷指 …… 1549	
秋水第十七 …… 1550	楚 辭 …… 1557

離騷第一 ·················· 1557
   畦畱夷與揭車 ········ 1557
   苺苺 ······················ 1557
   顑頷 ······················ 1557
   薋菉葹以盈室 ········ 1558
   扶桑　若木 ············ 1558
   緯繣 ······················ 1558
   蘇糞壤以充幃兮 ···· 1558
   鵜鴂 ······················ 1559
   瓊枝 ······················ 1559
   瓊蘼 ······················ 1559
   玉軑 ······················ 1559

九歌第二 ·················· 1560
   涔陽 ······················ 1560
   石瀨 ······················ 1560
   嫋嫋 ······················ 1560
   翌芳椒 ·················· 1560
   襟 ·························· 1561

天問第三 ·················· 1561
   羿焉彈日 ·············· 1561
   筦維焉繫 ·············· 1561

九章第四 ·················· 1562
   齊吳榜以擊汏 ······ 1562
   髡首 ······················ 1562
   罿 ·························· 1562
   汋約 ······················ 1562
   任秏之何益 ·········· 1563

遠遊第五 ·················· 1563
   顠 ·························· 1563
   矖莽 ······················ 1563

卜居第六 ·················· 1563
   悃悃欵欵 ·············· 1563

漁父第七 ·················· 1564
   顔色憔悴 ·············· 1564

九辨第八 ·················· 1564
   沈寥 ······················ 1564
   水清 ······················ 1564
   啁哳 ······················ 1564
   倚結軨兮長太息 ·· 1564
   梧楸 ······················ 1565
   櫹椮 ······················ 1565
   狷狷 ······················ 1565
   衡衡 ······················ 1566

招䰟第九 ·················· 1566
   挂曲瓊些 ·············· 1566
   稻麥 ······················ 1566
   餦餭 ······················ 1566
   昆蔽象棊 ·············· 1567

大招第十 ·················· 1567
   奇牙 ······················ 1567
   宜笑嫣只 ·············· 1567

招隱士第十二 ········ 1568
   山曲岪 ·················· 1568

七諫第十三 ············ 1568
   虀蒸 ······················ 1568

哀時命第十四 ········ 1568
   圭璋襍於甑窐 ······ 1568

九嘆第十六 ············ 1568
   胕圈 ······················ 1568
   塺 ·························· 1569

九思第十七 ············ 1569
   冰凍兮洛澤 ·········· 1569
   音案衍兮要嬌 ······ 1569

楊子雲集 ················ 1570

| 蜀都賦 …………… 1570
 糳米肥腯 ………… 1570
杜　詩 …………… 1571
 放船 ……………… 1571
  戎戎　淰淰 …… 1571
 最能行 …………… 1571
  撇漩捎濆無險阻 … 1571
 可歎 ……………… 1572
  抉眼 …………… 1572
韓　集 …………… 1573
 進學解 …………… 1573
  詩正而葩 ……… 1573
文　選 …………… 1574
 西都賦 …………… 1574
  觚棱 …………… 1574
  枌詣 …………… 1574
  觸歷 …………… 1574
 東都賦 …………… 1574
  鳳蓋棽麗 ……… 1574
 西京賦 …………… 1575
  岐梁汧雍 ……… 1575
  鏤檻文㮰 ……… 1575
  飛闥 …………… 1575
  非都盧之輕趫 … 1575
  墱道 …………… 1575
  壨崒 …………… 1576
  蘭錡 …………… 1576
  商旅聯槅　方轅接軫 … 1576
  繚垣 …………… 1576
  沸卉軯訇 ……… 1576
  掎地絡 ………… 1577

飛䍐瀟箾 ………… 1577
髳髳 ……………… 1577
朱鬖 ……………… 1577
攫獑猢 …………… 1577
烏獲扛鼎 ………… 1578
東京賦 …………… 1578
 岫居 …………… 1578
 獝狂 …………… 1578
 殘夔魖與罔象 … 1578
 趛起 …………… 1579
南都賦 …………… 1579
 篍箺 …………… 1579
 矜汎輣軋 ……… 1579
 鶏鵙 …………… 1579
 𤷾 ……………… 1580
 晻曖 …………… 1580
 蹴䟮踦躅 ……… 1580
 怖蛟螭 ………… 1580
 縉紳 …………… 1581
蜀都賦 …………… 1581
 楔 ……………… 1581
 肴楅四陳 ……… 1581
 畾貊氓 ………… 1581
 鱣魚 …………… 1581
 原槀：鬼彈飛丸以礌礧 …… 1582
吳都賦 …………… 1582
 長鯨 …………… 1582
 王鮪鯸鮐 ……… 1582
 黿鼉 …………… 1582
 聲耴 …………… 1583
 楨 ……………… 1583

楠櫨之木	……	1583
埤堄鱗接	……	1583
覵	……	1583
蕉葛升越	……	1584
佁儗	……	1584
拉攋雷硠	……	1584
彈鸑鷟	……	1584
封豨蠷	……	1585
傾藪薄	……	1585
罼轊	……	1585

魏都賦 …… 1586
- 蹐駮 …… 1586
- 下晼高堂 …… 1586
- 蘭渚莓莓 …… 1586
- 丹埤 …… 1587
- 蒹葭贊 …… 1587
- 軥輖 …… 1587
- 蕁蕁 …… 1587

甘泉賦 …… 1587
- 瀇瀁 …… 1587

子虛賦 …… 1588
- 罷池陂陀 …… 1588
- 磧石 …… 1588
- 嫳姍敎宰 …… 1588

上林賦 …… 1589
- 鯛 …… 1589
- 嶄巖參嵯 …… 1589
- 貙 …… 1589
- 仰𤜼橑而捫天 …… 1590
- 玢豳 …… 1590
- 娭遊 …… 1590
- 立萬石之虡 …… 1590

靚糚	……	1590
柔嬈嫚嫚	……	1591
嫵媚纖弱	……	1591

長楊賦 …… 1591
- 翰林 …… 1591
- 鞻鍪 …… 1592

射雉賦 …… 1592
- 雉鷕鷕而朝雊 …… 1592
- 恐吾游之晏起 …… 1592
- 闃閴蠱葉 …… 1593

遊天台山賦 …… 1593
- 纓絡 …… 1593

魯靈光殿賦 …… 1593
- 霒 …… 1593
- 枝樘 …… 1593
- 窑窕垂珠 …… 1594
- 跮伏 …… 1594
- 甜猌 …… 1594
- 欹㥅 …… 1594

江賦 …… 1594
- 湍渚梟瀷 …… 1594
- 洟淢瀍濆 …… 1595
- 潛演 …… 1595
- 礐硞礐確 …… 1595
- 汪洸 …… 1595
- 涒鄰 …… 1595
- 青綸競糾 …… 1596

風賦 …… 1596
- 枳句來巢空穴來風 …… 1596
- 得目爲蔑 …… 1597

秋興賦 …… 1597
- 斑鬢髟以承弁兮 李注：說文

曰白黑髮襮而髟 ……… 1597	新蒲含紫茸 ………… 1602
潎潎 ………………… 1597	幽憤詩 ……………… 1602
思玄賦 ……………… 1597	恃愛肆姐 ………… 1602
繡 ………………… 1597	出郡傳舍哭範僕射 …… 1602
顝 ………………… 1598	兼複相嘲謔　李注：倉頡篇曰
彤彤 ……………… 1598	嗝調也 ………… 1602
磅硠 ……………… 1598	贈丁儀王粲詩 ………… 1602
長門賦 ……………… 1598	承露槃泰清 ……… 1602
聲噌吰 …………… 1598	短歌行 ……………… 1603
文賦 ………………… 1598	杜康 …………… 1603
揥 ………………… 1598	挽歌詩三首 ………… 1603
弦幺 ……………… 1599	薤露詩　李注：蒿里 … 1603
受欤 ……………… 1599	古詩十九首 ………… 1604
匪予力之所勠 …… 1599	脈脈 …………… 1604
洞簫賦 ……………… 1599	七發 ………………… 1604
挹抐撇㩅 ………… 1599	結轖 …………… 1604
醰醰 ……………… 1600	甘脆 …………… 1604
長笛賦 ……………… 1600	觀濤 …………… 1604
㵿瀑噴沫 ………… 1600	發怒庢沓 ……… 1605
昏髟 ……………… 1600	七啟 ………………… 1605
近世雙笛從羌起 … 1600	風厲猋舉 ……… 1605
高唐賦 ……………… 1601	報任少卿書 ………… 1605
醮諸神 …………… 1601	頰血 …………… 1605
登徒子好色賦 ……… 1601	與山巨源絕交書 …… 1605
飾裝 ……………… 1601	㶧 ……………… 1605
諷諫 ………………… 1601	解嘲 ………………… 1606
勤唉 ……………… 1601	䫲頤 …………… 1606
關中詩 ……………… 1601	答賓戲 ……………… 1606
如熙春陽　李注：爾雅曰熙興	猋飛 …………… 1606
也說文曰興悅也 …… 1601	歸去來 ……………… 1606
于南山往北山經湖中瞻眺 ……	矯首 …………… 1606
……………………… 1602	聖主得賢臣頌 ……… 1607

| 清水淬其鋒 …………… 1607
| 劇秦美新 ……………… 1607
| 汛埽 ………………… 1607
| 四子講德論 …………… 1607
| 撇波 ………………… 1607
| 王命論 ………………… 1608
| 思有短褐之襲 ……… 1608
| 玉臺新詠 ……………… 1609
| 古豔歌行 …………… 1609
| 新衣誰當綻 ……… 1609
| 古詩爲焦仲卿妻作 … 1609
| 扶將 ……………… 1609
| 花閒詞 ………………… 1610
| 南鄉子其七 ………… 1610
| 趂晚日 …………… 1610
| 集部諸篇 ……………… 1611
| 宋人詩用只爲衹字 … 1611
| 晉宋人多用馨字 …… 1611
| 元曲所用咱字 ……… 1611
| 獵獵 ………………… 1611
| 唐人文字僅多訓庶幾之幾 …
| ………………………… 1611
| 唐人詩但多用爲平聲 … 1612
| 唐人詩比多讀入聲 …… 1612
| 旌旗獵獵 …………… 1612
| 矗員 ………………… 1612
| 吠蛤　蛙聲閤閤 …… 1612

羣　書

| 羣　書 ………………… 1615

| 小學書 ………………… 1615
| 不丕 …………………… 1615
| 一曰 …………………… 1615
| 禘有三 ………………… 1615
| 讀若　讀爲 …………… 1616
| 古傳注多不言名 ……… 1616
| 久 ……………………… 1616
| 含唅琀 ………………… 1617
| 也兒 …………………… 1617
| 莊壯 …………………… 1617
| 蔽眇 …………………… 1617
| 蒐 ……………………… 1617
| 艾乂 …………………… 1617
| 蔚鬱 …………………… 1617
| 牙芽 …………………… 1618
| 兹茲 …………………… 1618
| 采菜 …………………… 1618
| 矢菡 …………………… 1618
| 小篆從艸大篆從䒑 …… 1618
| 艸莽 …………………… 1618
| 尒爾耳 ………………… 1619
| 畔叛 …………………… 1619
| 龙駹牻龍蒙 …………… 1619
| 芻犓 …………………… 1619
| 旎 ……………………… 1619
| 耆嗜 …………………… 1620
| 荷苛訶 ………………… 1620
| 窺頃踑赽 ……………… 1620
| 率達 …………………… 1620
| 六經有孫無遜 ………… 1620
| 辟避 …………………… 1621
| 追鎚 …………………… 1621

— 1845 —

厲列迣迾 …………………… 1621
汲汲 …………………… 1621
籥 …………………… 1621
和龢 …………………… 1622
諧龤 …………………… 1622
謂 …………………… 1622
亮諒 …………………… 1622
詳祥 …………………… 1622
常意 …………………… 1622
胥須諝 …………………… 1623
筭算 …………………… 1623
諺 …………………… 1623
紿詒 …………………… 1623
讓攘 …………………… 1623
童僮 …………………… 1623
亯烹鬺 …………………… 1624
父甫 …………………… 1624
率帥 …………………… 1624
道導 …………………… 1624
攴扑朴 …………………… 1624
施敂 …………………… 1624
射斁 …………………… 1625
敔御圉 …………………… 1625
序敘 …………………… 1625
肇肈 …………………… 1625
盼眄眄 …………………… 1626
董督 …………………… 1626
弋隿 …………………… 1626
瞿眀 …………………… 1626
襍集 …………………… 1626
鳩 …………………… 1626
惠慧 …………………… 1627
荼豫舒 …………………… 1627
穩奚 …………………… 1627
殊死 …………………… 1627
朅來 …………………… 1627
挫衄 …………………… 1627
冘豫 …………………… 1628
亯饗 …………………… 1628
僢 …………………… 1628
奈何 …………………… 1628
椄槢 …………………… 1629
萩楸秋 …………………… 1629
披柀 …………………… 1629
枋柄 …………………… 1629
檐僋 …………………… 1629
杅盂 …………………… 1630
括筈 …………………… 1630
敖傲 …………………… 1630
索索 …………………… 1630
綏蕤綏 …………………… 1630
奄 …………………… 1630
鄫繒 …………………… 1631
弄 …………………… 1631
晉 …………………… 1631
顯㬎 …………………… 1632
古人名㫃字子游 ……… 1632
牘 …………………… 1632
百穀 …………………… 1632
鬘虋 …………………… 1632
蠡 …………………… 1633
家人 …………………… 1633
鄉向 …………………… 1633
軌宄 …………………… 1633

魯定公 …… 1633	注咮 …… 1640
罷疲 …… 1633	咸減 …… 1640
戟 …… 1634	云曰 …… 1640
柏伯 …… 1634	鮮蠱尠 …… 1640
敖傲 …… 1634	蛋飛 …… 1640
荷何 …… 1634	辟闢 …… 1641
纔裁財材 …… 1634	閑閒嫻 …… 1641
諡法有鼇有儋 …… 1635	古名頤字真 …… 1641
解依 …… 1635	搵擊 扼腕 …… 1641
霌 …… 1635	攜懈 …… 1641
赤尺 …… 1635	舍捨 …… 1641
履屨 …… 1635	錯措 …… 1642
歎嘆 …… 1636	捷扱插 …… 1642
觝禍 …… 1636	摘擲 …… 1642
涼琼亮諒 …… 1636	升登 …… 1642
脩修 …… 1636	失逸泆 …… 1642
苞苴 …… 1636	戚蹙 …… 1642
厲癘迆濿烈 …… 1637	捂髮 …… 1643
物旸 …… 1637	伎技 …… 1643
趣驟 …… 1637	取娶 …… 1643
麟麐 …… 1637	虞娛 …… 1643
壯灼 …… 1637	嬰城自守 嬰兒 …… 1643
炮炟 …… 1638	毋無 …… 1643
跛尬 …… 1638	繆戮勠 …… 1643
寤悟 …… 1638	戡堪 …… 1644
茂懋 …… 1638	匪斐分非彼 …… 1644
慆滔 …… 1638	柙匣 …… 1644
解懈 …… 1638	縠係 …… 1644
滿懑 …… 1639	即則 …… 1644
咎愆 …… 1639	紿詒 …… 1644
洵均恂夐泫 …… 1639	納內 …… 1645
注 註 轉注 …… 1639	紬黜 …… 1645

絎裯	1645
蝦霞	1645
蟸孽孼	1645
蚤早	1645
幾瑟	1645
侵牟	1646
它佗他	1646
旬鈞均	1646
培塿	1646
陲	1646
錫賜	1646
錄慮	1647
鍾鐘	1647
鈍頓	1647
崎嶇	1647
四瀆	1647
絫累	1647
綴贅	1648
瘦死	1648
稽䭫	1648
閣閤	1648

讀段注說文叢札

讀段注說文叢札 …………… 1651

一、《說文》及《說文注》的經學內涵 …………… 1651

二、《段注》於陸德明《釋文》多所駁正 …………… 1671

三、《段注》於小顏說多所駁正 …………… 1675

四、《段注》駁宋人說 … 1680

五、《段注》於惠棟多所駁正 …………… 1681

六、《段注》多從戴震說，然亦有所駁正 …… 1683

七、《段注》多從程瑤田說 …………… 1685

八、《段注》先校書後引書例 …………… 1688

九、《段注》對金石材料的運用 …………… 1699

十、《段注》所載乾嘉俗語方言 …………… 1702

十一、《段注》論《周禮》溝洫縱橫之制 …………… 1712

十二、段氏論《顏氏家訓》脩當侑誤 …………… 1719